Vahlens Kompendium
der Wirtschaftstheorie
und Wirtschaftspolitik

Band 1

Vahlens Kompendium der Wirtschaftstheorie und Wirtschaftspolitik

Band 1

6., überarbeitete und erweiterte Auflage

von

Professor Dr. Dieter Bender
Universität Bochum

Professor Dr. Hartmut Berg
Universität Dortmund

Professor Dr. Dieter Cassel
Universität Duisburg

Professor Dr. Günter Gabisch
Universität Göttingen

Professor Dr. Heinz Grossekettler
Universität Münster

Professor Dr. Karl-Hans Hartwig
Universität Bochum

Professor Dr. Lothar Hübl
Universität Hannover

Professor Dr. Dietmar Kath
Universität Duisburg

Professor Dr. Jürgen Siebke
Universität Heidelberg

Professor Dr. H. Jörg Thieme
Universität Düsseldorf

Professor Dr. Manfred Willms
Universität Kiel

Verlag Franz Vahlen München

Die Deutsche Bibliothek – CIP-Einheitsaufnahme

Vahlens Kompendium der Wirtschaftstheorie und Wirtschaftspolitik / von Dieter Bender ... – München : Vahlen.
NE: Bender, Dieter; Kompendium der Wirtschaftstheorie und Wirtschaftspolitik
Bd. 1. – 6., überarb. und erw. Aufl. – 1995
ISBN 3-8006-1968-7

ISBN 3 8006 1968 7

Satz: Buch- und Offsetdruckerei Wagner GmbH, Nördlingen
Druck und Bindung: C. H. Beck'sche Buchdruckerei, Nördlingen
Gedruckt auf säurefreiem, aus chlorfrei gebleichtem Zellstoff hergestellten Papier

Vorwort zur sechsten Auflage

In der sechsten Auflage von Vahlens Kompendium der Wirtschaftstheorie und Wirtschaftspolitik hat HEINZ GROSSEKETTLER den Beitrag „Öffentliche Finanzen" neu verfaßt. ROLF PEFFEKOVEN, der diesen Beitrag bislang betreut hat, ist wegen der zusätzlichen Arbeitsbelastung durch seine Berufung in den SACHVERSTÄNDIGENRAT ZUR BEGUTACHTUNG DER GESAMTWIRTSCHAFTLICHEN ENTWICKLUNG aus dem Kreis der Kompendium-Autoren ausgeschieden. Die übrigen Beiträge wurden aktualisiert, in einzelnen Abschnitten präzisiert oder ergänzt. Auch wurden Druckfehler beseitigt, sprachliche Unebenheiten geglättet und die Literaturhinweise auf den neuesten Stand gebracht.

Für alle Änderungen galt nach wie vor das Prinzip, den Gesamtumfang beider Bände nicht wesentlich zu erweitern, um dem Leser auch weiterhin ein preiswertes und von der Fülle des gebotenen Stoffes her „zumutbares" Lehrbuch zu bieten.

Unser Dank gilt all jenen, die durch wertvolle Anregungen und kritische Hinweise wichtige Änderungen initiiert haben. Die mit dem Verlag vereinbarten Fristen hätten ohne die aktive Unterstützung von Sekretärinnen und wissenschaftlichen Mitarbeitern nicht eingehalten werden können. Ihnen sei herzlich gedankt.

Herbst 1995 | Die Autoren

Vorwort zur zweiten Auflage

Das nunmehr in zweiter Auflage vorliegende Kompendium will seine Leser mit dem Stoff wichtiger Bereiche der modernen Volkswirtschaftslehre vertraut machen, wie sie den Studenten an den wissenschaftlichen Hochschulen des deutschsprachigen Raumes in Wirtschaftstheorie, Wirtschaftspolitik und Finanzwissenschaft angeboten werden. Die Verfasser waren bemüht, unter didaktischen Aspekten nicht nur die ,,herrschende Lehre" aufzubereiten, sondern auch solche neueren Entwicklungen einzuarbeiten, die nach intensiver Fachdiskussion weitgehend akzeptiert und deshalb in den Kanon akademischer Lehre aufzunehmen sind.

Die einzelnen Beiträge in beiden Bänden von Vahlens Kompendium sind so konzipiert, daß sie geschlossene Einheiten bilden. Auf diese Weise wird gewährleistet, daß jene Beiträge ausgewählt werden können, die sich thematisch auf die jeweilige Lehrveranstaltung beziehen. Das Kompendium kann jedoch auch in der Art eines Lehrbuchs verwendet werden. In diesem Fall wird empfohlen, sich zunächst mit dem Inhalt des Beitrags ,,Wirtschaftssysteme" (A) vertraut zu machen. Anschließend können die Grundlagen der Makroökonomik aus den Beiträgen „Wirtschaftskreislauf und Gesamtwirtschaftliches Rechnungswesen" (B) und „Einkommen, Beschäftigung, Preisniveau“ (C), die Grundzüge der Mikroökonomik aus den Beiträgen „Haushalte und Unternehmen“ (K) und „Preistheorie“ (L) erarbeitet werden. Eine Einführung in allgemeine Probleme der Wirtschaftspolitik bietet der Beitrag „Theorie der Wirtschaftspolitik“ (N), der zugleich über wissenschaftstheoretische Positionen und Entwicklungen informiert, soweit sie für das Verständnis des methodischen Vorgehens in der Volkswirtschaftslehre bedeutsam sind. Auf dieser Basis können sodann die weiteren Gebiete der Volkswirtschaftslehre erarbeitet werden, denen einzelne Beiträge gewidmet sind. Als Regel empfiehlt es sich dabei, in jedem Gebiet zunächst das relevante theoretische Grundwissen zu erwerben, bevor die entsprechenden wirtschaftspolitischen Aspekte studiert werden.

Beide Bände des Kompendiums wurden von den Autoren gemeinsam konzipiert mit dem Ziel, die Einzelbeiträge in Anspruchsniveau, analytischer Vorgehensweise sowie Form aufeinander abzustimmen und inhaltlich zu verzahnen. Die in den Text aufgenommenen Verweise auf andere Beiträge (z. B.: Beitrag C-2.2.) sollen durch Angabe des Buchstabens und der Abschnittziffer die Suche nach ergänzenden oder vertiefenden Textstellen erleichtern.

Mathematische Darstellungen und Ableitungen beschränken sich auf das notwendige Maß. Wichtige Gleichungen werden innerhalb eines Beitrages fortlaufend – gegebenenfalls abschnittweise – numeriert. Die Verwendung der Symbole lehnt sich an den internationalen Sprachgebrauch an und erfolgt weitgehend einheitlich (s. Symbolverzeichnis).

Abbildungen, Tabellen und Übersichten werden innerhalb eines Beitrages fortlaufend numeriert (z. B.: *Abb. C-5; Tab. A-1; Übersicht F-2*). Der vorangestellte Buchstabe des jeweiligen Beitrages soll das Auffinden bei Querverweisen erleichtern.

Jeder Beitrag schließt mit kommentierten Literaturhinweisen, die der Orientierung vor allem über die deutschsprachige Studienliteratur dienen. Weitere Literaturhinweise im Text sollen ein vertiefendes Studium der jeweils behandelten Probleme erleichtern und anregen. Dabei bezeichnet die dem Autorennamen folgende Jahreszahl die Erstauflage der zitierten Quelle. Am Schluß des Bandes sind die genauen bibliographischen Angaben aus allen Beiträgen in alphabetischer Reihenfolge vereinigt.

Hinzuweisen ist schließlich darauf, daß ein solch umfangreicher Text nicht ohne die intensive Unterstützung der Mitarbeiter und Sekretärinnen der Autoren zustande gekommen wäre. Ihnen sei an dieser Stelle vielmals gedankt. Dank schulden die Autoren auch den Kollegen, die frühere Fassungen einzelner Beiträge gelesen und konstruktiver Kritik unterzogen haben. In der zweiten Auflage sind diese Anregungen gern berücksichtigt worden, sofern das mit vertretbarem drucktechnischen Aufwand möglich war. Zudem wurden Druckfehler berichtigt, die Literaturhinweise und -empfehlungen aktualisiert sowie einzelne Beiträge erweitert und ergänzt.

Frühjahr 1984 Die Autoren

Inhaltsverzeichnis

Band 1

A. Wirtschaftssysteme

H. Jörg Thieme

Gliederung

1. Wirtschaftssystem als Teilsystem einer Gesellschaft

1.1. Güterknappheit, Arbeitsteilung und Herausbildung komplexer Gesellschaften

In jeder Gesellschaft sind wirtschaftliche Probleme zu lösen, die aus der Knappheit von Gütern resultieren. Knappheit bezeichnet dabei die Diskrepanz zwischen den Bedürfnissen (Wünschen) der Menschen und den zu ihrer Befriedigung geeigneten Gütern (Waren und Dienstleistungen). Nur wenige Produkte der Natur sind unmittelbar geeignet, Ziele der Daseinserhaltung und -gestaltung zu verwirklichen. Die Produkte müssen in konsumgerechte Güter umgewandelt und auf Verwendungszwekke verteilt werden. Dieser Umwandlungs- und Verteilungsprozeß (Güterproduktion und -allokation) vollzieht sich in zahlreichen Einzelschritten, die in den gegenwärtigen Gesellschaften zu einem unüberschaubaren Netz ökonomischer Aktivitäten verknüpft sind.

Das Streben nach wirksamer Knappheitsminderung bedeutet, daß unter den technisch möglichen Verwendungen von Produktionsmitteln und Gütern jene auszuwählen sind, die es erlauben, möglichst viele Bedürfnisse entsprechend ihrer Rangordnung zu verwirklichen. Wirtschaften heißt somit immer, Entscheidungen über die Verwendung knapper Produktionsmittel (Ressourcen) und Güter zu treffen.

Diese Überlegungen gelten für jede Gesellschaft, unabhängig von ihrer Organisation. Sie prägten mittelalterliche Standeswirtschaften oder Wirtschaftsformen zur Zeit der industriellen Revolution ebenso wie die in Haus- und Dorfwirtschaften lebenden Naturvölker oder die komplizierten Prozesse hochindustrialisierter Volkswirtschaften der Gegenwart. Die sozioökonomische Entwicklung einer Gesellschaft, die bei historischer Betrachtungsweise sichtbar wird, kann als Ausdruck des Strebens nach besserer Knappheitsminderung begriffen werden: Immer haben Menschen neue Wege und Möglichkeiten gesucht und gefunden, knappe Ressourcen bei der Produktion von Gütern einzusparen, ergiebigere Produktionsverfahren anzuwenden und das Güterbündel quantitativ, qualitativ und zeitlich besser auf die Wünsche der Konsumenten abzustimmen. Ein besonders markantes Beispiel knappheitsmindernder Strategien ist die Herausbildung einer hochgradigen Arbeitsteilung. Ökonomische Entwicklung ist geprägt durch berufliche, betriebliche, zwischenbetriebliche, intersektorale, interregionale und nicht zuletzt internationale Spezialisierung auf besondere Tätigkeiten. Die Anhäufung und Nutzung spezieller Fähigkeiten und Fertigkeiten bei arbeitsteiliger Wirtschaftsweise ermöglicht Produktivitätssteigerungen und damit Wohlstandseffekte, auf die schon frühzeitig PLATO und ARISTOTELES sowie später besonders ADAM SMITH hingewiesen haben.

Der Prozeß zunehmender Arbeitsteilung hat daneben zahlreiche andere Konsequenzen, die von besonderer Bedeutung für gesellschaftliches Leben sind:
Erstens wird wirtschaftliche Aktivität durch Arbeitsteilung und Spezialisierung verstärkt zur gesellschaftlichen Veranstaltung, in der der einzelne in hohem Maße von anderen Menschen abhängig ist. Umgekehrt ist die Gesellschaft zunehmend auf den wirtschaftlichen Beitrag spezialisierter Individuen und Einzelwirtschaften angewiesen, wie die Wirkungen von Spezialisten-Streiks (z. B. Fluglotsen) hinreichend verdeutlichen. Arbeitsteilung heißt somit notwendigerweise Zusammenarbeit von Individuen.

Zweitens sind arbeitsteilig wirtschaftende Gesellschaften äußerst komplex und für den einzelnen nicht mehr überschaubar. Die Menschen müssen ihre Entscheidungen und Verhaltensweisen, durch die sie ihre Interessen zu verwirklichen suchen, an den für sie unmittelbar wahrnehmbaren, einzelwirtschaftlichen Rahmenbedingungen orientieren, ohne Richtung, Umfang und Struktur des wirtschaftlichen Gesamtprozesses überschauen zu können.

Drittens ist in jeder arbeitsteiligen Volkswirtschaft zu entscheiden, was, wo, wann, wie, womit, von wem und für wen produziert wird. Diese Allokations- (Lenkungs-) und Verteilungsprobleme sind in sachlicher, zeitlicher, räumlicher und personeller Hinsicht zu lösen.

Viertens zerlegt die Spezialisierung den Produktionsprozeß in zahlreiche Arbeitsakte, an denen der einzelne Mensch jeweils nur partiell beteiligt ist. Die unmittelbare Beziehung zwischen Produzenten und konsumfähigem Gut, wie sie in den Selbstversorgungswirtschaften der Vergangenheit bestand – und in den „Kommunen"-Wirtschaften der Gegenwart vereinzelt wiederentdeckt wird –, ist beseitigt bzw. gelockert. Hierdurch können die Motivationen zur Arbeitsleistung gemindert und Schranken für die Selbstverwirklichung des Menschen aufgebaut werden.

Fünftens schließlich begründet die Anhäufung von menschlichem Fähigkeitspotential (Arbeitsvermögen; Humankapital) ebenso wie von Verfügungsrechten über Produktionsmittel (Finanz- und Sachvermögen) Machtpositionen. Entstehung und Ausübung von Macht bedürfen der Kontrolle, wenn vermieden werden soll, daß sich Einzelinteressen auf Dauer zu Lasten der Interessen anderer verwirklichen können.

Diese knappe Auflistung verdeutlicht Funktions- und Gestaltungsprobleme komplexer Gesellschaften. Menschen müssen ihre Handlungen bei arbeitsteiliger Wirtschaftsweise aufeinander abstimmen, die Beziehungen zwischen Menschen und Institutionen sowie Gütern sind zu ordnen. Aus systemtheoretischer Sicht umfaßt ein Gesellschaftssystem dieses Beziehungsnetz zwischen Systemelementen (z. B. Menschen) bzw. deren Eigenschaften (z. B. Handlungen der Menschen). Dieses Beziehungsnetz muß ein Mindestmaß an interner Ordnung aufweisen. Sie kann sich spontan herausbilden oder durch Anwendung von Organisationsprinzipien (z. B. in rechtlichen Regelungen) hergestellt werden, wodurch der Freiheitsgrad der Elemente (z. B. Handlungsspielräume der Menschen) mehr oder weniger eingeschränkt wird. Zudem müssen sich Gesellschaftssysteme an ihre Umwelt (z. B. Bestand natürlicher Ressourcen) anpassen, also auf Umweltstörungen (z. B. Erschöpfung einer Ressource) reagieren können. Anpassungs- oder Reaktionsflexibilität entscheidet dabei nicht nur über die generelle Überlebensfähigkeit eines Gesellschaftssystems, sondern auch über das Entwicklungspotential seiner Elemente.

1.2. Soziale Handlungssysteme und Interdependenz

Die Herausbildung eines an bestimmten Zielen ausgerichteten Gesellschaftssystems setzt Kenntnisse über mögliche und miteinander vereinbare Organisationsprinzipien sowie deren Einflüsse auf die Verhaltensweisen von Menschen und damit auf die durch sie initiierten und geprägten Prozeßabläufe voraus. Sie zu entdecken, ist das Erkenntnisziel jeder Gesellschaftstheorie. Sie hat in der allgemeinen Systemtheorie, wie sie seit einiger Zeit diskutiert wird, eine neue Variante gefunden (Ashby, 1956; Luhmann, 1968; Ackoff, 1972; Leipold, 1976, 5. A. 1988). Gemeinsam ist den verschiedenen, durchaus kontroversen Ansätzen die Auffassung, daß nur eine umfassende Theorie gesellschaftliches Zusammenleben erklären kann, weil eine universale Interdependenz aller sozialen Phänomene existiert. Die entstandene Komplexität der Beziehungen ist jedoch in ihrer Ganzheit kaum begreifbar und erklärbar. Die notwendige Verminderung von Komplexität erfolgt durch Bildung von sozialen Teil-(Sub-)systemen, aus denen sich Gesellschaftssysteme zusammensetzen. In den sozialen Teilsystemen entscheiden und handeln die Menschen, um spezifische Bedürfnisse zu befriedigen. Soziale Teilsysteme werden deshalb auch als Entscheidungs- und Handlungssysteme begriffen. Als Kriterium der Abgrenzung sozialer Handlungssysteme können z. B. die jeweils eingesetzten Mittel der Befriedigung spezifischer Bedürfnisse verwendet werden (Hondrich, 1973). Es sind danach drei gesellschaftliche Teilsysteme zu unterscheiden, weil Bedürfnisbefriedigung möglich ist durch

- Androhung und Anwendung von legitimierter Gewalt (politisches System),
- Anwendung von psychischen Fähigkeiten (kulturelles System) sowie durch
- Produktion und Bereitstellung von Gütern (ökonomisches System oder Wirtschaftssystem).

Das politische Teilsystem umfaßt alle Handlungen physischer Gewaltandrohung oder -anwendung, die in den meisten modernen Gesellschaften in der Rechtsordnung niedergelegt und dem Staat vorbehalten sind. Staatliche Machtausübung kann nach unterschiedlichen Prinzipien geordnet und legitimiert sein. Sie kann z. B. verschiedenen politischen Institutionen übertragen sein (Institutionelle Gewaltenteilung), die sich gegenseitig kontrollieren mit dem Ziel, die in der Rechtsordnung (Verfassung) garantierten Persönlichkeitsrechte (z. B. Unverletzbarkeit der Person, freie Meinungsäußerung, Versammlungsfreiheit, Rechtssicherheit, Wahlfreiheit) allen Menschen zu gewährleisten. Daneben verteilt der Staat auch ökonomische Kollektivgüter, von deren Konsum – im Gegensatz zu Individualgütern – keine Person ausschließbar ist (s. Abschnitt 3.2.2.). Regelt die Verfassung, daß die Auswahl der politischen Entscheidungsträger in freien und geheimen Wahlen erfolgt und die Zuweisung staatlicher Macht an repräsentative Organe dem Prinzip der Gewaltenteilung unterliegt, entspricht das politische Teilsystem dem Modell einer rechtsstaatlichen, parlamentarischen Demokratie, wie sie in verschiedenen Nuancierungen in Ländern der westlichen Welt verwirklicht ist.

Die politische Willensbildung und die Instrumente politischer Machtausübung können aber auch in den Händen eines oder weniger Menschen konzentriert sein. Institutionen politischer Machtkontrolle fehlen oder üben formal gegebene Kontrollfunktionen nicht aus. Häufig werden in solchen Systemen nicht alle in der Verfassung garantierten politischen Kollektivgüter faktisch auch angeboten. Nicht freie Wahlen, sondern gewaltsame Machtergreifung – z. B. durch Putsch oder Pseudowahl im Einparteiensystem – regeln die Auswahl oberster politischer Entscheidungsträger. Ihre Beziehungen zu anderen, nachgelagerten politischen Institutionen sind durch Subordination und Anweisung geprägt. Bezieht sich der Machtanspruch in einem solchen autokratischen politischen System auf alle Lebensbereiche der Menschen, entstehen totalitäre Diktaturen, wie sie auch in der Gegenwart in zahlreichen Ländern verwirklicht sind.

Das kulturelle System umfaßt Handlungen der Menschen zur Befriedigung von Bedürfnissen, die durch Rückgriff auf psychische, auch geistige und sittliche Fähigkeiten möglich sind. Die zwischenmenschlichen Beziehungen (z. B. Kommunikationsformen, Umgang zwischen Generationen und Geschlechtern) sind durch Geschichtsbewußtsein, Tradition, Toleranz, nationalen Stolz, Religion oder Weltanschauungen bestimmt. In der Vergangenheit, aber auch in der Gegenwart haben insbesondere Religionen auf Ethos und Moralprinzipien der Menschen erheblich eingewirkt. Das kulturelle System ist für gesellschaftliches Zusammenleben von Menschen deshalb bedeutsam, weil es die für erstrebenswert angesehenen individuellen und gesellschaftlichen Ziele der Daseinsgestaltung prägt. Wie in anderen sozialen Handlungssystemen, können die Beziehungen zwischen den Menschen auch im kulturellen System verschieden gestaltet sein (z. B. Alleingültigkeitsansprüche oder friedliches Nebeneinander von Weltanschauungen oder Religionen) und unterschiedliche Chancen und Risiken individueller Entfaltung bieten. Die Erfahrung zeigt, daß die im Zeitablauf sich wandelnden Sitten und Gebräuche nicht nur intra- und interkontinental stark differieren, sondern selbst zwischen den Regionen relativ kleiner Länder (z. B. Schweiz, Bundesrepublik Deutschland).

Dem Wirtschaftssystem schließlich werden in der allgemeinen Theorie sozialer Systeme all jene auf Bedürfnisbefriedigung gerichteten Handlungen zugerechnet, die der Produktion und Bereitstellung von Gütern dienen. Alle wirtschaftlichen Handlungen unterliegen dem Phänomen der Ressourcen- und Güterknappheit. Wie später zu zeigen ist, können die Beziehungen zwischen den Elementen von Wirtschaftssystemen unterschiedlich geordnet sein. Je nach den im Systemmodell angenommenen oder in der Praxis verwirklichten Gestaltungsprinzipien werden dann auch die Planungs-, Lenkungs-, Koordinations-, Informations-, Motivations- und Kontrollprobleme bei arbeitsteiliger Wirtschaft auf verschiedene Weise gelöst.

Wie die Lebensbereiche der Menschen, sind auch die Subsysteme einer Gesellschaft interdependent. Es bestehen Entsprechungsverhältnisse und Parallelen in den Beziehungen zwischen den Elementen einzelner Subsysteme: Traditionell-religiöse Agrargesellschaften mit ausgeprägtem Gemeinschaftssinn (z. B. in Entwicklungsländern) können nicht in wenigen Jahren in funktionsfähige Industriegesellschaften verwandelt werden. Oder: Totalitäre Diktaturen müssen die politische Machtausübung ökonomisch absichern, indem sie die Entscheidungen über das Produktionsprogramm und damit die Verfügungsrechte insbesondere über die Ressourcen zentralisieren (z. B. Kriegswirtschaft im Dritten Reich, UdSSR). Diese Interdependenz wird auch sichtbar, wenn mehr oder weniger abrupte Änderungen des politischen oder kulturellen Systems auf das Wirtschaftssystem durchschlagen (z. B. Iran 1979). Umgekehrt bleiben Transformationen des Wirtschaftssystems nicht ohne Rückwirkungen auf das politische System, wie die gegenwärtigen Veränderungen in den ehemals sozialistischen Ländern Europas zeigen.

Es ist das Verdienst der neueren Ansätze zur Entwicklung einer allgemeinen Systemtheorie komplexer Gesellschaften, diese Zusammenhänge zu betonen. Sie liefern ein einheitliches Sprachsystem, Kriterien zur Abgrenzung gesellschaftlicher Subsysteme und zeigen Parallelen zwischen ihnen auf. Ob und inwieweit mit der Suche nach Gleichartigkeiten in den Beziehungen von Subsystemen allerdings Erkenntnisfortschritte für das Verständnis von Wirtschaftssystemen erzielt wurden, ist zu bezweifeln

(Hensel, 1975, S. 227 ff.): Jeder Lebensbereich ist auch durch Eigenheiten und spezifische Probleme (z. B. das Knappheitsphänomen) gekennzeichnet, die sich in den Handlungen der Menschen und den Beziehungen zwischen ihnen niederschlagen. Sie sind theoretisch zu erklären. Eine ökonomische Theorie von Wirtschaftssystemen ist also erforderlich, wenn die Leerstellen der allgemeinen Systemtheorie ausgefüllt und durch Bildung und Vergleich von Subsystemen das Verständnis komplexer Gesellschaften gefördert werden soll.

2. Ordnungstheoretische Bestimmung von Wirtschaftssystemen

2.1. Ansätze zur Bestimmung von Wirtschaftssystemen: Ein Überblick

In der Nationalökonomie hat es – gemessen an der Differenzierung und Entwicklung von anderen ökonomischen Teilsdisziplinen (z. B. Haushalts-, Unternehmens-, Preis-, Geld-, Verteilungs-, Wachstums-, Konjunkturtheorie) – nur relativ wenige Versuche gegeben, Wirtschaftssysteme zu bestimmen, ihr Funktionieren zu erklären und zu vergleichen. Das Interesse an Systemproblemen hat insbesondere im angelsächsischen Sprachraum erst seit einigen Jahren zugenommen, wohingegen die Systemanalyse vor allem im deutschen Sprachraum Tradition hat. In vielen Publikationen werden Wirtschaftsordnungen und -prozesse einzelner Staaten (z. B. USA, UdSSR) allerdings lediglich in allen Details beschrieben und klassifiziert und ihre Leistungsfähigkeit an verschiedenen Effizienzkriterien, wie z. B. der Wachstumsrate des Volkseinkommens, gemessen und verglichen. Eine Theorie der Wirtschaftssysteme läßt sich durch solche vergleichenden Faktensammlungen, wie sie auch im angelsächsischen Schrifttum üblich sind (Comparative Economic Systems), unmittelbar nicht gewinnen. In anderen Ansätzen werden einzelne wirtschaftliche Probleme – wie z. B. Verteilungs- oder Stabilitätsprobleme – aufgegriffen und systemvergleichend analysiert (Grossmann, 1966; Cassel/Thieme, 1976,1; Kýn/Schrettl, 1979; Thieme, 1979). Dabei werden die für spezifische Systembedingungen entwickelten ökonomischen Theorien auf andere Bedingungskonstellationen übertragen und ihre allgemeine Erklärungsrelevanz überprüft (Thieme, 1985, 2. A. 1987). Wirtschaftssysteme werden insofern nicht bestimmt, sondern bereits – nach bestimmten Kriterien abgegrenzt – vorausgesetzt.

Die vorhandenen Ansätze zur Bestimmung von Wirtschaftssystemen unterscheiden sich in den Fragestellungen, im methodischen Vorgehen sowie in Auswahl und Betonung von systembestimmenden Elementen:

In der marxistischen Theorie sind die Eigentumsverhältnisse das dominante Abgrenzungskriterium von Wirtschafts- und Gesellschaftssystemen. Die Entwicklung von der Sklavenhaltergesellschaft über die Feudalherrschaft hin zur privatkapitalistischen Produktionsweise wird auf den antagonistischen Widerspruch zwischen den jeweils realisierten privaten Eigentums- und Verfügungsrechten (Produktionsverhältnisse) einerseits und dem jeweiligen Entwicklungsstand der Produktivkräfte andererseits (z. B. Bestand an Rohstoffen, Arbeitskräften und technischem Wissen) zurückgeführt (Marx, 1859, 1972). Erreicht die kapitalistische Produktionsweise einen bestimmten Reifegrad (z. B. hoher Konzentrationsgrad der Produktion in wenigen privaten Großunternehmen) und haben sich die Klassengegensätze zwischen dem Proletariat und den Privatkapitalisten genügend verschärft, erfolgt zwangsläufig der revolutionäre Umschlag in ein sozialistisches Wirtschafts- und Gesellschaftssystem (MARX, 1867–1885, 1969). Es ist durch gesellschaftliches Produktionsmitteleigentum und damit annahmegemäß durch Beseitigung von Ausbeutung der Arbeitskräfte charakterisiert. Abgesehen von der Vermengung beschreibender, erklärender und wertender Aussagen in marxistischen Denkansätzen (HELBERGER, 1974) ist die allein auf das Produktionsmitteleigentum gerichtete und damit monokausale Betrachtung nicht geeignet, die Vielfalt realer Beziehungen in ökonomischen Prozessen zu erklären. Diese Mängel zeigen sich auch bei der Erklärung der erheblichen Differenzen in der Organisation ökonomischer Prozesse in den verschiedenen sozialistischen und kommunistischen Ländern der Gegenwart.

Die neuere Theorie der Property Rights setzt im Prinzip ebenfalls an den Eigentumsformen an (FURUBOTN/PEJOVICH, 1972; ALCHIAN/DEMSETZ, 1973; NORTH/THOMAS, 1973; SCHENK, 1978; Überblick bei SCHÜLLER, 1983). Property Rights können als Vermögens-, Handlungs- oder Verfügungsrechte interpretiert werden, die sich auf die Nutzung von Gütern (Konsum- und Vermögensgütern einschließlich human capital) beziehen. Die Grundidee besteht im Nachweis, daß wirtschaftliche Beziehungen und deren Entwicklung im wesentlichen von der rechtlich-institutionellen Organisation der Eigentums- und Verfügungsrechte abhängen. In diesem Ansatz werden die neoklassischen Gleichgewichtsmodelle der Haushalts-, Unternehmens- und Markttheorie (Beiträge K, L) um spezifische Informations- und Transaktionskosten (z. B. alle Kosten eines Vertragsabschlusses) erweitert. Sie entstehen bei arbeitsteiliger Wirtschaft, weil die Nutzung von Gütern erst durch Austausch ermöglicht wird, bei dem immer auch Verfügungsrechte übertragen werden. Besondere (Anreiz-)Regelungen sind erforderlich, wenn Nichteigentümer Verfügungsrechte ausüben, weil Menschen immer Eigeninteressen bei wirtschaftlichen Handlungen verfolgen (principal agent-Problem; Beitrag K). Initiative und ökonomische Aktivität eines Menschen hängen deshalb davon ab, ob er den Ertrag seiner Anstrengungen auch vollständig individuell realisieren kann. Lassen seine Aktivitäten bei anderen unentgeltliche Erträge entstehen, mindert dies seine Initiative; verursachen sie anderen hingegen Kosten, können wirtschaftliche Aktivitäten von außen unterbunden und Entwicklungen gebremst werden (z. B. Einsprüche von Umweltgeschädigten). Ein Wirtschaftssystem kann sich auf Dauer nur dann effizient entwickeln und an Umweltänderungen anpassen, wenn die individuellen Erträge ökonomischer Handlungen den sozialen entsprechen, also keine sozialen Nettoeffekte (social net costs oder social net benefits) entstehen.

Wie die Theorie der Property Rights nachzuweisen versucht, ist dies bei staatlichem Produktionsmitteleigentum oder Gesellschafts- (Gemeinschafts-)eigentum in geringerem Maße der Fall als bei privatem – eine Erkenntnis, die von Vertretern der Ordnungstheorie (EUCKEN, 1940; HENSEL, 1960) schon früh betont wurde. Die Theorie der Property Rights erklärt ökonomische Entwicklung monokausal aus dem Spannungsverhältnis zwischen den Selbstinteressen der Menschen und der Verteilung von Verfügungsrechten. Wenngleich ihre Ergebnisse konträr zu jenen marxistischer Ansätze sind, zeigen beide bei der Erklärung ökonomischer Entwicklung in Abhängigkeit von den Eigentumsverhältnissen eine methodische Ähnlichkeit.

Die allgemeine Systemtheorie versucht, Wirtschaftssysteme durch Anwendung kybernetischer, informations- und organisationstheoretischer Erkenntnisse zu bestimmen und eine einheitliche Terminologie für die Darstellung, die Analyse und den Vergleich von Wirtschaftssystemen zu entwickeln (KOOPMANS/MONTIAS, 1971; KORNAI, 1971; MONTIAS, 1976). Komponenten eines Wirtschaftssystems sind z. B. nach JANOS KORNAI Institutionen, die sich aus Organisationen zusammensetzen. Organisationen sind reale, aus Menschen gebildete Formationen, die im Rahmen rechtlich abgegrenzter Handlungsspielräume ökonomische Funktionen erfüllen. Sie werden durch abstrakte, nicht weiter zerlegbare Einheiten abgebildet, die die Basiselemente der Organisationen und damit das Wirtschaftssystem darstellen. Das Verhalten der Einheiten – z. B. Reaktionen auf systemexogene Umweltstörungen – ist durch eine bestimmte Regelmäßigkeit geprägt. Die Einheiten erhalten pro Zeiteinheit inputs, die sie durch Veränderung ihres inneren Zustands (Prozeß) in outputs verwandeln. Ein Wirtschaftssystem existiert nur dann, wenn die Einheiten nicht unabhängig voneinander agieren, sondern durch input-output-Ströme verbunden sind. Sie fließen in zwei Sphären (Subsystemen) der Organisation, die strikt unterschieden werden: In der Realsphäre fließen Güterströme (Produktion, Konsum, Handel), die durch materiell-physikalische Variablen erfaßt werden. In der Kontrollsphäre fließen Informationsströme (z. B. Beobachtung, Informationsübertragung und -verarbeitung), die durch Kontrollvariablen zu erfassen sind. Ein Wirtschaftssystem (E) läßt sich dann in einer allgemeinen Systemfunktion umschreiben als

$$E = E\,(O, G, S, \Phi, \Psi),$$

wobei O die das System bildenden Organisationen symbolisiert, G die Güter, die es hervorbringt und S die verwendeten Informationstypen. Φ bzw. Ψ stehen für die Systeme von Reaktionsfunktionen, die input-output- Transformationen in der Kontroll- bzw. Realsphäre erfassen. Würden außerdem die Bestände von Gütern und Informationen zu Beginn einer Periode berücksichtigt, ließe sich auch die Gesamtleistung des Systems am Periodenende bestimmen (KORNAI, 1971, S. 217). Bereits die verkürzte Darstellung des vielbeachteten Ansatzes läßt einige Schwachstellen erkennen (WAGENER, 1979, S. 119 ff.): Abgesehen davon, daß es sich um eine geldlose Naturalbetrachtung handelt und der Einbau eines monetären Sektors schwierig sein dürfte, wird die Annahme abstrakter Real- und Kontrolleinheiten und deren strikte Trennung in zwei Subsysteme den verschiedenen Rollen nicht gerecht, die Individuen in ökonomischen Prozessen erfüllen. Auch können die wichtigen Reaktionsfunktionen, die ja die Bewegungsgesetze des Wirtschaftssystems enthalten sollen, beim gegenwärtigen Wissensstand nicht konkretisiert und in empirisch überprüfbare Form gebracht werden. Gerade dies zu leisten, ist aber Anliegen aller ökonomischen Analysen von Wirtschaftssystemen. Der Fortschritt des systemtheoretischen Ansatzes besteht insofern darin, zu betonen, daß alle bisherigen wissenschaftlichen Bemühungen zur Entdeckung ökonomischer Verhaltensweisen Partialanalysen sind, auf deren Ergebnisse die Systemtheorie jedoch dringend angewiesen ist.

Schließlich soll ein verhaltens- oder entscheidungstheoretischer Ansatz zur Bestimmung von Wirtschaftssystemen erwähnt werden (NEUBERGER/DUFFY, 1976), dessen Terminologie bereits Eingang in deutschsprachige Systemanalysen gefunden hat (LEIPOLD, 1976, 5. A. 1988; GUTMANN, 1978). Wirtschaftssysteme werden hier definiert als Mechanismen, die wirtschaftliche Entscheidungen in Produktion, Konsumtion und Verteilung von Gütern ermöglichen. Sie sind untergliedert in die drei Systeme (Strukturen) der Entscheidung, Information und Motivation:

- Das Entscheidungssystem umfaßt alle Regelungen, durch die Entscheidungsbefugnisse auf Individuen oder Wirtschaftseinheiten übertragen werden. Entscheidungen können zentralisiert oder dezentralisiert erfolgen, womit gleichzeitig Hierarchie- und Autoritätsaspekte in Gesellschaften angesprochen werden.

- Das Informationssystem umschließt alle Mechanismen und Transmissionskanäle, durch die es den Entscheidungsträgern möglich ist, ökonomisch relevante Informationen zu sammeln, zu speichern, auszuwerten und weiterzuleiten. Eine Besonderheit dieses Ansatzes besteht darin, die notwendige Abstimmung und Koordination ökonomischer Entscheidungen als Funktion des Informationssystems zu betrachten. Konsequenterweise werden deshalb die Koordinationsmechanismen „Plan und Markt" (Šik, 1967) dem Informationssystem zugeordnet.

- Das Motivationssystem schließlich bezeichnet alle Regelungen und Mechanismen, durch die sichergestellt wird, daß Entscheidungen in Handlungen umgesetzt und verwirklicht werden. Neben ideellen und materiellen Leistungsanreizen, Tradition, Loyalität etc. wird auch Zwang als Motivationsform angesehen.

Das Wirtschaftssystem operiert dabei immer in Abhängigkeit von der sozialökonomischen Umwelt (z. B. Bedürfnisstruktur der Menschen, quantitative und qualitative Ausstattung mit Arbeits- und Sachvermögen, Bestand an natürlichen Ressourcen, politisches und soziales Teilsystem) und der staatlichen Politik, soweit sie auf wirtschaftliche Entscheidungen und Handlungen durchschlägt.

Diese Sichtweise von Wirtschaftssystemen erinnert sehr stark an die ordnungstheoretische Bestimmung und Analyse von Wirtschaftssystemen, wie sie im deutschsprachigen Raum von Walter Eucken (1940; 1952), K. Paul Hensel (1972) u. a. entwickelt wurde. Der Ansatz wird den folgenden Analysen von Wirtschaftssystemen zugrundegelegt.

2.2. Wirtschaftsordnung, Wirtschaftsverfassung und Wirtschaftssystem

Wie in anderen Erklärungsansätzen werden auch hier die wirtschaftlichen Entscheidungen und Handlungen als abhängig von einem Bedingungsrahmen angesehen. Zu ihm gehören die Wirtschaftsordnung einerseits und die sozialökonomische Umwelt andererseits.

Die Wirtschaftsordnung umfaßt alle Regeln, Normen und Institutionen, die als meist längerfristig angelegte Rahmenbedingungen wirtschaftliche Entscheidungs- und Handlungsspielräume von Individuen und wirtschaftlichen Einheiten (Haushalte, Unternehmen) abgrenzen. Unter ordnungstheoretischem (morphologischem) Gesichtspunkt sind Wirtschaftsordnungen die Kombination einer begrenzten Zahl von Ordnungsformen. Als Klassifikationskriterien von Wirtschaftsordnungen werden

z. B. Formen der Planung und Lenkung, Eigentums-, Markt- und Preisbildungs- und Unternehmensformen sowie Formen der Geld- und Finanzwirtschaft angesehen. Jede Ordnungsform hat verschiedene Ausprägungen: Der Wirtschaftsprozeß kann zentral oder dezentral gelenkt werden; Produktionsmittel können Privat-, Staats- oder Gesellschaftseigentum sein; der Güteraustausch auf Märkten kann durch Leistungswettbewerb, aber auch durch Monopole geprägt sein; Willensbildung und -durchsetzung sowie Erfolgsrechnung von Unternehmen können verschiedenen Organisationsprinzipien folgen usw. Die Vielfalt konkreter Wirtschaftsordnungen ist Ausdruck der Fülle von Kombinationsmöglichkeiten dieser Ausprägungen von Ordnungsformen.

Die Ordnungsformen werden in den meisten Gesellschaften der Gegenwart – mehr oder weniger umfangreich – in Verfassung, Gesetzen und Rechtsverordnungen normiert. So kann z. B. die Form der Lenkung des Wirtschaftsprozesses gesetzlich geregelt sein (Pflicht zur Aufstellung und Erfüllung von gesamtwirtschaftlichen Plänen) oder Privateigentum an Produktionsmitteln gesetzlich verboten werden. Fehlen solche rechtlichen Normierungen, bilden sich Ausprägungen von Ordnungsformen spontan heraus. Rechtlich verankerte Normen und Institutionen, durch die Entscheidungs- und Handlungsspielräume von Wirtschaftseinheiten bestimmt sind, werden als Wirtschaftsverfassung bezeichnet. Sie wird wesentlich durch das politische und kulturelle System einer Gesellschaft geprägt. Ihre Interpretation ist ein erster Ansatzpunkt, um raum-zeitbezogene Wirtschaftsordnungen zu erfassen.

Die sozialökonomische Umwelt – die zweite Säule des Bedingungsrahmens – umschließt die bereits genannten Faktoren, zu denen auch politisches und kulturelles Teilsystem einer Gesellschaft zu zählen sind. Ändert sich die Umwelt (z. B. Ressourcenerschöpfung), erfolgen Reaktionen im Wirtschaftsprozeß (z. B. Ressourcensubstitution), die wiederum Umweltänderungen (z. B. Veränderungen des politischen Systems, Anhebung des Wissensstandes durch technische Fortschritte) auslösen können.

Die Anpassungsfähigkeit an die Umwelt wird wesentlich durch die Art und Weise der Beziehungen beeinflußt, die zwischen den wirtschaftlichen Entscheidungs- und Handlungseinheiten bestehen. Sie stellen in ihrer Gesamtheit das Wirtschaftssystem dar. Die Vielfalt der wirtschaftlichen Beziehungen, die die Einheiten bei Arbeitsteilung zum Zwecke der Knappheitsminderung eingehen, kann analytisch durch Bildung von Subsystemen erfaßt werden: Das Planungs- und Koordinationssystem einerseits und das Motivations- und Kontrollsystem andererseits.

Den Zusammenhang zwischen Wirtschaftsordnung, Wirtschaftsverfassung, Wirtschaftssystem und sozialökonomischer Umwelt verdeutlicht *Übersicht A-1.*

2.3. Konstitutive Elemente des Wirtschaftssystems

Planungs- und Koordinationssystem

Das Planungs- und Koordinationssystem umfaßt alle Beziehungen eines Wirtschaftssystems, die Menschen eingehen, um wirtschaftliches Geschehen planvoll zu gestalten und aufeinander abzustimmen. Die eingangs beschriebenen Lenkungs- und Koordinationsprobleme in einer Welt der Güterknappheit und der Arbeitsteilung können als Ausgangspunkt der Bestimmung dieses Subsystems dienen (Hensel, 1972, S. 18 ff.):

Übersicht A-1: Zusammenhang zwischen Wirtschaftsordnung, Wirtschaftsverfassung, Wirtschaftssystem und sozialökonomischer Umwelt

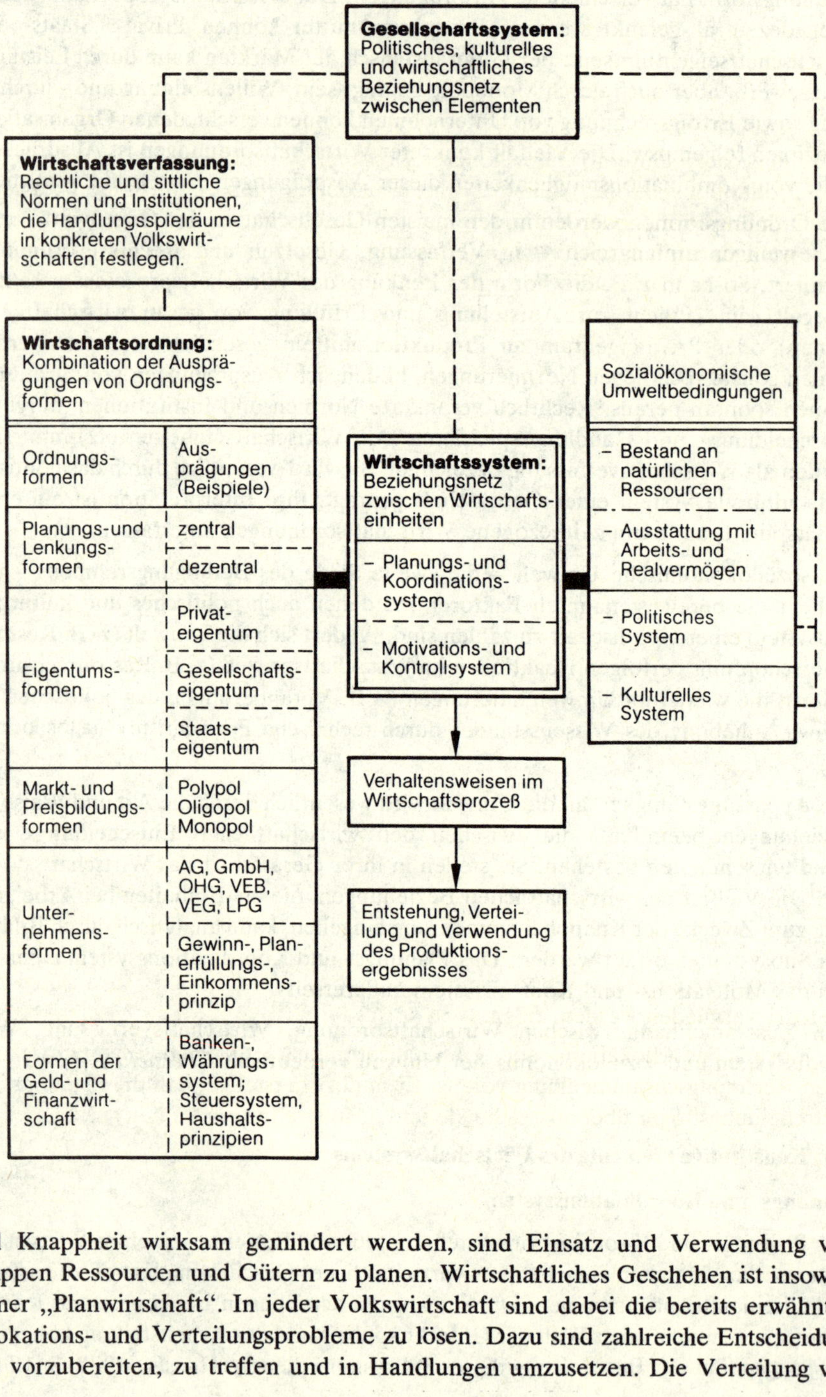

Soll Knappheit wirksam gemindert werden, sind Einsatz und Verwendung von knappen Ressourcen und Gütern zu planen. Wirtschaftliches Geschehen ist insoweit immer „Planwirtschaft“. In jeder Volkswirtschaft sind dabei die bereits erwähnten Allokations- und Verteilungsprobleme zu lösen. Dazu sind zahlreiche Entscheidungen vorzubereiten, zu treffen und in Handlungen umzusetzen. Die Verteilung von

Entscheidungs- und Handlungskompetenzen, über knappe Ressourcen und Güter verfügen zu können, ist insofern ein erstes Kriterium zur Bestimmung von Planungs- und Koordinationssystemen. Sie wird vorab, wenngleich nicht ausschließlich, durch die jeweils realisierten Formen des Eigentums geprägt.

Aus gesamtwirtschaftlicher Sicht existieren unüberschaubare Beziehungen zwischen den Bedürfnissen der Menschen und den zu ihrer Befriedigung geeigneten Konsumgütern. Konsumgüter (Güter erster Ordnung) werden aus anderen, nicht unmittelbar konsumierbaren Gütern (Güter höherer Ordnung; Vorprodukte; Produktionsgüter) und Produktionsfaktoren (Güter höchster Ordnung) hergestellt. Güter können in einem Substitutions- oder Komplementärverhältnis zueinander stehen. Die Güterbeziehungen sind für das Streben der Haushalte nach Nutzenmaximierung beim Konsum ebenso bedeutsam wie für jenes der Unternehmen nach Gewinnmaximierung oder Kostenminimierung in der Produktion. Neben diesen horizontalen bestehen auch vielfältige vertikale Verflechtungen, die als technische Produktionsbeziehungen zwischen input- und output-Größen (Produktionsfunktionen) darstellbar sind. Sollen unter der Annahme einer gegebenen gesamtwirtschaftlichen Ausstattung mit Ressourcen möglichst viele Bedürfnisse der Menschen befriedigt werden, sind unter den technisch denkbaren Produktionsbeziehungen jene auszuwählen und zu verwirklichen, bei denen knappe Ressourcen und Güter nicht verschwendet werden.

Die Interdependenz wirtschaftlichen Geschehens bei Arbeitsteilung und die Unüberschaubarkeit der vielfältigen Beziehungen läßt dies zu einem gewaltigen Informationsproblem werden, von dessen Lösung die Konsistenz und Effizienz wirtschaftlicher Beziehungen abhängt. Es müssen nicht nur Informationen über ökonomisch relevante Daten der Vergangenheit und Gegenwart gesammelt, übermittelt, gespeichert und verarbeitet werden. Da durch Planung der zukünftige Wirtschaftsprozeß gestaltet werden soll, sind ökonomisch relevante Erwartungsgrößen zu berücksichtigen. Die Bildung von Erwartungen kann unterschiedlichen Mustern folgen; sie sind immer mit Unsicherheit behaftet. Da Informationsbeschaffung und -verarbeitung Kosten verursachen, kommt es außerdem für die Planungs- und Entscheidungsträger nicht nur auf die Menge an Informationen, sondern vor allem auf deren Qualität an. Zielgerichtete Informationsbeschaffung und damit Informationsauswahl ist in einer Welt umfangreicher Informations- und Kommunikationsnetze und hoher technischer Speicherkapazitäten eine wesentliche Aufgabe für Planungs- und Entscheidungsträger, wenn entscheidungs- und handlungshemmende Informationsüberflüsse oder -defizite vermieden werden sollen.

Die Lösung des Allokations- oder Lenkungsproblems setzt einen gesamtwirtschaftlichen Rechnungszusammenhang voraus. Er muß sicherstellen, daß die Planungs- und Entscheidungsträger über ausreichende und adäquate Informationen verfügen, damit sie die Güter bewerten und ihre Produktions- und Konsumentscheidungen an den gesamtwirtschaftlichen Knappheitsgraden der Güter ausrichten können. Der Knappheitsgrad wird als Differenz (Saldo) zwischen der in einem Zeitpunkt verfügbaren Menge und der Bedarfsmenge eines Gutes definiert. Gesamtwirtschaftliche Güterknappheiten hängen letztlich von der Bedürfnisstruktur der Menschen und den Beständen an Ressourcen ab. Deren Veränderungen lösen Variationen der absoluten Knappheitsgrade einzelner Güter und damit der relativen Güterknappheiten aus, die für wirtschaftliche Entscheidungen besonders bedeutsam sind.

Ein gesamtwirtschaftliches Planungs- und Koordinationssystem erfordert also

- ein gesamtwirtschaftliches Rechenwerk, das es ermöglicht, wirtschaftliche Entscheidungen an den absoluten und relativen Güterknappheiten auszurichten,
- Kanäle und Mechanismen, über die die Planungs- und Entscheidungsträger die notwendigen Informationen beziehen können, und
- einen Koordinationsmechanismus, durch den Millionen von Einzelplänen simultan aufeinander abgestimmt und zu einem Beziehungsnetz verknüpft werden.

In der Planungstheorie sind bisher zwei Formen der Ermittlung und Anzeige gesamtwirtschaftlicher Knappheitsgrade nachgewiesen: Mengensalden in güterwirtschaftlichen Planbilanzen einerseits sowie Güter- und Faktorpreise, die sich auf Märkten bilden, andererseits.

Im ersten Fall wird der Wirtschaftsprozeß zentral geplant. Die Mengendifferenzen der Güter werden periodenbezogen in zahlreichen Aufkommens- und Verwendungsbilanzen ermittelt. Das Beziehungsnetz entsteht, indem die Mengensalden in den Bilanzen der Konsumgüter über technische Produktionskoeffizienten jeweils in Güter höherer Ordnung umgerechnet werden. Die in den Aufkommens- und Verwendungsbilanzen der Güter höchster Ordnung auf diese Weise festgestellten Mengensalden sind die wichtigsten Bewertungskriterien, an Hand derer die Planungsstrategien (z. B. Bedarfseinschränkung, Aufwandsvermehrung durch Importe) für die betreffende Planperiode zu entwickeln sind.

Im zweiten Fall werden gesamtwirtschaftliche Knappheitsgrade bzw. -verhältnisse durch absolute Preise bzw. relative Preise ausgedrückt. Sie bilden sich auf Märkten durch das Zusammenspiel zwischen angebotenen und nachgefragten Gütermengen. Diese gehen aus einzelwirtschaftlichen Plänen privater und öffentlicher Haushalte und Unternehmen hervor, deren Entscheidungen über Märkte und die dort geschlossenen Verträge aufeinander abgestimmt werden.

Das System zentraler Planung und Koordination bedingt einen hohen Grad der Organisation, eine weitgehende Zentralisierung von Verfügungsrechten sowie Informationen und darüber hinaus die für alle verbindliche Festlegung einer Einheitsplanperiode (z. B. Einjahres- oder Fünfjahrespläne). Ein System dezentraler Planung und Koordination ist hingegen durch einen niedrigen Organisationsgrad charakterisiert, wodurch Raum für spontane Handlungen geschaffen ist. Damit sind einheitlich fixierte Planperioden ebensowenig vereinbar wie weitgehend zentralisierte Verfügungsrechte und Informationsmonopole.

Schon hier sei darauf verwiesen, daß die auf diese Weise bestimmten Systeme zentraler und dezentraler Planung und Koordination ein analytisches Instrument zur Reduktion der komplexen Beziehungen in Wirtschaftsprozessen sind. Ihre Funktionsweise wird in der Literatur z. T. unter recht restriktiven Modellannahmen (z. B. vollständige Information der Planungsträger) analysiert. In den Ländern des administrativen Sozialismus (z. B. DDR, UdSSR), in denen Systeme zentraler Planung und Koordination – oder kurz: „Sozialistische" Planwirtschaften – verwirklicht waren, wurden neben dem zentralen Volkswirtschaftsplan auch Haushalts- und Betriebspläne aufgestellt und in Ausnahmebereichen sogar über Marktpreise (z. B. auf Schwarzmärkten und Parallelmärkten für Produktionsgüter) koordiniert (Haffner, 1978; G. Grossman, 1979). Umgekehrt gibt es in jenen Ländern, in denen Systeme dezentraler Planung und Koordination bei privatem Produktionsmitteleigentum – kurz: „Kapitalistische" Marktwirtschaften – als verwirklicht gelten (z. B. Bundesrepublik Deutschland, USA), mehr oder weniger umfangreiche „zentrale" Finanz-, Investitions- oder Strukturpläne staatlicher Instanzen sowie staatliche Preisfestsetzungen in einzelnen Wirtschaftssektoren.

Aus diesen Beobachtungen zu schließen, in jeder konkreten Volkswirtschaft seien immer beide Planungs- und Koordinationssysteme nebeneinander und gleichzeitig, also nur „Mischsysteme" (mixed economies) verwirklicht, würde allerdings weder der Logik der abgegrenzten Systemalternativen noch der Realität gerecht. Dies wird später bei der Analyse der Funktionsweise von Marktwirtschaften, der Wirtschaftsreformen in sozialistischen Planwirtschaften sowie der gegenwärtigen Transformationsprobleme in den ehemals sozialistischen Ländern Europas deutlich.

Motivations- und Kontrollsystem

Durch dieses Subsystem sollen jene Mechanismen und Beziehungen erfaßt werden, durch die soziale Einheiten zu wirtschaftlichen Entscheidungen und Handlungen motiviert und die Ausübung wirtschaftlicher Macht kontrolliert werden. Es geht somit um Aktivierung von Antriebskräften, die im Fähigkeitspotential des Menschen gebunden sind, und gleichzeitig um deren Kanalisierung und Kontrolle. Die Bedeutung dieses Subsystems für die wirtschaftliche Entwicklung einer Gesellschaft liegt darin, daß beispielsweise trotz optimaler Regeln und Institutionen für das Funktionieren eines dezentralen Planungs- und Koordinationssystems und reichlicher Ressourcenausstattung die Ergebnisse des Wirtschaftens bescheiden bleiben, wenn die Menschen nicht zur Erbringung von Leistungen motiviert sind und Antriebskräfte fehlen. Bei gleicher Ressourcenausstattung ist ein ähnliches Ergebnis denkbar, wenn Sanktions- und Kontrollmechanismen fehlen oder nicht funktionieren und deshalb eine dauerhafte Interessenverwirklichung einzelner oder einer Gruppe von Menschen zu Lasten aller anderen möglich ist.

Die gegenwärtig noch wenig entwickelte Motivationstheorie hat zwei Fragen zu beantworten:

- Was veranlaßt einen Menschen, wirtschaftliche Leistungen zu erbringen?
- Wie und wodurch können Menschen veranlaßt werden, die von anderen vorgegebenen wirtschaftlichen Aufgaben plangerecht zu lösen?

In der zweiten Frage werden alle Probleme der Planerfüllung und -verwirklichung angesprochen, wie sie sich besonders in sozialistischen Planwirtschaften, aber auch innerhalb von Wirtschaftseinheiten bei dezentraler Planung und Koordination des Wirtschaftsprozesses stellen. Ein Anreizsystem zur Stimulierung gewünschter Leistungen zu installieren, setzt allerdings Antworten auf die erste Frage voraus, weil es nur dann wirkt, wenn es an den Leistungsmotiven der zu Beeinflussenden ansetzt, mit deren Zielfunktion also übereinstimmt (NEUBERGER/DUFFY, 1976, S. 69).

Während in der Sozialethik moralisch-religiöse Motive zu wirtschaftlichen Leistungen anspornen, werden in den motivationstheoretischen Ansätzen andere Erfolgsgrößen, an denen sich die Handlungen ausrichten, als Triebfeder wirtschaftlicher Leistungen angesehen. Der Erfolg kann an verschiedenen materiellen (z. B. Erhöhung von Einkommen oder Gewinn) oder immateriellen Indikatoren (z. B. Verbesserung der Stellung oder des Ansehens in Betrieb und Gesellschaft) gemessen werden. Die relative Bedeutung von materiellen und immateriellen Erfolgsgrößen für die Leistungsmotivation hängt insbesondere ab vom kulturellen System, dem wirtschaftlichen Entwicklungsstand sowie den Persönlichkeitsmerkmalen von Individuen:

- Im kulturellen System manifestieren sich die für erstrebenswert gehaltenen Werte, die als Richtschnur individuellen Handelns dienen. Geistige Strömungen, wie z. B. die gegenwärtige Problematisierung und Diffamierung von „Leistungsgesellschaften", bleiben – zumindest zeitweilig – nicht ohne Auswirkungen auf die Leistungsmotivation.
- In entwickelten Volkswirtschaften mit hohem Durchschnittseinkommen wirken materielle Leistungsanreize weniger bzw. nur bei entsprechender Differenzierung stimulierend als in jenen mit mittlerem Durchschnittseinkommen. In unterentwikkelten Ländern, in denen wirtschaftliche Bemühungen allein auf Existenzerhaltung gerichtet sind, wirken sie überhaupt nicht und werden deshalb durch moralische Anreize oder Zwang ersetzt.
- Schließlich prägen Persönlichkeitsmerkmale (z. B. Risikobereitschaft oder Sicherheitsstreben; Kreativität oder Nachahmungstrieb) entscheidend die Auswahl individueller Erfolgsgrößen: Risikobereite, kreative und dynamische Persönlichkeiten wird eine wirtschaftliche Aufgabe von hohem Schwierigkeitsgrad (z. B. Entwicklung und Einführung eines technischen Fortschritts) an sich stärker zu Leistungen motivieren können als hohe Einkommenssteigerungen, die sie bei Routinelösungen lediglich leichter Aufgaben im Wirtschaftsprozeß erzielen können.

Die Einflußfaktoren von Leistungsmotivationen sind bei der Installierung von Leistungsanreizsystemen zu berücksichtigen. Ebenso ist zu beachten, daß die Menschen nach aller Erfahrung dazu tendieren, ihre individuellen Erfolgsinteressen selbst dann durchzusetzen, wenn dies dauerhaft zu Lasten anderer geht. Es sind deshalb Sanktions- und Kontrollmechanismen notwendig, durch die die Gefahren asozialer Verformungen wirtschaftlicher Entscheidungen und Handlungen beseitigt bzw. gemindert werden. Reagieren einzelwirtschaftliche Erfolgsindikatoren nur dann, wenn mit der Durchsetzung eigener Interessen auch diejenigen anderer verwirklicht werden, dient die – überaus wirksame – Selbstkontrolle der Lösung des allgemeinen Kontrollproblems. Ferner können wechselseitige Kontrollen im Wirtschaftsprozeß genutzt werden, weil jeder Informations- und Güteraustausch hierzu Ansatzpunkte bietet: Informations- und Güternachfrager kontrollieren sich gegenseitig sowie besonders die Informations- und Güteranbieter und umgekehrt. Schließlich bedarf es in jeder Volkswirtschaft staatlicher Kontrollen, die die Einhaltung der Grenzen gesetzlich verankerter Handlungsspielräume zu überprüfen und bei Übertretung zu sanktionieren haben. Die Kontrollbeziehungen sind je nach den verwirklichten Ordnungsformen (besonders des Eigentums, der Unternehmen und der Märkte) unterschiedlich gestaltbar und effizient. Da Kontrollsysteme – ebenso wie Informationsaustausch und Gütertransaktionen – anderweitig verwendbare Ressourcen absorbieren, sind ihre volkswirtschaftlichen Kosten möglichst gering zu halten.

Damit sind die beiden Subsysteme des Wirtschaftssystems ordnungstheoretisch bestimmt, durch die die vielfältigen Beziehungen im wirtschaftlichen Teilbereich einer

Gesellschaft erfaßt werden können. Das Planungs- und Koordinationssystem beschreibt die Informations-, Planungs- und Entscheidungsbeziehungen im Wirtschaftssystem, die bei der Lösung des gesamtwirtschaftlichen Allokations- oder Lenkungsproblems einzugehen sind. In der Ordnungstheorie wird es als konstitutiv für die Art und Weise angesehen, wie die wirtschaftlichen Beziehungen geordnet sind (Hensel, 1972). Vom Motivations- und Kontrollsystem hängt dagegen in besonderem Maße die Anpassungsfähigkeit des Wirtschaftssystems an Änderungen der sozialökonomischen Umwelt ab. Es umfaßt die Mechanismen und Beziehungen, durch die das in Menschen gebundene Leistungspotential aktiviert, kontrolliert und bei der Bewältigung wirtschaftlicher Aufgaben mit unterschiedlichen Schwierigkeitsgraden genutzt werden kann. Indem es Antriebskräfte der wirtschaftlichen Entwicklung beschreibt, spricht es die dynamische Komponente von Wirtschaftsbeziehungen besonders an.

Zwischen Planungs- und Koordinationssystem einerseits und Motivations- und Kontrollsystem andererseits bestehen mannigfache Beziehungen, die in der folgenden Analyse von drei unterschiedlichen Wirtschaftssystemen verdeutlicht werden sollen.

3. Dezentrale Planung bei Privateigentum: Kapitalistische Marktwirtschaften

3.1. Planung und Planbereiche

In Wirtschaftssystemen dezentraler Planung und Koordination wird das Wirtschaftsgeschehen in einer Vielzahl privater und öffentlicher Haushalte und Unternehmen geplant. Wenn die Verteilung der Entscheidungs- und Handlungsrechte überwiegend durch die Ordnungsform des privaten Produktionsmitteleigentums geprägt ist, bezeichnet man diese Wirtschaftssysteme häufig recht vage als Verkehrs-, Markt-, Profitwirtschaft, kapitalistische Marktwirtschaft oder einfach als Kapitalismus.

Private Haushalte – und im Prinzip auch öffentliche Haushalte, die zunächst ausgeklammert werden (s. Abschnitt 3.2.2.) – planen Verwendung und Entstehung ihres Einkommens für unterschiedliche Perioden. In den Verwendungsplänen wird das für die Periode erwartete Einkommen auf verschiedene Verwendungszwecke (kurz- und langlebige Konsumgüter, Ersparnisbildung) aufgeteilt. In den Entstehungsplänen wird die Beschaffung dieses Einkommens geplant, das sich als Summe der monetären (oder auch naturalen) Gegenleistungen ergibt, die auf den Produktionsfaktormärkten für die von Haushalten angebotenen Arbeits-, Kapital- und Bodenleistungen von den Nachfragern (Unternehmen) entrichtet werden. Welchen Verhaltensmustern die Planentscheidungen unter der Zielsetzung folgen, mit gegebenen Mitteln möglichst viele Bedürfnisse zu befriedigen (Nutzenmaximierungshypothese), hat die neoklassische Haushalts- oder Konsumtheorie zumeist unter restriktiven Annahmen aufgezeigt. Hervorzuheben ist, daß die Planentscheidungen von der Art, Menge und Qualität der Informationen über entscheidungsrelevante Variablen (z. B. Qualität und Beschaffenheit der Güter, Preise auf Güter- und Faktormärkten, potentielle Tauschpartner und -orte, Tauschkonditionen) abhängen, die Such- oder Informationskosten verursachen (Bernholz, 1979, S. 89 ff.). Dabei sind nicht nur gespeicherte Erfahrungswerte, sondern auch Informationen über ihre zukünftige Entwicklung erforderlich. Haushalte müssen also z. B. Preis-, Einkommens- oder Bedürfniserwartungen bilden und beziehen damit die unsichere Entwicklung ihrer Umwelt in der Zukunft in die Planüberlegungen und -entscheidungen ein. Sie leisten somit in der Planungsphase wesentliche Vorarbeiten für die Koordination der wirtschaftlichen Handlungen. Aus den Einkommensverwendungsplänen der Haushalte, die unterschiedliche Preiserwartungen bilden und Preisalternativen einkalkulieren, kann hypothetisch die gesamtwirtschaftliche Nachfrage für jedes Gut durch Summierung der zu alternativen erwarteten Preisen nachgefragten Mengen ermittelt werden. Analog sind die zu alternativen erwarteten Preisen von den Haushalten angebotenen Mengen an Faktorleistungen bestimmbar.

Private und öffentliche Unternehmen produzieren Güter, indem sie Produktionsfaktoren kombinieren. In privaten Unternehmen erfolgt die Leistungserstellung mit dem Zweck, einen Gewinn (positive Differenz zwischen Erlös und Kosten) zu erwirtschaften. Öffentliche Unternehmen können, je nach den Gütern, die sie anbieten, unterschiedliche Ziele verfolgen (z. B. Kostendeckung, bestmögliche Bedarfsdeckung, Gewinnerzielung). Private Unternehmensformen unterscheiden sich wesentlich in ihrer rechtlichen Ausgestaltung, wodurch insbesondere die Entscheidungs- und Handlungsrechte in Produktion und Verteilung bestimmt und zugeordnet werden. In den Personengesellschaften (z. B. Einzelunternehmen, Offene Handelsgesellschaft) sind die Kapitaleigner zugleich Unternehmer, die für die ökonomischen Konsequenzen ihrer Entscheidungen und Handlungen mit ihrem gesamten Vermögen haften. In den Kapitalgesellschaften (z. B. Aktiengesellschaft, Gesellschaft mit beschränkter Haftung) sind Kapitaleigner, die nur mit ihrer Kapitaleinlage haften, und Unternehmensführung rechtlich nicht identisch. Geschäftsführer (Manager), die nicht Kapitaleigner sein müssen, üben die faktischen Produktions- und Verteilungsrechte aus. Sie sind über Aus- und Abwahlmechanismen an die Interessen der Kapitaleigner gebunden und werden durch sie kontrolliert (z. B. Aufsichtsrat der Aktiengesellschaft). An der Ausübung von Produktions-, Verteilungs- und Kontrollrechten können durch besondere Rechtsvorschriften auch Vertreter der Arbeitnehmer als Nichteigentümer paritätisch beteiligt sein, wie es z. B. für Großunternehmen in der Bundesrepublik im Mitbestimmungsgesetz von 1976 vorgeschrieben ist. Es besteht dann ein Dreiecksverhältnis zwischen Kapitaleignern, Management und Arbeitnehmervertretern, deren jeweils unterschiedliche Interessen auf die ökonomischen Entscheidungen und Handlungen einwirken. Zielfunktionen und Organisation der Aktivitäten innerhalb des Unternehmens hängen wesentlich von diesen rechtlichen Regelungen ab.

Die internen Aktivitäten im Unternehmen sowie seine Beziehungen zur Umwelt (z. B. zu Güternachfragern und Anbietern von Gütern und Faktorleistungen) finden ihren Niederschlag in mehr oder weniger umfangreichen und detaillierten, kurz-, mittel- und langfristigen Absatz-, Produktions-, Beschaffungs- (Investitions-) und Finanzierungsplänen. Alle Entscheidungen über Produktionsprogramme (Gütersortiment), Auswahl von Produktionsverfahren und -faktoren, Finanzierungsalternativen usw. wirken positiv oder negativ auf den Unternehmenserfolg ein und sind deshalb an Erfolgsindikatoren (z. B. Gewinn, Rentabilitätskennziffern) auszurichten (Beitrag K). Der Erfolgsnachweis wird periodenbezogen als Plan-Ist-Vergleich in der Ergebnisrechnung geführt, wie sie vereinfacht für ein privates, auf Gewinnerzielung ausgerichtetes Unternehmen in *Übersicht A-2. I.* dargestellt ist.

Übersicht A-2: Formen der Ergebnisrechnung von Unternehmen in verschiedenen Wirtschaftssystemen

I. Gewinnprinzip	**II. Planerfüllungsprinzip**	**III. Bruttoeinkommens-prinzip**
	Besonderheit: Doppelte Rechnung Plan – Ist	
Erlös ./. Materialkosten ./. Abschreibungen ./. Lohnkosten ./. Kapitalkosten ./. Sonstige Kosten	Erlös ./. Materialkosten ./. Abschreibungen ./. Lohnkosten ./. Sonstige Kosten	Erlös ./. Materialkosten ./. Abschreibungen
= Bruttogewinn ./. Steuern	= Bruttogewinn ./. Produktionsfondsabgabe an den Staatshaushalt (≙ Verzinsung des Kapitals)	= „Verwirklichtes“ Bruttoeinkommen ./. Gesetzliche Verpflichtungen (z.B. Wasser-, Bodennutzungs-gebühren) ./. Vertragliche Verpflichtungen (z.B. Zinsen, Versicherungs-prämien)
= Nettogewinn	= Nettogewinn ./. Nettogewinnabführung an den Staatshaushalt (≙ Gewinnsteuer)	= Betriebliches (Netto-) Einkommen
	= Verbleibender Nettogewinn des Unternehmens	
Investition Ausschüttung	Betriebsprämienfonds Sonstige Fonds [z.B. Reserven, Kredittilgung] Investitionsfonds	Bruttofonds der Werktätigen ./. Steuern + Sozialbeiträge = Nettofonds der persönlichen Einkommen Betriebsfonds [Investitions-, Reserven-, Sozialfonds]
Erfolgsindikator: Tatsächliche Höhe des Nettogewinns	**Erfolgsindikator:** Differenz zwischen geplantem und tatsächlichem Nettogewinn	**Erfolgsindikator:** Tatsächliche Höhe des Nettoeinkommens

Wie die Haushaltsplanung setzt auch die Unternehmensplanung eine Fülle von Informationen über entscheidungsrelevante Variablen voraus, von denen die wichtigsten risikobehaftete Erwartungsgrößen sind (z. B. erwartete Entwicklung der Güternachfrage, der Preise für Faktorleistungen oder der rechtlich vorgeschriebenen Sozialleistungen). Jedes Unternehmen, das einen hohen oder gar maximalen Gewinn in der Zukunft anstrebt, muß die Planentscheidungen auf der Basis von Absatzerwartungen treffen und macht damit die erwarteten Kaufentscheidungen der Haushalte zur Grundlage der Unternehmensplanung. Daran ändert sich prinzipiell auch dann nichts, wenn die Unternehmen durch die bei arbeitsteiliger Wirtschaft notwendige Informationsvermittlung versuchen, die Kaufentscheidungen der Haushalte werbend zu ihren Gunsten zu beeinflussen. Aus den Unternehmensplänen läßt sich wiederum hypothetisch die gesamtwirtschaftliche Angebotsmenge bei alternativen erwarteten Preisen ermitteln. Entscheidend ist somit, daß in privaten Unternehmen

- die Entscheidungskompetenzen direkt oder indirekt von den Privateigentümern an den Produktionsmitteln wahrgenommen werden (Einschränkung: Paritätische Mitbestimmung in Großunternehmen);
- Umwelt und Umweltänderungen bei der Unternehmensplanung berücksichtigt werden müssen, gerade wenn sie am Ziel der Gewinnerwirtschaftung ausgerichtet ist;
- von risikobehafteten Erwartungen ausgegangen wird, die – werden sie enttäuscht – zu unverzüglichen Planrevisionen führen müssen, wenn der Unternehmenserfolg gesichert werden soll.

In den Plänen der privaten Haushalte und Unternehmen ist somit die Basis des Beziehungsnetzes wirtschaftlicher Handlungen angelegt, weil jeder einzelne Planungsträger die erwarteten Aktionen oder Reaktionen anderer berücksichtigt. In den Plänen werden deshalb schon wichtige Vorleistungen für die Koordination wirtschaftlicher Aktivitäten erbracht.

3.2. Koordination

3.2.1. Allokation und Verteilung individueller Güter durch Marktpreise

Wegen der universalen Interdependenz läßt sich nur schwer zeigen, wie die einzelwirtschaftlichen Pläne der Haushalte und Unternehmen und die aus ihnen folgenden Handlungen auf Güter- und Faktormärkten abgestimmt werden. Dies ist ein Grund dafür, daß die Koordinationsleistungen von Märkten, die allgemein als Treffpunkt von Angebot und Nachfrage oder als Orte des Austausches definiert werden, häufig verkannt oder unterschätzt und staatliche Regelungen zur Beseitigung der vermeintlichen „Anarchie des Marktes“ gefordert werden. Weder die „unsichtbare Hand“ noch ein vorgestellter „Auktionator“ oder eine Koordinationsmechanik vollziehen in der Realität Abstimmungsprozesse, sondern agierende und reagierende Einzelwirtschaften.

Das Zusammenspiel von Angebot und Nachfrage wird an den Preis-Mengen-Diagrammen von Einzelmärkten verdeutlicht. Ihre Interpretation erlaubt es auch, anzudeuten, wie es zu einem gesamtwirtschaftlichen Beziehungsnetz einzelwirtschaftlicher Pläne und Handlungen kommt. Eine Addition der von den Haushalten bzw. Unternehmen zu alternativen erwarteten Preisen nachgefragten bzw. angebotenen Mengen eines Gutes ergibt die hypothetischen gesamtwirtschaftlichen Nachfrage- bzw. Angebotskurven; im Schnittpunkt der im Preis-Mengen-Diagramm normalerweise von links oben fallenden bzw. links unten steigenden Nachfrage- bzw. Angebotskurve ergibt sich ein Preis, bei dem jene Marktteilnehmer, die diesen Preis ihren Planungen zugrundegelegt haben, nicht enttäuscht werden, also tatsächlich zum Zuge kommen (Beitrag L). Dieser Preis ist vorläufig, weil alle anderen Nachfrager und Anbieter, deren Preiserwartungen enttäuscht werden, ihre Pläne revidieren müssen. So werden beispielsweise Nachfrager, denen der Preis zu hoch ist, auf Märkte von preisgünstigeren Substituten ausweichen, was sich – graphisch gesehen – als Verlagerung der Nachfragekurven auf *beiden* Märkten niederschlägt. Anbieter mit niedrigeren Preisforderungen können mehr als geplant von dem Gut absetzen, was aber die zusätzliche Beschaffung von Vorprodukten oder Faktorleistungen voraussetzt. Sie werden ihre Produktions-, Lager- und Beschaffungspläne revidieren und beeinflussen dadurch die Nachfrage auf den vorgelagerten Märkten. Anbieter mit höheren Preisforderungen können die geplanten Produktionsmengen nur teilweise oder gar nicht absetzen. Um der Verdrängung vom Markt (Konkurs) zu entgehen, werden sie versuchen, die Produktionskosten durch technische oder organisatorische Fortschritte zu senken, das Produktionsprogramm durch Ausweichen auf andere Güter zu verändern oder einen höheren Preis am Markt – z. B. durch Werbemaßnahmen oder Kartellabsprachen mit anderen Anbietern – durchzusetzen. Die am Ausgangsmarkt für einzelne Marktteilnehmer notwendigen Planrevisionen verändern nicht nur dort die Angebots-Nachfrage-Konstellation und die Preis-Mengen-Beziehung, sondern auch jene auf zahlreichen anderen Faktor- oder Gütermärkten, die wiederum auf den Ausgangsmarkt zurückwirken.

Dieses Zusammenspiel von Angebot und Nachfrage stellt sich als Prozeß fortwährender Informationsentstehung, -verwendung und -vernichtung über die relativen Güterknappheiten dar, die den Einzelwirtschaften über die relativen Preise signalisiert werden. Variationen der relativen Preise lösen einzelwirtschaftliche Planrevisionen und Anpassungsreaktionen aus, wodurch sich die gesamtwirtschaftliche Faktorallokation ebenso wie die Güterverteilung verändert.

Über die Marktpreise werden somit die Einzelpläne aufeinander abgestimmt und über die Verknüpfung der Märkte in einen gesamtwirtschaftlichen Rechnungszusammenhang gestellt. In dem ständigen Anpassungsprozeß wird zugleich darüber entschieden, wessen Planentscheidungen auch in tatsächliche Tauschhandlungen umgesetzt werden können. Die Übertragung ausschließlicher Nutzungsrechte beendet damit die Rivalität um private Güter. Der Preis, der als Gegenleistung dafür zu zahlen ist, repräsentiert den Ressourcen- und Güteraufwand, den die Produktion und Bereitstellung des Gutes verursacht hat. Auf Märkten erfolgt somit auch die Zurechnung ökonomischer Effekte auf jene, die sie mit ihren Entscheidungen und Handlungen ausgelöst haben.

Die durch die Haushalts- und Unternehmenspläne vielfältig miteinander verflochtenen Märkte

- vermitteln laufend und in der allen Marktteilnehmern verständlichen Sprache relativer Preisänderungen gebündelte Informationen über Änderungen gesamtwirtschaftlicher Faktor- und Güterknappheiten (Informationsfunktion);
- verknüpfen einzelwirtschaftliche Teilpläne zu einem gesamtwirtschaftlichen Plansystem (Koordinationsfunktion);
- konstituieren wirksame Leistungsanreize und -kontrollen, indem leistungsfähige

Marktteilnehmer belohnt und nichtleistungswillige oder -fähige mit Sanktionen bis hin zur Marktverdrängung belegt werden (Auslesefunktion);

- lasten jenen Wirtschaftssubjekten, die Ressourcen und Güter verwenden, auch die ökonomischen Konsequenzen ihrer Entscheidungen und Handlungen an (Internalisierungsfunktion); und
- schaffen schließlich Wahlalternativen und sichern dadurch die Möglichkeiten zur freien Entfaltung (z. B. Arbeitsplatz-, Konsum-, Berufswahl) ökonomisch ab (Emanzipationsfunktion).

Ob und in welchem Ausmaß Märkte diese gesamtwirtschaftlichen Funktionen erfüllen, hängt von den Marktbedingungen und Preisbildungsformen ab. Wie die Realität zeigt, vollziehen sich die Austauschprozesse keineswegs immer und überall unter der Bedingung funktionierenden Leistungswettbewerbs um die Marktchancen: Abgestimmtes Verhalten von Anbietern oder Nachfragern, Kartellabsprachen zur Preisbeeinflussung, staatliche oder private Beschränkungen des Marktzutritts oder staatliche Preisfestsetzungen (Höchst- und Mindestpreise) sind nur Beispiele wettbewerbsmindernder Praktiken. Wie die Preis- und Wettbewerbstheorie (Beiträge L und O) bzw. Verteilungstheorie (Beitrag H) zeigen, werden dadurch die angedeuteten Verhaltensmuster von Anbietern und Nachfragern auf Güter- bzw. Faktormärkten modifiziert und die Koordinationsleistungen von Märkten gemindert: Setzt der Staat z. B. einen Mindestpreis, der über dem Marktpreis liegt, fest, löst diese falsche Information über den tatsächlichen Knappheitsgrad des Gutes Fehlplanungen aus, die zur Überschußproduktion und zur künstlichen Bindung von Produktionsfaktoren in diesem Wirtschaftssektor führen. Auch sind die Wirtschaftsrechnungen der Marktteilnehmer keineswegs so geschlossen, daß alle positiven und negativen Effekte, die aus Entscheidungen und Handlungen folgen, tatsächlich den Verursachern voll zugerechnet werden. Daß mit wettbewerbsmindernden Strategien immer zu rechnen ist, wie sie die Auslese- und Emanzipationsfunktion der Märkte beeinträchtigen und welche ordnungspolitischen Konsequenzen daraus resultieren, wird noch zu zeigen sein (s. Abschnitte 3.3. und 3.4.).

3.2.2. Allokation und Verteilung öffentlicher Güter durch politische Entscheidungen

In jeder konkreten Marktwirtschaft sind Produktion und Verwendung nicht nur privater Güter, sondern auch öffentlicher Güter zu planen, zu entscheiden und zu koordinieren.

Im Gegensatz zum privaten kann beim öffentlichen Gut selbst dann niemand von seiner Verwendung ausgeschlossen werden, wenn er freiwillig nicht bereit ist, sich an den Produktionskosten zu beteiligen. Bei den spezifisch öffentlichen Gütern gilt das Ausschlußprinzip nicht; die Produktionskosten des Gutes lassen sich nicht den eigentlichen Verursachern der Produktion, den einzelnen Konsumenten, anlasten. Wenn die Wirtschaftsrechnungen nicht geschlossen sind, weil Nutznießer des Angebots eines solchen Gutes auch Nichtleistungswillige (Trittbrettfahrer, free rider) sind, wird es wegen der fehlenden Kostendeckung nicht von privaten Unternehmen angeboten. Weil hier der Markt als Koordinationsprinzip versagt, wird ihr Angebot in den öffentlichen Haushalten des Staates (Bund, Länder, Gemeinden) sichergestellt, der die Produktionskosten durch Erhebung von Zwangsabgaben (Steuern, Beiträge) decken kann (Beiträge J und M).

In der Realität fällt es schwer, öffentliche von privaten Gütern zu unterscheiden (Musgrave/Musgrave/Kullmer, 1975; Bernholz, 1979). Viele der staatlichen Leistungen (z. B. Müllabfuhr, Verkehrsleistungen, Rundfunk und Fernsehen, Schwimmbäder, Telefon, Bildung) können im Prinzip privatwirtschaftlich angeboten werden. Neben historischen Gründen sind besonders gesellschaftspolitische Zielsetzungen (z. B. Schutz der Gesundheit, Gewährleistung gleicher Bildungschancen) die Ursache dafür, daß der Staat in Marktwirtschaften in zunehmendem Maße solche sogenannten meritorischen Güter anbietet und damit das Konsumverhalten zu beeinflussen sucht. Wird von den Verwendern ein spezielles Benutzungsentgelt (Gebühren) erhoben, ergeben sich keine wesentlichen Unterschiede zur Planung und Marktkoordination privat angebotener Güter.

Produktions-, Finanzierungs- und Verteilungsentscheidungen über öffentliche Güter (z. B. solche zur Gewährleistung äußeren und inneren Schutzes der Gesellschaftsmitglieder) und meritorische Güter werden in parlamentarischen Demokratien in verschiedenen politischen Entscheidungs- und Handlungszentren gefällt (Parteien, Parlament, Regierung, Bürokratie). Die Entscheidungen können durch Verbände, in denen Teilinteressen einer Gesellschaft mit dem Ziel ihrer besseren Durchsetzung organisiert sind, mehr oder weniger stark beeinflußt werden.

Da Märkte für spezifisch öffentliche Güter nicht existieren, erfolgt deren Angebot im Prinzip durch den Mechanismus politischer Wahlen. Parteien konkurrieren um die Regierungsgewalt. Die Politiker müssen mit den Parteiprogrammen in periodisch stattfindenden Wahlen (z. B. Bundestags-, Landtags-, Kommunalwahlen in der Bundesrepublik) um die Gunst der Wähler werben mit dem Ziel, am Wahltag möglichst viele Stimmen zu erhalten, um bei absoluter Mehrheit die Regierungsgewalt übernehmen bzw. weiter ausüben zu können. Parteiprogramme und Wahlkampfthemen sind in dieser Sicht – meist stark an einzelne Politiker gebundene – Produktions- und Verteilungsangebote öffentlicher (meritorischer) Güter sowie Vorschläge zu ihrer Finanzierung. Weil mit ihnen möglichst viele Wähler angesprochen werden sollen, sind sie allerdings recht allgemein gehalten und lassen insofern Handlungsspielräume der Politiker bestehen. Je nach der Zusammensetzung des erwarteten Wählerpotentials, der Bindungsintensität einzelner Gruppen an bestimmte Parteien, der Zahl der konkurrierenden Parteien usw. sind jeweils unterschiedliche Strategien zur Erreichung des angestrebten Wahlerfolgs einzusetzen, wie die Modelle der Ökonomischen Theorie der Politik zeigen (Bernholz, 1975, 1979).

Wenngleich der politische Wahlmechanismus als Substitut der Marktkoordination und Politiker als politische Unternehmer mit analogen Erfolgsgrößen und -rechnungen begriffen werden können, bestehen einige – bisher weitgehend ungelöste – Probleme politischer Entscheidungen und Handlungen, durch die eine optimale Allokation und Verteilung öffentlicher Güter in Marktwirtschaften beeinträchtigt wird:

- Der Einfluß von Verbänden auf die politischen Planentscheidungen geht zu Lasten jener Interessen, die sich nicht oder nicht wirksam organisieren lassen.
- Politiker sind bei der Vorbereitung und Ausführung von Entscheidungen auf

Spezialisten und umfangreiche Verwaltungseinrichtungen (Bürokratie) angewiesen. Wesentliches Erfolgskriterium von Bürokratien ist das Budgetvolumen, von dem die Zahl der Untergebenen sowie Ansehen und Macht der leitenden Bürokraten abhängen.

- Bei spezifisch öffentlichen Gütern ist es äußerst schwierig, wenn nicht unmöglich, Informationen über Menge und Qualität der nachgefragten Güter zu beschaffen, die für die Planung jedes einzelnen Güterangebots erforderlich wären.
- Die Informationsbeschaffung, wie sie z. B. durch Beteiligung unmittelbar betroffener Personen am Planungsprozeß spezieller und meist regional begrenzter Angebote an öffentlichen Gütern versucht wird (Partizipationsmodelle), verursacht besondere, zu finanzierende Informationskosten, ohne daß eine widerspruchsfreie Präferenzordnung für den betroffenen Personenkreis erwartet werden kann.
- Planung und Koordination des Angebots an öffentlichen Gütern basieren wie bei privaten Gütern auf Erwartungen, die einzelne Politiker und ihre Berater bilden. Sie unterliegen insofern auch den gleichen Risiken von Erwartungsenttäuschungen, nicht jedoch gleich wirksamen Sanktionsmechanismen, die bei Marktkoordination greifen.

Die politischen Planungen, Entscheidungen und Handlungen zur Bereitstellung öffentlicher und meritorischer Güter sind nicht isoliert vom marktkoordinierten Prozeß. Sie sind in den gesamtwirtschaftlichen Informations- und Rechnungszusammenhang schon deshalb integriert, weil das staatliche Angebot an Gütern den Einsatz solcher Güter bzw. Produktionsfaktoren voraussetzt, die selbst im marktkoordinierten Prozeß hergestellt bzw. dabei eingesetzt werden. Änderungen der relativen Preise induzieren insofern auch Anpassungsreaktionen bei politischen Entscheidungen. Umgekehrt ist das Angebot öffentlicher Güter (z. B. Infrastruktur, Rechtssicherheit) Voraussetzung für das Funktionieren der Marktkoordination. Diese notwendige Ergänzung und das Ineinandergreifen von Marktpreis- und politischen Wahlmechanismen in jedem Wirtschaftssystem dezentraler Planung und Koordination kann allerdings die angedeuteten ungelösten Planungs-, Informations-, Motivations- und Kontrollprobleme nicht beseitigen, die jedes staatliche Angebot an Gütern verursacht. Dies sind auch die wesentlichen Gründe, die in der kontroversen Diskussion die Position jener stützen, die eine Überprüfung und Einschränkung des staatlichen Güterangebots fordern (Engels, 1976; Bonus, 1978; Gutmann, 1978).

3.3. Leistungsanreize und -kontrollen

Das Motivations- und Kontrollsystem in Marktwirtschaften mit privatem Produktionsmitteleigentum zeichnet sich durch weitgehende Abwesenheit von administrativ-bürokratischen Prozeßregelungen aus. Private Eigentums- oder Vermögensrechte und der Wettbewerb um die Ausnutzung von Marktchancen konstituieren wirksame Leistungsanreize und -kontrollen, die das Erfolgsstreben der Wirtschaftssubjekte prägen. Selbst im politischen Wahlmechanismus regelt das Wettbewerbsprinzip die Bereitstellung öffentlicher Güter, wenngleich aus den angedeuteten Gründen besonders in Bürokratien und Verbänden spezielle Motive und Interessen wirksam werden, so daß administrative Kontrollen der Handlungen organisiert werden müssen.

Da die Verfügungsrechte nicht nur an Konsumgütern, sondern weitgehend auch an den Produktionsmitteln privatisiert und damit Personen zugeordnet sind, werden individuelle Verantwortlichkeiten abgegrenzt und Interessen aktiviert, die Verfügungsrechte im Sinne des einzelwirtschaftlichen Erfolgsstrebens auszuüben. Wenn die Ausübung von privaten Verfügungsrechten mit dem Haftungsprinzip verbunden ist, können nicht nur positive, sondern auch negative Handlungsfolgen, die anderen entstehen, den Verursachern zugerechnet werden. Der Chance, private Verfügungsrechte durch rationellen Einsatz zu vermehren und damit individuelle Handlungsspielräume zu erweitern, steht das Risiko gegenüber, sie zu verlieren – mit allen daraus resultierenden negativen Konsequenzen für die persönliche Lebensgestaltung. Sind die Eigentumsrechte in diesem Sinne exakt abgegrenzt, können sowohl positive wie negative externe Effekte weitgehend vermieden werden. Auch besteht bei den Verfügungsberechtigten das Interesse, die Informations- und Transaktionskosten von Tauschhandlungen gering zu halten, weil sie zu eigenen Lasten gehen. Schließlich sind Privateigentümer aus Eigeninteresse darum bemüht, die an wirtschaftlichen Handlungen beteiligten Nichteigentümer durch geeignete Formen des Leistungsanreizes (z. B. Leistungslöhne, Arbeitsplatzgestaltung) so zu motivieren, daß auch deren Handlungen positiv auf die Erfolgskriterien der Eigentümer einwirken. Private Eigentumsrechte begründen also dezentralisierte Verantwortlichkeiten, in den Einzelwirtschaften Strategien zur Lösung des Leistungsproblems zu entwicklen, anzuwenden und sie den Umweltänderungen anzupassen. Ob und inwieweit diese unter gesamtwirtschaftlichen Effizienzkriterien positiven Anreize und Kontrollen aus Selbstinteresse zur Geltung kommen, hängt allerdings wesentlich von der eindeutigen Abgrenzung der privaten Eigentumsrechte (und -pflichten) und damit von der Ausgestaltung der Rechtsordnung ab.

Private Eigentumsrechte an Gütern und Produktionsmitteln begründen immer Machtpositionen der Verfügungsberechtigten. Gerade wenn davon ausgegangen wird, daß sich Erfolgsstreben an Einzelinteressen ausrichtet, besteht die Gefahr der Konzentration privater Eigentumsrechte und damit der wirtschaftlichen Machtballung in den Händen weniger. Die Dezentralisierung von Entscheidungsbefugnissen durch private Eigentumsrechte ist in kapitalistischen Marktwirtschaften insoweit eine notwendige, aber nicht hinreichende Bedingung gesamtwirtschaftlich adäquater Lösungen der Anreiz- und Kontrollprobleme.

Diese hinreichende Bedingung erfüllt der Leistungswettbewerb um Marktchancen, der – neben dem privaten Produktionsmitteleigentum – die zweite Säule des marktwirtschaftlichen Motivations- und Kontrollsystems darstellt (Heuss, 1965; von Hayek, 1969,1; Hoppmann, 1977). Funktionierender Wettbewerb, der neben einer ausreichenden Anzahl von Marktteilnehmern noch weitere Bedingungen erfordert (z. B. offener Marktzutritt und -austritt, spirit of competition), schafft Anreize zu Leistungsverbesserungen, erzwingt Anpassungen an veränderte Wünsche und löst Kontrollen aus, durch die dauerhafte Machtpositionen verhindert werden. Die Anreizfunktion des Wettbewerbs besteht darin, daß z. B. dynamische, innovative Unternehmer ihre Erfolgsinteressen dann besonders gut verwirklichen können, wenn sie Neues entdecken (z. B. Marktlücken, neue oder verbesserte Produkte, kostensparende Produktionsverfahren), es auch an die Abnehmer in Form direkter oder indirekter Preisnachlässe des Gutes weitergeben und sich dadurch von ihren Mitbewerbern um die Absatzchancen abheben. Für die Konkurrenten besteht dann ein Anpassungszwang, diese Verbesserungen möglichst schnell zu imitieren, wenn sie eine Abwanderung von Nachfragern verhindern oder bereits abgewanderte zurückgewinnen wollen. Da sich Anbieter und Nachfrager untereinander und gegenseitig auf der Suche nach Vorteilen ständig beobachten, wird durch Wettbewerb ein wirksames Kontrollsystem wirtschaftlichen Verhaltens begründet – und zwar ohne bürokratischen Aufwand und bei vollständiger Internalisierung der Kontrollkosten.

Das Zusammenspiel zwischen vorstoßenden und nachziehenden, agierenden und reagierenden Wettbewerbern vollzieht sich mit wechselnden Rollen; es ist – und hierin liegt seine Bedeutung – ein Prozeß ständiger Differenzierung und Nivellierung, in dem wirtschaftliche Machtpositionen auf- und abgebaut werden. Wettbewerb sichert insoweit nicht nur wirtschaftliche Freiheitsspielräume, sondern ermöglicht durch diese Anreiz- und Kontrollregeln auch positive wirtschaftliche Marktergebnisse, die im Wege von Kompromißlösungen der Interessengegensätze allen Beteiligten zugute kommen.

Ebenso wie die Konzipierung eindeutiger privater Eigentumsrechte ist auch die Entwicklung und rechtliche Verankerung allgemeiner Wettbewerbsregeln eine ordnungspolitische Gestaltungsaufgabe des Staates, der zugleich die Einhaltung dieser Regeln zu kontrollieren hat.

3.4. Probleme der Wirtschaftspolitik

Das Wirtschaftssystem dezentraler Planung und Koordination mit Privateigentum beruht somit nicht auf einer umfassenden Planung und Festlegung von Verhaltensweisen durch staatliche Institutionen. Das Beziehungsnetz zwischen den Wirtschaftseinheiten ist vielmehr charakterisiert durch eine sich im Wettbewerb herausbildende Handelsordnung (von Hayek, 1969,1), die auf allgemeinen, von den Gesellschaftsmitgliedern akzeptierten Regeln beruht und deren Ergebnis ex ante offen ist. Private Eigentumsrechte und Wettbewerb bedingen einander, wodurch eine Dezentralisierung und Aufsplitterung wirtschaftlicher Machtpotentiale erreichbar ist, die zudem dauernd gefährdet sind. Da sie letztlich nur durch Entdeckung oder Verbreitung neuen Wissens gewonnen oder verteidigt werden können, sind die Motivationen der Menschen über ihr Erfolgsstreben in den Dienst der gesamtwirtschaftlichen Entwicklung gestellt und gleichzeitig wirksamen Handlungskontrollen unterworfen.

Die Beziehungen zwischen den Wirtschaftseinheiten sind spontan in dem Sinne, daß sie nicht einer zentralisierten, bürokratischen Organisation mit Verhaltensbefehlen und -anweisungen unterliegen. Sie sind nichtsdestoweniger geplant, allerdings dezentral in den Haushalten und Unternehmen auf der Basis der in der Wirtschaftsverfassung verankerten allgemeinen Verhaltensregeln. Die Abstimmung der Einzelpläne erfolgt über Märkte, die als nicht-autoritäre Regelsysteme die beschriebenen Funktionen erfüllen.

Aus diesem ordnungstheoretischen Erklärungsansatz wirtschaftlicher Beziehungen in komplexen Gesellschaften wurden verschiedene Konzeptionen zur praktischen Ausgestaltung von Wirtschafts- und Gesellschaftsordnungen entwickelt. Eine der bekanntesten ist die „Soziale Marktwirtschaft“, wie sie seit Ende des Zweiten Weltkriegs in der Bundesrepublik Deutschland als verwirklicht gilt und die – nicht zuletzt wegen der wirtschaftlichen Erfolge – auch anderen Ländern als Leitbild dient. In dieser Konzeption fallen dem Staat wichtige Aufgaben zu, die in der Realität wegen der bereits beschriebenen Funktionsprobleme politischer Wahlmechanismen unterschiedlich gelöst sind (CASSEL/GUTMANN/THIEME, 1972; HARTWIG, 1984; THIEME, 1991; 2. A. 1994).

Erstens obliegt es dem Staat, den Bedingungsrahmen wirtschaftlicher Beziehungen in der Rechtsordnung durch verbindliche, allgemeine, eindeutige und insofern erkennbare Verhaltensregeln zu normieren. Diese ordnungspolitische Aufgabe bezieht sich vor allem auf die

– Spezifikation von privaten Verfügungsrechten und die Regeln ihrer Übertragung (Eigentums- und Vertragsrecht);
– Verankerung von Sanktionen für Handlungen, durch die Wettbewerb gemindert oder ausgeschlossen wird (Wettbewerbsrecht, Wirtschaftsstrafrecht);
– Gestaltung der Regeln, denen die Beziehungen innerhalb der Wirtschaftseinheiten unterliegen (z. B. Unternehmens- und Mitbestimmungsrecht, Familienrecht, Jugendrecht);
– Konstituierung von Regeln der Geldversorgung der Gesamtwirtschaft und der Finanzwirtschaft der öffentlichen Hand (Notenbankrecht, Steuer- und Finanzrecht).

Da diese Regeln neben Konventionen die Basis der komplexen Wirtschaftsbeziehungen darstellen, ist ihre Eindeutigkeit und Durchsetzung für das Funktionieren des Wirtschaftssystems ebenso wichtig wie die Vermeidung hektischer Änderungen dieses Bedingungsrahmens (EUCKEN, 1952).

Zweitens greift der Staat im Rahmen seiner verfassungsmäßig verankerten Kompetenzen auch direkt in das wirtschaftliche Beziehungsnetz dort ein, wo es aus gesellschaftspolitischen oder wirtschaftspolitischen Gründen für notwendig erachtet wird. Das Ausmaß dieser staatlichen Prozeßaktivitäten und die Art der staatlichen Einflußnahme werden ebenso wie ihre Wirkungen kontrovers diskutiert und beurteilt, wie abschließend an einigen Bereichen staatlicher Wirtschaftspolitik in Marktwirtschaften gezeigt werden soll:

– Unumstritten ist die Notwendigkeit des staatlichen Angebots öffentlicher Güter. Umstritten ist hingegen, ob die zahlreichen vom Staat bereitgestellten privaten Güter nicht effizienter im Marktsystem produziert und angeboten werden könnten (Beitrag J).
– Unumstritten ist ferner die Notwendigkeit einer umfassenden Einkommensumverteilungs- und Sozialpolitik, weil über das Marktsystem nur jene Einkommen erhalten, die tatsächlich in den Produktionsprozeß eingegliedert sind und dabei mannigfachen physischen sowie psychischen Gefahren ausgesetzt sind. Schutz und somit soziale Sicherung der Erwerbstätigen ist deshalb ebenso erforderlich wie eine aktive Politik zur Absicherung Nichterwerbstätiger (z. B. Kinder, Kranke, Rentner, Arbeitslose). Unterschiedlich beurteilt werden die Instrumente, mit denen diese Ziele verwirklicht werden sollen (Beiträge H, J, R).
– Dynamische Marktwirtschaften mit Außenwirtschaftsbeziehungen unterliegen

ständig dem Strukturwandel, weil sich das Wirtschaftssystem – über Variationen der relativen Preise – an Umweltänderungen anpaßt. Umstritten ist, ob und wie durch staatliche Strukturpolitik diese notwendigen Anpassungsprozesse beschleunigt oder gebremst bzw. ihre negativen sozialen Folgen gemindert werden sollen (Beiträge J, Q).

- Schließlich zeigt die Erfahrung, daß die wirtschaftliche Entwicklung in kapitalistischen Marktwirtschaften zyklisch verläuft und dabei aus wirtschaftlichen, sozialen und politischen Gründen unerwünschte gesamtwirtschaftliche Konstellationen (z. B. Arbeitslosigkeit, Inflation) entstehen (Beitrag F). Wenngleich Übereinstimmung in der Notwendigkeit einer Vermeidung gravierender gesamtwirtschaftlicher Instabilitäten herrscht, besteht Dissens über Konzept und Methoden staatlicher Stabilisierungspolitik, weil die Ursachen solcher Aktivitätsschwankungen kontrovers beurteilt werden (Beiträge J, P).

4. Zentrale Planung bei Staatseigentum: Sozialistische Planwirtschaften

4.1. Planbereiche und Organisation zentraler Planung

Wirtschaftssysteme dezentraler Planung und Koordination mit Privateigentum haben eine lange Tradition, in der sich meist schrittweise durch Veränderungen des ordnungspolitischen Bedingungsrahmens verschiedene Varianten entwickelten. Im Gegensatz dazu und in radikaler Abkehr von diesen waren und sind Wirtschaftssysteme zentraler Planung und Koordination das Ergebnis einer bewußten und umfassenden Neuorganisation der Wirtschaftsbeziehungen. Sie erfolgte seit 1928 in der UdSSR, nachdem mit der Oktoberrevolution von 1917 die Voraussetzungen für die Vergesellschaftung der Produktionsmittel geschaffen worden waren und zunächst verschiedene Organisationsmodelle gesellschaftlicher Planung kontrovers diskutiert und teilweise auch kurzfristig angewendet wurden (Bress, 1972; Nove, 1977). Die 1928 konstituierten Organisationsformen und -regeln zentraler Planung kennzeichnen – mit einigen Verfeinerungen – bis in die achtziger Jahre die Wirtschaftsbeziehungen in der UdSSR. Sie wurden von den meisten sozialistischen Ländern übernommen. Je nach dem Dominanzkriterium, mit dem Wirtschaftssysteme voneinander abgegrenzt werden, bezeichnet man sie in der Literatur als sozialistische Planwirtschaften, Kommando- oder Befehlswirtschaften, Zentralverwaltungswirtschaften oder einfach als Planwirtschaften.

Wirtschaftssysteme zentraler Planung und Koordination bedingen einen hohen Grad vertikaler Organisation (Planung, Leitung, Kontrolle), deren Prinzipien am Beispiel der DDR – stellvertretend für andere sozialistische Planwirtschaften – dargestellt werden.

Wie in jeder komplexen Gesellschaft setzt sich auch dieses Plansystem aus einer Vielzahl von Einzel- und Teilplänen zusammen. Von dezentraler Planung unterscheidet es sich insbesondere durch die strikte Zentralisierung von Entscheidungskompetenzen und Verfügungsrechten an den Produktionsmitteln (Volks- oder Staatseigentum) bei staatlichen Instanzen, die den Produktions- und Verteilungsprozeß leiten und kontrollieren. Hervorzuheben ist die enge Verzahnung von wirtschaftlichen und politischen Teilsystemen, die ihre Ursache in der dominierenden Rolle hatte, die die kommunistischen Parteien in sozialistischen Ländern für alle Lebensbereiche bis 1989 beanspruchten.

Oberste Entscheidungsinstanz aller fundamentalen wirtschaftlichen und politischen Probleme war das Politbüro des Zentralkomitees. Das Zentralkomitee übte die Funktion eines Parteiparlaments aus, dessen Mitglieder vom Parteitag gewählt wurden – einem Forum, auf dem die vom Politbüro entwickelten ,,Richtlinien" bekanntgegeben wurden. Neben der Parteiorganisation stand der Staatsapparat, dessen Spitze sich aus Staatsrat, Volkskammer und Ministerrat zusammensetzte. Letzterer unterstand formal dem Staatsrat und war insbesondere dafür verantwortlich, die wirtschaftlichen Direktiven des Politbüros zu konkretisieren und durchzuführen. Die Leiter von verschiedenen Industrie- und anderen Wirtschaftsministerien stellten die Mehrzahl der Mitglieder des Ministerrats. Ihm war die oberste wirtschaftliche Planungsinstanz, die Staatliche Plankommission, zugeordnet, die die Ausarbeitung der Einzelpläne leitete, sie zu Gesamtplänen koordinierte und ihre Durchführung kontrollierte. Der Plankommission unterstanden verschiedene Wirtschaftsministerien (M) – z. B. allein 11 Industrieministerien – und diesen wiederum die nach fachlichen bzw. regionalen Kriterien organisierten mittleren Leitungsinstanzen (Kombinate = K; Bezirkswirtschaftsräte = BWR). Die unterste Leitungsebene umfaßte schließlich alle Produktionseinheiten (B), die als Volkseigene (Industrie-)Betriebe (VEB), Volkseigene Güter (VEG), Außenhandelsbetriebe (AHB), Landwirtschaftliche Produktionsgenossenschaften (LPG) u. ä. organisiert waren. Die umfassende vertikale Organisation der Leitungsinstanzen ist in *Übersicht A-3* vereinfacht dargestellt (HAMEL, 1977, 5. A. 1989, S. 55).

Die Leiter der einzelnen Planbereiche auf den verschiedenen Ebenen wurden durch den Staat (Partei) eingesetzt und entlassen. Dieses Hierarchieprinzip der ,,Parteilichkeit" wurde durch das der ,,doppelten Unterstellung" ergänzt, wonach jede Planungs- und Leitungsinstanz dem jeweiligen politischen ebenso wie dem übergeordneten wirtschaftlichen Entscheidungsträger verantwortlich war. Dabei galt das Prinzip der ,,Einzelleitung und -verantwortung" durch einen Direktor (VEB) oder Generaldirektor (Kombinate), denen Fachdirektoren für einzelne Geschäftsbereiche (z. B. Planung, Verwaltung, Produktion, Finanzen) mit beratenden Funktionen untergeordnet waren.

Trotz dieser festgefügten Planungsorganisation bestanden auch Entscheidungs- und Handlungsspielräume für Haushalte und Betriebe, die in den verschiedenen wirtschaftspolitischen Reformperioden jeweils eingeschränkt oder erweitert wurden. Den staatlichen Betrieben erwuchsen aus den Lücken der Planungsorganisation und des Informationssystems solche Spielräume, die sie systematisch bei der Verwirklichung betrieblicher Erfolgsinteressen nutzten (s. Abschnitt 4.3.). Die kleineren privaten Betriebe – besonders im Dienstleistungssektor – und die Genossenschaften waren wegen des Sondereigentums an den Produktionsmitteln nicht direkt in das System zentraler Planung integriert. Schließlich planten und entschieden die privaten Haushalte die Verwendung ihrer Einkommen sowie – in gewissen Grenzen – Art und Umfang ihres Angebots an Faktorleistungen: Die Konsumgüter wurden den Haushalten nicht zugewiesen; es bestanden vielmehr Wahlmöglichkeiten des Zugriffs auf vorhandene Güter, der durch monetäre Größen (Konsumgüterpreise und Geldein-

Übersicht A-3: Leitungsorganisation bei zentraler Planung

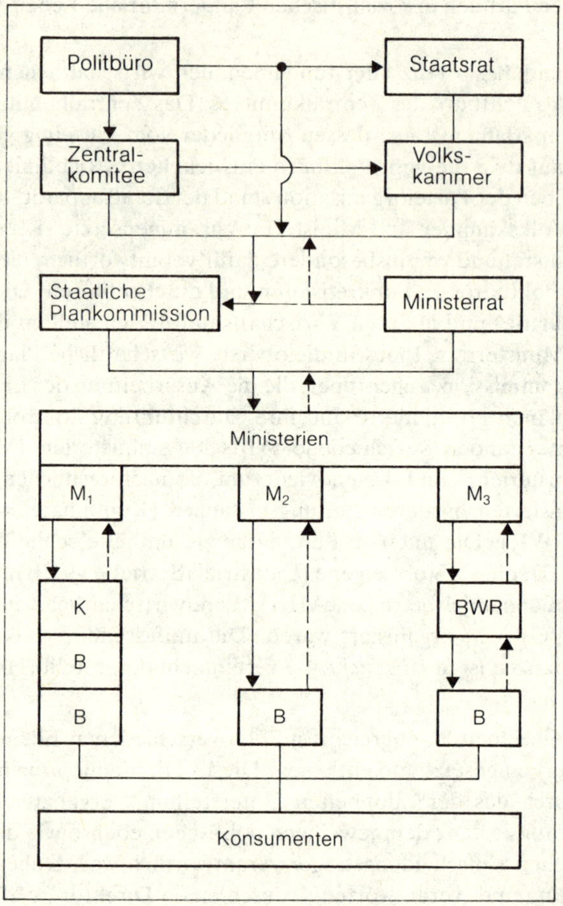

kommen) vermittelt und limitiert wurde. Da die zentrale Arbeitskräftelenkung über materielle und immaterielle Leistungsanreize und nur in Ausnahmefällen durch direkte Zuordnung von Personen auf Arbeitsplätze und -verrichtungen vollzogen wurde, bestanden auch beim Arbeitskräfteangebot eingeschränkte Entscheidungsspielräume.

4.2. Planung und Koordination

Zentrale Planung im Rahmen dieses hierarchischen Organisationsaufbaus bedingt, daß der Ablauf der Planung (und Planverwirklichung) exakt, für einen bestimmten, einheitlichen Zeitraum festgelegt ist und die gesamtwirtschaftlichen Güterknappheiten sichtbar gemacht werden, an denen die obersten Planungsinstanzen ihre wirtschaftlichen Entscheidungen ausrichten. Zu diesem Zweck wird ein System volkswirtschaftlicher naturaler Bilanzen verwendet, das – da Geld als Tauschmittel, Recheneinheit und Wertaufbewahrungsmittel fungiert – durch monetäre Bilanzen ergänzt wird.

4.2.1. Naturale Planung und Bilanzierung

Die zentralen Volkswirtschaftspläne lassen sich nach dem Zeitraum, auf den sie sich beziehen, und nach ihrem Inhalt unterscheiden:

- Längerfristige Pläne bezogen sich auf Zeiträume von 15 bis 20 Jahren. Sie enthielten die langfristigen Entwicklungsziele.
- Mittelfristige Pläne enthielten konkrete Ziele und Maßnahmen zur Zielerreichung für einen Zeitraum von fünf bis sieben Jahren. Sie bildeten die Grundlage für die jährlichen Volkswirtschaftspläne und wurden häufig – wenn sie von der tatsächlichen Entwicklung überholt waren – nach kurzer Zeit revidiert oder ganz verworfen.
- Die einjährigen Volkswirtschaftspläne waren die Basis des Plansystems. In ihnen wurden die detaillierten Allokationsentscheidungen gefällt. Sie waren für die Betriebe bei der Produktion und Bereitstellung von Gütern verbindlich.

Ausgangspunkt der Jahresplanung waren die Zielvorstellungen der obersten politischen Entscheidungsorgane, die – auf der Basis von Prognosen und Informationen nachgeordneter Staatsorgane – die erwarteten Bedürfnisse ermittelten, bewerteten und in einer Rangskala ordneten, die dem Planungs- und Bilanzierungsprozeß zugrundezulegen war. Die staatliche Plankommission erarbeitete einen ersten Entwurf des Volkswirtschaftsplans (Planprojekt), der über die verschiedenen Ministerien und mittleren Leitungsinstanzen bis hin zu den VEB aufgeschlüsselt und detailliert wurde (Pfeilschema in *Übersicht A-3*). Auf der Basis der durch Kennziffern konkretisierten Planaufgaben erarbeiteten die Betriebe – unter der verantwortlichen Leitung des Direktors – Planentwürfe. Parallel zur betriebsinternen Plandiskussion schlossen die Betriebe Vorverträge mit ihren Lieferanten und Abnehmern ab, wodurch die Teilpläne auf der Betriebsebene vorkoordiniert und mögliche Leistungsreserven und -engpässe sichtbar gemacht werden sollten. In einem Rücklauf der betrieblichen Planentwürfe über die gleichen Instanzen bis hin zur Plankommission wurden die Einzelpläne aggregiert, wobei die untergeordneten Instanzen ihre Pläne jeweils gegenüber den übergeordneten Leitungsgremien zu verteidigen hatten. Die Plankommission koordinierte – und revidierte gegebenenfalls – die Teilpläne zum Volkswirtschaftsplan, der von der Volkskammer als Gesetz verabschiedet wurde. Es begann schließlich ein neuer Prozeß der Aufschlüsselung bis hin zu den Betrieben, deren endgültige Planauflagen (Plankennziffern) rechtsverbindlich zu erfüllen waren. Dieser mehrmalige Instanzendurchlauf dauerte mindestens ein Jahr (KNAUFF, 1977, 5. A. 1989, S. 78). Unerwartete Datenänderungen in diesem Zeitraum konnten nur schwer oder gar nicht berücksichtigt werden, da sonst der auch zeitlich vorgeschriebene Planungsablauf gestört wurde.

In diesem Plansystem ergibt sich der notwendige gesamtwirtschaftliche Rechnungszusammenhang, indem von den jeweiligen Planungsinstanzen Aufkommens- und Bedarfsmengen der Güter(-arten) in naturalen Bilanzen erfaßt und gegenübergestellt werden. An den Bilanzsalden ist erkennbar, bei welchen Produktionszielen Engpässe zu erwarten sind und wie diese sich auf die Produktion anderer Güter auswirken. Die umfassende naturale Bilanzierung ist das Hauptinstrument zentraler Planung und Grundlage der Planentscheidungen.

Soll das gesamtwirtschaftliche naturale Rechnungssystem als Voraussetzung konsistenter Bewertungen geschlossen werden, müßten solche Bilanzen für jedes Gut auf zentraler Ebene aufgestellt werden. Dies ist theoretisch vorstellbar (Hensel, 1954), bereitet jedoch in der Praxis wegen der Vielzahl von Gütern und der Komplexität ihrer Beziehungen untereinander unlösbare Probleme. Allein die dafür notwendige Erfassung und Verarbeitung von Detailinformationen über vergangene, gegenwärtige und erwartete ökonomische Variablen und Beziehungen übersteigt die Kapazität des Planungsapparates trotz Anwendung moderner Computertechniken bei weitem. Deshalb müssen auf zentraler Ebene aggregierte Planbilanzen (für Gütergruppen) aufgestellt werden, die von den nachgeordneten Planungsinstanzen entsprechend aufzuschlüsseln sind. Das Bilanzsystem z. B. in der DDR umfaßte ca. 4600 Einzelbilanzen, von denen 400 durch die zentrale Plankommission, 700 durch die Ministerien und ca. 3500 durch Kombinate, Kombinatsbetriebe, wirtschaftsleitende Organe und Bezirkswirtschaftsräte ermittelt wurden.

Der notwendige Verzicht auf eine Detailplanung aller Güter und Beziehungen auf zentraler Ebene eröffnete den nachgeordneten Instanzen und insbesondere den Betrieben trotz fester Verzahnung im Organisationsaufbau Entscheidungs- und Handlungsspielräume. Die Betriebe erhielten ihre Planauflagen als Kennziffern, die sich u. a. auf die Produktion (in Natural- und Preisgrößen ausgedrückt), den Gewinn bzw. die Gewinnabführung an den Staat, den Arbeitskräfteeinsatz, Löhne, Materialkosten, Rohstoffverbrauch, Güterqualität usw. bezog. Sie erfaßt alle wichtigen Größen der Ergebnisrechnung eines Betriebes, wie sie in *Übersicht A-2. II.* für die DDR dargestellt ist. Vom Grad der Erfüllung der Plankennziffern hing die Höhe der Zuführungen an den Betriebsprämienfonds ab, der auf die Beschäftigten verteilt wurde. Anzahl und Art der Kennziffern, die zudem noch in Haupt- und Nebenkennziffern untergliedert waren, haben sich mehrmals verändert. Zeitweise erhielten die Betriebe über 90 solcher Plankennziffern, die z. T. noch untergliedert waren (Knauff, 1977, 5. A. 1989).

Die Fülle der Kennziffern darf nicht darüber hinwegtäuschen, daß sie nur – wenngleich wichtige – Ausschnitte der betrieblichen Aktivitäten erfaßten. Die Auffüllung des Kennziffergerüsts in den Betriebsplänen war eine wichtige Quelle von Disproportionen bei der Planverwirklichung, weil den verantwortlichen Planern im Betrieb selbst nur winzige Ausschnitte des Wirtschaftssystems bekannt waren und brauchbare gesamtwirtschaftliche Orientierungskennziffern als Grundlage betrieblicher Entscheidungen oft fehlten. Die mangelhafte Anpassungsflexibilität eines Wirtschaftssystems zentraler Planung war eine wesentliche Ursache des Entstehens spontaner außerplanmäßiger Versorgungssysteme (z. B. Beziehungen, Bestechungen, Naturaltausch, Schwarze Märkte), über die die Betriebe auftretende Engpässe zu überwinden versuchten.

4.2.2. Monetäre Planung

Die naturale Zentralplanung wurde ergänzt durch ein System der monetären und finanziellen Planung und Bilanzierung. Zwar war man in der UdSSR ursprünglich in Anlehnung an MARX zunächst davon ausgegangen, daß mit der Beseitigung der kapitalistischen Produktionsweise auch die Verwendung von Geldgrößen überflüssig geworden sei und ihnen nur in der Übergangsphase eine eingeschränkte passive Bedeutung zukomme. Nach Abschluß der kontroversen *Wertgesetz-Debatte* in den fünfziger Jahren wurde die Existenz von Ware-Geld-Beziehungen und damit die Notwendigkeit von Wertkategorien (Preise, Einkommen, Gewinne, Steuern usw.) auch theoretisch in der Politischen Ökonomie des Sozialismus voll anerkannt (KRONROD, 1954; G. GROSSMANN, 1966; KOSTA, 1974).

Die Notwendigkeit von in Geld ausgedrückten Wertkategorien ergibt sich aus der unvollständigen naturalen Zentralplanung: Die Betriebe benötigen Vergleichs- und Entscheidungsmaßstäbe, wenn sie z. B. die Plankennziffern durch betriebsinterne Planungen detaillieren, Wirtschaftlichkeitsrechnungen über alternative Investitionsvorhaben aufstellen oder Verträge mit Lieferanten und Abnehmern abschließen sollen. Solchen in Geld ausgedrückten Maßstäben (Gewinne, Prämien, Kosten etc.) liegen andere Wertkategorien – Güterpreise – zugrunde.

Monetäre Planung in sozialistischen Planwirtschaften bedeutet insoweit auch staatliche Preisplanung. Das System der staatlichen Preisfestsetzung basiert auf der Marx'schen Arbeitswertlehre, wonach die Preise an Güterwerte anzugleichen sind (HAFFNER, 1968; KNAUFF, 1972). Der Wert eines Gutes wird dabei durch den gesellschaftlich notwendigen Arbeitsaufwand bestimmt, der sich aus den Produktionsbedingungen, dem Durchschnittsgrad von Geschick und Intensität der Arbeit sowie der Nachfrage ergibt. Die so bestimmten Preise ermöglichen die Bildung von Wertkategorien. Diese erlauben nicht nur betriebsinterne und -externe Leistungsmessungen durch Gegenüberstellung von Kosten und Erlösen, sondern ermöglichen auch die Zusammenfassung verschiedener Güterarten in jenen Globalbilanzen, die für Produktgruppen von den zentralen Planungsinstanzen aufgestellt werden. Wertkategorien werden in sozialistischen Planwirtschaften insbesondere drei Funktionen zugeschrieben (SCHLIESSER, 1979, 1):

- Da Leistungen vergleichbar werden, können sie leichter bewertet und kontrolliert werden (Meß- und Kontrollfunktion). Es kann der Beitrag jedes Betriebes oder Beschäftigten an der Entstehung des Gesamtprodukts ebenso festgestellt werden wie das Ausmaß der Planerfüllung.
- Analog zur Leistungsberechnung können den Betrieben und Beschäftigten in Geld ausgedrückte Ansprüche (Gewinne, Löhne, Prämien) auf das Gesamtprodukt übertragen sowie Teile davon wieder entzogen (Gewinn- und Lohnsteuer) und umverteilt (Subventionen, Transfers) werden (Verteilungsfunktion).
- Schließlich können Wertkategorien zur Leistungsmotivation genutzt werden, wenn z. B. Lohn- und Prämienzahlungen an Leistungsmaßstäbe geknüpft sind (Stimulierungsfunktion).

Ob und inwieweit Wertkategorien diese Funktionen tatsächlich erfüllen, hängt wesentlich von der Ausgestaltung der Preis-, Leistungsanreiz- und Kontrollsysteme ab.

Die Übertragung von Ansprüchen auf Güter erfolgte also auch in konkreten sozialistischen Planwirtschaften in Geldform: Geld fungierte als Recheneinheit, Tauschmittel sowie Wertaufbewahrungsmittel und ermöglichte somit die zeitweilige Übertragung von Ansprüchen durch Kredite (Ehlert/Hunstock/Tannert, 1976). Die Existenz vielfältiger Geldbeziehungen erforderte ein System der monetären und finanziellen Zentralplanung, die – wenn gesamtwirtschaftliche Disproportionen, wie z. B. ein Geldüberhang, vermieden werden sollten – in Einklang mit der naturalen Zentralplanung stehen mußte (Einheit von monetärer und güterwirtschaftlicher Planung). Die Finanzierung der geplanten, mit Preisen bewerteten Transaktionen erforderte eine bestimmte Geldmenge, deren Produktion, Verteilung und Vernichtung periodenbezogen zu planen und zu bilanzieren war. Dieser Prozeß vollzog sich in sozialistischen Planwirtschaften über ein einstufig organisiertes Bankensystem mit einer Staatsbank und ihren Filialen. Sie stellten den Betrieben über Kredite Geld (Geldfonds) zur Finanzierung ihrer Transaktionen zur Verfügung. Durch Zahlungen an andere Betriebe, im Wege von Verrechnungen auf Depositenkonten, und an Beschäftigte (Bargeld oder Giralgeld) entstanden bei diesen Geldfonds. Sie wurden bei Güterkäufen, Steuerzahlungen usw. wieder an die Betriebe oder den Staat übertragen und letztlich im Bankensystem vernichtet, wenn Betriebe aus den Erlösen ihre Kredite tilgten. Wurden Geldfonds von Haushalten oder Betrieben beispielsweise gehortet, konnten Kredite nicht oder nicht im vollen Umfang zurückgezahlt werden. Sie verblieben im Kreislauf und erhöhten die gesamtwirtschaftlichen Geldbestände.

Dieser vereinfacht dargestellte Prozeß wurde in einem komplizierten System ineinandergreifender Bilanzen erfaßt (Gutmann, 1965, S. 182 ff.; Hartwig, 1987), wie z. B. in der

- Finanzbilanz des Staates, die die geplanten Geldeinnahmen und -ausgaben der staatlichen Haushalte, der staatlichen Betriebe, der Versicherungsorganisationen und des Kreditsystems zusammenfaßte;
- Kreditbilanz der Staatsbank, in der Umfang und Struktur der gesamtwirtschaftlichen Geld- und Kreditmenge erfaßt war;
- Bilanz der Geldeinnahmen und -ausgaben der Bevölkerung, in der von der Staatsbank die erwarteten Einnahmen- und Ausgabenströme der privaten Haushalte prognostiziert wurden.

Besondere Bedeutung hatte ferner der Bargeldumsatzplan, in dem die Staatsbank die Bargeldeinnahmen und -ausgaben des Bankensystems bilanzierte (Buck, 1969, S. 626 f.). Da die Transaktionen zwischen einem Betrieb und anderen bzw. dem Staatshaushalt aus Kontrollgründen bargeldlos abzuwickeln waren, die Betriebe also Bargeld nur in äußerst geringem Umfang halten durften, wurden in diesem Plan die Bargeldströme zwischen privatem (Haushalte, private Betriebe) und staatlichem Sektor erfaßt. Die Notenbank kontrollierte mit Hilfe dieser Quartalspläne die Entwicklung der Bargeldkassenhaltung („Bargeldhorte“; „vagabundierende Bargeldbestände“) im privaten Sektor. Aus Furcht, diese Bargeldbestände würden spontane Transaktionen auf Schwarzmärkten u. ä. finanzieren, entwickelte die Staatsbank bei unzureichendem Bargeldrückfluß Pläne zur Mobilisierung freier Geldmittel der Bevölkerung – z. B. durch hohe Zinsen für Einlagen auf Giro- und Sparkonten (Hedtkamp, 1974, S. 276).

Die zentrale monetäre Planung und Bilanzierung bezieht sich – wie die naturale Bilanzierung – ebenfalls nur auf Globalpositionen. Wie die Erfahrung zeigt, hat sie ungeplante Disproportionen zwischen Geld- und Gütervolumen nicht verhindern können. Dies galt vor allem für die Konsumsphäre (Diskrepanz zwischen Kauf- und Warenfonds), da die Einkommensverwendungsentscheidungen der privaten Haushalte keinen staatlichen Plananweisungen unterlagen und nur schwer zu prognostizieren waren. Aber auch und insbesondere in der Produktionssphäre wurden solche Disproportionen ausgelöst, wenn z. B. Mengen- oder Qualitätsplankennziffern nicht erfüllt wurden (Investruinen, Ladenhüter). Die dann entstandenen Finanzierungslükken in den staatlichen Betrieben, die nicht konkursfähig waren, zwangen die Staatsbank zur Vergabe außerplanmäßiger Kredite und damit zur ungeplanten Erhöhung der Geldbestände.

4.3. Planerfüllung, Leistungsanreiz- und Kontrollsystem

Das Ziel einer bedarfsgerechten Güterversorgung konnte in sozialistischen Planwirtschaften nur dann verwirklicht werden, wenn

- die aus dem Volkswirtschaftsplan abgeleiteten Planaufgaben der Betriebe auf realistischen Informationen über deren erwartete Leistungspotentiale beruhten und
- die Plankennziffern von den Betrieben auch tatsächlich erfüllt wurden.

Die Erfahrung aus den sozialistischen Planwirtschaften zeigt, daß mit der Beseitigung kapitalistischer Produktionsverhältnisse keineswegs ein sozialistisches Bewußtsein der Menschen und damit eine Identität von Individual- und Gesellschaftsinteressen entstanden ist, wie aus der anthropologischen Leitidee von MARX gefolgert wurde. Auch in diesen Wirtschaftssystemen unterliegen Entscheidungen und Handlungen einzelwirtschaftlichen Erfolgsinteressen. Wirksame Knappheitsminderung in sozialistischen Planwirtschaften setzt insofern ein organisiertes System von Leistungsanreizen und -kontrollen voraus, durch das betriebliches und individuelles Erfolgsstreben auf die zentral vorgegebenen Planaufgaben orientiert werden.

Diesem Ziel diente das Prämiensystem, das mit dem Planerfüllungsprinzip kombiniert war: Je nach dem Grad der Erfüllung der vorgegebenen Plankennziffern wurden Prämien gezahlt, die einen wesentlichen Teil der individuellen Einkommen – vor allem des leitenden Personals – ausmachten. Diese „ökonomischen Hebel" sollten – nach dem „Prinzip der materiellen Interessiertheit" – zu plangerechten Leistungen anreizen. Neben solchen materiellen wurden auch immaterielle Leistungsanreize (z. B. „Sozialistischer Wettbewerb") organisiert und eingesetzt.

Planerfüllungs- und Prämienprinzip als Basiselemente des Motivations- und Kontrollsystems sozialistischer Planwirtschaften lösten das Informations- und Leistungsproblem aus verschiedenen Gründen nur sehr unvollständig:

Erstens hingen die Prämienzahlungen vom Grad der Planerfüllung ab. Bis Mitte der sechziger Jahre fiel die Zuführung zum Betriebsprämienfonds um so höher aus, je mehr die vorgegebenen Planauflagen übertroffen wurden, mit der Konsequenz, daß die Betriebe leicht zu erfüllende Pläne („weiche" Pläne) anstrebten. Dies gelang ihnen im Planungsprozeß bei der Ausarbeitung und – aufgrund des Informationsvorsprungs gegenüber den vorgesetzten Instanzen – auch bei der Verteidigung ihrer Planentwürfe. Damit das Produktionssoll niedrig ausfiel, wurden niedrigere Produktionspotentiale vorgetäuscht; damit der Sollgewinn reduziert und stille Leistungsreserven gebildet werden konnten, wurden überhöhte Produktionskosten angesetzt (HENSEL/WAGNER/WESSELY, 1972). Um das Streben nach weichen Plänen zu beseitigen, erhielten die Betriebe später auch Prämien für die Überbietung der zentralen Planaufgaben in ihren Planentwürfen. Die Übernahme hoher Planauflagen („angespannter" Pläne) wurde stärker belohnt als Planübererfüllung. Planuntererfüllung wurde mit Prämienentzug sanktioniert. Weil die Betriebe jedoch auf der Beschaffungsseite mit erheblichen Unsicherheiten konfrontiert waren (Ausfall von Lieferungen, Verspätungen, Qualitätsmängel der Inputfaktoren usw.), wurden nach wie vor weiche Pläne aufgestellt. Denn der Übernahme hoher Planauflagen mit der Möglichkeit hoher Prämien stand das Risiko der Planuntererfüllung mit entsprechendem Prämienverlust gegenüber: Da es selbst bei risikoneutralem Verhalten unter Unsicherheit nicht sinnvoll war, angespannte Pläne zu übernehmen, blieb das Streben nach weichen Plänen eine dominante Verhaltensweise.

Zweitens schlugen die einzelwirtschaftlichen Erfolgsinteressen auch auf das Verhalten bei der Planverwirklichung durch. Die Betriebe waren lediglich an „maßvollen Übererfüllungen" interessiert, damit die künftigen Spielräume der Prämienerwirtschaftung nicht durch abrupt erhöhte Plankennziffern stark eingeschränkt wurden. Es wurden also nicht nur Fehlinformationen über Leistungspotentiale in der Planungsphase vermittelt, sondern auch bei der Planverwirklichung die tatsächlichen Leistungskapazitäten nicht voll ausgelastet.

Drittens veranlaßten die Beschaffungsrisiken die Betriebe, möglichst umfangreiche Leistungsreserven zu bilden, um bei auftretenden Versorgungsengpässen die Planerfüllung zu sichern. Auf diese Weise wurden zur Durchführung der Produktionspläne nicht erforderliche Reserven an Materialien, Rohstoffen, Arbeitskräften gehortet und möglichst umfangreiche – vielfach unrentable – Anlageinvestitionen getätigt.

Viertens resultierte das mangelhafte Interesse der Betriebe an technischen Neuerungen aus diesem Anreiz- und Kontrollsystem. Der Zwang zum gesamtwirtschaftlich rationellen Einsatz der Ressourcen wurde durch die stillen Reserven reduziert, die im Zeitablauf immer wieder neu gebildet werden konnten. Technische Fortschritte mit hohen Produktionssteigerungen wurden behindert, weil sie die Planauflagen in den folgenden Perioden entsprechend erhöhten und damit die Verwirklichung betrieblicher Erfolgsinteressen gefährdeten.

Fünftens ist zu bedenken, daß das aus betrieblicher Sicht durchaus rationale Streben nach weichen Plänen auch den Interessen der übergeordneten Instanzen entsprach, weil diese ebenfalls dem Soll-Ist-Bewertungssystem unterlagen. Betriebsdirektoren und Repräsentanten der obersten Leitungshierarchie schwächten diese betrieblichen Verhaltensweisen nicht ab, weil Ansehen und Aufstiegschancen innerhalb der Hierarchie – und damit ihre materiellen und immateriellen Erträge – vom Grad der Planerfüllung ihnen untergeordneter Planbereiche abhingen.

Sechstens schließlich litt die Aussagefähigkeit betrieblicher Effizienzkriterien unter den Unzulänglichkeiten des Systems staatlich fixierter Preise. Die relativen Preise konnten schon wegen der Preisbestimmungsmethoden nicht die relativen Güterknappheiten signalisieren. Da sie zudem über längere Perioden konstant gehalten wurden, blieben auch Umweltänderungen in der Regel ohne Einfluß auf die betrieblichen Erfolgsgrößen. Dadurch wurde die Aussagefähigkeit der Gewinnkennziffer stark gemindert, denn volkswirtschaftliche Verlustproduktion wurde durch verzerrte Preisrelationen ebenso verschleiert wie bedarfsgerechte Produktion nicht angemessen im Betriebsgewinn ausgedrückt wurde.

4.4. Probleme der Wirtschaftspolitik

Ein Wirtschaftssystem zentraler Planung und Koordination ist durch einen hohen Grad bürokratischer Organisation gekennzeichnet; die Beziehungen zwischen den Wirtschaftseinheiten unterliegen dem Hierarchieprinzip. Die Zentralisierung aller wichtigen Entscheidungs- und Verfügungsrechte, die in den Wirtschaftsverfassungen sozialistischer Planwirtschaften durch eine weitgehende Verstaatlichung der Produktionsmittel abgesichert ist, stellt eine auf Dauer angelegte und umfassende ökonomische Machtkonzentration dar. Die wirtschaftlichen und politischen Entscheidungen sind zudem untrennbar verzahnt.

Die Beziehungen zwischen den Wirtschaftseinheiten sind im Prinzip durch gesetzlich verankerte Verhaltensanweisungen geordnet. Da eine totale Reglementierung der wirtschaftlichen Handlungen aus Gründen unvollkommener Information und technischer Überforderung des Leitungsapparates unmöglich ist, entstehen Entscheidungsspielräume bei den Wirtschaftseinheiten. Diese werden im einzelwirtschaftlichen Interesse genutzt und lassen spontane Handlungsordnungen entstehen. Sie gefährden immer wieder den Anspruch auf umfassende zentrale Planung, obwohl sie teilweise die durch sie hervorgerufenen Inflexibilitäten gerade mindern helfen.

Anders als in marktkoordinierten Systemen richten sich die staatlichen Aktivitäten nicht nur auf die Sicherung des Angebots öffentlicher und meritorischer Güter und die indirekte wirtschaftspolitische Beeinflussung der Entscheidungen und Handlungen, sondern auf alle wirtschaftlichen Verhaltensweisen. Das System zentraler Planung, das zur Reduktion der Komplexität arbeitsteiliger Wirtschaftsbeziehungen bewußt organisiert wurde, verursacht selbst jene Steuerungsprobleme, die in den sozialistischen Planwirtschaften nicht gelöst werden konnten:

- Es besteht eine Diskrepanz zwischen dem Informationsbedarf der zentralen Entscheidungsträger und der dezentralisierten Informationsverfügung. Die Qualität der im organisierten Planungsprozeß beschafften Informationen hängt immer von den Motiven und Interessen der Informationsabsender ab. Diese werden durch das bei zentraler Planung notwendige Planerfüllungsprinzip geprägt, wodurch systematische Fehlinformationen und damit Disproportionen bereits im Planungsprozeß selbst angelegt sind.
- Es gelingt nicht, das System von Leistungsanreizen und -kontrollen so zu konstruieren und zu organisieren, daß individuelle und betriebliche (Einkommens-)Inter-

essen nur durch wirtschaftliche Höchstleistungen, die zudem plangerecht sein müssen, verwirklicht werden können.

- Zeitbedarf und hoher Organisationsgrad der zentralen Planung reduzieren die Anpassungsflexibilität des Systems.
- Die Unmöglichkeit vollständiger naturaler Zentralplanung räumt den monetären Instrumenten (z. B. Gewinne, Prämien, Abführungen, Zinsen) eine aktive Rolle bei der Steuerung von einzelwirtschaftlichen Entscheidungen und Handlungen ein. Ihre Funktionen werden durch die ihnen zugrundeliegenden verzerrten Preisrelationen erheblich eingeschränkt.
- Unter den Ordnungsbedingungen verstaatlichter und konkursunfähiger Betriebe kann die monetäre Zentralplanung Disproportionen zwischen Geldmengen- und Gütermengenentwicklung nicht verhindern, die sich bei staatlich verordneter Preisstarrheit in ungeplanten Geldbeständen – insbesondere im privaten Sektor – niederschlagen (THIEME, 1977; 5. A. 1989). Hierdurch werden Verhaltensreaktionen ausgelöst, die – neben dem Entstehen von Schwarzmärkten oder Störungen der zentral geplanten Allokation (G. GROSSMAN, 1979) – zu gesamtwirtschaftlichen Kontraktionseffekten bei output und Beschäftigung führen können (PORTES, 1981; HARTWIG, 1982; THIEME, 1985, 2. A. 1987).

Das Ringen um systemkonforme Lösungen dieser Funktionsprobleme wird in den zahlreichen Wirtschaftsreformen sichtbar, die in regelmäßiger Wiederkehr in den sozialistischen Planwirtschaften stattfanden. Solange sie an den grundlegenden Elementen des Wirtschaftssystems – Zentralplanung, Planerfüllungs- und Prämienprinzip – festhielten, beschränkten sie sich auf Variationen der Planmethodik, des Kennziffernsystems und der wirtschaftspolitischen Steuerungsinstrumente. Auf diese Änderungen der Rahmenbedingungen haben sich die Einzelwirtschaften jeweils eingestellt, ohne daß die beschriebenen Verhaltensweisen zur Verwirklichung ihrer Erfolgsinteressen prinzipiell geändert und die angesprochenen Funktionsprobleme in Wirtschaftssystemen zentraler Planung und Koordination auf Dauer beseitigt werden konnten.

5. Dezentrale Planung bei Staats- oder Gesellschaftseigentum: Sozialistische Marktwirtschaften

Aus den Erfahrungen mit der administrativ-zentralen Lenkung der Wirtschaftsprozesse sind in einigen sozialistischen Ländern (z. B. Ungarn, CSSR, Polen) seit den sechziger Jahren grundlegende Reformen des Wirtschaftssystems diskutiert und teilweise oder zeitweilig verwirklicht worden. Den Reformtendenzen in den sozialistischen Ländern gemeinsam war einerseits die Ablehnung privaten Produktionsmitteleigentums als generellem Ordnungsinstrument (was eine partielle Zulassung und sogar Förderung in einzelnen Wirtschaftssektoren nicht ausschloß) und andererseits die Wiederentdeckung dezentralisierter Markt- und Preisbildungsprozesse als bessere Lösung der Lenkungs-, Koordinations-, Leistungsanreiz- und Kontrollprobleme in arbeitsteiligen Volkswirtschaften. Diese Gemeinsamkeiten begründen, weshalb solche Wirtschaftssysteme als „sozialistische" Marktwirtschaften bezeichnet werden, obwohl sich die Reformmodelle erheblich unterscheiden. Wegen seiner historischen Einmaligkeit und seiner teilweisen Vorbildfunktion in anderen sozialistischen Ländern soll das Modell der arbeiterselbstverwalteten Wirtschaft in Jugoslawien als Beispiel einer sozialistischen Marktwirtschaft ausführlicher dargestellt werden.

5.1. Organisationsprinzipien und Erfolgsinteressen bei Arbeiterselbstverwaltung

Die schlechten Erfahrungen mit dem System zentraler Planung bei der Industrialisierung sowie politische Diskrepanzen mit der Sowjetunion haben in Jugoslawien zu Beginn der fünfziger Jahre eine Transformationsphase ausgelöst, in der durch verschiedene Verfassungsreformen bis 1965 das System einer arbeiterselbstverwalteten Wirtschaft etabliert wurde. In Abkehr von der bürokratischen Organisation des sowjetischen Planungssystems und in Anlehnung an MARX' Idee von der freien Assoziation der Produzenten (MARX, 1891) wurde das Modell einer von den Arbeitern selbstverwalteten Wirtschaft entworfen und konsequent in die Praxis umgesetzt. Es kann durch fünf Ordnungsprinzipien charakterisiert werden:

- Die zentrale Planung und Koordination sowie das Planerfüllungsprinzip wurden durch verfassungsmäßig garantierte dezentralisierte Planungs-, Entscheidungs- und Handlungsrechte der seit 1974 als Arbeitsorganisationen (AO) bezeichneten Unternehmen ersetzt. Sie entstand durch einen – in Assoziationsverträgen geregelten – Verbund mehrerer sog. Grundorganisationen der vereinten Arbeit (GOVA), die als technische Einheiten (Betriebe; Abteilungen) Beschaffungs-, Produktions- oder Absatzfunktionen selbständig wahrnahmen und eigene Kosten-Erlös-Rechnungen durchführten. Arbeitsorganisationen konnten sich freiwillig zu vertikalen, horizontalen oder konglomeraten komplexen Organisationen der vereinten Arbeit (KOVA) zusammenschließen (EGER, 1978, 2).
- Haushalts- und Unternehmenspläne wurden auf den Märkten koordiniert; die Marktpreise sollten prinzipiell dem Gesetz von Angebot und Nachfrage unterliegen.
- Die notwendige Dezentralisierung der Verfügungsrechte über die Produktionsmittel war durch die besondere Form des Gesellschaftseigentums institutionell abgesichert: Weder der Staat (Gebietskörperschaften) noch Private (außer in Landwirtschaft und Handwerk) konnten im Produktionsprozeß Eigentumsrechte an Produktionsmitteln erwerben bzw. veräußern. Staatliche Maßnahmen beschränkten sich hierbei auf die – allerdings weitgehend ungeklärten – Gründungs- und Auflösungsaktivitäten von AO.
- Erfolgsinteressenten und Risikoträger wirtschaftlicher Entscheidungen und Handlungen waren prinzipiell die Beschäftigten der AO.
- Kurz- und längerfristige wirtschaftspolitische Ziele, Entwicklungsstrategien und die jeweils anzuwendenden finanz-, geld-, investitions- und preispolitischen Instrumente wurden in „Gesellschaftsplänen" fixiert, die für die Gebietskörperschaften verbindlich waren.

Im Rahmen dieser ordnungspolitischen Bedingungen der sozialistischen Marktwirtschaft Jugoslawiens haben die Eigentums- und Unternehmensregelungen eine besondere Bedeutung, weil sie die Erfolgsinteressen und wirtschaftlichen Handlungen der Beschäftigten in den Arbeitsorganisationen prägen.

Über die Erfolgsindikatoren wirtschaftlicher Entscheidungen gibt die betriebliche Ergebnisrechnung Aufschluß, die dem Einkommensprinzip folgt *(Übersicht A-2. III.)*: Das Nettoeinkommen einer Selbstverwaltungseinheit ist eine Residualgröße, die sich aus dem Erlös einer Planperiode berechnen läßt, wenn Materialkosten und Abschreibungen sowie gesetzliche und vertragliche Verpflichtungen (z. B. Gebühren; Zinsen) abgezogen werden. Über die Verteilung dieses Nettoeinkommens auf betriebliche Fonds (Investitions-, Reserven-, Sozialfonds) einerseits und den Bruttofonds für die Einkommen der Beschäftigten andererseits wurde kollektiv in den Selbstverwaltungsorganen entschieden. Die Aufteilung dieses Fonds auf die einzelnen Beschäftigten erfolgte – nach Abzug von Steuern und Sozialbeiträgen – durch ein Punktsystem, nach dem der einzelne entsprechend seiner Ausbildung, Verantwortung, Leistung und Dauer der Betriebszugehörigkeit eingestuft wurde. Die Höhe des persönlichen Einkommens, auf das in der Planperiode zunächst nur vorläufige Monatsabschläge gezahlt wurden, hing somit von der tatsächlichen Höhe des Bruttofonds der Einkommen, von der Summe der Punkte aller Beschäftigten sowie von der individuellen Punktezahl ab. Diese Organisations- und Verteilungsprinzipien sollten die Idee der Arbeiterselbstverwaltung verwirklichen: Die persönlichen Einkommen der Beschäftigten waren „Residualeinkommen", deren Höhe vom tatsächlichen wirtschaftlichen Erfolg (oder Mißerfolg) abhing, der erst ex post feststellbar war. Sie unterlagen somit den Risiken wirtschaftlicher Entscheidungen, an denen die Beschäftigten deshalb möglichst umfassend partizipieren sollten. Die hierfür institutionalisierten Wahl- und Verhandlungsmechanismen, über die die Interessen der Beschäftigten aufeinander abgestimmt werden sollten, funktionierten in der Praxis allerdings nur unvollständig (LEIPOLD, 1974). Dabei haben insbesondere der Direktor und das Management in den Betrieben als Vermittler divergierender Gruppeninteressen faktisch dominierende Rollen eingenommen, was der Selbstverwaltungsvorstellung keineswegs entsprach.

5.2. Allokations- und Verteilungswirkungen

Aus der spezifischen Unternehmensorganisation und dem Einkommensprinzip resultierten besondere Entscheidungs- und Handlungsbedingungen der am wirtschaftlichen Erfolg interessierten Beschäftigten. Wie diese ordnungsbedingten Wirkungen das Wirtschaftssystem Jugoslawiens beeinflußten, war Gegenstand zahlreicher theoretischer und empirischer Analysen (WARD, 1958; HORVAT, 1969; FURUBOTN/PEJOVICH, 1970; MEADE, 1972; VANEK, 1972; HAMEL, 1974; NUTZINGER, 1974).

In dieser Diskussion hat die Hypothese vom anomalen Angebotsverhalten der arbeiterselbstverwalteten Einheiten eine herausragende Bedeutung erhalten: Da alle Beschäftigten am wirtschaftlichen Erfolg partizipieren, wird in den mikroökonomischen Modellen die Maximierung des Nettoeinkommens pro Beschäftigten als Zielgröße der Betriebe unterstellt. Die „Arbeiterrentabilität", wie sie in Analogie zur Kapitalrentabilität bezeichnet wird, ist definiert als Quotient aus Nettoeinkommen und Zahl der Beschäftigten. Unter den Annahmen eines Modells vollständiger Konkurrenz läßt sich zeigen, daß – bei Streben nach Arbeiterrentabilität – die Ausbringungsmenge bei Preiserhöhungen eingeschränkt und bei -senkungen ausgeweitet wird. Der Markt würde somit seine Informationsfunktion nicht erfüllen und relative Preisänderungen lösten Fehlallokationen aus. Allerdings sind die Modellannahmen – und damit auch die abgeleiteten anomalen Reaktionen – wenig realistisch, weil die bei Mengenvariationen notwendigen Beschäftigungsanpassungen eine autonome Entscheidungskompetenz des Direktors über Einstellungen und Entlassungen von Beschäftigten (= Unternehmern!) voraussetzt, die in den Selbstverwaltungseinheiten gerade nicht gegeben ist.

Andere Untersuchungen der spezifischen Interessenlagen bestätigen vielmehr, daß die Beschäftigtenzahlen in arbeiterselbstverwalteten Einheiten relativ konstant sind, weil Entlassungen nahezu unmöglich sind und Neueinstellungen nur unter besonderen Bedingungen erfolgen (z. B. Akzeptierung einer niedrigeren Punktbewertung gegenüber der Stammbelegschaft; Verwandtschaftsbeziehungen). Notwendige Marktanpassungen werden vorwiegend über Variationen des Kapitaleinsatzes vollzogen. In schrumpfenden Branchen werden somit zu viele Arbeitskräfte gebunden (verdeckte Arbeitslosigkeit) und Konkursgefahren durch permanente staatliche Kreditzuschüsse abgewendet. In Expansionsbranchen hingegen werden Marktanpassungen nicht durch Neueinstellung von Arbeitskräften, sondern durch die Auswahl besonders kapitalintensiver Produktionsmethoden vollzogen, die weitgehend ebenfalls kreditär finanziert werden. Da zudem kein funktionsfähiger Kapitalmarkt existiert, sind Kapitalfehllenkungen aktuell. Schließlich ist die Vergabe von Staatskrediten zur Finanzierung von Investitionen oder zur Konkursabwehr Ursache der expansiven Geldproduktion des Bankensystems (Cassel/Thieme, 1974), die den dramatischen Anstieg der Inflationsrate und den notwendigen Währungsschnitt in 1989 erklärt.

Diese empirisch belegten Wirkungen haben ihre Ursache letztlich in dem Verteilungssystem bei Arbeiterselbstverwaltung: Da die Arbeiterrentabilität in den einzelnen Selbstverwaltungseinheiten je nach den Markt-, Produktions- und Leistungsbedingungen sehr unterschiedlich ist, differieren auch die persönlichen Einkommen von Beschäftigten sehr stark. Ein Arbeiter in einer AO kann durchaus ein doppelt so hohes Nettoeinkommen erhalten wie sein Kollege mit gleichem Ausbildungsniveau und Leistungsstand in einer benachbarten AO. Diese bekannten Einkommensdifferenzen dienen – neben der erwarteten Inflationsrate – als Maßstab der Einkommensforderungen bei den innerbetrieblichen Verteilungsverhandlungen.

Überhöhte Einkommensansprüche bei geringer Arbeiterrentabilität können nur schwer zurückgedrängt werden, solange

- der Direktor einer Selbstverwaltungseinheit selbst vom Arbeiterrat als verteilungskompetentem Gremium abhängt und
- die Verteilungsentscheidungen zugunsten hoher persönlicher Gegenwartseinkommen und zu Lasten der Investitionsfonds – und damit der Zukunftseinkommen – im nachhinein durch staatliche Finanz- und Kredithilfen alimentiert werden.

5.3. Probleme der Wirtschaftspolitik

Darstellung und Analyse des Systems dezentraler Planung und Koordination bei Gesellschaftseigentum haben einige Funktionsprobleme des Wirtschaftssystems und damit auch die Aufgaben der staatlichen Wirtschaftspolitik aufgezeigt. Wenngleich sich Strategien und Instrumente der Wirtschaftspolitik prinzipiell nicht von jenen in kapitalistischen Marktwirtschaften unterscheiden, schaffen die Existenz des Gesellschaftseigentums im Industriesektor und die daraus resultierenden Entscheidungen und Handlungen der Selbstverwaltungseinheiten besondere Bedingungen für die staatliche Wirtschaftspolitik. Dazu zählt auch der wirtschaftliche Entwicklungsstand, der in systemvergleichenden Analysen dezentraler Planungs- und Koordinationssysteme bei unterschiedlichen Eigentumsformen nicht selten vernachlässigt wird (Ausnahme: Eger, 1978).

Ein erstes wichtiges Problem staatlicher Ordnungspolitik war die Abgrenzung von Verfügungs- und Handlungsrechten dezentralisierter Entscheidungsträger bei „Nichteigentum" an den Produktionsmitteln. In den Verfassungs- und Gesetzesreformen wurde dieses Problem immer wieder erneut aufgegriffen, ohne daß es zufriedenstellend gelöst werden konnte. Besonders schwierig stellte sich die Prozedur der Verleihung und des Entzugs von solchen Rechten dar, also der Gründung und Auflösung arbeiterselbstverwalteter Einheiten (Leipold, 1978). In beiden Fällen wirkten die Gebietskörperschaften und Banken organisatorisch sowie finanziell mit. Insbesondere aus sozialen und politischen Gründen wurden Marktaustritte unrentabler Unternehmen durch Konkurs und Liquidation vermieden.

Zweitens war das Problem der Bewertung knapper Produktionsfaktoren ungelöst, da Arbeits- und Kapitalmärkte nicht funktionierten. In den Reformen der siebziger Jahre wurden zwar Bewertungsmechanismen für Arbeitskräfte vorgesehen, die aber die im System selbst angelegten Defizite der Bewertung von Arbeitsleistungen nicht beseitigen konnten. Ähnlich gravierend war das Fehlen eines funktionsfähigen Kapitalmarktes, auf dem die – auch von den privaten Haushalten – angesammelten Geldvermögen in gesamtwirtschaftlich effiziente Verwendungen gelenkt werden konnten. Die bilateralen Kreditgeschäfte zwischen Selbstverwaltungseinheiten und Geschäftsbanken konnten diese Marktfunktionen interregional und -sektoral nicht erfüllen, zumal trotz Dezentralisierung des Bankensystems seit den sechziger Jahren die Bewertungskriterien (z.B. Zinssätze) an den Kreditmärkten durch die Wirtschaftspolitik stark beeinflußt wurden.

Drittens wurden Informations-, Allokations- und Koordinationsprobleme verursacht durch die Diskrepanz zwischen konsequenter Dezentralisierung ökonomischer Entscheidungs- und Handlungsrechte einerseits und dem nur schrittweisen Übergang zur Marktpreisbildung auf den Gütermärkten andererseits. Zwar wurden seit den fünfziger Jahren immer mehr Einzelpreise aus der administrativen Preiskontrolle entlassen; eine Vielzahl von Einzelpreisen unterlag der Kontrolle durch den Staat, der in Phasen besonders kräftiger Inflationsschübe auch zeitweilige allgemeine Preisstopps verordnete. Hinzu kamen die vorwiegend oligopolistischen und monopolistischen Marktstrukturen, wodurch das Leistungsvermögen der arbeiterselbstverwalteten Wirtschaft reduziert wurde.

Viertens schließlich traten bei dezentralisierten Entscheidungsbefugnissen und zunehmender Marktpreisbildung Verteilungs- und Stabilitätsprobleme auch gesamtwirtschaftlich offen auf, die durch die Finanzpolitik des Staates und die Geld- und Kreditpolitik der Notenbank zu mindern waren. Hohe Inflationsraten und Arbeitslosenquoten sowie die beschriebenen Einkommensdifferenzen bestätigten, daß diese

Probleme in Jugoslawien schlechter als in anderen Marktwirtschaften gelöst wurden.

Diese ungelösten Probleme haben die massive wirtschaftliche und politische Krise in Jugoslawien Ende der achtziger Jahre verursacht. Die Nichtexistenz funktionierender nationaler Arbeits- und Kapitalmärkte verschärfte zudem die – in der Bevölkerungszusammensetzung Jugoslawiens bereits angelegte – Regionalisierung der Wirtschaft, so daß das Wirtschaftssystem Jugoslawiens zunehmend als sozialistische, regional-administrativ zersplitterte Vereinbarungs- oder Verhandlungswirtschaft charakterisiert wurde (Eger, 1987; Iversen, 1988), die sich weder an einem zentralen Volkswirtschaftsplan noch an Knappheitspreisen orientierte. Der wirtschaftliche und politische Zusammenbruch Jugoslawiens belegt, daß die sozialistische Marktwirtschaft in der Praxis wegen systemimmanenter Mängel ebenso gescheitert ist wie die sozialistische Planwirtschaft.

6. Transformationsprozesse in sozialistischen Planwirtschaften

Die politischen und wirtschaftlichen Systeme der ehemals sozialistischen Staaten befinden sich – insbesondere in Osteuropa – seit Beginn der neunziger Jahre im dramatischen Umbruch. Es gibt nur noch wenige sozialistische Staaten, in denen nach wie vor Reformen innerhalb des administrativen Zentralplansystems angestrebt werden (Kuba, Nordkorea, China). Und auch in diesen Ländern mehren sich die Anzeichen für drastische Veränderungen. In allen anderen Staaten ist die Transformation des administrativen Sozialismus in Demokratie und Marktwirtschaft bereits eingeleitet.

Die ,,harten" Daten und Erfahrungen aus den sozialistischen Plan- und Marktwirtschaften bestätigen die Erkenntnisse der Ordnungstheorie, daß ökonomische Effizienz dauerhaft nur in einem marktwirtschaftlichen System mit dezentralisierten Verfügungs- und Nutzungsrechten an den Produktionsmitteln erreichbar ist. Über das allgemeine Transformationsziel sind sich die Reformkräfte und -parteien in den Ländern weitgehend einig. Unklar hingegen ist die Gestaltung des Transformationsprozesses, weil historische Erfahrungen fehlen und deshalb keine empirisch überprüfte Theorie der Wirtschaftssystemtransformation vorliegen kann.

6.1. Ziele und Konzepte der Systemtransformation

Die Transformation von einer zentralverwalteten Planwirtschaft in eine dezentralisierte Marktwirtschaft ist eine gewaltige gesellschaftspolitische Aufgabe, deren Lösung hohe Andorderungen an Initiative, Geduld und Anpassungsfähigkeit der Menschen stellt. Dies zeigt die Vereinigung Deutschlands, obwohl es hierbei eher um die Integration zweier wirtschaftlich ungleicher Regionen geht und nicht um eine typische Systemtransformation, wie sie in den anderen ehemals sozialistischen Ländern vollzogen werden soll. In diesen Ländern ist die Systemtransformation im politischen, wirtschaftlichen und sozialen Bereich weitgehend aus eigener Kraft zu leisten, wobei die wirtschaftlichen und institutionellen Voraussetzungen sehr schlecht sind:

- Die notwendige Zerschlagung der administrativen Zentralplanung und der sie tragenden Staatsbürokratie bewirkt kurzfristige Produktionsrückgänge; der abrupte Zusammenbruch des staatlich organisierten Außenwirtschaftssystems zwischen den sozialistischen Ländern hat die Versorgungsengpässe im Produktions- und Konsumgütersektor verschärft.
- Das – bislang weit unterschätzte – Ausmaß der Umweltzerstörung, eine veraltete Infrastruktur, nicht angepaßte Branchenstrukturen sowie die Bürokratielastigkeit der Wirtschaft stellen hohe Barrieren für einen marktwirtschaftlichen Neuanfang dar.
- Die jahrzehntelange strikte Gültigkeit des Planerfüllungs- und Anreizsystems in vielen Lebensbereichen hat das Humanvermögen der Bevölkerung einseitig geprägt; jene Eigenschaften und Fähigkeiten von Menschen, die bei der Initiierung von Marktprozessen und dem Umgang mit marktwirtschaftlichen Institutionen notwendig sind, müssen erst entwickelt werden.
- Die Überwindung der ehemaligen administrativen politischen Strukturen birgt Gefahren eines temporären Machtvakuums, in dem wirtschaftliche und soziale Transformationsmaßnahmen wegen mangelndem Politikervertrauen und rasch auftretender Partikularinteressen nicht umgesetzt werden können.

Daneben existieren noch zahlreiche regionale Besonderheiten (z. B. Volksgruppen, religiöse Gruppen), die bei zunehmenden Freiheitsgraden nicht nur die Mobilität der Menschen fördern und – freiwillige oder unfreiwillige – Wanderungsprozesse auslösen, sondern auch und gerade die Risiken von gewaltanwendenden Machtkämpfen in der Transformationsphase erhöhen (z. B. Jugoslawien, Georgien).

Unter solchen Bedingungen ist eine klare Formulierung des Zieles der angestrebten marktwirtschaftlichen Ordnung sowie des Weges dahin besonders dringlich; dabei sind auch die in der Transformationsphase entstehenden Kosten und Erträge offenzulegen, um die Akzeptanz der Transformationspolitik zu erhöhen. Zugleich sind jene institutionellen Veränderungen zu bestimmen, die – unter Berücksichtigung der Interdependenz verschiedener Teilordnungen – notwendige Bedingungen für Entstehen und Funktionieren eines preisgesteuerten marktwirtschaftlichen Systems darstellen (KRATZ/THIEME, 1991; SCHÜLLER, 1991):

- Die wirtschaftlichen Entscheidungen können nur dezentralisiert werden, wenn Betriebe und Kombinate entflochten, die Planungsbürokratien aufgelöst und das staatliche Eigentumsmonopol durch Privatisierungen beseitigt werden.
- Das administrative Festpreissystem auf Produkt- und Faktormärkten ist prinzipiell abzuschaffen, damit sich Märkte und Wettbewerbsprozesse herausbilden und Marktpreise den Einsatz von knappen Produktionsfaktoren bei der Güterproduktion bestimmen können.
- Das Monobankensystem ist in ein doppelstufiges Bankensystem zu überführen, in dem die Notenbank für den Abbau vorhandener und die Vermeidung zukünftiger monetärer Ungleichgewichte zuständig ist und die Geschäftsbanken auf Kreditmärkten – bei gleichzeitigem Aufbau von Aktien- und Anleihenmärkten – für eine effiziente Kapitallenkung sorgen.

- Das gesamte Staatsausgaben- und Staatseinnahmensystem ist neu zu gestalten, wobei insbesondere das Steuersystem den Regeln von Marktprozessen – unter Berücksichtigung sozialer Ziele der Einkommensumverteilung – anzupassen und eine inflationstreibende, geldmengenwirksame Finanzierung von Staatsausgaben durch die Notenbank strikt zu vermeiden sind.
- Neben der Auflösung des staatlichen Außenwirtschaftsmonopols durch zügige Liberalisierung des grenzüberschreitenden Waren-, Dienstleistungs- und Kapitalverkehrs ist die Konvertibilität der Währung herzustellen.
- In neuen Gesetzen und Verordnungen müssen individuelle Entscheidungsspielräume und private Verfügungsrechte eindeutig und verläßlich verankert werden; für ihre rechtsstaatliche Durchsetzung sind entsprechende Institutionen neu aufzubauen.

Diese für den Übergang zu einer Marktwirtschaft unerläßlichen ordnungspolitischen Veränderungen lassen Raum für länderspezifische Varianten entsprechend den wirtschaftlichen und sozialen Ausgangsbedingungen. Auch sind einzelne systeminkonforme Übergangsregulierungen (z. B. Preissubventionen bei Grundnahrungsmitteln, Mietsubventionen) denkbar, wenn durch solche temporären sozialen Flankierungen die Akzeptanz der Transformationspolitik bei der Bevölkerung und damit ihre Erfolgschancen erhöht werden. Allerdings sind jene Strategien zum Scheitern verurteilt, die auf die Transformation einzelner Teilordnungen verzichten und die institutionellen Voraussetzungen eines marktwirtschaftlichen Systems – freie Marktpreisbildung bei stabiler Währung – außer acht lassen. Zahlreiche Reformen in Vergangenheit und Gegenwart sind Beleg für das Scheitern solcher lediglich „nominellen" Transformationen des Wirtschaftssystems (SCHÜLLER/BARTHEL, 1990).

6.2. Tempo und Friktionen der Transformation

Während die ordnungspolitischen Veränderungen, die beim Übergang zu einer Marktwirtschaft mit privatem Produktionsmitteleigentum notwendig sind, weitgehend akzeptiert werden, sind die Strategien, also die Gestaltung des Transformationsprozesses selbst, umstritten (CALVO/FRENKEL, 1991; FEHL/VON DELHAES, 1991). Im Zentrum steht dabei die Entscheidung über die Geschwindigkeit, mit der die erforderlichen Transformationsmaßnahmen umgesetzt werden sollen. Zwei Strategieoptionen sind zu unterscheiden:

- Die Systemtransformation erfolgt durch eine ordnungspolitische Schocktherapie; die Grundsatzentscheidungen für Demokratie und Marktwirtschaft werden gleichzeitig gefällt und umgesetzt.
- Bei der partiellen Transformation werden ordnungspolitische Veränderungen der einzelnen wirtschaftlichen Teilverfassungen über einen längeren Zeitraum gestreckt.

Welche der beiden Optionen erfolgreicher ist, ist schwer zu entscheiden, weil keine historischen Erfahrungen vorliegen. Auch dürften landesspezifische Besonderheiten eine wichtige Rolle bei der Strategiewahl spielen. Wie ein Vergleich transformierender Staaten zeigt, bestehen erhebliche Unterschiede in der Mentalität der Menschen und in den Erfahrungen mit Demokratie und Marktwirtschaft. Es gibt gleichwohl verschiedene Kriterien, die die Strategiewahl erleichtern helfen:

Erstens hängt von der zeitlichen Strategieentscheidung das Ausmaß der ordnungspolitischen Inkonsistenzen ab, die durch ein zu langes Nebeneinander von Institutionen und Elementen konträrer Wirtschaftssysteme entstehen. Solche Inkonsistenzen zeigen sich beispielsweise, wenn – wie in einigen Ländern – zwar ein doppelstufiges Geschäftsbankensystem per Dekret installiert wurde, aber weder die Voraussetzungen für eine rentabilitätsorientierte Kreditpolitik der Geschäftsbanken durch neue Unternehmensverfassungen und Konkursfähigkeit von Unternehmen noch die rechtlichen Bedingungen für eine die Währungsstabilität sichernde Geldpolitik der Zentralbank geschaffen wurden, also der Staat weiterhin Zugriff auf Notenbankkredite zur Finanzierung der massiv ansteigenden Staatsverschuldung hat. Diese Gefahren sind bei einer partiellen, zeitlich gestreckten Transformation sehr groß (MICHLER/THIEME, 1991).

Zweitens sind Friktionen und Hindernisse auch vom Zeitpfad der Transformation abhängig. Unabhängig vom Weg entstehen einzel- und gesamtwirtschaftliche Transformationskosten, die als Altlasten des Systems zentraler Planung unvermeidbar sind:
- Die in administrativen Planungssystemen über Jahrzehnte entstandene, versteckte Dauerbeschäftigungslosigkeit vieler Menschen wird beim Übergang zur Marktwirtschaft in offene, vorübergehende Friktionsarbeitslosigkeit umgewandelt.
- Ebenso ist die bei Preisfreigabe zu erwartende und in einigen Ländern bereits massiv eingetretene Preisinflation insbesondere verursacht durch die monetären Steuerungsprobleme im administrativen Planungssystem.

In dieser Hinsicht ist Marktwirtschaft ein Indikationssystem gesamtwirtschaftlicher und struktureller Ungleichgewichte, das zugleich durch effizienzsteigernde Anpassungsprozesse die Voraussetzungen für eine dauerhafte Lösung wirtschaftlicher und damit auch sozialer Probleme schafft.

Durch entsprechende Flankierungen (z. B. Geldvernichtung durch Verkauf von Staatseigentum, soziale Transferleistungen für einkommensschwache Haushalte) können Transformationskosten reduziert, nicht jedoch vermieden werden. Solche Maßnahmen mindern die transformationshemmenden Wirkungen der Anpassungslasten, die von den individuellen Antizipationsmöglichkeiten abhängen. Mit der Länge der Transformationsperiode steigt jedoch die Gefahr anhaltender gesamtwirtschaftlicher Ungleichgewichte, nehmen die Transformationskosten zu und schwinden die finanziellen Möglichkeiten zur Flankierung von Anpassungsprozessen. Demgegenüber werden bei einer kurzen Transformationsphase einzelwirtschaftliche Transformationserträge (z. B. Einkommensanstieg bei marktorientierten Unternehmern und anpassungsfähigen Beschäftigten) schnell sicht- und spürbar. Auch in dieser Hinsicht scheint die Schocktherapie einer graduellen Strategie überlegen. Ein zügiges Transformationstempo reduziert zudem jene Kosten, die durch den Widerstand der ehemaligen Führungskräfte in Betrieben, Staat, Partei und Bürokratie bei dem Versuch entstehen, pekuniäre und nicht pekuniäre Vorteile der Vergangenheit in der Zukunft zu sichern.

Drittens sind für die Strategiewahl Bereitschaft und Fähigkeit der Betroffenen entscheidend, unvermeidbare Anpassungslasten zu tragen, Einkommensnachteile und vorübergehende Verschlechterungen der Lebenslagen zu akzeptieren. Da die Vorteile der Transformation (z. B. Freiheitsgewinn bei Wahlen und Marktentscheidungen, Reisefreiheit) schnell und mit hohem Gewöhnungseffekt wahrgenommen werden, hängt es wesentlich von der politischen Führungselite ab, den Menschen die zu erwartenden Kosten und Erträge der Transformationskonzeption zu verdeutlichen (Kloten, 1989). Nur wenn dies gelingt, bleibt die für den Erfolg wichtigste Voraussetzung, nämlich die Akzeptanz der Transformationspolitik durch die Bevölkerung, erhalten. Nimmt sie im Laufe des Transformationsprozesses ab, steigen die Gefahren einer Wiederherstellung der alten administrativen Systembedingungen, woran deren – gerade in der Übergangsphase sehr aktiven – Nutznießer (Führungskader, Nomenklatura, Bürokraten in Geheimdienst und Militär etc.) aus ökonomischen und ideologischen Gründen interessiert sind. Da auch die politischen Machtstrukturen in der sich erst langsam entwickelnden Demokratie sehr instabil sind, ist die ,,Unumkehrbarkeit" keineswegs gesichert.

Alle drei Kriterien deuten darauf hin, daß eine möglichst zügige und umfassende Transformation am ehesten erfolgreich sein wird. Die Transformationspolitik ist um so mehr gefährdet,

- je ausgeprägter die gesamtwirtschaftlichen Ungleichgewichte in der Ausgangssituation sind;
- je langsamer eine Systemtransformation abläuft;
- je höher die Anpassungsfriktionen und die Erwartungsenttäuschungen der Menschen sind; und
- je weniger Menschen auf die zeitweiligen wirtschaftlichen und sozialen Konsequenzen der Transformationspolitik vorbereitet wurden.

Das politische und wirtschaftliche Geschehen in Rußland – einschließlich des gescheiterten Putschversuches vom August 1991 – belegen diese Vermutungen ebenso wie der Transformationsprozeß in Polen, Tschechien, Ungarn und Slowenien. In den kleineren Transformationsländern sind nach relativ kurzer Zeit wirtschaftliche Erfolge der praktizierten Politik erkennbar.

Von besonderer Bedeutung für die wirtschaftliche Entwicklung dieser Länder ist eine zügige und breite Öffnung der Märkte in den traditionellen westlichen Marktwirtschaften, was in den Assoziierungsabkommen der Europäischen Gemeinschaft nicht konsequent umgesetzt wurde. Einen Sonderfall stellt die Transformation der DDR-Wirtschaft dar, die mit erheblichen Transfers aus Westdeutschland angestoßen und sozial abgefedert wurde. Nach der sehr kurzen Zeitspanne von fünf Jahren konnten dadurch positive Wachstums- und Beschäftigungseffekte initiiert werden, so daß die fünf neuen Bundesländer mittlerweile die dynamischste Wirtschaftsregion in Europa repräsentieren. Ob und inwieweit diese positiven Entwicklungen auch in jenen Ländern greifen, die die Transformation des Wirtschafts- und Gesellschaftssystems weitgehend aus eigener Kraft leisten müssen, bleibt abzuwarten.

Kommentierte Literaturhinweise

Als Einführung in die ordnungstheoretische Bestimmung und Analyse von Wirtschaftssystemen eignet sich die für einen breiten Leserkreis konzipierte Schrift von K. PAUL HENSEL (1972); einen Überblick über Ordnungskonzeption und wirtschaftspolitische Gestaltung der Sozialen Marktwirtschaft gibt H. JÖRG THIEME (1991, 2. A. 1994); als Einstieg in den Vergleich von Wirtschaftssystemen am Beispiel der Bundesrepublik Deutschland und der DDR in der von HANNELORE HAMEL (1977, 5. A. 1989) herausgegebene Band zu empfehlen.

Gesamtüberblicke vermitteln das dreibändige Werk von PETER BERNHOLZ (1972, 1975, 1979) sowie die Lehrbücher von GÜNTER HEDTKAMP (1974) und DIETRICH SCHÖNWITZ; HANS-JÜRGEN WEBER (1983).

Ein Überblick auch über neuere systemtheoretische Erklärungsansätze und die Funktionsprobleme verschiedener Wirtschaftssysteme findet sich in der fünften Auflage des Lehrbuchs von HELMUT LEIPOLD (1976, 5. A. 1988).

Eine kritische Bestandsaufnahme der Diskussion über Bestimmung und Analyse von Wirtschaftssystemen liefert HANS-JÜRGEN WAGENER (1979).

Als Basiswerk, in dem besonders methodische Fragen der Systemanalyse angesprochen werden, empfiehlt sich der von ALEXANDER ECKSTEIN (1971) herausgegebene Sammelband.

Neuere Ansätze der Systembestimmung und des Systemvergleichs werden in den Lehrbüchern von EGON NEUBERGER; WILLIAM J. DUFFY (1976) und von VACLAV HOLESOVSKY (1977) vorgestellt.

Nach wie vor grundlegend für das theoretische Verständnis von Zentralverwaltungswirtschaften sind die Schriften von WALTER EUCKEN (1940) und K. PAUL HENSEL (1954).

Spezielle Probleme werden systemvergleichend analysiert in den Sammelbänden von DIETER CASSEL; H. JÖRG THIEME (1976,1), OLDRICH KÝN; WOLFRAM SCHRETTL (1979), H. JÖRG THIEME (1979), H. JÖRG THIEME (1985, 2. A. 1987) und DIETER CASSEL (1984,1).

Probleme der Transformation sozialistischer Planwirtschaften werden diskutiert in den Sammelbänden von PETER BERNHOLZ; FRIEDRICH BREYER (1974, 3. A. 1993), DIETER CASSEL (1990), GERNOT GUTMANN; ULRICH WAGNER (1994), UWE JENS (1991), KARL-HANS HARTWIG; H. JÖRG THIEME (1991), HORST SIEBERT (1992) und GERLINDE SINN; HANS-WERNER SINN (1991, 3. A. 1993).

B. Wirtschaftskreislauf und gesamtwirtschaftliches Rechnungswesen

Lothar Hübl

Gliederung

1. Grundlagen und Aufgaben eines gesamtwirtschaftlichen Rechnungswesens

Aufgabenstellung

Aufgabe des gesamtwirtschaftlichen Rechnungswesens ist es, die Ergebnisse des abgelaufenen Wirtschaftsprozesses einer Volkswirtschaft zahlenmäßig zu ermitteln. Es handelt sich um eine ex-post-Analyse. Kernstück des gesamtwirtschaftlichen Rechnungswesens ist die Volkswirtschaftliche Gesamtrechnung, in der Entstehung, Verteilung und Verwendung des Sozialprodukts buchhalterisch erfaßt werden. Daneben werden Ergänzungsrechnungen durchgeführt: die Input-Output-Rechnung zur Ermittlung sektoraler Verflechtungen; die Vermögensrechnung, in der die Zusammensetzung des Vermögens der Wirtschaftssubjekte ausgewiesen wird; die Finanzierungsrechnung, die die Kreditbeziehungen zwischen den Wirtschaftssubjekten registriert; die Zahlungsbilanz, in der die zwischen In- und Ausländern stattfindenden Transaktionen und Änderungen in den Kreditbeziehungen festgehalten werden (Beitrag E-2.). Die quantitative Erfassung des Wirtschaftsprozesses liefert eine Fülle von Daten und bildet eine wesentliche Grundlage für sein Verständnis und seine Beeinflussung. Zwar werden aus den Daten keine Ursache-Wirkungszusammenhänge ersichtlich – diese werden in volkswirtschaftlichen Theorien als Kausalaussagen formuliert –, aber für die Überprüfung der Hypothesen kann auf die durch das gesamtwirtschaftliche Rechnungswesen gelieferten Informationen nicht verzichtet werden. Auch die Wirtschaftspolitik benötigt die vom Rechnungswesen bereitgestellten Angaben, da vielfach nur auf ihrer Grundlage eine operationale Zielformulierung und eine Kontrolle der Wirkungen wirtschaftspolitischer Maßnahmen möglich sind.

Der Wirtschaftsprozeß in einer hochentwickelten, arbeitsteilig organisierten Volkswirtschaft ist durch eine Vielzahl von Beziehungen und Beteiligten gekennzeichnet. Einer systematischen Erfassung der wirtschaftlichen Aktivitäten in einer Volkswirtschaft muß eine Reihe von Abgrenzungen und Vereinbarungen vorangestellt werden, um die inhaltlichen Voraussetzungen für das gesamtwirtschaftliche Rechnungswesen zu schaffen.

Sachliche Abgrenzungen

Objekte wirtschaftlicher Aktivität sind Güter, Faktorleistungen und Forderungen. Zu Gütern zählen Waren und Dienstleistungen. Sie sind das Ergebnis von Produktionsprozessen. Faktorleistungen sind notwendige Einsatzfaktoren für den Produktionsprozeß. Forderungen entstehen nicht durch den Einsatz von Produktivleistungen, sondern durch den Abschluß eines Kreditkontraktes. Dadurch erwirbt der Inhaber einer Forderung, der Gläubiger, einen Anspruch gegenüber dem Schuldner. Bargeld stellt dabei eine Forderung gegen die Deutsche Bundesbank dar. Für den Schuldner besteht die Verpflichtung zur Einlösung der Schuld. Dies kann durch die Lieferung von Gütern, Faktorleistungen oder wiederum Forderungen geschehen.

Werden Güter, Faktorleistungen oder Forderungen von einem Wirtschaftssubjekt auf ein anderes übertragen, dann spricht man von einer wirtschaftlichen Transaktion. Dabei gibt es folgende Möglichkeiten:

- Realtausch: Gut oder Faktorleistung gegen Gut oder Faktorleistung
- Kauf bzw. Verkauf: Gut, Faktorleistung oder Forderung gegen Forderung
- Schenkung: Übertragung eines Gutes, einer Faktorleistung oder einer Forderung ohne Gegenleistung.

Von einer Leistungstransaktion spricht man, wenn die Höhe der Forderungen und Verbindlichkeiten bei den beteiligten Wirtschaftssubjekten verändert wird. Dies geschieht beim Tausch eines Gutes oder einer Faktorleistung gegen eine Forderung und bei der Übertragung einer Forderung ohne Gegenleistung. Die Differenz von Forderungen und Verbindlichkeiten eines Wirtschaftssubjektes bezeichnet man als sein Geldvermögen (Nettoposition). Eine Finanztransaktion liegt vor, wenn sich bei den beteiligten Wirtschaftssubjekten deren Geldvermögensbestand nicht ändert, wohl aber seine Zusammensetzung. Das ist beim Forderungstausch, z. B. beim Kauf einer Obligation der Fall. Daneben gibt es noch Transaktionen, die weder die Höhe noch die Zusammensetzung des Geldvermögens berühren, wie z. B. Realtausch und Schenkung von Gütern. Eine Zunahme bzw. Abnahme des Geldvermögens wird Einnahme bzw. Ausgabe genannt. Der Kauf eines Gutes führt beim Käufer zu einer Abnahme der Forderungen oder zu einer Zunahme der Verbindlichkeiten, also zu einer Ausgabe. Der Verkäufer hat eine Einnahme in Form eines Forderungszugangs bzw. einer Abnahme der Verbindlichkeiten. Ob mit dem Kauf (Verkauf) Geldbewegungen verbunden sind, ist unerheblich.

Am Wirtschaftsprozeß nehmen private Haushalte, Unternehmen und öffentliche Haushalte teil. Um ihre Ziele zu erreichen, stellen sie Pläne auf, die sie durch wirtschaftliche Aktivitäten zu realisieren versuchen. Wirtschaftssubjekte können grundsätzlich vier verschiedene ökonomische Aktivitäten entfalten: Güterproduktion, Einkommensempfang und -verwendung, Vermögensbildung sowie Kreditaufnahme und -gewährung (Stobbe, 1966, 7. A. 1989). Mit den für sie typischen Aktivitäten lassen sich die Wirtschaftssubjekte gegeneinander abgrenzen.

- Unternehmen produzieren durch den Einsatz von Produktionsfaktoren und Vorleistungen Güter. Aggregiert bilden sie den Wirtschaftssektor Unternehmen. Neben Industrie- und Handelsunternehmen gehören dazu auch landwirtschaftliche Betriebe, Handwerksbetriebe, Ein- und Verkaufsvereinigungen, Kreditinstitute, Versicherungsunternehmen sowie Arbeitsstätten der freien Berufe, die Deutsche Bundesbahn, die Deutsche Bundespost und sonstige Unternehmen, die dem Staat gehören, unabhängig von ihrer Rechtsform, ferner die Wohnungsvermietung einschließlich der Nutzung von Eigentümerwohnungen.
- Öffentliche Haushalte produzieren Güter, die sie in der Regel ohne direkte entgeltliche Gegenleistung für die anderen Wirtschaftseinheiten bereitstellen. Diese Güter werden öffentliche Güter genannt (Beitrag J-2.). Die öffentlichen Haushalte, die sich hauptsächlich aus Zwangsabgaben finanzieren, bestehen aus den Gebietskörperschaften und den Sozialversicherungshaushalten; sie werden aggregiert als Sektor Staat bezeichnet. Zu den Gebietskörperschaften gehören der Bund einschließlich Lastenausgleichsfonds, ERP-Sondervermögen und Fonds Deutsche Einheit, die Länder einschließlich Stadtstaaten sowie die Gemeinden und Gemeindeverbände. Zu den Sozialversicherungshaushalten zählen u. a. die gesetzliche Kranken- und Arbeitslosenversicherung.

– Private Haushalte erzielen durch die Bereitstellung von Faktorleistungen an Unternehmen und öffentliche Haushalte Einkommen, das sie zum Kauf von Konsumgütern und für die Ersparnisbildung verwenden. Zum Sektor private Haushalte werden auch private Organisationen ohne Erwerbscharakter gezählt (Kirchen, religiöse und weltanschauliche Vereinigungen, karitative, kulturelle, wissenschaftliche – soweit überwiegend von privaten Haushalten finanziert – und im Erziehungswesen tätige Organisationen, politische Parteien, Gewerkschaften, Sportvereine usw.).
– Im Sektor Ausland werden alle ausländischen Wirtschaftseinheiten zusammengefaßt, mit denen Inländer ökonomische Transaktionen durchführen.

Bewertung

Außerdem ist noch die Bewertung der Güter, Faktorleistungen und Forderungen zu klären. Erst ein einheitlicher Bewertungsmaßstab stellt die Vergleichbarkeit so unterschiedlicher Güter wie Autos, Brot und Reisen sicher und ermöglicht eine Aggregation. In Marktwirtschaften werden die über Märkte abgewickelten Transaktionen mit ihren Marktpreisen bewertet. Transaktionen, die nicht über den Markt erfolgen, wie etwa die Herstellung einer Maschine durch ein Unternehmen zum Eigengebrauch oder die Bereitstellung staatlicher Leistungen, sind aber ebenfalls zu berücksichtigen. Selbsterstellte Anlagen und Veränderungen im Bestand an Waren aus der eigenen Produktion der Unternehmen werden daher zu Herstellungskosten angesetzt; staatliche Leistungen, die ohne direkte Gegenleistung abgegeben werden, bewertet man mit den Faktorkosten, die bei ihrer Erstellung anfallen.

Räumliche Abgrenzung

Schließlich ist die zu betrachtende Volkswirtschaft abzugrenzen. Dabei kann man von der wirtschaftlichen Betätigung aller Wirtschaftseinheiten, die ihren ständigen Sitz bzw. Wohnsitz in dieser Volkswirtschaft haben (Inländer), ausgehen. Die Staatsangehörigkeit ist dabei ohne Bedeutung. Man bezeichnet diesen Ansatz als Inländerkonzept. Ob die Beteiligten im In- oder Ausland wirtschaftlich aktiv werden, spielt keine Rolle. Betrachtet man dagegen die wirtschaftliche Aktivität in den geographischen Grenzen eines Landes, dann spricht man vom Inlandskonzept. Ob In- oder Ausländer beteiligt sind, ist unerheblich.

Sonstige Abgrenzungen

Für das weitere Verständnis ist die Unterscheidung zwischen Strömen und Beständen wichtig. Stromgrößen beziehen sich stets auf Zeitabschnitte, wie z. B. Einnahmen oder Ausgaben während eines Monats/eines Jahres. Bestandsgrößen werden für einen Zeitpunkt ermittelt, wie z. B. das Vermögen eines Wirtschaftssubjektes an einem bestimmten Stichtag. Wirtschaftliche Transaktionen, z. B. Verkäufe bzw. Käufe von Sachgütern oder Forderungen, können Bestände ändern. Für den Bestand an zwei Zeitpunkten gilt folgender Zusammenhang:

Anfangsbestand + Zugang − Abgang = Endbestand

Man nennt diese Art der Ermittlung des Endbestandes Fortschreibung. Zugang und Abgang betreffen einen Zeitabschnitt und stellen Stromgrößen dar.

Das Ergebnis des Wirtschaftsprozesses kann auch noch durch Vermögensrechnungen erfaßt werden. Sie geben Auskunft über die Ausstattung der Wirtschaftssubjekte mit Sachvermögen, Forderungen und Verbindlichkeiten an einem Stichtag. In Vermögensrechnungen werden in Geldeinheiten bewertete Bestände zu bestimmten Zeitpunkten erfaßt (Bestandsrechnung). Das Bruttovermögen eines Wirtschaftssubjekts setzt sich aus seinem Sachvermögen (Grundstücke, Maschinen, Ausrüstung, ...) und seinen Forderungen (Geld, Spareinlagen, Obligationen, gewährte Kredite, ...) zusammen. Zieht man vom Bruttovermögen die Verbindlichkeiten (Schulden) ab, so erhält man als Saldo das Netto- oder Reinvermögen.

2. Kreislaufschema und Sozialprodukt

2.1. Kreislauf und Vermögen

Kreisläufe in einer Wirtschaft wurden für Geldströme schon früh erkannt. Der Physiokrat Francois Quesnay (1694–1774) wendete den Kreislaufgedanken in seinem Tableau économique (1758) auf Einnahmen- und Ausgabenströme für Sachgüter, Dienstleistungen und Faktorleistungen zwischen Sektoren an. Er unterscheidet entsprechend den sozialen Verhältnissen seiner Zeit drei Sektoren: die Grundeigentümer (classe des propriétaires), die Urproduktion, zu der Landwirtschaft und Bergbau zählen (classe productive) und den Sektor Handel und Gewerbe (classe stérile). Mit dem tableau économique stellte Quesnay als erster eine Volkswirtschaft als ein in sich geschlossenes Gesamtsystem dar.

Der Kreislaufgedanke findet sich erst in der Entwicklungstheorie von Karl Marx (1818-1883) wieder, der ausdrücklich auf die Arbeit von Quesnay zurückgreift. Marx unterscheidet nur zwei Sektoren einer Volkswirtschaft: die Produktionsgüterindustrie (Abteilung I) und die Konsumgüterindustrie (Abteilung II). In einem Kreislauf beschreibt er die Ausgaben- und Einnahmenströme zwischen den Abteilungen und berücksichtigt die Möglichkeiten der Ersparnisbildung und Nettoinvestition. Damit sind in seiner Theorie die wesentlichen Elemente der modernen Kreislaufanalyse enthalten, nämlich Entstehung und Verwendung des Sozialprodukts sowie die Berücksichtigung der Vermögensbildung.

Die heutige Form der Kreislaufanalyse geht auf die Arbeiten von John Maynard Keynes (1883–1946) und Carl Föhl (1901–1973) zurück (Keynes, 1936; Föhl, 1937), die, angeregt durch die wirtschaftlichen Probleme nach dem 1. Weltkrieg, die Kreislaufzusammenhänge stärker in den Mittelpunkt wissenschaftlicher Betrachtung stellten. Pionierarbeit bei der Entwicklung eines in sich schlüssigen volkswirtschaftlichen Rechnungswesens wurde von John Richard Stone (geb. 1913) erbracht, der 1984 mit dem Nobelpreis für Wirtschaftswissenschaften geehrt wurde (Meade/Stone, 1944).

Unternehmen und Haushalte

Der Kreislaufgedanke läßt sich am einfachsten anhand der Transaktionen zwischen Unternehmen und privaten Haushalten darstellen: Um Güter zu produzieren, setzen

Unternehmen Produktionsfaktoren ein, die von den privaten Haushalten angeboten werden. Dafür beziehen die privaten Haushalte Einkommen, mit dem sie Güter von den Unternehmen erwerben. Von den Unternehmen fließt also zu den privaten Haushalten ein Einkommensstrom als Entgelt für den entgegengesetzten Strom von Faktorleistungen. Dem Konsumgüterstrom von den Unternehmen zu den Haushalten entspricht ein entgegengesetzter Strom von Konsumausgaben der privaten Haushalte für diese Güter. Mit der Produktion entsteht ein gleich hohes Einkommen Y, das hier voll für den Konsum C verwendet wird. Folglich gilt für diesen einfachen Kreislauf:

$$Y = C.$$

Wesentliche Merkmale von Kreisläufen sind Ströme, die zwischen Polen fließen. Pole sind im obigen Beispiel die Unternehmen und die Haushalte. Ströme sind gekennzeichnet durch ihre Richtung und ihre Stärke. Sie beziehen sich außerdem stets auf einen bestimmten Zeitraum, wie Monat, Quartal, Jahr. Aus dem einfachen Beispiel wird weiter deutlich, daß es zwei Arten von Strömen gibt, nämlich reale Ströme von Gütern einschließlich Faktorleistungen sowie monetäre Ströme von Ausgaben und Einnahmen. In Geldwirtschaften entspricht jedem realen Strom im allgemeinen ein entgegengesetzter monetärer Strom. Allerdings werden die realen Ströme immer auch in Geld bewertet. Buchhalterisch werden in der Volkswirtschaftlichen Gesamtrechnung nur die monetären Ströme erfaßt (z. B. DM/Jahr). Sie ist damit eine Einnahmen-Ausgabenrechnung. Diesem Verfahren schließen sich die folgenden Ausführungen an. Ist an allen Polen die Summe der in einen Pol fließenden Ströme gleich der Summe der abfließenden Ströme, spricht man von einem geschlossenen Kreislauf (Krelle, 1959, 2, 2. A. 1967).

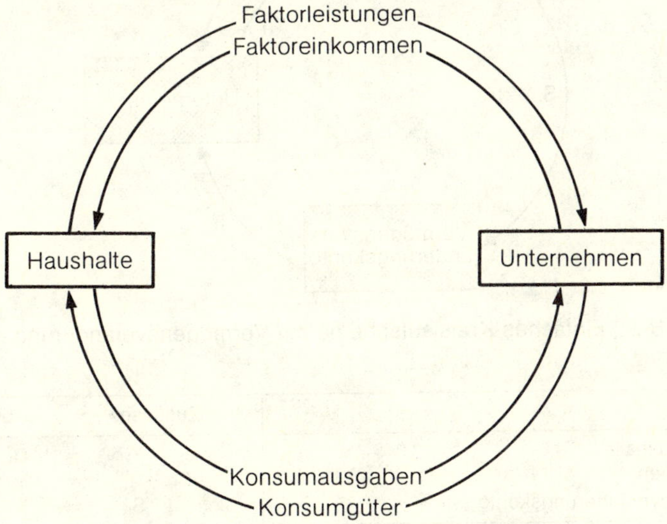

Abb. B-1: Einfacher Kreislaufzusammenhang

Vermögensveränderung

Berücksichtigt man, daß die privaten Haushalte nicht ihr gesamtes Einkommen für den Konsum ausgeben, sondern Ersparnisse S_H bilden und daß die Unternehmen

Investitionen tätigen, so muß der einfache Kreislauf um diese Ströme erweitert werden. Dies geschieht mit einem neuen Pol, der die Vermögensveränderung erfaßt. Die Pole private Haushalte und Unternehmen sind institutionell abgegrenzt. Der Vermögensveränderungspol dagegen ist von seiner Funktion her definiert. Auf dem Vermögensveränderungskonto wird die Vermögensbildung durch zufließende Ströme, die Form der Vermögensverwendung durch abfließende Ströme festgehalten. Durch die Ersparnis steigt das Vermögen der sparenden Wirtschaftssubjekte, die in gleicher Höhe Konsumverzicht leisten. Alle in einer Periode produzierten, aber nicht konsumierten Güter sind Bruttoinvestitionen I^b. Sie setzen sich aus Anlage- und Lagerinvestitionen zusammen. Durch die Produktion verschleißt ein Teil des Sachvermögens- (Kapital-)bestandes. Der bewertete Verschleiß heißt Abschreibung D. Die Investitionen, die erforderlich sind, um den Verschleiß zu ersetzen, d. h. den Kapitalbestand auf seiner alten Höhe zu halten, werden Ersatzinvestitionen genannt. Sie sind nicht mit einer Vermögensveränderung verbunden. Nettoinvestitionen I^n erhöhen den Kapitalbestand und errechnen sich aus Bruttoinvestitionen abzüglich Abschreibung:

$$I^n = I^b - D.$$

Ein einfaches Kreislaufschema mit Vermögensveränderungskonto zeigt *Abb. B-2*. Es sei hier nochmals darauf hingewiesen, daß wie in der Volkswirtschaftlichen Gesamtrechnung üblich, nur noch Einnahmen- und Ausgabenströme berücksichtigt werden.

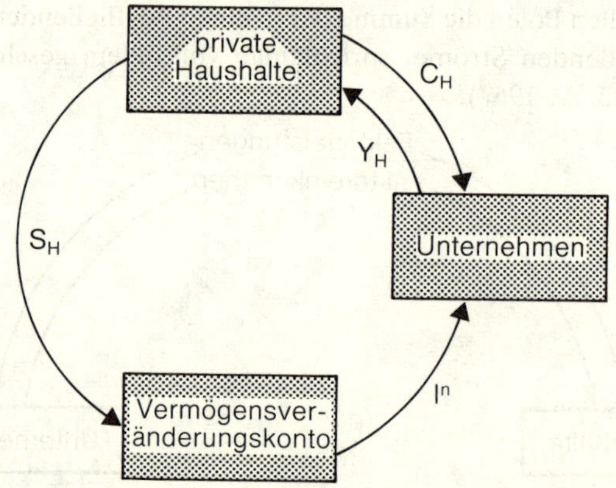

Abb. B-2: Einfaches Kreislaufschema mit Vermögensveränderungskonto

Pol	Zuflüsse		Abflüsse
private Haushalte	Y_H	=	$C_H + S_H$
Unternehmen	$C_H + I^n$	=	Y_H
Vermögensveränderungskonto	S_H	=	I^n

Das Faktoreinkommen der privaten Haushalte Y_H kann weiter aufgeteilt werden. Im Produktionsprozeß entsteht nicht nur Einkommen für die Bereitstellung von Arbeitsleistung, sondern auch für die Bereitstellung des Produktionsfaktors Kapital. Dazu zählen Unternehmerlohn, Verzinsung des eingesetzten Kapitals und Gewinn im engeren Sinn. In der Volkswirtschaftlichen Gesamtrechnung werden diese Bestandteile mißverständlich insgesamt als Gewinn bezeichnet. Der Teil des Gewinns, der an die Eigentümerhaushalte ausgeschüttet wird, stellt für diese Einkommen dar. Das Gesamteinkommen der Haushalte setzt sich somit aus Löhnen W und ausgeschütteten Gewinnen Q zusammen:

$$Y_H = W + Q.$$

Ein Teil des Gewinnes kann in den Unternehmen verbleiben, d. h. von diesen gespart werden. Die unverteilten Gewinne sind das Faktoreinkommen der Unternehmen Y_U, das gleich der Unternehmensersparnis S_U ist. Sie stellt eine Vermögensbildung dar und wird deshalb durch einen Pfeil vom Sektor Unternehmen zum Vermögensveränderungskonto dargestellt. *Abb. B-3* stellt diese Zusammenhänge im Kreislauf dar.

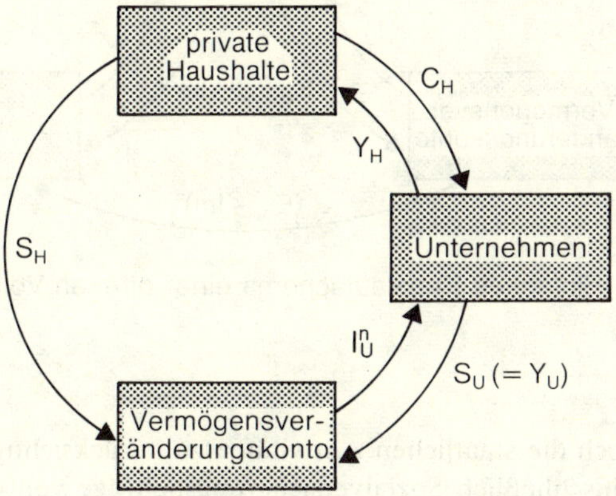

Abb. B-3: Einfaches Kreislaufschema unter Berücksichtigung unverteilter Gewinne

Pol	Zuflüsse		Abflüsse
private Haushalte	$(W + Q =)\ Y_H$	=	$C_H + S_H$
Unternehmen	$C_H + I_U^n$	=	$Y_H + S_U = Y_H + Y_U$
Vermögensveränderungskonto	$S_H + S_U$	=	I_U^n

Ausland

Nimmt man die ökonomischen Beziehungen zum Ausland mit in die Betrachtung auf und unterstellt der Einfachheit halber, daß nur die Unternehmen Transaktionen mit dem Ausland durchführen, so sind Einnahmen- und Ausgabenströme, die durch Exporte (Ex) und Importe (Im) von Waren und Dienstleistungen ausgelöst werden, zu berücksichtigen. Importe führen zu einem Ausgabenstrom von den Unternehmen an das Ausland; Exporte lösen einen entgegengesetzten Strom aus. Exportieren die Unternehmen mehr als sie importieren, wird dadurch in Höhe des Saldos in der Gesamtwirtschaft Vermögen gebildet. Entsprechend steigen die Ersparnisse von Unternehmen (S_U) und privaten Haushalten (S_H). Das so gestiegene Vermögen wird aus Sicht der Gesamtwirtschaft in Form eines Forderungszuwachses gegenüber dem Ausland verwendet, was in *Abb. B-4* zu einem Pfeil vom Vermögensveränderungskonto zum Ausland führt. Übertreffen die Importe die Exporte, ergibt sich analog eine entgegengesetzte Pfeilrichtung.

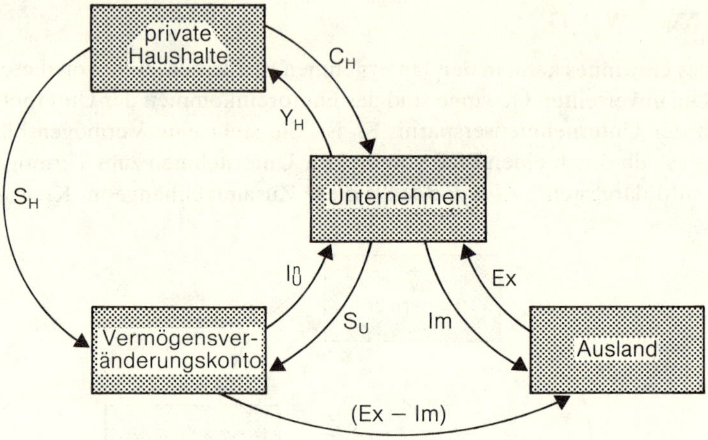

Abb. B-4: Einfaches Kreislaufschema einer offenen Volkswirtschaft

Staat

Schließlich sind noch die staatlichen Aktivitäten zu berücksichtigen. Der Staat zieht direkte Steuern einschließlich Sozialversicherungsbeiträge von den Haushalten T_H^{dir} sowie direkte und indirekte Steuern von den Unternehmen ($T_U^{dir} + T_U^{ind}$) ein. Daneben erzielt er Faktoreinkommen aus Beteiligungen an Unternehmen und aus Vermögen $Y_{St/U}$. Er verwendet seine Einnahmen für Faktorentlohnung $Y_{H/St}$, Transferzahlungen an die Haushalte TR, Vorleistungskäufe von Unternehmen VK_{St}, Investitionsgüterkäufe (brutto) von den Unternehmen I_{St}^{br}, Zahlungen von Transfers an die Unternehmen Z (Subventionen) sowie für staatliche Ersparnisse S_{St}.

Bei den Steuer- und Transferzahlungen handelt es sich um Geldleistungen ohne direkte Gegenleistung. Die staatlichen Dienstleistungen, die unentgeltlich abgegeben werden (öffentliche Güter), können den Empfängern nicht zugerechnet werden und erscheinen daher nicht direkt im Kreislaufschema. Um aber diese Leistungen berücksichtigen zu können, werden sie über die für sämtliche staatliche Leistungserstellung notwendigen Aufwendungen, vermindert um die entgeltlich abgegebenen Dienstleistungen, erfaßt. Die Aufwendungen setzen sich zusammen aus den Vorleistungskäufen von Unternehmen, den Faktoreinkommen der beim Staat Beschäftigten und den Abschreibungen auf die staatlichen Investitionen D_{St}. Die Bereitstellung öffentlicher Güter wird als staatlicher Konsum C_{St} bezeichnet:

$$C_{St} = VK_{St} + Y_{H/St} + D_{St} - \text{entgeltlich abgegebene Dienstleistungen.}$$

Die entgeltlich abgegebenen Dienstleistungen, die von ihrem Volumen her unbedeutend sind, bleiben in *Abb. B-5* und in der folgenden Gegenüberstellung der Zu- und Abflüsse außer Ansatz.

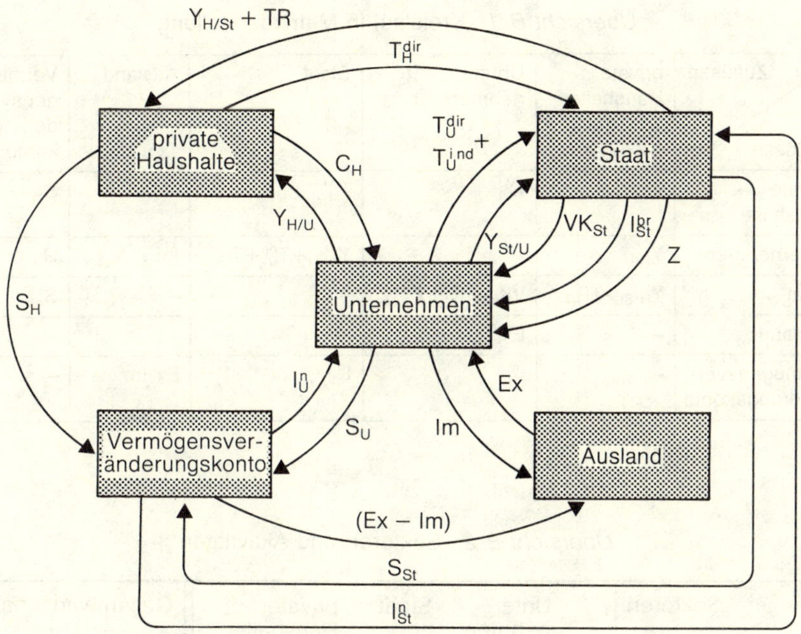

Abb. B-5: Vollständiges Kreislaufschema einer offenen Volkswirtschaft mit staatlicher ökonomischer Aktivität

Pol	Zuflüsse		Abflüsse
private Haushalte	$Y_{H/U} + Y_{H/St} + TR$	=	$C_H + T_H^{dir} + S_H$
Unternehmen	$C_H + VK_{St} + I_{St}^{br} + Z + Ex + I_U^n$	=	$Y_{H/U} + Y_{S\,/U} + T_U^{dir} + T_U^{ind} + Im + S_U$
Staat	$Y_{St/U} + T_H^{dir} + T_U^{dir} + T_U^{ind} + I_{St}^n$	=	$VK_{St} + I_{St}^{br} + Z + S_{St} + Y_{H/St} + TR$
	oder umgestellt:		
	$Y_{St/U} + T_H^{dir} + T_U^{dir} + T_U^{ind} - Z - TR$	=	$VK_{St} + I_{St}^{br} - I_{St}^n + Y_{H/St} + S_{St}$
		=	$VK_{St} + D_{St} + Y_{H/St} + S_{St}$
		=	$C_{St} + S_{St}$
Ausland	Im + (Ex – Im)	=	Ex
Vermögensveränderungskonto	$S_H + S_U + S_{St}$	=	$I_U^n + I_{St}^n$ + (Ex-Im)

2.2. Darstellungsformen des Wirtschaftskreislaufs

Jeder Kreislauf läßt sich graphisch (*Abb. B-1* bis *B-5*), in Matrixform, als Kontensystem und in Form von Gleichungen darstellen. Bei der Matrixform werden die einzelnen Pole in gleicher Reihenfolge in der Kopfzeile und -spalte aufgeführt. In den Zeilen werden die abfließenden Ströme, aufgeteilt auf die empfangenden Pole, eingetragen. Die Zeilensumme stellt die gesamten Abflüsse des entsprechenden Pols, die Spaltensumme die gesamten Zuflüsse dar.

Übersicht B-1: Kreislauf in Matrixdarstellung

Zuflüsse / Abflüsse	private Haushalte	Unter-nehmen	Staat	Ausland	Vermö-gensverän-derungs-konto
private Haushalte	–	C_H	T_H^{dir}	–	S_H
Unternehmen	$Y_{H/U}$	–	$Y_{St/U}+T_U^{dir}+T_U^{ind}$	Im	S_U
Staat	$Y_{H/St}+TR$	$VK_{St}+I_{St}^{br}+Z$	–	–	S_{St}
Ausland	–	Ex	–	–	–
Vermögensver-änderungskonto	–	I_U^n	I_{St}^n	Ex-Im	–

Übersicht B-2: Sektoren und Aktivitäten

Sektoren / Aktivitäten	Unter-nehmen	Staat	private Haushalte	Gesamtwirtschaft
Produktion	Produktionskonten			Nationales Produktionskonto
Einkommens-verwendung	Einkommenskonten			Nationales Einkommenskonto
Vermögensbildung	Vermögensveränderungskonten			Nationales Vermögensver-änderungskonto
Kreditaufnahme/ -gewährung	Kreditänderungskonten			Nationales Kreditänderungs-konto
Auslands-beziehungen	Zusammengefaßtes Konto der übrigen Welt			Zusammengefaßtes Konto der übrigen Welt

Im Kontensystem (*Übersicht B-2*) wird für jeden Pol und jede mögliche wirtschaftliche Aktivität ein Konto geführt, auf dem auf der Habenseite (rechts) zufließende monetäre Ströme und auf der Sollseite (links) abfließende monetäre Ströme verbucht werden. Im Gleichungssystem werden alle Positionen der Sollseite eines Kontos mit allen Positionen der Habenseite gleichgesetzt.

2.3. Aktivitäten der Sektoren

Stellt man die möglichen ökonomischen Aktivitäten und die abgegrenzten Sektoren einander gegenüber, ergibt sich das in *Übersicht B-2* dargestellte Schema. Das Ausland wird dabei nicht als eigener Sektor geführt, sondern alle Transaktionen von Inländern mit Ausländern werden auf einem einzigen Konto, dem zusammengefaßten Konto der übrigen Welt, gebucht.

Bei der Zusammenfassung der Wirtschaftssubjekte zu Sektoren rechnet man gleichartige intrasektorale Transaktionen gegeneinander auf (Konsolidierung). So werden z. B. innerhalb des Sektors Unternehmen keine Vorleistungen von inländischen Unternehmen ausgewiesen, da jeder Vorleistungslieferung ein gleichhoher Empfang bei einem anderen Unternehmen gegenübersteht.

2.3.1. Produktion

Auf der Sollseite (Entstehungsseite) der Produktionskonten wird der für die Produktion erforderliche Input gebucht, auf der Habenseite (Verwendungsseite) der Output des Produktionsprozesses.

Produktionskonto des Unternehmenssektors

Der Sektor Unternehmen setzt in den Produktionsprozeß Vorleistungen aus dem Ausland und vom Staat, sowie dauerhafte Produktionsgüter ein, die einem produktionsbedingten Verschleiß unterliegen. Das monetäre Äquivalent für den Verschleiß sind die Abschreibungen. Ferner sind die indirekten Steuern zu berücksichtigen, die von den Unternehmen an den Staat entrichtet und vor Ermittlung des steuerpflichtigen Gewinns von den Einnahmen abgesetzt werden. Dazu zählen u. a. die Mehrwertsteuer und die Einfuhrabgaben (Zölle). Die indirekten Steuern werden mit den Subventionen saldiert, die als Transferzahlungen des Sektors Staat an die Unternehmen definiert sind. Die Faktorentgelte, hier und im folgenden knapp als Wertschöpfung bezeichnet – genaugenommen die Nettowertschöpfung zu Faktorkosten –, fließen den Produktionsfaktoren als Einkommen zu.

Auf der Habenseite wird der Output gebucht, der Verkäufe von Gütern an Haushalte, den Staat und das Ausland umfaßt. Hinzu kommen noch die Güter, die produziert werden und im Unternehmenssektor verbleiben. Das sind die Bruttoanlageinvestitionen und die Lagerinvestitionen. Beide zusammen werden als Bruttoinvestitionen bezeichnet.

Produktionskonto des Unternehmenssektors

Käufe von Vorleistungen • aus dem Ausland (= Import) • vom Staat Abschreibungen Indirekte Steuern minus Subventionen Wertschöpfung • Löhne, Gehälter • Zinsen • verteilte Gewinne • unverteilte Gewinne	Verkäufe von Konsumgütern an Haushalte Verkäufe von Vorleistungen und Investitionsgütern an den Staat Verkäufe von Gütern an das Ausland (= Export) Bruttoinvestitionen (der Unternehmen) • Bruttoanlageinvestitionen • Lagerinvestitionen

Produktionskonto des Sektors Staat

Das Produktionskonto des Sektors Staat hat prinzipiell den gleichen Aufbau wie das des Unternehmenssektors. Auf der Sollseite sind Vorleistungen, Abschreibungen als monetäres Äquivalent für den Verschleiß dauerhafter Produktionsgüter und die Wertschöpfung, bestehend aus Lohn-, Gehalts- und Zinszahlungen, zu berücksichtigen. Auf der Habenseite wird das Produktionsergebnis des Staates erfaßt. Es setzt sich zusammen aus den entgeltlich abgegebenen Dienstleistungen und den, ohne direktes Entgelt abgegebenen, öffentlichen Gütern. Streng genommen müßten diese bei den Unternehmen und privaten Haushalten als unentgeltliche Vorleistungen bzw. unentgeltlicher privater Verbrauch berücksichtigt werden. Da aber eine genaue Zurechnung nicht möglich ist, wird ein Eigenverbrauch dieser öffentlichen Güter durch den Staat unterstellt. Daher kommt auch der ungenaue Ausdruck „Eigenverbrauch des Staates". Zur Produktion des Staates zählen auch die selbsterstellten Anlagen, die aber quantitativ nicht zu Buche schlagen und deshalb vernachlässigt werden. Da staatliche Dienstleistungen wie alle Dienstleistungen nicht lagerfähig sind, können auf der Habenseite keine Lagerbestände erscheinen. Weil die bereitgestellten öffentlichen Güter keine Marktpreise haben, werden sie zu den bei ihrer Herstellung angefallenen Faktorkosten bewertet.

Produktionskonto des Sektors Staat

Käufe von Vorleistungen Abschreibungen Wertschöpfung • Löhne, Gehälter • Zinsen	Entgeltlich abgegebene Dienstleistungen Unentgeltliche Bereitstellung öffentlicher Güter (= Eigenverbrauch oder staatlicher Konsum)

Produktionskonto des Sektors private Haushalte

Aktivitäten der privaten Haushalte gelten in der Volkswirtschaftlichen Gesamtrechnung nicht als Produktion. Auf dem Produktionskonto dieses Sektors werden deshalb nur Sondervorgänge berücksichtigt, die außerdem quantitativ unbedeutend sind. Es handelt sich einmal um häusliche Dienstleistungen, die ohne Vorleistungen und Kapitaleinsatz erstellt werden und weder gewerbe- noch umsatzsteuerpflichtig sind. Auf der Habenseite werden die Verkaufserlöse für diese Dienstleistungen angesetzt und auf der Sollseite wird eine gleichhohe Wertschöpfung gebucht. Zu berücksichtigen ist zum zweiten die Produktion der privaten Organisationen ohne Erwerbscharakter. Sie besteht überwiegend aus der Bereitstellung von Dienstleistungen für ihre Mitglieder und wird auf der Habenseite gebucht. Auf der Sollseite müssen demnach dieselben Positionen wie beim Unternehmenssektor berücksichtigt werden. Der Kürze halber wird dieses Konto hier nicht aufgeführt.

2.3.2. Einkommensverwendung

Bei allen drei Sektoren wird das zufließende Einkommen auf der Habenseite und die Verwendung des Einkommens auf der Sollseite gebucht.

Einkommenskonto des Unternehmenssektors

Das Einkommen dieses Sektors setzt sich zusammen aus den unverteilten Gewinnen vor Steuerabzug, die als Gegenbuchung zum Produktionskonto des Sektors auf der Habenseite erfaßt werden, und den sonstigen empfangenen Transferzahlungen, vor allem Nettoprämien für Schadenversicherungen. Subventionen sind hier nicht zu berücksichtigen, da sie für laufende Produktionszwecke gewährt und daher im Produktionskonto gebucht werden. Die Sollseite zeigt die Verwendung dieses Einkommens für die Entrichtung direkter Steuern und für geleistete Transferzahlungen an andere Sektoren sowie als Restsumme die Ersparnis (verfügbares Einkommen) des Sektors.

Einkommenskonto des Unternehmensektors

Direkte Steuern Geleistete Transferzahlungen Ersparnis (= verfügbares Einkommen)	Unverteilte Gewinne Empfangene Transferzahlungen

Einkommenskonto des Sektors Staat

Das Einkommen dieses Sektors sind die direkten und indirekten Steuern, Transfereinkommen, z. B. in Form von Strafen, Schadenversicherungsleistungen oder Zahlungen aus verschicdenen EG-Fonds, sowie Faktoreinkommen in Form von Zinsen und ausgeschütteten Gewinnen aus Beteiligungen, wobei hier die Beiträge zur Sozialversicherung den indirekten Steuern zugerechnet werden. Verwendet wird dieses Einkommen für Transferzahlungen an die anderen Sektoren einschließlich Ausland und für den Eigenverbrauch. Der verbleibende Rest stellt die Ersparnis des Staates dar.

Einkommenskonto des Sektors Staat

Transferzahlungen • an Haushalte • an Unternehmen (= Subventionen) • an das Ausland Eigenverbrauch Ersparnis	Direkte Steuern Indirekte Steuern Transfereinkommen Faktoreinkommen

Einkommenskonto des Sektors private Haushalte

Den privaten Haushalten fließen Faktoreinkommen (Löhne, Gehälter, Zinsen, verteilte Gewinne, Mieten) und Transferzahlungen vom Staat (z. B. Renten) und aus dem Ausland zu. Verwendet wird dieses Einkommen vor Steuerabzug für direkte Steuern und Transferzahlungen an das Ausland (einschließlich Überweisungen ausländischer Arbeitnehmer in ihre Heimatländer). Das verbleibende verfügbare Einkommen wird auf Konsum und Ersparnis aufgeteilt.

Einkommenskonto des Sektors private Haushalte

Direkte Steuern Transferzahlungen an das Ausland Konsum Ersparnis	Faktoreinkommen Transferzahlungen • vom Staat • vom Ausland

2.3.3. Vermögensbildung

Vermögen kann von allen Sektoren gebildet werden. Auf der Habenseite des Vermögensveränderungskontos wird die Vermögensbildung nach Herkunftsarten (Finanzierung), auf der Sollseite die Vermögensanlage erfaßt.

Vermögensveränderungskonto des Unternehmenssektors

Bruttovermögenszuwächse entstehen im Unternehmenssektor durch Bruttoinvestitionen in Form von Bruttoanlageinvestitionen und Lagerbildung. Als Quellen der Vermögensveränderung werden auf der Habenseite die Abschreibungen, die Ersparnis sowie der Saldo aus von anderen Sektoren empfangenen und an diese geleisteten Vermögensübertragungen gebucht. In der Regel können die Bruttoinvestitionen aus den Abschreibungen, den Ersparnissen und dem Saldo der Vermögensübertragungen nicht voll finanziert werden; es besteht ein Finanzierungsdefizit. Auf der Habenseite ist daher noch ein Finanzierungssaldo, der die Veränderungen der Verbindlichkeiten und Forderungen des Sektors erfaßt, einzutragen.

Vermögensveränderungskonto des Unternehmenssektors

Bruttoinvestitionen • Bruttoanlageinvestitionen • Lagerinvestitionen	Abschreibungen Ersparnis Saldo der Vermögensübertragungen Finanzierungssaldo

Vermögensveränderungskonto des Sektors Staat

Der Aufbau dieses Kontos ist mit dem des Unternehmenssektors bis auf die definitionsgemäß ausgeschlossenen Lagerinvestitionen identisch.

Vermögensveränderungskonto des Sektors private Haushalte

Da private Haushalte nicht produzieren, können sie Vermögen nicht in Form von Investitionen bilden. Somit fallen auch Abschreibungen als Finanzierungsquelle aus; es verbleibt aber die Ersparnis. Der Saldo der Vermögensübertragungen und der Finanzierungssaldo erscheinen beim Sektor private Haushalte auf der Sollseite, weil dieser Sektor üblicherweise einen positiven Saldo der Vermögensübertragungen an andere Sektoren und einen Finanzierungsüberschuß hat. Eine Darstellung der Vermögensbildung der privaten Organisationen ohne Erwerbscharakter wäre wie die der Unternehmen zu behandeln. Daher wird auf sie hier verzichtet.

Vermögensveränderungskonto des Sektors private Haushalte

Saldo der Vermögensübertragungen Finanzierungssaldo	Ersparnis

2.3.4. Kreditaufnahme/-gewährung

Auf den Kreditänderungskonten, die man Finanzierungskonten nennt, werden die auf den Vermögensveränderungskonten ausgewiesenen Finanzierungssalden gegenüber allen anderen Sektoren in die zugrunde liegenden Ströme der Veränderung der Verbindlichkeiten und Veränderung der Forderungen zerlegt. Die Veränderung der Verbindlichkeiten wird auf der Habenseite, die der Forderungen auf der Sollseite gebucht. Der Finanzierungssaldo kann als Defizit oder Überschuß anfallen, je nachdem ob die Höhe der Veränderung der Verbindlichkeiten diejenige der Forderungen übertrifft. In der Darstellung ist der Finanzierungssaldo als Defizit ausgewiesen. Der Aufbau des Finanzierungskontos ist für alle Wirtschaftssektoren identisch.

Finanzierungskonto

Veränderung der Forderungen Finanzierungssaldo	Veränderung der Verbindlichkeiten

2.3.5. Transaktionen mit dem Ausland

Alle Transaktionen mit dem Ausland werden auf einem einzigen Konto, dem Auslandskonto, gegengebucht. Das Statistische Bundesamt benutzt hierfür den Begriff „Zusammengefaßtes Konto der übrigen Welt". Die auftretenden Positionen werden auf diesem Konto aus der Sicht des Auslands betrachtet. So werden z. B. Verkäufe an das Ausland auf dem Auslandskonto als Käufe des Auslands gebucht; geleistete Übertragungen an das Ausland sind im Auslandskonto empfangene Übertragungen. Entsteht ein Saldo zwischen den Positionen auf der Soll- und Habenseite, ändert sich die Nettoposition (Saldo von Forderungen und Verbindlichkeiten) gegenüber dem Ausland.

Zusammengefaßtes Konto der übrigen Welt

Käufe von Waren und Dienstleistungen (aus Sicht des Inlands: Exporte) Geleistete Faktoreinkommen Geleistete Transferzahlungen	Verkäufe von Waren und Dienstleistungen (aus Sicht des Inlands: Importe) Empfangene Faktoreinkommen Empfangene Transferzahlungen Änderung der Nettoposition

2.4. Nationale Konten und Sozialprodukt

Konsolidiert man die Konten der Sektoren, so erhält man das nationale Produktions-, Einkommens-, Vermögensveränderungs- und Finanzierungskonto (*Übersicht B-3*). Das Auslandskonto kann direkt übernommen werden, da es von vornherein als konsolidiertes nationales Konto geführt wird. Die Begriffe Exporte und Importe werden aus der Sicht des Inlands verstanden. Sie beinhalten hier auch geleistete und empfangene Faktoreinkommen. Das nationale Finanzierungskonto wird nicht aufgeführt, da es nach der Konsolidierung lediglich die Änderung der Nettoposition gegenüber dem Ausland aufweist. Das nationale Produktionskonto enthält das Ergebnis der gesamtwirtschaftlichen Produktionstätigkeit. Vorleistungslieferungen zwischen den inländischen Sektoren werden nicht mehr berücksichtigt, da jedem Vorleistungsverkauf eines Sektors ein gleich hoher Kauf eines anderen Sektors entspricht.

Für die weitere Darstellung werden noch einige Vereinfachungen vorgenommen. Exporte und Importe werden saldiert; der Saldo heißt Außenbeitrag. Von der unbedeutenden Produktion des Sektors private Haushalte wird abgesehen. Geleistete und empfangene Transferzahlungen gegenüber dem Ausland werden gegeneinander aufgerechnet.

Die Habenseite des nationalen Produktionskontos gibt den Wert des Bruttosozialprodukts zu Marktpreisen Y_m^b wieder. Es stellt den Wert der in einer Periode erstellten Güter dar. Zieht man davon die Abschreibungen ab, verbleibt das Nettosozialprodukt zu Marktpreisen Y_m^n. Zu beachten ist, daß die Bruttoinvestitionen sowohl die des Staates als auch die der Privaten umfassen.

$$(1) \qquad Y_m^b = C_H + C_{St} + I^b + (Ex - Im)$$

$$(2) \qquad Y_m^n = Y_m^b - D = C_H + C_{St} + I^n + (Ex - Im)$$

Das Nettosozialprodukt zu Faktorkosten Y_f^n erhält man, indem das Nettosozialprodukt zu Marktpreisen um die indirekten Steuern verringert und um die Subventionen erhöht wird. Dies ist erforderlich, da der Differenz $(T^{ind} - Z)$ keine Faktorleistung gegenübersteht.

$$(3) \qquad Y_f^n = Y_m^n - (T^{ind} - Z)$$

Das Nettosozialprodukt zu Faktorkosten ist das gesamte Einkommen, das die Wirtschaftseinheiten aus der Produktionstätigkeit beziehen. Daher bezeichnet man es auch als Volkseinkommen.

Bei der Konsolidierung zum nationalen Einkommenskonto heben sich die direkten Steuern, die die Haushalte entrichten und die der Staat erhält, gegenseitig auf, ebenso

Übersicht B-3: Nationale Konten

Nationales Produktionskonto

Abschreibungen D	Privater Konsum C_H
Indirekte Steuern minus Subventionen ($T^{ind} - Z$)	Staatlicher Konsum (= Eigenverbrauch des Staates) C_{St}
Wertschöpfung (= Volkseinkommen = Nettosozialprodukt zu Faktorkosten) Y	Bruttoinvestitionen I^b
	Exporte minus Importe (= Außenbeitrag) (Ex − Im)

Nationales Einkommenskonto

Nettotransfers an das Ausland Tr^a	Volkseinkommen (= Wertschöpfung) Y
Privater Konsum C_H	Indirekte Steuern minus Subventionen ($T^{ind} - Z$)
Staatlicher Konsum C_{St}	
Ersparnis S	

Nationales Vermögensveränderungskonto

Bruttoinvestitionen I^b	Abschreibungen D
Änderung der Nettoposition gegenüber dem Ausland (= Außenbeitrag minus Nettotransfers an Ausländer) $(Ex - Im) - Tr^a$	Ersparnis S

Zusammengefaßtes Konto der übrigen Welt

Exporte Ex	Importe Im
	Nettotransfers an das Ausland Tr^a
	Änderung der Nettoposition ΔN

wie die Transferzahlungen, die der Staat zahlt und die die privaten Haushalte erhalten. Auf der Habenseite steht das Nettosozialprodukt zu Marktpreisen, auf der Sollseite seine Aufteilung auf den privaten Konsum, den staatlichen Konsum, die Ersparnis und die Nettotransfers an das Ausland.

(4) $$Y^n_m = C_H + C_{St} + S + Tr^a$$

Bei der Konsolidierung der einzelnen Vermögensveränderungskonten zum nationalen Vermögensveränderungskonto entfallen wegen der gegenseitigen Aufrechnung alle Finanzierungssalden zwischen den inländischen Sektoren. Es verbleiben auf der Habenseite die gesamtwirtschaftliche Ersparnis als Reinvermögenszunahme und die Abschreibungen. Auf der Sollseite stehen die Bruttoinvestitionen und die Änderung der Nettoposition gegenüber dem Ausland ΔN.

(5) $$I^b + (Ex - Im) - Tr^a = D + S$$

Zieht man von den Bruttoinvestitionen die Abschreibungen ab, kann man Gleichung (5) schreiben:

(6) $I^n + (Ex - Im) - Tr^a = S$

oder:

(7) $I^n + (Ex - Im) = S + Tr^a$

Das oben beschriebene zusammengefaßte Konto der übrigen Welt ergibt:

(8) $Ex = Im + Tr^a + \Delta N$

Sozialprodukt und Inlandsprodukt

Bei den bisherigen Betrachtungen der Einkommensentstehung wurde vom Inländerkonzept ausgegangen. Das Ergebnis war das Inländer- oder Sozialprodukt bzw. Inländer- oder Volkseinkommen. Addiert man zum Inländerprodukt die an das Ausland geflossenen Faktoreinkommen, die im Inland erwirtschaftet werden, und zieht die Faktoreinkommen ab, die Inländer aus dem Ausland bezogen haben, dann ergibt sich das Inlandsprodukt als eine auf das geographisch abgegrenzte Inland bezogene Größe. Es wird der Berechnung der Arbeitsproduktivität und regionalwirtschaftlichen Analysen zugrunde gelegt.

Inländerprodukt
\+ Faktoreinkommen an das Ausland
− Faktoreinkommen vom Ausland

Inlandsprodukt

2.5. Ex-post-Gleichheit von Investitionen und Ersparnis

Aus dem nationalen Produktions- sowie Einkommenskonto kann man das Nettosozialprodukt zu Marktpreisen ermitteln. Für die Verwendungsseite (Gleichung 2) gilt:

$$Y^n_m = C_H + C_{St} + I^n + (Ex - Im).$$

Für die Aufteilungsseite (Gleichung 4) gilt:

$$Y^n_m = C_H + C_{St} + S + Tr^a.$$

Durch Gleichsetzen erhält man:

$$I^n + (Ex - Im) = S + Tr^a.$$

Dieser Zusammenhang läßt sich auch direkt aus dem nationalen Vermögensveränderungskonto ablesen und ist identisch mit Gleichung (7). Er besagt, daß in einer offenen Volkswirtschaft in jedem Zeitabschnitt ex-post stets Nettoinvestitionen und Außenbeitrag gleich der gesamtwirtschaftlichen Ersparnis und den Nettotransfers an das Ausland sind.

Abstrahiert man von den außenwirtschaftlichen Beziehungen, folgt aus Gleichung (7):

(9): $I^n = S.$

Diese ex-post-Identität ist Ergebnis der Definition der Sozialproduktentstehung und -verwendung in einer geschlossenen Volkswirtschaft und läßt deshalb keine Kausalaussage zu. Die Ersparnis ist gerade als der Teil des Einkommens definiert, der nicht für den Konsum ausgegeben wird. Die Investitionen sind definiert als der Teil der Güterproduktion, der nicht für den Konsum verwendet wird. Das sind zum einen die Konsumgüter, die von den Unternehmen produziert, aber nicht abgesetzt wurden und folglich deren Lagerbestände erhöhen (Lagerinvestitionen) und zum anderen die Nettoanlageinvestitionen.

Von dieser ex-post-Identität sind streng die geplanten oder ex-ante-Größen zu unterscheiden. An der Aufstellung von Investitions- und Sparplänen sind unterschiedliche Wirtschaftseinheiten beteiligt. Investitionspläne werden von Unternehmen und öffentlichen Haushalten erstellt, Sparpläne von privaten Haushalten, Unternehmen und öffentlichen Haushalten. Insofern wäre es Zufall, wenn die Summe der geplanten Investitionen gleich der Summe der geplanten Ersparnis wäre. Wenn die geplanten Größen nicht gleich sind, kommt es zu ungeplanten Investitionen und/oder ungeplanter Ersparnis, die die ex-post-Gleichheit von I^n und S herstellen. Die ex-post-Gleichheit kann in einer geschlossenen Volkswirtschaft ohne staatliche Aktivität somit geschrieben werden als:

$$I^n_{geplant} + I^n_{ungeplant} = S_{geplant} + S_{ungeplant}$$

In der Wirtschaftstheorie werden die Bedingungen beschrieben, unter denen keine ungeplanten Größen auftreten, d. h., daß die Wirtschaftssubjekte ihre Pläne realisieren. Einen solchen Zustand bezeichnet man als Gleichgewicht. Es ist wichtig hervorzuheben, daß die Gleichgewichtsidee der Wirtschaftstheorie ein theoretischer Ansatz ist, der auf bestimmte ex-ante Bedingungen abstellt (Beitrag C-3.1.1.), während in der Volkswirtschaftlichen Gesamtrechnung realisierte, d. h. ex-post-Größen, buchhalterisch erfaßt werden.

2.6. Volkswirtschaftliche Gesamtrechnung für die Bundesrepublik Deutschland

2.6.1. Kontensystem des Statistischen Bundesamtes

In den vorangegangenen Erläuterungen wurde ein einfaches Kreislaufschema vorgestellt. Das Statistische Bundesamt untergliedert sowohl die wirtschaftlichen Aktivitäten als auch die Sektoren stärker, um detailliertere Informationen liefern zu können.

- Der Unternehmenssektor wird in Produktionsunternehmen, Kreditinstitute und Versicherungsunternehmen unterteilt.

- Der Sektor Staat wird in die Subsektoren Gebietskörperschaften und Sozialversicherung gegliedert.
- Beim Sektor private Haushalte werden private Haushalte (im engeren Sinn) und private Organisationen ohne Erwerbscharakter unterschieden.

Für jeden dieser sieben Teilsektoren werden sieben Konten geführt, die dadurch entstehen, daß zu der bisher berücksichtigten Aktivität Einkommensverwendung noch Einkommensentstehung, -verteilung und -umverteilung hinzukommen. Diesem System wird ein zusammengefaßtes Güterkonto voran- und ein zusammengefaßtes Konto der übrigen Welt nachgestellt. Das zusammengefaßte Güterkonto enthält auf der Sollseite das gesamte Güteraufkommen im Inland. Dazu zählen die inländische Produktion, die Einfuhr und die Einfuhrabgaben. Auf der Habenseite wird der Verbleib der Güter in Form von Vorleistungen und der Endnachfrage, die sich aus dem privaten und staatlichen Konsum, den Bruttoinvestitionen und der Ausfuhr zusammensetzt, gebucht. Die Gegenbuchungen erfolgen auf den Aktivitätskonten bzw. auf dem zusammengefaßten Konto der übrigen Welt. Einen Überblick über das Kontensystem des Statistischen Bundesamtes gibt *Übersicht B-4*.

2.6.2. Entstehungs-, Verteilungs- und Verwendungsrechnung

Das Ergebnis der wirtschaftlichen Aktivität einer Periode läßt sich unter drei Blickwinkeln ermitteln und zwar bei der Entstehung, bei der Verteilung und bei der Verwendung. Diese Rechnungen sind z. T. aus dem Kontensystem der Volkswirtschaftlichen Gesamtrechnung ableitbar. Zusätzlich veröffentlicht das Statistische Bundesamt sogenannte Standardtabellen mit weiteren Informationen.

Entstehungsrechnung

Aufgabe der Entstehungsrechnung ist es, die Beiträge einzelner Wirtschaftsbereiche zum gesamten Produktionsergebnis einer Volkswirtschaft zu erfassen. Dazu wird vor allem der Unternehmenssektor stärker untergliedert als im Kontensystem des Kreislaufschemas, und zwar in: Land- und Forstwirtschaft, Fischerei; Warenproduzierendes Gewerbe; Handel und Verkehr; Dienstleistungsunternehmen. Diese Bereiche werden noch weiter aufgespalten. Für jeden Wirtschaftsbereich wird folgende Rechnung durchgeführt: Vom jeweiligen Produktionswert werden die Vorleistungen abgezogen. Das Ergebnis ist die Bruttowertschöpfung (zu Marktpreisen) eines Bereiches. Die Summe der sektoralen Einzelbeiträge ergibt die gesamtwirtschaftliche Bruttowertschöpfung. Um das Bruttoinlandsprodukt zu erhalten, müssen noch die Einfuhrabgaben und die nichtabzugsfähige Umsatzsteuer hinzugezählt werden. Dies ist erforderlich, weil die in Rechnung gestellte, also nicht abzugsfähige Umsatzsteuer in den Produktionswerten nicht enthalten ist, und weil bei der Ermittlung der Bruttowertschöpfung die Vorleistungen einschließlich Einfuhrabgaben abgezogen werden. Ohne nachträgliche Berücksichtigung wären diese, den indirekten Steuern zuzurechnenden Positionen, nicht im Bruttoinlandsprodukt enthalten.

Übersicht B-4: Kontensystem der Volkswirtschaftlichen Gesamtrechnung des Statistischen Bundesamtes

0) Zusammengefaßtes Güterkonto

Sektoren / Aktivitäten	Unternehmen			Staat		Haushalte	
	Produktions-unternehmen	Kredit-institute	Versicherungs-unternehmen	Gebietskörper-schaften	Sozial-versicherung	Private Haushalte	Private Organisationen ohne Erwerbscharakter
Produktion von Waren und Dienst-leistungen	1) Produktionskonten						
Entstehung von Erwerbs- und Vermögens-einkommen	2) Einkommensentstehungskonten						
Verteilung der Erwerbs- und Vermögens-einkommen	3) Einkommensverteilungskonten						
Umverteilung der Einkommen	4) Einkommensumverteilungskonten						
Verwendung der Einkommen	5) Einkommensverwendungskonten						
Vermögens-bildung	6) Vermögensveränderungskonten						
Veränderung der Forderungen und Verbind-lichkeiten	7) Finanzierungskonten						

8) Zusammengefaßtes Konto der übrigen Welt

In *Tab. B-1* sind Ergebnisse der Entstehungsrechnung 1960 und 1993 für die frühere Bundesrepublik sowie für Gesamtdeutschland 1993 wiedergegeben. Aus den Anteilswerten ersieht man die Produktionsstruktur, aus dem Zeitvergleich erhält man Einblick in deren Veränderung. Angeschlossen an diese Tabelle ist noch die Umrechnung des Bruttoinlandsprodukts über das Bruttosozialprodukt in das Nettosozialprodukt.

Tab. B-1: Bruttowertschöpfung nach Wirtschaftsbereichen, Bruttoinlandsprodukt, Sozialprodukt 1960 und 1993 in jeweiligen Preisen

	frühere Bundesrepublik				Gesamtdeutschland	
	1960		1993		1993	
	Mrd. DM	in v. H. des BIP	Mrd. DM	in v. H. des BIP	Mrd. DM	in v. H. des BIP
Land- und Forstwirtschaft, Fischerei	18	5,8	29	1,0	36	1,1
Produzierendes Gewerbe	161	53,1	981	34,4	1086	34,4
Handel und Verkehr	56	18,5	406	14,2	444	14,1
Dienstleistungsunternehmen	41	13,6	965	33,8	1049	33,2
Unternehmen insgesamt (unbereinigt)	276	91,0	2381	83,4	2615	82,8
·/. Unterstellte Entgelte für Bankdienstleistungen	5	1,7	133	4,7	146	4,6
Unternehmen insgesamt (bereinigt)	270	89,1	2248	78,8	2469	78,2
Staat	22	7,1	300	10,5	443	14,0
Private Haushalte, priv. Org. o. Erw. char.	5	1,7	75	2,6		
Bruttowertschöpfung insgesamt	297	98,1	2623	91,9	2912	92,2
+ Nichtabzugsfähige Umsatzsteuer	–	–	203	7,1	217	6,9
+ Einfuhrabgaben	6	1,9	29	1,0	30	0,9
Bruttoinlandsprodukt (BIP)	303	100,0	2854	100,0	3159	100,0
+ Saldo der Erwerbs- und Vermögenseinkommen zwischen Inländern u. der übrigen Welt	0	0,1	–11	0,4	–1	0,0
Bruttosozialprodukt zu Marktpreisen	303	100,1	2843	99,6	3158	100,0
·/. Abschreibungen	24	7,8	379	13,3	427	13,5
Nettosozialprodukt zu Marktpreisen	279	92,3	2464	86,3	2731	86,5
·/. (Indirekte Steuern ·/. Subventionen)	39	13,0	334	11,7	345	10,9
Nettosozialprodukt zu Faktorkosten (= Volkseinkommen)	240	79,3	2129	74,6	2386	75,6

Quelle: Statistisches Bundesamt, Volkswirtschaftliche Gesamtrechnungen, Fachserie 18, Reihe S. 15, Revidierte Ergebnisse, 1950 bis 1990, Stuttgart (Metzler-Poeschel) 1991; Reihe 1.3, Konten und Standardtabellen, 1993 Hauptbericht, Stuttgart (Metzler-Poeschel) 1994.

Verteilungsrechnung

Die Verteilung des Volkseinkommens kann man unter drei Blickwinkeln betrachten:

- als funktionale Einkommensverteilung, bei der es darum geht, welche Einkommensanteile den Produktionsfaktoren zufließen;
- als personale Einkommensverteilung, bei der auf die Einkommensrelation zwischen Personen oder Haushalten abgestellt wird;
- als sektorale Einkommensverteilung, die die Verteilung auf die Wirtschaftssektoren erfaßt (Beitrag H–1.1.).

Vor Umverteilungsmaßnahmen durch den Staat errechnet sich das Volkseinkommen als Summe von Bruttoeinkommen aus unselbständiger Arbeit und Bruttoeinkommen aus Unternehmertätigkeit und Vermögen. Die weitere Untergliederung dieser funktionalen Primärverteilung geht aus *Tabelle B-2* hervor.

Tab. B-2: Primärverteilung in jeweiligen Preisen

	frühere Bundesrepublik				Gesamtdeutschland	
	1960		1993		1993	
	Mrd. DM	in v. H. des Volkseink.	Mrd. DM	in v. H. des Volkseink.	Mrd. DM	in v. H. des Volkseink.
Bruttoeinkommen aus unselbständiger Arbeit	144	60,1	1536	72,2	1778	74,5
./. Sozialbeiträge der Arbeitgeber	20	8,3	297	14,0	336	14,1
Bruttolohn- und -gehaltsumme	124	51,9	1239	58,2	1442	60,4
./. Lohnsteuer	8	3,3	228	10,7	253	10,6
./. Tatsächliche Sozialbeiträge der Arbeitnehmer	12	4,9	186	8,7	221	9,3
Nettolohn- und -gehaltsumme	105	43,7	825	39,8	968	40,6
Bruttoeinkommen aus Unternehmertätigkeit und Vermögen	96	39,9	593	27,9	608	25,5
./. Direkte Steuern u. ä.	20	8,5	86	4,0	×	×
Nettoeinkommen	76	31,4	507	23,8	×	×
davon: Entnommene Gewinne und Vermögenseinkommen	49	20,3	529	24,9	×	×
davon: Private Haushalte	47	19,5	575	27,0	×	×
Staat	2	0,9	−46	2,2	×	×
Nicht entnommene Gewinne	27	11,1	−22	1,0	×	×
Volkseinkommen (= Σ der Bruttoeinkommen)	240	100,0	2129	100,0	2386	100,0

Quelle: Statistisches Bundesamt *(wie Tab. B-1).* × Werte für 1993 bei Drucklegung noch nicht verfügbar

Verwendungsrechnung

Bei dieser Betrachtung wird vom Bruttoinlandprodukt ausgegangen, das für privaten Verbrauch, für Staatsverbrauch, für Bruttoinvestitionen (Anlageinvestitionen und Vorratsveränderung) und den Außenbeitrag verwendet werden kann *(vgl. Tabelle B-3).* Addiert man zum privaten Verbrauch, Staatsverbrauch und den Bruttoinvestitionen lediglich die Exporte, so erhält man die gesamtwirtschaftliche Endnachfrage, die sich auf das Inland richtet. Bezieht man die Erwerbs- und Vermögenseinkommen zwischen Inländern und der übrigen Welt in die Ausfuhr und Einfuhr mit ein (Außenbeitrag nach dem Inländerkonzept) ergibt sich die Verwendung des Bruttosozialprodukts.

Tab. B-3: Verwendung des Bruttoinlandsprodukts in jeweiligen Preisen

	frühere Bundesrepublik				Gesamtdeutschland	
	1960		1993		1993	
	Mrd. DM	in v. H. des BIP	Mrd. DM	in v. H. des BIP	Mrd. DM	in v. H. des BIP
Privater Verbrauch	172	56,7	1589	55,7	1832	58,0
Staatsverbrauch	40	13,3	509	17,8	623	19,7
Anlageinvestition	74	24,3	552	19,3	702	22,2
Vorratsveränderung	9	3,0	−12	0,4	−7	0,2
Außenbeitrag	8	2,6	216	7,6	9	0,3
Bruttoinlandsprodukt zu Marktpreisen	303	100,0	2854	100,0	3159	100,0

Quelle: Statistisches Bundesamt, *(wie Tab. B-1).*

In *Übersicht B-5* sind die verschiedenen Ermittlungsarten für das Sozialprodukt einander schematisch gegenübergestellt.

Übersicht B-5: Schematische Gegenüberstellung der Ermittlungsarten des Sozialprodukts[1]

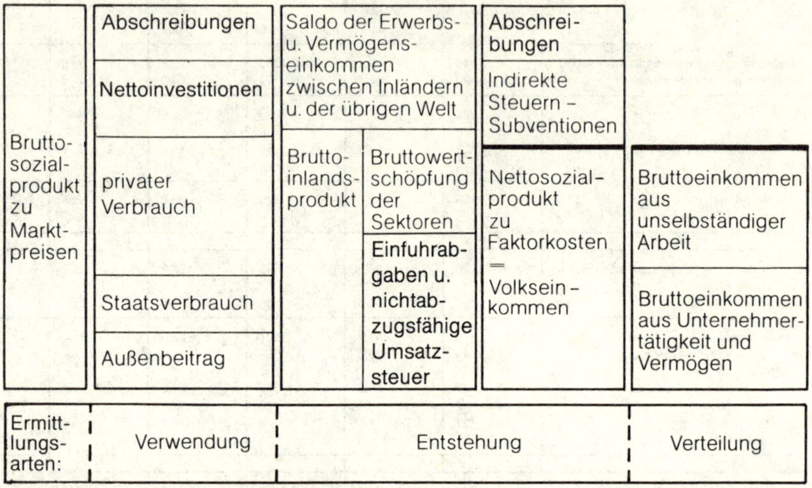

[1] Die Größenordnungen der aufgeführten Aggregate sind in den *Tabellen B-1* bis *B-3* nachzulesen.

3. Ergänzungsrechnungen

3.1. Input-Output-Rechnung

Bisher wurde der Sektor Unternehmen in konsolidierter Form betrachtet. Das hatte zur Folge, daß Vorleistungslieferungen und -bezüge innerhalb des Sektors nicht ausgewiesen wurden. Für viele Fragestellungen, z. B. der der Abhängigkeit eines Unternehmensbereiches von anderen, ist die Kenntnis der Vorleistungsverflechtungen wichtig. Diese Liefer- und Empfängerbeziehungen werden in Input-Output-Tabellen (*Übersicht B-6*) erfaßt, die von Wassily Leontief (1936) entwickelt wurden. Sie bestehen aus drei Matrizen. In der Zentralmatrix werden die Vorleistungslieferungen und -bezüge des in Produktionsbereiche untergliederten Unternehmenssektors wiedergegeben. In der Kopfzeile stehen die empfangenden Bereiche, in der Kopfspalte die liefernden Bereiche. Dabei werden auch Vorleistungslieferungen an den eigenen Bereich festgehalten. Nahezu alle Produktionsbereiche sind gleichzeitig Vorleistungsempfänger und -lieferanten.

Die Produktionsbereiche liefern nicht nur Vorleistungen, sondern stellen auch Güter für die Endnachfrage bereit. Diese Verkäufe an private Haushalte, Staat, Ausland und Verkäufe von Investitionsgütern an andere Unternehmen werden in der rechten Randmatrix festgehalten. Addiert man zu ihnen die Vorleistungslieferungen des Bereichs, so ergibt sich sein Produktionswert.

Übersicht B-6: Schema einer Input-Output-Tabelle für n = 9 Produktionsbereiche

Output an / Input von		Produktionsbereiche	Vorleistungsnachfrage = 1 bis 9	gesamtwirtschaftliche Endnachfragebereiche				Endnachfrage = 11 bis 14	Produktionswert =10+15
				C_H	C_{St}	I^b	Ex		
		1.....i..9	10	11	12	13	14	15	16
Produktionsbereiche	1								
	i								
	9								
Inländische Vorleistungen = 1 bis 9	10			ΣC_H	ΣC_{St}	ΣI^b	ΣEx	gesamte Endnachfrage	gesamter Produktionswert
primäre Inputs: Importe	11		Σ Im						
primäre Inputs: Abschreibungen	12		ΣD						
primäre Inputs: Indirekte Steuern ÷ Subventionen	13		$\Sigma (T^{ind} \div Z)$						
primäre Inputs: Löhne	14		ΣW						
primäre Inputs: Gewinne	15		ΣQ						
Beiträge zum Bruttoinlandsprodukt =12 bis 15	16		Bruttoinlandsprodukt						
Produktionswert =10+11+16	17		gesamter Produktionswert						

Zur Produktion ist außer dem Vorleistungseinsatz (intermediäre Inputs) auch der Einsatz primärer Inputs erforderlich. Für sie werden entsprechend dem Aufbau des Produktionskontos (Abschnitt 2.3.1.) neben den Löhnen und Gewinnen die Abschreibungen, die Zahlungen für indirekte Steuern abzüglich erhaltenen Subventionen und die Importe angesetzt und in der unteren Randmatrix erfaßt. Die Summe der primären Inputs je Bereich ohne Importe stellt den Beitrag des Bereiches zum Bruttoinlandsprodukt dar. Vorleistungsbezüge und gesamte primäre Inputs ergeben als Spaltensumme wieder den Produktionswert dieses Bereichs. Die Summe der Produktionswerte der einzelnen Bereiche ergibt den gesamten Produktionswert. Summiert man die Endnachfragekomponenten über alle Bereiche, erhält man die Endnachfrage, die sich auf das Inland richtet. Da in Input-Output-Tabellen spaltenweise der für die Produktion in einem Bereich erforderliche Input und zeilenweise der erzielte Output aufgeschlüsselt sind, können zur Charakterisierung der Produktionsstruktur Koeffizienten gebildet werden. Bei den Inputkoeffizienten werden Vorleistungsbezüge bzw. die Einsätze an primären Inputs eines Bereiches auf seinen Produktionswert bezogen. Sie sagen aus, wieviel Vorleistungen von einem anderen Bereich bzw.

wieviel primäre Inputs eingesetzt worden sind, um eine Einheit des jeweiligen Produktionswertes zu erstellen. Die Koeffizienten werden Vorleistungs-, Import-, Abschreibungs-, Lohnkoeffizient usw. genannt. Outputkoeffizienten geben an, welcher Anteil des Outputs eines Bereichs als Vorleistung an einen anderen Bereich oder direkt an die Endnachfrage geliefert wird.

Neben Informationen über die Verflechtung der verschiedenen Produktionsbereiche können Input-Output-Tabellen als Grundlage für die Input-Output-Analyse verwendet werden. In ihr werden kurzfristig konstante linear-limitationale Produktionsfunktionen (konstante Produktionskoeffizienten) unterstellt (Beitrag K-3.1.). Damit kann u. a. der Einfluß einer Veränderung einzelner Endnachfragekomponenten auf die dafür erforderlichen Vorleistungslieferungen und primären Inputs errechnet und die Auswirkungen von Nachfrageumschichtungen auf die gesamte Produktion aller anderen Bereiche abgeschätzt werden. Dies ist z. B. für die sektoralen Konsequenzen von Nachfrageverschiebungen von Bedeutung.

3.2. Vermögensrechnung

Die Volkswirtschaftliche Gesamtrechnung informiert über Ströme, z. B. die Vermögensänderung. Will man Kenntnis über die Höhe und Zusammensetzung des Vermögens erlangen, so ist zusätzlich eine Bestandsrechnung, die Vermögensrechnung, erforderlich.

In der Wirtschaftstheorie wird Vermögen als Quelle zukünftiger Einkommens- und Nutzenströme definiert. Im Rechnungswesen ist der Vermögensbegriff nicht eindeutig abgegrenzt. Je nach Fragestellung werden unterschiedliche Komponenten zum Vermögen gerechnet. In der Vermögensrechnung werden für eine Wirtschaftseinheit die bewerteten Vermögensobjekte (Aktiva) und Verbindlichkeiten zu einem bestimmten Zeitpunkt gegenübergestellt. Bei den Aktiva wird zwischen Sachvermögen und Forderungen unterschieden. Die gesamte Aktivseite wird auch als Bruttovermögen bezeichnet. Dem Bruttovermögen stellt man auf der Passivseite die Verbindlichkeiten gegenüber. Die Differenz zwischen Bruttovermögen und Verbindlichkeiten ist das Reinvermögen. Das Grundschema jeder Vermögensrechnung sieht demnach wie folgt aus:

Vermögen einer Wirtschaftseinheit an einem Stichtag

Sachvermögen	Verbindlichkeiten
Forderungen	Reinvermögen

Zieht man von den Forderungen einer Wirtschaftseinheit ihre Verbindlichkeiten ab, so erhält man ihr Geldvermögen, das auch als Nettoposition bezeichnet wird. Damit ergibt sich das Reinvermögen als Sachvermögen plus Geldvermögen. Der Zusammenhang zwischen dem Vermögensbestand und der Vermögensänderung wird deutlich, wenn man das Vermögensveränderungskonto aus der Volkswirtschaftlichen Gesamtrechnung etwas umstellt und von Nettogrößen ausgeht.

Vermögensveränderungskonto für eine Wirtschaftseinheit

Nettoinvestition = Zunahme des Sachvermögens	Finanzierungssaldo = Zunahme der Verbindlichkeiten – Zunahme der Forderungen
	Ersparnis = Zunahme des Reinvermögens

Vermögensrechnungen können für einzelne Wirtschaftssubjekte, für Sektoren und die gesamte Volkswirtschaft aufgestellt werden. Probleme ergeben sich bei der Abgrenzung, welche Wirtschaftsobjekte bei den Aktiva und welche Verbindlichkeiten als Passiva zu berücksichtigen sind, sowie bei deren Bewertung. Als Beispiel für Abgrenzungsprobleme sei hier nur die Behandlung des ,,Gebrauchsvermögens" der privaten Haushalte – dazu gehören dauerhafte Konsumgüter wie Autos, Elektrogeräte usw. – genannt. Ihr Erwerb wird in der Volkswirtschaftlichen Gesamtrechnung als Konsum behandelt. Eine Bewertung der Vermögensobjekte ist erforderlich, weil sie erst dadurch vergleich- und aggregierbar werden. Je nach Fragestellung ist eine Bewertung zu Anschaffungspreisen oder Wiederbeschaffungspreisen, jeweils brutto (Neuwert) oder netto (Restwert) üblich.

Das Volksvermögen, das Reinvermögen der gesamten Volkswirtschaft, ergibt sich aus der Konsolidierung der Vermögensrechnungen aller inländischen Wirtschaftssubjekte. Es umfaßt alle Sachvermögensbestände zuzüglich der Nettoposition gegenüber dem Ausland, da sich Forderungen und Verbindlichkeiten zwischen Inländern aufheben.

In der Bundesrepublik gibt es keine vollständige amtliche Volksvermögensrechnung, sondern nur Teilrechnungen (SABLOTNY, 1977; Beitrag H-2.3., *Tab. H-2*). Deshalb kann die personelle Vermögensverteilung nicht konsistent erfaßt werden. Das STATISTISCHE BUNDESAMT ermittelt das reproduzierbare Sachvermögen. Dazu werden das Anlagevermögen und das Vorratsvermögen der Unternehmen, sowie Teile des Anlagevermögens des Staates und das Anlagevermögen der privaten Organisationen ohne Erwerbscharakter erfaßt. Das Vermögen wird nominal (zu laufenden Preisen) sowie real (in konstanten Preisen) ausgewiesen. *Tab. B-4* zeigt das Bruttoanlagevermögen nach Wirtschaftsbereichen für die alten Bundesländer.

Die DEUTSCHE BUNDESBANK ermittelt die Nettoposition der einzelnen Sektoren untereinander und der Bundesrepublik gegenüber dem Ausland (*Tab. B-5*). Forderungen und Verbindlichkeiten werden nach dem Grad ihrer Liquiditätsnähe geordnet. Der Sektor Unternehmen wird in einen nichtfinanziellen und einen finanziellen Teil aufgespalten. Letzterer ist in Banken, Bausparkassen und Versicherungen untergliedert.

3.3. Finanzierungsrechnung

In der Finanzierungsrechnung, die die DEUTSCHE BUNDESBANK durchführt, werden die Finanzierungskonten der Volkswirtschaftlichen Gesamtrechnung, die nur die Gesamtänderungen der Forderungen und Verbindlichkeiten ausweisen, weiter unterglie-

Tab. B-4: Anlagevermögen nach Wirtschaftsbereichen in Preisen von 1985, brutto Mrd. DM, frühere Bundesrepublik

	1960	1970	1980	1993[1]
Unternehmen	2452	4234	6264	8911
Land- und Forstwirtschaft, Fischerei	189	270	303	304
Elektrizitäts-, Gas-, Fernwärme- und Wasserversorgung	103	188	320	465
Bergbau	45	47	50	53
Verarbeitendes Gewerbe	392	768	1068	1324
Baugewerbe	24	67	82	79
Handel	97	197	288	417
Verkehr, Nachrichtenübermittlung	199	302	473	661
Kreditinstitute, Versicherungsunternehmen	34	68	120	209
Wohnungsvermietung	1278	2110	3063	4258
Sonstige Dienstleistungen	90	218	496	1141
Staat	207	354	545	744
Private Organisationen ohne Erwerbscharakter	46	94	146	199
Alle Wirtschaftsbereiche	2704	4465	6955	9854

Quelle: Statistisches Bundesamt, Volkswirtschaftliche Gesamtrechnungen, Fachserie 18, Reihe S. 15, Revidierte Ergebnisse, 1950 bis 1990, Stuttgart (Metzler-Poeschel) 1991; dto, Reihe 1.3, Konten und Standardtabellen, 1993 Hauptbericht, Stuttgart (Metzler-Poeschel) 1994.

[1]) Verknüpfung der Preisindices 1991 und 1985 im Jahre 1989

Tab. B-5: Nettoposition nach Sektoren am Ende des Jahres, in Mrd. DM, bis 1980 frühere Bundesrepublik, 1993 Gesamtdeutschland

		1960	1970	1980	1993
Private Haushalte	F[1]	139	494	1462	3788
	V	9	33	143	354
	N	130	462	1319	3434
Unternehmen (ohne finanzielle Sektoren)	F	72	211	597	1818
	V	239	690	1714	4051
	N	−167	−479	−1117	−2233
Finanzielle Sektoren (Banken, Bausparkassen u. Versicherungen)	F	275	844	2394	6602
	V	258	828	2345	6192
	N	16	16	49	410
Öffentliche Haushalte	F	99	191	309	476
	V	53	124	483	1586
	N	46	66	−174	−1110
Ausland	F	38	122	430	1677
	V	63	188	508	2178
	N	−26	−65	−77	−501

[1] F = Forderungen; V = Verbindlichkeiten; N = Nettoposition; F − V = N

Quelle: Deutsche Bundesbank, Zahlenberichte und methodische Erläuterungen zur gesamtwirtschaftlichen Finanzierungsrechnung der Deutschen Bundesbank 1960–1989, Sonderdrucke der Deutschen Bundesbank, Nr. 4, 6. Aufl., Frankfurt a. M. 1990; Ergebnisse der gesamtwirtschaftlichen Finanzierungsrechnung der Deutschen Bundesbank 1981–1990, Sonderdrucke der Deutschen Bundesbank Nr. 4, Ergänzungslieferung, Frankfurt a. M. 1991; Monatsbericht, Mai 1994.

Tab. B-6: Vermögensbildung und ihre Finanzierung im Jahre 1993, in Mrd. DM, Gesamtdeutschland

Sektor / Position	Private Haushalte	Unternehmen ohne finanzielle Sektoren	Öffentliche Haushalte	Ausland	Finanzielle Sektoren insgesamt	Sektoren insgesamt
A. SACHVERMÖGENSBILDUNG UND ERSPARNIS						
I. Vermögensbildung						
1. Bruttoinvestitionen	–	577	86	–	17	680
2. Abschreibungen	–	392	24	–	9	425
3. Nettoinvestitionen (Sachvermögensbildung)	–	185	62	–	8	255
II. Ersparnis und Vermögensübertragungen	222	–8	–40	41	40	255
1. Ersparnis	274	–101	5	38	40	255
2. Vermögensübertragungen (netto)	–52	93	–45	3	0	–
III. Finanzierungsüberschuß bzw. -defizit (II ./. I. 3)	222	–193	–102	41	31	–
Statistische Differenz		–17		17		–
B. FINANZIERUNGSRECHNUNG						
I. Geldvermögensbildung						
1. Geldanlage bei Banken	146	76	25	59	38	345
2. Geldanlage bei Bausparkassen und Versicherungen	75	1	0	0	0	76
3. Erwerb von Geldmarktpapieren, festverzinslicher Wertpapiere, Aktien	–12	6	2	241	226	464
4. Auslandsposition der Deutschen Bundesbank	–	–	–	–3	–23	–25
5. Bankkredite	–	–	–	–	385	385
6. Darlehen der Bausparkassen und Versicherungen	–	–	–	–	14	14
7. Sonstige Forderungen	28	62	26	12	–	128
Summe	237	146	53	310	640	1386
II. Kreditaufnahme und Aktienemmission						
1. Geldanlage bei Banken	–	–	–	–	345	345
2. Geldanlage bei Bausparkassen und Versicherungen	–	–	–	–	76	76
3. Absatz von Geldmarktpapieren, festverzinslicher Wertpapiere, Emission von Aktien	–	105	128	48	181	464
4. Auslandsposition der Deutschen Bundesbank	–	–	–	–23	–3	–25
5. Bankkredite	16	200	22	141	6	385
6. Darlehen der Bausparkassen und Versicherungen	–0	9	0	5	0	14
7. Sonstige Verpflichtungen	–0	41	5	80	2	128
Summe	15	356	155	251	609	1386
III. Nettoveränderungen der Förderungen bzw. Verpflichtungen (I. ./. II.) –	222	–210	–102	59	31	–

Quelle: Deutsche Bundesbank, Monatsbericht Mai 1994, Frankfurt a. M. 1994

dert. Es sollen damit Informationen über die Änderung von Höhe und Struktur des Geldvermögens der einzelnen Sektoren gegeben werden. Ausgehend von dem Vermögensveränderungskonto eines Sektors, das den Finanzierungsüberschuß bzw. das Finanzierungsdefizit ausweist (*Tab. B-6*), wird die Anlage bzw. Finanzierung dieses Saldos aufgeschlüsselt. Die Finanzierungsrechnung ist somit eine Stromrechnung. Da dem Finanzsektor bei der Entstehung und Abwicklung von Forderungen und Verbindlichkeiten eine besondere Rolle zukommt, empfiehlt sich in der Finanzierungsrechnung eine andere Sektoreneinteilung als in der Volkswirtschaftlichen Gesamtrechnung. Es wird zwischen den finanziellen und nichtfinanziellen Sektoren unterschieden. Zu ersteren zählen die Bundesbank, die Kreditinstitute, die Bausparkassen und die Versicherungen. Zu letzteren werden die privaten Haushalte, die nichtfinanziellen Unternehmen, die öffentlichen Haushalte und das Ausland gerechnet. Innerhalb der nichtfinanziellen Unternehmen weist die Bundesbank die Wohnungswirtschaft gesondert aus, für deren Investitionen sich von den sonstigen Unternehmensinvestitionen abweichende Finanzierungsgebräuche herausgebildet haben. Die Untergliederung der finanziellen Transaktionen kann nach Arten (z. B. Erhöhung bzw. Senkung der Sicht-, Termin-, Spareinlagen) oder nach Gläubigern und Schuldnern vorgenommen werden. Die Bundesbank kombiniert diese beiden Gliederungsmöglichkeiten (*Tab. B-6*).

Neben der Sektorenabgrenzung bereitet die Bewertung der Forderungen und Verbindlichkeiten Probleme. Auch in dieser Rechnung kann kein einheitlicher Bewertungsmaßstab durchgehalten werden. Die Bundesbank versucht so weit wie möglich, die Transaktionsobjekte zu den Preisen zu bewerten, zu denen sie getauscht werden. In einzelnen Fällen wird aber auf den Nominal- oder den Buchwert zurückgegriffen.

Durch Konsolidierung aller sektoralen Finanzierungsrechnungen ergibt sich die gesamtwirtschaftliche Finanzierungsrechnung. Da das Ausland integriert ist, liegt ein geschlossenes Buchungssystem vor, in dem die Summe der Finanzierungsüberschüsse gleich der der Finanzierungsdefizite sein muß. Die Finanzierungsrechnung der Bundesbank gibt Einblick in die sektorale Sachvermögensbildung und Ersparnis, in die Finanzierungs- und Anlagegewohnheiten der Sektoren und in die Finanzierungsverflechtung der Sektoren.

4. Probleme des gesamtwirtschaftlichen Rechnungswesens

Bedeutung der Ergebnisse des gesamtwirtschaftlichen Rechnungswesens

Die Kenntnis der Größen aus dem gesamtwirtschaftlichen Rechnungswesen ist sowohl für die Weiterentwicklung der Wirtschaftstheorie als auch für die Wirtschaftspolitik unerläßlich. Der Theorie dienen die Ergebnisse des Rechnungswesens als Informationsbasis. Sie erleichtern die Hypothesenbildung und ermöglichen die empirische Überprüfung von Theorien. Die Wirtschaftspolitik ist auf die ermittelten Daten angewiesen, weil nur mit ihrer Hilfe die wirtschaftliche Lage beurteilt und Ziele operational formuliert werden können. Mit Hilfe der Theorie läßt sich dann eine Lageanalyse (Diagnose) und eine Prognose erstellen. Weicht die prognostizierte Entwicklung von den angestrebten Zielen ab, können wirtschaftspolitische Maßnahmen erforderlich werden. Für die Kontrolle des Erfolges der eingesetzten Instrumente ist das Rechnungswesen wieder eine wesentliche Voraussetzung (Beitrag N-5.). Seine Bedeutung für die Wirtschaftstheorie und -politik sowie die Beachtung, die die Ergebnisse des Rechnungswesens in der Öffentlichkeit finden, dürfen nicht darüber hinwegtäuschen, daß ihre Aussagefähigkeit begrenzt ist. Probleme ergeben sich u. a. beim verwendeten Konzept, bei der Ermittlung der Daten und bei der Interpretation der Ergebnisse.

Konzeptionelle Probleme

Im Rechnungswesen wird ein Produktionskonzept verwendet, in dem zusätzlich zur Erstellung der auf Märkten gehandelten Güter und Dienstleistungen noch weitere Vorgänge als Produktion angesehen werden. Da im letzteren Fall keine Markttransaktionen vorliegen, muß mit unterstellten Transaktionen gearbeitet werden. Dabei wird aber nicht nach einem einheitlichen Ansatz, sondern pragmatisch vorgegangen; Abgrenzungsschwierigkeiten sind die Folge. Während die unentgeltlich vom Staat bereitgestellten Leistungen in Höhe der zu ihrer Erstellung erforderlichen Faktorkosten berücksichtigt werden, bleibt die unentgeltliche Produktion von Gütern in den privaten Haushalten, z. B. Hausfrauenarbeit und do-it-yourself-Handwerksleistungen, außer Betracht. Der Eigenverbrauch der Unternehmer, insbesondere in der Landwirtschaft, wird im Rechnungswesen geschätzt und der Produktion der Unternehmen zugerechnet. Auf die Höhe des ermittelten Sozialprodukts wirkt es sich aus, ob bestimmte Leistungen durch private Haushalte oder Unternehmen erbracht werden. Geht ein privater Haushalt bei der ,,Produktion" sauberer Wäsche von der Nutzung einer privaten Waschmaschine auf die Inanspruchnahme eines Wäschereiunternehmens über, nimmt das ermittelte Sozialprodukt zu. Verzichtet ein privater Haushalt auf die gewohnte Inanspruchnahme von Handwerkern und führt Reparaturen im Haushalt selbst durch, wird ein niedrigeres Sozialprodukt ausgewiesen.

Die Nutzung dauerhafter Güter durch private Haushalte und Unternehmen wird unterschiedlich behandelt. Der Erwerb eines Automobils durch einen privaten Haushalt zählt als Konsum, während der Erwerb durch ein Unternehmen eine Investition darstellt. Mit dem Kapitalgut Automobil werden von dem Unternehmen Transportleistungen produziert, die im Rechnungswesen erfaßt werden. Durch den Einsatz in der Produktion unterliegt das Kapitalgut einem Verschleiß, der durch Abschreibungen berücksichtigt wird. Auch die Nutzung des Automobils durch den privaten Haushalt könnte man als ,,Produktion" betrachten, durch die erst das Konsumgut Transportleistung erstellt wird (STOBBE, 1966, 7. A. 1989).

Probleme der internationalen Vergleichbarkeit

Beim Vergleich von Sozialproduktsdaten unterschiedlicher Wirtschaftssysteme sind Unterschiede im Produktionskonzept zu beachten. Während in den marktwirtschaftlichen Ländern, dem Standard National Accounting System (SNA) der VEREINTEN NATIONEN folgend, zur Produktion die Herstellung von Waren und Dienstleistungen zählen (Statistical Office of the United Nations, 1968), findet in den sozialistischen

Ländern ein engerer Produktionsbegriff Anwendung. Er ist aus der marxistischen Theorie abgeleitet, nach der allein die Herstellung von Sachgütern als produktiv gilt, und ist Grundlage des dort angewendeten Material Product System (MPS). Daneben werden noch für die materielle Produktion als unbedingt erforderlich angesehene Dienstleistungen als „produktive Leistungen" berücksichtigt (z. B. Verkehr, Post- und Fernmeldewesen). Alle anderen Dienstleistungen gelten als „unproduktiv" und bleiben unberücksichtigt. Dazu zählen z. B. die staatlichen Gesundheitsleistungen, die Leistungen des Rechts- und Sozialwesens, der Versicherungen und Banken.

Ermittlungsprobleme

Neben Probleme, die sich aus dem verwendeten Produktionskonzept ergeben, treten Ermittlungsschwierigkeiten. Die Ergebnisse der Volkswirtschaftlichen Gesamtrechnung werden überwiegend aus Sekundärstatistiken abgeleitet, die in ihrer primären Ausgestaltung auf andere Fragestellungen gerichtet sind (z. B. Einkommen- und Umsatzsteuerstatistiken). Teilbereiche müssen geschätzt werden. Unterschiedliche Bewertungsmaßstäbe erschweren zusätzlich eine konsistente Ermittlung. Somit pflanzen sich Fehler bei der primären Erhebung von Daten und deren Verarbeitung fort. Das Statistische Bundesamt und die Deutsche Bundesbank bemühen sich, die Ergebnisse ihrer Rechnung möglichst schnell vorzulegen, um eine aktuelle Beurteilung der wirtschaftlichen Lage zu ermöglichen. Solche vorläufigen Ergebnisse sind von einer geringeren Genauigkeit als die endgültigen Zahlen, da noch nicht alle notwendigen Informationen zur Verfügung stehen.

Zu den Ermittlungsproblemen zählt schließlich die Erfassung von Gütern und Dienstleistungen, die zwar über Märkte, aber (legal) ohne Steuerpflicht und damit ohne statistische Erfassung oder illegal abgewickelt werden. Dazu zählen u. a. der steuerfreie Handel mit gebrauchten Konsumgütern zwischen privaten Haushalten, die legale Nachbarschaftshilfe und illegale Aktivitäten wie Schwarzarbeit, Zahlung von Bestechungsgeldern, Drogenhandel, Schmuggel. Für diesen Bereich hat sich der Name Neben- oder Schattenwirtschaft eingebürgert. In diesem Fall ist die tatsächliche Wertschöpfung höher als die ausgewiesene (Cassel, 1982; Weck/Pommerehne/Frey, 1984; Schäfer/Wittmann, 1985; Hübl/Hartig/Schepers, 1986).

Zeitliche Vergleichbarkeit der Ergebnisse

Spezifische Probleme ergeben sich bei intertemporal zu vergleichenden Daten durch die erforderliche einheitliche Bewertung. Eine Steigerung des Sozialprodukts zu laufenden Preisen sagt noch nichts darüber aus, ob es sich real erhöht hat, denn der Anstieg kann nicht nur auf Mengen-, sondern auch auf Preisänderungen zurückzuführen sein. Soll die reale Entwicklung ermittelt werden, sind inflationsbedingte Veränderungen zu eliminieren. Man bedient sich dazu Preisindizes, mit denen die nominalen Werte deflationiert werden (Beitrag F-1.2.). Schwierigkeiten treten u. a. deshalb auf, weil außer dem Preisniveau sich auch die relativen Preise ändern, die Qualität der Güter und die Zusammensetzung des Sozialprodukts nicht konstant bleiben und Preisindizes nie aufgrund der Beobachtung der Preise aller in Frage kommenden Güter, sondern nur für ausgewählte Güter ermittelt werden.

Sozialprodukt als Wohlfahrtsindikator und Erweiterungsvorschläge

Ein weiteres Problem liegt in der Interpretation der Ergebnisse der Gesamtrechnung. In der politischen Diskussion wird das Sozialprodukt häufig als Wohlfahrtsindikator verwendet. Kritisiert wird daran, daß es wohlfahrtsrelevante Vorgänge gibt, die unbefriedigend bzw. falsch oder gar nicht berücksichtigt werden. Zum ersten Kritikbereich zählt z. B. die buchhalterische Sozialproduktsteigerung durch die Beseitigung von Umweltschäden, die Reparatur von Unfallfahrzeugen u. ä., genauso wie die Behandlung der staatlichen Leistungen als Endprodukt, obwohl sie z. T. Vorleistungscharakter haben. Durch diese Verfahrensweise weist das ermittelte Sozialprodukt eine Wohlfahrtssteigerung aus. Nicht erfaßt werden die Eigenleistungen der privaten Haushalte und externe Effekte (Beitrag M-3.3.). Die Höhe des Sozialprodukts sagt des weiteren nichts aus über die Einkommensverteilung, die Arbeitsbedingungen, die Lebensdauer von Konsumgütern sowie soziale und politische Faktoren, die die Wohlfahrt beeinflussen.

Aus dieser Kritik heraus wird versucht, die Volkswirtschaftliche Gesamtrechnung weiter zu entwickeln bzw. zu ergänzen. Ein Erweiterungsvorschlag stammt von William D. Nordhaus/James Tobin (1973). In ihrem Maß für den wirtschaftlichen Wohlstand (measure for economic welfare) grenzen sie Vorleistungen und Endprodukte anders ab, berücksichtigen Humankapitalinvestitionen und unterstellen Transaktionen für Freizeit, für Nichtmarktaktivitäten und für die Nutzung dauerhafter Konsumgüter. Aber auch bei diesem Konzept bestehen Bewertungs- und Erfassungsprobleme, und die Verteilungsproblematik bleibt ebenfalls ausgeklammert.

Ergänzungen werden durch die Einführung zusätzlicher sogenannter „sozialer Indikatoren" wie Lärmbelästigung, Lehrer-Schüler-Relation, Krankenhausbetten je Kopf der Bevölkerung, Lebenserwartungswerte usw. als Maßgrößen für die Qualität des Lebens versucht (Zapf, 1972, 1976; Krupp, 1973). Auch hier ergeben sich Probleme: Was man unter Qualität des Lebens versteht, ist für den Einzelnen nur subjektiv entscheidbar und entzieht sich damit weitgehend einem wissenschaftlichen Zugang. Ein theoretisch abgesichertes Konzept zur vergleichenden Bewertung verschiedener sozialer Indikatoren gibt es nicht.

Des weiteren wird aktuell versucht, eine Umweltökonomische Gesamtrechnung zu entwickeln. Die durch Produktion und Konsum entstehenden externen Effekte in Form einer Beeinträchtigung der Umweltqualität und der Ressourcenverzehr sollen als Wertminderung vom Sozialprodukt abgesetzt werden, um zu einem „Ökozozialprodukt" zu gelangen. Das Statistische Amt der Vereinten Nationen arbeitet an einem „System of Integrated Environmental and Economic Accounting" (Statistical Office of the United Nations, 1990). Gleiche Bestrebungen werden auch vom Statistischen Bundesamt verfolgt (Klaus, 1992). Probleme bestehen vor allem in der Ermittlung, monetären Bewertung und Zurechnung der Umweltveränderungen.

Probleme durch die Integration der neuen Bundesländer

Durch die deutsche Vereinigung ergeben sich Übergangsprobleme für eine einheitliche Gesamtrechnung, so z. B. durch die neue räumliche Abgrenzung, die ehemals unterschiedlichen Rechnungswerke und Bewertungssysteme. Die räumliche Erweiterung der Volkswirtschaft führt zu einem Bruch in den Zeitreihen. Ehemalige Exporte aus der Bundesrepublik in die DDR sind seit der Wirtschafts- und Währungsunion Binnenhandel. In der DDR wurden die Preise staatlich festgesetzt, der Außenhandel mit den Ländern des RGW zu politisch ausgehandelten Verrechnungspreisen abgewickelt. Marktpreise gab es nicht. Ein Vergleich der Ergebnisse des Rechnungswesens für die neuen Bundesländer mit denen aus DDR-Zeiten ist deshalb nicht möglich. Die Ermittlung preisbereinigter, d. h. realer Größen für Gesamtdeutschland stößt auf Schwierigkeiten, da die Preise in West- und Ostdeutschland sich in der Zeit unmittelbar nach der Vereinigung deutlich unterschiedlich entwickelt haben, die Warenkörbe, die den Preisberechnungen zugrunde liegen, voneinander abweichen und einheitliche Preisindizes für zurückliegende Zeitabschnitte nicht zur Verfügung stehen.

Rein technisch muß in den neuen Ländern ein statistisches Berichtswesen erst aufgebaut werden, was Zeit beansprucht und Anlauffehler mit sich bringt. Die inhaltlichen wie technischen Probleme führen dazu, daß das STATISTISCHE BUNDESAMT detaillierte Daten für Gesamtdeutschland und die neuen Bundesländer vorerst nur mit einer Zeitverzögerung veröffentlichen kann. Endgültige Ergebnisse liegen erst nach mehreren Revisionen vor.

Kommentierte Literaturhinweise

In nahezu allen neueren Lehrbüchern der Allgemeinen Volkswirtschaftslehre bzw. der Makroökonomik wird der Themenbereich Kreislauf und Volkswirtschaftliche Gesamtrechnung angesprochen.

Spezielle und besonders ausführliche Darstellungen sind die Lehrbücher von ALFRED STOBBE (1966, 7. A. 1989), LOTHAR HÜBL; RAINER HARTIG; WALTER SCHEPERS (1986), FRANZ HASLINGER (1978, 6. A. 1992), DIETER BRÜMMERHOFF (1989, 4. A. 1992) und MICHAEL FRENKEL; KLAUS DIETER JOHN (1991, 2. A. 1993). Sie enthalten zudem detaillierte Literaturangaben. Die theoretischen Grundlagen sind bei WILHELM KRELLE (1959, 2, 2. A. 1967) abgehandelt. Einen Überblick über Detailprobleme bringt das von DIETER BRÜMMERHOFF; HEINRICH LÜTZEL (1994) herausgegebene Lexikon der Volkswirtschaftlichen Gesamtrechnungen.

Ein Überblick über die Kreislaufanalyse findet sich bei GOTTFRIED BOMBACH (1960); die dogmengeschichtliche Entwicklung ist bei HANS PETER (1967) wiedergegeben.

Eine umfassende Darstellung der Input-Output-Analyse geben HANS-WERNER HOLUB; HERMANN SCHNABL (1982, 2. A. 1985).

Die gesamtwirtschaftliche Vermögensrechnung behandelt ausführlich HERBERT SABLOTNY (1977).

Über die gesamtwirtschaftliche Finanzierungsrechnung informiert die DEUTSCHE BUNDESBANK (1983, 6. A. 1990).

Das Sozialprodukt als Wohlstandsindikator und Vorschläge für ein System sozialer Indikatoren werden in den von WOLFGANG ZAPF (1974, 1975) herausgegebenen Sammelbänden diskutiert. Einen Überblick über Erweiterungen der Gesamtrechnung geben ROBERT EISNER (1988) und JOACHIM KLAUS (1992). Integrationsmöglichkeiten der Volkswirtschaftlichen Gesamtrechnung mit einer Umweltgesamtrechnung stellen GÜNTER HAMER; CARSTEN STAHMER (1992) vor. Wirtschaftsstatistische Probleme des gesamtwirtschaftlichen Rechnungswesens werden ausführlich bei PETER VON DER LIPPE (1973, 4. A. 1990) und REINER ZWER (1981, 2. A. 1986) abgehandelt.

Inhalt und Aufbau der Volkswirtschaftlichen Gesamtrechnungen beschreibt das STATISTISCHE BUNDESAMT ausführlich in seiner Fachserie 18, Volkswirtschaftliche Gesamtrechnungen, Reihe 1, Konten und Standardtabellen.

Ergebnisse der Volkswirtschaftlichen Gesamtrechnung für die Bundesrepublik Deutschland veröffentlicht das STATISTISCHE BUNDESAMT in der Fachserie 18, in der Zeitschrift „Wirtschaft und Statistik“ und im Statistischen Jahrbuch sowie das DEUTSCHE INSTITUT FÜR WIRTSCHAFTSFORSCHUNG in seinen „Vierteljahrsheften zur Wirtschaftsforschung“. International werden von dem STATISTICAL OFFICE OF THE UNITED NATIONS und dem STATISTISCHEN AMT DER EUROPÄISCHEN GEMEINSCHAFTEN Gesamtrechnungen für ihre jeweiligen Mitglieder publiziert.

C. Einkommen, Beschäftigung, Preisniveau

Jürgen Siebke, H. Jörg Thieme

Gliederung

1. Makroökonomische Analyse

Leitfragen

Makroökonomische Theorie ist die Analyse gesamtwirtschaftlicher Zusammenhänge und Prozesse auf der Basis aggregierter Größen. Sie ist durch zwei Merkmale gekennzeichnet:

- Nicht individuelle oder einzelwirtschaftliche Dispositionen sind Gegenstand der Analyse, sondern das Verhalten und Zusammenwirken der zu Gruppen, Sektoren oder gar Ländern zusammengefaßten Wirtschaftseinheiten: Haushalte, Unternehmen, In- und Ausland, Konsumenten, Sparer, Investoren.
- Die Ergebnisse des Verhaltens solcher Gruppen oder Sektoren schlagen sich in aggregierten Variablen nieder: Gesamtwirtschaftliches Einkommen, Sozialprodukt, Beschäftigungs- und Preisniveau, gesamtwirtschaftlicher Konsum, gesamtwirtschaftliche Ersparnis und Investition.

Hauptaufgabe der makroökonomischen Theorie ist es, Hypothesen über die Determinanten des Verhaltens dieser Gruppen und Sektoren zu formulieren. Dadurch wird es möglich, die aggregierten Variablen ebenso zu erklären wie die Beziehungen, die zwischen ihnen bestehen.

Leitfragen makroökonomischer Analyse sind somit:

Welche Faktoren bestimmen die Höhe des gesamtwirtschaftlichen Einkommens und Sozialprodukts? Wovon hängt das Beschäftigungsniveau ab, und unter welchen Bedingungen kann in einer Volkswirtschaft dauerhaft Vollbeschäftigung der Produktionsfaktoren erreicht werden? Wodurch sind gesamtwirtschaftlich Konsum, Sparen und Investitionen determiniert? Wovon hängt die Höhe des Preisniveaus in einer Volkswirtschaft ab? Welche Beziehungen bestehen zwischen diesen gesamtwirtschaftlichen Niveauvariablen?

Diese Fragen können nur dann befriedigend beantwortet werden, wenn eine makroökonomische Theorie existiert, die das Verhalten der Gruppen und Sektoren erklärt und es dadurch ermöglicht, deren Reaktionen auf gesamtwirtschaftliche Datenänderungen zu bestimmen. Erst dann kann auch die tatsächliche Höhe der Niveauvariablen in einer Volkswirtschaft auf ihre Ursachen zurückgeführt, können Prognosen über die zukünftige Entwicklung von Sozialprodukt, Beschäftigung und Preisniveau erarbeitet und wirtschaftspolitische Instrumente zur Vermeidung unerwünschter gesamtwirtschaftlicher Entwicklungen eingesetzt werden.

Makroökonomische Märkte

Das Aggregationsverfahren, wie es für Sozialprodukt und gesamtwirtschaftliches Einkommen in der Volkswirtschaftlichen Gesamtrechnung praktiziert wird (Beitrag B), bietet den Vorteil, die Vielfalt einzelwirtschaftlicher Beziehungen und die daraus resultierende Unüberschaubarkeit gesamtwirtschaftlicher Prozesse zu reduzieren. Es ermöglicht, überschaubare Modelle mit wenigen makroökonomischen Variablen zu konstruieren und Hypothesen über ihre Bestimmungsfaktoren aufzustellen. Auch können Reaktionen einer Variablen auf angenommene Änderungen anderer (exogener) Variablen leichter erfaßt und auf diese Weise jene Bedingungen hergeleitet werden, unter denen sich im Modell ein gesamtwirtschaftliches Gleichgewicht einstellt.

Für diesen Zweck wird im folgenden die Vielzahl von verschiedenen Einzelmärkten gedanklich zu wenigen gesamtwirtschaftlich relevanten makroökonomischen Märkten zusammengefaßt: Gütermarkt, Vermögensmärkte (Geld, Wertpapiere), Arbeitsmarkt. Auf dem makroökonomischen Gütermarkt wird das in einer Periode insgesamt verfügbare Güterbündel (Sozialprodukt) angeboten und nachgefragt, auf dem makroökonomischen Wertpapiermarkt werden sämtliche zinstragenden Staatsschuldtitel gehandelt. Auf dem makroökonomischen Geldmarkt steht das gesamtwirtschaftliche Geldangebot der gesamtwirtschaftlichen Geldnachfrage, auf dem Arbeitsmarkt das gesamtwirtschaftliche Arbeitsangebot der gesamtwirtschaftlichen Arbeitsnachfrage gegenüber. Wendet man das in der Mikroökonomie entwickelte Instrumentarium an (Beitrag K, L), können Marktgleichgewichte und damit – in Abhängigkeit von der Art der makroökonomischen Hypothesen – die Gleichgewichtswerte der jeweiligen aggregierten Preis-Mengen-Variablen auf den einzelnen makroökonomischen Märkten bestimmt werden. In diesem Beitrag werden Güterpreisniveau und gesamtwirtschaftliches Einkommen (Sozialprodukt) auf dem Gütermarkt, Zinsniveau und Geldmenge durch das Zusammenspiel von Geld- und Wertpapiermarkt sowie Lohnniveau und Beschäftigungsmenge auf dem Arbeitsmarkt determiniert.

Eine partielle Gleichgewichtsanalyse liegt vor, wenn nur ein Makromarkt betrachtet wird. In diesem Fall werden die übrigen, keineswegs vernachlässigten Variablen als exogen (gegeben) angenommen, weil sie auf dem spezifischen Makromarkt nicht erklärt werden. Erst wenn die Interaktionen zwischen den Makromärkten berücksichtigt werden, kann in einer makroökonomischen Totalanalyse das gesamtwirtschaftliche Gleichgewicht auf allen Makromärkten gleichzeitig (simultan) bestimmt werden. Erst dann sind auch die betrachteten Niveauvariablen simultan im Modell (endogen) determiniert.

Die makroökonomische Theorie des Einkommens, der Beschäftigung und des Preisniveaus erklärt das Niveau von makroökonomischen Variablen und deren absolute Veränderungen. Es werden statische Modelle von Makromärkten analysiert, deren Variablen sich auf die gleiche Periode oder den gleichen Zeitpunkt beziehen (Zeitindices brauchen deshalb nur dort verwendet zu werden, wo dynamische Modelle besonders angesprochen sind). Ein solches Vorgehen erlaubt es lediglich, unterschiedliche Marktgleichgewichte zu vergleichen, die durch Variation einer oder mehrerer exogener Variablen entstehen (komparativ-statische Analyse). Über Art und Dauer des Prozesses, der von einem Ausgangsgleichgewicht zu einem neuen Gleichgewicht führt, kann eine komparativ-statische Analyse nichts aussagen. Hierfür sind zusätzliche Hypothesen erforderlich, die das Anpassungsverhalten der Gruppen und Sektoren erklären.

Mit diesen Leitfragen und Bausteinen makroökonomischer Analysen sowie den methodischen Überlegungen ist zugleich das weitere Vorgehen in diesem Beitrag beschrieben: Gesamtwirtschaftliches Einkommen, Beschäftigung und Preisniveau werden bestimmt, indem schrittweise einzelne Makromärkte beschrieben und partielle gesamtwirtschaftliche Gleichgewichte analysiert werden. Durch Zusammenfügen einzelner Makromärkte können die Interaktionen zwischen ihnen berücksichtigt und alle Niveauvariablen schließlich in einer Analyse des totalen gesamtwirtschaftlichen Gleichgewichts simultan bestimmt werden. Diese Gleichgewichtsanalyse wird abschließend durch Einbeziehung außenwirtschaftlicher Aktivitäten erweitert. In den jeweiligen Marktmodellen wird auch gezeigt, welche Konsequenzen die durch wirtschaftspolitische Instrumente (insbesondere Fiskal- und Geldpolitik) ausgelösten Datenänderungen auf Einkommen, Beschäftigung und Preisniveau haben.

2. Konkurrierende Erklärungsansätze

Wie in anderen Teilgebieten der Nationalökonomie konkurrieren auch in der Makroökonomik verschiedene Hypothesensysteme (Theorien), durch die beobachtete gesamtwirtschaftliche Phänomene erklärt werden sollen. In der makroökonomischen Theorie waren die Kontroversen schon immer besonders heftig, weil Einkommen, Beschäftigung und Preisniveau seit jeher eine zentrale Bedeutung in der wirtschaftspolitischen Diskussion hatten.

Bis Mitte der dreißiger Jahre dieses Jahrhunderts dominierte die klassische Theorie (Quantitätstheorie; Fisher, 1911), nach der kurzfristige Schwankungen der gesamtwirtschaftlichen Güternachfrage durch Veränderungen der gesamtwirtschaftlichen Geldmenge verursacht werden. Da das gesamtwirtschaftliche Güterangebot in Abhängigkeit von der Faktorausstattung als gegeben angesehen wurde, konnten diese Nachfrageschwankungen keine Realeinkommens- und Beschäftigungseffekte auslösen, sondern allein unerwünschte Preisniveauveränderungen bewirken. Aus dieser Sicht war eine stetige Politik der angemessenen Geldmengenversorgung notwendige und zugleich hinreichende Bedingung für ein gesamtwirtschaftliches Gleichgewicht bei Vollbeschäftigung der Produktionsfaktoren. Dieses weithin akzeptierte Erklärungsmuster wurde durch die Weltwirtschaftskrise erheblich erschüttert, die im Oktober 1929 ausbrach. Der drastische Rückgang des Einkommens und die hohe und anhaltende Massenarbeitslosigkeit schienen mit dem klassischen Konzept nicht erklärbar. Die Theorie von John Maynard Keynes (The General Theory of Employment, Interest and Money, 1936), die er in kritischer Auseinandersetzung mit der klassischen Theorie entwickelte, schien besser geeignet, die Weltwirtschaftskrise zu erklären und wirtschaftspolitische Instrumente zur wirksamen Bekämpfung der Arbeitslosigkeit bereitzustellen: Nicht die Geldmenge, sondern die Komponenten der gesamtwirtschaftlichen Nachfrage (privater Konsum, private Investition und Staatsausgaben) determinieren in Verbindung mit der gegebenen Faktorausstattung Niveau und Veränderung der Preise, des Einkommens und der Beschäftigung. Ist die gesamtwirtschaftliche Nachfrage zu gering, um Vollbeschäftigung zu gewährleisten, kann sich in jeder Volkswirtschaft ein dauerhaftes Gleichgewicht bei Unterbeschäftigung einstellen. In solchen Situationen sei es Aufgabe des Staates, das gesamtwirtschaftliche Nachfragedefizit fiskalpolitisch durch Erhöhung der Staatsausgaben auszugleichen.

Es ist nicht verwunderlich, daß das zufällige zeitliche Zusammenfallen einer solch massiven Kritik klassischen Gedankengutes mit den noch spürbaren Auswirkungen einer schweren weltweiten Depression eine ,,Keynesianische Revolution" in der Nationalökonomie auslöste. KEYNES' Werk und die nachfolgende Interpretation und Weiterentwicklung (HICKS, 1937; KLEIN, 1949; SCHNEIDER, 1947–1952; HANSEN, 1953) haben das makroökonomische Denken seit dem Zweiten Weltkrieg dominiert. Der so entstandene ,,Keynesianismus" prägte mindestens bis Ende der siebziger Jahre das wirtschaftspolitische Denken.

In der theoretischen Diskussion ist es hingegen seit Anfang der sechziger Jahre erneut zu heftigen Kontroversen gekommen. Ein Teil der aufkommenden Kritik am keynesianischen Modelldenken behauptete, die frühen Interpretatoren hätten das Anliegen KEYNES' nicht richtig wiedergegeben und den revolutionären Charakter seiner Ideen von Grund auf mißverstanden (CLOWER, 1963; LEIJONHUFVUD, 1966). Die aus dieser Neuinterpretation des Keynesschen Werkes entwickelten Ungleichgewichtsmodelle der „Neuen Makroökonomik" (BARRO/GROSSMAN, 1976; Überblick bei ROTHSCHILD, 1981; Einführung bei FELDERER/HOMBURG, 1984, 6. A. 1994) erklären das Entstehen unfreiwilliger Arbeitslosigkeit mikroökonomisch durch ein Versagen des klassischen Preismechanismus. Die Hauptkritik am Keynesianismus erfolgte jedoch durch neoklassische Autoren und wurde mit der Neuformulierung der klassischen Quantitätstheorie durch MILTON FRIEDMAN (1956, 1) ausgelöst. Die hierdurch eingeleitete „monetaristische Gegenrevolution" (BRUNNER, 1970, 2; JOHNSON, 1971, 2) wurde zu einer gesamtwirtschaftlichen Theorie des Einkommens, der Beschäftigung und des Preisniveaus ausgebaut (BRUNNER, 1970, 1; BRUNNER, 1971; BRUNNER/MELTZER, 1976). Die auch in zahlreichen empirischen Analysen formulierte Kritik am keynesianischen Modelldenken richtet sich insbesondere gegen die unzulässige Verallgemeinerung seiner allein in speziellen gesamtwirtschaftlichen Konstellationen gültigen Aussagen und insbesondere gegen eine nicht ausreichende Berücksichtigung des monetären Sektors sowie des Marktes für bestehendes Realkapital (Beitrag D-5.2.).

Die Auseinandersetzungen haben in beiden theoretischen Lagern Modifikationen und Relativierungen induziert und die analytischen Gemeinsamkeiten in den siebziger Jahren wieder stärker sichtbar gemacht (Überblick bei THIEME, 1982). Diese Konsolidierung der makroökonomischen Theorie zeigt sich auch in neueren Lehrbüchern zur Makroökonomik (BRANSON, 1972, 3. A. 1989; DORNBUSCH/FISCHER 1978, 6. A. 1994; CLAASSEN, 1980; SCHMITT-RINK/BENDER, 1992): Keynesianische Sprache und Sichtweise der funktionalen Beziehungen zwischen den Niveauvariablen sind die Bausteine makroökonomischer Modelle, die durch differenzierte Teilhypothesen jeweils ausgefüllt werden. Dieser Strategie wird auch hier gefolgt, wodurch es möglich ist, analytische Gemeinsamkeiten und Unterschiede zwischen dem angebotsorientierten Makromodell der Neoklassik und dem nachfrageorientierten Makromodell keynesianischer Prägung aufzuzeigen sowie die gesamtwirtschaftlichen Auswirkungen verschiedener Teilhypothesen zu beschreiben.

3. Gütermarkt

Auf dem Gütermarkt wird die gesamtwirtschaftliche Ausbringungsmenge (Sozialprodukt) angeboten und nachgefragt. Die gesamte Volkswirtschaft sei auf diesen einen aggregierten Markt reduziert. Die Analyse der Bestimmungsgründe der gesamtwirtschaftlichen Aktivität schließt deshalb noch nicht die finanziellen Märkte und die Märkte der Produktionsfaktoren ein.

Weiterhin wird unterstellt, daß das Güterpreisniveau exogen und konstant ist. Alle ökonomischen Variablen und ihre Veränderungen sind deshalb real. Sie lassen sich zwar über das fixe Preisniveau in nominale Werte überführen, doch bleibt diese Überführung ein rechnerischer Vorgang. Gesamtwirtschaftliche Einkommensänderungen sind stets von identischen Variationen der Angebotsmengen, also des realen Sozialprodukts, begleitet.

3.1. Güterwirtschaftliches Gleichgewicht

Wenn die Unternehmen zu konstanten Preisen produzieren und anbieten, kann erwartet werden, daß die Firmen ihr Angebot stets der gegebenen Nachfrage anpassen. Preisveränderungen fallen als Instrument der Steigerung oder Zurückdrängung des Absatzes aus. Ein mengenmäßiger Anpassungsprozeß sorgt mithin dafür, daß sich das gesamtwirtschaftliche Angebot der gesamtwirtschaftlichen Nachfrage angleicht.

3.1.1. Ausgangshypothesen

Produzieren die Unternehmen mehr als tatsächlich nachgefragt wird, sind sie gezwungen, ihre Lager aufzustocken. Fällt die Produktion hinter die Nachfrage zurück, müssen die Firmen Vorräte auflösen, um die Nachfrage nach ihren Produkten befriedigen zu können. Reichen die Lagerbestände nicht aus, bleiben Kaufwünsche unerfüllt. Die grundlegende Hypothese über den mengenmäßigen Anpassungsprozeß liegt in der Annahme, daß das Auseinanderfallen zwischen der laufenden Produktion und der tatsächlichen Nachfrage unmittelbar Revisionen der Produktionspläne auslöst. Ungewollte Lagererhöhungen führen zu Produktionseinschränkungen; ein nicht erwarteter Lagerabbau stimuliert die Produktion. Diese Betrachtung legt es nahe, von einem Gleichgewicht dann zu sprechen, wenn Angebot und Nachfrage in dem Sinne übereinstimmen, daß die Firmen keine ungewollten Lagerveränderungen hinnehmen müssen.

Unfreiwillige Investitionen

Um die makroökonomische Abhängigkeit des Angebots von der Nachfrage zu verdeutlichen, sei eine Volkswirtschaft konstruiert, in der allein private Haushalte und Unternehmen das Sozialprodukt beanspruchen. Die Volkswirtschaft habe also keine außenwirtschaftlichen Beziehungen und keine Regierung, die ökonomische Aktivitäten entfaltet. In dieser Wirtschaft fragen die Haushalte die Konsumgütermenge C nach und planen die Unternehmen das Investitionsvolumen I. Aus beiden Komponenten setzt sich die von den privaten Wirtschaftseinheiten geplante gesamtwirtschaftliche Nachfrage Y^d zusammen:

(3.1) $Y^d := C + I.$

Es sei unterstellt, daß die privaten Haushalte ihre Konsumpläne verwirklichen können, so daß der tatsächliche Konsum einer Periode stets dem für diese Periode geplanten Konsum entspricht. Diese Annahme bedeutet, daß niemals Situationen eintreten, in denen die Anbieter eingestehen müßten, daß sie „ausverkauft" sind. Planungsüberraschungen können sich in dieser Volkswirtschaft allein bei den Firmen einstellen. Die Unternehmen verwirklichen ihre Produktionspläne nicht, wenn sie die Konsumgüternachfrage falsch einschätzen. Dann weicht das von dem Unternehmenssektor produzierte Güterangebot Y von der gesamtwirtschaftlichen Nachfrage Y^d ab. Diese Erwartungsirrtümer schlagen sich in ungeplanten Vorratsveränderungen nieder. Sie zählen in der Volkswirtschaftlichen Gesamtrechnung zu den Investitionen (Beitrag B-2.3.1.). Neben der geplanten Investitionstätigkeit können sich mithin unfreiwillige Lagerinvestitionen I_u bilden:

(3.2) $I_u: = Y - Y^d$.

Ein gleichgewichtiges Güterangebot liegt vor, wenn die Firmen keine unfreiwilligen Lagerinvestitionen hinnehmen müssen. Für $I_u = 0$ geht die Definitionsgleichung (3.2) in eine Gleichgewichtsbedingung über. Ist sie erfüllt, stimmen geplante und tatsächlich realisierte Investitionen überein.

Produktionsgleichgewicht

Über die Höhe der gleichgewichtigen Produktion kann so lange nichts ausgesagt werden, wie der Umfang der geplanten gesamtwirtschaftlichen Nachfrage unbekannt ist. Die einfachste Hypothese, die sich über die Bestimmungsgründe der Nachfrage formulieren läßt, liegt in der Annahme, daß das aggregierte Nachfrageniveau $\overline{Y}^d$ konstant und exogen vorgegeben ist. Dann lautet die gesamtwirtschaftliche Gleichgewichtsbedingung:

(3.3) $Y = \overline{Y}^d$.

In *Abb. C-3.1* sind auf der Abszisse die gesamtwirtschaftliche Produktion und auf der Ordinate die aggregierte Nachfrage abgetragen. Alle Punkte der 45°-Linie bilden Gleichgewichtspunkte, weil hier das Angebot so hoch wie die Nachfrage ist. Für die konstante Nachfrage $\overline{Y}^d$ repräsentiert der Punkt E das gesamtwirtschaftliche Gleichgewicht und Y_E das zugehörige Sozialprodukt. Produziert der Unternehmenssektor weniger, existiert in der Volkswirtschaft eine Überschußnachfrage. In gleicher Höhe müssen ungewollt Vorräte abgebaut werden ($I_u < 0$). Geht die Produktion über die Ausbringungsmenge Y_E hinaus, sind nicht alle Angebotsmengen absetzbar, und am Ende der Periode werden unfreiwillige positive Investitionen registriert ($I_u > 0$). Die Volkswirtschaft erreicht den Gleichgewichtspunkt E, wenn diese unfreiwilligen Investitionen die bereits geschilderten Rückwirkungen auf die Produktionsentscheidungen zur Folge haben. Die Pfeile auf der Abszisse deuten den Anpassungsmechanismus an.

Das Konzept des gesamtwirtschaftlichen Gleichgewichts basiert auf drei Konstruktionselementen (DORNBUSCH/FISCHER, 1978, 6. A. 1994, S. 58):

- Die aggregierte Nachfrage bestimmt das Gleichgewichtsniveau der gesamtwirtschaftlichen Produktion.
- Im Gleichgewicht sind die Erwartungen und Planungen aller Wirtschaftssektoren erfüllt: Es fallen keine unfreiwilligen Lagerinvestitionen an, und die privaten

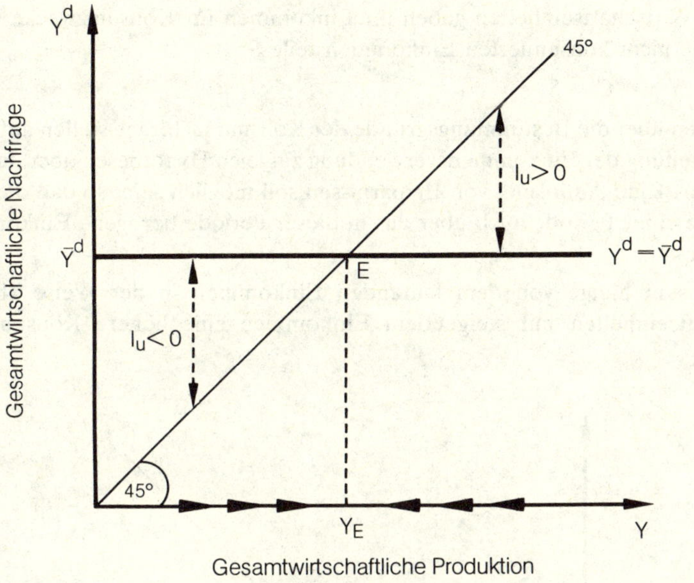

Abb. C-3.1: Gesamtwirtschaftliches Gleichgewicht bei exogener aggregierter Nachfrage

Haushalte konsumieren genau die Gütermenge, deren Verbrauch sie eingeplant haben.

– Unfreiwillige Investitionen lösen Produktionsentscheidungen aus, die die tatsächliche Ausbringungsmenge dem gleichgewichtigen Sozialproduktsniveau anpassen.

Gesamtwirtschaftliche Nachfrage

Auf der Nachfrageseite der hier betrachteten Volkswirtschaft entscheiden die privaten Wirtschaftseinheiten, welche Teile der Produktion einer Periode von ihnen verbraucht und investiert werden sollen. Deren Planungen – wie bislang – als exogen gegeben anzunehmen, ist der einfachste Ansatzpunkt einer makroökonomischen Analyse. Die wesentliche Erweiterung besteht deshalb in der Formulierung von Hypothesen über die Bestimmungsgründe der aggregierten Nachfrage. Zu den beiden weiteren Ausgangshypothesen des Gütermarktmodells gehören:

– Die geplante Investitionsnachfrage bleibt exogen vorgegeben (autonome Investitionen).

– Die Konsumnachfrage hängt von dem laufenden Einkommen ab (absolute Einkommenshypothese).

3.1.2. Konsum- und Sparfunktion

Aufgrund des konstanten Preisniveaus ist das laufende gesamtwirtschaftliche Realeinkommen gleich dem von den Unternehmen geplanten Sozialprodukt Y. Die privaten Wirtschaftseinheiten geben ihr Einkommen für Konsumzwecke C aus und sparen die nicht-konsumierten Einkommensteile S:

(3.4) $Y := C + S.$

Annahmen über die Bestimmungsgründe der Konsumnachfrage stellen aufgrund dieser Zweiteilung der Einkommensverwendung zugleich Hypothesen über das Sparverhalten dar. Eine Auflösung von Ersparnissen soll möglich sein, so daß die Konsumnachfrage einer Periode auch über das in dieser Periode bezogene Einkommen hinausgehen kann.

Der Konsum hänge von dem laufenden Einkommen in der Weise ab, daß die Wirtschaftseinheiten mit steigendem Einkommen eine höhere Konsumnachfrage

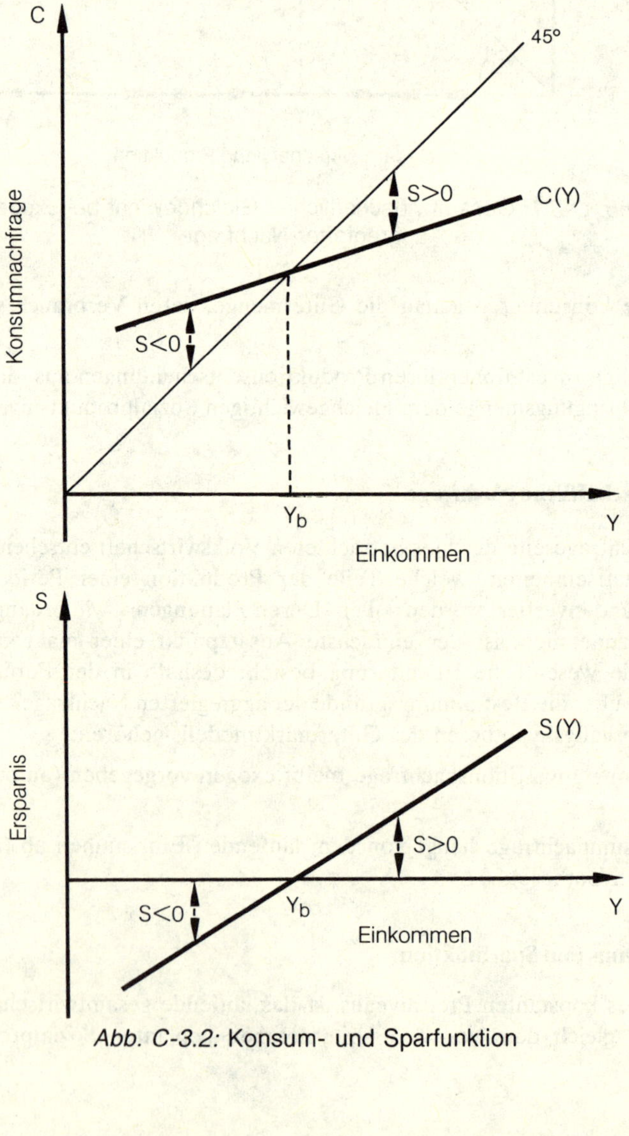

Abb. C-3.2: Konsum- und Sparfunktion

planen. Die Ausdehnung der Konsumnachfrage fällt allerdings kleiner als der Einkommenszuwachs aus. KEYNES (1936, S. 96) nannte diesen Zusammenhang ein „fundamentales psychologisches Gesetz". Die Relation zwischen Konsumänderung und der sie auslösenden Einkommensänderung heißt Grenzneigung zum Konsum oder marginale Konsumquote. Dieser Parameter hat also einen numerischen Wert, der zwischen Null und Eins liegt. Diese Verhaltensannahmen führen zu folgender allgemeinen Konsumfunktion:

$$(3.5) \qquad C = C(Y) \qquad \text{mit } 0 < C_Y := \frac{dC}{dY} < 1.$$

Die Ableitung C_Y der Konsumfunktion repräsentiert die Grenzneigung zum Konsum. Die abkürzende Schreibweise C_Y, die das Argument, nach dem eine Verhaltensfunktion partiell abgeleitet wird, als unteren Index dem Funktionssymbol zuordnet, wird im folgenden beibehalten.

Die Grenzneigung zum Konsum ist in *Abb. C-3.2* gleich der Steigung der dort linear eingezeichneten Konsumkurve. Unterhalb eines gewissen Basiseinkommens Y_b ist der Konsum größer als das laufende Einkommen, so daß entspart werden muß ($S < 0$). Bei hohem Einkommen bilden die privaten Haushalte Ersparnisse ($S > 0$). Aus dieser Beziehung zwischen Konsumniveau und Einkommen folgt, daß die durchschnittliche Konsumquote C/Y mit steigendem Einkommen abnimmt. Tatsächlich läßt sich ein solcher negativer Zusammenhang zwischen durchschnittlicher Konsumquote und Einkommensniveau über den Konjunkturzyklus beobachten. Sinkt das Einkommen, kürzen die Wirtschaftssubjekte ihre Ausgaben nicht proportional, um das erreichte Konsumniveau so weit wie möglich aufrechtzuerhalten. Umgekehrt zögern sie bei steigendem Einkommen, die Konsumnachfrage sofort in gleichem Maße anzupassen. Langfristig bleibt allerdings die durchschnittliche Konsumquote konstant. Die Hypothese (3.5) ist deshalb eine kurzfristige Konsumfunktion. Andere Konsumhypothesen wollen simultan die kurz- und langfristigen Beobachtungen erklären (s. Abschnitt 3.4.).

Die Definitionsgleichung (3.4) für die Einkommensverwendung, die man als Budgetbeschränkung der privaten Haushalte bezeichnen kann, impliziert mit der Konsumhypothese (3.5) eine Sparfunktion, nach der das Sparen ebenfalls eine positive Funktion des Einkommensniveaus ist:

$$(3.6) \qquad S = S(Y) \qquad \text{mit } S_Y = 1 - C_Y.$$

Die Grenzneigung zum Sparen oder marginale Sparquote S_Y muß sich aufgrund der Budgetbeschränkung mit der Grenzneigung zum Konsum C_Y zu Eins addieren. Das gilt auch für die durchschnittlichen Anteile der Einkommensverwendungen. Im Gegensatz zum Konsum steigt die durchschnittliche Sparquote S/Y mit wachsendem Einkommen. Die Sparfunktion ist mithin ein Spiegelbild der Konsumfunktion. *Abb. C-3.2* verdeutlicht diese wechselseitige Abhängigkeit.

3.1.3. Gleichgewicht und Stabilität

Das geplante Investitionsvolumen soll, wie schon unter den Ausgangshypothesen erwähnt wurde, exogen vorgegeben sein:

$$(3.7) \qquad I = \bar{I}.$$

Führt man diese Annahme mit der Konsumhypothese zusammen, ergibt sich eine einkommensabhängige gesamtwirtschaftliche Nachfragefunktion:

(3.8) $Y^d = C(Y) + \bar{I}$.

Einkommenstheoretisches Gleichgewicht

Um das gesamtwirtschaftliche Gleichgewicht zu ermitteln, wird auf die Gleichgewichtsbestimmung (3.3) für den Gütermarkt zurückgegriffen. Sie geht mit der Nachfragefunktion Y^d über in die Gleichgewichtsbedingung:

(3.9) $Y = C(Y) + \bar{I}$.

Diese Gleichung bestimmt das Gleichgewichtseinkommen Y_E, bei dem gerade jene Gütermenge von den Haushalten und Investoren nachgefragt wird, die der Unternehmenssektor in der betreffenden Periode produziert hat. Dieses Einkommen heißt auch effektive Nachfrage. Darunter versteht man den Wert des gesamtwirtschaftlichen Einkommens, bei dem unter sonst gleichen Bedingungen Gleichgewicht auf dem Gütermarkt herrscht (KEYNES, 1936, Kapitel 3). Nur bei dieser Nachfrage sind die Pläne aller Wirtschaftseinheiten miteinander vereinbar, Planrevisionen also nicht erforderlich. Die Konsumenten und Investoren planen eine gesamtwirtschaftliche Nachfrage, die mit dem geplanten Güterangebot der Unternehmen übereinstimmt. Es gibt keine unfreiwilligen Investitionen.

In *Abb. C-3.3* liegt das Gleichgewicht wiederum dort, wo die gesamtwirtschaftliche Nachfragekurve die 45°-Linie schneidet. Diese Kurve unterscheidet sich von der Konsumfunktion der *Abb. C-3.2* nur dadurch, daß sie um den Betrag der exogenen

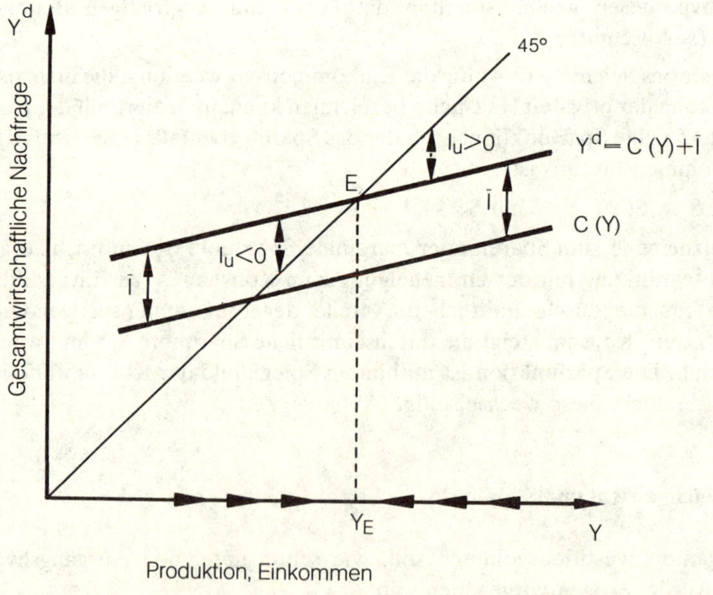

Abb. C-3.3: Gesamtwirtschaftliches Gleichgewicht und aggregierte Nachfrage

Investitionen nach oben verschoben ist. Bei einem gegenüber Y_E höheren Einkommen müssen erneut unfreiwillige Vorräte gebildet werden, weil die aus diesem Einkommen entfaltete Konsumnachfrage zusammen mit der freiwilligen Investitionsnachfrage zu gering ist, um die gesamte Ausbringungsmenge zu absorbieren. Umgekehrt ist die gesamtwirtschaftliche Nachfrage bei einem Einkommen kleiner Y_E zu hoch. Die Pfeile auf der Abszisse deuten den hypothetischen Anpassungsprozeß zum Gleichgewicht an.

Gleichheit von Sparen und Investieren

Der Unterschied in den Gleichgewichtsanalysen zwischen den *Abb. C-3.1* und *C-3.3* scheint auf den ersten Blick nur darin zu liegen, daß durch die Einführung der Konsumfunktion die Kurve der gesamtwirtschaftlichen Nachfrage eine positive Steigung hat und nicht mehr horizontal verläuft. Jedoch erlaubt die Aufspaltung der aggregierten Nachfrage in den geplanten Konsum und die geplante Investition, das einkommenstheoretische Gleichgewicht näher zu kennzeichnen.

Der vertikale Abstand zwischen der Kurve der Konsumnachfrage und der 45°-Linie ist gleich dem freiwilligen Sparen, das je nach Einkommenshöhe positiv oder negativ sein kann (*Abb. C-3.2*). In *Abb. C-3.3* stimmen nur bei der effektiven Nachfrage Y_E freiwillige Ersparnis und geplantes Investitionsvolumen überein. Dieser Zusammenhang ist kein Zufallsergebnis. Zieht man von beiden Seiten der Gleichgewichtsbedingung (3.9) die Konsumnachfrage C(Y) ab und beachtet, daß die Differenz zwischen Einkommen und geplanter Konsumnachfrage gleich der geplanten Ersparnis ist, erhält man eine neue Bedingung für das einkommenstheoretische Gleichgewicht:

(3.10) $\bar{I} = S(Y).$

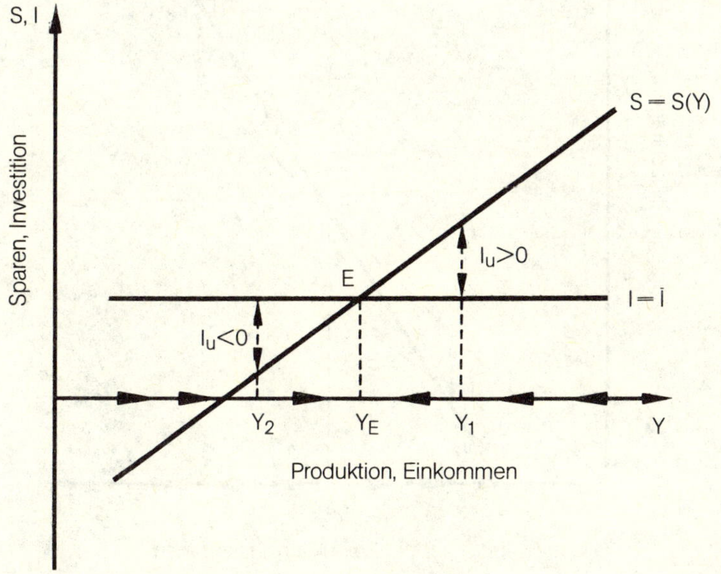

Abb. C-3.4: Gesamtwirtschaftliches Gleichgewicht von Sparen und Investieren

Auch diese Gleichung bestimmt das Gleichgewichtseinkommen Y_E (*Abb. C-3.4*), bei dem die Sparer planen, gerade so viel aus dem Einkommen nicht zu konsumieren, wie die Unternehmer aus dem Sozialprodukt zu investieren wünschen. In den Ungleichgewichtssituationen stellen sich folgende Konstellationen ein:

- In $Y_1 > Y_E$ ist der Verzicht der Inanspruchnahme des Sozialprodukts zu Konsumzwecken seitens der Einkommensbezieher größer als die geplante Verwendung von Teilen des Sozialprodukts zu Investitionszwecken seitens der Unternehmen. Man kann auch sagen: Die aus dem Einkommen geplante Konsumgüternachfrage ist kleiner als das entsprechende, von den Unternehmen geplante Angebot.
- In $Y_2 < Y_E$ ist die geplante Inanspruchnahme des Sozialprodukts zu Investitionszwecken größer als der Konsumverzicht der Einkommensbezieher. Man kann auch sagen: Die Konsumenten kaufen mehr als die Unternehmer antizipiert haben.

Die Volkswirtschaftliche Gesamtrechnung macht keine Unterschiede zwischen geplanten und ungeplanten ökonomischen Größen (Beitrag B). In der ex post-Betrachtung ist deshalb stets das Investitionsvolumen so hoch wie die Ersparnis: $S(Y) := \bar{I} + I_u$ (*Abb. C-3.4*). Von dieser Identität ist die auf die geplanten Größen bezogene ex ante-Gleichgewichtsbestimmung (3.10) zu unterscheiden. Sie zeichnet sich durch die Modellbedingung $I_u = 0$ aus.

Stabilität

Gesamtwirtschaftliche Anpassungsprozesse laufen immer dann ab, wenn die Planungen der Wirtschaftssektoren nicht miteinander übereinstimmen. In einem statischen

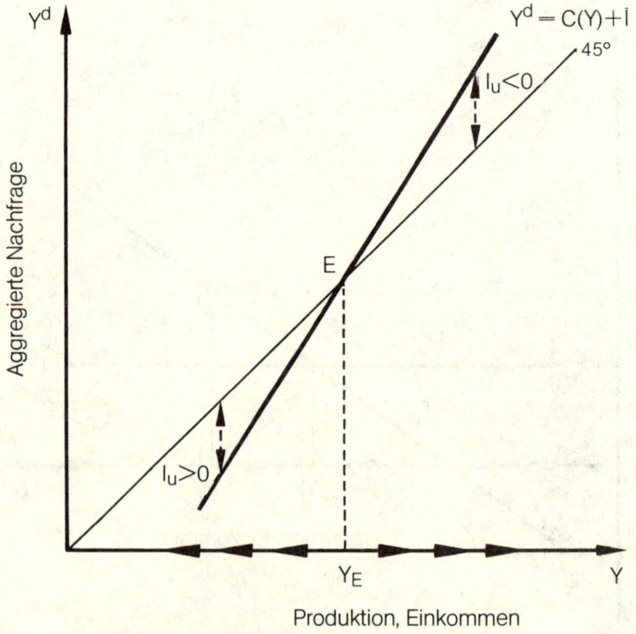

Abb. C-3.5: Gesamtwirtschaftliche Instabilität

Gleichgewichtsmodell, wie es hier formuliert wird, können solche Prozesse und damit die Stabilitätseigenschaften des Gleichgewichtseinkommens nicht explizit und analytisch aus dem Modell heraus erklärt werden. Dazu bedarf es einer dynamischen Ungleichgewichtsanalyse. Um mögliche Stabilitätsvoraussetzungen aufzuzeigen, muß man auf intuitive Annahmen und Plausibilitätsbetrachtungen zurückgreifen. Dazu gehört der bislang skizzierte hypothetische Anpassungsmechanismus, der an die Konsequenzen ungeplanter Lagerinvestitionen anknüpft. Zwei Überlegungen präzisieren und modifizieren ihn:

- Es sei angenommen, daß die marginale Konsumquote größer Eins ist. Dann verläuft die gesamtwirtschaftliche Nachfragekurve Y^d steiler als die 45°-Linie (*Abb. C-3.5*). Bei einem Einkommen, das höher als die effektive Nachfrage Y_E ist, würden unfreiwillige Lagerauflösungen stattfinden, die Anlaß zu Produktionsausweitungen geben. Gesamtwirtschaftliche Ausbringungsmenge und Einkommen wachsen und führen die Wirtschaft stetig von der Gleichgewichtslage Y_E weg. Der umgekehrte Vorgang gilt, wie die Pfeile auf der Abszisse andeuten, für ein tatsächliches Einkommen links von Y_E. Das gesamtwirtschaftliche System ist instabil. Die numerische Eingrenzung, nach der die marginale Konsumquote zwar positiv, jedoch kleiner Eins ist, ist nicht nur ein empirischer Tatbestand, sondern zugleich eine modelltheoretische Stabilitätsbedingung.
- Registrieren die Unternehmen unfreiwillige Lageraufstockungen ($I_u > 0$), schränken sie ihre laufende Produktion so weit ein, daß die Gleichgewichtslage Y_E erreicht wird. In ihr müssen sie keine ungeplanten Investitionen mehr hinnehmen. Inzwischen haben sie aber unfreiwillige Vorräte akkumuliert, die sie dadurch abbauen können, daß sie zwischenzeitlich die geplanten Investitionsvorhaben einschränken und erst danach auf das ursprüngliche Investitionsniveau zurückkehren. In *Abb. C-3.4* würde sich mithin für eine gewisse Teilperiode die Investitionsgerade $I = \bar{I}$ nach unten verschieben und dann in die Ausgangslage zurückkehren. Ein ähnlicher Prozeß der zeitweiligen Ausdehnung der geplanten Investitionen läßt sich für eine gesamtwirtschaftliche Situation mit $I_u < 0$ konstruieren. Ein solches Investitionsverhalten führt zu Vorratszyklen.

3.2. Ausgabenmultiplikator

Das Gleichgewichtseinkommen ändert sich allein durch Variationen der exogenen Variablen und Parameter. Die Methode der Analyse besteht darin, zwei Gleichgewichtssituationen des Modells, die auf Unterschiede im Werte einer exogenen Determinanten zurückgehen, miteinander zu vergleichen. Das ist die komparativ-statische Analyse. Die quantitative Beziehung zwischen der Änderung einer exogenen Größe und der dadurch ausgelösten zugehörigen Änderung der endogenen Variablen des Gleichgewichtseinkommens wird in einem Multiplikator erfaßt. Der Multiplikator ist mithin eine Marginalgröße.

Investitionsmultiplikator

Der Investitionsmultiplikator $dY/d\bar{I}$ gibt an, um das wieviel-fache einer Änderung der geplanten Investitionen $d\bar{I}$ die effektive Nachfrage dY variiert. Aufgrund der bislang unterstellten Reaktion des Makrosystems in Ungleichgewichtssituationen ist die Richtung des ausgelösten Prozeßablaufs bekannt. Erhöhen sich die geplanten Investitionen, müssen im Ausgangsgleichgewicht unerwartete negative Lagerinvestitionen auftreten: Die Produktion wird angeregt und das gesamtwirtschaftliche Einkommen steigt. Die quantitative Relation kann man aus *Abb. C-3.6* anhand der graphischen Gegenüberstellung einer linearen Sparfunktion mit der Verschiebung der Investitionsgeraden von $\bar{I}_0$ nach $\bar{I}_1$ herleiten. Aufgrund der dort geltenden Beziehung tg $\alpha = S_Y = d\bar{I}/dY$ erhält man durch Umformung:

$$(3.11) \quad \frac{dY}{d\bar{I}} = \frac{1}{S_Y} = \frac{1}{1 - C_Y}.$$

Dieser Multiplikatorausdruck läßt sich auch analytisch aus den Gleichgewichtsbedingungen, die für den Gütermarkt formuliert wurden, ermitteln. Bildet man beispielsweise das totale Differential für die Gleichung C-3.9

$$dY = C_Y dY + d\bar{I},$$

gewinnt man nach Umformung:

$$\frac{dY}{d\bar{I}} = \frac{1}{1 - C_Y}.$$

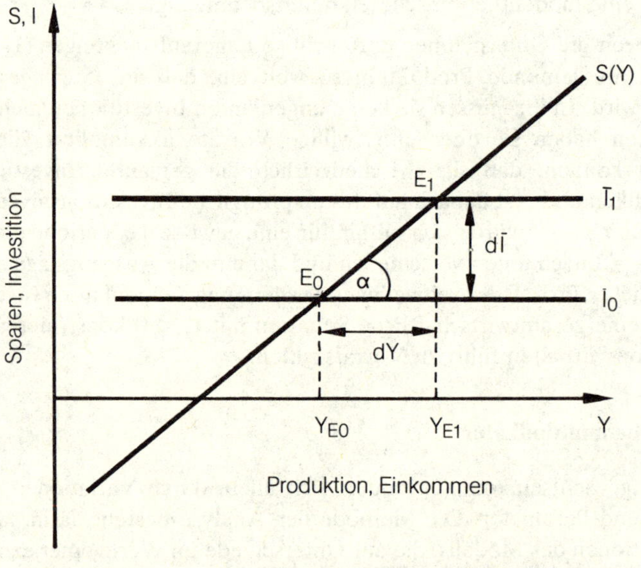

Abb. C-3.6: Graphische Herleitung des Multiplikators

Der Investitionsmultiplikator ist demnach gleich dem reziproken Wert der marginalen Sparquote. Da dieser Wert kleiner Eins ist, fällt der Multiplikator größer Eins aus. Liegt die marginale Sparquote in der Größenordnung von 20 v. H., ist die ausgelöste Änderung des Gleichgewichtseinkommens fünfmal so groß wie die Erhöhung der Investitionsnachfrage. Worin ist die Ursache für diesen Multiplikatoreffekt zu suchen?

- Die einkommensabhängige Ersparnis paßt sich endogen dem autonomen Investitionsniveau an. Wenn nun die Investitionen exogen steigen, ist eine mehrfache

Erhöhung des Einkommens zur Induzierung einer entsprechend umfangreichen zusätzlichen Ersparnis dann erforderlich, wenn die marginale Sparquote kleiner Eins ist: $dS = S_Y dY = d\bar{I}$.

- Die vorangegangene Erklärung ist insofern mechanistisch, als sie keinen Multiplikatorprozeß aufdeckt. Dazu bedarf es in dem statischen Modell erneut einer intuitiven Erklärung. Sie liegt in einer quasidynamischen Analyse, die den Multiplikatorprozeß als Summe von Einkommensströmen erfaßt, die durch die Ausdehnung der Investitionsnachfrage ausgelöst werden. Die Erhöhung der Investitionsnachfrage $d\bar{I}$ führt, da sich das Angebot stets der gesamtwirtschaftlichen Nachfrage anpaßt, unmittelbar zu einer Einkommenserhöhung $\Delta_1 Y$ in gleicher Höhe: $\Delta_1 Y = d\bar{I}$. Aufgrund des zusätzlichen Einkommens entfalten die Haushalte eine zusätzliche Konsumnachfrage $\Delta_1 C$, deren Höhe durch die marginale Konsumquote bestimmt ist: $\Delta_1 C = C_Y \cdot \Delta_1 Y = C_Y d\bar{I}$. Die Konsumnachfrage führt eine zweite Einkommensänderung herbei: $\Delta_2 Y = \Delta_1 C = C_Y d\bar{I}$. Diese Einkommensänderung verursacht über die Konsumnachfrage $\Delta_2 C = C_Y \cdot \Delta_2 Y$ eine dritte Einkommenserhöhung: $\Delta_3 Y = \Delta_2 C = C_Y^2 d\bar{I}$. Die gesamte Einkommensänderung ΔY ergibt sich damit als Summe dieser Teilerhöhungen, die zunehmend niedriger ausfallen, da C_Y kleiner Eins ist. Nach n-„Runden" hat man:

$$\Delta Y = d\bar{I}(1 + C_Y + C_Y^2 + \ldots + C_Y^{n-1}).$$

Das ist eine geometrische Reihe mit der Summenformel:

$$(3.12) \qquad \Delta Y = d\bar{I}\,\frac{1 - C_Y^n}{1 - C_Y}.$$

Betrachtet man die Sequenzfolge der Einkommensströme als unendliche Reihe, strebt also n gegen Unendlich, geht C_Y^n gegen Null, und der Ausdruck (3.12) geht in den Investitionsmultiplikator über.

Paradoxon der Sparsamkeit

Nunmehr wird eine exogene Veränderung der Konsumnachfrage betrachtet. In *Abb. C-3.2* verschiebe sich die Konsumnachfrage parallel nach unten und in derselben Größenordnung die Sparkurve nach oben. Man sagt, die Konsumneigung ist gesunken und die Sparneigung gestiegen, weil bei jeder Einkommenshöhe weniger konsumiert und mehr gespart wird. Also ist jetzt im Ausgangsgleichgewicht Y_E^O die freiwillige Ersparnis größer als die gewünschte Investition (*Abb. C-3.7*). Die Folge ist, daß das Sozialprodukt so weit fällt, bis die einkommensabhängige Ersparnis auf das Niveau der geplanten Investitionsnachfrage gesunken ist. Obwohl alle Wirtschaftssubjekte mehr sparen wollen, bleibt die Gesamtersparnis unverändert: Das ist das Paradoxon der Sparsamkeit.

Multiplikatoranalyse

Es kann nicht überraschen, daß in dem obigen Paradoxon das Gleichgewichtseinkommen gesunken ist. Die exogene Abnahme der Konsumnachfrage ist lediglich der entgegengesetzte Fall der Erhöhung der autonomen Investitionen. Die quantitative

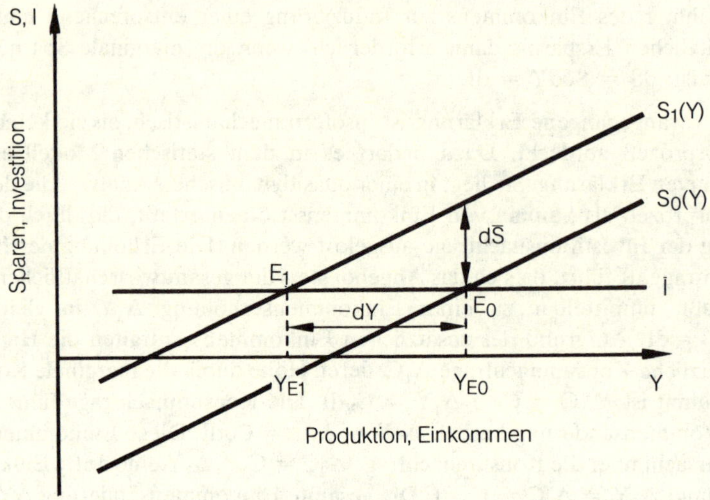

Abb. C-3.7: Paradoxon der Sparsamkeit

Abnahme der effektiven Nachfrage ergibt sich deshalb durch Anwendung des Multiplikators $1/S_Y$. Weil hier die Wirkungen von Nachfrageänderungen analysiert werden, spricht man von dem Konzept des Ausgabenmultiplikators.

Die Multiplikatoranalyse bildet den Kern der Auswertung makroökonomischer Modelle. Multiplikatorausdrücke lassen sich für die Beziehungen zwischen allen endogenen und exogenen Variablen, die in ein Modell aufgenommen sind, herleiten. Es gibt deshalb nicht „den" Multiplikator. Ihre Strukturen und ihre numerischen Werte hängen von den Hypothesen ab, in denen sich die Modelle voneinander unterscheiden. So darf auch nicht aus dem Ausgabenmultiplikator $1/S_Y$ geschlossen werden, daß zum Begriff des Multiplikators gehört, daß er größer Eins ist. In späteren Kapiteln werden Multiplikatoren abgeleitet, die gleich und kleiner Eins sind.

3.3. Staatliche Aktivität

Der Staat wirkt durch zwei ökonomische Aktivitäten auf den Gütermarkt ein:

- Er fragt Güter nach. Diese Staatsausgaben sind eine Komponente der gesamtwirtschaftlichen Nachfrage.
- Er erhebt Steuern und leistet Transferzahlungen. Diese Transaktionen verändern das Einkommen, das den privaten Wirtschaftseinheiten für den Konsum und die Ersparnisbildung zur Verfügung steht.

Mit welcher Multiplikatorwirkung kann der Staat seine fiskalpolitischen Instrumente einsetzen? Um diese Frage zu beantworten, sind zunächst Annahmen über das Ausgaben- und Einnahmenverhalten der öffentlichen Hand zu machen und daraus die Gleichgewichtsbedingung für das erweiterte Gütermarktmodell abzuleiten.

Verhaltensannahmen

Für die staatliche Güternachfrage G sei angenommen, die öffentliche Hand plane ein (reales) Ausgabevolumen in Höhe von $\overline{G}$:

(3.13) $G = \overline{G}$.

Das reale Steueraufkommen T fließe allein aus der direkten Einkommensteuer. Es sei zudem mit den Transferzahlungen des Staates saldiert. Für diese Einnahmen werden zwei Hypothesen verwendet:

- Der Staat plant sein Steueraufkommen einkommensunabhängig direkt in Höhe von $\overline{T}$ (lump-sum taxes):

  (3.14 a) $T = \overline{T}$.

- Der Staat setzt Steuersätze fest. Bei gegebenem Steuertarif bemißt sich das Steueraufkommen nach dem Einkommen. Die geplanten Steuereinnahmen lassen sich in diesem Falle durch eine gesamtwirtschaftliche Steueraufkommensfunktion beschreiben:

  (3.14 b) $T = T(Y)$ mit $0 < T_Y < 1$.

  Die partielle Ableitung T_Y der Funktion ist der marginale Steuersatz, der angibt, welcher Teil eines Zuwachses des gesamtwirtschaftlichen Einkommens als zusätzliche Steuern an den Staat fließt. Dieser Parameter repräsentiert das steuerpolitische Instrument, während das gesamte Steueraufkommen sich endogen aus dem Wirtschaftsablauf ergibt.

Bei Erweiterung der Analyse um den Staat ist die Hypothese über die Bestimmungsgründe des privaten Konsums zu modifizieren. Konsum und Sparen hängen von dem Einkommen ab, über das die privaten Wirtschaftseinheiten nach Abzug der Steuern disponieren können ($Y - T := C + S$):

(3.15) $C = C(Y - T)$ mit $0 < C_Y := \dfrac{dC}{d(Y - T)} < 1$.

Für die marginale Konsumneigung in bezug auf das verfügbare Einkommen $(Y - T)$ wird weiterhin das Symbol C_Y verwendet. Für die Sparfunktion ist dann analog zu formulieren:

$S = S(Y - T)$ mit $S_Y = 1 - C_Y$.

Gleichgewichtsbedingung

Die gesamtwirtschaftliche Nachfrage setzt sich nunmehr neben dem privaten Konsum und der privaten Investition auch aus der geplanten Güternachfrage des Staates zusammen. Damit ergibt sich als erweiterte Gleichgewichtsbedingung (ohne Spezifizierung der Bestimmungsgründe des Steueraufkommens) für den Gütermarkt:

(3.16) $Y = C(Y - T) + \overline{I} + \overline{G}$.

Zieht man von beiden Seiten dieser Gleichgewichtsbedingung wiederum die geplante Konsumnachfrage ab und beachtet, daß die Differenz: $Y - C(Y - T)$ gleich der Steuerzahlung und der geplanten Ersparnis ist, geht die bisherige Gleichgewichtsbeziehung zwischen geplantem Sparen und geplantem Investitionsvolumen (3.10) über in:

(3.17) $\overline{I} + \overline{G} = S(Y - T) + T$.

Im Gleichgewicht ist der nicht für private Konsumausgaben geplante gesamtwirtschaftliche Einkommensteil (S + T) gleich dem nicht für Konsumzwecke zur Verfügung stehenden geplanten Sozialproduktsteil ($\bar{I} + \bar{G}$).

Auch in Ungleichgewichtssituationen sollen die privaten Haushalte und der Staat ihre Pläne realisieren können. Planungsüberraschungen erleben weiterhin allein die Unternehmen in Form unfreiwilliger Lagerinvestitionen (3.2). Somit kann auch die Hypothese über die Anpassung des Sozialprodukts an die gesamtwirtschaftliche Nachfrage (s. Abschnitt 3.1.) aufrechterhalten werden.

Variation der Staatsausgaben

In *Abb. C-3.8* ist die Wirkung einer Erhöhung der Staatsausgaben $d\bar{G}$ bei konstantem Steueraufkommen $\bar{T}$ anhand der Gleichgewichtsbedingung (3.17) graphisch hergeleitet. Das Diagramm unterscheidet sich in seiner Struktur nicht von *Abb. C-3.6*, die die Effekte einer Ausdehnung der privaten Investitionsnachfrage in einer Volkswirtschaft ohne Staat wiedergibt. Insbesondere weist die (S + T)-Gerade die Steigung tg $\alpha = S_Y$ auf. Damit ist der Staatsausgabenmultiplikator gleich dem reziproken Wert der marginalen Sparquote und identisch mit dem Investitionsmultiplikator (3.11).

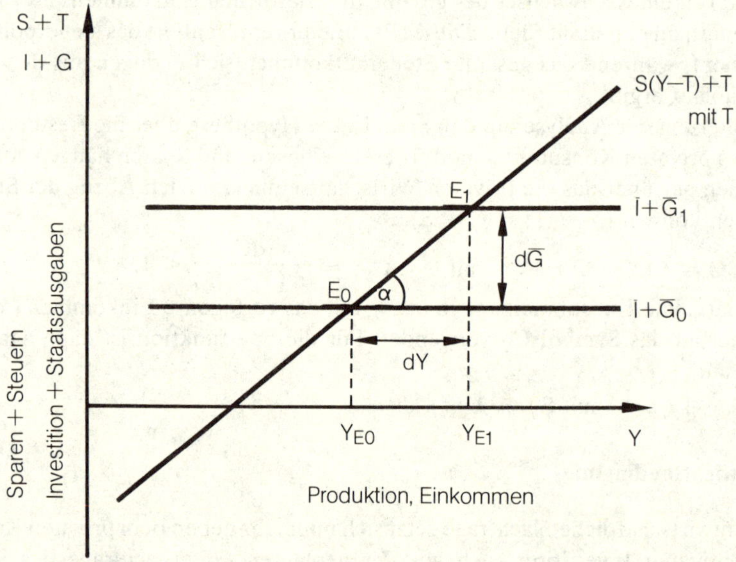

Abb. C-3.8: Erhöhung der Staatsausgaben bei exogenem Steueraufkommen

Die Multiplikatorwirkung muß schwächer sein, wenn das Steueraufkommen einkommensabhängig ist. Eine Ausdehnung der Staatsnachfrage erhöht zwar das gesamtwirtschaftliche Einkommen, läßt damit aber zugleich das Steueraufkommen anwachsen. Die zusätzlichen Steuern implizieren einen Ausfall in der Konsumnachfrage, der dem expansiven Effekt der zusätzlichen Staatsausgaben entgegenwirkt. In der graphischen Darstellung verläuft die (S + T)-Kurve nunmehr steiler (*Abb. C-3.9*): Wird die rechte Seite der Gleichgewichtsbedingung (3.17) unter Berücksichtigung von $T = T(Y)$ nach Y differenziert, ergibt sich für tg $\beta = S_Y(1 - T_Y) + T_Y > S_Y$.

Substituiert man in diesem Ausdruck für die marginale Sparquote den Wert $(1 - C_Y)$, läßt sich der Staatsausgabenmultiplikator mit dem Wert 1/tg β schreiben als:

$$\frac{dY}{d\overline{\overline{G}}} = \frac{1}{1 - C_Y(1 - T_Y)} . \quad (3.18)$$

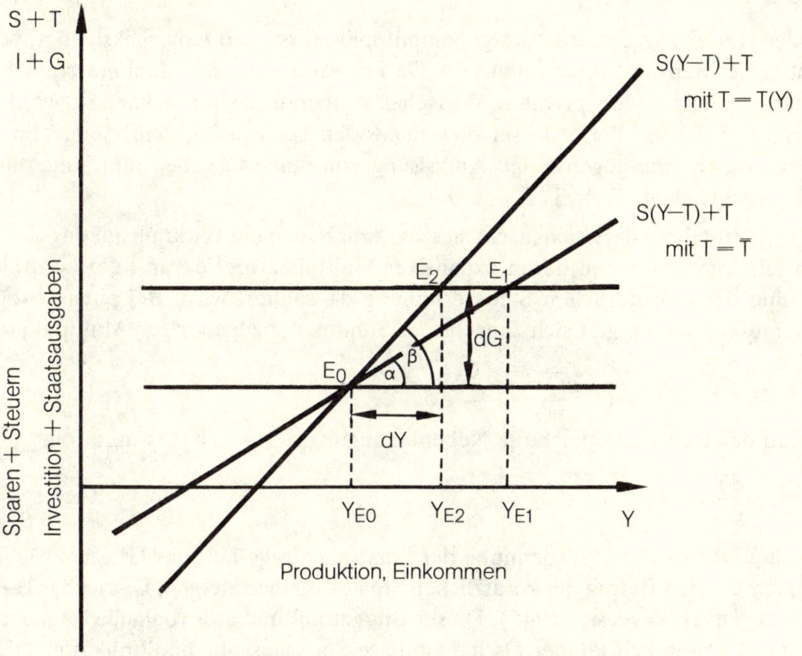

Abb. C-3.9: Erhöhung der Staatsausgaben bei endogenem und exogenem Steueraufkommen

Variation des Steueraufkommens

Eine Aufstockung der Staatsausgaben um eine Mrd. DM wird in gleicher Höhe unmittelbar am Gütermarkt nachfragewirksam. Eine Steuersenkung um den gleichen Betrag erhöht zunächst das verfügbare Einkommen um eine Mrd. DM. Ein Teil der Einkommenserhöhung wird gespart. Mithin wird weniger als eine Mrd. DM zusätzlich für Konsumgüter ausgegeben. Also ist auch die Multiplikatorwirkung kleiner im Vergleich zur Ausgabenpolitik.

Bei einer Senkung der exogenen Steuern um $d\overline{T}$ wird die Konsumnachfrage um $C_Y \cdot d(-\overline{T})$ ausgedehnt. Erst auf diese steuer-induzierte Nachfrageerhöhung ist der Multiplikatoreffekt $1/S_Y$ anwendbar. Der Steueraufkommensmultiplikator, der angibt, um wieviele Einheiten sich die Nachfrage ändert, wenn das exogene Steueraufkommen um eine Einheit variiert, lautet deshalb:

$$\frac{dY}{d\overline{\overline{T}}} = - \frac{C_Y}{1 - C_Y} . \quad (3.19)$$

Die gleichen Überlegungen gelten für eine Variation der Steuersätze. Eine Reduzierung des marginalen Steuersatzes senkt das Steueraufkommen um: $dT_Y \cdot Y$. Den Steueraufkommensmultiplikator $dY/(dT_Y \cdot Y)$ erhält man durch Multiplikation des Ausdrucks (3.18) mit $-C_Y$.

Ausgeglichenes Budget

Bei der Herleitung des Staatsausgabenmultiplikators blieb unberücksichtigt, wie der Staat seine Mehrnachfrage finanziert. Da Fragen der Kreditaufnahme bei der Zentralbank oder bei den privaten Wirtschaftseinheiten später behandelt werden (s. Abschnitt 5.3.), ist der Staat in diesem Modell gezwungen, sein Budget in jeder Periode durch eine gegenseitige Anpassung von Staatsausgaben und Steuereinnahmen auszugleichen: $\overline{G} = \overline{T}$.

Für eine Zunahme der Staatsnachfrage $d\overline{G}$ erhält man die Wirkung auf das Gleichgewichtseinkommen, wenn deren expansiver Multiplikatoreffekt mit der kontraktiven Wirkung der erforderlichen Steuererhöhung $d\overline{T}$ saldiert wird. Bei einem exogenen Steueraufkommen ergibt sich zunächst als Summe der zugehörigen Multiplikatoren:

$$dY = \frac{1}{1 - C_Y} d\overline{G} - \frac{C_Y}{1 - C_Y} d\overline{T}.$$

Da nun der Budgetausgleich die Nebenbedingung $d\overline{G} = d\overline{T}$ erzwingt, folgt:

$$(3.20) \quad \frac{dY}{d\overline{G}} = 1.$$

Eine steuerfinanzierte Ausdehnung der Staatsnachfrage läßt das Gleichgewichtseinkommen um den Betrag der zusätzlichen Staatsausgaben steigen. Das ist das HAAVELMO-Theorem (HAAVELMO, 1945). Dieser Budgetmultiplikator (balanced-budget multiplier) ist wesentlich kleiner als der isolierte Staatsausgabenmultiplikator. Die verbleibende positive Wirkung stellt sich deshalb ein, weil die Steuererhöhung die gesamtwirtschaftliche Nachfrage nicht um den Betrag zurückdrängt, um den die zusätzlichen Staatsausgaben die aggregierte Nachfrage verstärken. Der Budgetmultiplikator gilt auch bei einem einkommensabhängigen Steueraufkommen und für vorgegebene Änderungen der Steuereinnahmen, an die die Staatsausgaben angepaßt werden müssen.

3.4. Alternative Konsum- und Investitionsfunktionen

Bei der Bestimmung des güterwirtschaftlichen Gleichgewichts wurde bisher die absolute Einkommenshypothese von KEYNES unterstellt, nach der die Konsumausgaben von der absoluten Höhe des laufenden (aktuellen) Einkommens abhängen. Die Investitionsausgaben blieben als exogene Variable unerklärt. Zur Überwindung dieser restriktiven Annahmen wurden in der Konsum- und Investitionstheorie verschiedene Erklärungsansätze entwickelt.

Konsumfunktionen

Beobachtungen über die Entwicklung der Konsumausgaben haben gezeigt, daß die durchschnittliche Konsumquote C/Y kurzfristig invers mit dem Einkommensniveau

Y variiert. Langfristig hingegen ist C/Y konstant geblieben, wie es seit SIMON KUZNETS' (1946) bahnbrechender empirischer Konsumanalyse für eine lange Periode (1869-1938) als bestätigt gilt.

Dieses Phänomen zu erklären, ist das Anliegen verschiedener makroökonomischer Hypothesen über die Determinanten des Konsum- und Sparverhaltens:

- Relative Einkommenshypothese (DUESENBERRY, 1949);
- Lebenszeit-Einkommenshypothese (MODIGLIANI/BRUMBERG, 1954; ANDO/MODIGLIANI, 1963);
- permanente Einkommenshypothese (FRIEDMANN, 1957).

JAMES DUESENBERRY formuliert zwei Hypothesen zur Erklärung des Konsumverhaltens:

- Die Konsumentscheidungen der privaten Haushalte sind – im Gegensatz zur Hypothese von KEYNES – nicht unabhängig voneinander, sondern auch von der sozialen Position (Einkommenspyramide) abhängig.
- Nicht nur die absolute Höhe des Gegenwartseinkommens, sondern auch das in der Vergangenheit erreichte Konsumniveau (Lebensstandard) bestimmen die laufenden Konsumausgaben.

Der Anteil der Konsumausgaben am laufenden Einkommen wird erklärt durch die Relation zwischen gegenwärtigem Einkommen Y und dem höchsten Einkommen Y^{max}, das in der Vergangenheit erzielt wurde. Y^{max} repräsentiert den bereits erreichten Lebensstandard. Die Konsumfunktion lautet dann z. B.:

$$(3.21)\qquad \frac{C}{Y} = a_o - a_1 \cdot \frac{Y}{Y^{max}} \qquad \text{mit } a_o;\ a_1 > 0.$$

Langfristig ist die durchschnittliche Konsumquote bei steigendem Einkommen konstant, weil sich die relative Einkommensposition Y/Y^{max} nicht ändert (Y und Y^{max} wachsen mit derselben Rate). Kurzfristig hingegen steigt C/Y, wenn in einer Rezession das laufende Einkommen sinkt und sich damit die relative Einkommensposition verschlechtert. Um ihr Konsumniveau möglichst aufrecht zu erhalten, reduzieren die Wirtschaftseinheiten kurzfristig den Anteil des Sparens am laufenden Einkommen, also die durchschnittliche Sparquote. Verzögerungen der Konsumanpassung (Ratchet- oder Sperrklinken-Effekt) erklären somit den Unterschied zwischen kurz- und langfristigem Konsum- und Sparverhalten.

Nach der Lebenszeit-Einkommenshypothese sind die Konsumausgaben vom erwarteten Lebenseinkommen abhängig. Gespart wird, um das gewünschte Konsumniveau auch dann realisieren zu können, wenn das aktuelle Einkommen niedriger als die hierfür notwendige Konsumsumme ist (Jugend, Alter). Die laufenden Konsumausgaben hängen ab vom Bestand an realem Vermögen K und dem erwarteten realen Arbeitseinkommen W.

Die Konsumfunktion lautet dann:

$$(3.22)\qquad C = C_K \cdot K + C_W \cdot W \text{ bzw. } \frac{C}{Y} = C_K \cdot \frac{K}{Y} + C_w \cdot \frac{W}{Y}.$$

Die langfristige Konstanz der durchschnittlichen Konsumquote C/Y wird erklärt mit der empirisch bestätigten langfristigen Konstanz von K/Y bzw. W/Y. Die kurzfristig inverse Variation von C/Y auf konjunkturell bedingte Änderungen von Y wird auf die ebenfalls empirisch belegbaren kurzfristigen Schwankungen von K/Y zurückgeführt.

Auch FRIEDMAN geht in der permanenten Einkommenshypothese davon aus, daß die Wirtschaftseinheiten ihren Konsumverbrauch langfristig planen. Der Konsum ist insofern nicht nur vom laufenden Einkommen, sondern auch vom kapitalisierten Wert aller in der Zukunft erwarteten Einkommen abhängig. Dieses permanente Einkommen Y^P ist gleich dem aktuellen Vermögensbestand (einschließlich Humankapital) A multipliziert mit einem durchschnittlichen Zinssatz r, also $Y^P := rA$. Eine einfache Konsumfunktion lautet dann:

(3.23) $$C^P = C_Y{}^P \cdot Y^P,$$

wobei C^P den permanenten Konsum und $C_Y{}^P$ die permanente Konsumquote symbolisieren. Empirische Analysen bestätigen die langfristige Konstanz von C^P/Y^P und beziffern $C_Y{}^P$ mit 0,7, wobei als Näherungsmaß für Y^P ein gewogener Durchschnitt aus gegenwärtigen und vergangenen Einkommen mit exponentiell abnehmenden Gewichten verwendet wurde. Im Konjunkturverlauf hingegen gilt in der Regel $Y \gtrless Y^P$. Werden solche Einkommensdifferenzen als vorübergehend empfunden (transitorische Einkommen), weicht bei unverändertem Konsumniveau die tatsächliche von der permanenten Konsumquote ab, womit auch das kurzfristige Konsumverhalten erklärt ist.

In den beiden letztgenannten Erklärungsansätzen wird das Vermögen als Determinante des Konsumverhaltens explizit berücksichtigt. In der Literatur wird darüber hinaus auch ein spezifischer realer Vermögenseffekt diskutiert, der das Konsumverhalten beeinflußt (Realkasseneffekt von PIGOU, 1941): Bei exogenen Aufstockungen des vorhandenen realen Vermögensbestandes – beispielsweise durch ein Sinken des Preisniveaus ausgelöst – steigen die Konsumausgaben bei gegebenem Einkommen, weil die geplante Ersparnis reduziert werden kann. Graphisch impliziert eine solche exogene Erhöhung des Vermögensbestandes eine Verschiebung der S-Kurve nach unten bzw. der (C + I)-Kurve nach oben (*Abb. C-3.2* und *3.3*), wodurch das Gleichgewichtseinkommen steigt. Dieser Zusammenhang erhält Bedeutung bei der Erklärung konjunktureller Schwankungen des Einkommens, wenn das Preisniveau explizit in der Makroanalyse berücksichtigt wird: Sinkt z. B. in einem Abschwung das Preisniveau, steigt die Konsumgüternachfrage (preisinduzierter Vermögenseffekt) und der Abschwung wird gebremst.

Investitionsfunktionen

Bislang wurde die geplante Investitionsnachfrage als exogene Variable behandelt. Wiederum sind verschiedene Investitionshypothesen zu unterscheiden, die die Höhe der jeweils geplanten Investitionsausgaben ökonomisch zu erklären versuchen.

Investitionen stellen Nachfrage nach physischen Gütern zur Erhaltung (Ersatzinvestitionen) oder zur Erhöhung (Nettoinvestitionen) des realen Kapitalstocks dar. Nettoinvestitionen – nur sie sollen im folgenden betrachtet werden – werden getätigt, weil aus der Kapitalanhäufung (-akkumulation) ein Ertrag erwartet wird. Ihm stehen Kosten gegenüber in Form von Zinszahlungen, die der Investor bei Kreditfinanzierung der Investition zu leisten hat, oder von Opportunitätskosten, die er bei Eigenmittelfinanzierung berechnen muß, weil ihm die erwarteten Ertragsraten bei alternativer Vermögensanlage entgehen. Es ist plausibel anzunehmen, daß die Investitionsnachfrage um so niedriger ist, je höher die erwarteten Kreditkosten oder je attraktiver die erwarteten Verzinsungen alternativer Vermögensanlagen sind. Verwendet man die durchschnittliche effektive Verzinsung langfristiger Staatsschuldtitel als repräsentativen Zinssatz r für die Gesamtwirtschaft, lautet die Investitionsfunktion:

(3.24) $I = I(r) \qquad \text{mit } I_r<0.$

Diese Investitionsfunktion ist Gegenstand analytisch z. T. recht aufwendiger Erklärungsansätze (Überblick bei JORGENSON, 1967, 1971; BRANSON, 1972, 3. A. 1989; DORNBUSCH/FISCHER, 1978, 6. A. 1994), von denen hier nur drei einfachere Hypothesen vorgestellt werden:

- KEYNES'sche Investitionshypothese;
- Neoklassische Investitionshypothese;
- Akzelerator-Hypothese.

Die KEYNES'sche Investitionshypothese entspricht im Ergebnis, nicht jedoch in der Herleitung dieser aus Plausibilitätsüberlegungen gewonnenen Verhaltensgleichung (3.24). Nach KEYNES wird die Investitionsnachfrage in jeder Periode so weit ausgedehnt, bis die Grenzleistungsfähigkeit der Investition (marginal efficiency of investment) gleich dem repräsentativen Marktzinssatz ist. Die Grenzleistungsfähigkeit der Investition, d. h. die Leistungsfähigkeit der zuletzt investierten Kapitaleinheit, ist dabei jener interne Zinssatz, der die erwarteten und auf die Gegenwart diskontierten Nettoerträge den Anschaffungs- oder Herstellungskosten der Investition gleichsetzt. Dieser interne Zinssatz r*, der im KEYNES'schen Kalkül der Investitionsentscheidung eine zentrale Rolle spielt, ist eine Erwartungsgröße, da er den Anschaffungskosten die erwarteten laufenden Kosten und erwarteten Erträge des Investitionsobjekts gegenüberstellt. Ist beispielsweise $r^* < r$, lohnt sich die Investition nicht, weil bei Kreditfinanzierung der Investition nicht einmal der Kreditzins oder bei Eigenmittelfinanzierung in alternativen Vermögensanlagen eine höhere Rendite erwirtschaftet würde.

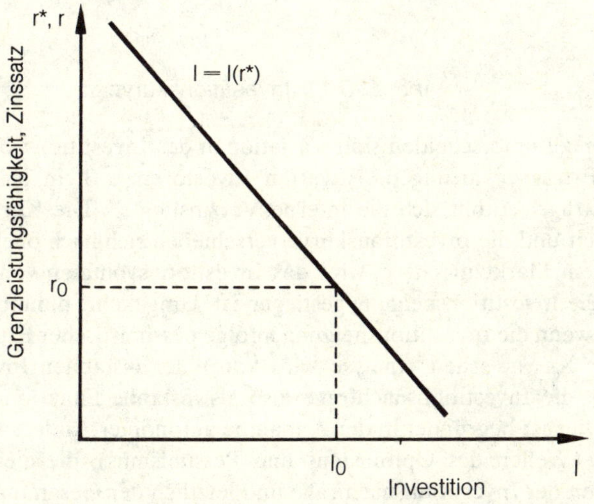

Abb. C-3.10: Kurve der Grenzleistungsfähigkeit der Investition

Ordnet man alle denkbaren Investitionsobjekte bei gegebenen Ertragserwartungen nach der Höhe ihrer Grenzleistungsfähigkeit an, erhält man eine negative Beziehung zwischen r* und I (*Abb. C-3.10*). Der Abszissenwert I gibt dabei die Summe aller Investitionsobjekte an, deren interne Verzinsung mindestens r* beträgt: Bei $r = r_0$ gilt für I_0 also $r^* \geq r_0$.

Unterstellt man gegebene Ertragserwartungen bei den Investoren und ferner, daß alle profitablen Investitionen auch realisiert werden, kann die Kurve der Grenzleistungsfähigkeit von Investitionen in eine Kurve der gesamtwirtschaftlichen Investitionsnachfrage überführt werden, für die der Marktzins r die unabhängige Variable ist (*Abb. C-3.11*). Diese Kurve beschreibt die KEYNES'sche Investitionshypothese, die der Investitionsfunktion (3.24) entspricht: Bei gegebenen Ertragserwartungen steigt das Investitionsvolumen mit sinkendem Marktzinssatz.

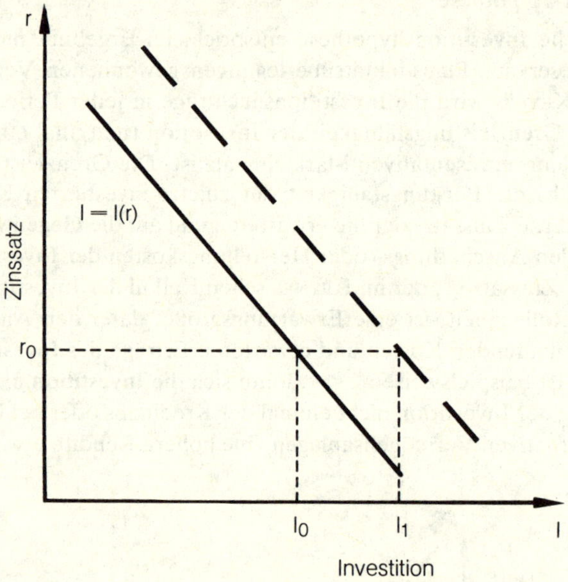

Abb. C-3.11: Investitionskurve

Strikt hiervon zu unterscheiden sind Variationen des Investitionsvolumens als Folge geänderter Ertragserwartungen. Erwarten Investoren z. B. in einem Aufschwung steigende Erträge, erhöht sich die interne Verzinsung r*. Die Kurve der Grenzleistungsfähigkeit und die Investitionskurve verschieben sich nach oben (*Abb. C-3.11*). Bei gegebenem Marktzinssatz r_0 wird das Investitionsvolumen von I_0 auf I_1 ausgeweitet, weil die Investitionsneigung gestiegen ist. Umgekehrt nimmt das Investitionsvolumen ab, wenn die Investitionsneigung infolge pessimistischer Ertragserwartungen sinkt. In der KEYNES'schen Analyse wird von einer instabilen Investitionsneigung ausgegangen, die Investitionsnachfrage also als instabile Funktion des Marktzinses betrachtet. Dies ist begründet in der Annahme autonomer Änderungen der Ertragserwartungen (Wellen des Optimismus und Pessimismus), die die konjunkturellen Schwankungen der Investitionsnachfrage und letztlich der Gesamtnachfrage verursachen (Beitrag G).

Auch in der neoklassischen Theorie kann die Zinsabhängigkeit der Investitionsnachfrage abgeleitet werden. Die für eine Periode geplante Nettoinvestition ist als Differenz zwischen geplantem optimalen Kapitalstock K^{opt} und der am Ende der vergangenen bzw. Anfang der laufenden Periode bestehenden Kapazität $\overline{K}_{-1}$ definiert:

(3.25) $I := K^{opt} - \overline{K}_{-1}$.

Die Höhe von K^{opt} wird aus der gesamtwirtschaftlichen Produktionsfunktion

(3.26) $Y = Y(K,N) \quad \text{mit } Y_K, Y_N > 0 \text{ und } Y_{KK}, Y_{NN} < 0$

abgeleitet, wobei K den Kapitalstock und N die Arbeitsmenge symbolisieren. Bei gegebenem Arbeitseinsatz, Reallohnsatz und Marktzinssatz ist – bei unterstelltem Gewinnmaximierungsverhalten – der optimale Kapitalstock dann verwirklicht, wenn die Grenzproduktivität des eingesetzten Kapitals gleich dem Marktzinssatz ist:

(3.27) $K^{opt} = K^{opt}(r) \quad \text{mit } K_r^{opt} < 0.$

Die Investitionsfunktion lautet wegen (3.27) dann

(3.28) $I = K^{opt}(r) - \overline{K}_{-1} = I(r,\overline{K}_{-1})$.

Bei Vollanpassung von $\overline{K}_{-1}$ an K^{opt} innerhalb einer Periode kann $\overline{K}_{-1}$ als Argument der Investitionsfunktion vernachlässigt werden, so daß der reale Marktzinssatz auch im neoklassischen Konzept die entscheidende Determinante der Nettoinvestitionen ist.

Nach der Akzelerator-Hypothese schließlich sind die Nettoinvestitionen abhängig von der Entwicklung der geplanten gesamtwirtschaftlichen Nachfrage. In ihrer einfachsten Form wird unterstellt, daß bei Vollauslastung der Kapazitäten der geplante Kapitalstock direkt proportional an Y angepaßt wird:

(3.29) $K^{opt} = \beta Y \quad \text{mit } \beta > 0,$

wobei der Verhaltensparameter β den Akzelerator bezeichnet. Im eigentlichen Akzelerationsbereich ($\beta > 1$) werden die Investitionen um ein Mehrfaches der Nachfragesteigerung ausgeweitet. Erfolgt die Anpassung an den optimalen Kapitalstock vollständig innerhalb einer Planperiode, gilt auch

(3.30) $\overline{K}_{-1} = K_{-1}^{opt} = \beta(Y_{-1})$.

Die Investitionsfunktion kann dann geschrieben werden als

(3.31) $I = \beta Y - \beta Y_{-1} = \beta(Y - Y_{-1})$,

wonach die Nettoinvestitionen eine positive Funktion der geplanten Änderung der gesamtwirtschaftlichen Nachfrage sind. Das ursprüngliche Akzelerator-Prinzip wurde mehrfach modifiziert, indem z. B. angenommen wird, daß die Anpassung des Kapitalstocks

- zeitlich verzögert von der Einkommensänderung in der Vorperiode abhängt (Samuelson, 1939);
- an den geplanten optimalen Kapitalstock nur unvollständig ist (Goodwin, 1951; Chenery, 1952); oder
- dem Trend der Nachfrageentwicklung folgt (Koyck, 1954).

Diese dynamischen Investitionsfunktionen wurden mit dem Ziel entwickelt, Konjunkturschwankungen zu erklären (Beitrag G). Für die komparativ-statische Betrach-

tung, deren Ziel es ist, die Gleichgewichtswerte von Niveauvariablen zu bestimmen, können diese Überlegungen vernachlässigt werden.
Wenn die gesamtwirtschaftliche Investitionsnachfrage vom realen Marktzins abhängt, sind nunmehr die Bestimmungsfaktoren des Zinsniveaus zu erklären. Dazu ist es erforderlich, eine Hypothese über den Geldmarkt zu formulieren, der den monetären Sektor einer Volkswirtschaft repräsentiert.

4. Geldmarkt

Auf dem Geldmarkt wird das Gut Geld angeboten und nachgefragt. Er unterscheidet sich von den Märkten für Waren, Dienstleistungen und anderen Vermögensobjekten dadurch, daß kein Ort des Tausches existiert. Der Geldmarkt ist insofern eine makroökonomische Fiktion: Da Waren, Dienstleistungen und Vermögensobjekte (außer Geld) gegen Geld getauscht werden (und umgekehrt), entfalten sich Geldangebot und Geldnachfrage indirekt auf jedem Gütermarkt. Der Geldmarkt kann somit als Spiegelbild aller Märkte interpretiert werden.

Trotz dieser Fiktion stellt sich die sehr konkrete Frage, wie das in einer Volkswirtschaft vorhandene Geld entsteht, das von den Wirtschaftseinheiten im Tauschprozeß verwendet wird. Sie zu beantworten, ist Gegenstand der Geldangebotstheorie. Ob und inwieweit die Wirtschaftseinheiten die angebotene nominale Geldmenge auch tatsächlich in ihren Kassen zu halten wünschen, ist damit noch nicht geklärt. In der Geldnachfragetheorie sind deshalb die Determinanten der angestrebten Geldhaltung zu bestimmen. Hier sollen nur die Basiskonzepte der Erklärung von Geldangebot und -nachfrage vorgestellt werden, soweit sie zur Ableitung des Gleichgewichts am Geldmarkt und damit zur Bestimmung des totalen Gleichgewichts erforderlich sind (zu den Einzelheiten der geldtheoretischen Diskussion s. Beitrag D).

4.1. Geldangebot

Betrachtet man das Geld nur in seiner Funktion als Tausch- bzw. Zahlungsmittel, zählen zur gesamtwirtschaftlichen Geldmenge M all jene Bestände (Aktiva) an direkt einsetzbaren Zahlungsmitteln, die sich zu einem Zeitpunkt in den Händen der privaten Nichtbanken (Publikum) befinden: Hierzu ist einerseits der Bestand an Bargeld (Noten und Münzen) B^P zu rechnen, das die Zentralbank produziert hat. Andererseits zählt die Summe der Sichteinlagen D dazu, die das Publikum bei den Sichtgeldproduzenten – den Geschäftsbanken – unterhält und über die es jederzeit durch Scheck und Überweisung verfügen kann:

(4.1) $M: = B^P + D.$

Strikt hiervon zu unterscheiden ist die Zentralbankgeldmenge oder Geldbasis B. Sie umfaßt das insgesamt von der Zentralbank geschaffene (Primär-)Geld, das als Bargeld B^P vom Publikum oder als – gesetzliche und in geringem Umfang freiwillige – Reserven TR von den Geschäftsbanken als Barreserven bzw. als Sichteinlagen auf Konten der Zentralbank gehalten wird:

(4.2) $B: = B^P + TR.$

Die vom Publikum gewünschte Struktur der Geldhaltung kann durch den Bargeldkassenhaltungskoeffizienten bk beschrieben werden, der definiert ist als

$$(4.3) \qquad bk = \frac{B^P}{D}.$$

Die relative Reservehaltung der Geschäftsbanken ist durch den Reservenkoeffizienten tr definiert:

$$(4.4) \qquad tr = \frac{TR}{D}.$$

Die nominale Geldmenge M ist somit gleich dem Produkt aus der Geldbasis B und einem Multiplikationsfaktor m, der die jeweilige Vermögensstruktur von Publikum und Geschäftsbanken ausdrückt:

$$(4.5) \qquad M = mB \qquad \text{mit } m = \frac{1 + bk}{tr + bk}.$$

Da $0 < bk, tr < 1$ gilt, ist $m > 1$.

Die Zentralbank kann durch An- und Verkauf von Aktiva (z. B. Gold, Devisen, Wertpapieren) die Geldbasis und – bei gegebenen Sichteinlagen D – durch Variation der Reservensätze auch den Reservekoeffizienten bestimmen. Bei Unterstellung eines konstanten Kassenhaltungskoeffizienten kann insofern die gesamtwirtschaftlich angebotene, nominale Geldmenge als exogene, durch geldpolitische Aktionen der Zentralbank determinierte Variable aufgefaßt werden.

4.2. Geldnachfrage

Die Geldnachfragetheorie geht von zwei Leitfragen aus:

- Aus welchen Gründen (Motiven) halten rational handelnde Wirtschaftseinheiten einen Teil ihres Vermögens unverzinst als Geld?
- Welche Faktoren determinieren die Höhe der gewünschten Geldhaltung?

Da die Wirtschaftseinheiten Kaufkraft in Form von Bargeld oder jederzeit für Zahlungszwecke verfügbaren Sichteinlagen zu halten wünschen, ist auf die reale Geldnachfrage abzustellen: Bei einer Verdoppelung aller Güterpreise und Nominaleinkommen würde auch die nominale Geldhaltung verdoppelt; die Wirtschaftseinheiten sind also frei von „Geldillusion". Seit KEYNES' Motivanalyse der Geldnachfrage werden drei Gründe genannt, durch die die Wirtschaftseinheiten zur Geldhaltung veranlaßt werden:

- Es gibt mit Sicherheit vorhersehbare zeitliche Diskrepanzen zwischen den Einnahmen und den geplanten Transaktionsausgaben (Transaktionsmotiv).
- Wegen unvollkommener Informationen und deshalb unsicherer Erwartungen über zukünftige Einnahmen und Ausgaben können unvorhersehbare Transaktionen erforderlich werden (Vorsichtsmotiv).
- Wirtschaftseinheiten spekulieren, um Kursgewinne zu realisieren bzw. Kursverluste zu vermeiden: Je nach ihren, von KEYNES als sicher angenommenen, Erwartungen über die Entwicklung der Kurse festverzinslicher Wertpapiere – und damit über das invers mit den Kursen schwankende Effektivzinsniveau – wandeln sie Geld in staatliche Wertpapiere um und umgekehrt (Spekulationsmotiv).

Neben dem Geldmarkt existiert somit ein weiterer Vermögensmarkt, auf dem zinsbringende staatliche Wertpapiere (Bonds) angeboten und nachgefragt werden. Er wird als repräsentativ für alle anderen Vermögensgüter angesehen. Wird das Niveau des gesamten Vermögens, das in Geld und staatlichen Wertpapieren gehalten werden kann, als gegeben angenommen (Vermögensbudgetrestriktion), stehen beide Makromärkte in unmittelbarem Zusammenhang: Jedem Überschußangebot auf dem Geldmarkt entspricht eine gleich große Überschußnachfrage auf dem Wertpapiermarkt. Befindet sich der eine Markt im Gleichgewicht, ist es notwendigerweise auch auf dem anderen gegeben, so daß nur ein Markt – hier der Geldmarkt – in der makroökonomischen Analyse betrachtet zu werden braucht.

Im Anschluß an KEYNES wurde in zahlreichen Analysen zur Geldnachfrage herausgearbeitet (Beitrag D-3.), daß die Wirtschaftseinheiten Geld letztlich halten, weil die Erwartungen über zukünftige Einnahmen und Ausgaben unsicher sind und Kosten der Umwandlung von ertragbringenden Vermögensobjekten in Geld (und umgekehrt) entstehen: Entstünden keine Umwandlungskosten (z. B. Bank- und Börsengebühren, Provisionen, Kosten der Zeitverzögerung) und wäre die Zukunft sicher vorhersehbar, könnten die kurzfristig benötigten Zahlungsmittel jederzeit beschafft und die Opportunitätskosten der Geldhaltung im Sinne entgehender Zinserträge vermieden werden. Trotz einzelner Unterschiede im Begründungszusammenhang stimmen die neueren vermögenstheoretischen Erklärungsansätze darin überein, daß die gesamtwirtschaftliche reale Geldnachfrage bei gegebener Liquiditätsneigung insbesondere abhängt

- vom Realeinkommen Y: Steigt das Einkommen und damit das Volumen an geplanten und unvorhergesehenen Transaktionen, erhöht sich die reale Geldnachfrage und umgekehrt;
- vom realen Marktzinssatz r: Mit sinkendem Zins steigt die reale Geldnachfrage, weil die Opportunitätskosten der Geldhaltung sinken und umgekehrt;
- von der erwarteten Inflationsrate: Je höher die erwartete Inflationsrate, desto niedriger das Niveau der realen Geldnachfrage, weil inflationsbedingte Kaufkraftverluste der Geldhaltung durch Antizipation reduziert werden.

In komparativ-statischen Gleichgewichtsmodellen ohne Inflation kann die letztgenannte Determinante vernachlässigt werden; die gesamtwirtschaftliche Funktion der realen Geldnachfrage L (Liquiditätspräferenzfunktion) lautet dann:

(4.6) $L = L(Y,r) \quad \text{mit } L_Y > 0, L_r < 0.$

Diese Geldnachfragefunktion läßt sich in Abhängigkeit vom Marktzins – bei gegebenem Einkommen und gegebener Liquiditätsneigung – als kontinuierlich fallende Geldnachfragekurve darstellen (*Abb. C-4.1*): Bei einem sehr niedrigen Zinsniveau ($\underline{r}$) ist die Geldnachfrage vollkommen zinselastisch, weil alle Wirtschaftssubjekte wegen des erreichten sehr hohen Kursniveaus für Wertpapiere mit Kursrückgängen (Kapitalverlusten) rechnen. In dieser Situation sind die Opportunitätskosten der Geldhaltung – unter Berücksichtigung der Umwandlungskosten – Null oder gar negativ, weshalb jede zusätzlich angebotene Geldmenge auch zum Zinsniveau $\underline{r}$ nachgefragt wird (Liquiditätsfalle; liquidity trap). Bei einem sehr hohen Zinsniveau hingegen wird die Geldnachfrage auf das für Transaktionszwecke unbedingt notwendige Minimum L_T

reduziert. Steigt das Einkommen oder nimmt die Liquiditätsneigung zu, verschiebt sich die Geldnachfragekurve nach rechts; im umgekehrten Fall nach links.

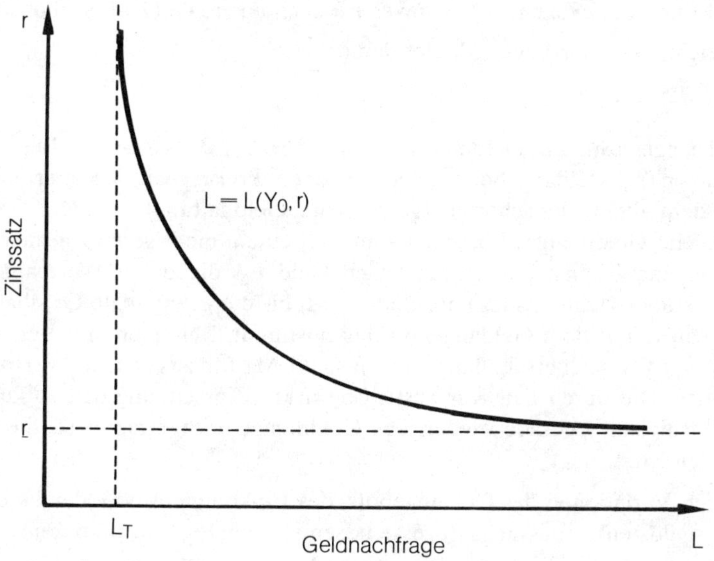

Abb. C-4.1: Geldnachfragekurve

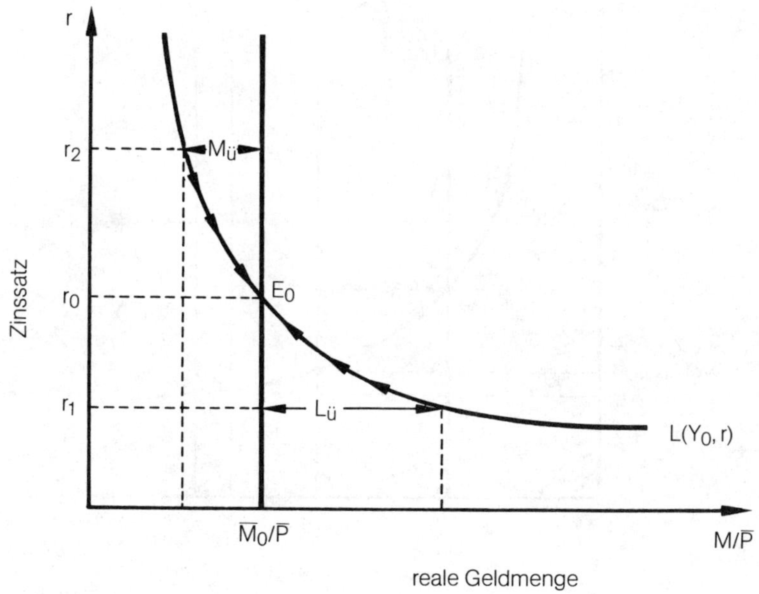

Abb. C-4.2: Gleichgewicht am Geldmarkt

4.3. Geldmarktgleichgewicht

Auf dem Geldmarkt herrscht Gleichgewicht, wenn Geldangebot und Geldnachfrage übereinstimmen. Die Zentralbank kontrolliert annahmegemäß die nominale Geldmenge $\overline{M}$ und bei exogenem Preisniveau $\overline{P}$ auch das reale Geldangebot $\overline{M}/\overline{P}$.

Die Gleichgewichtsbedingung lautet damit:

$$(4.7) \qquad \frac{\overline{M}}{\overline{P}} = L(Y, r).$$

Das Gleichgewicht am Geldmarkt ist in *Abb. C-4.2* dargestellt: Bei gegebenem Einkommen Y_0, Geldangebot $\overline{M}_0$ und exogenem Preisniveau $\overline{P}$ existiert nur ein Zins r_0, bei dem die Geldnachfrage (gewünschte Geldhaltung) mit dem Geldangebot (tatsächliche Geldmenge) übereinstimmt. Bei einem niedrigeren Zinsniveau $r_1 < r_0$ bestünde eine Überschußnachfrage nach Geld $L_ü$, die durch Wertpapierverkäufe (Kurssenkung → Zinsanstieg) abgebaut wird, bis die gewünschte Geldhaltung beim Zinsniveau r_0 mit dem Geldangebot übereinstimmt. Bei einem höheren Zinsniveau $r_2 > r_0$ wird das Überschußangebot an Geld $M_ü$ für zusätzliche Wertpapierkäufe verwendet. Die durch den Kursanstieg bewirkte Zinssenkung hält so lange an, bis beim Zinsniveau r_0 gerade wieder jene Geldmenge nachgefragt wird, die tatsächlich vorhanden ist.

Die durch Variationen des Geldangebots, des Einkommens oder der Liquiditätsneigung ausgelösten Anpassungsprozesse lassen sich analog interpretieren:

- Erhöht die Zentralbank die Geldmenge auf $\overline{M}_1 > \overline{M}_0$ (*Abb. C-4.3*), entsteht im Ausgangsgleichgewicht E_0 ein Überschußangebot an Geld $M_ü$, das durch Wertpapierkäufe abgebaut wird, bis das neue Geldmarktgleichgewicht E_1 erreicht ist. Im

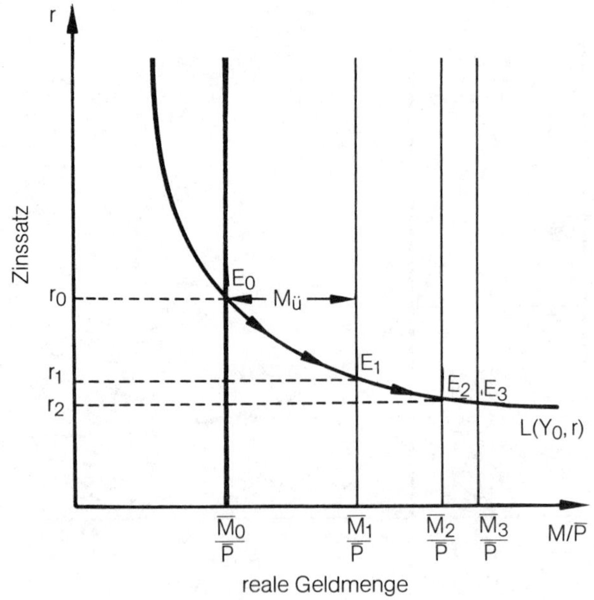

Abb. C-4.3: Geldangebotserhöhung

Bereich der Liquiditätsfalle bewirkt eine Ausweitung des Geldangebots auf $\overline{M}_3 > \overline{M}_2$ keine Zinssenkung; das Überschußangebot wird ohne Zinssenkung nachgefragt, weil Geldhaltung – wegen erwarteter Kurssenkungen und Kapitalverluste – in dieser Situation zweckmäßiger ist als Anlage in verzinslichen Wertpapieren.

- Steigt das Einkommen auf $Y_1 > Y_0$ (*Abb. C-4.4*), entsteht bei konstantem Geldangebot $\overline{M}_0$ im Ausgangsgleichgewicht E_0 eine Überschußnachfrage nach Geld $L_ü$, die durch Wertpapierverkäufe befriedigt wird. Das Zinsniveau steigt so lange, bis das neue Gleichgewicht E_1 erreicht ist.

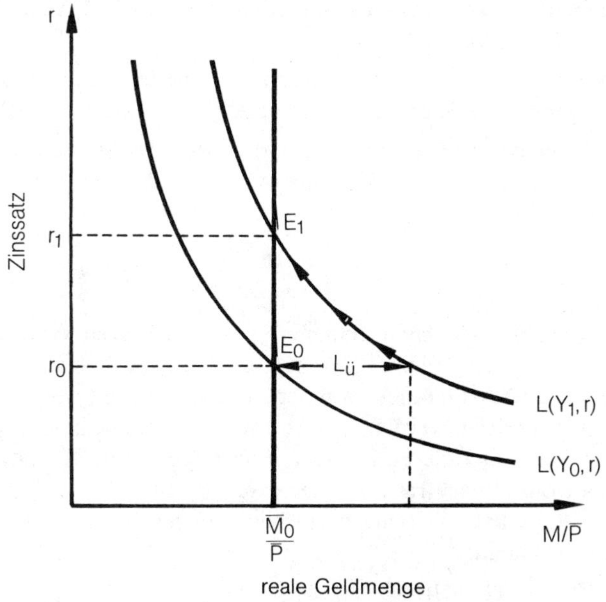

Abb. C-4.4: Einkommenserhöhung

- Erhöht sich die Liquiditätsneigung der Wirtschaftseinheiten bei gegebenem Einkommen Y_0 und Geldangebot $\overline{M}_0$, verschiebt sich die Geldnachfragekurve nach oben. Der Anpassungsprozeß an das neue Gleichgewicht E_1 vollzieht sich – wie im letztgenannten Fall der Einkommensvariation – über eine Zinserhöhung.

5. Gleichgewicht auf Güter- und Geldmarkt

Die vorangegangene Betrachtung des Geldmarktes und implizit zugleich des Marktes für Wertpapiere diente dazu, den Einbau der Vermögensmärkte in die Analyse der gesamtwirtschaftlichen Aktivität, die bislang nur anhand eines Gütermarktmodells vorgenommen wurde (s. Abschnitt 3.), vorzubereiten. In dem erweiterten Modell gilt weiterhin, daß bei konstantem Preisniveau die gesamtwirtschaftliche Nachfrage die Höhe des gleichgewichtigen Sozialprodukts und des gesamtwirtschaftlichen Gleichgewichtseinkommens bestimmt.

5.1. IS-LM-System

Die bisherigen Teilhypothesen über die Bestimmungsgründe der partiellen Gleichgewichte am Gütermarkt und am Geldmarkt sind nunmehr im Sinne eines simultanen Gleichgewichts zu einem Gesamtmodell zusammenzufügen. Für eine graphische Darstellung dieses keynesianischen Systems hat sich das von Sir John Hicks (1937) entwickelte IS-LM-Diagramm als sehr nützlich erwiesen. Für ein r, Y-Koordinatensystem lassen sich konstruieren:

- aus der Übereinstimmung zwischen geplanter Investitionsnachfrage plus Staatsausgaben und geplanter Ersparnis plus direkten Steuern eine Kurve des Gütermarktgleichgewichts (IS-Kurve);
- aus der Übereinstimmung zwischen gewünschter realer Geldnachfrage und dem realen Geldangebot eine Kurve des Geldmarktgleichgewichts (LM-Kurve).

Der Schnittpunkt beider Kurven repräsentiert in der graphischen Darstellung das gesamtwirtschaftliche Gleichgewicht auf dem Güter- und Geldmarkt.

IS-Kurve

Das von den privaten Wirtschaftseinheiten geplante Investitionsvolumen wurde bislang als exogene Modellvariable behandelt. Da jetzt der Zins auf dem Geldmarkt erklärt wird, kann auf die Hypothese von der Zinsabhängigkeit der Investitionsnachfrage (3.24) zurückgegriffen werden: $I = I(r)$ mit $I_r < 0$. Die gesamtwirtschaftliche Nachfrage setzt sich neben dieser Investitionsnachfrage weiterhin aus der einkommensabhängigen Konsumnachfrage und den exogenen Staatsausgaben zusammen, so daß die beiden alternativen Gleichgewichtsbedingungen für den Gütermarkt (3.16 und 3.17) nunmehr lauten:

(5.1) $$Y = C(Y - T) + I(r) + \overline{G}$$

(5.2) $$I(r) + \overline{G} = S(Y - T) + T.$$

In dem Gesamtmodell sind der Zinssatz r und das gesamtwirtschaftliche Einkommen Y endogene Variablen. Die obigen Gleichgewichtsbedingungen erfassen mithin für gegebene Werte der exogenen Variablen alle Kombinationen von r und Y, bei denen sich der Gütermarkt im Gleichgewicht befindet.

Die Beziehungen zwischen diesen beiden Variablen sind in *Abb. C-5.1* gedanklich in folgender Weise hergeleitet. Bei der Konstellation E_0 herrsche Gleichgewicht auf dem Gütermarkt; der Zinssatz sinke auf r_1. Die Zinssenkung regt die private Investitionstätigkeit an. Ohne eine Änderung der gesamtwirtschaftlichen Ausbringungsmenge Y_0 fällt im Punkt E_{01} die aggregierte Nachfrage Y^d größer als Angebot Y aus (Überschußnachfrage nach Gütern). Damit weiterhin die Gleichgewichtsbedingung (5.1) erfüllt ist, ist ein größeres Sozialprodukt und Einkommen Y_1 in der Höhe erforderlich, welche die einkommensabhängige Ersparnis dem höheren Investitionsniveau anpaßt.

Daraus folgt: Im Gütermarktgleichgewicht geht ein höheres Sozialprodukt mit einem niedrigeren Zinssatz einher und umgekehrt. Die Kurve, die alle r, Y-Gleichgewichtspunkte repräsentiert, heißt IS-Kurve. Sie hat eine negative Steigung. Unterhalb der

IS-Kurve ist der Gütermarkt durch eine Überschußnachfrage nach Gütern und oberhalb durch ein Überschußangebot gekennzeichnet.

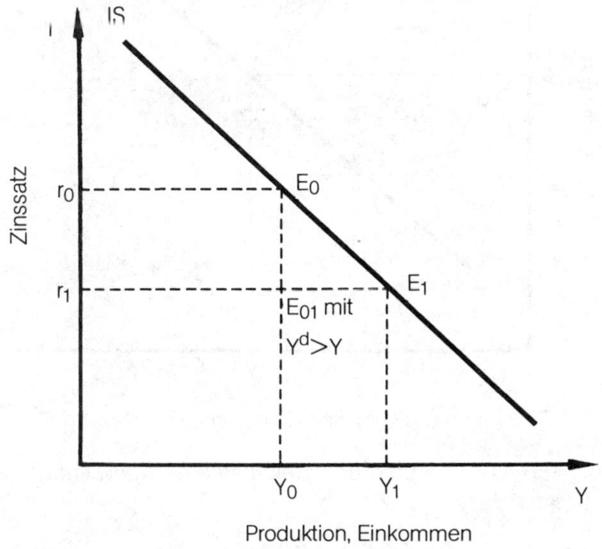

Abb. C-5.1: Kurve des Gütermarktgleichgewichts

LM-Kurve

Auf dem Geldmarkt gilt weiterhin ohne Modifikationen die im vorangegangenen Abschnitt C-4.3. hergeleitete Gleichgewichtsbedingung (4.7):

(5.3) $L(Y, r) = \frac{\overline{M}}{\overline{P}}$.

Diese Bedingung erfaßt für ein gegebenes reales Geldangebot alle Kombinationen der endogenen Variablen Zinssatz und Einkommen, bei denen sich der Geldmarkt im Gleichgewicht befindet.

Analog zum Gütermarkt kann man für die Beziehungen zwischen den beiden Variablen argumentieren: Ausgehend von der Gleichgewichtskonstellation E_0 sinke in *Abb. C-5.2* der Zinssatz auf r_1. Ein sinkender Zins erhöht (außerhalb der Liquiditätsfalle) die Nachfrage aus dem Spekulationsmotiv. Ohne Änderung des gesamtwirtschaftlichen Einkommens Y_0 ist im Punkt E_{01} die Geldnachfrage höher als das Geldangebot (Überschußnachfrage nach Geld). Bei gegebenem Geldangebot kann die Überschußnachfrage nur über eine Reduzierung der Kassenhaltung, die aus dem Transaktions- und Vorsichtsmotiv gehalten wird, abgebaut werden. Da diese Kassenhaltung positiv vom Einkommen abhängt, ist ein niedrigeres Einkommen Y_1 in der Höhe erforderlich, welches die gesamtwirtschaftliche Geldnachfrage wiederum mit dem Geldangebot in Übereinstimmung bringt.

Daraus folgt: Im Geldmarktgleichgewicht geht ein niedrigeres Einkommen mit einem niedrigeren Zins einher und umgekehrt. Die Kurve, die alle r, Y-Gleichgewichtspunkte repräsentiert, heißt LM-Kurve. Sie hat eine positive Steigung; unterschiedliche Zinselastizitäten der Geldnachfrage (Abschnitt 4.2.) bleiben hier unberücksich-

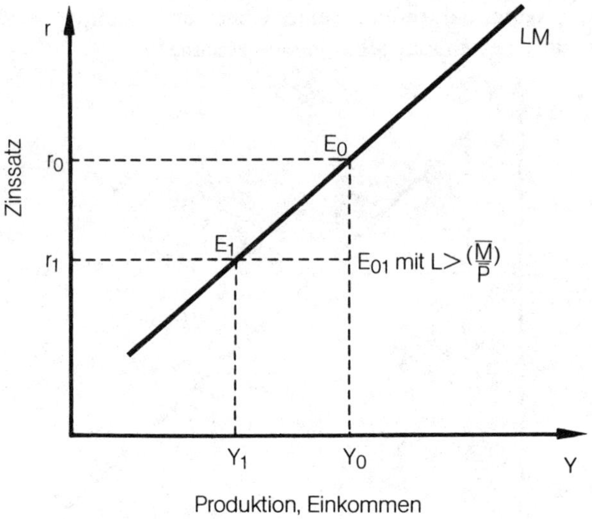

Abb. C-5.2: Kurve des Geldmarktgleichgewichts

tigt, so daß die LM-Kurve als Gerade gezeichnet werden kann (s. dagegen Abschnitt 5.4.). Unterhalb der LM-Kurve ist der Geldmarkt durch eine Überschußnachfrage nach Geld und oberhalb durch ein Überschußangebot gekennzeichnet.

Gleichgewicht und Stabilität

Während für jeden der beiden Märkte unendlich viele Gleichgewichtskombinationen von Zinssatz und Einkommen existieren, sichert nur eine einzige Zins-Einkommen-Konstellation ein simultanes Gleichgewicht auf beiden Märkten. Das ist in *Abb. C-5.3* der Schnittpunkt E zwischen der IS-Kurve und der LM-Kurve. Hier ist die aggregierte Nachfrage (Güternachfrage) so hoch wie die gesamtwirtschaftliche Ausbringungsmenge und zugleich wünschen die Wirtschaftseinheiten, die vorhandene Geldmenge zu halten.

Befindet sich die Volkswirtschaft in der Situation E_0, ist zwar der Gütermarkt im Gleichgewicht, jedoch übersteigt die gewünschte Kassenhaltung das Geldangebot. Die Wirtschaftseinheiten versuchen, durch den Verkauf von Wertpapieren ihre Mehrnachfrage nach Geld zu realisieren. Das erhöhte Angebot an Wertpapieren läßt den Zins steigen. Steigende Zinsen verdrängen einen Teil der Investitionsnachfrage, so daß nunmehr am Gütermarkt ein Überschußangebot vorherrscht: die Volkswirtschaft befindet sich oberhalb der IS-Kurve. Die mangelnde Güternachfrage schlägt sich in unfreiwilligen Lageraufstockungen nieder. Diese Erfahrungen im Unternehmenssektor führen zu Produktionseinschränkungen, so daß das Sozialprodukt sinkt. Steigendes Zinsniveau und fallendes gesamtwirtschaftliches Einkommen führen das System zu der Gleichgewichtslage E hin. Die hierfür erforderlichen analytischen Stabilitätsvoraussetzungen (OTT/OTT/YOO, 1975, S. 39 ff.) sind komplizierter als im reinen Gütermarktmodell (s. Abschnitt 3.1.).

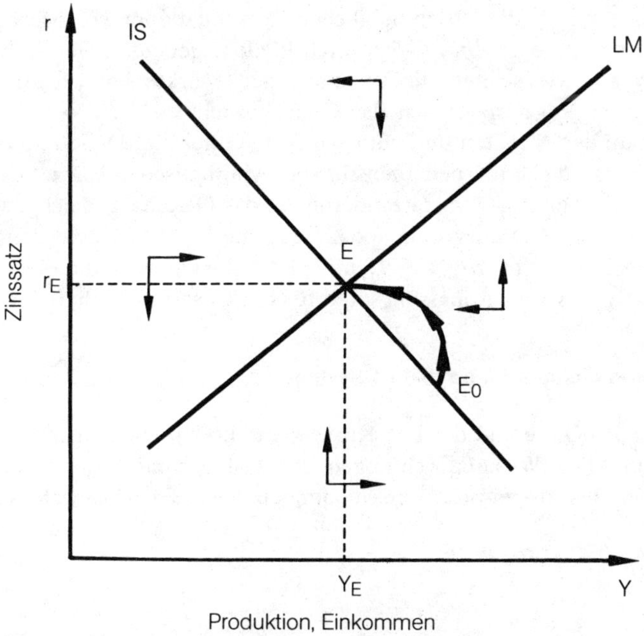

Abb. C-5.3: Gesamtwirtschaftliches Gleichgewicht und Anpassungskräfte in Ungleichgewichtssituationen

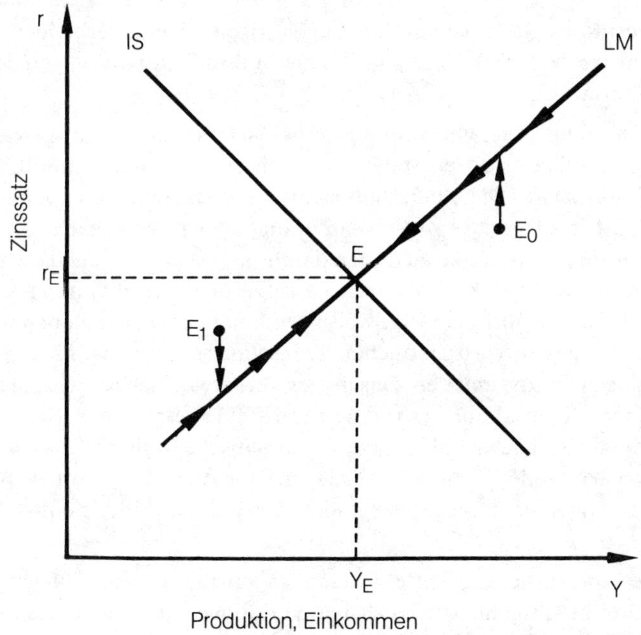

Abb. C-5.4: Anpassungspfad bei schnell reagierendem Geldmarkt

Die Anpassungskräfte, die in den möglichen Konstellationen von Marktungleichgewichten auftreten, sind in *Abb. C-5.3* durch Pfeile angedeutet. Der Anpassungspfad hängt davon ab, wie schnell die verschiedenen Märkte auf exogene Störungen reagieren. In der Regel spielt sich das Gleichgewicht auf den Vermögensmärkten schneller als auf den Märkten für neuproduzierte Güter ein. Diese unterschiedlichen Reaktionsgeschwindigkeiten bedeuten für die hypothetischen Eigenschaften des IS-LM-Modells, daß zunächst Zinssatzänderungen das Geldmarktgleichgewicht herbeiführen und sich das Gesamtsystem sodann entlang der LM-Kurve dem simultanen Gleichgewicht E nähert (*Abb. C-5.4* auf S. 123). Damit wird die Kurve des Geldmarktgleichgewichts zum Anpassungspfad für die Gesamtwirtschaft.

5.2. Fiskal- und Geldpolitik im IS-LM-System

Die Lage der IS-Kurve und der LM-Kurve werden von den exogenen Modellvariablen bestimmt. Die Wirkungsrichtungen der Fiskal- und Geldpolitik lassen sich deshalb anhand der ausgelösten Verschiebungen dieser Gleichgewichtskurven analysieren.

Fiskalpolitik

Eine Ausdehnung der Nachfrage des Staates nach Gütern und Diensten verschiebt die IS-Kurve in *Abb. C-5.5* von IS_0 nach IS_1. Das Ausmaß der Rechtsverlagerung kann durch die Strecke zwischen dem Ausgangsgleichgewicht E_0 und dem Punkt E_{01} gemessen werden. Hierbei würde sich das Sozialprodukt Y_{01} einspielen, wenn der Zins auf seinem gleichgewichtigen Ausgangsniveau r_{E0} verharren und damit die geplante Investitionsnachfrage auf dem zugehörigen Niveau verbleiben würde. Deshalb repräsentiert die Strecke E_0E_{01} genau die Multiplikatorwirkungen der Staatsausgaben im Gütermarktmodell (s. Abschnitt 3.3.).

Der Punkt E_{01} kann nunmehr kein gesamtwirtschaftliches Gleichgewicht sein. Im expansiven Multiplikatorprozeß steigt mit wachsendem Einkommen die Nachfrage nach Transaktionskasse. Die Überschußnachfrage nach Geld wird über einen Zinsanstieg abgebaut. Ein steigendes Zinsniveau drängt aber private Nachfrage zurück und löst einen crowding-out-Effekt aus: Der durch den Staatsausgabenanstieg bewirkte expansive Multiplikatoreffekt wird durch Verringerung einer privaten Nachfragekomponente – hier der Investitionen – teilweise geschmälert. Da die Zunahme des Volkseinkommens, des gesamtwirtschaftlichen Transaktionsvolumens, für die Störung des Geldmarktgleichgewichts und den Zinsanstieg verantwortlich ist, wird in dieser Situation von einem Transaktions-crowding-out-Effekt gesprochen (B. M. FRIEDMAN, 1978). Im neuen Gleichgewicht E_1 ist die fiskalpolitische Multiplikatorwirkung kleiner als im Gütermarktmodell. Löst die gestiegene Geldnachfrage auf dem Geldmarkt sofortige Zinsanpassungen aus, bewegt sich die Volkswirtschaft auf der LM-Kurve zum Punkt E_1 hin.

Der teilweise kompensierende Effekt, der von den Zinssatzänderungen über die Investitionsnachfrage ausgeht, tritt auch bei Variationen des Steueraufkommens auf. Damit ist die Wirkung einer steuerfinanzierten Erhöhung der Staatsausgaben, also der HAAVELMO-Multiplikator (3.20), bei Integration des Geldmarktes kleiner Eins.

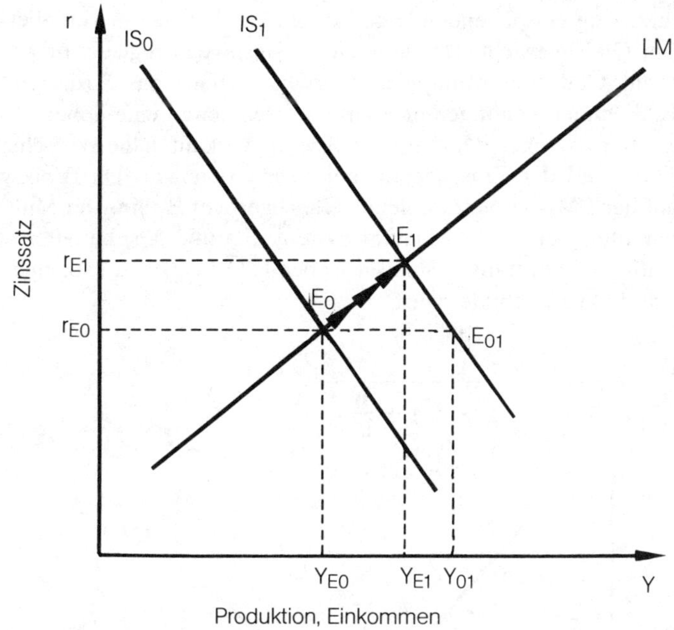

Abb. C-5.5: Ausdehnung der Staatsausgaben und Anpassungspfad des Gesamtsystems

Die aufgezeigten geringeren Multiplikatoreffekte lassen sich analytisch herleiten, wenn für die Gleichgewichtsbedingungen (5.1 und 5.3) das totale Differential gebildet wird. So erhält man für die Variation der Staatsausgaben $d\overline{G}$ bei einem endogenen Steueraufkommen (3.14 b) und konstantem Geldangebot ($d(\overline{M}/\overline{P}) = 0$):

(5.4) $dY = C_Y(1 - T_Y)dY + I_r dr + d\overline{G}$

(5.5) $0 = L_Y dY + L_r dr$.

Aus einer Zusammenfassung beider Gleichungen ergibt sich der Staatsausgabenmultiplikator:

(5.6) $$\frac{dY}{d\overline{G}} = \frac{1}{1 - C_Y(1 - T_Y) + \frac{I_r}{L_r} L_Y} .$$

Da $I_r/L_r > 0$ und $L_Y > 0$ gilt, ist dieser Multiplikator kleiner als der Staatsausgabenmultiplikator (3.18).

Geldpolitik

Eine Erhöhung der Geldmenge verschiebt die LM-Kurve in *Abb. C-5.6* von LM_0 nach LM_1. Das Ausmaß dieser Verschiebung kann durch die Strecke zwischen dem Ausgangsgleichgewicht E_0 und dem Punkt E_{01} gemessen werden. Hierbei spielt sich der Zinssatz r_{01} ein, wenn das Sozialprodukt auf seinem gleichgewichtigen Ausgangsniveau Y_{E0} verharrt. Dieser Ablauf kann als kurzfristige Reaktion des Gesamtsystems unterstellt werden, wenn der Geldmarkt das erhöhte Geldangebot durch eine sofortige Zinssenkung voll absorbiert.

In der sich kurzfristig einspielenden Lage E_{01} ist zwar der Geldmarkt, aber nicht der Gütermarkt im Gleichgewicht. Das gesunkene Zinsniveau regt die private Investitionstätigkeit an. Über die Multiplikatorwirkung wächst das Sozialprodukt. Mit steigendem Einkommen benötigen die Wirtschaftseinheiten eine höhere Kassenhaltung zu Transaktionszwecken. Um sie zu realisieren, verkaufen die Wirtschaftseinheiten Wertpapiere, und der Zins beginnt nunmehr zu steigen. Die Volkswirtschaft bewegt sich auf der LM_1-Kurve zum neuen Gleichgewicht E_1 hin. Der Multiplikatoreffekt läßt sich analog zu dem Gleichungssystem (5.4 und 5.5) herleiten, wenn das totale Differential bei konstanten Staatsausgaben ($d\overline{G} = 0$) und exogener Varation der Geldmenge d ($\overline{M}/\overline{P}$) gebildet wird:

$$\text{(5.7)} \qquad \frac{dY}{d\left(\frac{\overline{M}}{\overline{P}}\right)} = \frac{\frac{I_r}{L_r}}{1 - C_Y(1 - T_Y) + \frac{I_r}{L_r} L_Y} .$$

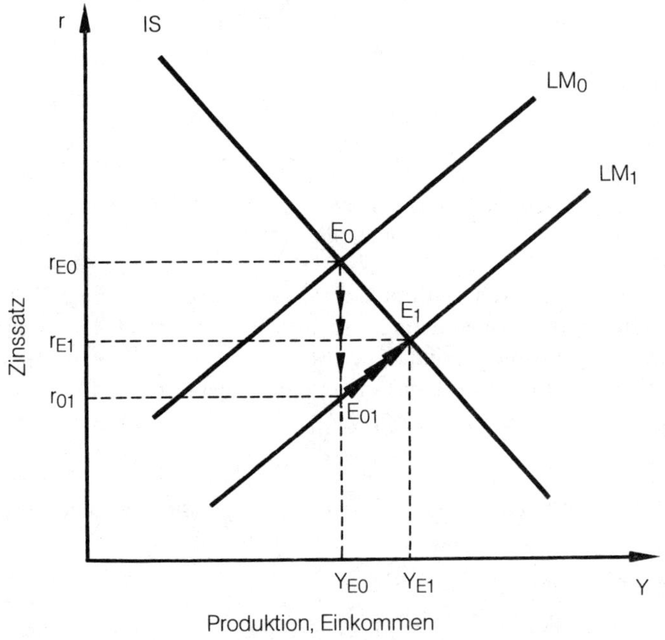

Abb. C-5.6: Ausdehnung der Geldmenge und Anpassungspfad des Gesamtsystems

Die Geldpolitik wirkt über zwei aufeinanderfolgende Effekte auf die gesamtwirtschaftliche Aktivität ein. Geldmengenvariationen stören zunächst das Gleichgewicht auf den Vermögensmärkten. Die Zinsbewegung, die das Gleichgewicht wieder herstellt (von r_{E0} nach r_{01} in *Abb. C-5.6*), ist der Liquiditätseffekt der Geldpolitik. Beeinflußt er die gesamtwirtschaftliche Nachfrage, ändert sich das Gleichgewichtseinkommen. Die begleitenden Zinsänderungen (von r_{01} nach r_{E1}), die dem Liquiditätseffekt entgegengesetzt verlaufen, bilden den Einkommenseffekt der Geldpolitik. Der Liquiditätseffekt erfaßt die unmittelbare monetäre Auswirkung; der Einkommenseffekt die Rückwirkungen aus dem realwirtschaftlichen Sektor.

5.3. Formen der Defizitfinanzierung

Wenn das Steueraufkommen hinter den geplanten Staatsausgaben zurückbleibt, muß der Staat auf andere Finanzierungsarten zurückgreifen, um das Defizit im Staatshaushalt zu decken. Zwei Quellen der Defizitfinanzierung stehen ihm offen:

- Aufnahme von Krediten bei der Zentralbank und
- Aufnahme von Krediten bei den privaten Wirtschaftseinheiten.

Bei der ersten Finanzierungsart erhöht sich die Geldbasis und damit die Geldmenge (s. Abschnitt 4.1.), im zweiten Fall der Bestand an staatlichen Wertpapieren im privaten Sektor. Umgekehrt kann der Staat bei einem Budgetüberschuß die Mittel bei der Zentralbank stillegen und so die Geldmenge verringern oder durch Rückkauf der von ihm ausgegebenen Wertpapiere seine Verschuldung gegenüber dem privaten Sektor reduzieren. Von einem ausgeglichenen Budget spricht man, wenn die Steuereinnahmen so hoch wie die Staatsausgaben sind.

Die Analyse der Defizitfinanzierung führt zu dynamischen und langfristigen Konsequenzen in dem bislang statischen IS-LM-Modell. Folgende Überlegungen sollen diese Schlußfolgerung verdeutlichen: Ausgehend von einem gesamtwirtschaftlichen Gleichgewicht dehne der Staat seine Güternachfrage aus und finanziere die Mehrausgaben durch eine zusätzliche Verschuldung. Die am Ende der Periode der staatlichen Nachfrageausdehnung erreichte gesamtwirtschaftliche Situation kann dann nicht als Gleichgewichtslage andauern, wenn in der folgenden Periode keine ausreichenden Steuermehreinnahmen anfallen, die die Finanzierungslücke decken. In diesem Fall muß der Staat selbst bei Konstanthaltung seines Ausgabenniveaus in der zweiten Periode seine Verschuldung erhöhen. Eine einmalige Erhöhung der Staatsnachfrage zwingt mithin bei fehlendem Steueraufkommen dazu, die Staatsschuld von Periode zu Periode aufzustocken. Das Defizit und damit ein Anwachsen der Geldmenge bzw. des Bestandes an staatlichen Wertpapieren dauern so lange an, bis in einer der nachfolgenden Haushaltsperioden die ursprüngliche Ausgabenerhöhung durch Steuermehreinnahmen in gleicher Höhe finanziert werden kann.

Somit ergibt sich:

- Staatsausgaben, die über eine Verschuldung der öffentlichen Hand finanziert werden, haben langfristige Multiplikatoreffekte.
- Ein langfristiges Gleichgewicht ist erst erreicht, wenn auch die Bestandsgrößen Geldmenge und staatliche Wertpapiere nicht mehr variieren.
- Voraussetzung für ein langfristiges Gleichgewicht ist ein ausgeglichenes Budget des Staates.

Wenn in den beiden nachfolgenden Abschnitten die langfristigen Multiplikatorwirkungen der Fiskalpolitik bei unterschiedlichen Finanzierungsarten betrachtet werden, so geschieht das weiterhin unter der einschränkenden Prämisse des IS-LM-Modells, daß der Kapitalstock konstant ist. In einer umfassenden Analyse müßte der kapazitätsschaffende Effekt der Nettoinvestitionen berücksichtigt werden.

Die explizite Analyse der Defizitfinanzierung im Rahmen eines keynesianischen Modells geht auf David J. Ott und Attiat F. Ott (1965), Carl F. Christ (1968) und William S. Silber (1970) zurück (Überblick bei Siebke, 1975).

5.3.1. Verschuldung gegenüber der Zentralbank

Der Staat dehne seine Güternachfrage aus und finanziere diese Mehrausgaben durch eine Kreditaufnahme bei der Zentralbank. Die Folge dieser Finanzierungspolitik ist, daß sich im IS-LM-Diagramm (*Abb. C-5.7*) sowohl die IS-Kurve nach rechts (IS_0 nach IS_1) als auch die LM-Kurve nach rechts (LM_0 nach LM_1) verschieben. Zu dem auch bei konstantem Geldangebot ausgelösten expansiven Multiplikatoreffekt der Staatsnachfrage (Y_{E0} nach Y_{01}) tritt der expansive monetäre Effekt (Y_{01} nach Y_{E1}) der Geldmengenfinanzierung hinzu: Die Wirkung der Fiskalpolitik wird durch die monetäre Alimentierung verstärkt und der Transaktions-crowding-out-Effekt gemildert. Über die komparativ-statische Entwicklung des Zinssatzes läßt sich keine Aussage machen. Bei konstantem Geldangebot steigt der Zins. Durch die monetäre Finanzierung wird der Zins herabgedrückt. Das Resultat hängt von der relativen Stärke von Nachfrage- und Geldmengenimpuls ab.

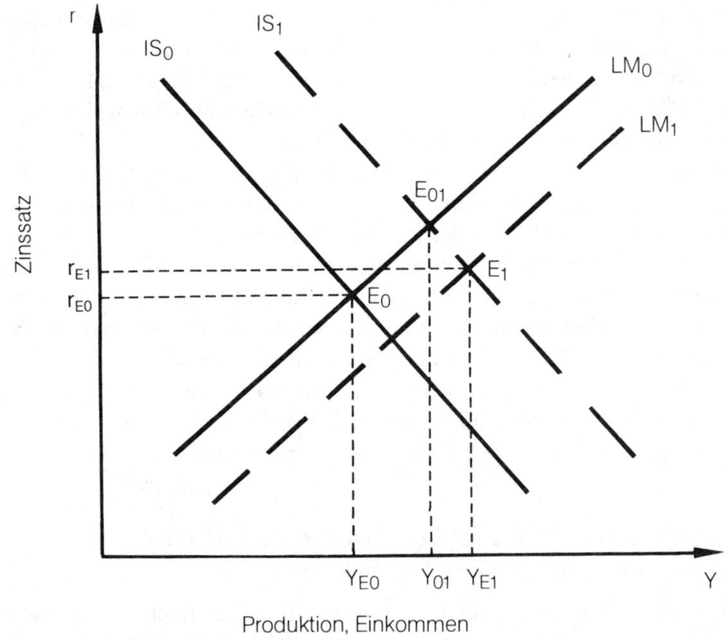

Abb. C-5.7: Kurzfristige Wirkungen einer Geldmengen-finanzierten Fiskalpolitik

Die bisherige Analyse ist kurzfristig, weil sie sich auf die erste Periode der einmaligen Ausgabenvariation erstreckt. Ist das Steueraufkommen exogen fixiert und konstant, muß der Staat in jeder der nachfolgenden Perioden einen Zentralbankkredit in der Höhe des Budgetdefizits der ersten Periode aufnehmen. Diese Haushaltslage impliziert, daß sich die LM-Kurve fortlaufend im Ausmaß der Verlagerung LM_0 nach LM_1 nach unten verschiebt; allerdings unter der Nebenbedingung, daß die IS_1-Kurve in ihrer Lage verbleibt. Die Folge ist ein sich stetig ausdehnendes Sozialprodukt. Ohne eine zusätzliche Steuererhebung kann sich das System keinem makroökonomischen Gleichgewicht nähern.

Anders entwickelt sich das System bei einem einkommensabhängigen Steueraufkommen. Im Zuge des Anstiegs des Einkommens erhöht sich das Steueraufkommen, so daß das Budgetdefizit von Periode zu Periode kleiner wird. Mithin fällt auch die laufende Neuverschuldung bei der Zentralbank geringer aus, so daß sich die LM-Kurve von Periode zu Periode in geringerem Maße nach rechts verschiebt (*Abb. C-5.8*).

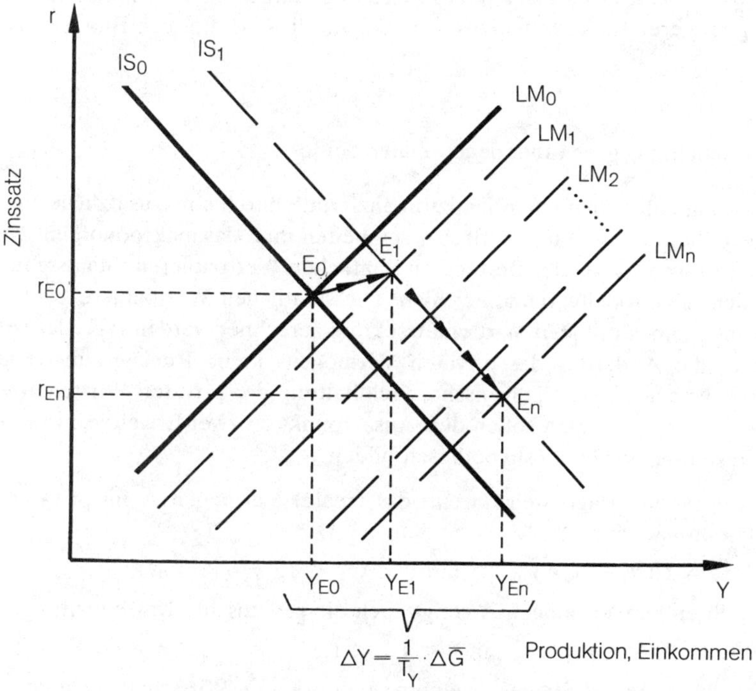

Abb. C-5.8: Langfristige Wirkungen einer Geldmengen-finanzierten Fiskalpolitik

Das Budgetdefizit besteht so lange – und in diesem Zeitraum wächst die Geldmenge –, bis über den expansiven Effekt der Geldmengenvermehrung das Sozialprodukt um einen solchen Betrag gestiegen ist, daß die daraus induzierten endogenen Steuermehreinnahmen die Höhe der ursprünglichen staatlichen Nachfrageausdehnung erreicht und damit das Budget endgültig ausgeglichen haben.

Bei konstantem marginalen Steuersatz sind die induzierten Steuereinnahmen bestimmt durch: $\Delta T = T_Y \cdot \Delta Y$. Hierbei steht der Operator Δ für die Änderung einer Variablen, die insgesamt (und über mehr als eine Periode) gegenüber der Ausgangslage auftritt. Die einmalige Variation der Staatsausgaben $d\overline{G}$ ändert sich nicht im Laufe der hier betrachteten Gesamtzeitspanne, so daß für die langfristige Betrachtung gilt: $\Delta\overline{G} = d\overline{G}$. Damit hat man die Bedingung für den langfristigen Ausgleich des Budgets:

$$(5.8) \qquad \Delta\overline{G} = \Delta T = T_Y \cdot \Delta Y.$$

Aus dieser Gleichgewichtsbedingung folgt durch Umformung der Staatsausgabenmultiplikator für die lange Frist:

$$(5.9) \qquad \frac{\Delta Y}{\Delta \overline{G}} = \frac{1}{T_Y}.$$

Der langfristige Ausgabenmultiplikator ist gleich dem reziproken Wert des marginalen Steuersatzes. Je höher diese Steuersätze, desto geringer ist die Wirkung der Geldmengen-finanzierten Fiskalpolitik. Das folgt daraus, daß bei höheren Steuersätzen ein geringerer Einkommenszuwachs erforderlich ist, um das Budget auszugleichen.

5.3.2. Verschuldung gegenüber dem privaten Sektor

Zur Erfassung einer staatlichen Defizitfinanzierung durch eine zusätzliche Verschuldung gegenüber den privaten Wirtschaftseinheiten muß das makroökonomische Modell erweitert werden, da der Bestand an staatlichen Wertpapieren (Staatsschuldtitel) bislang nicht als Modellvariable erschien. Die staatlichen Wertpapiere können zum Nettovermögen des privaten Wirtschaftssektors gerechnet werden (vgl. dazu BARRO, 1974). Hat die Änderung des privaten Vermögens keine Rückwirkungen auf die Konsumnachfrage und die gewünschte Geldhaltung der privaten Wirtschaftseinheiten? Diese Fragestellungen sollen den Ansatzpunkt zu zwei Erweiterungen der bislang aufgestellten Verhaltenshypothesen bilden:

- Die Konsumnachfrage steigt, wenn das (reale) Vermögen A im privaten Wirtschaftssektor wächst:

  $(5.10)\ C = C(Y - T, A) \qquad \text{mit } 0 < C_A < 1.$

- Mit wachsendem Vermögen A steigt auch die gewünschte Kassenhaltung:

  $(5.11)\ L = L(Y, r, A) \qquad \text{mit } 0 < L_A < 1.$

Eine Verschuldung des Staates gegenüber den privaten Wirtschaftseinheiten erhöht deren Vermögen und induziert auf diesem Wege eine Ausdehnung von Güter- und Geldnachfrage. Diese Effekte hätten auch in der Analyse der Geldpolitik und der Verschuldung des Staates bei der Zentralbank aufgenommen werden können, wenn die Geldmenge zum Vermögen des privaten Wirtschaftssektors gerechnet wird. Dadurch brauchen allerdings die abgeleiteten grundsätzlichen Aussagen über die zusätzliche expansive Wirkung der monetären Alimentierung nicht modifiziert zu werden.

Kurzfristige Analyse

Eine Ausdehnung der staatlichen Nachfrage, die durch eine Kreditaufnahme im privaten Wirtschaftssektor finanziert wird, verschiebt zunächst wieder die IS-Kurve nach rechts (IS_0 nach IS_1 in *Abb. C-5.9*). Ohne weitere Annahmen bliebe der Geldmarkt unberührt und es würde sich das Einkommen Y_{01} einstellen, das sich ohne Berücksichtigung der Finanzierungsfragen ergibt (s. Abschnitt 5.2.). Die Ausgabe von Staatsschuldtiteln erhöht jedoch das private Nettovermögen. Die Erhöhung des Vermögens induziert eine zusätzliche Güternachfrage (weitere Rechtsverschiebung der IS-Kurve) und eine Aufstockung der gewünschten Kassenhaltung, die bei gegebenem Geldangebot eine Verschiebung der LM-Kurve nach links hervorruft. Um die Vermögenseffekte in den Abbildungen gegenüber den unmittelbaren Auswirkungen von Staatsausgaben- und Geldmengenvariationen hervorzuheben, sind den entsprechenden IS- und LM-Kurven für jede Periode der Defizitfinanzierung ein doppelter unterer Index beigefügt (IS_{11} und LM_{11}).

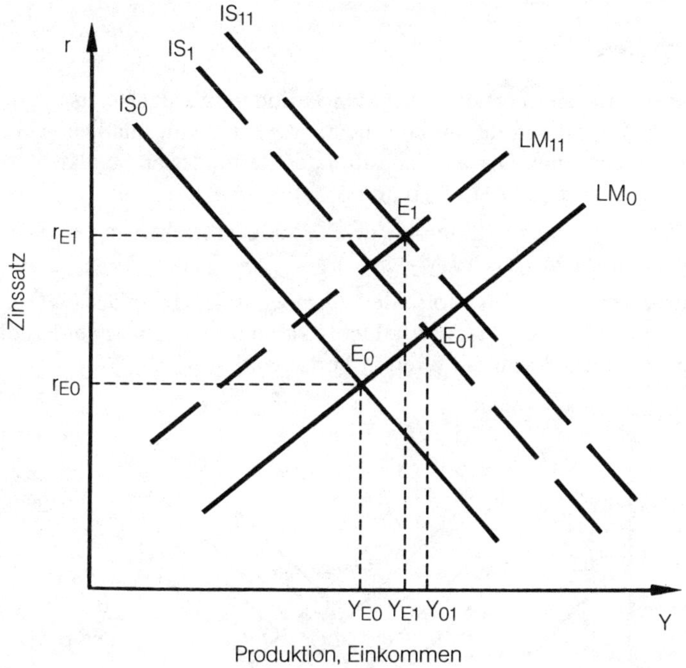

Abb. C-5.9: Kurzfristige Wirkungen einer Staatsschuldtitel-finanzierten Fiskalpolitik

Der Transaktions-crowding-out-Effekt kann durch diese Vermögenseffekte verstärkt oder gemildert werden. Durch die vermögensinduzierte Zunahme der Geldnachfrage wird der zur Realisierung des Geldmarktgleichgewichts erforderliche Zinsanstieg weiter verstärkt und daher die private Investitionsnachfrage nochmals gedämpft. Dieser kontraktive Impuls wird allerdings durch den Vermögenseffekt auf dem Konsumgütermarkt ganz oder teilweise kompensiert. Ob das neue gesamtwirtschaftliche Gleichgewicht Y_{E1} unter oder über Y_{01} liegt, hängt von der relativen Stärke der beiden in bezug auf das Volkseinkommen gegenläufig wirkenden Vermögenseffekte ab: Ist der Vermögenseffekt auf dem Geldmarkt wesentlich stärker als der direkte Vermögenseffekt der Güternachfrage, wird der Transaktions-crowding-out-Effekt durch einen Vermögens-crowding-out-Effekt (B. M. FRIEDMAN, 1978) verstärkt. Die expansive Wirkung der Staatsausgaben wird nahezu kompensiert und das neue Gleichgewichtseinkommen Y_{E1} liegt in der Nähe des Ausgangsniveaus Y_{E0}. Im umgekehrten Fall wird der Effekt des Transaktions-crowding-outs ganz oder zumindest teilweise gemildert. Während damit der Umfang des aus Transaktions- und Vermögens-crowding-out resultierenden gesamtwirtschaftlichen crowding-out-Effektes und damit die

Veränderung des Volkseinkommens unbestimmt ist, kann über die Zinsentwicklung eine eindeutige Aussage getroffen werden: Alle drei Kurvenverschiebungen tragen zu einem Zinsanstieg bei. Der entscheidende Unterschied zur Defizitfinanzierung durch Geldschöpfung (s. Abschnitt 5.3.1.) liegt darin, daß die Expansion der Geldmenge unterbleibt und deshalb vom Geldmarkt kein expansiver, sondern ein kontraktiver Impuls ausgeht.

Langfristige Analyse

Auch bei dieser Finanzierungsart tritt in den Perioden, die der Staatsausgabenerhöhung folgen, ein Defizit auf, das durch erneute Verkäufe von staatlichen Wertpapieren finanziert werden muß. Dieses Wachstum des Bestandes an Staatsschuldtiteln im privaten Sektor bewirkt (*Abb. C-5.10* und *5.11*):

- Die LM-Kurve verschiebt sich infolge des Vermögenseffektes in der Geldnachfrage nach links (von LM_{11} nach LM_{22} usw.).
- Die IS-Kurve verschiebt sich infolge des Vermögenseffektes in der Güternachfrage nach rechts (von IS_{11} nach IS_{22} usw.). Der fiskalpolitische Effekt der Erhöhung der Staatsausgaben entfällt von der zweiten Periode an.

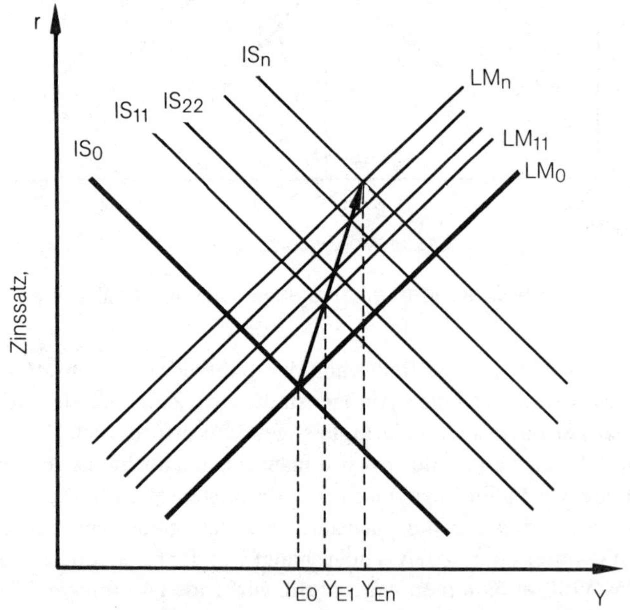

Abb. C-5.10: Langfristige Wirkungen einer Staatsschuldtitel-finanzierten Fiskalpolitik: Unvollständiger crowding-out-Effekt

Die langfristige Wirkung auf das Sozialprodukt hängt von der relativen Stärke der beiden Vermögenseffekte ab. Nur wenn die Rechtsverschiebungen der IS-Kurve stärker als die Linksverschiebungen der LM-Kurve ausfallen, steigt das Sozialprodukt gegenüber der Ausgangslage an *(Abb. C-5.10)*. Der gesamtwirtschaftliche crowding-out-

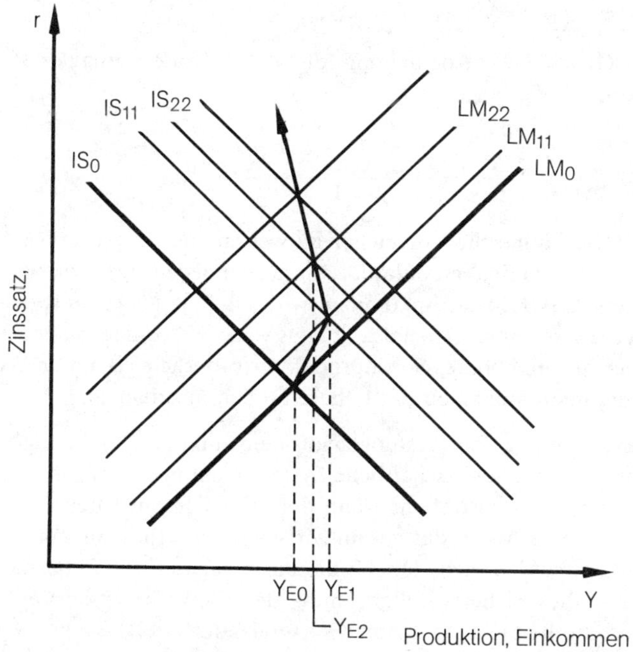

Abb. C-5.11: Langfristige Wirkungen einer Staatsschuldtitel-finanzierten Fiskalpolitik: Vollständiger crowding-out-Effekt

Effekt ist nur unvollständig, denn er kann nicht verhindern, daß die durch Verschuldung gegenüber dem privaten Sektor finanzierte Fiskalpolitik zu einer Zunahme des Gleichgewichtseinkommens führt. Ein Anstieg des gesamtwirtschaftlichen Einkommens aber ist erforderlich, um bei einkommensabhängigen Steuern langfristig die Finanzierungslücke schließen zu können. Andernfalls gerät das System durch ein wachsendes Budgetdefizit in eine kontraktive Entwicklung *(Abb. C-5.11),* die zu keiner Annäherung an ein Gleichgewichtseinkommen führt: Ein vollständiger gesamtwirtschaftlicher crowding-out-Effekt macht das gesamtwirtschaftliche System langfristig instabil.

Solange dieser gesamtwirtschaftliche crowding-out-Effekt unvollständig ist, hängt die langfristige Multiplikatorlösung davon ab, in welcher Form die öffentliche Hand die Zinszahlungen, die sie auf die ausstehende Staatsschuld zu leisten hat, finanziert:

- Der Staat erhebt neben seinem einkommensabhängigen Steueraufkommen in jeder Periode zusätzlich Steuern in genau der Höhe seiner Zinsverpflichtungen. Dann müssen endogen Steuermehreinnahmen zur Finanzierung der Erhöhung der Staatsausgaben anfallen. Der langfristige Staatsausgabenmultiplikator ist wiederum gleich dem reziproken Wert des marginalen Steuersatzes T_Y (5.9).
- Der Staat finanziert die Zinszahlungen aus seinem einkommensabhängigen Steueraufkommen. Dann müssen die endogenen Steuermehreinnahmen so hoch ausfallen, daß neben der Erhöhung der Staatsausgaben auch die zusätzlichen Zinszahlungen bestritten werden können. Bezeichnet R die gesamte staatliche Zinsleistung und unterliegt diese ebenfalls der Steuer, hat man die Bedingung für den langfristigen Ausgleich des Budgets:

(5.12) $\Delta\overline{G} + \Delta R = T_Y(\Delta Y + \Delta R)$.

Aus dieser Gleichgewichtsbedingung folgt durch Umformung der Staatsausgabenmultiplikator für die lange Frist:

$$(5.13) \quad \frac{\Delta Y}{\Delta\overline{G}} = \frac{1 + (1 - T_Y)\dfrac{\Delta R}{\Delta\overline{G}}}{T_Y}$$

Da $\Delta\overline{G}$ und ΔR das gleiche Vorzeichen aufweisen und der Ausdruck $\Delta R/\Delta\overline{G}$ positiv ist, ist dieser Staatsausgabenmultiplikator größer als der reziproke Wert des marginalen Steuersatzes T_y. Die Einkommenswirkung fällt stärker aus, da mit den Zinszahlungen die Gesamtausgaben des Staates wachsen, so daß bei gegebenem marginalen Steuersatz ein höheres Sozialprodukt erforderlich ist, um im Wege der endogenen Steuermehreinnahmen das höhere Defizit abzubauen.

Bei der Finanzierung der Zinszahlungen aus dem einkommensabhängigen Steueraufkommen muß das gesamtwirtschaftliche System nicht notwendigerweise einem langfristigen Gleichgewicht zustreben, wenn der crowding-out-Effekt unvollständig ist. Das ist dann der Fall, wenn das gesamtwirtschaftliche Einkommen zwar steigt, der laufende Einkommenszuwachs jedoch nie ausreicht, um die Finanzierungslücke zu schließen. Um dies sicherzustellen, muß der Einkommensanstieg eine gewisse Schwelle überschreiten (SIEBKE/KNOLL/SCHMIDBERGER, 1981).

5.4. Relative Bedeutung von Fiskal- und Geldpolitik

In diesem Abschnitt werden die Wirkungen von Fiskalpolitik und Geldpolitik miteinander verglichen. Zwei Vergleichskriterien bieten sich an:

- In welchem Ausmaß beeinflussen die wirtschaftspolitischen Instrumente das Niveau des Gleichgewichtseinkommens?
- In welcher Weise beeinflussen die wirtschaftspolitischen Instrumente die Struktur der Verwendung des Sozialprodukts durch die privaten Haushalte und den Staat?

5.4.1. Niveaueffekte

Die Fiskal- und Geldpolitik konnten in der graphischen Darstellung mit Verschiebungen der IS-Kurve und LM-Kurve identifiziert werden. Die quantitativen Multiplikatorwirkungen (5.6 und 5.7) und damit die Effizienz der wirtschaftspolitischen Instrumente hängen von den Verhaltensparametern des Modells ab. Diese Parameter bestimmen die Steigungen der IS- und LM-Kurven.

Zinselastizität der Geldnachfrage

Dem Grad der Zinsabhängigkeit der Geldnachfrage kommt für die Wirksamkeit der wirtschaftspolitischen Instrumente eine zentrale Bedeutung zu. Die von Abschnitt 4.2. abgeleitete Geldnachfrage ist bei einem sehr niedrigen Zinsniveau vollkommen elastisch und bei einem sehr hohen Zinsniveau hingegen unelastisch. In diesen Zinsbereichen verläuft die LM-Kurve horizontal bzw. senkrecht zur Y-Achse im IS-LM-Diagramm (*Abb. C-5.12*). Die unendliche Zinselastizität wird als keynesiani-

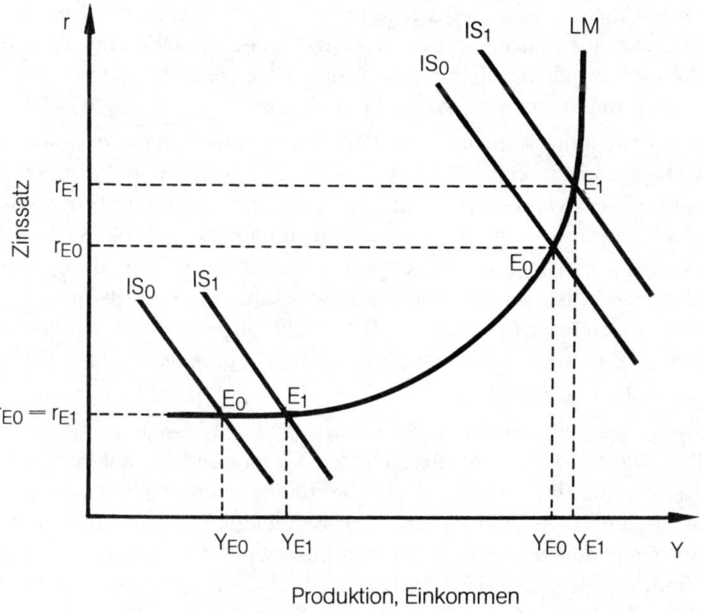

Abb. C-5.12: Effizienz der Fiskalpolitik

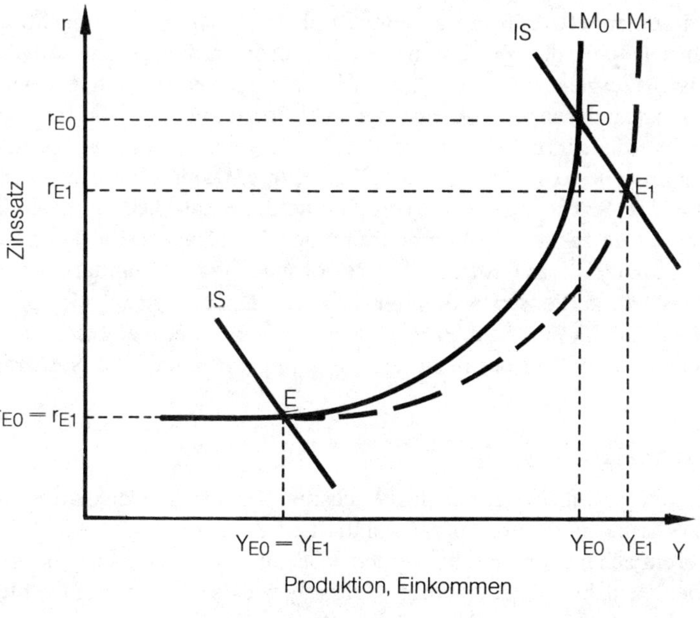

Abb. C-5.13: Effizienz der Geldpolitik

scher Fall bezeichnet, weil KEYNES sie als erster – unter dem Begriff Liquiditätsfalle – als eine theoretisch mögliche Liquiditätsneigung ansah. Der unelastische Bereich wird als klassischer Fall bezeichnet, weil hier die Geldnachfrage entsprechend der klassischen Quantitätstheorie nur vom Einkommensniveau abhängt (Beitrag D-3.3.).

Im Bereich der Liquiditätsfalle erreichen die fiskalpolitischen Instrumente ihre höchste Wirksamkeit, weil sie keine Zinssatzänderungen auslösen und es deshalb zu keinem Transaktions-crowding-out-Effekt aufgrund konterkarierender Anpassungen in der privaten Investitionsnachfrage kommt. Mit zunehmender Steigung der LM-Kurve verringert sich die Effizienz der Fiskalpolitik. Im klassischen Fall der zinsunelastischen Geldnachfrage ist die Fiskalpolitik unwirksam: Eine Ausdehnung der Staatsausgaben erhöht den Realzins so stark, daß im Umfang der Erhöhung der staatlichen Güternachfrage die private Investitionsnachfrage zurückgeht. Der Transaktions-crowding-out-Effekt ist vollständig.

Genau entgegengesetzt bestimmt die Steigung der LM-Kurve die Effizienz der Geldpolitik (*Abb. C-5.13*). Im Bereich der Liquiditätsfalle nehmen die privaten Wirtschaftseinheiten eine Erhöhung der Geldmenge ohne begleitende Zinssenkung in ihre gewünschte Kassenhaltung auf. Da die Geldpolitik nur durch Beeinflussung des Zinssatzes auf den realwirtschaftlichen Sektor einwirkt, muß sie hier ineffizient bleiben. Nimmt die Steigung der LM-Kurve zu, wird die Geldpolitik effizienter, weil sie verstärkt in der Lage ist, den Zinssatz und damit die private Investitionsnachfrage zu beeinflussen.

Zinselastizität der Investitionsnachfrage

Oft wird argumentiert, daß die gesamtwirtschaftliche Investitionsnachfrage relativ unelastisch sei, weil die Zinslasten bei den meisten Investitionsvorhaben einen – jedenfalls im Vergleich zu den Lohnkosten – geringen Kostenanteil ausmachen und deshalb Zinssatzänderungen von ein oder zwei Prozentpunkten die Investoren nicht veranlassen werden, ihre Pläne zu revidieren. Je weniger zinsreagibel das Investitionsvolumen ist, desto steiler verläuft die IS-Kurve. Damit erhöht sich die Effizienz der Fiskalpolitik. Selbst wenn eine Ausdehnung der Staatsnachfrage das Zinsniveau anhebt, kommt es zu keinem kompensierenden Nachfrageausfall bei den privaten Investitionen. Die zinsunelastische Investitionsnachfrage verhindert das Wirksamwerden eines Transaktions-crowding-out-Effektes. Damit wird zugleich die Geldpolitik ineffizient. Auch wenn sie die Zinsen zu beeinflussen vermag, bleibt sie wirkungslos, weil der Liquiditätseffekt nicht auf die gesamtwirtschaftliche Nachfrage durchschlägt.

Effizienz im Konjunkturverlauf

Im Konjunkturverlauf schwanken das Wachstum des Sozialprodukts und das Zinsniveau prozyklisch. In der komparativ-statischen Analyse des IS-LM-Modells darf deshalb vereinfachend unterstellt werden, daß ein hohes Sozialproduktsniveau mit einem hohen Realzins und ein niedriges Gleichgewichtseinkommen mit einem niedrigen Zinsniveau einhergehen. Wenn nun außerdem die LM-Kurve in einer gewissen, nicht-extremen Größenordnung die eben geschilderten unterschiedlichen Steigungen aufweist, variiert die Effizienz von Fiskal- und Geldpolitik mit den Konjunkturschwankungen.

- Befindet sich die Wirtschaft in der Abschwungsposition E_0 (*Abb. C-5.14*), hat eine Ausdehnung der Geldmenge (LM_0 nach LM_1) nur einen geringen Liquiditätseffekt. Die expansive Fiskalpolitik wäre dagegen relativ wirksam.
- Befindet sich die Wirtschaft in der Aufschwungsposition E_2, kann eine kontraktive Geldpolitik (LM_1 nach LM_0) private Güternachfrage zurückdrängen. Die Fiskalpolitik bliebe relativ unwirksam, weil die privatwirtschaftliche Nachfrage den Ausfall staatlicher Nachfrage kompensieren würde.

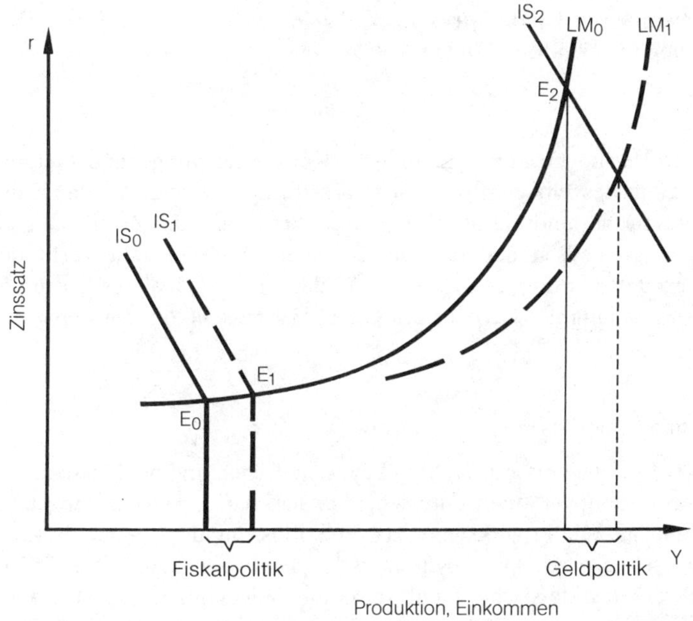

Abb. C-5.14: Effizienz von Fiskal- und Geldpolitik im Konjunkturverlauf

Treffen diese Überlegungen zu, sollte die Stabilitätspolitik so ausgestaltet und ausgerichtet sein, daß im Abschwung die Fiskalpolitik und im Aufschwung die Geldpolitik eingesetzt wird. Diese Zuordnung von wirtschaftspolitischen Instrumenten und konjunktureller Lage wird gestützt, wenn ergänzend die Zinsabhängigkeit der Investitionsnachfrage berücksichtigt wird. Bei fallenden Zinsen kann ein so niedriges Zinsniveau erreicht werden, daß Zinssenkungen keine weiteren Investitionen induzieren. Dann ist die Investitionsnachfrage von einem bestimmten Zins an unelastisch und der untere Teil der IS-Kurve verläuft senkrecht (IS_0- und IS_1-Kurve in *Abb. C-5.14*). In diesem Bereich greift dann um so mehr die Fiskalpolitik.

Staatliche Verschuldung

Bei Berücksichtigung der Finanzierungsart ist jene Fiskalpolitik am wirksamsten, die durch eine Kreditaufnahme bei der Zentralbank unterstützt wird. Ist das Gleichgewichtseinkommen Y_{E1} in *Abb. C-5.7* das Resultat einer expansiven Fiskalpolitik?

Tatsächlich überlagern sich fiskal- und geldpolitische Elemente, weil der Staat bei Aufnahme eines Zentralbankkredites ein geldmengenpolitisches Instrument einsetzt. Deshalb erscheint es zweckmäßig, die Fiskalpolitik allein mit einer über die Variationen von Staatsausgaben und Steuereinnahmen hervorgerufenen Verschiebung der IS-Kurve und die Geldpolitik mit einer Verschiebung der LM-Kurve zu identifizieren.

Die Wirksamkeit einer Fiskalpolitik, die durch eine Verschuldung bei den privaten Wirtschaftseinheiten finanziert wird, hängt, wie gezeigt wurde, davon ab, ob ein vollständiger crowding-out-Effekt wirksam wird oder nicht. Er wird vermieden, wenn folgende Bedingung erfüllt ist (Siebke, 1975):

$$\frac{C_A}{L_A} > \frac{I_r}{L_r}. \tag{5.14}$$

Bei gegebener Vermögensabhängigkeit von Konsumnachfrage und Geldnachfrage hängt die Effizienz des wirtschaftspolitischen Instruments erneut von den Zinselastizitäten der Investitions- und Geldnachfrage ab. Wenn man die Zinsabhängigkeit der Investitionen pessimistisch und die Gefahr einer Liquiditätsfalle recht hoch einschätzt, verliert der crowding-out-Effekt an Bedeutung. Auch dieses Instrument kann dann zur Beeinflussung des Niveaus des Gleichgewichtseinkommens eingesetzt werden.

Konkurrierende Hypothesen

Die in Kapitel C-2. gegenübergestellten keynesianischen und neoklassischen makroökonomischen Grundpositionen unterscheiden sich darin, welches wirtschaftspolitische Instrument als relativ wirksamer zur Beeinflussung der gesamtwirtschaftlichen Aktivität angesehen wird. Die keynesianische Sichtweise betont die Effizienz der Fiskalpolitik, die neoklassische Denkweise die Wirksamkeit der Geldpolitik (s. Überblick bei Thieme, 1972). Die Vertreter beider wirtschaftspolitischen Konsequenzen werden manchmal Fiskalisten und Monetaristen genannt. Ihre Schlußfolgerungen lassen sich im Rahmen des hier entwickelten Makromodells auf unterschiedliche Vorstellungen über die Größenordnungen der Zinselastizitäten zurückführen. Die Keynesianer glauben an eine relativ hohe Elastizität der Geldnachfrage und an eine relativ unelastische Investitionsnachfrage. Die Monetaristen nehmen den umgekehrten Standpunkt ein. Damit ist auch die Einschätzung der empirischen Relevanz des Transaktions-crowding-out-Effektes erklärt. Die Keynesianer behaupten, daß die vermögensinduzierten crowding-out-Effekte einem expansiven Impuls der Fiskalpolitik nicht entgegenstehen. Nach monetaristischer Auffassung kann eine Fiskalpolitik, die durch eine zunehmende Verschuldung gegenüber dem privaten Wirtschaftssektor finanziert wird, mittelfristig nicht die Höhe des Sozialprodukts beeinflussen.

5.4.2. Struktureffekte

Soweit nicht die extremen Konstellationen der zinsunelastischen Investitionsnachfrage, der Liquiditätsfalle oder der nur einkommensabhängigen Geldnachfrage vorliegen, kann der Staat sowohl mittels der Fiskalpolitik als auch mittels der Geldpolitik das Gleichgewichtseinkommen erhöhen oder senken. Bei quantitativ gleichen Multiplikatorwirkungen haben die wirtschaftspolitischen Instrumente jedoch unterschiedliche Nebeneffekte darauf, welche Wirtschaftssektoren das Sozialprodukt zu welchen Zwecken verwenden können:

- Eine Ausdehnung der Staatsausgaben induziert einen Zinsanstieg und damit einen Rückgang des Volumens der privaten Investitionen. Diesen Nachfrageausfall sowie einen Teil der Sozialprodukterhöhung absorbiert der Staat durch seine zusätzliche Güternachfrage. Die verbleibende Produktionssteigerung geht in den privaten Konsum. Steht ein crowding-out-Effekt der Wirksamkeit der Fiskalpolitik entgegen, geht die zusätzliche staatliche Güterverwendung voll zu Lasten der privaten Investitionstätigkeit. Die Fiskalpolitik hat dann ausschließlich allokative Effekte.
- Eine Politik der Steuersenkung drängt zwar ebenfalls private Investitionsnachfrage zurück, jedoch entfällt die Ausdehnung des Sozialprodukts einschließlich der Kompensation des Investitionsrückganges allein auf den privaten Konsum. Es findet eine eindeutige Umschichtung zugunsten des Konsums statt.
- Im Zuge einer expansiven Geldpolitik sinkt das Zinsniveau. Die Ausdehnung des Sozialprodukts erfolgt zugunsten der freiwilligen Investitionen und des Konsums. Analog zur Steuersenkung profitiert allein der privatwirtschaftliche Sektor.

Die Tatsache, daß die Fiskal- und Geldpolitik verschiedene allokative Effekte ausüben, spiegelt sich in differierenden stabilitätspolitischen Ansichten wider. Wer dafür plädiert, daß sich der Staat in seiner ökonomischen Aktivität möglichst zurückhalten soll, wird fordern, daß im Abschwung die Steuern und im Aufschwung die Staatsausgaben gesenkt werden. Diese Politiker lehnen zugleich eine übermäßige Verschuldung des Staates bei den privaten Wirtschaftseinheiten ab, weil diese Finanzierungsform im Zweifel nur allokative Umschichtungen zugunsten des Staates zur Folge hat. Wer dagegen dafür plädiert, daß der Staat in vielen Lebensbereichen seiner Bürger Aufgaben zu erfüllen hat, fordert hohe Staatsausgaben und eine ergänzende expansive Geldpolitik, die die Finanzierung der zunehmenden Staatstätigkeit erleichtert.

6. Arbeitsmarkt

Bislang wurde im IS-LM-Gleichgewichtsmodell das reale Volkseinkommen Y und das reale Zinsniveau r simultan auf Güter- und Geldmärkten bestimmt sowie die Effekte der Geld- und Fiskalpolitik bei unterschiedlichen Finanzierungsstrategien erklärt. Dabei wurde stets ein exogenes Preisniveau $\overline{P}$ unterstellt und von einer unendlichen Produktions- und Güterangebotselastizität in bezug auf die gesamtwirtschaftliche Nachfrage ausgegangen: Das Güterangebot hat sich jeweils vollständig an entsprechende Variationen der gesamtwirtschaftlichen Nachfrage angepaßt, ohne daß sich das Preisniveau verändert hat. In einer monetär organisierten Volkswirtschaft mit knappen Ressourcen ist die Annahme einer unendlich großen Produktionselastizität bei Konstanz des Preisniveaus unrealistisch: Die Beschäftigungsmenge der Faktoren bedarf ebenso der Erklärung wie das Preisniveau. Hierzu wird in die makroökonomische Analyse zunächst der gesamtwirtschaftliche Arbeitsmarkt einbezogen, auf dem die Beschäftigungsmenge N des Faktors Arbeit und das Reallohnniveau (w/P) bestimmt wird. Die Integration des Arbeitsmarktes erlaubt es, anschließend Realeinkommen und Preisniveau simultan für unterschiedliche Beschäftigungssituationen zu erklären.

6.1. Produktionsfunktion, Arbeitsnachfrage und -angebot

Das gesamtwirtschaftliche Angebot explizit in der Makroanalyse zu berücksichtigen und das Arbeitsmarktgleichgewicht abzuleiten, erfordert Aussagen über die gesamtwirtschaftliche Produktionsfunktion sowie Hypothesen über Faktornachfrage und -angebot.

Produktionsfunktion

Wie in der Investitionsanalyse (s. Abschnitt 3.4.) wird eine gesamtwirtschaftliche Produktionsfunktion neoklassischen Typs unterstellt. Dabei wird in der kurzfristigen Makroanalyse von einem gegebenen Kapitalstock $\overline{K}$ und gegebener Technologie ausgegangen. Nettoinvestitionen erhöhen nicht die Produktionskapazität, sondern lösen kurzfristig lediglich Einkommenseffekte aus (zum Kapazitätseffekt s. Beitrag G-3.2.). Variabler Faktor ist die Arbeitsmenge, von deren Einsatz die Höhe des Sozialprodukts Y abhängt. Die Produktionsfunktion

(6.1) $Y = Y(N,\overline{K})$ mit $Y_N > 0$ und $Y_{NN} < 0$

ist im rechten Quadranten der *Abb. C-6.1* dargestellt.

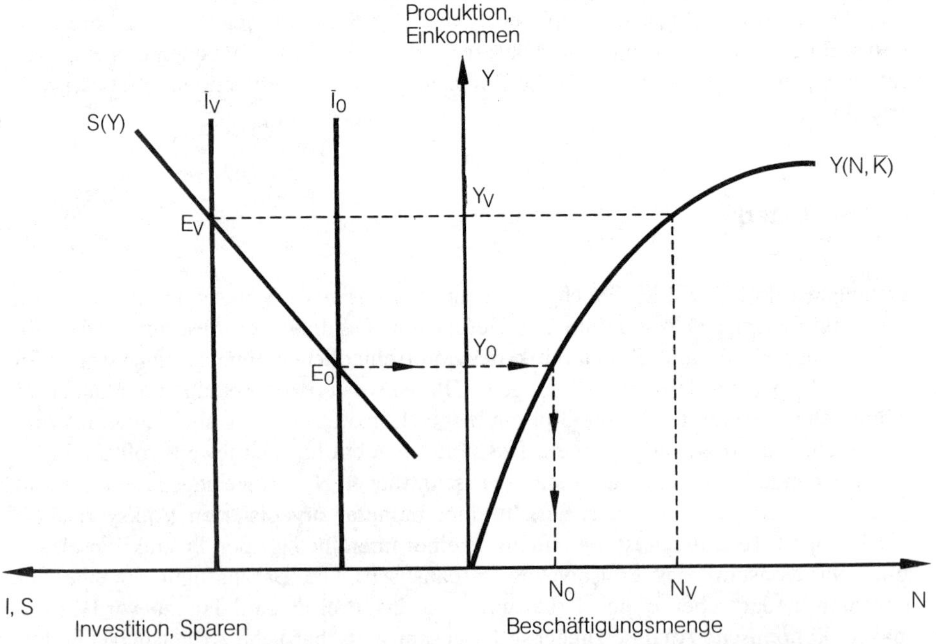

Abb. C-6.1: Produktionsfunktion und Vollbeschäftigungseinkommen

Bei gegebenem Kapitalstock wird mit einer Arbeitsmenge N_0 das Sozialprodukt Y_0 hergestellt. Bei Ausdehnung des Arbeitseinsatzes bis zur kurzfristig maximal zur Verfügung stehenden Arbeitsmenge N_v entsteht das maximal realisierbare Sozialprodukt und damit das Vollbeschäftigungseinkommen Y_v. Bei konstantem Preisniveau ist die Produktionsfunktion (6.1) zugleich gesamtwirtschaftliche Angebotsfunktion.

Unter Hinzuziehung des einkommenstheoretischen Gleichgewichts (*Abb. C-3.4*), das im linken Quadranten der *Abb. C-6.1* dargestellt ist, kann bei vollkommen elastischem Güterangebot die Beschäftigungsmenge bestimmt werden: Die effektive Nachfrage determiniert das stabile Gleichgewichtseinkommen Y_0; das Güterangebot paßt sich daran an, wodurch über die Angebotsfunktion die Beschäftigungsmenge N_0 bestimmt ist. Ist N_v die insgesamt angebotene Arbeitsmenge, repräsentiert E_0 ein stabiles Gleichgewicht bei Unterbeschäftigung. Nur wenn das Investitionsniveau „zufällig" $\bar{I}_v$ entspricht, reicht die effektive Nachfrage auf dem Gütermarkt aus, ein stabiles Gleichgewicht E_v bei Vollbeschäftigung N_v herzustellen.

Diese makroökonomische Angebotshypothese ist unbefriedigend, weil sie von der Annahme eines konstanten Güterpreis- und Nominallohnniveaus ausgeht. Bei vollständiger Konkurrenz wäre dies bei Konstanz des Kapitalstocks unter der Voraussetzung konstanter Grenzkosten des Faktors Arbeit haltbar (Leontief-Produktionsfunktion, Beitrag K-3.); die hier in *Abb. C-6.1* unterstellte neoklassische (Cobb-Douglas) Produktionsfunktion, bei der mit sinkender Beschäftigung auch die Grenzkosten der Produktion abnehmen, erfordert zur Erklärung konstanter Preise die Abkehr vom Modell vollständiger Konkurrenz.

Zudem ist die Konstanz der Güterpreise und Nominallöhne trotz expandierender Güternachfrage und zunehmender Beschäftigung selbst unter der Annahme vermachteter Märkte nur bei ausgeprägter Arbeitslosigkeit (Massenarbeitslosigkeit) vorstellbar. Lehnt man deshalb dieses „Depressions-Modell" ab, ist der Arbeitsmarkt explizit in die Analyse einzubeziehen.

Arbeitsnachfrage

Unter bestimmten Annahmen (Gewinnmaximierungsverhalten der Unternehmen, vollständige Konkurrenz auf Güter- und Faktormärkten) kann aus der Produktionsfunktion (6.1) die gesamtwirtschaftliche Arbeitsnachfrage abgeleitet werden: Es wird von den Unternehmen jene Arbeitsmenge nachgefragt und eingesetzt, bei der das Grenzprodukt der Arbeit dem Reallohnsatz w/P gleich ist (zur mikroökonomischen Fundierung s. Beitrag K). Da das Grenzprodukt der Arbeit – wegen der unterstellten gesamtwirtschaftlichen Produktionsfunktion – mit zunehmendem Arbeitseinsatz sinkt, lautet die Funktion für die Arbeitsnachfrage N^d

(6.2) $$N^d = N^d(\tfrac{w}{P}) \qquad \text{mit } N^d_{w/P} < 0.$$

Wie in *Abb. C-6.2* dargestellt, steigt die gesamtwirtschaftliche Arbeitsnachfrage mit sinkendem Reallohn und umgekehrt.

Arbeitsangebot

Analog zur Hypothese über die gesamtwirtschaftliche Arbeitsnachfrage wird angenommen, daß auch das Arbeitsangebot der Haushalte vom Reallohn abhängt: Je höher der Reallohn, desto größer das Arbeitsangebot.

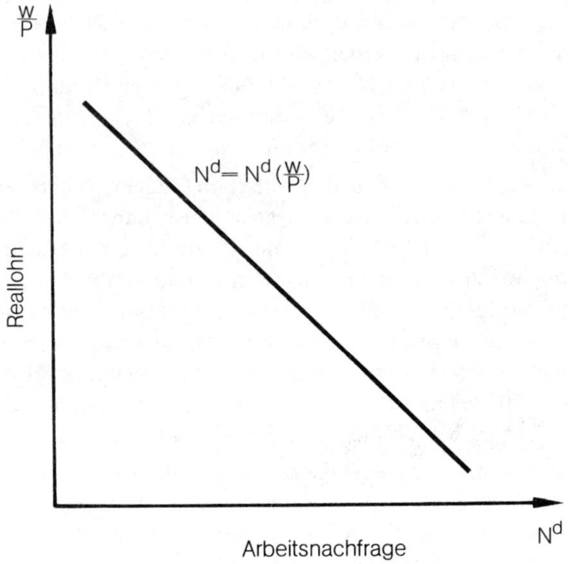

Abb. C-6.2: Arbeitsnachfragekurve

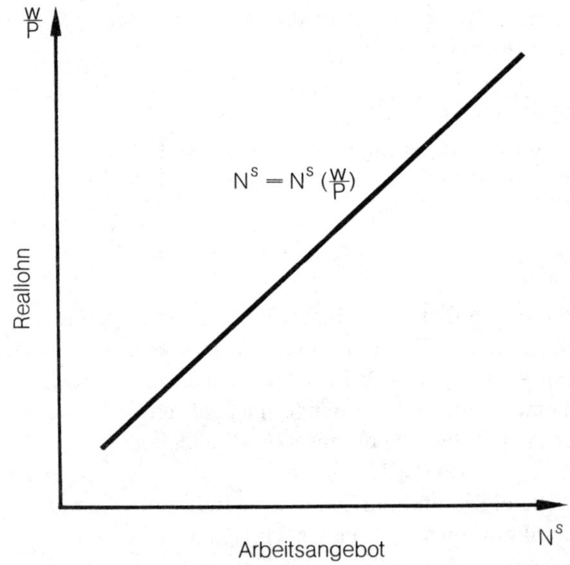

Abb. C-6.3: Arbeitsangebotskurve

Die Funktion des gesamtwirtschaftlichen Arbeitsangebots N^s, die in *Abb. C-6.3* dargestellt ist, lautet somit

(6.3) $N^s = N^s(\frac{W}{P})$ mit $N^s_{W/P} > 0$.

Damit wird gesamtwirtschaftlich der einzelwirtschaftlich durchaus denkbare Fall ausgeschlossen, daß bei einem hohen Realeinkommensniveau der Einkommenseffekt (bei steigendem Reallohn steigt die Nachfrage nach Freizeit) den Substitutionseffekt (bei steigendem Reallohn wird zunehmend Freizeit durch Arbeitszeit substituiert) kompensiert oder gar überkompensiert. Zweitens wird ebenfalls ausgeschlossen, daß bei einem niedrigen Reallohnniveau mit sinkendem Reallohn das gesamtwirtschaftliche Arbeitsangebot – z. B. aus Gründen der Existenzsicherung – ausgedehnt wird; eine Annahme, die für eine entwickelte Volkswirtschaft mit Mindestlohnregelungen plausibel ist.

Die Hypothesen (6.2) und (6.3) unterstellen, daß Anbieter (Haushalte) und Nachfrager (Unternehmen) von Arbeitsleistungen frei von Geldillusion sind: Der Nominallohn w: = (w/P) · P wird bei allen Entscheidungen stets um die Preisniveauentwicklung korrigiert, worauf später noch eingegangen wird (s. Abschnitt C-7.).

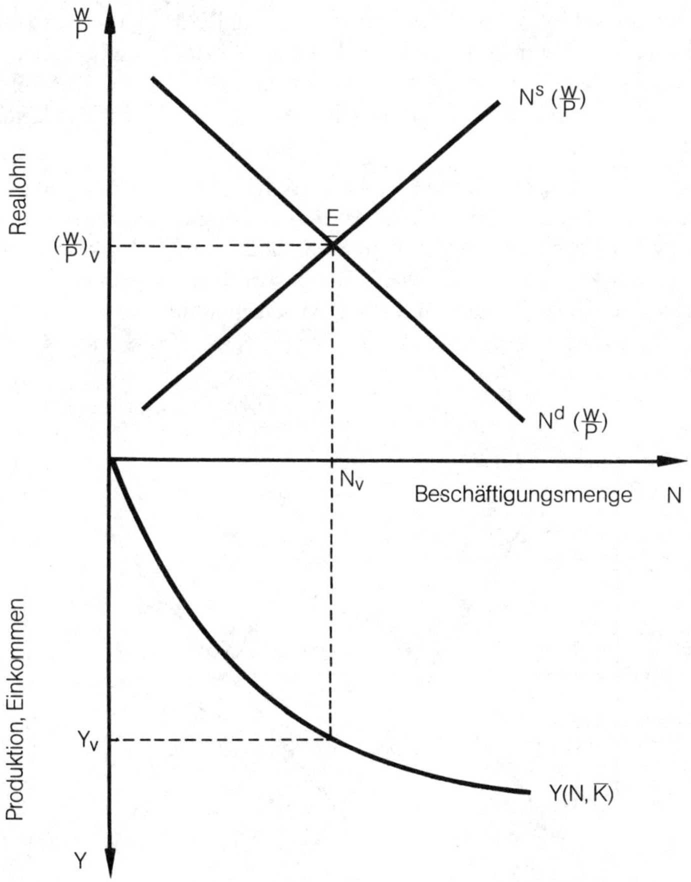

Abb. C-6.4: Arbeitsmarktgleichgewicht und Vollbeschäftigung

6.2. Arbeitsmarktgleichgewicht

Die Gleichgewichtsbedingung für den Arbeitsmarkt lautet somit

(6.4) $N^d(\frac{w}{P}) = N^s(\frac{w}{P})$.

Im Gleichgewicht sind Reallohn (w/P) und Beschäftigungsmenge N determiniert. In einem einfachen „friktionslosen" Makromodell der Neoklassik, das vollständige Konkurrenz am Arbeitsmarkt voraussetzt, stellt diese Konstellation ein Gleichgewicht bei Vollbeschäftigung dar. Das Vollbeschäftigungseinkommen Y_v ist – in Verbindung mit der kurzfristigen Produktionsfunktion – von der Angebotsseite her und unabhängig von der gesamtwirtschaftlichen Nachfrage bestimmt *(Abb. C-6.4)*.

Bereits hier sei auf die Besonderheit dieser Vollbeschäftigungsdefinition hingewiesen: Im Gleichgewicht existiert Vollbeschäftigung, weil jeder, der zum geltenden Reallohn Arbeit anbietet, auch beschäftigt wird, und jedes Unternehmen diejenige Arbeitsmenge, die es zum geltenden Reallohn beschäftigen möchte, auch tatsächlich realisieren kann. Bei einer maximalen Arbeitsmenge $\overline{N}$ ist die Differenz $\overline{N} - N_0$ freiwillige Arbeitslosigkeit, die nur durch einen Anstieg des Reallohns beseitigt würde (*Abb. C-6.5*).

Neben dieser freiwilligen Arbeitslosigkeit können zwei andere, in dynamischen Volkswirtschaften beobachtbare Arten der Arbeitslosigkeit beschrieben werden, die die klassische Vollbeschäftigungsinterpretation modifizieren. Strukturelle und friktionelle Arbeitslosigkeit treten auf, wenn die restriktiven Annahmen des einfachen neoklassischen Modells (Homogenität der Arbeitsqualität und -plätze, vollständige Markttransparenz etc.) aufgehoben werden (Phelps, 1968; Phelps, u. a., 1970; Claassen, 1980,1).

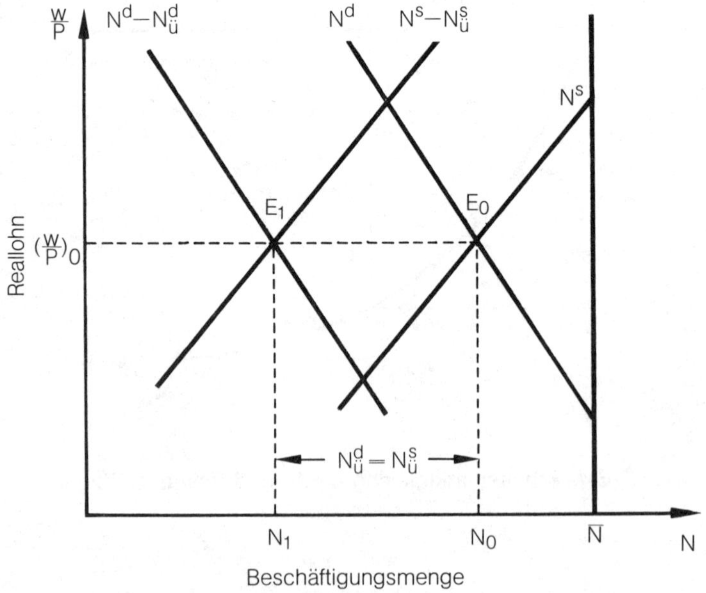

Abb. C-6.5: Arbeitsmarktgleichgewicht und Arten der Unterbeschäftigung

Strukturelle Arbeitslosigkeit N_s entsteht beispielsweise durch Bedarfsänderungen oder technologische Fortschritte in nicht-stationären Volkswirtschaften, weil die Umsetzung von Arbeitskräften aus schrumpfenden in expandierende Sektoren infolge vorhandener Mobilitätsschranken (z. B. berufliche Immobilität) Anpassungskosten (z. B. für Umschulung) verursacht. Ist das Überschußangebot an Arbeit N_s^s in den schrumpfenden Sektoren gleich der Überschußnachfrage N_s^d expandierender Sektoren, gilt also $N_s^s = N_s^d$, besteht trotz Vorliegen struktureller Arbeitslosigkeit ein gesamtwirtschaftliches Arbeitsmarktgleichgewicht.

Friktionelle Arbeitslosigkeit N_f entsteht aus der unvollständigen Markttransparenz von Anbietern und Nachfragern am Arbeitsmarkt. Beide Marktseiten haben Informationsdefizite über die Arbeitsmarktlage, die sie durch Informationsbeschaffung abzubauen versuchen („Such"-Arbeitslosigkeit; search unemployment). Wiederum kann ein gesamtwirtschaftliches Arbeitsmarktgleichgewicht vorliegen, wenn das Überschußangebot an Arbeit N_f^s der Überschußnachfrage N_f^d gleich ist.

Beide Aspekte struktureller und friktioneller Unterbeschäftigung (Arbeitslosigkeit) können entsprechend $N_s^s + N_f^s = N_s^d + N_f^d$ zu $N_ü^s = N_ü^d$ zusammengefaßt werden. In *Abb. C-6.5* bezeichnet die Differenz $N_0 - N_1 = N_ü^s$ das Ausmaß struktureller und friktioneller Arbeitslosigkeit, das bei Heterogenität der Arbeit und unvollständigen Marktbedingungen im Arbeitsmarktgleichgewicht beim Reallohn $(\frac{W}{P})_0$ besteht.

Unter den weniger restriktiven Annahmen eines neoklassischen „Friktions"-Modells bezeichnet $N_ü^s(= N_ü^d)$ somit die „normale" oder – in Anlehnung an den natürlichen Zins von Knut Wicksell (1898) – „natürliche" Arbeitslosigkeit (Friedman, 1968), die strukturell-friktionell, also realwirtschaftlich begründet ist und keine monetären oder konjunkturellen Ursachen hat. Die normale Unterbeschäftigungsrate, die üblicherweise als prozentualer Anteil der Zahl der Arbeitslosen an der abhängigen Erwerbsbevölkerung (Summe von abhängig Beschäftigten und Arbeitslosen) ausgedrückt wird, ist von Land zu Land verschieden und auch im intertemporalen Vergleich keineswegs konstant. Derartige Differenzen sind durch verschiedene Faktoren erklärbar: Unterschiede in oder zeitliche Änderungen der Bevölkerungsstruktur und der Mobilitätsneigung beeinflussen ebenso die Höhe der normalen Unterbeschäftigungsrate wie wirtschafts- und sozialpolitisch ausgelöste Variationen der Arbeitsmarktbedingungen oder abrupte Strukturänderungen, die z. B. außenwirtschaftlich (Öleinfuhrstopp) oder technologisch (Elektronik, Informationsverarbeitung) bedingt sein können und Arbeitsumsetzungsprozesse größeren Ausmaßes auslösen (zur Arbeitsmarktanalyse s. Franz, 1991, 2. A. 1994).

Wie diese Beispiele zeigen, ist die normale Unterbeschäftigungsrate keineswegs unveränderbar: Sie kann durch eine adäquate Strukturpolitik im weitesten Sinne (einschließlich Familien- und Bildungspolitik) reduziert werden. Sie ist dauerhaft jedoch nicht mit global an den Niveaukomponenten der gesamtwirtschaftlichen Nachfrage ansetzenden Instrumenten der Geld- und Fiskalpolitik zu beseitigen, wie in der gesamtwirtschaftlichen Analyse des Gleichgewichts auf Güter-, Geld- und Arbeitsmärkten noch deutlich werden wird (s. auch Beiträge F, P).

7. Gleichgewicht auf Güter-, Geld- und Arbeitsmarkt

Nunmehr kann das soeben vorgestellte Angebotsteilmodell mit dem nachfrageorientierten IS-LM-System verbunden werden, um Realeinkommen (bzw. reales Sozialprodukt), Realzins, Beschäftigungsmenge und schließlich auch das bisher als exogen angenommene Preisniveau des Sozialprodukts simultan erklären zu können, wobei nach wie vor von einer geschlossenen Volkswirtschaft ausgegangen wird. Dabei sollen – wie bereits angedeutet (s. Abschnitt 2.) – zwei konkurrierende, die makroökonomische Theorie dominierende gesamtwirtschaftliche Gleichgewichtsanalysen gegenübergestellt sowie Verbindungslinien und Unterschiede zwischen ihnen aufgezeigt werden: Neoklassische und keynesianische Gleichgewichtsanalyse.

7.1. Gesamtwirtschaftliche Angebots- und Nachfragekurve

Für die Analyse des Gleichgewichts sowie der Wirkungen von Fiskal- und Geldpolitik empfiehlt es sich, zunächst gesamtwirtschaftliche Angebots- und Nachfragefunktionen zu bestimmen, die graphisch als gesamtwirtschaftliche Angebotskurve Y^s und Nachfragekurve Y^d in einem P,Y-Diagramm darstellbar sind. Beide Kurven ordnen allen Preisniveaus das jeweilige reale Gleichgewichtseinkommen zu. Die gesamtwirtschaftliche Angebotsfunktion kann aus der Produktionsfunktion

(6.1) $\quad Y^s = Y^s(N,\overline{K})$

abgeleitet werden: Wird die neoklassische Beschäftigungsfunktion $N = N(P,w)$ in die Produktionsfunktion substituiert, erhält man

(7.1) $\quad Y^s = Y^s(P,w,\overline{K}) \qquad \text{mit } Y^s_P > 0,\ Y^s_w < 0.$

Die Gestalt der Angebotskurve im P,Y-Diagramm hängt von den Annahmen über das Nominallohnniveau w und das Preisniveau P ab: Steigen oder sinken P und w im gleichen Verhältnis, bleibt das Reallohnniveau $(w/P)_0$ konstant und damit auch das gesamtwirtschaftliche Angebot; die Angebotskurve ist völlig preisunelastisch (Y^s_1 in *Abb. C-7.1*). Bei gegebenem Nominallohnniveau w_0 steigt das gesamtwirtschaftliche Angebot mit steigendem Preisniveau so lange, bis die Vollbeschäftigungsgrenze erreicht ist. Die gesamtwirtschaftliche Angebotskurve ist somit unterhalb dieser Grenze preiselastisch; bei Erreichen dieser Grenze hat sie einen Knick und wird völlig preisunelastisch, weil auch bei einer Erhöhung des Preisniveaus kurzfristig keine Angebotsausweitung möglich ist (Y^s_0 in *Abb. C-7.1*).

Die gesamtwirtschaftliche Nachfragefunktion Y^d beschreibt hier die Gleichgewichtswerte der Nachfrage in einem P,Y-Diagramm, die auf dem Güter- und Geldmarkt bei alternativen exogenen Preisniveaus bestimmt wurden. Sie lautet vereinfacht

(7.2) $\quad Y^d = Y^d(P,\overline{G},\overline{M}) \qquad \text{mit } Y^d_P < 0,$

wobei die Staatsausgaben $\overline{G}$ und das nominale Geldangebot $\overline{M}$ exogen sind. Sie kann durch folgende Überlegungen auch aus dem IS-LM-System abgeleitet werden (s. Abschnitt 5.): Die Gleichgewichte am Geld- und Gütermarkt wurden bei gegebenem exogenen Preisniveau hergeleitet. Variiert man gedanklich das exogene Preisniveau, muß sich die LM-Kurve verschieben, weil bei gegebenem nominalen Geldangebot das reale Geldangebot variiert. Bei einer angenommenen Erhöhung des exogenen Preisniveaus vermindert sich das reale Geldangebot; bei unveränderter realer Geldnachfrage müssen Wertpapiere verkauft werden, wodurch das Realzinsniveau steigt und – bei gegebener IS-Kurve – das Gleichgewichtseinkommen sinkt. Bei steigendem Preisniveau sinkt mithin das Gleichgewichtseinkommen und umgekehrt. Diesen Zusammenhang drückt die gesamtwirtschaftliche Nachfragekurve Y_1^d aus, die in *Abb. C-7.2* dargestellt ist.

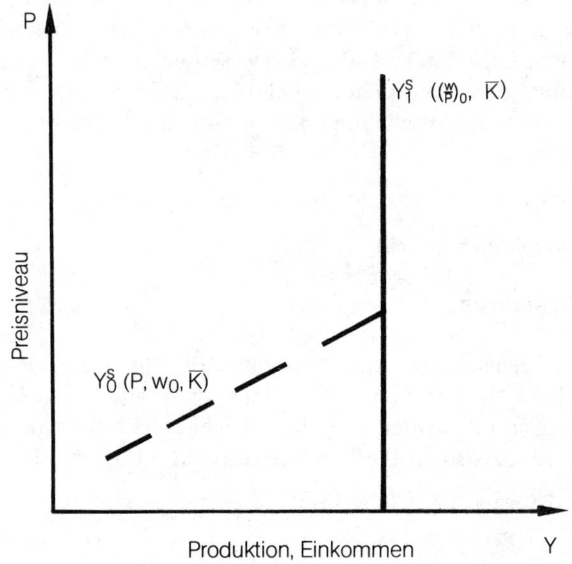

Abb. C-7.1: Gesamtwirtschaftliche Angebotskurven

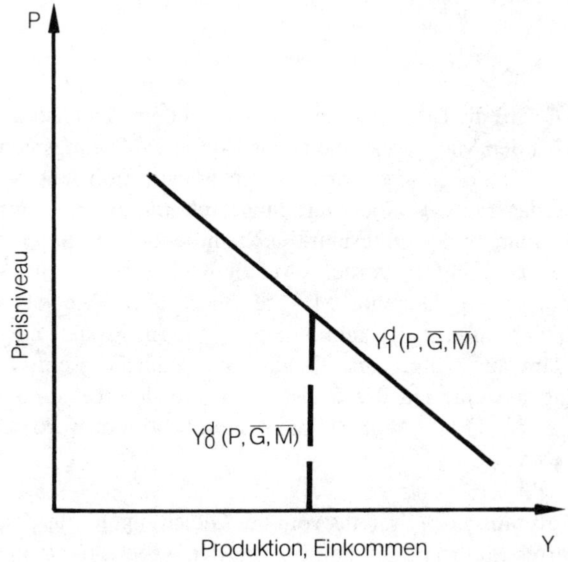

Abb. C-7.2: Gesamtwirtschaftliche Nachfragekurven

Wird dieses Experiment für jene „kritischen" Zinsniveaus wiederholt, bei denen die IS-Kurve völlig zinsunelastisch oder die LM-Kurve völlig zinselastisch ist (*Abb. C-5.14*), verändern alternative exogene Preisniveaus das Gleichgewichtseinkommen nicht. In diesen Fällen reagiert die gesamtwirtschaftliche Nachfrage nicht auf Preisniveauänderungen. Die gesamtwirtschaftliche Nachfragekurve hat dann die Gestalt der Y_0^d-Kurve in *Abb. C-7.2,* wobei der Knick durch die jeweilige Höhe des kritischen Realzinsniveaus bestimmt ist.

Eine expansive Fiskal- oder Geldpolitik verschiebt die Y^d-Kurve nach rechts bzw. nach oben, eine kontraktive nach links bzw. nach unten. Wie bei der Y^s-Kurve hängen Gestalt und Lage der Y^d-Kurve also wesentlich von den Annahmen über die Gleichgewichtssituationen auf Güter- und Geldmarkt ab. In diesen Annahmen unterscheiden sich neoklassische und keynesianische Gleichgewichtsanalyse, wie nunmehr zu zeigen ist.

7.2. Neoklassisches Gleichgewicht

Gleichgewichtsbestimmung

In einem vollständigen neoklassischen Makromodell können die Gleichgewichtswerte der Niveauvariablen N, Y, r und P in einem System aus vier – bereits bekannten – Gleichungen ermittelt werden, die die Gleichgewichtsbedingungen auf Güter-, Geld- und Arbeitsmarkt sowie die Produktionsfunktion beschreiben:

(5.1) $$Y = C(Y - T) + I(r) + \overline{G}$$

(4.7) $$L(Y, r) = \frac{\overline{M}}{P}$$

(6.4) $$N^d\left(\frac{w}{P}\right) = N^s\left(\frac{w}{P}\right)$$

(6.1) $$Y = Y(N,\overline{K}).$$

In diesem Modell wird die Beschäftigungsmenge auf dem Arbeitsmarkt bestimmt, die – unter entsprechenden Marktannahmen – als Vollbeschäftigungsmenge N_v bei einem Reallohnniveau $(w/P)_v$ eingesetzt wird. Durch Substitution von N_v in die Produktionsfunktion ist das reale Vollbeschäftigungseinkommen Y_v determiniert. In der Gleichgewichtsbedingung des Gütermarktes kann bei bekanntem Y_v das dazugehörige Realzinsniveau r_v ermittelt werden. Auf dem Geldmarkt wird schließlich – bei exogenem nominalen Geldangebot $\overline{M}$ – als vierte Variable das Preisniveau des Sozialprodukts (P) bestimmt. Es kann somit in diesem Modell nur ein Preisniveau existieren, bei dem auf Güter- und Geldmarkt gleichzeitig ein Gleichgewicht bei Vollbeschäftigung besteht. Da das Preisniveau und der Reallohn endogen erklärt sind, kann nunmehr auch das Nominallohnniveau bestimmt werden als

(7.3) $$w: = \left(\frac{w}{P}\right) \cdot P.$$

Aus dieser Interpretation des Systems von vier Gleichungen folgt, daß es sich um ein angebotsorientiertes Makromodell handelt, da der Arbeitsmarkt in Verbindung mit der Produktionsfunktion das gesamtwirtschaftliche Gleichgewicht prägt. In *Abb. C-*

7.3 ist das neoklassische Gesamtsystem unter Verwendung der preiselastischen Y^d- und der – wegen Annahme der Konstanz des Reallohns (w/P) – preisunelastischen Y^s-Kurve dargestellt: Auf dem Arbeitsmarkt (III. Quadrant) werden die Beschäftigungsmenge N_v und der Reallohn w/P bestimmt. Aus der Produktionsfunktion (IV. Quadrant) ergibt sich das zugehörige Y_v und damit die preisunelastische Y^s-Kurve (I. Quadrant). Sie determiniert mit der preiselastischen Y^d-Kurve das Vollbeschäftigungspreisniveau P_{v0}, womit auch das Nominallohnniveau w_{v0} festgelegt ist (II. Quadrant).

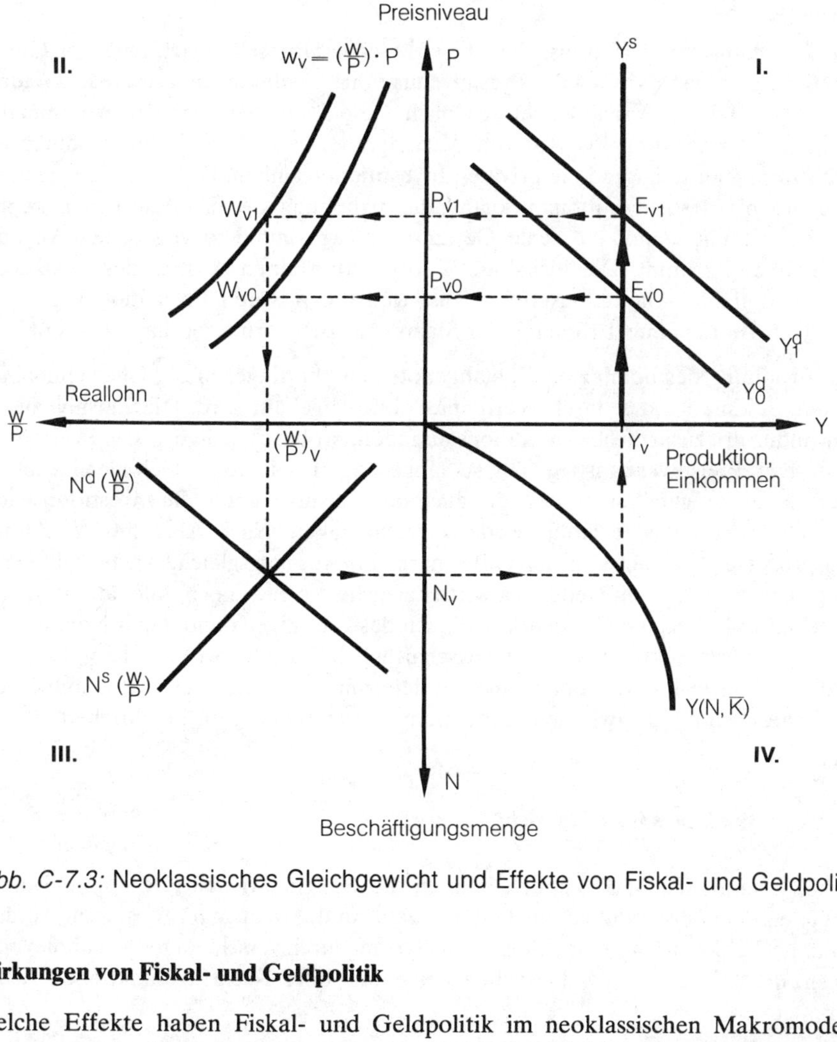

Abb. C-7.3: Neoklassisches Gleichgewicht und Effekte von Fiskal- und Geldpolitik

Wirkungen von Fiskal- und Geldpolitik

Welche Effekte haben Fiskal- und Geldpolitik im neoklassischen Makromodell? Variationen der Staatsausgaben bzw. des nominalen Geldangebots verändern entsprechend (7.2) die Lage der gesamtwirtschaftlichen Nachfragekurve, weil Anpassungsprozesse auf dem Güter- bzw. Geldmarkt ausgelöst werden: Ein expansiver Fiskal- oder Geldmengenimpuls verschiebt die Nachfragekurve nach oben (Y_1^d in *Abb. C-7.3*). Bei gegebener Y^s-Kurve sind im neuen Vollbeschäftigungsgleichgewicht

E_{v1} das Preisniveau auf P_{v1} und das Nominallohnniveau auf w_{v1} gestiegen. Realeinkommen und Beschäftigung bleiben in beiden Fällen unverändert. Dies gilt analog für eine restriktive Fiskal- oder Geldpolitik, die entsprechende Senkungen des Preis- und Nominallohnniveaus auslösen würden.

Fiskal- und Geldpolitik haben somit gleiche Effekte auf Preis- und Nominallohnniveau; auch lassen beide Realeinkommens- und Beschäftigungsniveau unverändert. Sie unterscheiden sich gleichwohl in ihren allokativen Auswirkungen, weil die Impulse über verschiedene Kanäle des Güter- bzw. Geldmarktes übertragen werden (s. Abschnitt 5.4.2.):

Eine Erhöhung der Staatsausgaben bewirkt eine Überschußnachfrage am Gütermarkt, die zu einem Anstieg des Preisniveaus führt. Dadurch sinkt das reale Geldangebot $\overline{M}/P$. Die Überschußnachfrage nach Geld kann bei gegebenem nominalen Geldangebot nur durch Verkauf von Wertpapieren befriedigt werden, wodurch das reale Zinsniveau steigt und die privaten Investitionen sinken. Der Zinsanstieg hält so lange an, bis der Investitionsrückgang die Erhöhung der Staatsausgaben gerade kompensiert und damit die reale Gesamtnachfrage mit dem gegebenen Angebot wieder übereinstimmt. Die Fiskalpolitik löst mithin einen Anstieg des Realzinsniveaus und damit Allokationseffekte aus, weil die privaten Investitionen um den jeweiligen Betrag einer Erhöhung der Staatsausgaben zurückgedrängt werden.

Eine Erhöhung des nominalen Geldangebots bewirkt hingegen ein Überschußangebot am Geldmarkt, das durch Wertpapierkäufe abgebaut wird. Die Zinsniveausenkung induziert zusätzliche Investitionsausgaben, wodurch lediglich das Preisniveau steigt. Der Preisniveauanstieg hält so lange an, bis die reale Geldmenge auf ihr Ausgangsniveau gefallen ist, bei dem auch das Zinsniveau und die Investitionsnachfrage ihre ursprüngliche Höhe wieder erreicht haben. Nach Abschluß des Anpassungsprozesses befindet sich der Gütermarkt im Ausgangsgleichgewicht. Die Geldmengenpolitik hat somit weder realwirtschaftliche Niveau- noch Allokationseffekte. Sie beeinflußt über den Geldmarkt lediglich das Preisniveau und damit Nominalgrößen (monetärer Sektor); alle realwirtschaftlichen Variablen (Y, N bzw. (w/P), r) werden hingegen im Angebotsteilmodell determiniert (realer Sektor). Damit ist die klassische Dichotomie zwischen monetärem und realem Sektor beschrieben.

7.3. Keynesianisches Gleichgewicht

Im keynesianischen Makromodell können die Gleichgewichtswerte der relevanten Variablen ebenfalls simultan auf Güter-, Geld- und Arbeitsmarkt bestimmt werden. Es unterscheidet sich vom neoklassischen System durch verschiedene Annahmevariationen, die die gesamtwirtschaftlichen Angebots- oder Nachfragefunktionen verändern:

– Dem neoklassischen „Konkurrenzoptimismus" völlig flexibler Nominallöhne und Güterpreise hat Keynes die Hypothese vom – insbesondere nach unten – starren Nominallohn entgegengesetzt. Dadurch wird die gesamtwirtschaftliche Angebotsfunktion (7.1) modifiziert: Das Angebot reagiert in einem bestimmten Preisbereich preiselastisch.

- Der zweite, wichtigere Unterschied resultiert aus dem keynesianischen „Elastizitätspessimismus". Bei bestimmten Zinsniveaus wird die Geldnachfrage vollkommen zinselastisch (Liquiditätsfalle) und die Investitionsnachfrage vollkommen zinsunelastisch. Beide Annahmen modifizieren die gesamtwirtschaftliche Nachfragefunktion (7.2): Die Nachfrage ist bei einem bestimmten niedrigen Zinsniveau völlig preisunelastisch.

Für beide Fälle kann gezeigt werden, daß stabile Gleichgewichte bei Unterbeschäftigung möglich sind und wie sie durch wirtschaftspolitische Maßnahmen in ein Vollbeschäftigungsgleichgewicht überführt werden können.

Gleichgewicht bei Unterbeschäftigung: Konstante Nominallöhne

Bei konstantem Nominallohnniveau existiert immer dann ein Gleichgewicht bei Unterbeschäftigung, wenn die gesamtwirtschaftliche Nachfrage unterhalb des Niveaus liegt, das für Vollbeschäftigung notwendig ist. In *Abb. C-7.4* ist dies in E_1 gegeben, weil die preiselastische Nachfragekurve Y_1^d die Angebotskurve Y^s in ihrem preiselastischen Abschnitt schneidet. Bei einem Preisniveau P_1 und gegebenem

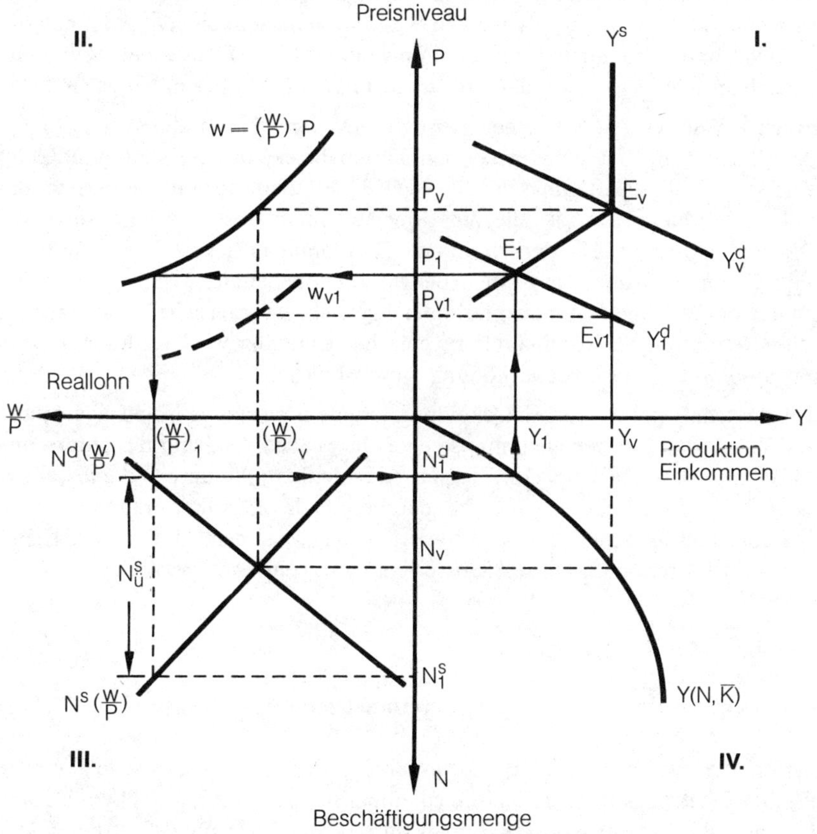

Abb. C-7.4: Gleichgewicht bei Unterbeschäftigung: Konstante Nominallöhne

Nominallohnniveau w_1 ist beim Reallohnniveau $(w/P)_1$ die Arbeitsnachfrage N_1^d kleiner als das Arbeitsangebot N_1^s; die Differenz $N_1^s - N_1^d = N_ü^s$ bezeichnet das Ausmaß an Unterbeschäftigung, das beim Reallohnniveau von $(w/P)_1$ besteht. Die Arbeitsnachfrage determiniert die tatsächlich eingesetzte Arbeitsmenge $N_1^d < N_v$, mit der – entsprechend der Produktionsfunktion – das gesamtwirtschaftliche Angebot $Y_1 < Y_v$ produziert werden kann. Es bestimmt zusammen mit P_1 das Gleichgewicht E_1, bei dem Unterbeschäftigung in Höhe von $N_ü^s$ herrscht. Jede weitere Verschiebung der Nachfragekurve nach unten erhöht die Arbeitslosigkeit als Folge steigender Reallöhne und reduziert das gesamtwirtschaftliche Angebot.

Dieses Unterbeschäftigungsgleichgewicht kann durch zwei wirtschaftspolitische Strategien beseitigt und in ein Vollbeschäftigungsgleichgewicht überführt werden:

- Durch eine erfolgreiche Einkommenspolitik (z. B. ordnungspolitische Maßnahmen zur Verschärfung des Wettbewerbs am Arbeitsmarkt), die die vollständige Flexibilität der Nominallöhne wiederherstellt;
- durch eine expansive Fiskal- oder Geldpolitik, die bei konstanten Nominallöhnen die gesamtwirtschaftliche Nachfrage erhöht.

Im ersten, wenig realistischen Fall würde die Y^s-Kurve völlig preisunelastisch, also die bereits aus dem neoklassischen System bekannte Gestalt annehmen (*Abb. C-7.3*). Bei gegebener preiselastischer Y_1^d-Kurve käme es über eine Senkung des Nominallohnniveaus auf w_{v1} und damit auch des Reallohnniveaus auf $(w/P)_v$ zu einem Vollbeschäftigungsgleichgewicht E_{v1}, wobei das Preisniveau auf $P_{v1} < P_1$ gesunken wäre.

Im zweiten Fall wird – bei einer richtigen Dosierung von $d\overline{G}$ oder $d\overline{M}$ – die Nachfragekurve von Y_1^d auf Y_v^d verschoben. Durch die expansive Fiskal- oder Geldpolitik wird das Vollbeschäftigungsgleichgewicht E_v erreicht, obwohl das Nominallohnniveau konstant bleibt. Dies ist allerdings nur bei einem Anstieg des Preisniveaus auf $P_v > P_1$ möglich. Er ist erforderlich, um die Reallöhne auf jenes Niveau zu drücken, bei dem der Angebotsüberschuß am Arbeitsmarkt abgebaut ist. Während im neoklassischen System die für das Arbeitsmarktgleichgewicht erforderliche Reallohnsenkung über eine Reduktion des Nominallohnniveaus herbeigeführt wird, erfüllt im keynesianischen System die Preisniveauerhöhung diese Funktion.

Bei der wirtschaftspolitischen Entscheidung, ob die notwendige Nachfrageexpansion durch Fiskal- oder Geldmengenimpulse erreicht werden soll, sind die unterschiedlichen Allokationseffekte beider Strategien zu bedenken, die bereits dargestellt wurden (s. Abschnitt 7.2.). Zu beachten ist, daß bereits die Klassiker erkannten, daß bei konstanten Nominallöhnen ein Nachfragerückgang zu einem Unterbeschäftigungsgleichgewicht führen muß. Diese Sichtweise ist insoweit kein Spezifikum keynesianischer Analyse.

Gleichgewicht bei Unterbeschäftigung: Preisunelastische Nachfrage

Der typisch keynesianische Fall ist charakterisiert durch eine spezifische gesamtwirtschaftliche Nachfragekonstellation, die zu einem stabilen Gleichgewicht bei Unterbeschäftigung führt. Diese Konstellation resultiert aus der Annahme einer vollkommen zinselastischen Geldnachfrage bzw. einer vollkommen zinsunelastischen Investitionsnachfrage bei entsprechenden Realzinsniveaus. In beiden Situationen ist die gesamtwirtschaftliche Nachfrage preisunelastisch, so daß eine Reduktion des Preisniveaus nicht zu einer Erhöhung der gesamtwirtschaftlichen Nachfrage führt. Die gesamtwirtschaftliche Nachfragekurve hat dann die Gestalt der Y^d-Kurve in *Abb. C-7.5*, wie sie in Abschnitt 7.1. hergeleitet wurde.

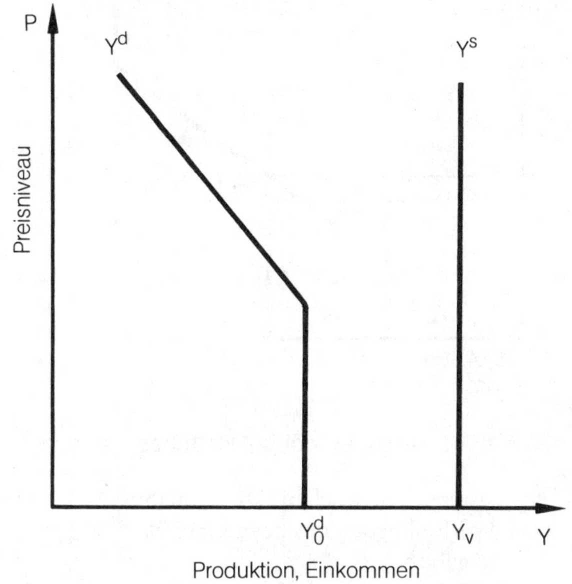

Abb. C-7.5: Preisunelastische Nachfragekurve

Es existiert insofern ein maximales Sozialprodukt Y_0^d, dessen Höhe durch die gesamtwirtschaftliche Nachfrage bestimmt ist. Ob es zu einem gesamtwirtschaftlichen Gleichgewicht kommt und inwieweit Vollbeschäftigung erreichbar ist, hängt letztlich von Gestalt und Lage der gesamtwirtschaftlichen Angebotskurve ab:

Sind die Nominallöhne flexibel und ist das angebotsdeterminierte Vollbeschäftigungseinkommen $Y_v > Y_0^d$, hat das Makromodell keine Gleichgewichtslösung, weil sich Angebots- und Nachfragekurve nicht schneiden (*Abb. C-7.5*); das System würde zusammenbrechen (Haberler, 1937, 2. A. 1955, S. 500 f.).

Nur wenn die Nominallöhne konstant sind und insofern die Angebotskurve in einem bestimmten Bereich preiselastisch ist, kommt es unter keynesianischen Nachfragekonstellationen zu einem Gleichgewicht (E_0 in *Abb. C-7.6*). Es ist ein Unterbeschäftigungsgleichgewicht ($Y_0^d < Y_v$), wobei das Ausmaß der Arbeitslosigkeit am Arbeitsmarkt analog *Abb. C-7.4* zu bestimmen wäre.

Da das System stabil ist, bedarf es wirtschaftspolitischer Maßnahmen zur Überwindung der Unterbeschäftigungssituation. Allerdings ist bei dieser keynesianischen Nachfragekonstellation keineswegs jede der bereits genannten wirtschaftspolitischen Strategien geeignet, ein Vollbeschäftigungsgleichgewicht zu verwirklichen:

- Die Herstellung der vollständigen Flexibilität der Nominallöhne durch Einkommenspolitik würde in dieser Unterbeschäftigungssituation den vollständigen Zu-

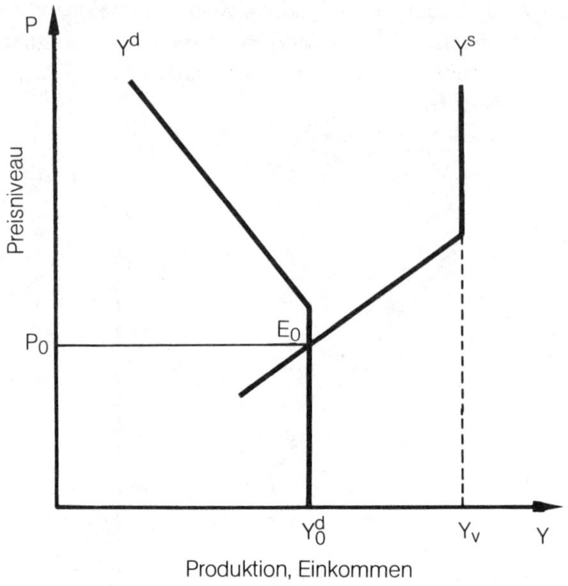

Abb. C-7.6: Gleichgewicht bei Unterbeschäftigung

sammenbruch des Systems verursachen. Die Annahme konstanter Nominallöhne ist insoweit notwendige Bedingung des keynesianischen Systems, ohne die es keine Gleichgewichtslösung gäbe.

- Auch eine expansive Geldmengenpolitik kann die Unterbeschäftigung nicht beseitigen, weil das zusätzliche nominale Geldangebot beim kritischen Realzinsniveau vollständig als Geldhaltung absorbiert und nicht für Konsum- oder Investitionsgüter ausgegeben wird (Liquiditätsfalle) oder aber die im Normalfall erfolgende Zinssenkung keine zusätzlichen Investitionen induziert (zinsunelastische Investition). Die expansive Geldpolitik würde lediglich den preiselastischen Teil, nicht jedoch den hier relevanten preisunelastischen Teil der Y^d-Kurve nach rechts verschieben (*Abb. C-7.7*).
- In dieser Situation wäre nur eine expansive Fiskalpolitik geeignet, die gesamtwirtschaftliche Nachfrage auf jenes Niveau anzuheben, das Vollbeschäftigung sichert. Durch eine Erhöhung der Staatsausgaben wird die Nachfragekurve insgesamt nach rechts verschoben (Y_1^d in *Abb. C-7.8*) und ein Gleichgewicht in E_1 erreicht. Ob und inwieweit Vollbeschäftigung realisiert wird, hängt somit lediglich von der richtigen Mengendosierung des expansiven Fiskalimpulses ab. Zu beachten bleibt, daß auch in diesem Fall die Nachfrageausweitung mit einem Anstieg des Preisniveaus auf $P_1 > P_0$ einhergeht, wodurch die notwendige Reallohnsenkung erzwungen wird. Der hohe wirtschaftspolitische Stellenwert der Fiskalpolitik bei der Vermeidung oder Beseitigung von Unterbeschäftigungssituationen ist durch diese typisch keynesianischen Nachfragekonstellationen begründet. Ihre Existenz wurde in zahlreichen theoretischen und empirischen Analysen bezweifelt. Insbesondere wurde die Vernachlässigung des Vermögens als Determinante der Konsumausgaben kritisiert (s. Abschnitt 5.3.). Bezieht man das Vermögen in die makroökonomische Konsumfunktion ein, lösen Preis-, Realzins- und Geldmengenänderungen Vermögensef-

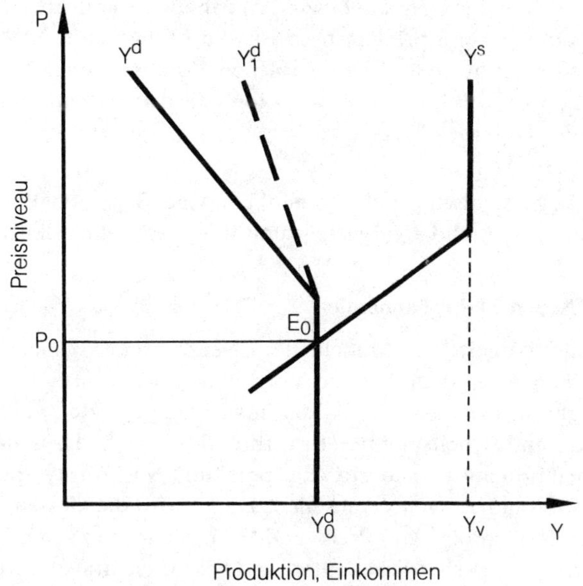

Abb. C-7.7: Expansive Geldpolitik

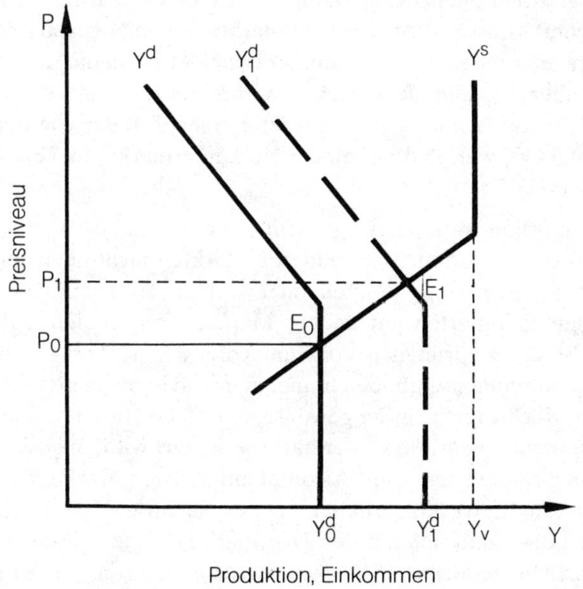

Abb. C-7.8: Expansive Fiskalpolitik

fekte aus. Diese Vermögenseffekte bewirken, daß die gesamtwirtschaftliche Nachfragefunktion durchgehend preiselastisch ist, die keynesianischen Nachfragekonstellationen also nicht auftreten. Unter solchen Voraussetzungen ist auch die expansive Geldmengenpolitik ein sehr wirksames Instrument zur Vermeidung und Beseitigung von Unterbeschäftigungssituationen (s. hierzu den Überblick bei SIEBKE/WILLMS, 1975).

Damit sind das keynesianische und das neoklassische Basismodell zur simultanen Bestimmung von Y, N, P und r vorgestellt und ihre Verbindungslinien aufgezeigt.

7.4. Ansätze zur Neuen Makroökonomie

Die in jüngerer Zeit vorgestellten Modelle der „Neuen Makroökonomie" greifen die in der KEYNES'schen Analyse enthaltene Vorstellung nicht voll flexibler Preise und Löhne auf und führen sie analytisch bis zur Entwicklung von Rationierungsgleichgewichten auf Güter- und Arbeitsmärkten fort. Ihre Idee besteht darin, daß Mengenanpassungen als Reaktion auf veränderte Angebots- und Nachfrageverhältnisse auf einem Markt den Preisänderungen vorauseilen. Damit wird die klassische Vorstellung von der zeitlichen Reihenfolge von Preis- und Mengenanpassungen umgekehrt. Verändern sich die gesamtwirtschaftliche Güter- und Faktornachfrage, werden nach klassischer Auffassung sämtliche Anbieter ihre Preisforderungen unverzüglich und so lange anpassen, bis sie wieder ihre ursprüngliche Menge absetzen. Ansatzpunkt der Neuen Makroökonomie ist dagegen die Vorstellung, die Anbieter hielten ihre Preise zunächst nahezu konstant.

Damit werden aber Situationen nicht geräumter, sich im Ungleichgewicht befindlicher Märkte zur typischen Konstellation. Da kein Marktteilnehmer gegen seinen Willen zu einer Transaktion gezwungen werden kann, entscheidet allein die „kürzere" der beiden Marktseiten über die gehandelte Menge, während die „längere" rationiert wird: Auf einem Käufermarkt können einige Anbieter einen Teil der von ihnen geplanten Mengen nicht absetzen, während auf einem Verkäufermarkt ein Teil der Nachfrage nicht befriedigt wird.

Folge dieser Transaktion im Ungleichgewicht („False Trading") ist, daß die Wirtschaftssubjekte ihre Dispositionen auf anderen Märkten nicht mehr im ursprünglich geplanten Umfang durchführen können oder wollen. Es kommt zu „Spill-Over-Effekten" von den rationierten auf andere Märkte. Ein Anbieter, der auf einem Käufermarkt nicht die ursprünglich von ihm vorgesehene Menge absetzen kann, muß ungeplante Einkommenseinbußen hinnehmen und kann damit seine auf anderen Märkten geplante Nachfrage nicht im gewünschten Maße entfalten. Umgekehrt wird ein Nachfrager, der auf einem Verkäufermarkt rationiert wird, angesichts der Warteschlangen nicht mehr bereit sein, sein Angebot auf anderen Märkten in dem von ihm vorgesehenen Umfang aufrechtzuerhalten. Diese Nachfrage- oder Angebotsreduktionen haben zur Folge, daß sich auf den Drittmärkten trotz voll flexibler Preise ein neues Gleichgewicht bei reduziertem Transaktionsvolumen ergibt. Die Preisinflexibilität auf dem einen Markt bewirkt damit eine quantitative Anpassung auf einem anderen Markt.

Die ersten explizit formulierten Rationierungsmodelle dienten der Erklärung der Einkommensabhängigkeit der KEYNES'schen Konsumfunktion. Sie nahmen an, Haushalte seien aufgrund kurzfristig nach unten starrer Nominallöhne arbeitslos und wegen der dadurch entstehenden Einkommenseinbußen gezwungen, ihre Nachfrage auf dem Gütermarkt zu reduzieren (CLOWER, 1963; LEIJONHUVFUD, 1966).

Den umgekehrten Weg eines „Spill-Over-Effektes“ vom Güter- auf den Arbeitsmarkt geht das zeitlich noch früher entwickelte Modell PATINKINS (1956, 2. A. 1965): Die Unternehmer treffen bei kurzfristig fixen Preisen auf eine mengenmäßig zu schwache Nachfrage und reduzieren deshalb ihre Arbeitsnachfrage. Obwohl der Reallohn seinen ursprünglichen Gleichgewichtswert nicht verändert hat, herrscht auf dem Arbeitsmarkt ein Angebotsüberschuß und damit unfreiwillige Arbeitslosigkeit.

Diese beiden sich wechselseitig ergänzenden Ansätze sind in späteren Modellen miteinander verbunden und integriert worden (BARRO/GROSSMAN, 1976; FELDERER/HOMBURG, 1984, 6. A. 1994). Ausgehend von einer kurzfristigen Lohnstarrheit auf dem Arbeitsmarkt ergibt sich ein mengenbeschränktes Gleichgewicht auf dem Gütermarkt, von dem – sofern auch hier keine vollkommene Preisflexibilität gegeben ist – wieder Rückwirkungen auf die Arbeitsnachfrage der Unternehmen ausgehen. Diese Kette von Spill-Over- und Feedback-Prozessen erklärt den keynesianischen Multiplikator und endet mit einem neuen mengenrationierten Gleichgewicht auf beiden Märkten. Der Ausdruck „Ungleichgewichtsökonomik“ für die Modelle der Neuen Makroökonomie ist somit irreführend, da in dem erreichten Endzustand die Pläne aller Marktteilnehmer, allerdings bei Berücksichtigung der von ihnen wahrgenommenen Rationierungen, in Erfüllung gehen, also miteinander kompatibel sind.

Die Entwicklung dieser hier nur kurz vorgestellten Modelle scheint noch nicht abgeschlossen. Insbesondere die Annahme starrer Güter- und Faktorpreise hat in den meisten Modellen noch keine eingehende mikroökonomische Begründung erfahren BARRO/GROSSMAN, 1976; GROSSMAN, H. I., 1979). Die Neue Markoökonomie hätte dementsprechend nur für solche Situationen Bedeutung, in denen Preise aufgrund gesetzlicher Vorschriften nicht die gewünschte Flexibilität besitzen und stünde dann mit ihren Ergebnissen nicht mehr im Widerspruch zur klassischen Theorie. Ihr Instrumentarium eröffnet jedoch interessante Perspektiven, insbesondere auch für die Analyse von Instabilitäten in Volkswirtschaften mit zentraler Planung (PORTES, 1981; HARTWIG, 1982).

Die bisherigen Modelle bezogen sich auf geschlossene Volkswirtschaften. Welche Modifikationen bei Berücksichtigung von Außenwirtschaftsbeziehungen notwendig sind und wie sie die Effizienz der Wirtschaftspolitik beeinflussen, ist nunmehr zu analysieren.

8. Außenwirtschaftsbeziehungen

Die ökonomischen Transaktionen zwischen Inländern und Ausländern werden in der Zahlungsbilanz erfaßt (Beitrag E-2.). Zur Erweiterung der bisherigen Analyse um die außenwirtschaftlichen Beziehungen ist deshalb die Zahlungsbilanz in das Makromodell einzubauen. Das geschieht im folgenden für das IS-LM-System. Der Arbeitsmarkt wird vernachlässigt, weil die im vorangegangenen Abschnitt aufgezeigten grundsätzlichen Zusammenhänge zwischen dem gesamtwirtschaftlichen Einkommen einerseits und dem Beschäftigungsvolumen sowie Preisniveau andererseits bei einer Ausdehnung der Analyse auf eine offene Volkswirtschaft erhalten bleiben.

Die Modellanalyse soll sich auf ein „kleines“ Land beziehen. Diese Annahme schließt ein, daß die ökonomischen Aktivitäten dieses kleinen Landes weder das Realeinkommen, die Preise noch die Zinsen im „Rest der Welt“ beeinflussen können.

8.1. Zahlungsbilanz

Der Einbau der Zahlungsbilanz kann in drei Schritten erfolgen:

- Auf dem Gütermarkt werden die Exporte und Importe als zusätzliche Nachfragekomponenten berücksichtigt. Das ist die Einbeziehung der Leistungsbilanz.
- Die Berücksichtigung der internationalen Kapitalbewegungen führt zur Einbeziehung der Kapitalbilanz.
- Die Zusammenfügung beider Bilanzen führt zur Berücksichtigung der gesamten Zahlungsbilanz. Gleichen sich Leistungsbilanzsaldo und Kapitalbilanzsaldo nicht gegenseitig aus, entsteht ein Saldo in der dritten wichtigen Teilbilanz: der Devisenbilanz. Damit einhergehende Änderungen der Währungsreserven sind eine Komponente des inländischen Geldangebotes, so daß unmittelbar der Geldmarkt beeinflußt wird.

Export- und Importnachfrage

Da in jedem Land von der Angebotsseite her gesehen inländische und ausländische Güter miteinander konkurrieren, hängen die Export- und Importnachfragen von dem Preisverhältnis ab, das zwischen dem Inland und dem Ausland besteht. In genauerer Betrachtung bezieht sich diese Abhängigkeit auf das Verhältnis der Preise der international gehandelten Güter. Hier kann, ohne Fehlerquellen zu eröffnen, generell von den Preisniveaus ausgegangen werden. Da sich das inländische Preisniveau P und das ausländische Preisniveau Pa auf unterschiedliche Währungseinheiten beziehen, müssen sie beide über den Wechselkurs e normiert und in Beziehung gesetzt werden. Wird dieser Wechselkurs definiert als jener Betrag inländischer Zahlungsmittel (DM), den man pro ausländische Währungseinheit (z. B. US-\$) erhält bzw. bezahlen muß, geht das zwischenstaatliche Preisverhältnis über in ein reales Austauschverhältnis Θ, genannt terms of trade (Beitrag I-3.4.):

$$(8.1) \qquad \Theta = \frac{P}{Pa \cdot e}.$$

Die terms of trade geben das Importvolumen an, das im Austausch gegen eine Einheit der Exportproduktion erworben werden kann. Steigt dieses Austauschverhältnis – weil (1) das inländische Preisniveau P steigt, (2) das ausländische Preisniveau Pa sinkt, (3) die Inlandswährung einer Aufwertungstendenz unterliegt, so daß der Wechselkurs e fällt –, dann nimmt die mengenmäßige Nachfrage des Inlandes nach Auslandsgütern

(Importnachfrage) zu und die mengenmäßige Nachfrage des Auslandes nach Inlandsgütern (Exportnachfrage) ab. Daneben hängen diese Güterströme auch positiv von den Einkommensniveaus der jeweiligen Länder ab: Die Importe von dem realen inländischen Einkommen Y, die Exporte von dem gegebenen realen Auslandseinkommen $\bar{Y}a$. Somit gelten als Verhaltensannahmen für die in Gütereinheiten gemessenen Exportnachfrage Ex und Importnachfrage Im:

(8.2) $Ex = Ex(\bar{Y}a, \theta)$ mit $Ex_{\bar{Y}a} > 0$, $Ex_\theta < 0$,

(8.3) $Im = Im(Y, \theta)$ mit $0 < Im_Y < 1$, $Im_\theta > 0$.

Beide Güterströme sind noch nicht wertmäßig miteinander vergleichbar, weil die Exporte in inländischen und die Importe in ausländischen Gütereinheiten definiert sind. Multipliziert man zunächst das Importvolumen Im mit dem Preisniveau Pa des Auslandes, erhält man den Nominalwert der Importe in Auslandswährung: $Pa \cdot Im$. Diese Größe läßt sich überführen in einen Realwert Im* der Importe, der wie die Exporte Ex in inländischen Kaufkrafteinheiten gemessen ist, wenn der Nominalwert $Pa \cdot Im$ über den Wechselkurs e in inländische Währungseinheiten umgerechnet und sodann mit dem Preisniveau P deflationiert wird:

$$(8.4) \qquad Im^* = \frac{Pa \cdot e}{P} Im = \frac{1}{\theta} Im.$$

Leistungsbilanz

Damit ergibt sich für den realen Wert des Saldos der Leistungsbilanz:

$$(8.5) \qquad L = Ex(\bar{Y}a,\theta) - \frac{1}{\theta} Im(Y,\theta).$$

Bei einer Erhöhung der terms of trade sinken aufgrund der Verhaltensfunktionen die realen Exporte Ex und steigt das mengenmäßige Importvolumen Im. Da der reziproke Wert der terms of trade $1/\theta$ kleiner wird, ist es nach Ausdruck (8.4) möglich, daß auch der reale Wert der Importe Im* abnimmt. Damit ist die Reaktion der Leistungsbilanz (8.5) auf eine Variation der terms of trade unbestimmt. Als normale Änderung wird angesehen, daß sich mit einer Verbesserung der terms of trade, also deren Zunahme, die Leistungsbilanz verschlechtert, also ins Defizit gerät bzw. ein bestehender Überschuß sinkt. Die Voraussetzungen für diese Normalreaktion gibt die MARSHALL-LERNER-Bedingung (Beitrag E-4.1.) an.

Gütermarktgleichgewicht

Durch die ausländische Nachfrage nach inländischen Gütern erhöht sich die gesamtwirtschaftliche Nachfrage, während die Importe einen Teil der gesamtwirtschaftlichen Nachfrage auf das Ausland lenken. Deshalb ist die Gleichgewichtsbedingung (5.1) für den Gütermarkt um den Saldo der Leistungsbilanz additiv zu ergänzen:

$$(8.6) \qquad Y = C(Y-T) + I(r) + \bar{G} + Ex(\bar{Y}a,\theta) - \frac{1}{\theta} Im(Y,\theta).$$

Dieses Gleichgewicht setzt keineswegs voraus, daß auch die Leistungsbilanz ausgeglichen ist. Aus (8.6) erhält man durch Umformung als alternative Gleichgewichtsbedingung:

$$\text{(8.7)} \qquad Ex(\bar{Y}a,\theta) - \frac{1}{\theta} Im(Y,\theta) = S(Y-T) + T - (I(r)+\bar{G}).$$

Danach muß im Gleichgewicht die Differenz zwischen Exporten und Importen gleich der Differenz zwischen geplanter Ersparnis plus Steueraufkommen und der geplanten Investition plus Staatsnachfrage sein.

Die außenwirtschaftlichen Nachfragekomponenten beeinflussen vor allem die Lage der IS-Kurve. Eine exogene Erhöhung der Exporte, etwa als Folge eines Einkommenszuwachses im Ausland, verschiebt die Kurve des Gütermarktgleichgewichts nach rechts. Das gleiche gilt für eine Abwertung: Diese senkt die terms of trade und vergrößert damit die Differenz zwischen Exporten und Importen. Zudem bewirken exogene Nachfrageimpulse eine geringere Verschiebung der IS-Kurve im Vergleich zur geschlossenen Volkswirtschaft. Mithin ist im reinen Gütermarktmodell die Effizienz der Fiskalpolitik geschmälert; und zwar weil ein expansiver Impuls dadurch gemildert wird, daß die von ihm ausgelöste Einkommenserhöhung eine zusätzliche Nachfrage nach ausländischen Gütern und damit einen binnenländischen Nachfrageausfall hervorruft. Dieses Ergebnis erhält man analytisch, wenn man aus der Gleichgewichtsbedingung (8.6) bei gegebener Investitions- und Exportnachfrage den Multiplikator für eine Änderung der Nachfrage des Staats nach inländischen Gütern (Staatsausgabenmultiplikator) herleitet:

$$\text{(8.8)} \qquad \frac{dY}{d\bar{G}} = \frac{1}{1 - C_Y(1-T_Y) + \frac{1}{\theta} Im_Y}.$$

Indem die marginale Importquote im Nenner hinzugefügt ist, fällt der Multiplikatorwert kleiner aus als der entsprechende Staatsausgabenmultiplikator (3.18) für die geschlossene Volkswirtschaft.

Im Rahmen eines derartigen Gütermarktmodells wurden in den fünfziger Jahren die makroökonomischen Probleme offener Volkswirtschaften analysiert (ALEXANDER, 1952). Die Konzentration auf die Leistungsbilanz hatte zur Folge, daß die außenwirtschaftlichen Beziehungen nur als realwirtschaftliche Probleme gesehen wurden. Diese Ausrichtung kennzeichnet die im Beitrag E-4.2. dargestellte keynesianische Theorie der Zahlungsbilanzanpassung und die dort formulierten Export- und Leistungsbilanzmultiplikatoren. HARRY G. JOHNSON (1958, 2) und ROBERT A. MUNDELL (1960, 1962) haben dagegen als erste erkannt, daß die offene Volkswirtschaft zugleich monetäre Probleme mit sich bringt. Die Analyse ist monetär ausgerichtet, wenn zusätzlich die Kapital- und Devisenbilanz einbezogen werden.

Kapitalbilanz

Die internationalen Kapitalbewegungen resultieren aus dem Kauf und Verkauf von international gehandelten Vermögenstiteln. Die Aufteilung eines Vermögensbestandes auf inländische und ausländische Vermögensarten hängt dabei von den Zinsniveaus im Inland und Ausland ab. Je höher die im Inland zu erzielende Rendite ist, desto geringer wird die Bereitschaft inländischer Anleger ausfallen, Kapital im Ausland anzulegen, und desto breiter dagegen der Kapitalstrom aus dem Ausland sein. Bestehen keine Erwartungen über Wechselkursänderungen (Beitrag E-5.2.), läßt sich bei dem gegebenen ausländischen Zinsniveau $\bar{r}a$ postulieren, daß der nominale Nettokapitalimport NK (Saldo der Kapitalbilanz) allein eine positive Funktion des inländischen Zinssatzes ist:

(8.9) $NK = NK(r)$ mit $NK_r > 0$.

Hinsichtlich des Ausmaßes der Zinsreagibilität der Kapitalbewegungen lassen sich zwei Fälle unterscheiden:

- Die inländischen und ausländischen Vermögenstitel, beispielsweise staatliche Wertpapiere, sind vollkommene Substitute. Dann existiert nur ein einziger Markt für diese Vermögenstitel, und es muß sich ein einheitlicher Kurs und damit eine einheitliche Verzinsung für die inländischen und ausländischen Vermögenstitel einstellen. Passen sich zudem, wie in der Regel angenommen werden darf, die Vermögensmärkte sehr schnell ihrer Gleichgewichtskonstellation an (Abschnitt 5.1.), können zu keiner Zeit Zinsdifferenzen zwischen Inland und Ausland existieren, weil die Wirtschaftseinheiten ihre Portefeuilles sofort zugunsten der Titel mit der höheren Verzinsung umschichten. Diese Kombination zwischen perfekter Substitution und sofortiger Marktanpassung ist der Fall der vollkommenen Kapitalmobilität. Sie impliziert unendlich zinselastische Kapitalströme: $NK_r \rightarrow \infty$. Aus der weiteren Annahme des kleinen Landes folgt dann zudem, daß der inländische Zinssatz durch das exogen vorgegebene Auslandszinsniveau determiniert ist: $r = \bar{r}a$.
- Sind die inländischen und ausländischen Vermögensarten unvollkommene Substitute, weil sie sich im Urteil der Wirtschaftseinheiten beispielsweise in ihren Risiken unterscheiden (Beitrag D-3.4.), können sich dauerhafte Zinsdifferenzen zwischen Inland und Ausland einspielen. Bei unvollkommenen Substitutionsbeziehungen ist die Zinsreagibilität der Kapitalströme endlich: $0 < NK_r < \infty$. Das gilt auch für den Regelfall hoher Anpassungsgeschwindigkeiten der Vermögensmärkte. Diese Kombination von nicht-perfekter Substitutionsbeziehung und sofortiger Marktanpassung sei hier als unvollkommene Kapitalmobilität bezeichnet.

Zahlungsbilanz als Nebenbedingung

Leistungsbilanz und Kapitalbilanz werden zur Zahlungsbilanz zusammengefaßt. Aufgrund der Definition der Nettokapitalströme geschieht dies in nominalen Werten. Bezeichnet Z den Saldo der Devisenbilanz, und zwar den nominalen Überschuß der Devisenbilanz, erhält man:

(8.10) $Z = \bar{P} \cdot Ex(\bar{Y}a, \theta) - e \cdot \bar{P}a \cdot Im(Y, \theta) + NK(r).$

Diese Definition der Zahlungsbilanz ist als dritte Gleichung den Gleichgewichtsbedingungen für den Gütermarkt und den Geldmarkt hinzuzufügen. Ob allerdings überhaupt ein Saldo in der Devisenbilanz entstehen kann, hängt von der Ausgestaltung des Wechselkurssystems ab:

- Im System fester Wechselkurse sind die Zentralbanken verpflichtet, zur Aufrechterhaltung der vereinbarten Wechselkurse an den Devisenmärkten zu intervenieren. Aufgrund der Devisenmarkttransaktionen der inländischen Zentralbank entstehen Salden in der Devisenbilanz, die sich als Zunahme oder Abnahme der Währungsreserven der Zentralbank niederschlagen. Diese Währungsreserven sind zugleich eine der Entstehungskomponenten von Zentralbankgeld (Beitrag D-4.2.). Salden in der Devisenbilanz verändern damit unmittelbar die inländische Geldversorgung. Wenn zur Vereinfachung unterstellt wird, daß genau in Höhe der Veränderung der Devisenreserven das nominale Geldangebot variiert, gilt:

  $$Z = dM.$$

- Im System flexibler Wechselkurse spielt sich der Wechselkurs e so ein, daß sich Leistungsbilanzsaldo und Kapitalbilanzsaldo ausgleichen:

  $$Z = 0.$$

Die Zahlungsbilanz läßt sich als neue, zusätzliche Kurve dem IS-LM-Diagramm hinzufügen. Als Kurve ZZ des Zahlungsbilanzgleichgewichts seien alle Kombinationen von Zins r und Sozialprodukt Y erfaßt, bei denen der Saldo der Devisenbilanz Null ist. Nach dem Grad der Kapitalmobilität sind wiederum zwei Konstellationen zu unterscheiden:

- Bei unvollkommener Kapitalmobilität hat die ZZ-Kurve eine positive Steigung. Dieser Zusammenhang läßt sich anhand von Abb. C-8.1 herleiten. Ausgehend von dem Zahlungsbilanzgleichgewicht E_0 steige das Inlandseinkommen auf Y_1. Damit erhöht sich die Importnachfrage, und die Zahlungsbilanz gerät bei unverändertem inländischen Zinsniveau r_0 im Punkte E_{d1} in ein Defizit. Um das Zahlungsbilanzgleichgewicht aufrecht zu halten, muß der Zins steigen. Dadurch wird ein zusätzli-

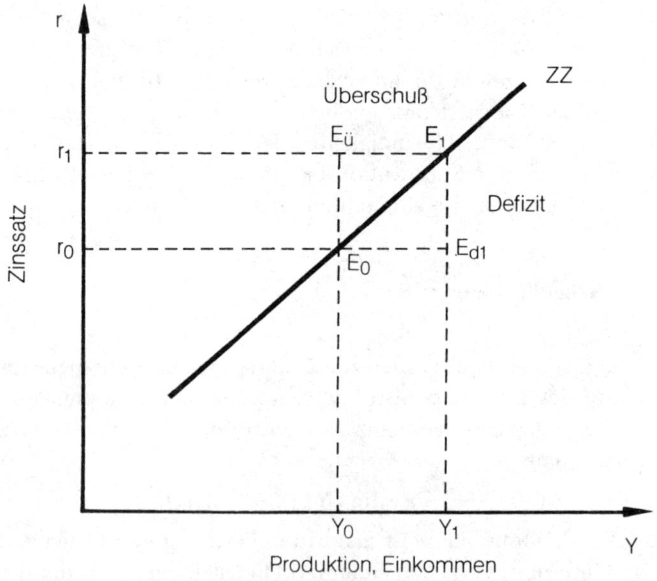

Abb. C-8.1: Kurve des Zahlungsbilanzgleichgewichts bei unvollkommener Kapitalmobilität

cher Kapitalimport induziert, so daß in E_1 das Leistungsbilanzdefizit kompensiert ist. Diese Überlegungen ergeben zugleich, daß unterhalb der ZZ-Kurve eine Defizitsituation und entsprechend oberhalb eine Überschußsituation vorliegt.

- Bei vollkommener Kapitalmobilität ist der inländische Zinssatz durch die ausländischen Kapitalmärkte fixiert: $r = \bar{r}a$. In Höhe dieses Zinsniveaus wird die ZZ-Kurve im IS-LM-Diagramm zu einer Parallelen zur Y-Achse. Läge der Auslandszins in Abb. C-8.1 beispielsweise bei r_0, würde die Kurve des Zahlungsbilanzgleichgewichts durch die Punkte E_0 und E_{d1} verlaufen. Auch in diesem Fall gilt wiederum, daß sich die Zahlungsbilanz unterhalb der ZZ-Kurve im Defizit und darüber im Überschuß befindet.

Internes und externes Gleichgewicht

Alle Punkte auf der ZZ-Kurve stellen ein außenwirtschaftliches (externes) Gleichgewicht dar. Dagegen bildet nur eine einzige Kombination von Zinssatz und Einkommen, nämlich der Schnittpunkt von IS- und LM-Kurve das inländische (interne) Gleichgewicht. Ein simultanes gesamtwirtschaftliches Gleichgewicht liegt erst vor, wenn der Schnittpunkt von IS- und LM-Kurve mit einem Punkt auf der ZZ-Kurve zusammenfällt und sich damit die drei Kurven in einem Punkt schneiden. Wenn immer internes und externes Gleichgewicht auseinanderfallen, werden über die Zahlungsbilanz Anpassungsprozesse ausgelöst, die das gesamtwirtschaftliche Gleichgewicht wieder herstellen. Die Art der Anpassungskräfte hängt von der Ausgestaltung des Wechselkurssystems ab. Dabei ergeben sich im IS-LM-Diagramm folgende grundlegende Mechanismen:

- Ist die Zahlungsbilanz im System fester Wechselkurse im Ungleichgewicht, verändern sich die Geldmenge und damit die Lage der LM-Kurve. Wenn die Zentralbank in einer Überschußsituation Devisen aufkauft, um eine Aufwertung zu verhindern, erhöht sie das Geldangebot und verschiebt die LM-Kurve nach rechts. IS- und ZZ-Kurve bleiben unberührt.
- Ist die Zahlungsbilanz im System flexibler Wechselkurse im Ungleichgewicht, verändern sich der Wechselkurs und damit der Saldo der Leistungsbilanz. Eine Veränderung dieses Saldos verschiebt zunächst die IS-Kurve. Kommt es in einer Überschußsituation zu einer Aufwertung, wird im unterstellten Normalfall der Saldo zwischen den Exporten und Importen kleiner und die IS-Kurve nach links unten verlagert. Bei unvollkommener Kapitalmobilität beeinflußt diese Veränderung des Leistungsbilanzsaldos zugleich die Kurve des Zahlungsbilanzgleichgewichts. Alle Kombinationen von Zinssatz und Einkommen auf der ZZ-Kurve werden bei einer Aufwertung über die Abnahme des Leistungsbilanzsaldos zu Konstellationen des Zahlungsbilanzdefizits. Damit die Zahlungsbilanz wieder ins Gleichgewicht kommt, müßte der Zins steigen, um zusätzliche kompensierende Kapitalimporte anzulocken, und müßte das Einkommen sinken, um die Importnachfrage zurückzudrängen. Die ZZ-Kurve verschiebt sich nach links oben.

Diese Anpassungsprozesse werden in den folgenden beiden Abschnitten bei vollkommener und unvollkommener Kapitalmobilität analysiert, um die Effizienz der Fiskal-

und Geldpolitik in den beiden alternativen Wechselkurssystemen abzuschätzen. Von den Problemen der Finanzierung fiskalpolitischer Maßnahmen wird dabei stets abgesehen.

8.2. Gleichgewicht bei vollkommener Kapitalmobilität

Grundlage der nachfolgenden Betrachtung ist das simultane gesamtwirtschaftliche Ausgangsgleichgewicht E_0 in *Abb. C-8.2.* Das inländische Zinsniveau r ist vollständig an das Auslandszinsniveau $\bar{r}a$ gekoppelt.

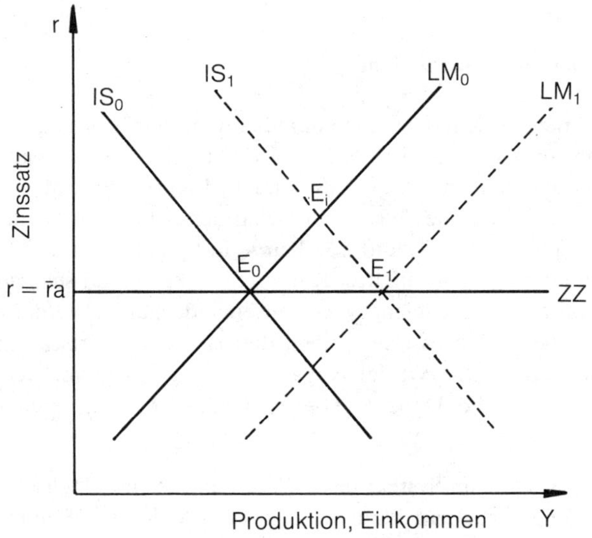

Abb. C-8.2: Gesamtwirtschaftliches Gleichgewicht bei vollkommener Kapitalmobilität

8.2.1. Feste Wechselkurse

Eine expansive Fiskalpolitik erhöht die gesamtwirtschaftliche Nachfrage und verschiebt die IS-Kurve von IS_0 nach IS_1. Bleibt die Geldversorgung unverändert, müßte der inländische Zins steigen. Bei der geringsten Tendenz zur Zinssteigerung reagieren jedoch die Kapitalanleger mit einer Substitution von ausländischen Vermögenstiteln gegen eine Anlage in inländischen Titeln. Der sofortige Kapitalimport zwingt die Zentralbank, zur Aufrechterhaltung des Wechselkurses das Überschußangebot an Devisen aus dem Markt zu nehmen und zusätzliches Zentralbankgeld zu schaffen. Die inländische Geldmenge wächst, und die LM-Kurve wandert nach rechts. Das neue gesamtwirtschaftliche Gleichgewicht wird im Punkt E_1 bei einem höheren Einkommen und unverändertem Zinsniveau erreicht. In der geschlossenen Volkswirtschaft würde sich das interne Gleichgewicht E_i von *Abb. C-8.2.* mit einer weniger starken Einkommenserhöhung einspielen. Im Vergleich dazu ist die Fiskalpolitik in der offenen Wirtschaft mit festen Wechselkursen deshalb wirksamer, weil sie über die Zahlungsbilanz zusätzlich einen monetären Impuls auslöst.

Eine expansive Geldpolitik müßte die Kurve des Geldmarktgleichgewichts von LM_0 nach LM_1 verschieben. Das aber ist nicht möglich. Eine Tendenz zur Zinssenkung induziert einen sofortigen Kapitalexport, der die Zentralbank in ihrer Verpflichtung, eine Abwertung zu verhindern, zwingt, die ursprüngliche Geldmengenerhöhung durch den Verkauf von Devisen wieder rückgängig zu machen. Die LM-Kurve verharrt in ihrer Lage, und die Geldpolitik ist wirkungslos.

Damit ergibt sich: Im System fester Wechselkurse, mit vollkommener Kapitalmobilität und unter der Annahme des kleinen Landes determinieren das Auslandszinsniveau und die gesamtwirtschaftliche Güternachfrage das interne Gleichgewicht, während das Geldangebot endogen und vollkommen elastisch ist. Damit ist die Fiskalpolitik, die die gesamtwirtschaftliche Nachfrage beeinflußt, sehr effizient und die Geldpolitik völlig ineffizient.

8.2.2. Flexible Wechselkurse

Bei völlig flexiblen Wechselkursen gelingt es der Fiskalpolitik im Endeffekt nicht, die Lage der IS-Kurve zu verändern. Eine expansive Fiskalpolitik induziert wiederum über die Tendenz zu Zinssteigerungen sofortige Kapitalimporte. Diese führen nunmehr eine Aufwertung herbei. Dadurch sinkt die Nachfrage nach inländischen Gütern: Die Exporte nehmen ab, und die Importe steigen. Die Fiskalpolitik verdrängt mithin über die Veränderung des Wechselkurses private Nachfrage. Das ist eine weitere Form des crowding-out-Effektes (s. Abschnitt 5.3.2.). Im vorliegenden Fall wird die Leistungsbilanz genau in Höhe des Fiskalimpulses verschlechtert, weil der inländische Zinssatz sich nicht vom Auslandsniveau lösen kann. Der bewegliche Wechselkurs führt mithin einen vollständigen crowding-out-Effekt herbei.

Eine expansive Geldpolitik verschiebt die LM-Kurve von LM_0 nach LM_1. Die Tendenz zur Zinssenkung wird durch die sofortige Reaktion der Kapitalanleger, inländische Vermögenstitel durch ausländische Titel zu substituieren, verhindert. Mit dem Kapitalexport gerät die Zahlungsbilanz in ein Defizit. Die Inlandswährung wird abgewertet, und die Nachfrage nach inländischen Gütern steigt: Die Exporte wachsen, und die Importe nehmen ab. Die Verbesserung der Leistungsbilanz verschiebt die IS-Kurve nach IS_1. Die Geldpolitik ist wirksamer als in einer geschlossenen Volkswirtschaft, weil über die Wechselkursänderung endogen ein zusätzlicher Nachfrageimpuls ausgelöst wird.

Damit ergibt sich nunmehr gegenüber festen Wechselkursen das genau umgekehrte Ergebnis: Im System flexibler Wechselkurse, mit vollkommener Kapitalmobilität und unter der Annahme des kleinen Landes legen das Auslandszinsniveau und der Umfang des Geldangebots das interne Gleichgewicht fest, während die Güternachfrage endogen und vollkommen elastisch ist. Damit ist die Geldpolitik sehr effizient und die Fiskalpolitik völlig ineffizient.

8.3. Gleichgewicht bei unvollkommener Kapitalmobilität

Bei unvollkommener Kapitalmobilität kann sich das inländische Zinsniveau teilweise von der Zinsentwicklung im Ausland lösen. Damit wird der Zins r zu einer endogenen Variable, und die ZZ-Kurve des Zahlungsbilanzgleichgewichts hat eine positive Steigung. Sie kann damit steiler oder flacher als die LM-Kurve des Geldmarktgleichgewichts verlaufen. Im folgenden wird stets unterstellt, daß die Steigung der ZZ-Kurve geringer als die der LM-Kurve ist. Dies ist sichergestellt, wenn die Kapitalströme ausreichend zinselastisch sind. Je höher deren Zinsreagibilität ausfällt, desto kleiner ist die Steigung der Kurve des externen Gleichgewichts.

8.3.1. Feste Wechselkurse

Fiskalpolitik

Die öffentliche Hand frage bei einer expansiven Fiskalpolitik ausschließlich inländische und keine ausländischen Güter nach (staatliche Diskriminierungspolitik). Dadurch wird in *Abb. C-8.3* lediglich die IS-Kurve verschoben – von IS_0 nach IS_1 –, während die Lage der Kurve des Zahlungsbilanzgleichgewichts ZZ unverändert bleibt. Infolge dieser Fiskalpolitik steigen der Zinssatz und das gesamtwirtschaftliche Einkommen „entlang" der zunächst gegebenen Kurve LM_0 des Geldmarktgleichgewichts. Steigende Zinsen und Einkommen führen zu einem Überschuß in der Zahlungsbilanz, da die ZZ-Kurve flacher als die LM-Kurve verläuft und sich deshalb IS_1-Kurve und LM_0-Kurve oberhalb der Kurve des Zahlungsbilanzgleichgewichts

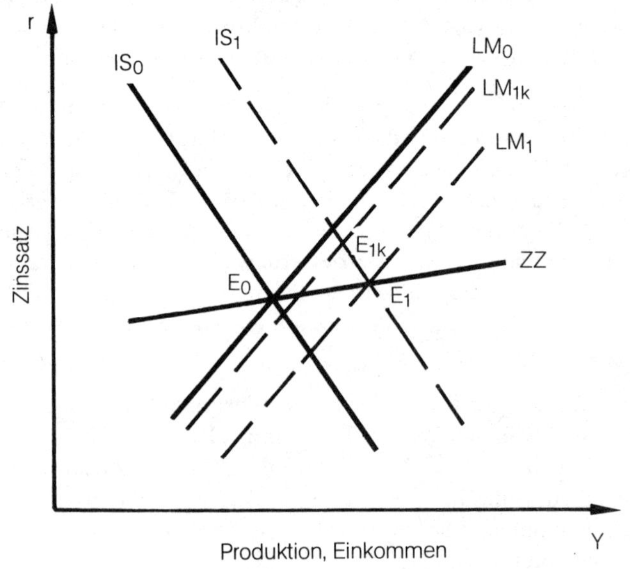

Abb. C-8.3: Wirkungen einer expansiven Fiskalpolitik bei festen Wechselkursen

schneiden. Um eine Aufwertung der inländischen Währung zu verhindern, muß die Zentralbank Auslandswährungen aufkaufen. In der Periode der expansiven Fiskalpolitik wird mithin zugleich endogen das Geldangebot ausgeweitet.

Die Ausdehnung der Geldmenge verschiebt die LM_0-Kurve zunächst nach LM_{1k}; der ergänzende untere Index k soll andeuten, daß dieses Geldmarktgleichgewicht nur kurzfristig bestehen bleiben kann. In der Konstellation E_{1k} liegt zwar ein internes Gleichgewicht vor, doch hat es deshalb nur kurzfristig Bestand, weil die Zahlungsbilanz noch immer einen Überschuß aufweist. Damit ist die Zentralbank weiterhin gezwungen, Devisen aufzukaufen. Die LM-Kurve wandert von Periode zu Periode so lange nach rechts, bis im Punkt E_1 ein neues gesamtwirtschaftliches Gleichgewicht erreicht ist. Analog zur Defizitfinanzierung staatlicher Ausgaben hat ein Zahlungsbilanzungleichgewicht langfristige Auswirkungen. Allerdings könnte der Staat den Anpassungsprozeß beschleunigen, wenn er die expansive Fiskalpolitik durch eine expansive Geldpolitik unterstützt (LM_0 nach LM_1), um sofort auch das außenwirtschaftliche Gleichgewicht zu sichern.

Die Fiskalpolitik ist um so effizienter, je flacher die ZZ-Kurve verläuft. Sie erreicht ihren höchsten Wirkungsgrad in dem schon analysierten Fall der vollständigen Kapitalmobilität. Umgekehrt ist die Fiskalpolitik um so weniger effizient, je steiler die ZZ-Kurve verläuft, d. h. je weniger zinselastisch die Kapitalströme reagieren. In diesem Falle treten nur geringe Zahlungsbilanzüberschüsse und die Fiskalpolitik unterstützende expansive Geldmengenimpulse auf. Ist die ZZ-Kurve steiler als die LM-Kurve und schneiden sich damit IS_1-Kurve und LM_0-Kurve unterhalb der Zahlungsbilanzgleichgewichte, induziert eine expansive Fiskalpolitik sogar Zahlungsbilanzdefizite und damit konterkarierende monetäre Impulse.

Geldpolitik

Eine expansive geldpolitische Maßnahme führt kurzfristig zu einem höheren gesamtwirtschaftlichen Einkommen und zu einem niedrigeren Zinsniveau. Damit wird ein Zahlungsbilanzdefizit herbeigeführt. Die zur Stützung des Wechselkurses erforderlichen Devisenmarktoperationen der Zentralbank schränken das Geldangebot ein und neutralisieren den ursprünglich beabsichtigten expansiven Effekt der Geldpolitik. Wie unter der Bedingung vollkommener Kapitalmobilität kann auch bei geringerer Zinselastizität der Kapitalströme mittels einer einmaligen geldmengenpolitischen Maßnahme keine anhaltende Wirkung auf das inländische Sozialprodukt erzielt werden. Im Falle der unvollkommenen Kapitalmobilität kann allerdings die Zentralbank versuchen, den Zins dauerhaft zu senken und damit die eigene Volkswirtschaft auf einem höheren Produktionsniveau zu stabilisieren, indem sie in jeder Periode Devisen mit dem von ihr selbst geschaffenen Geld aufkauft, um den zahlungsbilanzbedingten Geldmengenabfluß zu überkompensieren. Dieser Mechanismus setzt allerdings voraus, daß der Rest der Welt auch bereit ist, laufend die Währung dieses Landes aufzunehmen. Sind die ausländischen Wirtschaftseinheiten nicht dazu bereit, ist die Geldmengenpolitik eines Landes im System fester Wechselkurse auch bei unvollkommener Kapitalmobilität unwirksam.

Auslandseinfluß

Auslandseinflüsse auf das Niveau der Inlandsproduktion können ausgehen von konjunkturellen Schwankungen in der ökonomischen Aktivität $\bar{Y}a$ des Auslandes oder von einer Preisniveauentwicklung $\bar{P}a$ im Rest der Welt, die von der im Inland abweicht und die terms of trade θ verändert. Beispielsweise läßt ein Konjunkturaufschwung die Exporte wachsen und verschiebt damit in *Abb. C-8.4* die Kurve des Gütermarktgleichgewichtes von IS_0 nach IS_1. Zugleich wird die Kurve des Zahlungsbilanzgleichgewichtes nach ZZ_1 verlagert, da alle gleichgewichtigen Ausgangskombinationen ZZ_0 infolge der Erhöhung der Exporte zu Konstellationen des Zahlungsbilanzüberschusses werden: Die neuen Gleichgewichtskombinationen von Zinssatz und Einkommen müssen unterhalb der ZZ_0-Kurve liegen. Der sich einspielende Anpassungsprozeß läuft analog zu der Wirkung der expansiven Fiskalpolitik ab. Die Volkswirtschaft expandiert bei steigenden Zinsen, und die Zentralbank kompensiert die eintretenden Zahlungsbilanzüberschüsse über Devisenmarktoperationen. Damit bewegt sich das System über das kurzfristige interne Gleichgewicht E_{1k} zur langfristigen gesamtwirtschaftlichen Gleichgewichtslage E_1 hin.

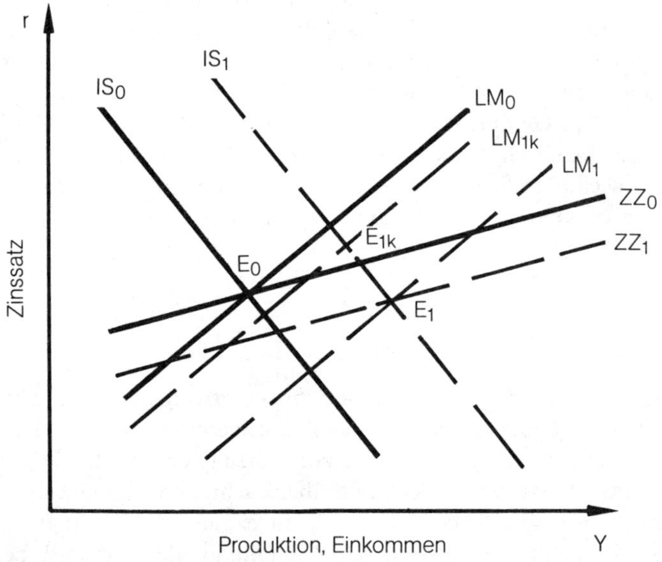

Abb. C-8.4: Wirkungen einer Ausdehnung der Exporte bei festen Wechselkursen

Policy-mix

Welche Maßnahmen können die wirtschaftspolitischen Instanzen ergreifen, um die Volkswirtschaft auf einem gewünschten Einkommensniveau zu stabilisieren? Als Beispiel seien die Folgen eines Ölpreisschocks analysiert. Mit der abrupten Anhebung des Ölpreises steigen die Ausgaben für die Ölimporte, weil eine schnelle Substitution durch andere Energieträger nicht möglich ist. Wie sich gezeigt hat, sind sogar lange

Zeiträume erforderlich, um den Ölverbrauch spürbar zu reduzieren. Innerhalb des IS-LM-Modells impliziert diese geringe Reaktion des mengenmäßigen Ölimports auf Preissteigerungen, daß die marginale Importneigung Im_θ in bezug auf die terms of trade nahe bei Null liegt. Da aber die terms of trade selbst stark sinken, erhöht sich nach Ausdruck (8.4) der (reale) Wert Im* der Importe. Ein Ölpreisschock verschiebt damit die Kurve des Gütermarktgleichgewichtes nach unten und die des Zahlungsbilanzgleichgewichtes nach oben.

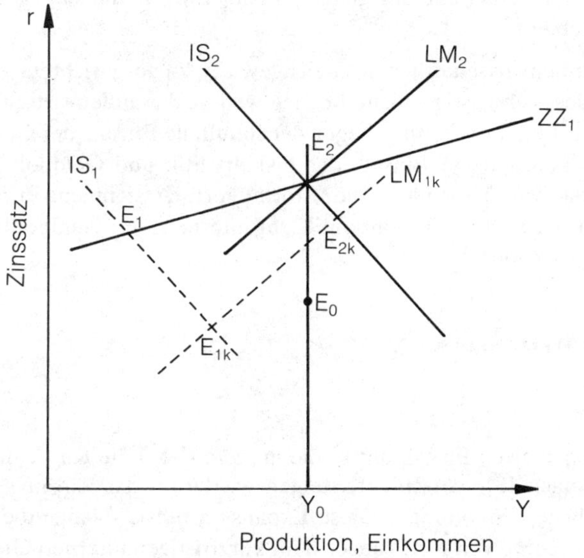

Abb. C-8.5: Kombinierter Einsatz von Geld- und Fiskalpolitik bei Unterbeschäftigung und Zahlungsbilanzdefizit

In *Abb. C-8.5* sei angenommen, daß sich die Volkswirtschaft im Punkte E_0 befinde, und dies sei ein Gleichgewicht bei Vollbeschäftigung. Die zugehörigen Gleichgewichtskurven für Gütermarkt, Geldmarkt und Zahlungsbilanz sind nicht eingezeichnet. Aufgrund der Änderung des Ölpreises beschreiben nunmehr die IS_1-Kurve und die ZZ_1-Kurve die neue Lage der Volkswirtschaft. In der Zahlungsbilanz muß ein Defizit hingenommen werden, so daß die Zentralbank zur Verhinderung der Abwertung Devisen abgibt und damit die Geldmenge verringert. Die Kurve des neuen, aber nur kurzfristig bestehen bleibenden Geldmarktgleichgewichts LM_{1k} liegt oberhalb der Ausgangslage E_0. Die Volkswirtschaft gerät zunächst in die Konstellation E_{1k}, in der eine Unterbeschäftigung mit einem weiterhin bestehenden Zahlungsbilanzdefizit einhergeht.

Im System fester Wechselkurse ist das gesamtwirtschaftliche Gleichgewicht durch die Zahlungsbilanz und die Güternachfrage bestimmt (Abschnitt 8.2.). Ohne fiskalpolitische Maßnahmen würde sich die Volkswirtschaft, begleitet von einer weiterhin erzwungenen restriktiven Geldpolitik, zum Punkt E_1 bewegen und damit eine noch weiter steigende Unterbeschäftigung hinnehmen müssen. Zum Abbau der Unterbeschäftigung ist demnach eine expansive Fiskalpolitik erforderlich. Werden die fiskalpolitischen Maßnahmen derart dosiert, daß die neue IS_2-Kurve die Zahlungsbilanzgerade beim angestrebten Einkommensniveau Y_0 im Punkt E_2 schneidet, stellt sich mittelfristig die Überbeschäftigungslage E_{2k} ein. Zwar liegt auch hier ein Zahlungsbilanzdefizit vor, so daß sich die Volkswirtschaft langfristig über die ausgelöste Geldmengenverringerung der Gleichgewichtslage E_2 annähert, jedoch kann die Wirtschaftspolitik diesen Anpassungsprozeß abkürzen, wenn sie gleichzeitig mit der expansiven Fiskalpolitik eine kontraktive Geldmengenpolitik verfolgt, die sogleich die Kurve des kurzfristigen Geldmarktgleichgewichts LM_{1k} in die langfristig erforderliche Lage LM_2 verschiebt.

Die an dem binnenwirtschaftlichen Gleichgewicht Y_0 ausgerichtete Fiskalpolitik erreicht – zumindest kurzfristig – nicht ihr Ziel, weil sie das außenwirtschaftliche Gleichgewicht verletzt. Letzteres kann dagegen der simultane Einsatz der Geldpolitik sicherstellen. Dieser kombinierte Einsatz der Fiskalpolitik und Geldpolitik – policy-mix genannt – ist das von MUNDELL (1962) formulierte Assignment-Prinzip: Bei festen Wechselkursen hat sich die Fiskalpolitik am internen, die Geldpolitik am externen Gleichgewicht auszurichten.

8.3.2. Flexible Wechselkurse

Fiskalpolitik

Infolge einer expansiven Fiskalpolitik, die in *Abb. C-8.6* die Kurve des Gütermarktgleichgewichts nach IS_{1k} verschiebt, steigen wiederum das Zinsniveau und das gesamtwirtschaftliche Einkommen. Diese Expansion führt, solange die ZZ-Kurve flacher als die LM-Kurve verläuft, zunächst im kurzfristigen internen Gleichgewicht E_{1k}

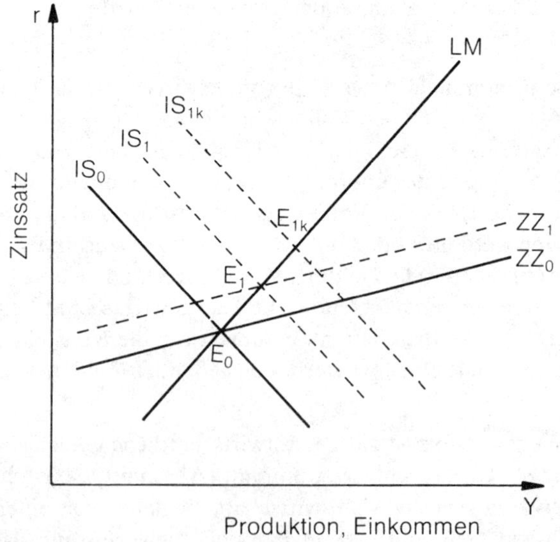

Abb. C-8.6: Wirkungen einer expansiven Fiskalpolitik bei flexiblen Wechselkursen

zu einem Überschuß in der Zahlungsbilanz. Die inländische Währung wertet sich auf. Eine Aufwertung dämpft zwar die Exportnachfrage und stimuliert die Importe, sie kann jedoch über diese indirekte Wirkung bei unvollkommener Kapitalmobilität den expansiven fiskalpolitischen Impuls nicht vollständig kompensieren. Ein totaler crowding-out-Effekt wie bei vollkommener Kapitalmobilität findet nicht statt. Die Kurve des Gütermarktgleichgewichts verlagert sich lediglich nach IS_1 zurück. Mit der Aufwertung verschiebt sich gleichzeitig die ZZ-Kurve des externen Gleichgewichts nach oben. In Punkt E_1 tritt ein neues Gesamtgleichgewicht ein. Je kleiner die Zinselastizität der Kapitalströme ist, eine desto geringere Aufwertung ist erforderlich, um die zusätzlichen Kapitalimporte über die Leistungsbilanz auszugleichen. Daraus folgt, daß mit abnehmender Zinsreagibilität der Kapitalbewegungen die Effizienz der Fiskalpolitik steigt. Ist die Kurve des Zahlungsbilanzgleichgewichts steiler als die LM-Kurve, wird sogar eine Abwertung ausgelöst, die den expansiven Fiskaleffekt noch verstärkt. Das ist die entgegengesetzte Konsequenz zum System fester Wechselkurse, in dem die Fiskalpolitik um so ineffizienter ist, je steiler die ZZ-Kurve verläuft. Dort reduziert eine abnehmende Zinselastizität der Kapitalströme die expansiven monetären Impulse oder kehrt sie sogar in konterkarierende Geldmengenimpulse um.

Geldpolitik

Eine expansive Geldpolitik, welche die LM-Kurve in *Abb. C-8.7* von LM_0 nach LM_1 verschiebt, senkt das Zinsniveau und erhöht das gesamtwirtschaftliche Einkommen. Diese Konstellation führt zu einem Defizit in der Zahlungsbilanz und löst damit eine Abwertung der inländischen Währung aus. Die Kurve des Gütermarktgleichgewichts und die des Zahlungsbilanzgleichgewichts verschieben sich, bis im Punkt E_1 ein neues

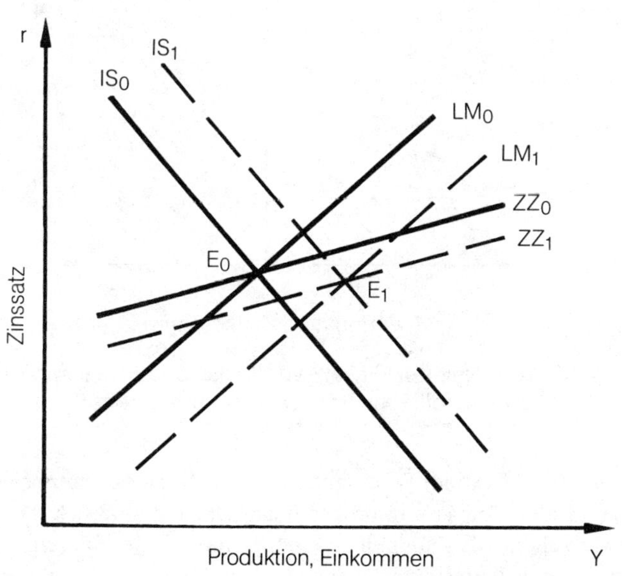

Abb. C-8.7: Wirkungen einer expansiven Geldpolitik bei flexiblen Wechselkursen

Gleichgewicht bei einem höheren Gleichgewichtseinkommen erreicht ist. Im Gegensatz zum System fester Wechselkurse behält die Geldpolitik ihre Wirksamkeit, weil über die Devisenbilanz keine entgegenwirkenden monetären Impulse ausgelöst werden.

Auslandseinfluß und policy-mix

Eine exogene Erhöhung des (realen) Wertes der importierten Güter, beispielsweise wiederum hervorgerufen durch einen Ölpreisschock, bringt die Volkswirtschaft in eine Defizitsituation, die eine Abwertung der inländischen Währung hervorruft. Ist in *Abb. C-8.8* der Punkt E_0 die gesamtwirtschaftliche Ausgangslage, verschiebt sich die Kurve des Gütermarktgleichgewichts nach IS_1 sowie die Kurve des Zahlungsbilanzgleichgewichts nach ZZ_1 und es spielt sich das kurzfristige interne Gleichgewicht in E_{1k} ein. Die Abwertung stimuliert die Exporte und verdrängt einen Teil des Importvolumens. Diese Veränderungen in der Leistungsbilanz wirken der ursprünglichen Erhöhung der Ölpreisrechnung entgegen. Die IS_1- und ZZ_1-Kurve wandern zu ihrer Ausgangslage in E_0 zurück. Ein System flexibler Wechselkurse schirmt mithin die inländische Volkswirtschaft langfristig gegen exogene Schocks ab, die vom Ausland kommen.

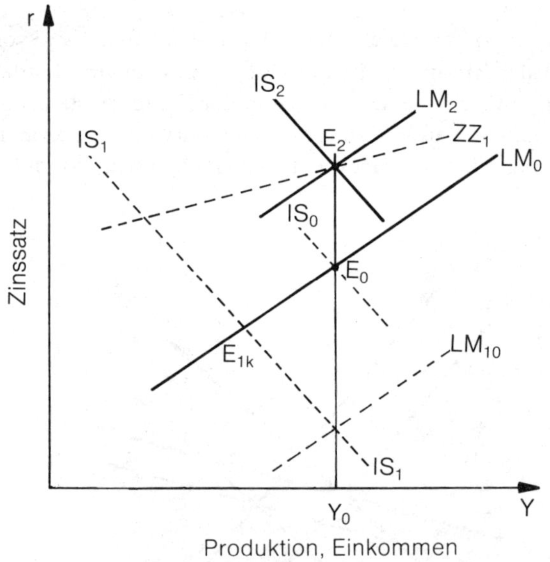

Abb. C-8.8: Kombinierter Einsatz von Geld- und Fiskalpolitik bei Unterbeschäftigung und Zahlungsbilanzdefizit

Der Abschirmungseffekt flexibler Wechselkurse kann aber möglicherweise einen zeitlich so lang andauernden Anpassungsprozeß beanspruchen, daß sich die Wirtschaftspolitiker veranlaßt sehen, Maßnahmen zu einer schnellen Beseitigung der in der Situation E_{1k} bestehenden Unterbeschäftigung zu ergreifen. Ist hier ein ähnlicher policy-mix wie im System fester Wechselkurse angebracht?

- Eine expansive Geldpolitik, die kurzfristig die Vollbeschäftigungslage Y_0 anstrebt, indem die LM_0-Kurve nach LM_{10} verschoben wird, ist keine Lösung. Die Zahlungsbilanz gerät in ein noch höheres Defizit, und die ausgelöste Abwertung würde die Volkswirtschaft in eine Überbeschäftigung expandieren lassen.
- Eine expansive Fiskalpolitik, die bei einem gegebenen Geldangebot durch eine Erhöhung der gesamtwirtschaftlichen Nachfrage auf IS_0 das Beschäftigungsvolumen Y_0 anstrebt, stellt ebenfalls keine langfristige Lösung dar. Die Zahlungsbilanz ist weiterhin im Defizit und die ausgelöste Abwertung bringt die Volkswirtschaft ebenfalls in eine Überbeschäftigungsphase.

Damit bietet sich auch im System flexibler Wechselkurse eine Kombination von Fiskal- und Geldpolitik an. Eine kontraktive Geldpolitik nach LM_2 und eine expansive Fiskalpolitik nach IS_2 würde in Punkt E_2 ein internes und externes Gleichgewicht bei der angestrebten Einkommenslage Y_0 sichern.

Wechselkurserwartungen

Bislang wurde angenommen, daß die internationalen Kapitalströme allein auf die Veränderungen von Zinssatzdifferenzen, die zwischen dem Inland und dem Ausland bestehen, reagieren. Schwanken die Wechselkurse frei, bilden jedoch die Wirtschaftseinheiten Erwartungen über die zukünftige Wechselkursentwicklung, und diese Wechselkurserwartungen beeinflussen gleichfalls die privaten Entscheidungen über die Aufteilung eines Vermögensbestandes auf inländische und ausländische Vermögenstitel. Erwarten die Wirtschaftseinheiten eine Abwertung der inländischen Währung, dann werden sie vermehrt Kapital im Ausland anlegen, denn eine realisierte Abwertung bedeutet einen Ertrag für den Kapitalexporteur. Umgekehrt vermögen Aufwertungserwartungen Kapitalimporte selbst dann auszulösen, wenn das inländische Zinsniveau unter dem des Auslandes liegt.

Die Herausbildung und Veränderung von Wechselkurserwartungen lösen gesamtwirtschaftliche Anpassungsprozesse aus. Es sei einmal angenommen, daß in der Situation eines internen und zugleich externen Gleichgewichts eines Landes aufgrund eines exogenen Impulses Erwartungen über eine Aufwertung seiner Währung entstehen. Die inländischen Vermögenstitel werden attraktiver für Anleger aus dem Ausland. Infolge des Kapitalimports wird der tatsächliche Wechselkurs aufgewertet und damit die Wettbewerbsposition des Landes geschwächt. Die daraus resultierende Verschlechterung der Leistungsbilanz reduziert das gesamtwirtschaftliche Einkommen. Sobald in Reaktion auf diese wirtschaftliche Entwicklung die privaten Wirtschaften ihre bisherigen Erwartungen auf eine Aufwertung revidieren, kommt es zu einer Umkehr des Anpassungsprozesses. Diese interdependenten Zusammenhänge lassen sich in einem statischen Modell, das der bisherigen Analyse der Außenwirtschaftsbeziehungen zugrunde lag, nicht eingehender untersuchen. Dazu müssen dynamische Modelle formuliert werden (DORNBUSCH, 1980, Kapitel 4).

Kommentierte Literaturhinweise

Eine gute Integration von keynesianischen und neoklassischen Hypothesen mit gleichzeitiger Herleitung von wirtschaftspolitischen Aussagen bieten vor allem RÜDIGER DORNBUSCH; STANLEY FISCHER (1978, 6. A. 1994), aber auch ROBERT J. BARRO (1984, 2. A. 1987), WILLIAM H.Branson (1972, 3. A. 1989) und MICHAEL PARKIN (1984). Im deutschen Sprachraum präsentieren den Stand der modernen Makroökonomik die Lehrbücher von UWE WESTPHAL (1988, 2. A. 1994), EMIL-MARIA CLAASSEN (1980), HANS G. MONISSEN (1982, 1; 1982, 2), WILFRIED FUHRMANN (1983, 3. A. 1991), BERNHARD FELDERER; STEFAN HOMBURG (1984, 6. A. 1994).

Der an den Methoden der empirischen Makroökonomik Interessierte sollte zu dem schon erwähnten Lehrbuch von UWE WESTPHAL (1988, 2. A. 1994) greifen.

Neu sind zwei Lehrbücher, die in ihren empirischen Teilen die Wirtschaft Europas analysieren: MICHAEL BURDA; CHARLES WYPLOSZ (1993), ROBERT J. BARRO; VITTORIE V. GRILLI (1994).

Eine gut verständliche makroökonomische Theorie neoklassischer Prägung hat MICHAEL R. DARBY (1976, 1) vorgelegt. Als Einführung in die Neue Makroökonomie kann auf KURT W. ROTHSCHILD (1981), auf den von HARALD HAGEMANN; HEINZ D. KURZ; WOLF SCHÄFER (1981) herausgegebenen Sammelband und auf BERNHARD FELDERER; STEFAN HOMBURG (1984, 6. A. 1994) zurückgegriffen werden.

Für eine vertiefende Analyse der Außenwirtschaftsbeziehungen sollten RÜDIGER DORNBUSCH (1980, 1) und HANS-JOACHIM JARCHOW; PETER RÜHMANN (1982, 4. A. 1994) sowie MANFRED WILLMS (1992, 2. A. 1995) herangezogen werden.

In den Lehrbüchern von ROBERT L. CROUCH (1972) und LAURENCE H. MEYER (1980) wird besonderes Gewicht auf die Probleme der Konstruktion statischer Modelle und ihrer komparativ-statischen Auswertung gelegt. Dem mehr mathematisch orientierten Leser sind die Werke von DAVID J. OTT; ATTIAT F. OTT; JANG H. YOO (1975) und THOMAS J. SARGENT (1979, 2. A. 1987) besonders zu empfehlen. Eine mikroökonomische Fundierung der Makroökonomik bietet das mathematisch anspruchsvolle Werk von OLIVER J. BLANCHARD; STANLEY FISCHER (1989).

D. Geld und Kredit

Dietmar Kath

Gliederung

1. Begriff und Gegenstand

Das Lehrstück „Geld und Kredit“ umfaßt diejenigen Teilbereiche der mikro- und makroökonomischen Theorie, in denen das auf monetäre Größen gerichtete Verhalten der Wirtschaftssubjekte erklärt wird. Seine gesonderte Behandlung ist nicht nur in der volkswirtschaftlichen Lehrbuchliteratur, sondern auch in den akademischen Lehrplänen üblich. Sie erklärt sich aus der im System der nationalökonomischen Klassiker angelegten „Dichotomie“ von Geld- und Werttheorie: Demnach werden die relativen Preise für Güter und Produktionsfaktoren als Ausdruck der realen Knappheitsverhältnisse im Gütersektor determiniert (Werttheorie) und die Geldpreise im Finanzsektor bestimmt (Geldtheorie). Diese gedankliche Trennung der ökonomischen Vorgänge in einen realen und einen davon unabhängigen monetären Wirkungszusammenhang ist in der herrschenden Wirtschaftstheorie einer integrativen Betrachtungsweise gewichen. Daran hat nicht zuletzt die neuere Geldtheorie einen erheblichen Anteil. Die Folge dieser Integration ist eine vielfältige Verknüpfung der Geldtheorie mit den übrigen Teilgebieten der Volkswirtschaftslehre, wie insbesondere „Einkommen, Beschäftigung und Preisniveau“ (Beitrag C), „Inflation“ (Beitrag F) sowie „Konjunktur und Wachstum“ (Beitrag G).

Zum Verständnis der Bezeichnung ,,Geld und Kredit“ mögen folgende Hinweise dienen:

- Der historische Ursprung der Begriffsverbindung liegt auf der Geldschaffungsseite. Hier trat der Kreditaspekt in den Vordergrund, als das Warengeld zunehmend durch das Kreditgeld verdrängt wurde. In der Folge wurden die Begriffe Papiergeld und Kreditgeld synonym verwendet. Zudem wurden in der formalen Analyse des Geldschöpfungsvorgangs Geldvermehrung und Kreditausweitung lange Zeit als synchron ablaufende Prozesse behandelt, mit identischen Volumina auf jeder Prozeßstufe.
- Im Rahmen der Geldnachfragetheorie gelten Kredit (in Form handelbarer Schuldtitel) und Geld als konkurrierende Instrumente der Vermögensanlage. Ihre Bestände in der Volkswirtschaft als gegeben vorausgesetzt, ist jede Überschußnachfrage nach Geld gleichbedeutend mit einem Angebotsüberhang an Schuldtiteln (und damit Überschußnachfrage nach Kredit) und umgekehrt.

2. Geldverwendung

Gegenstand der Theorie der Geldverwendung ist die Auseinandersetzung mit den beiden Grundfragen,
- wofür das Geld im Wirtschaftsprozeß verwendet wird und
- warum sich das Geld auf einer bestimmten Entwicklungsstufe als ein besonderes Medium herausgebildet hat.

Eine Antwort auf die erste Frage gibt die Lehre von den Geldfunktionen, bei der es sich um eine systematische Bestandsaufnahme der in der Realität anzutreffenden

Verwendungszwecke des Geldes handelt. Erst mit der Beantwortung der zweiten Frage wird die Geldverwendung im Entscheidungskalkül der Wirtschaftseinheiten verankert. Auf diese Weise lassen sich die einzel- und gesamtwirtschaftlichen Vorteile des Gebrauchs von Geld im Tausch- und Zahlungsverkehr aufzeigen.

2.1. Erscheinungsformen des Geldes

Verfolgt man die Entwicklungsgeschichte des Geldes, so zeigt sich ein vielfacher Wandel seiner äußeren Erscheinungsform. Nachdem in der Entstehungsphase der Geldwirtschaft ausschließlich solche knappen Güter als Geld gedient hatten, die unmittelbar auch der Bedürfnisbefriedigung zugeführt werden konnten, kam es mit dem Münzgeld erstmals zur Herausbildung eines spezifischen Mediums. Der Übergang zur Münzprägung (vermutlich im 7. Jahrhundert v. Chr. im griechisch-kleinasiatischen Raum) markiert zugleich die Geburt des Zeichengeldes, das sich von anderen Gütern aufgrund besonderer, typischer Merkmale (Form, Ausprägung, Stückelung) unterscheiden und damit eindeutig als Geld identifizieren läßt. Ebenso wie die Frühformen des Geldes wird das vollwertig ausgeprägte Münzgeld (Kurantgeld) als Warengeld klassifiziert. Diese Geldart zeichnet sich dadurch aus, daß sich ihr Wert im Tausch gegen Güter, die keine Gelddienste leisten, allein aufgrund ihres Material- oder Gebrauchswertes bestimmt.

Im modernen Geldwesen ist das Warengeld fast vollständig durch das stoffwertlose Buchgeld und durch stoffwertarmes Zeichengeld verdrängt worden. Letzteres weist in der Form des Notengeldes (Banknoten) keinen nennenswerten Materialwert auf oder ist in Gestalt der als „Kleingeld" dienenden Scheidemünzen mit einem Metallwert ausgestattet, der unter dem aufgeprägten Wert liegt.

Beim Buchgeld ist die stoffliche Anbindung der Gelddienste vollständig aufgehoben. Es existiert als abstrakter Rechtstitel, der seitens der Kreditinstitute eine Verbindlichkeit und von seiten der Nichtbanken (private und öffentliche Haushalte sowie nichtfinanzielle Unternehmen) eine Forderung (Bankeinlage) darstellt. Es wird daher auch Depositengeld genannt. Die synonym verwendete Bezeichnung Giralgeld erklärt sich aus dem Sachverhalt, daß Zahlungen zwischen Nichtbanken über ein Netz von Bankkonten (Girosystem) als reine Buchungsvorgänge abgewickelt werden. In *Übersicht D-1* sind Formen und Arten des Geldes systematisch zugeordnet.

2.2. Begriff und Funktionen des Geldes

Der in der Geldtheorie verwendete Geldbegriff abstrahiert von den konkreten Erscheinungsformen des Geldes. Er knüpft an dessen Funktionen im Tausch- und Zahlungsverkehr an, die als Tauschmittel-, Recheneinheits- und Wertaufbewahrungsfunktion bezeichnet werden. Dementsprechend ist Geld als ein Medium definiert, das gleichermaßen der Tauschabwicklung wie der Wertaufbewahrung dient und das im Zusammenhang mit diesen konkreten Dispositionen auch die Rolle des abstrakten Wertmaßstabs übernimmt. Diese drei Geldfunktionen können allerdings nicht als gleichrangige Begriffsmerkmale gelten.

Übersicht D-1: Erscheinungsformen und Arten des Geldes

Formen \ Arten	Warengeld	Zeichengeld	stoffwertarmes u. stoffwertloses Geld
Frühformen des Geldes (Gebrauchsgüter)	+	–	–
Münzgeld[1] – Kurantgeld – Scheidemünzen	 + –	 + +	 – +
Banknoten[1]	–	+	+
Buchgeld (Giralgeld, Depositengeld)	–	–	+

[1] Die Summe aus Münzen und Noten ergibt den Bargeldbestand (Bargeldumlauf) einer Volkswirtschaft.

Notwendiges und zugleich dominierendes Kriterium des Geldbegriffs ist allein die Tauschmittelqualität des Geldes. Eine arbeitsteilige Wirtschaft, die auf dezentralen ökonomischen Entscheidungen beruht, kann ohne indirekte Tauschbeziehungen nicht funktionieren, denn der direkte Tausch stößt schnell an technische und organisatorische Grenzen. Insofern erschien die Verwendung eines allgemeinen Tauschmittels bereits den Klassikern der Nationalökonomie als zwangsläufige Konsequenz der zunehmenden Arbeitsteilung. Als Medium der Tauschabwicklung kommt zwar potentiell jedes Gut in Betracht, es sind jedoch allein diejenigen Güter hierfür auch geeignet, die allen anderen in bezug auf Haltbarkeit und Teilbarkeit überlegen und nicht als freie Güter in unbegrenzter Menge vorhanden sind.

Um in einer Tauschwirtschaft die Vergleichbarkeit der Werte der zum Tausch gebrachten Güter und Leistungen sicherzustellen, ist eine einheitliche Recheneinheit erforderlich. Die Rolle des Wertmessers kann grundsätzlich von jedem beliebigen homogenen Gut übernommen werden, und selbst eine abstrakte Recheneinheit wäre denkbar. Die Wahl wird sinnvollerweise auf dasjenige Gut fallen, dessen Qualitätsmerkmale am besten bekannt und am wenigsten veränderbar sind. Daher wird in der Regel das allgemeine Tauschmittel gleichzeitig auch als Recheneinheit verwendet.

Das Bedürfnis nach einer Übertragung von Vermögenswerten auf zukünftige Perioden kann durch jedes dauerhafte Gut befriedigt werden. Die Wertaufbewahrungsfunktion scheidet daher als konstituierendes Merkmal für die Geldqualität eines Mediums aus. Sie ist jedoch eine notwendige Voraussetzung für dessen zeitlich unbeschränkte Verwendungsfähigkeit als Geld. Erst wenn seine Qualität im Austausch gegen andere Güter – in einer zeitgemäßen Ausdrucksweise also seine Kaufkraft – erwiesen und gesichert erscheint, kann ein Medium als Geld in Betracht gezogen werden.

Aufgrund ihrer Stellung zu den übrigen Geldfunktionen gilt die Tauschmitteleigenschaft als dominierendes Merkmal für die Abgrenzung des Geldbegriffs. Ein Medium, das sich als allgemeines Tauschmittel durchgesetzt hat, ist zugleich auch geeignet, Träger der übrigen Geldfunktionen zu sein.

2.3. Vorteile der Geldverwendung

In der Lehre von den Geldfunktionen ist die zweite, auf die mikroökonomische Fundierung der Geldverwendung zielende Grundfrage nicht untersucht worden. Der Sachverhalt der Geldverwendung wurde vielmehr ausschließlich unter dem Gesichtspunkt der Verwendungszwecke behandelt, die das Geld in einem Tauschsystem erfüllt. Dabei ist JOHN MAYNARD KEYNES (1883–1946) das Verdienst zuzuschreiben, die unverzinsliche Geldhaltung als eine ökonomisch sinnvolle Form der Wertaufbewahrung zu begründen. Die Klassiker hatten das Horten von Geld demgegenüber als irrationales Verhalten eingestuft und allein seine Rolle im Tauschverkehr hervorgehoben. Für eine Einbeziehung der Gelddienste in die Konsum- oder Produktionsentscheidung der Wirtschaftseinheiten bestand jedoch, von der Besonderheit des Warengeldes abgesehen, selbst aufgrund der Tauschmittelfunktion kein Spielraum, da die ökonomischen Aktivitäten an einem Modell der vollkommenen Tauschwirtschaft abgeleitet wurden. Wegen der perfekten Information aller Tauschpartner über sämtliche Marktbedingungen ist das Geld hier lediglich geeignet, die beiden Grundprobleme für einen funktionsfähigen Tausch zu lösen, die Bewertung der Güter und die Abwicklung der Transaktionen. In der realen Welt sind die Idealkonditionen der klassischen Lehre weder erfüllt noch erreichbar. Andererseits strebt der Mensch stets danach, Unvollkommenheiten abzubauen und Hemmnisse zu überwinden. Ökonomisch rationales Verhalten setzt allerdings voraus, daß der hierfür erforderliche Aufwand geringer ist als der erwartete Ertrag. Aus diesem ökonomischen Prinzip muß auch die Begründung für die Herausbildung des Geldes abgeleitet werden.

An diesen Grundgedanken knüpfen die in den letzten Jahrzehnten entwickelten Erklärungsansätze für eine mikroökonomische Fundierung des Geldes an (u. a. BRUNNER/MELTZER, 1971,1; NIEHANS, 1978). Danach erweist sich das Geld in der Regel als überlegene Organisationsform zur Überwindung der beim direkten Tauschverkehr auftretenden Friktionen. Aus dem Spektrum aller Güter wird dasjenige als Geld dienen, das beim Abbau von Unvollkommenheiten die vergleichsweise geringsten Kosten verursacht. Auf diese Weise entsteht sowohl ein einzelwirtschaftlicher Nutzenzuwachs als auch ein gesamtwirtschaftlicher Wohlfahrtsgewinn entsprechend derjenigen Ressourcenmenge, die infolge der Geldverwendung anstelle des Einsatzes anderer Mittel freigesetzt wird (BRUNNER/MELTZER, 1971,1). Diese Feststellung gilt, obwohl mit der Einführung eines allgemeinen Tauschmittels insofern eine Erhöhung der Zahl der Tauschvorgänge verbunden ist, als jeder bisher direkt abgewickelte Tauschakt, Gut gegen Gut, neuerdings in zwei indirekte Tauschbeziehungen aufgespalten wird: Gut gegen Geld und Geld gegen Gut. Während dieses Transaktionsargument geeignet sein könnte, für die Geldwirtschaft – verglichen mit einem System des direkten Naturaltausches – höhere Kosten nachzuweisen, lassen sich unter Berücksichtigung des Informations- und des Synchronisationsarguments eindeutige Kostenvorteile begründen. Beide Argumente kommen erst zur Geltung, wenn die Grundannahme des Modells der vollkommenen Tauschwirtschaft aufgelöst wird, wonach die für jeden direkten Tausch notwendige Komplementarität der Bedürfnisse und Güterausstattungen zweier Tauschpartner stets gewährleistet ist. Das Zustandekommen der Tauschbeziehungen verursacht demnach keine Kosten. Der frierende Bäcker und der hungernde Schneider gelten als Illustration für ein derart ideales Tauschpaar.

In Wirklichkeit erfordert sowohl die Anbahnung als auch die Abwicklung des Tausches den Einsatz von Ressourcen (Zeitaufwand, Arbeits- und Kapitaleinsatz). Am Beispiel Bäcker–Schneider wird deutlich, daß ein Tauschverkehr nur zustande kommen kann, wenn zwei Grundprobleme bewältigt werden:

- Das Informationsproblem (der frierende Bäcker und der hungernde Schneider müssen zusammentreffen): seine Überwindung führt zur Herausbildung eines allgemeinen Tauschmittels.
- Das Synchronisationsproblem (Bäcker und Schneider müssen ihre Tauschmengen zum selben Zeitpunkt bereitstellen): seine optimale Lösung begründet die Einführung des stoffwertlosen Geldes und die Entstehung von Kreditbeziehungen.

Den Mangel an Informationen darüber, ob und wo potentielle Tauschpartner zu finden sind, versuchen die Wirtschaftssubjekte dadurch abzubauen, daß sie einen Teil der in ihrem Besitz befindlichen Ressourcen einsetzen, um sich diese notwendigen Marktkenntnisse zu beschaffen. Der Faktoraufwand hierfür mindert die Produktions- oder Konsummenge des eigenen Gutes. Andererseits läßt sich mit Hilfe der erworbenen Information ein Nutzenzuwachs erzielen, denn mit der verbleibenden Faktorausstattung kann entweder eine größere Menge oder eine bessere Qualität anderer Güter eingetauscht werden. Die optimale Lösung ist dann erreicht, wenn Grenzkosten und Grenzerträge der Informationsbeschaffung einander gleich sind.

Im Vergleich zum direkten Tausch ermöglicht bereits der indirekte Tausch ohne Verwendung von Geld eine Senkung der Informationskosten bei gleichem Informationsertrag. Die Abgabe des eigenen Produktes gegen ein Gut, das nicht in ganzer Menge dem eigenen Verzehr, sondern teilweise dem Weitertausch gegen andere Güter dient, ist aus der Sicht des einzelnen dann eine ökonomisch sinnvolle Handlung, wenn er davon ausgehen kann, daß für das eingetauschte Objekt leichter Tauschpartner zu finden sind als für sein eigenes Erzeugnis. Je häufiger ein Gut im Tauschverkehr als Zwischengut eingesetzt wird – und das heißt auch: je größer die Zahl der Wirtschaftssubjekte ist, die dieses Medium verwenden –, um so niedriger sind die individuellen und auch die sozialen Grenzkosten der Informationsbeschaffung. Im Fall des allgemeinen Tauschmittels ist das Grenzkostenminimum des indirekten Tausches erreicht, und der Prozeß der Geldentstehung ist abgeschlossen.

Das Problem der Synchronisierung tritt immer dann auf, wenn mindestens zwei Tauschpartner ihre Güter nicht zum selben Zeitpunkt fertigstellen. Bei technisch bedingten Abweichungen in der Produktionsdauer ergibt sich die Notwendigkeit zur Lagerhaltung desjenigen Gutes, das mit geringerem Zeitaufwand erzeugt wird. Auf diese Weise entstehen Aufbewahrungskosten. Durch die Einführung des allgemeinen Tauschmittels lassen sich diese Kosten senken. Das Gut mit der kürzeren Herstellungszeit kann dann bereits zum Zeitpunkt seiner Fertigstellung gegen Geld getauscht werden. Allerdings erhöht sich daraufhin die Zahl der Tauschakte, so daß zusätzliche Transaktionskosten anfallen. Die Wirtschaftssubjekte werden sinnvollerweise diejenige Lösung anstreben, bei der die Gesamtkosten als Summe der Kosten für Lagerhaltung und Tauschabwicklung ein Minimum bilden. Bei gegebener Organisationstechnik kann immer nur eine Kostenart gegen die andere substituiert werden. Durch die Verwendung stoffwertlosen Geldes ist es dagegen möglich, beide Kostenbestandteile gleichzeitig zu verringern. Insofern läßt sich seine Einführung als technischer Fortschritt des Tauschverkehrs interpretieren.

Während das Informationsargument eher geeignet ist, das Geld als Recheneinheit und als Tauschmittel im Entscheidungsprozeß der Wirtschaftseinheit zu verankern, begründet das Synchronisationsargument in erster Linie die Wertaufbewahrungsfunktion für ein bereits existierendes allgemeines Tauschmittel.

Das Synchronisationsproblem kann alternativ auch durch bilaterale Übereinkünfte gelöst werden. Indem die Tauschpartner vereinbaren, Leistung und Gegenleistung zeitlich zu trennen, kommt es zu einer Kreditbeziehung in der einfachen Form des Naturalkredits. Er ist als befristete Übertragung von Verfügungsmacht über ein bestimmtes Gut definiert. Demgegenüber wird die zeitweilige Überlassung einer Geldsumme (allgemeine Verfügungsmacht über Güter) als Finanzkredit bezeichnet (Ehrlicher, 1975,4). Im Fall der asynchronen Tauschabwicklung erfolgt eine Kreditgewährung zugunsten desjenigen Partners, der seine Lieferung zeitlich in die Zukunft verlagert.

2.4. Geldmengenkonzepte

Als Grundlage für eine mengenmäßige Definition des Geldbegriffs kommen die in den Geldfunktionen erfaßten qualitativen Merkmale in Betracht. Allein die Tauschmittelfunktion ermöglicht jedoch eine eindeutige Abgrenzung der perfekten Zahlungsmittel gegenüber geldnahen Finanzaktiva. Die Funktion der Recheneinheit scheidet hierfür von vornherein aus, da alle Finanzanlagen in derselben Geldeinheit ausgedrückt werden. Die Wertaufbewahrungsfunktion zeichnet ebenfalls nicht nur das Geld aus; sie erstreckt sich auch auf das verzinsliche Finanzvermögen sowie auf die längerlebigen Sachgüter und wird von diesen Vermögensformen größtenteils besser wahrgenommen als vom Geld selbst. Erst wenn die Wertaufbewahrungsobjekte danach unterschieden werden, ob sie der temporären Kaufkraftaufbewahrung oder der permanenten Vermögenshaltung dienen, läßt sich ein zusätzliches Abgrenzungsmerkmal für das Geldvolumen gewinnen (Friedman/Schwartz, 1970; Claassen, 1974). Je nachdem, ob die Zahlungsmitteleigenschaft allein (engeres Geldmengenkonzept) oder zusätzlich das Kriterium der temporären Kaufkraftaufbewahrung (erweitertes Geldmengenkonzept) zugrunde gelegt wird, müssen in die Buchgeldkomponente nicht nur die Sicht-, sondern auch Termin- und Spareinlagen einbezogen werden, also verzinsliche finanzielle Aktiva, die in einem besonders engen Substitutionsverhältnis zu den unverzinslichen Geldkomponenten stehen.

Die Frage nach einer allgemeingültigen quantitativen Abgrenzung des Geldbegriffs ist bis heute offen. Dies gilt nicht nur für die Geldtheorie; auch viele Notenbanken vermeiden eine Festlegung auf ein einziges Geldmengenkonzept und ermitteln mehrere verschieden weit gefaßte Geldaggregate. So unterscheidet die Deutsche Bundesbank die Geldvolumina M1, M2 und M3 je nachdem, ob neben der Bargeldkomponente ausschließlich Sichteinlagen (D_1) oder zusätzlich auch Termineinlagen (D_2) und weiterhin auch Spareinlagen mit dreimonatiger Kündigungsfrist (D_3) einbezogen werden. Sie orientiert ihre Geldpolitik an M3. Dieses Geldaggregat ist Bezugsgröße sowohl für die Fixierung des jährlichen Geldmengenziels als auch für den Einsatz ihres geldpolitischen Instrumentariums. Bis Ende 1987 wurde anstelle von M3 das rechnerische Konstrukt „Zentralbankgeldmenge" verwendet. Es ist ähnlich zusammengesetzt wie M3, allerdings mit dem Unterschied, daß die Sicht-, Termin- und

Übersicht D-2: Theoretische Konzepte verschiedener Geldaggregate und ihre statistische Erfassung in der Bundesrepublik Deutschland[1] (Zahlenangaben in Mrd. DM per 31. 12. 1994)

Geldbasis von der Entstehungsseite: 283,2		
Außenwirtschaftliche Komponente 94,8	Staatliche Komponente 25,9	Refinanzierungskomponente
Exogene Geldbasis	71,5	211,7

Geldbasis von der Verwendungsseite: 283,2					
Bargeldbestand außerhalb des inländischen Bankensystems	Totale Reserven		57,3		
	Mindestreserven (Sollwerte)		56,4		Überschußreserven
	auf Sichteinlagen[3]	auf Termineinlagen mit Befristung bis unter vier Jahren[3]	auf Spareinlagen mit Befristungen bis unter vier Jahren[3]	auf Sicht-, Termin- und Spareinlagen von Gebietsfremden[3]	
225,9	24,5	10,4	17,4	2,7	0,8

Bargeldbestand außerhalb des inländischen Bankensystems	Sichteinlagen[2]	Termineinlagen[2] mit Befristung bis unter vier Jahren	Spareinlagen[2] mit dreimonatiger Kündigungsfrist	Spareinlagen[2] mit Kündigungsfristen von mehr als drei Monaten	Sicht-, Termin- und Spareinlagen von Gebietsfremden	
225,9	538,1					
M1 764		518,7				
M2 1282,7			654,3			
M3 1937				217,1	89,3	

* Der ausgewiesene Wert für die Geldbasis von der Entstehungsseite weicht deshalb von der Summe der aufgeführten Entstehungskomponenten ab, weil einige Positionen aus der Bundesbank-Bilanz sich nicht zweckentsprechend zuordnen lassen. Für das Jahr 1994 ergibt die Summe dieser Restposten einen Passivsaldo von 48,5 Mrd. DM.

[1] Die Zahlen gelten für das gesamte seit Beginn der Währungsunion im Juni 1990 um die neuen Bundesländer erweiterte Währungsgebiet der D-Mark. Geldaggregate M1, M2 und M3 in der Abgrenzung der Deutschen Bundesbank; Geldbasis und exogene Geldbasis in der Abgrenzung der geldtheoretischen Literatur.

[2] Sicht-, Termin- und Spareinlagen jeweils als Verbindlichkeiten inländischer Nichtbanken bei inländischen Kreditinstituten.

[3] Mindestreserve berechnet unter Anwendung der Reservesätze per 31. 12. 1994 auf die reservepflichtigen Verbindlichkeiten im Monatsdurchschnitt gemäß Anweisung der Deutschen Bundesbank über Mindestreserven (AMR) vom 20. Januar 1983 in der Fassung vom 13. Dezember 1994.

Quelle: Deutsche Bundesbank, Monatsbericht, Februar 1995, Statistischer Teil, sowie eigene Berechnungen.

Spardepositen jeweils nur mit dem Gewicht der Anfang 1974 geltenden Mindestreservesätze eingehen. Schwankungen des Bargeldanteils bewirken also selbst bei unverändertem Niveau der Geldnachfrage M3 gleichgerichtete Veränderungen der Zentralbankgeldmenge. Die zunehmende Instabilität der Bargeldnachfrage hat die Eignung der Zentralbankgeldmenge als geldpolitische Steuerungsgröße mehr und mehr in Frage gestellt. Eine genaue Abgrenzung aller Geldaggregate und ihrer Komponenten enthält *Übersicht D-2*.

Die Geldmengendefinitionen M1, M2, M3 und damit auch die Zentralbankgeldmenge stellen ausdrücklich nur auf die Geldbestände der Nichtbanken ab; insofern gelten sie als verwendungsorientierte Meßkonzepte. Demgegenüber spiegelt die ebenfalls in *Übersicht D-2* ausgewiesene Geldbasis das Geldangebot der Volkswirtschaft wider. Sie umfaßt ausschließlich die unverzinslichen Verbindlichkeiten der Zentralbank, also neben der Bargeldhaltung der Nichtbanken auch die Kassenbestände der Kreditinstitute und deren gesamte Zentralbankguthaben. Damit wird eine klare Trennung zwischen dem finanziellen Sektor (Notenbank und Geschäftsbanken) auf der einen und dem Nichtbankensektor (Staat und Publikum) auf der anderen Seite vorgenommen. Der finanzielle Sektor repräsentiert die Geldangebotsseite der Volkswirtschaft und ist Gegenstand der Geldangebotstheorie. Diese strikte Zuordnung beruht auf der Erkenntnis, daß die Banken ihre finanziellen Aktivitäten – obwohl sie weitgehend auf dieselben monetären Größen gerichtet sind – in einen anderen Entscheidungsrahmen stellen als die Nichtbanken.

3. Geld- und Kreditangebot

Der Geldangebotstheorie geht es um die Klärung der Frage, wie die Geldversorgung einer Volkswirtschaft funktioniert. Erklärungsobjekte der Geldangebotstheorie sind Geldaggregate, die aus einer Bargeld- und einer Depositengeldkomponente in unterschiedlich weiter Abgrenzung bestehen. Während das Bargeld seitens der staatlichen Zentralbank aufgrund einer gesetzlichen Monopolstellung in Umlauf gebracht wird, entsteht Buchgeld im Zuge der Kreditvergabe konkurrierender privater und öffentlicher – aber nicht mit Hoheitsfunktionen ausgestatteter – Kreditinstitute (Geschäftsbanken).

3.1. Bargeld und Buchgeld

Trotz des Nebeneinanders von staatlichem Bargeld und privatem Buchgeld in den modernen Geldordnungen ist die Notenbank in der Lage, die notwendige Beschränkung der Gesamtgeldmenge in einer Volkswirtschaft (s. Abschnitt 6.1.) durchzusetzen. Die Menge an Basisgeld (Bargeld und Zentralbankguthaben der Banken) und das Volumen des von den Kreditinstituten angebotenen Depositengeldes sind nämlich in dreifacher Hinsicht miteinander verknüpft.

Erstens betrachten die Geldnachfrager Bargeld und Depositen als unvollkommene Substitute. Bargeld ist besser geeignet, Zahlungen im direkten Kontakt zwischen Wirtschaftsakteuren abzuwickeln und Schuldverhältnisse definitiv zu löschen. Giralgeld ist beim Zahlungsverkehr zwischen räumlich getrennten Partnern und mit hohen Geldbeträgen überlegen. Aufgrund der beschränkten Substituierbarkeit verwenden die Wirtschaftssubjekte beide Geldarten in einer mehr oder weniger festen Proportion.

Zweitens macht der aus der Sicht der Nichtbanken beschränkte Substitutionsgrad eine freiwillige Reservehaltung seitens der Banken erforderlich, da sie mit Barabhebungen rechnen müssen. Sie unterhalten daraufhin in Relation zu ihrem Depositenvolumen einen Bargeldbestand und zusätzlich – um auch nicht vorhersehbare Barabhebungen bedienen zu können – freiwillige Guthaben bei der Zentralbank. Letztere sind allerdings überflüssig, wenn die Notenbank bereit ist, den Geschäftsbanken jederzeit Kredit zu gewähren.

Drittens ist in allen modernen Geldverfassungen eine gesetzliche Reservepflicht für die Kreditinstitute verankert. Die Höhe dieser obligatorischen Mindestguthaben ist in der Regel als Prozentsatz des Depositenvolumens definiert. Auch aus diesem Grunde sind Giralgeld und Basisgeld mengenmäßig miteinander verknüpft.

Neuerdings wird die Zahlungsmittelqualität des Buchgeldes durch den Einsatz elektronischer Speicher- und Kommunikationstechniken (electronic cash, chip cards) zunehmend verbessert und dadurch die teilweise Überlegenheit des Bargeldes eingeschränkt. Bei vollständiger Verdrängung von Münzen und Banknoten bliebe die obligatorische Reservehaltung der einzige Hebel, mit dem die Zentralbank die notwendige Begrenzung der volkswirtschaftlichen Geldmenge erzwingen kann (KATH/FRANZ, 1991).

3.2. Basisgeldangebot

Das von der Notenbank emittierte gesetzliche Zahlungsmittel (Bargeld) ist nur eine Teilmenge des gesamten von ihr angebotenen Geldes. Es findet ausschließlich im Zahlungsverkehr unter Nichtbanken sowie zwischen ihnen auf der einen und den Banken auf der anderen Seite Verwendung. Die Kreditinstitute untereinander wikkeln ihre Zahlungen bargeldlos über ein System gegenseitiger Konten ab. Die hier entstehenden Salden (Interbankforderungen bzw. -verbindlichkeiten) werden in der Giralgeldkomponente der volkswirtschaftlichen Geldmenge *(Übersicht D-2)* nicht berücksichtigt.

In das Verrechnungssystem der Banken untereinander ist auch die Notenbank einbezogen. Ihre Sichtverbindlichkeiten gegenüber den Geschäftsbanken (Einlagen der inländischen Kreditinstitute) bilden die zweite Teilmenge des von ihr angebotenen Geldes (TR), die sich ihrerseits aus den gesetzlichen Mindestreserven (RR) und den freiwillig unterhaltenen Überschußreserven (ER) zusammensetzt:

(3.1.) $\quad TR := RR + ER.$

Bargeld- und Buchgeldkomponente bilden gemeinsam die Geldbasis (B):

(3.2.) $\quad B := B^P + TR.$

Nur das Bargeld (B^P) ist zugleich auch Bestandteil der Geldvolumina M1, M2 und M3.

Durch (3.2.) wird die Geldbasis als Summe ihrer Verwendungskomponenten definiert. Bei ihnen handelt es sich im ökonomischen Sinne um Verbindlichkeiten der Zentralbank; sie werden daher auf der Passivseite der Notenbankbilanz ausgewiesen. Auf der Aktivseite dieser Bilanz werden entsprechend die Deckungs- oder Entstehungskomponenten der Geldbasis erfaßt. Sie stellen Forderungen an andere

Wirtschaftseinheiten dar und bilden den unmittelbaren Ansatzpunkt zu einer Steuerung der Basisgeldversorgung. In einer geläufigen Klassifizierung lassen sie sich drei verschiedenen Geldversorgungskomponenten (Ehrlicher, 1975,4) zuordnen, der außenwirtschaftlichen Komponente (Nettowährungsreserven in Form von Gold und Devisen), der staatlichen Komponente (Nettoverschuldung der öffentlichen Gebietskörperschaften bei der Notenbank) und der Refinanzierungskomponente (Verschuldung der Kreditinstitute bei der Zentralbank, insbesondere in Form von Wechselrediskont- und Lombardkrediten). Die Zentralbankbilanz hat demnach in schematisierter Vereinfachung folgendes Aussehen:

Aktiva **Zentralbank-Bilanz** Passiva

Aktiva		Passiva	
Außenwirtschaftliche Komponente	B_1	Bargeld	B^P
Staatliche Komponente	B_2	Guthaben (Reserven) der	
Refinanzierungskomponente	RF	Kreditinstitute	TR
Geldbasis von der Entstehungsseite	B	Geldbasis von der Verwendungsseite	B

Es gilt folgende Bilanzidentität:

(3.3.) $B_1 + B_2 + RF = B^P + TR.$

Da die Notenbank den Erwerb der genannten Aktiva mit eigenen Verbindlichkeiten (Basisgeld) bezahlt, führt jeder Kauf zu einer Ausweitung und jeder Verkauf zu einer Einschränkung der Geldbasis. Sie ist grundsätzlich jederzeit in der Lage, den Bestand ihrer Aktiva autonom zu bestimmen und damit die Geldbasis und deren Veränderung im Zeitablauf zu fixieren. Verfolgt sie eine derartige Strategie der direkten Mengensteuerung (Geldbasiskonzept), dann ist die Geldversorgung einer Volkswirtschaft exogen determiniert. Legt sie statt dessen die Konditionen (Kurse bzw. Zinssätze) fest, zu denen sie bereit ist, die von ihr qualitativ bestimmten Anlagen zu erwerben (Zinsstrategie), dann paßt sich das Geldangebot den Kassenhaltungsbedürfnissen der Wirtschaftssubjekte an; die gesamtwirtschaftliche Geldmenge ist in diesem Fall endogen bestimmt. Ansatzpunkt für eine derart „elastische Geldversorgung" ist die Refinanzierungskomponente (s. Abschnitt 6.2.3.).

3.3 Giralgeld- und Kreditschöpfung

Das Angebot an Basisgeld bildet die Grundlage für die Kreditvergabe der Geschäftsbanken und daran gekoppelt für die Geldversorgung der Volkswirtschaft. Die Kreditinstitute werden ihr Kreditangebot solange ausweiten, wie jede zusätzlich ausgeliehene Geldeinheit einen positiven Nettoertrag abwirft. Indem die Kreditnehmer mit den ihnen gewährten Krediten Zahlungen leisten, steigt parallel zum Kreditvolumen auch die Nachfrage nach Basisgeld, und zwar direkt wegen des zunehmenden Bargeldbedarfs der Nichtbanken und indirekt über das Anwachsen der Bankdepositen und die daran geknüpfte Mindestreservepflicht. Insofern begrenzt das Basisgeldangebot die Depostenexpansion und damit zugleich das Kreditvergabepotential der Geschäftsbanken.

Das gesamtwirtschaftliche Geldangebot, sei es in der Abgrenzung M1, M2 oder M3, ist abhängig von der Höhe des Angebots an Basisgeld (B):

(3.4.) $M = f(B), \quad \text{mit } dM/dB > 0.$

Für das Aggregat M1 folgt aufgrund der Definition $M1 := B^P + D_1$ und $B := B^P + TR$ sowie der realistischen Annahme $D_1 > TR$, daß $M1 > B$ ist. Zwischen M1 und B kann eine multiplikative Verknüpfung hergestellt werden:

(3.5.) $M1 = m \cdot B \text{ bzw. } m := M1/B, \quad \text{mit } m > 1.$

Der Geldschöpfungsmultiplikator m ist eine Größe, die unter dem Einfluß der Verhaltensweisen der Banken und des Publikums innerhalb einer gewissen Bandbreite variiert. Auf welche monetären Größen dieses Verhalten gerichtet ist, und in welcher Weise dadurch m geprägt wird, läßt sich mit Hilfe der Postitionen beschreiben, die in der Bilanz der Zentralbank und in der konsolidierten Bilanz der Kreditinstitute enthalten sind. Vereinfachend wird im folgenden angenommen, daß die Kreditinstitute als zinstragende Depositen ausschließlich Termineinlagen anbieten.

Aktiva **Konsolidierte Bilanz der Kreditinstitute** Passiva

Kredite an Nichtbanken	KR	Sichteinlagen von Nichtbanken	D_1
Einlagen bei der Zentralbank	TR	Termineinlagen von Nichtbanken	D_2
		Verschuldung bei der Zentralbank	RF

Es gilt folgende Bilanzidentität:

(3.6.) $KR + TR = D_1 + D_2 + RF.$

Das Kreditvolumen (KR) umfaßt nicht nur Kredite an Private (KR_p), sondern auch Kredite an öffentliche Haushalte, also denjenigen Teil der verzinslichen Staatsschuld, der nicht von privaten Nichtbanken gehalten wird ($GD - GD_p$), sondern von den Kreditinstituten erworben wurde:

(3.7.) $KR := KR_p + (GD - GD_p).$

Im Rahmen der Theorie des Geldangebots wird angenommen, daß die Kreditinstitute ihr Portfolioverhalten darauf richten, in Abhängigkeit von der Struktur der Zinssätze für Aktiva und Passiva bestimmte Proportionen zwischen verschiedenen Posten ihrer Bilanz zu realisieren (Brunner, 1974). Sowohl ihre Guthaben bei der Notenbank (TR) als auch ihre Zentralbankverschuldung (RF) werden sie an ihrem Depositenbestand ($D_1 + D_2$) orientieren. Daher ist es sinnvoll, folgende Verhaltenskoeffizienten zu bilden:

$$tr := \frac{TR}{D_1 + D_2} \qquad \text{(Reservekoeffizient)}$$

$$b := \frac{RF}{D_1 + D_2} \qquad \text{(Refinanzierungskoeffizient).}$$

Die Verhaltensweisen der Kreditinstitute werden durch folgende Annahmen über die Abhängigkeit der Strukturkoeffizienten von den entsprechenden Zinsraten (Kreditzins i und Diskontsatz d) und dem Mindestreservesatz (rr) konkretisiert:

(3.8.) $tr = tr\,(rr, i, d),$ mit $tr_{rr}, tr_d > 0$ und $tr_i < 0;$

(3.9.) $b = b\,(d, i, rr),$ mit $b_d < 0$ und $b_i, b_{rr} > 0.$

In diesen Verhaltensfunktionen drückt sich das Ertragsstreben der Banken aus. Wenn sie einen höheren Kreditzins erzielen können oder einen niedrigeren Diskontsatz für ihre Verschuldung bei der Zentralbank entrichten müssen oder diese den Pflichtreservesatz senkt, werden sie ihr Kreditangebot im Verhältnis zu ihren Zentralbankeinlagen ausweiten, weil sie dadurch ihren Gewinn erhöhen können. Aus demselben Grund werden sie ihre freiwillige und damit auch ihre gesamte Reservehaltung reduzieren, wenn der Kreditzins steigt, der Diskontsatz gesenkt oder die Mindestreserverate ermäßigt wird. Schließlich werden sie ihre Refinanzierung bei steigendem Kreditzins, verringertem Diskontsatz oder erhöhtem Mindestreservesatz ausweiten. Die jeweils entgegengesetzte Anpassung nehmen sie vor, wenn sich die Argumente in umgekehrter Richtung entwickeln.

Auch die Nichtbanken orientieren ihre Portfoliostruktur an den Ertragsraten ihrer Vermögenskomponenten. In Übereinstimmung mit den vermögenstheoretischen Geldnachfragefunktionen (4.8.) und (4.9.) kann unterstellt werden, daß sie mit dem Volumen ihrer Forderungen an den Bankensektor ($B^P + D_1 + D_2 = M2$) auf Änderungen der Ertragsrate des Realkapitals (r_k) gegenläufig reagieren. Über den Einfluß von r_k auf die vom Publikum gewünschte Struktur der finanziellen Aktiva, ausgedrückt durch die Relationen $bk := B^P/D_1$ und $t := D_2/D_1$, läßt sich nur bezüglich des Koeffizienten t eine plausible Annahme machen, weil das Aggregat D_2 als verzinsliche Größe definiert ist. So läßt sich vermuten, daß t positiv vom Eigenzins (i_t) und negativ von r_k abhängt:

(3.10.) $t = t\,(i_t, r_k),$ mit $t_{i_t} > 0$ und $t_{r_k} < 0.$

Die Verhaltensrelation bk, die Barzahlungsquote des Publikums, wird allgemein als von den verschiedenen Zinsraten unabhängig angenommen, also bk = konstant. Der Multiplikator kann unter Verwendung der Definitionen für M1 und B wie folgt geschrieben werden:

$$m := \frac{M1}{B} = \frac{B^P + D_1}{B^P + TR}.$$

Indem Zähler und Nenner durch D_1 geteilt werden, ergibt sich für den Multiplikator ein Ausdruck, der vollständig durch die relevanten Verhaltenskoeffizienten determiniert ist:

(3.11.) $$m = \frac{1 + bk}{bk + tr\,(1 + t)}.$$

Um den Einfluß desjenigen Teils der Basisgeldmenge auf das Geldangebot der Banken deutlich zu machen, der von der Notenbank autonom bestimmt wird, ist es erforderlich, die Geldbasis um die Refinanzierungskomponente zu bereinigen. Das Resultat ist die exogene Geldbasis (B^{ex}):

(3.12.) $B^{ex} := B^P + TR - RF,$ mit $(TR - RF)$ – Nettoreserven der Banken.

Auch hierfür läßt sich ein Multiplikatorausdruck (m^{ex}) formulieren, der aus denselben Ausgangsgleichungen wie (3.11.) unter Berücksichtigung von $RF := b\,(D_1 + D_2)$ abgeleitet werden kann:

$$(3.13.)\quad m^{ex} = \frac{1 + bk}{bk + (tr - b)\,(1 + t)}.$$

Sofern $RF > 0$, gilt $B^{ex} < B$ und $m^{ex} > m$.

Unter der Voraussetzung, daß die Geschäftsbanken die Verhaltensweisen des Publikums (3.10.) in ihr Angebotsverhalten (3.13.) einbeziehen, kann die Geldangebotsfunktion mit Rücksicht auf (3.8.) und (3.9.) wie folgt formuliert werden:

$$(3.14.)\quad M1^s = m^{ex}\,(i,\, d,\, rr,\, i_t,\, r_k) \cdot B^{ex},$$
$$\text{mit } m_i^{ex} > 0,\ m_d^{ex},\ m_{rr}^{ex} < 0 \text{ sowie } m_{r_k}^{ex} \gtrless 0 \text{ und } m_{i_t}^{ex} \lessgtr 0, \text{ wenn } (tr - b) \gtrless 0.$$

Schließlich können unter Verwendung derselben Formelausdrücke nach dem gleichen analytischen Verfahren auch Multiplikatoren für das Geldaggregat M2 und die Kreditmenge ermittelt werden. Nur der letztere sei hier wiedergegeben:

$$(3.15.)\quad a^{ex} := \frac{KR}{B^{ex}} = \frac{D_1 + D_2 - TR + RF}{B^P + TR - RF}, \text{ bzw. } a^{ex} = \frac{(1 + t)\,[1 - (tr - b)]}{bk + (tr - b)\,(1 + t)}.$$

Die Funktion für das Kreditangebot lautet demnach:

$$(3.16.)\quad KR^s = a^{ex}\,(i,\, d,\, rr,\, i_t,\, r_k) \cdot B^{ex}, \qquad \text{mit } a_i^{ex},\ a_{i_t}^{ex} > 0 \text{ und } a_d^{ex},\ a_{rr}^{ex},\ a_{r_k}^{ex} < 0.$$

Obwohl Geldmultiplikator und Kreditmultiplikator denselben Nenner (3.12.) aufweisen, läßt sich die Größenrelation beider Ausdrücke nur feststellen, wenn konkrete Werte für die Koeffizienten des Zählers bekannt sind. Beide Multiplikatoren sind positive Funktionen der Zinsrate für Bankkredite. Wegen $di/dB < 0$ und $dm/di > 0$ sowie $da/di > 0$ entwickeln sich Geld- und Kreditvolumen im Verhältnis zur Geldbasis unterproportional.

4. Geld- und Kreditnachfrage

Das Anliegen der Geldnachfragetheorie besteht darin, die Summe der von den Individuen zur Durchführung ihrer Wirtschaftspläne gewünschten Geldbeträge (gesamtwirtschaftliche Geldnachfrage) zu bestimmen. Insofern muß die Theorie der Geldnachfrage im einzelwirtschaftlichen Entscheidungsprozeß diejenigen Faktoren aufzeigen, an denen die Wirtschaftseinheiten ihren Geldbedarf orientieren und zugleich Aussagen über deren Einfluß hinsichtlich Richtung und Ausmaß treffen.

Gegenstand der Geldnachfragetheorie ist vorrangig das Geldvolumen in der Definition M1. Der Grundansatz der Analyse wie auch Teile ihrer Ergebnisse lassen sich analog auf die weitergefaßten Geldaggregate M2 und M3 sowie deren Komponenten, Termineinlagen und Spareinlagen, übertragen.

Die Entwicklung der Geldnachfragetheorie wurde von der Behandlung der Wertaufbewahrungsfunktion geprägt. Erst mit der KEYNESschen Lehre hat sich die Erkenntnis durchgesetzt, daß die Wertaufbewahrungseigenschaft die aktuellen auf das Geld gerichteten Verhaltensweisen der Wirtschaftssubjekte beeinflußt und nicht lediglich als notwendige Voraussetzung für eine störungsfrei funktionierende Geldwirtschaft gilt.

4.1. Güterkreislauf und Geldnachfrage

Im System der klassischen Nationalökonomie wurde dem Geld die Rolle als „Schmiermittel" im Wirtschaftskreislauf zugewiesen. Damit war es auf die Wahrnehmung der Tauschmittelfunktion beschränkt. Seine Existenz wurde als Bedingung dafür angesehen, daß in einer arbeitsteiligen Wirtschaft die Faktorleistungen der Haushalte zu den Produktionsstätten und die Erzeugnisse der Unternehmungen zu den Haushalten gelangen und daß in einem vertikal gegliederten Produktionsprozeß ein stetiger Fluß der Vorprodukte von Produktionsstufen niederer zu solchen höherer Ordnung gewährleistet ist. Die „klassischen" Bestimmungsgründe des gesamtwirtschaftlichen Geldbedarfs lassen sich unmittelbar an diesem Kreislaufbild ablesen (*Abb. B-1*):

- die Breite des Güterstroms, also bei gegebenem Niveau der Güterpreise das Volumen der in einer Volkswirtschaft pro Periode gehandelten Güter (Q), und
- das Ausmaß der vertikalen Gliederung des Produktionssektors.

Eine Ausweitung der Gütererzeugung oder eine stärkere Auffächerung der Produktionsstruktur verursachen folglich eine höhere Geldnachfrage. Sie kann in diesem einfachen Modell alternativ durch einen höheren nominalen Geldumlauf (M) oder durch ein niedrigeres Preisniveau (P) befriedigt werden. Im einen wie im anderen Fall resultiert eine größere reale Geldmenge (M/P) (s. Abschnitt 6.1. sowie *Abb. D-2*).

Die Bedingung, daß sich in einer Volkswirtschaft in jedem Augenblick Güter- und Geldstrom hinsichtlich ihres Umfangs entsprechen müssen, ist 1911 von Irving Fisher (1867–1947) in die Form einer Gleichung gefaßt worden:

(4.1.) $M \cdot V = P \cdot Q$ bzw. $M = (1/V) \cdot P \cdot Q.$

In dieser Quantitätsgleichung bezeichnet V die Umschlagshäufigkeit der Geldmenge. V wurde im Rahmen der klassischen Geldtheorie als institutionelle Konstante interpretiert, deren Wert von der Häufigkeit der Einkommenszahlungen im Laufe eines Jahres, vom Ausgabenrhythmus der Haushalte und vom Umfang der Transaktionen mit solchen Gütern abhängt, die nicht aus der laufenden Produktion stammen (Vorleistungen, gebrauchte Güter, Grundstücke u. a.). So erhöht beispielsweise der Übergang von monatlichen auf wöchentliche Einkommenszahlungen die Umlaufgeschwindigkeit bei Konstanz aller übrigen Größen auf etwa das Vierfache. Ändern sich jedoch die Zahlungsgewohnheiten nicht, dann variiert die Geldnachfrage proportional mit dem Transaktionsvolumen.

4.2. Einkommen und Geldnachfrage

In Abwandlung der klassischen Quantitätstheorie hat die Cambridge-Schule (u. a. Pigou, 1917) eine Geldnachfragetheorie entwickelt, in der stärker am Geld orientierte Verhaltensweisen berücksichtigt werden. An die Stelle der Umschlagshäufigkeit tritt ein Kassenhaltungskoeffizient k. Er soll die von den Wirtschaftseinheiten gewünschte durchschnittliche Relation zwischen der Kassenhaltung und dem periodischen Realeinkommen zum Ausdruck bringen. Obwohl formal $k = 1/V$ ist, bestehen also Abweichungen in bezug auf den ökonomischen Gehalt beider Größen. Ersetzt man außerdem in (4.1.) das Transaktionsvolumen Q durch das periodische Realeinkommen, dann ergibt sich als Geldnachfragefunktion

(4.2.) $M^d = k \cdot P \cdot Y$ bzw. $(M/P)^d = k \cdot Y$,
mit $(M/P)^d$ – gewünschte Realkasse.

Den Gedanken der am Transaktionsvolumen orientierten und proportional dem periodischen Einkommen geplanten Kassenhaltung hat KEYNES (1936) in seine Liquiditätspräferenztheorie integriert. Die Nachfrage nach Transaktionskasse (Geldnachfrage aus dem Transaktionsmotiv) bildet neben der ebenfalls transaktionsabhängigen Vorsichtskasse und der vermögensorientierten Spekulationskasse (s. Abschnitt 4.3.) eine von drei Geldnachfragekomponenten

(4.3.) $M_T^d = k_T \cdot P \cdot Y$, mit k_T – Transaktionskassenkoeffizient,
M_T^d – Nachfrage nach Transaktionskasse.

Die Grundidee der einkommensabhängigen Transaktionskasse wurde durch postkeynesianische Nationalökonomen um zusätzliche Argumente ergänzt (BAUMOL, 1952, 1; TOBIN, 1956). Angesichts vielfältiger Möglichkeiten der kurzfristigen und dennoch zinstragenden Vermögensanlage (Termin- und Spareinlagen) einerseits sowie der Kreditaufnahme in Form von Kontoüberziehungen andererseits kann das periodische Einkommen kaum als alleiniger Bestimmungsfaktor für diese Geldnachfragekomponente gelten. Wirklichkeitsnäher sind daher diejenigen Modelle der Geldnachfrage aufgebaut, die neben dem laufenden Einkommen die Zahlungsfrequenz und den Ertragssatz einer verzinslichen Anlage als zusätzliche Einflußgrößen berücksichtigen. Bei unveränderter Zahlungshäufigkeit und gegebenem Einkommen ist die unverzinsliche Kassenhaltung um so weniger attraktiv, je höher der Zins für die alternative Vermögensanlage ist und je geringer die Kosten der Umwandlung von Kasse in Ertragswerte und zurück sind.

Diese Argumente gelten jedoch in erster Linie für einen Geldbegriff, der allein die unverzinslichen Transaktionsmittel (Bargeld und Sichtdepositen) enthält. Mit Ausdehnung des Geldbegriffs auf verzinsliche Komponenten wird das Problem um die Entscheidung über die optimale Struktur der Geldkomponenten erweitert. Der Geldnachfrager muß also zugleich den Anteil der Kassenhaltung an seinem Finanzvermögen und die Aufteilung seines Geldbestandes auf verzinsliche und unverzinsliche Komponenten festlegen. Bestimmungsgründe für diese Doppelentscheidung sind die Einkommenshöhe und die Zinsstruktur der Finanzanlagen.

Das Transaktionsmotiv begründet eine einkommensabhängige Geldnachfrage bereits unter der Voraussetzung, daß die Wirtschaftsakteure vollständig darüber informiert sind, wann und in welcher Höhe ihre Einnahmen und Ausgaben anfallen. Unsicherheit über den Verlauf der Zahlungsströme kann ein Grund für zusätzliche transaktionsbedingte Kassenhaltung sein. Dieser von KEYNES als Vorsichtsmotiv gekennzeichnete Sachverhalt ist ebenfalls erst in späteren Untersuchungen (u. a. WHALEN, 1966) modelltheoretisch analysiert worden. Danach erfordert ökonomisch rationales Verhalten die Abwägung möglicher Illiquiditätskosten im Fall überschießender Kassenausgänge gegen die Opportunitätskosten einer zu reichlich geplanten Kassenhaltung. Eine stärkere Gewichtung des ersten Kostentyps veranlaßt die Wirtschaftseinheiten, eine ,,Eventualkasse" anzulegen.

(4.4.) $M_V^d = k_V \cdot P \cdot Y,$ mit k_V – Vorsichtskassenkoeffizient.

Für den gesamten Kassenhaltungskoeffizienten gilt dann $k = k_T + k_V$.

4.3. Vermögen und Geldnachfrage

Geld wird nicht allein für Transaktionszwecke nachgefragt; als Wertaufbewahrungsmittel ist es zugleich Bestandteil des privaten Vermögens. In dieser Funktion konkurriert es mit anderen Formen der Vermögenshaltung. Wiederum war KEYNES der erste, der die Geldnachfrage der Wirtschaftsakteure auch im Rahmen ihrer Entscheidung über eine möglichst vorteilhafte Anlage ihres Vermögens untersucht hat. Die von ihm entwickelte Liquiditätspräferenztheorie ist später durch die Portfoliotheorie und die Neoquantitätstheorie ergänzt und verfeinert worden. Während die Liquiditätspräferenztheorie die unverzinsliche Geldhaltung des einzelnen Haushalts als temporäre Alternative zur Wertpapieranlage begründet, kann die Portfoliotheorie erklären, warum Vermögensbesitzer in der Regel gleichzeitig sowohl Kasse als auch verzinsliche Aktiva halten, also ein gemischtes Portefeuille wählen. Die Neoquantitätstheorie berücksichtigt zusätzlich jene Faktoren, die die Geldnachfrage in einer inflationären Wirtschaft beeinflussen.

Liquiditätspräferenztheorie

KEYNES begründet eine vermögensorientierte Kassenhaltung – die dritte Komponente seiner Geldnachfragetheorie – aus dem Spekulationsmotiv. Demnach planen die Wirtschaftssubjekte ihre Vermögenshaltung, also die Summe aus Geld, Bonds und Realkapital mit dem Ziel, den Anlageertrag zu maximieren. Das unverzinsliche Geld wird allein für eine vorübergehende Vermögensaufbewahrung in Betracht gezogen. Für den nach maximalem Vermögensertrag strebenden Anleger ist es ein Mittel, Marktchancen auszunutzen, die sich aufgrund schwankender Kurse der verzinslichen Vermögensformen (Bonds und Realkapital) bieten. So sind die Bonds (festverzinsliche Wertpapiere) zwar mit einem fixen Kuponzins ausgestattet, sie können jedoch während ihrer Laufzeit – die im Falle der von KEYNES unterstellten ,,Konsols" unbegrenzt ist – an der Börse gehandelt werden, so daß ihre effektive Verzinsung (Marktzins i) infolge von Kursschwankungen variiert. Sie fällt um so höher aus, je niedriger der Ankaufskurs ist. Geht der Anleger davon aus, daß die Wertpapierkurse in absehbarer Zeit sinken, also der Marktzins steigt, dann wird er – sofern der erwartete Kursverlust höher ist als die anfallenden Kuponzahlungen – seine Kaufentscheidung zurückstellen und die zur Anlage bestimmten Mittel in der Kasse behalten (Liquiditätspräferenz). Damit erweist sich die temporäre Wertaufbewahrung in Form der

Spekulationskasse als rationale Strategie zur Maximierung des Vermögensertrags über einen längeren Anlagezeitraum.

Wegen dieser entweder (Kasse)-oder (Bonds)-Lösung verläuft die einzelwirtschaftliche Nachfragefunktion nach Spekulationskasse unstetig. Erst die zusätzliche Annahme interpersonell unterschiedlicher Erwartungen über die zukünftige Kursentwicklung garantiert die Stetigkeit der aggregierten Liquiditätspräferenzfunktion $M_S^d = L(i)$, mit $dL/di < 0$. Ihre exakte Gestalt wird durch das Spektrum der zwischen den Wirtschaftseinheiten abweichenden Zinserwartungen bestimmt. Sie weist insofern eine negative Zinselastizität auf, als bei einem relativ hohen aktuellen Zinsniveau weniger Anleger eine Zinssteigerung erwarten und daher Spekulationskasse halten als bei einem niedrigen *(Abb. C-4.1)*. Als Geldnachfragefunktion ergibt sich unter Berücksichtigung aller drei Kassenhaltungsmotive:

(4.5.) $M_T^d + M_V^d + M_S^d =: M^d = P \cdot L(Y,i)$, mit $L_Y > 0$, $L_i < 0$.

Zwei Annahmen sind für den begrenzten Erklärungsgehalt der Liquiditätspräferenztheorie verantwortlich,
- die Vernachlässigung des Risikos und
- die Annahme eines gegebenen Vermögensbestandes.

Portfoliotheorie

Die wesentliche Neuerung der Portfoliotheorie besteht in der Einbeziehung des Risikos in das Entscheidungskalkül der Anleger (Markowitz, 1952, 1959; Tobin, 1958, 1965,1). Realistischerweise wird angenommen, daß der Nutzen einer Vermögensanlage nicht nur an der Höhe des erreichbaren pekuniären Ertrages, sondern auch an der Sicherheit gemessen wird, mit der dieser erwartet werden kann. Die vielfältigen Vermögensformen (Bargeld, Bankdepositen, festverzinsliche Wertpapiere, Aktien, Sachvermögen) bieten dem Anleger entweder einen relativ hohen, aber zugleich auch weniger sicheren oder einen vergleichsweise niedrigen, dafür aber sichereren Ertrag. Ein stabiles Güterpreisniveau vorausgesetzt, ist die Geldhaltung die einzige Form der Vermögensaufbewahrung, die kein Risiko aufweist und keinen Ertrag abwirft. Alle anderen Vermögensobjekte sind zwar verzinslich, aber auch risikobehaftet.

Das Auffinden der optimalen Portfoliostruktur erfordert ein schrittweises Vorgehen. Der Anleger muß erstens die Ertragsaussichten der verschiedenen Aktiva möglichst realistisch vorausschätzen, zweitens abwägen, in welchem Verhältnis Ertrag und Risiko zu seinem subjektiven Anlagenutzen beitragen und drittens bei gegebenen Möglichkeiten (vorhandener Vermögensbestand und gegebenes Spektrum von Anlageformen) jene Vermögensstruktur wählen, die seinen maximalen Anlagenutzen gewährleistet:

- Bei der Einschätzung der Ertragsaussichten ist der Anleger in einem ersten Schritt auf Wahrscheinlichkeitserwägungen angewiesen. Die Portfoliotheorie unterstellt vereinfachend eine symmetrische Verteilung der erwarteten Erträge. Unter dieser Annahme beurteilt der Vermögensbesitzer die Attraktivität einer Anlage anhand zweier charakteristischer Merkmale, dem mathematischen Erwartungswert als mittlere Renditeerwartung und der Varianz oder der Standardabweichung als Maß für die Unsicherheit darüber, ob der erwartete Ertrag auch tatsächlich eintritt.

- In einem zweiten Schritt muß sich der Anleger über seine Präferenzordnung klar werden, die durch eine Nutzenfunktion darstellbar ist (Beitrag K-2.1.). Bezieht er neben Renditeerwartungen auch Risikoerwägungen in die Entscheidung über seine Vermögensstruktur ein, läßt sich sein Anlagenutzen an einer Nutzenfunktion messen, als deren Argumente der mathematische Erwartungswert als Maß für die erwartete Portfoliorendite und die Standardabweichung als Risikokomponente berücksichtigt werden. Dabei wird ein Anstieg der Rendite als positiver und eine Zunahme des Risikogrades als negativer Beitrag zum Anlagenutzen gewertet. In dem negativen Beitrag des Risikoparameters kommt die portfoliotheoretische Annahme zum Ausdruck, daß der repräsentative Anleger risikoscheu ist.
- Auf der dritten Entscheidungsstufe kann der Anleger schließlich jene optimale Portfoliostruktur ermitteln, bei der sein Anlagenutzen ein Maximum erreicht. Sie ist dadurch gekennzeichnet, daß die Ertrag-Risiko-Relation des gewählten Portfolios mit der subjektiven Risikoneigung des Anlegers übereinstimmt. (Für die formale Behandlung des Optimierungsproblems s. Beitrag K-2.3.)

Da in die Nutzenfunktion Ertrag und Risiko mit entgegengesetzten Wirkungen eingehen, kann der Anleger auf der Grundlage seiner Präferenzordnung alle möglichen Kombinationen dieser beiden Entscheidungsparameter eindeutig bewerten. Je nachdem, welche Mischung der Anlageformen zugrunde gelegt wird, ergeben sich theoretisch unendlich viele hypothetische Portfoliostrukturen. Insofern kann der Vermögensbesitzer nicht nur zwischen alternativen Anlageformen wählen, er hat auch die Möglichkeit, verschiedene Aktiva gleichzeitig in sein Portefeuille aufzunehmen. Sofern die verschiedenen Aktiva unterschiedliche Ertrag-Risiko-Eigenschaften aufweisen, kann er durch Diversifikation Rendite und Risikograd seines Gesamtvermögens selbst bestimmen. So ist das Geld als risikoloses Aktivum geeignet, das Risiko des Vermögenshalters auf das von ihm gewünschte Maß zu begrenzen: Je höher der Anteil der Kassenhaltung am Vermögensbestand, desto geringer ist das Risiko des Anlegers. Allerdings muß der niedrigere Risikograd wegen der Zinslosigkeit des Geldes mit einem Ertragsverzicht erkauft werden.

Im Rahmen der Portfoliotheorie läßt sich auch der Einfluß des Zinses auf die Höhe der Geldnachfrage eindeutig ableiten. Ein Anstieg des Zinssatzes (entweder höherer Kuponzinssatz oder sinkende Wertpapierkurse) bei unverändertem Risikograd veranlaßt den Anleger zu einer Ausweitung seiner Wertpapieranlage zulasten seiner unverzinslichen Geldhaltung. Die Geldnachfrage variiert also entgegengesetzt zur aktuellen Zinshöhe und zum erwarteten Kursanstieg, aber gleichgerichtet mit dem für die Zukunft erwarteten Zinssatz. Dieses Ergebnis steht im Einklang mit der makroökonomischen Liquiditätspräferenztheorie.

In zwei Punkten ist die Portfoliotheorie der Liquiditätspräferenztheorie überlegen: Zum einen kann sie bereits die einzelwirtschaftliche Geldnachfrage als eine stetig fallende Funktion des Zinses erklären. Weil der Anleger bei höherem Zins bereit ist, auch ein größeres Risiko einzugehen, wird er in diesem Fall seine Geldnachfrage zugunsten der Wertpapiernachfrage einschränken und im umgekehrten Fall seine

Kassenhaltung zu Lasten der Wertpapiernachfrage ausweiten. Aufgrund dieser Möglichkeit zur graduellen Substitution von Bonds durch Geld wird der Anleger normalerweise ein gemischtes Portfolio halten. Die alleinige Kassenhaltung und die vollständige Wertpapieranlage sind Grenzfälle. Nur wenn der Anleger extrem risikoscheu ist, wird er sein gesamtes Vermögen zins- und risikolos als Geld halten. Zum anderen kann die Portfoliotheorie erklären, daß Veränderungen der Geldnachfrage auch bei gleichbleibender Höhe der erwarteten Wertpapierrendite auftreten, und zwar sowohl aufgrund von Änderungen im Risikograd als auch infolge einer geänderten Risikoneigung. Ein höheres Kursrisiko als Ausdruck eines gestiegenen Risikogrades mindert den Anlagenutzen eines gegebenen Vermögensbestandes. Durch Ausweitung des Geldanteils kann der Anleger zwar einen Teil des Risikoanstiegs wieder rückgängig machen, die Abnahme des Anlagenutzens kann er jedoch nicht vollständig ausgleichen.

Die Portfoliotheorie ist auch anwendbar, wenn neben Konsols andere zinstragende Schuldverschreibungen, wie beispielsweise festverzinsliche Wertpapiere unterschiedlicher Laufzeit, und Bankdepositen sowie Beteiligungstitel (Aktien) berücksichtigt werden. Da jede dieser Vermögensformen spezifische Ertrag-Risiko-Eigenschaften aufweist, eröffnen sich dem Anleger zusätzliche Möglichkeiten, seine Vermögenshaltung zu diversifizieren, um auf diese Weise eine möglichst günstige Ertrag-Risiko-Relation zu verwirklichen. Die Wirkungen auf die Geldnachfrage sind von Fall zu Fall verschieden.

Die Einbeziehung des Risikos in die Anlageentscheidung der Wirtschaftssubjekte führt, verglichen mit der Liquiditätspräferenztheorie, zu einer umgekehrten Substitutionsbeziehung zwischen Geld und Bonds (Finanzvermögen) einerseits sowie Realkapital andererseits. Da sich die Risikoquellen des Finanzvermögens (Geldwertverlust) qualitativ von denen des Sachkapitals (Verringerung der Kapazitätsauslastung, Wandel der Produktionstechnik) unterscheiden, ist die Annahme der Komplementarität beider Vermögensblöcke plausibler. Die Formen des Finanzvermögens differieren graduell in bezug auf das Zinsrisiko (Kurswertschwankungen) und gelten daher als unvollkommene Substitute. Die Portfoliotheorie kommt daraufhin zu expliziten Aussagen über das Anpassungsverhalten bei Änderungen des Vermögensbestandes. Bei gegebener Struktur der Ertragssätze werden die Wirtschaftssubjekte eine gleichgerichtete Entwicklung beider Vermögenskomponenten anstreben. Auf eine exogene Änderung des privaten Finanzvermögens, die beispielsweise aus einer Änderung der Staatsschuld resultiert, wird das Publikum mit einer parallelen Anpassung des Realkapitalstocks reagieren (Tobin, 1961) (s. Abschnitt 5.2.).

Im Rahmen der Portfoliotheorie läßt sich schließlich auch erklären, in welcher Weise die Geldnachfrage durch Geldwertänderungen beeinflußt wird. In diesem Fall wird das Geld nicht mehr als unverzinsliches Wertaufbewahrungsmittel eingestuft. Vielmehr ist Inflation als negative und Deflation als positive reale Verzinsung aufzufassen; die Höhe des Zinssatzes entspricht der Änderungsrate des Güterpreisniveaus. Eine Inflation mindert die Attraktivität der Geldhaltung umso mehr, je weniger die realen Ertragsraten der verzinslichen Anlageformen durch die Geldwertänderung beeinflußt werden. Die relative Wertaufbewahrungsqualität des Geldes bleibt nur dann unberührt, wenn auch die Verzinsung aller anderen Aktiva im Ausmaß der Inflationsrate sinkt. Ist die Höhe der Inflationsrate zum Zeitpunkt der Anlageentscheidung ungewiß, existiert also ein Geldwertrisiko, verliert das Geld auch seine Eigenschaft als risikolose Anlageform, und seine Wertaufbewahrungsqualität wird zusätzlich beeinträchtigt (Beitrag F-3.).

Die aus der Analyse des Anlageverhaltens eines Individuums gewonnenen Erkenntnisse sind auch geeignet, gesamtwirtschaftliche Zusammenhänge zwischen finanziellen und realen Größen zu erklären. Die makroökonomische Version der Portfoliotheorie (TOBIN, 1963; 1969) basiert auf dem Nettovermögen des privaten Sektors (NA), das aus einer konsolidierten Vermögensbilanz der Geschäftsbanken und der privaten Nichtbanken (Haushalte und nichtfinanzielle Unternehmen) abgeleitet wird:

$$(4.6.) \qquad NA := B^{ex} + GD + K \cdot P_k,$$

mit B^{ex} für exogene Geldbasis (s. Abschnitt 3.3., Gleichung 3.12.) als unverzinsliche Verschuldung der staatlichen Notenbank in Form von Bargeld und von Nettoreserven der Kreditinstitute bei der Zentralbank, GD für verzinsliche Staatsschuld (Kurswert), K für Realkapitalbestand und P_k für Preis des Realkapitals, so daß $K \cdot P_k$ den Kurswert des Realkapitalbestandes ausdrückt. Der Realwert von NA ergibt sich dann als

$$(4.7.) \qquad NA^r := \frac{NA}{P} = \frac{B^{ex} + GD}{P} + q \cdot K, \qquad \text{mit } q := \frac{P_k}{P}.$$

Analog der mikroökonomischen behandelt die makroökonomische Portfoliotheorie die Geldnachfrage als Ergebnis des Bestrebens der Wirtschaftssubjekte, eine optimale Vermögensstruktur zu realisieren (TOBIN, 1969). Demnach ist der gewünschte Anteil von Basisgeld am privaten Nettovermögen eine abnehmende Funktion der Ertragsraten auf die verzinslichen Vermögenskomponenten:

$$(4.8.) \qquad \frac{M^d}{NA} = L(i, r_k, Y/NA^r), \qquad \text{mit } L_i, L_{r_k} < 0, L_{(Y/NA^r)} > 0.$$

Die Ertragsrate auf existierendes Realkapital ist definiert als $r_k := r^*/q$, mit r^* – reales Nettogrenzprodukt des Kapitals (Grenzleistungsfähigkeit des Kapitals). Das Argument Y/NA^r verknüpft die vermögensorientierte Geldnachfrage mit der einkommensorientierten Nachfrage nach Transaktionskasse. Dementsprechend variiert die Geldnachfrage gleichgerichtet mit einer Veränderung des Einkommens. Die Vorzeichen von L_i und L_{r_k} drücken aus, daß der gewünschte Geldanteil sinkt, wenn die Ertragsraten auf Bonds und Realkapital steigen und umgekehrt.

Neoquantitätstheorie

Während die makroökonomische Portfoliotheorie den Vermögensbegriff aus dem Bilanzzusammenhang ableitet (4.6.), legt die Neoquantitätstheorie einen kapitaltheoretischen Ansatz zugrunde. Das Vermögen wird als Summe der Gegenwartswerte aller zukünftigen Erträge aus den einzelnen Vermögenskomponenten erfaßt. Außer den Nettoeinkünften aus finanziellen Titeln und Realkapitalbeteiligungen zählt dazu auch das erwartete Arbeitseinkommen als Ertrag des Humankapitals (FRIEDMAN, 1956,2). Infolgedessen tritt das Einkommen in der neoquantitätstheoretischen Geldnachfragefunktion nicht explizit in Erscheinung; es ist in der kapitaltheoretisch ermittelten Vermögensgröße A bereits enthalten. Wegen der neoquantitätstheoretischen Annahme, daß die Wirtschaftssubjekte bei ihren Dispositionen keiner Geldillusion unterliegen, gilt für die reale Geldnachfrage (Brunner/Meltzer, 1971,2):

(4.9.) $(M/P)^d = L(i, r_k, P^*/P, A/P)$, mit $L_i, L_{r_k}, L_{(P^*/P)} < 0, L_{(A/P)} > 0$,
P^* – erwartetes Güterpreisniveau.

Der wesentliche Unterschied zur portfoliotheoretischen Geldnachfragefunktion liegt in der ausdrücklichen Berücksichtigung der erwarteten Änderung des Preisniveaus (P^*/P) als Bestimmungsfaktor der realen Geldnachfrage durch die Neoquantitätstheorie. Dementsprechend hat die Antizipation eines steigenden Preisniveaus eine Einschränkung der realen Kassenhaltung zur Folge.

4.4. Kreditnachfrage

In den älteren geldtheoretischen Denkansätzen wird die Kreditnachfrage nicht berücksichtigt. Selbst im Rahmen der Liquiditätspräferenztheorie ist für eine systematische Analyse der Kreditbeziehungen kein Platz. Dort wird der Kreditmarkt als Spiegelbild des Geldmarktes behandelt. Demgegenüber ist die Portfoliotheorie geeignet, die Kreditaufnahme der Wirtschaftssubjekte als eigenständiges finanzielles Bedürfnis neben der Kassenhaltung zu erfassen. Zu diesem Zweck ist allerdings eine Disaggregation des privaten Bereichs in einen Nichtbanken- und einen Bankensektor erforderlich. Eine Verschuldung bei den Kreditinstituten ermöglicht es den Nichtbanken, den Erwerb von zinstragenden Aktiva über ihr vorhandenes Nettovermögen hinaus auszuweiten. Dieser Zusammenhang läßt sich aus der Definition des Bruttovermögens aufgrund der Vermögensbilanz des privaten Nichtbankensektors ableiten:

Aktiva **Vermögensbilanz des privaten Nichtbankensektors** Passiva

Geld (Bargeld + Depositen)	M	Bankkredite	KR_p
Staatsanleihen	GD_p	Nettovermögen	NA_p
Realkapital	$K \cdot P_k$		
Bruttovermögen	BA_p	Bruttovermögen	BA_p

Aufgrund der Bilanzidentität gilt:

(4.10.) $BA_p = NA_p + KR_p = M + GD_p + K \cdot P_k$.

Ein ökonomischer Anreiz zu einer Kreditaufnahme besteht allerdings immer erst dann, wenn der erwartete Ertrag aus einer kreditfinanzierten Anlage höher ist als der zu zahlende Schuldzins. Die Kreditnachfrage des Publikums (KR_p^d) ist daher weitgehend von denselben Bestimmungsfaktoren abhängig wie die Geldnachfrage. Da jedoch Richtung und Intensität ihres Einflusses in den jeweiligen Funktionen voneinander abweichen, müssen Kreditaufnahme und Geldhaltung als verschiedene, wenngleich nicht unabhängige monetäre Aktivitäten betrachtet werden (Brunner/Meltzer, 1971,2). Die gesamte Nachfrage nach Bankkrediten erhält man durch Addition der staatlichen Kreditnachfrage (KR^d_{St}), also jenes Teils der verzinslichen Staatsschuld, der nicht vom Publikum gehalten wird ($\overline{GD} - GD_p$):

(4.11.) $KR^d = KR^d_p + KR^d_{St} = l(i - g^*_p, r_k, P^*, BA_p) + (\overline{GD} - GD_p)$,
mit $l_{(i - g_p)} < 0$ und l_{rk}; l_{p^*}, $l_{BAp} > 0$, g^*_p – erwartete Inflationsrate.

Die gewünschte Höhe von GD_p hängt von den gleichen Einflußfaktoren ab wie die Geldnachfrage. Allerdings ist die Einflußrichtung von i auf GD_p positiv. Das bedeutet zugleich, daß die Einflußrichtung von i auf beide Komponenten der Nachfrage nach Bankkrediten negativ ist.

Der Marktzins i gilt hier zugleich für Bonds (GD_p) und Bankkredite. Diese Annahme steht dann nicht im Widerspruch zu dem getrennten Ausweis von GD_p und KR_p in der Vermögensbilanz, wenn die Gläubiger des Staates und die Schuldner der Banken nicht identisch sind.

Ein Vergleich der Vorzeichen der partiellen Ableitungen von (4.11.) mit denen von (4.9.) macht deutlich, daß die Wirtschaftssubjekte auf eine Veränderung der Ertragsrate auf Realkapital mit ihrer nominalen Kreditaufnahme gleichgerichtet und mit ihrer Geldhaltung entgegengesetzt reagieren. Die Erklärung dieses Verhaltens ist einfach: Erhöht sich die Rendite auf Sachkapital, dann lohnt sich eine Kreditfinanzierung dieser Vermögensgüter, solange der reale Schuldzins ($i - g^*_p$) unverändert bleibt oder nicht so stark steigt; die Geldhaltung und die Anlage in Bonds (GD_p) werden jedoch zugleich gegenüber der Realkapitalanlage weniger attraktiv. Eine unterschiedliche Abhängigkeit ergibt sich auch für das erwartete Preisniveau. Wird ein Anstieg der Güterpreise antizipiert, werden die Wirtschaftsakteure für die Zukunft geplante Käufe bereits in der Gegenwart vornehmen und zu diesem Zweck sowohl ihre Geldbestände abbauen als auch zusätzliche Kredite aufnehmen.

5. Geldwirkungen

Die Märkte für Geld und Kredit sind auf vielfältige Weise mit den Gütermärkten der Volkswirtschaft verflochten. Gemeinsam mit diesen und dem Arbeitsmarkt bilden sie einen gesamtwirtschaftlichen Systemzusammenhang. Das Anliegen der Geldwirkungslehre (Transmissionstheorie) besteht darin,
- erstens die Einbettung der monetären Märkte in das makroökonomische System vor dem Hintergrund der wechselseitigen Beziehungen zwischen Geld- und Gütersektor darzustellen und
- zweitens den Wirkungsprozeß monetärer Impulse als stufenweise Anpassung an eine von den monetären Märkten ausgehende Störung des gesamtwirtschaftlichen Gleichgewichts zu beschreiben.

5.1. Geld- und Kreditmärkte im Makrosystem

Wesentliche gesamtwirtschaftliche Zusammenhänge zwischen den monetären und realen Märkten lassen sich bereits in einem stark vereinfachten makroökonomischen System wie dem IS-LM-Modell aufzeigen (Beitrag C-5.). Dieses einkommenstheoretische Modell berücksichtigt neben einem integrierten Gütermarkt (realer Sektor) die

Märkte für Geld und Wertpapiere (monetärer Sektor), wobei sich wegen der gesamtwirtschaftlichen Vermögensrestriktion eine gesonderte Analyse des Wertpapiermarktes erübrigt. Denn bei gegebenem Vermögensbestand können einzelne Wirtschaftssubjekte eine zusätzliche Geldnachfrage nur dadurch befriedigen, daß sie Wertpapiere verkaufen, vorausgesetzt, andere Geldbesitzer sind bereit, in gleichem Umfang Wertpapiere gegen Geld zu tauschen. In diesem Drei-Märkte-Modell sind der reale und der monetäre Sektor derart miteinander verknüpft, daß der Wertpapierzins sowohl auf die Geld- und Wertpapierhaltung als auch auf die Investitionsgüternachfrage einwirkt. Ändert die Zentralbank in einer gesamtwirtschaftlichen Gleichgewichtssituation die Geldmenge, entsteht vorübergehend ein Ungleichgewicht am Geld- und am Wertpapiermarkt. Die daraufhin stattfindenden Anpassungsreaktionen auf den monetären Märkten lösen eine Zinsänderung aus, die im nächsten Schritt die Nachfrage nach Sachkapital beeinflußt. Der Zins ist mithin die zentrale Transmissionsvariable, über die sich ein monetärer Impuls im makroökonomischen System ausbreitet. Ein neues gesamtwirtschaftliches Gleichgewicht stellt sich erst dann wieder ein, wenn der Zinssatz eine Höhe erreicht hat, bei der alle drei Märkte geräumt sind.

Um die Verflechtungen zwischen monetären und realen Märkten in Volkswirtschaften mit vorhandenem Kapitalstock wirklichkeitsnäher abzubilden, ist das von der makroökonomischen Portfoliotheorie (Tobin, 1969) und der Neoquantitätstheorie (Brunner/Meltzer, 1972) zugrunde gelegte Vier-Märkte-Modell besser geeignet. In diesen vermögenstheoretischen Erklärungsansätzen wird zusätzlich zu den im IS-LM-System erfaßten Märkten der Markt für existierendes Realkapital berücksichtigt. Das auf diesem Markt in Form von Beteiligungstiteln (Aktien) oder physischen Gütern (Produktionsanlagen, Maschinen, Immobilien) gehandelte Sachkapital stellt für die Vermögensbesitzer (Sparer) eine mit Geld und Wertpapieren konkurrierende Anlageform dar und bildet für die Investoren eine Alternative zum Erwerb von neu produzierten Kapitalgütern. Wegen seiner Zwischenstellung zwischen dem monetären und dem realen Sektor fällt diesem Markt eine Schlüsselrolle bei der Übertragung monetärer Impulse zu, und die zugehörige Ertragsrate (r_k) bildet dann gemeinsam mit dem Wertpapierzins die entscheidende Transmissionsvariable.

Die Rendite für in der Vergangenheit produzierte Kapitalgüter ($r_k = r^* \cdot P/P_k$) kann vorübergehend von derjenigen für neu produzierte Investitionsgüter (r^*) abweichen, selbst wenn man vereinfachend nutzungsbedingten Verschleiß und technologische Neuerungen ausschließt und damit ein gleich hohes physisches Grenzprodukt unterstellt. Aufgrund unterschiedlicher Angebotsbedingungen kann unter dem Einfluß monetärer Impulse zwischen beiden Märkten ein Preisgefälle entstehen, das erst durch Anpassungsreaktionen der Sparer und Investoren wieder eingeebnet wird. Weil der Bestand an vorhandenen Kapitalgütern in jeder Periode nicht vermehrbar ist, während das Angebot an Investitionsgütern in Abhängigkeit vom Auslastungsgrad der Produktionskapazität in kürzerer oder längerer Frist ausgeweitet werden kann, reagiert der Preis (P_k) für existierendes Sachkapital schneller auf Änderungen der Nachfrage als der Preis (P) für neu produzierte Kapitalgüter, so daß $q > 1$ eintritt.

Die Möglichkeit der Investoren, ihren zusätzlichen Kapitalbedarf wahlweise durch Erwerb von bereits existierenden oder von neu produzierten Kapitalgütern zu befriedigen, läßt sich dadurch berücksichtigen, daß die Preisrelation $q = P_k/P$ neben dem

Realzins ($r = i - g_P^*$) und der Grenzproduktivität des Kapitals (r^*) als zusätzliches Argument und mit positivem Vorzeichen in die Investitionsfunktion aufgenommen wird. Die Gleichgewichtsbedingung für den Gütermarkt (C-5.1.) lautet dann

$$(5.1.) \qquad Y^s = C\,(Y - T) + I\,(i - g_P^*, r^*, q) + G = Y^d\,(Y, i - g_P^*, r^*, q, G, T).$$

Da vorhandenes Realkapital auch zur Wertaufbewahrung gehalten wird, erstreckt sich die Vermögensrestriktion im makroökonomischen Portfoliomodell auf alle drei Vermögensmärkte (4.6.). Insofern ist zwar die für das IS-LM-System geltende spiegelbildliche Beziehung zwischen dem Geld- und dem Wertpapiermarkt aufgehoben; um das monetäre Gleichgewicht darzustellen, genügt es jedoch, die Gleichgewichtsbedingungen für zwei Märkte, den Geld- und den Wertpapiermarkt abzubilden, weil sich dann der dritte Markt, also der für vorhandenes Realkapital, ebenfalls im Gleichgewicht befinden muß. Der Wertpapiermarkt wird im vermögenstheoretischen Modell zu einem umfassenden Kreditmarkt erweitert, auf dem neben den in staatlichen Wertpapieren verbrieften Krediten (GD) auch die Buchkredite der Kreditinstitute an die privaten Nichtbanken (KR_P) erfaßt werden (3.7.). Wird für das Geldangebot vereinfachend angenommen, daß neben Bargeld (B^P) und unverzinslichem Buchgeld (D_1) keine verzinslichen Depositen, also weder Termin- noch Spareinlagen existieren, ergeben sich für den Geldmultiplikator (3.13.) und den Kreditmultiplikator (3.15.) die verkürzten Ausdrücke

$$m^{ex} = \frac{1 + bk}{bk + tr - b} \quad \text{und} \quad a^{ex} = \frac{1 - (tr - b)}{bk + tr - b}.$$

Aufgrund der Verhaltensfunktionen für die Nachfrage nach Geld (4.8.) und Kredit (4.11.) in leicht modifizierter Form gilt unter Berücksichtigung von $r_k = r^* \cdot P/P_k$:

$$(5.2.) \qquad \text{Geldmarkt:} \quad m^{ex}\,(i, \overline{d}, \overline{rr})\,\overline{B}^{ex} = L\,(i, P_k, \overline{P}, \overline{r}^*, \overline{Y}, \overline{NA})$$

$$(5.3.) \qquad \text{Kreditmarkt:} \quad a^{ex}\,(i, \overline{d}., \overline{rr})\,\overline{B}^{ex} = l\,(i - g_P^*, P_k, \overline{P}, \overline{r}^*, \overline{P}^*, \overline{NA}) + KR^d_{St}.$$

Nur die nicht mit einem Querstrich versehenen Variablen i und P_k gelten als kurzfristig reagibel. Y, P und P* können dagegen in der sehr kurzen Frist bei der Analyse von Anpassungsprozessen, deren Ursache im monetären Bereich liegt, als konstant unterstellt werden. Sie verändern sich erst im Anschluß an Störungen des Gleichgewichts auf dem Gütermarkt. Auf diesem ist zudem – wegen bestehender Preis- und Lohnkontrakte, aber auch wegen des Zeitbedarfs der Güterproduktion – von einem längeren Anpassungszeitraum auszugehen. Die Grenzproduktivität des Kapitals (r*) kann kurzfristig ebenfalls als konstant unterstellt werden, und B^{ex}, d, rr und GD sind Instrumentvariablen der wirtschaftspolitischen Entscheidungsträger und daher als exogene Größen zu behandeln. Unter diesen Voraussetzungen kann sich auf den monetären Märkten ein partielles Gleichgewicht herausbilden. Es ist dadurch gekennzeichnet, daß Kreditzins (Wertpapierzins), Preisniveau des Kapitalstocks, Geldmenge und Kreditvolumen simultan bestimmt werden. Solange diese Größen allerdings von jenen Werten abweichen, die dem gesamtwirtschaftlichen Gleichgewicht entsprechen, beschreibt das monetäre Gleichgewicht nur einen vorübergehenden Zustand. Nur wenn die dem monetären Gleichgewicht entsprechenden Werte für i und P_k auch auf dem Gütermarkt Gleichgewichtslösungen darstellen, liegt ein gesamtwirtschaftliches Gleichgewicht vor. Solange jedoch P_k und P voneinander abweichen, ist diese Bedingung nicht erfüllt. In diesem Fall ist auch die Gleichheit der Ertragsraten für neu produziertes und vorhandenes Realkapital nicht gewährleistet. Folglich sind die Investoren mit der vorhandenen Kapitalausstattung nicht zufrieden. Sie wollen den Kapitalbestand ausweiten, wenn $r^* > r_k$ (wegen $P_k > P$) ist, und sie wollen ihn verringern, wenn die umgekehrte Konstellation vorliegt. Eine Ausweitung erfordert Nettoinvestitionen, eine Einschränkung läßt sich durch Unterlassen von Ersatzinvestitionen erreichen. Als Folge dieser Anpassungsreaktionen am Gütermarkt ergeben sich Rückwirkungen auf die monetären Märkte. Ein gesamtwirtschaftliches Gleichgewicht stellt sich am Ende eines Prozesses ein, der als Abfolge von Störungen, Anpassungsreaktionen und Rückwirkungen im Zusammenspiel zwischen dem monetären und dem realen Sektor interpretiert werden kann (s. *Übersicht D-3*).

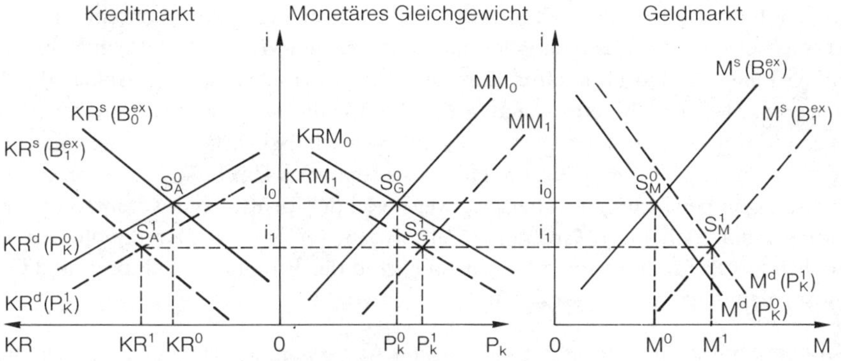

Abb. D-1: Auswirkungen eines expansiven monetären Impulses auf das monetäre Gleichgewicht

Das monetäre Gleichgewicht läßt sich graphisch analysieren. Für jeden der beiden Märkte existiert in einem (i, P_k)-Diagramm eine gesonderte Kurve als geometrischer Ort aller jeweils gleichgewichtigen Zins-Realkapitalpreis-Relationen. Erst beide Gleichgewichtslinien gemeinsam bezeichnen durch ihren Schnittpunkt die Gleichgewichtswerte für beide Größen (BRUNNER/MELTZER, 1971,2). Diese im mittleren Teil der *Abb. D-1* wiedergegebenen Kurven MM_0 und KRM_0 beruhen auf demselben Konstruktionsprinzip. Im linken und rechten Diagramm sind die marktspezifischen Nachfrage- und Angebotsgraphen (Menge des betreffenden monetären Aggregats als Funktion des Zinssatzes) dargestellt. Dabei ist das Angebotsvolumen bei gegebener exogener Geldbasis positiv und die Nachfragemenge negativ vom Zinssatz abhängig. Der von beiden Kurven gebildete Schnittpunkt S_A^0 bzw. S_M^0 ist mit nur einem einzigen Wert für P_k vereinbar. Eine Veränderung desselben läßt zwar die Angebotskurven unberührt, verändert jedoch aufgrund ihrer Spezifizierung in (5.2.) bzw. (5.3.) die Lage der Nachfragekurven, und zwar am Geldmarkt und am Kreditmarkt in unterschiedlicher Richtung. Eine Erhöhung von P_k bewirkt über die Verringerung von r_k bei unverändertem Zinssatz zugleich eine Abnahme der Kreditnachfrage und eine Zunahme der Geldnachfrage. Die im mittleren Teil der Grafik eingezeichneten Gleichgewichtslinien für beide Märkte müssen demnach einen entgegengesetzten Verlauf aufweisen, am Kreditmarkt (KRM_0) negativ und am Geldmarkt (MM_0)

positiv geneigt. Die Begründung lautet für die MM-Kurve: Bei gegebenen Funktionen für Angebot und Nachfrage am Geldmarkt existiert zu jedem P_k nur ein einziger Zinssatz, der diesen Markt räumt; je niedriger P_k ist, desto geringer muß auch der Zins sein. Am Kreditmarkt gilt die umgekehrte Beziehung, so daß sich für die KRM-Kurve ein fallender Verlauf ergibt. Durch den Schnittpunkt S_G^0 werden gleichzeitig die Gleichgewichtswerte für das Kredit- wie das Geldvolumen sowie für i und P_k beschrieben. Es existiert demnach bei gegebener exogener Geldbasis nur eine Kombination von Zins und Realkapitalpreis, bei der sich sowohl der Geld- als auch der Kreditmarkt im Gleichgewicht befinden.

5.2. Transmission monetärer Impulse

Das durch die Gleichungen (5.1.) bis (5.3.) beschriebene makroökonomische System der wechselseitig verflochtenen monetären und realen Märkte bildet den Rahmen für die Wirkungsanalyse monetärer Impulse. Sie will zum einen den Ablauf des Wirkungsprozesses in Übereinstimmung mit den für die Verhaltensweisen der Akteure an den Makromärkten formulierten Hypothesen schlüssig erklären. Zum anderen will sie die Richtung und möglichst auch das Ausmaß des Einflusses aufzeigen, der von einer exogen bewirkten, also beispielsweise von der Zentralbank veranlaßten Veränderung einer monetären Größe auf Zinsniveau, Geldmenge, Kreditvolumen sowie letztlich auf Produktionshöhe, Auslastungsgrad der Produktionsfaktoren und Güterpreisniveau ausgeht.

Vor dem Hintergrund der unterschiedlichen Anpassungsgeschwindigkeiten im monetären und realen Sektor durchläuft der Transmissionsprozeß zwei aufeinander folgende Wirkungsstufen. Ein monetärer Impuls (Veränderungen von rr, d, B^{ex} oder GD) stört zunächst das monetäre Gleichgewicht. Aufgrund der Anpassungsreaktionen an den monetären Märkten (erste Wirkungsstufe) ändern sich i und P_k, so daß jetzt auch das Gütermarktgleichgewicht gestört ist. Die Anpassungsreaktionen auf dem Gütermarkt sind Gegenstand der zweiten Wirkungsstufe. Das Wirkungsergebnis läßt sich schließlich durch einen Vergleich des makroökonomischen Gleichgewichts nach Abschluß des gesamten Anpassungsprozesses mit dem Ausgangsgleichgewicht ermitteln.

Die Primärwirkung einer Ausweitung der exogenen Geldbasis ist in *Abb. D-1* grafisch dargestellt worden. Sie drückt sich als Verschiebung der Angebotskurven für Geld und Kredit nach außen aus. Auf beiden Märkten ist also das neue kurzfristige Gleichgewicht bei jedem P_k durch ein niedrigeres i gekennzeichnet. Wegen der höheren Zinsempfindlichkeit von Kreditangebot und Kreditnachfrage im Vergleich zu den entsprechenden Verhaltensfunktionen auf dem Geldmarkt ist auf dem Kreditmarkt eine geringere Zinssenkung erforderlich, um das durch die Geldbasiserhöhung entstandene Überschußangebot abzubauen. Der neue Gleichgewichtszins ergibt sich erst im Zusammenspiel mit dem Markt für existierendes Realkapital über den zugehörigen Preis P_k. Dieser Preis muß steigen, damit die Zinssenkung auf dem Kreditmarkt verstärkt und auf dem Geldmarkt abgeschwächt wird. Ein Preisanstieg für existierendes Realkapital bewirkt eine Rechtsverschiebung der Nachfragekurven auf den Märkten für Geld und Kredit.

Infolge der Ausweitung von B^{ex} müssen die Gleichgewichtskurven MM und KRM im mittleren Teil der Grafik nach unten verschoben werden. Da die Verlagerung von KRM – wie oben dargelegt – geringer ausfällt als die von MM und die Elastizität der KRM-Kurve in bezug auf P_k absolut größer ist als die der MM-Kurve, tritt zwingend das in *Abb. D-1* eingezeichnete Ergebnis ein. Es kommt also gleichzeitig zu einer Zinssenkung und zu einer Erhöhung des Preisniveaus für existierendes Realkapital. Eine Senkung des Mindestreservesatzes und des Diskontsatzes wirken in die gleiche Richtung wie eine Erhöhung von B^{ex}. Der umgekehrte Effekt tritt ein, wenn die Geldbasis eingeschränkt oder der Mindestreservesatz oder der Diskontsatz erhöht werden. Eine Veränderung der Staatsschuld äußert sich demgegenüber in einer Verschiebung der Nachfragekurve auf dem Kreditmarkt. Eine Ausweitung von GD erzeugt hier zunächst einen Nachfrageüberschuß. Bei gegebenem P_k müßte folglich i steigen, so daß sich die KRM-Linie nach oben verlagert. Da der Schnittpunkt mit der MM-Kurve nach rechts oben wandert, bewirkt die Ausweitung der Staatsschuld letztlich eine Erhöhung des Zinses und des Realkapitalpreises.

Das monetäre Gleichgewicht beschreibt eine gesamtwirtschaftliche Situation, in der die Wirtschaftsakteure bereit sind, das private Nettovermögen NA in der gegebenen Struktur B^{ex}:GD:$P_k \cdot \overline{K}$ in ihren Portefeuilles zu halten. Diese optimale Portfoliostruktur wird erreicht, indem die Vermögenshalter ihre Nachfrage nach Geld, Wertpapieren und Sachkapital unter Beachtung der jeweiligen Ertragsraten und Risikofaktoren so festlegen, daß die Ertrags-Risiko-Relation ihrer Portefeuilles mit ihrer subjektiven Risikoneigung übereinstimmt. Der Bondszinssatz i und der Preis für vorhandenes Realkapital P_k – und damit bei gegebenem r^* und P auch r_k – stellen sich folglich in der Höhe ein, bei der die aktuelle Vermögensstruktur der von den Anlegern gewünschten entspricht. Dabei berücksichtigen diese, daß die Vermögensformen unterschiedliche Risikoeigenschaften aufweisen. Die spezifischen Risiken des Realkapitals bestehen in einem sinkenden Auslastungsgrad des Kapitalstocks (Konjunkturrisiko) und im technologischen Fortschritt bei den Kapitalgütern (Obsoleszensrisiko). Demgegenüber unterliegen alle Formen finanzieller Aktiva dem Risiko schwankender Zinssätze (Zinsänderungsrisiko) und dem eines sinkenden Geldwerts (Inflationsrisiko), allerdings in gradueller Abstufung. Sie gelten daher als substitutive Anlageformen, deren Anteile im Portefeuille in Abhängigkeit von der Höhe des Bondszinses bestimmt werden. Da realwirtschaftliche und finanzielle Risiken an unabhängige Ereignisse anknüpfen, ermöglicht eine in bezug auf Sachkapital und Finanzaktiva diversifizierte Vermögenshaltung eine breite Risikostreuung und auf diese Weise eine Verbesserung der Ertrags-Risiko-Relation, verglichen mit einem Portfolio, das ausschließlich Aktiva aus nur einem der beiden Vermögensblöcke enthält.

Damit die Vermögensbesitzer bereit sind, den vorhandenen Sachkapitalbestand in ihr Portfolio aufzunehmen, muß diese Anlageform eine Ertragsrate aufweisen, die einerseits ihren Verzicht auf den Zinsertrag aus der Finanzvermögenshaltung ausgleicht und die sie andererseits für die spezifischen Risiken des Realkapitals entschädigt. Diese für erforderlich erachtete Ertragsrate (kalkulatorische Mindestrendite) wird als supply price of capital (SPC) bezeichnet. Der SPC ist als Summe aus dem realen Bondszins ($i - g_p^*$) und einem mit der Vermögensstruktur variierenden Risikoaufschlag (ra) definiert. Dabei wird die Risikostruktur des im privaten Sektor vorhandenen Nettovermögens ($NA = B^{ex} + GD + P_k \cdot \overline{K}$) durch den Quotienten NA^f/NA ausgedrückt, mit $NA^f = B^{ex} + GD$:

(5.4.) $SPC = i - g_p^* + ra,$ wobei $ra = ra(NA^f/NA)$, mit $ra_{NA^f/NA} < 0$.

Die Transmission geldpolitischer Impulse von den monetären Märkten auf den Gütermarkt erfolgt im Zusammenwirken von i, P_k und SPC. Um dies zu verdeutlichen, wird die im Gleichungssystem (5.1.) bis (5.3.) bisher implizit enthaltene Gleichgewichtsbedingung für den Markt für existierendes Realkapital wie folgt ausformuliert:

(5.5) $P_k \cdot \overline{K} = K^d (SPC, r^*, P, NA),$ mit $K^d_{SPC}, K^d_{r^*} < 0; K^d_P, K^d_{NA} > 0$.

Wird durch einen geldpolitischen Impuls das Volumen des Finanzvermögens ausgeweitet oder eingeschränkt, ist dies gleichbedeutend mit einem größeren oder geringeren Gewicht der spezifischen Risiken des Finanzvermögens im Portfolio. Selbst bei gleichbleibenden Ertragsraten für finanzielle Aktiva und Sachkapital sind die Wirtschaftssubjekte bestrebt, den Anteil des Realkapitals gleichgerichtet zu verändern (Vermögenseffekt), um die ihrer Risikoneigung entsprechende Portfoliostruktur wieder herzustellen. Sie verlangen also aufgrund von Risikoerwägungen für die Anlage in Sachkapital nunmehr eine niedrigere oder höhere Mindestrendite. Ändert sich dagegen allein die Zusammensetzung des Finanzvermögens in bezug auf Geld und Bonds, kommt es lediglich zu Zinsänderungen (Zinseffekt). Es lassen sich drei, das Vermögen beeinflussende monetäre Impulse unterscheiden. Sie weisen im einzelnen folgende Wirkungen auf (Kath/Euba; 1975):

- Eine Ausweitung der exogenen Geldbasis senkt i (expansiver Zinseffekt) und erhöht über den Anstieg von NA^f zugleich den Quotienten NA^f/NA und NA (expansiver Vermögenseffekt). Die Vermögensbesitzer begnügen sich daraufhin mit einer geringeren kalkulatorischen Kapitalrendite, so daß der SPC unter r_k sinkt.
- Eine der Richtung nach gleiche, aber im Ausmaß geringere Wirkung auf den SPC tritt ein, wenn die Erhöhung der Geldbasis zu Lasten von GD geht (Bondskäufe der Zentralbank). Zwar sinkt auch in diesem Fall der Zins, aber NA^f/NA und NA bleiben konstant, so daß kein Vermögenseffekt entsteht.
- Sofern GD bei gegebener Geldbasis ausgeweitet wird, steigen NA^f/NA, NA und i gleichzeitig. Werden hinreichend risikoscheue Wirtschaftssubjekte unterstellt, überwiegt der expansive Vermögenseffekt den kontraktiven Zinseffekt. Auch in diesem Fall lautet das Resultat $SPC < r_k$.

Die Konstellation $SPC < r_k$ kann jedoch nicht lange bestehen, da sie eine zu geringe Marktbewertung des existierenden Realkapitals impliziert. Daraufhin wird dieses Vermögensgut vermehrt nachgefragt, mit der Folge, daß P_k soweit steigt, bis erneut $SPC = r_k$ gilt. Da jetzt $P_k > P$, also $q > 1$ ist, gerät nun der Gütermarkt ins Ungleichgewicht. Die Wirtschaftssubjekte sind mit ihrer Sachkapitalausstattung unzufrieden und fragen deshalb mehr Investitionsgüter nach. Je nach konjunktureller Ausgangslage wird damit eine reale oder eine nominale, auf einen Anstieg des Güterpreisniveaus beschränkte Expansion eingeleitet:

- Sofern noch unbeschäftigte Produktionsfaktoren vorhanden sind (Unterbeschäftigung) wird über den Investitionsmultiplikator ein realer Expansionsprozeß in Gang gesetzt, in dessen Verlauf auch der Kapitalstock wächst. Infolgedessen sinkt die Grenzleistungsfähigkeit der Investition, was sich deprimierend auf die Marktbewertung auswirkt. P_k sinkt, bis $P_k = P$.

Übersicht D-3: Transmissionsschema eines expansiven monetären Impulses

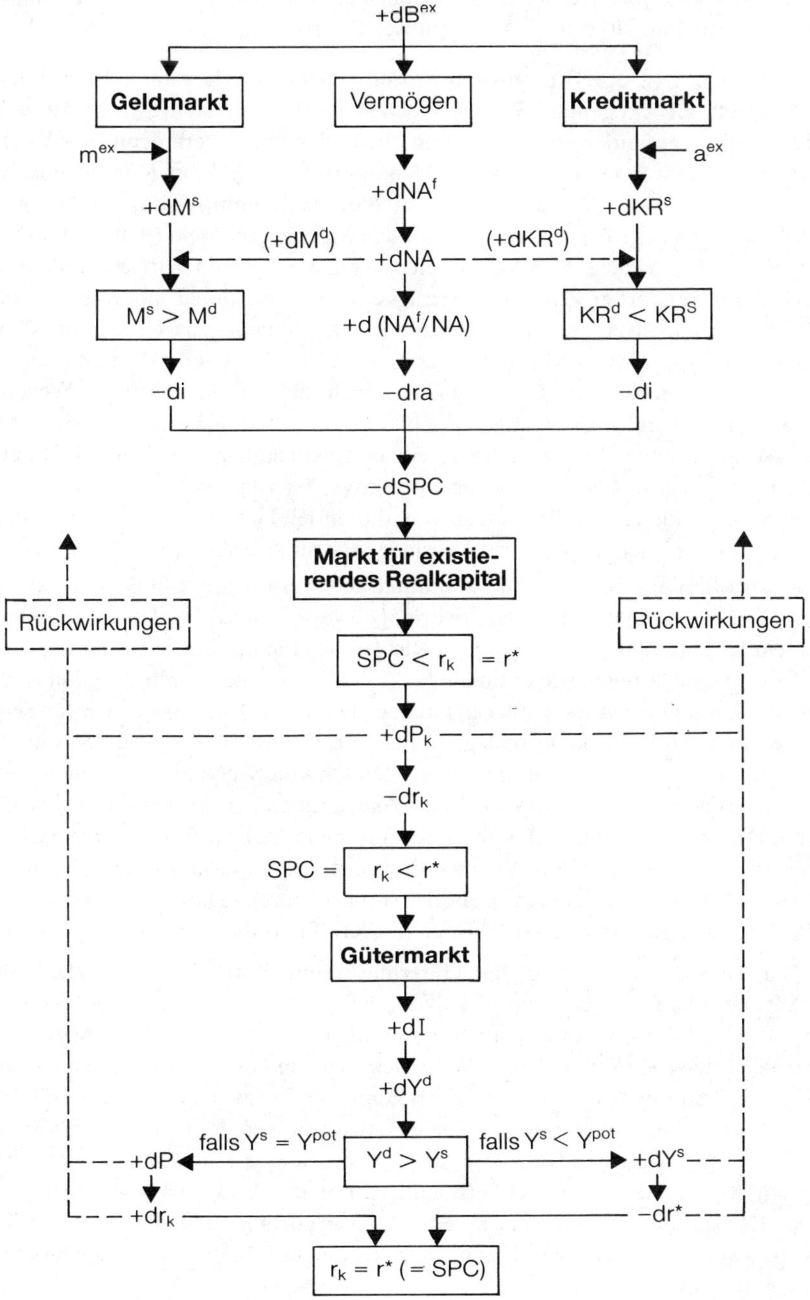

- Bei Vollauslastung der Produktionsfaktoren ist eine zusätzliche reale Kapitalbildung über eine positive Nettoinvestition nicht möglich. $P_k = P$ wird allein über einen Anstieg im Niveau der Güterpreise (P) erreicht.

In *Übersicht D-3* ist der Transmissionsprozeß eines expansiven monetären Impulses am Beispiel der exogenen Geldbasis schematisch dargestellt. Ihre Ausweitung ($+dB^{ex}$) erhöht auf einer ersten Wirkungsebene das Finanzvermögen ($+ dNA^f$) und damit zugleich das gesamte Nettovermögen des privaten Sektors (Vermögensniveaueffekt: + dNA). Außerdem steigt im Ausmaß des Geldmultiplikators (m^{ex}) sowie des Kreditmultiplikators (a^{ex}) das Angebot auf den Märkten für Geld ($+ dM^S$) und Kredit ($+ dKR^S$). Den Zuwachs ihres Vermögens wollen die privaten Wirtschaftsakteure bei zunächst unveränderten Zins- und Ertragssätzen proportional auf Kassenbestände ($+dM^d$), Wertpapierhaltung ($+ dGD_p$) und Realkapitalanlagen ($+ dK^d$) aufteilen. Da aufgrund des gestiegenen Vermögens aber auch ihre Verschuldungsbereitschaft zunimmt, wächst neben der Geldnachfrage auch die Kreditnachfrage. Wegen der multiplikativen Angebotswirkungen ergibt sich per Saldo dennoch auf beiden Märkten ein Angebotsüberhang, so daß es zu einem Zinsrückgang (– di) kommt. Daraufhin wird eine vermehrte Realkapitalanlage attraktiv. Der von den Märkten für Geld und Kredit ausgehende Zinseffekt wird sowohl durch den bereits erwähnten Vermögensniveaueffekt als auch durch einen Vermögensstruktureffekt ($+ d\frac{NA^f}{NA}$) verstärkt. Dieser resultiert aus der Tatsache, daß durch die Ausweitung von B^{ex} der Anteil des Finanzvermögens am gesamten Nettovermögen gestiegen ist. Infolgedessen kommt es zu einem Übergewicht der spezifischen Risiken des Finanzvermögens im Portefeuille der Anleger. Sie können ihre optimale Portfoliostruktur nur durch eine Aufstockung ihres Realkapitalbestandes wieder herstellen. Daher sind sie bereit, den für Sachkapital veranschlagten Risikoaufschlag auf den bereits gesunkenen Marktzins niedriger anzusetzen (– dra). Die von ihnen für das Halten von Sachkapital zugrunde gelegte kalkulatorische Mindestrendite wird daher gegenüber der Ausgangslage gesenkt (– dSPC). Die aus allen drei Teileffekten resultierende Mehrnachfrage nach existierendem Realkapital ($+ dK^d$) bewirkt einen Preisanstieg am Markt für dieses Vermögensgut ($+ dP_K$), so daß dessen Rendite sinkt ($- dr_k$). Daraufhin kommt es zu Rückwirkungen auf die Kreditnachfrage ($- dKR^d$) und die Geldnachfrage ($+ dM^d$).

Der Wirkungsprozeß findet auf dem Gütermarkt seine Fortsetzung. Da jetzt r_k wegen des Anstiegs von P_k die Grenzproduktivität neu produzierter Kapitalgüter (r^*) unterschreitet, steigt die Investitionsnachfrage (+ dI) und damit die gesamtwirtschaftliche Güternachfrage ($+ dY^d$). Trifft die Mehrnachfrage am Gütermarkt auf ein voll ausgelastetes Produktionspotential ($Y^S = Y^{pot}$), kommt es zu einem Anstieg des Güterpreisniveaus, bis $P = P_k$ und $r_k = r^*$. Das reale Nettovermögen des privaten Sektors (NA^r) sinkt daraufhin wieder auf das Ausgangsniveau, und die nominale Geldnachfrage steigt im Ausmaß der Preisniveauerhöhung. Im neuen Endgleichgewicht sind Angebot und Nachfrage am Geldmarkt erneut ausgeglichen, und der Zins hat seinen Ausgangswert wieder erreicht. Der expansive monetäre Impuls hat letztlich nur einen Anstieg der Güterpreise bewirkt.

Ist dagegen das Produktionspotential nicht ausgelastet, kommt es infolge der gestiegenen Güternachfrage zu einer Ausweitung der Güterproduktion ($+ dY^S$), der Beschäftigung und des realen Volkseinkommens. Der Ausgleich der Kapitalrenditen wird nun teilweise über eine sinkende Grenzleistungsfähigkeit der Investition ($-dr^*$) wieder hergestellt. Da aber die einkommensabhängige Geldnachfrage und die Kreditnachfrage zunehmen, steigt der Marktzins. Die anschließende Erhöhung des SPC bewirkt einen Rückgang von P_k, so daß das ursprünglich gesunkene r_k wieder steigt. Im neuen Endgleichgewicht weisen im Vergleich zur Ausgangslage das reale Volkseinkommen, das reale Nettovermögen, der Sachkapitalbestand und der reale Geldbestand höhere Werte auf, während der Kreditzins sowie die Ertragsraten auf existierendes und neu produziertes Sachkapital gesunken sind.

6. Geldpolitik

In einer real wachsenden Volkswirtschaft kann eine hinreichende Geldausstattung, sieht man von der theoretischen Möglichkeit eines ständig sinkenden Preisniveaus (Deflation) ab, nur durch eine fortwährende Ausweitung der nominalen Geldmenge erreicht werden. Um möglichst alle störenden Einflüsse von seiten der Geldversorgung auszuschalten, sollte die monetäre Expansion kontinuierlich erfolgen. Zu diesem Zweck sind dauerhafte institutionelle Vorkehrungen und permanente Steuerungsaktivitäten erforderlich. Beides ist Aufgabe der Geldpolitik. Für ihre Durchführung sind unterschiedliche Instanzen (Träger der Geldpolitik) zuständig. Die Legislative trägt die Verantwortung für die Ordnung des Geldwesens, die Notenbank (Währungsbehörde) als Organ der Exekutive verfügt über die notwendige Steuerungskompetenz. Als Orientierungsprinzip für die Gestaltung der Geldordnung gilt aus ökonomischer Sicht die optimale Geldversorgung der Volkswirtschaft. Die monetäre Ablaufpolitik ist demgegenüber verpflichtet, auf die Erreichung der gesamtwirtschaftliche Ziele Geldwertstabilität, Vollbeschäftigung und außenwirtschaftliches Gleichgewicht hinzuwirken (Beitrag P-4.2.).

6.1. Probleme der Geldordnung

Die modernen Geldordnungen weisen im internationalen Vergleich bei aller Vielfalt in der institutionellen Ausgestaltung eine Reihe einheitlicher Merkmale auf. Die aus ökonomischer Sicht wesentlichen sind neben der Koexistenz von Bargeld und Buchgeld (s. Abschnitt 3.1.):

- das staatliche Emissionsmonopol für gesetzliche Zahlungsmittel,
- die Zinslosigkeit der perfekten Zahlungsmittel und
- die Begrenzung der Geldmenge.

Das staatlich beaufsichtigte Monopol für die Ausgabe von Banknoten wurde erstmals in England durch die Peelsche Bankakte von 1844 gesetzlich verankert. Damit war die vorausgegangene Kontroverse um die zweckmäßigste Marktform bei der Notengeldschaffung zugunsten einer von der Currency-Schule befürworteten Zentralnotenbank und gegen das von der Banking-Schule vertretene Prinzip der Bankenfreiheit entschieden worden. Erst neuerdings hat FRIEDRICH AUGUST VON HAYEK (1976) das staatliche Emissionsmonopol für die seit dem Altertum häufig wiederkehrenden

Währungskatastrophen verantwortlich gemacht und vorgeschlagen, es durch „kompetitive Parallelwährungen" zu ersetzen, die von einer Vielzahl privater Banken als konkurrierende Produkte angeboten werden. Danach soll sich der Staat darauf beschränken, die konkurrierenden Währungen als Mittel zur Schuldentilgung und zur Erfüllung der Steuerpflicht anzuerkennen; die Geldnachfrager würden stoffwertloses Geld ohnehin nur akzeptieren, wenn die Anbieter dessen Wertstabilität garantieren (KLEIN, 1974).

Die Kritik an diesem Konzept besteht neben Zweifeln an der praktischen Anwendbarkeit aus Einwänden, die auf theoretischer Ebene liegen (SCHÜLLER, 1977). Unter ihnen verdient das Argument besondere Beachtung, das System der kompetitiven Parallelwährung tendiere zur Selbstauflösung. Zum einen begünstigt das hohe Konkurrenzrisiko eine wettbewerbsbeschränkende Kooperation der Geldanbieter, und zum anderen besteht eine Tendenz zur Herausbildung eines natürlichen Monopols, da die Geldproduktion zu sinkenden Durchschnittskosten möglich ist (Beitrag L-2.2.). Durch ein privates Emissionsmonopol wäre jedoch eine optimale Geldversorgung ausgeschlossen.

Eine gemessen an wohlfahrtstheoretischen Kriterien optimale Geldversorgung kann nur erreicht werden, wenn Geld mit der Marktrate verzinst wird und für die Inanspruchnahme der Zahlungsmittel kostendeckende Gebühren zu entrichten sind. Das gesellschaftliche Versorgungsoptimum für ein Gut ist dadurch gekennzeichnet, daß der Nutzenbeitrag, den die letzte erzeugte Einheit dieses Gutes stiftet (sozialer Grenznutzen), gerade gleich den Kosten ist, die die Produktion dieser Einheit verursacht (soziale Grenzkosten). Da die Grenzkosten der Herstellung von stoffwertlosem Geld – im wesentlichen also die marginalen Kosten zur Aufrechterhaltung des Girosystems – näherungsweise Null sind, müßte gemäß dieser allgemeinen Wohlfahrtsregel das Geldangebot bis zur Sättigungsmenge ausgeweitet werden, weil nur hier auch der Grenznutzen der Geldverwendung Null ist. Dieser Punkt kann bei stabilem Geldwert allerdings solange nicht erreicht werden, wie das Geld nicht verzinst wird, denn bei seiner Verwendung als Wertaufbewahrungsmittel konkurriert es mit zinstragenden Aktiva. Deren Ertragsrate ist zugleich als Opportunitätskostensatz pro Einheit Kassenbestand zu interpretieren. Ein Wirtschaftssubjekt wird aufgrund seiner Kosten-Nutzen-Entscheidung gerade soviel Geld verwenden, daß diese Grenzkosten der Kassenhaltung gleich dem Grenznutzen sind, den das Geld als Wertaufbewahrungs- und Zahlungsmittel stiftet. Der marginale Vorteil des Geldes im Zahlungsverkehr begründet zwar aus ökonomischer Sicht eine Verzinsungsdifferenz zwischen Geld und anderen Finanzaktiva, unverzinsliches Geld verhindert jedoch die optimale Geldversorgung (JOHNSON, 1970; FRIEDMAN, 1969,1).

Bezugsgröße der Theorie der optimalen Geldversorgung ist der von den Nichtbanken gewünschte reale Geldbestand (M/P). Dieser ist nur durch eine Verzinsung des Geldes, nicht jedoch durch eine Ausweitung des nominalen Geldangebots zu erreichen. Dieser Sachverhalt kann an einer Graphik verdeutlicht werden, die an JOHNSON (1969, 1) angelehnt ist. Im oberen Teil der *Abb. D-2* sind auf der Ordinate die Opportunitätskosten der Geldhaltung für einen als konstant angenommenen Wertpapierzins $\bar{i}$ abgetragen. Die reale Geldnachfrage ist eine abnehmende Funktion der Opportunitätskosten der Kassenhaltung, also bei gegebenem Wertpapierzins eine

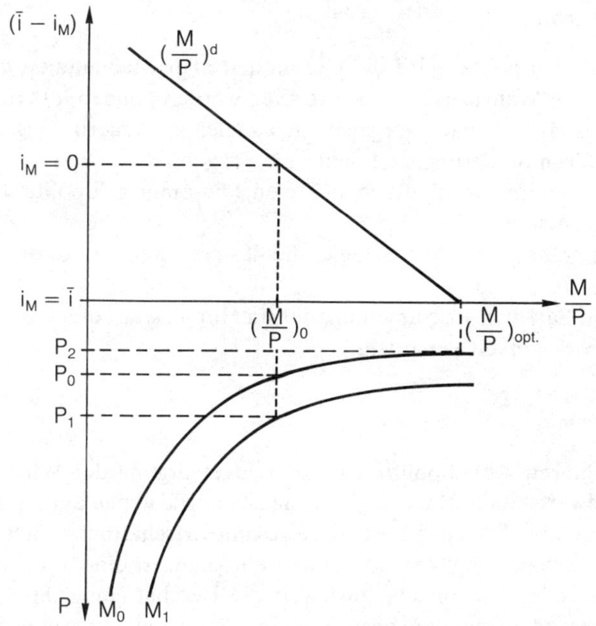

Abb. D-2: Geldverzinsung, reale Geldhaltung und Güterpreisniveau

zunehmende Funktion der Ertragsrate des Geldes (i_M). Ist Geld unverzinslich ($i_M = 0$), verursacht die Geldhaltung pro Geldeinheit Opportunitätskosten in Höhe von $\bar{i}$, und die Wirtschaftssubjekte wünschen einen realen Geldbestand $(\frac{M}{P})_0$; wird das Geld hingegen mit $i_M = \bar{i}$ verzinst, fallen keine Opportunitätskosten an, und die Geldnachfrage wird bis zur Sättigungsmenge $(\frac{M}{P})_{opt}$ ausgeweitet.

Die rechtwinkligen Hyperbeln im unteren Teil der *Abb. D-2* drücken die Beziehung zwischen dem realen Geldbestand und dem Güterpreisniveau bei jeweils gegebener nominaler Geldmenge aus; dabei gilt $\overline{M}_1 > \overline{M}_0$. Beim Zins $\bar{i}$ und unverzinslicher Kassenhaltung ($i_M = 0$) ist die gewünschte Kasse $(\frac{M}{P})_0$. Dem entspricht bei einer Geldmenge M_0 das Preisniveau P_0. Durch eine Ausweitung der nominalen Geldmenge auf M_1 läßt sich keine Annäherung der gewünschten Realkasse an die optimale reale Geldmenge $(\frac{M}{P})_{opt}$ erreichen, vielmehr steigt das Preisniveau auf P_1. Nach wie vor bezeichnet $(\frac{M}{P})_0$ jenen Realkassenbestand, bei dem der Grenznutzen der Geldhaltung gleich den Opportunitätskosten $\bar{i}$ ist.

Die optimale Geldmenge kann allein durch eine Verzinsung des Geldes in Höhe des Wertpapierzinses ($i_M = \bar{i}$) realisiert werden. Bliebe zugleich die nominale Geldmenge bei M_0, würde das Preisniveau auf P_2 sinken. Damit kann ein weiteres interessantes Ergebnis abgeleitet werden: Bei gegebenem Geldumlauf bewirkt ein Übergang zur Geldverzinsung eine Senkung des Preisniveaus. Eine Ausweitung des nominalen Geldbestandes bei Aufrechterhaltung der Unverzinslichkeit hätte dagegen einen Preisniveauanstieg von P_0 auf P_1 zur Folge. Um die Funktionsfähigkeit des Geldwesens zu gewährleisten, ist eine Begrenzung des nominalen Geldangebots erforderlich.

6.2. Monetäre Steuerung

Unter monetärer Ablaufpolitik wird die Gesamtheit aller Maßnahmen verstanden, die von der staatlichen Währungsbehörde ergriffen werden können, um die Geldversorgung der Volkswirtschaft nach vorgegebenen Zielen zu steuern. Gegenstand der Theorie der monetären Steuerung sind daher die Fragen

- nach denjenigen gesamtwirtschaftlichen Zielen, die einer geldpolitischen Beeinflussung zugänglich sind;
- nach derjenigen geldpolitischen Strategie, die das geringste Risiko der Fehlsteuerung aufweist;
- nach demjenigen Satz von Instrumenten, der im Hinblick auf die gewählte Strategie die größte Wirksamkeit verspricht.

6.2.1. Steuerungsziele

Aufgabe der monetären Ablaufpolitik ist die Geldversorgung der Wirtschaft unter Wahrung der Geldwertstabilität. Ob die Währungsbehörde neben der Aufrechterhaltung eines stabilen Geldwerts auch für andere gesamtwirtschaftliche Ziele, insbesondere das der Vollbeschäftigung, verantwortlich sein kann, ist eine ungeklärte Frage. Ihre Beantwortung hängt davon ab, inwieweit die Beschäftigung durch monetäre Maßnahmen überhaupt nachhaltig beeinflußt werden kann. Aus monetaristischer Sicht tendiert das marktwirtschaftliche System stets zu einer Vollbeschäftigungslage. Die Stabilität des Geldwerts gilt hierfür als notwendige Voraussetzung (Friedman, 1968).

Die an der Lehre von Keynes orientierten Ökonomen begründen demgegenüber ein Gleichgewicht bei Unterbeschäftigung als realistische Möglichkeit. Aus dieser Sicht ist die monetäre Ablaufpolitik ein geeigneter Hebel zur Steuerung der gesamtwirtschaftlichen Aktivität (Tobin, 1983). Als Ansatzpunkt gelten die Bedingungen, an denen die Wirtschaftssubjekte ihre Geldnachfrage orientieren, also das Nettovermögen des privaten Sektors und die Ertragsraten auf verzinsliche Aktiva. Die Geldnachfrage ist abhängig von der gewünschten Vermögensstruktur. Ihre Bestimmungsfaktoren sind daher zugleich Determinanten der ökonomischen Aktivität auf den Gütermärkten. Nicht die bei gegebener Konstellation der ökonomischen Größen gewünschte Geldnachfrage, sondern deren Konstellation, bezogen auf die angestrebte gesamtwirtschaftliche Lage, gilt als maßgebliche Orientierung für die Geldpolitik der Zentralbank. Einer derartigen Zielvorstellung entspricht ein Volkseinkommen, bei dem zugleich Vollbeschäftigung des Faktors Arbeit und Stabilität des Geldwerts gewährleistet sind. Wird das Vollbeschäftigungseinkommen unterschritten, wird die Notwendigkeit zu einer expansiven Geldpolitik abgeleitet; ist dagegen das Ziel der Geldwertstabilität verletzt, wird ein restriktiver Kurs der Geldpolitik begründet. Unter den Bedingungen einer wachsenden Wirtschaft bildet die Zuwachsrate des Volkseinkommens das Orientierungsmaß für die Geldversorgung (Beitrag P-4.2.).

6.2.2. Grundschema der monetären Ablaufpolitik

Monetäre Steuerung ist im Prinzip „angewandte" Geldwirkungslehre. Der Unterschied zur „reinen" Transmissionstheorie besteht darin, daß dort nach den Wirkungen eines gegebenen monetären Impulses gefragt wird, während hier für eine als Ziel vorgegebene Wirkung zunächst der nach Art und Ausmaß geeignete Impuls gesucht wird (*Übersicht N-6*). Um ihn auszulösen, stehen geldpolitische Instrumente zur Verfügung. Das Problem der monetären Steuerung und seine Lösung stellen sich schematisch vereinfacht in folgender Weise dar:

- Anlaß für eine geldpolitische Aktion ist eine Diskrepanz zwischen den aufgrund einer Zielprojektion angestrebten und den tatsächlich ermittelten Werten (Lagekonstellation) für eine oder mehrere gesamtwirtschaftliche Zielgrößen.
- Gegenstand der Intervention ist die Anwendung von Mitteln, um denjenigen monetären Impuls zu schaffen, der geeignet erscheint, Lagekonstellation und Zielprojektion in Übereinstimmung zu bringen.
- Auswahl und Kombination der Instrumente sowie deren Einsatz nach Richtung und Dosierung sind durch Art und Ausmaß der konstatierten Zielabweichung vorgezeichnet.

Dieses deterministische Modell bedarf der Korrektur. In der Realität besteht für den geldpolitischen Entscheidungsträger neben der Schwierigkeit einer zuverlässigen Lageanalyse insbesondere das Problem der unvollkommenen Information über

- die numerische Verknüpfung zwischen Aktionsparametern und Zielgrößen, sowie
- den Zeitbedarf und das Zeitprofil des Wirkungsprozesses geldpolitischer Maßnahmen.

Aufgrund dieses Sachverhaltes scheiden die gesamtwirtschaftlichen Zielgrößen als Ansatzpunkt für eine laufende Effizienzkontrolle aus. Die Rückkopplung wäre in diesem Falle nur mit einer erheblichen Verzögerung möglich und zudem wäre ungewiß, zu welchem Zeitpunkt die Maßnahmen ihre volle Wirksamkeit erreicht haben. Insofern ist es sinnvoll, den monetären Wirkungsablauf bereits an solchen Transmissionsgliedern zu kontrollieren, die innerhalb der von den Instrumenten zu den gesamtwirtschaftlichen Zielgrößen verlaufenden Wirkungskette liegen. Indem diesen „Endzielen“ eine unmittelbare Steuerungsvariable als Zwischenzielgröße (target variable) vorgeschaltet wird, gliedert sich der Steuerungsprozeß in zwei miteinander verknüpfte Wirkungsabschnitte. Der erste umfaßt die Einwirkung der Instrumente auf die target variable, der zweite die Übertragung der hier ausgelösten Effekte auf die Endzielgrößen. Auf diese Weise ist es möglich, den Rückkopplungsprozeß abzukürzen und zugleich die Stärke des monetären Impulses besser zu dosieren.

Eine ökonomische Größe ist nur dann als target variable geeignet, wenn sie gleichzeitig drei Bedingungen erfüllt (Saving, 1967):

- erstens muß sie im unmittelbaren Einflußbereich der geldpolitischen Instrumente liegen,
- zweitens hat sie als gewichtiger Einflußfaktor der güterwirtschaftlichen Aktivitäten zu gelten und
- drittens soll sie zuverlässige Verknüpfungen zu den Instrumenten wie auch zu den Endzielen aufweisen.

Da die Zwischenzielvariable an der Nahtstelle zwischen dem monetären und dem realen Sektor liegt, ist sie neben dem geldpolitischen Impuls weiteren exogenen und endogenen Einflüssen ausgesetzt. Ihre Veränderungen spiegeln daher nicht ausschließlich und möglicherweise nicht einmal dominierend den Effekt der Geldpolitik wider.

Um den Anteil der Geldpolitik an den beobachteten Veränderungen der Zwischenzielvariablen abschätzen zu können, bedarf es einer Orientierungsgröße, die bereits auf vorgelagerter Stufe Richtung und Intensität des monetären Impulses mißt. Als ein solcher Indikator ist nur eine Größe geeignet, die von der Zentralbank zielgenau gesteuert werden kann und die zudem eindeutig mit der Zwischenzielgröße verknüpft ist. Sind diese Bedingungen erfüllt, dann ist der Indikator zugleich der gemeinsame Nenner, an dem sich die kumulierte Wirkung der durch unterschiedliche Instrumente ausgelösten Impulse ablesen läßt (BRUNNER/MELTZER, 1967; NEUMANN, 1971).

Aus monetaristischer Sicht kann Geldwertstabilität sichergestellt werden, wenn als Zwischenziel das Geldaggregat M1 und als geldpolitischer Indikator die exogene Geldbasis gewählt werden. Im Konzept der keynesianischen Geldpolitik gilt der Zins am Markt für Zentralbankgeld (Geldmarktzins) als entscheidende Orientierungsgröße (Indikator und Steuerungsgröße) für die Notenbank, während als monetäre Zwischenzielvariable das Produkt aus Geldmenge und Umlaufgeschwindigkeit (wirksames Geldvolumen – $M \cdot V = BIP$) empfohlen wird (TOBIN, 1983).

6.2.3. Geldpolitische Strategien

Eine monetäre Steuerungsstrategie kann als ein in sich schlüssiges Beziehungssystem zwischen geldpolitischen Instrumenten und gesamtwirtschaftlichen Zielen gekennzeichnet werden. Die Transmissionslehre bildet hierfür den theoretischen Rahmen und weist zugleich die geeigneten Zwischenziel- und Indikatorgrößen aus. Die mit Hilfe der Theorie der Geldpolitik entwickelten geldpolitischen Strategien sind einheitlich nach diesem formalen Konstruktionsschema angelegt. Sie unterscheiden sich dennoch in bezug auf wesentliche Grundprinzipien:

- zum einen danach, ob die Steuerung als fallweise Intervention (diskretionär) erfolgen oder einem Regelmechanismus überlassen bleiben sollte;
- zum anderen danach, ob die Geldpolitik auf ein singuläres Ziel (Geldwertstabilität) festzulegen oder an einem System multipler Ziele (Geldwertstabilität, Vollbeschäftigung und außenwirtschaftliches Gleichgewicht) auszurichten sei.

Die Entscheidung zugunsten der einen oder anderen Variante hängt von der Bewertung folgender Probleme ab (KATH, 1985):

- Erstens dem Problem mangelnder Information über die wirtschaftliche Lage, den geldpolitischen Wirkungsprozeß und die Konstellation der gesamtwirtschaftlichen Zielgrößen zum Zeitpunkt des Wirksamwerdens der eingesetzten Instrumente. Eine starke Gewichtung der Informationsunsicherheit begünstigt die Wahl einer monetären Strategie, mit der häufige geldpolitische Eingriffe vermieden werden können. Das Informationsproblem hat sich in den vergangenen Jahren durch das Anwachsen der Zahl neuer Finanzierungsinstrumente (Finanzinnovationen) verschärft, die in erster Linie als Reaktion auf die Zunahme von Zins-, Wechselkurs- und Inflationsrisiken entwickelt worden sind. Diese Innovationsprozesse an den nationalen und internationalen Finanzmärkten haben Strukturänderungen im makroökonomischen Systemzusammenhang bewirkt und damit die Wahl der geeigneten geldpolitischen Steuerungsstrategie zusätzlich erschwert (AKHTAR, 1983; BANK FOR INTERNATIONAL SETTLEMENTS, 1986).

- Zweitens dem Konjunkturproblem, also der Frage, inwieweit das marktwirtschaftliche System dazu neigt, aus sich selbst heraus zyklische Schwankungen im gesamtwirtschaftlichen Aktivitätsniveau hervorzurufen oder im Gegenteil über die Fähigkeit verfügt, exogen verursachte Störungen des Wirtschaftsablaufs zu absorbieren. Die Anerkennung der Instabilitätshypothese begründet einen antizyklischen Einsatz der Geldpolitik.
- Drittens dem trade-off-Problem, das die Vereinbarkeit oder Unvereinbarkeit der Ziele Geldwertstabilität und Vollbeschäftigung zum Gegenstand hat. Je nach der Einschätzung dieser Zielbeziehung gelten entweder die Geldmenge oder das Produkt aus Geldmenge und Umlaufgeschwindigkeit (M · V) als besser geeignete Zwischenzielgröße.

Monetaristische Geldmengensteuerung

Nach Ansicht der Vertreter des Monetarismus beeinflussen Geldmengenänderungen, von vorübergehenden Auswirkungen auf den Auslastungsgrad der Faktoren Arbeit und Kapital abgesehen, ausschließlich den Geldwert. Bei stabiler Umlaufgeschwindigkeit setzt jede über das Wachstum der Güterproduktion hinausgehende Geldschöpfung einen Inflationsprozeß in Gang. Aufgrund dieser Wirkungshypothese erweist sich die Geldmenge als einzige geeignete geldpolitische Zwischenzielgröße. Um die Stabilität des Geldwerts zu gewährleisten, bedarf es allerdings einer möglichst genauen Prognose über das reale Wachstum des Sozialprodukts. Das in diesem Zusammenhang auftretende Problem der Prognoseunsicherheit kann dann vernachlässigt werden, wenn das gesamtwirtschaftliche System als immanent stabil angenommen oder gar die gleichmäßige Geldversorgung als verstetigendes Element im makroökonomischen Wirkungsgefüge erachtet wird. Die Gesamtheit dieser Annahmen begründet die Anwendung einer Geldmengenregel: Durchsetzung einer von Periode zu Periode an der Wachstumsrate des Produktionspotentials orientierten Zuwachsrate der Geldmenge (Friedman, 1968). Weil darüber hinaus auf eine stabile Beziehung zwischen der exogenen Geldbasis und dem volkswirtschaftlichen Geldvolumen M1) verwiesen wird, ist mit B^{ex} zugleich auch die adäquate geldpolitische Indikator- und Steuerungsgröße determiniert (Meltzer, 1969).

Die verstetigende Wirkung der monetaristischen Geldmengenregel läßt sich für eine nicht wachsende Wirtschaft im IS-LM-System veranschaulichen *(Abb. D-3a)*. Nicht vorhersehbare Veränderungen der Lage der IS-Kurve (Güternachfrageschocks) lösen bei konstanter Geldmenge Zinsänderungen aus, die geeignet sind, die Schwankungen des Volkseinkommens und der Beschäftigung zu dämpfen (Poole, 1970; Brunner, 1973). Das gleiche Ergebnis tritt in einer wachsenden Wirtschaft ein, wenn das Geldangebot in Höhe der Zuwachsrate des Produktionspotentials ausgeweitet wird.

Keynesianische Zinssteuerung

Eine abweichende Gewichtung der für die Strategiewahl entscheidenden Probleme ist für die Vertreter einer keynesianischen Geldpolitik Anlaß, die monetaristische Geldmengenregel zu verwerfen. Statt dessen empfehlen sie der Zentralbank, das Zins-

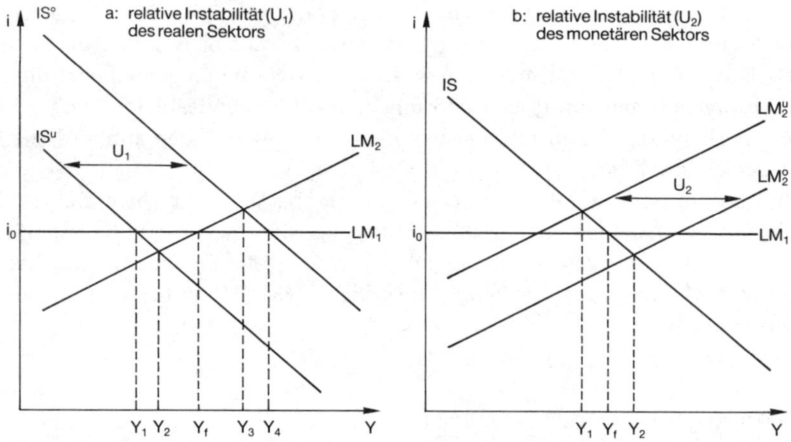

Schwankungsbereich des realen Volkseinkommens bei Anwendung der Zinsfixierungsstrategie ($\overline{Y_1 Y_4}$) bzw. der Geldmengenregel ($\overline{Y_2 Y_3}$).

Schwankungsbereich des realen Volkseinkommens bei Anwendung der Geldmengenregel ($\overline{Y_1 Y_2}$); bei Anwendung der Zinsfixierungsstrategie wird mit der Höhe des Zinssatzes zugleich auch die Einkommenshöhe eindeutig bestimmt.

IS: Kurve des güterwirtschaftlichen Gleichgewichts (Abb. C-5.1). LM: Kurve des monetären Gleichgewichts (Abb. C-5.2) bei Geldmengenregel (LM_2) und bei Zinsfixierung (LM_1).
Y_f: Vollbeschäftigungseinkommen. u (Untergrenze) und o (Obergrenze) beschreiben den maximalen Schwankungsbereich der IS- bzw. der LM-Kurve.

Abb. D-3: Geldmengenregel und Zinsfixierungsstrategie bei unterschiedlichen Stabilitätseigenschaften des monetären und realen Sektors

niveau so zu steuern, daß stets das Vollbeschäftigungseinkommen (Y_f in *Abb. D-3*) erreicht wird. Im Rahmen dieser Strategie gilt das wirksame Geldvolumen (M · V) als Zwischenzielvariable und ein überwiegend von der Notenbank beeinflußter Geldmarktzins als Indikator und Steuerungsgröße. Ein schockartiger Anstieg der Geldnachfrage – gleichbedeutend mit einem Rückgang der Umlaufgeschwindigkeit (V) – würde bei konstanter Geldmenge eine Zinserhöhung auslösen. Umgekehrt käme es aufgrund einer Einschränkung der Geldnachfrage zu einer Zinssenkung. Wenn die Notenbank das Zinsniveau fixiert (i_o in *Abb. D-3b*), paßt sich die Geldmenge diesen zufallsbedingten Schwankungen der Geldnachfrage (Geldnachfrageschocks) an, und M · V bleibt konstant. Wegen M · V = P · Y (s. Gleichung 4.1.) ist bei relativer Instabilität des monetären Sektors eine solche Zinsfixierungsstrategie am besten geeignet, eine Stabilisierung des realen Volkseinkommens bei konstantem Preisniveau zu erreichen. Auf Instabilitäten im realen Sektor müßte die Zentralbank mit Zinssatzänderungen reagieren, um Einkommen und Beschäftigung auf dem gewünschten Niveau zu halten. An diesen Sachverhalt knüpft auch die von Tobin vorgeschlagene BIP-Regel an (Tobin, 1983).

Zinselastische Geldbasissteuerung

Sofern eine gesicherte Hypothese über die dominierenden Ursachen der gesamtwirtschaftlichen Instabilität nicht möglich ist und zugleich die Geldversorgung als wirksames Instrument zur Steuerung der Endzielgrößen eingestuft wird, ist jede geldpolitische Regel mit dem Risiko der Fehlsteuerung behaftet: Eine Zinsfixierungsstrategie würde zu einer Verstärkung der zyklischen Schwankungen führen, wenn die Ursachen der Instabilität im realwirtschaftlichen Bereich liegen, und eine konstante Wachstumsrate der Geldmenge würde stets dann übermäßige Fluktuationen im Auslastungsgrad des Produktionspotentials hervorrufen, wenn ein verändertes Geldnachfrageverhalten die Störungsquelle bildet *(Abb. D-3a,b)*.

Die Strategie der Zinssteuerung weist einen zusätzlichen Nachteil auf, indem die Zentralbank nur den Nominalzins (i), nicht jedoch den Realzins $(i-g_P^*)$ auf finanzielle Aktiva fixieren kann. Ausgehend von einem Vollbeschäftigungsgleichgewicht bei Preisniveaustabilität $(g_P = g_P^* = 0)$, löst ein Anstieg der Rendite für neu produzierte Investitionsgüter (r^*) einen Expansionsprozeß auf dem Gütermarkt aus, in dessen Verlauf auch das Güterpreisniveau steigt $(g_P > 0)$. Bei unverändertem Nominalzins sind einer Alimentierung der dann steigenden Geld- und Kreditnachfrage keine Grenzen gesetzt, so daß der Inflationsprozeß weiter beschleunigt wird $(g_P^* > g_P)$. Selbst wenn die Zentralbank in dieser Situation i im Ausmaß von g_P erhöht, bleibt die Konstellation $r^* > i - g_P$ bestehen, und die Differenz $(r^* + g_P) - i$ weitet sich immer mehr aus. Die Notenbank kann den Inflationsprozeß nur dadurch stoppen, daß sie den Nominalzins zu jedem Zeitpunkt im Ausmaß der ihr ex ante nicht bekannten erwarteten Inflationsrate (g_P^*) anhebt.

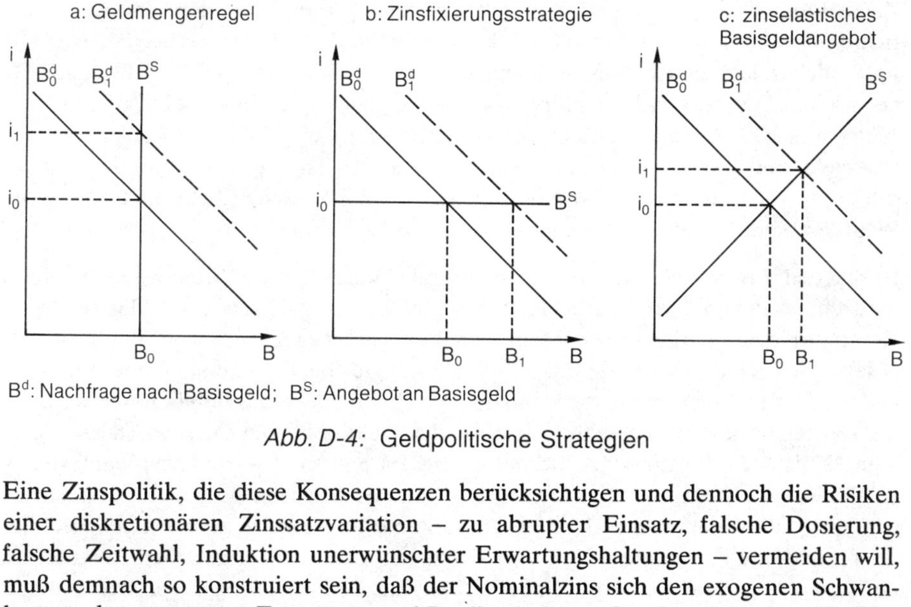

B^d: Nachfrage nach Basisgeld; B^S: Angebot an Basisgeld

Abb. D-4: Geldpolitische Strategien

Eine Zinspolitik, die diese Konsequenzen berücksichtigen und dennoch die Risiken einer diskretionären Zinssatzvariation – zu abrupter Einsatz, falsche Dosierung, falsche Zeitwahl, Induktion unerwünschter Erwartungshaltungen – vermeiden will, muß demnach so konstruiert sein, daß der Nominalzins sich den exogenen Schwankungen der erwarteten Ertragsrate auf Realkapital anpaßt: $r^* = r_k = (i - g_P^*)$. Eine beschränkt zinselastische Angebotsfunktion für Basisgeld trägt diesem Gesichtspunkt Rechnung. Ein derartiger Regelmechanismus für den Zins vereinigt gleichermaßen die Vorteile der Zinsfixierungsstrategie (flexible Anpassung der Geldversorgung an sich ändernde reale Bedingungen), mit denen einer starr vorgegebenen monetären Wachstumsrate (Vermeidung einer sich selbst finanzierenden Inflation). *Abb. D-4* illustriert den Fall einer autonomen Erhöhung von r_k, die zur Ausweitung der Nachfrage nach Basisgeld $(B_0^d \rightarrow B_1^d)$ führt, in seinen Konsequenzen für die Versorgung mit Basisgeld (Abszissenwerte für B) bei alternativen geldpolitischen Strategien.

6.3. Geldpolitische Instrumente

Die Zentralbanken verfügen über eine Fülle geldpolitischer Instrumente. Gemessen an ihrer internationalen Verbreitung sind die gebräuchlichsten:

- die Kostensätze für Refinanzierungskredite der Notenbank (Diskontsatz und Lombardsatz);
- die Begrenzung des Refinanzierungsvolumens (Rediskont- und Lombardkontingente, qualitative Anforderungen an die refinanzierbaren Aktiva);
- die Zentralbankeinlagen der Kreditinstitute in Relation zu ihren Depositenbeständen (Mindestreservesätze);
- die Mengen oder Renditen derjenigen verzinslichen Papiere, mit denen die Notenbank am ,,offenen Markt" interveniert (offenmarktpolitische Instrumente).

Gemeinsamer Ansatzpunkt aller geldpolitischen Mittel ist die beschränkte Substituierbarkeit von Zentralbankgeld und Bankeinlagen aus der Sicht von Banken und Publikum (s. Abschnitt 3.1.). Indem die Zentralbank Volumen oder Struktur ihrer Sichtverbindlichkeiten ($B^P + TR$) autonom verändert, ist sie in der Lage, die volkswirtschaftliche Geldmenge innerhalb enger Schwankungsgrenzen zu steuern. Diese Zielsetzung kann sie grundsätzlich auf zweierlei Wegen verfolgen: Indem sie ihr Instrumentarium an den Entstehungskomponenten der Geldbasis (B_1, B_2, RF) ansetzt oder indem sie die Verwendungsstruktur der Geldbasis (B^P/B, RR/B, ER/B) beeinflußt. Die praktische Geldpolitik operiert häufig auf beiden Eingriffsebenen zugleich, weil auf diese Weise ein möglichst breiter Zugriff auf die Versorgung mit Basisgeld gewährleistet erscheint. Aus der Sicht der Theorie der Geldpolitik hängt das Urteil über die Wirksamkeit der einzelnen geldpolitischen Instrumente von der Wahl der geldpolitischen Strategie ab.

Durch den Einsatz der Mindestreservepolitik (Variation der Mindestreservesätze) wird die Verwendungsstruktur (Relation zwischen freiwilligen und obligatorischen Reserven) einer vorhandenen Menge an Basisgeld beeinflußt. Jede Variation des gesetzlichen Reservekoeffizienten führt zu einer gleichgerichteten Zinsänderung und in der weiteren Folge zu Portfolioanpassungen bei Banken und Publikum. Sowohl die Mengenrelationen (Verwendungsstruktur der Geldbasis, Depositenvolumen, Geldmenge) als auch die Zinssätze werden in diesem Fall zu Erwartungsparametern der geldpolitischen Instanz. Das Wirkungsergebnis der Mindestreservepolitik ist besonders ungewiß, wenn für verschiedene Depositenarten (Sicht-, Termin- und Spareinlagen) gestaffelte Sätze gelten. Je höher der Anteil der mit dem höchsten Reservesatz belasteten Einlageart, desto geringer ist das maximal mögliche Depositenvolumen und umgekehrt. Mit Hilfe der Mindestreservepolitik können daher weder das Zinsniveau noch die Geldbasis verläßlich gesteuert werden.

Systematischer Ansatzpunkt für die Offenmarktpolitik ist die Entstehung von Basisgeld. Durch Käufe oder Verkäufe verzinslicher Schuldtitel (in der Regel Staatsanleihen) erhöht oder verringert die Notenbank die Basisgeldmenge. Indem sie das Volumen ihrer Offenmarkttransaktionen festlegt und die Verzinsung dem Markt überläßt, ist sie in der Lage, die Basisgeldversorgung genau zu dosieren. Im umgekehrten Fall (Fixierung des Zinses) wird die Geldbasis zum Erwartungsparameter. In der ersten

Variante gilt die Offenmarktpolitik als strategiekonformes Instrument zur Steuerung der Geldbasis, in der zweiten ist sie für die Zinssteuerungsstrategie geeignet.

Die an der Refinanzierungskomponente orientierten geldpolitischen Maßnahmen (Variation des Diskont- und Lombardsatzes, Änderung der Kontingente oder der qualitativen Anforderungen) sind zwar ebenfalls darauf gerichtet, die Entstehung von Basisgeld zu beeinflussen, abgesehen vom Grenzfall einer wirksamen Kontingentierung sind sie jedoch nicht geeignet, die aktuelle Versorgung mit Zentralbankgeld zu dosieren. Allein das maximal mögliche Geldbasisvolumen wird durch die Bemessung der Kontingente begrenzt. In Höhe des nicht ausgenutzten Refinanzierungsspielraums steht den Kreditinstituten stets potentielles Basisgeld zur Verfügung. Die Refinanzierungsinstrumente der Notenbank scheiden demnach als strategiekonforme Mittel der Geldbasissteuerung aus. Demgegenüber sind sie für eine zinsorientierte Geldpolitik geeignet.

Voraussetzung für eine autonome Steuerung der Geldbasis ist die Beseitigung aller potentiellen Einflußfaktoren seitens der Geschäftsbanken, der privaten Nichtbanken, des Staates und des Auslandes auf diese Größe. Daraus folgt der Verzicht auf die Instrumente der Diskont- und Lombardpolitik. Da sich mit dem Instrument der Mindestreservepolitik keine genaue Dosierung der Basisgeldversorgung erreichen läßt, ist die Offenmarktpolitik das einzig adäquate Mittel, vorausgesetzt, die Zentralbank wählt das Transaktionsvolumen als Aktionsparameter (Friedman, 1959).

Bedingung für eine systemkonforme Ausgestaltung der Strategie einer beschränkt zinsgebundenen Geldbasissteuerung ist die Kombination von mengenorientierter Offenmarktpolitik und zinselastischer Refinanzierungspolitik. Aus dem Grundsatz, daß die Währungsbehörde ein monetäres Aggregat als Zwischenzielvariable verwenden sollte, dessen Entwicklung trotz anderer Einflüsse sie nach Richtung und Ausmaß steuern kann, folgt, daß die Entstehung von Basisgeld als strategischer Ansatzpunkt der Geldpolitik zu gelten hat. Die mengenorientierte Offenmarktpolitik erweist sich hierfür als geeignetes Instrument. Sofern den Kreditinstituten darüber hinaus ein Refinanzierungskontingent eingeräumt wird, ist eine zusätzliche Ausweitung der Geldbasis möglich. Durch die Offenmarktkomponente wird in diesem Fall lediglich das Mindestvolumen an Zentralbankgeld fixiert. Die maximale Menge an Basisgeld ergibt sich als Summe aus Offenmarkttransaktionen und Rediskont- bzw. Lombardkontingent. Innerhalb dieser Kontingentgrenzen muß entsprechend der Strategie eine Variation der aktuellen Geldbasis Änderungen des Zinssatzes für Refinanzierungskredite auslösen. Bei einer Ausweitung der Geldbasis durch verstärkte Ausschöpfung der Kontingente müßte automatisch ein höherer und bei einem Abbau der Verschuldung ein geringerer Diskontsatz gelten. Diese zinswirksame Veränderung der Basisgeldmenge ließe sich durch einen nach dem Grad der Inanspruchnahme des begrenzten Refinanzierungspotentials gestaffelten Diskontsatz (Diskontstaffel) erreichen (Kath, 1979).

Kommentierte Literaturhinweise

In den Problembereich von Geld und Kredit führt MANFRED BORCHERT (1982) ein. Einen Überblick über Geldtheorie und Geldpolitik geben die zu diesen Stichworten verfaßten Artikel im Handwörterbuch der Wirtschaftswissenschaft. Eine umfassende, übersichtliche und zugleich gut verständliche Einführung in die Problembereiche der Geldtheorie gibt das Lehrbuch von OTMAR ISSING (1974). Stärker modellanalytisch ausgerichtete Darstellungen der grundlegenden geldtheoretischen Lehrstücke bieten HANS-JOACHIM JARCHOW (1973) und WILFRIED FUHRMANN(1986). Eine formaltheoretische und doch gut verständliche Einführung in die Geldtheorie und Geldpolitik liefert das englischsprachige Lehrbuch von MCCALLUM (1989). Die Problembereiche Geldangebot, Geldnachfrage, Geldwirkungen, Theorie der optimalen Geldversorgung, monetäre Steuerung und geldpolitische Instrumente finden eine ausführliche Behandlung in dem von BENJAMIN M. FRIEDMAN und FRANK H. HAHN (1990) in zwei Bänden herausgegebenen Handbook of Monetary Economics. Das Buch von JÜRGEN SIEBKE und MANFRED WILLMS (1974) enthält eine besonders ausführliche Darstellung des Geldangebotsprozesses. Eine auf die institutionellen monetären Bedingungen in der Bundesrepublik bezogene problemorientierte Einführung in die Geldtheorie und Geldpolitik ist das Lehrbuch von DIETER DUWENDAG u. a. (1974). Schwerpunkt der Darstellung ist die Konfrontation der kredittheoretischen Wirkungslehre mit den am Vermögen orientierten Transmissionstheorien.

Gegenstand der Lehrbücher von NIEHANS (1978) und RICHTER (1987) sind die mikroökonomische Fundierung der Geldverwendung sowie Fragen der Geldordnung. Probleme des Geldnutzens, der Verzinslichkeit des Geldes, der Liquiditätseigenschaften verzinslicher Finanz- und Sachaktiva sowie Vermögensaspekte von Geld und verzinslichem Finanzvermögen behandelt EMIL-MARIA CLAASSEN (1980,2). Eine Zusammenstellung der für die geldtheoretische Forschung wegbereitenden Beiträge von BRUNNER, FRIEDMAN, JOHNSON, MELTZER, TOBIN u. a. enthält der von KARL BRUNNER, HANS GEORG MONISSEN und MANFRED J. M. NEUMANN (1974) herausgegebene Sammelband. Die geldtheoretischen und geldpolitischen Grundpositionen der monetaristischen Geldlehre enthält die Aufsatzsammlung von MILTON FRIEDMAN (1969,2). Einen umfassenden Überblick über Entwicklung, Stand und systemvergleichende Anwendung der Geldtheorie bietet der von H. JÖRG THIEME (1985) herausgegebene Sammelband.

Eine Einführung in die Geldpolitik, die an die neueren Entwicklungen der Geldtheorie anknüpft, ist das Lehrbuch von OTMAR ISSING (1981). Das Lehrbuch von WAGNER (1989) gibt einen Überblick über die Entwicklung der Theorie der Geldpolitik seit Mitte der 70er Jahre. Die Darstellung der institutionellen Ausgestaltung der Geldpolitik der Deutschen Bundesbank und die Analyse der Wirkungsweise ihrer Instrumente ist Gegenstand von HANS-JOACHIM JARCHOW (1974). Eine Darstellung der Ansatzpunkte des geldpolitischen Instrumentariums der Deutschen Bundesbank und seiner Wirkungsweise, verbunden mit einer kritischen Wertung seiner Effizienz geben DIETRICH DICKERTMANN und AXEL SIEDENBERG (1973). Die gesetzlichen Grundlagen und den institutionellen Rahmen der Geld- und Währungspolitik der Deutschen Bundesbank sowie die Technik und Wirkungsweise der geldpolitischen Instrumente beschreibt der Sonderdruck der DEUTSCHEN BUNDESBANK (1982).

E. Währung

Manfred Willms

Gliederung

1. Problemstellung

In der Währungsanalyse werden vorwiegend monetäre Aspekte der internationalen Verflechtung von Volkswirtschaften behandelt. Im Mittelpunkt stehen Fragen nach den Determinanten der Zahlungsbilanzsalden und des Wechselkurses sowie deren Rückwirkungen auf die inländische Volkswirtschaft.

Schwerpunkte dieses Beitrags bilden die Theorie der Zahlungsbilanzanpassung und der Wechselkursbestimmung sowie Probleme der Währungsintegration und der Währungskooperation. Darüber hinaus werden am Anfang einige terminologische Abgrenzungen vorgenommen. Insgesamt ist die Darstellung als theoretische Grundlegung für die weitergehende Diskussion währungspolitischer Probleme (Beitrag S) anzusehen.

2. Zahlungsbilanz

2.1. Definition

Die Zahlungsbilanz ist eine wertmäßige Aufstellung aller ökonomischen Transaktionen, die zwischen Inländern und Ausländern innerhalb einer bestimmten Periode vorgenommen worden sind. Sie stellt eine Stromgrößenrechnung dar, erfaßt also im Gegensatz zu anderen Bilanzen keine auf den Zeitpunkt bezogenen Bestandsgrößen. Die Transaktionen umfassen Güter, Dienstleistungen und Vermögenstitel, unabhängig davon, ob sie gegen Entgelt oder ohne Entgelt erfolgen. Als Inländer gelten Wirtschaftseinheiten, die ihren ständigen Wohnsitz oder Aufenthaltsort in dem betreffenden Land haben. Nicht zu den Inländern zählen u. a. Mitarbeiter im diplomatischen Dienst, ausländische Studenten und Angehörige ausländischer Streitkräfte. Ausländische Unternehmen und Gastarbeiter werden demgegenüber als Inländer angesehen.

Die Verbuchung der Transaktionen geschieht nach dem Prinzip der doppelten Buchführung. Hierbei werden auf der Aktivseite alle Vorgänge verbucht, die zu Zahlungseingängen führen können, wie der Export von Gütern und Dienstleistungen, Übertragungen aus dem Ausland, der Import von Kapital und Devisenverkäufe durch die Zentralbank. Auf der Passivseite werden alle Vorgänge erfaßt, die Zahlungsausgänge auszulösen vermögen. Hierzu gehören der Import von Gütern und Dienstleistungen, Übertragungen an das Ausland, der Export von Kapital und Devisenaufkäufe durch die Zentralbank.

Zahlungsbilanz

Aktiva		Passiva	
Exporte plus Übertragungen aus dem Ausland	(Ex)	Importe plus Übertragungen an das Ausland	(Im)
Kapitalimport	(K_{Im})	Kapitalexport	(K_{Ex})
Verringerung des Devisenbestands bei der Zentralbank	($-\Delta R$)	Erhöhung des Devisenbestands bei der Zentralbank	($+\Delta R$)
Summe		Summe	

Eine vereinfachte Darstellung der Zahlungsbilanz wird in dem obigen Schema gegeben. Mit der dort vorgenommenen Zuordnung sind die drei wichtigen Teilbilanzen der Zahlungsbilanz spezifiziert: die Leistungsbilanz, die Kapitalbilanz und die Devisenbilanz.

2.2. Leistungsbilanz

In der Abgrenzung der Zahlungsbilanzstatistik der Deutschen Bundesbank umfaßt die Leistungsbilanz die Handelstransaktionen, die Dienstleistungstransaktionen und die Übertragungen. Dementsprechend lassen sich als Unterbilanzen die Handelsbilanz, die Dienstleistungsbilanz und die Übertragungsbilanz unterscheiden, in denen im einzelnen die folgenden Positionen erfaßt werden:

Leistungsbilanz

1. Handelsbilanz
   a) Wareneinfuhr
   b) Warenausfuhr
2. Dienstleistungsbilanz
   a) Reiseverkehr
   b) Kapitalerträge
   c) Transportleistungen
   d) Versicherungsleistungen
   e) Einnahmen von ausländischen militärischen Dienststellen
   f) Provisionen
   g) Werbe- und Messekosten
   h) Lizenzen und Patente
   i) Übrige Dienstleistungen
3. Übertragungsbilanz
   a) Überweisungen ausländischer Arbeitskräfte
   b) Zahlungen an die Europäischen Gemeinschaften
   c) Zahlungen an sonstige internationale Organisationen
   d) Entwicklungshilfe
   e) Wiedergutmachungsleistungen
   g) Renten und Pensionen

Die Summe der Salden der drei Unterbilanzen ergibt den Saldo der Leistungsbilanz. In der Bundesrepublik Deutschland hat die Handelsbilanz immer Überschüsse ausgewiesen, die allerdings starken Schwankungen unterlagen. Die Schwankungen sind teilweise durch sprunghafte Veränderungen der Importe, teilweise aber auch durch beträchtliche Fluktuationen der Exporte entstanden.

Die Dienstleistungsbilanz war bis zu Beginn der 60er Jahre annähernd ausgeglichen. Sie ist seit Anfang der 70er Jahre jedoch stark defizitär. Dies ist im wesentlichen auf die Zunahme des Auslandsreiseverkehrs der Bevölkerung in der Bundesrepublik Deutschland zurückzuführen. Zinszahlungen auf ausländische Kapitalanlagen werden ebenfalls über die Dienstleistungsbilanz verrechnet. Sie sind damit Bestandteil der Leistungsbilanz und nicht der Kapitalbilanz. Die Kapitalertragsbilanz, in der die internationalen Zinszahlungen erfaßt werden, weist als Folge der Nettozunahme des deutschen Auslandsvermögens seit einigen Jahren einen positiven Saldo auf.

Die Übertragungsbilanz, die stets defizitär war, hat sich in den letzten Jahren vor allem durch die kräftige Erhöhung der deutschen Beiträge zum EG-Haushalt sowie durch Renten- und Unterstützungszahlungen an das Ausland kontinuierlich verschlechtert.

Insgesamt hat die Leistungsbilanz im Zeitablauf fast immer einen Überschuß aufgewiesen. Ihre Entwicklung ist dabei dominant von der Entwicklung der Handelsbilanz beeinflußt worden.

2.3. Kapitalbilanz

In der Kapitalbilanz werden die Veränderungen der deutschen Nettokapitalanlagen im Ausland mit Ausnahme der Veränderung der Nettoauslandsaktiva der Deutschen Bundesbank erfaßt. Hierbei wird zwischen langfristigem Kapitalverkehr (Anlagen mit ursprünglicher Laufzeit von mehr als 12 Monaten) und kurzfristigem Kapitalverkehr (Anlagen mit ursprünglicher Laufzeit von 12 Monaten und weniger) unterschieden. Entsprechend ergeben sich die beiden Unterbilanzen der Kapitalbilanz: die Bilanz des langfristigen Kapitalverkehrs und die Bilanz des kurzfristigen Kapitalverkehrs.

Im einzelnen werden – soweit dies erfassungstechnisch möglich ist – folgende Kapitaltransaktionen festgehalten:

Kapitalbilanz

1. Bilanz des langfristigen Kapitalverkehrs
   a) Direktinvestitionen
   b) Wertpapieranlagen
   c) Langfristige Kredite
   d) Privater Grunderwerb
   e) Übrige Anlagen
2. Bilanz des kurzfristigen Kapitalverkehrs
   a) Kurzfristige Kredite zwischen in- und ausländischen Banken
   b) Kurzfristige Kredite zwischen in- und ausländischen Banken und Nichtbanken
   c) Kurzfristige Kredite zwischen in- und ausländischen Unternehmen und Privatpersonen
   d) Kurzfristige Kredite zwischen in- und ausländischen öffentlichen Stellen

Bei den Direktinvestitionen handelt es sich um Sachkapitalinvestitionen – auch in Form von Aktien und sonstigen Kapitalbeteiligungen – einschließlich reinvestierter Gewinne. Die Wertpapieranlagen betreffen festverzinsliche Wertpapiere, Dividendenwerte und Investmentzertifikate. Die Position „Langfristige Kredite" umfaßt Buchkredite ohne Kredite zwischen verbundenen Unternehmen, die als Direktinvestitionen geführt werden, sowie Schuldscheindarlehen, Kredite der öffentlichen Hand an Entwicklungsländer und langfristige Forderungen und Verbindlichkeiten bei

Geschäftsbanken. Die Position „Übrige Anlagen" besteht vor allem aus Beteiligungen des Bundes an internationalen Organisationen.

Beim kurzfristigen Kapitalverkehr werden in der Position „Kredite zwischen in- und ausländischen Banken" auch Kreditbeziehungen zwischen Geschäftsbanken und ausländischen Währungsbehörden erfaßt. Die Position „Kurzfristige Kredite zwischen in- und ausländischen Banken und Nichtbanken" beinhaltet auch Wechselkredite. Die Position „Kurzfristige Kredite zwischen in- und ausländischen Unternehmen und Privatpersonen" betrifft vor allem Finanzkredite einschließlich Geldmarktanlagen sowie Handelskredite in Form von Lieferantenkrediten.

Sowohl für die Kapitalbilanz insgesamt als auch für die Unterbilanzen ist kein eindeutiger Trend zu erkennen. Perioden eines Nettokapitalimports wechseln mit Perioden eines Nettokapitalexports. Die starken Schwankungen in der Kapitalbilanz werden verursacht durch sprunghafte Veränderungen bei den privaten Wertpapieranlagen, vor allem den Geldmarktanlagen, den Auslandskreditaktivitäten der Geschäftsbanken und der Kreditaufnahme der öffentlichen Hand im Ausland. Die Richtung der privaten Kapitalströme wird dabei neben internationalen Zinsdifferenzen maßgeblich von Wechselkurserwartungen bestimmt.

2.4. Devisenbilanz und Ausgleichsposten

In der Devisenbilanz wird die in einer Periode erfolgte mengen- und wertmäßige Veränderung des Bestands an Auslandsaktiva der Zentralbank erfaßt. Für die Bundesrepublik ergibt sich der Saldo der Devisenbilanz aus den Veränderungen der folgenden Positionen der Deutschen Bundesbank:

Devisenbilanz

a) Gold
b) Devisen und Sorten
c) Reserveposition im Internationalen Währungsfonds und Sonderziehungsrechte
d) Forderungen an den Europäischen Fonds für Währungspolitische Zusammenarbeit
e) Auslandsverbindlichkeiten
f) Kredite und sonstige Forderungen an das Ausland

Der Goldbestand der Deutschen Bundesbank beläuft sich ohne die an den Europäischen Fonds für Währungspolitische Zusammenarbeit (EFWZ) vorläufig übertragenen Goldreserven auf 95 Millionen Unzen, bewertet zu DM 144 je Unze.

Die Devisen bestehen überwiegend aus auf Dollar lautenden staatlichen Wertpapieren, bewertet nach dem bisherigen Niederstwert mit DM 1,45 je Dollar. Bargeldbestände in ausländischen Währungen (Sorten) spielen ebenso wie nicht auf Dollar lautende Devisen eine untergeordnete Rolle. Die Devisenposition unterliegt häufig stärkeren Veränderungen, die zum einen aus Interventionsaktivitäten zur Beeinflussung des Dollarkurses resultieren und sich zum anderen aus Interventionsverpflichtungen und Beistandskrediten im Rahmen des Europäischen Währungssystems (EWS) ergeben.

Die Reserveposition im Internationalen Währungsfonds (IWF) umfaßt die aus den Pflichtbeiträgen resultierenden Ziehungsrechte sowie Kredite, die dem IWF aufgrund besonderer Vereinbarungen gewährt wurden, und die Sonderziehungsrechte (SZR). Bei den Sonderziehungsrechten handelt es sich um ein durch internationale Vereinbarungen geschaffenes Reservemedium. In der Bilanz der Deutschen Bundesbank wird die Zuteilung von SZR durch eine Gegenbuchung auf der Passivseite neutralisiert. In der Zahlungsbilanz erscheint dieser Vorgang in der Position „Ausgleichsposten zur Auslandsposition der Deutschen Bundesbank".

Die Forderungen an den Europäischen Fonds für Währungspolitische Zusammenarbeit bestehen vor allem aus Guthaben in ECU (European Currency Unit) aus der vorläufigen Einbringung von 20% der Gold- und Dollarreserven der Deutschen Bundesbank. Diese Reserven werden zu Marktpreisen bewertet, die vierteljährlich angeglichen werden. Der Differenzbetrag zwischen der Bewertungsmethode der Deutschen Bundesbank und der EFWZ-Bewertung wird in der Bilanz der Deutschen Bundesbank durch eine Gegenbuchung ausgeglichen. Darüber hinaus umfaßt diese Position Forderungen aus sehr kurzfristigen Finanzierungskrediten an Zentralbanken der Mitgliedsländer des EWS.

Die Position „Auslandsverbindlichkeiten" besteht zum größten Teil aus DM-Einlagen ausländischer Zentralbanken und zu einem geringen Teil aus Mobilisierungs- und Liquiditätspapieren im Besitz ausländischer Institutionen. Bei der Position „Kredite und sonstige Forderungen an das Ausland" handelt es sich fast ausschließlich um Kredite an die Weltbank.

Außer durch grenzüberschreitende Transaktionen können Veränderungen der Auslandsposition der Deutschen Bundesbank durch eine Neubewertung der auf Fremdwährung lautenden Aktiva und Passiva auftreten. Grundsätzlich gilt für die Bewertung das aus dem Aktienrecht abgeleitete Niederstwertprinzip, d. h. die Fremdwährungspositionen werden mit dem niedrigsten bisher eingetretenen Kurs bewertet. Neubewertungen werden erst erforderlich, wenn der aktuelle Kurs unter den bisherigen Niederstkurs fällt. Eine derartige Bewertungsanpassung des Bilanzkurses erfolgt jeweils zum Jahresende. Der erfolgswirksame Differenzbetrag wird in der Rubrik „Ausgleichsposten zur Auslandsposition der Bundesbank" verbucht. Bei Verkäufen und Käufen von Auslandsaktiva und -passiva zu Kursen, die vom bilanzierten Kurs abweichen, wird der Differenzbetrag ebenfalls in dieser Rubrik verrechnet.

2.5. Statistisch nicht aufgliederbare Transaktionen

Aufgrund nicht periodengerecht erfaßbarer Positionen oder aufgrund statistischer Ermittlungsfehler ergeben sich Differenzen im Leistungs- und Kapitalverkehr, die in der Zahlungsbilanz als Restposten sichtbar werden und von der Deutschen Bundesbank als „Saldo der statistisch nicht aufgliederbaren Transaktionen" ausgewiesen werden. Ein positiver Restposten weist auf Zahlungseingänge aus nicht oder fehlerhaft erfaßten Leistungs- und Kapitaltransaktionen hin, während ein negativer Restposten auf nicht erfaßte Zahlungsausgänge schließen läßt. Der „Saldo der statistisch nicht aufgliederbaren Transaktionen" wird häufig auch als nicht erfaßter kurzfristiger Kapitalverkehr interpretiert.

2.6. Außenwirtschaftliches Gleichgewicht als Ziel der Wirtschaftspolitik

Außenwirtschaftliches Gleichgewicht wird neben der Preisniveaustabilität, der Vollbeschäftigung und einem angemessenen Wirtschaftswachstum häufig als weiteres Ziel der Wirtschaftspolitik genannt. Inhaltlich werden unter dem außenwirtschaftlichen Gleichgewicht nicht allzu hohe und vor allem sich nicht zu stark in eine Richtung verändernde Werte ausgewählter Salden der Zahlungsbilanz verstanden. Als Konzepte zu seiner Messung finden der Außenbeitrag (= Saldo der Handels- und Dienstleistungsbilanz), der Leistungsbilanzsaldo, der Grundbilanzsaldo (= Saldo der Leistungsbilanz + Saldo des langfristigen Kapitalverkehrs) und der Devisenbilanzsaldo Verwendung. In Deutschland wurde von offizieller Seite, z. B. in den Jahreswirtschaftsberichten der Bundesregierung, das Konzept des Außenbeitrags benutzt. Lange Zeit wurde das außenwirtschaftliche Gleichgewicht dann als gegeben angesehen, wenn der Anteil des Außenbeitrags am Bruttosozialprodukt einen Wert von 1,0 v. H. nicht überschritt (Beitrag P-3.2.). Die außenwirtschaftliche Zielsetzung war damit auf die Realisierung möglichst niedriger Außenbeiträge und im erweiterten Sinn auf möglichst geringe Leistungsbilanzsalden abgestellt.

Eine derartige Zielformulierung berücksichtigt zu wenig die vielfältigen Bestimmungsgründe des Leistungsbilanzsaldos und übersieht den aus der volkswirtschaftlichen Gesamtrechnung bekannten Sachverhalt, daß die Summe aus privatem Finanzierungssaldo (S-I) und öffentlichem Finanzierungssaldo (T-G) dem Leistungsbilanzsaldo (Ex-Im) entspricht und der Leistungsbilanzsaldo identisch ist mit der Veränderung der Nettovermögensposition ΔNVA des Inlands gegenüber dem Ausland:

$$(S\text{-}I) + (T\text{-}G) = Ex - Im = \Delta NVA.$$

Danach setzt die Erwirtschaftung eines Leistungsbilanzüberschusses voraus, daß die Summe aus inländischer privater (S) und öffentlicher (T-G) Ersparnis (T = Steuern; G = Staatsausgaben) die inländische Nettoinvestition (I) übersteigt. Bei dieser Konstellation ist die Inanspruchnahme von Konsum- und Investitionsgütern im Inland geringer als die Produktion. Der Saldo der Leistungsbilanz reflektiert damit sowohl die Spar- und Investitionsentscheidungen der privaten Wirtschaftseinheiten als auch die Budgetpolitik des Staates. Diese Entscheidungen werden neben exogenen Einflüssen wie der Altersstruktur der Bevölkerung oder unerwarteten politischen Risiken essentiell von der Kapitalrentabilität im In- und Ausland und von der in den einzelnen Volkswirtschaften gegebenen Zeitpräferenzrate für Gegenwarts- und Zukunftskonsum bestimmt (ISSING/MASUCH, 1989).

Die obige Gleichung verdeutlicht, daß die eindeutige Bewertung eines Zahlungsbilanzsaldos ohne eine detaillierte Untersuchung der hierfür verantwortlichen Faktoren nicht möglich ist. So ist ein Überschuß in der Leistungsbilanz sowohl positiv als Indiz einer soliden Budgetpolitik oder einer ausgeprägten Sparneigung des privaten Sektors als auch negativ als Indiz einer ausgeprägten Investitionsschwäche interpretierbar.

Grundsätzlich behindert die Aufnahme von Zahlungsbilanzzielen in den Katalog wirtschaftspolitischer Endziele die optimale internationale Kapitalallokation. Bei gegebener Zeitpräferenzrate werden die Ersparnisse der Überschußvolkswirtschaften in diejenigen Länder gelenkt, die den höchsten erwarteten Realzins bieten. Auf diese Weise werden die Ersparnisse ihrer international produktivsten Verwendung zugeführt. Das Welteinkommen wächst schneller, als es ohne internationale Kapitalbewegungen bei ausgeglichener Leistungsbilanz der Fall wäre. Die Realisierung des Ziels einer ausgeglichenen Leistungs- und Kapitalbilanz würde weltwirtschaftlich zu einer Fehlallokation von Kapital und zu einem insgesamt suboptimalen Faktoreinsatz führen. Es läßt sich daher festhalten, daß jeder Saldo der Leistungs- und Kapitalbilanz optimal ist, der ohne Beschränkungen des Güter- und Kapitalverkehrs und ohne Interventionen der Zentralbank am Devisenmarkt zustande kommt.

3. Wechselkurs

3.1. Kassakurs und Terminkurs

Der Wechselkurs stellt das Austauschverhältnis zweier Währungen dar. Im allgemeinen wird er als Preis in Inlandswährung notiert, der für eine Einheit Auslandswährung gezahlt werden muß (Preisnotierung: DM/1 $). In einigen Ländern erfolgt die Notierung in dem Betrag ausländischer Währungseinheiten, der für eine Einheit Inlandswährung zu entrichten ist (Mengennotierung: $/1 DM). Die Mengennotierung stellt den reziproken Wert der Preisnotierung dar. Sie ist identisch mit der Preisnotierung für eine inländische Währungseinheit im Ausland. Die Deutsche Bundesbank bezeichnet die Mengennotierung daher auch als Außenwert der Inlandswährung. Beträgt beispielsweise die Preisnotierung für den Dollar in der Bundesrepublik Deutschland DM 2,00, so lautet die Mengennotierung des Dollar und damit zugleich die Preisnotierung für die Deutsche Mark in den USA 0,50 $ pro DM.

Die Kassakurse bilden sich auf den Kassamärkten. Die dort getätigten Devisengeschäfte werden sofort erfüllt. Auf den Devisenterminmärkten erfolgen Transaktionen, für die der Kurs (Terminkurs) bei Vertragsabschluß zwar vereinbart wird, der Umtausch aber später erfolgt. Gängige Fälligkeitstermine sind ein, drei, sechs und zwölf Monate.

Der sich auf den Devisenmärkten bildende Wechselkurs bringt das Devisenangebot der Exporteure von Gütern und Leistungen sowie der privaten und öffentlichen Importeure von internationalem Kapital mit der Devisennachfrage der Importeure von Gütern und der Exporteure von Kapital zur Übereinstimmung. Das Angebot an Auslandswährung wird als steigende Funktion der Preisnotierung des Wechselkurses und die Nachfrage als sinkende Funktion angesehen. Bei einer gegebenen Angebots- und Nachfragekurve für Dollar (SS_0 und DD_0 in *Abb. E-1*) stellt sich der gleichgewichtige Dollarkurs als e_0 ein. Eine exogene Erhöhung der Nachfrage nach Dollar (Verschiebung der Nachfragekurve auf DD_1) bewirkt einen Kursanstieg des Dollar auf e_1 und damit eine Abwertung der DM. Eine exogene Erhöhung des Angebots an Dollar (Verschiebung der Angebotskurve auf SS_1) bewirkt dementsprechend eine Aufwertung der DM auf e_2.

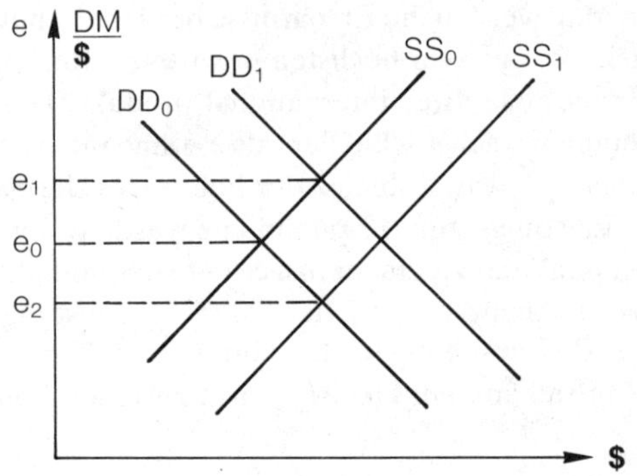

Abb. E-1: Gleichgewichtssituationen auf dem Devisenmarkt

3.2. Realer Wechselkurs

Der durch das bilaterale Austauschverhältnis definierte Wechselkurs ist eine nominale Größe. Der reale Wechselkurs stellt demgegenüber auf einen Vergleich der realen Kaufkraft zweier Währungen ab. Er errechnet sich aus einem Konsumwertvergleich des Geldes in in- und ausländischer Währung.

Der Realwert einer Einheit Inlandswährung beträgt beim Kauf eines Konsumgüterbündels im Inland 1/P, wobei P den Preisindex für das Güterbündel repräsentiert. Wird das gleiche Güterbündel im Ausland erworben, beträgt der Realwert einer Einheit Inlandswährung $1/eP^a$, mit e als Wechselkurs in der Preisnotierung und P^a als Preisindex des Güterbündels in Auslandswährung.

Der auf einem Kaufkraftvergleich basierende reale Wechselkurs ergibt sich demzufolge als

$$e_{real} = \frac{1/P}{1/eP^a} = \frac{eP^a}{P}.$$

Für den Fall, daß die Kaufkraft im In- und Ausland identisch ist, also

$$e_{real} = 1$$

gilt, spricht man von der Kaufkraftparität des Wechselkurses.

Eine Veränderung des realen Wechselkurses führt zu einer Veränderung der internationalen Wettbewerbsfähigkeit einer Volkswirtschaft. Da sich die Preisniveaus nur sehr träge bewegen, resultieren Veränderungen des realen Wechselkurses vor allem aus Schwankungen des nominalen Kurses. So bewirkt ein Anstieg des nominalen Wechselkurses bei konstantem Preisniveau im In- und Ausland eine reale Abwertung der Inlandswährung und damit eine Verbesserung der internationalen Wettbewerbsfähigkeit. Umgekehrt impliziert ein Rückgang des nominalen Wechselkurses bei unverändertem in- und ausländischem Preisniveau eine reale Aufwertung der Inlandswährung, so daß sich eine Verschlechterung der internationalen Wettbewerbsfähigkeit einstellt. Jede Verbesserung oder Verschlechterung der internationalen Wettbewerbsfähigkeit führt zu nachhaltigen Wirkungen auf den nationalen und internationalen Güter- und Faktormärkten.

3.3. Effektiver Wechselkurs

Der effektive nominale Wechselkurs ist ein multilateraler Kurs, der den Wert einer Währung gegenüber einem Bündel anderer Währungen mißt. Konkret stellt er den in inländischen Währungseinheiten ausgedrückten gewichteten Wert einer Anzahl verschiedener Währungen dar:

$$e_{\text{effektiv, nominal}} = \sum_{i=1}^{n-1} g_i \cdot e_{i1},$$

mit g_i als Gewichtungsfaktor, $\sum_{i=1}^{n-1} g_i = 1$ und e_{i1} als nominaler bilateraler Wechselkurs der i-ten Währung gegenüber der Inlandswährung. Als Gewichtungsfaktor wird meist der Anteil der einzelnen Länder am Außenhandel des Inlands verwendet. Der effektive nominale Wechselkurs ist eine statistische Variable, die im Gegensatz zum bilateralen Wechselkurs Informationen über die Bewertung der Inlandswährung gegenüber den Währungen der wichtigsten Handelspartner liefert.

Der effektive nominale Wechselkurs multipliziert mit dem Preisniveau der relevanten Länder und dividiert durch das Inlandspreisniveau ergibt den effektiven realen Wechselkurs:

$$e_{\text{effektiv, real}} = \sum_{i=1}^{n-1} \frac{g_i \cdot e_{i1} \cdot P^a_i}{P}, \text{ mit } \sum_{i=1}^{n-1} g_i = 1.$$

Mit dem effektiven realen Wechselkurs ist eine statistische Variable gegeben, die tendenziell die allgemeine Wettbewerbsposition der Inlandswirtschaft auf dem Weltmarkt widerspiegelt. Zu beachten ist allerdings, daß der errechnete Wert des effektiven realen Wechselkurses sehr stark von dem Gewichtungsschema und dem zugrunde gelegten Preisindex (Konsumgüterpreisindex, Großhandelspreisindex, Preisindex für das Bruttosozialprodukt) abhängt.

3.4. Wechselkurs- und Zinsarbitrage

Bei der Arbitrage auf den Devisenmärkten ist zwischen der Kursarbitrage und der Zinsarbitrage zu unterscheiden. Kursarbitrage liegt vor, wenn Kursdifferenzen für eine Währung an zwei verschiedenen Orten dadurch zum Ausgleich gebracht werden, daß die Währung am billigeren Ort gekauft und diese Währung am teureren Ort verkauft wird.

Eine weitere Form der Kursarbitrage ist die Dreiecksarbitrage. Sie resultiert aus dem Sachverhalt, daß aus zwei bilateralen Wechselkursen ein sogenannter Kreuzwechselkurs (cross rate) zwischen zwei Währungen gebildet werden kann. So läßt sich aus einem DM/\$-Kurs von 2 DM und einer DM/£-Parität von 3 DM ein \$/£-Kurs von 1,50 \$ ableiten.

$$\text{Kreuzwechselkurs} = \frac{\text{Wechselkurs}\frac{DM}{£}}{\text{Wechselkurs}\frac{DM}{\$}} = \frac{3{,}00}{2{,}00} = \frac{1{,}50\ \$}{£}$$

Weicht der \$/£-Wechselkurs in New York von dem Kreuzwechselkurs in Frankfurt ab, kann durch ein Dreiecksgeschäft ein risikoloser Gewinn erzielt werden. Bei Zugrundelegung der obigen in Frankfurt notierten Kurse für Dollar und Pfund und eines \$/£-Wechselkurs in New York von 1,60 ist folgende Arbitragekette möglich: Für DM 3,00 wird in Frankfurt 1 Pfund Sterling erworben. Für 1 Pfund Sterling erhält man in New York \$ 1,60. Für \$ 1,60 werden in Frankfurt DM 3,20 erlöst. Es ergibt sich ein Gewinn von DM 0,20. Dreiecksarbitrage löst Wechselkursreaktionen aus, die diesen Gewinn beseitigen und den Kreuzwechselkurs wieder anpassen. Da diese Arbitragegeschäfte schnell und ohne hohe Kosten abgewickelt werden können, ist die Gleichheit der Wechselkurse weltweit gewährleistet.

Zinsarbitrage bedeutet die Herstellung eines simultanen Gleichgewichts auf dem Devisenkassa- und dem Devisenterminmarkt. Ausgangspunkt der Zinsarbitrage bildet das Bestreben der Wirtschaftseinheiten, einen vorhandenen Betrag in der Währung anzulegen, die den höchsten Ertrag erbringt. Das mit einer Anlage außerhalb des inländischen Währungsraums verbundene Wechselkursrisiko kann durch ein entgegengesetztes Termingeschäft ausgeschaltet werden.

Der Investor vergleicht dabei den Zinsertrag, den er im Inland realisieren könnte, mit dem Ertrag, den er ausgedrückt in Inlandswährung ohne Risiko bei einer Auslandsanlage erzielen kann. Bei der Anlage im Ausland sind neben dem Auslandszins der Kassakurs und der Terminkurs in das Kalkül einzubeziehen. Will der Anleger nämlich das Wechselkursrisiko ausschalten, muß er die Devisen, die er im Anlagezeitpunkt zum Kassakurs e erwirbt, gleichzeitig per Termin zum bestehenden Terminkurs e^T wieder verkaufen. Der Betrag, den er für eine Einheit Inlandswährung am Kassamarkt in Auslandswährung erhält, ist 1/e. Für den Rücktransfer der Auslandswährung in Inlandswährung ist dieser Betrag mit dem im Anlagezeitpunkt bekannten Terminkurs zu multiplizieren.

Wird der Einfachheit halber von einer Anlageperiode von 12 Monaten ausgegangen, realisiert der Anleger für den Geldbetrag A im Inland $A \cdot (1 + i)$ und im Ausland $A \cdot (e^T/e)\,(1 + i^a)$.

Unterschiede in den beiden Erträgen lösen Kapitalbewegungen aus, die zu einem Zinsarbitragegleichgewicht führen, das gekennzeichnet ist durch

$$\frac{e^T}{e} = \frac{1 + i}{1 + i^a}.$$

Durch Subtraktion von 1 auf beiden Seiten erhält man

$$\frac{e^T}{e} - \frac{e}{e} = \frac{1 + i}{1 + i^a} - \frac{1 + i^a}{1 + i^a} \text{ bzw. } \frac{e^T - e}{e} = \frac{i - i^a}{1 + i^a}.$$

Der Nenner $1 + i^a$ hat bei kleinen Werten von i^a nur geringe Bedeutung und wird daher meist vernachlässigt. Der gängige Ausdruck für das Zinsarbitragegleichgewicht – auch als gedeckte Zinsparität bezeichnet – ist deshalb:

$$\frac{e^T - e}{e} = i - i^a.$$

Der Ausdruck auf der linken Seite, also die Differenz zwischen dem Terminkurs und dem Kassakurs bezogen auf den Kassakurs, wird als Swapsatz bezeichnet. Er stellt die prozentuale Abweichung des Terminkurses vom Kassakurs dar. Ist der Terminkurs höher als der Kassakurs, liegt ein Report für die Auslandswährung vor, im umgekehrten Fall ein Deport. Da im Zinsarbitragegleichgewicht der Swapsatz stets der Zinsdifferenz entsprechen muß, wird die Auslandswährung bei $i > i^a$ mit einem Report und bei $i < i^a$ mit einem Deport gehandelt.

3.5. Wechselkursspekulation

Im Gegensatz zu Arbitragegeschäften sind Spekulationsgeschäfte durch das bewußte Eingehen ungedeckter Positionen gekennzeichnet, d. h. die Transaktionen sind nicht durch gegenläufige Termingeschäfte abgesichert. Sie dienen dazu, aus im Zeitablauf erwarteten Wechselkursänderungen Gewinne zu realisieren. Grundlage der Spekulationsgeschäfte bilden subjektive Erwartungen über die künftige Kassakursentwicklung. Diese sind immer mit Verlustrisiken verbunden.

In der Regel werden ungedeckte Positionen mit verzinslichen Wertpapieren eingegangen. Die Anlageentscheidung ist dann neben der Wechselkurserwartung von den Zinssätzen im In- und Ausland abhängig. Eine auf ein Jahr bezogene Auslandsanlage ist lohnend, wenn die erwartete Wechselkursänderungsrate größer ist als die Differenz zwischen Inlands- und Auslandszins $(e^e - e)/e > i - i^a$.

Eine Terminspekulation liegt vor, wenn Devisen per Termin gekauft oder verkauft werden und das entsprechende Gegengeschäft bei Fälligkeit am Kassamarkt getätigt wird. Derartige Geschäfte erfordern nur einen geringen Kapitaleinsatz und sind daher losgelöst von Zinsüberlegungen. Sie werden beeinflußt von der Differenz zwischen aktuellem Terminkurs e^T und erwartetem Kassakurs e^e. Je nach Aufwertungs- oder Abwertungserwartung für den Kassakurs der Inlandswährung lassen sich zwei Fälle unterscheiden:

Abwertungserwartung: $e^e > e^T$

Erwartet der Spekulant einen Anstieg des künftigen Kassakurses, der über den aktuellen Terminkurs hinausgeht, nimmt er folgende Transaktionen vor:

1. Kauf von Devisen auf dem Terminmarkt
2. Verkauf der Devisen am Fälligkeitstag auf dem Kassamarkt.

Bei dieser Transaktion steigt die Nachfrage nach Devisen auf dem Terminmarkt.

Aufwertungserwartung: $e^e < e^T$

Sofern der Spekulant mit einem Rückgang des künftigen Kassakurses unter den aktuellen Terminkurs rechnet, wird er sich wie folgt am Markt verhalten:

1. Verkauf von Devisen auf dem Terminmarkt
2. Kauf der Devisen am Fälligkeitstag auf dem Kassamarkt.

Bei dieser Transaktion steigt das Angebot an Devisen auf dem Terminmarkt.

3.6. Feste und flexible Wechselkurse

In der bisherigen Darstellung wurde von einem Währungssystem flexibler Wechselkurse ausgegangen. In einem solchen System werden die Wechselkurse allein durch die Angebots- und Nachfragekonstellation privater Wirtschaftseinheiten auf den Devisenmärkten bestimmt. Außer diesem System gibt es Wechselkurssysteme, in denen der Wechselkurs durch Eingriffe der Zentralbank relativ konstant gehalten wird. Derartige Systeme sind das Bretton-Woods-System und – in abgewandelter Form – das Europäische Währungssystem (Beitrag S-3.4.).

In Systemen fester Wechselkurse werden um die vereinbarten Wechselkurse (Paritäten) meist Bandbreiten festgelegt, die durch entsprechende Devisenmarktinterventionen der Zentralbanken zu verteidigen sind. So ist beispielsweise dem Aufwertungsdruck bei Erreichen der oberen Begrenzung der Bandbreite für die ausländische Währung durch den Verkauf von Devisen zu begegnen. Dieser Kurs, von dem ab Interventionen zur Verhinderung einer weiteren Aufwertung der Auslandswährung (bzw. Abwertung der Inlandswährung) erforderlich sind, wird als oberer Interventionspunkt bezeichnet. Umgekehrt muß die Zentralbank bei Erreichen der unteren Begrenzung der Bandbreite Devisen aufkaufen, um eine weitere Abwertung der ausländischen Währung zu verhindern. Dieser zu verteidigende Kurs wird als unterer Interventionspunkt bezeichnet.

Oberer und unterer Interventionspunkt sind in *Abb. E-2* im Rahmen eines Devisenmarktdiagramms dargestellt. Der gleichgewichtige DM/$-Kurs ist durch den Schnittpunkt der Dollar-Angebotskurve SS_0 mit der Dollar-Nachfragekurve DD_0 gekennzeichnet. Eine Erhöhung der Nachfrage nach Dollar, die in der Abbildung in einer Rechtsverschiebung der Nachfragekurve von DD_0 nach DD_1 zum Ausdruck kommt, führt zu einer Situation, in der die Deutsche Bundesbank gezwungen ist, dem Aufwertungsdruck des Dollar (bzw. der Abwertungstendenz der Deutschen Mark) durch den Verkauf von Dollar aus ihrem Bestand an Währungsreserven entgegenzuwirken. Eine umgekehrte Reaktion der Bundesbank ist erforderlich, wenn sich die Dollar-Nachfrage verringert, was in der Abbildung durch die Verschiebung der Nachfragekurve von DD_0 auf DD_2 aufgezeigt wird. In diesem Fall muß die Bundesbank bei Erreichen des unteren Interventionspunktes Dollar aufkaufen, um ein weiteres Sinken des Dollarkurses zu verhindern.

Als Ergebnis eines Systems fester Wechselkurse läßt sich somit festhalten, daß eine Aufwertungstendenz der ausländischen Währung Devisenverkäufe und eine Abwertungstendenz Devisenkäufe der Zentralbank impliziert. Aufwertungstendenzen der ausländischen Währung führen somit zu einem Abfluß von Währungsreserven und

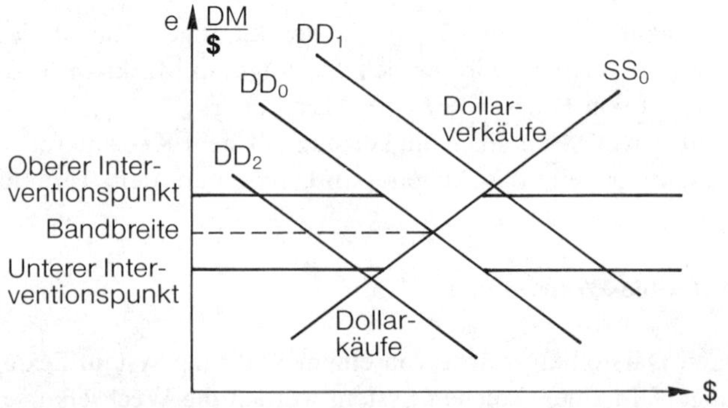

Abb. E-2: Zentralbankinterventionen auf dem Devisenmarkt

Abwertungstendenzen zu einer Aufstockung der Währungsreserven. Beide Interventionsarten können nicht beliebig lange fortgesetzt werden. Im Fall der Aufwertungstendenz der ausländischen Währung erzwingt der Abbau des Bestandes an Währungsreserven binnenwirtschaftliche Anpassungsmaßnahmen zur Verbesserung der Zahlungsbilanzsituation. Im Fall der Abwertungstendenz der ausländischen Währung löst der permanente Aufkauf von ausländischen Währungseinheiten und die damit verbundene Ausdehnung der inländischen Zentralbankgeldmenge einen inflationären Anpassungsprozeß aus. Letzten Endes ist dann eine Anpassung der Parität erforderlich.

4. Mechanismen der Zahlungsbilanzanpassung

Die Salden der einzelnen Teilbilanzen der Zahlungsbilanz sind das Ergebnis von Mengen- und Preisänderungen auf den Devisen-, Güter-, Geld- und Kapitalmärkten. Diese sind sowohl von den Entscheidungen der privaten Wirtschaftseinheiten als auch der wirtschaftspolitischen Entscheidungsträger abhängig. Außerdem spielt die Ausgestaltung des internationalen Währungssystems eine große Rolle für ihre Entstehung und Veränderung.

Im folgenden werden alternative Mechanismen der Zahlungsbilanzanpassung dargestellt. Im Vordergrund steht dabei die Analyse der Determinanten von Handelsbilanzsalden. Internationale Kapitalbewegungen bleiben unberücksichtigt. Aufgezeigt wird die Reaktion der Handelsbilanz auf Veränderungen der internationalen Wettbewerbsfähigkeit (Elastizitätsansatz), auf Veränderungen des Volkseinkommens (Einkommensansatz) und auf Geldmarktungleichgewichte (Monetärer Ansatz). Jeder dieser Ansätze repräsentiert Teilaspekte von Variablen, die die Handelsbilanz beeinflussen. In der Realität können alle Effekte simultan auftreten, so daß sich die einzelnen Ansätze eher ergänzen und nicht gegenseitig ausschließen.

4.1. Elastizitätsansatz

Der Elastizitätsansatz stellt ein Konzept zur Ermittlung der Wirkung von Wechselkursänderungen auf die in der Handelsbilanz zusammengefaßten internationalen Güter- und Dienstleistungstransaktionen dar. Analysiert werden die mengen- und wertmäßigen Effekte einer Veränderung des realen Wechselkurses und damit der internationalen Wettbewerbsfähigkeit auf die Handelsbilanz. Prinzipiell sind die Ergebnisse unabhängig davon, ob die Wechselkursänderung durch politische Entscheidungen (System fester Wechselkurse) oder durch den Marktmechanismus (System flexibler Wechselkurse) herbeigeführt wird. Im Mittelpunkt der Betrachtung stehen die Export- und Importgütermärkte und die auf ihnen vorherrschenden Elastizitätskonstellationen der Angebots- und Nachfragefunktionen. Gängiger Ansatzpunkt ist die Analyse der Wirkung einer Abwertung auf den Handelsbilanzsaldo.

Eine Abwertung der inländischen Währung hat ohne Berücksichtigung nachgelagerter Angebots- und Nachfragereaktionen folgende unmittelbare Preiseffekte:

- in inländischen Währungseinheiten ausgedrückt, bleiben die Preise für Exportgüter unverändert, aber die Preise für Importgüter steigen an;
- in ausländischen Währungseinheiten ausgedrückt, fallen die Preise für Exportgüter, während die Importgüterpreise unverändert bleiben.

Für Stärke und Richtung der Reaktion der Handelsbilanz auf diese abwertungsinduzierten Preisänderungen sind aus der Sicht des Landes mit der abwertenden Währung folgende vier Preiselastizitäten von Bedeutung:

auf dem Exportgütermarkt

- die Nachfrageelastizität des Auslands für Exportgüter;
- die Angebotselastizität des Inlands für Exportgüter;

auf dem Importgütermarkt

- die Nachfrageelastizität des Inlands für Importgüter;
- die Angebotselastizität des Auslands für Importgüter.

Für die Veränderung des Import- und Exportwerts in inländischer Währung und somit für die Reaktion der Handelsbilanz auf eine Abwertung ist festzuhalten:

Mit Ausnahme des theoretischen Grenzfalls einer völlig preisunelastischen Exportnachfrage ($\eta_{Ex} = 0$) steigt der in Inlandswährung ausgedrückte Exportwert immer, da sowohl der Exportpreis als auch die Exportmenge zunehmen. Weil die Importmenge als Reaktion auf die gestiegenen Importpreise sinkt, gilt in bezug auf den Importwert:

- Bei preiselastischer Importnachfrage ($|\eta_{Im}| > 1$) sinkt der Importwert infolge der Abwertung.
- Bei einer Preiselastizität der Importnachfrage von Eins ($|\eta_{Im}| = 1$) bleibt der Importwert nach der Abwertung konstant.
- Bei preisunelastischer Importnachfrage ($|\eta_{Im}| < 1$) steigt der Importwert.

Eine normale Reaktion der Handelsbilanz, d. h. eine Erhöhung des Überschusses bzw. eine Verringerung des Defizits, liegt vor, wenn nach einer Abwertung der Exportwert stärker steigt als der Importwert. In einer sehr allgemeinen Form bei nicht ausgeglichener Handelsbilanzsituation in der Ausgangslage und endlichen Preiselastizitäten auf der Angebotsseite wird die Normalreaktion der Handelsbilanz auf eine Abwertung durch die ROBINSON-Bedingung beschrieben (Zu einer detaillierten Ableitung dieser Bedingung vgl. ADEBAHR, 1978; ROSE, 1964, 12. A. 1995; JARCHOW/RÜHMANN 1982; 3. A. 1991).

Der diesbezügliche Sachverhalt wird anhand der Abb. E-3 verdeutlicht, in der die Ex- und Importmengen X_{Ex}, X_{Im} auf den Abszissen und die Ex- und Importpreise in Inlandswährung P_{Ex}, P_{Im} auf den Ordinaten abgetragen sind. Auf dem Exportgütermarkt ist das Exportangebot des Inlands eine positive Funktion des Exportpreises $X^A_{Ex}(P_{Ex})$ und die Exportnachfrage des Auslands eine negative Funktion des Inlandspreises dividiert durch den Wechselkurs $X^N_{Ex}(P_{Ex}/e)$. Für den Importgütermarkt gilt: Das Importangebot des Auslands ist eine positive Funktion des Importpreises dividiert durch den Wechselkurs $X^A_{Im}(P_{im}/e)$ und die Importnachfrage eine negative Funktion des Importpreises $X^N_{Im}(P_{Im})$. Eine Abwertung der Inlandswährung von e_0 auf e_1 führt auf dem Exportgütermarkt zu einer Rechtsverlagerung der Exportnachfragekurve und auf dem Importgütermarkt zu einer Linksverlagerung der Importangebotskurve. Der für die Handelsbilanz ausschlaggebende Werteffekt ergibt sich aus den Preisänderungen multipliziert mit den Mengenänderungen. Auf dem Exportgütermarkt sind die Preis- und Mengenänderungen eindeutig positiv, während auf dem Importgütermarkt bei normalen Angebots- und Nachfrageverhältnissen dem Preisanstieg ein Mengenrückgang gegenübersteht. Der dadurch mögliche Anstieg des Importwerts fällt jedoch fast immer geringer aus als der Anstieg des Exportwerts, so daß in der Regel bei einer Abwertung mit einer wertmäßigen Verbesserung der Handelsbilanz gerechnet werden kann.

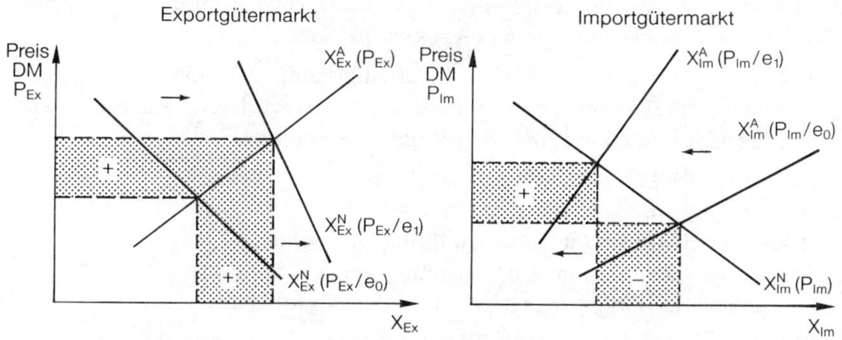

Abb. E-3: Wirkung einer Abwertung auf dem Export- und Importgütermarkt in Inlandswährung bei endlich elastischen Angebots- und Nachfragekurven

Eine Normalreaktion der Handelsbilanz ist um so eher zu erwarten, je größer die Preiselastizität der Nachfrage ausfällt. Für die Preiselastizität des Angebots ist eine derartig generell gültige Aussage nicht möglich, da die Richtung der Reaktion der Handelsbilanz vom Niveau der Preiselastizität der Importnachfrage abhängt.

Im vereinfachten Fall unendlich großer Angebotselastizitäten und ausgeglichenem Ausgangszustand reagiert die Handelsbilanz normal, wenn die Summe der Elastizitäten der Export- und Importnachfrage absolut größer als Eins ist (MARSHALL-LERNER-Bedingung):

$$|\ \eta_{Ex}\ |+|\ \eta_{Im}\ | > 1$$

Der Elastizitätsansatz spielt eine bedeutende Rolle in der wirtschaftspolitischen Diskussion um die Entstehung und Korrektur von Leistungsbilanzsalden durch Wechselkursänderungen. Deshalb ist es notwendig, sich über die einschränkenden Voraussetzungen des Ansatzes bewußt zu werden. Diese liegen vor allem darin, daß nur die Primärwirkungen von Wechselkursänderungen auf die Handelsbilanz berücksichtigt werden. Sekundäreffekte auf das inländische Preisniveau oder das reale Volkseinkommen und daraus resultierende Rückwirkungen auf die Leistungsbilanz werden nicht erfaßt.

Direkte Preisniveaueffekte treten als Folge einer Abwertung dadurch auf, daß sich die Preise für importierte Konsumgüter erhöhen. Indirekte Preisniveaueffekte ergeben sich durch solche importierten Vorleistungsprodukte, die in der inländischen Produktion eine größere Rolle spielen. Derartige abwertungsbedingte Preissteigerungen haben Rückwirkungen auf die internationale Wettbewerbsfähigkeit, die ihrerseits den Handelsbilanzsaldo beeinflußt. Diese Effekte werden noch verstärkt, wenn sich die Preisniveausteigerungen in erhöhten Lohnsteigerungen niederschlagen.

Reale Einkommenseffekte entstehen als Folge einer Abwertung immer dann, wenn die Exporte aufgrund einer Abwertung stärker steigen als die Importe. In diesem Fall kommt es zu einer Erhöhung des inländischen Realeinkommens (Inlandsproduktion) relativ zur Güternachfrage des Inlands (Absorption). Eine derartige Konstellation läßt sich nur bei einer die inländische Absorption zurückdrängenden Nachfragepolitik aufrechterhalten. Für den Erfolg einer Abwertung ist demzufolge eine restriktive Geld- und Fiskalpolitik erforderlich (ALEXANDER, 1952).

In der Realität führt eine Abwertung kurzfristig häufig zu einer Verschlechterung statt zu einer Verbesserung der Handelsbilanz. Dies wird als J-Kurven-Effekt bezeichnet, der sich unter folgenden Bedingungen einstellt:

- die Exportmenge ist kurzfristig preisunelastisch,
- die Importmenge ist kurzfristig preisunelastisch,
- die Exportgeschäfte sind in Inlandswährung abgeschlossen,
- die Importgeschäfte sind in Auslandswährung abgeschlossen,
- die Bezahlung der Güter erfolgt erst nach der Abwertung.

Derartige Konstellationen sind immer dann gegeben, wenn eine Abwertung der inländischen Währung nicht erwartet worden ist. In diesem Fall erfordert die Abwicklung bestehender Kontrakte kurzfristig einen erhöhten Devisenaufwand für die Importe, während für die Exporte das gleiche Devisenaufkommen wie zuvor realisiert wird. Solange die Import- und Exportmengen auf die Wechselkursänderungen nicht reagieren, stellt sich aufgrund der Abwertung eine vorübergehende Verschlechterung der Handelsbilanz ein. Erst im Zeitablauf kommt es zu einer Verbesserung. Dieser Effekt wird in *Abb. E-4* aufgezeigt.

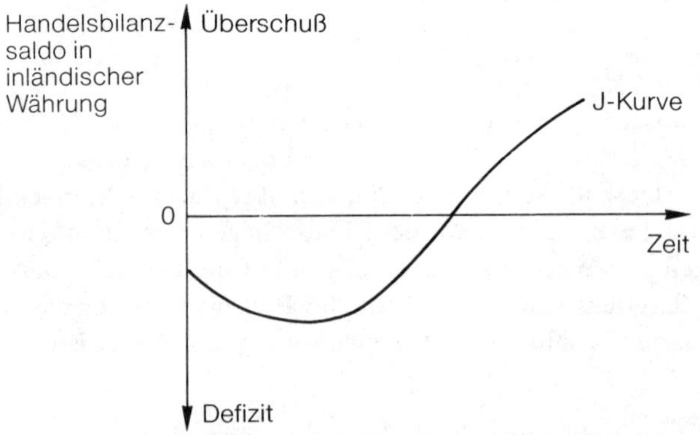

Abb. E-4: Typische Reaktion der Handelsbilanz auf eine Abwertung: J-Kurve

4.2. Einkommensansatz

Der Einkommensansatz stellt ein Konzept zur Ermittlung der Wirkung einer Veränderung exogener Nachfragekomponenten auf das Volkseinkommen und die Handelsbilanz dar. Grundgedanke ist, daß die autonome Veränderung der Nachfrage nach Konsum-, Investitions- und Exportgütern eines Landes zu einer multiplikativen Veränderung des Volkseinkommens führt, deren Höhe durch Nachfrageabflüsse in Form von Ersparnissen und Importen begrenzt wird. Die Einkommensänderungen wirken ihrerseits auf die Handelsbilanz zurück.

Im Gegensatz zum Elastizitätsansatz bleiben beim Einkommensansatz Veränderungen der internationalen Wettbewerbsfähigkeit unberücksichtigt. Den Rahmen der Analyse bildet eine unterbeschäftigte keynesianische Volkswirtschaft, in der Mengenreaktionen ohne Preisniveauänderungen möglich sind. Gleichzeitig werden die Wechselkurse als konstant unterstellt.

Ausgangspunkt bildet die Gleichgewichtsbedingung des Gütermarkts

(1) $$Y = C(Y) + I + Ex - Im\,(Y),$$

bei der auf der linken Seite das Volkseinkommen (Y) als gesamtwirtschaftliches Angebot erscheint und auf der rechten Seite als Nachfragekomponenten der Konsum (C) und der Import (Im) als Funktion des Volkseinkommens und die Investition (I) und der Export (Ex) als exogene Variablen angesehen werden. Um die Wirkung einer autonomen Erhöhung des Exports zu erfassen, wird die obige Gleichung nach Ex differenziert. Unter der Annahme, daß eine Veränderung des Exports die Investitionen nicht verändert, dI/dEx also gleich Null ist, gilt

(2) $$\frac{dY}{dEx} = \frac{dC}{dY} \cdot \frac{dY}{dEx} + 1 - \frac{dIm}{dY} \cdot \frac{dY}{dEx}.$$

Wird die marginale Konsumquote dC/dY mit c ($0 < c < 1$) und die marginale Importquote dIm/dY mit m ($0 < m < 1$; $c > m$) bezeichnet, ergibt sich nach einer Umformung die Wirkung einer Veränderung des Exports auf das Volkseinkommen (Exportmultiplikator):

$$\frac{dY}{dEx} = \frac{1}{1 - c + m}.$$

Unter den zuvor gemachten Annahmen über die Verhaltenskoeffizienten ist der Exportmultiplikator größer als Eins. Der Einfluß einer autonomen Exportsteigerung auf das Volkseinkommen ist um so stärker, je größer die marginale Konsumquote c und je kleiner die marginale Importquote m ausfallen.

Von Interesse ist ferner die Wirkung einer autonomen Erhöhung des Exports auf die Handelsbilanz. Der Saldo der Handelsbilanz HB ist definiert als

(4) $$HB = Ex - Im\,(Y).$$

Für die Wirkung einer Änderung des Exports auf den Handelsbilanzsaldo gilt:

(5) $$\frac{dHB}{dEx} = 1 - m \cdot \frac{dY}{dEx}.$$

Wird die Ableitung dY/dEx aus Gleichung (3) in Gleichung (5) eingesetzt, ergibt sich der folgende Handelsbilanzmultiplikator:

$$(6) \qquad \frac{dHB}{dEx} = 1 - m\,(\frac{1}{1 - c + m}) = \frac{1 - c}{1 - c + m}.$$

Unter den gemachten Annahmen ist der Einfluß einer autonomen Exporterhöhung auf die Handelsbilanz positiv. Die Handelsbilanz verbessert sich, obwohl der Einkommensanstieg zu erhöhten Importen führt, die die Handelsbilanz negativ beeinflussen. Im Gegensatz zum Exportmultiplikator ist der Handelsbilanzmultiplikator allerdings kleiner als Eins.

Der Einkommensansatz spielt in der Diskussion um die Beziehung zwischen nachfrageinduzierter Einkommensentwicklung und Handelsbilanzsalden eine zentrale Rolle. Der Ansatz verdeutlicht die Vorteile einer exportorientierten Wachstumsstrategie, da Einkommenssteigerungen und Verbesserungen der Handelsbilanz simultan realisiert werden können. Dagegen läßt sich zeigen, daß bei einer Stärkung der Binnennachfrage über eine expansive Geld- oder Fiskalpolitik ein Einkommensanstieg mit einem Handelsbilanzdefizit erkauft werden muß.

Die Aussagefähigkeit des Ansatzes wird aber durch die Vernachlässigung der Veränderung der internationalen Wettbewerbsfähigkeit eingeschränkt. So werden mit Handelsbilanzsalden verbundene Wechselkurseffekte nicht berücksichtigt. Implizit werden damit den Wechselkurs stabilisierende Devisenmarktinterventionen unterstellt, von denen keine Wirkungen auf die Geldmenge ausgehen. Insgesamt bleiben bei dem Einkommensansatz Geldmengeneffekte ausgeklammert. Diese stehen im Mittelpunkt des nachstehenden monetären Ansatzes.

4.3. Monetärer Ansatz

Im monetären Ansatz der Zahlungsbilanz werden Handelsbilanzsalden innerhalb eines Systems fester Wechselkurse aus temporären Ungleichgewichten zwischen Geldangebot und Geldnachfrage in den einzelnen Volkswirtschaften erklärt. Ein Handelsbilanzdefizit ist das Ergebnis einer Konstellation, bei der das vorhandene Geldangebot größer ist als die gewünschte Geldnachfrage, also ein Überschußangebot an Geld vorliegt, während sich ein Handelsbilanzüberschuß bei einer Überschußnachfrage nach Geld einstellt. Überschußangebot oder -nachfrage nach Geld werden durch einen Bestandsanpassungsprozeß abgebaut, der über die Veränderung der Güternachfrage des Inlands (Absorption) relativ zur inländischen Güterproduktion den Handelsbilanzsaldo beeinflußt.

Die Verknüpfung zwischen der monetären Situation eines Landes und der Zahlungsbilanz vollzieht sich über die Devisenbilanz. Bei festen Wechselkursen und Außerachtlassung internationaler Kapitalströme führen monetäre Ungleichgewichte über die Veränderung der Absorption zu Devisenbilanzsalden, die unmittelbar die Geldmenge in den einzelnen Ländern beeinflussen.

Für den Fall des kleinen Landes, dessen Preisniveau durch die Weltmarktpreise bestimmt wird ($P = P^a$) und dessen Einkommen durch das Vollbeschäftigungseinkommen $Y = \overline{Y}$ gegeben ist, lassen sich die Grundzusammenhänge des monetären Ansatzes in dem nachstehenden Gleichungssystem darstellen (Swoboda, 1976, S. 16):

(7) $HB = \overline{Y} - A$

(8) $A = A(M^s/P - M^d/P)$.

Gemäß Gleichung (7) entspricht der reale Handelsbilanzsaldo (HB) der Differenz zwischen dem gegebenen Realeinkommen und der realen Absorption des Inlands (A). In Gleichung (8) ist die Absorption eine Funktion der Differenz zwischen realem Geldangebot (M^s/P) und realer Geldnachfrage (M^d/P). Graphisch wird der Zusammenhang zwischen diesen Variablen in *Abb. E-5* aufgezeigt. Übersteigt das reale Geldangebot die reale Geldnachfrage, kommt es zu einem Handelsbilanzdefizit, während sich bei der umgekehrten Konstellation ein Handelsbilanzüberschuß einstellt. Im Fall des monetären Gleichgewichts ist der Handelsbilanzsaldo gleich Null.

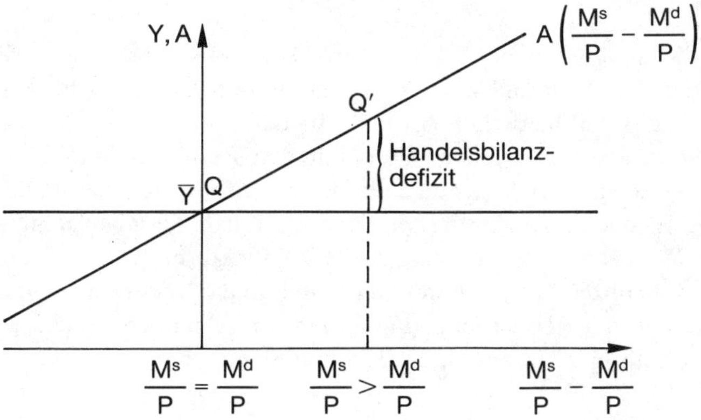

Abb. E-5: Beziehung zwischen Geldmarkt, Absorption und Handelsbilanzsaldo

Das reale Geldangebot setzt sich aus internationalen Reserven (IR) und heimischen Reserven (HR) zusammen:

(9) $M^s/P = IR/P + HR/P$.

Findet von einem monetären Gleichgewicht und einer ausgeglichenen Handelsbilanz ausgehend eine einmalige Ausdehnung des Geldangebots durch eine Erhöhung der heimischen Reserven statt, kommt es bei gegebenem Preisniveau P zu einem Überschußangebot an realer Kassenhaltung und einem Handelsbilanzdefizit (Punkt Q'). Dieses Defizit resultiert daraus, daß die Inländer die Überschußkasse abbauen, indem sie die Nachfrage nach in- und ausländischen Gütern erhöhen.

Das Handelsbilanzdefizit führt zu einem Abwertungsdruck auf die Inlandswährung, dem mit einem Devisenverkauf begegnet werden muß. Aufgrund von

(10) $HB = (1/P)dIR/dt = (1/P)dM^s/dt$

stellt sich simultan mit dem Rückgang des Handelsbilanzsaldos ein Rückgang des Bestands an internationalen Reserven und damit der Geldmenge ein. Das System tendiert dann im Punkt Q in ein Gleichgewicht zurück, das durch die Gleichheit von realem Geldangebot und realer Geldnachfrage und einer ausgeglichenen Handelsbilanz gekennzeichnet ist.

Der monetäre Ansatz spielt in der Diskussion um die Zahlungsbilanzanpassung in einem System fester Wechselkurse eine große Rolle. Er macht den Sachverhalt deutlich, daß kleine Länder in einem solchen System nur eine sehr eingeschränkte Möglichkeit zur Realisierung einer eigenständigen Geld- und Beschäftigungspolitik haben. Die Aussagefähigkeit des Ansatzes wird allerdings durch die Nichtberücksichtigung des internationalen Kapitalmarkts und der Veränderung der internationalen Wettbewerbsfähigkeit eingeengt.

5. Wechselkurstheorie

Die ursprünglichen Ansätze der Wechselkurstheorie sind stromgrößenorientiert, wobei insbesondere der Gütermarkt im Vordergrund der Analyse steht (Kaufkraftparitätentheorie und keynesianischer Ansatz). In der Weiterentwicklung der Theorie wird der Wechselkurs als relativer Preis auf den Bestandsmärkten für Geld und Finanzaktiva verschiedener Währungen bestimmt (Monetärer Ansatz und Portfolioansatz). Bei den neueren Ansätzen steht der Sachverhalt der unvollständigen Voraussicht bei der Wechselkursbestimmung im Mittelpunkt der Analyse. Diese Ansätze sind dadurch gekennzeichnet, daß in ihnen simultan die Erwartungen von Chartisten und Fundamentalisten Berücksichtigung finden. Im folgenden werden die einzelnen Ansätze dargestellt und Unterschiede zwischen ihnen herausgearbeitet.

5.1. Keynesianische Wechselkurstheorie

Die keynesianische Wechselkurstheorie entstand aus der Übertragung der Hicks'schen IS/LM-Analyse (Beitrag C-5.) von der geschlossenen auf die offene Volkswirtschaft. Meade erweiterte 1951 die traditionelle IS/LM-Analyse um eine Handelsbilanzgleichung und schuf damit die Möglichkeit, den gleichgewichtigen realen – sowie bei gegebenen in- und ausländischen Preisniveaus gleichgewichtigen nominalen – Wechselkurs zu bestimmen. Mundell (1963) und Fleming (1962) erweiterten diesen Ansatz um internationale Kapitalströme und entwickelten damit die Standardversion eines keynesianischen Wechselkursmodells:

(11) $Y = A(\overset{+}{Y}, \overset{-}{i}) + G + HB(\overset{-}{Y}, \overset{+}{e})$ Gütermarktgleichgewicht

(12) $\frac{M}{P} = L(\overset{+}{Y}, \overset{-}{i})$ Geldmarktgleichgewicht

(13) $HB(\overset{-}{Y}, \overset{+}{e}) + K(\overset{+}{i}) = 0$ Zahlungsbilanzgleichgewicht

Zusätzlich zum IS/LM-Modell für die geschlossene Volkswirtschaft werden der Außenbeitrag HB in die Güternachfrage sowie eine Zahlungsbilanzgleichung als Stromgrößengleichgewicht integriert. Letztere setzt sich aus der Summe von Handels- und Kapitalbilanzsaldo (Nettokapitalimport) zusammen. Die Gleichungen (11) bis (13) determinieren unter der Annahme kurzfristig gegebener Güterpreise simultan die Gleichgewichtswerte für das Volkseinkommen, den Zins und den Wechselkurs. Die Bestimmung des gleichgewichtigen Wechselkurses erfolgt im keynesianischen Ansatz in einem gesamtwirtschaftlichen Makromodell, bei dem gleiche Anpassungsgeschwindigkeiten auf den Güter- und Finanzmärkten unterstellt werden. Diese Annahme ermöglicht die statische oder komparativ-statische Bestimmung des gleichgewichtigen Wechselkurses. Bei divergierenden Anpassungsgeschwindigkeiten auf den Güter- und Finanzmärkten wäre hingegen eine dynamische Analyse erforderlich.

Änderungen der Politikvariablen Staatsausgaben (G) und nominale Geldmenge (M) wirken folgendermaßen innerhalb dieses Modellrahmens: Eine expansive Fiskalpolitik führt zu einer Erhöhung des Volkseinkommens und des Zinsniveaus. Der Effekt auf den Wechselkurs ist unbestimmt. Er hängt von der relativen Höhe der einkommensinduzierten Verschlechterung der Handelsbilanz und der zinsinduzierten Verbesserung der Kapitalbilanz ab (Beitrag C-8.). Eine expansive Geldpolitik führt in diesem Modellrahmen zu einer Erhöhung des Volkseinkommens und über eine Zinssenkung immer zu einer Abwertung der heimischen Währung. Das Ausmaß des Wechselkurseffektes hängt dabei unter anderem vom Grad der Kapitalmobilität ab.

5.2. Kaufkraftparitätentheorie

Die Kaufkraftparitätentheorie (KKP) ist die älteste Theorie der Wechselkurserklärung. Während der Begriff der Kaufkraftparität dogmengeschichtlich dem schwedischen Nationalökonomen Gustav Cassel (1918) zugeordnet wird, lassen sich intellektuelle Vorläufer bis in das 16. und 17. Jahrhundert zurückverfolgen. Die Kaufkraftparitätentheorie bestimmt den Wechselkurs derart, daß bei gegebenen Preisen in den jeweiligen Ländern die Kaufkraft im In- und Ausland identisch ist.

In der eng gefaßten Version bezieht sich die KKP nur auf international handelbare Güter („tradable goods"). Unter den Annahmen eines homogenen Gutes, vollkommenen Wettbewerbs auf Güter- und Faktormärkten sowie bei Abstraktion von Informations- und Transportkosten, tarifären und nicht-tarifären Handelshemmnissen erfolgt eine vollkommene internationale Güterarbitrage. Unter diesen Bedingungen gilt das „Gesetz des einheitlichen Preises", so daß der Preis des international handelbaren Gutes in Inlandswährung P_T dem Preis dieses Gutes in Auslandswährung P_T^a multipliziert mit dem Wechselkurs e entspricht:

$$(14) \qquad P_T = e\, P_T^a.$$

Der Wechselkurs e ergibt sich folglich als Verhältnis zwischen dem in- und ausländischen Preis für das handelbare Gut:

$$(15) \qquad e = \frac{P_T}{P_T^a}.$$

Wird statt eines international handelbaren Gutes und eines Preises ein Güterbündel mit einem einheitlichen Preisniveau betrachtet, muß für die Gültigkeit der Kaufkraftparität zu den obigen restriktiven Annahmen noch die weitere Annahme identischer Gewichte (Ausgabenanteile) bei der Berechnung der Preisindices im In- und Ausland gemacht werden.

Der Ausdruck (15) in Niveaugrößen wird als absolute Kaufkraftparität bezeichnet. Die Transformation dieser Gleichung in Veränderungsraten ergibt die relative Kaufkraftparität:

$$(16) \qquad g_e = g_{P_T} - g_{P_T^a}\,.$$

Die relative Veränderung des nominalen Wechselkurses während einer Periode wird durch die Differenz der Inflationsraten für handelbare Güter zwischen dem In- und Ausland bestimmt. Liegt die Inflationsrate des Inlands über der des Auslands, tritt eine Abwertung der Inlandswährung ein ($g_e > 0$). Die ökonomische Begründung liegt darin, daß bei einer höheren Inflationsrate für international handelbare Güter im Inland die Importe relativ attraktiver werden und das Gefälle zwischen In- und Auslandspreis in inländischer Währung nur über eine Abwertung ausgeglichen werden kann. Der nominale Wechselkurs erhält damit die Funktion, die Wirkungen von Inflationsratendifferenzen zwischen In- und Ausland auf die internationale Wettbewerbsfähigkeit zu kompensieren und den realen Wechselkurs konstant zu halten. Gleichung (16) stellt darüber hinaus eine allgemeinere Form der absoluten Kaufkraftparitätentheorie dar, da sie mit von Null verschiedenen, aber über die Zeit konstanten Informations- und Transportkosten oder Zöllen und Steuerbelastungen vereinbar ist.

In der weiter gefaßten Version bezieht die Kaufkraftparitätentheorie neben den handelbaren auch die nicht-handelbaren Güter in die Analyse mit ein. Hierunter werden in der Regel Dienstleistungen verstanden, obwohl auch einige Dienstleistungen wie z. B. Bank- und Versicherungsleistungen auf internationalen Märkten angeboten werden. Die Integration von nicht-handelbaren Gütern in die Analyse erfordert zunächst die Definition des gesamtwirtschaftlichen Preisniveaus P. Dieses setzt sich aus dem gewichteten Durchschnitt der Preise für ein homogenes handelbares Gut P_T und ein nicht-handelbares Gut P_N zusammen, wobei das Gewicht α den Anteil des handelbaren Gutes am gesamten Warenkorb darstellt:

$$(17) \qquad P = \alpha P_T + (1\text{-}\alpha) P_N.$$

Wird der gleichgewichtige Preis zwischen dem nicht-handelbaren und dem handelbaren Gut mit β bezeichnet

$$(18) \qquad \beta = \frac{P_N}{P_T}$$

und in der Form $P_N = \beta P_T$ in Gleichung (17) eingesetzt, ergibt sich

$$(19) \qquad P = [\alpha + (1\text{-}\alpha)\,\beta]\, P_T = \gamma P_T.$$

Nach einer analogen Vorgehensweise für das ausländische Preisniveau ergibt sich der Wechselkurs nach der Kaufkraftparitätentheorie in der absoluten Form als:

$$(20) \qquad e = \frac{P_T}{P_T^a} = \frac{P}{P^a} \cdot \frac{\gamma^a}{\gamma}\,.$$

Der gleichgewichtige nominale Wechselkurs ist mithin gleichzeitig eine Funktion von nominalen und realen Größen. Als monetäre Einflußgröße erscheint das Verhältnis der Preisindices, während als reale Determinanten die Koeffizienten γ und γ^a auftreten, die sowohl die Güteraufteilung in den Warenkörben α, α^a als auch den relativen Preis zwischen den nicht-handelbaren und handelbaren Gütern β, β^a reflektieren. Diese Komponenten der Koeffizienten γ, γ^a werden von Veränderungen der Präferenzen und den Wachstumsraten des realen Sozialprodukts bestimmt. Die Rolle dieser Faktoren läßt sich am ehesten verdeutlichen, indem Gleichung (20) in Veränderungsraten ausgedrückt wird:

(21) $$g_e = (g_p - g_{pa}) - (g_\gamma - g_{\gamma a}).$$

Im Falle konstanter γ, γ^a oder sich gegenseitig kompensierender Variation ($g_\gamma = g_{\gamma a}$) entspricht die Abwertungsrate wie in Gleichung (16) der Inflationsratendifferenz zwischen In- und Ausland. In diesem Sinn kann die Wechselkursbestimmung nach der Kaufkraftparitätentheorie als rein monetäres Phänomen aufgefaßt werden. Der nominale Wechselkurs paßt sich an, um bei Inflationsratendifferenzen den realen Wechselkurs konstant zu halten.

Wächst das Sozialprodukt im Inland jedoch schneller als im Rest der Welt und steigt damit der Anteil (1-α) des Dienstleistungssektors, gilt $g_\alpha < g_{\alpha a}$. Daraus folgt $g_{\gamma a} > g_\gamma$ und mithin $g_e < 0$. Das aber bedeutet, daß die Währung der real schneller wachsenden Volkswirtschaft eine Aufwertung erfährt.

Die Kaufkraftparitätentheorie liefert einen partialanalytischen Erklärungsansatz und ist zumindest kurzfristig nicht in der Lage, die Entwicklung des nominalen Wechselkurses zufriedenstellend zu prognostizieren. Der monetäre Ansatz, der im folgenden dargestellt wird, erweitert die Kaufkraftparitätentheorie, indem über Geldmarktgleichgewichtsbedingungen die Preisniveaus endogenisiert werden.

5.3. Monetäre Theorie bei flexiblen Preisen

Die monetäre Wechselkurstheorie gehört wie die anschließend dargestellte Portfoliotheorie zu den Finanzmarkttheorien der Wechselkursbestimmung. Im Gegensatz zu den bisher diskutierten Modellen, die den Wechselkurs in einem Stromgrößenkontext ableiten, erfolgt nun seine Bestimmung über Gleichgewichtsbedingungen auf den Bestandsmärkten für Finanzaktiva (Geld, in- und ausländische festverzinsliche Wertpapiere). Ausgangspunkt für den monetären wie den portfoliotheoretischen Ansatz der Wechselkursbestimmung ist die Annahme uneingeschränkter Kapitalmobilität. Dazu gehört die Abwesenheit von Kapitalverkehrskontrollen und Portfolioumstrukturierungskosten. Unter dieser Annahme entspricht das tatsächliche Portfolio immer dem gewünschten und die Finanzmärkte befinden sich kontinuierlich im Gleichgewicht.

Das Unterscheidungskriterium zwischen dem monetären und dem portfoliotheoretischen Ansatz stellt die Annahme über den Grad der Substituierbarkeit in- und ausländischer Wertpapiere dar. Der monetäre Ansatz unterstellt eine vollkommene Substituierbarkeit in- und ausländischer Wertpapiere. Die Investoren orientieren sich nur an den erwarteten Ertragsraten beider Wertpapiere und sind indifferent bezüglich der

Aufteilung des Portfolios, sofern die erwarteten Ertragsraten identisch sind (Beitrag C-8.1.). Für dieses Verhalten ist unter anderem die Annahme der Risikoneutralität auf seiten der Investoren erforderlich. Werden die Annahmen uneingeschränkter Kapitalmobilität und vollkommener Substituierbarkeit in- und ausländischer Wertpapiere getroffen, spricht man auch von vollkommener Kapitalmobilität.

Im Gegensatz dazu unterstellt der Portfolioansatz der Wechselkursbestimmung eine unvollkommene Substituierbarkeit in- und ausländischer Wertpapiere. Investoren verhalten sich risikoavers und dehnen den Portfolioanteil eines Wertpapiers aus, wenn die erwartete Ertragsrate relativ zu denen anderer Wertpapiere steigt.

Finanzmarktansätze der Wechselkursbestimmung

Ansatz / Annahme	Monetärer Ansatz	Portfolio-Ansatz
Kapitalmobilität	uneingeschränkt	uneingeschränkt
Substituierbarkeit in- und ausländischer Wertpapiere	vollkommen (Risikoneutralität der Investoren)	unvollkommen (Risikoaversion der Investoren)

Ansatz mit flexiblen Preisen — Ansatz mit kurzfristig rigiden Preisen

Die monetäre Theorie der Wechselkursbestimmung umfaßt zwei Modelltypen, die sich hinsichtlich ihrer Annahmen über den Grad der Preisflexibilität unterscheiden.

Der monetäre Ansatz bei flexiblen Preisen, der in der Literatur auch als „monetaristische" Wechselkurstheorie bezeichnet wird, wurde in der zweiten Hälfte der siebziger Jahre entwickelt und ist insbesondere mit den Namen Jacob Frenkel (1976) und John Bilson (1978) verbunden.

Der monetäre Ansatz bei flexiblen wie auch derjenige bei kurzfristig rigiden Preisen, der im nächsten Abschnitt dargestellt wird, wählt die Bestandsgleichgewichte auf den in- und ausländischen Geldmärkten als zentralen Ausgangspunkt der Analyse. Eine einkommens- und zinsabhängige Geldnachfrage und die Annahme des Ausgleichs von Angebot und Nachfrage auf dem Geldmarkt ($M^s = M^d = M$) ergeben die folgende Geldmarktgleichgewichtsbedingung

$$(22) \qquad M = P \cdot Y^{\eta} \exp\{-\lambda i\}.$$

In logarithmierter Form (ln = logarithmus naturalis), die meist gewählt wird, um statt der multiplikativen und nicht-linearen eine additive und lineare Darstellung zu ermöglichen, wird (22) zu

$$(23) \qquad m = p + \eta y - \lambda i,$$

wobei $m = \ln M$, $p = \ln P$, $y = \ln Y$ sowie η die Einkommens- und λ die Semizinselastizität der Geldnachfrage bedeuten.

Nach analoger Vorgehensweise für das Ausland ergibt sich Gleichung (24), bei der aus Gründen der Vereinfachung die Annahme der Symmetrie ($\eta = \eta^a$; $\lambda = \lambda^a$) getroffen wird. Folglich ist der funktionale Zusammenhang zwischen Preisen, Einkommen, Zinsen und Geldnachfrage im In- und Ausland identisch:

(24) $m^a = p^a + \eta y^a - \lambda i^a$.

Aus der Subtraktion der Gleichung (24) von (23) ergibt sich

(25) $m - m^a = p - p^a + \eta(y\text{-}y^a) - \lambda(i\text{-}i^a)$.

Der monetäre Ansatz bei flexiblen Preisen integriert den Wechselkurs über die Annahme vollkommener Substituierbarkeit in- und ausländischer Güter und damit der Gültigkeit der absoluten Kaufkraftparitätentheorie. Die logarithmierte Form, d. h. e ist hier gleich ln e, ergibt sich als

(26) $e = p - p^a$.

Aus Gleichung (26) folgt, daß die erwartete Abwertungsrate der inländischen Währung der Differenz der erwarteten Inflationsraten entspricht, d. h. $\dot{e}^e = \dot{p}^e - \dot{p}^{ae}$, wobei der Punkt über den Variablen die Ableitung nach der Zeit angibt. Bei vollständiger Voraussicht und rationalen Erwartungen sind die erwarteten Größen mit den tatsächlichen Größen identisch ($\dot{e}^e = \dot{e}$; $\dot{p}^e = \dot{p}$; $\dot{p}^{ae} = \dot{p}^a$), so daß gilt:

(27) $\dot{e} = \dot{p} - \dot{p}^a$.

Unter der weiteren Annahme, daß das reale Volkseinkommen exogen vorgegeben ist, wird die Differenz der Inflationsraten im In- und Ausland allein durch die Differenz der Wachstumsraten der Geldmenge bestimmt:

(28) $\dot{e} = \dot{m} - \dot{m}^a$.

Dem monetären Ansatz liegt ferner die ungedeckte Zinsparität $\dot{e}^e = i - i^a$ zugrunde. Bei rationalen Erwartungen ($\dot{e}^e = \dot{e}$) gilt dann:

(29) $\dot{e} = i - i^a$.

Werden die Gleichungen (28) und (29) in die Gleichung (25) eingesetzt, ergibt sich die folgende Wechselkursbestimmungsgleichung:

(30) $e = m - m^a - \eta(y\text{-}y^a) + \lambda(\dot{m}\text{-}\dot{m}^a)$.

Eine Erhöhung der inländischen Geldmenge wie auch der Wachstumsrate der Geldmenge führt zu einer Abwertung, während eine Erhöhung des inländischen Einkommens zu einer Aufwertung der inländischen Währung führt. In der obigen Form ist der Wechselkurs ein rein monetäres Phänomen. Dieses Ergebnis kommt dadurch zustande, daß der Wechselkurs nach der absoluten Kaufkraftparitätentheorie nur durch die Preisniveaus bestimmt wird und diese wiederum nur über die Geldmarktgleichgewichtsbedingungen determiniert werden. Reale Faktoren wie etwa die Veränderung des Volkseinkommens haben nicht direkt, sondern nur indirekt über die Geldnachfrage einen Einfluß auf den Wechselkurs.

Die Auswirkungen einer einmaligen Erhöhung der Geldmenge auf den Wechselkurs und das inländische Preisniveau sind in *Abb. E-6* dargestellt.

Im Kern überträgt der monetäre Ansatz bei flexiblen Preisen quantitätstheoretische Vorstellungen auf die offene Volkswirtschaft und bestätigt das Ergebnis der Neutralität des Geldes. Eine einmalige Veränderung der Geldmenge führt zu einer proportio-

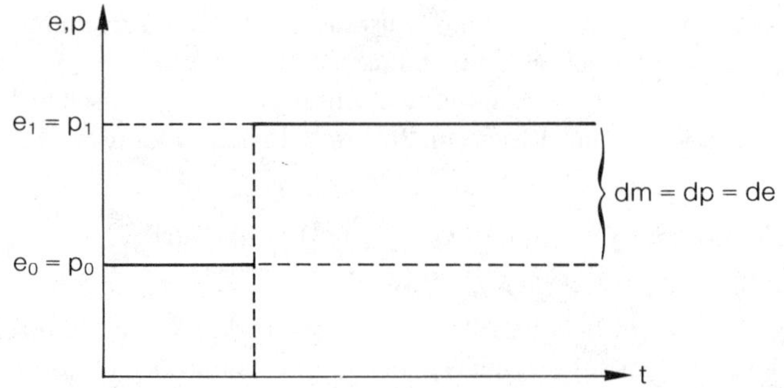

Abb. E-6: Wechselkurs- und Preisniveaureaktion im monetären Ansatz bei flexiblen Preisen nach einer Geldmengenerhöhung

nalen Veränderung des Preisniveaus und des nominalen Wechselkurses. Die Verwendung der absoluten Kaufkraftparitätentheorie als Modellbaustein und die exogene Betrachtung von Zins und Einkommen engen die Aussagefähigkeit des Ansatzes ein. Diese Probleme werden zum Teil durch den nun folgenden monetären Ansatz bei kurzfristig rigiden Preisen behoben, indem statt der absoluten die relative Kaufkraftparität verwendet und der Anpassungsprozeß an das langfristige Gleichgewicht explizit modelliert wird.

5.4. Monetäre Theorie bei kurzfristig rigiden Preisen

Den Prototyp dieses Ansatzes stellt das Modell von Dornbusch (1976) dar. In dem Modell wird ein Überschießen des Wechselkurses nach monetären Störungen aus unterschiedlichen Anpassungsgeschwindigkeiten auf den Güter- und Finanzmärkten abgeleitet. Darunter wird verstanden, daß die kurzfristige Reaktion des Wechselkurses stärker ausfällt als die langfristige. Im folgenden werden die Modellgleichungen vorgestellt, die langfristigen Gleichgewichte bestimmt und schließlich die Natur des Anpassungsprozesses beschrieben.

Eckpfeiler des monetären Ansatzes und damit auch dieses Modells ist die Geldmarktgleichgewichtsbedingung, bei der alle Variablen bis auf die Zinssätze auch hier wieder in natürlichen Logarithmen angegeben sind.

(31) $$m - p = \eta y - \lambda i. \qquad \eta, \lambda > 0.$$

Das reale Geldangebot entspricht aufgrund der Annahme einer schnellen Anpassung auf dem Geldmarkt in jedem Zeitpunkt der einkommens- und zinsabhängigen Geldnachfrage.

Bei der Modellierung des Gütermarktes wird in logarithmierter Form die folgende reale Güternachfrage nach inländischen Produkten (d) unterstellt:

(32) $$d = u + \delta(e+p^a-p) + \gamma y - \sigma i. \qquad u, \delta, \gamma, \sigma > 0.$$

Die reale Nachfrage nach inländischen Produkten (d) ist mithin eine Funktion der Konstanten u, die autonome Nachfragekomponenten widerspiegelt, des realen Wechselkurses $(e + p^a - p)$, des realen Volkseinkommens (y) und des nominalen

Zinssatzes (i). Im Gegensatz zum monetären Ansatz bei flexiblen Preisen wird hier eine unvollkommene Substituierbarkeit in- und ausländischer Güter unterstellt, so daß die Kaufkraftparitätentheorie in der absoluten Form nicht gilt. Hinter der Annahme $\delta > 0$ verbirgt sich die Vorstellung, daß die MARSHALL-LERNER-Bedingung erfüllt ist und folglich eine Abwertung des realen Wechselkurses die ausländische Nachfrage nach inländischen Produkten erhöht. Die Abhängigkeit der realen Güternachfrage vom nominalen statt vom realen Zins vereinfacht die Darstellung, ändert aber nichts an den qualitativen Aussagen des Modells. Auf der Angebotsseite wird für die inländische Volkswirtschaft Vollbeschäftigung unterstellt.

Bisher wurden nur die Gleichgewichtskonstellationen auf dem Geld- und Gütermarkt beschrieben, mit denen bereits die Ergebnisse der komparativen Statik abgeleitet werden können. Die dynamischen Aspekte der Wechselkursbestimmung werden über die ungedeckte Zinsparität und eine Preisanpassungsgleichung auf dem Gütermarkt in das Modell integriert.

Die ungedeckte Zinsparität folgt aus den Annahmen uneingeschränkter Kapitalmobilität und vollkommener Substituierbarkeit in- und ausländischer Wertpapiere. Die Investoren orientieren sich nur an den erwarteten Ertragsraten, so daß der inländische Zins gleich dem ausländischen Zins zuzüglich der erwarteten Wechselkursänderungsrate $\frac{de^e}{dt} = \dot{e}^e$ sein muß. In einem Modell ohne Unsicherheit entspricht bei rationalen Erwartungen die tatsächliche der erwarteten Änderungsrate der inländischen Währung ($\dot{e}^e = \dot{e}$), so daß folgende Gleichung gilt:

$$(33) \qquad \frac{de}{dt} = \dot{e} = i - i^a.$$

Die Preisanpassungshypothese besagt, daß ein Ungleichgewicht auf dem Gütermarkt verzögerte Güterpreisanpassungen zur Folge hat:

$$(34) \qquad \frac{dp}{dt} = \dot{p} = \mu\,(d - y). \qquad \mu > 0.$$

In diesem Punkt unterscheidet sich das Modell stark von der traditionellen Vorstellung kontinuierlicher Gütermarktgleichgewichte, die entweder über ein vollkommen elastisches Güterangebot oder über vollkommene Preisflexibilität sichergestellt werden.

Damit ist die Beschreibung des Modells abgeschlossen. Es folgt nun die Bestimmung der langfristigen Gleichgewichtswerte. Die langfristigen Gleichgewichtswerte des Systems ergeben sich, wenn in den dynamischen Gleichungen $\dot{p} = 0$ und $\dot{e} = 0$ ($i = i^a$) gilt. In Verbindung mit dem Geldmarktgleichgewicht folgt daraus:

$$(35) \qquad m - \bar{p} = \eta y - \lambda i^a.$$

Langfristig bestimmt bei exogenen Werten des Volkseinkommens und des ausländischen Zinssatzes (Annahme eines kleinen Landes) die nominale Geldmenge das gleichgewichtige inländische Preisniveau $\bar{p}$. Eine nominale Geldmengenerhöhung führt zu einer äquiproportionalen Erhöhung des inländischen Preisniveaus ($dm = d\ln M = \frac{dM}{M} = \frac{d\bar{P}}{\bar{P}} = d\ln\bar{P} = d\bar{p}$).

In Verbindung mit dem Gütermarktgleichgewicht ergibt sich langfristig:

(36) $y = u + \delta(\bar{e}+p^a-\bar{p}) + \gamma y - \sigma i^a$.

Aus der obigen Gleichung folgt, daß der Gütermarkt bei Preisniveauänderungen über den Geldmarkt nur im Gleichgewicht bleiben kann, wenn der nominale Wechselkurs diese Effekte auf die internationale Wettbewerbsfähigkeit kompensiert ($d\bar{e} = d\bar{p}$). Aus der Betrachtung beider Märkte ergibt sich folglich $dm = d\bar{p} = d\bar{e}$. In der langen Frist ist Geld in diesem Modell neutral. Da in- und ausländische Güter keine perfekten Substitute sind, gilt die relative und nicht die absolute Kaufkraftparitätentheorie.

Die Natur des Anpassungsprozesses nach einer einmaligen Erhöhung der Geldmenge zwischen dem alten und dem neuen Gleichgewicht läßt sich anschaulich in einem (e,p)-Diagramm darstellen.

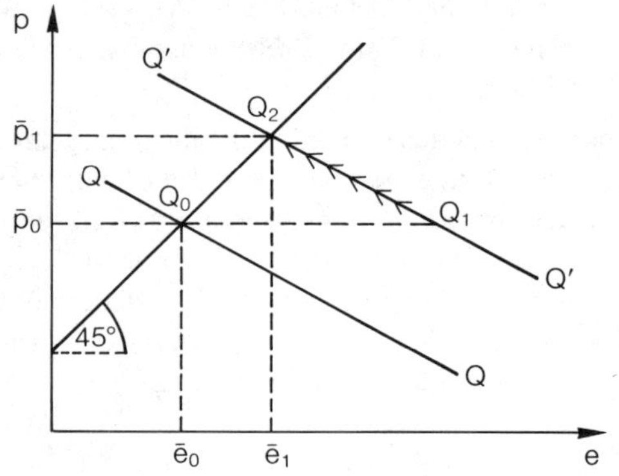

Abb. E-7: Wechselkurs- und Preisanpassung nach einer Geldmengenerhöhung im Dornbusch-Modell

Die 45°-Linie ist der geometrische Ort aller Kombinationen von inländischem Preisniveau und Wechselkurs, bei dem sich Güter- und Geldmarkt im langfristigen Gleichgewicht befinden. Diese Linie braucht nicht durch den Ursprung zu gehen, da lediglich die Gültigkeit der relativen, nicht aber der absoluten Kaufkraftparität angenommen wird. Die QQ-Kurve repräsentiert Kombinationen von Preisniveau und Wechselkurs, bei denen das Geldmarktgleichgewicht und die ungedeckte Zinsparität für ein gegebenes nominales Geldangebot simultan gewährleistet sind. Die QQ-Kurve ist negativ geneigt, weil ein niedrigeres Preisniveau bei einer gegebenen nominalen Geldmenge ein niedrigeres Zinsniveau und damit eine Abwertung der Inlandswährung impliziert.

Das Ausgangsgleichgewicht ist im Punkt Q_0 mit den langfristigen Werten des Preisniveaus $\bar{p}_0$ und des Wechselkurses $\bar{e}_0$ determiniert. Eine Erhöhung des nominalen Geldangebots führt zu einer Rechtsverschiebung der QQ-Kurve nach $Q'Q'$, die durch die neuen langfristigen Gleichgewichtswerte des Preisniveaus $\bar{p}_1$ und des Wechselkurses $\bar{e}_1$ im Punkt Q_2 verläuft. Geld ist in diesem Modell in der langen Frist neutral, so daß sich die langfristigen Gleichgewichtswerte proportional zur Geldmengenausweitung erhöhen ($dm = d\bar{e} = d\bar{p}$).

Die kurzfristige Anpassung des Wechselkurses wird maßgeblich durch die Annahme über die relative Anpassungsgeschwindigkeit der Güter- und Finanzmärkte bestimmt. Unter der Annahme, daß sich die Finanzmärkte unendlich schnell anpassen und kontinuierlich im Gleichgewicht befinden, während im Gütermarkt durch langsame Anpassung (Preisrigidität) temporäre Ungleichgewichte vorherrschen, ergibt sich die folgende dynamische Anpassung nach einer Geldmengenausweitung: Aus der Betrachtung der Geldmarktgleichgewichtsbedingung folgt, daß eine Erhöhung des Geldangebots bei gegebenen Werten für Preise und Output kurzfristig eine Senkung des nominalen Zinses nach sich zieht. Dieser fällt unter das Niveau des ausländischen Zinses, so daß inländische Wertpapiere an Attraktivität verlieren. Der sich anschließende Kapitalexport führt zu einer Abwertung der inländischen Währung. Die ungedeckte Zinsparität erfordert dann eine Aufwertungserwartung, so daß der aktuelle Wechselkurs über dem gleichgewichtigen liegen muß (Punkt Q_1). Da langfristig eine proportionale Abwertung des inländischen Wechselkurses erwartet wird, während des Anpassungsprozesses jedoch eine Aufwertungserwartung für die inländische Währung vorliegt, muß die kurzfristige Abwertung höher sein als die langfristige (Überschießen des Wechselkurses).

Die Zinssenkung wie auch die Abwertung der inländischen Währung führen zu einer Überschußnachfrage nach inländischen Produkten, die Preissteigerungen nach sich zieht. Da gleichzeitig eine Aufwertung der inländischen Währung erfolgt, ergibt sich während des Anpassungsprozesses eine Abweichung von der relativen Kaufkraftparität. Das Dornbusch-Modell ist folglich in der Lage, temporäre Abweichungen von der relativen Kaufkraftparität zu erklären.

Die dynamische Anpassung an das neue langfristige Gleichgewicht ist in *Abb. E-7* durch Pfeile gekennzeichnet. Die Veränderung einzelner Variablen im Zeitablauf ist in der nachfolgenden *Abb. E-8* dargestellt.

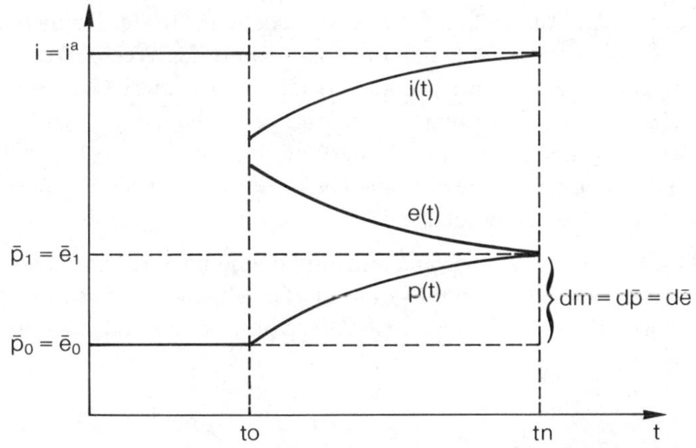

Abb. E-8: Wechselkurs-, Zins- und Preisanpassung im Zeitablauf nach einer Geldmengenerhöhung im Dornbusch-Modell

5.5. Portfoliotheorie

Die Portfoliotheorie der Wechselkursbestimmung verallgemeinert den monetären Ansatz bei rigiden Güterpreisen dahingehend, daß die restriktive Annahme einer vollkommenen Substituierbarkeit in- und ausländischer Wertpapiere durch die Annahme unvollkommener Substitutierbarkeit ersetzt wird. Die Märkte für in- und ausländische Wertpapiere, die bisher über die ungedeckte Zinsparität implizit berücksichtigt wurden, werden nun explizit in den Modellrahmen integriert. Innerhalb des Portfolioansatzes existieren mehrere unterschiedliche Theoriestränge nebeneinander (vgl. dazu FRANKEL (1983)). Hier werden die Grundzüge des portfoliotheoretischen Ansatzes anhand des Modells von BRANSON (1977) erläutert.

Dieses einfache Portfolio-Modell besteht aus drei Marktgleichgewichtsbedingungen und einer Vermögensrestriktion. Dem Modell liegen statische Wechselkurserwartungen ($e^e = e$) zugrunde. Ferner wird unterstellt, daß die Inländer bei gegebenen Risiken und gegebenem Grad der Risikoaversion das inländische private Vermögen (A) nur in Abhängigkeit von den relativen Ertragsraten auf die unterschiedlichen Vermögensarten Geld (M), inländische Wertpapiere (B) und ausländische Wertpapiere (F) aufteilen.

(37) $M = m(i, i^a) \cdot A$

(38) $B = b(i, i^a) \cdot A$

(39) $e \cdot F = f(i, i^a) \cdot A$

(40) $A = M + B + eF$

Dabei stellen die linken Seiten der Gleichungen (37)–(39) jeweils das Bestandsangebot und die rechten Seiten die Nachfragefunktionen dar. Die Nachfragefunktionen sind linear-homogen im Nominalvermögen (A), so daß die Funktionen m, b und f unabhängig vom Niveau des Gesamtvermögens sind. Die Nachfrage nach den verzinslichen Vermögensarten reagiert positiv auf den zugehörigen Ertragssatz und negativ auf den Ertragssatz des alternativen Vermögenstitels. Die Geldnachfrage reagiert negativ auf eine Veränderung beider Ertragsraten. Wegen der Annahme des kleinen Landes ist der Auslandszins i^a eine vorgegebene Größe. Damit verbleiben als endogene Variablen des Systems der Inlandszins und der Wechselkurs. Sie können aufgrund der Vermögensbeschränkung (40) aus jeweils zwei Gleichungen des Systems (37)–(39) bestimmt werden. Mit dieser Vorgehensweise wird implizit eine Separierbarkeit von Güter- und Finanzmärkten unterstellt, weil beispielsweise eine Verringerung der Geldnachfrage nur eine Umstrukturierung des Vermögens bewirkt, nicht aber eine erhöhte Güternachfrage.

Graphisch läßt sich der Modellzusammenhang in einem (e, i)-Diagramm darstellen: In dem (e, i)-Diagramm der *Abb. E-9* hat die Gleichgewichtskurve des Geldmarkts (MM) einen positiven Verlauf, weil ein Anstieg von e das Vermögen A und damit die

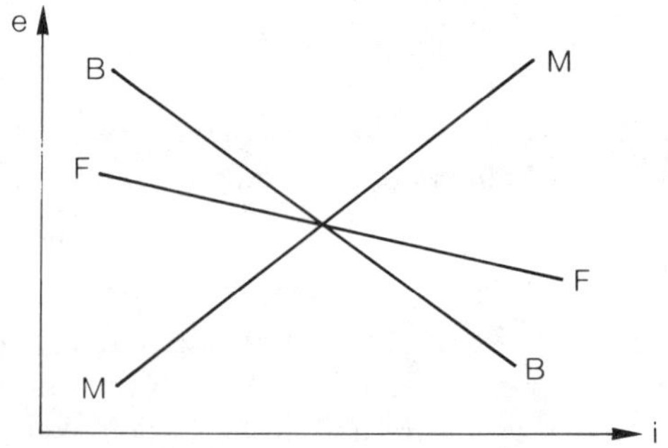

Abb. E-9: Marktgleichgewichtskurven im Portfoliomodell

Geldnachfrage erhöht. Zur Anpassung der Geldnachfrage an das unveränderte Geldangebot ist eine Zinserhöhung erforderlich. Die Gleichgewichtskurve des Marktes für inländische Wertpapiere (BB) ist negativ geneigt, weil ein Anstieg von e und damit von A eine Nachfrageerhöhung bedeutet, die nur durch einen Zinsrückgang ausgeglichen werden kann. Die Gleichgewichtskurve des Marktes für ausländische Wertpapiere (FF) ist ebenfalls negativ geneigt. Dies resultiert aus dem Sachverhalt, daß ein Anstieg von e das Angebot an ausländischen Wertpapieren (eF) über eine Wertsteigerung erhöht, gleichzeitig über A aber auch die Nachfrage. Da der Nachfrageeffekt kleiner als der Angebotseffekt ist, besteht ein Angebotsüberschuß an ausländischen Wertpapieren. Das Gleichgewicht auf dem Markt für ausländische Wertpapiere kann nur aufrechterhalten werden, indem die Nachfrage nach ausländischen Wertpapieren steigt. Dies ist nur gewährleistet, wenn i sinkt, weil ausländische Wertpapiere dann relativ attraktiver werden als inländische. Die FF-Gerade weist unter anderem deswegen eine geringere Steigung als die BB-Gerade auf, weil die Nachfrage nach ausländischen Wertpapieren auf Veränderungen des Inlandszinses weniger stark reagiert als die Nachfrage nach Inlandspapieren.

Von Interesse sind die kurz- und langfristigen Reaktionen des Systems auf Änderungen einzelner Variablen. Ähnlich wie in der monetären Theorie kann die Wirkung einer Erhöhung des Geldangebots, hier in Form einer expansiven Offenmarktpolitik, aufgezeigt werden. Bei einer derartigen Politik verändert sich lediglich die Vermögensstruktur. Der Vermögensbestand bleibt zunächst unverändert, da das Geldangebot im selben Umfang ausgeweitet wird, wie das Wertpapierangebot verringert wird.

Kurzfristig resultieren aus der Offenmarktpolitik folgende Wirkungen: Die Substitution von inländischen Wertpapieren gegen Geld ist nur über eine Senkung des Inlandszinses möglich. Die Senkung des Inlandszinses führt bei konstantem Auslandszins zu einer Überschußnachfrage nach ausländischen Wertpapieren. Bei gegebenem Bestandsangebot F wird das Gleichgewicht auf diesem Markt durch eine Abwertung der Inlandswährung und die damit verbundene wertmäßige Ausdehnung des Angebots wiederhergestellt.

In *Abb. E-10* wird das neue kurzfristige Portfoliogleichgewicht durch den Punkt Q_1 gekennzeichnet. Hier haben die Erhöhung des Geldangebots und die simultane Verringerung des Angebots an inländischen Wertpapieren eine Linksverschiebung der

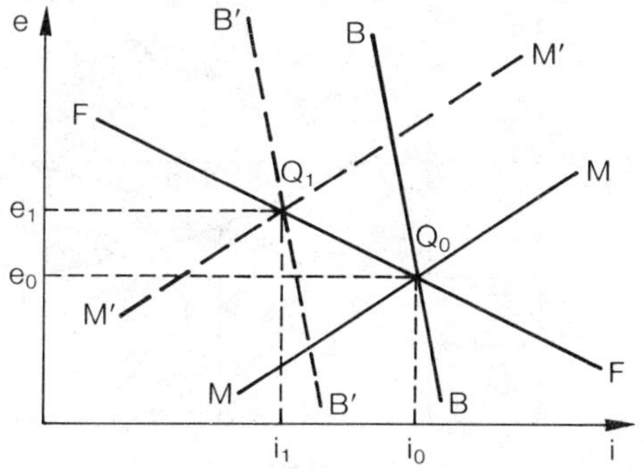

Abb. E-10: Kurzfristige Wirkungen einer expansiven Offenmarktpolitik mit inländischen Wertpapieren

MM- und der BB-Kurve bewirkt, während die FF-Kurve unverändert geblieben ist. Als Folge der Offenmarktpolitik haben sich gegenüber der Ausgangslage ein niedrigerer Zins i_1 und ein höherer Wechselkurs e_1 eingestellt.

Mittel- bis langfristig treten weitere Anpassungsreaktionen auf (Branson, 1977). So verbessert die Abwertung die zunächst defizitäre Handelsbilanz und bringt die Leistungsbilanz in eine Überschußposition und die Kapitalbilanz in eine Defizitposition (Kapitalexport). Der Bestand an ausländischen Wertpapieren steigt. Hierdurch erfährt der Wechselkurs eine Aufwertung und die Zinseinnahmen des Inlands steigen. Übertrifft die durch die Aufwertung ausgelöste Verschlechterung der Handelsbilanz die Steigerung der Zinseinnahmen, stellt sich langfristig ein Ausgleich der Leistungsbilanz ein, und der Zustrom an ausländischen Wertpapieren ist beendet. Die monetäre Expansion ist dann voll absorbiert.

Im portfoliotheoretischen Ansatz kommt es ebenso wie im monetären Ansatz bei einer monetären Expansion zu einem Überschießen des aktuellen Wechselkurses über seinen langfristigen Gleichgewichtswert. Die Ursache hierfür stellt im Gegensatz zur monetären Theorie nicht die verzögerte Anpassung des inländischen Preisniveaus, sondern die verzögerte Anpassung der Leistungsbilanz und der Kapitalbilanz dar. Wenn jedoch in einem zweiten Schritt auch das Preisniveau in die Analyse einbezogen wird, kann der zeitliche Pfad der Anpassung von Wechselkurs und Preisniveau explizit aufgezeigt werden. Hierbei ist zu beachten, daß nunmehr die Zahlungsbilanzwirkungen von dem realen Wechselkurs ausgehen, so daß sowohl die Entwicklung des nominalen Wechselkurses als auch die des inländischen Preisniveaus zum Leistungsbilanzausgleich beitragen. Entsprechend den Standardannahmen führt die Geldmengenexpansion zu einem Anstieg des inländischen Preisniveaus; der nominale Wechselkurs muß folglich nur in geringerem Maße aufwerten als in der bisherigen Analyse des Portfolioansatzes. Dieser zeitliche Anpassungsprozeß ist in *Abb. E-11* wiedergegeben.

Im Ausgangsgleichgewicht sind der Wechselkurs e_o und das Preisniveau P_o auf 1 normiert. Die monetäre Expansion bewirkt eine vorübergehende überschießende Abwertung des Wechselkurses auf e_1. Mit dem Anstieg des Preisniveaus geht eine nominale Aufwertung einher, bis der reale Wechselkurs im Zeitpunkt t_i seinem ur-

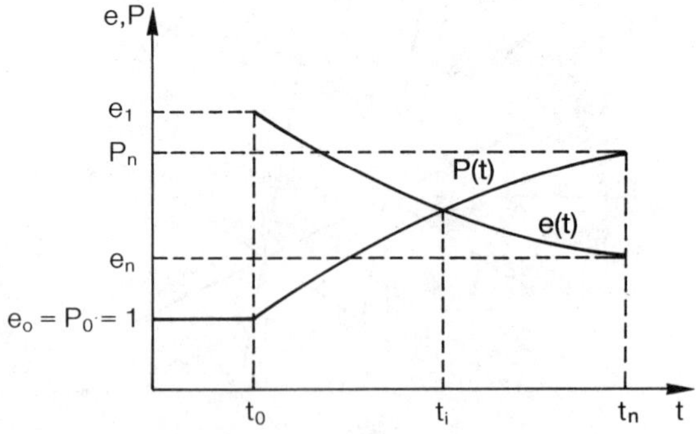

Abb. E-11: Kurz- und langfristige Wirkungen einer expansiven Geldpolitik im Portfolio-Modell

sprünglichen Wert entspricht. Wegen der in der Leistungsbilanz erfaßten erhöhten Zinserträge aus den ausländischen Wertpapieren kann dies nicht der Gleichgewichtskurs sein. Der neue gleichgewichtige Wechselkurs e_n muß niedriger und das gleichgewichtige Preisniveau P_n höher sein als zuvor, weil nur unter dieser Bedingung die Handelsbilanz das für den Ausgleich der Leistungsbilanz erforderliche erhöhte Defizit aufweist.

5.6. Wechselkursbestimmung bei unvollständiger Voraussicht

Die Aussagefähigkeit der bisher vorgestellten Modelle wird dadurch stark eingeschränkt, daß sie eine vollständige Voraussicht über die Wirkung der den Wechselkurs beeinflussenden ökonomischen Variablen unterstellen. Dies gilt sowohl für jene Modelle, in denen der gleichgewichtige Wechselkurs stets realisiert ist (keynesianische Theorie, Kaufkraftparitätentheorie, monetäre Theorie bei flexiblen Güterpreisen), als auch für die Ungleichgewichtsmodelle (monetäre Theorie bei kurzfristig rigiden Güterpreisen, Portfoliotheorie), in denen davon ausgegangen wird, daß sich der aktuelle Wechselkurs auf den künftig erwarteten Gleichgewichtskurs zubewegt.

Derartige Modelle sind wenig geeignet, die in der Realität flexibler Wechselkurse beobachtete starke kurzfristige Wechselkursvariabilität und deren auch länger anhaltende Abweichung von der Kaufkraftparität zu erklären. Aus diesem Grund sind Modelle entwickelt worden, in denen dem Sachverhalt Rechnung getragen wird, daß der aktuelle Wechselkurs nachhaltig von dem in der Zukunft erwarteten Wechselkurs beeinflußt wird und daß in die Erwartungsbildung bei unvollständiger Voraussicht sowohl Informationen aus der Vergangenheit als auch Informationen über erwartete künftige Entwicklungen der Fundamentalfaktoren eingehen (Frankel/Froot, 1986; De Grauwe, 1989).

Ausgangspunkt dieser Ansätze bildet eine allgemeine Gleichung für die Wechselkursbestimmung, nach der der aktuelle Kassakurs in logarithmierter Form e_t determiniert wird durch einen Vektor Z_t, der die aktuellen Angebots- und Nachfrageeinflüsse auf dem Devisenmarkt erfaßt, und durch die erwartete Abwertungsrate Δe^e_{t+1}:

$$(41) \qquad e_t = Z_t + b\Delta e^e_{t+1}.$$

Bei der Erwartungsbildung über den künftigen Wechselkurs und seine Änderungsrate werden auf der einen Seite Erfahrungswerte aus der Vergangenheit, wie sie in Form von Charts bestehen oder aufgrund autoregressiver Verfahren berechnet werden, und auf der anderen Seite Erfahrungswerte über die Wirkung von Fundamentalfaktoren, wie etwa der Veränderung der geld- und fiskalpolitischen Variablen, herangezogen. Der Einfluß von Charts dominiert die Wechselkurserwartung, solange sich der aktuelle Wechselkurs innerhalb eines Bandes zwischen zwei aus der Vergangenheit bekannten unteren und oberen Werten bewegt. Der diesbezügliche Zusammenhang zwischen dem aktuellen und dem erwarteten Wechselkurs läßt sich unter Verwendung der ungedeckten Zinsparität herstellen. Bei gegebenen Zinssätzen im In- und Ausland wird der aktuelle durch den erwarteten Wechselkurs wie folgt bestimmt (De Grauwe, 1989, S. 164):

(42) $$e_t = \frac{1 + i^a}{1 + i} e^e_{t+1}.$$

In *Abb. E-12* entspricht einem erwarteten unteren Wechselkurs von e^e_u ein aktueller Kurs von e_u und einem erwarteten oberen Wechselkurs von e^e_o ein aktueller Kurs von e_o. Die Steigung der Verbindungslinie ist determiniert durch die Zinsrelation (1+i)/(1+i^a).

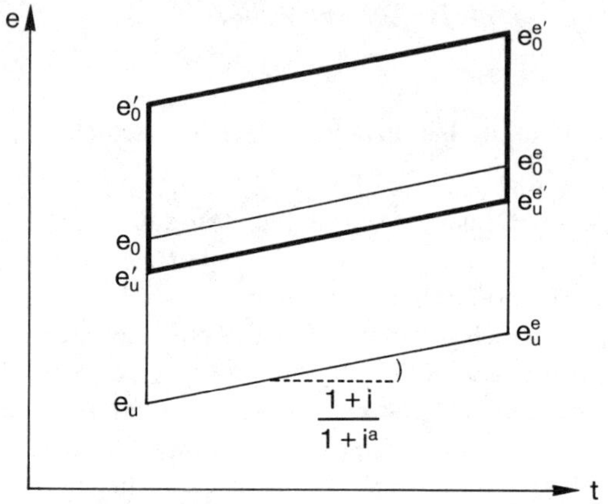

Abb. E-12: Bandbreiten für Wechselkurs und erwarteten Wechselkurs bei unvollständiger Voraussicht

Unter der Annahme vollständiger Voraussicht würde sich ein ganz bestimmter Wert für e^e_{t+1} und damit auch für e_t herausbilden, d. h. es ist nur eine Lösung rational. Bei unvollständiger Voraussicht ist jeder Wert, der zwischen der unteren und der oberen Grenze liegt, rational. Derartige Modelle werden daher auch als Modelle mit beschränkter Rationalität (near-rationality-models) bezeichnet. Sie sind dadurch gekennzeichnet, daß der Chart-Analyse vertraut wird, solange sich der Wechselkurs innerhalb des Bandes $e_o e_u - e^e_o e^e_u$ befindet. Je mehr sich der Wechselkurs den Bandgrenzen nähert, desto stärker wird die Tendenz, die Chartanalyse weniger zu beachten und für die Erwartungsbildung dominant die Fundamentaldaten heranzuziehen. Eine Verschiebung des Bandes nach oben auf $e'_o e'_u - e^{e'}_o e^{e'}_u$ ergibt sich, wenn fundamentale Schocks eine Abwertung der Inlandswährung erfordern.

Für die erwartete Abwertungsrate gilt dann die Beziehung:

(43) $$\triangle e^e_{t+1} = k \left(\sum_{j=o}^{n} c_j \triangle e_{t-j} \right) + (1 - k)(\bar{e} - e_t).$$

In dieser Gleichung stellt der erste Ausdruck auf der rechten Seite den mit k gewichteten Einfluß der Vergangenheitswerte und der zweite Ausdruck den mit (1-k) gewichteten Einfluß der Zukunftsfaktoren auf die Wechselkurserwartung dar. Der erste Ausdruck besagt, daß die in der Vergangenheit und der Gegenwart beobachteten Abwertungsraten eine Rolle bei der Erwartungsbildung über die künftige Abwertungsrate spielen. Bei positiven Werten von c_j werden die gegenwärtige und die vergangenen Abwertungsraten in die Zukunft extrapoliert. Bei $c_j = 0$ wird davon ausgegangen, daß die Wechselkurserwartung einem Zufallspfad folgt.

Der zweite Ausdruck zeigt den Einfluß auf, der von der Abweichung des aktuellen Wechselkurses e_t (in log-Form) von dem aufgrund der Fundamentaldaten erwarteten gleichgewichtigen Wechselkurs $\bar{e}$ (ebenfalls in log-Form) auf die erwartete Wechselkursänderungsrate ausgeht. Liegt der aktuelle Wechselkurs unterhalb des Gleichgewichtskurses, wird eine Aufwertung der Auslandswährung, d. h. eine Abwertung der Inlandswährung erwartet.

Der Gewichtungsfaktor k stellt in dem Ansatz keine Konstante dar, sondern ist seinerseits abhängig von dem Ausmaß der Abweichung des tatsächlichen Wechselkurses von seinem Gleichgewichtswert. Befindet sich der Wechselkurs innerhalb des in *Abb. E-12* dargestellten e_u-e_o-Bandes, dominiert der Einfluß der Vergangenheitswerte (Chartisten). Bei $k = 1$ wird die Wechselkurserwartung allein von den Chartisten bestimmt, und der Einfluß der Fundamentalfaktoren ist gleich Null. Entfernt sich der Wechselkurs dagegen aus der e_u-e_o-Bandbreite, tendiert k gegen Null und die Wechselkurserwartung wird ausschließlich durch die Fundamentalfaktoren determiniert.

6. Währungskooperation

Die starken Wechselkursschwankungen, die seit dem Zusammenbruch des Bretton Woods-Systems im Jahr 1973 (Beitrag S) zwischen den Währungen der weltwirtschaftlich wichtigsten Länder beobachtet werden, haben währungspolitisch zu zwei prinzipiell gegensätzlichen Schlußfolgerungen geführt. Ein Ansatz geht davon aus, daß die hohen kurzfristigen Fluktuationen der Wechselkurse (excess volatility) und die auch längerfristig bestehenden deutlichen Abweichungen von den realen Gleichgewichtskursen (misalignment) den Außenhandel und die internationale Kapitalallokation nicht nachhaltig beeinträchtigen. Dies wird damit begründet, daß erstens ein umfangreiches Instrumentarium zur Kurssicherung vorhanden ist und zweitens internationale Transaktionen nicht nur mit Verlustrisiken, sondern auch mit Gewinnchancen verbunden sind. Außerdem wird darauf hingewiesen, daß wechselkursstabilisierende Maßnahmen zu einer Destabilisierung auf anderen Märkten führen. Vertreter dieser Richtung sehen keinen Handlungsbedarf für eine Wechselkursstabilisierung.

Ein anderer Ansatz geht davon aus, daß die Weltwohlfahrt vor allem durch längerfristig anhaltende Über- oder Unterbewertungen einer Währung nachteilig beeinflußt wird. Es wird darauf hingewiesen, daß Länder mit überbewerteten Währungen teilweise erhebliche Produktions- und Beschäftigungseinbußen im Exportgütersektor zu verzeichnen haben (BRANSON/LOVE, 1988). Die Unternehmen verlieren einen Teil ihrer Exportmärkte, die sie bei einer Umkehr der Wechselkursentwicklung nur mit einem beträchtlichen Mitteleinsatz wieder aufbauen können. Insgesamt entstehen erhebliche Anpassungskosten, die sich durch eine Wechselkursstabilisierung vermeiden lassen.

Die Befürworter einer Wechselkursstabilisierung lassen sich wiederum in zwei Richtungen einteilen. Die einen sehen die primäre Ursache der Schwankungen in spekulativen Kapitalbewegungen. Sie schlagen die Einführung einer Zinsausgleichssteuer, einer Devisenumsatzsteuer oder eines dualen Wechselkurssystems mit einem festen Wechselkurs für Leistungsbilanztransaktionen und einem flexiblen Wechselkurs für

Kapitalbilanztransaktionen vor. Durch diese Maßnahmen sollen spekulative internationale Kapitalbewegungen eingeschränkt bzw. unterbunden werden. Die Vertreter der anderen Richtung führen Wechselkursschwankungen in erster Linie auf Änderungen der Fundamentalfaktoren, vor allem der Geld- und Fiskalpolitik, zurück. Zur Stabilisierung der Wechselkurse wird dementsprechend eine internationale Kooperation im Bereich der makroökonomischen Politik gefordert.

6.1. Kooperation in der Geldmengenpolitik

Ronald McKinnon (1984) schlägt eine internationale Kooperation der Geldmengenpolitik zwischen den weltwirtschaftlich wichtigsten Ländern vor. Sein Ansatz besteht aus zwei Segmenten: Zum einen soll die Wachstumsrate der Weltgeldmenge so festgelegt werden, daß ein stabiles Weltpreisniveau erreicht wird. Die für das Weltpreisniveau relevante Weltgeldmenge soll dabei aus den nationalen Geldmengenaggregaten der drei Länder USA, Japan und Deutschland bestehen. Zum anderen sollen Wechselkursschwankungen, deren Ursache in Präferenzänderungen bei den Währungsnachfragern gesehen wird, verhindert werden, indem das Land mit der zur Aufwertung tendierenden Währung sein Geldmengenwachstum erhöht, während das Land mit der unter Abwertungsdruck stehenden Währung sein Geldmengenwachstum einschränkt. Der expansive und der kontraktive Effekt sind so zu bemessen, daß die vereinbarte Wachstumsrate der Weltgeldmenge nicht berührt wird.

Der McKinnon-Vorschlag impliziert die Wiedereinführung eines Systems fester Wechselkurse. Im Gegensatz zum Bretton Woods-System, bei dem das Leitwährungsland USA eine autonome Geldpolitik betreiben konnte und die anderen Länder mit ihrer Geldpolitik ihre nominalen Wechselkurse gegenüber dem Dollar stabilisieren mußten (asymmetrische Lösung), beinhaltet der Vorschlag eine Kooperation in der Geldpolitik zwischen gleichberechtigten Partnern (symmetrische Lösung). Die Führerschaft eines einzelnen Landes wird durch die geldpolitische Abstimmung zwischen den beteiligten Ländern ersetzt.

Das System setzt Glaubwürdigkeit in bezug auf die Einhaltung der Regeln voraus. Wenn die Wachstumsrate der Weltgeldmenge fixiert ist, müssen die beteiligten Länder ihre Geldpolitik ausschließlich auf das Wechselkursziel ausrichten. Gerade große Länder aber tendieren dazu, die Geldpolitik an binnenwirtschaftlichen Zielsetzungen zu orientieren. Für Deutschland könnte es außerdem Konflikte mit dem Europäischen Währungssystem geben, wenn z. B. eine Aufwertung der DM gegenüber dem Dollar eine expansive Geldpolitik erforderlich macht, die ihrerseits das Wechselkursgefüge im Europäischen Währungssystem destabilisiert. Hinzu kommt das Problem, daß die Wechselkurse selbst bei einer Inflationsrate von Null dann nicht langfristig konstant gehalten werden können, wenn die Volkswirtschaften unterschiedliche reale Wachstumsraten aufweisen. Von Zeit zu Zeit sind daher Anpassungen der Wechselkurse oder des Gewichtungsbeitrags der einzelnen Länder zur Gesamtgeldmenge erforderlich. Politisch bedingte Verzögerungen oder unzureichende Anpassungsmaßnahmen aber gefährden die Funktionsfähigkeit und Glaubwürdigkeit eines solchen Systems. Aus diesem Grund haben symmetrische Kooperationslösungen in der Realität bisher keinen langfristigen Bestand gehabt.

6.2. Zielzonen für Wechselkurse

Die Einführung von Zielzonen zur Reduzierung von Wechselkursschwankungen ist von John Williamson (1983) vorgeschlagen worden. Eine Zielzone ist ein zwischen den Ländern vereinbarter Bereich, in dem die Wechselkurse frei um ihren Gleichgewichtskurs, der fundamental equilibrium exchange rate (FEER), schwanken können. Bei der FEER handelt es sich um einen realen Wechselkurs, der simultan ein binnen- und außenwirtschaftliches Gleichgewicht gewährleisten soll. Der Geldpolitik kommt die Aufgabe zu, bei exogenen Störungen den realen Wechselkurs über Zinsänderungen so zu stabilisieren, daß das außenwirtschaftliche Gleichgewicht erhalten bleibt. Der Fiskalpolitik wird die Aufgabe zugewiesen, über Nachfrageänderungen das binnenwirtschaftliche (Vollbeschäftigungs-)Gleichgewicht zu gewährleisten. Das Weltpreisniveau soll durch eine internationale Kooperation in der Fiskalpolitik, durch die die Weltnachfrage gesteuert wird, stabil gehalten werden.

Der Zielzonen-Vorschlag von Williamson basiert auf dem keynesianischen Modellrahmen für eine offene Volkswirtschaft (Beitrag C). Während normalerweise die Geldpolitik für die Stabilisierung einer nominalen Variablen und die Fiskalpolitik für die Stabilisierung einer realen Variablen eingesetzt wird, erfolgt hier eine umgekehrte Zuordnung. Die Geldpolitik soll eine reale Variable (realer Wechselkurs) und die Fiskalpolitik eine nominale Variable (nominale Nachfrage) stabilisieren. Die Instrumente werden damit nicht entsprechend ihren komparativen Vorteilen eingesetzt. Darüber hinaus stößt die praktische Umsetzung des Vorschlags auf fast unüberwindliche Schwierigkeiten bei der Berechnung der FEER und beim Einsatz der Fiskalpolitik. So sind die fiskalpolitischen Entscheidungsträger primär an kurzfristigen verteilungspolitischen Gesichtspunkten und weniger an den Erfordernissen einer langfristig stabilen Entwicklung orientiert. Eine internationale Kooperation in der Fiskalpolitik ist zudem wegen des schwerfälligen politischen Entscheidungsprozesses kaum möglich. In der vorgelegten Konzeption ist der Zielzonen-Vorschlag weder theoretisch konsistent noch wirtschaftspolitisch praktikabel.

6.3. Indikatororientierte Wechselkurspolitik

Abgesehen von den praktischen Schwierigkeiten, die bei jeder symmetrischen Kooperation in der Geld- und Fiskalpolitik auftreten, ist die Mehrzahl der weltwirtschaftlich bedeutenden Länder derzeit nicht bereit, die damit verbundene Einschränkung der makroökonomischen Autonomie zu akzeptieren. Aus diesem Grund konnten sich die G-7-Länder (USA, Deutschland, Japan, Großbritannien, Frankreich, Italien und Kanada) auf den seit Mitte der 70er Jahre stattfindenden Weltwirtschaftsgipfeln lediglich darauf einigen, bei ihrer Politik zur Stabilisierung der internationalen Wirtschaftsentwicklung und der Wechselkurse eine Anzahl von Indikatoren zu beachten. Dabei haben sich die Länder lediglich verpflichtet, bei starken Abweichungen von den vereinbarten Indikatorwerten nicht näher spezifizierte Maßnahmen zu ergreifen. Zur Stabilisierung der Wechselkurse wurden abgestimmte Interventionen auf den Devisenmärkten vereinbart.

Die Weltwirtschaftsgipfel können keine wirtschaftspolitischen Konflikte lösen (Putnam/Bayne, 1987). Sie können durch einen Informationsaustausch jedoch dazu beitragen, die Unsicherheit über die Zukunft und damit auch über die Wechselkursentwicklung zu verringern. Die Treffen bergen allerdings die Gefahr, daß die Interessenlagen nationaler Regierungsbürokratien dominieren und daß neben der Information eine interessengeleitete Beeinflussung stattfindet. Darüber hinaus wird der Nutzen der Gipfeltreffen durch die bisher praktizierte Form der Nichtveröffentlichung der angestrebten Indikatorwerte unnötig eingeschränkt. Die privaten Wirtschaftseinheiten gewinnen nur dann Planungssicherheit, wenn die Gipfelergebnisse bekanntgegeben werden.

7. Währungsintegration

Unter Währungsintegration wird die Einführung fester nominaler Wechselkurse (Wechselkursunion) bzw. einer Einheitswährung (Währungsunion) in zwei oder mehreren Ländern verstanden. Eine Währungsunion kann durch die Übernahme der Währung eines anderen Landes (Deutsch-Deutsche Währungsunion) oder durch die Schaffung einer neuen Währung (Europäische Währungsunion) gebildet werden. Die Währungsintegration ist mit Kosten und Nutzen verbunden. Daher stellt sich die Frage, ob im Endergebnis die Kosten oder der Nutzen überwiegen. Im folgenden sollen die Kosten und der Nutzen für den Fall der Währungsunion aufgezeigt werden.

7.1. Kosten der Währungsunion

Verzicht auf Wechselkursänderungen als Anpassungsinstrument

Kosten der Währungsintegration resultieren daraus, daß der nominale Wechselkurs mit dem Übergang zur Wechselkursunion oder zur Einheitswährung nicht mehr als wirtschaftspolitisches Instrument zur Verfügung steht. Sie können bei regionalen Nachfrageschocks entstehen, wenn die Löhne nach unten starr sind und Faktorwanderungen ausgeschlossen werden. So führt eine Nachfrageverlagerung vom Inland in das Ausland zu Unterbeschäftigung und einem Handelsbilanzdefizit im Inland sowie zu einer Überbeschäftigung und einem Handelsbilanzüberschuß im Ausland. In einer solchen Situation ist eine Abwertung der Inlandswährung das adäquate Instrument zur Wiederherstellung des binnen- und außenwirtschaftlichen Gleichgewichts. Die Eliminierung dieses Instruments verursacht im Inland Kosten in Form einer andauernden Arbeitslosigkeit und eines länger anhaltenden Handelsbilanzdefizits. Bei einer Einheitswährung und nach unten starren Löhnen lassen sich die Ungleichgewichte nur durch Wanderungen des Faktors Arbeit beseitigen. Robert Mundell (1961) benutzt daher das Kriterium der Faktormobilität zur Abgrenzung von Währungsgebieten. Ein optimales Währungsgebiet, für das feste Wechselkurse nach innen und flexible Wechselkurse nach außen gelten, setzt nach Mundell einen hohen Mobilitätsgrad des Faktors Arbeit voraus. Demnach sind flexible Wechselkurse erforderlich, wenn Lohnstarrheit besteht und Wanderungen des Faktors Arbeit nicht möglich oder unerwünscht sind.

Erhöhte Arbeitslosigkeit durch regionale Lohnangleichung

Bei einer Einheitswährung können die Arbeitnehmer und Gewerkschaften in den einzelnen Ländern einen direkten Lohnvergleich ohne Zwischenschaltung des Wechselkurses vornehmen. Dies löst in den Randregionen einen Druck zur Angleichung der Löhne an das in den Zentren vorhandene Niveau aus. Da die Arbeitsproduktivität in den Randregionen aufgrund der geringeren Möglichkeit zur Nutzung von Ballungsvorteilen niedriger ist als in den Zentren und zusätzlich höhere Transportkosten anfallen, führt eine Lohnangleichung zu einer Arbeitslosigkeit in den Randregionen. Um Abwanderungen des Faktors Arbeit in die Zentren zu verhindern, sind Transferzahlungen in die Randregionen erforderlich.

Dauerhaft höhere Inflationsrate in stabilitätsbewußten Ländern

Ist eine Einheitswährung geschaffen, können die einzelnen Länder nicht mehr ihre eigene Inflationsrate bestimmen. Über die Inflationsrate in der Währungsunion entscheidet die Geldpolitik der gemeinsamen Zentralbank. Die Gremien der gemeinsamen Zentralbank sind mit Repräsentanten aus Ländern mit unterschiedlichen Inflationspräferenzen besetzt. Daher ist nicht gewährleistet, daß sich die Repräsentanten der traditionell stabilitätsbewußten Länder durchsetzen. Vielmehr ist die Wahrscheinlichkeit groß, daß der geldpolitische Kurs aus einem Kompromiß zwischen den stabilitätsbewußten und den weniger stabilitätsbewußten Ländern besteht. Als Ergebnis stellt sich durch die Währungsunion für die stabilitätsbewußten Länder eine höhere und für die weniger stabilitätsbewußten Länder eine niedrigere Inflationsrate ein.

Die stabilitätsbewußten Länder erleiden dadurch Wohlfahrtseinbußen selbst dann, wenn die höhere Inflationsrate korrekt antizipiert wird. Diese ergeben sich aus einem zusätzlichen Ressourcentransfer vom privaten an den öffentlichen Sektor, der aus dem notwendigen Anstieg der Geldhaltung und dem Hineinwachsen in höhere Progressionsstufen bei der Einkommensteuer resultiert. Beides führt langfristig zu einer Verringerung der realen Sparquote und des Wirtschaftswachstums. Weitere Wohlfahrtseinbußen stellen sich dadurch ein, daß eine höhere Inflationsrate den Realwert bestehender Lohn- und Kreditverträge aushöhlt und die Lenkungsfunktion der relativen Preise einschränkt (Beitrag F).

Während stabilitätsbewußte Länder durch den Beitritt zu einer Währungsunion aufgrund des möglichen Anstiegs der Inflationsrate mit volkswirtschaftlichen Verlusten zu rechnen haben, stellen sich in weniger stabilitätsbewußten Ländern mit dem Beitritt gesamtwirtschaftliche Erträge ein. Wenn einzelne Länder dennoch bisher eine Inflationspolitik betrieben haben, liegt die Ursache darin, daß die Geldpolitik nicht auf das alleinige Ziel der Geldwertstabilität ausgerichtet wurde, sondern mit der

Geldpolitik versucht wurde, gleichzeitig beschäftigungspolitische und besteuerungspolitische Ziele zu verfolgen.

Verzicht auf kurzfristigen PHILLIPS-Kurven Trade-Off

Mit dem Wegfall des Einsatzes der Geldpolitik sind die Regierungen nicht mehr in der Lage, die Trade-off-Beziehung zwischen einem Anstieg der Inflationsrate und einem Rückgang der Arbeitslosigkeit für ihre polit-ökonomischen Ziele einzusetzen. Obwohl bekannt ist, daß das Beschäftigungsniveau mit einer Überraschungsinflation langfristig nicht erhöht werden kann, ist diese für Politiker mit kurzem Zeithorizont ein immer wieder eingesetztes Instrument. Vor allem vor Wahlen messen rational handelnde Politiker den kurzfristigen Beschäftigungseffekten einer exzessiven Geldpolitik ein größeres Gewicht bei als den meist mit zeitlicher Verzögerung auftretenden Inflationseffekten. Der Beitritt zu einer Währungsunion nimmt den Politikern in den einzelnen Ländern die Möglichkeit, den PHILLIPS-Kurven Trade-off für ihre Zwecke einzusetzen. Dies kann aus der Sicht der Regierungen als eine Nutzeneinbuße angesehen werden; volkswirtschaftlich ist es ein Nutzengewinn.

Verzicht auf Inflationssteuer

In einzelnen Ländern spielt der Einsatz der Geldpolitik zur Besteuerung der Bevölkerung eine nicht unbedeutende Rolle. Der Besteuerungseffekt resultiert daraus, daß die privaten Wirtschaftseinheiten ihre nominale Kassenhaltung unter inflationären Bedingungen ausdehnen müssen und im gleichen Umfang Kaufkraft an den öffentlichen Sektor übertragen. Der entsprechende Betrag, der als Teil des Zentralbankgewinns anfällt, wird als Inflationssteuer bezeichnet. Ihre Höhe wird bestimmt als Produkt aus der Inflationrate g_p und der realen Geldbasis B/P (Beitrag F-3.3.):

$$\text{Inflationssteuer} = g_p \cdot \frac{B}{P}.$$

Mit dem Beitritt zu einer Währungsunion, die durch Preisniveaustabilität gekennzeichnet ist, lassen sich Budgetdefizite nicht mehr über die Inflationssteuer finanzieren. Für die betreffenden Regierungen kann die notwendige Rückführung der Staatsausgaben oder die Umstellung des Steuersystems mit Nutzeneinbußen verbunden sein.

7.2. Nutzen der Währungsunion

Während die Kosten der Währungsunion vor allem aus der Einschränkung makroökonomischer Anpassungsmöglichkeiten resultieren, entsteht der Nutzen in erster Linie auf der mikroökonomischen Ebene durch den Wegfall wechselkursbedingter Transaktionskosten, Informationskosten und Risiken.

Ersparnis von Transaktions- und Informationskosten

Mit der Einführung einer Einheitswährung ergeben sich direkte und indirekte Ersparnisse von Transaktions- und Informationskosten (Beitrag K-4). Die direkten Ersparnisse betreffen die Umtauschkosten in Form der Differenz zwischen dem An- und

Verkaufskurs von Devisen. Sie variieren stark in Abhängigkeit von der Art der Transaktion (Kassa-, Termin-, Swap- oder Optionsgeschäft), der Art der Währung und dem Umfang der Transaktion. Die höchsten Transaktionskosten entstehen beim Umtausch von Bargeld; die geringsten bei Zahlungen durch Schecks oder Banküberweisungen. Direkte Ersparnisse resultieren auch aus dem Wegfall der Kosten der Absicherung des Risikos von Wechselkursschwankungen sowie der Kosten der Informationsbeschaffung über Wechselkursentwicklungen und Devisenkontrollen.

Indirekte Ersparnisse von Transaktionskosten ergeben sich in den Unternehmungen durch die Vereinfachung des Rechnungswesens, die verringerte Haltung von Valuta in unterschiedlichen Währungen und die schnellere Abwicklung grenzüberschreitender Banküberweisungen. Indirekte Ersparnisse fallen zudem im Bankensektor dadurch an, daß Abteilungen verkleinert werden können, die mit dem Devisenumtausch und der Wechselkurssicherung beschäftigt sind.

Die Einsparungen verteilen sich nicht gleichmäßig über die Mitgliedsländer der Währungsunion. Für ein einzelnes Land fallen sie um so höher aus,

- je weniger die Inlandswährung international Verwendung findet,
- je umfangreicher der Güter- und Kapitalverkehr mit den Mitgliedsländern ist,
- je stärker der internationale Wettbewerbsdruck die Effizienz des inländischen Bankensystems erhöht,
- je bedeutsamer Kurssicherungsgeschäfte sind.

Kleine und weniger entwickelte Mitgliedsländer ziehen daher den größten Nutzen aus der Eliminierung wechselkursbedingter Transaktions- und Informationskosten, wenn eine Währungsunion geschaffen wird.

Stimulierung des Außenhandels

Häufig wird argumentiert, daß die Einführung einer Einheitswährung aufgrund der Eliminierung des Wechselkursrisikos den Außenhandel stimuliert und die Wohlfahrt erhöht. Diese Aussage ist jedoch zu relativieren, weil die Wechselkursvariabilität nicht nur mit Verlustrisiken, sondern auch mit Gewinnchancen verbunden ist. So kann ein Unternehmen seinen Gewinn bei starker Wechselkursvariabilität dadurch erhöhen, daß es exportiert, wenn sich zusätzliche Aufwertungsgewinne realisieren lassen, und den Export einstellt, wenn dies nicht der Fall ist. Eine größere Wechselkursvariabilität erhöht dann zwar das Risiko, ermöglicht aber im Durchschnitt die Realisierung höherer Gewinne.

Unternehmen, die die Risiken aus der Wechselkursvariabilität höher bewerten als die Gewinnchancen, haben dagegen eine Vielzahl von Möglichkeiten zur Absicherung des Wechselkursrisikos. Insgesamt dürfte der Außenhandel durch die Schaffung einer Währungsunion daher kaum zusätzliche Impulse erhalten. Dies gilt insbesondere für die EG, in der die Wechselkursschwankungen durch das Europäische Währungssystem in der Vergangenheit bereits stark reduziert worden sind.

Stimulierung ausländischer Direktinvestitionen

Ausländische Direktinvestitionen werden auch von Veränderungen des realen Wechselkurses beeinflußt. So ist es möglich, daß Auslandsinvestitionen bei größeren Veränderungen der nominalen Wechselkurse, denen keine entsprechenden Veränderungen der Güterpreise gegenüberstehen, in die Verlustzone geraten. Eine Einheitswährung eliminiert diese Risiken und begünstigt damit Auslandsinvestitionen.

Diesem positiven Effekt stehen jedoch Effekte entgegen, die zu einer Verringerung von Auslandsinvestitionen führen können. Einer dieser Effekte resultiert daraus, daß reale Wechselkursschwankungen ebenso wie beim Außenhandel nicht nur mit Verlust-, sondern auch mit Gewinnmöglichkeiten verbunden sind. Auslandsinvestitionen, die risikofreudige Unternehmen unter dem Gesichtspunkt der Realisierung von Wechselkursgewinnen tätigen, entfallen bei einer Währungsvereinheitlichung. Darüber hinaus entfallen Auslandsinvestitionen, die in wichtigen Absatzländern vorgenommen werden, um Wechselkursrisiken auszuschalten.

In einer Währungsunion kann die Investitionstätigkeit jedoch insgesamt dadurch stimuliert werden, daß die wechselkursbedingte Risikoprämie auf Auslandsinvestitionen entfällt. Hierdurch wird der in der Investitionsrechnung zugrundegelegte Kalkulationszins gesenkt. Dies führt wiederum dazu, daß sich zunehmend Investitionen mit geringerem Risiko und entsprechend geringerer Rentabilität über den Kapitalmarkt finanzieren lassen. Damit steigt das Gesamtvolumen der Investitionen. Gleichzeitig sinkt das durchschnittliche Risiko von Investitionsprojekten.

7.3. Kosten- und Nutzenvergleich der Währungsunion

Die vorangehende Darstellung hat gezeigt, daß eine Währungsintegration mit sehr unterschiedlichen Kosten und Nutzen für die einzelnen Länder verbunden ist. Dies macht eine abschließende Bewertung schwierig. Als generelles Ergebnis läßt sich allerdings festhalten, daß die Kosten einer Eliminierung der nationalen Währung mit zunehmendem Grad der Offenheit eines Landes abnehmen. Auf diesen Zusammenhang hat Ronald McKinnon (1963) in seinem Beitrag zur Theorie des optimalen Währungsgebiets aufmerksam gemacht, indem er darauf hinwies, daß sehr offene Volkswirtschaften aus einer Abwertung kaum positive Produktions- und Beschäftigungseffekte erwarten können. Der Grund hierfür liegt darin, daß der mit der Abwertung verbundene Anstieg des inländischen Preisniveaus zu entsprechenden Lohnsteigerungen führt und sich die internationale Wettbewerbsfähigkeit des betreffenden Landes nicht verbessert. Relativ offene Volkswirtschaften haben daher bei einem Verzicht auf den Wechselkurs als Anpassungsinstrument geringere Einbußen zu verzeichnen als relativ geschlossene. Die Kosten einer Währungsunion nehmen somit mit zunehmendem Offenheitsgrad einer Volkswirtschaft ab.

Demgegenüber nimmt der Nutzen einer Währungsunion mit zunehmendem Offenheitsgrad zu. Dies läßt sich zum einen damit begründen, daß die Ersparnisse an Transaktions- und Informationskosten aus der Einführung einer Einheitswährung mit zunehmendem Offenheitsgrad ansteigen. Zum anderen wird der Nutzen erhöht, weil die Risiken aus Wechselkursschwankungen in relativ offenen Volkswirtschaften ein größeres Gewicht haben als in relativ geschlossenen Volkswirtschaften. Da kleinere Länder in der Regel einen höheren Offenheitsgrad haben als große, begünstigt der Wegfall dieser Risiken kleine Länder stärker als größere.

Graphisch wird dieser Zusammenhang in Anlehnung an PAUL KRUGMAN (1991) in der nachfolgenden Abbildung aufgezeigt, in der auf der Ordinate die Kosten und der Nutzen der Währungsintegration als Anteile am Bruttoinlandsprodukt (BIP) und auf der Abszisse der Offenheitsgrad, gemessen als Anteil des innergemeinschaftlichen Handels am BIP eines Landes, abgetragen sind. In der Abbildung ist die Kostenkurve negativ geneigt, während die Nutzenkurve eine positive Steigung aufweist.

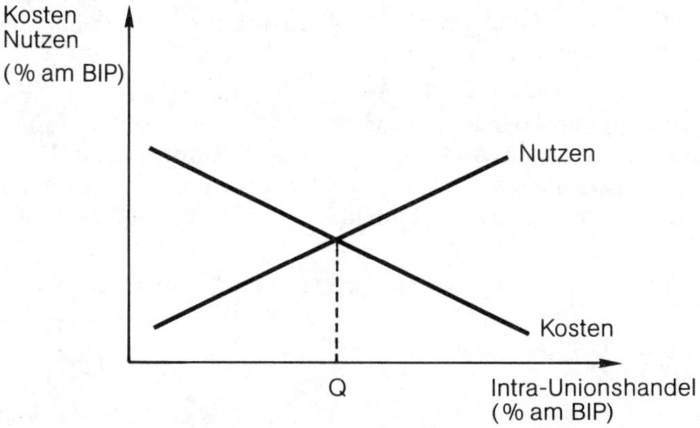

Abb. E-13: Kosten und Nutzen einer Währungsunion

Der Schnittpunkt der beiden Kurven markiert den kritischen Wert für den Beitritt eines Landes zu einer Währungsunion. Links von Q ist das Land bessergestellt, wenn es seine nationale Währung behält. Rechts von Q realisiert es Wohlfahrtsgewinne, wenn es sich einer Währungsunion anschließt.

Obwohl es in der Realität schwierig ist, Kosten und Nutzen der Währungsintegration exakt zu quantifizieren und damit ein optimales Währungsgebiet abzugrenzen, vermittelt der dargestellte Ansatz grundlegende Informationen über die Probleme, die mit der Einführung einer Einheitswährung verbunden sind. So läßt sich zeigen, daß die Kosten für relativ große Länder sehr leicht den Nutzen übersteigen können. Außerdem wird deutlich, daß der Beitritt zu einer Währungsunion um so attraktiver ist, je größer die Lohn- und Preisflexibilität ausfällt und je höher der Mobilitätsgrad der Produktionsfaktoren ist.

Ist der Übergang zu einer Währungsunion mit der Schaffung einer neuen Währung verbunden, besteht das größte Problem in der Herstellung der Glaubwürdigkeit der gemeinsamen Zentralbank. Nur wenn sichergestellt werden kann, daß die neue Zentralbank eine genauso stabilitätsbewußte Geldpolitik betreibt wie die Zentralbank des Mitgliedslands mit der geringsten Inflationsrate, sind mit der Währungsunion langfristige Vorteile für alle Länder verbunden. Der Ausgestaltung des Statuts der gemeinsamen Zentralbank kommt daher eine fundamentale Bedeutung zu (WILLMS, 1990).

Kommentierte Literaturhinweise

Ein Teil der in diesem Beitrag dargestellten Analyse wird auch in Büchern zur Außenwirtschaftslehre unter dem Titel „Monetäre Außenwirtschaftstheorie“ behandelt. Ein diesbezüglicher „Klassiker“ ist das Buch von KLAUS ROSE und KARLHANS SAUERNHEIMER (1964, 12. A. 1995). Ebenfalls zu nennen ist hier HORST SIEBERT (1973, 6. A. 1994).

Beiträge, die sich speziell der monetären Seite der außenwirtschaftlichen Analyse widmen, wurden veröffentlicht von HANS-JOACHIM JARCHOW und PETER RÜHMANN (1982, 4. A. 1994) sowie von ERNST BALTENSPERGER (1992).

Eine umfassende Darstellung der Theorie der Währungspolitik und eine Diskussion aktueller währungspolitischer Fragen wie der Wechselkursstabilisierung, der Funktionsweise des Europäischen Währungssystems, der Europäischen Währungsintegration, des Funktionswandels des Internationalen Währungsfonds und der Bedeutung der internationalen Kapitalmärkte enthält das Buch von MANFRED WILLMS (1992, 2. A. 1995).

Fundierte und umfassende Aufbereitungen der Wechselkurstheorien einschließlich ihrer empirischen Überprüfung finden sich in RONALD MCDONALD (1988), PAUL DE GRAUWE (1989), MANFRED GÄRTNER (1990) und RONALD MACDONALD und MARK P. TAYLOR (1992).

Probleme der internationalen Währungspolitik in unterschiedlichen Währungssystemen werden dargestellt von HANS-JOACHIM JARCHOW und PETER RÜHMANN (1984, 3. A. 1993). Eine Analyse aktueller Fragen der Währungspolitik vor theoretischem Hintergrund erfolgt in HANS HINRICH GLISMANN, ERNST-JÜRGEN HORN, SIGHART NEHRING und ROLAND VAUBEL (1980, 4. A. 1992).

Fragen der Währungsintegration werden diskutiert in ROLAND VAUBEL (1988), PAUL DE GRAUWE (1992, 2. A. 1994), DIETER DUWENDAG und JÜRGEN SIEBKE (1993) sowie in PAUL R. MASSON und MARK P. TAYLOR (1993).

Zentrale Aspekte der Wirtschafts- und Währungskooperation werden aufgegriffen von JOHN WILLIAMSON (1983), RONALD MCKINNON (1984), MANFRED WILLMS (1988 und 1990), DIETER BENDER (1988) und MANFRED J. M. NEUMANN (1991 und 1994).

Die Wirkung von Zentralbankinterventionen auf Wechselkurse untersuchen KATHRYN M. DOMINGUEZ und JEFFREY A. FRANKEL (1993).

Theoretisch sehr anspruchsvolle Übersichtsartikel zur Währungstheorie enthalten die von RONALD W. JONES und PETER B. KENEN (1985) sowie von FREDERICK VAN DER PLOEG (1994) herausgegebenen Sammelbände.

F. Inflation

Dieter Cassel

Gliederung

1. Inflation als gesamtwirtschaftliches Phänomen

Mit „Inflation" werden im wissenschaftlichen wie im alltäglichen Sprachgebrauch sehr unterschiedliche Sachverhalte bezeichnet: Einzelpreis- und Preisniveauerhöhungen, Kosten- und Gewinnsteigerungen, Geldwertschwund und Währungsverfall, Geldmengenausweitung und Güterverknappung, Faktor- und Realeinkommenslücken, um nur einige zu nennen. Diese Vielfalt erfordert zunächst eine Klärung der Inflationsbegriffe und ihrer Operationalisierungsmöglichkeiten.

1.1. Definition

Die Schwierigkeiten, Inflation problemadäquat und operational zu definieren, haben mit der theoretischen Durchdringung dieses Phänomens eher zu- als abgenommen. In der älteren Literatur herrschen Kausaldefinitionen vor. Darunter versteht man Definitionen, in denen jeweils eine mögliche Inflationsursache (Geldmengenerhöhungen, Nachfragesog, Kostendruck, Budgetdefizite, Zahlungsbilanzüberschüsse usw.) begriffskonstitutiv ist. Häufig sind sie schon an den Zusätzen zum Wort „Inflation" zu erkennen, wie die Geldmengen-, Angebotsdruck-, Verteilungskampf-, Anspruchsinflation oder die importierte Inflation. Kausaldefinitionen implizieren meist eine monokausale Inflationserklärung, schließen alternative Kausalzusammenhänge sprachlich aus und engen den analytischen Problemhorizont von vornherein ein.

In jüngerer Zeit haben sich Symptomdefinitionen durchgesetzt. Das sind Sprachregelungen, die ausschließlich auf das äußere Erscheinungsbild der Inflation abstellen. Nach der gebräuchlichsten Symptomdefinition sind unter Inflation anhaltende, über eine bestimmte Marge hinausgehende Preisniveausteigerungen zu verstehen (ISSING, 1974; WOLL, 1979). Bei Preisniveausenkungen spricht man analog von Deflation. Die begriffskonstituierenden Merkmale dieser Inflationsdefinition lassen sich wie folgt umschreiben:

- Definitionsgemäß irrelevant sind Erhöhungen sowohl der absoluten als auch der relativen Einzelpreise der Güter und Faktoren – so wichtig sie im gesamtwirtschaftlichen Allokationszusammenhang auch sein mögen (z. B. Erhöhungen von Öl- und Nahrungsmittelpreisen, Mieten und Lohnsätzen). Inflation liegt nur dann vor, wenn das Preis-„Niveau" steigt.

- Nicht als Inflation gelten ferner einmalige Steigerungen des Preisniveaus, wie sie infolge einer Erhöhung der Mehrwertsteuer, einer Mißernte, saisonaler Einflüsse oder der Aufhebung eines Preisstopps auftreten können. Inflation ist dagegen eine mehrere Jahre lang anhaltende Abfolge „ständiger" Preisniveausteigerungen.

- Ausgeschlossen sind auch verhältnismäßig geringe Preisniveausteigerungen. Meist gibt man hierfür eine Marge von 1–2 v. H. pro Jahr an. Begründet wird dies überwiegend mit Meßfehlern, die der Preisniveauermittlung durch Preisindizes anhaften können. Von Inflation spricht man folglich erst dann, wenn die Nullabweichung der Steigerungsrate des ausgewählten Preisindex eine statistisch begründbare Marge der Meßungenauigkeit überschreitet.

Die strikte Begrenzung des Inflationsbegriffs auf das Symptom anhaltender Preisniveausteigerungen ist nicht ohne Kritik geblieben (Cassel, 1978; Machlup, 1978; Thieme, 1980). Hiernach erscheint die herrschende Sprachregelung zwar durchaus adäquat für Inflationen in Marktwirtschaften mit weitgehend freier Preisbildung auf allen Märkten. Fraglich ist jedoch, wie diejenigen Fälle begrifflich einzuordnen sind, in denen innerhalb eines marktwirtschaftlichen Systems ein weiterer Anstieg des Preisniveaus durch wirtschaftspolitische Eingriffe in den Preisbildungsprozeß – z. B. durch generelle Lohn- und Preisstopps – unterdrückt wird. Auch in sozialistischen Planwirtschaften läßt sich nach der gängigen Definition keine Inflation diagnostizieren, wenn die Planungsinstanzen die Preise über Jahre hinweg unverändert lassen. Darüber hinaus kommt es in westlichen Marktwirtschaften wie in sozialistischen Planwirtschaften nicht selten zu Indexmanipulationen, durch die der statistische Ausweis tatsächlich eingetretener Preisniveausteigerungen vermieden werden soll. Obwohl bestimmte Erscheinungen wie zunehmende Warteschlangen, längere Lieferfristen, steigende Schwarzmarktpreise, Abbau von Nebenleistungen, Qualitätsverschlechterungen usw. auf Inflation schließen lassen, ist auf sie die obige Symptomdefinition nicht anwendbar. Trotz der empirischen Relevanz derartiger Fälle begnügt man sich mit der Bildung von Analogien und spricht von gestoppter, zurückgestauter, versteckter und Quasi-Inflation bzw. generell von Inflationen ohne Preisniveauanstieg, ohne über geeignete Meßkonzepte zur Bestimmung ihres quantitativen Ausmaßes zu verfügen.

Will man diese begriffliche Inkonsistenz vermeiden, ist vom Ursprung des Inflationsphänomens auszugehen. Er liegt in der Einführung des Geldes in den Wirtschaftskreislauf (Beitrag D-2.3.). In einer Geldwirtschaft läßt sich der Wert der Güter im Preisniveau P und der Wert des Geldes – der Geldwert GW – in Gütereinheiten, d. h. als Kehrwert des Preisniveaus (GW: = 1/P) ausdrücken. Geldwert und Preisniveau bilden sich im Zusammenspiel von nominalem Geldangebot M und realer Geldnachfrage L: = M^d/P auf dem gesamtwirtschaftlichen Geldmarkt (Beitrag C-4.3.), so daß unter der Gleichgewichtsbedingung $M = M^d$ gilt:

(1.1) $GW = L/M$ bzw. $P = M/L$.

Inflation, verstanden als Prozeß anhaltender Preisniveausteigerungen, ist somit ein gesamtwirtschaftliches ,,monetäres Phänomen" (Friedman, 1970, 1), das notwendig an die Existenz des Geldes gebunden ist und in einer Naturaltauschwirtschaft nicht auftreten kann. Erklärt man in der Cambridge-Tradition der Geldnachfragetheorie (Beitrag D-3.2.) die reale Geldnachfrage L mit dem Produkt aus dem Kassenhaltungskoeffizienten k und dem realen Sozialprodukt Y, also

(1.2) $L = M^d/P = k \cdot Y$,

so folgt durch Substitution von (1.2) in (1.1) und Auflösen nach der nominalen Geldmenge pro Outputeinheit M/Y

(2.1) $M/Y = k \cdot P$

bzw. in Änderungsraten ausgedrückt:

(2.2) $g_M - g_Y = g_k + g_P$.

Damit ist die Verbindung zwischen Geld- und Gütermarkt hergestellt. Inflation läßt sich dann als permanenter Anstieg der nominalen Geldmenge pro Outputeinheit M/Y definieren, d. h. als ein länger anhaltender Prozeß, in dem gemäß $g_M > g_Y$ die Wachstumsrate der nominalen Geldmenge g_M größer ist als die des realen Sozialprodukts g_Y (CASSEL, 1995).

Das überschüssige Geldmengenwachstum ($g_M - g_Y > 0$) läßt sich als Inflationspotential (Inflationsangebot) interpretieren, das je nach institutionellen Gegebenheiten und individueller Anpassungsfähigkeit und -willigkeit der Wirtschaftssubjekte gemäß (2.2) durch Zunahme des Kassenhaltungskoeffizienten ($g_k > 0$) oder durch allgemeine Preissteigerungen ($g_P > 0$) ausgeschöpft werden kann (Inflationsnachfrage); denn das „überschüssige" Geld wird entweder zusätzlich als Kasse gehalten oder dient der Finanzierung des sich durch laufende Preiserhöhungen aufblähenden Einkommenskreislaufs. Somit können die Änderungsraten des Kassenhaltungskoeffizienten g_k und des durch einen geeigneten Preisindex repräsentierten Preisniveaus g_P als Inflationsindikatoren betrachtet werden (CASSEL/THIEME, 1976, 2; CASPERS, 1987).

Je nach Konstellation lassen sich verschiedene Erscheinungsformen der Inflation unterscheiden. In einer Marktwirtschaft mit funktionsfähigem Preismechanismus wird das Inflationspotential letztlich durch allgemeine Preissteigerungen ausgeschöpft ($g_P > 0$). Diese als Preisinflation bezeichnete Erscheinungsform entspricht der herrschenden Symptomdefinition. Kommt es – aus welchen Gründen auch immer – zu einem überschüssigen Geldmengenwachstum, versuchen die Akteure auf den preisflexiblen Güter- und Faktormärkten den zu erwartenden Preissteigerungen durch eigene Preisanpassungen zuvorzukommen, so daß die Preise schließlich auf breiter Front steigen. Die Rate der Preisinflation läßt sich am Anstieg eines geeigneten Preisindex messen, der zugleich ein Maß für den Kaufkraftschwund ist, dem das Geld bei Preisinflation unterliegt. Solange das Inflationspotential (noch) nicht vollständig durch Preisinflation ausgeschöpft ist, besteht gemäß (2.2) in Höhe der Differenz Kassenhaltungsinflation ($g_k > 0$); sie baut sich im Zeitablauf mit zunehmender Preisinflation ab.

Auch in sozialistischen Planwirtschaften kann es jederzeit zu Divergenzen von Geldmengen- und realem Sozialproduktwachstum kommen. Werden die Einzelpreise durch zentral-administrative Preisfixierung längere Zeit praktisch konstant gehalten, so kann die Inflation nur als ein permanenter Anstieg des Kassenhaltungskoeffizienten in Erscheinung treten ($g_k > 0$). Dies wäre auch in Marktwirtschaften der Fall, wenn über längere Zeit ein lückenloser Preisstopp praktiziert würde. Die Unterdrükkung des Preisniveauanstiegs hat dieser Erscheinungsform die Bezeichnung gestoppte bzw. zurückgestaute Inflation gegeben. Sie soll hier ihrem Indikator entsprechend als Kassenhaltungsinflation bezeichnet werden. Von einer gemischten Inflation als dritter Erscheinungsform wäre immer dann zu sprechen, wenn der Anstieg des Preisniveaus nur teilweise unterdrückt wird. Hierbei zeigt sich die Inflation in gleichzeitigen permanenten Erhöhungen sowohl des Preisniveaus als auch des Kassenhaltungskoeffizienten.

1.2. Messung

Will man das quantitative Ausmaß einer Inflation an ihrem Symptom $g_M > g_Y$ messen, ist die zeitliche Entwicklung der beiden Symptomvariablen M und Y zu erfassen. Dabei entsteht das Problem, zwischen den verschiedenen Abgrenzungen der Geldmenge (M1, M3; Beitrag D-2.4.) und des Sozialprodukts (Bruttosozialprodukt, Produktionspotential; Beitrag B-2.6. und G-2.1.) wählen zu müssen. Darüber hinaus besteht die Schwierigkeit, daß das reale Sozialprodukt keine originäre Größe ist, sondern erst mit Hilfe des Preisniveaus aus dem nominalen Sozialprodukt errechnet werden muß. Das Meßergebnis hängt also in jedem Fall von der korrekten Preisniveauermittlung durch geeignete Indizes ab.

Meßprobleme der Preisinflation

Zur Operationalisierung des Konstrukts Preisniveau – genauer gesagt: zur Messung seiner zeitlichen Veränderungen – werden Preisindizes herangezogen, deren Ermittlung nicht unproblematisch ist und daher eine quantitativ exakte Inflationsdiagnose unmöglich macht (Pohl, 1981, S. 12 ff.; Schubert, 1981).

Zunächst besteht die Wahl zwischen mehreren Index-Formeln, unter denen die Preisindizes nach Laspeyres (P_L) und nach Paasche (P_P) am bekanntesten sind:

$$P_L = \frac{\Sigma\, p_{i1} \cdot q_{io}}{\Sigma\, p_{io} \cdot q_{io}} \cdot 100 \quad \text{bzw.} \quad P_P = \frac{\Sigma\, p_{i1} \cdot q_{i1}}{\Sigma\, p_{io} \cdot q_{i1}} \cdot 100$$

mit p – Preis; q – Menge; i – 1, 2, . . ., n Güter;
0 – Basisperiode; 1 – Berichtsperiode.

Der Laspeyres-Index verwendet das konstante Wägungsschema q_{i0}, das aus den in einer Basisperiode realisierten Anteilen der Ausgaben für einzelne Güter an den Gesamtausgaben für einen Warenkorb gebildet wird. Indexwerte aufeinanderfolgender Berichtsperioden repräsentieren die reine Preisentwicklung und sind uneingeschränkt miteinander vergleichbar. Dagegen verwendet der Paasche-Index das sich jeweils ändernde Wägungsschema der Berichtsperiode. Er ist deshalb für den periodischen Preisniveauvergleich ungeeignet. Seine Werte repräsentieren die reine Preisentwicklung lediglich im Vergleich zur Basisperiode. Deshalb dient er meist nur als Deflator zur Preisbereinigung von Aggregaten der Volkswirtschaftlichen Gesamtrechnung (VGR). *Tab. F-1* zeigt die Inflationsentwicklung in der Bundesrepublik Deutschland seit 1970 anhand repräsentativer VGR-Deflatoren und Laspeyres-Indizes.

Den einzelnen Konsumenten interessiert weniger die Preisentwicklung aller Güter des Sozialprodukts, als vielmehr nur derjenigen, die von ihm zu kaufen gewünscht werden. Das Statistische Bundesamt hat deshalb insgesamt fünf (Laspeyres-)Lebenshaltungsindizes entwickelt. Unter ihnen haben der Preisindex für die Lebenshaltung aller privaten Haushalte (Spalte 3a) und der Preisindex für die Lebenshaltung von Zwei-Personen-Haushalten von Renten- und Sozialhilfeempfängern (Spalte 4) den breitesten Adressatenkreis und dementsprechend auch die größte Relevanz für die wirtschaftspolitische Inflationsdiagnose. Ein Vergleich der jährlichen Änderungsraten der Lebenshaltungsindizes zeigt, daß der gemessene Kaufkraftschwund weder für beide Indexhaushalte gleich groß noch für den einen Indexhaushalt stets größer als für den anderen ist.

Probleme der Inflationsdiagnose resultieren auch aus der für den intertemporalen Preisniveauvergleich notwendigen Konstanz des Wägungsschemas der Laspeyres-Indizes. Da sich in der Realität die Güterarten und -qualitäten sowie die Verbrauchs-

Tab. F-1: Inflationsentwicklung in ausgewählten Ländern und im Durchschnitt der westlichen Industrieländer (jährliche Änderungsraten in v. H.), 1970–94

Jahr	Bundesrepublik Deutschland					Westliche Industrieländer[1]	DDR		Polen	
	VGR-Deflatoren		LASPEYRES-Indizes							
	Bruttosozialprodukt	Privater Verbrauch	Lebenshaltung aller privaten Haushalte		Lebenshaltung von Rentnern[2]	Verbraucherpreise	Kassenhaltungskoeffizient[3]	Verbraucherpreise[4]	Kassenhaltungskoeffizient[3]	Verbraucherpreise[5]
	1	2	3a*	3b**	4	5	6	7	8	9
1970	7,6	3,6	3,6	–	3,2	5,6	3,6	–0,3	2,1	1,1
1971	8,1	5,6	5,1	–	4,7	5,2	2,5	0,4	6,7	0,5
1972	5,3	5,6	5,6	–	5,6	4,6	2,3	–0,5	7,4	0,0
1973	6,3	6,3	6,9	–	7,2	7,6	2,2	–0,6	10,9	2,8
1974	7,1	7,1	6,9	–	6,6	13,1	1,3	–0,4	10,2	7,1
1975	6,0	6,2	5,9	–	6,6	11,1	3,5	0,0	2,3	3,0
1976	3,7	4,2	4,4	–	5,1	8,3	1,5	0,0	–2,7	4,4
1977	3,8	3,6	3,6	–	3,5	8,5	2,9	–0,1	–1,8	4,9
1978	4,2	2,7	2,7	–	2,2	7,2	3,2	–0,1	3,2	8,1
1979	4,0	4,0	4,2	–	3,4	9,2	1,6	0,3	4,2	7,0
1980	4,8	5,8	5,4	–	5,4	11,9	–2,0	0,4	5,5	8,9
1981	4,0	6,2	6,3	5,4	6,1	10,1	0,4	0,2	20,5	21,2
1982	4,4	4,7	5,2	4,6	5,7	7,5	3,1	0,0	–22,4	104,5
1983	3,2	3,2	3,3	3,8	3,4	5,1	4,3	0,0	–8,1	21,4
1984	2,0	2,5	2,4	2,9	2,4	4,8	0,4	0,0	–3,3	14,8
1985	2,3	2,1	2,0	1,9	2,0	4,2	0,7	–0,1	10,7	14,4
1986	3,1	–0,5	–0,1	1,7	0,3	2,4	1,8	0,0	–2,2	17,3
1987	2,0	0,6	0,2	1,3	–0,3	2,9	3,4	0,0	–10,1	25,5
1988	1,5	1,3	1,3	1,6	1,0	3,3	2,6	0,0	0,3	59,4
1989	2,6	2,8	2,8	2,1	3,0	4,3	2,5	2,3	–12,9	251,0
1990	3,2	2,7	2,7	2,6	2,9	5,5	–	–	–25,3	586,0
1991	3,8	3,7	3,5	3,6	3,6	4,4	–	–	–9,1	70,3
1992	4,4	3,8	4,0	3,6	3,9	3,0	–	–	8,6	43,0
1993	3,2	3,2	4,2	3,9	3,7	2,7	–	–	–11,4	35,3
1994	2,1	2,6	–	–	3,2	–	–	–	–	30,8

* mit staatlich administrierten Preisen ** ohne staatlich administrierte Preise

[1] 21 Länder: Australien, Belgien, Deutschland, Dänemark, Finnland, Frankreich, Großbritannien, Irland, Island, Italien, Japan, Kanada, Luxemburg, Neuseeland, Niederlande, Norwegen, Österreich, Spanien, Schweden, Schweiz, Vereinigte Staaten. [2] Lebenshaltung von 2-Personen-Haushalten von Renten- und Sozialhilfeempfängern. [3] Quotient aus Bargeld und Sichteinlagen des privaten Publikums und Einzelhandelsumsatz. [4] Preisindex der Konsumgüter, Leistungspreise und Tarife. [5] Preisindex der Konsumgüter und Dienstleistungen.

Quelle: Sp. 1–2: SVR, Jahresgutachten (lfde. Jahrgänge); Sp. 3a–3b: bis 1980 Statistisches Bundesamt, Fachserie 17, Reihe 7: Preise und Preisindizes der Lebenshaltung (lfde. Jahrgänge), ab 1981 SVR, Jahresgutachten 1994/95, S. 292; Sp. 4: Statistisches Bundesamt a. a. O.; Sp. 5: IMF, International Financial Statistics, Yearbook 1989; Sp. 6–7: Staatliche Zentralverwaltung für Statistik, Statistisches Jahrbuch der DDR, Berlin (Ost) (lfde. Jahrgänge); Sp. 8: bis 1987: GUS, ab 1988: IMF (International Financial Statistics) und OECD (Central and Eastern Europe); Sp. 9: bis 1988: GUS, ab 1989: Economic Trends in Eastern Europe (lfde. Jge.); eigene Berechnungen.

strukturen laufend ändern, kann das starre Wägungsschema rasch veralten und der gemessene Indexwert zur Fiktion werden. Der Index weist dann die Preisniveauänderungen zu hoch oder zu niedrig aus. Da man allgemein annimmt, daß z. B. Qualitätsverbesserungen häufiger und gewichtiger sind als Qualitätsverschlechterungen, wird per saldo auf eine nicht unerhebliche qualitätsbedingte Übertreibungstendenz der LASPEYRES-Indizes geschlossen. Da sich die amtliche Statistik jedoch bemüht, die Preiseffekte von Qualitätsänderungen auszuschalten, dürften die qualitätsbedingten Informationsverzerrungen insbesondere bei höheren Inflationsraten praktisch kaum von Bedeutung sein. Dies gilt auch für jene Übertreibungstendenzen, die den substitutionsbedingten Abweichungen der tatsächlichen Verbrauchsstruktur vom Wägungsschema infolge von Veränderungen der relativen Preise zugeschrieben werden (LASPEYRES-Effekt).

Gewisse Informationsverzerrungen gehen auch auf ungelöste Erfassungsprobleme zurück. Sie resultieren vor allem aus der bei den Lebenshaltungsindizes in der Bundesrepublik praktizierten Erhebung von Angebotspreisen anstelle von Transaktionspreisen. Angebotspreise sind Preise, die in Preisauszeichnungen, Preislisten, Katalogen usw. als Offerte an die Nachfrager kundgetan werden. Hiervon weichen die bei Vertragsabschluß ausgehandelten und tatsächlich gezahlten Transaktionspreise häufig nicht unerheblich ab. Vergleichsrechnungen zeigen, daß Angebotspreisindizes in der Rezession übertreiben, weil dann die Transaktionspreise durch den verschärften Wettbewerb unter Druck geraten. In Boomphasen neigen sie zur Untertreibung. Dies dürfte generell für alle Käufermarktsituationen gelten, insbesondere aber für alle Fälle, in denen staatliche Kontrollen der Angebotspreise durch Erhöhung von Transaktions- und Schwarzmarktpreisen umgangen werden. Solche erhebungsbedingten Untertreibungstendenzen werden unter dem Begriff versteckte bzw. verdeckte Inflation zusammengefaßt.

Andererseits übertreiben die Preisindizes in Marktwirtschaften mit einem wachsenden schattenwirtschaftlichen Sektor (shadow economy): Wenn mehr und mehr Produktionsleistungen unter dem Druck zunehmender staatlicher Abgaben und Regulierungen aus der offiziellen Wirtschaft in die private Haushaltssphäre (Selbstversorgungswirtschaft) oder den erwerbswirtschaftlichen Untergrund (Untergrundwirtschaft) verlagert und durch Do-it-yourself, Nachbarschaftshilfe, Schwarzarbeit, Verkauf ohne Rechnung usw. weit unter dem regulären (Markt-)Preis erstellt werden, weisen die amtlichen Preisindizes den tatsächlichen Kaufkraftverlust zu hoch aus (CASSEL, 1984, 2).

Die Messung der Preisinflation ist also mit vielfältigen, teils vermeidbaren, teils unvermeidbaren Unsicherheiten behaftet. Es ist deshalb nicht unangemessen, wenn man die Unsicherheitsmarge mit bis zu 2 v. H. ansetzt, wie dies die DEUTSCHE BUNDESBANK bei ihrer stabilitätspolitischen Zielsetzung tut. Dies um so mehr, als neuere Berechnungen zeigen, daß ein nicht unbeträchtlicher Teil der Steigerungsrate der Verbraucherpreise von staatlich administrierten Preiserhöhungen einschließlich der Erhöhung der indirekten Steuern ausgeht (Spalten 3a und 3b; WEEBER, 1994; SVR, 1994/95, S. 290 ff.).

Meßprobleme der Kassenhaltungsinflation

Zur Messung der Kassenhaltungsinflation ist die Operationalisierung des Kassenhaltungskoeffizienten erforderlich. Er läßt sich als Quotient aus der Summe aller inländischen Geldbestände und dem nominalen Sozialprodukt errechnen. Je nach Abgrenzung von Geldmenge und Sozialprodukt sowie ihrer Disaggregation nach Sektoren der VGR lassen sich Teilkoeffizienten mit unterschiedlichem Aussagegehalt konstruieren. Für Länder mit sozialistischer Planwirtschaft haben sich die Meßkonzepte jedoch mehr nach den begrenzt verfügbaren Daten als nach theoretischen Idealvorstellungen zu richten. Darüber hinaus entstehen Schwierigkeiten mit der systemspezifischen Abgrenzung und Zuordnung der relevanten Aggregate.

Empirische Untersuchungen für die DDR und Polen (Thieme, 1980; Cassel u. a., 1989) weisen die Existenz einer Kassenhaltungs- bzw. gemischten Inflation nach (*Tab. F-1*). Die jährlichen Änderungsraten der spezifischen Kassenhaltungskoeffizienten sind während des Betrachtungszeitraumes überwiegend positiv. In der DDR wie in Polen zeigen sie seit Mitte der 60er bzw. 70er Jahre eine fallende Tendenz, allerdings mit erheblichen Schwankungen nach beiden Seiten. Da für Polen – im Gegensatz zur DDR – außerdem positive Änderungsraten des Verbraucherpreisniveaus ausgewiesen werden, liegt hier eine gemischte Inflation vor, die ihr gesamtes Ausmaß erst in der Zusammenschau der Entwicklung von Preisniveau und Kassenhaltungsdauer erkennen läßt.

Mit Hilfe der Wachstumsrate des Kassenhaltungskoeffizienten kann somit die von westlichen Beobachtern seit längerem vermutete, bisher mit Erscheinungen wie Güterrationierungen, Warteschlangen, Schwarzmärkten usw. belegte und hinsichtlich ihres Ausmaßes nur vage geschätzte Inflation in sozialistischen Ländern allein unter Verwendung offizieller Statistiken nachgewiesen und quantifiziert werden.

1.3. Inflationsarten

Ihrem Erscheinungsbild nach lassen sich zahlreiche Arten der (Preis-)Inflation unterscheiden. Von Bedeutung ist zunächst die Unterteilung in heimische Inflation und Weltinflation. Mit heimischer Inflation wird der sich innerhalb der Grenzen eines Landes ausbreitende inflatorische Prozeß bezeichnet. Unter Weltinflation versteht man den Sachverhalt, daß sich die nationalen inflatorischen Prozesse nach dem Zweiten Weltkrieg tendenziell ziemlich einheitlich und in enger Beziehung zueinander entwickelt haben. Die Weltinflation läßt sich näherungsweise als ein mit den Sozialproduktsanteilen gewichtetes geometrisches Mittel der nationalen Inflationraten berechnen (*Tab. F-1*, Spalte 5). Die Standardabweichung zwischen den nationalen Inflationsraten nimmt dabei um so höhere Werte an, je variabler die Wechselkurse sind: Für die Jahre 1958–70 beträgt sie 0,908, für 1971–78 liegt sie bei 2,389 und für 1976–78 – eine Periode mit praktisch flexiblen Wechselkursen – sogar bei 3,531 (Steinmann, 1979, S. 119). Theoretisch ist die Weltinflation als ein supranationales Phänomen aufzufassen, das in einer weitgehend integrierten Weltwirtschaft immer dann auftritt, wenn die Wachstumsrate der Weltgeldmenge ständig größer ist als die des realen Weltsozialprodukts.

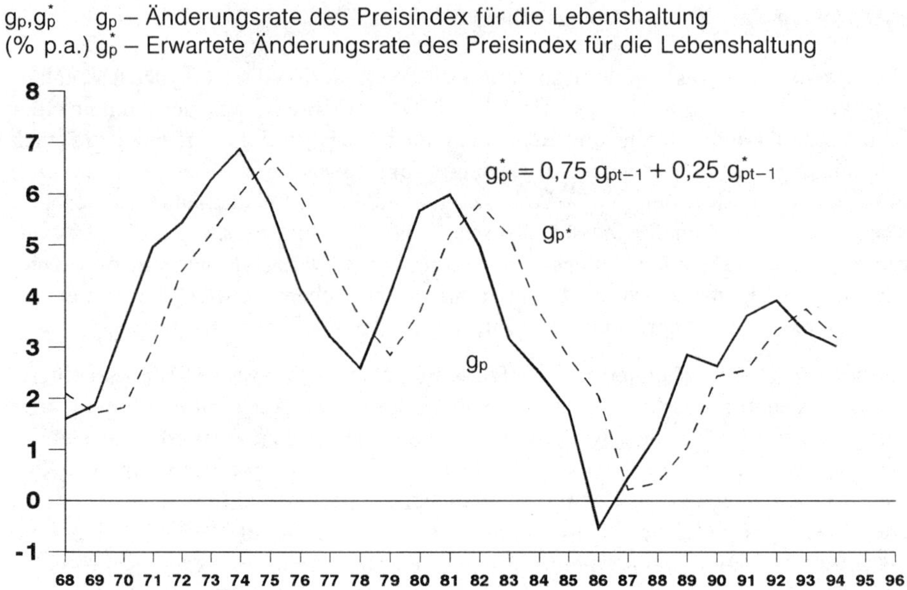

Abb. F-1a: Inflationsentwicklung in der Bundesrepublik Deutschland, 1968–94

In der Literatur findet sich immer wieder die bei Politikern beliebte, theoretisch aber weitgehend irrelevante Unterscheidung nach der absoluten Höhe der Inflationsrate – dem Tempo der Inflation – in schleichende, trabende und galoppierende Inflation und Hyperinflation. Manche Autoren lassen die schleichende Inflation bei einer jährlichen Rate von 3 v. H. in eine trabende und bei 8 v. H. in eine galoppierende übergehen, andere sehen schon bei 3 v. H. den Übergang von der schleichenden in die galoppierende Inflation; und von Phillip Cagan (1956, S. 25) stammt der vielzitierte Vorschlag, ab einer monatlichen Rate von 50 v. H. – das entspricht einer jährlichen Steigerungsrate von 12 975 v. H.! – Hyperinflation anzunehmen. In den von ihm untersuchten Fällen lagen die monatlichen Inflationsraten in der Spitze allerdings weit über dieser Marge: in Deutschland bei $32{,}4 \cdot 10^3$ v. H. (Oktober 1923) und in Ungarn bei $41{,}9 \cdot 10^{15}$ v. H. (Juli 1946). Solche Hyperinflationen sind jedoch Episoden der Wirtschaftsgeschichte geblieben. In den 70er Jahren erreichten Chile mit 586 v. H. (1974) und Argentinien mit 487 v. H. (1976) die höchsten jährlichen Raten. Unter den westlichen Industrieländern lagen Japan mit 24,5 v. H. (1974), England mit 24,2 v. H. (1975) und Italien mit 21,2 v. H. (1980) an der Spitze. Mitte 1989 führten Brasilien und Jugoslawien mit Raten von 870 bzw. 590 v. H.

Die Inflationsraten können sich in bezug auf die Zeitachse nach oben, unten oder horizontal entwickeln *(Abb. F-1a)*. Dementsprechend wird zwischen Phasen akzelerierter, stabilisierter und dezelerierter Inflation unterschieden. Hierbei interessiert nicht die absolute Höhe der Inflationsrate, sondern das Ausmaß und die Richtung ihrer Änderung, wie es vereinfachend anhand eines linearen Verlaufsschemas gezeigt werden kann *(Abb. F-1b):* Die Phase der akzelerierten Inflation ist durch einen kontinuierlichen Anstieg, die der dezelerierten Inflation (Desinflation) durch einen entsprechenden Rückgang der Inflationsrate gekennzeichnet. Bleibt dagegen die In-

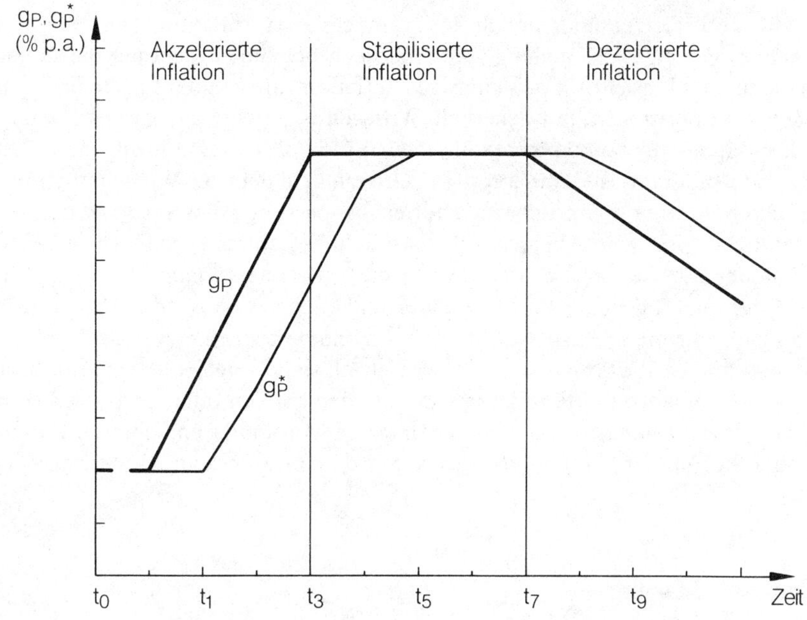

Abb. F-1b: Phasenschema der Inflation

flationsrate unverändert, liegt eine Phase der stabilisierten Inflation vor. Anders als bei Preisniveaustabilität steigt dabei das Preisniveau exponentiell an; ,,stabilisiert" ist nur die Änderungsrate des Preisniveaus.

In engem Zusammenhang mit der Phaseneinteilung steht die Unterscheidung der Inflation nach dem Grad der den Wirtschaftssubjekten gelungenen Ex-ante-Anpassung an die tatsächlich eintretende Inflationsrate. Man unterscheidet hierbei zwischen

Übersicht F-1: Systematik der Inflationsbegriffe

Kriterium	Bezeichnung der Inflation
Indikator	Preisinflation Kassenhaltungsinflation (gestoppte, zurückgestaute Inflation) Gemischte Inflation
Meßergebnis	Offene Inflation Versteckte (verdeckte) Inflation
Verbreitung	Heimische Inflation Weltinflation
Tempo	Schleichende (trabende) Inflation Galoppierende Inflation Hyperinflation
Phase	Akzelerierte Inflation Stabilisierte Inflation Dezelerierte Inflation (Desinflation)
Anpassung	Vollständig antizipierte (Steady-state-) Inflation Unvollständig antizipierte Inflation

vollständig antizipierter und unvollständig antizipierter Inflation. Der Begriff der Antizipation, der dieser Einteilung zugrunde liegt, beinhaltet nicht nur die subjektiven Erwartungen hinsichtlich der künftigen Inflationsrate, sondern auch die faktisch getroffenen Dispositionen, mit denen die Wirtschaftssubjekte der jeweils erwarteten Preisentwicklung zuvorzukommen wünschen. Eine vollständig antizipierte Inflation (Steady-state-Inflation) ist der theoretische Grenzfall, in dem alle Wirtschaftssubjekte im Durchschnitt ihre erwartungsinduzierten Anpassungswünsche so durchsetzen konnten, daß ex post kein Anpassungsbedarf mehr besteht. In *Abb. F-1a* und *1b* wird angenommen, daß die Wirtschaftssubjekte die erwartete Inflationsrate g_P^* adaptiv aufgrund der tatsächlichen Inflationsentwicklung bilden (s. Abschnitt 2.2.4.). In diesem Fall wird nur die stabilisierte Inflation – zumindest streckenweise – korrekt erwartet und – sofern alle Anpassungswünsche erfüllt sind – auch vollständig antizipiert ($g_P = g_P^* = g_P^a$; g_P^a – antizipierte Inflationsrate). In den übrigen Inflationsphasen kommt es dagegen zu Erwartungsirrtümern und damit zu unvollständig antizipierter Inflation. Die bisher behandelten Inflationsbegriffe werden in *Übersicht F-1* zusammengefaßt.

2. Inflationserklärung

Befriedigende wissenschaftliche Erklärungen des Inflationsphänomens erfordern ein widerspruchsfreies und empirisch gesichertes System von Hypothesen, die angeben, unter welchen Bedingungen Inflation auf welche Weise generell in Erscheinung tritt. Solche Bedingungen bezeichnet man als Inflationsursachen. Ihre Analyse geht der Frage nach, wodurch eine Inflation ausgelöst und in Gang gehalten, beschleunigt, verlangsamt oder stabilisiert und international übertragen wird.

2.1. Analysekonzepte

Systematik inflationstheoretischer Erklärungsansätze

Nach wie vor verläuft eine Haupttrennungslinie zwischen „rein" ökonomischen bzw. preistheoretischen und sozialwissenschaftlich bzw. soziologisch und politologisch angelegten Erklärungsversuchen. Dementsprechend lassen sich ökonomische und politische Theorien der Inflationsverursachung unterscheiden (*Übersicht F-2*). Ökonomische Theorien der Inflationsverursachung, die dem Geld eine entscheidende Rolle beimessen, werden als monetäre Theorien bezeichnet, alle anderen als nichtmonetäre Theorien. Diese Unterscheidung hat sich zwar allgemein durchgesetzt, ist aber angesichts der neueren, auf eine Synthese der monetären und nichtmonetären Aspekte der Inflationsverursachung zielenden Theoriebildung schon wieder fragwürdig geworden. Vereinfacht werden deshalb nach ihrer zeitlichen Entwicklung zwei „Generationen" ökonomischer Ursachenanalysen unterschieden: eine bis in die Mitte der 60er Jahre reichende „traditionelle" Theorie und eine sich daran anschließende „moderne" Theorie. Letztere wird praktisch mit der monetaristischen Theorie gleichgesetzt, während erstgenannte alle übrigen ökonomischen Ansätze umfaßt (Überblick bei Rieter, 1971; Frisch, 1977; Menkhoff, 1986; 1991).

Übersicht F-2: Systematik inflationstheoretischer Erklärungsansätze

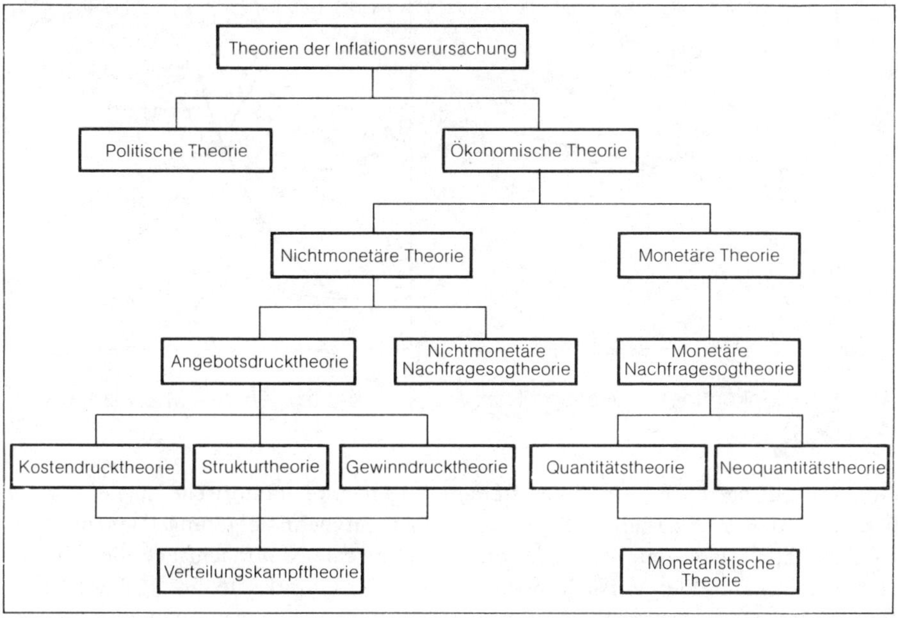

Konventionelle Analysekonzepte

Die so klassifizierten Erklärungsansätze geben im einzelnen häufig divergierende und unvollständige Antworten auf die eingangs gestellten Fragen. Dies liegt teilweise an der gewählten Problemstellung, vor allem aber am unterschiedlichen analytischen Vorgehen: Verbale Beschreibungen denkbarer Kausalzusammenhänge stehen neben mathematisch-formalen Modellen, definitorische Aussagensysteme neben empirisch testbaren Hypothesen. Mikroökonomische Ursachenanalysen kommen möglicherweise zu anderen Ergebnissen als makroökonomische. Partialmodelle haben eine andere Aussagefähigkeit als Totalmodelle. Und schließlich macht es einen Unterschied, ob Niveaugrößen (Preisniveau, Sozialprodukt usw.) oder ihre Veränderungsraten (Inflationsrate, Wachstumsrate des Sozialprodukts usw.) analysiert werden und ob diese Analysen komparativ-statisch oder dynamisch angelegt sind. Zur Veranschaulichung werden im folgenden die üblichen Graphiken unterschiedlicher Analysekonzepte für den Fall einer Inflation gegenübergestellt, die durch Erhöhung der gesamtwirtschaftlichen Nachfrage verursacht sein soll.

Abb. F-2a repräsentiert das keynesianische Einkommen–Ausgaben-Konzept zur Bestimmung des partiellen Gütermarkt-Gleichgewichts (Beitrag C-3.1.). Ausgangszustand ist das Vollbeschäftigungsgleichgewicht E_0, das durch den Schnittpunkt der Kurve der geplanten realen Gesamtausgaben (reale Gesamtnachfrage) mit der 45°-Linie bestimmt ist. Wünschen die Wirtschaftssubjekte eine Erhöhung ihrer realen Gesamtausgaben Y_n^d/P, indem sie in Erwartung eines konstanten Preisniveaus P_0 höhere nominale Gesamtausgaben Y_n^d planen, so verschiebt sich die Kurve der realen

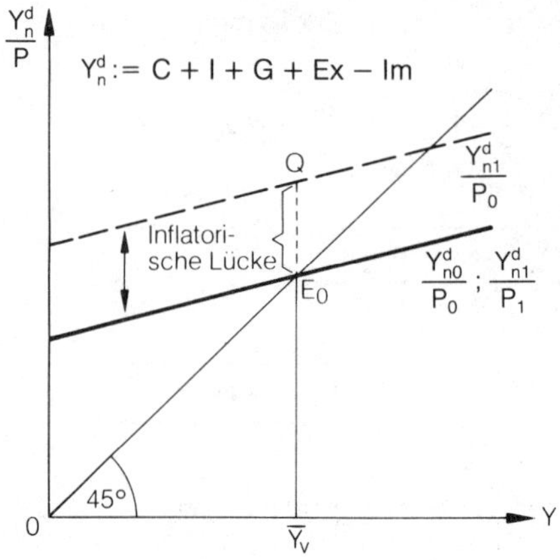

Abb. F-2a: Einkommen–Ausgaben-Konzept

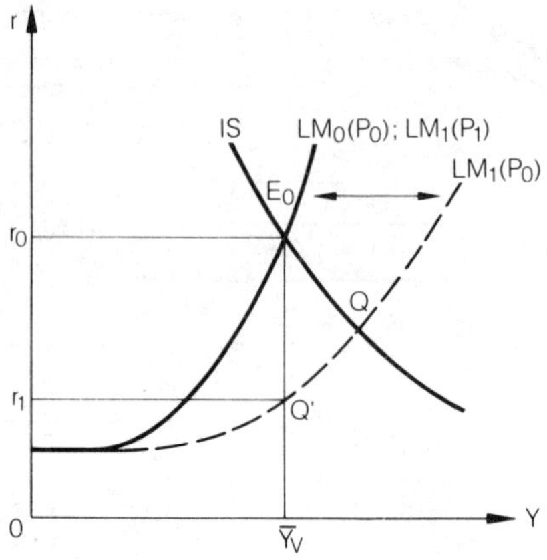

Abb. F-2b: IS-LM-Konzept

Gesamtnachfrage nach oben. Es entsteht die sogenannte inflatorische Lücke E_0Q. Sie beschreibt den Sachverhalt, daß bei kurzfristig nicht mehr steigerungsfähigem realen Vollbeschäftigungssozialprodukt $\overline{Y}_v$ die geplante reale Mehrnachfrage nicht befriedigt werden kann. Der Versuch, mehr als bisher für Güterkäufe auszugeben, führt – statt zu der erforderlichen Produktionsausweitung über $\overline{Y}_v$ hinaus – zu einer Preisniveauerhöhung von P_0 auf P_1, die jedoch in diesem Konzept unmittelbar nicht darstellbar ist. Am Ende der Periode haben die Wirtschaftssubjekte zwar ihre nominalen, nicht aber ihre realen Ausgabenpläne realisiert. Beabsichtigen sie, die nicht erfüllten realen Ausgabenwünsche in der Folgeperiode zu verwirklichen, müßten sie die geplanten nominalen Gesamtausgaben weiter aufstocken, so daß es auch in dieser Periode zu einer inflatorischen Lücke und einem weiteren Preisniveauanstieg kommt. Die inflatorische Lücke verschwindet erst dann, wenn die Wirtschaftssubjekte ihre Absicht, reale Mehrausgaben zu realisieren, aufgeben. Anhaltende Preisniveausteigerungen setzen in diesem Konzept eine permanente inflatorische Lücke voraus, die wiederum ständig steigende nominale Gesamtausgaben impliziert. Die für das Ergebnis äußerst wichtige Frage, wie die Ausgabensteigerungen gesamtwirtschaftlich finanziert werden, bleibt hierbei jedoch unbeantwortet (Überblick bei FELDSIEPER/KÄHLER, 1981).

Probleme ergeben sich auch bei der Anwendung des in *Abb. F-2b* dargestellten IS-LM-Konzepts (Beitrag C-5.1.). Es berücksichtigt zwar außer dem Gütermarkt auch den Geldmarkt, ermöglicht aber ebenfalls nur eine komparativ-statische Analyse von Niveaugrößen bei gegebenem realen Vollbeschäftigungseinkommen. Im vorliegenden Fall wird eine (einmalige) Erhöhung der nominalen Geldmenge angenommen, wodurch sich – bei zunächst konstantem Preisniveau P_0 – die reale Kassenhaltung momentan erhöht und die LM-Kurve nach rechts verschiebt: Der gleichgewichtige Realzins r sinkt und induziert Nachfragesteigerungen, die jedoch auf ein nicht ausdehnungsfähiges Produktangebot stoßen und – wie schon im Einkommen-Ausgaben-Konzept – das Preisniveau steigen lassen. Hierdurch sinkt die vorher infolge der Geldmengenerhöhung gestiegene Realkasse auf ihr ursprüngliches Niveau, so daß die LM-Kurve in die Ausgangsposition zurückgeht und dabei den Realzins wieder her-

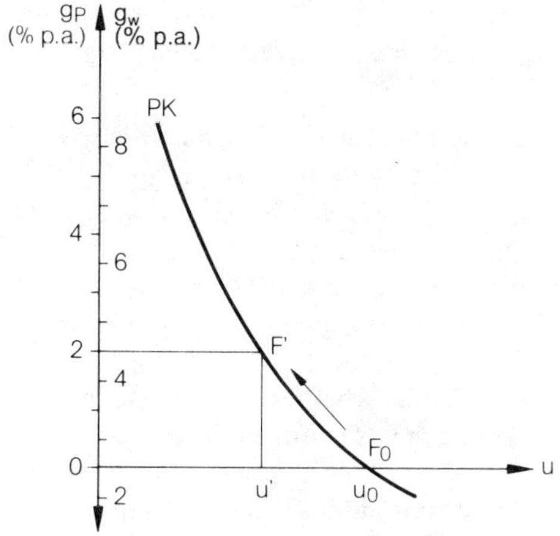

Abb. F-2c: PHILLIPS-Kurven-Konzept

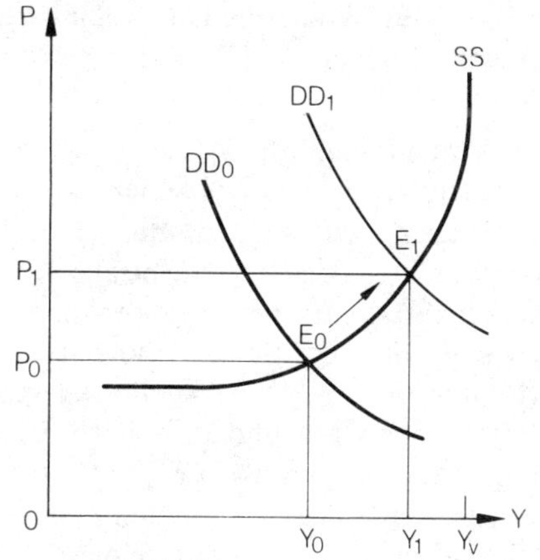

Abb. F-2d: Angebot–Nachfrage-Konzept

aufzieht. Auch in diesem Konzept treten das Preisniveau und seine einmalige Änderung nicht direkt in Erscheinung, wie im übrigen von jeglichen Preiserwartungseffekten abstrahiert wird (Überblick bei CLAASSEN, 1980, S. 271 ff.).

In *Abb. F-2c* werden die beiden keynesianischen PHILLIPS-Kurven dargestellt: Bezogen auf die Änderungsrate des Nominallohnsatzes g_w (rechte Ordinatenskala) repräsentiert PK die originäre PHILLIPS-Kurve, bezogen auf die Inflationsrate g_P (linke Ordinatenskala) die modifizierte PHILLIPS-Kurve. ALBAN W. PHILLIPS (1958) hatte in einer ökonometrischen Untersuchung für Großbritannien für die Zeit von 1861–1957 aufgezeigt, daß sich die Beziehung zwischen der prozentualen Änderungsrate des Nominallohnsatzes und der prozentualen Arbeitslosenquote durch eine zum Ursprung konvexe Funktion beschreiben läßt. Aufgrund verschiedener Erklärungen dieses empirischen Phänomens postulierte man auch theoretisch eine stabile Austausch- bzw. Substitutionsbeziehung (trade-off) zwischen Lohnsatzänderungen und Arbeitslosenquote. Die daraus ableitbare originäre PHILLIPS-Kurve wurde sodann modifiziert, indem man von der Änderungsrate des Nominallohnsatzes auf die Inflationsrate überging und eine entsprechende Austauschbeziehung zwischen Arbeitslosenquote und Inflationsrate herleitete (Überblick bei SIEBKE, 1972; RAMSER/ANGEHRN, 1977; KUGLER/HANUSCH, 1994). Der Übergang von der originären zur modifizierten PHILLIPS-Kurve basiert hier auf der Annahme, daß jeder Prozentpunkt Nominallohnsteigerung, der über die mit durchschnittlich 2,5 v. H. angenommene Produktivitätssteigerung hinausgeht, von den Unternehmen in den Preisen weitergegeben wird und in entsprechenden Preisniveausteigerungen zum Ausdruck kommt. Somit determinieren die Vorgänge auf dem Arbeitsmarkt unmittelbar die Entwicklung des Preisniveaus und bringen seine Änderungsrate ebenfalls in eine Substitutionsbeziehung zur Arbeitslosenquote, sobald die Lohnsatzerhöhungen den Produktivitätsfortschritt übersteigen. Eine Bewegung auf der modifizierten PHILLIPS-Kurve von F_0 nach F' ist deshalb als angebotsseitige Reaktion auf einen Nachfragesog (eine Überschußnachfrage) auf dem Arbeitsmarkt zu interpretieren, der gleichzeitig u sinken und g_P

steigen läßt. Woher die Überschußnachfrage nach Arbeitskräften kommt, wie sie sich ständig erneuert und wodurch sie finanziert wird, bleibt in diesem Partialmodell offen.

Immerhin ermöglicht das Konzept der modifizierten PHILLIPS-Kurve eine Inflationsratenanalyse, die der üblichen komparativ-statischen Preisniveauanalyse methodisch überlegen ist. Der Unterschied läßt sich im Vergleich mit dem in *Abb. F-2d* dargestellten Angebot–Nachfrage-Konzept demonstrieren. Seine Bestandteile sind gesamtwirtschaftliche Angebots- und Nachfragekurven, die bestimmte Beziehungen zwischen dem Preisniveau und dem Niveau des realen Sozialprodukts repräsentieren (Beitrag C-7.1.). Die Angebotskurve läßt in ihrem mittleren Teil gleichgerichtete Variationen von P und Y zu, nach Erreichen des Vollbeschäftigungseinkommens nur noch Änderungen von P; die gesamtwirtschaftliche Nachfragekurve DD besitzt dagegen eine negative Steigung und ist über den gesamten Bereich preisniveauelastisch. Beide Kurven determinieren in ihrem Schnittpunkt E_0 das Preisniveau P_0, nicht aber die Inflationsrate. Änderungsraten des Preisniveaus müßten erst berechnet werden; und Veränderungen von Änderungsraten sind überhaupt nicht darstellbar. Die Verschiebung der gesamtwirtschaftlichen Nachfragekurve nach oben erklärt also nur eine einmalige Preisniveausteigerung von P_0 auf P_1. Wollte man z. B. eine stabilisierte Inflation darstellen, müßte die DD-Kurve von Periode zu Periode immer stärker nach oben verschoben werden, so daß sich das Preisniveau exponentiell erhöht. Die komparativ-statische Preisniveauanalyse behandelt die Inflation nicht als einen Prozeß ständiger Preisniveausteigerungen, sondern als diskrete Folge von Zuständen, die jeweils durch eine einmalige Erhöhung des Preisniveaus aufgrund angenommener Datenvariationen zwischen zwei Zeitpunkten gekennzeichnet sind (Überblick bei CLAASSEN, 1980, S. 274 ff.).

Inflationstheoretisches Grundmodell

Abweichend von den konventionellen Analysekonzepten, sollen die verschiedenen inflationstheoretischen Erklärungsansätze im folgenden anhand eines einheitlichen Grundmodells demonstriert werden, das schrittweise alle wesentlichen Kausalfaktoren einzubeziehen gestattet und von vornherein auf Änderungsraten abstellt. Ausgangspunkt ist eine modifizierte PHILLIPS-Kurve PK, die – anders als üblich dargestellt – linear und spiegelverkehrt in *Abb. F-3.II.* eingezeichnet ist. Aus ihr läßt sich mit Hilfe der 45°-Linie und der als OK-Kurve bezeichneten Geraden eine gesamtwirtschaftliche Angebotswachstumskurve SG konstruieren (*Abb. F-3. III., IV.* und *I.*). Sie gibt an, mit welcher Rate das angebotene reale Sozialprodukt bei unterschiedlich hohen Inflationsraten wächst. Die vereinfacht als linear angenommene OK-Kurve repräsentiert die dem OKUNschen Gesetz zugrunde liegende Annahme, daß zwischen der Arbeitslosenquote und der Wachstumsrate des realen Sozialprodukts eine inverse Beziehung besteht. Hinsichtlich der gesamtwirtschaftlichen Güternachfrage wird zunächst vereinfachend unterstellt, daß sie unabhängig vom Inflationsniveau mit der konstanten Rate $\bar{g}_{Y^d}$ wächst (DG in *Abb. F-3.I.*). Im Schnittpunkt E von DG- und SG-Kurve sind die Änderungsraten des Preisniveaus g_{P_E} und des realen Sozialprodukts g_{Y_E} bestimmt. Dem entspricht im Punkt F auf der PK-Kurve eine Arbeitslosenquote in Höhe von u_F.

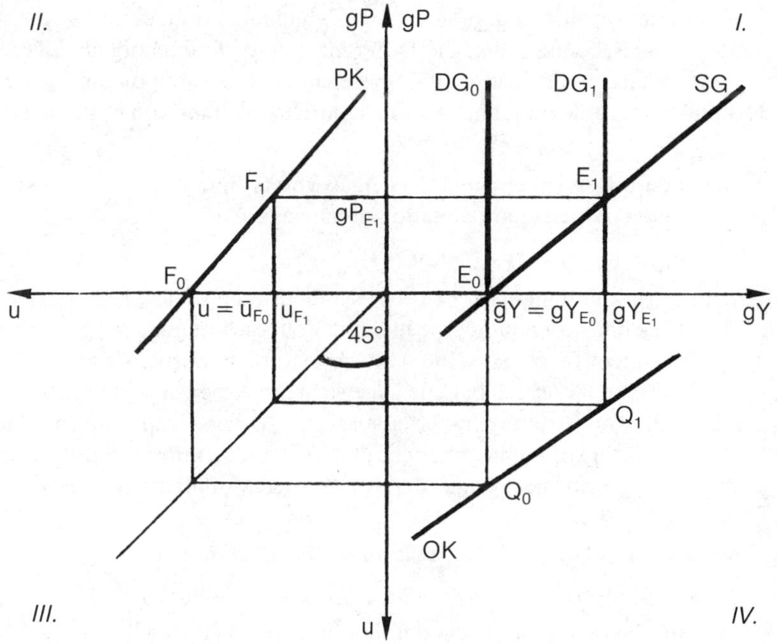

Abb. F-3: Inflationstheoretisches Grundmodell

Algebraisch läßt sich das Modell wie folgt entwickeln: Ausgangspunkt auf der Angebotsseite ist das Preissetzungsverhalten der Unternehmen. Annahmegemäß bilden sie die Angebotspreise durch einen prozentualen Aufschlag (mark-up) auf die Lohnstückkosten. Geht man von der Aufteilung des nominalen Einkommens bzw. Sozialprodukts in Lohn- und Gewinneinkommen aus ($Y \cdot P = W + Q$; Beitrag H-3.4.), läßt sich die Aufschlagskalkulation gesamtwirtschaftlich gesehen wie folgt ableiten:

(3.1) $Y \cdot P = W + Q = w \cdot N + w \cdot N \cdot s = w \cdot N \cdot q$
mit $W := w \cdot N$; $Q := w \cdot N \cdot s$; $q := 1 + s > 0$;
w – Nominallohnsatz; N – Beschäftigungsmenge des Faktors Arbeit;
s, q – Gewinnaufschlagsätze.

Nach dem Preisniveau P aufgelöst, ergibt sich

(3.2) $$P = w \cdot \frac{N}{Y} \cdot q = \frac{w \cdot q}{\varrho},$$

wobei $\varrho := Y/N$ die Arbeitsproduktivität symbolisiert. Diese Gleichung läßt sich in Änderungsraten ausgedrückt schreiben als

(3.3.1) $g_p = g_w - g_\varrho + g_q$ mit $g_q \gtreqless 0$ bzw.

(3.3.2) $g_p = g_w - g_\varrho$ mit $g_q = 0$.

Dabei symbolisieren g_w die Änderungsrate des Nominallohnsatzes und g_ϱ die Änderungsrate der Arbeitsproduktivität; die Differenz $g_w - g_\varrho$ wird häufig als ,,Kern" der Inflation (core inflation; ECKSTEIN, 1981) bezeichnet. Die Komponente g_q steht für einen Gewinndruck, von dem jedoch zunächst durch Annahme von $g_q = 0$ abstrahiert wird.

Die Lohnsatzänderungen sollen annahmegemäß vorerst nur von der Produktivitätsentwicklung und der Arbeitsmarktsituation abhängen:

(4) $g_w = g_\varrho + n \cdot (\bar{u} - u)$ mit $n > 0$.

In der Arbeitsmarktkomponente $n \cdot (\bar{u} - u)$ symbolisieren u die ,,realisierte" und ū die ,,natürliche" Arbeitslosenquote, die hier mit Vollbeschäftigung gleichgesetzt werden soll. Nach MILTON FRIEDMAN (1968) ist die natürliche Arbeitslosenquote jenes Maß an Arbeitslosigkeit, das sich bei Gleichgewicht am Arbeitsmarkt ergeben würde, sofern die bestehenden Strukturcharakteristika der Arbeits- und Gütermärkte einschließlich der Marktunvollkommenheiten, der Kosten der Informationsbeschaffung über Arbeitsangebot und -nachfrage, der Kosten der Mobilität usw. berücksichtigt werden (Beitrag C-6.2.).

Durch Einsetzen von (4) in (3.3.2) erhält man schließlich mit

(5) $g_P = n \cdot (\bar{u} - u)$

die Gleichung für die einfachste Form der modifizierten PHILLIPS-Kurve PK (*Abb. F-3.II.*). Aus (5) läßt sich wiederum die gesamtwirtschaftliche Angebotswachstumskurve SG herleiten, indem man das ,,OKUNsche Gesetz" zugrunde legt: Nach einer von ARTHUR M. OKUN (Überblick bei ABB, 1984; KLÖS, 1992) für die USA ermittelten empirischen Beziehung sinkt die Arbeitslosigkeit u unter ihre natürliche Quote ū, wenn das reale Sozialprodukt Y sein natürliches (Vollbeschäftigungs-)Niveau $\bar{Y}$ übersteigt et vice versa:

(6.1) $u - \bar{u} = -\tau \left(\frac{Y - \bar{Y}}{\bar{Y}}\right)$ bzw. $u = \bar{u} - \tau \cdot \left(\frac{Y - \bar{Y}}{\bar{Y}}\right)$

mit $\bar{u} = 0{,}04$ und $\tau = 0{,}3$.

Eine damit nicht gänzlich äquivalente, für die Ableitung der Angebotswachstumskurve aber besser geeignete Form des OKUNschen Gesetzes ergibt sich, wenn man auf Änderungsraten des (angebotenen) realen Sozialprodukts abstellt:

(6.2) $u = \bar{u} - \lambda \cdot (g_{Y^s} - \bar{g}_{Y^s})$

mit $\lambda > 0$ (Konstante); $\bar{g}_{Y^s}$ – natürliche (Vollbeschäftigungs-) Wachstumsrate des angebotenen realen Sozialprodukts.

Da ū und $\bar{g}_{Y^s}$ als exogen bestimmte Größen angesehen und konstant gesetzt werden können, ist (6.2) die Gleichung der in *Abb. F-3.IV.* dargestellten OK-Kurve. Sie bringt den beobachtbaren Sachverhalt zum Ausdruck, daß sich die tatsächliche Arbeitslosenquote invers zum Wirtschaftswachstum verhält: Je stärker das Vollbeschäftigungswachstum unterschritten wird ($g_{Y^s} < \bar{g}_{Y^s}$), um so mehr liegt die Arbeitslosenquote über ihrem natürlichen Niveau ($u > \bar{u}$; Unterbeschäftigung); wächst dagegen die Wirtschaft mit einer höheren als der natürlichen Rate ($g_{Y^s} > \bar{g}_{Y^s}$), so wird die Arbeitslosenquote unter ihr Normalniveau gedrückt ($u < \bar{u}$; Überbeschäftigung). In der Vollbeschäftigungssituation gilt mit $g_{Y^s} = \bar{g}_{Y^s}$ auch $u = \bar{u}$. Setzt man (6.2) in (5) ein und substituiert man $\gamma := n \cdot \lambda$. 0, so ergibt sich mit

(7) $g_P = \gamma \cdot (g_{Y^s} - \bar{g}_{Y^s})$

die Gleichung der in *Abb. F-3.1.* dargestellten SG-Kurve.

Die in *Abb. F-3* im Schnittpunkt der SG- und DG-Kurve ermittelten Lösungen E_0 und E_1 stellen „Gleichgewichte" in dem Sinne dar, daß die Wachstumsraten des angebotenen und nachgefragten realen Sozialprodukts jeweils übereinstimmen ($g_{Y^s_E} = g_{Y^d_E}$). Im Ausgangszustand (E_0; F_0) bestehe Preisniveaustabilität ($g_P = 0$), so daß Wirtschaftswachstum und Arbeitslosigkeit ihre „natürlichen" Niveaus erreicht haben ($g_{Y^s} = \bar{g}_{Y^s}$; $u = \bar{u}$). Würde sich die Nachfragewachstumskurve – aus welchen Gründen auch immer – von DG_0 nach DG_1 verschieben, käme es zum neuen Gleichgewicht E_1. Nun herrscht Inflation ($g_P > 0$), während die Wachstumsrate über und die Arbeitslosenquote unter ihr natürliches Niveau gedrückt sind. Ob damit schon ein stabiles inflatorisches Gleichgewicht (Steady-state-Inflation) erreicht ist, läßt sich erst dann sagen, wenn Inflationserwartungen und -antizipationen einbezogen werden.

Dieses Grundmodell soll nun schrittweise erweitert werden, um im einzelnen zeigen zu können, ob und inwieweit durch die verschiedenen zur Diskussion stehenden Kausalfaktoren Inflation ausgelöst und aufrechterhalten werden kann. Zunächst werden die Nachfragesogfaktoren einbezogen, indem die DG-Kurve als Verhaltensgleichung ausformuliert wird (s. Abschnitt 2.2.1.); anschließend werden die Angebotsdruckfaktoren in die SG-Kurve eingebaut (s. Abschnitt 2.2.2.). Durch entsprechende Modifikationen der DG- und SG-Kurve werden schließlich der Verteilungskampf (s. Abschnitt 2.2.3.) sowie die Erwartungen und Antizipationen (s. Abschnitt 2.2.4.) modelltheoretisch analysierbar.

2.2. Inflationsursachen

2.2.1. Nachfragesogfaktoren

Die ökonomische Ursachenanalyse unterscheidet die inflationsauslösenden und -erhaltenden Momente danach, ob sie von der Nachfrage- oder der Angebotsseite des Marktes ausgehen. Bis unmittelbar nach dem Zweiten Weltkrieg wurden bestimmte Vorgänge auf der Nachfrageseite der Produkt- und Faktormärkte als Inflationsursachen herausgestellt. Diese Ansätze lassen sich in eine monetäre (quantitätstheoretische) und eine nichtmonetäre (keynesianische) Nachfragesogtheorie einteilen (*Übersicht F-2*). Beide Varianten führen die Inflation auf eine im Verhältnis zum Wachstum des realen Güterangebots zu starke Expansion der nominalen Güternachfrage zurück: Das Preisniveau wird gleichsam durch die ständig expandierende Nachfrage am Gütermarkt heraufgezogen (demand-pull). Nach der nichtmonetären Nachfragesogtheorie resultiert der Nachfragesog direkt aus autonomen Erhöhungen der nominalen volkswirtschaftlichen Gesamtnachfrage; nach der monetären Nachfragesogtheorie ergibt er sich indirekt über die Zins- und Realkasseneffekte autonomer Erhöhungen des Geldangebots. Der Unterschied in den Aussagen wird deutlicher, wenn man die Ausgabengleichung der keynesianischen Beschäftigungstheorie (Beitrag C-8.1.)

(8.1) $Y^d \cdot P = C + I^b + G + Ex - Im$

mit der modifizierten Cambridge-Gleichung

(8.2) $M^s \cdot V = Y^d \cdot P$

zur Gleichung

(9) $M^s \cdot V = Y^d \cdot P = C + I^b + G + Ex - Im$

verbindet. Dabei ergibt sich (8.2) aus der originären Cambridge-Version $M^d = k \cdot Y^d \cdot P$, indem man die Kassenhaltungsdauer k durch den reziproken Wert der Umlaufgeschwindigkeit ($k := 1/V$) substituiert und mit $M^d = M^s$ unterstellt, daß fortwährend Geldmarktgleichgewicht besteht. Man kann (9) entweder von rechts nach links (nichtmonetärer Ansatz) oder von links nach rechts (monetärer Ansatz) interpretieren.

Nichtmonetärer Nachfragesog

Der erstgenannten Interpretation gemäß besteht die Inflationsursache in autonomen Erhöhungen der Gesamtausgaben, die auf ein nur begrenzt ausdehnungsfähiges Güterangebot stoßen; die Inflationsverursacher sind die Nachfrager mit ihren Nachfrageplänen und den daraus resultierenden nicht stabilitätsgerechten Dispositionen (Keynes, 1940; Duesenberry, 1950; Hansen, 1951):

- Viele sehen im Staat den eigentlichen Inflationsverursacher. Kriege, Reparationen, Wahlgeschenke, Aufblähungen des Staatsapparates usw. haben nach dieser Auffassung inflationär wirkende Ausgabenschübe zur Folge, die durch Steuererhöhungen, Staatsverschuldung beim privaten Publikum oder durch Geldschöpfung finanziert sein können.
- Auch die privaten Haushalte werden als mögliche Inflationsverursacher angesehen. Die Konsumnachfrage könne aufgrund von Veränderungen der Konsumneigung, der Einkommens- und Vermögensverteilung, der Bevölkerungsentwicklung usw. durchaus inflationär expandieren. Als Finanzierungsquelle stünde eine erhöhte Verschuldung, ein Vermögensabbau oder eine Senkung der Sparquote zur Verfügung.
- Mehr noch als die privaten Haushalte trage der Unternehmenssektor mit seiner kurzfristig stark schwankenden und bei Annäherung an das Vollbeschäftigungsniveau sich selbst verstärkenden Investitionsnachfrage bei. Technische Neuerungen, Konkurrenzdruck und verbesserte Zukunftserwartungen seien die wesentlichen Motive inflationär wirkender Investitionsausgabenschübe.
- Schließlich komme auch das Ausland als Inflationsverursacher in Betracht. Im System fester Wechselkurse nehme die Nettoauslandsnachfrage immer dann zu, wenn das ausländische Preisniveau stärker steigt als das inländische. Die handelsfähigen Güter des Inlands werden für das Ausland relativ billiger, so daß die Exportmengen zu- und die Importmengen abnehmen bzw. weniger stark steigen. Das Inland importiere auf diese Weise zumindest teilweise die Inflation des Auslands (importierte Inflation).

Diese Inflationserklärungen erscheinen plausibel, weil sie den inflationären Nachfrageüberschuß direkt mit dem Verhalten der wirtschaftlichen Akteure begründen. Zwei Fragen bleiben aber offen: Wie erklären sich die „autonome" Nachfrageerhöhung und die für einen inflatorischen Prozeß notwendige Permanenz der Nachfrageexpansion? Und: Wie wird die Nachfrageexpansion gesamtwirtschaftlich finanziert, d. h. monetär alimentiert?

Ein Nachfrageschub, mit dem die Gesamtausgaben nur ein höheres Niveau erreichen (einmalige Ausgabenerhöhung), erklärt eine (einmalige) Preisniveauerhöhung, aber keine Inflation. Erklärungsrelevant sind deshalb nur permanent wachsende autonome Ausgaben. Für derartige Ausgabensteigerungen muß eine Begründung gegeben werden, die nicht auf die möglichen erwartungsinduzierten Ausgabeneffekte der Inflation selbst Bezug nimmt. Verhältnismäßig einfach ist dies im Falle der Nettoauslandsnachfrage. Sie wird tatsächlich permanent steigen, sofern feste Wechselkurse sowie ein anhaltendes Inflationsgefälle vom Ausland zum Inland bestehen (Überblick bei Bender, 1985). Die Begründung einer inflationär wirkenden Zunahme der Staatsnachfrage ist schon schwieriger, wenn man von kriegsbedingten Ausgabensteigerungen einmal absieht. Sie ist ein zentraler Gegenstand der politischen Theorie der Inflationsverursachung (Streissler, 1973; Zohlnhöfer, 1975). Hiernach liegt die „tiefere" Ursache der Inflation in der Struktur und Funktionsweise des politischen Systems repräsentative Demokratie und der ihm innewohnenden Tendenz, der Wählerstimmen wegen alle möglichen Einkommens- und Leistungsansprüche der privat-autonomen sozialen Gruppen für gerechtfertigt zu halten und erfüllen zu wollen. Dagegen sind anhaltende Erhöhungen der privaten autonomen Konsum- und Investitionsnachfrage kaum begründbar: Die Konsumnachfrage entwickelt sich erfahrungsgemäß längerfristig proportional zum permanenten Einkommen (Beitrag C-3.4.); die Investitionsnachfrage unterliegt relativ starken zyklischen Schwankungen (Beitrag G-2.3.).

Ausgabensteigerungen sind kreislauftheoretisch gesehen nur dann realisierbar, wenn sie gemäß (9) monetär, d. h. durch eine entsprechende Zunahme des Geldstroms $M^s \cdot V$ alimentiert werden. Ausgehend von der keynesianischen Geldnachfragetheorie, wird es noch vielfach für möglich gehalten, daß ein permanenter Nachfragesog mit einer ständig sinkenden Liquiditätspräferenz einhergeht und dementsprechend durch fortwährende Erhöhungen der Umlaufgeschwindigkeit des Geldes alimentiert wird. Diese Annahme wird jedoch durch die Erfahrung widerlegt: V ist z. B. in der Bundesrepublik während der letzten beiden Jahrzehnte nur mit einer jahresdurchschnittlichen Rate von 0,5 v. H. gestiegen (Caspers, 1987), obwohl bis 1985 die Inflationsrate im längerfristigen Durchschnitt bei 4 v. H. pro Jahr lag (*Tab. F-1*). Als Alternative bliebe die Finanzierung durch einen permanenten Anstieg von M^s. Diese Bedingung wird in der keynesianischen Theorie durch die Annahme eines elastischen Geldangebots bzw. einer permissiven Geldpolitik als jederzeit erfüllbar angesehen (Beitrag D-4.2.).

Die nichtmonetäre Nachfragesogtheorie sieht in der notwendigen Erhöhung der Wachstumsrate der monetären Gesamtnachfrage nicht die Ursache der herrschenden Inflation, sondern nur den Reflex der eigentlich inflationsverursachenden permanenten autonomen Ausgabensteigerung. Ob und inwieweit diese Interpretation zutrifft, ist eine empirisch zu beantwortende Frage. Relevante Fälle könnten aus den bereits genannten Gründen die Staats- und Nettoauslandsnachfrage bilden. Ihre monetäre Alimentation stellt kein Problem dar, wenn die Notenbank zur Finanzierung staatlicher Budgetdefizite und zu Devisenmarktinterventionen verpflichtet ist. Davon abgesehen, erscheinen mögliche autonome Ausgabenschübe eher dazu geeignet, einen inflatorischen Prozeß in Gang zu setzen als ihn über längere Zeit in Gang zu halten. In jedem Fall bleibt festzustellen, daß die keynesianischen Nachfragesogfaktoren monetär alimentiert sein müssen, wenn sie als Inflationsursachen in Betracht kommen sollen.

Monetärer Nachfragesog

Die monetäre Nachfragesogtheorie (Quantitäts-, Neoquantitäts- und monetaristische Theorie) interpretiert Gleichung (9) von links nach rechts. Als inflationsauslösende Ursache wird ein Anstieg der Wachstumsrate des Geldangebots angesehen, als inflationserhaltende Ursache ein im Verhältnis zur Expansion des realen Güterangebots anhaltend zu hohes Geldmengenwachstum (Friedman, 1968; Brunner, 1970; Johnson, 1972). Dieser Erklärungsansatz wirft drei Fragen auf:

- Wodurch ist die Wachstumsrate des Geldangebots bestimmt?
- Kann das Geldangebotswachstum nicht durch eine verstärkte freiwillige Kassenhaltung kompensiert werden?
- Auf welchem Wege werden Geldangebotserhöhungen in entsprechende Ausgabensteigerungen transformiert?

Die Beantwortung ist Gegenstand der (monetaristischen) Geldangebots-, Geldnachfrage- und Transmissionstheorie.

Die angebotene Geldmenge ist zwar eine auch vom Verhalten des Bankensystems und des privaten Publikums abhängige, endogene Größe, sie wird aber unter der Voraussetzung flexibler Wechselkurse und begrenzter Refinanzierungsmöglichkeiten der Geschäftsbanken geldpolitisch als hinreichend steuerbar angesehen. Ein bestimmtes Geldmengenwachstum sowie seine Veränderung sind deshalb nach monetaristischer Auffassung stets Ausdruck des Willens der geldpolitischen Autoritäten (Regierung und Notenbank). Sie lassen sich folglich nur in einem größeren soziopolitischen Kontext erklären. Für die ökonomische Inflationsanalyse sind sie als exogene Größen anzusehen, die durch eine aktive Geldpolitik bestimmt werden (Kath, 1985; Willms, 1985; Beitrag D-3.2.).

Um das Geldangebotswachstum – letztlich also die nicht stabilitätsgerechte Geldpolitik – als dominierende Inflationsursache identifizieren zu können, darf sich V in (9) nicht ständig kompensatorisch ändern. Das Problem der Bestimmung von V ist identisch mit dem Problem der Bestimmung der realen Geldnachfrage M^d/P. Die neoquantitätstheoretische Geldnachfrageanalyse kommt zu dem Ergebnis, daß M^d/P eine stabile Funktion relativ weniger Variablen ist, die eine anhaltende Kompensation von Geldangebotsänderungen durch Änderungen der Umlaufgeschwindigkeit ausschließt (Siebke, 1985; Beitrag D-4.3.).

Die Umlaufgeschwindigkeit ist demnach keine konstante Größe, wie es von der älteren Quantitätstheorie angenommen wurde. Sie schwankt aber auch nicht erratisch, wie es die keynesianische Theorie unterstellt, sondern sie steht in einer stabilen Beziehung zu ihren Determinanten. Empirische Untersuchungen haben ergeben, daß ihre Einkommenselastizität praktisch Null, ihre Zinselastizität relativ gering und ihre Inflationserwartungselastizität nur bei stärkeren, unvollständig antizipierten Inflationen nennenswert ist. Kann bei längerfristiger (Gleichgewichts-)Betrachtung der Realzins als konstant und die Inflation als vollständig antizipiert gelten, ist folglich auch V als konstant anzunehmen. Nur bei kurzfristiger Betrachtung wird sich V ändern: leicht kompensatorisch, falls der Realzins als Folge einer erhöhten Wachstumsrate der Geldmenge (vorübergehend) sinkt; dagegen verstärkend, sobald erwartungsinduzierte Anpassungsprozesse einsetzen (FRIEDMAN, 1956, 2; LAIDLER, 1969).

Ein Anstieg des Geldmengenwachstums muß aus monetaristischer Sicht zu einer entsprechenden Erhöhung des Gesamtnachfragewachstums führen, wenn ein inflationsverursachender Nachfragesog entstehen soll. Der expansive monetäre Impuls muß gleichsam von der linken Seite der Gleichung (9) auf ihre rechte Seite übertragen werden. Die monetaristische Theorie erklärt diese Transmission mit dem Mechanismus der relativen Preise (BRUNNER, 1970; THIEME/VOLLMER, 1985): Der expansive monetäre Impuls bewirkt eine Störung der zuvor als optimal angesehenen Vermögenszusammensetzung. Hierauf reagieren die Wirtschaftssubjekte mit Änderungen ihrer Vermögenshaltung einschließlich ihrer Kassenhaltung sowie ihrer Nachfrage nach neu produzierten (Konsum- und Investitions-)Gütern. Zuerst erhöht sich die Nachfrage nach festverzinslichen Wertpapieren. Die Kurse steigen, so daß die Kapitalgüter und die sie repräsentierenden Aktien relativ billiger werden. Diese ziehen dann die Nachfrage auf sich, wodurch ihre Preise ebenfalls steigen. Gestiegene Preise für die vorhandenen Bestände an Wertpapieren und Realkapital bedeuten für die Vermögensbesitzer einen nominalen Wertzuwachs. Im Vergleich dazu sind die neu produzierten Güter (relativ) billiger. Aus beiden Gründen werden vermehrt neu produzierte Konsum- und Investitionsgüter nachgefragt: Der expansive monetäre Impuls hat sich durch Veränderungen der relativen Preise und dadurch ausgelöste Vermögens- und Substitutionseffekte in einen verstärkten Anstieg der Gesamtausgaben transformiert.

Modelltheoretische Analyse des Nachfragesogs

Um den Nachfragesog-Fall anhand des inflationstheoretischen Grundmodells analysieren zu können, muß die Nachfragewachstumskurve DG zunächst als Verhaltensgleichung formuliert werden. Dies ist möglich, indem man (8.2) $M^s \cdot V = Y^d \cdot P$ nach P auflöst ($P = M^s \cdot V/Y^d$) und in Änderungsraten transformiert:

(10) $g_P = g_{M^s} + g_V - g_{Y^d}$ bzw.

(11) $g_P = g_{MV} - g_{Y^d}$ mit $g_{MV} := g_{M^s} + g_V$.

Die Gleichungen (10) und (11) repräsentieren die gesamtwirtschaftliche Nachfragewachstumskurve DG, die in *Abb. F-4* vereinfachend als Gerade dargestellt ist.

Im Ausgangsgleichgewicht E_0, das mit dem in *Fig. F-3* dargestellten Gleichgewicht E_0 identisch ist, sind die Parameter der SG- (7) und DG-Kurve (11) so gewählt, daß gleichzeitig Preisniveaustabilität, Vollbeschäftigung und die natürliche Wachstumsrate des realen Sozialprodukts realisiert sind. Ein Nachfragesog entsteht dann, wenn die Wachstumsrate der monetären Gesamtnachfrage einen gegenüber dem Ausgangsgleichgewicht höheren Wert annimmt.

In diesem Fall verschiebt sich die Nachfragewachstumskurve von DG_0 nach DG_1, so daß in E_1 ein neues Gleichgewicht entsteht. Die im Vergleich zur Ausgangslage verstärkte Expansion der Nachfrage löst also einen inflatorischen Prozeß aus und läßt bei gegebener SG-Kurve das Preisniveau mit der Rate g_{P_1} steigen. Die Wachstumsrate des realen Sozialprodukts hat sich auf g_{Y_1} erhöht. Gleichzeitig wird auf der unveränderten PK-Kurve ein neuer Punkt F_1 mit einer auf u_1 gesunkenen Arbeitslosenquote erreicht. Dies entspricht im Ergebnis der keynesianischen PHILLIPS-Kurven-Analyse. Hiernach wäre es möglich, die Arbeitslosigkeit durch eine nachfrageseitig ausgelöste und mit konstanter Rate in Gang gehaltenen Inflation dauerhaft unter ihr natürliches Niveau zu senken. Dieses Ergebnis kommt jedoch nur durch die Abstraktion von Inflationsratenerwartungen und -antizipationen sowie von Angebotsdruckfaktoren zustande. Hebt man diese Restriktionen auf, wird das in E_1 erreichte Gleichgewicht nicht auf Dauer bestehen bleiben bzw. erst gar nicht zustande kommen. Dieser Fall wird später noch analysiert.

Monetäre und nichtmonetäre Nachfragesogtheorien führen somit formal zum gleichen Ergebnis. Theoretisch besteht jedoch ein wesentlicher Unterschied darin, daß der monetäre Ansatz vom Geldmarkt, der nichtmonetäre Ansatz vom Gütermarkt ausgeht. Dadurch differieren zwangsläufig die für ursächlich gehaltenen primären Impulse (autonome Erhöhung der Wachstumsrate des Geldangebots oder der Güternachfrage), die notwendigen Bedingungen für die Ursächlichkeit (induzierte Erhöhung der Wachstumsrate der Gesamtausgaben oder der Geldmenge) sowie die jeweiligen Transmissionswege. Wirtschaftspolitisch reduzieren sich die Implikationen beider Erklärungsansätze auf die der Geldpolitik alternativ zugewiesene aktive oder passive Rolle. Diese mag von Fall zu Fall wechseln. Will man den geldpolitischen Autoritäten auf Dauer weder den Willen noch die Fähigkeit zu einer stabilitätsge-

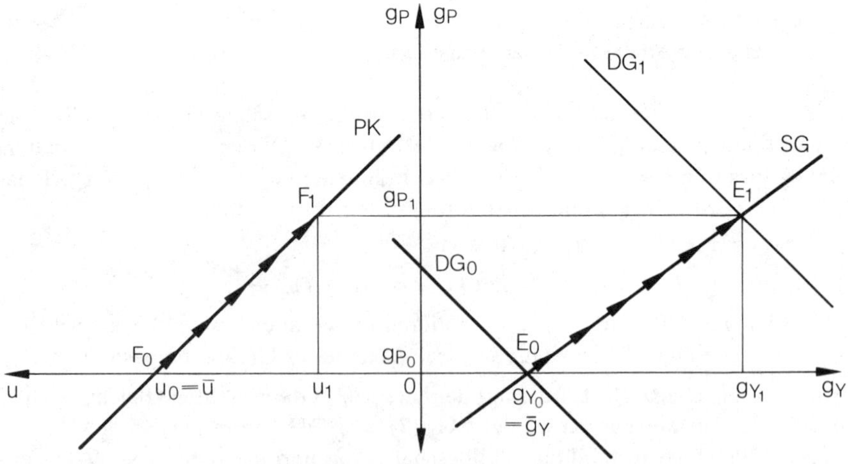

Abb. F-4: Autonomer Nachfragesog

rechten Geldmengensteuerung absprechen, so erscheint es mit beiden Ansätzen vereinbar, die durch Nachfragesogfaktoren verursachte Inflation als ein geldpolitisch zu lösendes und lösbares Problem anzusehen.

2.2.2. Angebotsdruckfaktoren

Nach der Angebotsdrucktheorie liegen die inflationsverursachenden Faktoren auf der Angebotsseite der Güter- und Faktormärkte: Die Güterpreise – und damit das Preisniveau – werden durch das Preissetzungsverhalten der Anbieter von Gütern und Faktorleistungen hinaufgedrückt (supply-push). Es wird angenommen, daß die Anbieter die Angebotspreise ihrer Güter und Leistungen autonom heraufsetzen, um vergleichsweise höhere bzw. stärker steigende Einkommen zu erzielen. Dies bedeutet eine Abkehr von der preistheoretischen Fiktion des Preisnehmers und Mengenanpassers bei vollständiger Konkurrenz auf den Güter- und Faktormärkten. Statt dessen wird unterstellt, daß es den Anbietern gelingt, jede geplante Angebotspreiserhöhung am Markt durchzusetzen, und daß sie dies tun werden, auch wenn dadurch Absatzeinbußen oder Entlassungen drohen. Je nach Herkunft des autonomen Angebotsdrucks lassen sich verschiedene Angebotsdruckfaktoren unterscheiden *(Übersicht F-2)*.

Autonomer Gewinndruck

Die Gewinndrucktheorie geht davon aus, daß die Unternehmen in oligopolistischen Märkten ihre Angebotspreise im Hinblick auf ein längerfristiges Gewinnziel „planen" und sie den Nachfragern praktisch wie bei behördlicher Gebührenfestsetzung „vorschreiben" (administered pricing). Dabei werden die Preise so gesetzt, daß sie unabhängig von kurzfristigen Kosten- und Absatzschwankungen für einen längeren Zeitraum konstant gehalten werden können. Die Preiskalkulation erfolgt meist nach dem Aufschlagprinzip: Auf die faktischen oder standardisierten Durchschnittskosten wird eine prozentuale Gewinnspanne (mark-up) aufgeschlagen, die hoch genug ist, um mittel- oder langfristig eine als angemessen betrachtete Verzinsung des eingesetzten Kapitals zu erreichen (MACHLUP, 1960; WILLEKE, 1975).
Die Existenz marktmächtiger Unternehmen mit administrierter Preisfixierung bzw. -anpassung ist eine notwendige, aber keine hinreichende Bedingung für einen anhaltenden Gewinndruck, wie er zur Aufrechterhaltung der Inflation erforderlich ist. Haben nämlich die Unternehmen aufgrund ihrer langfristigen Gewinnplanung den Aufschlagsatz fixiert, entsteht kein Gewinndruck mehr – unabhängig davon, ob der Aufschlagsatz 5 oder 500 Prozent beträgt. Hinreichende Bedingung ist also, daß im gesamtwirtschaftlichen Durchschnitt gesehen der Aufschlagsatz ständig steigt. Dies ist jedoch nur in zwei Fällen denkbar: zum einen bei zunehmender Vermachtung der Märkte; zum anderen bei wiederholter Erhöhung des Gewinnziels marktmächtiger Unternehmen. Im ersten Fall resultiert der Gewinndruck aus der Oligopolisierung bzw. Monopolisierung bisheriger Wettbewerbsmärkte: Im Verlauf des Konzentrationsprozesses schrumpft die Zahl der marktreagiblen Preise, an ihre Stelle treten administrierte Preise; außerdem entstehen monopolistische Preissetzungsspielräume,

die durch autonome Preiserhöhungen ausgeschöpft werden. Im zweiten Fall resultiert der Gewinndruck aus ständigen Erhöhungen des Aufschlagsatzes, die mit der Notwendigkeit steigender Gewinne zur Selbstfinanzierung aufwendiger und risikoreicher Zukunftsinvestitionen begründet werden. Umstritten ist jedoch, ob und inwieweit diese denkbaren Fälle empirisch relevant sind und in welchem Ausmaß sie gegebenenfalls Inflation auslösen oder verstärken können (Überblick bei LUSTGARTEN, 1975; MEISSNER/FASSING, 1981).

Autonomer Kostendruck

Die Kostendrucktheorie führt den autonomen Angebotsdruck auf angebotsseitig erzwungene Erhöhungen der Preise für Faktorleistungen, Rohstoffe usw. zurück, die von den Unternehmen nicht durch entsprechende Produktivitätssteigerungen kostenniveauneutral aufgefangen werden können. Soll die entstehende Kostensteigerung nicht zu Verlusten oder Gewinnkompressionen führen, muß es den Unternehmen gelingen, sie über die Preise ihrer Produkte auf die Abnehmer abzuwälzen. Auch hierbei spielt die administrierte Preissetzung eine Schlüsselrolle, da die Kostensteigerungen durch die Aufschlagkalkulation quasi mechanistisch zu einer Erhöhung der Angebotspreise führen. Dieser Mechanismus ist im Prinzip bei jeder Art von Kostendruck wirksam, wobei dem Lohn- und Importpreisdruck die größte Bedeutung beigemessen wird (WEINTRAUB, 1978; HABERLER, 1975).

Die Kostendrucktheorie konzentriert sich auf den Lohndruck, weil einerseits die Lohnkosten einschließlich der Lohnnebenkosten in den meisten Wirtschaftszweigen den größten Kostenbestandteil ausmachen. Andererseits seien die Gewerkschaften als Vertreter der abhängig Beschäftigten aufgrund ihrer relativ großen Verhandlungsmacht bei der kollektiven Lohnbildung prinzipiell in der Lage, ständig Lohnsatzerhöhungen durchzusetzen, die über den Produktivitätssteigerungen liegen. Praktisch wird immer dann auf einen autonomen Lohndruck geschlossen, wenn die Gewerkschaften Lohnsatzerhöhungen über die laufenden Produktivitäts- und Preisniveausteigerungen hinaus erkämpfen (Beitrag H-2.1.). Dahinter steht das Ziel, die funktionelle Einkommensverteilung zugunsten der Lohn- und zu Lasten der Gewinneinkommen zu ändern (aggressive Lohnpolitik). Auch durch innergewerkschaftlichen Wettbewerb um die jeweils höchsten Tarifabschlüsse bzw. um Positionsverbesserungen in der Rangskala der Löhne (Lohnführerschaft) kann es zu Lohndruck kommen: Erzielen die Einzelgewerkschaften in Wirtschaftszweigen mit überdurchschnittlichen Produktivitätsfortschritten relativ hohe Tarifabschlüsse, die von den übrigen Gewerkschaften trotz unzureichender Produktivitätsentwicklung in anderen Branchen imitiert werden, so liegen die Lohnsatzsteigerungen im gesamtwirtschaftlichen Durchschnitt über den Produktivitätssteigerungen. Ausmaß und Dauer des autonomen Lohndrucks hängen somit wesentlich von der Zielsetzung, der Verhandlungsmacht und der Organisationsstruktur der Gewerkschaften ab (Überblick bei JACKSON/TURNER/WILKINSON, 1972).

Ein autonomer Importpreisdruck entsteht bei festen Wechselkursen und freiem Waren- und Dienstleistungsverkehr immer dann, wenn das Ausland stärker inflationiert als das Inland oder die Weltmarktpreise einzelner, kurz- und mittelfristig kaum substituierbarer Vorleistungen steigen. Dabei wirken sich die Preiserhöhungen von Importgütern bei den inländischen Abnehmern unmittelbar kostenerhöhend aus und treiben die administrierten Endproduktpreise nach oben. Schöpfen die Anbieter von Importsubstituten die sich ergebenden Preiserhöhungsspielräume aus, greift der Importpreisdruck auch auf heimische Produkte über. Eine Erhöhung der Weltmarktpreise gibt andererseits auch den Exporteuren die Möglichkeit, ihre Angebotspreise auf dem Inlandsmarkt heraufzusetzen und einen heimischen Exportpreisdruck zu erzeugen. Der durch diesen direkten internationalen Preiszusammenhang importierte Kostendruck wird so lange anhalten, wie die Weltmarktpreise der handelsfähigen Güter steigen und der Wechselkurs unverändert bleibt (Überblick bei ADEBAHR, 1972). Er kann – zumindest teilweise – durch häufigere Aufwertungen der heimischen Währung oder durch Freigabe der Wechselkurse abgewehrt werden.

Autonomer Strukturanpassungsdruck

Die Strukturtheorie führt den autonomen Angebotsdruck auf zu geringe Lohn- und Preisflexibilität in einer wachsenden und offenen Wirtschaft zurück (strukturelle Inflation; Überblick bei AUKRUST, 1977; FRISCH, 1980, S. 137 ff.). Hiernach ist ausreichende Preis- und Lohnflexibilität nach oben und unten erforderlich (symmetrischer Marktmechanismus), um den ständigen außenwirtschafts- und wachstumsbedingten Strukturwandel ohne gesamtwirtschaftliche Friktionen bewältigen zu können. Der expandierenden Nachfrage in einigen Branchen steht stets eine schrumpfende Nachfrage in anderen gegenüber; und während hier die zur Expansion zusätzlich erforderlichen Produktionsfaktoren durch (relative) Preis- und Lohnerhöhungen angelockt werden, müssen dort die freizusetzenden Faktoren durch (relative) Preis- und Lohnsenkungen zur Abwanderung veranlaßt werden, damit eine gesamtwirtschaftlich optimale Faktorallokation bei stabilem Preisniveau realisierbar ist. Dieses Ergebnis tritt jedoch nicht ein, wenn sich die relativen Preise und Löhne nicht in dem für die Reallokation erforderlichen Ausmaß anpassen und die interindustriellen Lohn- und intersektoralen Einkommensrelationen starr sind, wie es für die meisten Industrieländer unterstellt wird. Unter diesen Umständen ist die erforderliche Preisflexibilität nur dann gegeben, wenn sich die Preisrelationen im Rahmen eines steigenden Preisniveaus durch unterschiedlich hohe Einzelpreissteigerungen hinreichend verändern können.

Die Strukturtheorie bildet also eine Synthese aus den gewinn- und kostendrucktheoretischen Ansätzen für den Fall permanenter Nachfrageverschiebungen. Hiernach arbeitet der Marktmechanismus insofern asymmetrisch, als die Preis- und Lohnerhöhungsspielräume in den expandierenden Branchen und Sektoren voll ausgeschöpft werden, ohne daß es in den schrumpfenden Wirtschaftszweigen zu einem kompensatorischen Sinken der Preise und Lohnsätze bzw. ihrer Steigerungsraten kommt. Der daraus resultierende gesamtwirtschaftliche Angebotsdruck mag zwar permanent wirksam sein, dürfte sich aber in seiner Auswirkung auf die beobachtbaren Inflationsraten quantitativ in engen Grenzen halten. Immerhin wird er als ausreichend angesehen, um in der Bundesrepublik anhaltende Preisniveausteigerungen von 1–1,5 Prozentpunkten pro Jahr zu erklären (GIERSCH, 1977, S. 88).

Modelltheoretische Analyse des Angebotsdrucks

Um den Angebotsdruck-Fall anhand des inflationstheoretischen Grundmodells analysieren zu können, müssen der Gewinndruck g_q und der Lohndruck g_l in die Angebotswachstumskurve SG einbezogen werden. Hierzu wird die zuvor in (3.3) gemachte Annahme $g_q = 0$ aufgehoben; statt dessen wird mit $g_q > 0$ ein Gewinndruck unterstellt, mit dem die Unternehmen die Einkommensverteilung durch Erhöhung ihrer Angebotspreise über die Kostensteigerungen hinaus zugunsten der Gewinneinkommen zu verändern beabsichtigen. Außerdem repräsentiere g_q alle Einflüsse, die von der Entwicklung der Nichtlohnkosten (z. B.: Steuern, Zinsen, Rohstoffpreise) ausgehen.

Die Lohndruckkomponente g_l läßt sich als additives Glied in die Bestimmungsgleichung der Lohnsatzänderungen (4) einbauen, so daß nunmehr gilt:

(4.1) $g_w = g_\varrho + g_l + n \cdot (\bar{u} - u).$

Die Komponente g_l steht für das Maß, mit dem die Arbeitnehmer die Einkommensverteilung zugunsten der Lohneinkommen zu verändern beabsichtigen. Durch Einsetzen von (4.1) in (3.3) und Zusammenfassen der Gewinn- und Lohndruckkomponente zu einer Angebotsdruckkomponente $g_A := g_q + g_l$ ergibt sich

(5.1) $g_P = g_A + n \cdot (\bar{u} - u)$ mit $g_A \gtreqless 0.$

Dementsprechend läßt sich (7) überführen in

(7.1) $g_P = g_A + \gamma \cdot (g_{Y^s} - \bar{g}_{Y^s}).$

Die Gleichungen (4.1) und (7.1) repräsentieren nun eine durch Angebotsdruckfaktoren erweiterte Version der modifizierten PHILLIPS-Kurve PK bzw. der Angebotswachstumskurve SG.

Der Angebotsdruck-Fall wird durch *Abb. F-5* veranschaulicht. Ausgehend von E_0 komme es zu einem autonomen Angebotsdruck ($g_{A1} > g_{A0} = 0$), der definitionsgemäß

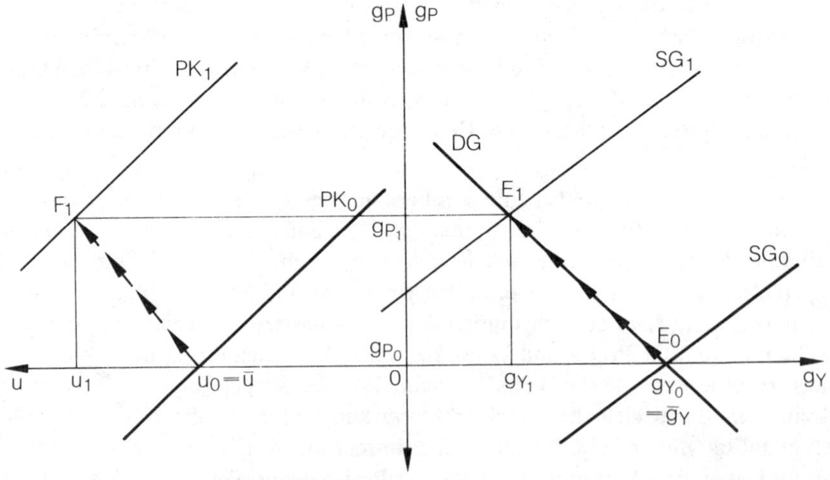

Abb. F-5: Autonomer Angebotsdruck

aus einem Gewinn- ($g_q > 0$) oder Lohndruck ($g_l > 0$) bestehen kann. Hierdurch verschieben sich die PK- und SG-Kurve nach oben. Dagegen bleibt die Lage der DG-Kurve unverändert, da der autonome Angebotsdruck annahmegemäß zunächst weder durch eine aktive noch durch eine passive Geldpolitik monetär alimentiert wird. Es entsteht ein neues Gleichgewicht E_1 mit einer auf g_{P1} gestiegenen Inflationsrate. Das reale Sozialproduktwachstum ist dagegen auf g_{Y1} gesunken, während sich die Arbeitslosenquote auf u_1 erhöht hat. Beschäftigung und Wirtschaftswachstum liegen unter ihren natürlichen (Vollbeschäftigungs-)Niveaus. Damit kommt die Angebotsdrucktheorie hinsichtlich der inflationsbegleitenden Realeffekte zu einem der Nachfragesogerklärung entgegengesetzten Ergebnis. Allerdings ist E_1 wiederum nur der erste analytische Schritt auf dem Weg zur Erklärung des Zustandekommens eines inflatorischen Gleichgewichts.

2.2.3. Verteilungskampf

Nach der Verteilungskampftheorie, deren Grundgedanken schon Anfang der 50er Jahre formuliert wurden, ist Inflation die Folge eines mehr oder weniger offenen Verteilungskampfes, den einzelne Einkommensbezieher, organisierte soziale Gruppen und der Staat um den jeweils „gerechten" Anteil am Volkseinkommen führen (MEISSNER/UNTERSEHER, 1972; WÜRGLER, 1973). Da die in einer Gesellschaft vorhandenen Einkommensunterschiede vielfach als ungerecht empfunden werden, resultieren daraus fortwährend Forderungen der sozialen Gruppen nach verteilungsnivellierenden Einkommensverbesserungen. Entsprechende Realisierungsversuche treffen jedoch auf den Widerstand derjenigen, die ihre relative Einkommensposition aufrechterhalten wollen. Die Summe aller realen Einkommensansprüche übersteigt deshalb regelmäßig das verteilbare reale Sozialprodukt. Versuchen die sozialen Gruppen, ihre konkurrierenden Ansprüche wechselseitig durch Einsatz ihrer ökonomischen und politischen Machtmittel durchzusetzen, so erzeugen sie ständig Angebotsdruck und erzwingen den ihn alimentierenden Nachfragesog. Die daraus entstehende Inflation (Anspruchsinflation; competitive inflation) wird gleichsam als Ventil angesehen, durch das der Überdruck des tiefgreifenden sozialen Unfriedens entweicht (Überblick bei FAUTZ, 1978; JOHN, 1982).

Verteilungskampfinduzierter Angebotsdruck

Auslösende Momente und ökonomische Konsequenzen des Verteilungskampfes werden in *Abb. F-6* dargestellt. Ausgangspunkt ist das aus *Abb. F-5* bereits bekannte Gleichgewicht E_1. Ging die ursprüngliche Verschiebung der Angebotswachstumskurve aus einem autonomen Gewinndruck hervor ($g_q > 0$), so folgt aus dem Modell, daß sich sowohl die Real- als auch die Nominaleinkommensposition der Arbeitnehmer im Vergleich zur Ausgangssituation E_0 verschlechtert haben: Die Wachstumsrate des Nominallohnsatzes g_W ist wegen $u_1 > \bar{u}$ unter die Produktivitätssteigerungsrate g_ϱ gesunken; und die durch $g_{W^r} := g_W - g_P$ bestimmte Änderungsrate des Reallohnsatzes hat sich außerdem um die Inflationsrate g_{P_1} verringert. Obwohl die Nominal-

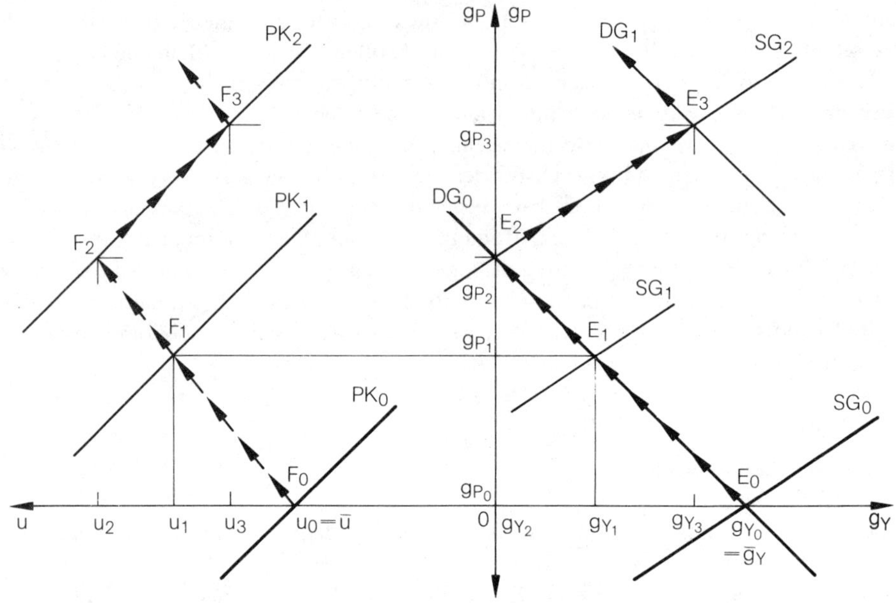

Abb. F-6: Verteilungskampfinduzierter Angebotsdruck und Nachfragesog

und Reallöhne weiterhin steigen, sinkt die Lohnquote wegen $g_{W^r} < g_\varrho$ ständig. Ein solches Ergebnis fordert zwangsläufig zu Gegenmaßnahmen der Arbeitnehmerseite heraus.

Eine mögliche Reaktion der Gewerkschaften besteht z. B. darin, in der nächsten Tarifrunde deutlich höhere Lohnsatzsteigerungen durchzusetzen. Sie werden versuchen, die alte Verteilungsposition der Arbeitnehmer wiederherzustellen oder sogar zu verbessern. Halten die Unternehmen an ihrer aggressiven Gewinnpolitik fest, so verstärkt sich dadurch der Angebotsdruck um die Lohndruckkomponente $g_l > 0$ (verteilungskampfinduzierter Angebotsdruck). Als Folge davon verschiebt sich die SG-Kurve noch weiter nach oben. Wird der Angebotsdruck monetär nicht alimentiert, so kommt es in E_2 zu einer nochmals gestiegenen Inflationsrate und einer weiter gesunkenen Wachstumsrate des realen Sozialprodukts (Stagflation).

Die Arbeitnehmer kommen jedoch ihrem Umverteilungsziel unter den gemachten Annahmen keinen Schritt näher: Sie könnten nämlich ihre Verteilungsposition nur dann verbessern, wenn die Unternehmen – zumindest vorübergehend – sinkende Gewinnaufschlagsätze realisierten ($g_q < 0$). Hierauf haben aber die Gewerkschaften unmittelbar keinen Einfluß. Denkbar wäre jedoch, daß sich die Unternehmen durch die schlechte Absatzlage zu entsprechenden Konzessionen gezwungen sehen. Auch die Gewerkschaften dürften angesichts der gestiegenen Arbeitslosigkeit künftig eine vorsichtigere Tarifpolitik treiben. Die vermutlichen Reaktionen von Unternehmen und Gewerkschaften auf die negativen realwirtschaftlichen Effekte ihres Verteilungskampfes reduzieren den Angebotsdruck wieder und leiten eine gegenläufige Entwicklung in Richtung auf E_0 ein. Der monetär nicht alimentierte verteilungskampfinduzierte Angebotsdruck wird demnach nur eine vorübergehende, wenn auch gesamtwirtschaftlich äußerst kostspielige Erscheinung sein. Hierin bestätigt sich ein weiteres Mal: Inflation setzt als ein Dauerphänomen notwendigerweise die monetäre Alimentierung der vermuteten nicht monetären Ursachen voraus.

Verteilungskampfinduzierter Nachfragesog

Aller Erfahrung nach wird die Wirtschaftspolitik gegen die Stagflation vorgehen. Möglicherweise wird man versuchen, die Inflation durch einkommenspolitische Maßnahmen und die Stagnation durch expansive Geld- und Fiskalpolitik zu bekämpfen (Beitrag P). Erhöhen die monetären Autoritäten die Wachstumsrate der Geldmenge, so wird sich die DG-Kurve nach oben verschieben. Gelingt es nicht, den Verteilungskampf durch einkommenspolitische Maßnahmen zu dämpfen und bleibt deshalb die Lage der SG-Kurve unverändert, kommt es in E_3 zu einem neuen Gleichgewicht: In ihm hat sich zwar die Inflationsrate nochmals erhöht; aber das reale Sozialproduktswachstum ist wieder positiv und die Arbeitslosigkeit ist gesunken. Vor diesem realwirtschaftlichen Hintergrund wird möglicherweise eine neue Runde des Verteilungskampfes einsetzen, die erneut in die Stagflation führt und dabei noch höhere Inflationsraten zur Folge haben kann, so daß sich die Wirtschaftspolitik erst recht zum Eingreifen gezwungen sieht usw. Wird also der verteilungskampfinduzierte Angebotsdruck monetär alimentiert (verteilungskampfinduzierter Nachfragesog), so können sich Angebots- und Nachfrageseite gegenseitig aufschaukeln und u. U. sogar zu einer akzelerierten Inflation führen.

Dieses Ergebnis hängt jedoch nicht nur vom anhaltend aggressiven Verhalten der Unternehmen und Gewerkschaften als den „Nachfragern der Inflation" ab, sondern vor allem auch vom nachgiebigen Kurs der geldpolitischen Entscheidungsträger, die als die „Anbieter der Inflation" die Verteilungskampfergebnisse um des Wachstums- und Beschäftigungszieles willen mit verstärkter Geldschöpfung honorieren. So gesehen erscheint der inflatorische Prozeß als Folge eines „Doppelmonopols" von Unternehmen und Gewerkschaften (LERNER, 1967), das unter der Voraussetzung staatlicher Vollbeschäftigungsgarantie ohne Beschränkung durch die monetäre Gesamtnachfrage beliebig zu Preis- und Lohnerhöhungen genutzt werden kann.

2.2.4. Erwartungen und Antizipation

Inflationsratenerwartungen und -antizipation stellen ein wesentliches Element in jeder neueren Inflationserklärung dar. Ihre Bedeutung geht schon aus der Redewendung hervor, daß es genüge, Inflation zu erwarten, um sie tatsächlich entstehen zu lassen. Da z. B. nominale Lohnsätze, die heute mit einer Laufzeit von einem Jahr vereinbart werden, je nach der Höhe der eintretenden Preisniveausteigerungen zu einer recht unterschiedlichen Kaufkraft der Nominallohneinkommen führen können, werden die Tarifparteien keine Tarifverhandlungen führen, ohne dabei ihre Vorstellungen über die künftige Preisniveauentwicklung in die Forderungen und Angebote mit einzubeziehen. Wenn aber höhere Lohnsätze, Zinssätze, Mieten oder Vorleistungspreise vereinbart werden, weil Inflation erwartet wird, liegt ein erwartungsinduzierter Angebotsdruck vor. Bauen die Wirtschaftssubjekte andererseits die Kassenbestände ab, um sie zumindest teilweise der erwarteten Geldentwertung zu entziehen, steigt die Umlaufgeschwindigkeit des Geldes vorübergehend an, so daß außerdem ein erwartungsinduzierter Nachfragesog entsteht. Inflationsratenerwartungen werden also gleichzeitig auf der Angebots- und Nachfrageseite aller Güter-, Faktor- und Finanzaktivamärkte wirksam und beeinflussen daher nicht unerheblich den tatsächlichen Verlauf des inflatorischen Prozesses.

Erwartungsbildungs- und Antizipationsverhalten

Wie bei der Unterscheidung von vollständig und unvollständig antizipierter Inflation erwähnt, sind Erwartungen und Antizipationen analytisch strikt auseinanderzuhalten. Der Begriff Inflationsratenerwartung bezieht sich auf die rein gedanklichen Vorstellungen von der Entwicklung der Inflationsrate in der Zukunft. Diese Vorstellungen konzentrieren sich auf den subjektiv wahrscheinlichsten Wert der Inflationsrate, den sogenannten (mathematischen) Erwartungswert. Der Begriff Inflationsratenantizipation stellt hingegen auf die Erwartungswirkungen ab. Er beinhaltet die erwartungsinduzierten Dispositionen (Ex-ante-Anpassungen der Angebots- und Nachfragepläne), mit denen die Wirtschaftssubjekte einem tatsächlichen Eintreten der erwarteten Inflationsratenentwicklung zuvorzukommen trachten. Da sich die Pläne nicht immer realisieren lassen, ist zwischen den Antizipationswünschen und den am Ende der Planungsperiode faktisch durchgesetzten Antizipationen zu unterscheiden. Solange es den Wirtschaftssubjekten nicht gelingt, ihre aufgrund von Erwartungsänderungen revidierten Pläne in vollem Umfang zu verwirklichen, führen selbst korrekte Inflationsratenerwartungen nicht zu einer vollständigen Inflationsratenantizipation. In diesem Fall bleibt ihnen nichts anderes übrig, als sich nachträglich an die tatsächlich eingetretene Preisniveausteigerung anzupassen (Ex-post-Anpassung). Inflationsratenerwartungen bleiben sogar ohne jegliche Wirkung, solange aus ihnen keine Antizipationswünsche hervorgehen – etwa weil sich die Wirtschaftssubjekte unsicherheitsbedingt abwartend verhalten oder weil ihnen die Kosten von Ex-ante-Anpassungen im Vergleich zum erwarteten Nutzen zu hoch erscheinen. Die durch entsprechende Dispositionen in t-1 für t antizipierte Inflationsrate $g^a_{P_t}$ wird deshalb als Produkt aus dem Antizipationskoeffizienten β und der erwarteten Inflationsrate $g^*_{P_t}$ ausgedrückt:

$$(12) \qquad g^a_{P_t} = \beta \cdot g^*_{P_t} \qquad \text{mit } \beta \geqq 0.$$

Wollen und können die Wirtschaftssubjekte die von ihnen erwartete Inflationsrate in vollem Umfang antizipieren, ist $\beta = 1$. Eine vollständig antizipierte Inflation liegt jedoch erst dann vor, wenn die tatsächliche Inflationsrate korrekt erwartet und antizipiert wird ($g_{P_t} = g^*_{P_t} = g^a_{P_t}$).

Das Ausmaß der Antizipationswirkungen auf den Verlauf der tatsächlichen Inflationsrate hängt wesentlich davon ab, wie die Inflationsratenerwartungen gebildet und angesichts neuer Erfahrungswerte überprüft und korrigiert werden. Der Erwartungsprozeß kann im ökonomischen Sinne als ein Produktionsprozeß aufgefaßt werden, in dem durch Beschaffung und Verarbeitung von Informationen Vorleistungen für die auf eine unsichere Zukunft gerichtete Entscheidungsfindung der Wirtschaftssubjekte erbracht werden. Das Produktionsziel sind Erwartungswerte mit möglichst geringem Unsicherheitsgrad, um das Risiko von Fehlentscheidungen aufgrund von Erwartungsirrtümern zu minimieren. Je präziser und sicherer die Erwartungen sein sollen, um so zeitaufwendiger und kostspieliger ist die Informationsverarbeitung. Die Produktion von Erwartungen unterliegt dabei dem Gesetz vom abnehmenden Grenzertrag, vor allem dann, wenn Entscheidungen unter Zeitdruck zu fällen sind. Es ist deshalb ökonomisch rational, wenn die Wirtschaftssubjekte im jeweiligen Einzelfall die Informationsverarbeitung abbrechen, bevor der Unsicherheitsgrad auf das erreichbare Minimum reduziert wird.

Die als Produktionsinput verwendeten Informationen führen aufgrund ihrer Herkunft und ihres Gehaltes zu unterschiedlichen Schlußfolgerungen hinsichtlich der künftigen Entwicklung. Je nach Art der verarbeiteten Informationen werden folgende Gruppen von Erwartungen unterschieden (Überblick bei Caspers, 1978; Fuhrmann, 1982):

- autoregressive (extrapolative, regressive und adaptive) Erwartungen (Cagan, 1956; Solow, 1969): Sie werden rein mechanistisch auf der Grundlage von Informationen über die vergangene Entwicklung der erwarteten Größe selbst gebildet, wie es z. B. der einfache adaptive Ansatz

  (13) $g^*_{P_t} = \alpha \cdot (g_{P_{t-1}} - g^*_{P_{t-1}}) + g^*_{P_{t-1}} \qquad \text{mit } 0 < \alpha < 1$

  zum Ausdruck bringt (s. *Abb. F-1a*), wobei $(g_{P_{t-1}} - g^*_{P_{t-1}})$ den Erwartungsirrtum darstellt;

- rationale bzw. konsistente Erwartungen (Muth, 1961; Sargent/Wallace, 1976): Sie basieren zusätzlich auf Informationen über die Vergangenheitsentwicklung solcher Größen, die nach Auffassung des Erwartungsbildenden wichtige Bestimmungsfaktoren der jeweiligen Erwartungsvariablen sind. Für einen Monetaristen z. B. wäre im einfachsten Fall die Erwartungsbildung gemäß

  (14) $g^*_{P_t} = g_{M_{t-1}} - \bar{g}_{Y_{t-1}}$

  konsistent mit der von ihm vertretenen Theorie einer rein monetären Inflationsverursachung;
- ökonomisch rationale Erwartungen (Feige/Pearce, 1976; Darby, 1976,2): Dies sind rationale Erwartungen, die bei unterschiedlich hohen Kosten der Informationen, die zur Erwartungsbildung auf der Grundlage alternativer Theorien jeweils beschafft werden müssen, einen optimalen Unsicherheitsgrad bzw. Informationsstand beinhalten. Die Wirtschaftssubjekte bilden ihre Erwartungen aufgrund jener „vereinfachten" Theorie, bei der sie einen gewissen tolerierten Unsicherheitsgrad mit geringstmöglichen Informationsbeschaffungskosten erzielen können.

Werden derartige Verhaltenshypothesen (Erwartungsgeneratoren) in die jeweiligen Inflationsmodelle eingebaut, erzeugen sie (künstliche) Erwartungswerte g^*_P, deren Antizipation das Modellergebnis entscheidend mitbestimmt. Dabei geht man meist von der Fiktion subjektiv sicherer Erwartungen aus; d. h. man nimmt an, daß sich die Wirtschaftssubjekte trotz unvollkommener Voraussicht und der daraus resultierenden objektiven Unsicherheit der Erwartungen subjektiv völlig sicher fühlen und sich deshalb bei ihren erwartungsinduzierten Antizipationen so verhalten, als ob sie objektiv sicher wären (risikoneutrales Antizipationsverhalten). Die Wirtschaftssubjekte werden folglich versuchen, ihre Pläne möglichst rasch und vollständig an Veränderungen der erwarteten Inflationsrate anzupassen. Nur wenn dies gelingt, ist die übliche Gleichsetzung von erwarteter und antizipierter Inflation gerechtfertigt.

Erwartungsinduzierter Angebotsdruck

Inflationserwartungen und -antizipationen lassen sich in das inflationstheoretische Grundmodell einbeziehen, indem man die Bestimmungsgleichung der Änderungsrate des Nominallohnsatzes (4) über die Lohndruckkomponente g_l hinaus noch um die antizipierte Inflationsrate g_P^a erweitert:

(4.2) $g_w = g_P^a + g_Q + g_l + n \cdot (\bar{u} - u).$

Hieraus folgen mit

(5.2) $g_P = g_P^a + g_A + n \cdot (\bar{u} - u)$

und

(7.2) $g_P = g_P^a + g_A + \gamma \cdot (g_{Y^s} - \bar{g}_{Y^s})$

die Gleichungen der um Inflationsratenantizipationen und Angebotsdruckfaktoren erweiterten Versionen der modifizierten PHILLIPS- bzw. Angebotswachstumskurve, die als PK_0 und SG_0 in *Abb. F-7* dargestellt sind.

Ausgangspunkt ist das bereits aus *Abb. F-4* bekannte Gleichgewicht E_1. Diese Situation kann jedoch nicht bestehen bleiben, sofern es den Arbeitnehmern z. B. gelingt, die für die nächste Periode gemäß (13) mit $\alpha = 1$ erwartete Inflationsrate durch einen entsprechenden Aufschlag auf die Änderungsrate des Nominallohnsatzes gemäß (4) und (12) mit $\beta = 1$ zu antizipieren. Hierdurch verschiebt sich die SG-Kurve nach oben, so daß zusammen mit der annahmegemäß unveränderten DG-Kurve ein neues Gleichgewicht E_2 zustande kommt. Dieser Vorgang wiederholt sich nun mit immer kleineren Anpassungsschritten, bis das inflatorische Gleichgewicht E_L mit $g_{P_L} = g_{P_L}^* = g_{P_L}^a$ erreicht ist. In diesem Fall bildet die SG-Kurve eine Vertikale SG_L über der natürlichen Wachstumsrate des realen Sozialprodukts. Ein entsprechendes Ergebnis zeigt die PHILLIPS-Kurven-Darstellung im gegenüberliegenden Quadranten.

Diese Ceteris-paribus-Analyse gilt nicht ohne Vorbehalte:

- So wird z. B. vorausgesetzt, daß während des Anpassungsprozesses kein zusätzlicher (autonomer) Angebotsdruck oder Nachfragesog entsteht; anderenfalls ergäben sich nicht unwesentliche Modifikationen in bezug auf den Anpassungspfad.
- Mit Hilfe der komparativ-statischen Inflationsratenanalyse vermag man den dynamischen Anpassungsprozeß bei endogener Erwartungsbildung nicht adäquat wiederzugeben; im Rahmen einer dynamischen Inflationsratenanalyse, in der die Zeit explizit als Variable einbezogen ist, würde sich möglicherweise ein Anpassungspfad ergeben, wie er in *Abb. F-7* als gekrümmte Linie dargestellt ist.
- Ein weiterer Einwand richtet sich gegen die Beibehaltung des adaptiven Erwartungsgenerators während der Dauer des Anpassungsprozesses. Hiermit wird unterstellt, daß die Wirtschaftssubjekte nicht schnell genug aus den wiederkehrenden Erwartungsirrtümern lernen. Wahrscheinlich werden sie ihre Erwartungsbildungsverfahren ändern, wenn sich die Qualität der Erwartungen als schlecht erweist.

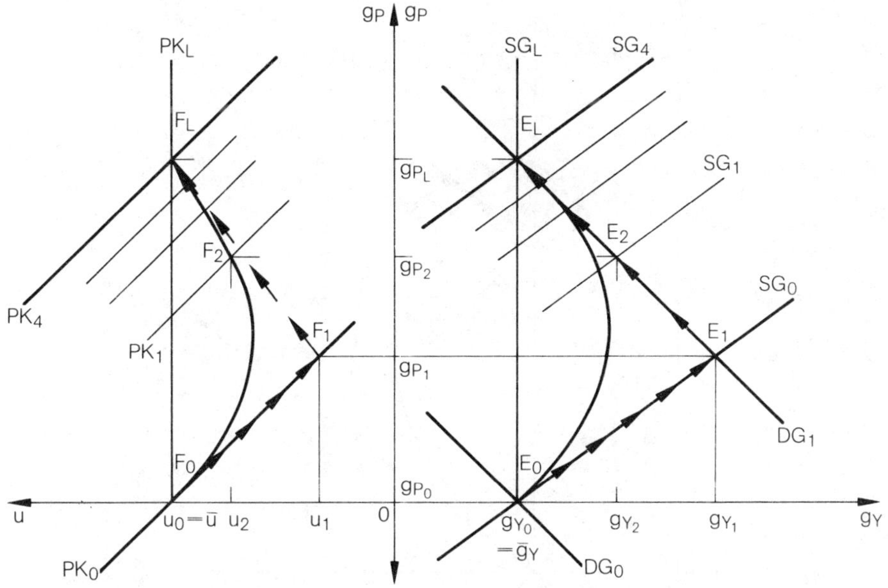

Abb. F-7: Erwartungsinduzierter Angebotsdruck

Unterstellt man mit (14) eine rationale Erwartungsbildung, erfolgt z. B. die Anpassung entlang der Vertikalen SG_L.

- Die übliche Annahme von $\beta = 1$ ist extrem wirklichkeitsfremd; erforderlich wäre eine Theorie des Antizipationsverhaltens, die den Antizipationskoeffizient β durch eine Verhaltensgleichung bestimmt, in die die Unsicherheit der Erwartungen als Variable eingehen müßte. Dies hätte möglicherweise zur Folge, daß der Anpassungspfad in *Abb. F-7* zunächst vergleichsweise flacher (verzögerte Inflationsantizipation) und dann sehr viel steiler in Richtung auf E_L bzw. F_L verliefe (beschleunigte Inflationsantizipation).

Erwartungsinduzierter Nachfragesog

Die erwartete bzw. antizipierte Inflationsrate ist auch ein Bestimmungsfaktor der realen Geldnachfrage bzw. der Umlaufgeschwindigkeit des Geldes und deshalb implizit der Nachfragewachstumskurve. Bei Einbeziehung von Erwartungen und Antizipationen kann folglich die DG-Kurve zumindest während des Anpassungsprozesses nicht fixiert bleiben. Der sich hieraus ergebende Fall des erwartungsinduzierten Nachfragesogs, der in Verbindung mit den Angebotsdruckfaktoren den Fall der akzelerierten Inflation erklärt (s. Abschnitt 2.3.), wird in *Abb. F-8a* dargestellt. Ausgehend von E_1, sollen außer den Arbeitnehmern nun auch die Kassenhalter durch Antizipation gemäß den obigen Annahmen versuchen, sich soweit wie möglich vor einer erwarteten Geldentwertung zu schützen. Sie werden zu diesem Zweck ihre realen Kassenbestände reduzieren. Die dadurch bedingten nominalen Mehrausgaben

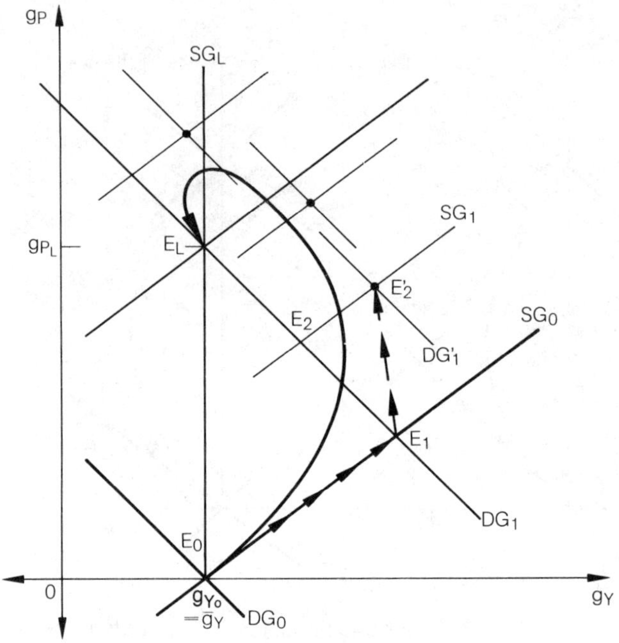

Abb. F-8a: Akzelerierte Inflation

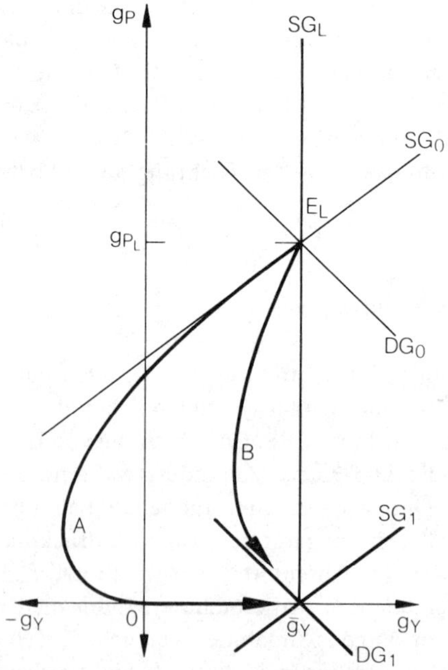

Abb. F-8b: Dezelerierte Inflation

erhöhen die Umlaufgeschwindigkeit des Geldes, so daß deren Änderungsrate positiv wird. Resultierte die ursprüngliche Verschiebung der DG-Kurve aus einer anhaltenden Erhöhung der Wachstumsrate des Geldangebots, so verschiebt sich DG nun durch erwartungsinduzierte Antizipationen noch weiter nach oben (DG'_1) und bildet zusammen mit SG_1 den Punkt E'_2.

Im weiteren Verlauf des Anpassungsprozesses geht die DG-Kurve jedoch wieder zurück und verharrt schließlich auf der durch das gegebene Geldmengenwachstum festgelegten Position DG_1: Mit zunehmender Antizipation werden die Anpassungsschritte immer kleiner, so daß die Umlaufgeschwindigkeit nur noch mit sinkender Rate ansteigt. Bei vollständiger Antizipation der Inflation in E_L finden keine weiteren erwartungsinduzierten Revisionen der realen Kassenbestände mehr statt; g_V nimmt wieder den Wert Null an. Kommt also zum erwartungsinduzierten Angebotsdruck noch ein erwartungsinduzierter Nachfragesog hinzu, so unterscheidet sich dieser Fall von dem in *Abb. F-7* dargestellten zwar nicht durch das gemeinsame inflatorische Gleichgewicht E_L, wohl aber durch den Anpassungspfad, auf dem es erreicht wird. Dieser Anpassungspfad läßt sich jedoch nur unvollkommen durch eine komparativ-statische Inflationsratenanalyse bestimmen. Eine dynamische Analyse würde zeigen, daß er u. U. der in *Abb. F-8a* gekrümmt dargestellten Linie folgt (LAIDLER, 1976; FRISCH/HOF, 1981; Beitrag G-2.3.2.).

2.3. Inflationsphasen und -zyklen

Die bisher behandelten Einzelursachen führen erst im konkreten Zusammenwirken zu den variierenden Mustern der in Wirklichkeit zu beobachtenden inflatorischen Prozesse. Dabei muß dem Geldmengenwachstum als der zentralen Determinante der Wachstumsrate der monetären Gesamtnachfrage eine besondere Rolle zuerkannt werden; denn anhaltende Preisniveausteigerungen lassen sich in keinem Fall auf nichtmonetäre Verursachungsfaktoren zurückführen, ohne daß ihre monetäre Alimentierung – sei es durch eine aktive oder passive Geldpolitik – sichergestellt ist.

Inflationsphasen

Die in der Realität beobachtbaren Phasen der akzelerierten, stabilisierten und dezelerierten Inflation (*Abb. F-1a*) werden durch verschiedenartige Konstellationen simultaner und zeitlich aufeinander folgender Nachfragesog- und Angebotsdruckfaktoren verursacht. In *Abb. F-8a* wird einer von vielen möglichen Anpassungspfaden bei akzelerierter Inflation dargestellt. Antizipieren die Anbieter und Nachfrager eine durch monetäre Impulse in Gang gekommene Inflation relativ rasch und ziemlich vollständig oder verläuft der Verteilungskampf sehr ausgeprägt, halten sich die bei akzelerierter Inflation normalerweise zu erwartenden positiven Wachstums- und Beschäftigungseffekte in engen Grenzen, so daß der Anpassungspfad nicht allzu weit rechts von SG_L entlangführt. Entstünde die Inflation wie in *Abb. F-6* aus einem anfänglich autonomen Angebotsdruck, der später monetär alimentiert wird, würde die Inflationsakzeleration sogar mit einer erst negativen und dann positiven Wachstums- und Beschäftigungsentwicklung einhergehen: Der Anpassungspfad verliefe von E_0 ausgehend links von SG_L auf E_L zu.

Zwei mögliche Anpassungspfade der dezelerierten Inflation werden in *Abb. F-8b* veranschaulicht. Von E_L ausgehend, ist eine Senkung der Inflationsrate nur möglich, wenn die DG-Kurve durch eine Verringerung der Wachstumsrate der Geldmenge – etwa im Zuge einer monetären Antiinflationspolitik (Beitrag P-5.2.) – nachhaltig nach unten verschoben wird, z. B. von DG_0 nach DG_1. Je größer die Antizipations- und je kleiner die Verteilungskampfeffekte sind, um so geringer sind die auftretenden negativen Wachstums- und Beschäftigungswirkungen der monetären Restriktionspolitik. Bei Variante A wird die sinkende Inflationsrate zunächst nur geringfügig antizipiert und ihr Rückgang u. U. durch wieder einsetzende Verteilungskämpfe gebremst. In diesem Fall sinkt g_Y relativ stark und nimmt vorübergehend sogar negative Werte an. Erst wenn die Härte des Verteilungskampfes abnimmt und die Antizipationen zunehmen, steigt g_Y wieder in Richtung auf $\bar{g}_Y$ an. Bei rationalen Erwartungen, risikoneutralen Antizipationen und anhaltendem Verteilungsfrieden würde die Anpassung entlang der Vertikalen SG_L erfolgen.

Im inflatorischen Gleichgewicht E_L ist die Inflation sowohl stabilisiert als auch vollständig antizipiert; es kann nur erreicht und beibehalten werden, wenn die Wachstumsrate der Geldmenge längere Zeit konstant bleibt und für einige Zeit keine Umverteilungsbestrebungen bestehen.

Inflationszyklen

Die erwartungsinduzierten Anpassungsprozesse sind in der Realität auf ein inflatorisches Gleichgewicht gerichtet, ohne es jemals erreichen zu können. Zum einen ist kaum vorstellbar, daß die Inflation im Durchschnitt von allen Wirtschaftssubjekten vollständig antizipiert wird; zum anderen kommt es immer wieder zu verteilungskampf- und politikbedingten Störungen der Anpassungsvorgänge. Der wichtigste Grund für das auch nicht annähernde Erreichen einer Gleichgewichtsposition dürfte in der häufig beklagten Unstetigkeit der Wirtschaftspolitik zu suchen sein, insbesondere im „stop and go" geldpolitischer Instanzen, wodurch die Wachstumsrate der Geldmenge ständig variiert (CASSEL, 1995).

Die Unstetigkeit der Wirtschaftspolitik wird von der politischen Theorie der Inflation mit der Struktur und Funktionsweise des politischen Systems repräsentativer Demokratien begründet: Wer in der Konkurrenz um die Wählerstimmen an der Macht bleiben oder sie erringen will, muß seine Politik an den Präferenzen der Wähler und ihrer Verbände (Gewerkschaften, Arbeitgeberverbände, Verbraucherverbände usw.) ausrichten. Besteht nach Einschätzung der Politiker mehrheitlich eine Präferenz für einen Beschäftigungsstand, bei dem die Arbeitslosenquote unterhalb ihres natürlichen Niveaus liegt (absolute Vollbeschäftigung), so wird man diesen Zustand mit einer expansiven Geld- und Fiskalpolitik zu realisieren trachten, selbst wenn dadurch Inflation entsteht oder verstärkt wird. Erst wenn die Inflationsrate soweit gestiegen ist, daß die Wählerpräferenzen zugunsten der Preisniveaustabilität umschlagen, ergreift man kontraktive Maßnahmen zur Inflationsbekämpfung. Die sich nun verschlechternde Beschäftigungslage macht einen erneuten Kurswechsel der Wirtschaftspolitik erforderlich usw. In Verbindung mit periodisch stattfindenden Wahlen werden aus derartigem Taktieren sogar komplette politische Konjunkturzyklen abgeleitet (Überblick bei Derix, 1985; Beitrag G-2.4.2.). Diese Modelle zeigen, daß der beobachtbare Wechsel der Phasen akzelerierter und dezelerierter Inflation und die damit einhergehenden Einkommens- und Beschäftigungszyklen erst durch systematische Interaktion von ökonomischen und politischen Faktoren hinreichend zu erklären sind.

Der empirische Zusammenhang von Inflations-, Einkommens- und Beschäftigungszyklen wird aus *Abb. F-9* ersichtlich. In den Phasen mit relativ hohem Wirtschaftswachstum (1976–79; 1988–91; *Abb. 9.I.*) hat sich offenbar ein Inflationspotential herausgebildet, das jeweils zeitverzögert durch steigende Inflationsraten ausgelastet wurde (1978–81; 1989–94; *Abb. 9.II.*). Dem stehen vier Rezessionen gegenüber (1973–75; 1981–82; 1985–87; 1991–93), in denen das reale Bruttosozialprodukt zeitweise sogar schrumpfte und in deren Verlauf sich die Inflationsraten wieder zurückzubilden begannen (1975–78; 1982–87; 1989–91; ab 1994). Die beobachtbare Abfolge von akzelerierter und dezelerierter Inflation steht somit in einem engen Zusammenhang mit den Phasen des konjunkturellen Auf- und Abschwungs, die ihr zeitlich jeweils vorauslaufen.

In dieses Schema paßt auch die Arbeitslosenquote (*Abb. 9.I.*): Sie entwickelte sich erwartungsgemäß invers zu den Phasen des konjunkturellen Auf- und Abschwungs, verharrte jedoch von Rezession zu Rezession auf einem immer höheren „Sockel", der sich aus einer von Mal zu Mal verschlechterten Struktur des Arbeitsmarktes erklärt und somit einen periodischen Anstieg der natürlichen Arbeitslosigkeit signalisiert. Dies wird noch deutlicher, wenn man die jahresdurchschnittlichen Werte der Inflationsrate und Arbeitslosenquote in ein entsprechendes Koordinatensystem einzeichnet und die zeitliche Entwicklung dieser Kombinationen verfolgt (*Abb. 9.III.*): Sie verläuft in Schleifen (Phillips-loops), die sich spiralförmig nach rechts außen bewegen und dementsprechend mit einer Zunahme der phasendurchschnittlichen (natürlichen) Arbeitslosigkeit verbunden sind („Hysteresis-Phänomen": Verschiebung von PK_L nach rechts; Assenmacher, 1986; Franz, 1989; 1994, S. 351 ff.; Kösters/Belke, 1992). Ursächlich dafür dürfte nicht zuletzt die seit 1967 in der Bundesrepublik praktizierte antizyklische Globalsteuerung sein, die den gesamtwirtschaftlichen Zyklen im Wechsel von expansiver und kontraktiver Geld- und Fiskalpolitik jeweils vorausging (Beitrag P-5.2.).

2.4. Internationaler Inflationszusammenhang

Nach dem Zweiten Weltkrieg verliefen die Inflationszyklen in den wichtigsten westlichen Industrieländern weitgehend synchron. Demnach können die inflatorischen Prozesse nicht als isolierte nationale Phänomene betrachtet werden. Wie aber kommt es zum internationalen Inflationszusammenhang, wie entsteht Inflation als ein weltweites Phänomen und wie wird sie auf einzelne Länder übertragen? Die Antwort hierauf fällt recht unterschiedlich aus, je nachdem, welches Wechselkursregime realisiert ist. Besteht ein System fester Wechselkurse – wie bis 1973 das System von Bretton Woods (Beitrag E-3.5.) –, führen unterschiedliche nationale Inflationsraten bei der jeweils festgesetzten Parität zu Ungleichgewichten an den Devisenmärkten: Inflationiert das

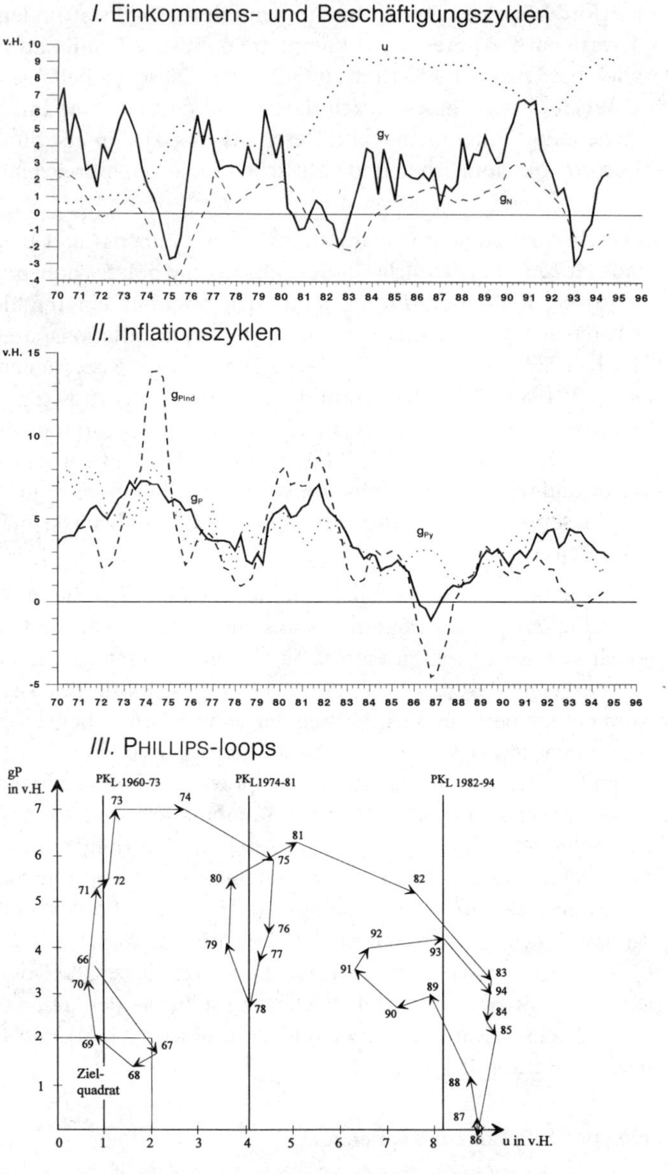

u – Arbeitslosenquote (registrierte Arbeitslose in v. H. der unselbständigen Erwerbspersonen; Quartalswerte).
g_N – Jährliche Änderungsrate der Zahl der unselbständig Beschäftigten in v. H. (Quartalswerte).
g_Y – Wirtschaftswachstum (jährliche Änderungsrate des realen Bruttoinlandsprodukts in v. H.; Quartalswerte).
g_P – Inflationsrate (jährliche Änderungsrate des Preisindex für die Lebenshaltung aller privaten Haushalte in v. H.; Quartalswerte; in III. Jahreswerte).
g_{PInd} – Jährliche Änderungsrate der Industriegüterpreise (Index der Erzeugerpreise gewerblicher Produkte im Inlandsabsatz in v. H.; Quartalswerte).
g_{P_Y} – Jährliche Änderungsrate des Preisindex des Bruttosozialprodukts (Sozialproduktdeflator in v. H.; Quartalswerte; in III. Jahreswerte).
PK_L – Langfristige PHILLIPS-Kurve; ū – natürliche Arbeitslosenquote.

Abb. F-9: Gesamtwirtschaftliche Zyklen in der Bundesrepublik Deutschland, 1970–94

Ausland stärker als das Inland, kommt es zu einem Angebotsüberschuß der ausländischen Währung, den die inländische Notenbank gegen Hingabe heimischer Währung aufzukaufen verpflichtet ist; hieraus resultiert im Inland eine Beschleunigung des Geldmengenwachstums, wodurch sich die heimische Inflation an die ausländische anpaßt. Im System flexibler Wechselkurse – wie es seit 1973 im Prinzip gegenüber dem Dollar, dem Yen und dem Pfund Sterling besteht – sind die Notenbanken dagegen nicht zu Devisenmarktinterventionen verpflichtet, so daß sie grundsätzlich eine an nationalen Belangen orientierte, auf Preisniveaustabilität gerichtete autonome Geldpolitik treiben können.

2.4.1. Weltinflation bei festen Wechselkursen

Die nationalen Inflationsraten der westlichen Industrieländer wichen bis zur Wechselkursfreigabe im Jahr 1973 im Durchschnitt nicht stärker voneinander ab als etwa die regionalen Inflationsraten von US-Großstädten (GENBERG, 1976). Solche Beobachtungen relativieren den Aussagegehalt von Inflationserklärungen, die primär binnenwirtschaftlich ansetzen. Sie geben Anlaß, die Inflation als ein Weltphänomen zu begreifen, von dem die Vorgänge innerhalb der Landesgrenzen ebenso wenig separierbar sind wie etwa die Inflationsentwicklung in der Region Frankfurt von der der gesamten Bundesrepublik.

Erklärung der Weltinflation

Diese Betrachtungsweise geht davon aus, daß bei festen Wechselkursen, freier Konvertibilität und politisch unbehindertem Güter- und Kapitalverkehr äußerst wettbewerbsintensive internationale Märkte für handelsfähige Güter und Finanzaktiva entstehen. Diese bilden zusammengenommen eine integrierte Weltwirtschaft, in der sich die ihr angehörenden Länder ökonomisch als ein geschlossenes System national abgegrenzter Regionen interpretieren lassen. In ihr bildet sich ein Weltpreisniveau P^w, dem sich durch den Arbitragemechanismus die Preisniveaus der einzelnen Länder anpassen. So kaufen Arbitrageure Güter in Regionen mit niedrigeren Preisen und verkaufen sie in solchen mit höheren, bis schließlich aufgrund der Preisangleichung alle profitablen Arbitragemöglichkeiten ausgeschöpft sind (direkter nationaler bzw. internationaler Preiszusammenhang). Das Preisniveau P eines einzelnen Landes steht somit bei gegebenem Wechselkurs $\bar{e}$ der Auslandswährung in einem festen, durch $P = \bar{e} \cdot P^w$ bestimmten Verhältnis. Auf Änderungsraten abgestellt, folgt hieraus $g_P = g_P^w$, d. h. bei festen Wechselkursen ist die heimische Inflationsrate g_P gleich der Weltinflationsrate g_P^w. Die in der Realität zu beobachtenden Divergenzen zwischen den nationalen Inflationsraten können auf die Existenz von Handelsschranken, unvollkommene Arbitrage oder Auf- und Abwertungen, vor allem aber auf die Existenz nicht handelsfähiger Güter zurückgeführt werden (Überblick bei CLAASSEN, 1978, S. 111 ff.).

Um die Weltinflation zu erklären, braucht man das obige Grundmodell nur weltwirtschaftlich zu interpretieren (LINDBECK, 1980). Hiernach ist die Weltinflationsrate im inflatorischen Gleichgewicht – analog zu E_L in *Abb. F-8a* – bestimmt durch die Differenz zwischen der Wachstumsrate des Weltgeldangebots $g^w_{M^s}$ und der natürlichen Wachstumsrate des realen Weltsozialprodukts $\bar{g}^w_Y$:

(15) $g^w_P = g^w_{M^s} - \bar{g}^w_Y$.

Dabei setzen sich $g^w_{M^s}$ und $\bar{g}^w_Y$ gemäß

$$g^w_{M^s} = \sum_{i=1}^{n} \delta_i \cdot g^i_{M^s} \quad \text{mit } \delta_i = M^{si} / \sum_{i=1}^{n} M^{si}$$

bzw.

$$\bar{g}^w_Y = \sum_{i=1}^{n} \lambda_i \cdot \bar{g}^i_Y \quad \text{mit } \lambda_i = Y^i / \sum_{i=1}^{n} Y^i$$

aus den entsprechend gewichteten heimischen Wachstumsraten der $i = 1, \ldots, n$ Länder zusammen. *Tab. F-2.I.* enthält ein Zahlenbeispiel für den hypothetischen Fall einer Weltwirtschaft mit zwei unterschiedlich großen Ländern, die über ein verschieden hohes natürliches Sozialproduktwachstum verfügen. Aufgrund des direkten internationalen Preiszusammenhangs sind die Inflationsraten der beiden Länder identisch mit der Weltinflationsrate; und im inflatorischen Weltgleichgewicht, das das Gleichgewicht auf dem Weltgeldmarkt und den nationalen Geldmärkten einschließt, divergieren die monetären Expansionsraten beider Länder im Ausmaß der Differenz zwischen ihren natürlichen Wachstumsraten des realen Sozialprodukts.

Gleichgewichtsstörungen und internationale Inflationsübertragung

Nach der monetären Theorie der Weltinflation ist für diese Situation die Höhe der aus den nationalen Geldangeboten resultierenden Wachstumsrate der Weltgeldmenge ursächlich (MUNDELL, 1971; JOHNSON, 1972; CLAASSEN, 1977,1; 1978). Dies gilt auch für alle Gleichgewichtsstörungen. Wenn z. B. das erste (große) Land seine monetäre Expansion verstärkt, erhöht sich dadurch auch die Wachstumsrate der Weltgeldmenge *(Tab. F-2.II.)*. Der Anpassungsprozeß ist relativ kompliziert. Vereinfacht dargestellt, besteht er aus folgenden Schritten: Der im ersten Land entstandene Nachfragesog (Geldangebotsüberschuß) läßt hier die Inflationsrate und – wegen des Arbitragemechanismus – auch die des anderen Landes sowie die Weltinflationsrate steigen. Hierdurch wird das Geldmarktgleichgewicht des zweiten Landes gestört; denn der Versuch, die infolge der Inflationsakzeleration gesunkene Realkasse wieder auf die gewünschte Höhe zurückzuführen, bedeutet einen Geldnachfrageüberschuß im zweiten Land. Geldnachfrage- im zweiten und Geldangebotsüberschuß im ersten Land lassen dem monetären Ansatz der Zahlungsbilanztheorie zufolge hier einen Zahlungsbilanzüberschuß und dort ein gleich hohes Zahlungsbilanzdefizit entstehen

Tab. F-2: Weltinflation im Zwei-Länder-Modell

$\delta_1 = \lambda_1 = 3/4$	I. Inflatorisches Ausgangsgleichgewicht			II. Störung durch Land 1	III. Inflatorisches Endgleichgewicht		
$\delta_2 = \lambda_2 = 1/4$	$\bar{g}_Y$	g_{M^s}	g_P	g_{M^s}	$\bar{g}_Y$	g_{M^s}	g_P
Land 1	4	10	6	22	4	19	15
Land 2	8	14	6	14	8	23	15
Welt	5	11	6	20	5	20	15

(Beitrag E-4.3.). Hierdurch wird ständig Geld vom ersten auf das zweite Land übertragen, so daß die monetären Expansionsraten beider Länder mit dem annahmegemäß neu zustande kommenden inflatorischen Gleichgewicht vereinbar sind (*Tab. F-2.III.;* Überblick bei HEUBES, 1990).

Das Zahlenbeispiel macht deutlich, daß diejenigen Länder eine besondere Rolle spielen, deren Währungen einen relativ großen Anteil am Weltangebot haben: Sie bestimmen im wesentlichen das Tempo der Weltinflation, zwingen den kleineren Ländern permanente Zahlungsbilanzüberschüsse auf und machen deren Geldangebot zu einer endogenen Größe. So wird z. B. in der zu starken Expansion der Geldmenge in den USA bis zur Mitte der 70er Jahre die Ursache der Weltinflation gesehen: Im System von Bretton Woods konnten die USA als relativ großes Leitwährungsland mit ihrer heimischen Geldpolitik die Wachstumsrate der Weltgeldmenge dominant bestimmen. Ihre monetär bedingten Zahlungbilanzdefizite blähten die Dollar-Währungsreserven weltweit auf und zwangen so die Zahlungsbilanzüberschußländer zu verstärkter monetärer Expansion, d. h. zur Mittäterschaft an einer nicht stabilitätsgerechten Wachstumsrate der Weltgeldmenge. Eine ähnlich dominante Rolle wird der Bundesrepublik Deutschland innerhalb des EWS zugeschrieben, was jedoch wegen der hierzulande bestehenden „Stabilitätskultur“ und Unabhängigkeit der Notenbank eher zur Preisniveaustabilität als zur Inflation in Europa beiträgt.

2.4.2. Inflationsübertragung bei flexiblen Wechselkursen

Bei flexiblen Wechselkursen stellt die Inflation nach verbreiteter Auffassung im wesentlichen ein nationales Problem dar: Der Kaufkraftparitätentheorie zufolge paßt sich statt des inländischen Preisniveaus der Wechselkurs an die Preisniveauänderungen im Ausland an. Ein einzelnes Land braucht also trotz inflationärer Umwelt nicht von seinem Ziel der Preisniveaustabilität abzuweichen. Die Beobachtung verhältnismäßig stark divergierender nationaler Inflationsraten seit 1973 scheint diese Auffassung zu bestätigen. Andererseits hat die Erfahrung inzwischen gezeigt, daß flexible Wechselkurse kein absoluter Garant monetärer Unabhängigkeit eines Landes sind und folglich auch keinen unter allen Umständen verläßlichen Schutz vor internationaler Inflationsübertragung bieten. Dies wird seit Mitte der 70er Jahre mit einer Vielzahl wechselkurstheoretischer Ansätze zu erklären versucht (Überblick bei DORNBUSCH, 1980,1; BALTENSPERGER/BÖHM, 1982; BENDER, 1985; KOTIOS, 1986; Beitrag E-5.).

Internationales inflatorisches Gleichgewicht

Nach der Kaufkraftparitätentheorie (Beitrag E-5.2.) bildet sich der Wechselkurs e aufgrund des internationalen Güteraustausches: Er entspricht im Gleichgewicht E dem Verhältnis der Kaufkraft der ausländischen Währung ($1/P^a$) zu der der Inlandswährung ($1/P$), also

(16.1) $$e^E = P/P^a$$

oder – auf Änderungsraten abgestellt –:

(16.2) $$g_{e^E} = g_P - g_{P^a}.$$

Hierbei steht g_{eE} für die Änderungsrate des Gleichgewichtskurses der ausländischen Währung, ausgedrückt in Währungseinheiten des Inlands; sie ist gleich der Differenz zwischen der heimischen (g_P) und der ausländischen Inflationsrate (g_{P^a}). Inflationiert etwa das Ausland mit einer Rate von 15 v. H., das Inland aber nur mit 5 v. H., so müßte sich die Auslandswährung nach der Kaufkraftparitätentheorie um 10 v. H. abwerten und die heimische Währung entsprechend aufwerten. Der relativ stärkere Anstieg des Preisniveaus im Ausland würde dann durch eine proportionale Aufwertung der Inlandswährung kompensiert, so daß das inländische Preisniveau, in das auch die Importgüterpreise eingehen, davon unberührt bliebe: Der direkte internationale Preiszusammenhang wäre durchbrochen – und da bei flexiblen Wechselkursen auch keine Liquiditätseffekte möglich sind, bliebe das Inland von der Übertragung der Auslandsinflation verschont. Dies gilt jedoch nur solange, wie die sich am Devisenmarkt ergebende tatsächliche Änderungsrate des Wechselkurses g_e der gleichgewichtigen entspricht, d. h. solange die nach

(16.3) $g_e^r := g_e - g_{eE} = g_e - (g_P - g_{P^a})$

um die Inflationsratendifferenz bereinigte Änderungsrate des Wechselkurses g_e^r gleich Null ist.

Kommt es dagegen zu einer realen Abwertung der heimischen Währung ($g_e^r > 0$), indem sich die Inlandswährung weniger stark aufwertet als es der Kaufkraftparität entspricht oder indem sie sich abwertet, steigen die Importgüterpreise und treiben das inländische Preisniveau nach oben: Der direkte internationale Preiszusammenhang ist wiederhergestellt und ermöglicht den Inflationsimport, ohne daß es dazu einer durch Devisenmarktinterventionen bedingten Aufblähung der Geldmenge bedürfte. Ob und inwieweit es zur Inflationsübertragung bei flexiblen Wechselkursen kommt, hängt vor allem davon ab, wie stark und wie nachhaltig die reale Abwertung der heimischen Währung ist. Dies läßt sich – von Sonderfaktoren wie Politik–, Öl- oder Verschuldungskrisen einmal abgesehen – mit Hilfe der Zinsparitätentheorie erklären (Beitrag E-5.3.). Sie gibt die Wechselkursbedingungen an, unter denen eine zwischen In- und Ausland bestehende Nominalzinsdifferenz ($i - i^a$) aufrechterhalten werden kann. Dies ist immer dann der Fall, wenn sich entsprechende Wechselkursänderungserwartungen einstellen, so daß im Gleichgewicht nach

(17) $g_e^* = i - i^a$

die erwartete Änderungsrate des Wechselkurses g_e^* gleich der internationalen Zinsdifferenz ist. Unter diesen Umständen würden vergleichbare Kapitalanlagen im In- und Ausland unter Berücksichtigung des Wechselkursrisikos die gleiche Rendite versprechen.

Werden die Inflationsraten im In- und Ausland jeweils korrekt erwartet und antizipiert ($g_P^* = g_P$; $g_{P^a}^* = g_{P^a}$) und gehen die Kapitalanleger international vom gleichen Realzins aus ($r = r^a$), stimmen Kaufkraft- und Zinsparitätentheorie im Ergebnis überein. Dies wird ersichtlich, wenn man die Bestimmungsgleichungen für das in- und ausländische Zinsniveau (FISHER-Theorem)

(18.1) $i = r + g_P^*$ und

(18.2) $i^a = r^a + g_{P^a}^*$

unter den gemachten Annahmen voneinander subtrahiert:

(19.1) $i - i^a = g_P - g_{P^a}$,

woraus den Gleichungen (16.2) und (17) entsprechend die Gleichgewichtsbedingung

(19.2) $g_e^* = g_{eE}$

folgt. Ist (19.2) erfüllt, bestimmt die bestehende Differenz der Inflationsraten die gleichgewichtige Änderungsrate des Wechselkurses, die ihrerseits erwartet wird, weil die Inflationsraten korrekt antizipiert in die Zinsbestimmung eingehen (internationales inflatorisches Gleichgewicht).

Reale Abwertung und Inflationsimport

Zu einer inflationär wirkenden realen Abwertung der Inlandswährung kommt es immer dann, wenn durch die im In- und Ausland verfolgte Geld- und Fiskalpolitik das inländische Nominalzinsniveau sinkt oder das ausländische steigt. Bremst etwa das Ausland die monetäre Expansion, um seine Inflation zu bekämpfen, werden dort die Zinsen vorübergehend steigen – wie dies in den Jahren 1980–82 in den USA der Fall war. Hierdurch wird das internationale inflatorische Gleichgewicht gestört, denn die zuvor erwartete Abwertungsrate entspricht nun nicht mehr der gestiegenen Zinsdifferenz. Da die internationalen Finanzmärkte schneller reagieren als die Gütermärkte, dominiert kurzfristig die Zinsarbitrage die Wechselkursentwicklung: Es kommt zu zinsinduzierten Kapitalexporten, durch die der Kurs der Inlandswährung trotz des nach wie vor bestehenden Inflationsgefälles unter Druck gerät. Die Abwertung muß nach der Zinsparitätentheorie so groß sein, daß sich schließlich Aufwertungserwartungen einstellen, die gemäß Gleichung (17) der gestiegenen Zinsdifferenz entsprechen. Da die restriktive Geldpolitik im Ausland längerfristig die Inflationsrate nach unten drücken wird (Desinflation; s. Abschnitt 2.3.), so daß das Zinsniveau gemäß Gleichung (18.2) wieder sinkt, ist mit einer Aufwertung der Inlandswährung zu rechnen. Sie wird jedoch je nach Erfolg der Inflationsbekämpfung im Ausland und der Reaktionsweise der inländischen Geld- und Fiskalpolitik nicht mehr notwendigerweise zum Ausgangskurs zurückführen. In jedem Falle überschießt der Kassakurs aufgrund der besonderen Bedingungen der internationalen Finanzmärkte den längerfristig nach der Kaufkraftparitätentheorie zu erwartenden Kurs deutlich, so daß sich zumindest vorübergehend eine merkliche reale Abwertung der Inlandswährung einstellt (overshooting; Überblick bei Tichy, 1981; Beitrag E-5.2.).

Aus der Sicht des Inlands kann sich seine Währung somit ohne eigenes Zutun real abwerten. Diese reale Abwertung verteuert jedoch die heimischen Importe und läßt die terms of trade sinken: Es entsteht ein wechselkursinduzierter Angebotsdruck, der die im Inland herrschende Inflation beschleunigen wird (s. Abschnitt 2.2.2.). Dem kann das Inland nur dadurch begegnen, daß es selbst zu einer antiinflationären Geldpolitik übergeht: Das heimische Zinsniveau muß dem ausländischen soweit folgen, daß die ursprüngliche Zinsdifferenz beibehalten wird. Damit begibt sich aber das Inland in das Schlepptau der ausländischen Antiinflationspolitik und riskiert dabei selbst eine Stabilisierungskrise – ein Dilemma, vor dem die Bundesrepublik Deutschland angesichts der dramatischen Dollarkurs-Schwankungen seit Anfang der 80er Jahre wiederholt stand. Diese Erfahrungen haben die alte Diskussion darüber, ob flexible Wechselkurse in jedem Fall ein Garant für eine autonome, auf Preisniveaustabilität gerichtete nationale Geld- und Zinspolitik sind, inzwischen neu belebt (NIEHANS, 1979; KATH/HENNERKES, 1985; CAESAR, 1987).

Stärkung der monetären Disziplin

Wenngleich die Möglichkeit der Inflationsübertragung bei Wechselkursflexibilität nicht ausgeschlossen werden kann, ist das Risiko, Inflation ungewollt zu importieren, in einem System flexibler Wechselkurse theoretisch wie empirisch gesehen doch wesentlich geringer als in einem Festkurssystem. Letztlich aktuell wird der Inflationsimport nur dann, wenn ein Leitwährungsland wie die USA oder die wichtigsten Handelspartner eines Landes gleichzeitig eine monetäre Antiinflationspolitik einleiten oder das Zinsniveau durch einen exzessiven Anstieg der Staatsverschuldung nach oben treiben. Denkbar ist auch, daß die inflationär wirkende reale Abwertung der heimischen Währung durch realwirtschaftliche Schocks – wie politische Krisen im In- und Ausland oder drastische Ölpreisveränderungen – hervorgerufen werden. In allen Fällen kommt es aber immer nur zu einem temporären overshooting, das allenfalls über die Preise der handelsfähigen Güter angebotsseitig auf die inländische Inflationsrate durchschlagen und überdies durch eine aktive kompensatorische Zinspolitik des Inlands gebremst werden kann. Es ist deshalb nach wie vor richtig, das Inflationsphänomen bei flexiblen Wechselkursen im wesentlichen als ein nationales, von der heimischen Geldpolitik zu verantwortendes Problem anzusehen. Dies um so mehr, als der Overshooting-Mechanismus bei Wechselkursflexibilität die nationale monetäre Disziplin zu stärken verspricht.

Durch das overshooting werden nämlich die von einer expansiven Geldpolitik im Inland ausgehenden inflationären Anpassungsprozesse beschleunigt, d. h. das entsprechende Inflationspotential wird bei Wechselkursflexibilität rascher durch Preisinflation ausgeschöpft als es ohne die zu erwartenden Kursänderungen der Fall wäre: Mit der annahmegemäß verstärkten monetären Expansion geht vorübergehend ein sinkendes Zinsniveau einher, das zu einer Abwertung der Inlandswährung führen muß, damit sich in Höhe der gestiegenen Zinsdifferenz zum Ausland entsprechende Aufwertungserwartungen bilden können. Die daraus resultierende reale Abwertung wird den inländischen Preisauftrieb angebotsseitig via Importpreiserhöhungen beschleunigen, ohne daß es dazu eines expansiven Impulses auf Produktion und Beschäftigung bedürfte. Theoretisch gesehen bedeutet dies, daß die kurzfristige PHILLIPS- und die Angebotswachstumskurve vergleichsweise steiler verlaufen (s. Abschnitt 2.2.2. und 3.1.). Wird die ohne größere vorausgehende Realeffekte einsetzende Inflationsakzeleration zügig am Arbeitsmarkt antizipiert, kommt außerdem rasch die Lohn-Preis-Lohn-Spirale in Gang. Der für die Phase der akzelerierten Inflation typische Anpassungspfad wird somit ebenfalls vergleichsweise steiler verlaufen (*Abb. F-8a*; s. Abschnitt 2.3.). Hierdurch verschlechtern sich die Erfolgsbedingungen einer beschäftigungsorientierten expansiven Geldpolitik, so daß sie bei flexiblen Wechselkursen zusätzlich an Attraktivität verliert (Beitrag P-5.). Umgekehrt verbessern sich bei Wechselkursflexibilität die Erfolgschancen der monetären Antiinflationspolitik eines Landes, indem Zinserhöhungen eine reale Aufwertung der Inlandswährung induzieren, die den Preisauftrieb dämpft, bevor es überhaupt zu negativen Einkommens- und Beschäftigungseffekten kommt (Anpassungspfad B in *Abb. F-8b*; s. Abschnitt 2.3.).

Die Einsicht in diese nach Freigabe der Wechselkurse im Jahr 1973 gewandelten Bedingungen monetärer Steuerung scheint die Ausrichtung der Geldpolitik auf die Wiedergewinnung und Erhaltung der Preisniveaustabilität weltweit gefördert zu haben. Das System flexibler Wechselkurse wird deshalb auch global gesehen als weit weniger inflationsanfällig eingeschätzt als das frühere Bretton-Woods-Regime (CLAASSEN, 1977, 1; DARBY/LOTHIAN, 1983; CHOI, 1985).

3. Inflationswirkungen

So vielschichtig wie die Ursachen der Inflation sind auch ihre Wirkungen. Aufgrund überlieferter Erfahrungen mit der Hyperinflation werden der Inflation bestimmte, meist negative Wirkungen zugeschrieben. Genauere Wirkungsanalysen der schleichenden bzw. trabenden Inflation haben jedoch gezeigt, daß die Inflationseffekte je nach dem Erscheinungsbild der Inflation und den konkreten Bedingungskonstellationen sehr unterschiedlich sein können. Man kann demnach nicht mehr undifferenziert von „den" Wirkungen „der" Inflation sprechen. Trotz gewisser Erkenntnisfortschritte steht die Antwort auf viele Fragen aber noch aus (Überblick bei THIEME, 1974; KÖSTERS, 1977; FISCHER/MODIGLIANI, 1978; BRUNNER/MELTZER, 1981; JACKSCH, 1987):

- Inflatorische Prozesse bringen keineswegs nur einzel- und gesamtwirtschaftliche Nachteile (Kosten), sondern u. U. auch Vorteile (Nutzen).
- Neben den Kosten und Nutzen der Inflation sind auch die Kosten und Nutzen der Inflationsbekämpfung (Desinflation) zu berücksichtigen.
- Stabilitätspolitische Entscheidungen für oder gegen die Inflationsbekämpfung hängen daher vom Ergebnis einer zweifachen Cost-benefit-Analyse ab.
- Da die Inflation aufgrund eines möglichen Netto-Vorteils politisch erwünscht sein kann, sind die Ergebnisse der Wirkungsanalyse ein wichtiger Bestandteil der Inflationserklärung.
- Kosten und Nutzen der Inflation hängen wesentlich davon ab, ob sie vollständig oder nur unvollständig antizipiert wird.
- Wichtige Bestimmungsfaktoren sind auch die jeweiligen institutionellen Gegebenheiten, wie z. B. die Zulässigkeit von Index- oder Revisionsklauseln in langfristigen Verträgen.
- Bedingt durch ökonomische Effekte, können auch nichtökonomische Inflationswirkungen auftreten, wie Staatsverdrossenheit, Steuerverweigerung usw.

Nachfolgend werden nur die ökonomischen Inflationswirkungen behandelt.

3.1. Einkommens- und Beschäftigungseffekte

Unter positiven und negativen Einkommenseffekten versteht man inflationsbedingte Abweichungen der Wachstumsrate des realen Sozialprodukts von ihrem natürlichen Niveau nach oben oder unten. Damit korrespondieren positive und negative Beschäftigungseffekte, die als Differenz zwischen natürlicher und tatsächlicher Arbeitslosenquote definiert werden.

Temporäre Effekte

Einkommens- und Beschäftigungseffekte sind im wesentlichen temporäre Erscheinungen, die nur solange auftreten, wie die Inflation noch nicht voll antizipiert ist; sie können positiv oder negativ sein, je nachdem in welcher Phase sich die Inflation befindet und welche Angebots-Nachfrage-Konstellation vorliegt.

Wie bereits dargestellt (s. Abschnitt 2.3.), muß selbst eine akzelerierte Inflation nicht notwendigerweise positive Einkommens- und Beschäftigungseffekte haben: Nur wenn der Anstieg der Inflationsrate durch einen monetären Nachfragesog ausgelöst wird und der induzierte Angebotsdruck erst zeitverzögert einsetzt, ist mit einer inflationsbegleitenden Prosperität zu rechnen. Bleibt die Wachstumsrate der Geldmenge im weiteren Verlauf des Anpassungsprozesses unverändert, sind die positiven Realeffekte wegen des nachfolgenden erwartungs- und verteilungskampfinduzierten Angebotsdrucks lediglich eine vorübergehende Erscheinung. Dauerhafte Realeffekte lassen sich nur dann erzielen, wenn das Geldmengenwachstum ständig erhöht und dadurch eine permanente Inflationsakzeleration herbeigeführt wird. Dies bedeutet, daß es keinen längerfristig nutzbaren Trade-off zwischen bestimmten Inflationsraten und Arbeitslosenquoten geben kann, wie er mit der keynesianischen Annahme einer stabilen PHILLIPS-Kurve unterstellt wird. Steigt nämlich die Inflationsrate, so wird sich die PHILLIPS-Kurve über kurz oder lang erwartungs- und verteilungskampfinduziert nach oben verschieben (*Abb. F-6* und *7*), d. h. kurzfristig existieren zwar PHILLIPS-Kurven, aber sie sind instabil. Diese monetaristische Gegenposition wurde inzwischen durch zahlreiche empirische Tests erhärtet (Überblick bei WOLL, 1975, S. 112ff.; ASSENMACHER, 1986).

Während negative Einkommens- und Beschäftigungseffekte bei akzelerierter Inflation die Ausnahme sind, können sie bei dezelerierter Inflation als die Regel gelten (*Abb. F-8b*). Notwendige Voraussetzung für eine nachhaltige Verringerung des Inflationstempos ist eine konsequente monetäre Restriktionspolitik. Je ausgeprägter sie ist und je schwächer darauf die Angebotsseite mit einer Korrektur nach unten reagiert, um so höher sind die Kosten der Inflationsbekämpfung – und um so größer ist die Gefahr eines vorzeitigen Abbruchs der monetären Restriktion. Die Antiinflationspolitik muß deshalb versuchen, die negativen Realeffekte möglichst gering zu halten, d. h. einen Anpassungspfad anzusteuern, der möglichst nahe an SG_L bzw. PK_L herankommt. Hierzu bedarf es zum einen einer wohldosierten und vor allem kontinuierlichen Zurückführung des Geldangebotswachstums, zum anderen einer Reihe flankierender Maßnahmen, um die Erwartungsanpassungen an die sinkende Inflationsrate zu beschleunigen und den Verteilungskampf abzuschwächen (CASSEL/THIEME, 1977; GUTIERREZ-CAMARA/VAUBEL, 1981; BALTENSPERGER/BÖHM, 1984; ISSING, 1985; WERNER, 1986; Beitrag P-4.4.).

Permanente Effekte

Geht man davon aus, daß die Inflation langfristig gesehen korrekt erwartet und vollständig antizipiert wird und daß kein Verteilungskampf stattfindet, so werden die (langfristige) Angebotswachstumskurve SG_L und die (langfristige) PHILLIPS-Kurve PK_L des Grundmodells zu Vertikalen über der natürlichen Wachstumsrate des Sozialprodukts bzw. der natürlichen Arbeitslosenquote *(Abb. F-10)*. Dies entspricht der sogenannten FRIEDMAN-PHELPS-Hypothese, daß bei vollständig antizipierter Inflation keinerlei Einkommens- und Beschäftigungseffekte auftreten, d. h. daß langfristig jeder vorübergehend mögliche trade-off verschwindet und Wachstum und Beschäftigung auf ihrem natürlichen Niveau verharren (FRIEDMAN, 1968; PHELPS, 1972).

Über die Existenz langfristiger Einkommens- und Beschäftigungseffekte bei stabilisierter Inflation wird allerdings seit Jahren diskutiert (Überblick bei FRISCH, 1977, S. 20 ff.; KROMPHARDT, 1984). In *Abb. F-10* sind zwei denkbare Fälle dargestellt:

– Erstens erscheint es möglich, daß ständig Verteilungskampf herrscht, während die Inflation korrekt erwartet und vollständig antizipiert wird. Hieraus leiten sich die Vertikalen SG_L^A und PK_L^A als Varianten der langfristigen Angebotswachstums- und PHILLIPS-Kurve ab: Unabhängig von der Höhe der Inflationsrate können permanente negative Wachstums- und Beschäftigungseffekte auftreten.

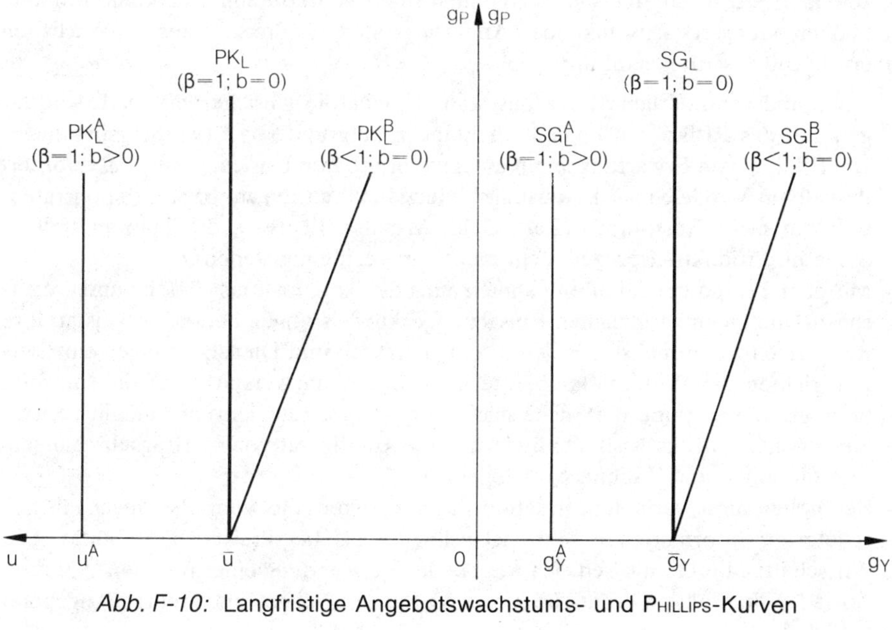

Abb. F-10: Langfristige Angebotswachstums- und PHILLIPS-Kurven

- Zweitens wird es für möglich gehalten, daß die Inflationsrate langfristig zwar korrekt erwartet, aber nicht vollständig antizipiert wird. Hierfür können institutionelle Hemmnisse (z. B. nur periodisch erfolgende Lohnabschlüsse) oder zu hohe Antizipationskosten ausschlaggebend sein. Aus dieser Annahme lassen sich die Varianten SG_L^B und PK_L^B ableiten, die einen langfristigen trade-off implizieren.

Beide Fälle kommen somit zu entgegengesetzten Ergebnissen: Während der erste Fall die Thesen der Stagflationstheoretiker belegt, stützt der zweite die Auffassungen derjenigen Theoretiker, die in der Inflation ein geeignetes Mittel der Wachstumsförderung sehen. Empirische Schätzungen haben ergeben, daß der Antizipationskoeffizient im allgemeinen Werte von $\beta < 1$ annimmt. Dabei schwankt β im Konjunkturverlauf prozyklisch und nähert sich im Boom dem Wert $\beta = 1$ (Frisch, 1977, S. 22).

3.2. Allokations- und Wachstumseffekte

Unberücksichtigt blieb bisher die Frage, ob und inwieweit die Inflation auch das natürliche Sozialproduktwachstum beeinflußt. Hiermit beschäftigt sich die Analyse der Allokationseffekte der Inflation. Darunter versteht man inflationsbedingte Umlenkungen der Produktionsfaktoren, die vom gesamtwirtschaftlich optimalen Faktoreinsatz weg- oder zum Allokationsoptimum hinführen können.

Wachstumshemmende und -fördernde Momente

Ob die Inflation das Wirtschaftswachstum fördert oder bremst, ist noch weitgehend ungeklärt (Okun, 1975; Streissler u. a., 1976, S. 96ff.; Giersch, 1977, S. 68ff.; Wagner, 1983, 1). Die meisten Ökonomen sind sich darin einig, daß eine Inflation mit hohen oder stark schwankenden Änderungsraten des Preisniveaus das Wachstum überwiegend negativ beeinflußt:

- Hohe und veränderliche Inflationsraten erhöhen die Unsicherheit der Erwartungen und das Risiko von Fehlentscheidungen aufgrund von Erwartungsirrtümern. Die Bildung von Erwartungen mit einem tolerierbaren Unsicherheitsgrad erfordert deshalb im Vergleich zur Erwartungsbildung bei Preisniveau- bzw. Inflationsratenstabilität mehr Ressourcen (Zeit, Geld, Arbeitskraft usw.), die dann an anderer Stelle im Produktionsprozeß nicht mehr zur Verfügung stehen.
- Mit dem Tempo der Inflation nehmen auch die Antizipationswünsche und -versuche zu, die einen zusätzlichen Einsatz an Faktorleistungen bedingen. Anstatt ihre Ressourcen zu vermehrter Produktion von Waren und Dienstleistungen einzusetzen, richten die Wirtschaftssubjekte ihre Aktivitäten verstärkt auf die Informationsverarbeitung und die Suche nach Anpassungsstrategien und -möglichkeiten. Sie erhöhen zwecks Risikominimierung die Häufigkeit von Vertragsabschlüssen, Transaktionen und Zahlungsvorgängen.
- Bei hohen und variablen Inflationsraten veralten die vom Preismechanismus gelieferten Informationen sehr viel schneller als bei Preisniveaustabilität. Die Wirtschaftssubjekte müssen sich wie bei der Verwendung einer fremden Währung vor jeder Transaktion erneut über relative Preise, „billige" und „teure" Angebote,

preisgünstige Bezugsquellen usw. informieren, statt derartige Informationen durch wiederholte Transaktionen akkumulieren und routinemäßig nutzen zu können.

- Die aus Furcht vor Inflationsverlusten oder auch in der Hoffnung auf Inflationsgewinne durchgeführten Antizipationen führen zu einer unproduktiven Sachkapitalbildung und dementsprechend zu einer wachstumshemmenden Investitions- und Produktionsstruktur. So investieren z. B. potentielle Geldanleger verstärkt in vermeintlich inflationsgeschützte langlebige Gebrauchsgüter (Grundbesitz, Eigentumswohnungen, Gold, Antiquitäten usw.) statt in Finanzaktiva, Produktivvermögen oder Humankapital (Flucht in die Sachwerte; Flucht in das Betongold).
- Der Realzins wird infolge unvollständiger Inflationsantizipation insbesondere bei akzelerierter Inflation (vorübergehend) unter sein natürliches Niveau gedrückt, wobei $r \leqq 0$ nicht auszuschließen ist. Dadurch kommt es zu Überinvestitionen, die sich bei Marktsättigung und wieder ansteigendem Realzins als unrentable Fehlinvestitionen herausstellen (Investruinen).

Die Wachstumshemmnisse bei Inflation resultieren also aus einer kapazitäts- und effizienzmindernden Umlenkung knapper Ressourcen von der Waren- und Dienstleistungsproduktion in die „Produktion" von Erwartungen, Antizipationen und Antizipationswirkungen.

Nach Auffassung der Verteter der Angebotsdrucktheorie hat die Inflation auch wachstumsfördernde Wirkungen:

- Wenn viele Löhne und Preise nach unten starr sind, kann der wachstumsbedingte Wandel der Nachfrage-, Produktions- und Beschäftigungsstruktur durch den Anpassungsmechanismus der Preis- und Lohnrelationen nur dann bewältigt werden, wenn man mehr (Einzel-)Preissteigerungen zuläßt als mit Preisniveaustabilität vereinbar sind.
- Wenn ein permanenter autonomer Kostendruck existiert, der nicht direkt bekämpft werden kann, kommt es ständig zu kostenbedingten Preissteigerungen, falls sich die Kosten-Erlös-Relationen der Unternehmen nicht investitions- und wachstumshemmend verschlechtern sollen.

Dieser Argumentation zufolge sind mäßige Inflationsraten eine notwendige Bedingung für den reibungslosen Vollzug des Strukturwandels sowie für die Beibehaltung einer angemessenen Investitionsquote.

Wohlfahrtskosten der Inflation

Selbst bei vollständig antizipierter Inflation treten zusätzlich Allokations- und Wachstumseffekte auf, die aus den Dispositionen der Wirtschaftssubjekte über ihre reale Kassenhaltung resultieren (FRIEDMAN, 1953, 2; DORNBUSCH/FRENKEL, 1973). Da sich diese Effekte gesamtwirtschaftlich nicht ausgleichen, sondern von der Gesellschaft als Netto-Wohlfahrtsverluste zu tragen sind, bezeichnet man sie auch als Wohlfahrtswirkungen bzw. -kosten der Inflation. Sie beziehen sich im wesentlichen auf die verminderten Nutzenströme einer dauerhaft reduzierten Realkassenhaltung.

In *Abb. F-11.I.* werden die Wohlfahrtskosten einer verringerten Realkassenhaltung in einer stationären Wirtschaft veranschaulicht. Ausgangspunkt ist Q_0 auf der vereinfachend als linear unterstellten realen Geldnachfragefunktion (Beitrag D-3.3.). Da zunächst Preisniveaustabilität angenommen wird, stimmen der Nominalzins i_0 und der Realzins r_0 überein. Bei diesem Zinsniveau sind die Wirtschaftssubjekte bereit, eine reale Kasse in Höhe von m_0 zu halten. Herrscht statt dessen eine vollständig antizipierte Inflation, so übersteigt der Nominalzins i_1 den Realzins r_0 um die antizipierte Inflationsrate. Die Opportunitätskosten der realen Kassenhaltung sind dadurch gestiegen. Deshalb erscheint es den Wirtschaftssubjekten attraktiver, ihre reale Kasse auf m_1 zu verringern und die freiwerdende reale Geldmenge in Höhe von $m_0 - m_1$ investiv oder konsumtiv zu verwenden. Die Wohlfahrtskosten der Inflation entsprechen dann der Fläche WK und hängen unmittelbar von der Höhe der Inflationsrate ab. WK repräsentiert den Realwert der Nutzenströme, welche die Realkasse $m_0 - m_1$ den Kassenhaltern geleistet hätte, wenn nicht – bedingt durch die gestiegenen Opportunitätskosten – auf deren Haltung verzichtet worden wäre. In einer wachsenden Wirtschaft ist sogar mit einem Anstieg der Wohlfahrtskosten zu rechnen *(Abb. F-11.II.)*.

Ökonomisch kann man Geld als Konsumgut oder als Produktionsfaktor interpretieren. Je nachdem stellt die Fläche WK entweder den Nutzenentgang aller Haushalte dar, der durch den inflationsbedingten Verzicht auf Realkassenhaltung entsteht, oder eine durch Mindereinsatz von Ressourcen erlittene Produktionseinbuße. Da im Punkt Q^{opt} die optimale reale Kassenhaltung realisiert wäre, bedeutet der Rückgang der Realkasse in jedem Fall eine weitere Entfernung vom Optimum der gesamtwirtschaftlichen Geldversorgung (Friedman, 1969,2). Während einige Autoren derartige Überlegungen als praktisch irrelevante Gedankenexperimente bezeichnen (Tobin, 1972, S. 15; Streissler u. a., 1976, S. 121), kommen andere bei empirischen Schätzungen auf beachtliche Beträge. So sollen z. B. in den USA bei einer vollständig antizipierten jährlichen Inflationsrate von 10 v. H. Wohlfahrtskosten in Höhe von 10–22 Mrd. Dollar pro Jahr entstehen (Tatom, 1976, S. 13). Für die Bundesrepublik werden die Verluste, die während der relativ harmlosen Inflation der Jahre 1968–73 durch Reduktionen der Realkassenhaltung entstanden sind, immerhin auf jahres-

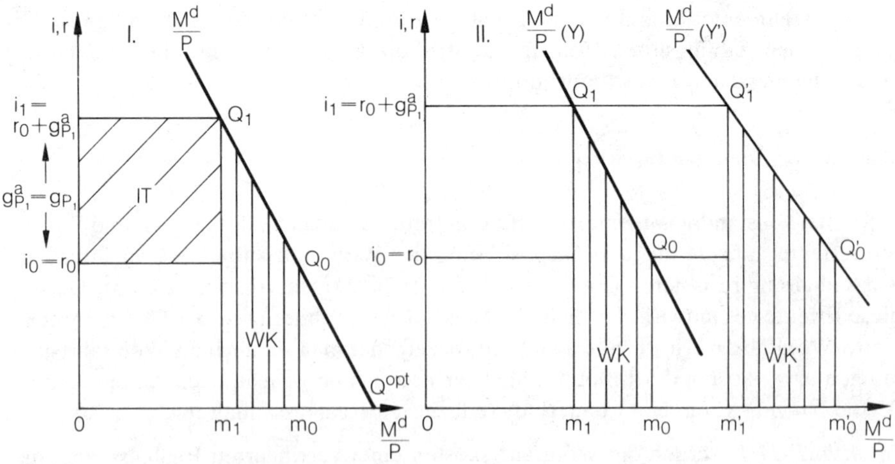

Abb. F-11: Wohlfahrtskosten der Inflation

durchschnittlich 1,7 Mrd. DM, insgesamt also auf 10,2 Mrd. DM geschätzt (ALEXANDER/LOEF, 1975, S. 192).

3.3. Umverteilungseffekte

Im Vordergrund praktischer Erfahrungen und wissenschaftlicher Analysen stehen traditionell die Redistributionswirkungen der Inflation (BACH/ANDO, 1957; CASSEL/THIEME, 1976, 2; FRICKE, 1981; GRUBER, 1981). Sie sind äußerst komplex und bisher in ihrer Gesamtheit weder theoretisch noch empirisch vollständig erfaßt. Die Inflation greift nämlich direkt und allumfassend in den Mechanismus der relativen Preise und in das Finanzsystem staatlicher Transferzahlungen und Steuereinnahmen ein (Beitrag J-3.2.2. und 4.2.3.). Jede inflationsbedingte Veränderung der relativen Preise, des Realwerts der Einkommenstransfers und der nominalen Steuerbemessungsgrundlagen führt zu einer Umverteilung der Einkommensströme und der Vermögensbestände. Dabei läßt sich die Richtung der Umverteilungswirkungen generell wie folgt bestimmen:

- Eine Inflation geht zu Lasten der Einkommensbezieher, deren Einkommen inflationsbedingt weniger stark steigen als die Preise, die sie zu zahlen haben, und zugunsten derjenigen, deren inflationsbedingte Einkommenssteigerungen größer sind als die Erhöhungen der für sie relevanten Preise.
- Eine Inflation benachteiligt die Vermögensbesitzer, deren nominales Nettovermögen (Bruttovermögen abzüglich Schulden) inflationsbedingt langsamer steigt als das Preisniveau, und begünstigt jene, deren Nettovermögenswert schneller wächst als das Preisniveau.

Jede Einkommens- und Vermögensart sowie jeder Einkommensbezieher und Vermögensbesitzer ist prinzipiell von der Inflation betroffen, so daß die Umverteilungseffekte auf allen nur denkbaren Verteilungsebenen auftreten können. Im inflatorischen Prozeß kommt es deshalb zur Umverteilung von Einkommen und Vermögen

- zwischen Besitzern von Finanz-, Sach- und Humanvermögen, zwischen Kassenhaltern, Spareinlagen- und Wertpapierbesitzern, Grundbesitzern, Hauseigentümern, Aktionären und Antiquitätensammlern sowie zwischen Gläubigern und Schuldnern;
- zwischen den Beziehern von Kontrakt- und Residualeinkommen sowie von Faktor- und Transfereinkommen – also zwischen den Beziehern von Löhnen, Dividenden, Zinsen, Mieten, Subventionen, Renten, Kindergeld, Versicherungsleistungen, usw.; sowie
- zwischen den einkommensbeziehenden und vermögensbesitzenden Sektoren der Volkswirtschaft, d. h. zwischen Landwirtschaft, Industrie und Dienstleistungssektor, Haushalten und Unternehmen, Privaten und Staat sowie zwischen In- und Ausland.

Auf jeder dieser Verteilungsebenen gibt es Gewinner und Verlierer der Inflation. Da die Haushalte, Unternehmen, Institutionen und öffentlichen Hände über mehrere Vermögensarten verfügen und folglich ihr Einkommen aus verschiedenen Quellen beziehen, gleichzeitig in verschiedenen Sektoren agieren und Gläubiger und Schuldner zugleich sind, ist schwer zu sagen, wer per saldo durch die Inflation gewinnt oder verliert.

Sieht man von den u. U. beachtlichen Umverteilungseffekten zwischen In- und Ausland ab, so rechnen sich die Umverteilungsgewinne und -verluste der Inflation gesamtwirtschaftlich gegeneinander auf. Bei einzelwirtschaftlicher Betrachtung ergäben sich nur dann keine Umverteilungseffekte, wenn die Inflation in sämtlichen Transaktionen und auf allen Verteilungsebenen von jedermann vollständig antizipiert werden könnte. Dieser Fall ist zwar theoretisch denkbar, praktisch aber irrelevant, so daß in der Realität stets mit Redistributionseffekten der Inflation zu rechnen ist.

Aber selbst eine allumfassende Inflationsantizipation kann nicht verhindern, daß Kaufkraft von der Gesamtheit der Kassenhalter auf die Geldproduzenten (Staat einschließlich Notenbank, Geschäftsbanken, Ausland) umverteilt wird: Die Inflation ist einer Mengensteuer vergleichbar, d. h. sie kann als Steuer auf den Realwert der von den Wirtschaftssubjekten gehaltenen Kassenbestände interpretiert werden (FRIEDMAN, 1953, 2; 1971).

Der Realwert der Inflationssteuer einer Periode ist gleich dem Zuwachs der nominalen Geldmenge ΔM, dividiert durch das Preisniveau P dieser Periode. Durch Erweiterung von $\Delta M/P$ mit M folgt

$$(20) \qquad \frac{\Delta M}{P} = \frac{M}{M} \cdot \frac{\Delta M}{P} = \frac{M}{P} \cdot \frac{\Delta M}{M} = m \cdot \frac{\Delta M}{M} \qquad \text{mit } m := \frac{M}{P}.$$

In einer stationären Wirtschaft ist die Inflationsrate bei vollständig antizipierter Inflation gleich der Wachstumsrate der angebotenen und zugleich nachgefragten Geldmenge ($g_P = g_M \triangleq \Delta M/M$). Somit folgt aus (20):

$$(21) \qquad \frac{\Delta M}{P} = m \cdot g_P.$$

Die Steuerbemessungsgrundlage der Inflationssteuer ist demnach die Realkasse m, der Steuersatz die Inflationsrate g_P. In *Abb. F-11.I.* wird der Realwert der Inflationssteuer durch die Fläche IT repräsentiert: Ihr Inhalt $m_1 \cdot g_{P_1}$ entspricht jenem Betrag an realer Kaufkraft, den sich die geldschöpfenden Instanzen pro Periode durch die nahezu kostenlose Produktion der zusätzlichen nominalen Geldmenge ΔM aneignen. Da die Geldschöpfung im wesentlichen von Staat und Notenbank ausgeht, steht den staatlichen Instanzen mit der Inflationssteuer die einzige Finanzierungsquelle zur Verfügung, für die sie keine gesetzliche Grundlage benötigen. Die Möglichkeit, selbst bei vollständiger Antizipation durch Inflation Umverteilungsgewinne auf Kosten der Privaten zu erzielen, dürfte mit ein Grund sein, warum es immer noch – und offenbar in zunehmendem Maße – Inflation auf der Welt gibt.

4. Inflation in sozialistischen Planwirtschaften

Inflation ist kein systemspezifisches Phänomen kapitalistischer Marktwirtschaften. Selbst in den ehemals sozialistischen Ländern mit zentraler Planung (z. B. DDR, Polen, UdSSR) war sie eine permanente und häufig beklagte Erscheinung. Allerdings läßt sie sich hier wegen der administrativen Preisfixierung nur als Kassenhaltungsinflation oder als gemischte Inflation nachweisen (s. Abschnitt 1.3.; *Tab. F-1;* Überblick bei CASSEL, 1985). Dabei zeichnet sich die Erkenntnis ab, daß auch die Inflation in sozialistischen Planwirtschaften im wesentlichen monetär verursacht ist und beachtliche Umverteilungseffekte hat; selbst Einkommens- und Beschäftigungseffekte sind nicht auszuschließen (Sozialistische PHILLIPS-Kurve; THIEME, 1985).

Ursachen der Kassenhaltungsinflation

Seit den 50er Jahren stieg in den genannten Ländern das Geldangebot mit z. T. erheblichen Schwankungen seiner Wachstumsraten ständig stärker als der reale Output. In der DDR z. B. expandierten die nominalen Geldbestände der privaten Haushalte zwischen 1955 und 1976 um jahresdurchschnittlich rd. 12 v. H., während die Konsumgüterproduktion nur um etwa 5 v. H. zunahm. Da das verstaatlichte Bankensystem und die zentrale monetäre Planung (Beitrag A-4.2.2.) günstige Voraussetzungen für eine straffe Geldangebotssteuerung zu bieten scheinen, ist dieses Ergebnis einigermaßen verwunderlich: Entweder steht die inflationsverursachende Geldmengenausweitung im Dienste der Erreichung bestimmter Ziele der zentralen Planungsinstanzen oder sie ist Ausdruck systembedingter Mängel der monetären Steuerung und Kontrolle. Beide Vermutungen sind zutreffend (HAFFNER, 1985; HARTWIG/THIEME, 1979; 1985; HARTWIG, 1987).

Die übermäßige Geldversorgung ist einerseits ein bewußt eingesetztes Mittel der derzeitigen Wachstums- und Planerfüllungspolitik: Große Investitionsvorhaben, Rüstungsprojekte und Prestigeobjekte (z. B. Raumfahrt) übersteigen meist die private Ersparnisbildung der Bevölkerung und werden dann durch zusätzliche Geldschöpfung der Notenbank finanziert. Realwirtschaftlich entziehen sie dem Konsumgütersektor die für eine ausreichende Versorgung mit Konsumgütern erforderlichen Ressourcen. Da ein wesentlicher Teil der Ausgaben für derartige Projekte der Bevölkerung als Geldeinkommen zufließen, erhöht sich deren „Kauffonds", während der verfügbare „Warenfonds" weniger stark steigt oder vorübergehend sogar stagniert. Diese Politik des „reichlichen" Geldes erleichtert zugleich den Absatz der häufig nicht bedarfsgerechten Konsumgüterproduktion und ermöglicht den prinzipiell produktions- und nicht absatzorientierten Betrieben die Erfüllung ihrer Planauflagen.

Andererseits scheitert eine effiziente Geldmengensteuerung an der Praxis der kreditären Finanzierung sozialistischer Betriebe: Da die monetären Planbilanzen wegen der unzureichenden naturalen Planung und der ungleichgewichtigen Preisfestsetzung nur zufällig den tatsächlichen Gegebenheiten entsprechen, sind sie als Kontrollinstrument der Planungsbehörden nur bedingt geeignet und lassen den Produzenten erhebliche Verhaltensspielräume. So können die Betriebe aufgrund „weicher" Pläne ungeplante Läger an Fertigprodukten und Umlaufmitteln bilden oder ihren Beschäftigten ungeplante Löhne und Prämien zahlen. Sie beschaffen sich die dazu erforderlichen finanziellen Mittel, indem sie planmäßige Kredite nicht fristgerecht zurückzahlen oder außerplanmäßige Kredite – trotz hoher Strafzinsen – beim staatlichen Bankensystem aufnehmen. Da ungeplante „Konkurse" sozialistischer Betriebe nicht möglich sind, ist das Bankensystem zur Prolongation bzw. zur Gewährung der zusätzlichen Kredite in jedem Fall verpflichtet. Dies trifft auch zu, wenn zur Abwehr außenwirtschaftsbedingter Störungen (Inflationsimport, Rohstoffpreiserhöhungen usw.) ein ungeplanter Finanzierungsbedarf bei den Außenwirtschaftsunternehmen entsteht. Die Verpflichtung der monetären Autoritäten zur geldschaffenden Kreditgewährung macht somit das Geldangebot in der sozialistischen Planwirtschaft zu einer endogenen Größe, die aufgrund der systembedingten betrieblichen Verhaltensweisen ständig stärker zu steigen tendiert als die durch sie finanzierte Produktion.

Umverteilungseffekte der Kassenhaltungsinflation

Von den möglichen Wirkungen der Inflation in sozialistischen Planwirtschaften wurden bisher nur die Umverteilungseffekte der Kassenhaltungsinflation näher analysiert (Cassel/Thieme, 1976, 2). Diesbezüglich weisen Preis- und Kassenhaltungsinflation gewisse Parallelen, aber auch bedeutsame Unterschiede auf. Gemeinsam ist ihnen, daß sie einen Verfall der Kaufkraft des Geldes darstellen: Für die nominale Geldeinheit lassen sich immer weniger Güter kaufen. Während sich aber der Kaufkraftverfall bei Preisinflation im Anstieg der für eine bestimmte Gütermenge zu entrichtenden Geldeinheiten zeigt, wird er bei Kassenhaltungsinflation in der Unmöglichkeit sichtbar, bestimmte Gütermengen überhaupt kaufen zu können. Die Gesamtheit der Einkommensbezieher kann deshalb auch ihr Nominaleinkommen bei Preisinflation in vollem Umfang ausgeben, erhält dafür aber pro Geldeinheit einen sinkenden Realwert; bei Kassenhaltungsinflation sind die Einkommensbezieher insgesamt dazu außerstande, weil ihre disponiblen Einkommen das verfügbare, mit konstanten Preisen bewertete Güterbündel zunehmend übersteigen.

Für den einzelnen braucht jedoch nicht zu gelten, was für die Gesamtheit der Wirtschaftssubjekte gilt. Generell läßt sich sagen, daß sich diejenigen vor der Kassenhaltungsinflation schützen oder aus ihr Vorteile ziehen können, die im sozialistischen System Möglichkeiten haben und Wege finden, jede vereinnahmte Geldeinheit umgehend wieder auszugeben, d. h. die in den nominalen Geldbeträgen verbürgten Ansprüche auf einen Teil des realen Sozialprodukts durch den Tausch gegen Güter zu realisieren. Hierzu gehören Partei- und Regierungsfunktionäre, Armeeangehörige, Beschäftigte in Schlüsselindustrien und selbständige Handwerker, aber auch verdiente Sportler, Helden der Arbeit und Schwarzhändler. Sie verfügen über genügend Einfluß, Beziehungen, Informiertheit und Sachkenntnis, um die Realverteilung zu ihren Gunsten zu verändern: nämlich durch den vergleichsweise besseren Zugriff auf das Güterangebot, der ihnen die Umwandlung von Geld in Realwerte erleichtert und sie von dem Zwang befreit, unfreiwillig zu sparen und das akkumulierte Geld als Kasse zu halten. Wem das nicht oder nur unzureichend gelingt – wie dem nicht erwerbstätigen, politisch uninteressierten und gesellschaftlich isolierten Bevölkerungsteil –, der sieht sich hilflos dem Anwachsen seiner Kassenhaltung ausgesetzt, ohne die Chance zu haben, ihren rechnerischen Realwert je in Form von Gütern realisieren zu können. Wie bei der Preisinflation, so entscheidet auch hier das Ausmaß der im Einzelfall gelungenen Antizipation darüber, wer per saldo zu den Inflationsgewinnern oder -verlierern zählt.

Inflation im Transformationsprozeß

Als Ende der achtziger Jahre in den ehemals sozialistischen Ländern Osteuropas der Transformationsprozeß begann (Beitrag A-6), war durch die verbreitete Kassenhaltungsinflation überall ein mehr oder weniger hoher Geldüberhang entstanden. Um zu vermeiden, daß es bei der unumgänglichen Freigabe der Preise zu abrupten nachfrageinduzierten Preiserhöhungen kommt, hätte der Geldüberhang zuvor durch Geldvernichtung beseitigt werden müssen (Fuchs, 1989; Schelkle, 1994). Dies wäre erstens durch eine Währungsreform, zweitens durch Nettotilgung von Notenbankkrediten, drittens durch stillzulegende Steuermehreinnahmen und viertens durch die Stillegung von Privatisierungserlösen möglich gewesen. Doch mit Ausnahme der DDR, in der der vergleichsweise niedrige Geldüberhang durch die Währungsunion mit dem früheren Bundesgebiet vom 1. Juli 1990 beseitigt wurde (Thieme, 1994), hat keines der Transformationsländer derartige Maßnahmen ergriffen. Es war deshalb nicht verwunderlich, daß die Preise dort im Zuge der forcierten Preisliberalisierung sprunghaft stiegen. Je nach Ausmaß der vorhandenen monetären Ungleichgewichte erhöhte sich das Preisniveau mit zwei- bis dreistelligen Raten – verbunden mit einer entsprechend drastischen Abwertung der heimischen Währung. So stiegen die Verbraucherpreise im Jahr ihrer Freigabe in Rußland um 1350 v. H. (1992), in Polen um 585 v. H. (1990), in Bulgarien um 340 v. H. (1991), in der CSFR um 57 v. H. (1991)

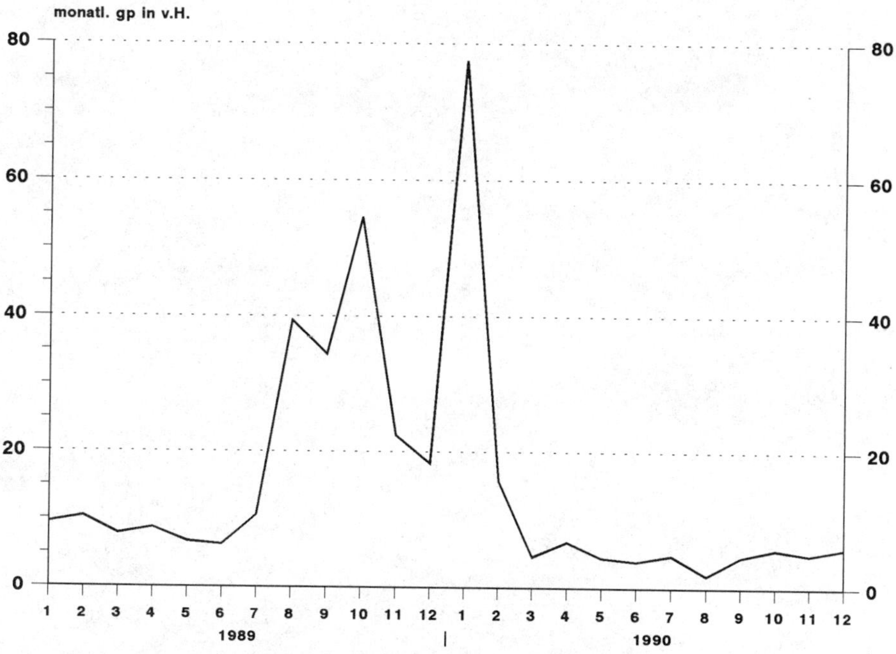

Quelle der Daten: IMF, International Financial Statistics (lfde. Jge.)

Abb. F-12: Monatliche Verbraucherpreissteigerungen während der Preisliberalisierung in Polen, Januar 1989 – Dezember 1990.

und in Ungarn um 35 v. H. (1991). Da der Anstieg des Preisniveaus in diesen Ländern anschließend wieder stark zurückging, läßt sich schließen, daß die kumulierte Kassenhaltungsinflation nach der Preisliberalisierung abrupt in eine einmalige Preisniveaukorrektur transformiert wurde (APOLTE/CASSEL, 1994). Dies zeigt sich deutlich am Beispiel Polens, wenn monatliche Änderungsraten betrachtet werden und man sich bewußt macht, daß im Rahmen des vom INTERNATIONALEN WÄHRUNGSFONDS unterstützten BALCEROWICZ-Programms vom August 1989 bis zum 1. Januar 1990 über 95 v. H. aller Preise freigegeben wurden *(Abb. F-12)*.

Mit dem einmaligen Preisniveausprung kann zwar der Geldüberhang absorbiert werden; damit ist aber noch nicht die Inflationsgefahr gebannt. Dies erfordert im weiteren Transformationsprozeß eine stabilitätsgerechte Geldpolitik, aufgrund derer kein Inflationspotential mehr entsteht. Die Tatsache, daß in allen osteuropäischen Transformationsländern die Verbraucherpreise immer noch mit zweistelligen – in Rumänien und der GUS sogar mit dreistelligen – Jahresraten steigen, und es z. B. in Polen schon als Erfolg gilt, die monatliche Inflationsrate unter 1 v. H. zu drücken, läßt das Gegenteil vermuten. Tatsächlich haben die Notenbanken in den Transformationsländern noch keine vergleichbare autonome Stellung erlangt und werden nach wie vor zur Finanzierung von Budgetdefiziten und maroden Staatsbetrieben herangezogen. Solange die politische Führung glaubt, nicht ohne die Erträge der „Inflationssteuer" auskommen und die „Transformationskrise" der Wirtschaft durch reichliche Kreditversorgung abschwächen oder gar vermeiden zu können, wird Preisniveaustabilität unerreichbar bleiben (ASLUND, 1994; CASSEL/WELFENS, 1994).

Kommentierte Literaturhinweise

Definition, Ursachen, Wirkungen und Möglichkeiten zur Bekämpfung der Inflation werden ausführlich in den Lehrbüchern von RICHARD JACKMAN; CHARLES MULVEY; JAMES A. TREVITHICK (1975; 2. A. 1981), WOLFGANG STRÖBELE (1979; 3. A. 1994) und HELMUT WAGNER (1983, 2) sowie in dem von ARTUR WOLL (1979) herausgegebenen Sammelband behandelt.

Stärker modelltheoretisch orientiert sind die Studientexte von GUNTER STEINMANN (1979), RÜDIGER POHL (1981) und JÜRGEN HEUBES (1989). Im Lehrbuch von HELMUT FRISCH (1980) werden die Modelle der ,,neuen" Inflationstheorie, insbesondere die monetaristischen und strukturellen Erklärungsansätze dargestellt.

Den Stand der keynesianischen Inflationstheorie repräsentiert der von JAMES H. GAPINSKI; CHARLES E. ROCKWOOD (1979) herausgegebene Sammelband; die monetaristische Perspektive vertritt J. HUSTON MCCULLOCH (1975; 2. A. 1982). SIDNEY WEINTRAUB (1978) und HAJO RIESE (1986) stellen die sozio-politischen Aspekte der Inflation heraus und vertreten den verteilungskampftheoretischen Erklärungsansatz.

Die Aufsatzsammlungen von HARRY G. JOHNSON (1975), EMIL-MARIA CLAASSEN (1978) und PHILLIP CAGAN (1979) behandeln die monetäre Theorie der (Welt-)Inflation und kritisieren ausführlich die nichtmonetären Ansätze.

Eine dynamische Inflationsanalyse enthalten die Texte von ROBERT J. BARRO; HERSCHEL I. GROSSMAN (1976), MICHAEL R. DARBY (1976, 1), HANS BREMS (1980) und ALEX CUKIERMAN (1984). Der von TIM JENKINSON (1990) herausgegebene Band ,,Inflation" des Oxford Review of Economic Policy enthält Beiträge zu aktuellen Problemen. Dogmengeschichtlich wichtige Beiträge faßt der Sammelband von MICHAEL PARKIN (1994) zusammen.

Das von der DEUTSCHEN BUNDESBANK (1992, 1) neuerdings als Indikator für die künftige Preisentwicklung eingeführte Konzept der „Preislücke" wird ausführlich dargestellt von OTMAR ISSING (1992) und WOLFGANG CEZANNE (1992). Die antiinflationäre Geldmengensteuerung der Deutschen Bundesbank seit 1974 wird in dem von JÜRGEN SIEBKE; H. JÖRG THIEME (1995) herausgegebenen Sammelband gewürdigt.

G. Konjunktur und Wachstum

Günter Gabisch

Gliederung

1. Einführung in den Problembereich

Betrachtet man den zeitlichen Verlauf wichtiger ökonomischer Größen wie etwa des Bruttosozialprodukts, der Industrieproduktion, der Auftragseingänge oder der Beschäftigung, so fallen zwei Sachverhalte auf. Über einen längeren Zeitraum hinweg nehmen diese Größen zu, aber diese Zunahme verläuft nicht gleichförmig, sondern in Wellenbewegungen, die einen angenähert sinusförmigen Verlauf aufweisen. *Abb. G-1a* und *1b* geben eine solche zeitliche Entwicklung des Bruttosozialprodukts Y(t) einer Volkswirtschaft in stilisierter Form wieder.

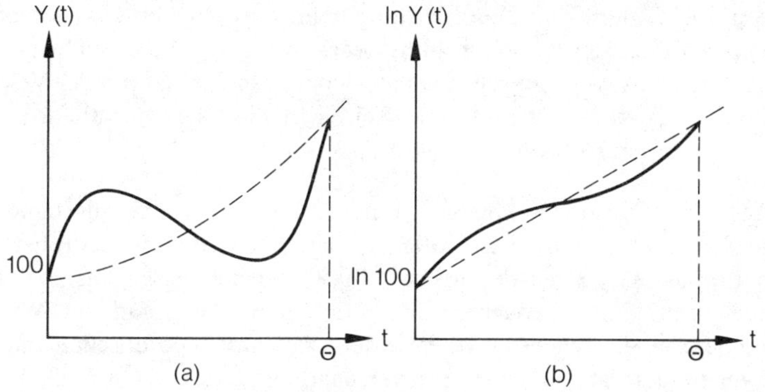

Abb. G-1: Zeitliche Entwicklung des Bruttosozialprodukts

Die in *Abb. G-1a* gestrichelt eingezeichnete Kurve gibt den langfristigen Wachstumspfad einer Wirtschaft an. Dieser Pfad stimmt nur „im Durchschnitt" mit der tatsächlichen Entwicklung der Wirtschaft überein. Der durchgezogene Kurvenzug stellt dagegen die tatsächlich zu beobachtende Wirtschaftsentwicklung dar. Diese Kurve liegt sinusförmig um den langfristigen Wachstumspfad, und auf der Zeitachse bezeichnet Θ die Periodenlänge.

Unterstellt man, daß die Wirtschaft langfristig mit einer konstanten Rate wächst, so vereinfacht sich die graphische Darstellung, wenn der Logarithmus des Bruttosozialprodukts in Abhängigkeit von der Zeit dargestellt wird. Dies ist in *Abb. G-1b* geschehen. Der parabelförmige Wachstumspfad der *Abb. G-1a* wird auf diese Weise in eine Gerade überführt, die den langfristigen Trend der Entwicklung von Y(t) widerspiegelt. Die Kurve des tatsächlichen Wirtschaftsverlaufs liegt jetzt sinusförmig um diese Trendgerade. Diese halblogarithmische Darstellung hat neben ihrer Linearität noch den Vorzug, daß der Anstieg der Trendgeraden unmittelbar die langfristige Wachstumsrate angibt; denn die Wachstumsrate des Sozialprodukts g_Y ist definiert als $g_Y := \dot{Y}(t)/Y(t)$, und der Anstieg der Trendgeraden ist bestimmt als $d \ln Y(t)/dt = \dot{Y}(t)/Y(t)$, so daß dieser Anstieg mit der langfristigen Wachstumsrate übereinstimmt. Aus diesem Grunde und wegen der einfacheren Darstellung wird oft die halblogarithmische Darstellung verwandt.

Die Konjunkturtheorie beschäftigt sich mit den Schwankungen der Wirtschaft um ihre trendmäßige Entwicklung. Ob diese Entwicklung schnell oder langsam verläuft und wodurch sie bestimmt ist, bleibt dabei außer Betracht. Die Messung der Konjunkturschwankungen, die theoretische Erklärung ihres Zustandekommens, die daraus ableitbare Prognose der zukünftigen konjunkturellen Entwicklung sowie die Möglichkeiten, diese zu beeinflussen, stehen im Mittelpunkt der Konjunkturtheorie. Da ein kompleter Konjunkturzyklus, so wie er in *Abb. G-1* stilisiert wiedergegeben wurde, im Regelfall zwischen 5 und 7 Jahre dauert, sind Konjunkturprobleme ihrer Natur nach kurz- bis mittelfristig.

Das durchschnittliche Wachstum einer Wirtschaft über mehrere Konjunkturzyklen ist Gegenstand der Wachstumstheorie. Sie versucht das Niveau und den Anstieg der in *Abb. G-1b* eingezeichneten Trendgeraden und damit die Bestimmungsgründe und Ursachen des langfristigen Wirtschaftswachstums zu erklären. Da langfristig die Verfügbarkeit von Gütern und Dienstleistungen im wesentlichen vom Angebot her bestimmt ist, vernachlässigt die Wachstumstheorie weitgehend die Nachfrage, sie ist angebotsorientiert. Das Angebot selbst hängt wieder vornehmlich von der Verfügbarkeit der Produktionsfaktoren ab; auf diese Weise wird die Wachstumstheorie zu einer dynamischen Theorie der Produktionsfaktoren.

Die bisherigen Ausführungen können in der folgenden Weise zusammengefaßt werden. Die Konjunkturtheorie beschäftigt sich mit den wirtschaftstheoretischen und -politischen Problemen der mittleren Frist. Ihr Untersuchungsgegenstand sind die Abweichungen von einem gedachten Idealpfad oder Trendpfad der Wirtschaft. Dagegen widmet sich die Wachstumstheorie den wirtschaftstheoretischen und -politischen Problemen der langen Frist. Sie versucht die Ursachen für die Lage des Idealpfads bzw. des Trendpfads zu bestimmen.

Bevor diese beiden Problembereiche behandelt werden, sollen zuerst noch die Begriffe „Wachstum" und „Wachstumsrate" präzisiert werden, da beide Begriffe sowohl in der Konjunktur- als auch in der Wachstumstheorie von zentraler Bedeutung sind.

Das Wachstum einer Größe, z. B. des Sozialprodukts, gibt den absoluten Zuwachs dieser Größe während einer Zeiteinheit an. Nimmt beispielsweise das Sozialprodukt einer Volkswirtschaft von 100 Mrd. DM pro Jahr im Jahre t auf 110 Mrd. DM pro Jahr im darauffolgenden Jahr t + 1 zu, so beträgt dieses Wachstum 10 Mrd. DM pro Jahr. Wäre dieses Wachstum negativ, so spräche man von einem Schrumpfen oder Sinken des Sozialprodukts.

Die Wachstumsrate gibt das relative Wachstum einer Größe an. Im obigen Beispiel ist die Wachstumsrate des Sozialprodukts $g_Y(t)$ definiert als

$$g_Y(t) := \frac{Y(t) - Y(t-1)}{Y(t-1)};$$

setzt man die entsprechenden Zahlenwerte ein, so erhält man $g_Y(t) = 0{,}10$. Dieses Ergebnis läßt sich auch in Prozent formulieren: das Sozialprodukt hat um 10 v. H. (= 0,10) zugenommen.

Bei kontinuierlicher Zeitbetrachtung erfolgt die Definition der Wachstumsrate analog. Das Sozialprodukt Y(t) ist in diesem Fall als Sozialprodukts„rate", d. h. als

„Momentanproduktion" einer Volkswirtschaft aufzufassen – ähnlich der Momentangeschwindigkeit eines fahrenden Wagens. Die Wachstumsrate ist dann definiert als

$$g_Y(t) := \frac{dY(t)/dt}{Y(t)} = \frac{\dot{Y}(t)}{Y(t)}.$$

Diese so definierte Wachstumsrate bezieht sich auf einen Zeitpunkt, wohingegen der zuerst definierten Wachstumsrate eine Zeitperiode zugrunde lag. Im folgenden werden beide Definitionen verwendet.

2. Konjunktur

2.1. Definition und Messung

Um einen Eindruck von den tatsächlich vorhandenen Konjunkturschwankungen zu vermitteln und um zu zeigen, daß diese empirisch vorfindbaren Konjunkturschwankungen dem Grundmuster der *Abb. G-1* entsprechen, sind in *Abb. G-2* die prozentualen Abweichungen einiger wichtiger makroökonomischer Größen vom Trend für den Zeitraum von 1976–94 dargestellt.

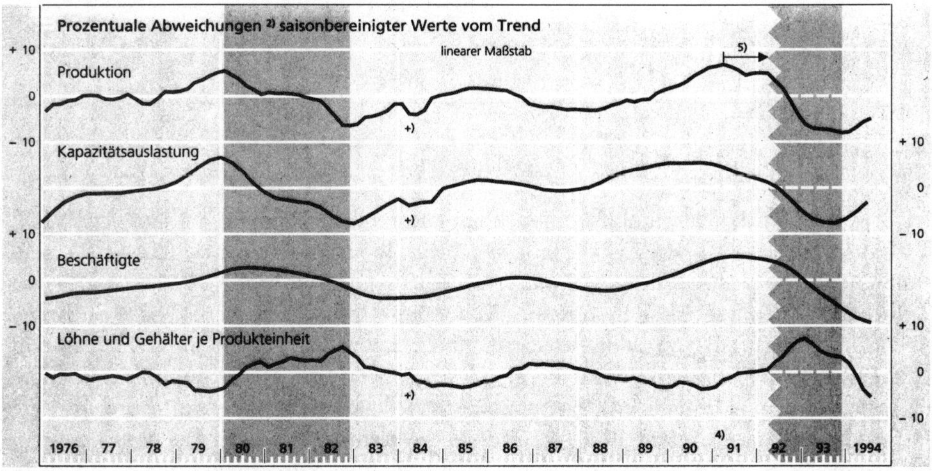

Quelle: Deutsche Bundesbank (1995), S. 85

Abb. G-2: Prozentuale Abweichungen saisonbereinigter Werte vom Trend

Um diese Konjunkturschwankungen, die in ähnlicher Weise auch in anderen Ländern beobachtet werden, der wissenschaftlichen Analyse zugänglich zu machen, ist es notwendig, auf dem Hintergrund der *Abb. G-1* zunächst einige Begriffe einzuführen.

Betrachtet man in *Abb. G-1* den zeitlichen Verlauf des Bruttosozialprodukts vom Zeitpunkt t = 0 an, so gibt es sicherlich einen oberen Wendepunkt. Dieser ist dadurch charakterisiert, daß – anschaulich gesprochen – die Wirtschaft dort ihren maximalen Auslastungsgrad erreicht hat, dieser aber nicht aufrechtzuerhalten ist, und die Entwicklung der Wirtschaft umkippt. Der einsetzende Schrumpfungsprozeß verstärkt sich und erreicht am unteren Wendepunkt seinen Höhepunkt; an dieser Stelle liegt – wieder anschaulich gesprochen – das Minimum des Auslastungsgrades der Wirtschaft. Von dort an beginnt die Wirtschaft sich zu erholen, das Wachstum beschleunigt sich, geht in einen Boom über, und nach einiger Zeit erreicht die Wirtschaft wieder ihren oberen Wendepunkt, und der Prozeß beginnt von vorne.

Dieser zeitliche Verlauf des Wirtschaftsprozesses legt unter Vernachlässigung der trendmäßigen Entwicklung folgende Einteilung und Begriffsbestimmung nahe, *Abb. G-3*.

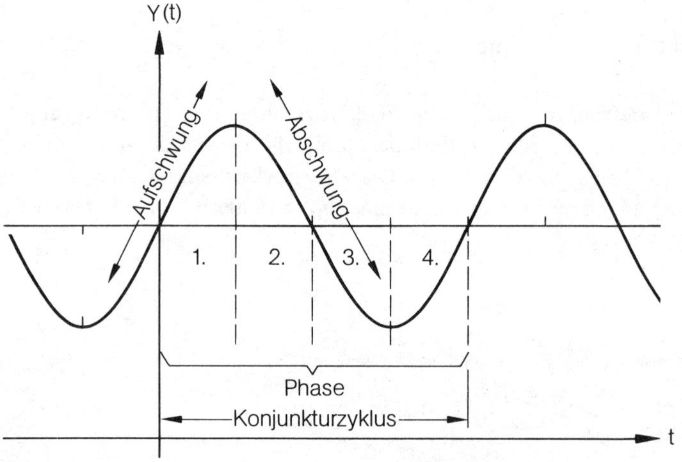

Abb. G-3: Der Konjunkturzyklus und seine Phasen

Der Konjunkturzyklus umfaßt einen kompletten, sinusförmigen Verlauf des Wirtschaftsprozesses. Dieser Zyklus läßt sich, wie oben eingezeichnet, in vier Phasen einteilen. Die erste Phase umfaßt jene Zeitspanne, in der die Wirtschaft vom Normalauslastungsgrad dem oberen Wendepunkt zustrebt. Diese Phase wird als Hochkonjunktur, Boom oder Prosperität bezeichnet. Sie ist gekennzeichnet durch Stagnation der Unternehmereinkommen – gegen Ende der Hochkonjunktur können sie sogar fallen –, Finanzierungsengpässe treten auf, und Arbeitskräfte sind knapp. Die zweite Phase umfaßt den beginnenden Abschwung; sie wird auch Rezession genannt. In dieser Phase erfolgen erste Unternehmenszusammenbrüche, auf dem Aktienmarkt sinken die Kurse verstärkt, und die Einkommen gehen zurück. In der sich anschließenden dritten Phase treten die soeben beschriebenen Phänomene verstärkt auf, die Wirtschaft befindet sich in der Depression oder Krise, und sie erreicht am unteren Wendepunkt den Tiefstand der wirtschaftlichen Aktivitäten.

Hieran schließt sich als vierte Phase die Erholung mit steigenden Einkommen und Preisen an.

Diese Vier-Phasen-Einteilung des Konjunkturzyklus ist idealtypisch und keineswegs zwingend. So unterscheidet z. B. Gottfried Haberler (1937, 2. A. 1955, S. 258) zwei Phasen und zwei Wendepunkte. Die zwischen unterem und oberem Wendepunkt liegende Phase nennt er Aufschwung, die zwischen oberem und unterem Wendepunkt liegende Phase heißt bei ihm Abschwung. Der Zusammenhang mit dem oben beschriebenen Vier-Phasen-Schema ergibt sich unmittelbar aus *Abb. G-3*.

Die Länge des hier beschriebenen Konjunkturzyklus beträgt etwa fünf bis sieben Jahre. Doch ist dieses periodische Schwanken der wirtschaftlichen Aktivitäten nicht die einzige zu beobachtende wellenförmige Bewegung der Wirtschaft. Es existieren darüber hinaus Wellenbewegungen sehr langfristiger Natur, die als Kondratieff-Schwankungen bezeichnet werden. Sie dauern etwa 50 bis 60 Jahre. Ferner gibt es Kitchin-Wellen, die nur 2 bis 4 Jahre dauern. Ihre Existenz ist nicht unbestritten. Die hier interessierenden „eigentlichen" Konjunkturwellen werden zur Unterscheidung von den beiden übrigen Schwankungen auch Juglar-Zyklen genannt. Diese Zyklen werden im folgenden behandelt.

Um Konjunkturzyklen messen zu können, müssen Indikatoren konstruiert werden, die selbst oder deren Änderung den aktuellen Konjunkturstand anzeigen und damit eine Messung des Konjunkturverlaufs erlauben (Diagnoseproblem). Höchst problematisch ist die Verwendung dieser Indikatoren zur Prognose des zukünftigen Konjunkturverlaufs (Prognoseproblem). Auf diese Problematik wird weiter unten eingegangen.

Ein sehr einfacher Konjunkturindikator, der in den USA während der zwanziger Jahre benutzt wurde, war das sog. Harvard-Barometer. Dieser Indikator faßte mehrere Zeitreihen ökonomischer Größen wie z. B. Aktienkurse und Großhandelspreise zu drei Gruppen zusammen, wobei als Referenzperiode die Jahre 1903–1914 dienten. Der zeitliche Verlauf dieser zu Gruppen zusammengefaßten Zeitreihen ist in *Abb. G-4* wiedergegeben.

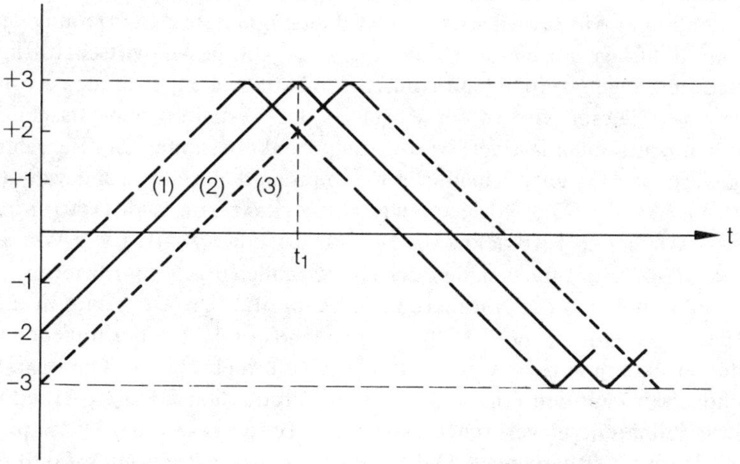

Abb. G-4: Harvard-Barometer

Die mit (1) bis (3) numerierten Zeitreihen weisen jeweils den typischen konjunkturellen Verlauf auf. Sie untergliedern die konjunkturelle Bewegung der Wirtschaft, indem Reihe (1) der „eigentlichen" Konjunkturbewegung vorauseilt (leaders), Reihe (2) stellt eben diese Konjunkturbewegung dar (coinciders), und Reihe (3) läuft ihr hinterher (laggers).

Für jeden Zeitpunkt läßt sich mit Hilfe dieser drei Reihen der konjunkturelle Zustand der Wirtschaft angeben. So ist z. B. in *Abb. G-4* im Zeitpunkt t_1 der obere Wendepunkt der Konjunktur erreicht; von hier an überwiegen die rezessiven Tendenzen in der Wirtschaft.

Wird die zusätzliche Hypothese akzeptiert, daß der in *Abb. G-4* dargestellte Konjunkturverlauf nach Frequenz und Amplitude mit den zeitlich folgenden Konjunkturwellen übereinstimmt, dann läßt sich mit Hilfe des HARVARD-Barometers der zukünftige Konjunkturverlauf prognostizieren. Dieses wurde auch Anfang der zwanziger Jahre getan, aber nach anfänglichen Prognoseerfolgen versagte das HARVARD-Barometer als Prognoseinstrument. Das auf der Grundlage von Indikatoren beruhende mechanistische Prognoseverfahren bewährte sich verständlicherweise nicht. Die oben genannte Hypothese war sachlich nicht zu rechtfertigen: Es fehlte die theoretische Erklärung der Konjunkturumschwünge. Es bestätigte sich nur, was zu erwarten war: Konjunkturindikatoren eignen sich zur Messung, aber nicht zur Prognose von Konjunkturschwankungen.

Nach dem Prinzip des HARVARD-Barometers wurde auch in der Bundesrepublik Deutschland ein Konjunkturindikator zur Beurteilung der konjunkturellen Lage konstruiert (SACHVERSTÄNDIGENRAT ZUR BEGUTACHTUNG DER GESAMTWIRTSCHAFTLICHEN ENTWICKLUNG, 1970). Doch auch dieser Indikator konnte sich nicht durchsetzen.

Ebenfalls dem Indikatorkonzept zuzurechnen sind Tendenzbefragungen, die z. B. in der Bundesrepublik Deutschland regelmäßig vom IFO-Institut in München durchgeführt werden. Das IFO-Institut befragt in regelmäßigen Abständen mehrere tausend Unternehmen nach ihren Auftragseingängen und nach ihren Beurteilungen der konjunkturellen Lage. Aus diesen Angaben wird eine qualitative Beurteilung der jeweiligen Konjunkturlage abgeleitet (STRIGEL, 1972). Die gesamtwirtschaftlichen Konjunkturschwankungen werden häufig durch den bereits oben erwähnten Auslastungsgrad gemessen. Dieser wird in der Regel als das Verhältnis von tatsächlichem zu potentiellem Bruttoinlands- oder Bruttosozialprodukt bestimmt. Zur Berechnung der Potentialwerte werden unterschiedliche Konzepte und Verfahren angewandt (DEUTSCHE BUNDESBANK, 1973, 1981; SACHVERSTÄNDIGENRAT ZUR BEGUTACHTUNG DER GESAMTWIRTSCHAFTLICHEN ENTWICKLUNG, 1994; DEUTSCHES INSTITUT FÜR WIRTSCHAFTSFORSCHUNG, 1982). Sie unterscheiden sich hauptsächlich in der Spezifizierung der Produktionsfunktion und in der Normierung der Kapazität. Die DEUTSCHE BUNDESBANK (1973, 1981) bestimmt das potentielle Bruttoinlandsprodukt in der folgenden Weise. Mit Hilfe der ökonometrisch abgeleiteten Parametern einer COBB-DOUGLAS-Produktionsfunktion wird aus den Potentialwerten der Produktionsfaktoren Arbeit und Kapital sowie Primärenergieverbrauch (DEUTSCHE BUNDESBANK, 1981) das potentielle Bruttoinlandsprodukt berechnet. Die Potentialwerte der Produktionsfaktoren selbst werden aus log-linearen Trends der tatsächlichen Werte gewonnen.

Durch diese Art der Berechnung des potentiellen Bruttoinlandsprodukts wird vermieden, daß der Auslastungsgrad nach oben beschränkt ist; er kann nicht nur kleiner, sondern auch größer als 100 v. H. sein. Letzteres ist nicht möglich bei jenen Potentialkonzepten, die an eine maximale Auslastung der Produktionsfaktoren in der Vergangenheit anknüpfen und diese Auslastung gleich 100 v. H. setzen. Steigt oder sinkt der so berechnete Auslastungsgrad, so befindet sich die Wirtschaft im Aufschwung bzw. im Abschwung. Abb. G-5 zeigt die zeitliche Entwicklung von Produktionspotential und Auslastungsgrad von 1974 bis 1994.

Die hier vorgestellten Konzepte des Auslastungsgrades und der Konjunkturindikatoren dienen der Messung des konjunkturellen Ist-Zustandes einer Wirtschaft. Sie stellen keine Kausalanalyse des konjunkturellen Geschehens dar und sind deswegen als

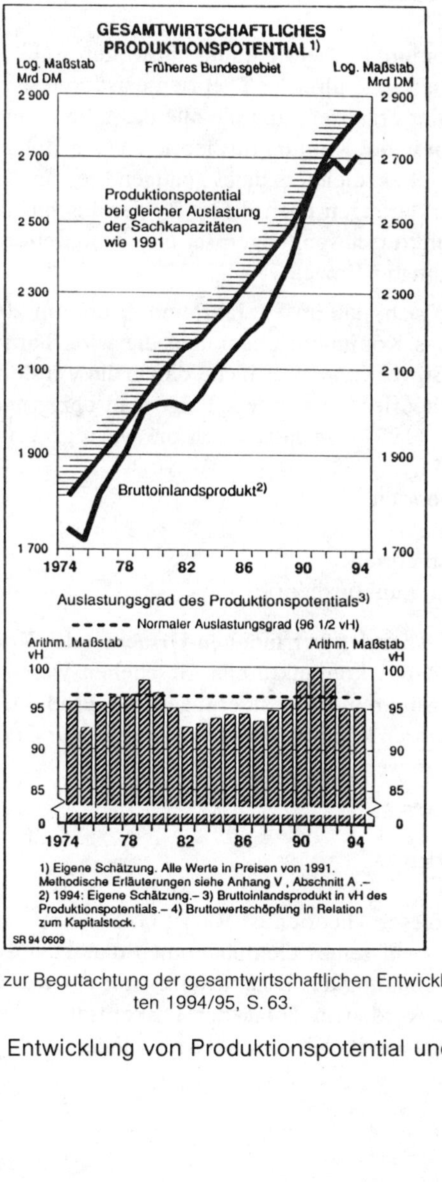

Quelle: Sachverständigenrat zur Begutachtung der gesamtwirtschaftlichen Entwicklung (1994), Jahresgutachten 1994/95, S. 63.

Abb. G-5: Zeitliche Entwicklung von Produktionspotential und Auslastungsgrad

Prognoseinstrumente für den Konjunkturablauf ungeeignet. Wie oben bereits erwähnt, wurde jedoch in der Vergangenheit versucht, mit Hilfe von Konjunkturindikatoren und hier insbesondere mit dem HARVARD-Barometer den Konjunkturverlauf zu prognostizieren. Diese Prognose wäre aber nur dann zulässig, wenn man die zusätzliche, mechanistische Annahme akzeptierte, jeder zukünftige Konjunkturzyklus stimme im Grundsatz genau mit dem vorherigen überein.

Will man also zu verläßlichen Konjunkturprognosen gelangen, so muß man zunächst Theorien des Konjunkturverlaufs entwickeln, die das Zustandekommen der Konjunkturumschwünge erklären können. Derartige Konjunkturtheorien werden in den folgenden Abschnitten behandelt.

2.2. Ältere Konjunkturtheorien

Es gibt neben der Konjunkturtheorie kaum ein weiteres Gebiet in den Wirtschaftswissenschaften, auf dem so zahlreiche Theorien existieren, die z. T. einander widersprechen, z. T. einander ergänzen, und die alle dasselbe Phänomen erklären wollen. Die Ansichten reichen in der Konjunkturtheorie von der Behauptung, eine Konjunkturtheorie sei überhaupt abzulehnen, da es genügend regelmäßige Zyklen nicht gebe, über monokausale Erklärungen eben dieser Zyklen bis hin zu der Auffassung, das Entstehen der Konjunkturschwankungen sei ein nicht weiter erklärbarer stochastischer, d. h. zufallsbedingter Prozeß.

Vergegenwärtigt man sich, daß im 19. Jahrhundert und im 20. Jahrhundert bis zum Zweiten Weltkrieg das Konjunkturphänomen die wirtschaftswissenschaftliche Diskussion beherrschte, so verwundert es nicht, daß in diesem Zeitraum die unterschiedlichsten Konjunkturtheorien entstanden. Folgt man der grundlegenden Arbeit von GOTTFRIED HABERLER (1937), so lassen sich die wichtigsten Konjunkturtheorien in dieser Zeit einteilen in:

- Rein monetäre Theorien
- Überinvestitionstheorien
- Unterkonsumtionstheorien
- SCHUMPETERsche Konjunkturtheorie.

Neben den in diesen Theorien behandelten Ursachen des Konjunkturzyklus gibt es weitere Faktoren, die das konjunkturelle Geschehen wesentlich mitgestalten, wie z. B. psychologische Stimmungen, Änderungen der Produktionskosten oder Überschuldung. Diese Faktoren können fallweise zusätzlich zur Erklärung eines Konjunkturzyklus herangezogen werden.

Rein monetäre Theorien

Der Hauptvertreter dieser Theorien ist RALPH G. HAWTREY (1928). Nach ihm stellt der Konjunkturzyklus ein reines Geldphänomen dar. Hauptverantwortlich für den Aufschwung ist eine Senkung des Diskontsatzes mit der darauf folgenden Reaktion der Kaufleute: diese werden in Folge der Diskontsatzsenkung ihre Lagerhaltung vergrößern wollen und damit steigende Auftragseingänge und eine größere Produktion in der Industrie herbeiführen. Durch den Multiplikator bewirkt diese Produktionszunahme eine gesteigerte Nachfrage bei den Händlern, so daß diese ihre Aufträge noch vergrößern werden. Auf diese Weise entsteht ein „vitiöser Zirkel", der durch eine Kreditexpansion ermöglicht wird, und der einen kumulativen Aufschwung bewirkt.

Der obere Wendepunkt wird dadurch herbeigeführt, daß die Kreditexpansion nicht mehr aufrechterhalten werden kann. Institutionelle Hindernisse wie der Goldstandard, gewohnheitsmäßiges Verhalten, etc. verhindern, daß das Bankensystem das Kreditvolumen noch weiter ausdehnen kann; es wird sogar zu einer Einschränkung des Kreditvolumens kommen. Damit beginnt die Nachfrage zu sinken, und die Preise werden fallen. Diese fallenden Preise veranlassen die Kaufleute, ihre Vorräte zu verringern, so daß sinkende Auftragseingänge und damit sinkende Produktion in der Industrie die Folge sind. Durch die Multiplikatorwirkung geht die Nachfrage beim Handel noch mehr zurück, die Lagerhaltung muß noch weiter reduziert werden – die „Spirale" dreht sich immer schneller nach unten; die Wirtschaft gelangt über einen kumulativen Prozeß in die Depression.

Der Weg aus der Depression führt über eine zunehmende Bankenliquidität. Während der Kontraktionsphase haben sich nämlich bei den Banken übermäßige Reserven angesammelt, so daß die Banken zu einem niedrigen Zinssatz neue Projekte finanzieren können und somit einen neuen Konjunkturzyklus in Gang setzen.

Überinvestitionstheorien

Für manche Überlegungen ist es nützlich, ein Zwei-Sektoren-Modell der Wirtschaft zu konstruieren, wobei in einem Sektor nur Konsum- und im anderen nur Investitionsgüter hergestellt werden. Das Sozialprodukt einer solchen sehr einfachen Modellwirtschaft ist dann bestimmt als die Summe der Werte der in einer Periode hergestellten Konsum- und Investitionsgüter. Untersucht man an Hand eines solchen Modells die Konjunkturschwankungen, so stellt man fest, daß die Investitionsgüterindustrie größeren konjunkturellen Schwankungen unterliegt als die Konsumgüterindustrie. An dieser Erfahrungstatsache knüpfen die Überinvestitionstheorien an. Während des Aufschwungs wird nach den Überinvestitionstheoretikern der Investitionsgütersektor zu stark ausgebaut, es kommt zu einem Ungleichgewicht zwischen Investitions- und Konsumgütersektor, d. h. zu einem Ungleichgewicht in der Produktionsstruktur. Dieses im Aufschwung entstehende Ungleichgewicht ist längerfristig nicht aufrechtzuerhalten: die eingeschlagenen „Produktionsumwege" erweisen sich als zu groß. Investitionsprojekte können nicht vollendet werden, und der Abbruch dieser Projekte führt den Abschwung herbei.

Die Überinvestitionstheorien lassen sich aufteilen in monetäre (von Hayek, 1929) und nicht-monetäre (Spiethoff, 1955) Theorien. Im Rahmen der monetären Überinvestitionstheorien sind die Diskrepanz zwischen dem „Marktzins" und dem „natürlichen Zins" sowie das Bankenverhalten das auslösende Moment der Konjunkturbewegung. Dabei wird unter dem Marktzins jener Zins verstanden, der durch den Kapitalmarkt festgelegt wird, wohingegen der natürliche Zins eine Art Gleichgewichtszins darstellt, zu dem die Nachfrage nach Kapital genauso groß ist wie das

Angebot an Ersparnissen. Liegt der Marktzins unter dem natürlichen Zins, so wird eine Kreditexpansion eingeleitet, und der Aufschwung beginnt. Nach einiger Zeit stellt sich das oben beschriebene Ungleichgewicht in der Produktionsstruktur ein. Die Banken werden unfähig oder unwillig sein, dieses Ungleichgewicht über eine längere Zeit zu finanzieren, so daß – wie oben beschrieben – der Abschwung herbeigeführt wird. Während des Abschwungs liegt der Marktzins über dem natürlichen Zins; am Ende des Abschwungs bewirken jedoch psychologische Kräfte, Preisveränderungen, Erfindungen oder Entdeckungen, daß der natürliche Zins über den Marktzins steigt. Ein neuer Aufschwung kann beginnen.

Die nicht-monetären Überinvestitionstheorien messen den monetären Phänomenen für den Konjunkturzyklus nur eine untergeordnete Rolle bei. Allerdings läßt sich zeigen, daß diese Theorien die Existenz eines hinreichend flexiblen und elastischen Bankenapparates implizit voraussetzen. Bei diesen Theorien sind Entdeckungen, Erfindungen, Erschließungen neuer Märkte usw. die treibenden Kräfte der konjunkturellen Entwicklung. Besonders deutlich wird der Unterschied zwischen den monetären und nicht-monetären Überinvestitionstheorien bei der Erklärung des Aufschwungs: Während bei der monetären Theorie ein vergleichsweise niedriger Marktzinssatz mit Hilfe des Bankensystems den Aufschwung einleitet, bedarf es bei den nicht-monetären Theorien zusätzlicher exogener Anregungen wie etwa Erfindungen, damit der Aufschwung in Gang kommt.

Unterkonsumtionstheorien

Der wesentliche Beitrag der Unterkonsumstheorien liegt in der Erklärung des oberen Wendepunktes des Konjunkturzyklus. Wie der Name „Unterkonsumtions"-Theorien bereits andeutet, führen diese Theorien das „Umkippen der Konjunktur" auf eine zu geringe Konsumnachfrage zurück. Während des Aufschwungs wurden neue Kapitalgüter installiert, die nach ihrer Fertigstellung eine drastische Erhöhung der Konsumgüterproduktion ermöglichen. Gleichzeitig fehlt es in der Bevölkerung wegen des Hinterherhinkens der Löhne hinter den Preisen an Kaufkraft, so daß dem vermehrten Konsumgüterangebot eine zu geringe Nachfrage gegenübersteht. Verschärft wird diese Situation noch durch die ungleiche Einkommensverteilung: die Bezieher hoher Einkommen sparen (und investieren damit) einerseits zuviel, andererseits fragen sie wegen ihrer hohen Spartätigkeit zuwenig Konsumgüter nach. Der Abschwung wird somit auf dem Konsumgütermarkt wegen zu geringer Nachfrage bzw. wegen „Übersparens" eingeleitet.

Schumpetersche Konjunkturtheorie

Eine Sonderstellung unter den älteren Konjunkturtheorien nimmt die Theorie von Joseph Alois Schumpeter (1911) ein. In ihr werden auf einmalige Weise psychologische, soziologische, technologische und wirtschaftliche Erwägungen verknüpft, um die mittel- bis langfristige Entwicklung einer Wirtschaft zu erklären. Im Mittelpunkt dieser Theorie steht der „dynamische Unternehmer". Auf Grund seiner besonderen Persönlichkeitsstruktur, seiner Risikobereitschaft und seiner Weitsicht ist er derjenige, der neue Erfindungen als erster wirtschaftlich nutzt. Diese Einsatzbereitschaft hat zur Folge, daß der dynamische Unternehmer zunächst hohe Gewinne realisieren kann. Daraufhin werden andere Unternehmer ermutigt, sich ebenfalls dieser technologischen Neuerung zu bedienen. Die Wirtschaft gerät in eine Boomphase, in der die technologische Neuerung durch die Wirtschaft ,,diffundiert". Nach einiger Zeit sind alle Möglichkeiten, die ursprüngliche Erfindung zu verwerten, bekannt, und neu in dieses Geschäft drängende Unternehmer müssen sich mit geringeren Gewinnen bescheiden. Im Wege der Konkurrenz beginnt auch der Gewinn der dynamischen und der übrigen Unternehmer zu sinken. Diese sinkenden Gewinne leiten den Abschwung der Wirtschaft ein, und ein neuer Aufschwung kommt erst wieder zustande, wenn eine neue Erfindung gemacht wird, die wirtschaftlich verwertbar ist. Die treibende Kraft der zyklischen Entwicklung der Wirtschaft sind somit einerseits exogen erfolgende Erfindungen und andererseits die Einsatzbereitschaft ,,dynamischer Unternehmer".

SCHUMPETER verknüpfte seine theoretischen Ausführungen insbesondere mit der Existenz der sogenannten ,,langen Wellen", den oben erwähnten Kondratieff-Wellen. Existenz, Ursachen und Eigenschaften dieser Kondratieff-Wellen sind in zunehmendem Maße Gegenstand der wissenschaftlichen Diskussion (CLARK, 1984; NEUMANN, 1985; REIJNDERS, 1990). Der Aufschwung dieser langen Wellen wird nach SCHUMPETER stets von einer „Basiserfindung" getragen. So ist der Aufschwung der ersten Kondratieff-Welle (1790–1813) auf die Dampfkraft zurückzuführen, der der zweiten Kondratieff-Welle (1844–1874) auf den Ausbau der Eisenbahn und der der dritten Kondratieff-Welle (1885–1916) auf die Einführung der Elektrizität und die beginnende Modernisierung.

2.3. Konjunkturen als modellendogene Schwingungen

Die bisher dargestellten Konjunkturtheorien wiesen alle ein gemeinsames Merkmal auf. Sie versuchten, das komplexe Konjunkturphänomen durch verbale Argumentation verstehbar zu machen. Ein anderer Ansatz der Konjunkturtheorie besteht darin, mit Hilfe formaler Modelle den Konjunkturablauf zu erklären.

Diese Modelle müssen in der Lage sein, Schwingungen der wichtigsten ökonomischen Größen herbeizuführen. Ein Modell ist dabei als ein Gleichungssystem aufzufassen, das den von der Theorie aus betrachteten Ausschnitt der Realität in einer formalen Struktur wiedergibt, und dessen Lösung gemäß der Problemstellung der Theorie zu interpretieren ist. Damit in einem solchen Modell Schwingungen zustande kommen können, sind zwei recht einfache Möglichkeiten gegeben. Erstens, faßt man den Zeitverlauf als eine diskrete Änderung der Zeit auf, also als ein Aufeinanderfolgen gleich langer Perioden, $t = \ldots, 0, 1, 2, \ldots$, so muß das entsprechende Modell eine Differenzengleichung zweiter Ordnung implizieren. Die Lösung dieser Differenzengleichung kann dann Schwingungen der ökonomischen Variablen liefern, die als Konjunkturschwankungen zu interpretieren sind.

Die zweite der genannten Möglichkeiten setzt voraus, daß die Zeit als eine stetige Größe betrachtet wird. Hier ist der Zeitverlauf kontinuierlich, und er ist durch die reellen Zahlen des Zahlenstrahles darstellbar. Ein dieser Zeitauffassung entsprechendes Modell muß im einfachsten Fall auf eine Differentialgleichung zweiter Ordnung zurückzuführen sein, denn auch deren Lösung kann zyklische Schwankungen liefern.

Es sind auch andere Fälle denkbar, in denen ein Modell zu Schwingungen fähig ist. So wurden z. B. in letzter Zeit Konjunkturmodelle entwickelt, die sich auf ein nichtlineares Differentialgleichungssystem erster Ordnung zurückführen lassen. Unter ökonomischen Gesichtspunkten wichtig ist auch hier wieder nur die Schwingungseigenschaft. Modelle mit dieser Eigenschaft werden im folgenden behandelt.

2.3.1. Zusammenwirken von Multiplikator und Akzelerator

Paul A. Samuelson (1939) leitete aus dem Zusammenwirken von Multiplikator und Akzelerator endogene Konjunkturschwankungen einer Wirtschaft her. Nach dem Multiplikatorprinzip (Beitrag C-3.2.) bewirkt eine Investitionsänderung eine um ein Vielfaches größere Änderung des Sozialproduktes. Nach dem Akzeleratorprinzip (Beitrag C-3.4.) führt aber gerade eine solche Zunahme des Sozialprodukts zu einer (verstärkten) Investitionstätigkeit. Werden in diese Relationen noch Zeitverzögerungen eingeführt, so können sich die Investitionen und das Sozialprodukt gegenseitig „wellenförmig" beeinflussen. Ob dieser Prozeß des gegenseitigen Einwirkens für beide Größen zu einem Gleichgewichtswert führt, oder aber ob zyklische Schwankungen mit eventuell sogar laufend zunehmender Amplitude resultieren, kann durch rein verbale Überlegungen kaum gesagt werden. Erst wenn ein formales Modell konstruiert worden ist, in dem sich das Verhalten der Investoren und Konsumenten widerspiegelt, können quantitative Schlußfolgerungen gezogen werden. Ein solches dynamisches Modell soll jetzt nach Samuelson konstruiert werden.

Die Bestimmungsgleichung des Sozialprodukts Y(t) lautet:

$$(1) \qquad Y(t) = C(t) + I(t), \qquad t = 0, 1, 2, \ldots;$$

mit C(t) – Konsum, I(t) – Investitionen; die Zeit t wird als diskrete Größe aufgefaßt.

Das Konsumverhalten der Wirtschaftssubjekte soll durch eine Keynessche Konsumfunktion wiedergegeben werden, allerdings mit einer zeitlichen Verzögerung:

$$(2) \qquad C(t) = c_o + c' \, Y(t\text{-}1), \qquad 0 < c_o, 0 < c' < 1.$$

Hier wird unterstellt, daß der Konsum der jetzigen Periode t vom Einkommen der Vorperiode t-1 abhängt. Da Dennis H. Robertson (1926) sich als erster mit dieser Zeitverzögerung zwischen Konsum und Einkommen ausführlich befaßt hat, nennt man sie auch Robertson-Verzögerung oder Robertson-lag. Der aus dieser Konsumfunktion ableitbare Multiplikator lautet 1/(1-c').

Die Investitionen bestehen aus zwei Komponenten. Zum einen gibt es autonome Investitionen, die nicht ökonomisch bestimmbar sind, und es gibt Investitionen, die über den Akzelerator β von der Änderung der Konsumnachfrage abhängen; diese nennt man induzierte Investitionen:

$$(3) \qquad I(t) = \underbrace{\beta\,(C(t) - C(t\text{-}1))}_{\substack{\text{induzierte}\\ \text{Investitionen}}} + \underbrace{I_a}_{\substack{\text{autonome}\\ \text{Investitionen}}}, \; 0 < \beta.$$

Durch Substitution können die drei letzten Gleichungen zusammengefaßt werden, und man erhält

$$(4) \qquad Y(t) - (c' + \beta c')\,Y(t\text{-}1) + \beta c'\,Y(t\text{-}2) - c_o - I_a = 0.$$

Dieses ist eine inhomogene Differenzengleichung 2. Ordnung. Ihre Lösung gibt den zeitlichen Verlauf des Sozialprodukts an, so wie es sich aus dem Zusammenwirken von Akzelerator und Multiplikator ergibt.

Für verschiedene Werte von c' und β ergeben sich jeweils verschiedene Lösungen dieser Differenzengleichung. Wir werden im folgenden den Gedankengang skizzieren, mit dessen Hilfe man die alternativen Lösungen für alternative Werte von c' und β findet. Die mathematischen Details sollen dabei übergangen werden.

Die Lösung der Differenzengleichung lautet:

$$(5) \qquad Y(t) = a_1\lambda_1^t + a_2\lambda_2^t + \frac{c_o + I_a}{1 - c'}, \text{ für } \lambda_1 \neq \lambda_2;$$

$$(6) \qquad Y(t) = (a_1 + t\,a_2)\lambda^t + \frac{c_o + I_a}{1 - c'}, \text{ für } \lambda_1 = \lambda_2 = \lambda;$$

$$\text{mit} \qquad \lambda_{1,2} = \frac{1}{2}[(c' + \beta c') \pm \sqrt{(c' + \beta c')^2 - 4\,\beta c'}];$$

hierin sind a_1 und a_2 Konstanten, die von den Anfangsbedingungen abhängen.

Die Eigenschaften dieser Lösung werden in entscheidender Weise von den Wurzeln λ_1 und λ_2 geprägt. Wenn die Wurzeln reell sind, ändert sich das Sozialprodukt im Zeitablauf gleichförmig. Es kann sich asymptotisch einem Gleichgewichtswert nähern, dazu müssen beide Wurzeln positiv und kleiner als eins sein; oder Y(t) strebt gegen Unendlich, dazu muß eine der beiden Wurzeln positiv und größer als eins sein. Sind jedoch λ_1 und λ_2 konjugiert-komplexe Zahlen, so muß das Sozialprodukt zyklisch schwanken. Die Amplitude dieser Schwankungen kann je nach Größe von Multiplikator und Akzelerator zunehmen, abnehmen oder konstant bleiben. In *Abb. G-6* ist die Entwicklung des Sozialprodukts mit gedämpften Schwingungen beispielhaft dargestellt.

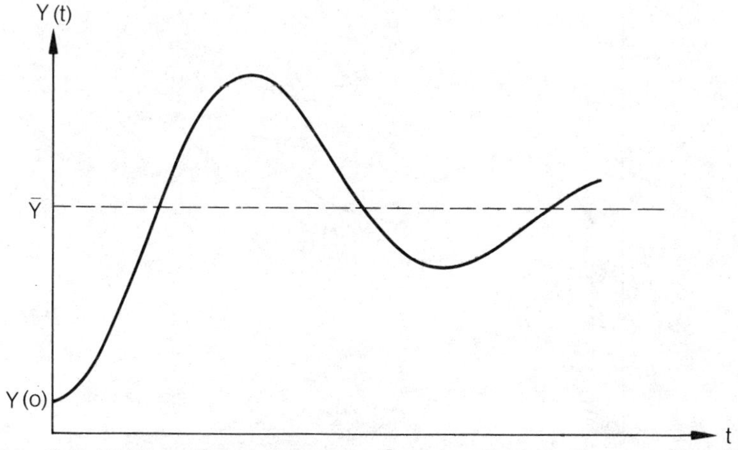

Abb. G-6: Zeitliche Entwicklung des Sozialprodukts in Form gedämpfter Schwingungen

Diese endogen erzeugten Schwingungen des Sozialprodukts sind unschwer als Konjunkturschwankungen zu interpretieren. Sie verlaufen in gedämpfter Form und nähern sich asymptotisch dem Gleichgewichtswert $\overline{Y}$ an. Dieser ist im Zeitverlauf konstant; das Modell weist also kein Trendwachstum auf.

Damit es zu den oben eingezeichneten Konjunkturschwankungen kommt, müssen nicht nur Multiplikator und Akzelerator geeignete Werte annehmen, sondern auch der Anfangswert Y(0) muß von $\overline{Y}$ verschieden sein. Oder anders ausgedrückt: Wenn die Wirtschaft sich bis zum Zeitpunkt 0 im Gleichgewicht befand, muß auf Grund einer exogenen Einwirkung das Sozialprodukt seinen Gleichgewichtswert verlassen und den Wert $Y(0) \neq \overline{Y}$ angenommen haben. Das auslösende Moment der Konjunkturschwankungen, der exogene Schock, wird somit im Rahmen dieses Modells nicht erklärt.

So bestechend es auch sein mag, konjunkturelle Bewegungen auf so einfache Weise zu erzeugen, so kann dieses Modell doch nur ein erster Schritt in Richtung einer akzeptablen Konjunkturtheorie sein. Folgerichtig wurde dieses Modell denn auch zur Grundlage einer Reihe von Weiterentwicklungen. LLOYD A. METZLER (1941) übertrug den von SAMUELSON entwickelten Gedanken auf die Lagerinvestitionen und konnte damit ebenfalls endogen verursachte Konjunkturschwankungen hervorrufen. JOHN R. HICKS (1950) führte die Begriffe der Ober- und Unterschranke (ceiling und floor) der konjunkturellen Entwicklung ein, so daß auch ungedämpfte Schwingungen berücksichtigt werden können; denn der Konjunkturaufschwung wird durch die Ober- und der Konjunkturabschwung durch die Unterschranke begrenzt. Wie dies im einzelnen geschieht, soll an Hand der *Abb. G-7* erläutert werden.

In dieser halblogarithmischen Darstellung stellen die Linien AA und GG die Wachstumspfade der autonomen Investitionen und des gleichgewichtigen Sozialprodukts dar. VV bezeichnet den Wachstumspfad der Kapazitätsgrenze, die bei Vollbeschäftigung der Produktionsfaktoren erreicht wird, und die nicht überschritten werden kann; die Bedeutung der Linie UU wird im Verlauf der Argumentation geklärt.

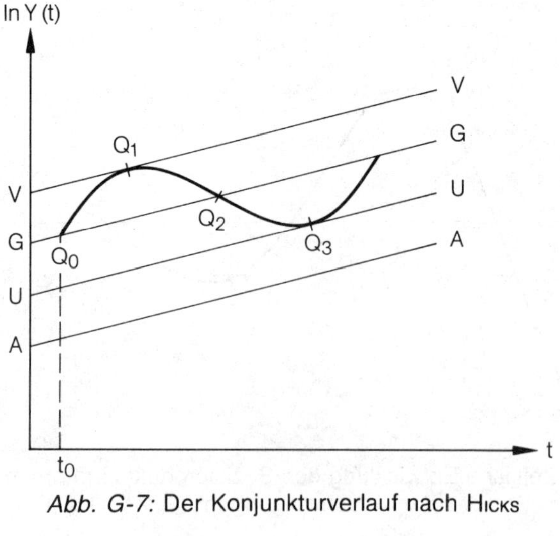

Abb. G-7: Der Konjunkturverlauf nach HICKS

Angenommen, zu einem bestimmten Zeitpunkt t_0 befinde sich die Wirtschaft in der Position Q_0, und plötzlich treten exogene Störungen, z. B. in Form von Erfindungen, auf, die die Wirtschaft in Richtung der oberen Schranke hin bewegen. Aufgrund des Wirkens von Akzelerator und Multiplikator expandiert dann die Wirtschaft, bis sie die Kapazitätsgrenze im Punkt Q_1 erreicht. Von dort an wirken kontraktive Kräfte auf die Wirtschaft ein, die sie zum Verlassen dieses Pfades „nach unten hin" zwingen. Dies ist in der folgenden Weise zu erklären. Während des Aufschwungs, also auf der Strecke Q_0Q_1, wachsen die induzierten Investitionen wegen des Zusammenwirkens von Multiplikator und Akzelerator mit einer größeren als der gleichgewichtigen Rate. Sobald aber der Punkt Q_1 erreicht worden ist, geht diese Wachstumsrate auf ihren Gleichgewichtswert zurück. Jetzt reicht das Wachstum der Investitionen nicht mehr aus, um das Sozialprodukt auf dem „hoch gelegenen" Pfad VV zu halten; denn induzierte Investitionen, die mit ihrer gleichgewichtigen Rate wachsen, reichen gerade aus, um das Sozialprodukt auf seinem Gleichgewichtspfad GG zu halten. Deswegen muß von Q_1 an der tatsächliche Wachstumspfad des Sozialprodukts sich wieder in Richtung des Gleichgewichtspfades bewegen.

Warum aber hält dieser Kontraktionsprozeß nicht an, sobald das Sozialprodukt wieder den Gleichgewichtspfad GG erreicht? Das liegt im wesentlichen an der asymmetrischen Wirkung des Akzelerators im Auf- bzw. Abschwung. Im Aufschwung induziert eine Nachfragezunahme neue Investitionen; im Abschwung müßte ein Nachfragerückgang demzufolge Desinvestitionen induzieren, damit die Symmetrie gewahrt bliebe. Tatsächlich werden aber Desinvestitionen nur durch unterlassene, an sich aber notwendige Reinvestitionen herbeigeführt. Damit sind diese Desinvestitionen weitgehend technologisch bestimmt und unabhängig von der Größe des Nachfragerückgangs. Wenn also das Sozialprodukt sinkt, unterbleiben Nettoinvestitionen. Diese Situation könnte in der *Abb. G-7* dadurch wiedergegeben werden, daß die Linie AA nach unten hin verschoben würde. Dieser (hier nicht eingezeichneten) Linie entspricht der Pfad UU für das Sozialprodukt. Diesem Pfad muß sich die Wirtschaft nähern, nachdem sie den Gleichgewichtspfad bei Q_2 von oben her überschritten hat. Der Pfad UU stellt somit den nicht zu unterschreitenden „Boden" für das Sozialprodukt dar, der selbst wieder durch die um die Reinvestitionen gekürzten autonomen Investitionen gestützt wird.

Aber auch die Position auf dem Pfad UU ist nicht für längere Zeit beizubehalten. Auf diesem Pfad wächst das Sozialprodukt wieder mit seiner natürlichen Wachstumsrate, wenn auch auf einem im Vergleich mit GG niedrigeren Niveau. Dieses Wachstum setzt dann wieder den Akzelerator in Kraft, so daß ein neuer Aufschwung in Q_3 beginnen kann.

Sicherlich ist das HICKSsche Konjunkturmodell eine wichtige Weiterentwicklung des Modells von SAMUELSON. Dennoch weist auch dieses Modell gravierende Mängel auf: Es steht ganz in der KEYNESschen Tradition. Das Angebot an Produktionsfaktoren und der eigentliche Produktionsprozeß werden vernachlässigt. Damit ist es auch nicht verwunderlich, daß die gleichgewichtige Wachstumsrate des Sozialprodukts als exogene Variable eingeführt wurde. Was fehlt, ist eben eine Verbindung von Wachstums- und Konjukturtheorie, die sowohl den Wachstumstrend als auch die Konjunkturschwankungen um diesen Trend erklärt.

2.3.2. Monetäre Ansätze

Ausgelöst durch die monetäre Diskussion der sechziger und siebziger Jahre (H. G. Johnson, 1967; Friedman, 1969,2; Brunner/Meltzer, 1971,1) wurden Modelle entwickelt, mit deren Hilfe die mittel- und langfristigen Anpassungsvorgänge in einer Volkswirtschaft auf exogene Änderungen der Geldmenge und ihrer Wachstumsrate untersucht werden konnten. Zentrales Problem dieser Diskussion war die Untersuchung realwirtschaftlicher und monetärer Konsequenzen einer Geldmengenänderung. Das Ergebnis eines Teils dieser Diskussion hat Milton Friedman (1970,2; S. 217) absichtlich zugespitzt so formuliert: „. . .“ money is all that matters for changes in *nominal* income and for *short-run* changes in real income „. . .“ (Kursivdruck im Original). Die kurz- bis mittelfristigen Anpassungsvorgänge des nominellen und realen Einkommens sowie der Preise können in zyklischen Schwankungen erfolgen, die als Konjunkturschwankungen zu interpretieren sind.

Ein Versuch, diesen grundlegenden Gedanken des Monetarismus in einem formalen Konjunkturmodell zu erfassen, findet sich in einer Arbeit von David Laidler (1976). Unter den Annahmen einer modifizierten Form der Phillips-Kurve, adaptiven Erwartungen und einer realen Geldnachfrage, die nur vom realen Sozialprodukt abhängt, leitet Laidler eine Differenzengleichung zweiter Ordnung ab, deren Lösung den oben vorgestellten Multiplikator-Akzelerator-Modellen gleicht und die die Möglichkeit gedämpfter Oszillationen zuläßt. Der Friedmansche Gedanke, daß geldpolitische Maßnahmen nur kurzfristig, nicht aber langfristig reale Effekte haben können, kommt in diesen Modellen besonders anschaulich zum Ausdruck. Der Annäherungsprozeß aller ökonomischen Größen an ihre Gleichgewichtswerte kann sich in Form gedämpfter Schwingungen vollziehen. Diese Schwingungen sind unschwer als Konjunkturschwankungen zu interpretieren. Dabei unterliegen sowohl reale Größen, wie das reale Sozialprodukt, als auch nominale Größen, wie das Preisniveau, diesen Schwankungen. Über diese Konjunkturschwankungen kann also eine Geldpolitik kurzfristig reale Effekte aufweisen. Allerdings bleibt langfristig die Wachstumsrate des realen Sozialprodukts von der Geldpolitik unberührt, vielmehr paßt sich langfristig die Inflationsrate der Rate der Geldvermehrung an.

2.3.3. Neue Klassische Makroökonomik und RBC-Modelle

Die in den siebziger Jahren entwickelte sogenannte Neue Klassische Makroökonomik (NKM) unterstellt rationale Erwartungen (Beitrag F-2.2.4.) und flexible Preise. Rationale Erwartungen liegen vor, wenn ein Wirtschaftssubjekt alle ihm zugänglichen Informationen über die Struktur des Wirtschaftssystems und antizipierbare zukünftige Ereignisse bei der Erwartungsbildung endogener Modellvariablen ausnutzt. Dabei hat es sich in der Theorie durchgesetzt, die Struktur des Wirtschaftssystems mit dem verwendeten ökonomischen Modell zu identifizieren und die subjektiven Erwartungen mit dem mathematischen Erwartungswert gleichzusetzen, falls stochastische Einflüsse vorhanden sind. Sind alle Informationen der Individuen vollkommen, kann es in den Modellen der Neuen Klassischen Makroökonomik keine Konjunkturschwankungen geben. Da reale Wirtschaften hingegen durch unvollkommene Information gekennzeichnet sind, ist es sinnvoll zu untersuchen, ob Informationslücken, die gemäß des Konzepts rationaler Erwartungen nicht überbrückt werden können, verantwortlich sein können für die Auslösung von Konjunkturschwankungen. Dies kann an einem

Konjunkturmodell von ROBERT LUCAS (1975) verdeutlicht werden, welches besonders anschaulich die unvollkommene Informationsstruktur aufzeigt.

LUCAS entwickelt sein Konjunkturmodell mit Hilfe der auf EDMUND PHELPS zurückgehenden *Insel-Parabel*: Eine Wirtschaft wird gedanklich in eine Anzahl von geographisch getrennten Inseln (Märkte) aufgeteilt, zwischen denen keine vollkommene Kommunikation besteht. Individuen auf jeweils einer Insel sind sinnvollerweise zwar über die Höhe der exogenen Größen wie der Geldmenge auf ihrem eigenen Gebiet informiert, nicht aber unbedingt über die gesamte makroökonomische Geldmenge und vor allem über deren geographische Verteilung. Beabsichtigen die Individuen, in der Zukunft auch auf anderen Inseln tätig zu sein, und führen sie ferner intertemporale Optimierungskalküle durch, können Fehleinschätzungen des heutigen und zukünftigen Preisniveaus auf anderen Inseln bzw. der makroökonomischen Durchschnittspreise zu intertemporalen Substitutionseffekten führen, die reale Auswirkungen in der Gegenwart besitzen.

Eine andere Möglichkeit, Konjunkturschwankungen in Modelle der NKM einzuführen, besteht darin, exogen gegebene Angebotsschocks anzunehmen. In den RBC-Modellen (Real Business Cycles) wird daher in die Produktionsfunktion ein stochastischer Term eingeführt, der das gesamtwirtschaftliche Angebot im Zeitablauf beeinflußt (KYDLAND/PRESCOTT, 1982; LONG/PLOSSER, 1983; KING/PLOSSER, 1994):

$$Y(t) = F(K(t), N(t), X(t))$$

mit $$X(t+1) = aX(t) + \varepsilon\,(t),\ 0 < a < 1$$

Hierin ist $F(\cdot)$ eine neoklassische Produktionsfunktion, K und N bezeichnen den Faktoreinsatz von Kapital und Arbeit und X ist die Größe, die einen Angebotsschock darstellt. Dieser ist wiederum zufallsabhängig und wird über den Zufallsterm ε (t) repräsentiert, wobei der Erwartungswert von ε Null und die Varianz endlich ist. Im Zeitablauf wirken also über ε (t) und damit über X(t) ständig exogene Schocks auf die Produktion ein, die zusammen mit Verstärkereffekten zu Schwankungen führen, die als Konjunkturbewegungen interpretiert werden können. Die Verstärkereffekte können z. B. über die Zeitdauer der Investitionsgüterproduktion (KYDLAND/PRESCOTT, 1982) oder über substituierendes Verhalten bezüglich Arbeits- und Freizeit bzw. Konsum und Freizeit (LONG/PLOSSER, 1983) eingeführt werden.

Die empirische Relevanz von RBC-Modellen ist umstritten. Während z. B. KING/POSSLER (1994) feststellen, daß die Ergebnisse ihres RBC-Modells mit den Fakten gut übereinstimmen, zeigt KARRAS (1994) in einer Drei-Länder-Studie, daß Angebotsschocks allein das Konjunkturphänomen nicht zu erklären vermögen, vielmehr spielen Nachfrageschocks in allen drei Ländern eine signifikante Rolle.

2.3.4. Nicht-lineare Konjunkturmodelle

Die bisher betrachteten Modelle der Konjunkturtheorie ließen sich auf lineare oder log-lineare Differenzengleichungen zweiter Ordnung zurückführen. Ganz ähnlich sind auch solche Modelle aufgebaut, die Differentialgleichungen zweiter Ordnung beinhalten, so z. B. das Modell von A. W. PHILLIPS (1954). Von den drei Lösungsmöglichkeiten dieser Modelle, die Schwingungen aufweisen, nämlich

- gedämpfte Schwingungen
- explosive Schwingungen

- harmonische Schwingungen, d. h. Schwingungen mit gleichbleibender Frequenz und Amplitude

kommt zur Beschreibung des Konjunkturphänomens vornehmlich die erste Möglichkeit in Betracht. Die zweite ist nämlich ohne die Einführung von Ober- und Unterschranken instabil und führt damit zu Ergebnissen, die der Realität widersprechen. Harmonische Schwingungen sind ebenfalls nicht akzeptabel, da sie einerseits nur bei einer ganz bestimmten Parameterkonstellation eintreten, und da andererseits Konjunkturschwankungen keine genau gleichbleibende Frequenz und Amplitude aufweisen.

Da aber gedämpfte Schwingungen im Zeitverlauf asymptotisch verschwinden, müssen in solchen Modellen laufend exogene Schocks auftreten, damit die Konjunkturschwankungen erhalten bleiben. Solche Konjunkturmodelle können daher als Einwirkungen exogener Ereignisse auf ein schwingungsfähiges System aufgefaßt werden. Damit es zu Schwingungen kommt, bedarf es Anstößen „von außen“.

Dieser Rückgriff auf exogene Einflüsse wird bei jenen Konjunkturmodellen vermieden, die sich bestimmter Eigenschaften nichtlinearer Differentialgleichungssysteme bedienen. Diese Eigenschaften seien zunächst in ihren Grundzügen allgemein dargestellt. Dazu wird folgendes nichtlineares Differentialgleichungssystem in x(t) und y(t) betrachtet:

$$\dot{x}(t) = f(x(t), y(t))$$
$$\dot{y}(t) = g(x(t), y(t));$$

hierin stellen $f(\cdot)$ und $g(\cdot)$ zwei nichtlineare Funktionen dar. Unter bestimmten Bedingungen, die im POINCARÉ-BENDIXSON-Theorem formuliert werden, weist dieses Gleichungssystem folgende Eigenschaften auf:

1) Eine Lösung $x = F(t)$, $y = G(t)$ ist eine periodische Lösung oder
2) Eine Lösung $x = F(t)$, $y = G(t)$ nähert sich asymptotisch einer periodischen Lösung an.

Vollständige Abhandlungen dieses Theorems findet man in Mathematikbüchern über Differentialgleichungen und Differentialgleichungssysteme (CODDINGTON/LEVINSON, 1955; BOYCE/DIPRIMA, 1977).

In einem Phasendiagramm kann diese Eigenschaft folgendermaßen veranschaulicht werden *(Abb. G-8)*.

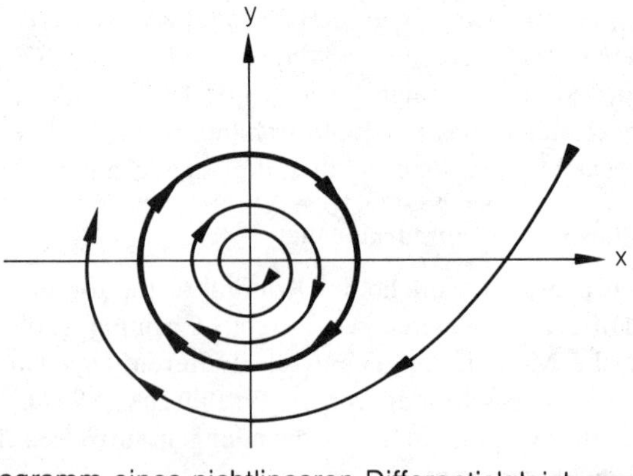

Abb. G-8: Phasendiagramm eines nichtlinearen Differentialgleichungssystems erster Ordnung

Der in *Abb. G-8* dick eingezeichnete Kreis (geschlossene Trajektorie) entspricht einer periodischen, d. h. sich zyklisch wiederholenden Lösung. Diese Lösung kann unter ausdrücklicher Berücksichtigung des Zeitverlaufs auch so dargestellt werden *(Abb. G-9)*.

Stellen x und y ökonomische Größen dar, so können die in *Abb. G-9* dargestellten Schwingungen als Konjunkturschwankungen von x und y interpretiert werden. In ökonomischer Interpretation finden also nach dem POINCARÉ-BENDIXSON-Theorem derartige periodische Konjunkturschwankungen statt, oder die ökonomischen Größen nähern sich asymptotisch solchen Schwankungen. Dabei ist es nicht notwendig, daß diese Schwankungen einen strikt sinusförmigen Verlauf aufweisen. Die geschlossene Trajektorie der *Abb. G-8* muß nämlich nicht notwendigerweise kreisförmig sein, so daß auch nicht-sinusförmige Schwingungen der Größen x und y möglich sind.

Ein so strukturiertes Konjunkturmodell ist auf die Existenz exogener Schocks nicht unbedingt angewiesen, wie es z. B. beim Akzelerator-Multiplikator-Modell (s. Abschnitt 2.3.1.) der Fall war. Wie die *Abb. G-8* aufzeigt, nähern sich x und y von jedem beliebigen Anfangswert aus der periodischen Lösung, wenn sie nicht schon Werte dieser Lösung angenommen haben. Damit ist die Existenz exogener Schocks, die das System zu Schwingungen anregen, überflüssig; (Konjunktur-)Schwankungen treten in jedem Fall auf. Andererseits ist die Existenz solcher Schocks aber erlaubt. Treten sie auf, so verändern sie die Werte der modellendogenen Größen, und diese beginnen von den neuen Werten aus, sich der periodischen Lösung anzunähern.

Diese formale Analysetechnik des POINCARÉ-BENDIXSON-Theorems wurde bisher erst von wenigen Autoren gebraucht (UZAWA, 1963; ROSE, 1967; WENIG, 1975). UZAWAS Beitrag ist eigentlich mehr der Wachstumstheorie zuzuordnen. Er erwähnt aber aus-

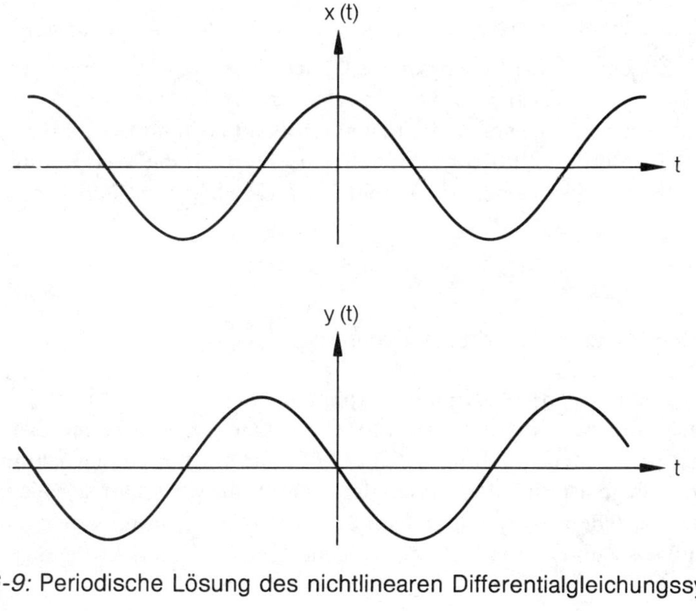

Abb. G-9: Periodische Lösung des nichtlinearen Differentialgleichungssystems

drücklich unter Hinweis auf das POINCARÉ-BENDIXSON-Theorem die Möglichkeit zyklischer Schwankungen der modellendogenen Größen. Konjunkturmodelle im engeren Sinne liefern die beiden anderen Beiträge. Da ROSE die Anwendung des POINCARÉ-BENDIXSON-Theorems in die Konjunkturtheorie einführte, soll der Aufbau seines Modells kurz skizziert werden.

Dieses Modell steht in der Tradition der realen, also nicht-monetären Konjunkturtheorien. Die Geldpolitik spielt keine aktive Rolle, insbesondere liefert sie keinen Beitrag zu den Umkehrpunkten der Konjunktur. Sie sorgt lediglich dafür, daß der Zinssatz konstant bleibt. Jedoch stellen das Preisniveau und der nominelle Lohnsatz wichtige Bausteine des Modells dar.

Die Produktion erfolgt durch eine repräsentative Firma auf der Grundlage einer neoklassischen Produktionsfunktion. Sie wählt das in der Produktion eingesetzte Arbeit/Kapital-Verhältnis so aus, daß der erwartete Gewinn maximiert wird. Durch Aggregation liegt dann die gesamtwirtschaftliche Produktion fest. Die Kapitalakkumulation wird durch die geplanten Ersparnisse festgelegt. Stimmen die geplanten Ersparnisse mit den geplanten Investitionen nicht überein, werden in Höhe dieser Differenz ungeplante Lagerinvestitionen durchgeführt. Die Inflationsrate wird im wesentlichen durch das Auseinanderfallen von Angebot und Nachfrage auf dem Gütermarkt bestimmt. Eine PHILLIPS-Kurve verbindet die Arbeitslosenquote mit der Wachstumsrate des nominellen Lohnsatzes, und das Arbeitsangebot wächst mit einer konstanten, exogen gegebenen Rate. Aus diesem Modell läßt sich folgendes Differentialgleichungssystem ableiten:

$$(\dot{K/N}) = F\left(\frac{K}{N}, \frac{K}{N^s}\right)$$

$$(\dot{K/N^s}) = G\left(\frac{K}{N}, \frac{K}{N^s}\right),$$

K – Kapitalstock, N – tatsächlich eingesetzte Arbeit, N^s – Arbeitsangebot.

ROSE kann zeigen, daß die Lösung dieses Gleichungssystems periodisch ist oder aber asymptomatisch periodisch wird. Da fernerhin das Arbeitsangebot N^S mit einer konstanten Rate wächst, schwanken die realen Größen (asymptotisch) um einen Wachstumstrend. Insofern stellt ROSES Modell eine Verbindung von Konjunktur- und Wachstumstheorie dar, wobei der Akzent schwergewichtig auf der Konjunkturtheorie liegt.

2.3.5. Zyklen in ökonometrischen Totalmodellen

Die Überzeugung, daß das Konjunkturphänomen weder monokausal noch durch einfach strukturierte Theorien oder Modelle erklärt werden könne, hat schwergewichtig seit den fünfziger Jahren zu einer völlig neuen Forschungsrichtung geführt. Deren Grundlage ist die Annahme, daß eine Volkswirtschaft als ein aus vielen Einzelteilen bestehendes System aufgefaßt werden kann, das teils endogene Schwingungen aufweist, und das teils durch exogene Ursachen zu Schwingungen angeregt werden kann.

Methodisch wird bei diesen Arbeiten in der folgenden Weise vorgegangen. Zunächst wird ein theoretisches Modell konstruiert, das die jeweilige Volkswirtschaft approximativ wiedergeben soll. Sodann werden die Gleichungen und Variablen in eine Form gebracht, die sie der Messung und ökonometrischen Schätzung zugänglich machen. Das Ergebnis ist ein gesamtwirtschaftliches, ökonometrisches Modell, das als approximative Wiedergabe einer realen Volkswirtschaft aufgefaßt werden kann (Klein/Goldberger, 1955; König/Timmermann, 1962; Krelle, 1974).

Ein solches Modell kann aus bis zu mehreren hundert Gleichungen bestehen, und es ist gewöhnlich nicht allgemein, sondern nur numerisch lösbar. Dazu werden in der Regel elektronische Datenverarbeitungsanlagen genutzt. Damit der Einsatz dieser Anlagen möglich ist, wird die Zeit als diskrete Größe aufgefaßt: das Modell stellt mathematisch gesehen ein System von Differenzengleichungen höherer Ordnung dar. Da ein Konjunkturzyklus nur wenige Jahre umfaßt, muß die gewählte Zeitperiode in einem solchen Maß sinnvollerweise weniger als ein Jahr betragen, damit die Konjunkturentwicklung hinreichend genau wiedergegeben werden kann. Aus diesem Grunde und aus Gründen der Datenbeschaffung sind solche Modelle in der Regel Vierteljahresmodelle, d. h. die gewählte Zeitperiode beträgt drei Monate.

Um ein solches Modell in der Konjunkturforschung anwenden zu können, muß man seinen Aufbau und seine Wirkungsweise verstehen. Es besteht zunächst aus Variablen, die ökonomische Größen wie etwa Exporte, Importe, Investitionen, Lohnsatz u. ä. darstellen. Diese Variablen müssen unterteilt werden in endogene und exogene Variablen. Die endogenen Variablen werden durch das Modell selbst bestimmt; so ist z. B. immer das Sozialprodukt oder eine vergleichbare Größe eine endogene Variable eines solchen Modells. Die exogenen Variablen werden „von außen" vorgegeben. Sie stellen gewissermaßen jenen Teil der Realität dar, den das Modell zwar nicht erklären soll, der aber selbst den Bereich beeinflußt, für den das Modell konstruiert wurde. Typischerweise ist die Bevölkerungsgröße eine exogene Variable in diesen Konjunkturmodellen. Denn einerseits ist u. a. aus der Bevölkerungsgröße das Arbeitsangebot ableitbar, andererseits hängt die Bevölkerungsgröße überwiegend von nicht wirtschaftlichen Faktoren ab.

Zwischen den Variablen bestehen vielfache Beziehungen. Sie kommen zunächst in Form von Definitionsgleichungen zum Ausdruck; so ist z. B. das Sozialprodukt Y definiert als $Y := C + I + Ex - Im$. Weiterhin werden zwischen jeweils einigen Variablen funktionale Beziehungen bestehen. Beispielsweise hängt der Konsum der laufenden Periode vom Einkommen der Vorperiode ab. Solche funktionalen Beziehungen kommen in den Verhaltensgleichungen zum Ausdruck. Die exogenen Variablen können grundsätzlich beliebig von außen vorgegeben werden, beispielsweise aus anderen Veröffentlichungen übernommen werden. Häufig werden sie durch Extrapolationsgleichungen bestimmt, die für gewöhnlich die jeweilige exogene Variable als Funktion der Zeit wiedergeben.

Schließlich enthalten derartige Modelle Parameter in den Verhaltens- und Extrapolationsgleichungen, die, soweit es Verhaltensgleichungen betrifft, ökonometrisch zu bestimmen sind, oder die für Extrapolationsgleichungen in geeigneter Weise zu ermitteln sind. Diese Parameter bleiben im Zeitverlauf konstant; sie spiegeln in gewisser Weise die „zeitinvariante Struktur" einer Wirtschaft wider. Diese Zeitinvarianz gilt nicht für alle Zeiten, wie etwa bei manchen naturwissenschaftlichen Modellen, sondern nur für einen beschränkten Zeitraum, für den man von einer konstanten Wirtschaftsstruktur ausgehen kann.

Problematisch ist die Auswahl der Größen und Beziehungen, die in ein solches ökonometrisches Totalmodell eingehen sollen. Dieses Problem läßt sich auch nicht ein für allemal lösen. Vielmehr wird je nach dem ausgewählten (Teil-)Bereich der Realität, den das Modell abbilden soll, und nach dem jeweiligen Stand der Theorie ein Modell anders zu konstruieren sein. Hier liegt auch der Ansatzpunkt einer sinnvollen Modellkritik. Sie hat zu prüfen, ob ein Modell die ihm zugedachte Aufgabe leistet, und ob nicht alternative Modelle, eventuell unter Zuhilfenahme alternativer Theorien, diese Aufgabe besser bewältigen können.

Konjunkturmodelle auf Vierteljahresbasis sind bereits für viele Länder entwickelt worden; als größtes Modell wäre hier das BROOKINGS-Modell der USA zu nennen, das mehrere hundert Gleichungen umfaßt (DUESENBERRY/FROMM/KLEIN/KUH, 1965). Auch in der Bundesrepublik Deutschland wurden mehrere derartige Modelle entwikkelt, von denen das Modell des Rheinisch-Westfälischen Instituts für Wirtschaftsforschung (RWI) hier kurz erläutert werden soll. Gegenwärtig umfaßt dieses Modell 42 Verhaltens- und 83 Definitionsgleichungen (HEILEMANN, 1989). Die wichtigsten exogenen Größen beziehen sich auf den Außenhandel, die öffentlichen Investitionen, die Tarife zur Sozialversicherung und auf Zinssätze. Mathematisch gesehen handelt es sich bei diesem Modell um ein (schwach) nichtlineares Differenzengleichungssystem höherer Ordnung, das numerisch gelöst wird.

Damit ein solches Modell in der Konjunkturforschung anwendbar ist, muß es den Konjunkturverlauf einer Volkswirtschaft wiedergeben können. Dabei sind zwei Möglichkeiten denkbar. Erstens, die Parameter eines solchen Modells werden aus den verfügbaren Daten eines bestimmten in der Vergangenheit liegenden Zeitraums, des sogenannten Stützzeitraums, geschätzt. Bestimmt man dann für eben diesen Zeitraum die Werte der endogenen Variablen, so müßten diese den tatsächlich erlebten Konjunkturverlauf dieser Periode wiedergeben. Diese Vorgehensweise wird häufig als ex-post-Prognose bezeichnet.

Können solche Konjunkturmodelle die vergangene Entwicklung gut wiedergeben, so liegt der Gedanke nahe, daß sie auch für echte Prognosen, sogenannte ex-ante-Prognosen, zu verwenden sind. Im wissenschaftstheoretischen Sinn müssen nämlich theoretische Erklärungen auch zu Prognosen benutzt werden können. Gerade mit dieser Eigenschaft können sich empirisch relevante Theorien bewähren, da die aus ihnen ableitbaren Prognosen widerlegbar sind. Stellt also ein Konjunkturmodell eine komplexe ,,Erklärung" des Konjunkturphänomens dar, dann muß es auch Konjunkturprognosen liefern können. Tatsächlich werden solche Modelle auch dafür eingesetzt. So ist etwa das RWI-Konjunkturmodell von vornherein zur Unterstützung von Konjunkturprognosen entwickelt und eingesetzt worden; es wird ständig vom RWI wie auch im Rahmen der ,,Gemeinschaftsdiagnose" der fünf Wirtschaftsforschungsinstitute (DIW, HWWA, IFO, IfW, RWI) zu Prognosezwecken eingesetzt. *Abb. G-10* veranschaulicht die Prognosegenauigkeit bei ex-ante-Prognosen.

Eine andere, wirtschaftspolitisch höchst wichtige Anwendungsmöglichkeit derartiger Modelle besteht darin, daß sie Konsequenzen alternativer Maßnahmen der Wirtschaftspolitik zu prognostizieren vermögen. Hier geht der speziell konjunkturtheore-

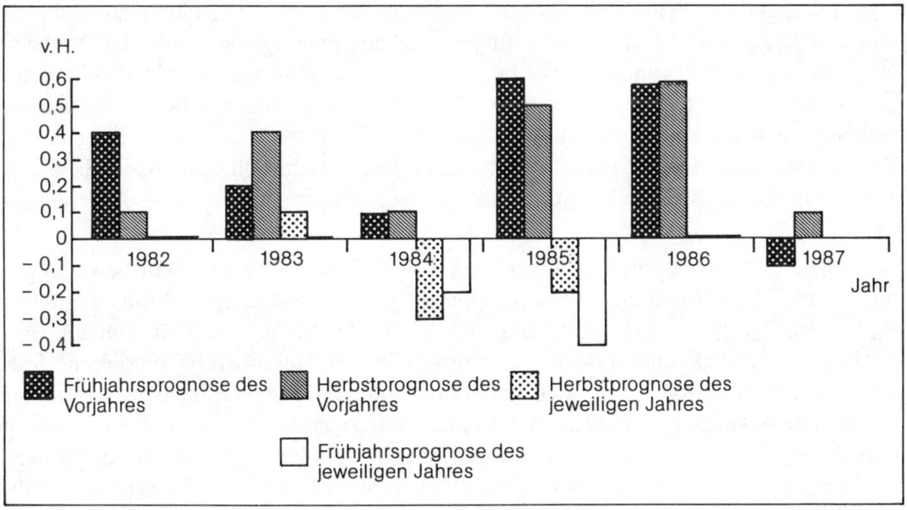

Quelle: Eigene Darstellung nach HEILEMANN (1989), S. 268

Abb. G-10: Prozentuale Abweichung des prognostizierten vom tatsächlichen realen Bruttosozialprodukt der Bundesrepublik Deutschland, 1982–1987

tische Ansatz dieser Modelle in einen allgemeinen wirtschaftspolitischen Ansatz über. Man erhofft sich von ihnen eine Beurteilung und kritische Überprüfung nicht nur der Konjunkturpolitik, sondern auch anderer wirtschaftspolitischer Maßnahmen.

2.4. Konjunkturtheorie und exogene Schocks

Die meisten der bisher dargestellten Konjunkturtheorien und -modelle benötigten Anstöße „von außen", um periodische Schwankungen der wirtschaftlichen Größen hervorrufen zu können. Diese Anstöße konnten z. B. in Form von Erfindungen, Entdeckungen, autonomen Änderungen des Geldmengenwachstums oder Änderungen eines gleichgewichtigen Wertes auftreten. Es sind aber auch Konjunkturtheorien entwickelt worden, in deren Mittelpunkt gerade diese exogenen Einwirkungen stehen. In diesen Theorien wird versucht, die exogenen Ereignisse zu endogenisieren und damit einer systematischen Analyse zugänglich zu machen. Das Ergebnis dieser Theorien besteht darin, daß Konjunkturschwankungen nicht nur im Rahmen eines dynamischen Modells ermöglicht werden, sondern daß darüber hinaus die konjunkturauslösenden Ereignisse regelmäßig eintreten.

2.4.1. Stochastische Konjunkturtheorien

Das Konjunkturphänomen ist in seinen Ursachen, Wirkungen und Erscheinungsformen so komplex, daß an eine monokausale Erklärung dieses Phänomens nicht zu denken ist. Viele Umstände und Faktoren müssen zusammenwirken, um periodische

Schwankungen der Wirtschaftsaktivität zustande zu bringen. Die häufig zu beobachtende Irregularität dieser Schwankungen, zusammengenommen mit der Vielzahl möglicher und notwendiger Ursachen eben dieser Schwankungen haben zu der Überlegung geführt, daß der Zufall bei der Entstehung dieser Schwankungen eine bedeutende Rolle spielen könnte. So konstruierte EUGEN SLUTZKY (1937) aus den Zahlen einer ausgelosten russischen Staatsanleihe zyklische Schwankungen, die ziemlich genau den englischen Konjunkturschwankungen der Jahre 1855–1875 entsprachen.

„Zufall" heißt in diesem Zusammenhang nur, daß die die Konjunkturbewegungen auslösenden Ursachenbündel vom Standpunkt der ökonomischen Theorie aus zufällig sind. Derartige Ursachenbündel können z. B. Streiks, Mißernten, Erfindungen, Entdeckungen oder psychologische Stimmungen in der Bevölkerung enthalten. Jede dieser Einzelursachen ist für sich genommen und im eigenen Sachzusammenhang gesehen keineswegs zufällig. Ein Streik entwickelt sich folgerichtig aus Tarifauseinandersetzungen, eine Erfindung ist das notwendige Ergebnis zielgerichteter Forschungsanstrengungen. Nur für die ökonomische Theorie sind derartige Ereignisse zufällig und nicht näher erklärbar. Stellen solche Ereignisse dann auslösende Momente eines Konjunkturzyklus dar, so sind dessen Ursachen eben stochastischer Natur. Dieser Gedanke wurde von WILHELM KRELLE (1959,1) aufgegriffen und in der folgenden Weise weiterentwickelt.

Unstreitig in fast allen Konjunkturtheorien sind zwei Merkmale des Konjunkturphänomens. Erstens, ein einmal begonnener Auf- oder Abschwung setzt sich eine Weile aus eigener Kraft fort. Zweitens, der Prozeß des Auf- oder Abschwungs schwächt sich im Zeitverlauf ab. Beide Sachverhalte sind ihrer Natur nach ökonomisch bedingt. Außerökonomische Faktoren und besonders stochastische Einflüsse sind zur Beschreibung dieser Konjunktureigenschaften nicht notwendig. Versucht man allerdings die Umkehrpunkte der Konjunkturschwankungen zu erklären, wird es im Rahmen der stochastischen Konjunkturtheorie notwendig, den Zufall einzubeziehen. Denn es ist ökonomisch leicht einsehbar, daß ein Auf- oder Abschwung sich im Zeitverlauf abschwächt, aber warum sollte der Wachstumsprozeß einer Wirtschaft sich nicht einfach auf einem höheren bzw. niedrigeren Niveau fortsetzen, nachdem der Auf- bzw. Abschwung zum Stillstand gekommen ist? Der an diesen Stellen jeweils einsetzende Umschwung wird in den verschiedenen Konjunkturtheorien immer unterschiedlich erklärt, und keine dieser Erklärungen ist so überzeugend, daß sie allgemein akzeptiert wird. An dieser Stelle wird nach der stochastischen Konjunkturtheorie der Zufall wichtig und zwar in der folgenden Weise.

Auf den Wirtschaftsprozeß wirken ununterbrochen positive und negative Impulse ein, die ihn in Richtung eines Auf- oder Abschwungs beeinflussen. Diese Impulse können sowohl ökonomischer als auch nicht-ökonomischer Art sein. So wirken sich z. B. Erfindungen, Entdeckungen, der Abschluß von Handelsverträgen oder Diskontsatzsenkungen stimulierend auf die Wirtschaft aus. Entsprechend beeinträchtigen Mißernten, Streiks, internationale Krisen, wie etwa die Ölkrise, den Wirtschaftsablauf. Jedes dieser und ähnlicher Einzelereignisse ist im eigenen Kontext wohldeterminiert, für die Konjunkturtheorie aber zunächst exogen gegeben. Diese von außen kommenden Einflüsse werden in der stochastischen Konjunkturtheorie in der folgenden Weise endogenisiert. Es wird angenommen, daß die vielen Einzelereignisse, die den Konjunkturverlauf mehr oder weniger stark beeinflussen, zufällig auftreten. Dabei soll ihre Existenz um so seltener sein, je stärker ihr Einfluß auf die Wirtschaft ist, sei es in positiver oder negativer Hinsicht. Am plausibelsten ist dabei zunächst die Vorstellung, daß das Auftreten dieser Ereignisse hinsichtlich ihrer Stärke normalverteilt ist. Mit diesen stochastischen Ereignissen kann die Entstehung des Konjunkturverlaufs einschließlich seiner Umkehrpunkte erklärt werden.

Zu Beginn sei eine Wirtschaft betrachtet, die sich auf ihrem gleichgewichtigen Wachstumspfad befindet. Es braucht jetzt nur ein Ereignis mit ziemlich schwacher Wirkung, sei es in positiver oder negativer Hinsicht, einzusetzen, damit ein Konjunkturauf- oder -abschwung eingeleitet wird. Da Ereignisse mit schwacher Wirkung relativ zahlreich sind, wird die Wirtschaft bald ihren gleichgewichtigen Wachstumspfad verlassen, und es sei unterstellt, daß ein Aufschwung beginnt. Dieser verstärkt sich zunächst und erreicht nach einer gewissen Zeit seinen Höhepunkt. Während dieser ganzen Zeitdauer und auch jetzt ist es prinzipiell möglich, daß die Wirtschaft in eine Rezession „umkippt", nur ist dieses Umkippen ziemlich unwahrscheinlich. Denn ein sich verstärkender Aufschwung erfordert immer stärkere Ereignisse, die ihn zum Stillstand bringen könnten, aber solche Ereignisse werden immer seltener. Deswegen muß damit gerechnet werden, daß der Aufschwung sich fortsetzt, bis daß er durch ökonomische Ursachen bedingt zum Stillstand kommt. Wenn in dieser Situation die Wirtschaft stimulierende Ereignisse auftreten, haben sie keine Wirkung, da am Ende des Booms die Wirtschaft keinen Wachstumsspielraum mehr aufweist. Aber jedes Ereignis mit negativer Wirkung, auch wenn sie gering ist, führt die Wirtschaft in einen sich selbst verstärkenden Abschwungsprozeß hinein. Sobald dieser eingeleitet ist, wird es zunehmend unwahrscheinlicher, daß er gebremst wird, da dafür zunehmend stärkere positive Impulse erforderlich wären, die jedoch immer seltener werden. Erst wenn der Abschwung beinahe oder völlig beendet ist, kann wieder damit gerechnet werden, daß ein Ereignis mit positiver Wirkung eintritt, das einen neuen Aufschwung herbeiführt.

Dieser Gedankengang kann mit KRELLE folgendermaßen graphisch veranschaulicht werden *(Abb. G-11)*.

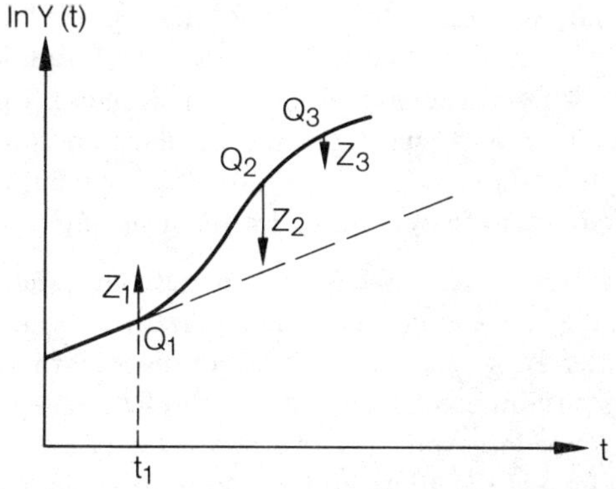

Abb. G-11: Stochastische Konjunkturerklärung

Im Zeitpunkt t_1 befindet sich die Wirtschaft auf ihrem gleichgewichtigen Wachstumspfad im Punkt Q_1. Tritt hier ein positives Ereignis ein, dessen Stärke durch die Länge des Pfeils z_1 wiedergegeben wird, so verläßt die Wirtschaft ihren bisherigen Wachstumspfad und erreicht den Punkt Q_2. Damit an dieser Stelle die Konjunktur umschlägt, müßte ein negatives Ereignis einsetzen, dessen Stärke durch die Länge des Pfeils z_2 angezeigt wird. Ein solches Ereignis ist aber wegen der Normalverteilung sehr unwahrscheinlich. Es kann daher damit gerechnet werden, daß die Wirtschaft zum Punkt Q_3 gelangt. An dieser Stelle erreicht die Wirtschaft wieder ihre ursprüngliche, gleichgewichtige Wachstumsrate, nur befindet sie sich auf einem höheren Niveau. Ereignisse mit positiver Wirkung haben an dieser Stelle keine reale Auswirkung mehr, wohl aber solche mit negativer Wirkung. Tritt ein solches ein, in *Abb. G-11* dargestellt durch den Pfeil z_3, beginnt der Abschwung, der in analoger Weise verläuft wie der Aufschwung.

Die Länge der Konjunkturzyklen ist nach diesen Ausführungen ebenfalls eine stochastische Größe, die um einen Mittelwert schwankt. Die Umkehrpunkte liegen nämlich nicht eindeutig fest. Da das Auftreten positiver und negativer Ereignisse normalverteilt ist, kann es durchaus sein, daß eine Wirtschaft längere Zeit in der Endphase des Booms verharrt, es treten dann eben längere Zeit keine negativen Ereignisse ein. Genauso möglich ist es aber auch, daß diese Endphase erst gar nicht erreicht wird. Es kann nämlich schon vorher ein Ereignis mit so großem negativen Effekt eintreten, daß der Aufschwung abbricht. Ähnliches gilt für den Abschwung. Es gibt somit eine durchschnittliche Länge des Konjunkturzyklus, um die die tatsächlichen Längen streuen.

2.4.2. Konjunkturtheorien der Neuen Politischen Ökonomie

Von allen den Konjunkturprozeß beeinflussenden exogenen Faktoren spielt das Verhalten des Staates eine besonders wichtige Rolle. Dem Staat stehen zahlreiche Möglichkeiten zur Verfügung, um in den Wirtschaftsprozeß einzugreifen, und er macht von diesen Möglichkeiten in der Regel auch regen Gebrauch. Arbeitslosigkeit, Inflation, unausgeglichene Zahlungsbilanz und Strukturkrisen zwingen den Staat zum Handeln. Dieser Handlungszwang ist zweifach begründbar. Einmal kann unterstellt werden, daß der Staat, vertreten durch die Regierung, die gesamtgesellschaftliche Wohlfahrt zu maximieren hat. Diese These ist die Grundlage einer rationalen Wirtschaftspolitik TINBERGENscher und THEILscher Prägung. Immer dann, wenn der tatsächliche Zustand einer Wirtschaft von einem gedachten „Idealzustand" abweicht, muß der Staat korrigierend eingreifen. Im Extremfall kann nur eine ununterbrochene staatliche Wirtschaftspolitik die Wirtschaft im Idealzustand halten.

Ein Eingriff des Staates in den Wirtschaftsprozeß läßt sich zum zweiten damit begründen, daß sich die Regierung in einer Demokratie in bestimmten Zeitabständen dem Urteil der Wähler zu stellen hat. Nur wenn die Mehrheit der Wähler mit der Regierung im weitesten Sinne zufrieden ist, hat die Regierung bzw. die sie tragende Partei eine Chance, wiedergewählt zu werden. Die Notwendigkeit, sich Wahlen stellen zu müssen, wird auf die Ziele und das Verhalten einer Regierung nicht ohne Einfluß bleiben. Realistischerweise wird man unterstellen müssen, daß eine Regierung wiedergewählt werden möchte. Hieraus folgt, daß eine Regierung ihre Politik und damit auch ihre Wirtschaftspolitik so gestalten wird, daß sie das Ziel der Wiederwahl erreicht. Ob sie dabei Erfolg hat, hängt sicherlich von einer Vielzahl von Umständen ab. Wirtschaftliche Faktoren dürften dabei eine wichtige Rolle spielen. Eine hohe Arbeitslosigkeit und hohe Inflationsraten verringern die Chance der Wiederwahl, Prosperität und konstante Preise vergrößern sie.

Aus dieser Sichtweise ergibt sich eine Interdependenz des ökonomischen und politischen Systems. Die Regierung beeinflußt auf Grund ihrer spezifischen Zielvorstellungen mit Hilfe der Wirtschaftspolitik den Wirtschaftsprozeß, und dieser liefert wieder ökonomische Tatbestände, die in das Kalkül der Regierung eingehen. Diese wechselseitige Beziehung zwischen Staat und Wirtschaft wurde zuerst von WILLIAM D. NORDHAUS (1975) in einem theoretischen Modell untersucht, und dieser Grundgedanke wurde im folgenden weiterentwickelt (FREY, 1976; KIRCHGÄSSNER, 1979; ALESINA/ROUBINI, 1992). Das Modell von NORDHAUS (1975) ist in seiner grundlegenden Struktur folgendermaßen aufgebaut.

Die Anzahl der Wählerstimmen, die eine Regierung am Wahltag erhält, hängt von der gesamtwirtschaftlichen Arbeitslosenquote und der Inflationsrate der gesamten letzten Legislaturperiode ab. Die Zahl der Wählerstimmen ist die Zielfunktion der Regierung, die sie zu maximieren trachtet. Als Nebenbedingung tritt der makroökonomische trade-off zwischen Arbeitslosenquote und Inflationsrate in Gestalt der PHILLIPS-Kurve auf (Beitrag F-3.1.). Die Lösung dieses Maximierungsproblems unter Nebenbedingungen ergibt die optimale Wirtschaftspolitik der Regierung für eine (Wähler-)Stimmenmaximierung. Diese Lösung weist folgende Charakteristika auf. Gegen Ende der Wahlperiode sollte die Wirtschaft einen inflatorischen Boom mit einer geringen Arbeitslosenzahl erreichen. Eine solche prosperierende Wirtschaft verhilft der Regierung am ehesten zum Wahlsieg in den bevorstehenden Wahlen. Nach gewonnener Wahl muß die Regierung als erstes durch restriktive wirtschaftspolitische Maßnahmen die Inflation bekämpfen, so daß eine steigende Arbeitslosigkeit die Folge ist. Während der folgenden Legislaturperiode kann dann diese Arbeitslosigkeit langsam abgebaut werden, indem die Regierung von der restriktiven Wirtschaftspolitik zu einer expansiven übergeht. Kurz vor der nächsten Wahl muß dann die Wirtschaft wieder prosperieren, und der Zyklus beginnt von vorn.

Dieser soeben beschriebene Zyklus ist unschwer als Konjunkturzyklus zu interpretieren. Er ist letztlich durch das „exogene" politisch motivierte Verhalten der Regierung entstanden. Die hier skizzierte Anschauung ist der traditionellen genau entgegengesetzt. Bisher ging man davon aus, daß der Konjunkturzyklus im wesentlichen ökonomisch bedingt ist, und daß der staatlichen Wirtschaftspolitik die Aufgabe zukommt, eine antizyklische Konjunkturpolitik zu betreiben. Hier steht dagegen der Staat, vertreten durch die Regierung, als der eigentliche Verursacher der Konjunkturschwankungen da.

3. Wachstum

3.1. Definition und Messung

Seit Beginn der Industrialisierung haben viele Staaten Perioden eines stürmischen Wirtschaftswachstums erlebt. So stieg beispielsweise das Volkseinkommen des Deutschen Reiches, gerechnet in Preisen von 1913, von 11,6 Mrd. Mark im Jahre 1860 auf 23,6 Mrd. Mark im Jahre 1890 (W. G. Hoffmann, 1965, S. 454). In dreißig Jahren konnte sich also in Deutschland das reale Volkseinkommen mehr als verdoppeln, was bei einem geometrischen Wachstum einer durchschnittlichen jährlichen Wachstumsrate von 0,024 (= 2,4 v. H.) entspricht. In der gleichen Zeit erlebten auch andere Länder, die frühzeitig mit der Industrialisierung begonnen hatten, ein ähnliches Wachstum. So konnte sich z. B. das reale Volkseinkommen in Großbritannien von 1870 bis 1900 mehr als verdoppeln, und im letzten Drittel des 19. Jahrhunderts stieg das reale Volkseinkommen in den USA um fast das Dreifache (Clark, 1960).

Diese Zeit eines raschen Wirtschaftswachstums war aber begleitet von einem fast ebenso raschen Wachstum der Bevölkerung. Das Resultat beider Entwicklungen war, daß das Volkseinkommen pro Kopf der Bevölkerung annähernd konstant blieb. Erst in den fünfziger und teilweise in den sechziger Jahren dieses Jahrhunderts konnten viele Länder ein Wirtschaftswachstum realisieren, das auch zu einem spürbaren Anstieg des realen Volkseinkommens pro Kopf führte. Unter dem Stichwort „Wirtschaftswunder" ist insbesondere das Wirtschaftswachstum der Bundesrepublik Deutschland bekannt geworden. So stieg z. B. das in Preisen von 1954 gerechnete Bruttosozialprodukt im Zeitraum von 1950 bis 1968 von 112,9 Mrd. DM auf 357,5 Mrd. DM. Im gleichen Zeitraum wuchs dieses Sozialprodukt pro Kopf von 2400 DM auf 5976 DM. Während somit das reale Bruttosozialprodukt im genannten Zeitraum um 217 v. H. stieg, konnte das reale Bruttosozialprodukt pro Kopf immerhin noch um 150 v. H. wachsen.

Dieses auch in anderen Ländern erlebte rapide Wirtschaftswachstum war unmittelbarer Anlaß dafür, daß das Wachstum der Wirtschaft zum vorrangigen Untersuchungsgegenstand der Wirtschaftswissenschaft wurde. Bei allen politischen und theoretischen Untersuchungen zu diesem Thema nahm man als Grundlage des Wirtschaftswachstums stets einen aus der volkswirtschaftlichen Gesamtrechnung ableitbaren „Produktionsbegriff", also etwa das Bruttosozialprodukt, Nettosozialprodukt zu Faktorkosten oder einen verwandten Begriff. Interpretiert man z. B. das Bruttosozialprodukt als einen Index der „allgemeinen wirtschaftlichen Leistungsfähigkeit" eines Landes (Beitrag B-4), so zeigt ein Wachstum des Bruttosozialprodukts eben auch ein Wachstum dieser Leistungsfähigkeit an.

Bei darüber hinaus gehenden Interpretationen ist Vorsicht geboten, vor allem wenn es um wohlfahrsökonomische Aussagen geht. So führt z. B. auch ein Wachstum des realen Bruttosozialprodukts pro Kopf nicht notwendigerweise zu einer Mehrversorgung der Bevölkerung mit Gütern und Dienstleistungen. Infolge der Definition des Bruttosozialprodukts Y, $Y: = C + I + Ex - Im$, mit C – Konsum, I – Bruttoinvestitionen, Ex – Exporte, Im – Importe, kann ein Wachstum des Bruttosozialprodukts darauf hinauslaufen, daß lediglich die Investitionen zunehmen. Ob mit Hilfe dieser Investitionen in der Zukunft Konsumgüter hergestellt werden, ist durchaus ungewiß;

schließlich können Maschinen gebaut werden, mit deren Hilfe Maschinen gebaut werden usw. Trotzdem wird man in der Regel die Zunahme des Bruttosozialprodukts oder einer ähnlichen Größe als „Proxi" für eine Wohlfahrtsmehrung ansehen können, da ein steigendes Sozialprodukt im Regelfall auch mit einer Mehr- und Besserversorgung der Bevölkerung mit Gütern und Dienstleistungen einhergehen wird. Detaillierte und fundierte Wohlfahrtsaussagen werden dagegen nur mit einer ganzen Reihe sozialer Indikatoren, wie etwa Lebenserwartung, Ärzte pro 1000 Einwohner und Autos pro 1000 Einwohner, getroffen werden können, von denen das Sozialprodukt bestenfalls einen Indikator darstellt.

Da das wirtschaftliche Wachstum durch die Änderung des Sozialprodukts oder des Sozialprodukts pro Kopf gemessen werden kann, kommt der Wachstumstheorie die Aufgabe zu, die Lage des langfristigen Wachstumspfades des Sozialprodukts zu erklären. Dieser langfristige Wachstumspfad abstrahiert von den saisonalen und konjunkturellen Schwankungen im Wachstum des Sozialprodukts, er gibt nur den Trend der langfristigen Entwicklung wieder; in *Abb. G-1* ist er gestrichelt eingezeichnet. Unterstellt man, daß langfristig nur jene Güter hergestellt werden können, die auch nachgefragt werden, so ist langfristig das Wachstum durch die Produktion begrenzt; die Nachfrage nach Gütern spielt eher in den kurz- bis mittelfristig angelegten Problemen der Konjunkturtheorie eine Rolle. Folgerichtig kann man die Wachstumstheorie als angebotsorientiert bezeichnen, und da das Angebot von Gütern letztlich von den Produktionsfaktoren abhängt, stellt die Wachstumstheorie im Kern eine Theorie der Verfügbarkeit von Produktionsfaktoren dar.

Historisch gesehen begann die moderne Wachstumstheorie jedoch mit zwei Beiträgen, die an das nachfrageorientierte KEYNESsche System anknüpften. ROY F. HARROD (1939) und EVSEY D. DOMAR (1946) dynamisierten das KEYNESsche System und versuchten, so zu ersten Schlußfolgerungen über das Wachstumsverhalten von Wirtschaften zu gelangen. Aber erst als ROBERT M. SOLOW (1956) und T. W. SWAN (1956) das Wirtschaftswachstum auf der Grundlage einer Produktionsfunktion zu erklären versuchten, begann der Durchbruch der neoklassischen Wachstumstheorie.

3.2. Postkeynesianische Wachstumstheorie

JOHN MAYNARD KEYNES (1936) hatte nachgewiesen, daß eine Erhöhung der Investitionen zu einer um ein Vielfaches größeren Erhöhung der Nachfrage und damit auch des Einkommens führen kann. Dieses Ergebnis ist als das Multiplikatorprinzip bekannt, und man bezeichnet diese Eigenschaft der Investitionen als ihren Einkommenseffekt. Darüber hinaus weisen die Investitionen aber auch einen Kapazitätseffekt auf. Unter diesem Effekt versteht man die Tatsache, daß Investitionen die Produktionskapazität vergrößern; je größer nämlich der Kapitalstock ist, desto größer ist auch das Produktionspotential.

Im Zusammenhang mit dem Einkommens- und Kapazitätseffekt der Investitionen spricht man häufig auch vom dualen Charakter der Investitionen. Darunter versteht man, daß die Durchführung von Investitionen einerseits neue Nachfrage, andererseits aber auch neue Kapazitäten schafft. Dabei sei darauf hingewiesen, daß die Nachfrageerhöhung auf zusätzliche Investitionen und die Kapazitätserhöhung auf die absolute Größe der Investitionen zurückgeht. Insofern bezieht sich der duale Charakter der Investitionen einmal auf $\triangle I$ und einmal auf I.

3.2.1. Domars Wachstumsmodell

Domar (1946) griff diesen dualen Charakter der Investitionen auf, indem er eine Keynessche Konsumfunktion und eine konstante Kapitalproduktivität annahm. Die der Konsumfunktion komplementäre Sparfunktion läßt sich bei Gleichgewicht auf dem Gütermarkt (geplante Investitionen = geplante Ersparnisse) darstellen als

$$I(t) = s\, Y(t),\ 0 < s < 1,$$

und die konstante Kapitalproduktivität σ bedeutet, daß die Produktionskapazität $Y^{pot}(t)$ dem Kapitalstock $K(t)$ proportional sein muß:

$$Y^{pot}(t) = \sigma\, K(t),\ 0 < \sigma.$$

Durch Ableitung nach der Zeit erhält man aus den beiden letzten Gleichungen:

$$\dot{Y}(t) = 1/s\, \dot{I}(t) \text{ und } \dot{Y}^{pot}(t) = \sigma\, I(t),\ I(t) := \dot{K}(t).$$

Die erste Gleichung gibt den Einkommenseffekt und die zweite den Kapazitätseffekt der Investitionen an.

Hier stellt sich die Frage, mit welcher Nachfrage die neugeschaffenen Kapazitäten $\dot{Y}^{pot}(t)$ ausgelastet werden können. Die Antwort ist nach Domar recht einfach: mit der neuen Nachfrage, die durch zusätzliche Investitionen geschaffen wird. Durch diese Annahme wird die Dynamik des Domarschen Modells begründet, denn zusätzliche Investitionen implizieren ein Wachstum der Investitionen.

Die Gleichheit von neu geschaffener Kapazität und neu geschaffener Nachfrage kommt in der Gleichung $\dot{Y}^{pot}(t) = \dot{Y}(t)$ zum Ausdruck. Diese Gleichung stellt eine Gleichgewichtsbedingung dar, in der gefordert wird, daß im Zeitverlauf das zusätzliche Angebot gleich der zusätzlichen Nachfrage sein soll. Setzt man die oben abgeleiteten Ausdrücke für $\dot{Y}(t)$ und $\dot{Y}^{pot}(t)$ in diese Gleichgewichtsbedingung ein, so erhält man eine homogene Differentialgleichung erster Ordnung in $I(t)$:

$$1/s\, \dot{I}(t) = \sigma\, I(t).$$

Die Lösung dieser Differentialgleichung lautet:

$$I(t) = I(0) \cdot e^{g_I t},\ g_I := s\sigma.$$

Hierin ist $I(0)$ als Anfangsbedingung vorzugeben, und g_I stellt die gleichgewichtige Wachstumsrate der Investitionen dar. Nur wenn die Investitionen mit der Rate $g_I = s\sigma$ wachsen, stimmen Einkommenseffekt der Investitionen (= Schaffung neuer Nachfrage) und Kapazitätseffekt (= Schaffung neuer Produktionskapazitäten) miteinander überein, und die neuen Produktionsanlagen sind nur dann voll ausgelastet.

Die Domarschen Überlegungen zeigen also die Bedingung für ein gleichgewichtiges Wachstum der Investitionen auf. Charakteristisch für dieses Ergebnis ist das exponentielle Wachstum der Investitionen. Bei dieser Art des Wachstums bleibt die Wachstumsrate, also die relative oder prozentuale Zunahme der entsprechenden

Größe, stets gleich, aber die absolute Zunahme wird laufend größer. Jeder exponentiellen Wachstumsrate kann man eine „Verdoppelungszeit" zuordnen, innerhalb derer sich die jeweilige Größe verdoppelt hat. Diese Verdoppelungszeit ist das Pendant der in der Physik gebräuchlichen „Halbwertszeit" beim Zerfall radioaktiver Elemente. Auch dieser Zerfallsprozeß verläuft exponentiell, nur daß hier die „Wachstumsrate" negativ ist. Einer Wachstumsrate von 5,0 v. H. entspricht eine Verdoppelungszeit von 13,86 Jahren, so wie einer „Zerfallsrate" von – 5,0 v. H. einer Halbwertszeit von 13,86 Jahren entspricht. Für die Realität ist dieses exponentielle Wachstum besonders wichtig. Wenn eine Wirtschaft nur dann gleichgewichtig wachsen kann, wenn sich ihre Investitionen fortlaufend innerhalb bestimmter Zeiträume verdoppeln, so stellt sich leicht die Frage nach der „Grenze des gleichgewichtigen Wachstums".

Diese Frage ist natürlich aus dem vorliegenden Modell heraus nicht zu beantworten, wird aber im Abschnitt 3.5 wieder aufgegriffen werden.

In seiner bisherigen Darstellungsweise ist das DOMARsche Modell ein dynamisches Gleichgewichtsmodell, das ein Auseinanderfallen von zusätzlichem Angebot und zusätzlicher Nachfrage nicht zuläßt. Um auch diese Möglichkeit zu berücksichtigen, muß dieses Modell so erweitert werden, daß auch Ungleichgewichte erfaßt werden können. Dazu unterscheidet DOMAR zwischen der tatsächlichen und der gleichgewichtigen Wachstumsrate der Investitionen, und er führt folgende Annahme über das Investitionsverhalten der Unternehmer ein. Ist die tatsächliche Wachstumsrate größer als die gleichgewichtige, liegt also eine Überauslastung der vorhandenen Produktionskapazitäten vor, so werden die Unternehmer mehr investieren, im umgekehrten Fall weniger. Das hat zur Konsequenz, daß eine zu hohe Wachstumsrate infolge vermehrter Investitionsanstrengungen noch weiter ansteigt und eine zu kleine Rate wegen nachlassender Investitionstätigkeit weiter absinkt. Damit ist das Modell instabil. Bereits geringfügige Abweichungen vom Gleichgewicht führen dazu, daß die Modellwirtschaft explodiert oder implodiert. Die Wirtschaft bewegt sich gleichsam „auf des Messers Schneide".

3.2.2. HARRODS Wachstumsmodell

HARROD (1939) geht ähnlich vor wie DOMAR. Er macht die auch von DOMAR abgeleitete Beziehung zwischen Sparquote, Kapitalproduktivität und Wachstumsrate zum Ausgangspunkt seiner Überlegungen. Führt man nämlich folgende Definitionen ein:

$s := I(t)/Y(t)$, $\varkappa' := I(t)/\dot{Y}(t)$ und $g_Y := \dot{Y}(t)/Y(t)$

mit $\varkappa'$ – marginaler Kapitalkoeffizient (alle übrigen Größen sind bereits bekannt), so muß wegen dieser Definition $g_Y = s/\varkappa'$ gelten. Diese tautologische Beziehung interpretiert HARROD folgendermaßen. Anstelle von g_Y setzt er die befriedigende Wachstumsrate, d. h. jene Wachstumsrate des Sozialprodukts, bei der die Wirtschaftspläne der Unternehmer voll erfüllt werden. Diese so ausgezeichnete Wachstumsrate stellt nur eine gedachte Größe dar und ist nicht notwendigerweise in der Realität anzutreffen. HARROD bezeichnet sie mit G_w; diese Bezeichnungsweise steht für warranted growth. Da bei dieser Wachstumsrate die Pläne der Unternehmer erfüllt werden, bemühen sich diese, die Rate G_w aufrechtzuerhalten. Bei exogen vorgegebener Sparquote ist dieses unternehmerische Bemühen nur dann erfolgreich, wenn der marginale Kapitalkoeffizient eine bestimmte Größe hat. Wenn nämlich die Wachstumsrate g_Y den Wert G_w annehmen soll, muß wegen $g_Y = s/\varkappa'$ der Kapitalkoeffizient den Wert s/G_w annehmen. Diesen Wert bezeichnet HARROD als C_r, den erforderlichen Kapitalkoeffizienten (required capital output ratio). Dieser erforderliche Kapitalkoeffizient ist jetzt nicht mehr wie bei DOMAR technologisch vorgegeben – bei DOMAR war der reziproke Wert des Kapitalkoeffizienten, die Kapitalproduktivität, durch die Technik bestimmt –, sondern dieser Kapitalkoeffizient wird durch das Unternehmerverhalten und den technischen Fortschritt festgelegt.

In dieser Interpretation wird die Gleichung $g_Y = s/\varkappa'$ zur Gleichgewichtsbedingung, die in der Bezeichnungsweise HARRODS als $G_w = s/C_r$ zu schreiben ist. Die befriedigende Wachstumsrate G_w ist nur dann aufrechtzuerhalten, wenn bei gegebener Sparquote der marginale Kapitalkoeffizient den erforderlichen Wert C_r annimmt. Was passiert aber, wenn die tatsächliche Wachtsumsrate größer oder kleiner ist als die befriedigende, d. h. was passiert, wenn die Gleichgewichtsbedingung verletzt ist? Diese Frage führt ähnlich wie im DOMARschen Modell zum Problem des Ungleichgewichts, und es wird auch ähnlich wie dort durch eine Annahme über das Unternehmerverhalten gelöst. Ist nämlich die tatsächliche Wachstumsrate größer als die befriedigende, so muß der tatsächliche marginale Kapitalkoeffizient bei vorgegebener Sparquote kleiner als der erforderliche sein, da beide Größen stets die Bedingung $g_Y = s/\varkappa'$ bzw. $g_Y \cdot \varkappa' = s$ erfüllen müssen. Ist der marginale Kapitalkoeffizient zu klein, betrachten die Unternehmer ihren neuen Kapitaleinsatz pro (zusätzlicher) Produkteinheit als zu gering, und sie werden ihre Investitionen erhöhen. Auf diese Weise wird die ohnehin schon zu große Wachstumsrate noch weiter vergrößert; das Modell ist wie das DOMAR-Modell instabil nach oben und nach unten.

HARROD führte in seine Überlegungen fernerhin das Konzept der natürlichen Wachstumsrate ein. Diese Wachstumsrate wird durch das Bevölkerungswachstum und den technischen Fortschritt festgelegt; sie bildet die Obergrenze für die tatsächliche Wachstumsrate.

Aus den möglichen Konstellationen von natürlicher und befriedigender Wachstumsrate zieht HARROD weitgehende Schlüsse für die Entwicklung einer Wirtschaft. Ist die befriedigende Wachstumsrate größer als die natürliche, so ist sie auch größer als die tatsächliche; denn die tatsächliche Wachstumsrate ist immer nur höchstens so groß wie die natürliche. In diesem Fall können die Unternehmer nie ihre Pläne realisieren, und die tatsächlichen Investitionen reichen nicht aus, die befriedigende Wachstumsrate zu stützen. Nach HARROD besteht in dieser Situation für die Wirtschaft eine Tendenz zur Depression. Ist umgekehrt die befriedigende Wachtsumrate kleiner als die natürliche, so kann die tatsächliche Wachstumsrate größer als die befriedigende sein. Die Unternehmer erleben, daß ihre Investitionspläne übererfüllt werden und reagieren expansiv. In dieser Situation neigt die Wirtschaft zur Prosperität.

Die Wachstumsmodelle von HARROD und DOMAR sind einander sehr ähnlich. Beide Modelle führen wegen ihrer konstanten Wachstumsraten zu einem exponentiellen Wachstum, implizieren konstante Produktionskoeffizienten und weisen ein instabiles Wachstum auf. Aus diesem Grunde spricht man häufig von der HARROD-DOMAR-

Theorie, und es wurden zahlreiche Modelle konstruiert, die unter dieser Bezeichnung zu fassen sind. Ihr gemeinsames Merkmal, das als wirtschaftspolitisch sehr wichtig angesehen wurde, stellt die Bestimmungsgleichung der Wachstumsrate des Sozialprodukts dar: $g_Y = s/\varkappa'$. Hierin kann die Sparquote s als eine wirtschaftspolitische Entscheidungsgröße aufgefaßt werden, und der marginale Kapitalkoeffizient $\varkappa'$ ist technologisch bestimmt. Nach dieser Vorstellung ist es prinzipiell möglich, die Wachstumsrate bei konstantem marginalen Kapitalkoeffizienten zu erhöhen, wenn man die Sparquote und damit die Investitionsanstrengungen in einer Volkswirtschaft erhöht (Beitrag T-2.2). Das hat folgende Konsequenz. Ein Land mit sehr niedrigem Sozialprodukt und niedrigem Pro-Kopf-Konsum kann immer ein anderes Land mit noch so hohem Sozialprodukt und hohem Pro-Kopf-Konsum wirtschaftlich ein- und überholen, wenn es ihm gelingt, die Sparquote und damit die Investitionstätigkeit durch geeignete wirtschaftspolitische Maßnahmen soweit zu erhöhen, daß die eigene Wachstumsrate größer wird als die des anderen Landes. Diese Möglichkeit ist in *Abb. G-12* graphisch veranschaulicht.

Die beiden Länder 1 und 2 haben zum Zeitpunkt 0 jeweils das Sozialprodukt $Y(0)^1$ und $Y(0)^2$. Die beiden Geraden geben das jeweilige Wirtschaftswachstum an, und wegen der halblogarithmischen Darstellungsweise ist ihr Anstieg gleich der Wachstumsrate jedes Landes. Hat Land 2 eine höhere Wachstumsrate als Land 1, so ist die zu Land 2 gehörige Wachstumsgerade steiler als die andere. Somit muß zwischen beiden Geraden ein Schnittpunkt existieren, in dem Land 2 das andere Land wirtschaftlich einholt und von da an überholt. In *Abb. G-12* holt Land 2 das andere Land im Zeitpunkt t_1 ein.

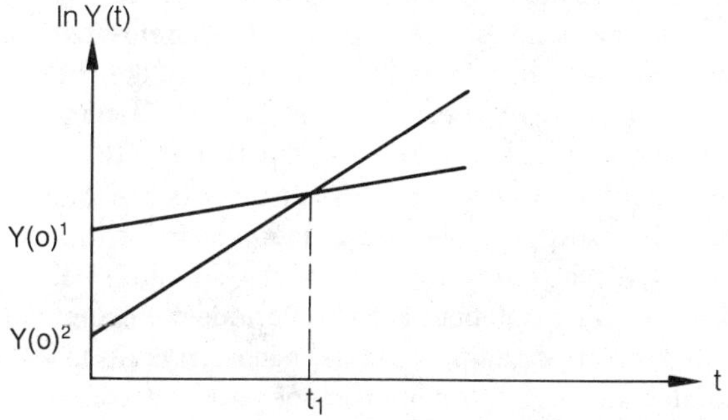

Abb. G-12: Wachstum im HARROD-DOMAR-Modell

Das HARROD-DOMAR-Modell ermöglicht somit sehr optimistische Aussagen hinsichtlich der Möglichkeit, die Wachstumsrate auf Dauer zu erhöhen. Andererseits ist die diesem Modell eigene Instabilität sicherlich nicht zufriedenstellend. Offensichtlich erleben marktwirtschaftlich orientierte Wirtschaften zwar Konjunkturschwankungen, aber doch keine Explosionen oder Implosionen. Man hat daher versucht, Wachstumsmodelle zu konstruieren, die ein stabiles Wachstum aufzeigen. Für diese Modelle trifft dann aber der Wachstumsoptimismus des HARROD-DOMAR-Modells nicht zu; diese Modelle werden im nächsten Abschnitt vorgestellt.

3.3. Neoklassische Wachstumstheorie

Die grundlegenden Beiträge der modernen Wachstumstheorie erschienen im Jahre 1956. Bis dahin konnte die Wachstumstheorie, wie im letzten Unterabschnitt ausgeführt, als eine Dynamisierung des KEYNESschen Systems verstanden werden. 1956 entwickelte jedoch SOLOW (1956) mit Hilfe einer allgemeinen neoklassischen Produktionsfunktion ein gesamtwirtschaftliches Modell einer wachsenden Wirtschaft, und SWAN (1956) untersuchte an Hand einer COBB-DOUGLAS-Produktionsfunktion den Zusammenhang von Bevölkerungswachstum, Kapitalakkumulation und Wirtschaftswachstum. Diese beiden Autoren legten damit die Grundlagen der sogenannten neoklassischen Wachstumstheorie. Da SOLOWS Ansatz allgemeiner als der von SWAN ist, wird sein Ansatz als „Neoklassisches Grundmodell" im folgenden Unterabschnitt ausführlich dargestellt.

3.3.1. Neoklassisches Grundmodell

Der Grundaufbau des SOLOWschen Modells ist denkbar einfach. Das Nettosozialprodukt Y wird mit Hilfe zweier Produktionsfaktoren Arbeit (N) und Kapital (K) hergestellt, und die produktive Gesetzmäßigkeit wird durch eine neoklassische Produktionsfunktion (Beitrag K-3.1.1.) beschrieben. Das Wachstum der Bevölkerung liegt exogen fest, und da Altersaufbau, Erwerbsquote etc. als konstant angenommen werden, stimmt die Wachstumsrate der verfügbaren Arbeit mit der der Bevölkerung überein. Ein konstanter Bruchteil s, $0 < s < 1$, des Nettosozialprodukts wird als (Netto-)Investitionen dem Kapitalstock zugeschlagen, der Rest wird konsumiert. Damit ist das Grundschema des SOLOWschen Modells gegeben. Jetzt braucht man nur noch zu irgendeinem Zeitpunkt die verfügbaren Faktoreinsatzmengen zu kennen, und man kann den Zustand der Modellwirtschaft für jeden beliebigen Zeitpunkt errechnen, sofern eine Lösung existiert und eindeutig ist. Denn kennt man für einen beliebigen Zeitpunkt $t = 0$ den Faktoreinsatz N(0) und K(0), so kennt man auch Y(0) und – wegen des exogen gegebenen Wachstums der Arbeit – auch N(t). Mit Hilfe der Spar- bzw. Investitionsquote s kann man die Investitionen I(0) bestimmen und damit wieder das Wachstum des Kapitalstocks, so daß – bei diskreter Betrachtungsweise der Zeit – zum Beginn der nächsten Periode die neuen Faktoreinsatzmengen und damit auch das Nettosozialprodukt der nächsten Periode feststehen, von dem mit Hilfe von s wieder die Investitionen errechnet werden können usw.

Formal ist dieses Modell folgendermaßen aufgebaut:

(13) $Y(t) = F(K(t), N(t)), F_1, F_2 > 0$

(14) $N(t) = N(0)\, e^{g_N t}, 0 < g_N$

(15) $I(t) := \dot{K}(t) = s\, Y(t), 0 < s < 1.$

Es werden Sozialproduktseinheiten Y(t) hergestellt, die sowohl konsumiert als auch investiert werden können. Die Produktion wird durch eine neoklassische, linear-homogene Produktionsfunktion $F(\cdot)$ beschrieben. Die Arbeit N(t) wächst exponentiell mit der konstanten, exogen gegebenen Rate g_N. Da in dem Modell wegen vollständiger Konkurrenz Vollbeschäftigung herrscht, kann N(t) sowohl als Arbeitsangebot wie auch als Arbeitsnachfrage interpretiert werden.

Die Nettoinvestitionen I(t) sind ein konstanter Bruchteil s des Nettosozialprodukts Y(t).

Sieht man von der Definitionsgleichung für I(t) ab, so besteht dieses Modell aus drei Gleichungen mit den drei Unbekannten N(t), K(t) und Y(t), von denen N(t) als exogene und die beiden übrigen als endogene Variablen anzusehen sind. Unter Berücksichtigung der Anfangsbedingung K(0) ist dieses Modell völlig determiniert.

Um das Modell handhabbarer zu machen und seine innere Struktur deutlicher aufzuzeigen, ist es zweckmäßig, es in einer etwas anderen Schreibweise darzustellen. Die Produktionsfunktion läßt sich nämlich durch einige einfache Umformungen in Pro-Kopf-Größen darstellen; nach Division durch N(t) folgt aus (13) wegen der Linearhomogenität von $F(\cdot)$:

$$\frac{Y(t)}{N(t)} = F\left(\frac{K(t)}{N(t)}, 1\right) = f(n(t)), f' > 0, f'' < 0, n(t) := K(t)/N(t).$$

Das Sozialprodukt pro Kopf ist also eine Funktion $f(\cdot)$ des Kapitals pro Kopf.

Aus der Bestimmungsgleichung des Kapital/Arbeits-Verhältnisses (= K(t)/N(t)) erhält man durch Differentiation nach der Zeit (Quotientenregel):

$$\text{(16)} \qquad \dot{n}(t) = \frac{\dot{K}(t)}{N(t)} - \frac{\dot{N}(t)}{N(t)} n(t) = s\frac{Y(t)}{N(t)} - g_N\, n(t)$$
$$= s\, f(n(t)) - g_N\, n(t).$$

Diese Differentialgleichung in n(t), in der die zuvor eingeführte Funktion $f(\cdot)$ eingegangen ist, legt die zeitliche Änderung des Kapital/Arbeits-Verhältnisses und somit auch die der Pro-Kopf-Produktion fest. Die Lösung dieser Gleichung gibt zusammen mit (13) und (14) an, wie sich die relevanten Größen Arbeit, Kapital und Sozialprodukt im Zeitverlauf ändern. Sie hat damit fundamentale Bedeutung, folgt doch aus ihr das Wachstum aller wichtigen ökonomischen Größen.

Die ökonomische Interpretation dieser Gleichung ist einfach. Das Produkt s f(n(t)) gibt die tatsächlich pro Kopf zur Verfügung stehenden Investitionen an; g_N n(t) bezeichnet die erforderlichen Investitionen pro Kopf, die das Kapital/Arbeits-Verhältnis konstant halten.

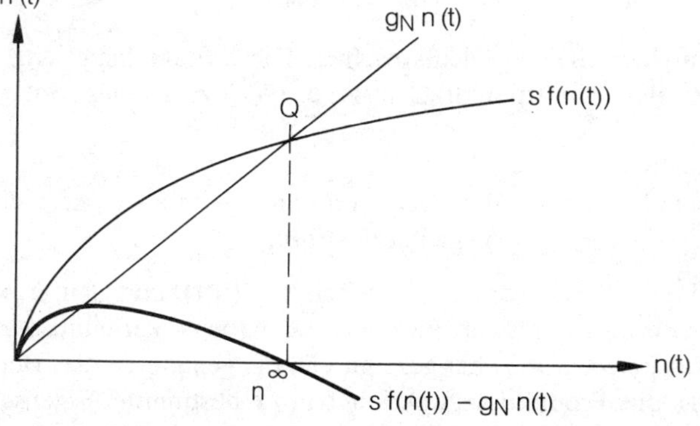

Abb. G-13: Phasendiagramm der Differentialgleichung (16)

Ist z. B. $s\,f(n(t)) > g_N\,n(t)$, so gibt die Differenz beider Größen an, wieviel der zur Verfügung stehenden Investitionen pro Kopf übrig bleiben, nachdem alle neu hinzukommenden Arbeiter mit der bisherigen Kapitalausstattung pro Kopf ausgerüstet worden sind. Diese überschüssigen Investitionen werden dann zur Erhöhung der Kapitalausstattung aller Arbeitskräfte verwandt, was eben ein positives $\dot{n}(t)$ impliziert.

Das dynamische Verhalten dieses Modells kann durch eine graphische Darstellung der Differentialgleichung (16) in einem Phasendiagramm *(Abb. G-13)* veranschaulicht werden.

Die dick ausgezogene Linie stellt die Differenz der beiden anderen Funktionen dar, und sie gibt die Änderung von n(t) in Abhängigkeit von n(t) an. Ihr Schnittpunkt mit der Abszisse legt den Gleichgewichtswert n^{∞} fest; denn ist $n(t) = n^{\infty}$, so wachsen Arbeit und Kapital mit der gleichen Rate, und da die zugrundeliegende neoklassische Produktionsfunktion linear-homogen ist, wächst das Sozialprodukt dann mit derselben Rate. Das Symbol n^{∞} für den Gleichgewichtswert von n ist gewählt worden, um zum Ausdruck zu bringen, daß (möglicherweise) n(t) gegen n^{∞} strebt, falls $t \to \infty$ geht.

Gleichgewichtswachstum

An dieser Stelle kann der Begriff des dynamischen Gleichgewichts eingeführt werden. Ein Modell befindet sich im dynamischen Gleichgewicht, wenn alle wichtigen Größen mit derselben, konstanten Rate wachsen. Man spricht in diesem Fall auch von einem proportionalen Wachstum oder einem steady-state-Wachstum. Es ist dadurch gekennzeichnet, daß die Relationen der wachsenden Größen konstant bleiben. So impliziert beispielsweise ein Wachstum des Kapital- und Arbeitseinsatzes in diesem Modell an der Stelle n^{∞}, daß sowohl das Kapital/Arbeits-Verhältnis n(t) als auch der Kapitalkoeffizient $\varkappa(t)$ zeitlich konstant sind. Der Begriff dynamisches Gleichgewicht verbindet also die zeitliche Konstanz einiger Größen mit der zeitlichen Änderung anderer Größen.

Bei der Untersuchung dieses und auch ähnlicher Modelle ist die Frage nach der
- Existenz
- Eindeutigkeit und
- Stabilität

eines dynamischen Gleichgewichts wichtig. Diese Frage hängt eng mit der Existenz und der Lage des Schnittpunkts Q in *Abb. G-13* zusammen. Solange die Funktion $s\,f(n(t))$
- streng konkav ist,
- vom Nullpunkt ausgehend zunächst größere Werte als $g_N\,n(t)$ aufweist,
- ihr Anstieg für $n(t) \to \infty$ gegen Null strebt,

muß ein und nur ein Schnittpunkt Q zwischen $s\,f(n(t))$ und $g_N\,n(t)$ existieren, und der zugehörige Gleichgewichtswert des Kapital/Arbeits-Verhältnisses n^{∞} muß stabil sein. Ken-Ichi Inada (1963) hat gezeigt, daß die genannten drei Bedingungen erfüllt werden, falls die Produktionsfunktion f(n(t)) bestimmte Eigenschaften aufweist. Erfüllt die Produktionsfunktion diese sogenannten Inada-Bedingungen, so hat – anschaulich erläutert – der Graph der Funktion s f(n(t)) den in *Abb. G-13* eingezeichneten Verlauf. Er beginnt im Nullpunkt, hat dort den Anstieg ∞, ist streng konkav und strebt für $n \rightarrow \infty$ dem Wert ∞ und dem Anstieg 0 entgegen. Somit existiert für jede Gerade mit dem positiven Anstieg g_N ein und nur ein Schnittpunkt mit dieser Kurve, so daß n^{∞} eindeutig bestimmt ist. Die Stabilität dieses so bestimmten Gleichgewichtswerts ergibt sich aus der Tatsache, daß für $n(t) \gtrless n^{\infty}$ nach *Abb. G-13* die Beziehung $s\, f(n(t)) \lessgtr g_n\, n(t)$ gilt, so daß $\dot{n}(t) \lessgtr 0$ ist; m. a. W.: Immer wenn das tatsächliche Kapital/Arbeits-Verhältnis n(t) kleiner (größer) als das gleichgewichtige ist, wächst (sinkt) es. Das Kapital/Arbeits-Verhältnis dieser Modellwirtschaft weist somit die Tendenz auf, von jedem beliebigen Wert n(t) zum Gleichgewichtswert n^{∞} zu streben.

Diese Eigenschaft des SOLOW-Modells ist ökonomisch in der folgenden Weise zu verstehen. Der Arbeitseinsatz ist exogen gegeben, und er wächst mit der konstanten Rate g_N. Diesem exogen gegebenen Arbeitswachstum paßt sich die endogen bestimmte Kapitalakkumulation an. Ermöglicht wird dieser Anpassungsvorgang durch die Substituierbarkeit der Produktionsfaktoren in der neoklassischen Produktionsfunktion. Ist z. B. das Kapital/Arbeits-Verhältnis größer als n^{∞}, so reicht wegen der Wirksamkeit des Ertragsgesetzes die Investitionstätigkeit nicht aus, die neuen Arbeiter mit derselben Kapitalausstattung zu versorgen wie die alten. Demzufolge sinkt das gesamtwirtschaftliche Kapital/Arbeits-Verhältnis. Dieser Schrumpfungsprozeß hört erst auf, wenn das Kapital/Arbeits-Verhältnis den Wert n^{∞} erreicht: dort befindet sich die Modellwirtschaft im dynamischen Gleichgewicht.

3.3.2. Technischer Fortschritt

Bei langfristigen Analysen spielt die Änderung des technischen Wissens eine große Rolle. Die Technik bestimmt nämlich neben den Faktoreinsatzmengen die Größe und Art des zu erstellenden Outputs. Vergrößert sich das technische Wissen, d. h. liegt technischer Fortschritt vor (Beitrag H-3.2.2.), so lassen sich neue Produkte herstellen oder effizientere Produktionsverfahren für bereits bekannte Produkte durchführen.

Der technische Fortschritt läßt sich unter drei Aspekten einordnen
- nach seinen Ursachen
- nach der Art seiner Durchsetzung und
- nach seinen Auswirkungen.

Teilt man den technischen Fortschritt nach seinen Ursachen ein, so unterscheidet man zwischen autonomem und induziertem technischen Fortschritt. Der autonome Fortschritt erfolgt z. B. auf Grund spontaner Erfindungen. Der induzierte Fortschritt wird dagegen durch besondere Aktivitäten hervorgerufen, wie z. B. durch Forschung und Ausbildung. Auch KENNETH J. ARROWS „learning by doing" (ARROW, 1962) ist diesem induzierten Fortschritt zuzuordnen.

Bei der Durchsetzung des technischen Fortschritts unterscheidet man zwischen faktorgebundenem und faktorungebundenem Fortschritt. Faktorgebundener technischer Fortschritt liegt dann vor, wenn das neue technische Wissen nur mit Hilfe der Produktionsfaktoren in den Produktionsprozeß eingebracht werden kann. So können beispielsweise viele neue Produktionstechniken nur mit Hilfe neuer Maschinen realisiert werden; die Maschinen sind in diesem Fall das „Vehikel“ des technischen Fortschritts. Der faktorungebundene technische Fortschritt wird in den Produktionsprozeß nicht über die Produktionsfaktoren, sondern z. B. über organisatorische Verbesserungen eingeführt. Qualität und Einsatzmenge der Faktoren können hier konstant bleiben.

Auswirken kann sich der technische Fortschritt so, als ob die Einsatzmenge eines oder mehrerer Produktionsfaktoren zunähme. Diese Vorstellung läßt sich an Hand der Produktionsfunktion (13) verdeutlichen. Schreibt man sie nämlich in der Form

(17) $Y(t) = F(e^{g_{\pi,K}t}K(t), e^{g_{\pi,N}t}N(t)), \; 0 < g_{\pi,K}, g_{\pi,N}$

so lassen sich die Größen $g_{\pi,K}$ und $g_{\pi,N}$ als Wachstumsraten des technischen Wissens interpretieren. Und zwar wirkt der technische Fortschritt hier so, als ob die Faktoreinsatzmengen von Kapital bzw. Arbeit mit den Raten $g_{\pi,K}$ bzw. $g_{\pi,N}$ vermehrt würden. Hierbei sind drei Fälle denkbar: Erstens, $0 < g_{\pi,K} = g_{\pi,N}$. In diesem Fall wirkt der technische Fortschritt so, als ob die beiden Produktionsfaktoren Arbeit und Kapital in gleichem Maße vermehrt würden. Diese Art des technischen Fortschritts bezeichnet man als HICKS-neutral. Zweitens, $0 < g_{\pi,K}$, $g_{\pi,N} = 0$. Hier wirkt der technische Fortschritt so, als ob nur der Kapitaleinsatz vergrößert würde. Es liegt in diesem Fall SOLOW-neutraler technischer Fortschritt vor. Drittens, $0 = g_{\pi,K}$, $0 < g_{\pi,N}$. Hierbei wird nur der Arbeitseinsatz „vermehrt“. Dieser technische Fortschritt wirkt in gewisser Weise umgekehrt wie der SOLOW-neutrale; er wird HARROD-neutral genannt.

Dieser HARROD-neutrale technische Fortschritt ist in der Wachstumstheorie besonders wichtig, da nur er für eine beliebige neoklassische Produktionsfunktion mit einem gleichgewichtigen Wachstum vereinbar ist (UZAWA, 1961). Diese Eigenschaft des HARROD-neutralen technischen Fortschritts läßt sich leicht erklären. Definiert man nämlich

$$\hat{N}(t) := e^{g_{\pi,N}t}\, N(t)$$

so kann wegen $g_{\pi,K} = 0$ die Produktionsfunktion (17) auch als

(18) $Y(t) = F(K(t), \hat{N}(t))$

geschrieben werden. Diese Funktion stimmt aber mit (13) bis auf die Wachstumsrate von $N(t)$ bzw. $\hat{N}(t)$ genau überein. Im ersten Fall wächst $N(t)$ mit der Rate g_N und im zweiten Fall $\hat{N}(t)$ mit $g_N + g_{\pi,N}$. Alle Ergebnisse, die mit Hilfe von (13) abgeleitet werden, können demnach auch auf der Grundlage von (18) erreicht werden, nur daß statt der Wachstumsrate g_N die Rate $g_N + g_{\pi,N}$ einzusetzen ist.

$\hat{N}(t)$ wird als „Arbeit gemessen in Effizienzeinheiten“ bezeichnet. Hierin kommt zum Ausdruck, daß $\hat{N}(t)$ nicht nur die physische Arbeit, sondern auch einen auf den technischen Fortschritt zurückgehenden Effizienzterm umfaßt. Dieser Term wirkt „quasi-arbeitsvermehrend“ (HELMSTÄDTER, 1965).

Das Ergebnis dieser Überlegungen kann so zusammengefaßt werden. Erfüllt die Produktionsfunktion die INADA-Bedingungen, so strebt die Wirtschaft im SOLOW-Modell ob mit oder ohne HARROD-neutralem technischen Fortschritt stets einem Gleichgewichtswachstum zu, sofern sie es noch nicht erreicht hat. Im Gleichgewicht wachsen das Sozialprodukt, der Kapitalstock und die Arbeit mit der Rate g_N bzw. $g_N + g_{\pi,N}$. Deswegen müssen Kapitalkoeffizient, Kapital/Arbeits-Verhältnis und Sozialprodukt pro Kopf konstant sein, falls kein HARROD-neutraler technischer Fortschritt vorliegt. Anderenfalls wachsen die beiden letztgenannten Größen mit der Rate $g_{\pi,N}$. Dieses Ergebnis steht in bemerkenswertem Gegensatz zu jenem der HARROD-DOMAR-Theorie. Im SOLOW-Modell ist die gesamtwirtschaftliche Wachstumsrate exogen durch das Bevölkerungswachstum und eventuell durch den HARROD-neutralen technischen Fortschritt gegeben und damit unabhängig von der Investitionsquote. Im HARROD-DOMAR-Modell ist jedoch gerade die Wachstumsrate proportional der Investitionsquote. Das im ersten Moment der Intuition zuwiderlaufende Ergebnis des SOLOW-Modells lautet also, daß höhere Investitionsanstrengungen, ausgedrückt durch eine höhere Investitionsquote, nicht zu einer höheren gesamtwirtschaftlichen Wachstumsrate führen. Die Rolle der Investitions- bzw. Sparquote im SOLOW-Modell muß deshalb noch näher betrachtet werden.

3.3.3. Optimale Sparquote

Als erstes wird unter Vernachlässigung des technischen Fortschritts der Zusammenhang von Investitionsquote, Kapitalkoeffizient und Gleichgewichts-Wachstumsrate in diesem Modell untersucht, und dazu wird zunächst das oben abgeleitete Ergebnis für das Gleichgewichtswachstum notiert:

$$\frac{\dot{Y}}{Y} = \frac{\dot{K}}{K} = \frac{\dot{N}}{N} = g_N.$$

Die ersten drei Ausdrücke stellten die Wachstumsrate des Sozialprodukts, des Kapitalstocks und der Arbeit dar. Wenn der Kapitalstock und das Sozialprodukt mit der gleichen Rate wachsen, muß der Kapitalkoeffizient $\varkappa$ zeitlich konstant sein:

$$\varkappa(t) := \frac{K(t)}{Y(t)} = \varkappa = \text{zeitunabhängig}.$$

Nach Erweiterung dieser Gleichung mit den Investitionen I(t) erhält man daraus:

$$\varkappa = \frac{I(t)/Y(t)}{I(t)/K(t)} = \frac{s}{g_Y}.$$

Diese Gleichung stimmt formal mit der HARROD-DOMAR Gleichung überein. Jedoch ist der ökonomische Gehalt beider Gleichungen völlig verschieden. Wie bereits oben dargestellt wurde, hat für HARROD-DOMAR eine größere Investitionsquote eine höhere Wachstumsrate zur Folge. Hier dagegen ist die Wachstumsrate g_Y durch die exogen gegebene Wachstumsrate g_N festgelegt, so daß jetzt eine höhere Investitionsquote nur einen höheren Kapitalkoeffizienten zur Folge haben kann. Das bedeutet gleichzeitig, daß der Kapitalkoeffizient im neoklassischen Modell nur in dem Sinne konstant ist, daß er zeitunabhängig ist. Für alternative Sparquoten kann er alternative Werte annehmen, die dann jedoch im Zeitverlauf für das Gleichgewichtswachstum konstant bleiben.

Die ökonomischen Auswirkungen einer Sparquotenänderung werden noch verständlicher, wenn man die folgenden Zusammenhänge bedenkt. Wegen $g_K = I(t)/K(t)$ ist $K(t) = I(t)/g_K = I(t)/g_N$. Außerdem gilt in diesem Modell $I(t) = s\,Y(t)$, so daß aus den beiden letzten Gleichungen folgt:

$$K(t) = \frac{s\,Y(t)}{g_N}.$$

Diese Gleichung eingesetzt in (13) führt mit t = 0 zu

$$Y(0) = F\left(\frac{s\,Y(0)}{g_N}, N(0)\right),$$

d. h. jeder Sparquote s ist ein bestimmter Wert des Sozialprodukts zum Zeitpunkt t = 0 zugeordnet, denn g_N und N(0) sind exogen gegeben. Da, von diesem Werte ausgehend, im Gleichgewicht alle zeitlich nachfolgenden Werte, deren graphische Darstellung auch Wachstumspfad genannt wird, zu bestimmen sind, wird dieser Anfangswert auch das „Niveau" des Wachstumspfades genannt.

Mit Hilfe der letzten Gleichung kann man feststellen, wie sich das Niveau Y(0) des Wachstumspfades des Sozialprodukts in Abhängigkeit von der Sparquote ändert. Leitet man nämlich diese Gleichung nach s ab, läßt sich leicht zeigen, daß $\partial Y(0)/\partial s$ positiv ist. Eine Erhöhung der Sparquote erhöht immer das Niveau des Wachstumspfades des Sozialprodukts.

Die Eigenschaft des vorliegenden Modells, daß Sparquotenänderungen zu Niveauverschiebungen des Wachstumspfades führen, hat hinsichtlich des Konsumgüterangebots eine besondere Bedeutung. Man kann nämlich die Frage untersuchen, ob es eine ausgezeichnete Sparquote gibt, für die das Niveau des Wachstumspfades der Konsumgüter ein Maximum annimmt (PHELPS, 1961; VON WEIZSÄCKER, 1962).

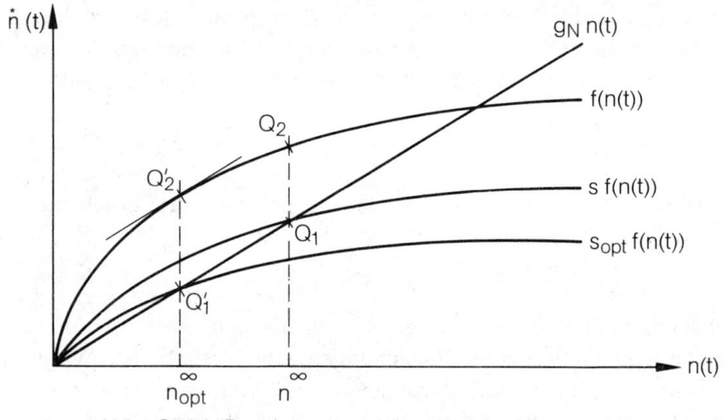

Abb. G-14: Bestimmung der optimalen Sparquote

Dieses Problem ist graphisch einfach zu lösen. In *Abb. G-14,* die an *Abb. G-13* anknüpft, ist neben den Funktionen g_N n(t) und s f(n(t)) auch noch die Funktion f(n(t)) eingezeichnet. Wie bereits bekannt ist, bestimmt der Schnittpunkt Q_1 das gleichgewichtige Kapital/Arbeits-Verhältnis n^{∞}. Der zum Punkt Q_2 bzw. Q_1 gehörige Ordinatenwert gibt dann den gleichgewichtigen Output pro Kopf bzw. Investitionen pro Kopf an. Die Differenz, also die Strecke $\overline{Q_1Q_2}$, bestimmt somit den gleichgewichtigen Konsum pro Kopf. Für s = 0 und s = 1 ist dieser Pro-Kopf-Konsum ganz offensichtlich Null. Für $s \in (0,1)$ wird dieser Konsum positiv, und er erreicht ein Maximum an der Stelle, wo der Abstand zwischen der Kurve f(n(t)) und der Geraden

$g_N n(t)$ am größten ist. Das ist dort der Fall, wo die Tangente an $f(\cdot)$ parallel zur Geraden $g_N \cdot n(t)$ ist; dieser Tangentialpunkt ist hier mit Q_2' bezeichnet. Senkrecht unter Q_2' liegt auf der Geraden der Punkt Q_1'. Durch diesen Punkt geht die Kurve s_{opt} f(n(t)), und das zugehörige gleichgewichtige Kapital/Arbeits-Verhältnis ist n_{opt}^{∞}; das Subskript „opt" deutet die Optimalität der jeweiligen Werte an. Der maximale Konsum pro Kopf ist durch die Strecke $\overline{Q_1'Q_2'}$ festgelegt, und er wird auf jenem Wachstumspfad realisiert, der durch die (eindeutig bestimmte) Sparquote s_{opt} festgelegt wird.

Dieser optimale Wachstumspfad ist durch folgende Eigenschaften charakterisiert. Der Anstieg von f(n(t)) ist gleich dem Anstieg von $g_N n(t)$, also $f' = g_N$ oder Grenzproduktivität des Kapitals = Wachstumsrate. Erweitert man diese Gleichung mit $f/n(= Y/K)$, und setzt für g_N die Wachstumsrate des Kapitals ein, so erhält man $f' \cdot f/n = s$ oder $\alpha_K = s$ mit α_K – Produktionselastizität des Kapitals. Der optimale Wachstumspfad ist also dadurch charakterisiert, daß auf ihm die Sparquote so groß ist wie die Produktionselastizität des Kapitals. Da diese Übereinstimmung eine bestimmte Art der Kapitalakkumulation beinhaltet, hat PHELPS diesen Sachverhalt die Goldene Regel der Akkumulation genannt; denn wenn alle aufeinanderfolgenden Generationen in dieser Weise die Kapitalakkumulation betreiben, erhält jede von ihnen die maximale Konsumgüterversorgung.

Geht man davon aus, daß die Produktionsfaktoren nach ihrer Grenzproduktivität entlohnt werden, so läßt sich die Bedingung $f' = g_N$ auch in der Form $r = g_N$, r – Zinssatz schreiben. Die Goldene Regel der Akkumulation beinhaltet also eine Übereinstimmung von Wachstumsrate und Zinssatz. In dieser Form ist das Ergebnis der Goldenen Regel der Akkumulation auch intuitiv einleuchtend und kann in Anlehnung an ROBERT M. SOLOW (1962) folgendermaßen erklärt werden. Eine Wirtschaft befindet sich zum Zeitpunkt t_0 wegen einer zu geringen Sparquote auf einem suboptimalen Gleichgewichts-Wachstumspfad. Im Vergleich zu dieser Wirtschaft hätte eine andere, die eine größere Sparquote aufweisen würde, zum gleichen Zeitpunkt wegen $\partial Y(0)/\partial s > 0$ ein höheres Sozialprodukt. Die Größe dieses zusätzlichen Sozialprodukts hängt vom Grenzprodukt des Kapitals ab. Wäre der Kapitalstock in der letztgenannten Wirtschaft wegen der höheren Sparquote um ΔK größer gewesen, so wäre das zusätzliche Sozialprodukt als $\Delta Y = \partial F/\partial K \, \Delta K$ bestimmt gewesen. Dieses zusätzliche Sozialprodukt würde aber nicht in vollem Umfang für Konsumzwecke zur Verfügung stehen, denn ein Teil dieses Sozialprodukts wäre für zusätzliche Investitionen benötigt worden, damit auch der um ΔK vergrößerte Kapitalstock mit der Rate g_N hätte wachsen können. Diese zusätzlichen Investitionen hätten $\Delta I = g_N \Delta K$ ausmachen müssen, so daß an zusätzlichem Konsum zur Verfügung gestanden hätte: $\Delta C = \Delta Y - \Delta I = (\partial F/\partial K - g_N)\, \Delta K$; ΔC, ΔY, ΔI und ΔK bezeichnen Unterschiede zwischen alternativen Gleichgewichts-Wachstumspfaden zum gleichen Zeitpunkt. Annäherungsweise läßt sich diese Gleichung so interpretieren: Solange $\partial F/\partial K > g_N$ ist, lohne es sich, die Sparquote zu erhöhen, da daraufhin die Konsumgüterversorgung zunehmen wird. Für $\partial F/\partial K = g_N$ oder $r = g_N$ erreicht diese Versorgung ihr Maximum. Die Existenz eines optimalen Wachstumspfades ist also technologisch begründet: ohne das Ertragsgesetz gäbe es keine optimale Sparquote.

Das neoklassische Wachstumsmodell ist erheblich weniger „wachstumsfreundlich" als das HARROD-DOMAR-Modell. Nach HARROD-DOMAR ist eine Gesellschaft ziemlich frei in der Wahl ihrer gesamtwirtschaftlichen Wachstumsrate, sie muß nur die

Sparquote geeignet wählen. Auf diese Weise können bestimmte Wachstumsziele, wie etwa wirtschaftliche Ein- oder Überholung anderer Staaten, erreicht werden. Ist demgegenüber das neoklassische SOLOW-Modell ein besseres Abbild der Realität, so kann bestenfalls das Sozialproduktsniveau erhöht werden, was aber in dem Moment bereits unsinnig sein kann, in dem das Konsumniveau sein Maximum erreicht.

An dieser Stelle sind einige Überlegungen zur Form der hier angewandten Analyse angebracht. Den vorstehenden Überlegungen liegen stets gleichgewichtige Wachstumspfade zugrunde. Die erwähnten Sparquotenänderungen beziehen sich also immer auf den Fall, daß zwei alternative Sparquoten betrachtet werden, von denen jede „seit ewigen Zeiten" realisiert wurde, denn anderfalls läge kein Gleichgewichtswachstum vor. Eine Erhöhung der Sparquote bedeutet also hier: Wir betrachten eine zweite Wirtschaft mit einer höheren Sparquote, die sich auf dem dieser höheren Sparquote zugeordneten Gleichgewichts-Wachstumspfad befindet und vergleichen den Zustand dieser Wirtschaft mit jenem der ursprünglichen Wirtschaft. In graphischer Illustration werden also zwei parallele Wachstumspfade betrachtet, sofern auf der Ordinate der Logarithmus des Sozialprodukts abgetragen ist. Diese Art der Betrachtungsweise alternativer dynamischer Gleichgewichtszustände nennt man komparative Dynamik oder komparativ-dynamische Analyse. Sie ist der komparativen Statik vergleichbar. Ausgeschlossen in dieser Betrachtungsweise sind demnach Anpassungspfade, die von einem Gleichgewichts- zu einem anderen Gleichgewichtspfad führen. Ein solcher Anpassungspfad ist in *Abb. G-15* für den Konsum wiedergegeben. Bis zum Zeitpunkt t_1 befindet sich die Wirtschaft auf dem der Sparquote s_1 zugeordneten Gleichgewichts-Wachstumspfad. Dann wird die Sparquote von s_1 auf s_2 mit $s_2 \leqq \alpha_K$, erhöht. Dadurch sinkt zunächst die Konsumgüterversorgung ab, denn aus dem verfügbaren Sozialprodukt zum Zeitpunkt t_1 wird jetzt mehr gespart bzw. investiert. Auf Grund der höheren Kapitalakkumulation nimmt dann aber die Kon-

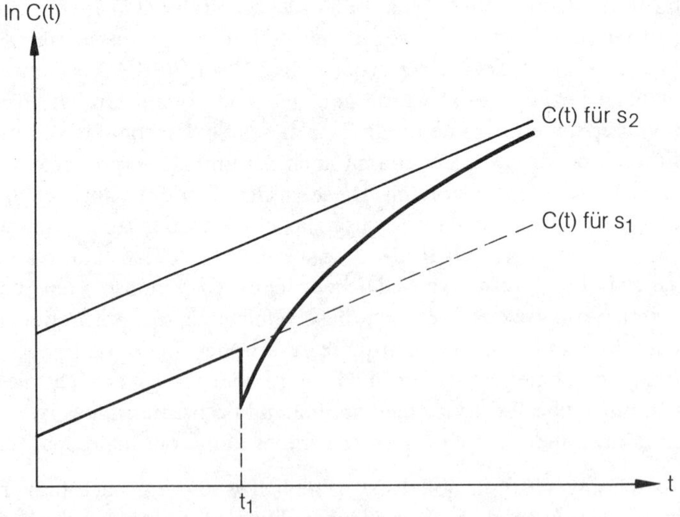

Abb. G-15: Anpassungspfad im SOLOW-Modell

sumgüterproduktion zu und nähert sich auf der dick eingezeichneten Linie asymptotisch dem Gleichgewichts-Wachstumspfad, der s_2 zugeordnet ist.

3.3.4. Optimales Wachstum

Das Problem des optimalen Wirtschaftswachstums stellt eine Verallgemeinerung des Problems der optimalen Sparquote dar, und es ist eng verbunden mit dem allgemeinen Problem einer optimalen Wirtschaftspolitik. Unterstellt man nämlich die Existenz bestimmter gesamtwirtschaftlicher Nutzenvorstellungen in Form einer Nutzenfunktion, dann wird es zur Aufgabe der Wirtschaftspolitik, den Wachstumsprozeß so zu steuern, daß diese Nutzenvorstellungen maximiert werden. Die grundlegenden Überlegungen zu diesem Problembereich wurden bereits im Jahre 1928 von FRANK P. RAMSEY (1928) veröffentlicht; sein Gedankengang wird im folgenden skizziert.

Das Nettosozialprodukt Y wird wie bisher auf der Grundlage einer neoklassischen Produktionsfunktion mit Hilfe der beiden Produktionsfaktoren Arbeit N und Kapital K hergestellt: $Y = F(N,K)$. Da das Problem der optimalen Kapitalakkumulation im Vordergrund steht, wird der Einfachheit halber die Arbeit als konstant angenommen, so daß Y nur als eine Funktion des Kapitaleinsatzes anzusehen ist: $Y = f(K)$. Dieses Sozialprodukt kann sowohl für Investitionen I als auch für den Konsum C verwendet werden: $Y = C + I$. Es existiert eine gesamtwirtschaftliche Nutzenfunktion, deren Argument der Konsum ist: $U = U(C)$; U gibt also den Konsumnutzen wieder. RAMSEY unterstellt als wirtschaftspolitisches Ziel, daß der Gesamtnutzen zu maximieren sei, wobei der Gesamtnutzen als Summe des gegenwärtigen und aller zukünftigen Nutzen aufzufassen ist; bei stetiger Betrachtungsweise ist dieser Gesamtnutzen $\mathcal{U}$ also definiert als

$$\mathcal{U} = \int_0^\infty U(C(t))\, dt.$$

Eine Maximierung des Gesamtnutzens bedeutet formal also eine Maximierung des Integrals über eine Funktion. Praktisch soll das erreicht werden, indem der Konsum im Zeitablauf durch geeignete wirtschaftspolitische Maßnahmen so gesteuert wird, daß $\mathcal{U}$ ein Maximum annimmt – falls letzteres überhaupt möglich ist.

Eine aufgrund der Annahmen naheliegende und praktikable Möglichkeit, den Konsum zeitlich zu steuern, besteht darin, die Kapitalakkumulation, also letztlich die Sparquote, im Zeitverlauf geeignet zu variieren. Wegen $C = Y - I = f(K) - \dot{K}$ legt die zeitliche Entwicklung des Kapitalstocks, und damit die der Investitionen, auch die zeitliche Entwicklung des Konsums fest.

Faßt man die bisherigen Ausführungen zusammen, so ist unter formalen Gesichtspunkten die Maximierungsaufgabe

$$\mathcal{U} = \int_0^\infty U(f(K(t)) - \dot{K}(t))\, dt = \max!$$

zu lösen. Ökonomisch heißt das nichts anderes, als daß jener Zeitpfad der Entwicklung des Kapitalstocks herauszufinden ist, der den Gesamtnutzen der jetzigen und aller zukünftigen Generationen maximiert. Existiert er, so liegen auch die entsprechenden Pfade der Investitionen und des Konsums fest; sie heißen optimale Zeitpfade.

In der Wirtschaftstheorie sind zahlreiche Modelle vom „Ramsey-Typ" entwickelt worden, die alle die Bedingungen einer optimalen Wirtschaftspolitik aufzeigen und die das ursprüngliche Ramsey-Modell verallgemeinern und abändern. So wurde z. B. in die Nutzenfunktion ein Nutzendiskont eingeführt, das Modell wurde in ein Zwei-Sektoren-Modell erweitert, der Planungshorizont wurde auf eine endliche Anzahl von Perioden reduziert, etc. Gemeinsam ist allen diesen Modellen und Modellvarianten, daß sie Hinweise geben wollen, wie eine optimale Wirtschaftspolitik aussehen könnte.

3.3.5. Jahrgangskapitalmodelle

Die neoklassische Wachstumstheorie ist in vielfacher Hinsicht weiterentwickelt worden. Zu nennen sind dabei besonders jene Modelle, in denen das Konzept eines homogenen Kapitalstocks aufgegeben wird. Diese Aufgabe läuft darauf hinaus, daß neoklassische Wachstumsmodelle ohne neoklassische Produktionsfunktion konstruierbar sind: es kann in gewisser Weise auf das „Herzstück" der neoklassischen Wachstumstheorie durchaus verzichtet werden.

Offensichtlich ist der Kapitalstock nicht homogen in dem Sinne, daß er aus einer wohlbestimmten Menge von „Maschinen des gleichen Typs" besteht. Vielmehr wird der Konstruktionszeitpunkt einer Maschine wichtig sein: je jüngeren Baudatums eine Maschine ist, ein desto größeres technisches Wissen wird sie inkorporieren. Diese Betrachtungsweise der Investitionen als Vehikel des technischen Fortschritts wurde von Robert M. Solow (1960) in die Literatur eingeführt. Die Konsequenz hiervon ist, daß der Kapitalstock nicht mehr als homogen zu betrachten ist, es kommt jetzt vielmehr darauf an, zu welchem Zeitpunkt eine Maschine konstruiert wurde: eine neue Maschine wird in einer noch zu spezifizierenden Weise einer alten überlegen sein, und der technische Fortschritt heißt kapitalgebundener technischer Fortschritt (s. Abschnitt 3.3.2.).

Der Konstruktionszeitpunkt einer Maschine wird aber nicht nur hinsichtlich des in ihr gebundenen technischen Wissens wichtig sein. Auch die Kombination mit dem Faktor Arbeit, also die „Bemannung" einer Maschine, kann von ihrem Konstruktionszeitpunkt abhängen. In bezug auf diesen Zeitpunkt sind grundsätzlich drei Fälle denkbar:

Fälle	vor dem Konstruktionszeitpunkt	nach dem Konstruktionszeitpunkt
1.	Substituierbarkeit der Faktoren	Substituierbarkeit der Faktoren
2.	Substituierbarkeit der Faktoren	Limitationalität der Faktoren
3.	Limitationalität der Faktoren	Limitationalität der Faktoren

Diese drei Fälle werden auch mit den Kurzbezeichnungen putty-putty, putty-clay und clay-clay gekennzeichnet, mit putty – Lehm und clay – Ziegel.

Im ersten Fall ist die Technologie so beschaffen, daß das jeweils kostengünstigste Kapital/Arbeits-Verhältnis – also die „Bemannung" der Maschinen – sowohl vor als auch nach dem Konstruktionszeitpunkt der Maschinen gewählt werden kann. Man bezeichnet diesen Fall als „variable Porportionen ex-ante und ex-post"; mit „variablen Proportionen" ist das frei wählbare Kapital/Arbeits-Verhältnis gemeint, und die beiden Zeitangaben „ex-ante" und „ex-post" beziehen sich auf den Konstruktionszeitpunkt. Im zweiten Fall ist die Substituierbarkeit der Faktoren nur so lange möglich, wie die Maschine noch nicht konstruiert ist. Existiert die Maschine, liegt das Kapital/Arbeits-Verhältnis technologisch bedingt fest und ist nicht mehr zu ändern. Dieser Fall wird als „variable Proportionen ex-ante, fixe Proportionen ex-post" bezeichnet. Im dritten Fall ist die Technologie so beschaffen, daß niemals eine Wahlmöglichkeit bezüglich des Faktoreinsatzverhältnisses besteht. Dies ist der Fall der „fixen Proportionen ex-ante und ex-post".

Um die Konsequenzen und Implikationen eines Wachstums mit kapitalgebundenem technischem Fortschritt und einer unterschiedlichen Faktorsubstitution ex-ante und ex-post systematisch untersuchen zu können, ist es sinnvoll, die oben erwähnten drei Fälle mit Hilfe der COBB-DOUGLAS- und WALRAS-LEONTIEF-Produktionsfunktionen (Beitrag K-3.1.1.) zu untersuchen. Dies ist in der Literatur auch geschehen; hier soll jedoch nur der clay-clay-Fall dargestellt werden, da er in gewisser Weise am extremsten ist: Ohne daß in einem solchen Modell auf eine neoklassische Produktionsfunktion zurückgegriffen wird, können hier die typischen Ergebnisse der neoklassischen Wachstumstheorie sowie darüber hinaus reichende Einsichten in den Wachstumsprozeß einer Modellwirtschaft abgeleitet werden.

Wie bereits ausgeführt wurde, ist der clay-clay-Fall dadurch gekennzeichnet, daß weder vor noch nach dem Zeitpunkt der Investitionsdurchführung das Koppelungsverhältnis zwischen Maschinen und Arbeitern geändert werden kann. Es wird vielmehr unterstellt, daß jede Maschine während ihrer gesamten Lebensdauer immer die gleiche Anzahl von „Bedienungspersonal" benötigt. Der technische Fortschritt kommt darin zum Ausdruck, daß eine Maschine neueren Baudatums weniger Bedienungspersonal benötigt als eine ältere, wobei jedoch der mit einer Maschine zu erstellende Output gleich bleibt. Auf diese Weise steigt natürlich der Output pro Bedienungspersonal, oder die Arbeitsproduktivität steigt; der technische Fortschritt ist demnach HARROD-neutral.

Die grundlegende Wirkungsweise dieses Modells läßt sich anschaulich am besten in der folgenden Weise erklären. Man stelle sich vor, die Investitionen wachsen exponentiell mit der Rate des Bevölkerungswachstums g_N und der des technischen Fortschritts g_π. Zum Zeitpunkt t habe man einen bestimmten Vorrat an Maschinen der Baujahrgänge $-\infty$ bis t zur Verfügung. Kann man in dieser Situation über die insgesamt vorhandene Arbeitsmenge $N(t) = N(0) \exp(g_N t)$ disponieren, wird man die Arbeitskräfte zweckmäßigerweise so auf die Maschinen aufteilen, daß zuerst jene Maschinen „bemannt" werden, die die geringste Arbeitsintensität aufweisen, an denen also die Arbeiter am produktivsten sind. Dies sind die neuesten Maschinen. Erst wenn alle diese Maschinen mit Arbeitskräften versehen sind, kommt der nachfolgende Baujahrgang an die Reihe, usw. Bei diskreter Zeitbetrachtung würden also nachfolgend die Maschinen der Jahrgänge t, t-1, t-2, . . . mit Arbeitern besetzt.

Bei dieser „fortlaufenden Besetzungsaktion" wird aber höchstwahrscheinlich irgendwann der Vorrat an Arbeitskräften ausgehen. Man kann dann z. B. noch die Maschinen des Baujahrs t-m bemannen, für Maschinen der Baujahrgänge $t - (m+1)$,

$t - (m+2), \ldots, t - (m+\infty)$ fehlen aber Arbeitskräfte; diese Maschinen sind stillgelegt. Man muß also zwischen der physischen und der ökonomischen Lebensdauer einer Maschine unterscheiden. Die physische Lebensdauer ist hier unendlich. Die ökonomische Lebensdauer beträgt dagegen m.

Diese Gedankengänge können mit Hilfe der *Abb. G-16* veranschaulicht werden. Die schraffierte Fläche gibt die Menge aller Maschinen wieder, die sich im Produktionsprozeß befinden. Maschinen älteren Datums als t-m wurden ausrangiert.

Besondere Bedeutung kommt hierbei der Wachstumsrate $g_N + g_\pi$ der Investitionen zu. Die Investitionen wachsen so schnell, daß einmal die aus dem natürlichen Bevölkerungswachstum resultierenden zusätzlichen Arbeitskräfte beschäftigt werden können, nämlich mit der Rate g_N, und zum anderen wachsen die Investitionen so schnell, daß die wegen der sinkenden Arbeitsintensität freigesetzten Arbeiter ebenfalls beschäftigt werden können, nämlich mit der Rate g_π.

Wachsen die Investitionen mit eben dieser Rate $g_N + g_\pi$, so befindet sich die Modellwirtschaft darüber hinaus im Gleichgewicht. Diese Eigenschaft des Modells kann man sich in der folgenden Weise verdeutlichen. Wegen der konstanten Produktivität der Maschinen muß auch das Sozialprodukt Y(t) mit der Rate $g_N + g_\pi$ wachsen. Wachsen aber die Investitionen und das Sozialprodukt mit derselben Rate, so müssen sie zueinander proportional sein, d. h. die Investitionen sind ein konstanter Bruchteil des Sozialprodukts.

Schließlich kann gezeigt werden, daß auch dieses Modell einen optimalen Gleichgewichts-Wachstumspfad besitzt, bei dem das Niveau des Konsum-Wachstumspfades ein Maximum annimmt. Auf diesem Pfad gilt die bereits bekannte Bedingung $r = g_N + g_\pi$; dieser Pfad ist also dadurch charakterisiert, daß auf ihm der Zinssatz genauso groß ist wie die Wachstumsrate des Sozialprodukts.

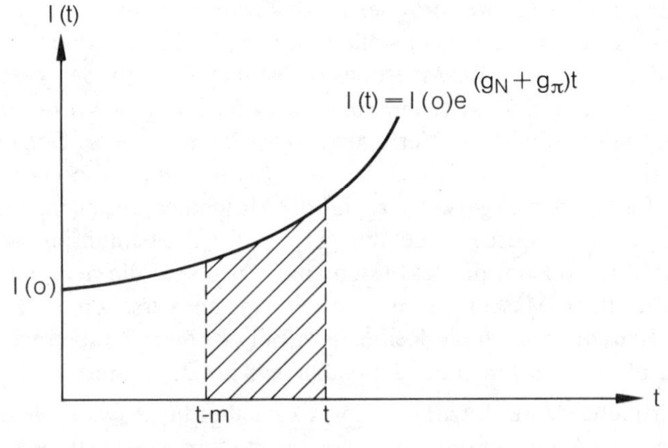

Abb. G-16: Bestimmung der ökonomischen Lebensdauer von Maschinen

3.3.6. Monetäre Wachstumsmodelle

Das in Abschnitt 3.3.1. vorgestellte neoklassische Grundmodell der Wachstumstheorie ist ein *Realmodell* in dem Sinn, daß die Entwicklung von Sozialprodukt und Kapitalstock ausschließlich von realen Einflußgrößen bestimmt wird. Die klassische Dichotomie von realem und monetärem Bereich einer Wirtschaft (Beiträge C-7.2. und D-1.) äußert sich darin, daß die Höhe der Geldmenge lediglich die absoluten Preise bestimmt. Gegenstand der monetären Wachstumstheorie ist es, diese Dichotomie aufzulösen und zu untersuchen, ob und gegebenenfalls in welcher Weise monetäre Größen den Wachstumspfad einer Wirtschaft beeinflussen können.

Die grundlegende Arbeit von JAMES TOBIN (1965,2), dargestellt bei LEVHARI/PATINKIN (1968), geht davon aus, daß Veränderungen der Geldmenge M Haushaltsdefizite des Staates aufgrund von Transferzahlungen in gleicher Höhe gegenüberstehen. Werden ferner die Wertveränderungen der nominalen Geldmenge infolge von erwarteten Preisänderungen in Höhe von $g_{P^*} = (dP^*/dt)/P^*$ berücksichtigt, lautet das nominale verfügbare Volkseinkommen

$$Y_v = Y + \dot{M} - g_{P^*}M$$

bzw. als reale Pro-Kopf-Größe

$$y_v = y + (g_M - g_{P^*})m$$

mit $g_M = \dot{M}/M$, $m = M/pN$ und y als produziertem Pro-Kopf-Einkommen. Die reale Pro-Kopf-Geldnachfrage der Haushalte sei abhängig von der Kapitalintensität n aufgrund des Transaktionsmotivs und von der erwarteten Inflationsrate, d. h. $L = L(n, g_{P^*})$ mit $L_n > 0$ und $L_{g_{P^*}} < 0$. Es herrscht beständig Gleichgewicht auf dem Geldmarkt, d. h. $L(n, g_{P^*}) = M/pN$.

Sparen die Haushalte einen konstanten Teil $0 \leq s \leq 1$ des realen verfügbaren Einkommens, ist der reale Pro-Kopf-Konsum gegeben durch

$$c = (1-s)y_v = (1-s)\,(y(n) + (g_M - g_{P^*})m),$$

wobei offensichtlich $\partial c/\partial m > 0$ falls $g_M > g_{P^*}$. Diese Abhängigkeit des realen Pro-Kopf-Konsums von der realen Geldmenge wird als Realkasseneffekt bezeichnet.

Die Aufteilung der Pro-Kopf-Ersparnisse sy_v ergibt sich als Folge von Portfolioentscheidungen. Die Haushalte können ihre Ersparnisse in Realkapital und in monetäre Vermögenstitel anlegen. Der für die Veränderung des Kapitalstocks zur Verfügung stehende Teil des realen Sozialprodukts ist damit nicht mehr der Betrag sy(n) wie im neoklassischen Grundmodell, sondern

$$\frac{\dot{K}}{N} = sy(n) - (1-s)\,(g_M - g_{P^*})m,$$

so daß für die Entwicklung des Pro-Kopf-Kapitalstocks gilt

$$\dot{n} = sy(n) - (1-s)\,(g_M - g_{P^*})m - g_N n.$$

Wegen $\dot{n} = 0$ im stetigen Gleichgewichtswachstum gilt somit

$$g_N n = sy(n) - (1-s)\,(g_M - g_{P^*})\,m$$

als Gleichgewichtsbedingung. Da auf dem gleichgewichtigen Wachstumspfad $g_{P^*} = g_P = g_M - g_N$ ist, d. h. die erwartete Inflationsrate gleicht der tatsächlichen, und sie entspricht der Zuwachsrate der realen Pro-Kopf-Geldmenge, erhält man

$$g_N n = sy(n) - (1 - s)\, g_N m = sy(n) - (1 - s)\, g_N L(n, g_M - g_N)$$

unter Berücksichtigung des Gleichgewichts auf dem Geldmarkt.

Damit ist im TOBIN-Modell die Kapitalintensität im stetigen Wachstum kleiner als im neoklassischen Grundmodell. Dieses Ergebnis ist damit zu erklären, daß ein Teil des Vermögenszuwachses als Realkasse von den Haushalten gehalten wird und somit nicht zu Akkumulationszwecken zur Verfügung steht. Wegen $\partial L/\partial g_{p^*} < 0$ und somit $\partial L/\partial g_M < 0$, führt eine Erhöhung der Wachstumsrate der Geldmenge jedoch zu einer Erhöhung der gleichgewichtigen Kapitalintensität.

3.3.7. Neue Wachstumstheorie

Unterstellt man, daß technisches Wissen ein öffentliches Gut (Beitrag A-3.2.2.) ist, so folgt aus der neoklassischen Wachstumstheorie, daß die Wachstumsraten des Sozialprodukts pro Kopf aller Länder gegen einen gemeinsamen Wert konvergieren müssen, und zwar unabhängig von der Höhe der Sparquote. Diese Konsequenz steht im Widerspruch zu den Fakten.

Die vorliegenden Untersuchungen zum tatsächlichen langfristigen Wachstum vieler Länder (LUCAS, 1988; BAUMOL/WOLFF, 1988) lassen sich wie folgt zusammenfassen (Beitrag T-2.3):

(1) Für die Industrieländer ist tatsächlich eine Konvergenz der Wachstumsraten festzustellen, sie bilden einen „Konvergenzclub“.

(2) Die meisten Entwicklungsländer weisen eine deutlich niedrigere Wachstumsrate auf als die Industrieländer, manche haben sogar negative Wachstumsraten.

(3) Einige Schwellenländer weisen deutlich höhere Wachstumsraten auf als die Industrieländer.

Diese Beobachtungen gaben Anlaß zur Entwicklung der »neuen« Wachstumstheorie. Sie geht davon aus, daß es »dynamische Skalenerträge« gibt; diese lassen sich vereinfachend mit Hilfe einer neoklassischen Produktionsfunktion illustrieren. Unterstellt man, daß das Niveau des technischen Wissens π vom vorhandenen Kapitalstock abhängt, dann lautet die Produktionsfunktion

$$Y = F(f(K, N), \pi(K)), \text{ mit } \pi' > 0.$$

Ist die Funktion $f(\cdot)$ linear-homogen, dann weist $F(\cdot)$ in bezug auf K und N steigende Skalenerträge auf.

Die ökonomischen Begründungen für die Existenz derartiger Skalenerträge sind in der neuen Wachstumstheorie unterschiedlich (BACKUS/KEHOE/KEHOE, 1992):

- Learning by doing. Steigende Skalenerträge kommen hier dadurch zustande, daß eine größere Produktionsmenge oder auch ein größerer Kapitalstock über positive externe Effekte die Arbeitsproduktivität steigert (LUCAS, 1988).
- Humankapital. Die individuelle Akkumulation von Humankapital hat einen positiven Effekt auf das Humankapital aller übrigen Individuen. Auf diese Weise wird die Wachstums*rate* abhängig vom *Niveau* der Akkumulation (LUCAS, 1988; STOKEY, 1991).

- Forschung und Entwicklung (F&E). Modelltechnisch kann der Output eines F&E-Sektors als Zunahme von Humankapital interpretiert werden (ROMER, 1990). Daher sind die F&E-Modelle weitgehend äquivalent zu den Modellen mit Humankapital.
- Produktdifferenzierung. Schließlich können steigende Skalenerträge durch Produktdifferenzierung hervorgerufen werden (ROMER 1987, 1990). Das Endprodukt wird hergestellt u. a. mit einem Kontinuum von Zwischenprodukten. Eine wachsende Anzahl von Zwischenprodukten führt dann über bessere Möglichkeiten der Arbeitsteilung zu einer erhöhten Arbeitsproduktivität und damit zu steigenden Skalenerträgen. Diese sind somit das Ergebnis der love of variety for inputs (HAMMOND/RODRIGUEZ-CLARE, 1993).

Diese Ansätze der „neuen" Wachstumstheorie können als Ergänzungen zur „bisherigen" – neoklassischen – Wachstumstheorie betrachtet werden. In letzterer wird die Wachstumsrate des technischen Fortschritts exogen vorgegeben, in den neuen Ansätzen dagegen endogen erklärt. Allerdings hängt diese Erklärung häufig von ganz speziellen Annahmen ab. So unterstellt z. B. ROBERT E. LUCAS (1988), daß die Wachstums*rate* der Arbeitsproduktivität vom *Niveau* der Ausbildungszeit abhängt. Natürlich kann mit einer solchen Annahme die Wachstumsrate einer Wirtschaft endogen erklärt werden, doch ist diese Annahme weder plausibel noch wird sie von LUCAS inhaltlich gerechtfertigt.

3.4. Lineare Modelle

Die bisher dargestellten Wachstumsmodelle waren ,,Ein-Sektor"-Modelle, d. h. es wurde ein homogenes Sozialprodukt hergestellt, das sowohl für den Konsum als auch für die Investitionen zur Verfügung stand; eine sektorale Aufteilung der Wirtschaft blieb außer Betracht. Gibt man jedoch die Annahme der Homogenität des Sozialprodukts auf, wird der strukturelle Aufbau einer Wirtschaft wichtig. Um die hierbei auftretenden Wachstumsprobleme analysieren zu können, ist es notwendig, Mehr-Sektoren-Modelle einer Wirtschaft zu entwickeln. Tatsächlich gibt es in der Literatur eine Vielzahl solcher Modelle. Sie können im wesentlichen in zwei Gruppen aufgeteilt werden: Die neoklassischen Mehr-Sektoren-Modelle und die linearen Wachstumsmodelle. Die erstgenannten Modelle basieren auf dem oben bereits dargestellten, einfachen neoklassischen Wachstumsmodell. In den zweitgenannten Modellen sind die Beziehungen zwischen Input und Output linear. Diese Modelle gehen auf JOHN VON NEUMANN (1937) zurück, und sie werden deswegen auch VON NEUMANN-Modelle genannt.

Die wesentliche Aufgabe dieser Modelle besteht darin, das Wachstumsverhalten kompliziert strukturierter Wirtschaften aufzuzeigen. Dieser vergleichsweise hohe Anspruch fordert auch einen hohen Preis: Der Abstraktionsgrad der linearen Modelle ist höher als der der bisherigen Modelle. Deswegen sind einige einleitende Bemerkungen am Platz.

Man betrachte eine Wirtschaft, in der $n \geqq 2$ Güter hergestellt werden, wobei die Produktion jedes Gutes immer genau eine Periode dauert; der Zeitverlauf ist also diskret. Diese Güter werden im Produktionsprozeß sowohl als Input verwandt wie auch als Output hergestellt. Diese Wirtschaft stellt also in gewisser Weise ein geschlossenes System dar, dessen dynamisches Verhalten zu analysieren ist. Geschlossen bezieht sich dabei auf die Unabhängigkeit dieses Systems von irgendwelchen originären Produktionsfaktoren wie Arbeit. Dieser Mangel kann aber auch durch geeignete Erweiterungen und Interpretationen dieses Modells geheilt werden. Beispielsweise kann eines der Güter als Arbeit angesehen werden, so daß die Arbeit in jeder Periode mit Hilfe anderer Güter „produziert" wird.

Die Produktion ist technologisch festgelegt, und die Technologie ändert sich im Zeitverlauf nicht. Diese Annahme ist einerseits nicht sehr realitätsnah – wenn man von kurzfristigen Betrachtungen absieht –, andererseits vereinfacht sie die Analyse erheblich. Immerhin besteht auch hier die Möglichkeit, diese Annahme fallenzulassen, jedoch würden dadurch die Untersuchungen dieses Modells erschwert werden.

Es kann nun gefragt werden, welche ökonomischen Eigenschaften, insbesondere welche Wachstumseigenschaften, ein solches technologisch bestimmtes, in sich geschlossenes System aufweist. Ökonomisch besonders interessant ist dabei die Frage, ob ein solches System ein gleichgewichtiges Wachstum aufweist, und ob es ein gleichgewichtiges Wachstum mit einer maximalen Rate geben kann. Wie bereits in früheren Modellen wird auch hier wieder unter gleichgewichtigem Wachstum jenes verstanden, bei dem die Proportionen der Wirtschaft unverändert bleiben. Ein solches Modell soll jetzt im Detail entwickelt werden, wobei auf weitere wichtige ökonomische Einzelheiten eingegangen wird.

3.4.1. von Neumann-Modell

Dem von Neumann-Modell liegen vier verschiedene Annahmen zugrunde:

1. Technologie. Die n Güter können in unterschiedlichen Produktionsprozessen hergestellt werden. Ein solcher Produktionsprozeß wird durch einen Inputvektor $x' = (x_1, \ldots, x_n)$ und einen Outputvektor $y' = (y_1, \ldots, y_n)$ charakterisiert. Das Vektorpaar (x, y) bezeichnet also einen bestimmten Produktionsprozeß, der eine Periode dauert; am Anfang dieses Prozesses werden die Gütermengen $x_1, \ldots, x_n$ eingesetzt und am Ende sind die Gütermengen $y_1, \ldots, y_n$ als Output verfügbar. Die Menge T aller technisch möglichen Produktionsprozesse nennt man Technologie. Diese Technologie muß die Eigenschaften der Linearität, Konvexität und Abgeschlossenheit aufweisen.

Linearität. Wenn (x, y) ein technisch möglicher Produktionsprozeß ist, so ist auch $(\lambda x, \lambda y)$, $0 \leqq \lambda$, ein solcher Prozeß. Ökonomisch bedeutet das nichts anderes, als daß die Produktion bei konstanten Skalenerträgen stattfindet. Formal lautet diese Bedingung: Falls $(x, y) \in T$, dann ist auch $(\lambda x, \lambda y) \in T$.

Konvexität. Wenn (x^1, y^1) und (x^2, y^2) technisch durchführbare Prozesse sind, so soll auch die konvexe Linearkombination dieser Prozesse technisch durchführbar sein. (Hinweise: (1) Hochgestellte Indizes bezeichnen Vektoren, niedriggestellte geben die Elemente der Vektoren an. (2) Eine Linearkombination ist konvex, wenn die Summe der Gewichte gleich Eins ist.) Zwei verschiedene Produktionsprozesse sollen also gleichzeitig durchführbar und beliebig miteinander kombinierbar sein, ohne daß sie sich gegenseitig behindern:

Falls $(x^1, y^1) \in T$ und $(x^2, y^2) \in T$, dann ist auch $(\lambda x^1 + (1 - \lambda) x^2, \lambda y^1 + (1 - \lambda) y^2) \in T$, $0 \leqq \lambda \leqq 1$.

Abgeschlossenheit. Zur Technologie T gehören die Randpunkte. Das bedeutet, daß auch die „Grenzpunkte" einer Technologie technisch durchführbar sind.

Mathematisch gesehen definieren die drei soeben erläuterten Eigenschaften einen abgeschlossenen, konvexen Kegel; deswegen bezeichnet man T auch als Kegeltechnologie.

2. Verschwendung. Die Technologie soll so beschaffen sein, daß eine ineffiziente Produktion möglich ist, daß also Faktoren verschwendet werden können. Falls (x, y) ein technisch möglicher Produktionsprozeß ist, so muß auch jener Prozeß möglich sein, bei dem größere Mengen der Produktionsfaktoren eingesetzt werden, und weniger an Output hergestellt wird. Formal lautet diese Forderung:

Es sei $0 \leq x^1 \leq x^2$ und $0 \leq y^2 \leq y^1$. Falls $(x^1, y^1) \in T$, dann ist auch $(x^2, y^2) \in T$.

Im Inputvektor x^2 wird von mindestens einem Gut mehr eingesetzt als in x^1, und im Outputvektor y^2 ist von mindestens einem Gut weniger enthalten als in y^1.

3. Kein Schlaraffenland. Diese Bedingung könnte auch lauten: „Ohne Input kein Output". Hierbei soll die ökonomisch triviale, logisch aber bedeutungsvolle Forderung zum Ausdruck kommen, daß zur Produktion von Gütern auch tatsächlich Produktionsfaktoren eingesetzt werden müssen. Formal:

Falls $(0, y) \in T$, dann ist $y = 0$.

4. Produzierbarkeit aller Güter. Jedes der n Güter soll auch tatsächlich hergestellt werden können. Diese Forderung bedarf offensichtlich keiner näheren Erläuterung. Formal:

Für alle i, $i \in \{1, \ldots, n\}$ gibt es einen Produktionsprozeß $(x^i, y^i) \in T$ mit der Eigenschaft $y_i^i > 0$.

Aus dieser letzten Forderung folgt zusammen mit der Konvexitätseigenschaft der Technologie, daß es mindestens einen Produktionsprozeß geben muß, in dem alle Güter hergestellt werden.

Es gibt $(x^0, y^0) \in T$ mit $y^0 > 0$.

Die Eigenschaften dieser Technologie lassen sich mit Hilfe des Wachstumsfaktors (s. Abschnitt 2.3.2.) interpretieren. Der Wachstumsfaktor läßt sich hier in der folgenden Weise einführen. In dem Produktionsprozeß $(x, y) \in T$ seien die Elemente von x und y positiv, also $x > 0$, $y > 0$, d. h. jedes Gut erscheine als Input und als Output. Dann läßt sich für jedes Gut i das Verhältnis $y_i/x_i = \lambda_i$ bilden. Dieses Verhältnis ist der Wachstumsfaktor des i-ten Gutes. Den kleinsten dieser Wachstumsfaktoren bezeichnet man als den Wachstumsfaktor des Produktionsprozesses (x, y):

$$\lambda(x, y) := \underset{i}{\text{Min}}\ \lambda_i = \underset{i}{\text{Min}}\ (y_i/x_i).$$

Aufgrund dieser Definition nimmt jedes Gut im Produktionsprozeß (x, y) mindestens um den Faktor $\lambda(x, y)$ zu.

Beispiel. Es sei $(x, y) = ((0{,}8,\ 1{,}2),\ (1,\ 1{,}8))$. Dieser Produktionsprozeß verwendet die Güter 1 und 2 als Input im Betrag von $x_1 = 0{,}8$ und $x_2 = 1{,}2$. Dann wächst das erste Gut um das λ_1-fache mit $\lambda_1 = 1 : 0{,}8 = 1{,}25$, und das zweite Gut wächst um das λ_2-fache mit $\lambda_2 = 1{,}8 : 1{,}2 = 1{,}5$. Beide Güter wachsen mindestens um das 1,25-fache. Demnach ist $1{,}25 = \text{Min } \lambda_i = \text{Min } (1{,}25,\ 1{,}5)$ der Wachstumsfaktor dieses Produktionsprozesses.

Betrachtet man ein Wachstum, bei dem die Proportionen aller Gütermengen konstant bleiben, als ein gleichgewichtiges Wachstum, so gibt der Wachstumsfaktor $\lambda(x, y)$ das größtmögliche gleichgewichtige Wachstum an.

Auf der Grundlage dieser Annahmen und Definitionen hat S. KARLIN (1959) das folgende Theorem aufgestellt. Wir werden auf den Beweis dieses Theorems verzichten und lediglich seinen ökonomischen Gehalt erläutern.

Theorem.
(a) Es gibt einen Produktionsprozeß $(\hat{x}, \hat{y}) \in T$ mit

$$(19) \qquad \hat{y} = \hat{\lambda}\,\hat{x},\ \hat{\lambda} = \lambda(\hat{x}, \hat{y}) \text{ und } \hat{\lambda} \geqq \lambda(x, y) \text{ für alle } (x, y) \in T, \text{ mit } x \geqslant 0.$$

(b) Es gibt einen n-dimensionalen Preisvektor $\hat{p}$ mit

$$(20) \qquad \hat{p}\,'y \leqq \hat{\lambda}\,\hat{p}\,'x,\ \hat{p} > 0 \text{ und } (x, y) \in T.$$

Dieses Theorem ist in der folgenden Weise zu verstehen.

(a) Die bisher eingeführten Annahmen bewirken, daß ein Produktionsprozeß existiert, mit dessen Hilfe ein gleichgewichtiges Wachstum möglich ist; hierbei wird dieses Wachstum noch zusätzlich dadurch gekennzeichnet, daß es mit dem größtmöglichen Wachstumsfaktor verbunden ist. Anders ausgedrückt: Es gibt außer $(\hat{x}, \hat{y})$ keinen anderen Produktionsprozeß, mit dessen Hilfe ein schnelleres, gleichgewichtiges Wachstum realisiert werden könnte.

Der maximale Wachstumsfaktor $\hat{\lambda}$ heißt VON NEUMANN-Wachstumsfaktor; $\hat{\lambda} - 1$ gibt die maximale Wachstumsrate an und heißt VON-NEUMANN-Wachstumsrate. Der Produktionsprozeß $(\hat{x}, \hat{y})$ wird VON NEUMANN-Prozeß genannt.

(b) Der Ausdruck $\hat{p}\,'y$ auf der linken Seite in (20) gibt den Erlös an, den man erzielt, wenn die n Güter des Vektors y zu den n Preisen des Vektors $\hat{p}$ verkauft werden. Das skalare Produkt $\hat{p}\,'x$ auf der rechten Seite in (20) gibt analog zu $\hat{p}\,'y$ die Ausgaben oder Kosten an, die zu Beginn des Produktionsprozesses anfallen. Bedenkt man, daß die betrachtete Wirtschaft zu einem gleichgewichtigen Wachstum mit der Rate $\hat{\lambda} - 1$ fähig ist, so kann man $(\hat{\lambda} - 1) \cdot \hat{p}\,'x$ als die Zinskosten betrachten, die der eine Periode dauernde Produktionsprozeß verursacht. Die Gesamtkosten bestehen dann aus der Summe von Zinskosten und Ausgaben: Gesamtkosten $= \hat{p}\,'x + (\hat{\lambda} - 1) \cdot \hat{p}\,'x = \hat{\lambda}\,\hat{p}\,'x$.

Demzufolge beinhaltet (20), daß der Erlös eines Produktionsprozesses höchstens so groß sein darf wie die gesamten Kosten, oder anders ausgedrückt: Kein Prozeß darf einen positiven Gewinn erwirtschaften. Nur für $(\hat{x}, \hat{y})$ gilt in (20) das Gleichheitszeichen, d. h. lediglich der VON NEUMANN-Prozeß verursacht keinen Verlust, aber auch keinen Gewinn. Dieser Teil des Theorems ist damit mit der Marktform der vollkommenen Konkurrenz vereinbar, die ebenfalls keinen positiven Gewinn zuläßt.

Die wesentlichen Ergebnisse dieses Modells können in der folgenden Weise zusammengefaßt werden. In einem von Neumann-Modell gibt es (mindestens) einen Produktionsprozeß, mit dessen Hilfe die Modellwirtschaft ein maximales Gleichgewichtswachstum erzielen kann, nämlich den von Neumann-Prozeß. Diesem Produktionsprozeß ist ein Preisvektor zugeordnet, der zu dem Gewinn Null führt.

3.4.2. Turnpike-Theorem

Wichtig für die weiteren Überlegungen ist die Existenz des von Neumann-Prozesses, denn er gibt die Grundlage für das sog. Turnpike-Theorem ab (Dorfman/Samuelson/Solow, 1958); das Wort „turnpike" bezeichnet in den USA autobahnähnliche Straßen. Den grundlegenden Inhalt dieses Theorems kann man sich mit dem folgenden Beispiel klarmachen.

Man möchte von einem Ort A zu einem Ort B fahren, und der kürzeste Weg zwischen diesen beiden Orten sei eine Landstraße. In einiger Entfernung verläuft parallel zu dieser Landstraße eine Autobahn. Möchte man möglichst schnell von A nach B gelangen, so ist es vorteilhaft, statt der Landstraße die Autobahn zu benutzen. Auch wenn dieser Weg länger ist, so erreicht man sein Ziel in kürzerer Zeit.

Dieser Gedankengang kann in der folgenden Weise auf das von Neumann-Modell übertragen werden. Zu einem bestimmten Zeitpunkt t_0 steht eine bestimmte Menge der n Güter zur Verfügung, d. h. der Inputvektor x^0 ist gegeben; damit liegt auch die Struktur der Wirtschaft fest. Es wird jetzt gefordert, daß zu einem zukünftigen Zeitpunkt $t_0 + \Theta$ die Wirtschaft eine andere Struktur aufweisen soll, beispielsweise eine, die durch den Vektor x^1, mit $\sum_{i=1}^{n} x_i^1 = 1$ und $x^1 \neq x^0$, wiedergegeben werden kann. Wie muß die Wirtschaft im Zeitverlauf wachsen, damit sie zum Zeitpunkt $t_0 + \Theta$ die geforderte Struktur aufweist und damit die Gütermengen ein Maximum erreichen? Diese Forderungen können auch so ausgedrückt werden: Zum Zeitpunkt $t_0 + \Theta$ soll in der Modellwirtschaft das λ-fache an Gütern des Vektors x^1 verfügbar sein, wobei λ ein Maximum annehmen soll.

Dieses soeben geschilderte Problem kann im zweidimensionalen Fall, also für zwei Güter, gut veranschaulicht werden *(Abb. G-17)*.

Zum Zeitpunkt t_0 sind in dieser Wirtschaft die beiden Gütermengen x^0_{1,t_0} und x^0_{2,t_0} verfügbar, also $x^0 = (x^0_{1,t_0}, x^0_{2,t_0})$. Nach einer Periode von der Länge Θ, also zum Zeitpunkt $t_0 + \Theta$, soll die Wirtschaft jene Struktur aufweisen, die durch den mit x^1 gekennzeichneten Strahl festgelegt wird, nämlich $x_2^1/x_1^1 = \text{tg}\,\alpha$; in anderen Worten: sie soll möglichst weit vom Ursprung entfernt auf dem durch x^1 gekennzeichneten Strahl zu liegen kommen. „Möglichst weit vom Ursprung entfernt" bedeutet dabei, daß von den beiden Gütern x_1 und x_2 die maximalen Mengen anzustreben sind.

Die Lösung dieses Problems sieht so aus, daß zunächst die Wirtschaft den von Neumann-Pfad ansteuert, dann während des größten Teils der Periode Θ in der Nähe dieses Pfades wächst und erst gegen Ende der Periode Θ den Strahl x^1 ansteuert und ihn genau zum Zeitpunkt $t_0 + \Theta$ erreicht. Ein solcher optimaler Wachstumspfad ist in

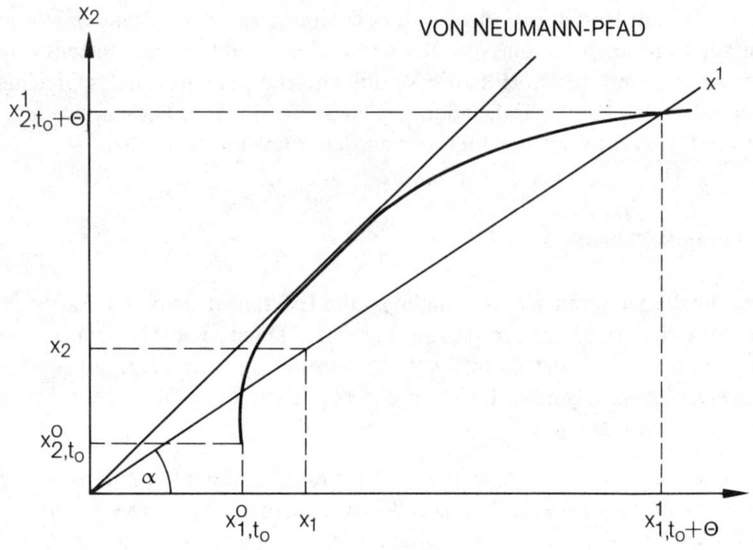

Abb. G-17: Darstellung des Turnpike-Theorems für den Zwei-Güter-Fall

der obigen Figur dick eingezeichnet. Der VON NEUMANN-Pfad bzw. seine Umgebung dient der Wirtschaft in gewisser Weise als Autobahn. Diese „Autobahneigenschaft" des VON NEUMANN-Pfads liegt darin begründet, daß auf diesem Pfad die Wachstumsrate der Wirtschaft ihr Maximum annimmt. Das Vorgehen einer optimalen Wirtschaftspolitik in der geschilderten Problemsituation kann deswegen auch in der folgenden Weise beschrieben werden. Vom Anfangspunkt ausgehend wird zunächst die Wirtschaftsstruktur so geändert, daß die Wirtschaft jene Struktur annimmt, bei der ihre Wachstumsrate ein Maximum erreicht. Diese maximale Wachstumsrate hält die Wirtschaft während des überwiegenden Teils der Periode Θ bei und erreicht auf diese Weise, daß von allen Gütern möglichst viel akkumuliert wird. Erst gegen Ende der Periode Θ wird dann die gewünschte Struktur angesteuert.

Dieses Turnpike-Theorem bietet einige bedeutsame wirtschaftspolitische Schlußfolgerungen. Solange nämlich die Wirtschaft sich auf dem VON NEUMANN-Pfad befindet, kann die gewünschte zukünftige Endstruktur geändert werden, ohne daß dadurch die Optimalität des Wachstumspfades beeinträchtigt würde. Dieser Effekt wird dadurch bewirkt, daß alle optimalen Wachstumspfade, unabhängig von der jeweiligen Anfangs- und Endstruktur der Wirtschaft, entlang dem VON NEUMANN-Pfad verlaufen müssen. Solange die Wirtschaft auf dem VON NEUMANN-Pfad mit der maximal möglichen Rate wächst, verschenkt man keine Wachstumschancen für die Wirtschaft und hat Zeit, in Übereinstimmung mit den ökonomischen und gesellschaftlichen Zielvorstellungen die Endstruktur der Wirtschaft festzulegen – Endstruktur im Sinne der Beendigung der Periode Θ, also für den Zeitpunkt $t_0 + \Theta$. Erst wenn man den VON NEUMANN-Pfad verläßt, muß man sich über die endgültige Wirtschaftsstruktur im klaren sein.

3.5. Grenzen des Wachstums

Ein gemeinsames, äußerst wesentliches Merkmal aller bisher dargestellten Modelle ist die unterstellte oder abgeleitete konstante Wachstumsrate der Wirtschaft. Auch die meisten empirischen Untersuchungen bestätigen die Konstanz dieser Rate. Wenn aber die Wachstumsrate konstant ist, muß die Wirtschaft ein exponentielles Wachstum aufweisen. Ein solches Wachstum weist folgende typische Eigenschaften auf: Es verläuft anfangs sehr langsam und ist kaum merklich, beschleunigt sich und führt dann in kurzer Zeit zu einem explosionsartigen Wachstum der betreffenden Größe. Ein berühmtes Beispiel für ein derartiges Wachstum stellt die Verdoppelung der Anzahl der Weizenkörner auf jedem Feld eines Schachbretts dar.

An diesen Eigenschaften des exponentiellen Wachstums knüpft die Diskussion über die ,,Grenzen des Wachstums" an. Ausgelöst hatte sie Dennis H. Meadows (1972) mit seinem Bericht für den Club of Rome. Seine beiden zentralen Thesen, die er auch in seinem neuesten Werk (Meadows, 1992) untermauert, sind:

(1) Wird das exponentielle Wirtschafts- und Bevölkerungswachstum der letzten hundert Jahre bei gleichbleibender sozio-ökonomischer Struktur auf der Erde fortgesetzt, so wird um das Jahr 2050 die Weltwirtschaft wegen fehlender Ressourcen kollabieren. Dabei ist anzumerken, daß nach Meadows im Jahre 1970 noch 95 v. H. der natürlichen Ressourcen des Jahres 1900 verfügbar sind – eine Angabe, die die Dynamik des exponentiellen Wachstums unterstreicht.

(2) Ein langfristig stabiles sozio-ökonomisches System kann auf der Erde nur erreicht werden, wenn bereits um das Jahr 1975 einschneidende Maßnahmen ergriffen werden, zu denen u. a. gehören: (a) Stabilisierung der Weltbevölkerung, (b) Reduzierung des relativen Rohstoffverbrauchs für die industrielle Produktion auf ein Viertel des 1970-Wertes und (c) Verminderung der Umweltverschmutzung pro Produkteinheit des Industrie- und Agrarsektors auf ein Viertel des 1970-Wertes.

Diese Ergebnisse und Schlußfolgerungen hatten sicherlich das große Verdienst, die Problematik eines langfristig exponentiellen Wachstums ins öffentliche Bewußtsein zu rücken. Andererseits sind und waren sie umstritten. Meadows' Studie führt nämlich im wesentlichen zu einem exponentiellen Wachstum wichtiger ökonomischer Größen, das bei beschränkten Ressourcen, von denen immer ein bestimmter Teil pro Produkteinheit verbraucht werden muß, notwendigerweise an die Grenzen des Wachstums heranführt. Dazu hätte es noch nicht einmal exponentiellen Wachstums bedurft; auch bei z. B. linearem Wachstum erreicht man diese Grenzen, nur eben später. Ein prominenter Vorläufer Meadows' ist in diesem Zusammenhang Robert Malthus. Dieser hatte aus seinen Beobachtungen gefolgert, daß die Bevölkerung exponentiell wächst, da immer ein bestimmter Prozentsatz der Frauen im gebärfähigen Alter ist, und diese dann auch eine über die Generationen hinweg konstante Durchschnittszahl von Kindern bekommen. Außerdem war er der Ansicht, daß die landwirtschaftliche Produktion wegen des Ertragsgesetzes bestenfalls linear wachsen konnte. Hieraus folgerte er, daß ein langfristiges Bevölkerungs- und Wirtschaftswachstum nicht möglich sein würde: Die exponentiell wachsende Bevölkerung erreicht notwendigerweise in kurzer Zeit mit ihrer Nachfrage nach Agrarprodukten die Grenze der linear wachsenden Agrarproduktion. Malthus' Prognosen erwiesen sich als falsch, weil er das sich ändernde Regenerationsverhalten der Menschen sowie den technischen Fortschritt im Agrarsektor nicht vorausgesehen hatte.

Einen ähnlichen Mangel weist MEADOWS' Studie auf. Ökonomische Substitutionsvorgänge, die durch Änderungen der relativen Preise ausgelöst werden, sowie technische Neuentwicklungen, die den Verbrauch nicht-regenerierbarer Ressourcen und die Umweltbelastung verringern können, werden außer acht gelassen. Derartige Möglichkeiten haben sich bereits in der Vergangenheit als außerordentlich wichtig erwiesen, wie das Beispiel von MALTHUS' Prognosen zeigt, und es muß auch zukünftig damit gerechnet werden, daß die wirtschaftliche Entwicklung durch Substitutionsvorgänge und technischen Fortschritt maßgeblich bestimmt wird.

An diese Überlegungen knüpft die jüngste Diskussion über die Möglichkeiten des Wachstums bei erschöpfbaren Ressourcen an (REVIEW OF ECONOMIC STUDIES SYMPOSIUM, 1974; DASGUPTA/HEAL, 1979; SIEBERT, 1980). Dabei muß zunächst zwischen (für die Produktion) notwendigen und wesentlichen Ressourcen unterschieden werden (DASGUPTA/HEAL, 1979). Eine Ressource wird für die Produktion notwendig genannt, wenn ohne ihren Einsatz im Produktionsprozeß kein Endprodukt hergestellt werden kann; andernfalls ist sie für die Produktion nicht notwendig. Eine Ressource heißt wesentlich, wenn es ohne ihren Einsatz nicht möglich ist, einen bestimmten Mindestkonsum pro Kopf langfristig aufrecht zu erhalten. Kann dieser Mindestkonsum auch ohne die betreffende Ressource hergestellt werden, so wird die Ressource unwesentlich genannt. Wie noch darzustellen sein wird, ist es nicht zwingend notwendig, daß eine für die Produktion notwendige Ressource auch wesentlich ist.

Die von einer wesentlichen und erschöpfbaren Ressource ausgehende Beschränkung für das langfristige Wirtschaftswachstum kann entweder durch Substitutionsvorgänge oder durch technischen Fortschritt abgeschwächt oder eventuell aufgehoben werden. Sollte allerdings beides nicht möglich sein bzw. nicht eintreten, so muß die Wirtschaft notwendigerweise in dem Sinne zusammenbrechen, daß der vorgenannte Mindestkonsum pro Kopf langfristig nicht aufrechterhalten werden kann. Diese Anschauung ist extrem pessimistisch und grenzt das Spektrum des Möglichen nach unten hin ab. Wahrscheinlicher dürfte es demgegenüber sein, daß Ressourcen mindestens teilweise durch Kapital zu substituieren sind, und daß „ressourcensparender technischer Fortschritt" auftritt; zumindest konnte beides in der Vergangenheit beobachtet werden. Es soll daher zunächst die Möglichkeit langfristigen Wirtschaftswachstums unter Berücksichtigung der Ressourcensubstitution erörtert werden.

Die Produktion des Nettosozialprodukts erfolge auf der Grundlage einer neoklassischen Produktionsfunktion, die als CES-Produktionsfunktion (Beitrag K-3.1.1.) spezifiziert werden kann:

$$Y = [\alpha_1 K^{(\sigma-1)/\sigma} + \alpha_2 R^{(\sigma-1)/\sigma} + \alpha_3 N^{(\sigma-1)/\sigma}]^{\sigma/(\sigma-1)},$$

mit Y – Sozialprodukt, K – Kapitalstock, R – Ressource, N – Arbeit, σ – Substitutionselastizität, α_1, α_2, α_3 – Parameter. Da für die vorliegende Problemstellung die Entwicklung der Arbeit unwichtig ist, kann N = 1 normiert werden, so daß sich die Produktionsfunktion zu

$$Y = [\alpha_1 K^{(\sigma-1)/\sigma} + \alpha_2 R^{(\sigma-1)/\sigma} + \alpha_3]^{\sigma/(\sigma-1)} = F(K,R)$$

vereinfacht. An Hand dieser Produktionsfunktion können jetzt leicht die Auswirkungen der Substitutionsmöglichkeiten zwischen Kapital und Ressource auf das Wirtschaftswachstum untersucht werden (DASGUPTA/HEAL, 1979, chpt. 7).

1. Fall: $\sigma > 1$. Ist die Substitutionselastizität σ größer als Eins, so ist offenkundig die Produktion des Sozialprodukts möglich, selbst wenn keine Ressource eingesetzt wird. Die Ressource ist noch nicht einmal für die Produktion notwendig, und sie ist unwesentlich. Wachstum ist langfristig auch bei völliger Erschöpfung der vorhandenen Ressourcenvorräte möglich.

2. Fall: $\sigma < 1$. Wie sich leicht zeigen läßt, strebt in diesem Fall das Durchschnittsprodukt pro Ressourceneinheit gegen einen endlichen Wert:

$$\lim_{R \to 0} F(K,R)/R = \alpha_2^{\sigma/(\sigma-1)}, \quad 0 < \sigma < 1.$$

Da die Ressourcenvorräte endlich sind, kann also nur insgesamt ein endliches Produkt hergestellt werden, so daß im Zeitverlauf bei Erschöpfung der Ressource die Produktion eingestellt werden muß. Mangelnde Substitutionsmöglichkeit führt also zu einem Zusammenbruch der Wirtschaft.

3. Fall: $\sigma = 1$. In diesem Fall handelt es sich um eine Produktion auf der Grundlage einer COBB-DOUGLAS-Produktionsfunktion (Beitrag K-3.1.1.):

$$Y = K^{\alpha_1} R^{\alpha_2}, \alpha_1 + \alpha_2 < 1.$$

Obwohl hier die Ressource für die Produktion notwendig ist, konnten PARTHA DASGUPTA und GEOFFREY HEAL (1979, S. 200 ff.) zeigen, daß sie für $\alpha_1 > \alpha_2$ unwesentlich ist. In diesem Fall ist der Produktionsfaktor Kapital im Produktionsprozeß „wichtiger" als die Ressource, da die Produktionselastizität des Kapitals größer ist als die der Ressource. Durch hinreichend schnelle Kapitalakkumulation kann die schwindende Ressource substituiert werden.

Ist allerdings $\alpha_2 \geqq \alpha_1$, besteht die soeben geschilderte Möglichkeit der Substitution nicht mehr. Der Zusammenbruch der Wirtschaft ist unvermeidlich. Für $\alpha_1 > \alpha_2$ ist die Ressource also unwesentlich, für $\alpha_2 \geqq \alpha_1$ ist sie wesentlich.

Allererste empirische Untersuchungen (NORDHAUS/TOBIN, 1972 S. 62) deuten darauf hin, daß $\alpha_1 \approx 0{,}20$ und $\alpha_2 \approx 0{,}05$ sind, daß also $\alpha_1 > \alpha_2$ ist. Wäre also eine COBB-DOUGLAS-Produktionsfunktion eine zutreffende Beschreibung der Realität, so könnte bereits ohne technischen Fortschritt durch bloße Kapitalakkumulation das Wirtschaftswachstum langfristig aufrecht erhalten werden.

In den bisherigen Überlegungen wurde davon abgesehen, daß ein „ressourcensparender" technischer Fortschritt auftreten kann. Ein solcher technischer Fortschritt ist analog jenen technischen Fortschrittsarten zu definieren, die im Anschluß an Gleichung (17) eingeführt wurden. Läßt sich nämlich die Produktionsfunktion:

$$Y = F(K(t), N(t), R(t), t)$$

in der Form

$$Y = F(K(t), N(t), e^{g_{\pi,R} t} R(t))$$

schreiben, dann wirkt der technische Fortschritt so, als ob die Ressource mit der Rate $g_{\pi,R}$ exponentiell zunähme. In diesem Fall existieren Abbauprogramme für die Ressource, die verhindern, daß der Faktoreinsatz $e^{g_{\pi,R} t} R(t)$ verschwindet, selbst wenn $R(t)$ asymptotisch nicht mehr eingesetzt wird (DASGUPTA/HEAL, 1979). Man braucht nur beispielsweise den tatsächlichen Ressourceneinsatz R(t) mit einer konstanten Rate abnehmen zu lassen, die kleiner oder höchstens gleich der technischen Fortschrittsrate $g_{\pi, R}$ ist, und der Faktoreinsatz $e^{g_{\pi, R} t}$ R(t) ist stets positiv. In diesem Fall verhindert also der technische Fortschritt, daß die erschöpfbare Ressource die langfristigen Wachstumsmöglichkeiten einer Wirtschaft beschränkt.

Kommentierte Literaturhinweise

Lehrbücher zur Konjunkturtheorie

Das klassische Werk zur Konjunkturtheorie stammt von GOTTFRIED HABERLER (1937).

Die Möglichkeit einer Anwendung wachstums- und konjunkturtheoretischer Erkenntnisse in der Wirtschaftspolitik erläutert JÜRGEN KROMPHARDT (1972).

Einen umfassenden Überblick über die Entwicklung und den aktuellen Stand der Konjunkturforschung mit besonderer Berücksichtigung der empirischen Konjunkturforschung findet man bei GÜNTHER J. TICHY (1976).

Eine zusammenfassende Darstellung verschiedener Konjunkturmodelle enthalten WALTER ASSENMACHER (1984) und JÜRGEN HEUBES (1986). Neuere Ansätze der Konjunkturtheorie werden in GÜNTER GABISCH und HANS-WALTER LORENZ (1987) sowie in HANS JÜRGEN RAMSER (1987, 1) diskutiert.

Für eine eingehende Beschäftigung mit den verschiedenen Teilbereichen und Problemen der Konjunkturforschung wird der von WILHELM WEBER (1967) herausgegebene Sammelband empfohlen. Neben einer Reihe von neueren Beiträgen enthält er ältere, klassische Originalaufsätze, durch die die Entwicklung der Konjunkturforschung entscheidend beeinflußt wurde.

Lehrbücher zur Wachstumstheorie

Empfehlenswerte, einführende Lehrbücher zur Wachstumstheorie sind: BERNHARD GAHLEN (1973): KARL-WILHELM MÜLLER und WOLFGANG STRÖBELE (1985); KLAUS ROSE (1971); GERHARD SCHMITT-RINK (1975); WINFRIED VOGT (1968).

Eine umfassende Erläuterung der wichtigsten Ansätze der Wachstumstheorie in ausführlicher mathematischer Darstellungsweise bieten EDWIN BURMEISTER und A. RODNEY DOBELL (1970) und WILHELM KRELLE (1985).

Zum intensiveren Studium der wesentlichen Entwicklungstendenzen der modernen Wachstumstheorie sei besonders der von HEINZ KÖNIG (1968) herausgegebene Sammelband empfohlen, der wichtige Originalarbeiten über einzelne Problembereiche der Wachstumstheorie enthält.

Eine ausführliche Erläuterung der in den wachstumstheoretischen Modellen verwendeten Analysemethoden geben WILHELM KRELLE und GÜNTER GABISCH (1972) in ihrer Darstellung der grundlegenden Modelle der Wachstumstheorie.

Die Möglichkeiten und Grenzen des Erkenntniswertes der Wachstumstheorien erläutert ROBERT M. SOLOW (1971) in seinem knappen Überblick über neoklassische Ansätze der Wachstumstheorie.

Kein Lehrbuch, dafür aber einen hervorragenden Übersichtsartikel stellt der Beitrag von FRANK H. HAHN und R. C. O. MATTHEWS (1964) dar.

H. Verteilung

Jürgen Siebke

Gliederung

1. Gegenstand und Bedeutung von Verteilungsfragen

In wirtschaftspolitischen Diskussionen und im alltäglichen wirtschaftlichen Denken werden mit dem Stichwort „Verteilung" sofort und stets Fragen der Einkommensverteilung verbunden. In jüngerer Zeit zählt zunehmend die Vermögenskonzentration zur verteilungspolitischen Problematik. Das anhaltende Interesse an der Einkommensverteilung liegt darin begründet, daß mit dem langfristigen wirtschaftlichen Wachstum das Einkommen zur entscheidenden Grundlage der individuellen Wohlfahrt wurde. Anders als noch im vorigen Jahrhundert hat das Vermögen seine vorherrschende Bedeutung für die Sicherung des Wohlstandes des Einzelnen und als Grundlage der Ausübung von wirtschaftlicher und gesellschaftspolitischer Macht weitgehend verloren (ENGELS/SABLOTNY/ZWICKLER, 1974).

Der Wohlstand eines Menschen besteht jedoch nicht nur in seinem Einkommen. Er hängt auch ab von der Sicherheit des Einkommensbezuges und von den Möglichkeiten der Inanspruchnahme von öffentlichen Gütern und Leistungen. Es ließe sich fragen nach der Verteilung des Zugangs zu den Einrichtungen der sozialen Sicherung, nach der Verteilung der staatlichen Bildungsaufwendungen, nach der Zurechnung von Theatersubventionen. Solche Fragen werden hier nicht aufgenommen, sondern nur die Verteilungen der Einkommen und Vermögen betrachtet.

1.1. Formen der Einkommens- und Vermögensverteilung

Einkommensverteilung

Das Ergebnis des Wirtschaftsprozesses fällt letztlich immer Personen zu. Insofern ist die Verteilung der Einkommen und Güter immer personell bezogen. Doch kann die Aufteilung des Gesamteinkommens einer Volkswirtschaft unter zwei Gesichtspunkten betrachtet werden: als die Verteilung der erwirtschafteten Erträge auf die an ihrer Erstellung beteiligten Produktionsfaktoren und als die Verteilung der Erträge nach ihrer Höhe auf die Einkommensempfänger. Beide Formen trennt man seit JOHN BATES CLARK (1899) begrifflich in die funktionelle und in die personelle Einkommensverteilung:

- Die funktionelle Einkommensverteilung erfaßt die Entlohnung, die die Produktionsfaktoren für ihre Mitwirkung an der Wertschöpfung erhalten. Als Verteilungsgrößen lassen sich die Faktorpreise (Lohnsatz, Zinssatz) und die Faktoreinkommen (Lohnsumme, Gewinnsumme), definiert als Produkt aus Faktorpreis und eingesetzter Faktormenge, unterscheiden. In der mikroökonomischen Sicht wird der Wertschöpfungsprozeß einer Unternehmung analysiert. In der makroökonomischen Betrachtungsweise interessiert die Entlohnung der gesamtwirtschaftlichen Faktorgruppen (Arbeit, Kapital) und damit die Aufteilung des Sozialprodukts. Im Vordergrund der Verteilungstheorie steht die gesamtwirtschaftliche Analyse und hier wiederum die Erklärung des Anteils der einzelnen Faktoreinkommen an dem Gesamteinkommen (Lohnquote, Gewinnquote). Die Erklärung dieser gesamtwirtschaftlichen Einkommensanteile wird gelegentlich unter dem eigenständigen Begriff der Theorie der Verteilungsquoten aus der Kategorie der funktionellen Verteilung ausgegliedert (Pen, 1971).

- Die personelle Einkommensverteilung (size income distribution) setzt die Höhe der einzelnen Einkommen in Beziehung zu der Zahl der Wirtschaftseinheiten, denen dieses Einkommen zugeflossen ist. Sie gibt an, auf welchen Anteil der Personen welcher Anteil des Einkommens entfällt. Das Einkommen muß sich nicht auf eine bestimmte funktionale Herkunft beschränken. Es kann auf die Gesamteinkünfte einer Wirtschaftseinheit unabhängig davon ausgerichtet sein, aus welchen Quellen das Einkommen bezogen wurde.

Mit der seit Clark traditionell gewordenen Haupteinteilung ist eine Systematisierung möglicher Einkommensverteilungen nicht notwendigerweise abgeschlossen. Sowohl nach Einkommensarten als auch nach Kategorien von Einkommensbeziehern lassen sich ergänzende Klassifikationen aufstellen:

- Sozio-ökonomische Verteilung: Arbeiter, Angestellte, Beamte; Unternehmer, freie Berufe; Rentner, Arbeitslose, Studierende.
- Sektorale Verteilung auf die in der Volkswirtschaftlichen Gesamtrechnung angeführten Wirtschaftsbereiche: Industrie, Handel, Banken, Handwerk und Landwirtschaft.
- Regionale Verteilung auf geographisch-politische Gebiete: Bundesländer, Regierungsbezirke; Großstadt, Kleinstadt, Dorf.
- Internationale Verteilung: zwischen den entwickelten und unterentwickelten, den kapitalistischen und sozialistischen Ländern.
- Intertemporale Verteilung: über den Lebenszyklus eines Menschen und zwischen den Generationen.

Die angeführten ergänzenden Verteilungskategorien haben bislang nur dazu gedient, Definitionen und Gliederungskriterien für die Sammlung von statistischen Daten zu liefern. Sie münden kaum in die Formulierung von Verteilungshypothesen. Theoretisch und wirtschaftspolitisch bedeutsam ist dagegen das Begriffspaar: Primärverteilung und Sekundärverteilung. Beide Verteilungsarten werden mit Hinweis auf die direkten umverteilenden Maßnahmen der Finanzpolitik und Sozialpolitik des Staates unterschieden. Die primäre oder auch marktmäßige Verteilung erfaßt die Einkommen, wie sie sich aus dem Preisbildungsprozeß ergeben. Die sekundäre Verteilung berücksichtigt die direkten Steuern, möglicherweise einschließlich der Sozialversicherungsbeiträge, und die Transferzahlungen der öffentlichen Hand. Die funktionelle Verteilung ist notwendigerweise stets Primärverteilung. Die personelle Betrachtung kann sich auf die Einkommen vor und nach der Umverteilung erstrecken.

Vermögensverteilung

Für die Vermögensverteilung hat sich bislang keine einheitliche Nomenklatur durchgesetzt. In der fehlenden Begriffsbildung kommt zum Ausdruck, daß die statistischen Erhebungen und die Theorienbildungen gegenüber denen der Einkommensverteilung stark vernachlässigt sind. Orientiert man sich an dem erarbeiteten Datenmaterial und an der Kategorisierung der Einkommensverteilungen, sind folgende Schwerpunktbildungen bisher erkennbar: personelle Vermögensverteilung, sozioökonomische Vermögensverteilung, sektorale Vermögensverteilung.

1.2. Normative Verteilungsaspekte

Die Einkommensverteilung und Vermögensverteilung gewinnen ihre Anziehungskraft als wissenschaftliches Erklärungsobjekt und politisches Streitfeld durch die stets gegenwärtige Frage nach der Verteilungsgerechtigkeit (BRONFENBRENNER, 1977; Beitrag J-2.2.). Die Schwierigkeit in dem normativen Auffinden eines Verteilungsoptimums liegt darin, die Vorteile und Nachteile, die in unterschiedlichen Verteilungen auf die einzelnen Wirtschaftseinheiten entfallen, für die Gesamtheit gegeneinander abzuwägen. Zu klären ist, ob bei gegebenen individuellen Präferenzordnungen (Nutzenfunktionen; Beitrag K) eine soziale Präferenzfunktion (gesamtwirtschaftliche Wohlfahrtsfunktion) existiert, die es ermöglicht, soziale Zustände nach ihrer Erwünschtheit zu ordnen. Ihre Existenz wird in der Literatur kontrovers diskutiert, weil sie die kardinale Meßbarkeit und die interpersonelle Vergleichbarkeit der Nutzen voraussetzt. Gleichwohl basiert die bekannteste Theorie der Verteilungsgerechtigkeit, der Utilitarismus, auf einer solchen und zudem spezifizierten Wohlfahrtsfunktion.

Der Utilitarismus strebt nach seinem Begründer JEREMY BENTHAM (1748–1832) die möglichst „größte Summe von Glück" an. Die kollektive Wohlfahrt ist danach gleich der Summe aus den gewichteten individuellen Nutzen. In einer Demokratie sollten diese Gewichte für alle Individuen gleich sein. Diese Ethik erlaubt folgende Aussage: Ist (1) die individuelle Wohlfahrt kardinal über das Einkommen meßbar, gilt (2) das erste GOSSENsche Gesetz (Beitrag K) und haben (3) die Individuen identische Nutzenfunktionen – dann wird die maximale gesamtwirtschaftliche Wohlfahrt über eine absolut gleiche Einkommensverteilung verwirklicht (Egalitätsprinzip).

In der neuen Wohlfahrtstheorie ist die Meßbarkeit und interpersonelle Vergleichbarkeit der Nutzen aufgegeben. Dadurch sind deren Aussagen über Einkommensdifferenzierungen und Einkommensnivellierungen wenig stringent geworden. Trotz aller Eleganz ist die Wohlfahrtsökonomik gescheitert, weil sie keine brauchbaren Kriterien für die Verteilungspolitik liefert (BRONFENBRENNER, 1971, S. 101). Soll beurteilt werden, ob eine Verteilung gerecht ist oder nicht, wird man den interpersonellen Nutzenvergleich nicht umgehen können. Deshalb wird in neuerer Zeit auch mit der Quantifizierbarkeit der Wohlfahrt gearbeitet. So postuliert JAN TINBERGEN (1975, 1978) eine empirisch testbare individuelle Nutzenfunktion und konfrontiert sie mit empirischen Daten. Bestimmungsgründe des Nutzens sind u. a. die Höhe des verfügbaren Einkommens; das Profil des Arbeitsplatzes, gemessen an der Ausbildungsdauer; die tatsächliche Ausbildung. Für TINBERGEN ist eine Einkommensverteilung dann gerecht, wenn die so bestimmte Nutzenstiftung für alle sozialen Gruppen gleich ist.

Daneben hat die staatsphilosophische Diskussion durch die Theorie der Gerechtigkeit von JOHN A. RAWLS (1971) einen wesentlichen Impuls erhalten. Nach RAWLS sollten Gerechtigkeitspostulate vor dem Entstehen gesellschaftlicher Verteilungskonflikte vereinbart werden. In diesem vorgesellschaftlichen Zeitpunkt ist für das Individuum nicht erkennbar, welche Position es in der Gesellschaft einnehmen wird und mithin welchen Nutzen es aus einer vereinbarten Verteilungsnorm zu erwarten hat. Unter diesem „Schleier des Nichtwissens" akzeptieren nach RAWLS die Gesellschaftsmitglieder jene ökonomische Ungleichheit, die den Nutzen für die am wenigsten Begünstigten maximiert (Maximin-Kriterium).

Zweifelhaft bleibt, ob die verschiedenen normativen Gerechtigkeitspostulate auf die Verteilung nur einer ökonomischen Größe, also des Einkommens oder des Vermögens, angewendet werden dürfen. Bezieht sich die Verteilungsgerechtigkeit nicht vielmehr auf die Gesamtwohlfahrt der Individuen? Bei gleichem Einkommen und Vermögen bestimmen Familiengröße, Beschäftigungsart, Alter, Gesundheit die Wohlfahrtsposition der Wirtschaftseinheiten mit. Selbst diese erweiterte Betrachtungsweise kann ausgedehnt werden. Jede Gesellschaft verfolgt eine Vielzahl von ökonomischen Aufgaben und gesellschaftspolitischen Zielen. So darf die gerechte Verteilung der immateriellen Güter – Freiheit und Wahrung der Chancen, Verantwortung übernehmen zu können – nicht vernachlässigt werden (Abbing, 1978, S. 61). Die gerechte Wohlfahrtsverteilung geht möglicherweise zu Lasten der Freiheit und der Vollbeschäftigung wie der Preisniveaustabilität. Zudem ist die gleichmäßige Behandlung mehrerer miteinander verbundener Generationen, die intertemporale (intergenerationale) Gerechtigkeit, zu wahren, denn eine heute auf schnellen Erfolg gerichtete Politik der Verteilungsgerechtigkeit kann langfristig eher Chancenungerechtigkeit im Verteilungsprozeß bewirken. Gerechtigkeit und Optimalität sind in Verteilungsfragen keine synonymen Begriffe (Tinbergen, 1978, S. 37).

2. Empirische Verteilungen

Manche ökonomischen Relationen erlangten allein dadurch Bekanntheit, daß Statistiker und Nationalökonomen glaubten, feststellen zu können, diese Größen seien im Zeitverlauf relativ stabil geblieben. Zu solchen magischen Konstanten gehören auch zwei Verteilungsgrößen: die Lohnquote (Bowleys Gesetz) und die Pyramidenform der personellen Einkommensverteilung (Paretos Gesetz).

2.1. Funktionelle Einkommensverteilung

Der erste empirische Beleg einer stabilen Lohnquote geht auf Arthur L. Bowley (1920) zurück. Er deckte auf, daß der Anteil der Arbeiterlöhne am Volkseinkommen in Großbritannien von 1880 bis 1913 weitgehend konstant blieb. Als ein Dogma verbreitete sich seine Feststellung durch Michal Kalecki (1938), nachdem dieser empirisches Material eines größeren Zeitraumes für Großbritannien und die Vereinigten Staaten in ähnlicher Weise interpretierte und zugleich ein Modell (Monopolgradtheorie, s. Abschnitt 3.3.) zur Erklärung des Phänomens vorstellte. Gleichwohl wurde mit zunehmender statistischer Erkenntnis über die Verteilungsentwicklungen in anderen Ländern, zu denen inbesondere Simon Kuznets (1959) beigetragen hat, der Stabilitätsglaube ins Wanken gebracht.

Tatsächliche (unbereinigte) Lohnquote

Der traditionelle Begriff der „Lohnquote“ wird heute als Anteil des kontraktbestimmten Einkommens der unselbständig Beschäftigten am nominalen Volkseinkommen verstanden. Das ist das Verhältnis λ zwischen der Bruttolohn- und Gehaltssumme W und dem Nettosozialprodukt zu Faktorkosten $Y(\lambda := W/Y)$. Die so definierte Lohnquote ist in Deutschland seit dem Jahre 1870 eindeutig gestiegen *(Tab. H-1)*.

Bereinigte Lohnquote

Der langfristige Trend der funktionellen Verteilung legt es nahe, von einer anhaltenden Änderung zugunsten der Arbeitnehmer zu sprechen. Dieser intertemporale Wohlfahrtsvergleich ist jedoch verzerrt, wenn er auf den einzelnen Lohnbezieher bezogen wird. Im gleichen Zeitraum hat eine Umschichtung in der Struktur der Erwerbstätigen von den Selbständigen zu den Unselbständigen stattgefunden. Der Strukturwandel läßt sich sichtbar machen, indem die Lohnquote definitorisch um die abhängig Beschäftigten A und die insgesamt Erwerbstätigen N erweitert wird:

$$(2.1)\qquad \lambda := \frac{W}{Y} = \frac{A}{N} \cdot \frac{\frac{W}{A}}{\frac{Y}{N}} := a \cdot x.$$

Tab. H-1: Verschiedene Lohnquoten für Deutschland der Jahre 1870–1993[1, 2]

Jahr	Verteilungsgrößen[3] in v. H. λ	λ_t^b	a	x
1870	43,0	43,1	56,3	76,5
1880	43,2	43,1	56,5	76,5
1890	45,2	41,8	60,9	74,2
1900	46,7	41,1	64,1	73,0
1910	48,4	41,6	65,5	73,9
1930	60,2	60,2	67,4	89,3
1950	58,6	58,6	68,4	85,7
1960	60,1	60,1	77,2	77,8
1970	68,0	62,9	83,4	81,5
1975	74,1	66,5	86,0	86,2
1980	75,8	66,2	88,3	85,8
1985	73,0	63,6	88,6	82,4
1990	69,6	60,1	89,4	77,9
1991	69,6	60,1	89,5	77,8
1992	70,7	61,0	89,5	79,0
1993	72,1	62,4	89,3	80,8

[1] Eigene Berechnung: 1870–1910 nach: Jeck (1970); 1930 nach: Krelle (1957); 1950–1993 nach: Sachverständigenrat zur Begutachtung der gesamtwirtschaftlichen Entwicklung, Jahresgutachten, lfd. Jge.

[2] 1870–1930: = Deutsches Reich
1950–1990: = Bundesrepublik Deutschland
1991–1993: = Früheres Bundesgebiet

[3] λ: Lohnquote
λ_t^b: bereinigte Lohnquote: 1870–1910: Basisjahr = 1870; 1930: Basisjahr = 1925; 1950: Basisjahr = 1950; 1960–1993: Basisjahr = 1960
a: Anteil der unselbständig Beschäftigten an den Erwerbstätigen
x: relative Verteilungsposition der unselbständig Beschäftigten.

Danach ist die Lohnquote gleich dem Produkt aus dem Anteil a der Arbeitnehmer an der Gesamtbeschäftigung und der relativen Verteilungsposition x, die das Verhältnis zwischen durchschnittlichem Arbeitseinkommen W/A und dem durchschnittlichen Gesamteinkommen Y/N widerspiegelt. Für diese Erweiterung zeigt *Tab. H-1,* daß der Unselbständigenanteil kontinuierlich gestiegen ist und die relative Verteilungsposition der Arbeitnehmer nicht mit der Lohnquote schritthalten konnte.

Die tatsächliche Lohnquote ist statistisch um den Strukturwandel bereinigt, wenn die Beschäftigungsstruktur a zu einem bestimmten Basisjahr t = 0 konstant gehalten wird:

(2.2) $$\lambda_t^b := a_0 \cdot x_t.$$

Die so bereinigte fiktive Lohnquote λ_t^b gibt an, wie sich die funktionelle Verteilung im Zeitablauf entwickelt hätte, wenn keine Umschichtungen in der Erwerbsbevölkerung eingetreten wären. Sie ist durchaus in manchen Perioden mit dem Dogma von der Verteilungskonstanz vereinbar.

Ergänzte Lohnquote

Das Gegenstück zu den kontraktbestimmten Arbeitnehmereinkommen bilden in der Volkswirtschaftlichen Gesamtrechnung die Einkommen aus Unternehmertätigkeit und Vermögen (Beitrag B). Diese Einkommen sind nicht mit den Gewinnen gleichzusetzen, aus denen sich die Kapitalrendite errechnet. Sie enthalten noch jene Arbeitseinkommen, die den selbständigen Unternehmern dafür zufließen, daß sie neben dem Kapital ihre Arbeitskraft in den Produktionsprozeß einbringen. Solche Einkommensteile sind funktional der Lohnsumme zuzurechnen. Da sie kein Markteinkommen darstellen, müssen sie unterstellt werden. Setzt man rechnerisch für die unabhängig Beschäftigten U das durchschnittliche Arbeitnehmereinkommen W/A an (KRELLE, 1962), ergibt sich als ergänzte Lohnquote λ^e:

(2.3) $$\lambda^e := \frac{W + U \cdot \frac{W}{A}}{Y}.$$

Diese Verteilungsgröße ist langfristig merklich geringer als die unbereinigte Lohnquote gestiegen und zwischenzeitlich auch stabil geblieben. Sie ist identisch mit der relativen Verteilungsposition x der Arbeitnehmer *(Tab. H-1).* Die Übereinstimmung erhält man durch Umformung des analytischen Ausdrucks (2.3.), wenn beachtet wird, daß sich die selbständig und abhängig Beschäftigten zur Gesamtheit der Erwerbstätigen addieren (U + A = N).

Verteilungspolitische Relevanz

Verschiedentlich wird die Frage aufgeworfen, warum man sich mit der empirischen Entwicklung der Lohnquote beschäftigen soll. Zu den kritischen Anmerkungen zählen:

- Die Einkommenskategorien sind so heterogen, daß die Lohnquote kein Maß für die Verteilungsungleichheit abgibt. In der Lohn- und Gehaltssumme sind Spitzeneinkommen (Manager) enthalten, und hinter der Gewinnsumme verbergen sich Kleinsteinkommen (Tante-Emma-Laden).

- Eine Veränderung der Lohnquote um ein oder zwei Prozentpunkte tangiert nicht spürbar die Wohlstandsposition des einzelnen Arbeitnehmers.
- Arbeitnehmer erzielen auch Vermögenseinkommen in Form von Zinsen und Mieteinnahmen. Umgekehrt erhalten Selbständige ein Lohneinkommen.

Auf der Grundlage solcher Argumentationen schwanken die verteilungspolitischen Einstellungen gegenüber der Lohnquote zwischen totaler Ablehnung und punktueller Kritik, aus der neu definierte Verteilungsquoten, wie z. B. die Ausdrücke (2.2) und (2.3), hervorgegangen sind. Soweit sich die Einwände auf die Entwicklung und den Vergleich der Individualeinkommen richten, erscheinen sie berechtigt. Die Statistik der personellen Verteilung vermeidet diese Mängel. Dennoch kann erst die Beschäftigung mit den Theorien der funktionellen Verteilung zeigen, welche Einsichten in die Verteilungsgesetzmäßigkeiten gewonnen werden können und wie sie verteilungspolitisch zu bewerten sind (s. Abschnitt 3.6.).

2.2. Personelle Einkommensverteilung

Trägt man die Einkommenshöhen und die Zahl der zugehörigen Einkommensträger in einem Koordinatensystem ab, ergibt sich eine Verteilungskurve, die steil zu einem Maximum ansteigt und dann in einem langen Ausläufer in Richtung der höchsten Einkommen ausschwingt *(Abb. H-1)*. Diese schiefe, links-steile bzw. rechts-schiefe Kurvenform prägt bis heute das Bild der personellen Einkommensverteilung. Der Ursprung dieses allgemeinen Verteilungsgesetzes läßt sich auf VILFREDO PARETO (1895) zurückführen.

PARETOS Verteilungsgesetz

PARETO gelangte zu seiner Verteilungsgesetzmäßigkeit durch die empirische Auswertung zahlreicher Einkommensteuerstatistiken. Er setzte die jeweilige Einkommenshöhe Y mit der Zahl der Personen N, die ein Einkommen höher als Y beziehen, in Beziehung. In einem Koordinatenkreuz mit logarithmischem Maßstab ergab sich für PARETO mit Überraschung, daß die so bestimmten Punkte die bemerkenswerte Tendenz aufwiesen, sich in einer absteigenden Geraden anzuordnen. Durch Entlogarithmieren dieser Geraden erhält man die paretianische hyperbolische Verteilungskurve:

(2.4) $N = AY^{-a}$.

Für nahezu alle der von ihm betrachteten Einkommensverteilungen stellte sich heraus, daß die Steigung der Geraden nur in geringem Maße um einen Wert $|a| = 1{,}5$ schwankt. Daraus glaubte PARETO, auf eine allgemeine Verteilungsgesetzmäßigkeit schließen zu können.

Bei Ausdruck (2.4) handelt es sich nicht um eine Kurve der beobachteten Einkommensverteilung von *Abb. H-1*, sondern um eine Aufsummierungskurve der Einkom-

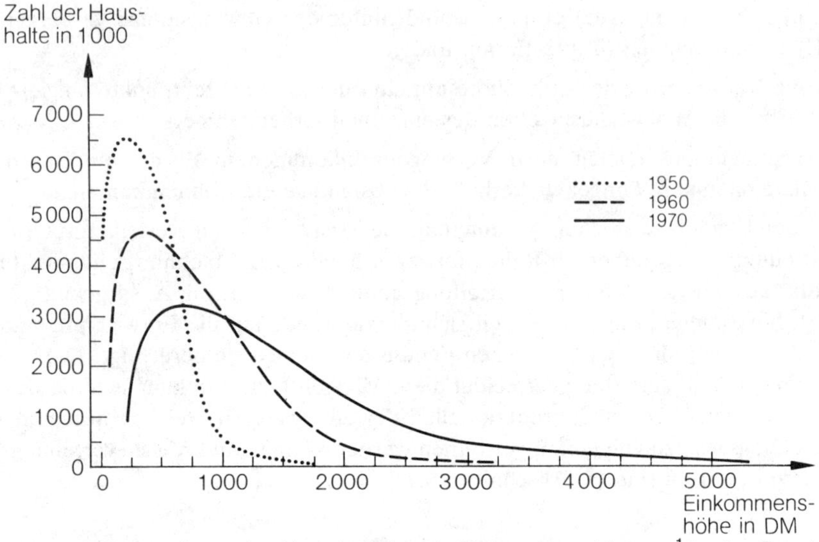

Abb. H-1: Die Verteilung der Haushalte nach Einkommensklassen[1] in der Bundesrepublik Deutschland[2]

[1] Die Skalierung der Ordinate ist auf eine Klassenbreite von DM 250 bezogen.
[2] Quelle: Göseke (1974, S. 120).

mensträger. Die eigentliche Verteilungskurve dN/dY hat allerdings gleichfalls einen hyperbolischen Verlauf. Da die empirische Verteilungskurve ein Maximum aufweist, erfaßt die paretianische Formel (2.4) nur den nach rechts auslaufenden Kurventeil. Sie besitzt im untersten Einkommensbereich keine Gültigkeit. Pareto glaubte zunächst, die Fälle unterhalb des Maximums vernachlässigen zu können. In seinem Versuch, die empirisch gefundene Gesetzmäßigkeit zu erklären, schließt er den Zufall als Bestimmungsgrund aus, weil die Verteilungskurve nicht mit derjenigen der Gaussschen Normalverteilung übereinstimmt. Vielmehr sei die regelmäßig wiederkehrende Verteilungsungleichheit aus den von Mensch zu Mensch bestehenden Unterschieden ihrer Veranlagungen und Fähigkeiten, Einkommen von bestimmter Höhe zu erzielen, herzuleiten.

Nun konnte gezeigt werden, daß die Verteilungen der Menschen nach den Eigenschaften, welche objektiv meßbar sind (körperliche Eigenschaften, Wahrnehmungsfähigkeiten der Sinnesorgane), der Normalkurve folgen. Daraufhin bot Pareto (1927) folgende Deutung an: Wenn zwei Individuen sich in gleichem, doch entgegengesetztem Maße nach ihren Fähigkeiten von der durchschnittlichen Eigenschaft abheben, so kann derjenige, welcher die höheren Fähigkeiten besitzt, ein sehr großes Einkommen erzielen; derjenige jedoch, der die entsprechenden niederen Eigenschaften aufweist, kann niemals in seinem Verdienst das Existenzminimum unterschreiten. Indem auf diese Weise dem Einkommenserwerb eine Untergrenze gesetzt ist, wird der aufsteigende Ast der Normalkurve zusammengedrückt und die personelle Einkommensverteilung nimmt die bekannte Schiefe an.

Diese unbefriedigende Deutung hat die weitere Entwicklung der personellen Einkommensverteilung unter zwei Gesichtspunkten beeinflußt: (1) die Suche nach

Verteilungen menschlicher Eigenschaften, die nicht dem GAUSS-Prinzip entsprechen, sondern eben die gleiche Schiefe wie die Einkommensverteilung zu erkennen geben und (2) die Hinwendung zu einer stochastischen Analyse, mit deren Hilfe eine links-steile Verteilung erzeugt werden kann.

Der erste Weg ist tatsächlich für bestimmte ,,besondere" Leistungen und ,,höhere" Fähigkeiten beschritten worden. Es ergaben sich hyperbolische Verteilungskurven. In direkter Interpretation entstand daraus die Hypothese, daß der Einkommenserwerb auf speziellen, höheren Fähigkeiten beruht. Diese mechanistische Sichtweise ist heute überholt. Erhalten haben sich jedoch stochastische Erklärungsansätze. Sie stehen bemerkenswerterweise im Gegensatz zu PARETOS Ablehnung des Prinzips Zufall.

LORENZ-Kurve

Weitverbreitet für die graphische Darstellung von Häufigkeitsverteilungen ist die LORENZ-Kurve. Die Darstellungsform ist so populär, weil sie ein sehr plastisches Bild der Verteilungsungleichheit und -konzentration vermittelt. Beginnend bei den niedrigen Einkommensklassen werden sukzessive aufaddiert sowohl die relativen Anteile der Einkommensbezieher jeder Einkommensklasse als auch die relativen Einkommensanteile, die auf die betreffenden Einkommensklassen entfallen. Auf diese Weise entsteht die gemeinsame kumulative Häufigkeitsverteilung von Gesamteinkommen und Einkommensempfängern. Die daraus entstehende Verbindungslinie heißt LORENZ-Kurve *(Abb. H-2)*.

Hätten alle Einkommensbezieher das gleiche Einkommen, so müßten die kumulierten Prozentsätze beider Datenreihen übereinstimmen. Die LORENZ-Kurve der Gleichverteilung fällt mit der von links unten nach rechts oben verlaufenden Diagonalen zusammen. Konzentriert sich ein wachsender Anteil des Einkommens bei wenigen Einkommensempfängern, nähert sich die LORENZ-Kurve der Abszisse und der rechten Ordinate. Je ungleicher die Verteilung ist, desto größer fällt die Fläche zwischen der empirischen LORENZ-Kurve und der Linie der Gleichverteilung aus. Das Verhältnis zwischen dieser Verteilungsfläche und dem Flächeninhalt des Dreiecks unter der Diagonalen, das sich bei vollständiger Konzentration einstellen würde, ist das GINI-Konzentrationsmaß.

Die einfache Form des LORENZ-Diagramms legt es nahe, unmittelbar aus dem statistischen Material vergleichende Aussagen über verschiedene Verteilungen abzuleiten. So scheint *Abb. H-2* anzuzeigen, daß die Einkommen in den kommunistischen Ländern personell weniger ungleich verteilt waren als in den westlichen Industrieländern. Ein solcher internationaler Distributionsvergleich, insbesondere zwischen den Wirtschaftssystemen, setzt voraus, daß vergleichbare Einkommen verglichen werden. Der Grad der Einkommensdifferenzierung mag nämlich in sozialistischen Ländern unterschätzt werden, weil nicht bekannt ist, ob die Spitzeneinkommen im Dienstleistungssektor überhaupt im statistischen Material enthalten sind und ob die nichtgeldlichen Einkommen, die gerade bei den Spitzenverdienern einen bedeutenden Entlohnungsanteil ausmachten, berücksichtigt wurden (KRÜSSELBERG, 1976).

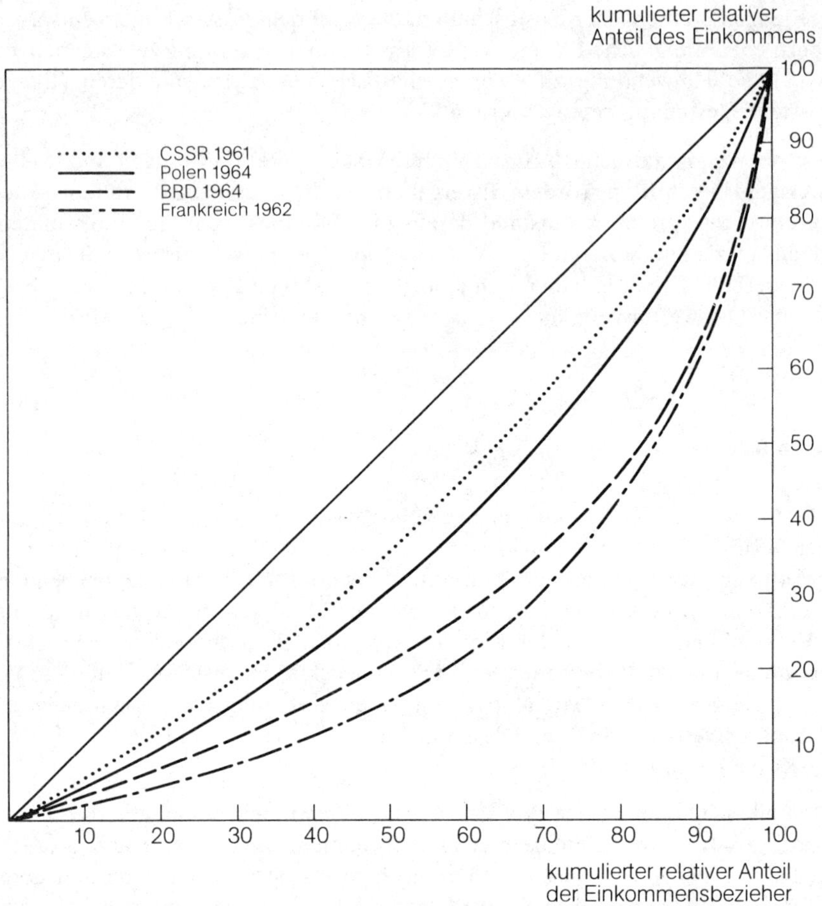

Abb. H-2: LORENZ-Kurven der Einkommensverteilung für ausgewählte Länder[1]

[1] Einkommensanteile vor Steuer, Quelle: KRÜSSELBERG (1976, S. 20 f.)

Verteilungsmaße

Die PARETO-Gerade und die LORENZ-Kurve liefern Ungleichheitsmaße für die personelle Einkommensverteilung. Je größer der absolute Wert des PARETO-Parameters a ausfällt, desto gleicher sind die Einkommen verteilt. Je höher der GINI-Koeffizient, desto ungleicher verteilen sich die Einkommen. Beide weisen unter statistischen Gesichtspunkten Vor- und Nachteile auf, beispielsweise in Hinblick darauf, wie sensitiv sie auf Verteilungsänderungen reagieren. Deshalb ist es nicht verwunderlich, daß eine weitere Vielzahl von statistischen Maßgrößen (z. B. Variationskoeffizient, Standardabweichung der logarithmierten Einkommen) herangezogen werden (SEN, 1973; BLÜMLE, 1975).

Diese Verteilungsmaße werden als positiv in dem Sinne bezeichnet, daß sie die statistisch beobachtbare Einkommensverteilung rein quantitativ beschreiben. Diese

Neutralität schließt nicht aus, daß die Form der graphischen Darstellungen das Interesse nur auf bestimmte Verteilungsfragen lenkt (Pen, 1974). Normativ sind jene Maße, die explizit auf einer sozialen Wohlfahrtsfunktion aufbauen (Überblick bei Sen, 1973).

2.3. Vermögensverteilung

Für eine Volkswirtschaftliche Vermögensrechnung fehlt im Gegensatz zur Volkseinkommensrechnung (Beitrag B) ein konsistentes, wissenschaftlich anerkanntes und durch internationale Vereinbarungen einheitlich angewendetes Begriffs- und Erhebungsschema. In Fragen der Vermögensverteilung ist man auf amtliche wie nichtamtliche Teilerhebungen, Stichproben und Schätzungen angewiesen. Das statistische Material ist heterogen, in seiner Genauigkeit und Verläßlichkeit nicht immer erkennbar und überprüfbar.

Zu dieser Uneinheitlichkeit tragen bereits unterschiedliche Vermögensbegriffe und abweichende Vorstellungen darüber bei, welche Güter zum Vermögen einer Wirtschaftseinheit zu rechnen sind. In einer ersten großen Kategorisierung ist das Real- oder Sachvermögen von dem Geld- oder Finanzvermögen zu unterscheiden. Die zum Geldvermögen zu rechnenden Bankeinlagen sind breiter als der zum Sachvermögen zählende Grund und Boden gestreut. Die Volkswirtschaftliche Gesamtrechnung erfaßt als jährliche Sachvermögensbildung nur den Zuwachs an erwerbswirtschaftlich genutztem Realvermögen (Beitrag B). Das weit gestreute private Gebrauchsvermögen (Automobile, Haushaltsgeräte) stellt nach dieser Statistik kein Vermögen dar. Geht man von der Fragestellung aus, welche Vermögensobjekte erwerbswirtschaftlich genutzt werden, kann man auch das Arbeitsvermögen (human capital) zum Sachvermögen rechnen (s. Abschnitt 4.3.). Dieses menschliche Kapital ist als Wert jener individuellen Fähigkeiten zu verstehen, die zur Einkommenserzielung eingesetzt werden und damit, jedenfalls theoretisch, in Geld bewertbar sind. Ist es aber schon in der Praxis mit Schwierigkeiten verbunden, die verschiedenen Formen des Realvermögens mit empirischem Gehalt aufzufüllen, um so schwieriger ist der Versuch, das Arbeitsvermögen numerisch abzuschätzen (Engels/Sablotny/Zwickler, 1974).

Die Forderungen und Verbindlichkeiten, die zwischen den Wirtschaftseinheiten einer Volkswirtschaft bestehen, heben sich gegeneinander auf. Daraus folgt, daß das Volksvermögen einer offenen Volkswirtschaft von dem gesamtwirtschaftlichen Sachvermögen lediglich um den Saldo abweicht, der sich aus den Forderungen an ausländische Wirtschaftseinheiten und den Auslandsschulden ergibt. Mithin hängt die Höhe und Verteilung des Volksvermögens entscheidend von der Definition des Sachvermögens ab. *Tab. H-2* zeigt, wie eine mögliche Aufgliederung des gesamtwirtschaftlichen Sachvermögens und damit des Volksvermögens aussehen kann. Zugleich enthält sie die Ergebnisse der bislang für die Bundesrepublik umfassendsten Schätzung des Volksvermögens (Engels/Sablotny/Zwickler, 1974). Die in *Tab. H-2* unbesetzten Positionen verdeutlichen den unbefriedigenden Stand der Vermögensstatistik. Die angeführte Untersuchung teilt das Reinvermögen auch nach Sektoren und sozio-ökonomischen Gruppen auf.

Tab. H-2: Volksvermögensrechnung für die Bundesrepublik Deutschland zum Ende des Jahres 1970 in Mrd. DM

1. Reproduzierbares Sachvermögen	2 139	1. Auslandsverbindlichkeiten	431
a. Gebäude und Bauten	1 519		
b. Ausrüstungen	438	2. Volksvermögen (Saldo)	2 995
c. Vorräte	183		
d. privates Gebrauchsvermögen	–		
2. Nichtreproduzierbares Sachvermögen	789		
a. Grund und Boden	789		
b. Bodenschätze	–		
c. Kunstgegenstände	–		
3. Immaterielles Vermögen	–		
a. Patente, Lizenzen	–		
b. Urheberrechte	–		
4. Auslandsforderungen	498		
Gesamtvermögen	3 426	Gesamtvermögen	3 426

Quelle: ENGELS/SABLOTNY/ZWICKLER; 1974, S. 93 f., 103

Am schwierigsten ist es, Aussagen über die personelle Vermögensstreuung zu gewinnen. Eine erste Berechnung wertete die Vermögensteuerstatistik aus und führte zu der populär gewordenen Relation, daß 1,7 v. H. der privaten Haushalte über 70 v. H. des Produktivvermögens verfügen (KRELLE/SCHUNCK/SIEBKE, 1968). Diese Zahl bezieht sich auf die eigentumsmäßige Zuordnung der gewerblichen Unternehmen. Ob deren Reinvermögen als Produktivvermögen bezeichnet werden soll, kann in Frage gestellt werden. Unter diesem Stichwort hat sich jedoch diese Vermögensrelation in der vermögenspolitischen Debatte verselbständigt.

3. Theorien der funktionellen Einkommensverteilung

Die Anfänge der Theorien der funktionellen Verteilung reichen in das System der klassischen englischen Nationalökonomie zurück. Die Verteilungslehre wurde dadurch zu einem wesentlichen Kapitel der Geschichte der Wirtschaftstheorie.

3.1. Klassische Verteilungslehre

ADAM SMITH (1723–1790) hat keine in sich geschlossenen, widerspruchsfreien Aussagen zur Einkommensverteilung formuliert. Begründer der klassischen Verteilungslehre ist DAVID RICARDO (1772–1822).

Ricardianischer Ansatz

RICARDOS Betrachtungsweise (1817) ist makroökonomisch. Ausgehend von den sozialen Gegebenheiten seiner Zeit unterscheidet er drei soziale Klassen. Das Sozialprodukt fließt als Rente an die Landbesitzer, als Lohneinkommen an die Arbeiter und als Profit an die Kapitalgeber. Die ricardianische Theorie enthält spezielle Verteilungsgesetzmäßigkeiten für jede der drei Einkommensarten.

Grund und Boden bilden einen inhomogenen Produktionsfaktor, weil die Böden unterschiedliche Qualität aufweisen. Die Kosten je erzeugter Getreideeinheit steigen mit abnehmender Fruchtbarkeit des genutzten Landes. Auf den Getreidemärkten spielt sich ein einheitlicher Preis derart ein, daß die Kosten der Nutzung des Bodens minderster Qualität, dessen Bebauung zur Ernährung der Bevölkerung noch notwendig ist (Grenzboden), gerade gedeckt werden. Das sind die Kosten des variablen Faktors Arbeit und des ihn indirekt im Produktionsprozeß unterstützenden Kapitals. Die auf dem Grenzboden anfallenden Kosten sind in heutiger Terminologie die Grenzkosten der Arbeit, und entsprechend ist der auf dem Grenzboden erwirtschaftete Ertrag das Grenzprodukt der Arbeit. Für die Böden besserer Qualität verbleibt nach Abzug der Kosten ein Überschuß. Er fließt den Bodeneigentümern als Differentialrente zu. Für den Grenzboden fällt keine Rente ab; und es gilt: je besser der Boden, desto höher die Rente.

Das Kapital ist als ein für die Periode der Bebauung des Bodens vorgegebener Güterbestand (Getreide) zu verstehen, der der Entlohnung der Arbeitskräfte dient. Aus der Relation zwischen diesem realen Lohnfonds und der Anzahl der Arbeitskräfte ergibt sich der Lohnsatz. Der Lohnfonds wird von den Kapitalisten, den Pächtern des Bodens, in den Produktionsprozeß eingebracht. Als Gegenwert erhalten sie das Grenzprodukt der Arbeit. Nach Wiederauffüllung des Lohnfonds fällt als Residuum der Profit an. Aus diesem Profit kann der Lohnfonds auch aufgestockt und so im Wege der Ersparnisbildung akkumuliert werden.

Entsprechend des Bevölkerungsgesetzes von THOMAS R. MALTHUS (1766–1834) spielt sich der Lohn langfristig auf das Existenzminimum ein (MALTHUS, 1798). Liegt der tatsächliche Lohn über diesem natürlichen Lohn, kommt es im Wege einer geringeren Kindersterblichkeit und einer Steigerung der Geburtenrate zu einer Erhöhung des Arbeitsangebots. Die verstärkte Konkurrenz am Arbeitsmarkt drückt den Lohn. Solange nun die Profitrate auf das eingesetzte Kapital ein bestimmtes Minimum überschreitet, akkumulieren die Kapitalisten Kapital. Langfristig steigt der Lohnfonds und damit die Bevölkerung. Bei wachsender Bevölkerung werden zunehmend Böden schlechterer Qualität bebaut. Der Getreidepreis und die Renten steigen. Der Anstieg der Renten geht zu Lasten der Profite. Die Profitrate fällt bis auf jenes Minimum, bei dem die Kapitalisten es nicht mehr als lohnend ansehen, Kapital zu akkumulieren. Das Wachstum des Sozialprodukts und der Bevölkerung schwindet. Die Wirtschaft stagniert. Darauf begründet sich der ricardianische Wachstumspessimismus.

Motor der langfristigen ricardianischen Verteilungsdynamik ist die Arbeit. Sie wird im Zusammenwirken mit dem Faktor Boden produktiv. Hier wirkt das Erbe der Physiokraten (QUESNAY (1694–1774)) nach. Diese sahen die Quelle des gesamtwirtschaftlichen Reinertrages allein in der landwirtschaftlichen Produktion. Neu und wichtig für das Verständnis des Gedankengebäudes RICARDOS ist seine Idee von der Inhomogenität des Bodens. Mit ihr gelingt RICARDO die erste Anwendung des Marginalprinzips auf die Einkommensverteilung (JOHNSON, 1973). RICARDOS Ansatz bleibt aber partiell, weil Rente und Profite als Residuen bestimmt werden.

Marxistische Mehrwertlehre

KARL MARX (1818–1883) reduziert die klassische Dreiteilung der sozialen Klassen und Produktionsfaktoren auf zwei (MARX, 1867), indem er die Grundeigentümer mit den Kapitalbesitzern zu der Klasse der Kapitalisten zusammenfaßt. Deren Einkommen ist der Profit. Die Hervorhebung des Kapitals ist im historischen Rückblick mit dem Wandel von Wirtschaft und Gesellschaft vereinbar. Das Zeitalter von MARX ist das der Maschinen. Mit dem Ausscheiden der Landbesitzer aus dem Verteilungsbild existiert auch keine Differentialrente mehr. Mit ihr verschwindet jegliches Element marginalen Denkens. Gleichwohl bleibt das ökonomische Gedankengebäude durch RICARDO geprägt. Die Arbeit ist die Grundlage aller Wertschöpfung und wirtschaftlichen Entwicklung. Es existiert ein gesamtwirtschaftlicher Überschuß, der nunmehr allein durch den Profit absorbiert wird.

Das am Anfang der Produktionsperiode eingesetzte mehrwertschöpfende Gesamtkapital K teilt sich auf in das konstante Kapital c, das für Rohstoffe und Arbeitsmittel eingesetzt wird, und das variable Kapital v, mit dem die Arbeitskraft gekauft und entlohnt wird: $K := c + v$. Am Ende der Produktionsperiode ergibt sich das um den Mehrwert m erweiterte Kapital $K' := c + v + m$. Drei Relationen bestimmen bei MARX die Verteilungs- und Entwicklungsgesetzmäßigkeit:

$$\text{Mehrwertrate} := \frac{m}{v}$$

$$\text{organische Zusammensetzung des Kapitels} := \frac{c}{v}$$

$$\text{Profitrate} := \frac{m}{c + v} = \frac{\frac{m}{v}}{\frac{c}{v} + 1}.$$

Die treibende Kraft der Verteilungs- und Entwicklungsdynamik bildet die organische Zusammensetzung des Kapitals. Der Kapitalist verbraucht nicht den an ihn fallenden Mehrwert. Die Konkurrenz zwingt jeden Kapitalisten zur Kapitalakkumulation, um durch Realisierung technischen Fortschritts konkurrenzfähig zu bleiben. Der technische Fortschritt zeichnet sich nun gerade dadurch aus, daß relativ mehr konstantes als variables Kapital eingesetzt wird. Die organische Zusammensetzung des Kapitals steigt. Die Mehrwertrate bleibt dagegen aufgrund der gesellschaftlichen Machtverhältnisse konstant. Daraus folgt ein Sinken der Profitrate. Wenn sie so niedrig geworden ist, daß eine Kapitalakkumulation unterbleibt, bricht das kapitalistische System zusammen.

Die vielschichtigen kritischen Auseinandersetzungen um das Verteilungssystem von MARX werden hier nicht aufgenommen. Die ökonomische Kritik läßt sich bereits an den Begriffen ansetzen (KRELLE, 1962, S. 36). So ist die organische Zusammensetzung des Kapitals nicht mit der Kapitalintensität zu verwechseln. Der Kapitalintensität entspricht das Verhältnis c/N zwischen dem konstanten Kapital c und der im Produktionsprozeß eingesetzten Arbeitsmenge N. Diese Relation ist infolge des Anstiegs der Arbeitsproduktivität gewachsen. Der Produktivitätszuwachs hob aber zugleich auch die Reallöhne v/N an. Bei einer parallelen Entwicklung von Arbeitsintensität und Reallöhnen, und eben sie ist langfristig zu beobachten, fällt die Profitrate bei konstanter Mehrwertrate nicht; sie bleibt vielmehr konstant.

3.2. Grenzproduktivitätstheorie

PHILIP H. WICKSTEED (1844–1927) war einer der ersten Nationalökonomen, der am deutlichsten erkannte, daß die ricardianische Unterscheidung zwischen einem Grenzprodukt und einem Residualeinkommen überwunden werden kann. Jeder Produktionsfaktor läßt sich danach untersuchen, mit welchem Grenzprodukt er entlohnt wird. Addieren sich aber bei Anwendung des Marginalprinzips auf alle Produktionsfaktoren deren Einkommen genau zum Gesamtprodukt? Diese Frage ist als Aufsummierungsproblem (adding-up problem) in die Grenzproduktivitätstheorie und damit in die neoklassische Theorie der Produktion und Verteilung eingegangen.

WICKSTEED (1894) selbst fand die Antwort. Die Produktionsfunktion (Beitrag K) muß konstante Skalenerträge (constant returns to scale) aufweisen: bei einer proportionalen Veränderung aller Produktionsfaktoren variiert das Produktionsergebnis im gleichen Verhältnis. Bezeichnen v_i, $i = 1, \ldots, n$, die Faktoreinsatzmengen und Y_r die reale Produktion, gilt für die Produktionsfunktion:

$$\mu Y_r = f(\mu v_1, \ldots, \mu v_n),\ \mu > 0. \tag{3.1}$$

Bei der Entlohnung nach dem Grenzproduktivitätsprinzip ergibt sich für diese Produktionsbedingungen die Ausschöpfung des Produkts:

$$\sum_{i=1}^{n} \frac{\partial f}{\partial v_i} \cdot v_i = Y_r. \tag{3.2}$$

Diese Annahme bedarf einer ökonomischen Erklärung. Die grundlegende Lösung lieferten JOHN R. HICKS (1932) und PAUL A. SAMUELSON (1947). Das Ausschöpfungstheorem und damit konstante Skalenerträge folgen aus der Verknüpfung der Annahme der vollständigen Konkurrenz mit der der Entlohnung nach der Grenzproduktivität. Vollständiger Wettbewerb impliziert, daß der zum Preis P erzielte Produktionswert gleich den Kosten ist, die sich bei den Faktorpreisen P_i ergeben:

$$P \cdot Y_r = \sum_{i=1}^{n} P_i \cdot v_i. \tag{3.3}$$

Bei der Entlohnung nach dem Grenzproduktivitätsprinzip ist der Preis eines jeden Produktionsfaktors gleich dem Wert seines Grenzproduktes:

$$P_i = P \frac{\partial f}{\partial v_i},\ i = 1, \ldots, n. \tag{3.4}$$

Substituiert man den Ausdruck (3.4) in (3.3), erhält man genau die Ausschöpfung (3.2).

3.2.1. Mikroökonomische Grundlagen

In einzelwirtschaftlicher Sicht beruht das Entlohnungsprinzip (3.4) auf der Annahme, daß die Preise für die handelnden Wirtschaftseinheiten vorgegeben sind. Das gilt für die Marktform der vollständigen Konkurrenz. Es wird gefragt, welche Faktormengen eine Firma bei den für sie gegebenen Faktorpreisen und bei dem von ihr nicht beeinflußbaren Endproduktpreis unter der Zielsetzung der Gewinnmaximierung nachfragt. Die Verteilungstheorie ist hier identisch mit der Analyse der einzelwirtschaftlichen Nachfrage nach Produktionsfaktoren (Beitrag K). Und sie mündet in die Analyse der Preisbildung bei unvollkommener Konkurrenz, wenn die Annahme konstanter Preise aufgegeben und Faktorangebotsfunktionen und Endproduktnachfragefunktionen unterstellt werden. Wesentliches Ergebnis ist, daß auf diesen Märkten die Entlohnung der Produktionsfaktoren niedriger als der Wert des Grenzproduktes ausfällt (Beitrag L).

3.2.2. Makroökonomische Grundlagen

In der makroökonomischen Grenzproduktivitätstheorie werden die neoklassischen Prinzipien der Preisbildung bei vollkommener Konkurrenz auf die Gesamtwirtschaft übertragen. Dabei tauschen sich gegenüber der mikroökonomischen Analyse endogene und erklärende Variable gegenseitig aus: die Faktorpreise spielen sich so ein, daß die vorhandenen (angebotenen) Bestände an Produktionsfaktoren auch beschäftigt werden. Es wird angenommen, daß die Volkswirtschaft durch eine gesamtwirtschaftliche Produktionsfunktion mit den beiden substitutiven und homogenen Produktionsfaktoren Arbeit N und Kapital K beschrieben werden kann. Sie soll ebenfalls konstante Skalenerträge aufweisen.

Produktionselastizitäten

Die makroökonomische Verteilung hängt von der relativen Seltenheit der Produktionsfaktoren und von den Eigenschaften der Produktionsfunktion, der Technologie, ab. Je höher das Angebot des einen Faktors im Verhältnis zu dem des anderen Produktionsfaktors ist, desto niedriger fällt dessen Grenzproduktivität aus. Wächst also bei gegebenem Kapitalstock das Arbeitsangebot, sinkt der Lohnsatz – ob und in welcher Richtung sich die Lohnquote verändert, wird von der Technologie bestimmt.

Der Zusammenhang läßt sich graphisch veranschaulichen (in Anlehnung an JOHNSON, 1973, S. 40 f.). In *Abb. H-3* ist die Produktionsfunktion in Abhängigkeit von den Variationen der Arbeitsmenge bei einem gegebenen Kapitalbestand K_0 gezeichnet. Wird die Arbeitsmenge N_0 beschäftigt (linke Teilabbildung), repräsentiert der Winkel tg α_0, also das Verhältnis der Strecken $\overline{RN_0}/\overline{TN_0}$, die zugehörige Grenzproduktivität der Arbeit und damit den Lohnsatz. Der Winkel tg β_0, also das Streckenverhältnis $\overline{RN_0}/\overline{0N_0}$, ist gleich der durchschnittlichen Arbeitsproduktivität Y_{r0}/N_0. Die Lohnquote λ kann nun aber als das Verhältnis zwischen der Grenz- und der Durchschnittsproduktivität geschrieben und mithin durch das Verhältnis der beiden Winkel ausgedrückt werden:

$$(3.5) \qquad \lambda := \frac{\frac{\partial f}{\partial N} \cdot N}{Y_r} = \frac{\frac{\partial f}{\partial N}}{\frac{Y_r}{N}} = \frac{\operatorname{tg} \alpha}{\operatorname{tg} \beta} .$$

Wenn sich nunmehr die Faktorrelation auf N_1/K_0 (rechte Teilabbildung) verschiebt, wird die Änderung der funktionellen Einkommensverteilung von dem Verlauf der Produktionskurve $f(N,K_0)$ und damit von der Technologie bestimmt. Verändern sich die Winkel tg α_0,β_0 proportional zueinander nach tg α_1,β_1, bleibt die Verteilung konstant.

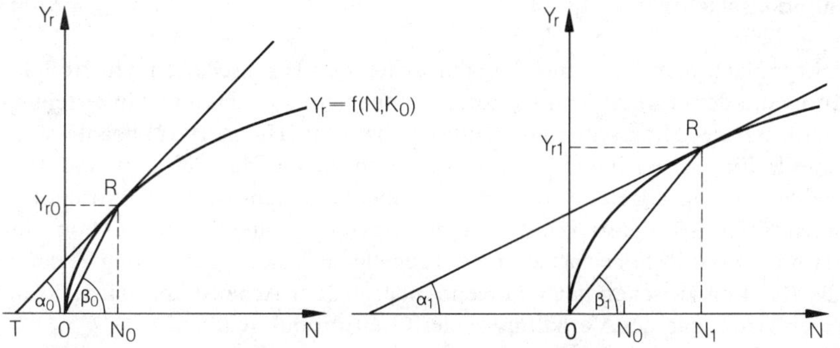

Abb. H-3: Grenz- und Durchschnittsproduktivitäten der Arbeit

Da das Verhältnis dieser beiden Winkel eine Relation zwischen einer Marginalgröße und einer Durchschnittsgröße bildet, hat sie die analytische Form einer Elastizität. Das ist die Produktionselastizität der Arbeit:

$$(3.6) \qquad \varepsilon\,(Y_r,N) = \frac{\partial f}{\partial N} \frac{N}{Y_r} .$$

Diese Elastizität und ihr Pendant, die Produktionselastizität des Kapitals $\varepsilon\,(Y_r,K)$, sind nach Ausdruck (3.5) zugleich die Einkommensanteile, die auf die zugehörigen Faktoren entfallen. Die Produktionselastizitäten aber sind produktionstechnische Eigenschaften, so daß die Spezifizierung der Produktionsfunktion zugleich die Verteilung festlegt.

Cobb-Douglas-Produktionsfunktion

Im Jahre 1928 legten Charles W. Cobb und Paul H. Douglas eine spezifizierte Produktionsfunktion vor, die wesentlich zum „Mythos" von der stabilen Einkommensverteilung beigetragen hat:

$$(3.7) \qquad Y = cN^{\alpha}K^{\beta} \text{ mit } c,\alpha,\beta > 0.$$

Die Exponenten α,β repräsentieren die dem jeweiligen Faktor zugeordnete Produktionselastizität. Damit ist für diese Produktionshypothese die Verteilung konstant.

Bei konstanten Skalenerträgen und damit Ausschöpfung des Produkts muß $\alpha + \beta = 1$ gelten. Dieses Ergebnis bestätigten zunächst zahlreiche Versuche, die

Koeffizienten der Produktionsfunktion empirisch zu bestimmen. Mit der wachsenden Zahl der ökonometrischen Modelle erhielt man aber auch abnehmende ($\alpha + \beta < 1$) und zunehmende Skalenerträge ($\alpha + \beta > 1$). Es wurde deutlich, daß die numerischen Werte der Parameter u. a. davon abhängen: welches Land und welche Periode betrachtet werden, ob und in welcher Form der technische Fortschritt (s. nachfolgend in diesem Abschnitt) in der Produktionsfunktion berücksichtigt wird, und wie vor allem die Zeitreihen für die Arbeitsmenge und den Kapitalstock im einzelnen berechnet sind.

Substitutionselastizität

Die Frage nach dem Zusammenhang zwischen den Eigenschaften der Produktionsfunktion und dem Einfluß von Faktorvariationen auf die Einkommensverteilung läßt sich auch mit der HICKSschen Substitutionselastizität (HICKS, 1932) beantworten. Sie ist jeweils für die Beziehung zweier Faktoren zueinander definiert und aus dem Verteilungsprinzip abgeleitet, wonach die relative Seltenheit der Faktoren die Faktorpreisverhältnisse determiniert. Für die makroökonomische Produktionsfunktion läßt sich die Substitutionselastizität σ bei gegebener realer Ausbringung Y_r definieren als die Relation zwischen der relativen Änderung der Arbeitsintensität N/K und der relativen Änderung des Verhältnisses der Grenzproduktivitäten:

$$(3.8) \qquad \sigma = - \left. \frac{d\left(\frac{N}{K}\right)}{\frac{N}{K}} : \frac{d\left(\frac{f_N}{f_K}\right)}{\frac{f_N}{f_K}} \right| Y_r = \text{const.}$$

$$\text{mit } f_N = \frac{\partial f}{\partial N}, \; f_K = \frac{\partial f}{\partial K} \; .$$

Analytisch läßt sich zeigen (KRELLE, 1962), daß eine Substitutionselastizität von eins eine konstante Verteilung garantiert. Genau diese Eigenschaft weist die COBB-DOUGLAS-Produktionsfunktion auf.

CES-Produktionsfunktion

Um die Größenordnung der Substitutionselastizität empirisch schätzen zu können, wurde die CES-Produktionsfunktion entwickelt (CES := constant elasticity of substitution):

$$(3.9) \qquad Y_r = c[(1 - \gamma)N^{-\delta} + \gamma K^{-\delta}]^{-\frac{1}{\delta}}$$

$$\text{mit } c > 0, \; 0 < \gamma < 1, \; \infty \geqslant \delta \geqslant -1 \text{ und } \delta \neq 0.$$

Diese Produktionsfunktion hat konstante Skalenerträge, läßt aber eine variable Verteilung zu, da für die Substitutionselastizität gilt:

$$\sigma = \frac{1}{1 + \delta} \; .$$

Erste empirische Untersuchungen ergaben mehrheitlich $\sigma < 1$. Bei einem zu beobachtenden Anstieg der Kapitalintensität würde sich die Verteilung zugunsten des Faktors Arbeit verbessert haben. Beide Beobachtungen – steigende Kapitalintensität und steigende Lohnquote – können diese Schätzungen und ihre Interpretation stützen. Gleichwohl bedarf es einer eingehenderen Erörterung der empirischen Schätzverfahren und der Ergebnisse anderer Studien, die Werte erneut um eins ergaben (Bronfenbrenner, 1971, S. 401). Letztere Analysen deuten wiederum auf eine konstante Verteilung hin.

Neutraler technischer Fortschritt

Schon die Klassiker interessierte die Frage, ob der technische Fortschritt zu Lasten des Faktors Arbeit geht. Aus dem verteilungstheoretischen Interesse heraus ist versucht worden, Konzepte des technischen Fortschritts zu entwickeln (Beitrag G). Als Ausgangspunkt dient die Festlegung eines neutralen technischen Fortschritts, der als neutral in dem Sinne verstanden wird, daß er die funktionale Einkommensverteilung nicht beeinflußt. Dieses Konzept geht auf Hicks (1932) zurück.

Als zweiter Beweggrund für die Erfassung des technischen Fortschritts kann die empirische Erfahrung genannt werden, daß das Wachstum des gesamtwirtschaftlichen Produktionsergebnisses nicht vollkommen aus der quantitativen Entwicklung des Einsatzes der Produktionsfaktoren Arbeit und Kapital erklärt werden kann. Es bleibt ein unerklärter Teil des Produktionswachstums, der dem technischen Fortschritt als quasi drittem Produktionsfaktor in der Produktionsfunktion zugeschrieben wird. Für diesen technischen Fortschritt wird postuliert, daß er nicht durch den Einsatz von Produktionsfaktoren produziert wird. Er ist exogen gegeben; man sagt, er fällt wie „Manna vom Himmel".

Nach Hicks (1932) ist der technische Fortschritt neutral, wenn er bei gegebener Kapitalintensität das Verhältnis der Grenzproduktivitäten nicht beeinflußt. Verschiebt sich dieses Verhältnis zugunsten der Grenzproduktivität des Kapitals, liegt „arbeitssparender" Fortschritt mit einer Umverteilung zugunsten der Gewinne vor. Die angenommene Veränderung der Grenzproduktivitäten ist nämlich äquivalent einer Situation ohne technischen Fortschritt, in der über eine Erhöhung des Arbeitseinsatzes die Kapitalintensität gesenkt worden wäre. Da aber die Veränderung der Grenzproduktivitäten durch den technischen Fortschritt bei konstanter Kapitalintensität eintritt, wird die fiktive Arbeitsausweitung „gespart".

Nach Roy F. Harrod (1948) ist der technische Fortschritt neutral, wenn er den durchschnittlichen Kapitalkoeffizienten und die Grenzproduktivität des Kapitals unverändert läßt. Er wirkt „arbeitsvermehrend", weil er die gleichen Wirkungen wie eine Erhöhung des Arbeitseinsatzes in einer Produktionsfunktion mit der Substitutionselastizität von eins hat (Uzawa, 1961).

Die Formen neutralen technischen Fortschritts sind im Laufe der Zeit außerordentlich vielfältig geworden. Sie haben in verteilungstheoretischer Hinsicht allerdings nicht mehr als ein Definitionsschema erbracht.

3.3. Monopolgradtheorien

Unter den Monopolgraderklärungen nimmt die Theorie von Kalecki (1938, 1954) eine herausragende Stellung ein. Die Gründe sind in der historischen Entwicklung der Verteilungstheorie zu suchen. Kalecki publizierte seinen Erklärungsversuch im Jahre 1938. Zu jener Zeit trug er wesentlich zu der Vorstellung bei, daß die funktionelle Einkommensverteilung im Zeitablauf konstant sei (s. Abschnitt 2.1.). Die Jahreszahl weist aber auch darauf hin, daß er als erster die damalige preistheoretische Revolution der monopolitischen oder unvollständigen Konkurrenz (Beitrag L-4.) aufnahm und in die makroökonomische Verteilungstheorie einbrachte.

Ansatz von Kalecki

In der Modellversion aus dem Jahre 1954 setzt sich der gesamtwirtschaftliche Umsatz R zusammen aus den Unternehmergewinnen Q, den fixen Kosten in Form der Angestelltengehälter W_f, den variablen Kosten in Form der Arbeiterlöhne W_v und der Materialkosten Z:

$$(3.10) \qquad R = Q + W_f + W_v + Z.$$

Die Monopolmacht der Anbieter läßt sich generell daran messen, welche Preise die Unternehmen im Vergleich zu ihren Kosten am Markt durchzusetzen vermögen. In der Preistheorie wird der Lernersche Monopolgrad verwendet (Beitrag L-3.1.). Er setzt die Differenz zwischen dem Marktpreis und den Grenzkosten in Relation zum Preis. Kalecki geht von einer absoluten Kosten-Preis-Relation aus und definiert als Monopolgrad k:

$$(3.11) \qquad k = \frac{R}{W_v + Z} \; .$$

Als weitere Erklärungsgröße kommt die Zusammensetzung j der variablen Kosten hinzu:

$$(3.12) \qquad j = \frac{Z}{W_v} \; .$$

Für den Anteil λ_v der Arbeiterlöhne am Volkseinkommen $(Q + W_f + W_v)$ ergibt sich aus diesen wenigen Begriffen die Verteilungsformel:

$$(3.13) \qquad \lambda_v = \frac{1}{1 + (k - 1)(j + 1)} \; .$$

Nach Kalecki steigt der Monopolgrad langfristig aufgrund zunehmender Konzentration in der Industrie. Zu beobachten war, daß der Koeffizient j langfristig fiel und so dem Anstieg des Monopolgrades entgegenwirkte. Diese gegenläufige Entwicklung trug zur Konstanz des Lohnanteils bei. Kalecki, der seine Argumentation stets auf eine offene Volkswirtschaft wie England bezog, erklärte das relative Fallen der Rohstoffpreise im Sinne der Imperialismustheorie mit der Ausbeutung der Kolonialvölker. Aber es besteht für Kalecki keine Garantie, daß das relative Zurückbleiben der Preise der Rohmaterialien hinter den Löhnen bestehen bleibt. Im Gegenteil, man wird eher ein Sinken der Lohnquote erwarten dürfen. In dieser Ansicht bricht der marxistische Gedanke der Verelendung der Arbeiter durch.

In der kurzen Sicht mußte KALECKI beobachten, daß das Verhältnis j prozyklisch mit den Konjunkturschwankungen variierte. KALECKI erklärte diese Bewegungen daraus, daß die Rohmaterialpreise im Zyklus nachfragebestimmt sind. Wenn die Einkommensverteilung auch für die kurze Frist als relativ stabil erklärt werden soll, muß konsequenterweise unterstellt werden, daß der Monopolgrad in der Depression steigt und im Aufschwung fällt.

KALECKIS Aussagen über den Monopolgrad und den Materialkosten-Lohn-Parameter sind recht vage formuliert. Sie können kaum als Hypothesen gewertet werden, so daß die Lohnquotenformel (3.13) nicht über einen tautologischen Ansatz hinausreicht. Dieses Schicksal teilt KALECKIS Theorie mit vielen anderen, die lediglich auf Definitionsgleichungen aufbauen.

Weitere Ansätze

Aus einer Kritik an KALECKI heraus hat ASHOK MITRA eine eigene Monopolgradtheorie entwickelt (umfassende Darstellungen bei KRELLE, 1962; FERGUSON, 1969). Sie basiert explizit auf der Theorie der Preisbildung im Monopol. Durch die Aggregation der einzelwirtschaftlichen Bedingungen für das Gewinnmaximum des Monopolisten gelangt MITRA unter weiteren Spezifizierungen der Kosten- und Nachfragefunktionen zu einem detaillierten analytischen Ausdruck für die gesamtwirtschaftliche Lohnquote. In ihr übernimmt die Anzahl der Anbieter die Rolle des Monopolgrades. Je kleiner diese Zahl ist, desto höher fällt der Gewinnanteil am Sozialprodukt aus. In einer industriellen Volkswirtschaft ist allerdings die Anzahl der Anbieter außerordentlich groß. Hier müßte der Lohnanteil gegen eins streben. Das ist ein Ergebnis, das der Wirklichkeit völlig entgegensteht.

Die Monopolgradtheorie der Verteilung hat ausgehend von MARX ihren Niederschlag auch im deutschen Sprachraum gefunden. FRANZ OPPENHEIMER (1922) erklärt die Verteilung aus dem Bodenmonopol der Großgrundbesitzer. Durch ihn beeinflußt haben für ERICH PREISER (1957, 1964) die Kapitalbesitzer ein Klassenmonopol inne, das ihnen ein gesondertes Besitzeinkommen auch dann sichert, wenn der einzelne Kapitalist über kein Marktmonopol im Sinne der Preistheorie verfügt.

Die Monopolgradtheorien verwenden das Konzept eines Gewinnaufschlages zur Erklärung der Preisbildung und der Einkommensverteilung. In der Regel wird die Gewinnmarge nur durch Plausibilitätsüberlegungen begründet. Diese Ansätze sind deshalb eher als Erklärung der kurzfristigen Preisfestsetzung der Anbieter zu werten, als daß sie langfristige Verteilungsgesetzmäßigkeiten erhellen.

3.4. Kreislauftheoretische Ansätze

Eine Vielfalt postkeynesianischer Verteilungstheorien leiten die funktionelle Einkommensverteilung aus makroökonomischen Kreislaufbeziehungen her. Das Konzept ist untrennbar mit dem Namen NICHOLAS KALDOR (1955) verbunden. Allerdings haben andere Autoren vor ihm oder doch etwa zur gleichen Zeit kreislauftheoretische Verteilungsgedanken formuliert (s. KRELLE, 1962, S. 72ff.).

Die Bezeichnung postkeynesianische Verteilungstheorie suggeriert, daß sie die impliziten Verteilungserklärungen der „General Theory" von JOHN MAYNARD KEYNES (1936) widerspiegeln oder doch entwickeln. Dem ist nicht so. Das Verteilungskonzept der „General Theory" entspricht der makroökonomischen Grenzproduktivitätstheorie. Auch wenn in der keynesianischen Theorie das Beschäftigungsvolumen durch die Höhe der effektiven Nachfrage bestimmt wird, ist der Reallohn gleich der Grenzproduktivität der Arbeit (Beitrag C-6).

Ansatz von KALDOR

KALDOR knüpft an die politische Ökonomie der Klassiker an, indem er die beiden sozialen Klassen der Lohnempfänger und Gewinnbezieher unterscheidet. Dementsprechend ist das Volkseinkommen Y von der Verteilungsseite her definiert als die Summe aus dem Lohneinkommen W und dem Gewinneinkommen Q:

(3.14) $Y = W + Q.$

Auf der Verwendungsseite gilt die ex post Identität und ex ante Gleichgewichtsbedingung zwischen Ersparnis S und Investitionen I:

(3.15) $S = I.$

Es wird nun angenommen, daß die Lohnempfänger den Anteil s_W, die Gewinnbezieher den Anteil s_Q ihres jeweiligen Einkommens sparen, so daß für die Ersparnis folgende Verhaltensfunktion gilt:

(3.16) $S = s_w \cdot W + s_Q \cdot Q.$

Die Nebenbedingung

(3.17) $0 < s_w < s_Q \leqq 1,$

nach der die Arbeiter aus ihrem Lohneinkommen relativ weniger als die Kapitalisten aus ihren Gewinnen sparen, erscheint unmittelbar plausibel.

Bedenkt man, daß nach der Definitionsgleichung (3.14) $W = Y - Q$ gesetzt werden kann, geht (3.16) über in: $S = s_W Y + (s_Q - s_W)Q$. Aufgrund der Gleichheit von S und I folgt nach weiteren Umformungen die KALDORsche Verteilungsformel für die Gewinnquote:

(3.18) $$\frac{Q}{Y} = \frac{\frac{I}{Y} - s_W}{s_Q - s_W} .$$

Bei einer Auswertung der Verteilungsgleichung wird zunächst deutlich, daß die Nebenbedingung (3.17) $s_Q > s_W$ nicht nur plausibel erscheint, sondern erforderlich ist, um eine komparativ-statische Gleichgewichtslösung des Verteilungsmodells zu ermöglichen. In diesem Falle ist auch der Zähler positiv, da aufgrund von (3.18) die Investitionsquote I/Y zwischen den beiden marginalen Sparquoten s_Q und s_W liegt.

Die Investitionsquote ist nach KALDOR institutionell gegeben, so daß s_Q und s_W von ihr unabhängig sind. Sie unterliegt den Entscheidungen der Unternehmer. Sie ist zugleich die entscheidende Verteilungsdeterminante. Den zugehörigen multiplikativen Faktor $1/(s_Q - s_W)$ nennt KALDOR Empfindlichkeitskoeffizient der Einkommensverteilung. Der multiplikative Anpassungsprozeß läßt sich allerdings nur in dem neoklassischen Bereich der Vollbeschäftigung erklären, in dem die Güterpreise flexibler als die

Nominallöhne reagieren: Eine exogene Ausdehnung der Investitionsquote führt zu Preiserhöhungen im Investitionsgüterbereich, die auf den Konsumgütersektor übergreifen. Die dadurch sinkenden Reallohneinkommen ermöglichen den Anstieg der Gewinnquote.

Kritische Einwendungen

Die Kritik an KALDORS Verteilungstheorie hat sich zu vielfältigen Einwendungen, die bis zu totalen Ablehnungen reichen (JOHNSON, 1973), aufsummiert. Im Mittelpunkt steht die Exogenität der Investitionsquote. Damit bestimmt das Modell nur jene Verteilung, die bei gegebenem Investitionsvolumen und gegebenen Sparneigungen mit Vollbeschäftigung vereinbar ist. Eine exogene Investitionsquote impliziert, daß der Kapitalkoeffizient unabhängig vom Zinssatz ist. Die Grenzproduktivitätstheorie begründet aber gerade ihre wechselseitige Beziehung. KALDOR (1957) muß deshalb die Existenz einer makroökonomischen Produktionsfunktion verneinen.

Die analytische Form der Verteilungsgleichung hat gleichfalls kritische Bemerkungen hervorgerufen. Wenn eine soziale Klasse diese Verteilungsgesetzmäßigkeit erkennt, kann sie durch ihr Sparverhalten das gesamte Einkommen auf sich vereinigen, indem sie die eigene Sparquote dem Wert der Investitionsquote angleicht. Das Modell ist nicht auf drei (und mehr) Einkommenskategorien ausdehnbar. Dann muß der relative Einkommensanteil der zusätzlichen Klasse durch eine gesonderte Theorie erklärt werden.

Weitere Entwicklungen

Bei mangelnden ökonomischen Spezifizierungen der Verhaltenshypothesen sind solche Verteilungsgleichungen wie (3.18) leicht Manipulationen zugänglich, die schnell zu grundsätzlich anderen Aussagen führen können. Aus diesem Grund sei hier ERICH SCHNEIDER (1957) erwähnt, der das Verhältnis von Investitionen zu Gewinnen als exogen gegeben annimmt. Dann wird die KALDOR-Formel zu:

$$\text{(3.19)} \qquad \frac{W}{Q} = \frac{1}{s_W}\left(\frac{I}{Q} - s_Q\right) .$$

In dieser Verteilungsgleichung haben die Investitionen und die Sparquoten im Vergleich zu KALDOR die genau umgekehrte Wirkung auf die Verteilung.

LUIGI PASINETTI (1962) kritisierte an dem KALDOR-Modell, daß jede soziale Klasse nur eine Einkommensart bezieht. Er unterstellt, daß den Arbeitnehmern ebenfalls ein Kapitaleinkommen zufließt. Unter bestimmten Annahmen über ein gleichgewichtiges Wachstum leitet er her, daß nunmehr die Profitquote nur von der Investitionsquote und der Sparquote der Gewinnbezieher abhängt. Die Sparquote der Arbeitnehmer hat langfristig keinen Einfluß mehr. Diese Aussage ist als PASINETTI-Paradox in der Literatur (BRONFENBRENNER, 1971, S. 420) diskutiert worden.

Die KALDORsche Verteilungstheorie übte ihre stärkste Anziehungskraft von Ende der 50er bis Mitte der 60er Jahre aus. Unter den zahlreichen Modellvarianten seien ohne Anspruch auf Vollständigkeit genannt: die Zusammenfügung von kreislauf- und produktionstheoretischen Elementen (KRELLE, 1962) und die langfristigen Versionen (ROTHSCHILD, 1967).

3.5. Produktivitätsorientierte Ansätze

In verteilungspolitischen Auseinandersetzungen wird häufig die Einkommensverteilung aus den Entwicklungen des Reallohnes und der Arbeitsproduktivität erklärt und aus diesem Zusammenhang die tarifpolitische Forderung abgeleitet, daß die Nominallöhne nur im Ausmaß der Arbeitsproduktivität steigen dürften, wenn das Preisniveau stabil bleiben sollte. Diese Erklärung der Einkommensverteilung und die produktivitätsorientierte Lohnleitlinie stützen sich auf die kausale Auswertung einer definitorischen Erweiterung der Lohnquote. Die in Ausdruck (2.1) definierte Lohnquote läßt sich ergänzen zu der Verteilungsformel:

$$(3.20) \qquad \lambda := \frac{\frac{W}{N} \cdot N}{\frac{Y}{P} \cdot P} = \frac{\frac{w}{P}}{\frac{Y_r}{N}} \; .$$

In dieser Umformung bezeichnen $w: = W/N$ den Nominallohnsatz und $Y_r := Y/P$ das reale Sozialprodukt. In der herkömmlichen Interpretation bleibt die Lohnquote konstant, wenn der Reallohn w/P mit der gleichen Rate wie die Arbeitsproduktivität Y_r/N wächst. Diese Aussage ist tautologisch und erklärt nicht die Verteilung. Eine der entscheidenden Fragen liegt darin, welche kausale Verknüpfung zwischen dem tariflich vereinbarten Nominallohn und dem Preisniveau andererseits besteht. Ausdruck (3.20) läßt sich auch schreiben als:

$$(3.21) \qquad P = \frac{w}{\frac{Y_r}{N} \cdot \lambda} \; .$$

An diese Formulierung knüpft die produktivitätsorientierte Lohnpolitik an: die Preise steigen nicht, solange bei gegebener Einkommensverteilung die Nominallöhne parallel zur Arbeitsproduktivität wachsen. Wenn jedoch die Nominallöhne stärker wachsen, kann solange keine Aussage über die Preisentwicklung getroffen werden, solange nicht bekannt ist, wie die funktionelle Verteilung reagiert. Letzteres zu erklären, ist Aufgabe der Verteilungstheorie. Dazu liefert die Auswertung von Ausdruck (3.20) keine Aussage, weil dies wiederum eine Hypothese über den Zusammenhang zwischen Nominallohnvariation und Preisänderung voraussetzt.

3.6. Wertende Zusammenfassung

Viele der Erklärungsansätze zur funktionellen Einkommensverteilung bleiben in tautologischen Formulierungen stecken. Definitorische Zusammenhänge beschreiben keine kausalen Abhängigkeiten. Das Zusammenwirken der in die Ansätze aufgenommenen einzelnen Komponenten kann lediglich in einer ex post Betrachtung statistisch-quantitativ festgestellt werden.

Als geschlossenes theoretisches Gedankengebäude ist vor allem die Grenzproduktivitätstheorie zu werten. Sie erklärt die Verteilung über den Preisbildungsprozeß auf den Faktormärkten. Die Faktorpreise sind nicht nur Einkommen, sondern auch Lenkungsgrößen der Produktion. Die neoklassische Verteilungstheorie ist deshalb zugleich eine Theorie der Produktion.

Die funktionelle Verteilung verliert jedoch zunehmend den Bezug zu bestimmten Wirtschaftsgruppen, weil Produktionsfaktoren und Wirtschaftseinheiten nicht mehr wie zu Zeiten der Klassik gleichgesetzt werden können. Einer wachsenden Zahl von Wirtschaftssubjekten fließt heute Einkommen aus mehreren funktionellen Quellen zu (s. Abschnitt 2.1.). Dieser Wandel und der Tatbestand, daß die funktionelle Verteilung keine Aussagen über individuelle Einkommensvergleiche erlaubt, dürften dazu beigetragen haben, daß im letzten Jahrzehnt die personelle Einkommensverteilung in den Mittelpunkt der Verteilungstheorie gerückt ist.

4. Theorien der personellen Einkommensverteilung

Die Entwicklung der Theorie der personellen Einkommensverteilung wurde durch das Bemühen beherrscht, die typische Ungleichmäßigkeit und Schiefe der beobachteten Verteilung (s. *Abb. H-1*) herzuleiten und zu deuten. Davon zu unterscheiden ist, auch wenn die Übergänge fließend sind, die Ermittlung der Bestimmungsgründe für die Höhe des personellen Einkommens.

4.1. Stochastische Ansätze

Die Verteilungsgesetzmäßigkeit aus einem Zufallsprozeß herzuleiten geht auf Robert Gibrat (1931) zurück. Seine Verteilungsfunktion hat gegenüber der paretianischen hyperbolischen Verteilung den Vorteil, auch den aufsteigenden Ast und den Bereich des Maximums der Einkommenskurve zu erfassen.

Lognormale Verteilung von Gibrat

Gibrat wollte nicht nur die Verteilungskurve statistisch beschreiben, sondern gleichzeitig die Einkommensungleichheit erklären. Einen Ausgangspunkt sah er durchaus in der Normalverteilung. Sie läßt sich aus drei Bedingungen herleiten:

- Die die Verteilung bestimmenden Ursachen sind zahlreich;
- Deren Wirkungen, in Form absoluter Änderungen auf die Verteilungsgröße, sind voneinander unabhängig;
- Jede Einzelwirkung ist gering gegenüber dem Gesamteffekt aller Einflüsse.

In Hinblick auf die Einkommensverteilung ist für Gibrat das zweite Postulat der Unabhängigkeit der Effekte nicht mit der Wirklichkeit vereinbar. Dieselbe Ursache, die auf verschiedene personelle Einkommenshöhen einwirkt, kann nicht die absolut gleiche Einkommensveränderung auslösen. Sie wird eher dem jeweiligen Einkommensniveau proportional sein und damit von den Einflüssen abhängen, die zu der individuellen Einkommenshöhe geführt haben (Solterer, 1958). Normalverteilte proportionale Einkommensänderungen erzeugen eine logarithmische Normalverteilung (lognormale Verteilung), der die bekannte rechts-schiefe Verteilung der beobachteten Daten entspricht.

Markov-Prozeß

Für einen in der Zeit ablaufenden Verteilungsprozeß kann man sich gedanklich vorstellen, daß sich bestimmte Chancen dafür einstellen, daß eine Wirtschaftseinheit in der Einkommensklasse auf- bzw. absteigt. Diese Idee erlaubt die Anwendung der mathematischen Theorie des Markov-Prozesses. Mit ihr werden die Auf- und Abstiegschancen durch Übergangswahrscheinlichkeiten erfaßt, die im Zeitablauf konstant bleiben. Dann stellt sich das bemerkenswerte Ergebnis ein, daß die Endverteilung nicht von der Ausgangssituation, und sei sie auch die einer völligen Gleichverteilung, sondern von den Annahmen über die Übergangswahrscheinlichkeiten abhängt. Es läßt sich sowohl eine Pareto-Verteilung wie eine Lognormalverteilung erzeugen.

Spezifizierte und normalverteilte Einflußgrößen

Die Gibrat-Verteilung und der Markov-Prozeß bilden stochastische Ansätze in dem Sinne, daß die Ursachen der Verteilung selbst zufällig sind und zufällig streuen. Es fehlen die ökonomischen Erläuterungen der vielfältigen unabhängigen Wirkungsursachen und die ökonomischen Begründungen der angenommenen Übergangswahrscheinlichkeiten. Davon zu unterscheiden sind Theorien, die einzelne Verteilungsursachen isolieren, für diese aber annehmen, daß sie normal verteilt sind.

Unter diesen Erklärungsfaktoren kann man die Fähigkeiten und Eigenschaften zum Einkommenserwerb, wie immer sie auch definiert sein mögen (s. Abschnitt 2.2.), verstehen. Sind diese Faktoren normalverteilt und unabhängig voneinander, erklärt kein Faktor für sich allein die personelle Einkommensverteilung. Ihr multiplikatives Zusammenwirken erzeugt dagegen eine rechts-schiefe Verteilungskurve (Roy, 1950). Diese multiplikative Verbindung entspricht einer Addition der Logarithmen und rückt sie damit in die Nähe der lognormalen Gibrat-Verteilung.

Auch eine Addition von Normalverteilungen kann die beobachtete Verteilungsungleichheit herbeiführen. Daran knüpft Milton Friedman (1953,1) an. Er bildet zwei Klassen von Wirtschaftssubjekten, die sich in ihrer Risikopräferenz unterscheiden: die größere Zahl der risikoscheuen unselbständig Beschäftigten und die kleinere Anzahl der risikofreudigen selbständig Tätigen. Die Einkommen sind in beiden sozialen Klassen symmetrisch verteilt. Die Verteilung der Einkommen der Unselbständigen weist jedoch gegenüber der Verteilung der Verdienste der risikofreudigeren Wirtschaftseinheiten ein geringeres Durchschnittseinkommen und eine geringere Streuung auf. Die Addition beider symmetrischen Verteilungen ergibt eine rechtsschiefe Verteilungskurve.

Jan Tinbergen (1956) wendet in einem stochastischen Ansatz den Marktmechanismus zwischen Angebot von und Nachfrage nach Arbeit auf die Herausbildung der personellen Einkommensverteilung an. Funktion der Einkommensverteilung ist es, das normalverteilte Arbeitsangebot den seitens der Unternehmer ebenfalls im stochastischen Sinne nachgefragten Arbeitsfähigkeiten anzupassen. Die mathematischen Eigenschaften des Modells produzieren für die endogene Einkommensvariable die lognormale Verteilungskurve.

4.2. Konzept des Arbeitsvermögens

Das Konzept des Arbeitsvermögens (Humankapital) wendet den Begriff des Kapitalgutes auf die menschlichen Fähigkeiten zum Einkommenserwerb an (s. Abschnitt 2.3.). Kapitalgüter sind alle unter Einsatz von Ressourcen produzierten Güter, die über ihre Lebensdauer Erträge und Nutzungen stiften. Die menschlichen Fähigkeiten, ökonomisch verwertbare Tätigkeiten zu verrichten und damit Einkommen (Erträge) zu erzielen, sind nicht allein angeboren, sondern auch durch Investitionen geschaffen. Zu diesen Investitionen zählen die Schulausbildung, die Ausbildung während der Berufsausübung, aber auch Ausgaben der Gesundheitsvorsorge. Niemand wird aber in das Arbeitsvermögen investieren, ohne daß monetäre oder nicht-pekuniäre Erträge und Vorteile erwartet werden. Der human-capital-Ansatz erklärt diese Investitionstätigkeit aus dem mikroökonomischen Kalkül der optimalen Entscheidungen.

Dieses Konzept haben Jacob Mincer (1970) und Gary S. Becker (1964) zur Erklärung der personellen Einkommensunterschiede ausgebaut. Im Mittelpunkt steht die Bedeutung der Schulausbildung.

Der Ausgleich der Gegenwartswerte

Das Arbeitsvermögen ist nicht direkt meßbar. Mincer definiert es als Gegenwartswert aller Einkommensströme, die ein Wirtschaftssubjekt aus dem Einsatz seiner Arbeitskraft in der Zukunft erwartet. Am Ende eines bestimmten Lebensabschnittes soll die Entscheidung darüber gefällt werden können, entweder in das Berufsleben einzutreten oder zunächst noch eine Anzahl von Jahren in die Schul- und Hochschulausbildung zu investieren. Die Länge der Schulausbildung betrage b Perioden und die Dauer des Berufslebens n Jahre. Das während des Arbeitslebens erzielte Einkommen Y_b sei für alle Perioden gleich groß. Bei einer erwarteten Ertragsrate r auf die Ausbildung (Diskontierungsrate) ergibt sich bei einer in der Zeit t kontinuierlichen Betrachtungsweise das Humankapital (Arbeitsvermögen) H_b:

$$(4.1) \qquad H_b = Y_b \int_b^{b+n} e^{-rt}\,dt = \frac{Y_b}{r} e^{-rb} [1 - e^{-rn}].$$

Die Kosten der Ausbildung sind in diesem Ansatz gleich dem Einkommen, die dem Wirtschaftssubjekt während des Schulbesuchs entgehen (Opportunitätskosten). Ein Wirtschaftssubjekt, das sofort in das Berufsleben (b = 0) eintritt, hat diese Kosten nicht zu tragen. Dessen laufendes Einkommen Y_0 wird, so kann man vermuten, kleiner ausfallen. Um die Bedeutung der Länge der Ausbildungsdauer hervorzuheben, sei für alle Wirtschaftssubjekte die gleiche Berufsdauer n und der gleiche Diskontierungsfaktor r unterstellt. Für das Arbeitsvermögen H_0 eines Wirtschaftssubjektes ohne weitere Ausbildung gilt in Anlehnung an Ausdruck (4.1):

$$(4.2) \qquad H_0 = \frac{Y_0}{r}\left[1 - e^{-rn}\right] \cdot$$

In einem marktwirtschaftlichen Wettbewerbssystem müssen sich die individuellen Einkommen so einstellen, daß die Gegenwartswerte zukünftiger Einkommen für alle beruflichen Tätigkeiten, und d. h. in dieser Modellbetrachtung für alle Ausbildungslängen, gleich hoch sind. Andernfalls verstärkt sich das Interesse an den Berufen mit dem erwarteten höheren Lebenseinkommen. Die wachsende Nachfrage und damit Konkurrenz übt einen Druck auf die Einkommenshöhe solange aus, bis sich die Werte des Humankapitals wieder angeglichen haben. Dieser ausgleichende Marktmechanismus macht deutlich, daß das Konzept des Arbeitsvermögens in der Tradition der langfristigen neoklassischen Gleichgewichtsanalyse steht.

Aus der Gleichsetzung der Vermögenswerte (4.1) und (4.2) ergibt sich die Einkommensrelation:

$$(4.3) \qquad \frac{Y_b}{Y_0} = e^{rb}$$

und damit der Einkommensunterschied in den natürlichen Logarithmen:

$$(4.4) \qquad \ln Y_b = \ln Y_0 + rb \cdot$$

Dieses Ergebnis erlaubt folgende Aussagen:

- Bei gegebenen gleichen Ertragsraten gehen die Einkommensdifferenzen auf die unterschiedliche Dauer der Ausbildung zurück. Sind diese Ausbildungslängen, z. B. als Ausdruck der Chancengleichheit, normalverteilt, stellt sich die bekannte rechts-schiefe Einkommenskurve ein.
- Auch die erwarteten Ertragsraten können streuen. Führt man sie auf Unterschiede in den gegebenen individuellen Fähigkeiten zurück, bewirkt ein höheres allgemeines Bildungsniveau, repräsentiert durch einen größeren Durchschnittswert des Parameters b, stärkere Einkommensdifferenzen.
- Eine progressive Einkommensteuer erhöht die Ungleichheit in den Bruttoeinkommen. Ausdruck (4.3) geht bei den Steuersätzen τ_b und τ_0 über in:

$$(4.5) \qquad \frac{Y_b}{Y_0} = \frac{(1-\tau_0)}{(1-\tau_b)} e^{rb} > e^{rb} \text{ für } \tau_b > \tau_0.$$

Allgemeine Verdienstfunktion

Becker definiert das in der laufenden Periode t bezogene Einkommen als Summe aus einem Basiseinkommen Y_0, das ein Wirtschaftssubjekt ohne Ausbildung beziehen kann, und dem Ertrag auf die in den vorangegangenen Perioden getätigten Investitionsausgaben I:

$$(4.6) \qquad Y_t = Y_0 + r \sum_{i=0}^{t-1} I_i = Y_{t-1} + rI_{t-1}.$$

Die Investitionsausgaben seien proportional dem laufenden Einkommen:

$$(4.7) \qquad \frac{I_t}{Y_t} = k_t .$$

Durch Substitution von (4.7) in (4.6) ergibt sich beim Übergang zu natürlichen Logarithmen:

$$(4.8) \qquad \ln Y_t = \ln Y_0 + \sum_{i=0}^{t-1} \ln (1 + rk_{t-1}).$$

Die Investitionsperioden kann man aufspalten in wiederum b Schuljahre und (t-b) Perioden der Berufsausübung. Die Kosten der Schulausbildung werden erneut durch die Opportunitätskosten des entgangenen Einkommens gemessen, so daß die zugehörigen Parameter k gleich eins sind. Während des Berufslebens fallen diese relativen Fortbildungsaufwendungen kleiner eins aus. Verwendet man die Abschätzung $\ln(1 + rk_{t-1}) \approx rk_{t-1}$, erhält man zusammen mit den getroffenen Annahmen über k:

$$(4.9) \qquad \ln Y_t = \ln Y_0 + rb + r \sum_{j=b}^{t-1} k_j \cdot$$

Zusätzlich zu der Einkommensfunktion (4.5) lassen sich folgende Aussagen treffen:

- Je älter die Altersgruppe (je größer t), desto ungleicher ist die Einkommensverteilung auch bei gleichem Schulausbildungsniveau b.
- Die Einkommensstreuung fällt in der Gruppe der gelernten Arbeiter (größere Werte für k) höher als in der Gruppe der ungelernten Arbeiter aus.
- Verheiratete Frauen unterbrechen ihre Berufstätigkeit, um die Kinder großzuziehen. Für bestimmte Zeitintervalle werden für sie die Parameter k gleich null. Damit sind in dieser sozialen Gruppe die Einkommensunterschiede kleiner als etwa in der Gruppe der Männer.

Viele der hier abgeleiteten Aussagen konnten empirisch bestätigt werden (Chiswick, 1974; Mincer/Polachek, 1974; Überblick bei Sahota, 1978).

4.3. Vererbung

Die bislang diskutierten, sehr unterschiedlichen Erklärungsansätze verdeutlichen, daß keine geschlossene Theorie der personellen Verteilung existiert. Zusätzliche Faktoren, die zur Einkommensungleichheit beitragen, lassen sich in großer Zahl zusammentragen. Zeitlich schon sehr früh wurde auf den ererbten Vermögensbesitz verwiesen (Pigou, 1912; Dalton, 1920).

Selbst wenn die Fähigkeiten zum Einkommenserwerb normalverteilt seien, müsse sich eine rechts-schiefe Verteilungskurve einstellen, weil das Vermögen Quelle zusätzlicher, aber ungleich verteilter Besitzeinkommen und Startchancen ist. Dagegen ist jedoch zu beachten, daß der abnehmende relative Anteil des Besitzeinkommens in der funktionellen Verteilung den Einfluß auf die personelle Einkommensungleichheit mindert. Bedeutsam könnte allein die Verbindung zwischen Vermögensposition und Startchancen wie Chancenbevorzugung sein. Derartige Rückwirkungen betont James E. Meade (1964, 1976). Diese Verknüpfung ist umstritten, weil sie in das Problem der genetisch und umweltbedingten Bestimmungsgründe der individuellen Fähigkeiten hineinreicht (SAHOTA, 1978).

5. Theorien der Vermögensverteilung

Die Erklärung der ungleichen Vermögensverteilung ist gegenüber der theoretischen Herleitung der Einkommensverteilung ein wesentlich weniger beachtetes Interessengebiet. Soweit versucht wird, die personelle Vermögensungleichheit zu erklären, gilt das Vererbungssystem als Ansatzpunkt der Hypothesenbildung.

Ein einfaches Beispiel konstruiert BLÜMLE (1975). Die vererbenden Ehepaare werden nach ihrer Kinderzahl zusammengefaßt. Zu beobachten ist, daß sich die Häufigkeit der Kinderzahl rechts-schief verteilt: Einkind- und Zweikinderhaushalte kommen am häufigsten vor und je zahlreicher der Nachwuchs, desto geringer die Anzahl der Haushalte in der Bevölkerung. Ist das zu vererbende Vermögen bei allen Ehepaaren gleich groß und erhält jeder Erbe den gleichen Vermögensanteil, stellt sich bereits in der ersten Nachfolgegeneration eine rechts-schiefe Vermögensverteilung ein.

ANTHONY B. ATKINSON (1971) hat versucht, die Bedeutung der Vererbung in der Weise zu erfassen, daß er die empirischen Beobachtungen mit einer hypothetischen Verteilung für eine Gesellschaft vergleicht, in der alle Wirtschaftseinheiten ökonomisch gleichgestellt sind und gleiche Pläne aufstellen. Grundlage der hypothetischen Verteilung ist die Lebenszyklus-Hypothese des Sparens. Vermögen wird weder geerbt noch vererbt. Dennoch verfolgt jedes Individuum bestimmte Sparpläne. Während des Arbeitslebens wird so viel angespart, daß der laufende Konsum im Alter (Ruhestand) finanziert werden kann. Jedes Individuum weiß zudem mit Sicherheit, daß sein Einkommen während des Berufslebens mit einer bestimmten Rate wächst. Ebenso sei die Dauer des Arbeitslebens und des gesamten Lebens vorhersehbar. Nunmehr plane das Individuum seinen Konsum und damit seine Ersparnisse derart, daß der Konsum über das ganze Leben, also auch während des Ruhestandes, mit einer konstanten Rate zunimmt. Am Lebensende sind alle Ersparnisse ausgegeben. Unter den gemachten Annahmen bestehen zwischen den Individuen eines Jahrganges keine Vermögensunterschiede; wohl aber zwischen den Individuen verschiedenen Lebensalters. Auf Variationen der Modellparameter – wie z. B. den Wachstumsraten von Einkommen, geplanten Konsum und Bevölkerung – reagiert die Vermögensverteilung zwischen den Altersgruppen nur schwach. Die 10 v. H. reichsten Wirtschaftseinheiten besitzen zwischen 19 v. H. und 30 v. H. des Gesamtvermögens. Das ist erheblich weniger, als in der Wirklichkeit beobachtet wird. ATKINSON schließt daraus, daß diese Differenzen auf die Vermögensvererbung zurückzuführen sind.

Selbst kompliziertere Modelle dieser Art ändern nichts an dieser grundsätzlichen Aussage. Damit muß – wie auch das vorangehende Beispiel der Kinderzahl und pro-Kopf Gleichvererbung zeigt – die Frage nach den Auswirkungen unterschiedlicher Vererbungsgesetzmäßigkeiten gestellt und analysiert werden (BLINDER, 1973).

Kommentierte Literaturhinweise

Die Lehrbücher und Monographien konzentrieren sich auf die Einkommensverteilung. Unter ihnen ist die Verteilungstheorie von MARTIN BRONFENBRENNER (1971, 4. A. 1979) hervorzuheben, weil sie einen Gesamtüberblick über Fragestellungen, statistische Informationen, Theoriebildungen und historische Entwicklungen liefert. Ebenso umfassend, mit kritischen Akzenten, informiert JAN PEN (1971, 2. A. 1973). Das gilt auch für die neue Auflage von BERNHARD KÜLP (1974, 3. A. 1994), in der zugleich verteilungspolitische Probleme umfassend behandelt werden.

Die ökonomisch anspruchsvollste Analyse mit dem Schwerpunkt auf der neoklassischen Grenzproduktivitätstheorie und eine Ausweitung auf die personelle Verteilung hat HARRY G. JOHNSON (1973) als ausgearbeitetes Vorlesungsmanuskript veröffentlicht. Wer an den mathematisch-analytischen Eigenschaften der Neoklassik interessiert ist, muß zu dem Werk von CHARLES E. FERGUSON (1969, 3. A. 1975) greifen.

Neuere Überblicke und Vertiefungen bieten ASIMAKOPULOS (1988) und RAMSER (1987, 2).

Zur personellen Einkommensverteilung bietet im deutschen Sprachraum nur GEROLD BLÜMLE (1975) eine einführende Darstellung. Der speziell am human-capital-Ansatz interessierte Leser gewinnt den besten Überblick bei JACOB MINCER (1970). Die bislang vollständigste, nach Fragestellungen zusammengefaßte und kommentierte Bibliographie stammt von GIAN S. SAHOTA (1978).

Die Verteilungstheorie ist zugleich ein Stück Ideengeschichte der Nationalökonomie. Dazu ist GERHARD STAVENHAGEN (1957, 4. A. 1969) zu beachten. Ein knapper historischer Überblick findet sich in dem Werk von WILHELM KRELLE (1962), in dem zugleich das bisher detaillierteste Kreislaufmodell der Verteilung konstruiert und simuliert worden ist.

I. Außenhandel

Dieter Bender

Gliederung

1. Strukturwandel im Welthandel

Außenhandelsliberalisierung und Einkommenswachstum haben in den vergangenen drei Jahrzehnten zu einem kräftigen Wachstum des Welthandels beigetragen. Diese Entwicklung war mit einem Strukturwandel verbunden. Wie *Übersicht I-1* zeigt, lassen sich für den Zeitraum 1950–1966 wachsende Anteile der Industrieländer und abnehmende Anteile der Entwicklungsländer am Weltexport feststellen. Lediglich die internationale Arbeitsteilung zwischen Industrieländern hat sich also in der Phase eines stürmischen Welthandelswachstums intensiviert. Dagegen waren die siebziger Jahre durch wachsende Exportanteile der Entwicklungsländer geprägt, die in den 80er Jahren bei erneuter Intensivierung des Industrieländer-Handels wieder zurückgingen.

Übersicht I-1: Exporte (Mio $ f.o.b.) in Prozent des Weltexports gegliedert nach Ursprungs- und Bestimmungsländern

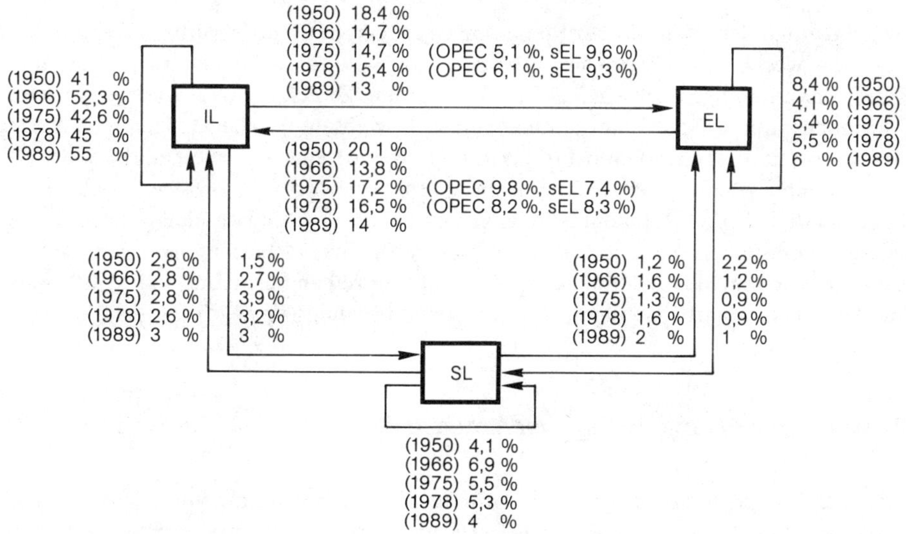

IL – Industrieländer
EL – Entwicklungsländer
OPEC – Kartell erdölexportierender Entwicklungsländer
sEL – sonstige Entwicklungsländer
SL – Staatshandelsländer des Ostblocks (seit 1990 überwiegend Transformationsländer)
Quelle: GATT, international Trade Statistics, lfd. Jahrgänge

Aufgabe einer Theorie des internationalen Handels ist die Erklärung der Entstehung und des Strukturwandels von Welthandelsbeziehungen. Die in den sechziger Jahren dominante Ursache dieser strukturellen Verschiebungen kann darauf beruhen, daß in den zwischen Industrieländern gehandelten Exportsortimenten Produkte dominieren, deren Einkommenselastizität größer als eins ist (Investitionsgüter, dauerhafte Konsumgüter, wie z. B. Autos, Haushaltselektrogeräte etc.), während das von Entwicklungsländern gelieferte Exportsortiment einen großen Anteil von Produkten mit relativ einkommensunelastischer Nachfrage umfaßt (Primärgüter: Nahrungs- und Genußmittel, zahlreiche Rohstoffe). Die in den siebziger Jahren dominanten Ursachen veränderter Welthandelspositionen sind demgegenüber die Auflösung dieser traditionellen Strukturen internationaler Arbeitsteilung und die relativen Verschiebungen der Exportpreise beider Ländergruppen. Die mit Bildung des OPEC-Kartells (1973) durchgesetzte Erhöhung der Ölexportpreise und die relativ starke Zunahme der Industriegüterexporte von Entwicklungsländern haben wesentlich zu dieser Entwicklung beigetragen.

Der Beitrag, den die Außenhandelstheorie zur Erklärung des Strukturwandels im Welthandel leisten kann, besteht in Antworten auf die Fragen,

- warum im Exportsortiment der Industrieländer (Entwicklungsländer) relativ einkommenselastische (einkommensunelastische) Güter dominieren,
- unter welchen Voraussetzungen eine für Entwicklungsländer günstigere Struktur der internationalen Arbeitsteilung entstehen kann (Beitrag T-4.),
- unter welchen Bedingungen und warum das Verhältnis zwischen Exportpreisen und Importpreisen (terms of trade) für Industriestaaten verbessert oder verschlechtert, für Entwicklungsländer verschlechtert oder verbessert werden kann.

Ziel außenhandelstheoretischer Methoden ist es, empirisch überprüfbare Hypothesen über die wesentlichen Ursachen arbeitsteiliger Strukturen der Weltwirtschaft und ihrer Veränderungen zu entwickeln. Zu diesem Zweck muß analysiert werden, warum bestimmte Güter international getauscht werden, welche Mengen und Werte der international gehandelten Produkte von einem Land exportiert und importiert werden, und welche Preisrelationen zwischen Exporten und Importen sich dabei herausbilden. In den Rahmenbedingungen einer solchen Analyse muß unterschieden werden, ob Staaten die Entwicklung dieser Außenhandelsbeziehungen dem Selbststeuerungssystem des Weltmarktes überlassen (Freihandelspolitik) oder ihrerseits steuernd in diese arbeitsteiligen Beziehungen eingreifen (Protektionismus).

2. Strukturen der internationalen Arbeitsteilung

Die Vielfalt möglicher Bestimmungsgründe der Warenstruktur von Exporten und Importen schließt eine monokausale Erklärung von Außenhandelsströmen aus. Um die Auswirkung spezifischer Einflußfaktoren auf den Handel zu analysieren, müssen daher mehrere Typen von Erklärungsmodellen entwickelt werden, die jeweils nur einen Teilbereich internationaler Handelsbeziehungen erfassen, ohne beanspruchen zu können, die Gesamtheit der Weltarbeitsteilung zu erklären.

2.1. Intersektoraler Außenhandel

Bei gegebener Abgrenzung der Produktionssektoren liegt intersektoraler Außenhandel vor, wenn Länder diese Produkte entweder exportieren oder importieren, ohne gleichzeitig Produkte der gleichen Kategorie zu importieren oder zu exportieren. Dieser intersektorale Handel ist entweder durch Substitutionsmodelle (substitutive internationale Arbeitsteilung) oder durch Verfügbarkeitsmodelle (komplementäre internationale Arbeitsteilung) zu analysieren.

2.1.1. Substitutionsmodelle

Das Substitutionsmodell der internationalen Arbeitsteilung (LORENZ, 1967) entspricht den Standardmodellen der traditionellen Außenhandelstheorie (s. Abschnitt 3.1.). Da die international handelsfähigen Produkte in allen Handel treibenden Ländern erzeugt werden oder zumindest produziert werden können, besteht in jeder Volkswirtschaft ein substitutives Verhältnis zwischen Inlandserzeugung und Import bzw. zwischen Inlandsverwendung und Export. Die Volkswirtschaften erstellen aufgrund vergleichbarer (aber nicht gleichartiger) Produktionsbedingungen homogene Produkte (z. B. Getreide, Kohle, Stahl) oder relativ enge Substitute (z. B. natürliche und synthetische Rohstoffe), die sie zu unterschiedlichen Preisen oder Qualitäten anbieten können. Die internationale Wettbewerbsposition eines nationalen Produktionssektors am Weltmarkt bestimmt dann, ob diese Güterkategorie Export- oder Importprodukt der betreffenden Volkswirtschaft wird.

Werden Qualitätsunterschiede vernachlässigt, so ist die Richtung des Außenhandels dadurch bestimmt, daß in zwei Ländern verfügbare Güter aus dem Land mit im Autarkiezustand niedrigerem Lieferpreis ab Werk in das Land mit höherem ab-Werk-Lieferpreis strömen, wenn die Transportkosten pro Stück (Frachtkosten = Frachtsatz pro Tonnenkilometer · Entfernung · Stückgewicht + Versicherungskosten) geringer als diese Preisdifferenz sind. Zunächst bleiben Transportkosten unberücksichtigt, so daß für zwei Länder 1 (Inland) und 2 (Ausland) folgt:

	Autarkiepreise	*Freihandelsrichtung*
(1)	$p_1^1 < p_1^2 \cdot e$	Inland exportiert Gut 1 nach Land 2
	(15 DM) < (10 \$) (1,80 DM/\$)	
(2)	$p_2^1 > p_2^2 \cdot e$	Inland importiert Gut 2 aus Land 2
	(10 DM) > (5 \$) (1,80 DM/\$)	

p_1^1, p_1^2 – Preise des Gutes 1 in Ländern 1 und 2

p_2^1, p_2^2 – Preise des Gutes 2 in Ländern 1 und 2

e – Wechselkurs (Preis einer Währungseinheit von Land 2 in Währungseinheiten des Landes 1)

Bei Autarkie ist noch kein gleichgewichtiger Wechselkurs determiniert, so daß sich die aus (1) und (2) folgende Bedingung für die hier unterstellte Richtung des Außenhandels durch Umrechnung in relative Güterpreise (mit Gut 2 als numéraire) auf Ungleichung (3) reduziert:

$$(3) \qquad \frac{p_1^1\,(15\text{ DM})}{p_2^1\,(10\text{ DM})} < \frac{p_1^2\,(10\text{ \$})}{p_2^2\,(\ 5\text{ \$})}$$

$$(1{,}5\ x_2) < (2\ x_2)$$

Das Inland exportiert also Gut 1, weil dessen in Einheiten des Importgutes gemessener relativer Autarkiepreis niedriger als im Ausland ist. Bei Geltung dieser Bedingung lassen sich die inländischen Auswirkungen des Übergangs zu substitutiver internationaler Arbeitsteilung mit Hilfe einer partiellen Gleichgewichtsanalyse der in- und ausländischen Märkte beider Güter verdeutlichen *(Abb. I-1)*.

Preiseffekte: Bei Freihandel können die inländischen Produzenten von Gut 1 durch Unterbietung ihrer ausländischen Konkurrenten, aber zu einem Preis $p_1 > 15$ DM, in den Auslandsmarkt eindringen. Im Inlandsmarkt steigt, im Auslandsmarkt sinkt der Preis des Gutes 1, da sein Export das verfügbare Güterangebot am Inlandsmarkt verknappt und am Auslandsmarkt ausweitet. Schließlich wird das inländische Überschußangebot des Exportgutes bei einem für beide Länder geltenden Weltmarktgleichgewichtspreis $p_1^w = 16$ DM durch eine gleich große ausländische Überschußnachfrage absorbiert. Entsprechend wird der Preis des inländischen Importgutes im Inland sinken und im Ausland steigen, bis ein Gleichgewicht mit einem in beiden Ländern einheitlichen Weltmarktpreis $p_2^w = 9{,}50$ DM zustande kommt. Außenhandel beseitigt somit die absoluten und relativen Preisunterschiede des Autarkiezustandes. Für das Inland spielt sich ein internationales Austauschverhältnis zwischen Exporten und Importen von $p_1^w/p_2^w = 1{,}68$ ein, das zwischen den relativen Autarkiepreisen liegt. Diese sog. terms of trade geben an, daß das Inland im Austausch gegen eine der Inlandsverwendung entzogene Einheit des Exportgutes 1,68 Einheiten von Gut 2 aus dem Ausland beziehen kann. Diese Situation ist günstiger als bei Autarkie, da ohne Außenhandel durch Verzicht auf eine Einheit von Gut 1 nur 1,5 Einheiten des Gutes 2 erlangt werden konnten (Außenhandelsgewinn = $0{,}18\ x_2$).

Struktureffekte: Außenhandel bewirkt Verschiebungen der Produktionsstruktur als Folge einer Spezialisierung beider Länder auf das Gut mit dem niedrigeren relativen

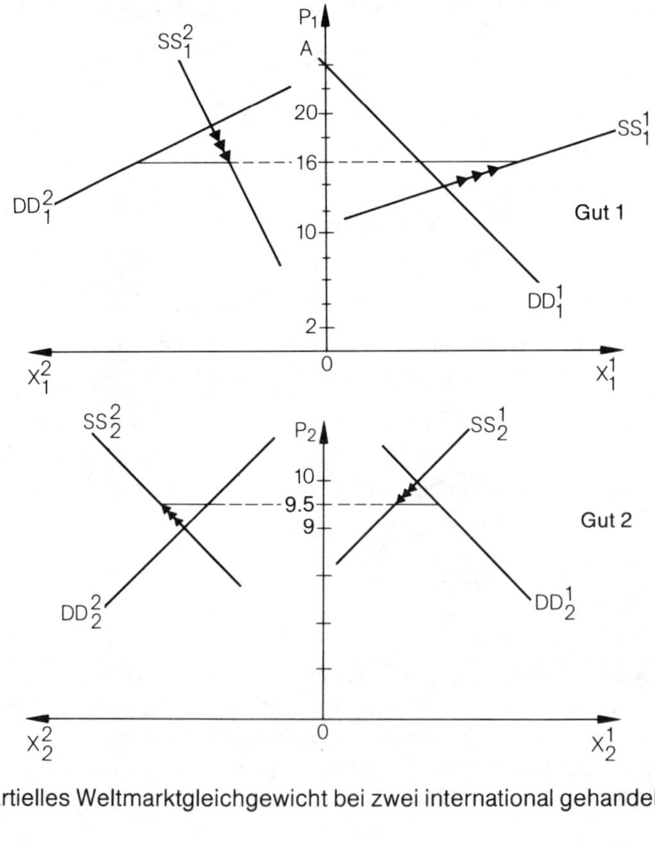

Abb. I-1: Partielles Weltmarktgleichgewicht bei zwei international gehandelten Gütern

Autarkiepreis (Gut 1 im Inland, Gut 2 im Ausland). Im Inland expandiert Produktionssektor 1 und Sektor 2 schrumpft, während sich im Ausland der entgegengesetzte Strukturwandel vollzieht. Ist im nationalen Rahmen langfristig die Bedingung unbeschränkter Faktormobilität erfüllt, so kann dieser Strukturwandel durch Reallokation der Produktionsfaktoren ohne Gefährdung des Vollbeschäftigungszieles ablaufen.

2.1.2. Verfügbarkeitsmodelle

Das Verfügbarkeitsmodell der internationalen Arbeitsteilung (KRAVIS, 1956) gab einer jüngeren Entwicklungsrichtung der Außenhandelstheorie entscheidende Impulse, die noch eingehender zu verdeutlichen sein werden (s. Abschnitt 3.3.2.). Wenn die international handelsfähigen Güter nur in den Exportländern produziert werden, in den Importländern aber bei Autarkie nicht verfügbar sind, folgt die Struktur der Außenhandelsbeziehungen aus der internationalen Nachfrage nach diesen Güterkategorien. Typische Beispiele für solche arbeitsteiligen Strukturen liefert eine komplementäre internationale Arbeitsteilung zwischen Entwicklungs- und Industrieländern, die sich als internationaler Austausch von Primärgütern (Rohstoffe, Agrarprodukte) gegen industrielle Fertigwaren darstellt: Ein Entwicklungsland liefert aufgrund spezieller klimatischer oder geologischer Bedingungen Primärprodukte (z. B. Kaffee oder Erdöl), die im Bestimmungsland nicht verfügbar sind, weil dessen Klima den Anbau von Kaffee nicht gestattet oder eigene Erdölvorkommen fehlen. Das Importland liefert dafür technologisch hochwertige Fertigfabrikate (z. B. EDV-Anlagen) an das Entwicklungsland, welches diese aufgrund mangelnder technologischer Kenntnisse nicht selbst erzeugen kann. Der internationale Austausch orientiert sich dann nicht mehr an Divergenzen von relativen Autarkiepreisen – wegen der Nichtverfügbarkeit des potentiellen Importproduktes existieren solche relativen Autarkiepreise nicht mehr –, sondern am Vorhandensein natürlicher und technologischer Verfügbarkeitsmonopole.

Gleichwohl kann die partielle Gleichgewichtsanalyse *(Abb. I-1)* in ein Verfügbarkeitsmodell überführt werden. Die Darstellung ist lediglich so zu modifizieren, daß im jeweiligen Importland der inländischen Nachfragekurve keine heimische Angebotsfunktion SS_1^1 gegenübersteht. Außenhandel kommt in diesem Verfügbarkeitsmodell zustande, wenn die Prohibitivpreise der Nachfragefunktionen in den potentiellen Importländern (z. B. p_1^1 = OA in *Abb. I-1*) über den gleichgewichtigen Autarkiepreisen (z. B. p_1^2 = 19 DM) der Ursprungsländer von Verfügbarkeitsmonopolen liegen.

2.2. Intrasektoraler Außenhandel

Intrasektoraler Außenhandel liegt vor, wenn Länder innerhalb einer Güterkategorie in wesentlichem Umfang sowohl Exporte als auch Importe aufweisen. In der Tat können empirische Studien aufdecken, daß zwischen Industrieländern in hohem Maße intraindustrieller Handel betrieben wird, und der Anteil dieses intraindustriellen Handels im Zuge der außenwirtschaftlichen Liberalisierung beträchtlich gestiegen ist (HESSE, 1967; GRUBEL/LLOYD, 1975; GREENAWAY/MILNER, 1986).

Diesem Ergebnis könnte man entgegenhalten, daß die Trennung von inter- und intrasektoralem Außenhandel ein statistisches Artefakt ohne Erklärungswert ist, da bei zunehmender Aggregation der Sektorabgrenzung intrasektorale Handelsströme zwangsläufig zunehmen müssen, während bei Disaggregation bis hin zu den STACKELBERGschen Elementarmärkten nur intersektoraler Außenhandel übrig bleibt. Die Kritik übersieht dabei aber, daß die Erklärung eines innerhalb eng definierter Gütergruppen auftretenden Austauschhandels andere Bestimmungsfaktoren (raumwirtschaftliche Einflüsse, heterogene Konkurrenz, economies of scale) und andere Auswirkungen der Außenhandelsliberalisierung in den Vordergrund rückt als das Modell einer intersektoralen, substitutiven Arbeitsteilung (s. Abschnitt 3.3.1.).

So konnte sich etwa nach Bildung der EWG die aus der Gedankenwelt des Substitutionsmodells stammende Befürchtung nicht bestätigen, dieser Prozeß würde wegen bestehender Kosten- und Preisnachteile gegenüber deutschen Konkurrenzunternehmen zur Schrumpfung der französischen Automobilindustrie führen. Statt dessen trug der europäische Integrationsprozeß zu verstärktem Wachstum und wachstumsinduzierten Kostensenkungen französischer und deutscher Automobilproduzenten bei, weil nach Beseitigung von Handelshemmnissen Deutsche zunehmend französische Autos kauften und Frankreich zunehmend deutsche Autos importierte. Außenhandel führt hier also im Gegensatz zum traditionellen Substitutionsmodell zu tendenziellen Preisangleichungen bei gleichzeitiger Annäherung der nationalen Produktionsstrukturen.

2.2.1. Raumwirtschaftsmodelle

Auch in der strengsten Form des Substitutionsmodells (Produktion eines homogenen Gutes in beiden Ländern) kann sich die Vernachlässigung von Transportkosten als Quelle von Fehlschlüssen erweisen. Es läßt sich durch Berücksichtigung von Transportkosten nachweisen, daß ein homogenes Produkt von einem Land gleichzeitig exportiert und importiert werden kann (GRUBEL/LLOYD, 1975).

Da räumliche Distanzen zwischen Produktionsstandort und Absatzort Transportkosten verursachen, wird ein Gut nur dann exportiert werden, wenn die folgende Beziehung erfüllt ist:

Preis ab Werk + Stück-Transportkosten bis Grenze
= cif-Importpreis bei Grenzübertritt
< Preis der Auslandsanbieter am gleichen Ort

So kann trotz des in *Abb. I-1* unterstellten Preisvorteils von Inlandsproduzenten des Gutes 1 Außenhandel verhindert werden, wenn hohe Frachtsätze bei relativ großen Distanzen im ausländischen Wirtschaftsraum einen Preisnachteil inländischer Produzenten gegenüber ihrer Auslandskonkurrenz entstehen lassen. Eine relative Nähe ausländischer Produktionsstandorte zur Landesgrenze vermag sogar zu bewirken, daß das im Inland kostengünstiger erzeugte Produkt 1 importiert statt exportiert wird.

Betreiben Produzenten keine räumliche Preisdifferenzierung und bestehen an jedem Ort identische Nachfragefunktionen, so wird der Angebotspreis bei konstantem

Frachtsatz proportional zur Absatzentfernung zunehmen und die Grenze des Absatzgebietes liegt dort, wo der regionale Preis den Prohibitivpreis der Nachfragefunktion erreicht hat. Unter diesen Bedingungen ist mithin der Radius eines Absatzgebietes um so größer, je kleiner ab-Werk-Preis und Frachtsatz sind. Da mit sinkendem Frachtsatz mithin eine Expansion und mit steigendem Frachtsatz eine Kontraktion des Absatzgebietes verbunden ist, wirken höhere Transportkosten genauso wie Zölle als internationales Handelshemmnis, während kostensenkende Verbesserungen der Transporttechnologie (z. B. Container-Verkehr, Groß-Tanker) ebenso wie Außenhandelsliberalisierung handelserweiternd wirken. Je geringer hierdurch das Transportkostengewicht relativ zum ab-Werk-Preis geworden ist, desto eher gelten die Aussagen des traditionellen Substitutionsmodells für den internationalen Handel mit homogenen Produkten. Für die Produkte mit relativ hohen Transportkostengewichten (z. B. Stahlerzeugnisse) können allerdings Modifikationen auftreten, die im folgenden Absatz erläutert werden. Schließlich existieren Gütergruppen, bei denen die Relation Transportkosten/ab-Werk-Preis so hoch ist (z. B. bei manchen Dienstleistungen), daß die enge Begrenzung des Absatzgebietes Außenhandel mit diesen Produkten von vornherein ausschließt. Die Berücksichtigung der Transportkosten führt hier zur Trennung in international handelsfähige und nicht-handelsfähige Produkte.

Transportkosten bestimmen aber nicht nur Intensität des Außenhandels und Relation von handelsfähigen zu nicht-handelsfähigen Produkten, sondern können auch Einfluß auf dessen Richtung nehmen. ***Abb. I-2*** verdeutlicht diese Zusammenhänge bei gegebener Verteilung der Produktionsstandorte A_1 (z. B. Stahlproduktion in Bundesrepublik), A_2 (z. B. Dienstleistungsproduktion in Bundesrepublik), B_1 (z. B. Stahlproduktion in Frankreich) und B_2 (z. B. Dienstleistungsproduktion in Frankreich). Kreise mit gleichen Radien zeigen die Absatzgebiete der jeweiligen Anbieter, wenn gleiche ab-Werk-Preise und gleiche Transportkostensätze des jeweiligen Produkts unterstellt sind. Wo sich solche Absatzkreise konkurrierender Anbieter überschneiden, liefert die Verbindungslinie beider Schnittpunkte die Trennung der vom jeweiligen Anbieter beherrschten Absatzgebiete. Damit kann sich bei gegebenem Verlauf der Landesgrenze die Konstellation ergeben, daß inländische Produzenten das gleiche Produkt exportieren (z. B. Lieferungen deutscher Stahlerzeuger des Ruhrgebie-

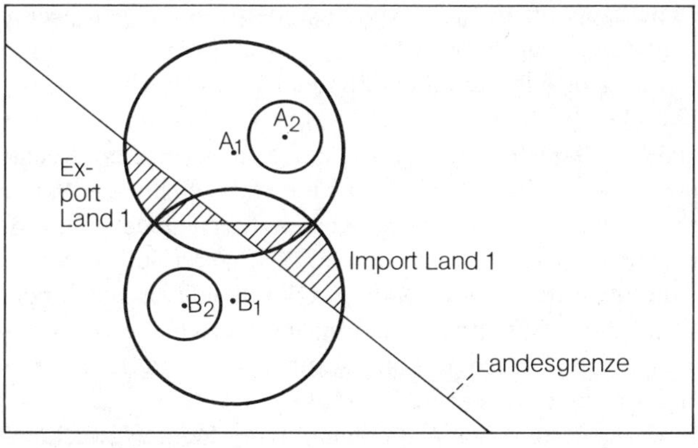

Abb. I–2: Raumwirtschaftsmodell des Außenhandels

tes nach Nord-Frankreich), welches ausländische Erzeuger nach dem Inland ausführen (z. B. Lieferungen französischer Stahlunternehmen im Elsaß nach Baden-Württemberg). Intraindustrieller Außenhandel mit homogenen Produkten ist zustande gekommen. Basis dieses Außenhandels ist die Standortverteilung und nicht mehr die – hier ausgeschaltete – unterschiedliche Struktur der ab-Werk-Preise.

2.2.2. Produktdifferenzierung

Nicht nur Preisunterschiede, Verfügbarkeitsmonopole oder die aus früheren Standortentscheidungen folgenden Transportkostenunterschiede lassen Außenhandel zustande kommen. Auch objektive oder subjektive Qualitätsunterschiede handelsfähiger Waren können Ursache von Außenhandel sein. Märkte mit heterogener Konkurrenz eröffnen die Möglichkeit, daß ausländische Produkte trotz eines gegenüber inländischen Substituten höheren Preises importiert werden, weil sie sich im Bewußtsein der Käufer durch qualitative Besonderheiten auszeichnen, die diesen Preisnachteil ausgleichen. Ebenso werden nun inländische Erzeugnisse aufgrund ihrer qualitativen Besonderheiten und nicht aufgrund etwaiger Autarkiepreisvorteile zu Exportprodukten. Meist werden dann Importe und Exporte differenzierte Produkte innerhalb der gleichen Güterkategorie sein.

Die für die Länder mit hohem Pro-Kopf-Einkommen typische Vielschichtigkeit der Käuferpräferenzen und die hierauf abgestimmten Produzentenstrategien der Produktdifferenzierung erklären somit, warum gerade intrasektorale Außenhandelsströme im Zuge der Intensiverung der Welthandelsbeziehungen zwischen reichen Industrieländern so stark an Bedeutung gewonnen haben (HESSE, 1967).

3. Freihandel

3.1. Außenhandel als Folge komparativer Kostenunterschiede

Wie im folgenden nachzuweisen ist, führen internationale Kostenunterschiede unter Freihandelsbedingungen nur dann zu Außenhandelsbeziehungen, wenn sie mit komparativen Kostendifferenzen verbunden sind. Diese prägen Richtung und Struktur eines für alle Länder vorteilhaften Außenhandels. Das durch die klassische Außenhandelstheorie von DAVID RICARDO und JOHN STUART MILL aufgedeckte Grundprinzip der internationalen Arbeitsteilung lieferte die erste stringente Rechtfertigung der Freihandelskonzeption (Beitrag S-1.2.). In der klassischen ricardianischen Außenhandelstheorie werden dabei komparative Kostenunterschiede auf internationale Produktivitätsunterschiede, also auf international divergierende Produktionsfunktionen homogener Produkte zurückgeführt, während die neoklassische Handelstheorie von ELI HECKSCHER und BERTIL OHLIN internationale Unterschiede in der Ausstattung mit Produktionsfaktoren als Ursachen komparativer Kostendifferenzen ins Blickfeld rückt. Wegen der Koexistenz mehrerer wesentlicher Ursachen eines durch komparative Kostendifferenzen gesteuerten Außenhandels erscheint es zweckmäßig, die international gehandelten Güter in die Kategorien der RICARDO-Güter und der HECK-

SCHER-OHLIN-Güter einzuteilen (HIRSCH, 1974), und zunächst die internationalen Handelsströme für beide Produkttypen getrennt zu erklären.

RICARDO-Güter sind durch internationale Unterschiede ihrer natürlichen Produktionsbedingungen gekennzeichnet, so daß diese Kategorie vor allem den internationalen Handel mit Rohstoffen und landwirtschaftlichen Produkten umfassen wird.

HECKSCHER-OHLIN-Güter werden mit in allen Ländern verfügbaren gleichartigen Standardtechnologien erzeugt und unterscheiden sich im Verhältnis zueinander lediglich durch unterschiedliche Faktorintensitäten (z. B. arbeitsintensive oder kapitalintensive Güter). Diese Kategorie wird einen Teil des internationalen Handels mit industriellen Zwischenprodukten und Fertigwaren erklären können.

Mit einer solchen Kategorienbildung ist allerdings noch keineswegs die Gesamtheit internationaler Handelsbeziehungen erfaßt. Die Auseinandersetzung mit der klassischen und neoklassischen Theorie der komparativen Kosten muß also zu der Frage führen, welche Zusammenhänge für den übrigen Teil des nicht durch komparative Kostenunterschiede bestimmten Außenhandels von Bedeutung sind.

3.1.1. RICARDO-Güter

RICARDO-Version komparativer Kostenunterschiede

Die ricardianische Außenhandelstheorie analysiert die Auswirkungen internationaler Produktivitätsunterschiede, die aufgrund natürlicher Bedingungen als dauerhaft anzusehen sind und nicht auf einen durch Prozeßinnovationen errungenen temporären Vorsprung eines Landes zurückgeführt werden können. Der Ansatz von DAVID RICARDO betrachtete nationalen und internationalen Handel (zwischen England und Portugal) mit zwei Gütern (Tuch und Wein), die durch Einsatz eines homogenen Produktionsfaktors Arbeit erzeugt werden, welcher im nationalen Wirtschaftsraum vollständig mobil, international aber völlig immobil ist. Dabei wurde nachgewiesen, daß ein unbehinderter Außenhandel (englische Tuchexporte im Austausch gegen Weinimporte aus Portugal) die in beiden Ländern verfügbaren Konsumgütermengen ausweitet, obwohl Portugal beide Produkte kostengünstiger (d. h. mit geringerem Arbeitsaufwand pro Produkteinheit) als England herstellen konnte. Die Beweisführung, daß nicht absolute sondern relative Kostenunterschiede beider Länder Voraussetzung einer den beiderseitigen Interessen dienenden internationalen Arbeitsteilung sind, soll im folgenden Zwei-Länder-Zwei-Güter-Modell nachvollzogen werden. Die Produktionsfunktionen zweier Güter seien durch konstante Skalenerträge (Beitrag K-3.1.2.) gekennzeichnet, so daß bei steigender Produktion die Arbeitsproduktivitäten konstant bleiben (Grenzproduktivität = Durchschnittsproduktivität der Arbeit). Produktionsfunktionen und damit Produktivitäten werden aber zwischen Inland und Ausland divergieren: Gut 1 sei z. B. Getreide, bei dem das Ausland (Land 2) wegen günstigerer klimatischer Bedingungen einen höheren Ertrag pro Arbeitseinheit erwirtschaften möge als das Inland; Gut 2 sei etwa Steinkohle, welche im Inland (Land 1) in 1000 m Tiefe, im Ausland in nur 200 m Tiefe lagert. Obwohl mithin das Ausland für beide Produkte einen Produktivitätsvorsprung (also geringeren Arbeitsaufwand pro Gütereinheit) aufweist, wird ein für beide Länder vorteilhafter internationaler Austausch beider Produkte zustandekommen, wenn die Produktivitätsvorsprünge (also die realen Kostenvorteile) des Auslandes unterschiedlich groß sind.

In den Produktionssektoren beider Volkswirtschaften sollen demgemäß folgende WALRAS-LEONTIEF-Produktionsfunktionen (Beitrag K-3.1.1.) gelten:

Inland	*Ausland*
(4.1.) $x_1^1 = \varrho_1^1 N_1^1 = 0{,}4\, N_1^1$	(4.2.) $x_1^2 = \varrho_1^2 N_1^2 = 0{,}5\, N_1^2$
(5.1.) $x_2^1 = \varrho_2^1 N_2^1 = 0{,}8\, N_2^1$	(5.2.) $x_2^2 = \varrho_2^2 N_2^2 = 1{,}5\, N_2^2$

x_i^j – Produktionsmenge des Gutes i in Land j
ϱ_i^j – Arbeitsproduktivität des Sektors i in Land j
N_i^j – Beschäftigungsmenge im Sektor i des Landes j
$(i = 1{,}2;\ j = 1{,}2)$

Die Produktionsbedingungen sind so gewählt, daß der relative Produktivitätsvorsprung des Auslandes bei Produkt 2 mit 1,5/0,8 = 1,875 (87,5 v. H.) wesentlich größer ist als bei Produkt 1 mit 0,5/0,4 = 1,25 (25 v. H.). In beiden Sektoren der jeweiligen Volkswirtschaft wird der gleiche Nominallohn w^j ($w_1^j = w_2^j$; $w_i^1 \gtrless w_i^2$) bezahlt, so daß auch die Grenzkosten, die sich als Quotient aus Nominallohnsatz und Grenzproduktivität der Arbeit errechnen lassen, konstant sind und mit den Durchschnittskosten (= Lohnstückkosten) übereinstimmen. Bei vollständiger Konkurrenz mit unbeschränktem Marktzutritt werden die Güterpreise diesen konstanten Grenzkosten entsprechen. Mithin determinieren die Produktionsfunktionen folgende Struktur der Grenzkosten und damit der Autarkiepreise in Landeswährung:

Inland		*Ausland*
$w^1 = 15$ DM	$\left(\begin{array}{c} e = 2 \text{ DM/\$} \\ 1/e = 0{,}5 \text{ \$/DM} \end{array}\right)$	$w^2 = 10$ \$
(6.1.) $p_1^1 = w^1 \frac{1}{\varrho_1^1} = 37{,}5$ DM		(6.2.) $p_1^2 = w^2 \frac{1}{\varrho_1^2} = 20$ \$
(7.1.) $p_2^1 = w^1 \frac{1}{\varrho_2^1} = 18{,}75$ DM		(7.2.) $p_2^2 = w^2 \frac{1}{\varrho_2^2} = 6{,}67$ \$

Besteht ein Wechselkurs der Inlandswährung (in Einheiten der Auslandswährung) von 1/e = 0,5 \$/DM, so wird Gut 1 wegen der internationalen Differenz der Autarkiepreise Exportprodukt des Landes 1:

$$p_1^1/e = 18{,}75 \text{ \$} < p_1^2 = 20 \text{ \$}$$

Gut 2 wird durch Land 1 im Austausch gegen Gut 1 importiert, obwohl für beide Produkte Produktivitätsvorteile des Landes 2 bestehen:

$$p_2^1/e = 9.375 \text{ \$} > p_2^2 = 6.67 \text{ \$}$$

Die Höhe des Wechselkurses hat dabei keinen Einfluß auf diese Austauschbeziehung. Bei 1/e = 0,25 \$/DM wären zwar beide Güter potentielle Exportprodukte des Inlandes, jedoch könnte diese Situation nicht bestehen bleiben, da den Exporten keine Importe gegenüberstehen. Die Nachfrage des Auslands nach Inlandswährung, die auf kein Angebot dieser Währung trifft, würde dann sogleich eine kräftige Anhebung des Wechselkurses herbeiführen. Ebensowenig könnte ein Wechselkurs 1 \$/DM (beide Güter sind potentielle Exportprodukte des Auslands) bestehen bleiben, da die Marktkräfte den Wechselkurs in jene Zone zurückdrängen müßten, in der ein internationaler Tausch beider Produkte zustande kommt. Export- und Importpositionen sind damit allein von der relativen Produktivitätsdifferenz, nicht aber vom Wechselkurs abhängig. Dies wird deutlich, wenn aus (4.1.)–(7.2.) die Bedingung für diese Außenhandelsstruktur abgeleitet wird. Gut 1 ist Exportprodukt des Inlands und Importprodukt des Auslandes, wenn die folgende Ungleichung erfüllt ist:

$$(8) \qquad \frac{w^1}{\varrho_1^1 e} < \frac{w^2}{\varrho_1^2} \rightarrow \frac{\varrho_1^1}{\varrho_1^2} > \frac{w^1}{w^2 e}$$

Gut 2 ist Exportprodukt des Auslandes und Importprodukt des Inlandes, wenn als Ungleichung erfüllt ist:

$$(9) \qquad \frac{w^1}{\varrho_2^1 e} > \frac{w^2}{\varrho_2^2} \rightarrow \frac{\varrho_2^1}{\varrho_2^2} < \frac{w^1}{w^2 e}$$

Aus (8) und (9) folgt mithin als Bedingung dafür, daß das Inland Gut 1 exportiert und Gut 2 importiert:

$$(10) \qquad \frac{\varrho_1^1}{\varrho_1^2} > \frac{w^1}{w^2 e} > \frac{\varrho_2^1}{\varrho_2^2}$$

$$(0{,}8) > (0{,}75) > (0{,}53)$$

Hat der Wechselkurs bei gegebenem Nominallohn im In- und Ausland das zur Erfüllung von Ungleichung (10) erforderliche Gleichgewichtsniveau (1,875 DM/\$ $<$ e $<$ 2,83 DM/\$) – und nur dann kann Außenhandel zustande kommen – so wird Land 1 trotz absoluter Produktivitätsnachteile beider Sektoren Gut 1 deshalb exportieren, weil der relative Produktivitätsnachteil dieses Sektors (ca. 20 v. H. niedrigeres Produktivitätsniveau als das Ausland) geringer ist als im Sektor 2 (ca. 47 v. H. niedrigeres Produktivitätsniveau) und weil somit der relative Vorteil eines um 25% niedrigeren Lohnniveaus den relativen Produktivitätsnachteil des Sektors 1, nicht aber den des Sektors 2, überkompensiert. Diese Austauschstruktur wird sich bei Freihandel auch herausbilden, weil die komparativen Unterschiede der Produktivitäten und damit der realen Arbeitskosten – wie die Gleichungen (6.1.)–(7.2.) zeigen – in Unterschiede der relativen und absoluten Autarkiepreise umgesetzt werden, welche die Basis eines für beide Länder vorteilhaften Außenhandels bilden.

Allgemeines Gleichgewicht und Vorteilhaftigkeit des Freihandels

Diese Wohlfahrtsgewinne können im Rahmen einer allgemeinen Gleichgewichtsanalyse nachgewiesen werden. In beiden Ländern setzt sich ein gleichgewichtiger Nominallohn w^j durch, der im Arbeitsmarkt Vollbeschäftigung herstellt; das konstante Arbeitsangebot $\overline{N}^j$ wird durch die Arbeitsnachfrage beider Sektoren voll ausgeschöpft:

$$\overline{N}^j = N_1^j + N_2^j = \frac{1}{\varrho_1^j} x_1^j + \frac{1}{\varrho_2^j} x_2^j \qquad (j = 1{,}2)$$

Wird diese Gleichung nach x_2^j aufgelöst, so ergeben sich Bestimmungsgleichungen der Transformationskurven beider Länder:

$$(11) \qquad x_2^j = \overline{N}^j \varrho_2^j - \frac{\varrho_2^j}{\varrho_1^j} x_1^j \qquad (j = 1,2)$$

Jede Transformationskurve bildet die Produktionsmöglichkeiten-Grenze der jeweiligen Volkswirtschaft ab; diese vereinigt alle bei Vollbeschäftigung und effizientem Faktoreinsatz maximal produzierbaren Mengenkombinationen beider Güter. Werden übereinstimmende Faktorenausstattungen beider Länder von $\overline{N}^1 = \overline{N}^2 = 1000$ unterstellt, so ergibt sich als inländische Transformationskurve TRK (*Abb. I-3*):

$$(11.1.) \qquad x_2^1 = 800 - 2x_1^1$$

und als ausländische Transformationskurve TRK* (*Abb. I-3*):

$$(11.2.) \qquad x_2^2 = 1500 - 3x_1^2$$

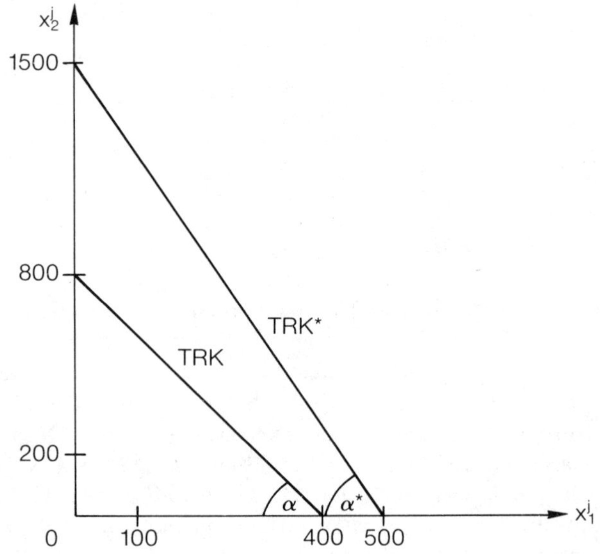

Abb. I-3: In- und ausländische Transformationskurve und komparative Kostenvorteile

Die komparativen Kostenunterschiede kommen in den unterschiedlichen Steigungsmaßen der Transformationskurven beider Länder zum Ausdruck. Im vorliegenden Zwei-Güter-Ein-Faktor-Vollbeschäftigungsmodell ist die Expansion eines Sektors nur möglich, wenn durch Kontraktion des anderen Sektors die zur Faktorreallokation benötigten Einsatzmengen freigesetzt werden. Die auch als Grenzrate der Transformation bezeichneten Steigungsmaße der Transformationskurven ($tg\alpha = -2, tg\alpha^* = -3$) geben nun für jedes Land an, um wieviel die Produktion des Gutes 2 eingeschränkt werden muß, wenn eine zusätzliche Einheit des Gutes 1 produziert werden soll:

$$\frac{dx_2^1}{dx_1^1} = -\frac{\varrho_2^1}{\varrho_1^1} = -2, \quad \frac{dx_2^2}{dx_1^2} = -\frac{\varrho_2^2}{\varrho_1^2} = -3$$

Damit lassen sich diese Grenzraten der Transformation auch als volkswirtschaftliche Opportunitätskosten des Gutes 1 interpretieren. Im Inland ist für die Herstellung einer zusätzlichen Einheit von Gut 1 ein realer Kostenbetrag von 2 (= ϱ^1_2/ϱ^1_1) Einheiten des Gutes 2 aufzuwenden, weil hierfür 2,5 (= $1/\varrho^1_1$) Arbeitseinheiten benötigt werden und weil der Verzicht auf eine Einheit des zweiten Gutes 1,25 (= $1/\varrho^1_2$) Arbeitsmengen freisetzt. Entsprechend ergeben sich die Opportunitätskosten der Inlandsproduktion von Gut 2 aus dem Kehrwert $\varrho^1_1/\varrho^1_2 = 0{,}5$. Im Ausland kostet die Herstellung einer zusätzlichen Einheit von Gut 1 dagegen den höheren Betrag von 3 (= ϱ^2_2/ϱ^2_1) Einheiten des Gutes 2, weil die zur Herstellung dieser zusätzlichen Einheit benötigten zwei Arbeitseinheiten (= $1/\varrho^2_1$) nur bei Verzicht auf diese Güterproduktion zur Verfügung stehen. Die Opportunitätskosten der Auslandsproduktion von Gut 2 betragen entsprechend $\varrho^2_1/\varrho^2_2 = 1/3$ und sind damit niedriger als im Inland. Somit läßt sich an den Steigungsmaßnahmen der Transformationskurven ablesen, wo die komparativen Kostenvorteile jedes Landes liegen.

Bewertet man die pro Produkteinheit benötigten bzw. freigesetzten Einsatzmengen mit den in beiden Sektoren übereinstimmenden Faktorpreisen, so ergeben sich die (monetären) Grenzkosten. Da die Grenzrate der Transformation – wie oben erläutert – dem Verhältnis der pro Einheit des jeweiligen Gutes benötigten und freigesetzten Faktormengen entspricht, sind diese marginalen Opportunitätskosten eines Gutes durch das Verhältnis seiner Grenzkosten zu den Grenzkosten des anderen Gutes bestimmt. Der komparative Vorteil des Landes 1 in der Herstellung von Gut 1 läßt sich nun auch daran messen, daß die relativen Grenzkosten dieses Sektors im Inland niedriger sind als im Ausland:

$$\frac{GK^1_1\ (37{,}50\ \text{DM})}{GK^1_2\ (18{,}75\ \text{DM})} < \frac{GK^2_1\ (20\ \$)}{GK^2_2\ (6{,}67\ \$)}$$
$$2 \times \tfrac{1}{2} < 3 \times \tfrac{2}{2}$$

Entsprechend offenbart sich der komparative Vorteil des Landes 2 in der Herstellung von Gut 2 in einem relativen Grenzkostenvorteil dieses ausländischen Sektors gegenüber dem gleichen Produktionszweig des Landes 1:

$$\frac{GK^1_2\ (18{,}75\ \text{DM})}{GK^1_1\ (37{,}50\ \text{DM})} > \frac{GK^2_2\ (6{,}67\ \$)}{GK^2_1\ (20\ \$)}$$
$$0{,}5 \times \tfrac{1}{1} > 0{,}33 \times \tfrac{2}{1}$$

Der Vorteil dieses mit Grenzkostenrelationen arbeitenden Konzeptes zur Messung komparativer Kostenunterschiede besteht darin, daß es nicht nur auf den hier erörterten Spezialfall des Ricardo-Modells (Arbeit als einziger Produktionsfaktor, konstante Durchschnitts- und Grenzproduktivität der Arbeit) zugeschnitten ist, sondern auch realitätsnähere Modelle mit mehreren Produktionsfaktoren und variablen Faktorproduktivitäten (s. Abschnitt 3.1.2.) abdeckt. Diese auf GOTTFRIED HABERLER (1933) zurückgehende Version komparativer Kostenunterschiede ist wegen ihres breiteren Anwendungsbereiches der in Ungleichung (10) spezifizierten Ricardo-Version überlegen. Im Spezialfall des hier dargestellten Ricardo-Modells sind die absoluten und mithin auch die (dem Steigungsmaß der Transformationskurve entsprechenden) relativen Grenzkosten konstant, so daß die Transformationskurven linear verlaufen. Auf dieser Grundlage können die Auswirkungen des Freihandels aus der Gegenüberstellung von Autarkie- und Freihandelsgleichgewicht abgeleitet werden.

Da unter Autarkiebedingungen bei vollständiger Konkurrenz Preise und Grenzkosten übereinstimmen, determinieren die Steigungsmaße der in- und ausländischen Transformationskurve die relativen Preise des Gutes 1 im In- und Ausland, die – unabhängig von der Nachfrage – allein aus den Produktionsbedingungen folgen:

$$- \operatorname{tg}\alpha = \frac{\varrho_2^1}{\varrho_1^1} = \frac{GK_1^1}{GK_2^1} = \frac{P_1^1}{P_2^1} = 2$$

$$- \operatorname{tg}\alpha^* = \frac{\varrho_2^2}{\varrho_1^2} = \frac{GK_1^2}{GK_2^2} = \frac{P_1^2}{P_2^2} = 3$$

Dem jeweiligen Relativpreis ist eine bestimmte Nachfragestruktur zugeordnet, die durch die Konsumlinie OC (Ausland: OC*) beschrieben wird (*Abb. I-4* (a) und (b)). Diese ergibt sich aus einem – hier nicht eingezeichneten – System gesellschaftlicher Indifferenzkurven als Ortslinie aller bei dem gegebenen Preisverhältnis für alternative Einkommensniveaus optimalen Nachfragepunkte, in denen das Steigungsmaß einer Indifferenzkurve (Grenzrate der Substitution) mit dem Relativpreis übereinstimmt (zur mikroökonomischen Fundierung s. Beitrag K-2.3.1.). Die hier als linear unterstellte Konsumlinie basiert auf speziellen Annahmen über die im Indifferenzkurvensystem zum Ausdruck kommenden Präferenzen (homothetische Nutzenfunktion), da die Nachfragestruktur bei steigendem Einkommen nur konstant bleibt, wenn die Einkommenselastizitäten der Nachfrage für beide Güter eins betragen. Steigt der relative Preis des Gutes 1, so dreht sich die Konsumgerade nach links, da nun relativ mehr von Gut 2 und weniger von Gut 1 konsumiert wird. Das Gleichgewicht der Märkte beider Güter ist im Autarkiezustand somit durch den Schnittpunkt von Konsumlinie und Transformationskurve bestimmt. Die Transformationskurve begrenzt die Versorgungsmöglichkeiten und die optimale Versorgung wird im Konkurrenzgleichgewicht (A, A*) der gegen internationalen Handel abgeschirmten nationalen Binnenmärkte erreicht.

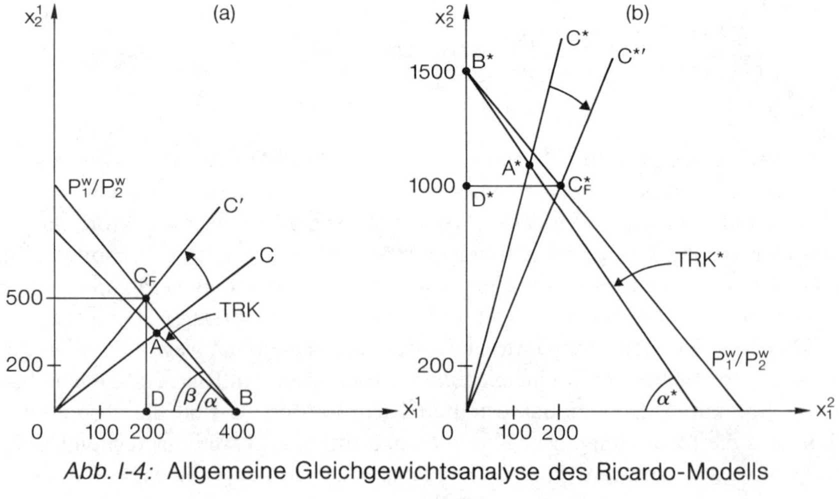

Abb. I-4: Allgemeine Gleichgewichtsanalyse des Ricardo-Modells

Nach Aufnahme internationaler Handelsbeziehungen wird die in den Inlandsmarkt des Produktes 1 eindringende Auslandsnachfrage im Regelfall den Produktpreis über 37,50 DM ansteigen lassen, so daß sich zwischen 40,00 DM (der Wechselkurs sei e = 2 DM/$) und 37,50 DM ein Weltmarkt-Gleichgewichtspreis (z. B. $p_1^w = 38{,}50$ DM) eingespielt. Umgekehrt wird die Umschichtung der Inlandsnachfrage nach Gut 2 im Auslandsmarkt einen Anstieg des Preises über 6,67 $ herbeiführen, so daß sich ein zwischen 18,75 DM und 13,34 DM liegender Weltmarktpreis (z. B. $p_2^w = 15{,}40$ DM) einstellt. Durch Nachfrageverlagerungen hin zu den relativ kosten- und preisgünstigen Produkten kommt es also zu Preisänderungen, bis sich ein in beiden Ländern einheitlicher relativer Weltmarktpreis durchgesetzt hat, der zwischen den relativen Autarkiepreisen liegt:

$$2 \leqq \underset{(2,5)}{p_1^w/p_2^w} \leqq 3, \quad 0{,}33 \leqq \underset{(0,4)}{p_2^w/p_1^w} \leqq 0{,}5$$

Freihandel löst über die relativen Preisverschiebungen Produktionseffekte (Änderung der Produktionsstruktur) und Konsumeffekte (Änderung der Nachfragestruktur) aus. Die Konsumeffekte kommen in einer Drehung der Konsumlinien nach links von OC nach OC' (im Inland) bzw. nach rechts von OC* nach OC*' (im Ausland) zum Ausdruck, während die Produktionseffekte als Bewegungen entlang der Transformationskurve des jeweiligen Landes erfaßt werden können. Im Inland expandiert der durch internationale Wettbewerbsvorteile begünstigte Sektor 1, der zum Exportsektor wird, während der im internationalen Wettbewerb unterlegene Sektor 2 schrumpfen muß (Verlagerung des Produktionspunktes auf der Transformationskurve nach rechts unten). Im Ausland wird die Expansion des relativ kostengünstigen Sektors 2 durch eine Kontraktion des komparativ benachteiligten Sektors 1 ermöglicht (Verlagerung des Produktionspunktes auf der Transformationskurve nach links oben).

In beiden Ländern sind die komparativ benachteiligten Sektoren mit Weltmarktpreisen unter den eigenen Grenz- und Durchschnittskosten konfrontiert. Die betroffenen Produzenten werden daher zum Marktaustritt gezwungen, weil zu diesen Preisen eine kostendeckende Inlandsproduktion als Alternative zu Importen nicht aufrecht zu erhalten ist. Den komparativ kostengünstigen Sektoren beschert die zugewachsene Auslandsnachfrage Preise über den Grenzkosten. Die Anreize zu gewinnsteigernder Expansion stoßen damit erst an ihre Grenzen, wenn das gesamte Arbeitspotential durch den expandierenden Exportsektor absorbiert ist. In jedem Land kommt es zu einer vollständigen Spezialisierung auf das mit komparativen Kostenvorteilen ausgestattete Produkt, so daß im Inland Produktionspunkt B ($x_1^1 = OB = 400$, $x_2^1 = 0$) und im Ausland Produktionspunkt B* ($x_2^2 = OB^* = 1500$, $x_1^2 = 0$) resultieren.

Bei dem durch die Preisgerade p_1^w/p_2^w dargestellten relativen Weltmarktpreis des Gutes 1 ($-\text{tg}\beta = 2{,}5$) kann im Inland die – oberhalb der Konsummöglichkeiten des Autarkiezustandes liegende – Freihandels-Konsumposition C_F erreicht werden, indem von Gut 1 die Exportmenge $ex_1^1 = DB = 200$ im Austausch gegen die Importmenge $im_2^1 = DC_F = 500$ angeboten wird. Der Konsumpunkt C_F muß auf einer höheren Indifferenzkurve liegen als der Autarkie-Konsumpunkt A. Die Realisierung dieser superioren Versorgungslage setzt ein Außenhandelsgleichgewicht voraus. Dieses (und mithin ein gleichgewichtiger relativer Weltmarktpreis) liegt vor, wenn im

Ausland die gegenüber Autarkie vorteilhaftere Freihandels-Konsumposition C^*_F erreicht ist, indem von Gut 2 die Exportmenge $ex_2^2 = B^*D^* = DC_F = 500$ im Austausch gegen die Importmenge $im_1^2 = D^*C^*_F = DB = 200$ angeboten wird. Das Freihandelsgleichgewicht ist somit durch die Schnittpunkte von Weltmarktpreislinie und Konsumlinie dann determiniert, wenn sich aus den Abweichungen von Konsum- und Produktionspunkt im In- und Ausland deckungsgleiche Außenhandelsdreiecke BDC_F und $B^*D^*C^*_F$ ergeben, so daß der Gesamtwert der Exporte mit dem Gesamtwert der Importe übereinstimmt.

Die quantitativen Ergebnisse der allgemeinen Gleichgewichtsanalyse (*Abb. I-4*) sind in *Tab. I-1* zusammengefaßt. Werden die Produktionsmengen mit den Weltmarktpreisen bewertet, so zeigt der Vergleich von Freihandels- und Autarkiegleichgewicht, daß das Weltsozialprodukt durch Freihandel von 36074,50 DM auf 38500 DM gestiegen ist, und daß beide Freihandelsländer an diesem Wachstum partizipieren. Im Inland steigt das Realeinkommen um 1347,5 und im Ausland um 1078. Einkommen und Gesamtausgaben stimmen auch im Freihandelsgleichgewicht überein, so daß sich die Handelsbilanz im Gleichgewicht befindet (Exportwert = Importwert = 7700).

Wie sich der Zuwachs des Weltsozialproduktes bei gegebenen Angebotsbedingungen auf die Freihandelsnationen verteilt, hängt von der Höhe des gleichgewichtigen Weltmarktpreises ab. Diese kann im angebotsorientierten Ricardo-Modell erst dann endogen bestimmt werden, wenn die Zusammenhänge zwischen Relativpreisen und Nachfrage im In- und Ausland durch Nachfragefunktionen spezifiziert sind (implizit kom-

Tab. I-1: Autarkie- und Freihandelsgleichgewicht

Land		x_1^j	x_2^j	c_1^j	c_2^j	ex_1^j	ex_2^j	im_1^j	im_2^j	$x_1^j p_1^w + x_2^j p_2^w$	$c_1^j p_1^w + c_2^j p_2^w$
1	AUT	225	350	225	350	0	0	0	0	14.052,5	14.052,5
	FH	400	0	200	500	200	0	0	500	15.400	15.400
2	FH	0	1500	200	1000	0	500	200	0	23.100	23.100
	AUT	140	1080	140	1080	0	0	0	0	22.022	22.022

AUT: Autarkiegleichgewicht
FH: Freihandelsgleichgewicht ($p_1^w = 38{,}5$ DM, $p_2^w = 15{,}4$ DM)

men diese in den alternativen Relativpreisen zugeordneten Konsumlinien zum Ausdruck). Bestehen andere Nachfragebedingungen als in *Abb. I-4* und *Tab. I-1* unterstellt, und steigt deshalb im Inland der Relativpreis des Gutes 1 gegenüber dem Autarkiezustand (terms of trade des Inlandes) nur wenig an (z. B. auf $p_1^{rel} = 2{,}05x_2^1$), so daß im Ausland der Relativpreis des Gutes 2 (terms of trade des Auslandes) entsprechend stark steigen wird (auf $p_2^{rel} = 0{,}49x_1^2$), dann konzentiert sich der Effizienzgewinn aus internationaler Arbeitsteilung auf das Ausland. Nachfragebedingte Änderungen der terms of trade bewirken mithin eine internationale Umverteilung des Freihandels-Spezialisierungsgewinns (s. Abschnitt 3.4.).

Die Ricardo-Version der Theorie komparativer Kostenunterschiede bleibt durch die Einengung der Perspektive auf Zwei-Güter-Ein-Faktor-Modelle mit konstanten Arbeitskoeffizienten und Grenzproduktivitäten der Arbeit in ihrem Erklärungswert begrenzt. Es stellt sich somit die Frage, ob die Ergebnisse wesentlich modifiziert werden, wenn

- Außenhandelsbeziehungen mit einer Vielzahl von Gütern betrachtet werden,
- die Produktion den Einsatz mehrerer Produktionsfaktoren erfordert, und
- die Produktionsbedingungen steigende Grenzkosten (s. Abschnitt 3.1.2.) oder sinkende Grenzkosten (s. Abschnitt 3.2.1.) hervorrufen.

Klassische Außenhandelstheorie bei einer Vielzahl von Gütern

Wird das Spektrum der Außenhandelsgüter auf eine Vielzahl von $m > 2$ Gütern ausgeweitet (DORNBUSCH/FISCHER/SAMUELSON, 1977), so läßt sich die Außenhandelsstruktur nicht allein aufgrund des Kriteriums komparativer Kostendifferenzen bestimmen. Nunmehr ist eine Rangfolgeregel komparativer Kosten anzuwenden, die eine schwächere ricardianische Bedingung liefert: Werden alle von beiden Ländern produzierten Güter nach ihren relativen Arbeitsproduktivitäten geordnet, so wird die Relation zwischen inländischer und ausländischer Arbeitsproduktivität bei allen Exportprodukten des Inlandes höher sein als bei seinen Importprodukten. Welche Güter aber im einzelnen Export- bzw. Importprodukte sind, hängt von der in gleichen Währungseinheiten gemessenen Relation w^1/w^2e zwischen inländischem und ausländischem Nominallohn ab, so daß nunmehr auch das relative Lohnniveau die Warenstruktur der Exporte und Importe beeinflußt:

$$\overbrace{\frac{\varrho_1^1}{\varrho_1^2} > \frac{\varrho_2^1}{\varrho_2^2} > \frac{\varrho_3^1}{\varrho_3^2}}^{\text{Exporte}} > \frac{w^1}{w^2e} > \overbrace{\frac{\varrho_4^1}{\varrho_4^2} > \ldots > \frac{\varrho_m^1}{\varrho_m^2}}^{\text{Importe}} \qquad (12)$$

Für Gut 3 folgt in (12) $w^1/\varrho_3^1 < w^2e/\varrho_3^2$, so daß dieses Produkt wegen niedrigerer Lohnstückkosten, also absoluter Autarkiepreisvorteile, durch Land 1 exportiert wird; um so mehr muß dies für die Güter 1 und 2 gelten. Für Gut 4 folgt $w^1/\varrho_4^1 > w^2e/\varrho_3^2$ so daß dieses Produkt wegen seiner höheren Lohnstückkosten aus Land 2 importiert wird, was wiederum um so mehr für die Güter 5 . . m gelten muß. Damit Außenhandel zustande kommen kann, darf somit die internationale Lohnrelation nicht größer als die höchste Produktivitätsrelation und nicht kleiner als die geringste Produktivitätsrelation in dieser Rangfolge sein, weil jedes Land zumindest ein Produkt exportieren muß, um bei ausgeglichener Handelsbilanz die zur Finanzierung von Importen benötigten Devisenerlöse zu erlangen.

MAC-DOUGALL-Test

Empirische Testversuche der klassischen Außenhandelstheorie stehen der Schwierigkeit gegenüber, daß der an sich aussagefähigere Ansatz komparativer Opportunitätskosten erheblich größere Meßprobleme aufwirft als internationale Produktivitätsvergleiche, und die Testbasis daher an die RICARDO-Version gebunden bleibt. Ein solcher Test wurde mit Außenhandelsdaten der Vereinigten Staaten und Großbritanniens für das Jahr 1937 durchgeführt (MacDougall, 1951, 1952). Später wurde dieser Mac-Dougall-Test auf aktuellere Außenhandelsdaten beider Länder mit ähnlichen Ergebnissen angewendet (Balassa, 1963; Stern, 1962). Getestet werden sollte die nach der bisherigen Lektüre vertraute Hypothese, daß ein Land die Güter exportieren wird, bei denen die Relation zwischen in- und ausländischer Arbeitsproduktivität die Relation zwischen inländischem und ausländischem Nominallohn überschreitet. Daten über den bilateralen Außenhandel zwischen England und USA waren allerdings durch sehr hohe und unterschiedliche Zollsätze verzerrt, während die Produkte beider Länder in Drittmärkten mit gleichen Zollsätzen belastet und somit gleichen Wettbewerbsbedingungen unterworfen waren. Daher blieb der Mac-Dougall-Test darauf beschränkt, den Zusammenhang zwischen relativen Produktivitätsunterschieden von 25 amerikanischen und englischen Industrieprodukten und deren Marktpositionen auf Drittländermärkten (gemessen durch das Verhältnis US-Exporte in Drittländer/U. K.-Exporte in Drittländer) zu überprüfen. Das Untersuchungsergebnis konnte belegen, daß der relative Marktanteil US-amerikanischer Exporte mit steigenden relativen Produktivitätsvorteilen tendenziell zunimmt.

Es wird aber zu Recht davor gewarnt, die Ergebnisse des MacDougall-Tests voreilig und unkritisch als erfolgreichen Bestätigungsversuch der Ricardo-Theorie zu interpretieren, da es nicht gelungen ist, die im bilateralen Handel bestehende Warenstruktur der US-Exporte nach England und der England-Exporte nach USA zu untersuchen. Zum einen kann nicht nachgewiesen werden, daß Marktanteilsvergleiche auf Drittländermärkten zwingende Rückschlüsse auf die bilaterale Außenhandelsstruktur erlauben. Zum anderen erfolgt keine Analyse der Ursachen internationaler Produktivitätsunterschiede, so daß auch nicht feststellbar ist, ob ein Produktivitätsvorsprung aufgrund der von Ricardo unterstellten natürlichen Umweltbedingungen dauerhaft ist, oder ob er durch Prozeßinnovationen nur temporär errungen wurde. Damit bleibt es zweifelhaft, ob tatsächlich die Ricardo-Theorie untersucht und verifiziert werden konnte, weil die untersuchten Produktgruppen zum Teil keine reinen Ricardo-Güter sind (z. B. heterogene Industriegüter wie Fahrzeuge, Elektrogeräte, Maschinen, Zigaretten).

3.1.2. Heckscher-Ohlin-Güter

Die neoklassische Außenhandelstheorie analysiert Handelsstrukturen im Rahmen von Zwei-Güter-Zwei-Faktoren-Modellen und erfaßt daher die komparativen Kostenunterschiede entsprechend der Haberler-Version. Das Inland wird Gut 1 exportieren und Gut 2 importieren, wenn in diesem Land die durch die relativen Grenzkosten gemessenen marginalen Opportunitätskosten des Gutes 1 niedriger als im Ausland sind:

$$\frac{(70\ \text{DM})\quad GK_1^1}{(90\ \text{DM})\quad GK_2^1} < \frac{GK_1^2\quad (4000\ \text{Ptas})}{GK_2^2\quad (3500\ \text{Ptas})}$$

$$(0{,}78) < (1{,}14)$$

komparativer Vorteil des Inlandes in der Produktion von Gut 1 (z. B. Elektrogeräte als deutsches Exportprodukt)

$$\frac{GK_2^2}{GK_1^2}\ (3500\ \text{Ptas} / 4000\ \text{Ptas}) < \frac{GK_2^1}{GK_1^1}\ (90\ \text{DM} / 70\ \text{DM})$$
$$(0{,}88) < (1{,}29)$$

komparativer Vorteil des Auslandes in der Produktion von Gut 2 (z. B. Textilien als spanisches Exportprodukt).

Diese an komparativen Kostenunterschieden orientierte optimale Außenhandelsstruktur wird bei gewinnmaximierendem Produzentenverhalten unter den Bedingungen vollständiger Konkurrenz auch zustandekommen, wenn sich z. B. – wie im folgenden unterstellt wird – ein Wechselkurs von 100 Ptas = 2 DM einspielt.

Faktorproportionen-Theorem

Derartige komparative Kostenunterschiede und die hiermit verbundene Außenhandelsstruktur können auf unterschiedlicher Faktorausstattung beider Länder beruhen, wenn die Produktion beider Güter divergierende Faktorintensitäten beansprucht. Dieser Nachweis wurde erstmals von Eli Heckscher und seinem Schüler Bertil Ohlin erbracht (Heckscher-Ohlin-Theorie). Für die von diesem Ansatz erfaßten Außenhandelsgüter wird unterstellt, daß die Produktionstechnologien in beiden Ländern verfügbar und somit identisch sind, wodurch die ricardianische Determinante komparativer Kosten ausgeschaltet ist. Die Produktionsprozesse unterscheiden sich nur zwischen beiden Gütern: Bei Realisierung der einem gegebenen Faktorpreisverhältnis zugeordneten Minimalkostenkombination (Beitrag K-3.1.2.) werde Gut 1 in beiden Ländern mit größerem Kapitaleinsatz pro Arbeitseinheit erzeugt als Gut 2 (Gut 1 ist kapitalintensiv, Gut 2 ist arbeitsintensiv). Beide Länder unterscheiden sich lediglich in ihrer Ausstattung mit den Produktionsfaktoren Arbeit und Kapital: Land 1 sei ein kapitalreiches Land, in dem Arbeitskräfte relativ zum Kapitalbestand knapp sind, während Land 2 ein arbeitsreiches Land sei, weil die Kapitalausrüstung relativ zum verfügbaren Arbeitspotential niedrig ist. Die unterschiedliche Ausstattung mit Produktionsfaktoren spiegelt sich also in unterschiedlichen Faktorproportionen beider Länder wider:

$$(13.1.)\quad \frac{K^1}{N^1} > \frac{K^2}{N^2}$$

K^j – Kapitalbestand in Land j

N^j – Arbeitspotential in Land j (j = 1,2)

Für den Autarkiezustand läßt sich dieses Merkmal divergierender Faktorausstattungen in der Regel (d. h. bei identischen oder relativ wenig divergierenden Nachfragestrukturen beider Länder) in ein Faktorpreis-Kriterium überführen:

$$(13.2.)\quad \frac{w^1}{r^1}\ \left(\frac{20\ \text{DM}}{10\ \text{DM}}\right) > \frac{w^2}{r^2}\ \left(\frac{500\ \text{Ptas}}{750\ \text{Ptas}}\right)$$

w^j – Reallohn pro Arbeitseinheit im Lande j

r^j – Realzins pro Kapitaleinheit im Lande j (j = 1,2)

Im kapitalreichen Land wird der Faktor Arbeit relativ knapp und damit auch teuer sein, während das weniger knappe Kapital relativ billig einsetzbar ist. Im arbeitsreichen Land wird das reichliche Arbeitspotential einen relativ niedrigen Lohnsatz, das knappe Produktivkapital dagegen einen relativ hohen Zinssatz bedingen. Diese Faktorpreise stellen in beiden Ländern Vollbeschäftigungsgleichgewichte auf den Faktormärkten her.

Die in beiden Ländern identischen Produktionsfunktionen eines Gutes seien durch kontinuierliche Faktorsubstituierbarkeit, sinkende partielle Grenzproduktivitäten beider Faktoren und konstante Skalenerträge ausgezeichnet (linear-homogene neoklassische Produktionsfunktionen). Derartige Produktionsfunktionen beider Güter lassen sich durch ihre Einheitsisoquanten darstellen (*Abb. I-5*), weil die Isoquanten höherer Produktionsniveaus für jede Faktorintensität durch entsprechende Vervielfachung der Faktoreinsatzmengen bestimmbar sind. Die Inputkoeffizienten (Arbeitskoeffizient v_1^j, Kapitalkoeffizient $\varkappa_1^j$) sind damit bei gegebenem Lohn-Zins-Verhältnis durch die länderspezifischen Minimalkostenkombinationen des Gutes 1 (E_1^1, E_1^2) und des Gutes 2 (E_2^1, E_2^2) determiniert. Die in *Abb. I-5* vereinigten Einheitsisoquanten beider Güter verdeutlichen nun die unterschiedlichen Produktionsbedingungen in beiden Sektoren: mit steigendem Lohn-Zins-Verhältnis (von der Abzisse aus gemessenes Steigungsmaß der Isokostenlinie) steigt zwar die Kapitalintensität beider Produktionen (Substitution der sich relativ verteuernden Arbeit durch Kapital), jedoch ist für jedes beliebige Lohn-Zins-Verhältnis die Kapitalintensität bei Gut 1 höher als bei Gut 2, so daß beide HECKSCHER-OHLIN-Güter eindeutig nach ihrer Faktorintensität klassifiziert werden können.

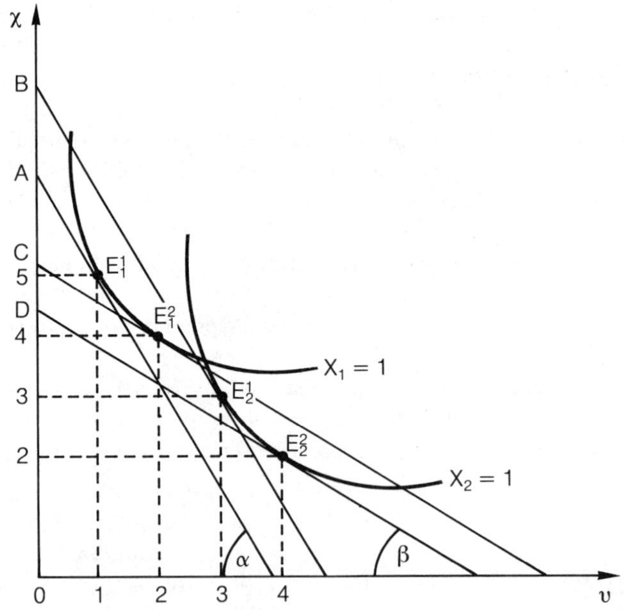

$\tan\alpha = w^1/r^1$, $\tan\beta = w^2/r^2$

Abb. I-5: Unterschiedliche Lohn-Zins-Relation zweier Länder als Ursache divergierender relativer Autarkiepreise

Bei gegebener Faktorpreisrelation tg $\alpha = w^1/r^1$ und tg $\beta = w^2/r^2$ werden nun im kapitalreichen Land 1 die durch die Punkte E_1^1 ($\varkappa_1^1 = 5$, $v_1^1 = 1$) und E_2^1 ($\varkappa_2^1 = 3$, $v_2^1 = 3$) wiedergegebenen kostenminimalen Produktionsprozesse gewählt, während die gleichen Produkte im arbeitsreichen Land 2 mit den durch $E_1^2(\varkappa_1^2 = 4$, $v_1^2 = 2)$ und E_2^2 ($\varkappa_2^2 = 2$, $v_2^2 = 4$) repräsentierten arbeitsintensiveren Prozessen erzeugt werden. Damit können aus den Produktionspunkten der Einheitsisoquante die jeweiligen Grenzkosten abgeleitet werden, die wegen der konstanten Skalenerträge unverändert bleiben, solange sich das nationale Faktorpreisverhältnis nicht ändert. Im Inland gilt:

(14.1.) $GK_1^1 = w^1v_1^1 + r^1\varkappa_1^1 = r^1\,(v_1^1w^1/r^1 + \varkappa_1^1) = OA\ r^1$

(14.2.) $GK_2^1 = w^1v_2^1 + r^1\varkappa_2^1 = r^1\,(v_2^1w^1/r^1 + \varkappa_2^1) = OB\ r^1$

Daraus folgt für die marginalen Opportunitätskosten des kapitalintensiven Gutes 1 im kapitalreichen Inland mit relativ hohem Lohnniveau

$$\frac{GK_1^1}{GK_2^1} = \frac{OA}{OB} \quad (< 1)$$

Im Ausland gilt:

(15.1.) $GK_1^2 = w^2v_1^2 + r^2\varkappa_1^2 = r^2\,(v_1^2w^2/r^2 + \varkappa_1^2) = OC\ r^2$

(15.2.) $GK_2^2 = w^2v_2^2 + r^2\varkappa_2^2 = r^2\,(v_2^2w^2/r^2 + \varkappa_2^2) = OD\ r^2$

Daraus folgt für die marginalen Opportunitätskosten des Gutes 1 im arbeitsreichen Ausland mit relativ niedrigem Lohnniveau

$$\frac{GK_1^2}{GK_2^2} = \frac{OC}{OD} \quad (> 1)$$

Ein Vergleich dieser in- und ausländischen relativen Grenzkosten des kapitalintensiven Gutes 1 bzw. des arbeitsintensiven Gutes 2 läßt zwei Schlußfolgerungen zu. Zum einen wird deutlich, daß bei sinkendem Lohn-Zins-Verhältnis (steigendem Zins-Lohn-Verhältnis) die relativen Grenzkosten des kapitalintensiven Gutes 1 steigen (OC/OD bei tgβ > OA/OB bei tgα) und daß bei steigendem Lohn-Zins-Verhältnis die relativen Grenzkosten des arbeitsintensiven Gutes steigen (OB/OA bei tgα > OD/OC bei tgβ). Zum anderen zeigen sich komparative Vorteile des kapitalreichen Inlandes in der Herstellung des kapitalintensiven Gutes (dessen relative Grenzkosten dort niedriger sind als im Ausland) und komparative Vorteile des arbeitsreichen Auslandes in der Produktion des arbeitsintensiven Gutes 2 (dessen Opportunitätskosten dort niedriger als im Inland sind).

Im nächsten Schritt läßt sich nun zeigen, daß sich die Struktur der internationalen Arbeitsteilung unter Freihandelsbedingungen an den komparativen Kostendifferenzen orientieren wird. Einsetzen der in *Abb. I-5* bestimmten Inputkoeffizienten in Gleichungen (14.1.)–(15.2.) liefert unter berücksichtigung der Zahlenwerte in (13.2.) die in *Tab. I-2* zusammengefaßten Ergebnisse.

Das bei Autarkie in Land 1 bestehende Lohn-Zins-Verhältnis $w^1/r^1 = 2$ bedingt also einen relativen Autarkiepreis des Gutes 1 von $p_1^1/p_2^1 = GK_1^1/GK_2^1 = 0{,}78\ x_2$, während das geringere Lohn-Zins-Verhältnis $w^2/r^2 = 0{,}67$ des Landes 2 zu einem Relativpreis von $p_1^2/p_2^2 = GK_1^2/GK_2^2 = 1{,}14\ x_2$ führt. Da identische Produktionsfunktionen vorlie-

Tab. I-2: Lohn-Zins-Verhältnis, Kapitalintensität und Außenhandelsstruktur

Gut / Land	Grenzkosten		marginale Opp.Kosten		Kapitalintensität		Außenhandelsstruktur	
	1	2	1	2	1	2	1	2
1	70 DM	90 DM	0,78	1,29	5	1	Exp.	Imp.
2	4000 Ptas (80 DM)	3500 Ptas (70 DM)	1,14	0,88	2	0,5	Imp.	Exp.

$e = 2$ DM/100 Ptas; $w^1/r^1 = 2$; $w^2/r^2 = 0{,}67$

gen, in denen Gut 1 als das eindeutig kapitalintensivere Produkt erscheint, gilt der Zusammenhang, daß der Relativpreis des kapitalintensiven Gutes 1 umso höher sein wird, je niedriger das Lohn-Zins-Verhältnis ist. In einem kapitalreichen Land muß somit der Relativpreis des kapitalintensiven Gutes bei Autarkie geringer als in einem arbeitsreichen Land sein. Diese Preisstruktur bringt die komparativen Kostenvorteile zum Ausdruck. Hieraus folgt die Aussage des Faktorproportionentheorems: Relativ kapitalreiche Länder werden kapitalintensive Produkte exportieren und arbeitsintensive Produkte importieren, während relativ arbeitsreiche Länder arbeitsintensive Produkte im Austausch gegen kapitalintensive Importprodukte ausführen werden. Jedes Land wird mithin das Gut exportieren, bei dessen Produktion der relativ billige Faktor intensiv eingesetzt wird.

Allgemeines Gleichgewicht und Vorteilhaftigkeit des Freihandels

Unter den Produktionsbedingungen, die im neoklassischen Zwei-Güter-Zwei-Faktoren-Modell erfaßt werden, müssen bei wachsendem Produktionsvolumen eines Sektors die Grenzkosten im expandierenden Produktionszweig relativ zu den Grenzkosten im schrumpfenden Sektor steigen, weil die Änderung der Produktionsstruktur Verschiebungen der relativen Faktorpreise hervorruft. Expandiert etwa der kapitalintensive Sektor 1, so muß der arbeitsintensive Sektor 2 schrumpfen. Da vom Sektor 2 pro Einheit des arbeitsintensiven Gutes weniger Kapital und mehr Arbeit freigesetzt werden als im Sektor 1 pro Einheit des kapitalintensiven Gutes benötigt wird, muß der Zinssatz steigen, während der Lohnsatz zurückgehen wird. Wie zuvor verdeutlicht, werden aber bei steigendem Zins-Lohn-Verhältnis die Grenzkosten in der Herstellung des kapitalintensiven Gutes 1 steigen und in der Herstellung des arbeitsintensiven Gutes 2 zurückgehen.

Die Produktionsbedingungen der hier erfaßten HECKSCHER-OHLIN-Güter ergeben somit eine zum Ursprung hin konkave Transformationskurve (*Abb. I-6*): bei steigender Produktionsmenge eines Sektors steigt die Grenzrate der Transformation, weil im expandierenden Bereich die relativen Grenzkosten zunehmen. Im inländischen Autarkiegleichgewicht (Schnittpunkt A von inländischer Transformationskurve und Konsumlinie OC in *Abb. I-6*) muß das Steigungsmaß der Transformationskurve ($tg\alpha$ = marginale Opportunitätskosten des Gutes 1) mit dem Steigungsmaß der Autarkie-Preislinie p_1^A/p_2^A ($tg\alpha$ = relativer Autarkiepreis des Gutes 1) übereinstimmen, da die gewinnmaximale Herstellung beider Güter bei $p_i^1 = GK_i^1$ ($i = 1{,}2$) erreicht ist.

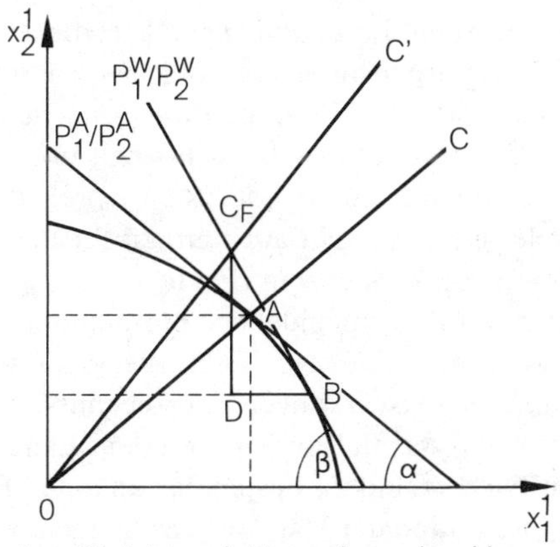

Abb. I-6: Allgemeine Gleichgewichtsanalyse des HECKSCHER-OHLIN-Modells

Nach Einführung von Freihandelsbedingungen werden im Inland Expansionsanreize im Sektor 1 und Kontraktionsanreize im Sektor 2 wirksam, weil sich das Preisverhältnis zugunsten von Gut 1 auf $P_1^W/P_2^W > P_1^A/P_2^A$ verschiebt. Die Produktion dieses Gutes wird auf Kosten der Produktion des komparativ benachteiligten Gutes 2 ausgedehnt, bis sich die Grenzkosten in beiden Sektoren den neuen Preisdaten angepaßt haben. Die Expansion des Sektors 1 kommt zum Stillstand, wenn die steigenden Grenzkosten das gegenüber dem Autarkiezustand höhere Weltmarktpreisniveau erreicht haben. Der geschrumpfte Importkonkurrenzsektor bleibt nach Abschluß eines kontraktiven Anpassungsprozesses überlebensfähig, wenn seine Grenzkosten auf das niedrigere Niveau des Weltmarktpreises importierter Produkte gesunken sind. Die Produktionsstruktur verändert sich nun dadurch, daß sich die Produktion vom Autarkiepunkt A zum Freihandelspunkt B verlagert (Produktionseffekt), da das Steigungsmaß der Transformationskurve (relative Grenzkosten von Gut 1) nur in B mit dem Steigungsmaß der Weltmarkt-Preislinie P_1^W/P_2^W (tgβ = relativer Weltmarktpreis von Gut 1) übereinstimmt. Die Konsumstruktur verschiebt sich infolge der relativen Verteuerung des Gutes 1 zugunsten von Gut 2, was in der neuen Konsumlinie OC′ zum Ausdruck kommt (Konsumeffekt). Durch Export von ex_1^1 = DB und Import von im_2^1 = DC_F kann ein Freihandels-Gleichgewichtspunkt C_F erreicht werden, bei dem die Güterversorgung gegenüber dem Autarkie-Gleichgewichtspunkt A verbessert ist. Wiederum wird dies dadurch erreicht, daß sich jedes Land gemäß seiner komparativen Kostenvorteile spezialisiert, weil die Produzenten und Konsumenten sich an Preisänderungen anpassen, die erst zum Stillstand kommen, wenn die aus Konsum- und Produktionspunkt resultierenden Außenhandelsdreiecke des In- und Auslandes deckungsgleich sind. Im Unterschied zum RICARDO-Ansatz führt der freihandelsbedingte Strukturwandel im Normalfall nur zu einer unvollständigen Spezialisierung und damit zu einer Wirtschaftsstruktur mit zwei Außenhandelssektoren (Exportbranche, Importsubstitutionsbranche).

Eine entsprechende Spezialisierung ist ökonomisch sinnvoll, da hierdurch in jedem Land der relativ teure Faktor relativ eingespart werden kann, indem das diesen Faktor intensiv beanspruchende Gut importiert wird. Damit aber wird die Veränderung der Produktionsstruktur in beiden Ländern die relative Knappheit der Faktoren ändern, so daß sich auch die internationalen Unterschiede der relativen und absoluten Faktorpreise abbauen werden. Im Inland expandiert die Produktion des kapitalintensiven Gutes zu Lasten des arbeitsintensiven Sektors, so daß der Zins relativ zum Lohn steigen wird. Im Ausland führt die Expansion des arbeitsintensiven Sektors zu einem steigenden Lohn-Zins-Verhältnis. Hat sich somit unter Freihandelsbedingungen ein in beiden Ländern übereinstimmender Relativpreis des Gutes 1 eingespielt, so wird diesem Freihandelsgleichgewicht auch eine in beiden Ländern übereinstimmende Lohn-Zins-Relation zugeordnet sein (Faktorpreisausgleichs-Theorem; SAMUELSON, 1949). Unbeschränkter Außenhandel bei internationaler Immobilität von Produktionsfaktoren führt somit nach Aussage des HECKSCHER-OHLIN-SAMUELSON-Theorems zu den gleichen Faktorpreiswirkungen wie die unbeschränkte internationale Beweglichkeit von Arbeit und Kapital, indem in jedem Land eine Umverteilung zu Gunsten des reichlichen Faktors und zu Lasten des knappen Faktors induziert wird. Die Entwicklung freier internationaler Handelsbeziehungen würde also in kapitalreichen Ländern unter den Bedingungen der Grenzproduktivitätstheorie der funktionellen Einkommensverteilung (Beitrag H-3.2.) zu einer sinkenden Lohn- und steigenden Profitquote beitragen, da eine sinkende Lohn-Zins-Relation bei Vollbeschäftigung beider Produktionsfaktoren mit einem Rückgang der Lohneinkommen-Kapitaleinkommen-Relation verbunden ist. Auch der absolute Reallohn wird im kapitalreichen Land zurückgehen, wenn die Arbeitskräfte mit dem Grenzprodukt entlohnt werden. Da nämlich die Produzenten auf das gestiegene Zins-Lohn-Verhältnis mit einer Senkung der Kapitalintensitäten reagieren, wird auch die Grenzproduktivität der Arbeit geringer. Andererseits steigt die Grenzproduktivität des Kapitals, so daß im kapitalreichen Land ein höherer Realzins zustandekommt.

Im realistischeren Fall des Außenhandels mit mehr als zwei Gütern ergibt sich analog zur RICARDO-Theorie eine schwächere Bedingung für die Außenhandelsstruktur eines Landes: Ordnet man alle Außenhandelsgüter nach der Höhe ihrer Kapitalintensität, so werden nach dem Faktorproportionen-Theorem alle Exportprodukte eines kapitalreichen Landes höhere Kapitalintensitäten aufweisen als die Importerzeugnisse dieses Landes (DEARDORFF, 1979). Wo die Trennungslinie zwischen Exporten und Importen verläuft, hängt wiederum von der Nachfrageseite ab.

LEONTIEF-Test

Die Auseinandersetzung um die Fähigkeit des Faktorproportionen-Theorems, reale Außenhandelsstrukturen erklären und ihre Veränderung prognostizieren zu können, erfuhr durch die bahnbrechende empirische Untersuchung von WASSILY LEONTIEF (1953) ihren entscheidenden Anstoß. Aufgrund einer Input-Output-Studie für die Vereinigten Staaten des Jahres 1947 wurden Arbeits- und Kapitaleinsatz pro 1 Mio. US-$ der amerikanischen Export- und Importkonkurrenzprodukte ermittelt. Auch wenn wegen fehlender ausländischer Input-Output-Tabellen der Faktorgehalt US-amerikanischer Importe nicht unmittelbar bestimmt werden konnte, erschien der Rückgriff auf Importsubstitute als legitime Testbasis, da das HECKSCHER-OHLIN-Theorem identische Produktionsfunktionen und eindeutige Faktorintensitätsunterschiede beider Gruppen von Außenhandelsgütern unterstellte. Der Quotient der so errechneten Kapital- und Arbeitskoeffizienten sollte auf diese Weise den Rückschluß auf die

Kapitalintensitäten amerikanischer Export- und Importprodukte ermöglichen. Selbst wenn die empirische Messung des relativen Faktorreichtums und damit die Erstellung einer soliden Testbasis häufig Schwierigkeiten bereiten dürfte, bestand dieses Problem im Fall der Vereinigten Staaten nicht, die unbestritten als kapitalreichstes Land der Welt eingestuft werden konnten. Gemäß Faktorproportionen-Theorem müßten die Vereinigten Staaten somit kapitalintensive Güter exportieren und arbeitsintensive Produkte einführen. Das Ergebnis des LEONTIEF-Tests widersprach aber dieser Hypothese, da die Kapitalintensität der amerikanischen Exporte geringere Werte aufwies als die Kapitalintensität der heimischen Importsubstitute. Die USA exportierten somit arbeitsintensive Produkte und importierten kapitalintensive Erzeugnisse (LEONTIEF-Paradoxon), so daß ihre Außenhandelsstruktur im Widerspruch zur Prognose des HECKSCHER-OHLIN-Theorems stand. Die Testergebnisse zeigen, daß das HECKSCHER-OHLIN-Theorem in seiner einfachen Form nicht hinreichend empirisch abgesichert ist. Es ist somit zu prüfen, ob Verfeinerungen und Modifikationen der Faktorproportionen-Theorie komparativer Kostenunterschiede zu Hypothesen führen, die im empirischen Bewährungstest erfolgreicher sind.

Neo-Faktorproportionen-Theorem

Versuche zur Erklärung und Lösung des LEONTIEF-Paradoxons führten in zwei beachtenswerte Richtungen. Es wurde der Nachweis erbracht, daß

- das HECKSCHER-OHLIN-Theorem auch aus logischen Gründen versagen und das LEONTIEF-Paradoxon Bestätigung finden muß, wenn die in beiden Ländern identischen Produktionsfunktionen umschlagende Faktorintensitäten implizieren (nach Überschreiten eines bestimmten Lohn-Zins-Verhältnisses wird das bislang arbeitsintensivere zum kapitalintensiven Produkt) und somit die Produkte nicht mehr widerspruchsfrei in arbeits- oder kapitalintensive Erzeugnisse eingeteilt werden können (JONES, 1956),
- das LEONTIEF-Paradoxon gelöst werden und das Faktorproportionen-Theorem in erweiterter Form seine Bestätigung finden kann, wenn für die Produktionsfaktoren Arbeit oder Kapital die Homogenitätsannahme aufgehoben wird (KEESING, 1965, 1971).

Die zweite Alternative soll im folgenden näher erläutert werden, da hiermit entscheidende Impulse für die weitere Entwicklung der Außenhandelstheorie verbunden waren. Das Zwei-Faktoren-Modell der Faktorproportionen-Theorie kann auf zweierlei Weise realitätsgerechter modifiziert werden. Entweder wird das bislang homogene Arbeitspotential in verschiedene Kategorien von Arbeitskräften unterschiedlichen Qualifikationsniveaus (z. B. fachlich ausgebildete, angelernte oder ungelernte Arbeitskräfte) aufgespalten, oder der Kapitalbegriff wird um das durch Ausbildung der Arbeitskräfte aufgebaute Humankapital erweitert.

Die Produktion verschiedener Güter (z. B. neuentwickelte Computergenerationen im Vergleich zu Textilerzeugnissen) erfordert in der Regel auch in unterschiedlicher Intensität eingesetzte Mengen an qualifizierten Arbeitskräften (Wissenschaftler, Ingenieure, Facharbeiter, Manager) und an gering ausgebildetem Personal. Ein als arbeitsreich einzustufendes Land kann nun gerade mit Arbeitskräften höheren Qualifikationsniveaus vergleichsweise knapp ausgestattet sein, während ein kapitalreiches Land auch relativ reichlich über qualifizierte Arbeitskräfte verfügen mag. Unter dieser Bedingung ist davon auszugehen, daß Arbeitskräfte mit hohem Ausbildungsniveau im arbeitsreichen Land relativ hoch entlohnt werden, weil sie dort knapper als im kapitalreichen Land sind. Dann werden aber auch Produkte, deren Erzeugung den relativ hohen Einsatz qualifizierter Arbeitskräfte erfordert, im arbeitsreichen Land nur relativ teuer hergestellt werden können. Das arbeitsreiche Land besitzt komparative Kostennachteile, das kapitalreiche Land komparative Kostenvorteile in der Erzeugung qualifikationsintensiver Güter. Damit folgt das internationale Spezialisierungsmuster nunmehr einem modifizierten Faktorproportionen-Theorem: kapitalreiche Länder, die auch relativ reichlich mit ausgebildeten Arbeitskräften höherer Qualifikationsniveaus ausgestattet sind, werden vor allem jene Güter exportieren, deren Erzeugung den Faktor qualifizierte Arbeit intensiv nutzt, während ihre Importprodukte in den Ursprungsländern mit einem relativ hohen Anteil gering ausgebildeter Arbeitskräfte erstellt werden (Beitrag Q-2.3.).

So können etwa die US-amerikanischen Exportindustrien als relativ qualifikationsintensiv gelten, da sie ein höheres Lohnniveau aufweisen, als dem gesamtwirtschaftlichen Durchschnittslohn entspricht, und weil sie einen größeren Anteil jener Sektoren umfassen, die in hohem Maße qualifiziert ausgebildete Arbeitskräfte beschäftigen. Die durch den LEONTIEF-Test ausgewiesene relativ hohe Arbeitsintensität amerikanischer Exporte spiegelt also in Wirklichkeit deren hohe Qualifikationsintensität, während die Importe im Interpretationsrahmen eines Drei-Faktoren Modells (einfache Arbeit, Ausbildung, Kapital) als arbeitsintensiv einzustufen sind.

Interpretiert man andererseits die Ausbildung qualifizierter Arbeitskräfte als Investition in Humankapital und verbindet die Erweiterung des Kapitalbegriffs (Sachkapital + Ausbildungskapital) mit einer Einengung des Begriffs eines homogenen Arbeitspotentials auf einfache, ungelernte Arbeit, so läßt sich das LEONTIEF-Paradoxon ebenfalls mit Faktorproportionen-Ansätzen in Einklang bringen. Die durch den LEONTIEF-Test ausgewiesene vergleichsweise hohe Arbeitsintensität amerikanischer Exportprodukte ließe sich auf ihren relativ hohen Anteil an Humankapital zurückführen (z. B. der für die Computer-Industrie typische hohe Aufwand an Forschung und Entwicklung, Organisationsberatung, Kundendienst), so daß diese Produkte im Sinne des Neo-Faktorproportionen-Theorems als kapitalintensiv zu klassifizieren wären.

Empirische Untersuchungen von Außenhandelsstrukturen konnten die durch das Neo-Faktorproportionen-Theorem beschriebenen Strukturdeterminanten als signifikante Einflußfaktoren bestätigen. Eine Untersuchung des deutschen Außenhandels der Jahre 1962 und 1972 auf Basis eines Drei-Faktoren-Modells (ungelernte Arbeit, Humankapital, Sachkapital) belegt einen komparativen Vorteil in der Produktion humankapitalintensiver Güter. Diese werden im Austausch gegen arbeitsintensive Importprodukte und – in geringerem Ausmaße – gegen sachkapitalintensive Einfuhrerzeugnisse exportiert (STEINHERR/RUNGE, 1978). Zu ähnlichen Ergebnissen gelangten auch STERN (1976) und WOLTER (1977).

Weitere empirische Studien können belegen, daß die HECKSCHER-OHLIN-Theorie in ihrer zum Neo-Faktorproportionen-Theorem erweiterten Version am aussagekräftigsten ist, wenn sie auf den Außenhandel zwischen hochentwickelten Industrieländern und halbindustrialisierten Entwicklungsländern angewendet wird (FELS, 1971; LOWINGER, 1971; HIRSCH, 1974). Nach LOWINGER ist etwa der komparative Nachteil Brasiliens am ausgeprägtesten in der Produktion jener Güter, deren Erzeugung einen relativ hohen Aufwand qualifizierter Arbeit bzw. an Humankapital erfordert, so daß diese Produkte aus USA und Westeuropa importiert werden. Die relative Knappheit an Sachkapital kann dabei durch Kapitalgüterimporte und ausländische Direktinvestitionen, also durch internationale Kapitalmobilität, sehr viel leichter gemildert werden als das relative Ausstattungsdefizit bei Humankapital, welches sich durch Abwanderung hochqualifizierter Arbeitskräfte in Länder mit hohem Lebensstandard eher noch zu verschärfen droht. Angesichts dieser im HECKSCHER-OHLIN-Theorem nicht erfaßten internationalen Faktorbewegungen werden somit meist die relativen Ausstattungsunterschiede mit Humankapital und einfacher Arbeit zu entscheidenden Determinanten internationaler Handelsstrukturen, und die Verteilungswirkungen des Freihandels äußern sich in veränderten Lohnrelationen, also Umverteilungsprozessen innerhalb der Lohneinkommen.

Während dieses Erklärungsmuster zur Analyse des Handels zwischen Industrie- und Entwicklungsländern recht brauchbar ist, zeigen sich seine Grenzen, wenn die Handelsbeziehungen zwischen hochentwickelten Industrieländern erklärt werden sollen. Die in dieser Gruppe zusammengefaßten Länder sind sich in Produktionsfunktionen, Faktorausstattungen und Pro-Kopf-Einkommen relativ ähnlich, so daß die Ursachen komparativer Kostenunterschiede nicht signifikant zur Geltung kommen. Jedoch wird zwischen diesen Ländern fast die Hälfte des Welthandels abgewickelt. Die Beobachtung, daß die Außenhandelsbeziehungen zwischen Ländern mit ähnlichen Angebotsbedingungen am intensivsten sind, steht im Gegensatz zur Theorie komparativer Kostenunterschiede, nach der die Außenhandelsbeziehungen um so intensiver sind, je stärker sich die Länder in ihren relativen Angebotsbedingungen unterscheiden. Außerdem dominiert zwischen hochentwickelten Industrieländern der intraindustrielle Außenhandel (s. Abschnitt 2.2.), während die Modelle komparativer Kostenunterschiede intersektorale Handelsbeziehungen erklären (s. Abschnitt 2.1.1.).

3.2. Außenhandel ohne komparative Kostenunterschiede

Um den Einfluß weiterer Faktoren auf Richtung und Struktur des Außenhandels zu isolieren, wird im Rahmen der bisherigen Modelle vollständiger Konkurrenzmärkte von der Annahme übereinstimmender Transformationskurven zweier Länder ausgegangen. Die Produktionsbedingungen im In- und Ausland sind identisch. In der autarken Ausgangslage existieren weder relative Produktivitätsunterschiede noch relative Faktorausstattungsdivergenzen. Obwohl die Ursachen komparativer Kostenunterschiede hiermit ausgeschaltet sind, werden Anreize zur Aufnahme wohlfahrtssteigernder Außenhandelsbeziehungen wirksam sein, wenn steigende Skalenerträge (Beitrag K-3.1.1.) oder divergierende Nachfragestrukturen vorliegen.

3.2.1. Externe Skalenvorteile

Industrielle Produktionsprozesse sind durch Kostenvorteile der Massenproduktion geprägt, die mit wachsender Gesamtproduktion eines Industriesektors (betriebsexterne Skalenvorteile) oder wachsenden Betriebsgrößen (betriebsinterne Skalenvorteile) erschlossen werden können. Externe Kostenersparnisse oder Skaleneffekte treten auf, wenn die Grenz- und Durchschnittskosten aller Betriebe eines Industriezweiges unabhängig vom betrieblichen Produktionsvolumen sinken. Ursache hierfür kann sein, daß die steigende Industrieproduktion auf vorgelagerten Produktionsstufen Kostenvorteile wachsender Vorleistungsproduktion bewirkt, die in sinkenden Lieferpreisen weitergegeben werden. Interne Kostenersparnisse oder Skaleneffekte sind wirksam, wenn die Grenz- und Stückkosten eines Betriebes mit wachsendem Produktionsvolumen sinken, weil die optimale Betriebsgröße noch nicht erreicht ist. In beiden Fällen folgen sinkende Grenz- und Durchschnittskosten aus überlinear-homogenen Produktionsfunktionen, bei denen eine proportionale Ausweitung der Faktoreinsätze die Faktorproduktivitäten steigen läßt (Beitrag K-3.1.1.).

Während externe Skaleneffekte mit vollständiger Konkurrenz durchaus vereinbar sind, führen die mit internen Skaleneffekten verbundenen Anreize zur Herausbildung von Marktstrukturen monopolistischer oder oligopolistischer Konkurrenz (s. Abschnitt 3.3.). Steigende Skalenerträge in der Herstellung von Industriegütern sprengen somit den bisher vorgezeichneten Analyserahmen klassischer und neoklassischer Außenhandelstheorien. Zum einen unterstellen diese Ansätze Produktionsbedingungen, die konstante oder steigende Stück- und Grenzkosten bei wachsender betrieblicher und sektoraler Produktion hervorrufen. Zum anderen ist die mit allgemeinen Gleichgewichtsanalysen vollständiger Konkurrenzmärkte arbeitende Methodik auf die für viele Industrieerzeugnisse typischen Bedingungen betriebsinterner Kostenersparnisse nicht mehr anwendbar, weil Marktstrukturen unvollständiger Konkurrenz vorliegen. Um Skaleneffekte als eigenständige Determinante internationalen Handels mit Industrieprodukten zu analysieren, wird zunächst die Annahme vollständiger Konkurrenz aufrechterhalten und die Wirksamkeit externer Skalenvorteile im Rahmen eines Zwei-Güter-Zwei-Länder-Modells unterstellt.

Die Dominanz externer Skaleneffekte erzeugt eine zum Ursprung konvexe Transformationskurve (*Abb. I-7*). Um in diesem Fall steigende Skalenerträge als Außenhandelsursache zu isolieren, wird in *Abb. I-7* unterstellt, daß die konvexe Transformationskurve B_1B_2 in beiden Ländern gilt. Produktionsbedingungen und Nachfragestrukturen (Konsumlinie OC) des In- und Auslandes stimmen überein. Im Autarkiegleichgewicht resultiert für beide Länder die gleiche durch Punkt A determinierte Produktionsstruktur. Die Grenzkosten beider Güter stimmen mit den Marktpreisen überein, so daß das Steigungsmaß der Transformationskurve (GK^j_1/GK^j_2) im Produktionspunkt A die in beiden Ländern gleichen absoluten und relativen Autarkiepreise (p^j_1/p^j_2) widerspiegelt.

Da im Produktionspunkt A die Produktionsmengen beider Güter auf den autarken Binnenmärkten beider Länder zu gering sind, um die Kostenvorteile der Massenproduktion voll erschließen zu können, ist die Aufnahme von Außenhandelsbeziehungen sinnvoll. Diese schaffen die Möglichkeit einer sich ergänzenden vollständigen Spezia-

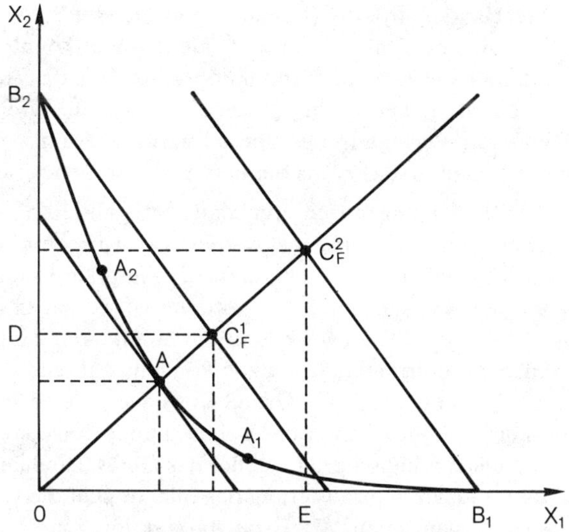

Abb. I-7: Außenhandelsgleichgewicht bei steigenden Skalenerträgen

lisierung (hier: Land 1 auf Gut 2, Land 2 auf Gut 1). Obwohl für den in *Abb. I-7* dargestellten speziellen Fall das Weltmarktpreisverhältnis dem relativen Autarkiepreis entspricht, führt internationaler Tausch zu einer verbesserten Versorgungsposition beider Länder (C^1_F im Inland, C^2_F im Ausland), indem Land 1 die Menge B_2D des Gutes 2 im Austausch gegen die Importmenge DC^1_F des Gutes 1 exportiert, während Land 2 B_1E Einheiten des Gutes 1 exportiert (= DC^1_F) und EC^2_F Einheiten von Gut 2 (= B_2D) einführt.

Steigende Skalenerträge, nicht aber Autarkiepreisunterschiede, sind die Ursache dieser Außenhandelsstruktur und der hiermit verbundenen Wohlfahrtseffekte. Dabei führt der Übergang zu einem Freihandels-Gleichgewicht dann nicht zu relativen Preisverschiebungen, wenn bei vollständiger Spezialisierung beider Länder die beiden Güter in dem Mengenverhältnis produziert werden, das bei dem gleichgewichtigen Preisverhältnis auf der Nachfrageseite gewünscht wird (Konsumlinie verläuft durch den Spezialisierungspunkt mit den Koordinaten OB_1 und OB_2). Ist diese – in *Abb. I-7* unterstellte – Voraussetzung nicht erfüllt, wird sich die Preisrelation bei Übergang zu Freihandel verändern. Die Wohlfahrtsgewinne werden dann in jenem Land reduziert, dessen terms of trade verschlechtert werden, während das andere Land durch terms-of-trade-Verbesserung zusätzliche Wohlfahrtsgewinne erzielt.

Skaleneffekte sind somit eine zusätzliche Quelle von Spezialisierungsgewinnen, die nicht von der Existenz komparativer Kostenunterschiede abhängen. Relative Kostendifferenzen werden erst durch internationale Spezialisierung ausgelöst. Sie sind nicht mehr Ursache, sondern Wirkung internationaler Handelsbeziehungen. Mit der Aufdeckung der aus steigenden Skalenerträgen resultierenden Spezialisierungsgewinne liefert die in *Abb. I-7* dargestellte internationale Arbeitsteilung zwar normative Aussagen über die Vorteilhaftigkeit des Freihandels. Es sind jedoch keine kausalen Aussagen über die in einem Freihandelssystem entstehende Struktur des Außenhandels möglich. Die Frage, welches Land welches Gut exportieren wird, bleibt offen. Die in

Abb. I-7 dargestellte Handelsstruktur (Inland exportiert Gut 2, Ausland exportiert Gut 1) wurde angenommen, nicht aber erklärt. Genausogut könnte sich das Inland auf die Exportproduktion des Gutes 1 (Produktionspunkt B_1), das Ausland auf Gut 2 (Punkt B_2) spezialisieren. Es käme zum gleichen Zuwachs des Weltsozialprodukts, jedoch zu einer anderen Verteilung des Spezialisierungsgewinns, da nunmehr die Konsumposition des Inlandes stärker als die des Auslandes verbessert würde.

Das unter Freihandelsbedingungen sich ergebende Spezialisierungsmuster ist somit bei externen Skaleneffekten nicht prognostizierbar. Es ist Ergebnis exogener Faktoren und historischer Entwicklungen. Wenn z. B. der Autarkie-Produktionspunkt im Inland durch A_2 und im Ausland durch A_1 bestimmt ist, so haben die inländischen Produzenten des Gutes 2 die Skalenvorteile in ihrem autarken Binnenmarkt besser als ihre ausländischen Konkurrenten ausnutzen können, während die ausländischen Hersteller des Gutes 1 aus dem gleichen Grund Kostenvorteile gegenüber den inländischen Herstellern dieses Gutes aufweisen. Bei Freihandel folgen daraus internationale Wettbewerbsvorteile inländischer Hersteller des Gutes 2 und ausländischer Produzenten des Gutes 1, die zur Spezialisierung des Inlandes auf die Exportproduktion des Gutes 2 und des Auslandes auf die Exportproduktion von Gut 1 führen. Eine mögliche Ursache für solche divergierenden Autarkie-Produktionsstrukturen bei gleichen Produktionsbedingungen zweier Länder und für daraus folgende Freihandels-Spezialisierungsmuster sind abweichende Nachfragestrukturen.

3.2.2. Nachfragestruktur

Die angebotsorientierte Analysemethode der Ricardo- oder Heckscher-Ohlin-Theorien komparativer Kosten vernachlässigt den Einfluß der Nachfrageseite. Konsumentenpräferenzen und Nachfrageverhalten können aber zur wichtigen Triebfeder internationaler Handelsbeziehungen werden, weil

- in hochentwickelten Ländern bestehende Präferenzen für Produktvielfalt auf offenen Weltmärkten Quellen für Kostensenkungen erschließen, die bei monopolistischer Konkurrenz auf geschlossenen Binnenmärkten nicht zugänglich sind (s. Abschnitt 3.3.1.),
- zwischen verschiedenen Ländern abweichende Präferenzmuster bei vollständiger Konkurrenz relative Preisunterschiede verursachen können, die nicht auf Produktivitäts- oder Faktorausstattungsunterschiede zurückführbar sind.

Solche abweichenden Präferenzstrukturen lassen sich als eigenständige Determinante der Außenhandelsstruktur isolieren. Unterschiedliche Nachfragestrukturen im In- und Ausland können sowohl bei steigenden Grenzkosten (*Abb. I-8a*) als auch bei sinkenden Grenzkosten (*Abb. I-8b*) Ursache abweichender Grenzkostenrelationen sein und somit Außenhandel verursachen.

Bei steigenden Grenzkosten bedingt die relativ starke inländische Nachfragerpräferenz für Gut 2 einen relativ hohen Autarkiepreis dieses Gutes, während die im Ausland relativ ausgeprägte Präferenz für Gut 1 einen relativ hohen Preis dieses Produktes bewirkt. Bei Autarkie ist somit der Relativpreis des Gutes 1 im Inland ($tg\alpha$) niedriger als im Ausland ($tg\beta$). Nach Übergang zu Freihandel wird das Inland daher Gut 1 exportieren und das bislang teure Gut 2 zu günstigeren Konditionen importieren. Wenn der relative Preis des Gutes 1 bei Freihandel auf tgγ steigt, wird die Produktion dieses inländischen Exportgutes zu Lasten von Gut 2 ausgedehnt. Im Ausland wird der relative Preis von Gut 1 sinken, so daß dort die Produktion von Gut 2 steigt und dieses somit zum Exportprodukt des Landes 2 wird. Im Gegensatz zu früheren Modellen komparativer Kosten gleichen sich nun die Produktionsstrukturen an (Produktionspunkt D) und ermöglichen auf diese Weise eine durch Konsumpunkte außerhalb der Transformationskurve repräsentierte kostengünstigere Abdeckung der divergierenden Bedarfsstrukturen.

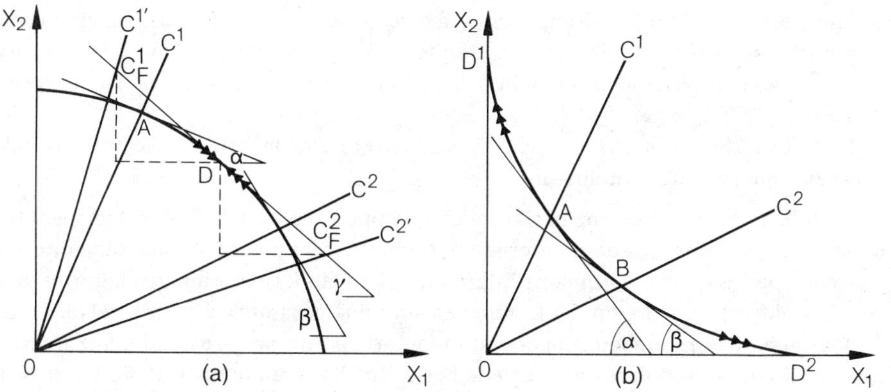

Abb. I-8: Divergierende Nachfragestrukturen als Außenhandelsursache

Bei sinkenden Grenzkosten erzeugen vergleichbare Diskrepanzen der Autarkie-Konsumstrukturen in Umkehrung des ersten Falles einen relativen Preisvorteil des Inlandes (Punkt A) bei Gut 2 und des Auslandes (Punkt B) bei Gut 1 (*Abb. I-8b*). Dieser ist nun die Folge der durch relativ hohe heimische Nachfrage begünstigten Skaleneffekte. Nach Öffnung der Grenzen wird sich also das Inland auf Gut 2 (Produktionspunkt D^1), das Ausland auf Gut 1 (Produktionspunkt D^2) als Exportgut spezialisieren und die Inlandsproduktion des im eigenen Land relativ wenig begehrten und deshalb zu hohen Kosten erzeugten Produktes vollständig durch Importe substituieren. Außenhandel wird eine intensivere Nutzung der kostensenkenden Skaleneffekte ermöglichen, indem sich die Produktionsstrukturen noch weiter auseinander entwickeln. Die mit diesem Fall beschriebenen Bedingungen lassen sich nicht mehr nur auf interindustriellen, sondern auch auf intraindustriellen Außenhandel anwenden, wie HERBERT GRUBEL (1977, S. 81) durch das Beispiel der amerikanischen Automobilproduktion erläutert. Die für USA typischen weiten Distanzen begünstigten eine ausgeprägte heimische Präferenz für großräumige PKW's (hier: Gut 1), während in Europa und Japan Präferenzen für treibstoffsparende kleinere Automobiltypen (hier: Gut 2) dominierten. Eine diesen Präferenzen angepaßte Inlandsproduktion (hier: Punkt B in USA, Punkt A in Europa) induzierte über Skaleneffekte relative Preisvorteile des jeweils typischen Produktes, so daß die USA große Personenwagen exportierten und Kleinwagen importierten.

3.3. Außenhandel bei unvollständiger Konkurrenz

Betriebsinterne Skalenvorteile führen zur Herausbildung von Marktstrukturen unvollständiger Konkurrenz. Märkte mit monopolistischer oder oligopolistischer Konkurrenz sind Ergebnis der hier wirksamen Anreize zur Durchsetzung interner Kostenersparnisse durch Betriebsgrößenwachstum. Dies kann erreicht werden, indem

- durch Strategien der Produktdifferenzierung monopolistisch beherrschte Teilmärkte geschaffen werden, die allerdings der Substitutionskonkurrenz der auf anderen Teilmärkten angebotenen Produktvarianten ausgesetzt sind (monopolistische Konkurrenz, Beitrag L-4.),
- durch erfolgreichen Verdrängungswettbewerb oder durch Unternehmenszusammenschlüsse eine Aufteilung des gesamten Absatzmarktes auf eine relativ kleine Anzahl von Unternehmenseinheiten angestrebt wird (oligopolistische Konkurrenz, Beitrag L-5.),
- durch Eindringen in ausländische Absatzmärkte ein dauerhaft größeres Produktionsvolumen sichergestellt wird.

Monopolistische Konkurrenzmärkte oder Oligopole und auch Außenhandelsbeziehungen folgen somit aus dem unternehmerischen Streben nach Ausnutzung interner Kostenersparnisse. Die Aufnahme internationaler Handelsbeziehungen kann aus einzelwirtschaftlicher Sicht für Unternehmen und aus gesamtwirtschaftlicher Sicht für Länder auch dann lohnend sein, wenn im autarken Ausgangszustand keine internationalen Kosten- und Preisunterschiede bestehen (KRUGMAN, 1979, 1980; DIXIT/NORMAN, 1980).

3.3.1. Interne Skalenvorteile, Produktdifferenzierung und monopolistische Konkurrenz

Um bei monopolistischer Konkurrenz die Auswirkungen internationaler Handelsbeziehungen in Folge von internen Skalenvorteilen und Produktdifferenzierung aufzuzeigen (KRUGMAN 1980; HELPMAN/KRUGMAN, 1985; KIERZKOWSKY, 1984), werden zwei in den Produktionsbedingungen identische Länder betrachtet. Im Autarkiezustand sind beide Binnenmärkte für heimische Anbieter offen, für ausländische Anbieter aber geschlossen. Jede inländische Firma bietet eine andere Variante eines Produktes an. Freier Marktzugang für inländische Anbieter führt zu einem CHAMBERLIN-Marktgleichgewicht (Beitrag L-4.1.) im Tangentialpunkt A von Preis-Absatz-Funktion der Produktvariante i ($dd^A{}_i$) und der Kurve sinkender Durchschnittskosten K_i/x_i, in dem zu einem Autarkiepreis $p^A{}_i$ die Absatzmenge $x^A{}_i$ verkauft wird (*Abb. I-9*). Resultiert der Anpassungsprozeß, der über die Auflösung von Monopolrenten zu diesem Gleichgewicht geführt hat, aus dem Markteintritt von insgesamt n^{1A} inländischen Unternehmen, so werden in diesem Zustand n^{1A} Varianten $i = 1 \ldots n^{1A}$ des Gutes 1 angeboten. Es gelte die Symmetrieannahme gleicher Durchschnittskosten und übereinstimmender Marktanteile aller Hersteller, so daß alle Firmen $i = 1 \ldots n^{1A}$ die gleiche Kostenfunktion wie die hier betrachtete repräsentative Firma aufweisen, und mit der gleichen Preis-Absatz-Funktion $dd^A{}_i$ konfrontiert sind. Von allen Produktvarianten wird die Stückzahl $x^A{}_i$ zum gleichen Preis $p^A{}_i$ umgesetzt, und die Ge-

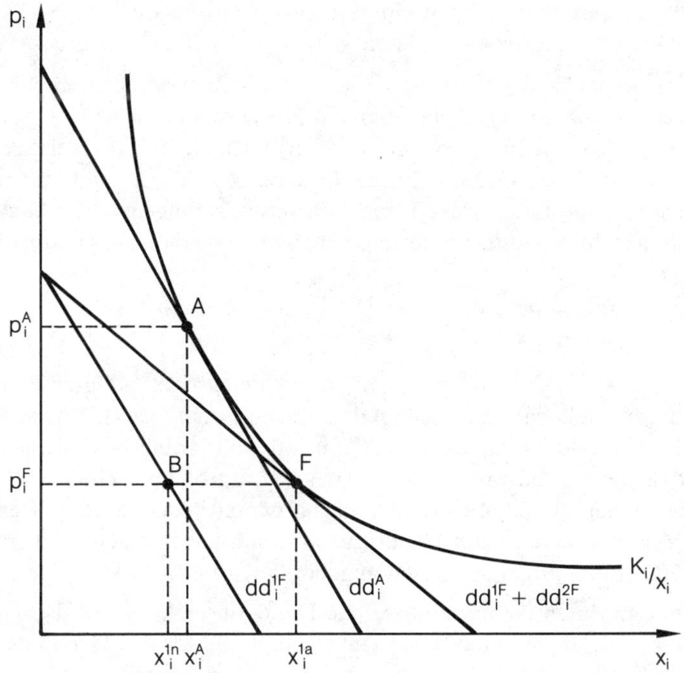

Abb. I-9: Langfristiges Freihandelsgleichgewicht bei monopolistischer Konkurrenz

samtproduktion des Gutes beläuft sich auf eine Stückzahl von $n^{1A}x^A{}_i$. Die Marktbedingungen im Ausland seien symmetrisch, wobei im Autarkiegleichgewicht n^{2A} Firmen die Produktvarianten $j = n^{1A} + 1 \ldots n^{1A} + n^{2A}$ zu einem Preis $p^A{}_j$ verkaufen. Um Autarkiepreisunterschiede als Außenhandelsursache auszuschalten, werde $p^A{}_i = p^A{}_j$ angenommen.

Mit dem Übergang zu Freihandel werden die beiden bislang abgeschotteten Märkte für ausländische Anbieter geöffnet, so daß die Produktvielfalt durch die ausländischen Varianten vergrößert wird. Die Konkurrenz ausländischer Erzeugnisse zieht Inlandsnachfrage von heimischen Produkten ab und die durch größere Produktvielfalt verbesserten Substitutionsmöglichkeiten machen die Nachfrage preiselastischer. Die veränderte Konkurrenzsituation zwingt einen Teil der Anbieter zum Marktaustritt, während die übrigen Anbieter ihre Absatzverluste im Inlandsmarkt durch Exporte ausgleichen und die Produktion ausweiten können. Produktionswachstum führt bei steigenden Skalenerträgen zu sinkenden Stückkosten, und der Wettbewerbsprozeß zwingt zur Anpassung der Preise an die gesunkenen Durchschnittskosten. Das langfristige CHAMBERLIN-Gleichgewicht des Freihandelszustandes liegt im Tangentialpunkt F der aus Inlands- und Auslandsnachfrage zusammengesetzten Preis-Absatz-Funktion $(dd^{1F}{}_i + dd^{2F}{}_i)$ und der Durchschnittskostenkurve der repräsentativen inländischen Unternehmung. Zum Gleichgewichtspreis $p^F{}_i < p^A{}_i$ wird die inländische Produktionsmenge $x^{1a}{}_i$ angeboten. Davon wird $x^{1n}{}_i$ im Inland abgesetzt und $ex^1{}_i = x^{1a}{}_i - x^{1n}{}_i = BF$ ausgeführt. Eine symmetrische Gleichgewichtssituation ergibt sich im Ausland, wo die repräsentative Unternehmung eine im Vergleich zum Autarkiezustand größere Produktionsmenge $x^{2a}{}_j$ zu einem niedrigeren Preis $p^F{}_j = p^F{}_i$ absetzen und davon $ex^2{}_j = x^{2a}{}_j - x^{2n}{}_j$ exportieren kann.

Bei einer gegenüber dem Autarkiezustand reduzierten Anzahl heimischer Anbieter (und somit der aus jedem Land stammenden Produkttypen) gilt $i = 1 \ldots n^{1F}$ mit $n^{1F} < n^{1A}$ und $j = n^{1F} + 1 \ldots n^{1F} + n^{2F}$ mit $n^{2F} < n^{2A}$. Da alle international gehandelten Produkttypen i und j zur gleichen Produktgruppe gehören, kommt im Freihandelsgleichgewicht eine intraindustrielle Handelsstruktur als Folge interner Skalenvorteile und strategischer Produktdifferenzierung zustande, ohne daß komparative Kostenunterschiede vorliegen:

$$Ex^1 = Im^2 = n^{1F}\, ex^1{}_i\, p^F{}_i$$
$$Ex^2 = Im^1 = n^{2F}\, ex^2{}_j\, p^F{}_j,$$

wobei $n^{1F} + n^{2F} > n^{1A}$, $n^{2F} + n^{1F} > n^{2A}$, $n^{1F} < n^{1A}$ und $n^{2F} < n^{2A}$. Durch Eingliederung in eine intraindustrielle internationale Arbeitsteilung kann jedes Land die Anzahl der dort gefertigten Produktvarianten reduzieren (Spezialisierungsgewinne aus Skaleneffekten) und dennoch den Konsumenten zugleich eine größere Vielfalt von Produktvarianten bereitstellen (Wohlfahrtsgewinne aus größerer Produktdifferenzierung). Damit ergeben sich in beiden Ländern positive Wohlfahrtswirkungen, weil eine größere Produktvielfalt zu niedrigeren Preisen angeboten wird.

Diese Gründe für intensive intraindustrielle Handelsbeziehungen zwischen hochentwickelten Industrieländern sind schon früher durch die LINDER-Hypothese (LINDER, 1961; ARAD/HIRSCH, 1981) aufgedeckt worden. Danach besteht ein Zusammenhang zwischen durchschnittlichem Pro-Kopf-Einkommen und Nachfragestruktur. In Industrieländern mit hohem Pro-Kopf-Einkommen bestehen ähnliche Präferenzmuster mit relativ ausgeprägter Vorliebe für Produktdifferenzierung, während in weniger entwickelten Ländern mit niedrigem Durchschnittseinkommen Präferenzen für einfachere Konsumgütersortimente mit geringerem Diversifikationsgrad dominieren. Unter den Bedingungen interner Skalenvorteile folgt daraus, daß internationaler Handel mit industriellen Fertigprodukten zwischen jenen Ländern am intensivsten sein wird, die relativ ähnliche Pro-Kopf-Einkommen und daher auch ähnliche Nachfragestrukturen aufweisen.

3.3.2. Innovationen, Produktzyklen und Außenhandel mit Produktzyklus-Gütern

Die Auseinandersetzung mit der traditionellen Faktorproportionentheorie und die Analyse anderer Determinanten des internationalen Handels mit Industrieprodukten (Skaleneffekte, Produktdifferenzierung, monopolistische Konkurrenz) haben Grenzen der neoklassischen Außenhandelstheorie aufgezeigt. Ein genauer Beobachter des Außenhandels mit Industrieerzeugnissen wird zudem feststellen, daß manche Länder mit Produkten international wettbewerbsfähig sind, bei denen sie nach der Faktorproportionen-Theorie eigentlich keine komparativen Kostenvorteile aufweisen könnten. So exportiert etwa das arbeitsreiche Indien Stahlerzeugnisse, die sehr kapitalintensiv hergestellt werden. Die Exporterfolge dieses indischen Industriesektors lassen die empirische Relevanz und normative Kraft einer Theorie fragwürdig erscheinen, die zur Empfehlung führt, ein Land solle in Anpassung an Arbeitsreichtum und

Kapitalarmut arbeitsintensive Industrieproduktionen entwickeln und auf Herstellung und Export kapitalintensiver Erzeugnisse gänzlich verzichten. Offenbar ist die neoklassische Außenhandelstheorie nicht immer in Einklang zu bringen mit den bei Industrieprodukten vorherrschenden internationalen Wettbewerbsbedingungen in einer dynamischen, permanenten Strukturwandlungen unterworfenen Weltwirtschaft (Beitrag Q-2.).

Die aus diesem Ungenügen heraus entstandene Außenhandelstheorie erhielt ihre entscheidenden Impulse durch die KRAVIS-POSNER-Theorie des „technological gap trade" (KRAVIS, 1956; POSNER, 1961; LORENZ, 1967). Außenhandel aufgrund technologischer Lücken findet statt, wenn das Exportland ein technologisches Verfügbarkeitsmonopol besitzt, während im Importland Nicht-Verfügbarkeit vorliegt. Die Frage nach den Ursachen solcher Verfügbarkeitsmonopole wurde dabei mit der außenhandelstheoretischen Anwendung der Entwicklungstheorie von JOSEF ALOIS SCHUMPETER beantwortet (Beitrag O-1.). In einem mit dem erforderlichen Humankapital (wissenschaftliche und technische Intelligenz, dynamische und risikobereite Unternehmer) ausgestatteten Land werden intensive Forschungs- und Entwicklungsbemühungen und innovationsaktive Unternehmertätigkeit nach Markteinführung neuer Güter temporäre Liefermonopole mit anschließendem Außenhandel begründen.

Die Theorie des „technological gap trade" erklärt den Außenhandel mit neuentwickelten Industrieprodukten und führt somit zu der Frage, wie lange die Unternehmen eines Landes aufgrund monopolistischer Verfügbarkeit über technologische Informationen Exportmonopole aufrecht erhalten können, und wie sich die Außenhandelsbeziehungen verändern werden, wenn nach internationaler Ausbreitung dieses technischen Wissens in anderen Ländern erfolgreiche Imitationsprozesse eingeleitet werden. Zunächst führt diese Frage zur Analyse von Bestimmungsgründen der Länge des internationalen Imitations-Lags. Weil nach Abschluß dieses Imitations-Lags das Verfügbarkeitsmodell der internationalen Arbeitsteilung durch ein Substitutionsmodell zu ersetzen ist, ergab sich die einfache Schlußfolgerung, daß nunmehr die bereits vertrauten Außenhandelsdeterminanten darüber entscheiden, ob das Ursprungsland der Innovation Exportland bleibt oder zum Importland wird, weil sich sein ehemaliger Verfügbarkeitsvorteil in einen komparativen Kostennachteil verwandelt hat.

Erkenntnisfortschritte ergaben sich, nachdem durch Rückgriff auf betriebswirtschaftliche Marketingtheorien eine genauere Analyse dieser Zusammenhänge ermöglicht wurde. Dies führte zur Entwicklung einer Produktzyklus-Theorie der internationalen Arbeitsteilung (VERNON, 1966), die die axiomatischen Grundlagen der traditionellen, statischen Substitutionsmodelle aufgibt. Jedes neuentwickelte Produkt wird nach seiner Markteinführung einen Lebenszyklus durchlaufen, der in drei Stadien (Innovationsphase, Ausreifungsphase, Standardisierungsphase) eingeteilt werden kann. Diese unterscheiden sich hinsichtlich typischer Produktmerkmale sowie in den Produktions- und Absatzbedingungen (Beirag Q-2.2.). Produktzyklus-Güter sind also dadurch gekennzeichnet, daß sie mehrere Entwicklungsphasen durchlaufen, in denen sich Produktionsfunktionen (von relativ hoher Qualifikations- und Arbeitsintensität zu relativ hoher Kapitalintensität) und Absatzmärkte (von Monopol zu steigender Wettbewerbsintensität, von Qualitäts- zu Preiswettbewerb) in systematischer und damit vorhersehbarer Weise verändern (AUDRETSCH, 1987). Während eines bestimmten Betrachtungszeitraumes wird sich die Vielzahl international gehandelter Güter in unterschiedlichen Produktentwicklungsphasen befinden.

Im gleichen Zeitraum werden die Außenhandel treibenden industrialisierten oder sich industrialisierenden Länder unterschiedliche Entwicklungsniveaus aufweisen (hochentwickelte Industrieländer, entwickelte Industrieländer, Entwicklungsländer im Stadium der Industrialisierung). In Abhängigkeit von ihrem jeweiligen Entwicklungsniveau werden sich diese Ländergruppen hinsichtlich typischer Präferenzstrukturen (Bedarfsintensität an differenzierten oder arbeitszeitsparenden Konsumgütern), Produktionsstrukturen (Diversifizierungsgrad) und Faktorausstattungsbedingungen (hochqualifizierte, gelernte und ungelernte Arbeitskräfte, natürliche Ressourcen) unterscheiden. Aus der begründeten Vermutung, daß jede Ländergruppe komparative Vorteile der Produktion von Gütern in einer bestimmten Phase ihres Produktzyklus besitzt, lassen sich dann Hypothesen über die Struktur des internationalen Handels mit Produktzyklus-Gütern gewinnen (Oberender, 1988).

Bedeutsam hierbei ist die Berücksichtigung unterschiedlicher Grade internationaler Faktorbeweglichkeit. Kapital wird als international beweglich unterstellt, während die Annahme internationaler Arbeitsimmobilität aufrecht erhalten bleibt, so daß das Ländermerkmal „Kapitalausstattung einer Volkswirtschaft“ bei weitgehend unbeschränktem Kapitalverkehr zunehmend irrelevant wird. Dies zeigt sich auch daran, daß die relativen internationalen Lohnunterschiede beträchtlich höher sind als die nur relativ schwach ausgeprägten Unterschiede der Kapitalkosten (Haitani, 1971), so daß sich immer mehr die Klassifikationsmerkmale Hochlohn-Land und Niedriglohn-Land durchsetzen. Ein Hochlohn-Land ist durch eine hohe Ausstattungsrelation zwischen qualifizierten und gering qualifizierten Arbeitskräften gekennzeichnet, während in einem Niedriglohn-Land die Ausstattungsrelation zwischen ungelernten und qualifizierten Arbeitskräften groß sein wird.

Welche Außenhandelsstruktur wird sich unter diesen Bedingungen ergeben, und welchen Änderungen wird diese unterworfen sein? Hochentwickelte Industrieländer werden aufgrund ihrer spezifischen Faktorausstattung Ursprungsländer neuer Produkte sein. Nachdem Auslandsnachfrage nach dem neuen Produkt wirksam geworden ist, wird das Exportmonopol zunächst durch Marktzutrittsschranken gestützt, die potentiellen Produzenten anderer Länder den Markteintritt versperren. Neben den Fixkosten der Imitation (z. B. Lizenzgebühren) werden die von den Urhebern der Innovation bereits ausgenutzten Skalenvorteile und Lerneffekte Wettbewerbsnachteile des Importlandes gegenüber dem Ursprungsland des neuen Produktes bedingen.

Mit wachsendem Pro-Kopf-Einkommen und allmählichem Eintritt des Produktes in seine Ausreifungsphase können sich allerdings die relativen Wettbewerbspositionen verschieben. Am Binnenmarkt wirksame Transportkostenvorteile sowie internationale Lohnkostenvorteile heimischer Produzenten – und evtl. auch ausländischer Direktinvestoren – drängen Exporte des Innovatorlandes zunehmend von diesen Märkten und von Drittmärkten ab. Die Verdrängung der Innovatoren aus ihren ursprünglichen Exportmärkten beginnt umso früher und läuft umso rascher ab, je schärfer die Kostendegression schon bei geringen Produktmengen beginnt, je größer der Binnenmarkt des Imitators ist und je stärker Transportkosten oder andere internationale Handelshemmnisse ins Gewicht fallen. In dieser Phase rückläufiger

Exporte des Innovators und sinkender Importe der Handelspartner verschieben sich bei steigenden Skalenerträgen die internationalen Kostenrelationen weiter zugunsten der Imitatoren. Schließlich können die Imitatoren auch in den ausländischen Markt eindringen, so daß das einstige Exportprodukt zum Importprodukt des Innovatorlandes wird. Ist das zur erfolgreichen Imitation erforderliche technische Wissen und unternehmerische Potential verfügbar, so können die Nachahmungsprozesse somit komparative Kostenvorsprünge erzeugen, durch die für Güter in der Ausreifungsphase ihres Produktzyklus eine Exportposition entsteht. Gründe hierfür sind die durch Massenproduktion bei wachsendem Gesamtmarkt realisierbaren Skalenvorteile und die relativen Ausstattungsvorteile bei gelernten Arbeitskräften, die in relativ niedrigen Lohnkosten für diese nunmehr relativ stark benötigte Arbeitsart zum Ausdruck kommen.

Dieser Prozeß struktureller Verschiebungen innerhalb der Export- und Importsortimente kann sich mit Eintritt eines Produktes in die Standardisierungsphase seines Lebenszyklus fortsetzen. Produkte und Produktionstechnik sind ausgereift, Forschungs- und Entwicklungsarbeit ist nicht mehr erforderlich und eine standardisierte Produktionstechnologie mit z. T. hohem Kapitaleinsatz pro Arbeitsplatz stellt geringe Qualifikationsanforderungen an das Bedienungspersonal. Das reiche Reservoir gering qualifizierter, aber lernfähiger Arbeitskräfte und evtl. auch die Verfügbarkeit über natürliche Ressourcen können in dieser Phase komparative Kostenvorteile sich industrialisierender Entwicklungsländer induzieren, wenn der Kapitalzufluß aus dem Ausland (Standortverlagerungen der ursprünglichen Innovatoren oder Imitatoren, Finanzierung der industriellen Entwicklung durch Auslandsverschuldung) die Voraussetzungen zur Aufnahme dieser neuen Produktion herstellt. In dieser Endphase des Produktzyklus werden somit die Produzenten der bisherigen Exportländer auf ihrem Binnenmarkt und ihren Exportmärkten durch die Konkurrenz aufstrebender Entwicklungsländer Marktanteilsverluste hinnehmen müssen.

Die Hochlohnländer der Weltwirtschaft verlieren zwar während des Produktzyklus ihre durch innovative Produktpolitik gewonnene Exportposition. Den hierfür ursächlichen Lohnkostennachteilen steht aber ihre im hohen Reallohnniveau widergespiegelte Fähigkeit gegenüber, einen permanenten Strom neuer Produkte zu erzeugen. Hochentwickelte Industrieländer sind daher aufgrund ihrer Ausstattungsvorteile mit wissenschaftlich-technischer Intelligenz in der Lage, Innovationsvorsprünge im Zeitablauf über eine sich ständig ändernde Palette neuer Produkte zu entfalten. Die Exporte der Länder mit hoher Innovationsdynamik werden also einen hohen Anteil neuer Produkte aufweisen, die nicht nur qualifikationsintensiv erzeugt werden, sondern auch weniger kapitalintensiv sind als in den späteren Phasen ihres Produktzyklus. Die Importe der gleichen Länder werden einen relativ hohen Anteil älterer Güter der Ausreifungs- und Standardisierungsphase aufweisen, die weniger qualifikationsintensiv sind und kapitalintensiver als die neuen Exportprodukte sein können (Beitrag Q-2.1.). Damit ist eine weitere mögliche Erklärung des LEONTIEF-Paradoxon gefunden.

Neuere außenhandelstheoretische Ansätze bemühen sich um eine modellendogene Erklärung von Innovation, Imitation und Produktzyklen (GROSSMAN/HELPMAN, 1989; SEGERSTROM/ANANT/DINOPOULOS, 1990; GROSSMAN/HELPMAN, 1991). Die Innovationsrate einer Unternehmung bzw. eines Landes hängt ab von dem in Forschungs-

und Entwicklungsbereichen (FuE) eingesetzten Anteil der für solche Aufgaben verfügbaren qualifizierten Arbeitskräfte. Diese innovationsorientierte Ressourcenallokation wird bestimmt durch die erwartete Profitrate der FuE-Aktivitäten (abhängig vom Marktpreis neuer Produkte, vom relativen Lohnniveau qualifizierter Arbeitskräfte und von der Erfolgswahrscheinlichkeit der FuE-Aufwendungen) und durch den Druck des aktuellen oder potentiellen Imitationswettbewerbs. Die Imitationsrate anderer Unternehmen bzw. Länder hängt ab von dem in Imitationsprozessen eingesetzten Anteil der dort für solche Entwicklungsarbeiten verfügbaren qualifizierten Arbeitskräfte. Sie ist um so größer, je geringer die technologischen Informationskosten und das relative Lohnniveau qualifizierter Arbeitskräfte sind. Demzufolge werden die Geschwindigkeit des Abbaus von Monopolrenten der Innovatoren um so größer und die Produktzyklen um so kürzer sein, je häufiger die technologischen Informationen über neue Produkte nicht firmenspezifisch, sondern güterspezifisch sind. Sind diese Informationen nämlich in den Produkten verkörpert, so werden sie durch Exporte international übertragen. Die mit Imitationspotential ausgestatteten Einfuhrländer können sich dieses technische Wissen mit relativ geringen Kosten durch Nachkonstruktion (reverse engineering) aneignen, solange der Schutz intellektueller Eigentumsrechte nicht durch eine internationale patentrechtliche Übereinkunft erzwungen werden kann. Unter diesen Bedingungen kann Außenhandel zur Ursache stärkerer Imitationskonkurrenz, größerer Innovationsdynamik und somit einer dauerhaft höheren weltwirtschaftlichen Wachstumsrate werden (GROSSMAN/HELPMAN, 1990; RIVERA-BATIZ/ROMER, 1990).

Als erfolgreicher Versuch einer empirischen Bestätigung der KRAVIS-POSNER-Theorie des „technological gap trade“ für die Vereinigten Staaten kann der KEESING-Test angesehen werden (KEESING, 1967). Die entsprechend ihrer Exportposition (US-Exporte in v. H. der Exporte der Zehnergruppe der Industrieländer im Jahr 1962) in einer Rangfolge geordneten US-amerikanischen Exportindustrien wurden in bezug auf zwei Merkmale der Forschungs- und Entwicklungsintensität untersucht (Wissenschaftler und Ingenieure in v. H. der sektoralen Beschäftigungsmenge des Jahres 1961, Ausgaben für Forschung und Entwicklung in v. H. des sektoralen Umsatzerlöses im Jahre 1960). In beiden Untersuchungsreihen ergaben sich hohe Koeffizienten der Rangkorrelation.

Tests der Produktzyklus-Hypothese können diese für die Exportentwicklung der Vereinigten Staaten bestätigen (STERN/MASKUS, 1981). Dies gilt auch für Untersuchungen der Elektronik-Industrie (HIRSCH, 1972), und der petrochemischen Industrie (STOBAUGH, 1972), deren Erzeugnisse im Beobachtungszeitraum verschiedenen Stadien des Produktzyklus angehörten. Aktuelle Beispiele für die mit der Produktzyklushypothese erklärbare internationale Wettbewerbsdynamik bietet der Außenhandel mit mikroelektronischen Erzeugnissen. In der Herstellung von Personalcomputern technologisch führende (z. B. US-amerikanische oder japanische) Unternehmen verlieren Marktanteile an (z. B. koreanische oder taiwanesische) Imitatoren, die mit relativ preisgünstigen und qualitativ wettbewerbsfähigen Konkurrenzprodukten in den Markt eintreten. Die Innovationsführer antworten mit einer neuen, auf leistungsfähigeren Mikroprozessoren basierenden PC-Generation und erobern somit die verlorengegangenen Marktanteile wieder zurück. Ein neuer Produktzyklus beginnt, und der dynamische Ablauf setzt sich mit dem Ergebnis fort, daß sich das Qualitätsspektrum einer Produktkategorie immer weiter nach oben verschiebt (GROSSMAN/HELPMAN, 1991).

3.4. Terms of trade

Die terms of trade lassen sich als Quotient aus Preisindex der Exporte und Preisindex der Importe berechnen, so daß sie das relative Preisniveau der Exporte eines Landes erfassen (terms of trade auf Güterbasis, Commodity terms of trade). Im folgenden ist zu analysieren, welche gesamtwirtschaftlichen Auswirkungen mit veränderten terms of trade verbunden sind, und welche Ursachen den Verschiebungen internationaler Preisrelationen zugrunde liegen können.

Die terms of trade bestimmen jenes Importvolumen, welches im Austausch gegen eine Einheit der Exportproduktion erworben werden kann. Ihr Kehrwert zeigt den realen Export, der heimischer Verwendung entzogen werden muß, um eine Einheit realer Importe beschaffen zu können. Sinken die terms of trade, so spricht man von einer Verschlechterung des internationalen Tauschverhältnisses, da nun pro Exporteinheit weniger Importeinheiten dem im Inland verfügbaren Güterangebot hinzugefügt werden können oder pro Importeinheit mehr Exporteinheiten zu Lasten des verfügbaren Inlandsangebots abgezweigt werden müssen. Die reale Importkapazität einer Exporteinheit wird also zurückgehen und die volkswirtschaftlichen Opportunitätskosten einer Importeinheit werden ansteigen. Genauso wird eine terms-of-trade-Verbesserung das verfügbare Gesamtangebot ausweiten, ohne daß die Faktorausstattung der Volkswirtschaft gestiegen ist. Die Angebotseffekte sich verändernder terms of trade entsprechen mithin den Angebotswirkungen gleichgerichteter Veränderungen der Faktorproduktivität. Ein wesentlicher Unterschied bleibt allerdings bestehen. Während positives Wachstum der Arbeitsproduktivität das inländische Produktionspotential ausweitet, wird eine Terms-of-trade-Verbesserung das Inlandsangebot bei konstantem Produktionspotential vermehren können. Dieses Angebotswachstum wird nämlich durch jene ausländischen Handelspartner „finanziert", deren terms of trade entsprechend gesunken sein müssen. Während Produktivitätswachstum das Weltsozialprodukt erhöht, werden Terms-of-trade-Verschiebungen ein konstantes Weltsozialprodukt international umverteilen.

Die durch Wachstum der Arbeitsproduktivität ermöglichte inländische Realeinkommenszunahme pro Kopf (realer Verteilungsspielraum) überschreitet bzw. unterschreitet also den prozentualen Produktivitätszuwachs um den Betrag der relativen Terms-of-trade-Verbesserung bzw. -Verschlechterung. Die Berechnung inflationsneutraler Lohnsteigerungsraten (Beitrag F-2.2.2.) muß die durch Terms-of-trade-Verschlechterung bedingte Schmälerung des Verteilungspotentials berücksichtigen, da der an das Ausland umverteilte Produktionszuwachs nicht nochmals an inländische Haushalte verteilt werden kann.

Ursachen von Verschiebungen des internationalen Tauschverhältnisses können sein:

- intersektorale oder internationale Unterschiede der Wachstumsraten und Einkommenselastizitäten,

- unterschiedliche Wettbewerbsintensitäten auf Export-Absatzmärkten und Import-Beschaffungsmärkten,
- Änderungen wirtschaftspolitischer Parameter.

Soweit diese Ursachen vom Inland ausgehen, werden nur dann Terms-of-trade-Veränderungen induziert, wenn dieses Land hinreichend große Weltmarktanteile besitzt, um mit Datenänderungen Weltmarktpreise beeinflussen zu können.

Eine überdurchschnittliche Wachstumsrate des Exportsektors kann eine Verschlechterung der terms of trade fördern, wenn die Einkommenselastizität der Inlandsnachfrage bei eins liegt: Die Exportproduktion wird mit einer größeren Rate zunehmen als Einkommen und Inlandsnachfrage nach dem Exportprodukt, so daß das Exportangebot steigt. Hierdurch werden ceteris paribus die terms of trade sinken. Höhere Einkommenselastizitäten wirken diesem Effekt entgegen, niedrigere Elastizitäten verstärken ihn. Umgekehrt wird eine überdurchschnittliche Wachstumsrate des inländischen Importsubstitutionssektors eine Terms-of-trade-Verbesserung begünstigen, solange eine hinreichend niedrige inländische Einkommenselastizität der Nachfrage nach Importen gewährleistet, daß dieser Wachstumsprozeß die Importabhängigkeit reduziert. Höhere Einkommenselastizität der Importnachfrage wirkt der Terms-of-trade-Verbesserung entgegen, niedrigere Elastizitäten verstärken ihn. Unter bestimmten Bedingungen können Wachstumsprozesse also durchaus Terms-of-trade-Verschlechterungen induzieren, durch die zumindest ein Teil des Wachstumserfolges zugunsten des Auslandes umverteilt wird. Der Extremfall eines den Wachstumseffekt überkompensierenden negativen Terms-of-trade-Effektes (Verelendungswachstum) kann nicht gänzlich ausgeschlossen werden (Bhagwati, 1958).

Neben Wachstumswirkungen spielen unterschiedliche Marktstrukturen als Determinanten des Terms-of-trade-Niveaus eine nicht unwesentliche Rolle. Weichen die Exportsortimente zweier Länder stark voneinander ab, und ist dabei die inländische Exportindustrie am Weltmarkt mit niedriger Wettbewerbsintensität, die ausländische Exportindustrie mit hoher Wettbewerbsintensität konfrontiert, so begünstigt diese Divergenz der Marktstrukturen die inländischen terms of trade. Jene Folgerung trifft somit kaum auf den intrasektoralen Außenhandel von Ländern mit vergleichbar hohem Pro-Kopf-Einkommen zu, deren Export- und Importstrukturen relativ ähnlich sind. Relevanz mag ihr aber dann zukommen, wenn der Außenhandel zwischen Hochlohnländern mit hoher Innovationsdynamik und den auf standardisierte Industrieerzeugnisse und Primärprodukte spezialisierten Niedriglohn-Ländern betrachtet wird. Die Produktzyklushypothese hat gerade hier systematische Unterschiede der Wettbewerbsintensität aufgedeckt, die die Exportstrukturen beider Länder dominieren. Relevanz kommt dieser Einflußgröße auch zu, wenn Exportländer eines nicht überall verfügbaren Rohstoffes ein wirksames Kollektivmonopol organisieren können, weil die Rohstoffnachfrage relativ preisunelastisch ist, und weil keine wesentliche Außenseiter- und Substitutionskonkurrenz besteht (Beispiel: OPEC, 1973–1982).

Die im folgenden Kapitel behandelten Terms-of-trade-Wirkungen wirtschaftspolitischer Datenänderungen, wie Zölle oder nichttarifäre Handelshemmnisse, stellen ebenso wie unterschiedliche Marktstrukturen lediglich Niveaueffekte dar, welche im Gegensatz zu Wachstumsprozessen keinen systematischen Trend des internationalen

Austauschverhältnisses erzeugen können, solange diese Determinanten selbst nicht systematisch variiert werden.

Gleichwohl leiten manche entwicklungstheoretische Analysen die These ab, daß die bestehende internationale Arbeitsteilung gerade die ärmeren Länder der Weltwirtschaft benachteiligt, indem sie eine systematische Terms-of-trade-Verschlechterung in Entwicklungsländern erzeugt (PREBISCH-SINGER-These, Beitrag T-2.4.).

Die These sieht eine ungünstige Terms-of-trade-Position von Entwicklungsländern dadurch gefördert, daß

- ihre Inlandsnachfrage nach Importprodukten hohe Einkommenselastizitäten aufweist,
- die Auslandsnachfrage nach ihren Exportprodukten durch niedrige Einkommenselastizitäten bestimmt ist,
- die Weltmärkte für Exportprodukte hochindustrialisierter Länder höhere Monopolgrade aufweisen als die Märkte der Exportprodukte von Entwicklungsländern.

Der behaupteten Tendenz einer im Freihandelssystem wirksamen Umverteilung des Weltsozialprodukts zu Lasten armer Länder wirkt jedoch entgegen, daß

- Industrieländer höhere Wachstumsraten der Einkommen und Importe aufweisen können als Entwicklungsländer,
- die Exportsortimente der Entwicklungsländer sich in Richtung eines steigenden Anteils von Industrieprodukten mit höheren Einkommenselastizitäten verändern können (Beitrag T-4.4.),
- auch Entwicklungsländer Inhaber von Verfügbarkeitsmonopolen über natürliche Ressourcen sein können.

Aus theoretischer Sicht kann ein der PREBISCH-SINGER-These folgendes Entwicklungsgesetz nicht zwingend begründet werden. Empirische Untersuchungen bestätigen diese Skepsis (SPRAOS, 1980; FINDLAY, 1981). Im Zeitraum 1960–1972 zeigt sich weder ein systematischer Aufwärts- noch Abwärtstrend der terms of trade zwischen Industrie- und Entwicklungsländern. Der 1973 im 1. Ölpreisschock wirksam gewordene Niveaueffekt des OPEC-Exportmonopols erbrachte eine beträchtliche Umverteilung des Weltsozialprodukts zu Lasten der hochentwickelten Länder, aber auch zu Lasten der ärmsten Entwicklungsländer. Nach dem 2. Ölpreisschock (1979/80) brachten die 80er Jahre eine teilweise Verteilungskorrektur, als der Druck eines wachsenden Ölangebots der Nicht-OPEC-Länder (Mexiko, Norwegen, Großbritannien) und der OPEC-interne Streit um Marktanteile die kollektive Monopolmacht des OPEC-Kartells auflösten.

4. Protektionismus

Eine Freihandelsordnung wird durch Protektionismus ersetzt, wenn wirtschaftspolitische Instrumente zur Lenkung der Außenhandelsströme auf Produzenten- oder Nachfragerschutz ausgerichtet werden. Geschützt werden können dabei (siehe *Übersicht I-2)* inländische Importkonkurrenz- oder Exportanbieter gegenüber der Auslandskonkurrenz (Importzoll, Importkontingent, Exportsubvention) oder inländische

Nachfrager von Importen oder Exporten gegenüber konkurrierender Auslandsnachfrage (Importsubvention, Exportzoll, Exportkontingent).

Neben Import- und Exportzölle (tarifärer Protektionismus) sind heute vielfach andere Formen preis- und mengenpolitischer Eingriffe (nicht-tarifärer Protektionismus) getreten oder haben diese ersetzt.

Übersicht I-2: Instrumente des Protektionismus

Zwischenziel \ Eingriffsart		Preispolitik	Mengenpolitik	Eingriffsart / geschützte Aktivität
Importe	Beschränkung	Importzoll	Importkontingent	Inlandsproduktion von Importsubstituten
	Förderung	Importsubvention	Kompensationsgeschäfte bei staatlichem Außenhandelsmonopol	Inlandsverwendung von Importprodukten
Exporte	Förderung	Exportsubvention		Inlandsproduktion von Exportgütern
	Beschränkung	Exportzoll	Exportkontingent	Inlandsverwendung von Exportgütern

4.1. Tarifärer Protektionismus

Die Auswirkungen von Importzöllen lassen sich anhand partialanalytischer Methoden studieren. Auch wenn diese Methodik durchaus nützliche Ansatzpunkte zur Analyse praktischer Außenhandelsprobleme bietet, ist sie lediglich die Vorstufe einer exakteren Totalanalyse der Zollwirkungen auf Produktionsstruktur, terms of trade und Wohlfahrtsposition des zollerhebenden Landes.

Zölle können ausgestaltet sein als eine bei Grenzübertritt der Importwaren an den Staat zu entrichtende konstante Abgabe pro Produkteinheit (spezifischer Zoll), als konstanter Abgabesatz auf den Importwert (Wertzoll) oder als variable Abgabe zum Ausgleich der Differenz zwischen schwankendem Weltmarktpreis und höherem Zielpreis im Inland (Gleitzoll). Von Bedeutung sind heute Wertzölle und die als Variante der Gleitzölle ausgestalteten Abschöpfungen im Rahmen der EG-Agrarmarktordnungen.

4.1.1. Schutzzölle

Jeder Importzoll erzeugt eine Spaltung des Preissystems homogener Außenhandelsgüter in einen (niedrigeren) Weltmarktpreis und einen (höheren) Inlandspreis importierter Güter. Die weitere Analyse muß drei Fälle unterscheiden:

- Der Weltmarktpreis eines importierten Konsumgutes kann durch Importzölle nicht beeinflußt werden (Zollpolitik eines kleinen Landes).
- Der Weltmarktpreis des Importproduktes kann durch Importzölle gesenkt werden (Zollpolitik des großen Landes).
- Das Zollsystem belastet importierte Vorleistungen und Konsumgüter (Zollpolitik bei internationalem Zwischenprodukthandel).

Die Zollpolitik eines kleinen Landes (spezifischer Zoll AB) bewirkt keine Terms-of-trade-Änderung, verschiebt also die für das zollerhebende Inland völlig preiselastische ausländische Angebotskurve vom Niveau des exogenen Weltmarktpreises OA auf das Niveau des Inlandspreises OB (*Abb. I-10a*).

Vor Zollerhebung wird die Inlandsnachfrage nach Gut 1 (OF) im Umfang OE aus Inlandsproduktion und im Ausmaß EF aus Importen abgedeckt.

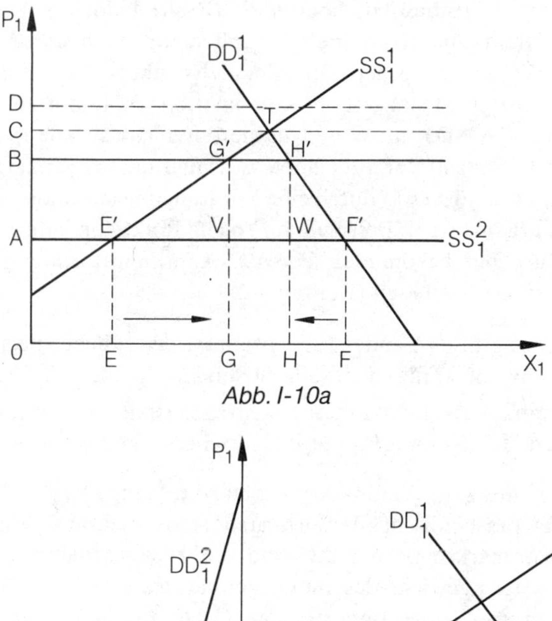

Abb. I-10a

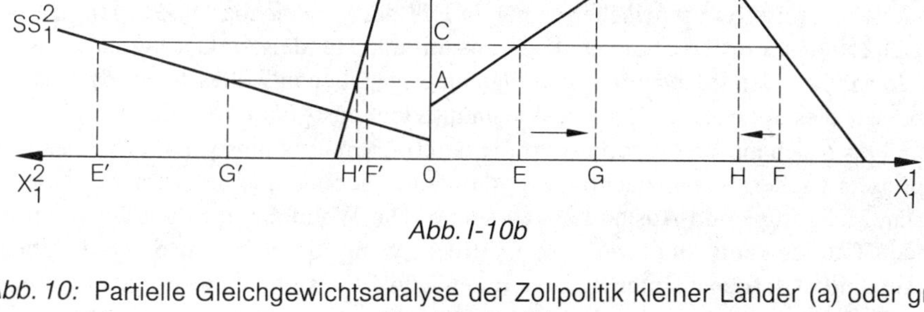

Abb. I-10b

Abb. 10: Partielle Gleichgewichtsanalyse der Zollpolitik kleiner Länder (a) oder großer Länder (b)

Die Einführung eines Zolles löst folgende Wirkungen aus:

- Die Inlandsproduktion steigt um EG (Schutzeffekt).
- Die Inlandsnachfrage sinkt um FH (Konsumeffekt).
- Das Importvolumen sinkt um EG und FH (Außenhandelseffekt), da im Umfang des Schutzeffektes EG kostengünstige Importe durch kostenungünstigere Inlandserzeugung substituiert werden und der Konsumeffekt FH in voller Höhe einen Ausfall an inländischer Importnachfrage darstellt.
- Der inländische Importwert sinkt von EFF'E' auf GHWV (Zahlungsbilanzeffekt).
- Die Differenz VWH'G' zwischen Inlandsausgaben für Importe GHH'G' und Importwert GHWV fließt als Zolleinnahme in den Staatshaushalt (Fiskaleffekt).

Im Extremfall kann der Schutzeffekt des Zolles handelsfähige in nicht-handelsfähige Güter verwandeln, wenn das Prohibitivzoll-Niveau AC realisiert oder überschritten wird. Da ein Zoll AD > AC die Gleichgewichtsposition T nicht mehr verändern kann, wäre hier der Zoll im Ausmaß DC überflüssig (Zollredundanz). Der Prohibitivzoll maximiert Schutzeffekt und Konsumeffekt und damit auch die Außenhandelsbeschränkung. Eine Veränderung der Außenhandelsstruktur (Transformation des Importgutes in ein Exportgut) kann erst bei Kombination von Importzoll (z. B. AC) und Exportsubvention (z. B. AD) auftreten. Nur hierdurch läßt sich der Schutzeffekt über das durch den Prohibitivzoll vorgezeichnete Ausmaß hinaus verstärken, da die Importsubstitution am Inlandsmarkt durch eine Verdrängung ausländischer Anbieter auf den Drittmärkten ergänzt wird. Beispiele für solche Praktiken liefert die europäische Außenhandelspolitik bei bestimmten der EG-Agrarmarktordnung unterworfenen landwirtschaftlichen Erzeugnissen (Beitrag S-2.3.2.).

Die Zollpolitik eines großen Landes (unterstellt ist der gleiche spezifische Zoll AB) verbessert die terms of trade des zollerhebenden Landes, da Schutzeffekt und Konsumeffekt nunmehr als signifikanter Nachfrageausfall nach ausländischen Exporten spürbar werden, der Weltmarktpreis inländischer Importe also sinkt (*Abb. I-10b*).

Vor Zollerhebung wird zum Weltmarktpreis OC die Menge EF (inländische Importnachfrage) = E'F' (ausländisches Importangebot) international gehandelt. Der Zoll AB senkt den Weltmarktpreis um AC und erhöht den Inlandspreis um CB. Im zollmodifizierten Gleichgewicht des Importgutmarktes bietet das Ausland zum gesunkenen Weltmarktpreis die Importmenge G'H' an, durch die die inländische Importnachfrage GH (= G'H') zum Inlandspreis OB abgedeckt wird. Da der inländische Preiseffekt schwächer ist als im Fall der vergleichbaren Zollpolitik eines kleinen Landes, werden auch Schutz-, Konsum- und Handelseffekt schwächer ausfallen. Je weniger der Inlandspreis als Folge eines gegebenen Zolles steigt, desto mehr verbessert dieser die terms of trade. Wie unmittelbar aus *Abb. I-10b* abgeleitet werden kann, lassen sich mithin die terms of trade durch Zollpolitik umso stärker verbessern, je preiselastischer Inlandsnachfrage und Inlandsangebot und je preisunelastischer Auslandsnachfrage und Auslandsangebot sind. Die Wohlfahrtsposition des zollerhebenden Landes kann somit verbessert werden, wenn dieser Terms-of-Trade-Effekt (s. Abschnitt 3.4.) den wohlfahrtsmindernden Allokationseffekt überwiegt, der infolge einer Expansion des komparativ kostenungünstigen Importsubstitutionssektors und einer Kontraktion des komparativ vorteilhaften Exportsektors den Freihandelsgewinn teilweise aufzehrt.

Wird im nächsten Schritt berücksichtigt, daß die Erzeugung eines Konsumgutes den Einsatz importierter Vorleistungen (Rohstoffe, Zwischenprodukte) erfordert, so ergeben sich bedeutsame Modifikationen, wenn der Zolltarif importierte End- und Vorprodukte umfaßt. Diese Konsequenzen werden durch die Theorie der effektiven Protektion umfassend analysiert (JOHNSON, 1965; CORDEN, 1966, 1971). Um die Grundaussage dieser Zolltheorie zu verdeutlichen, wird von ihren einfachsten Annahmen ausgegangen:

- Die Produktion eines inländischen Importsubstitutes erfordert den Einsatz eines importierten Vorproduktes, wobei der Inputkoeffizient konstant ist.
- Das zollerhebende Land ist klein. Damit sind die Weltmarktpreise des Fertigproduktes und des Vorproduktes exogen vorgegeben.
- Es werden keine Prohibitivzölle erhoben, so daß auch nach Zollerhebung internationaler Handel mit Fertig- und Vorprodukten stattfindet.

Wird ein Zoll auf das importierte Vorprodukt eingeführt, so steigen die Grenzkosten der verarbeitenden Fertigproduktion (Gut 1) nach Maßgabe des mit dem Importzoll multiplizierten Vorleistungswertes pro Einheit des Endproduktes (*Abb. I-11*). Beträgt dieser wertmäßige Vorleistungskoeffizient OK und wird ein Zoll von 100 v. H. auf das importierte Vorprodukt erhoben, so verschiebt sich mithin die inländische Angebotskurve des Fertigproduktes um AM (= OK) nach oben.

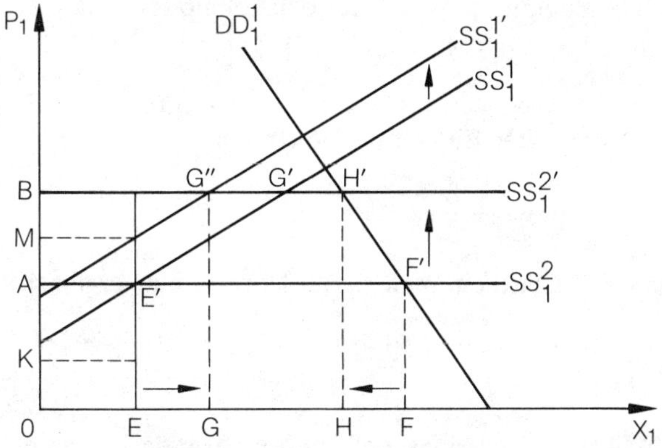

Abb. I-11: Partielle Gleichgewichtsanalyse eines Effektivzolles

Die Inlandsproduktion des Gutes 1 würde sinken, das Importvolumen steigen. Der positive Schutzeffekt zugunsten inländischer Produzenten des Vorproduktes würde sich mit einem „negativen Schutzeffekt" zu Lasten inländischer Produzenten des Gutes 1 verbinden.

Ein positiver Schutzeffekt kommt auf der Endproduktionsstufe erst dann zum Tragen, wenn dort ein Zoll eingeführt wird, der größer ist als die zollinduzierte Erhöhung des in einer Einheit des Gutes 1 enthaltenen Vorleistungswertes. Ein solcher Zoll AB > AM induziert damit schwächere Schutz- und Handelswirkungen als unter den in

Abb. I-10a zugrundeliegenden Bedingungen. Das Importvolumen des Gutes 1 wird weniger sinken, während das Importvolumen des Vorproduktes sinken, konstant bleiben oder gar steigen kann, weil das Zollsystem nicht nur die Inlandsproduktion des Vorproduktes, sondern auch – wegen des Schutzeffektes auf der Endproduktionsstufe – die Inlandsnachfrage nach dem Vorprodukt erhöht. Werden zollgeschützte Vorleistungen auch zur Produktion von Exportgütern benötigt, so wird das Produktions- und Exportvolumen dieses Sektors sinken, wenn der dort wirksame negative Schutzeffekt nicht durch Subventionen kompensiert wird.

Bei gegebener Preiselastizität des inländischen Angebots an Gut 1 ergibt sich der Schutzeffekt in diesem Sektor somit nicht mehr aus dem Nominalzoll AB, sondern aus einem um die zollinduzierte Verteuerung von Vorleistungen korrigierten Effektivzoll BM = AB − AM. Da sich bei Vernachlässigung von Abschreibungen nach Abzug der Ausgaben für Vorleistungen vom sektoralen Produktionswert die Wertschöpfung (Löhne + Gewinne) ergibt, bringt der den Schutzeffekt messende Effektivzoll die zollinduzierte Zunahme der Wertschöpfung pro Einheit des zollgeschützten Produktes zum Ausdruck. Die effektive Protektionsrate in einem Sektor läßt sich somit unter den hier gewählten Bedingungen auf einfache Weise berechnen.

Die Wertschöpfung pro Einheit des Gutes 1 (Y_1/x_1) beträgt vor Einführung von Zöllen:

(16) $$Y_1/x_1 = P_1 - v_{i1} P_1 = P_1 (1 - v_{i1})$$

v_{i1} − Anteil des Vorproduktes an einer Werteinheit von Gut 1

Nach Einführung von Wertzöllen auf Gut 1 (z_1) und Vorprodukt i (z_i) verändert sich die Einheitswertschöpfung im Sektor 1 auf den zollmodifizierten Wert:

(17) $$(Y_1/x_1)^{zm} = P_1 [(1 + z_1) - v_{i1} (1 + z_i)]$$

Der effektive Zollsatz folgt aus (16) und (17) als prozentuale Veränderung der Wertschöpfung pro erzeugter Einheit des zollgeschützten Sektors:

(18.1.) $$z_1^{eff} = \frac{(Y_1/x_1)^{zm} - (Y_1/x_1)}{(Y_1/x_1)} = \frac{z_1 - v_{i1} z_i}{1 - v_{i1}}$$

Bei einer Mehrzahl zollbelasteter importierter Vorprodukte ergibt sich entsprechend:

(18.2.) $$z_1^{eff} = \frac{z_1 - \sum_i v_{i1} z_i}{1 - \sum_i v_{i1}}$$

Die eigentliche Schutzwirkung eines Zolls besteht also darin, daß der zollgeschützte Sektor höhere Einkommen an die in ihm beschäftigten Produktionsfaktoren ausschütten kann als bei Freihandel. Gemäß (18.1.) ist dieser Schutzeffekt für $z_1 \geqq z_i$ sichergestellt. Ist $z_1 = z_i$, entspricht die effektive Schutzwirkung dem Nominalzoll z_1. Ist $z_1 > z_i$, wird demgemäß der effektive Schutz des Sektors 1 größer sein, als dies sein Nominalzoll widerspiegelt. In diesem Fall spricht man von einer eskalierenden Zollstruktur, da der Nominalzoll auf einer nachgelagerten Produktionsstufe höher als auf der vorgelagerten Stufe ist.

Würde eine umgekehrte Zollstruktur $z_1 < z_i$ vorliegen, so ist der Schutz des Sektors 1 nicht mehr generell sichergestellt. Für $z_i > z_1 > v_{i1} z_i$ wird zwar noch ein Schutzeffekt wirksam sein, aber in schwächerer Intensität, als das Niveau des Nominalzolls vermuten läßt. Schließlich kann Sektor 1 trotz positiven Nominalzolls schlechter gestellt sein als bei Freihandel, wenn $v_{i1}\ z_i > z_1 > 0$ gilt. Andererseits werden spezielle Zollsenkungen auf importierte Vorprodukte die Weltwirtschaft keinesfalls dem Freihandelszustand annähern, da gleichzeitig die Effektivprotektion nachgelagerter Produktionsstufen erhöht wird.

Wie *Tab. I-3* am Beispiel der Bundesrepublik zeigt, herrschen in den Industrieländern eskalierende Zollstrukturen vor. Die Effektivzollsätze industrieller Konsumgüter

Tab. I-3: Effektiver Zollschutz in der Bundesrepublik Deutschland

Industriezweig	Nominalzoll (% der Importe)*				Effektivzoll* (% der Wertschöpfung)			
	1958	1964	1972	1987	1958	1964	1972	1987
Grundstoff- und Produktionsgüterindustrien	8,9	9,7	6,8	(4,4)	17,3	20,2	13,9	(9,0)
Investitionsgüterindustrien	8,6	11,8	6,9	(5,3)	4,8	8,0	4,0	(3,3)
Verbrauchsgüterindustrien	12,0	14,3	10,4	(7,3)	17,3	20,6	15,6	(10,7)
Holzverarbeitung	13,3	14,8	8,0	4,8	19,9	20,7	9,9	5,0
Papier- und Pappeverarbeitung	15,0	17,0	13,2	9,6	24,4	24,8	19,9	14,6
Lederverarbeitung	12,6	15,8	8,5	6,8	16,6	21,1	9,6	8,4
Schuhindustrie	14,2	17,1	7,3	6,0	22,3	26,3	9,0	8,2
Textilindustrie	11,1	12,7	10,3	7,7	20,3	24,0	20,8	15,8
Bekleidungsindustrie	13,6	16,5	14,0	10,9	17,7	22,3	20,7	16,5
Industrie insgesamt	9,0	11,0	7,3	(5,2)	11,8	14,8	10,0	(7,3)

* Ausdrücke in Klammern besagen, daß die Durchschnitte nicht voll vergleichbar sind.

Quelle: Glismann, u. a. (1986), S. 52 und 56.

sind damit höher als auf vorgelagerten Produktionsstufen. Diese Struktur kommt dadurch zustande, daß

- die mit Zöllen auf importierte Vorprodukte verbundenen Wettbewerbsnachteile der verarbeitenden Sektoren dort durch überproportionale Zollanhebungen kompensiert wurden,
- die im Rahmen des Allgemeinen Zoll- und Handelsabkommens (GATT) erfolgten Zollsenkungen bei Rohstoffen und Vorprodukten stärker waren als bei industriellen Fertigfabrikaten.

Empirische Untersuchungen effektiver Zollsätze müssen allerdings die mit zollinduzierten Substitutionseffekten (Änderung von Inputkoeffizienten) und Terms-of-trade-Wirkungen verbundenen Meßprobleme berücksichtigen.

4.1.2. Erziehungszölle

Mit dem Terms-of-trade-Effekt kann Protektionismus nicht gerechtfertigt, sondern lediglich nachgewiesen werden, daß große Länder in Importzöllen ein verteilungspolitisches Instrument vorfinden, mit dem sie die Umverteilung einer durch Zollpolitik verringerten Weltproduktion zu ihren Gunsten erzwingen können. Erst wenn protektionistische Maßnahmen die Bedingungen eines Erziehungszolls erfüllen, könnte ihre zeitlich befristete Nutzung nationale Wohlfahrt und Weltsozialprodukt gleichermaßen steigern. Dieser vor allem von JOHN STUART MILL und FRIEDRICH LIST entwickelte Erziehungszollgedanke erscheint mitunter selbst marktwirtschaftlichen Theoretikern als eine schlüssige temporäre Ausnahme von einem Freihandelssystem. Demgegenüber wurde jedoch der Nachweis erbracht, daß die Bedingungen für die Gültigkeit des Erziehungszollarguments sehr speziell (KEMP, 1960) oder überhaupt nicht erfüllt sind (BALDWIN, 1969). Notwendige, nicht aber hinreichende Voraussetzung sind über einen längerfristigen Zeitraum sinkende Durchschnitts- und Grenzkosten eines industriellen Sektors, die Folge der mit organisatorischen oder technologischen Lernprozessen verbundenen Produktivitätssteigerungen (betriebsinterne und -externe Lerneffekte) und der mit wachsenden Märkten erschlossenen Massenproduktionsvorteile (betriebsinterne und -externe Skaleneffekte) sind.

Im Ausland sei dieser Sektor soweit ausgereift, daß das Potential an Lern- und Skaleneffekten vollständig ausgeschöpft und ein minimales Durchschnittskostenniveau $DK_1^2 = OA$ erreicht ist. Das geringer entwickelte Inland (kleines Land) ist mit einer völlig elastischen Importangebotskurve SS_1^2 konfrontiert *(Abb. I-12)* und strebt die Entwicklung dieses industriellen Importsubstitutionssektors an. Die Ausgangsbedingungen hierfür sind aber denkbar ungünstig.

Zum herrschenden Weltmarktpreis des Importgutes in Höhe von OA ist eine inländische Importsubstitutionsbranche nicht konkurrenzfähig, da in der Gegenwartsperiode die Durchschnittskosten DK_1^1 {x(0)} des inländischen Sektors weit über den ausländischen Durchschnittskosten liegen. Die gesamte Inlandsnachfrage wird aus Importen (= AB) gedeckt. Eine positive Inlandsproduktion, deren Existenz die Voraussetzung für die Erschließung von Lern- und Skaleneffekten wäre, kommt nicht zustande. Solche Voraussetzungen können aus Sicht des Erziehungszolltheorems geschaffen werden, indem während der Ausgangsperiode 0 ein Zoll z(0) = AC auf das Importprodukt gelegt wird. Zum neuen gestiegenen Inlandspreis OC = OA + AC, dem die zollmodifizierte Importangebotskurve SS_1^{2zm} zugeordnet ist, wird die Inlandsnachfrage nunmehr aus Inlandsproduktion (CD) und gesunkenen Importen (DE < AB) abgedeckt. Diese Importsubstitution ist zwar mit den bereits analysierten volkswirtschaftlichen Kosten verbunden. Da aber das Niveau der inländischen Kosten im Zeitraum 0 bis n durch Lerneffekte (Abwärtsverschiebung von DK_1^1, D → H') und Skaleneffekte (Expansion entlang DK_1^1, H' → H) sinkt, sind die Kosten des Protektionismus ebenso wie der Importzoll selbst eine abnehmende Funktion der Zeit.

Sind im zollgeschützten Wachstumssektor hinreichende Kostensenkungen wirksam geworden, bedarf die weitere Entwicklung der herangewachsenen Industrie keiner „infant industry protection" mehr, um die Früchte des temporären Zollschutzes ernten zu können. Dieser Ertrag kann – wie in *Abb. I-12* unterstellt – nach Ablauf der Schutzzoll-Phase daraus resultieren, daß die inländischen Produktionskosten ein stabiles Niveau unterhalb DK_1^2 erreichen: Produktive Fertigkeiten und unternehmerische Leistungsfähigkeit sind gereift, technisch-organisatorische Verbesserungsmöglichkeiten ausgeschöpft und weitere Skaleneffekte nicht mehr zu erwarten. Komparative Kostenvorteile sind entstanden, weil sich nach erfolgreicher Übernahme der neuen Produktion der Lohnkostenvorsprung des Inlandes durchgesetzt hat. Führt der Wachstumsprozeß somit zu einer inländischen Durchschnittskostenkurve DK_1^1 {x(n)}, einer inländischen Angebotskurve $SS_1^1(n)$ und einer höheren Nachfragekurve $DD_1^1(n)$, so wird diese Inlandsnachfrage in vollem Umfang FG aus Inlandspro-

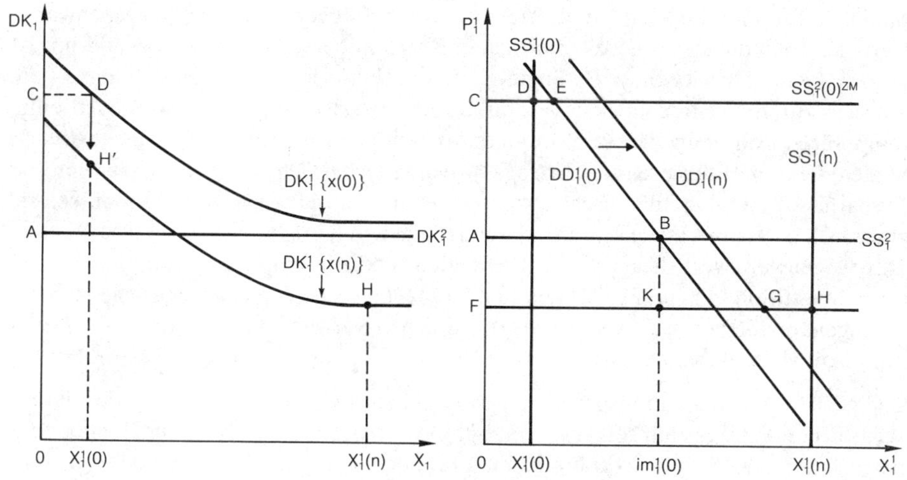

Abb. I-12: Partialanalyse eines Erziehungszolles

duktion gedeckt, während der zum Preis OF verbleibende Angebotsüberschuß GH Absatz auf Exportmärkten findet. Der temporäre Erziehungszoll erweist sich hier als auslösender Impuls eines Strukturwandels der internationalen Arbeitsteilung gemäß der Produktzyklushypothese (Abschnitt 3.3.2.). Er ermöglicht nach Abschluß aller Anpassungsprozesse (in dem hier analysierten Fall), daß

- die vor Einführung eines Zolles in der Periode 0 importierte Menge AB nunmehr aus kostengünstigerer Inlandsproduktion FK bereitgestellt wird,
- eine zusätzliche Versorgung KG zum Preis OF ermöglicht wird, während die gleiche Menge bei Verzicht auf den Erziehungszoll nur zum Preis OA > OF hätte importiert werden können,
- Exporterlöse von GH · OF entstanden sind, deren Realwert (gemessen in Importeinheiten) eine Ausweitung der Importmöglichkeiten und somit eine weitere Verbesserung der Versorgungsposition anzeigt.

Zölle können also als temporäre Erziehungszölle komparative Kostenunterschiede dauerhaft verändern. Im Gegensatz zum Schutzzoll bedarf der Erziehungszoll somit keines flankierenden Einsatzes von Exportsubventionen, um langfristig unter der Bedingung sich schneidender Kostenkurven beider Länder Importgüter in Exportgüter zu verwandeln. Liegt die inländische Kostenkurve über der ausländischen und nähert sich dieser lediglich an, so führt das durch temporären Zollschutz induzierte Wachstum des Importsubstitutionssektors nicht zur Entwicklung einer inländischen Exportbranche. Der volkswirtschaftliche Ertrag aus dem Erziehungszoll beruht dann auf der Produktivitätssteigerung des Importkonkurrenzsektors und dem hierdurch induzierten Einkommenswachstum, was ebenfalls eine verbesserte Konsumposition bedingt.

Die Induktion komparativer Kostenvorteile des zollgeschützten Sektors ist also weder eine notwendige noch eine hinreichende Bedingung eines wirksamen Erziehungszolls. Notwendige Bedingung ist vielmehr, daß der auf den gegenwärtigen Planungszeitpunkt abdiskontierte Wert zukünftiger gesellschaftlicher Erträge den Gegenwartswert der zollinduzierten gesellschaftlichen Kosten überschreitet. Dies wiederum ist jedoch keine hinreichende Bedingung für das Erfordernis von Erziehungszöllen. Anreize zur Investition in neue Produkte oder wachsende Märkte sind auch ohne temporären Zollschutz wirksam, wenn der potentielle Investor sich die aus Lern- und Skaleneffekten resultierenden Erträge privatwirtschaftlich aneignen kann (interne Ersparnisse): Wollen inländische Produzenten in den Markt eintreten, so müssen sie zunächst zu Weltmarktpreisen unterhalb der eigenen Durchschnittskosten verkaufen. Der Gegenwartswert dieser vorübergehenden Verluste entspricht dann den Kosten einer Investition in neue Produkte und neues technisches Wissen (technische Verbesserungen, qualifiziertere Arbeitskräfte), die sich privatwirtschaftlich auch ohne Erziehungszoll als rentabel erweist.

Lediglich wenn innovationsbereiten privaten Investoren die Aneignung des gesellschaftlichen Ertrages nur teilweise gelingt, weil verbessertes technisches Wissen oder besser ausgebildete Arbeitskräfte in Zukunft auch von jenen Produzenten übernommen werden, welche die Kosten der Investition in neues Wissen nicht getragen haben (externe Ersparnisse), können die Investitionsanreize entscheidend geschwächt werden. Sie ließen sich durch temporäre Zölle hinreichend verstärken, welche die privatwirtschaftliche Rentabilität der Innovation ihrer gesellschaftlichen Rentabilität annähern, indem sie den privaten Investor für die Bereitstellung öffentlicher Güter (in Form allgemein verwertbaren technischen Wissens) entschädigen.

Auch bei Erfüllung dieser spezielleren Bedingung ist zu bezweifeln, ob Erziehungszölle ein effizientes System von Innovationsanreizen darstellen:

- Durch Änderung institutioneller Rahmenbedingungen (Begründung zeitlich begrenzter Eigentumsrechte an neugeschaffenem technischen Wissen: Patentschutz) können externe in interne Ersparnisse transformiert werden.
- Auch das Marktsystem entwickelt bei Vertragsfreiheit Formen der Internalisierung externer Ersparnisse (Preise für Nutzungsrechte an Neuerungen, Arbeitsverträge mit niedrigeren Löhnen in Ausbildungsphase).
- Bewahrt dennoch ein Teil der Innovationswirkungen die Eigenschaft öffentlicher Güter, so kann trotz Erziehungszoll die Einnahme der „free rider-Position" des Imitators als vorteilhafter eingeschätzt werden, weil Zölle auch jene Produzenten begünstigen, die Kosten und Risiken einer Innovation nicht zu tragen bereit waren.

Die vom Erziehungsprotektionismus erhoffte Innovationsdynamik kann also auch ausbleiben: Die Angebotskurve des zollgeschützten Sektors verharrt auf dem Niveau $SS_1^1(0)$ mit Durchschnittskosten $DK_1^1(0) = OC$, und die Überlebensfähigkeit des inländischen Produktionssektors erfordert permanente Beschränkungen der internationalen Arbeitsteilung. Lern- und Skaleneffekte setzen private Investitionen voraus. Selektive Subventionierung solcher Investitionsprojekte verleiht dem angestrebten Erfolg wesentlich größere Wahrscheinlichkeit als die protektionistische Alternative.

4.2. Nicht-tarifärer Protektionismus

Der tarifäre Protektionismus hat im Zuge der GATT-Freihandelspolitik – vor allem durch die Ergebnisse der Kennedy- und Tokio-Runde – an Bedeutung verloren (s.

Beitrag S-2.3.1.). Dieser Befund läßt sich aber keineswegs auf den nicht-tarifären Protektionismus übertragen. Die hierunter erfaßten vielfältigen Handelshemmnisse sind in den 70er und 80er Jahren relativ stark ausgeweitet worden, so daß insgesamt ein handelspolitischer Trend der Substitution des tarifären durch den nicht-tarifären Protektionismus festzustellen ist. Die folgende Wirkungsanalyse konzentiert sich auf Mengenbeschränkungen internationaler Handelsströme, die in der traditionellen Form von Importquoten oder – in zunehmendem Maße – in der neueren Variante von Handelsabkommen über freiwillige Exportbeschränkungen praktiziert werden. Betrachtet wird die protektionistische Beeinflussung der internationalen Handelsbeziehungen zweier großer Länder, so daß an das Referenzmodell der Zollpolitik eines großen Landes (s. *Abb. I-10b*) angeknüpft werden kann. Aus solchen vergleichenden Analysen preis- und mengenpolitischer Eingriffe wurde häufig auf gleiche Wirkungen geschlossen. Jedoch läßt sich diese Äquivalenzhypothese nicht aufrecht erhalten (TAKACS, 1978). Es soll daher auch nachgewiesen werden, daß Zölle, Importquoten und Exportbeschränkungen unterschiedliche Auswirkungen haben, weil Mengenbeschränkungen den internationalen Wettbewerb stärker beeinträchtigen als Importzölle.

4.2.1. Importkontingente

Importquoten bzw. -kontingente sind Wert- oder Mengenbeschränkungen von Einfuhrgütern, welche die Administration des Einfuhrlandes durch Vergabe von Importlizenzen kontrolliert. Um die Wirkungen mengenmäßiger Importbeschränkungen zu isolieren, wird vom Freihandelsgleichgewicht des Weltmarktes eines Gutes 1 ausgegangen (*Abb. I-13*). Dieses liegt bei dem Weltmarktpreis p^w_{10}, bei dem sich Importnachfragekurve des Landes 1 (im_1^{1D}), abgeleitet als inländische Überschußnachfrage DD_1^1-SS_1^1 bei Preisen unter dem inländischen Autarkie-Gleichgewichtspreis, und Importangebotskurve des Inlandes (im_1^{1S}), abgeleitet als ausländisches Überschußangebot SS_1^2-DD_1^2 bei Preisen oberhalb des ausländischen Autarkiegleichgewichts, in Punkt C schneiden. In diesem Gleichgewicht gilt das Gesetz der Unterschiedslosigkeit der Preise auf einem vollkommenen Markt ($p_{10}^1 = p_{10}^2 = p_{10}^w$). Das Inland be-

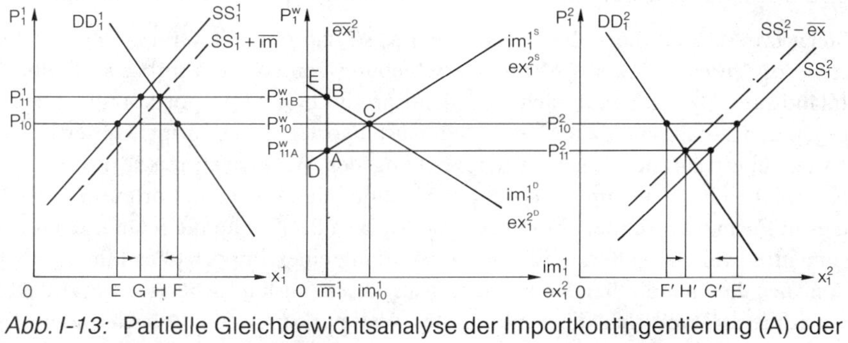

Abb. I-13: Partielle Gleichgewichtsanalyse der Importkontingentierung (A) oder Exportbeschränkung (B) im Außenhandel zweier großer Länder

schränke nun das Importvolumen auf $\overline{im}_1^1 < im_{10}^1$. Es ergibt sich eine geknickte inländische Importnachfragekurve $EBA\overline{im}_1^1$, so daß der Rückgang der Importnachfrage des Landes 1 den Weltmarktpreis auf p_{11A}^w (Punkt A) fallen läßt. Der Preis im ausländischen Binnenmarkt muß sich dem gesunkenen Weltmarktpreis anpassen ($p_{11}^2 = p_{11A}^w$), da bei höheren Preisen ein Überangebot vorliegt, wenn die ausländischen Hersteller nur noch $\overline{ex}_1^2 = \overline{im}_1^1$ ausführen können. Im geschützten Binnenmarkt des Inlandes hingegen steigt der Preis infolge der administrativen Angebotsverknappung auf p_{11}^1.

Es ergeben sich damit die gleichen Wirkungen im Inland (positiver Schutzeffekt EG, negativer Konsumeffekt FH) und im Ausland (negativer Produktionseffekt E'G', positiver Konsumeffekt F'H') wie bei dem impliziten Zollsatz $z_1 = (p_{11}^1 - p_{11A}^W)/p_{11A}^W$. Allerdings erzielen nunmehr die Inhaber von Importlizenzen pro Importeinheit einen Zusatzgewinn von $p_{11}^1 - p_{11A}^w$ (Lizenzprämie) und insgesamt eine Kontingentrente von $\overline{im}_1^1 (p_{11}^1 - p_{11A}^w)$, da sie zu p_{11A}^w einkaufen und zu p_{11}^1 verkaufen können. Dieser verteilungsrelevante Unterschied zur Zollpolitik läßt sich aber neutralisieren, da der Staat die Kontingentrente durch Verkauf der Importlizenzen gegen Höchstgebot in den öffentlichen Haushalt umlenken könnte. Auch effektive Protektionsraten lassen sich für Importquoten implizit aus den Preiseffekten herleiten, indem für das betrachtete Produkt und die importierten Vorleistungsinputs die impliziten Zollsätze errechnet und in Gleichung (18.2.) eingesetzt werden.

Die wesentlichen Unterschiede gegenüber Importzöllen treten erst hervor, wenn bei vorgegebenen Einfuhrhemmnissen nachfrage- und angebotsseitige Datenänderungen auftreten:

- Steigt die Inlandsnachfrage (Rechtsverschiebung von DD_1^1 und im_1^{1D}), so steigt der Preis p_1^1 in dem durch die Importquote abgeschirmten Inlandsmarkt stärker als bei Anwendung eines Einfuhrzolls. Der Weltmarktpreis p_1^w wird bei bestehender Importbeschränkung nicht vom Sog der wachsenden Inlandsnachfrage erfaßt, während er bei gegebenem Zollsatz infolge wachsender Importnachfrage steigt. Das Einfuhrkontingent stellt also auf Kosten verschärfter Preissteigerungen sicher, daß die wachsende Inlandsnachfrage vollständig dem Absatz inländischer Hersteller zugute kommt und daß den lizenzierten Importeuren höhere Lizenzprämien beschert werden. Der äquivalente Einfuhrzoll erlaubt hingegen ein die inländische Preissteigerung dämpfendes Wachstum des Importangebots, so daß im Sog des inländischen Nachfragewachstums auch das Welthandelsvolumen zunimmt.
- Steigt im Ausland die Arbeitsproduktivität, so daß dort die Grenz- und Stückkosten des Gutes 1 sinken (Abwärtsverschiebung von SS_1^2 und im_1^{1S}), so bleibt der Inlandspreis p_1^1 und damit auch die Inlandsproduktion bei Importkontingentierung gegen den zunehmenden ausländischen Kostenvorteil abgeschirmt. Dieser Kostenvorteil überträgt sich nur in einer Senkung des Weltmarktpreises p_1^w und einer entsprechenden Zunahme der Kontingentrente inländischer Importeure, ohne daß dies in Form wachsender Importe zu niedrigeren Preisen an die inländischen Konsumenten weitergegeben wird. Bei Anwendung eines Importzolles hingegen würden auch die inländischen Konsumenten an diesem ausländischen Fortschrittseffekt partizipieren, weil sich die Senkung des Weltmarktpreises bei wachsendem Einfuhrvolumen teilweise auf den Inlandspreis überträgt.

Damit hat sich gezeigt, daß Mengenbeschränkungen den internationalen Wettbewerb erheblich stärker als preispolitische Eingriffe beeinträchtigen. Im Gegensatz zu Importquoten können die Wirkungen eines Importzolles von ausländischen Herstellern durch Kosten- und Preissenkungen unterlaufen werden, so daß trotz internationaler Wettbewerbsverzerrungen die Dynamik des Preiswettbewerbs erhalten bleibt.

4.2.2. Exportbeschränkung

Exportkontingente sind Wert- oder Mengenbeschränkungen der Ausfuhr, die mehrere Exportländer oder ein einzelnes Ausfuhrland in Form eines Exportkartells (s. Beitrag T-4.6.) oder einer handelsvertraglichen Selbstbeschränkung der Exporte praktizieren. Vor allem die letztgenannte Variante des nicht-tarifären Protektionismus stellt einen neuen Trend internationaler Handelspolitik dar, der sich in einer Grauzone des GATT (s. Beitrag S-2.3.1.) vollzieht. Hierbei handelt es sich um bilaterale Handelsabkommen, in denen sich Exportländer verpflichten, bestimmte Ausfuhrmengen zeitlich befristet zu beschränken. Die so vereinbarte Mengenbeschränkung wird von der Administration des Exportlandes kontrolliert.

Dieser Fall ist nur dann mit einer global wirkenden Importquote äquivalent, wenn es dem großen Einfuhrland (Land 1) gelingt, alle Ausfuhrländer des betreffenden Gutes durch Selbstbeschränkungsabkommen zu binden. Die hierdurch veranlaßte Exportangebotsbeschränkung des Auslandes (Land 2, *Abb. I-13*) läßt sich in dem durch das Abkommen regulierten Exportmarkt als geknickte ausländische Exportangebotskurve DAB$\overline{ex}_1^2$ erfassen, so daß dort der Exportpreis auf $p_{11B}^w = p_{11}^1$ steigt. Im geschützten Binnenmarkt des Importlandes 1 werden die gleichen Schutz- und Konsumeffekte wie bei einer Importquote $\overline{im}_1^1 = \overline{ex}_1^2$ wirksam. Auf den Auslandsmärkten sinkt der Preis auf p_{11}^2, weil das vom Einfuhrmarkt des Landes 1 verdrängte ausländische Exportangebot nun dort nach Absatzmöglichkeiten sucht. Die ausländischen Exporteure, die im Rahmen der Quotenregelung Zugang zum regulierten Exportmarkt haben, erzielen eine Kontingentrente von $\overline{ex}_1^2(p_{11B}^w - p_{11}^2)$, da sie zu p_{11}^2 einkaufen und zu p_{11B}^w exportieren können. Die Wirkungsunterschiede zwischen Import- und Exportkontingentierung reduzieren sich somit auf diesen Rententransfereffekt.

Diese Folgerung gilt abcr nicht mehr, wenn nicht alle Exportländer gleichartiger Waren von Selbstbeschränkungsabkommen erfaßt werden. In diesem relativ häufigen Fall treten im geschützten Binnenmarkt des Importlandes handelsumlenkende Wirkungen auf, die mit der zu engen Perspektive des Zwei-Länder-Modells nicht erfaßbar sind und erst in jüngerer Zeit exakter analysiert wurden (Jones, 1984; Hamilton, 1985; Dinopoulos/Kreinin, 1989; Lang, 1990). Im protektionierten Markt bewirkt der Preisanstieg eine Exportangebotsausweitung der nicht-gebundenen Ausfuhrländer, so daß der angestrebte Schutzeffekt abgeschwächt wird. Der durch den Rückzug des handelsvertraglich gebundenen Exportlandes geschaffene Absatzspielraum kann also von der protektionierten Inlandsindustrie nicht vollständig erobert werden, da die vom Exportbeschränkungsabkommen nicht erfaßten Ausfuhrländer in diesem regulierten Weltmarktsegment höhere Exportmengen und -preise realisieren werden. Im Grunde begünstigen Exportbeschränkungsabkommen (z. B. die mit der EG vereinbarte japanische Automobilexportbeschränkung) somit „neue" Exportländer

(z. B. südkoreanische Automobilexporte nach Europa), die unter dem Schutz der Ausfuhrbeschränkung etablierter Konkurrenten ihre Exportposition auf- oder ausbauen und hierdurch Skaleneffekte nutzen können.

4.3. Strategische Handelspolitik

Der „neue Protektionismus" zeigt sich nicht nur in der Ausbreitung von Exportbeschränkungsabkommen, sondern auch in der zunehmenden Häufigkeit (vor allem subventionspolitischer) protektionistischer Eingriffe, mit denen hochentwickelte Industrieländer die internationale Wettbewerbsposition exportorientierter heimischer Industriezweige – insbesondere im Hochtechnologiebereich – zu fördern trachten (z. B. Luft- und Raumfahrt, Mikroelektronik). Die traditionellen außenhandelstheoretischen Modelle sind auf diese Form des Protektionismus, die dem Auf- oder Ausbau neuer zukunftsweisender Industrien dient, nicht anwendbar.

Auf den Weltmarkt ausgerichtete Industriezweige, die Adressat solcher Fördermaßnahmen sind, produzieren in der Regel unter den Bedingungen sinkender Durchschnitts- und Grenzkosten (interne und externe Skaleneffekte). Da diese Firmen im Innovationswettbewerb stehen, sind ihre Produktionsprozesse humankapitalintensiv und relativ hohe Aufwendungen für Forschung und Entwicklung tragen zu hohen Fixkosten bei. Die am Markt etablierten Firmen verfügen über monopolistische Spielräume, die sich in der Durchsetzbarkeit von über den Grenz- und Durchschnittskosten liegenden Marktpreisen zeigen. Noch nicht am Markt etablierte potentielle Neuanbieter sind relativ hohen Markteintrittshemmnissen ausgesetzt, da der Marktzugang mit hohen Fixkosten verbunden ist, und da die etablierten Konkurrenten Vorsprungsgewinne auf Grund von Skalenvorteilen und auf Grund des in Lernprozessen erworbenen technologischen Wissens besitzen.

Strategische Handelspolitik ist der Einsatz protektionistischer Instrumente mit dem Ziel, auf international umkämpften Märkten unvollständiger Konkurrenz Marktanteile zugunsten einer inländischen Unternehmung zu verschieben oder den Markteintritt einer heimischen Firma zu fördern. Gelingt es, durch strategische Handelspolitik Monopolrenten einer ausländischen Unternehmung zugunsten einer inländischen Unternehmung umzulenken, wird dies als Wohlfahrtsverbesserung für das protektionistische Inland angesehen, wenn die durch Abschöpfung ausländischer Monopolgewinne finanzierte Gewinn- und Wertschöpfungssteigerung den Subventionsaufwand oder die Protektionskosten überschreitet (BRANDER/SPENCER, 1985; KRUGMAN/OBSTFELD, 1988; SIEBERT, 1988).

Der Nachweis wohlfahrtssteigernder Wirkungen strategischer Handelspolitik wurde erstmals mit dem einfachen Modell eines internationalen Mengendyopols erbracht (BRANDER/SPENCER, 1985). Analog zum Modell eines nationalen Mengendyopols (Beitrag L-5.1.1.) wird unterstellt, daß eine inländische und eine ausländische Unternehmung (Firmen A und B) ihre jeweilige Gesamtproduktion eines homogenen Gutes in einen Drittmarkt exportieren, auf dem sie die einzigen Anbieter sind ($x_A = ex_A$, $x_B = ex_B$). Beide Unternehmen planen die gewinnmaximale Absatzmenge bei gegebener erwarteter Absatzmenge des Konkurrenten. Der Gewinn der inländischen Firma beträgt

$$G_A = p_W x_A - c_A x_A + s_A x_A.$$

Es werden konstante Grenzkosten (c_A) und stückbezogene Exportsubventionen ($s_A > 0$) oder Freihandelsbedingungen ($s_A = 0$) unterstellt. Der Gewinn der ausländischen Firma beträgt

$$G_B = p_W x_B - c_B x_B.$$

Es wird unterstellt, daß das Ausland an einer Freihandelspolitik festhält. Der aus dem Verhalten der Dypolisten resultierende Weltmarktpreis liegt dort, wo das gesamte Exportangebot beider Firmen ($x_A + x_B = ex^s$) mit der Weltmarktnachfrage (ex^d) übereinstimmt:

$$p_W = a - b\, ex^d = a - b\,(x_A + x_B).$$

Die inländische Unternehmung maximiert ihren Gewinn

$$G_A = (a - b(x_A + x_B))\, x_A - c_A x_A + s_A x_A$$

entlang der aus $dG_A/dx_A = 0$ resultierenden Reaktionsfunktion

$$x_A = \frac{a - c_A + s_A}{2b} - 0{,}5 x_B.$$

Diese läßt sich als geometrische Ortslinie aller von der Absatzmenge der ausländischen Firma abhängigen gewinnmaximalen inländischen Produktionsmengen darstellen (*Abb. I-14*).

Für die ausländische Unternehmung liefert $dG_B/dx_B = 0$ die Reaktionsfunktion

$$x_B = \frac{a - c_B}{2b} - 0{,}5 x_A.$$

Sie ist darstellbar als geometrische Ortslinie aller von der unterstellten Mengenpolitik der inländischen Firma abhängigen Maxima von

$$G_B = (a - b\,(x_A + x_B) - c_B)\, x_B.$$

Das Gleichgewicht des internationalen Cournot-Dyopolmarktes ist durch den Schnittpunkt der Reaktionskurven beider Anbieter bestimmt (*Abb. I-14*). Es ergeben sich dic Marktanteile

$$x_A = (a - 2c_A + c_B + 2s_A)/3b \text{ und}$$
$$x_B = (a - 2c_B + c_A - s_A)/3b$$

bei einem Exportpreis $p_W = (a + c_A + c_B - s_A)/3$. Im Freihandelszustand ($s_A = 0$) haben beide Anbieter bei einem Exportpreis von $p_W = (a + c_A + c_B)/3$ einen Weltmarktanteil von 50%, wenn – wie in *Abb. I-14*) unterstellt – ihre Grenzkosten übereinstimmen ($c_A = c_B = c$); je stärker die Grenzkosten divergieren, um so mehr sind die Marktanteile zugunsten des Herstellers mit niedrigeren Grenzkosten verschoben. Inländische strategische Handelspolitik mittels Exportsubventionen ($s_A > 0$) verschiebt die Reaktionskurve des inländischen Anbieters (um den Betrag $s_A/2b$) nach oben, so daß sich das Weltmarktgleichgewicht von C_1 nach C_2^A verlagert. Der Marktanteil der subventionierten inländischen Unternehmung ist zu Lasten des nicht-subventionierten ausländischen Konkurrenten gestiegen. Da das Gesamtangebot im

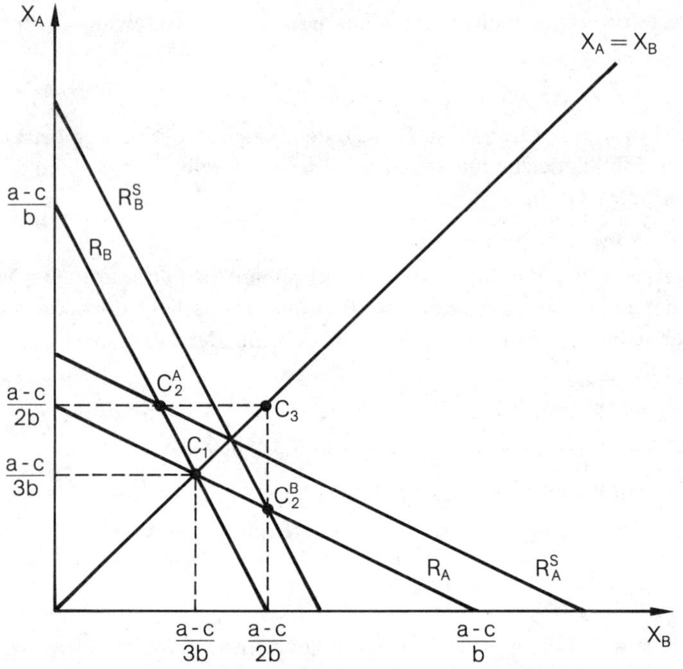

R_A, R^S_A Reaktionskurve der inländischen Unternehmung vor und nach Subventionierung
R_B, R^S_B Reaktionskurve der ausländischen Unternehmung vor und nach Subventionierung

Abb. I-14: Internationales Cournot-Dyopol und Exportsubventionen

Weltmarkt größer geworden ist ($\Delta x_A = 2s_A/3b$, $\Delta x_B = - s_A/3b$), ist der Weltmarktpreis gesunken ($\Delta p_W = - s_A/3$).

Der Gewinn des ausländischen Unternehmens geht somit zurück. Die inländische Unternehmung erzielt eine Gewinnsteigerung, die durch die Gewinneinbußen des ausländischen Konkurrenten (Gewinnumlenkung) und durch die Exportsubventionierung alimentiert wird. Damit läßt sich auch nachweisen, daß der staatliche Subventionsaufwand geringer ist als die hierdurch verursachte Gewinnzunahme. Der positive Wohlfahrtseffekt des strategischen Protektionismus läßt sich dann als Differenz dieses Einkommenseffektes und der am Subventionsaufwand gemessenen Kosten der strategischen Handelspolitik quantifizieren. Mit zunehmender Subventionierung geht der zusätzliche Wohlfahrtsbeitrag zurück, so daß eine optimale Subventionshöhe existiert. Unterhalb dieses Niveaus bestehen Anreize zu strategischer Handelspolitik.

Skaleneffekte verstärken diese Anreize zu einer strategischen Handelspolitik. Gelten die Kostenfunktionen $c_A(x_A)$ und $c_B(x_B)$ mit $dc_A/dx_A < 0$ und $dc_B/dx_B < 0$, so wird $s_A > 0$ eine stärkere Umlenkung von Monopolgewinnen bewirken, weil die subventionsbedingte Verschiebung der Marktanteile ($\Delta x_A > 0$, $\Delta x_B < 0$) die Grenz- und Durchschnittskosten der inländischen Unternehmung sinken läßt, während die Grenz- und Durchschnittskosten der ausländischen Unternehmung steigen.

Analoge Wohlfahrtsgewinne aus der Umlenkung von Monopolrenten können sich ergeben, wenn in einem Oligopolmarkt mit Innovationswettbewerb Forschungs- und

Entwicklungsaufwendungen der inländischen Firma subventioniert werden, oder wenn die Subventionierung eine inländische Unternehmung zum Eintritt in einen von einer ausländischen Unternehmung beherrschten Weltmarkt veranlassen und somit die Monopolposition der ausländischen Firma zerstören kann (KRUGMAN, 1987). In diesem Fall ist die Rentenumlenkung besonders ausgeprägt, wenn die Skaleneffekte in einem Industriezweig so stark sind, daß die ausländische Unternehmung durch die inländische Subventionspolitik in die Verlustzone gerät und die Produktion einstellt.

Das hier dargestellte BRANDER-SPENCER-Modell demonstriert, daß Marktunvollkommenheiten Anreize zu strategischer Handelspolitik schaffen. Die wohlfahrtssteigernde Wirkung einer strategischen Subventionierung beruht auf der Umlenkung von Monopolrenten. Diese werden erzielt, solange der Marktpreis über den Grenz- und Durchschnittskosten liegt. Sie können nur bestehen bleiben, wenn Marktzutrittshemmnisse verhindern, daß neue Anbieter durch die überhöhten Gewinne angelockt werden. Bei freiem Marktzugang würde die Konkurrenz neuer Anbieter den Marktpreis senken und die Monopolgewinne wegschmelzen, so daß die Voraussetzungen für die im BRANDER-SPENCER-Ansatz nachgewiesenen Wohlfahrtseffekte nicht mehr erfüllt sind.

Die optimale Subventionshöhe ist erreicht, wenn die Reaktionskurve der inländischen Firma so weit nach rechts verschoben wird, daß jener Gleichgewichtspunkt auf der Reaktionskurve des ausländischen Konkurrenten erreicht wird, dem die gewinnmaximale Produktions- und Exportmenge des inländischen Dyopolisten zugeordnet ist. Diese Stackelberg-Unabhängigkeitsposition (Beitrag L-5.1.1.) kann ohne Subventionierung von keiner der beiden Firmen erobert werden, wenn beide danach streben und somit einander die Stackelberg-Führungsposition verweigern. Inländische Subventionierungspolitik kann dagegen die inländische Firma in die Stackelberg-Unabhängigkeitsposition schieben, wenn die ausländische Regierung nicht das gleiche Ziel verfolgt.

Die Theorie strategischer Handelspolitik rückt die Auswirkungen protektionistischer Maßnahmen auf internationalen Oligopolmärkten ins Blickfeld und vermittelt dabei neue außenhandelstheoretische Erkenntnisse. Eine Basis für ein neues Protektionismusargument, das an die Stelle des Erziehungszollargumentes treten könnte, bietet sie nicht. Eine sinnvolle Begründung für strategische Handelspolitik könnte es nämlich nur geben, wenn

- Markteintrittshemmnisse inländische Monopolrenten schützen,
- von der geförderten inländischen Industrie positive externe Effekte ausgehen,
- strategische Reaktionen der ausländischen Handelspolitik unterbleiben.

Die unzureichende Erfüllung dieser Voraussetzungen stellt die Handelspolitik vor kaum lösbare Probleme. So scheitert die Selektion erfolgversprechender Industrien an mangelnden Informationen der Entscheidungsträger über externe Effekte, Marktstruktur, Marktverhalten der Unternehmen und Auswirkungen der Instrumente auf andere Sektoren. Auch ist mit protektionistischen Aktionen oder Reaktionen des Auslandes zu rechnen. Ein solcher strategischer Handelskrieg der Regierungen wird aber in der Regel beiden Ländern Wohlfahrtsverluste einbringen. Betreibt auch die ausländische Regierung eine Subventionspolitik, die auf die Eroberung der Stackelberg-Position C_2^B gerichtet ist, so ergibt sich ein Gleichgewicht in der BOWLEY-Dyopolposition C_3 (Beitrag L-5.1.2.): die Marktanteile beider Firmen haben sich nicht verändert, der Gewinn der ausländischen Unternehmung ist größer als im Punkt C_2^A, aber kleiner als in C_1, der Gewinn der inländischen Firma ist geringer als in C_2^A und C_1. Beide Länder befinden sich somit in der strategischen Situation des Gefangenen-Dilemmas (Beitrag M-3.3.1.). Jedes Land stellt sich mit Interventionismus besser als mit Freihandelspolitik, wenn andere Länder interventionistisch agieren. Doch stellen sich alle Länder besser, wenn niemand protektionistisch handelt.

Der Ausweg aus der Falle des Gefangenen-Dilemmas ist die Einigung der Welthandelsländer auf Freihandelsregeln, die die Risiken einer für alle schädlichen protektionistischen Interdependenz ausschalten (Krugman, 1987, S. 142). Aus dieser Sicht einer Weltwirtschaft, in der Märkte und Politik unvollkommen sind, folgt Freihandel nicht mehr aus dem Effizienzargument der Theorie komparativer Kostenunterschiede, sondern aus dem Kooperationsargument der „neuen Außenhandelstheorie“.

Kommentierte Literaturhinweise

Die theoretischen Grundlagen internationaler Handelsbeziehungen werden umfassend und klar dargestellt durch das nunmehr bereits in der 12. Auflage (1995) vorliegende Lehrbuch von Klaus Rose (1964) bzw. von Klaus Rose und Karlhans Sauernheimer (1992) und durch den in 6. Auflage (1994) vorgelegten Text von Horst Siebert (1973). Gleiches gilt für die Monographien von Richard E. Caves, Ronald W. Jones und Jeffrey Frankel (1990), Wilfried J. Ethier (1983), Paul Krugman und Maurice Obstfeld (1988), James R. Markusen u. a. (1995) sowie von Gustav Dieckheuer (1990).

Die traditionelle Theorie der internationalen Arbeitsteilung bei Protektionismus findet eine ebenso umfassende wie klare Darstellung in der Schrift von Max Corden (1971). Die neuen Ansätze der Außenhandelstheorie, die sich vor allem mit den Auswirkungen des Protektionismus bei unvollständiger Konkurrenz befassen, werden in dem von Paul Krugman (1986) herausgegebenen Sammelband, in dem Lehrbuch von Elhanan Helpman und Paul Krugman (1989) und in einem Überblicksartikel von Dieter Bender (1994) vorgestellt.

Versuche einer Integration von Außenhandelstheorie und -politik stellen die Lehrbücher von Herbert G. Grubel (1977), Bernhard Külp (1978) und von Hubertus Adebahr und Wolfgang Maennig (1987) dar.

Grundlegende und zum Teil bahnbrechende Aufsätze zur traditionellen Theorie internationaler Wirtschaftsbeziehungen sind in deutscher Übersetzung in den von Klaus Rose (1965) und Helga Luckenbach (1979) herausgegebenen Sammelwerken vereinigt.

Einen Überblick über den gegenwärtigen Stand der außenhandelstheoretischen Forschung bieten die Beiträge in dem von David Greenaway und L. Alan Winters (1994) herausgegebenen Sammelband und die in der Monographie von Paul Krugman (1990) zusammengefaßten Beiträge dieses Autors zur sogenannten „neuen Außenhandelstheorie“.

J. Öffentliche Finanzen

Heinz Grossekettler

Gliederung

1. Erster Überblick über die öffentliche Finanzwirtschaft und die Finanzwissenschaft

1.1. Ziele, Träger und Instrumente der öffentlichen Finanzwirtschaft

Als Finanzwissenschaft (public finance, finances publiques) oder Staatswirtschaftslehre (public economics, économie publique) bezeichnet man die Summe aller Aussagen darüber, welche ökonomischen Aufgaben der Staat in einer Wirtschaft mit Hilfe von Ausgaben und Einnahmen und Regeln für deren Planung und Kontrolle erfüllt (positive Analyse) oder erfüllen sollte (normative Analyse). Die Begründung, Erklärung und Wirkungsanalyse der Staatstätigkeit zählen zur Finanztheorie, Untersuchungen theoriegestützter Einsatzmöglichkeiten von Instrumenten zur Erreichung von Zielen und Analysen der zugehörigen Gestaltungsmöglichkeiten bilden die theoretische Finanzpolitik, faktische Einsatz- und Gestaltungsentscheidungen die praktische Finanzpolitik. Die lediglich durch Haushaltspläne festzulegenden Ausgaben gehören zur finanzwirtschaftlichen Prozeßpolitik, die durch materielle Gesetze festzulegenden Ausgaben und Einnahmen sowie die Planungs- und Kontrollvorschriften zur finanzwirtschaftlichen Ordnungspolitik. Der Bestand an Haushalts- und Finanzgesetzen bildet als Finanzverfassung im weiteren Sinn ein Lenkungssystem, das Kompetenzen verteilt, Informationskanäle bahnt und Anreize vermittelt. Derjenige Teil dieses Systems, der sich in Verfassungsvorschriften niedergeschlagen hat, ist die Finanzverfassung im engeren Sinn.

Wirtschaftssysteme der Realität erscheinen oberflächlich betrachtet als Mischsysteme aus zentralverwaltungswirtschaftlichen und marktwirtschaftlichen Elementen (mixed economies): In realen Zentralverwaltungswirtschaften, die es allerdings kaum noch gibt, dominiert die Staatswirtschaft, während das System der Märkte – der Preismechanismus – lediglich die Funktion eines Hilfskoordinationsmechanismus erfüllt; in realen Marktwirtschaften dominiert dagegen die Koordination über das Preissystem, und der budgetgesteuerten Finanzpolitik der öffentlichen Verbände kommt lediglich eine Ergänzungsfunktion zu.

Diese Sicht ist nicht ganz falsch, aber sie ist unvollständig (Beitrag A-2.3.). Soll eine Wirtschaft wohlorganisiert sein und damit ein Optimum an Freiheit, Wohlstand, Gerechtigkeit und Sicherheit realisieren (Beitrag N-4.2.), muß darauf geachtet werden, daß die Kompetenzverteilung zwischen Staat und Privaten zweckmäßig ist und daß sowohl die staatlichen Entscheidungsträger als auch die Privaten sinnvoll informiert und motiviert werden. In Marktwirtschaften – und nur solche werden im folgenden betrachtet – setzt dies voraus, daß der Staat eine Rahmenordnung für das private Wirtschaften schafft, was wiederum das Vorhandensein öffentlich finanzierter Verwaltungen impliziert; angesichts der Tatsache, daß sich Zentralverwaltungswirtschaften und damit auch die Dominanz einer budgetgesteuerten Finanzpolitik in der Wirtschaftsgeschichte nicht bewährt haben, kommt es aber auch darauf an, daß der Staat nur diejenigen Aufgaben übernimmt, die er nach gesicherter Erfahrung besser als das System der Märkte oder private Unternehmer erfüllen kann.

Ziele

Der Staat unterscheidet sich von anderen Wirtschaftssubjekten dadurch, daß er über ein legitimes Machtmonopol verfügt und somit Zwang ausüben kann. In ökonomischer Sicht bedeutet dies für die Wirtschaftssubjekte, daß sie gezwungen werden können, bestimmten Verbänden anzugehören und Zwangsabgaben zu leisten. Dies befähigt den Staat dazu, Aufgaben zu übernehmen, die auf Märkten nicht erfüllt werden können, weil dort nur privatrechtliche und damit zwangsfreie Interaktionen stattfinden. Die Einsatzfelder für das staatliche Zwangsmonopol und damit auch die Ziele der öffentlichen Finanzwirtschaft unterteilt man nach RICHARD MUSGRAVES (1959, S. 5ff.) in die Bereiche der Allokations-, der Distributions- und der Stabilisierungspolitik.

Allokation von Faktoren bedeutet deren Zuordnung zur Produktion von Gütern. Zu den staatlichen Allokationsaufgaben gehören deshalb alle zwangsgestützten Tätigkeiten, die mit einem produktionsbedingten und prinzipiell auch in Geld bewertbarem Faktorverzehr – d. h. mit dem Entstehen von Produktionskosten – verknüpft sind. Das Ziel der Staatstätigkeit sollte darin bestehen, Bedürfnisse zu befriedigen, für die grundsätzlich Zahlungsbereitschaft vorhanden wäre, bei der zu hohe Organisationskosten aber verhindern, daß diese Zahlungsbereitschaft auf privatwirtschaftlichem Wege aktiviert wird und die Bedürfnisse dadurch zu Bedarf werden. Hohe Organisationskosten liegen als eine spezielle Form von sogenannten Transaktionskosten (Abschnitt 2.1.4. und Beitrag K-4.2.) vor allem im Bereich der Kollektivgüter vor. Die bedeutendsten Anwendungsfälle sind Infrastrukturgüter wie etwa Deiche oder Straßennetze. Der Staat organisiert hier die Nachfrage kostengünstig durch den Einsatz von Zwang. Er löst damit eine Bereitstellungsaufgabe, die darin besteht, den Bedarf in quantitativer und qualitativer Hinsicht zu spezifizieren und die Finanzierung sicherzustellen. Neben staatlichen Bereitstellungsaufgaben gibt es auch staatliche Herstellungsaufgaben. Bei ihnen geht es nicht um die Organisation der Nachfrage, sondern um eine Produktionsaufgabe, die im Prinzip auch von privaten Unternehmern gegen Entgelt übernommen werden könnte, die beim Vorliegen bestimmter Transaktionskostenstrukturen aber ebenfalls vom Staat übernommen werden sollte (Abschnitt 2.1.4.).

Anders als bei den Allokationsaufgaben spielen Produktionskosten bei den staatlichen Distributionsaufgaben keine Rolle. Hier geht es vielmehr um eine Umverteilung von Einkommen und Vermögen zwischen Personen oder im Raum. Der Staat sollte vor allem das Ziel verfolgen, durch den Einsatz von Zwang das Zustandekommen von Versicherungsmärkten zu organisieren, die ohne ihn wegen zu hoher Transaktionskosten nicht entstehen würden oder in ihrer Entwicklung behindert wären, obwohl ein entsprechendes Versicherungsbedürfnis bei den Bürgern vorhanden ist oder jedenfalls in ihrem wohlverstandenen Interesse läge. Die beim Eintritt der Versicherungsfälle fließenden Zahlungen nehmen ex post die Gestalt von Transferzahlungen an, d. h. von Zahlungen, denen – anders als bei Transformationszahlungen – in der gleichen Periode keine Gegenleistung gegenübersteht. Transferzahlungen des Staates an die Privaten (insbesondere Sozialtransfers) bzw. der Privaten an den Staat (insbesondere Steuern) sind darüber hinaus auch geeignet, Korrekturen der Einkommens- und Vermögensverteilung vorzunehmen, die sich nicht mit Versicherungsbedürfnissen erklären lassen, sondern bestimmten Gerechtigkeitsvorstellungen entspringen (Abschnitt 2.2.1. und Beitrag H).

Die staatliche Stabilisierungspolitik im Sinne RICHARD MUSGRAVES (1959, S. 22ff.) kann als Oberbegriff zur Stabilitäts- und Stabilisierungspolitik im Sinne von DIETER CASSEL/H. JÖRG THIEME verstanden werden (Beitrag P). Sie umfaßt allerdings nur die Stabilitäts- und Stabilisierungspolitik, die der Staat mit fiskalpolitischen Mitteln betreibt, also mit Hilfe von Ausgaben und Einnahmen und deren Saldo (Budgetüberschuß oder -defizit). Der Staat sollte das Ziel verfolgen, mit Hilfe seiner Zwangsmittel für eine Einkommensumverteilung zwischen verschiedenen Zeitperioden zu sorgen. Diese sollte so geartet sein, daß die Staatsnachfrage im Normalfall verstetigt wird (Stabilitätspolitik). Wenn die Ist-Werte der Zielvariablen aufgrund nachfrageseitiger Störungen in gravierender Weise von ihren Soll-Werten abweichen, sollte die Gesamtnachfrage in antizyklischer Weise beeinflußt und nach einer Stabilisierung der Erwartungen gestrebt werden (Stabilisierungspolitik). Auch in diesem Politikbereich fallen keine Produktions-, sondern lediglich Transaktionskosten an.

Bisher wurde so getan, als sei es unproblematisch, von den „Zielen der öffentlichen Finanzwirtschaft" zu sprechen. Das ist nicht der Fall, denn es ist zwar selbstverständlich, daß einzelne Menschen Ziele haben, nicht jedoch, daß es eine konfliktfreie gesellschaftliche Zielsetzung gibt. Gleichwohl wird in der normativen Analyse der öffentlichen Finanzwirtschaft unterstellt, daß die Transaktionskostenvorteile des Staates genutzt werden sollten und daß die Existenz solcher Vorteile auch zu entsprechenden staatlichen Aktionen führe. Ersteres ist relativ unproblematisch. Die Norm, daß Hemmnisse beseitigt werden sollten, die der Umsetzung von Zahlungsbereitschaft in Bedarf, der Entwicklung von Versicherungsmärkten und der Förderung der makroökonomischen Stabilität entgegenstehen, dürfte auf allgemeine Zustimmung stoßen. Ob die solchermaßen begründbaren Ziele der Finanzpolitik auch das tatsächliche Handeln des Staates prägen und ob der Staat der Realität in der Lage ist, Ziele zu erfüllen, die das System der Märkte nur unvollkommen realisieren würde, ist allerdings fraglich. Neben einem Marktversagen kann es nämlich auch ein Staatsversagen geben (Abschnitt 5).

Träger

Bisher wurde undifferenziert vom „Staat" als handelndem Subjekt gesprochen. In der Realität muß der Staat jedoch als Summe aller Zwangsverbände und der von ihnen unterhaltenen öffentlichen Haushalte begriffen werden.

Verbände sind Vereinigungen von Personen, die sich zur Artikulation und Durchsetzung gemeinsamer Interessen zusammengefunden haben und deren Zusammenschluß normalerweise auf Dauer angelegt und körperschaftlich verfaßt ist, d. h. die im Innenverhältnis demokratisch organisiert und im Außenverhältnis rechtsfähig sind. Der moderne demokratische Staat ist ein Verband in diesem Sinne. Er zeichnet sich aber durch eine Reihe von Besonderheiten aus:

- Er ist ein Zwangsverband, dem man in der Regel kraft Geburt angehört und der über ein räumlich begrenztes Machtmonopol verfügt.

- Er ist ,,auf ewig“ angelegt, was zur Folge hat, daß er nach außen zeitlich unbegrenzte internationale Verträge schließen kann, während im Innenverhältnis intergenerative Fürsorgepflichten und Gerechtigkeitsprobleme entstehen.
- Die Verbandsmitglieder (das Volk) sind so zahlreich, daß formelle Regeln des Zusammenlebens erforderlich sind und daß – insbesondere in Bundesstaaten – eine Vielzahl von öffentlichen Haushalten existiert, die zum Teil ebenfalls einen körperschaftlichen Charakter haben, zum Teil aber auch in anderer Form in Erscheinung treten.
- Es gibt – sieht man einmal vom grundgesetzlichen Schutz der Privatsphäre ab – in sachlicher Hinsicht keine raum- und zeitinvariante Grenze, die in einer Volkswirtschaft die Staatswirtschaft und die Wirtschaft der Privatrechtsgesellschaft (die Marktwirtschaft im engeren Sinn) voneinander scheidet. Statt dessen verfügen Teile der öffentlichen Haushalte – die Gebietskörperschaften – über eine prinzipielle Allzuständigkeit. Dies führt aus ökonomischer Sicht zur Forderung nach einer Finanzverfassung, welche die Kompetenzen des Staates so begrenzt, daß er auf die Verrichtung jener Aufgaben verwiesen wird, die er besser als die Privatrechtsgesellschaft erledigen kann.

Die vorstehende Charakterisierung des Staates aus ökonomischer Sicht ist weder auf die Existenz undemokratischer Staaten noch auf die Frage eingegangen, ob die Zwangsgemeinschaft „Staat“ aus Verwandtschaftsbeziehungen (Patriarchaltheorie), per Vertrag (Vertragstheorie) oder dadurch entstanden ist, daß ein Diktator oder ein Eroberervolk oder eine Bande von Mafiosi die übrigen Staatsbürger unterworfen hat (Machttheorie). Das war nicht erforderlich, weil es im Rahmen der ökonomischen Betrachtung nur um die wirtschaftliche Vorteilhaftigkeit der Staatenbildung und die dem Staat zufallenden Aufgaben geht. Dauerhafte Vorteilhaftigkeit für alle setzt demokratische Verhältnisse voraus, und ist sie gegeben, kann man sich den Staat – unabhängig von der tatsächlichen Geschichte eines konkreten Staates – als durch eine Als-ob-Vertrag entstanden vorstellen, der immer wieder dadurch erneuert wird, daß das Staatsvolk nicht emigriert.

Ein Staat umfaßt in der Regel viele öffentliche Haushalte. In einem Bundesstaat sind zunächst die Haushalte der Gebietskörperschaften und die von ihnen abhängigen Behörden und Unternehmen zu nennen. Ökonomisch sind sie Vielzweck-Zwangskörperschaften, die kraft ihrer Kompetenzkompetenz auch neu auftauchende Aufgaben aufgreifen können. Neben diesen Generalkörperschaften gibt es Spezialkörperschaften, Anstalten und Stiftungen, die zur mittelbaren Verwaltung gehören. Die Spezialkörperschaften nennt man wegen ihrer Ähnlichkeit mit privatrechtlichen Genossenschaften auch Zwangsgenossenschaften. Sie dienen – wie etwa ein Wasserverband, eine Rechtsanwaltskammer, eine Industrie- und Handelskammer oder auch die Sozialversicherung – Zwecken, die per Gesetz festgelegt und auch geändert werden können. Zusammen mit den kirchensteuerberechtigten Kirchen werden diese Zwangsgenossenschaften oft auch als Para- oder Hilfsfisci bezeichnet (hierzu TIEPELMANN/VAN DER BEEK, 1992). Auch Anstalten (wie etwa die meisten Landesbanken) und Stiftungen sind einem bestimmten Zweck gewidmet; anders als bei den Zwangsgenossenschaften gibt es hier jedoch keine Mitglieder, die über ein gewisses Maß an Selbstbestimmungsmöglichkeiten verfügen. Während der Zweck von Anstalten geändert werden kann, ist der von Stiftungen meist unveränderlich.

Instrumente

Die Mittel der öffentlichen Finanzwirtschaft können in die Gruppen der Ausgaben und Einnahmen gegliedert werden. Bedenkt man, daß im Wirtschaftsleben eine Einnahme normalerweise die Gegenleistung für eine Leistung ist, erscheint diese Zweiteilung nicht selbstverständlich. Sie ist vielmehr Ausdruck der Tatsache, daß der Staat seine Leistungen in der Regel nicht verkauft, sondern daß er Ausgaben tätigt, um für seine Bürger Sachleistungen – etwa die Möglichkeit der Straßennutzung – bereitzustellen, und daß er einen Großteil der Leistungen über Steuern finanziert, die ex definitione unabhängig von einer Gegenleistung gezahlt werden müssen.

Die öffentlichen Ausgaben unterteilt man in Transformations- und Transferzahlungen. Transformationszahlungen liegen vor, wenn der Staat – wie bei den Leistungen der öffentlich Bediensteten oder beim Einkauf von Material – in der gleichen Periode eine Gegenleistung erhält. Die übrigen Ausgaben sind Transferzahlungen (insbesondere Subventionen sowie Sozialtransfers in der Form von Renten oder Pensionen). Die öffentlichen Einnahmen bestehen vor allem aus Steuern, Entgeltabgaben (Gebühren und Beiträgen) und Krediteinnahmen. Daneben gibt es Erwerbseinkünfte und freiwillige Übertragungen. Während Gebühren und Beiträge wie Erwerbseinkünfte eine staatliche Gegenleistung voraussetzen und dem Staat somit keine Dispositionsfreiheit vermitteln, sind Steuern Zwangsabgaben ohne spezielle Gegenleistung. Sie verschaffen dem Staat ebenso Dispositionsfreiheit wie eine Kreditaufnahme. Letztere führt allerdings nur zu einer vorläufigen Deckung von Ausgaben und muß längerfristig durch endgültige Einnahmen gedeckt werden, wenn der Bestand an Staatsschulden nicht wachsen soll.

Im Rahmen der finanzwirtschaftlichen Ordnungspolitik werden auch finanzwirtschaftliche Entscheidungen gefällt, die sich nicht in Ausgaben und Einnahmen niederschlagen. Sie betreffen vor allem die Regeln für die Abgrenzung des staatswirtschaftlichen Teils einer Volkswirtschaft vom marktwirtschaftlichen, für die Aufgaben- und Einnahmenverteilung unter den öffentlichen Haushalten sowie für die Planung und Kontrolle öffentlicher Ausgaben und Einnahmen (Finanzverfassung im engeren Sinn, Finanzausgleichsgesetze, Haushaltsordnungen, Abgabenordnung).

1.2. Stilisierte Entwicklung der öffentlichen Finanzwirtschaft

Die konkrete Entstehungsgeschichte des Staates als Institution ist auch heute noch umstritten, und zwar sowohl unter Historikern, die sich – wie etwa LINKE (1995), der die Entstehung Roms patriarchaltheoretisch ableitet – für den Staat als Herrschaftsorganisation interessieren, als auch unter Ökonomen, die in ihm primär den Garanten von Eigentumsrechten sehen (hierzu RICHTER, 1993). Will man die Entwicklung der spezifisch finanzwirtschaftlichen Aufgaben des Staates herausarbeiten, ist es zweckmäßig, die Geschichte abgehoben von konkreten Ereignissen in stilisierter Form darzustellen und dabei gedanklich von einer einfachen Stammeswirtschaft auszugehen. In dieser machen Jäger und Sammler gemeinsam Beute und treiben untereinander und zum Teil auch mit benachbarten Stämmen einen rudimentären Tauschhandel. In solchen Wirtschaften gibt es keinen Staat; sie stellen gleichsam den Nullpunkt auf einer Skala für die wirtschaftliche Bedeutung des Staates in einer Gesellschaft dar. Das für den Tauschhandel erforderliche Eigentumsrecht ist gewohnheitsrechtlicher Art. Häuptlinge und Ältestenräte entscheiden in Zweifelsfällen. Das Recht selbst ist sehr einfach: Eigentum erstreckt sich – ähnlich wie das auch bei anderen Primaten nachweisbare Eigentum (Kummer, 1991) – auf das, was man bei sich tragen, in seiner Hütte aufbewahren und gegen andere verteidigen kann. Insbesondere gibt es kein Bodeneigentum und kein Eigentum an den Früchten einer Sache.

Auf die Wirtschaftsweise der Jäger und Sammler folgte über die Hortikulturwirtschaft als Zwischenstadium die Agrarwirtschaft. Vielfach wird behauptet, der damit verbundene Entwicklungssprung sei durch die Erfindung des Pfluges verursacht worden (Linke, 1995, S. 80, 89 und 175). Douglass C. North (1988, S. 78–93) betont dagegen, daß Änderungen der Knappheitsverhältnisse und daraus resultierende Variationen der Eigentumsrechte die entscheidende Rolle gespielt haben: Der Übergang zur Agrarwirtschaft fand statt, als die Grenzerträge der Jagd- und Sammelarbeit die Grenzerträge der Bodenbewirtschaftung und Herdenhaltung unterschritten. Dies trat ein, als sich fallende Grenzerträge bemerkbar machten, weil die guten Jagdgebiete überjagt wurden und ein Ausweichen von neuen Sippen oder Stämmen, die im Zuge der Bevölkerungsvermehrung entstanden waren, auf noch menschenleere Gebiete wegen deren Unwirtlichkeit mit einem Absinken der Grenzproduktivität der Arbeit verbunden war.

Der Übergang zur Agrarwirtschaft vollzog sich zögerlich: Es winkten zwar hohe Belohnungen, es fehlte aber eine soziotechnische Erfindung in Form eines differenzierteren Eigentumsrechts, das vor allem auch Bodeneigentum und neben dem Gebrauchsrecht von Sachen (usus) sowie dem Veräußerungs-, Verleihungs-, Veränderungs- und Vernichtungsrecht (abusus) auch das Recht an den Erträgen (usus fructus) umfaßt. Anders kann nicht garantiert werden, daß der, welcher sät, auch erntet, und daß der, welcher eine Herde hält, nicht nur Anrecht auf die Stammzahl von Häuptern (das Stammkapital [caput = Haupt]), sondern auch auf den Zuwachs hat, den man bei einer Viehzählung (census) feststellen kann (die Zinsen). Hinzu kommt, daß mit dem Ertragsrecht eine Pflicht der Haftung für eingegangene Verträge kombiniert werden muß, denn anders ist nicht sicherzustellen, daß gemeinsam erbrachte Vorleistungen ex post zur ex ante vereinbarten Ertragsteilung führen und daß Verträge über zeitlich versetzte Leistungen und Gegenleistungen eingehalten werden.

Wie die Geschichte zeigt, ist die Herausforderung, ein differenziertes Eigentums- und Haftungsrecht zu entwickeln, von der Menschheit auf zweierlei Weise beantwortet worden: mit der Entwicklung eines entsprechenden Privateigentums auf weiterhin gewohnheitsrechtlicher Basis und mit der Entwicklung eigentumsrechtlicher Formen, die wir heute als Kollektiveigentum bezeichnen würden. Zwischen diesen Extremen gab es Mischformen.

Mit der Einführung eines differenzierteren Eigentumsrechts wird aus der Produktionsfunktion $Y = f(A)$ der Jäger- und Sammlergesellschaft eine Produktionsfunktion der Form

$$Y = g(A, K, T, O),$$

denn es werden neben Arbeit (A) weitere Produktionsfaktoren materieller und immaterieller Art eingesetzt: Kapital (K), technisches Wissen (T) und unterschiedliche

Formen der Eigentumsorganisation und damit der Wirtschaftsordnung (O), wobei sich der Erklärungswert letzterer allerdings nur bei internationalen Querschnittsvergleichen und nach ökonomischen Revolutionen zeigt (HELMSCHROTH/OSTERKAMP/SCHÖNHERR, 1992). Die Erweiterung der Produktionsfunktion bringt zum Ausdruck, daß sich erstens Sparen und Sachkapitalbildung der gesicherten Früchte wegen lohnen, zweitens ein Anreiz zur Bildung von Humankapital und damit zur stärkeren Spezialisierung und zum regelmäßigen Austausch von Gütern auf Märkten entsteht und drittens Produkt- und Verfahrensverbesserungen ökonomisch interessant werden.

Die Differenzierung der Eigentumsformen hat in den frühen Marktwirtschaften – der erste bekannte Markt, auf dem variable Preise der Markträumung dienten, war die athenische Agora des 6. Jahrhunderts v. Chr. (NORTH, 1988, S. 43) – erstmals die spezifischen Vorteile des Privateigentums an Produktionsmitteln zutage treten lassen: die Motivationsvorteile, die sich aus der weitgehenden Übereinstimmung individueller und sozialer Grenzerträge des Faktoreinsatzes ergeben, die Informationsvorteile, die aus einer getrennten Informationsverwertung vieler in ihren jeweiligen Tätigkeitsbereichen folgen, die Möglichkeit einer Risikoteilung im Rahmen von – schon in der Antike praktizierten – Beteiligungsfinanzierungen bei Großprojekten, die Fehlerausgleichstendenz, die aus dezentralem Handeln resultiert, und die Förderung des technischen Fortschritts, die sich daraus ergibt, daß viele Tatsachenexperimente nebeneinander betrieben und bezüglich ihrer Ergebnisse beobachtet werden und daß man nur die erfolgreichen imitiert.

Die Entwicklung der Eigentumsrechte zeigte auch, daß es Vorteile gibt, die nur in staatlich verfaßten Gemeinwesen voll realisiert werden können: Damit Preise im weitesten Sinn für die Nutzung von Gütern gezahlt werden, müssen Nichtzahler ausgeschlossen (exkludiert) werden. Hierbei können Probleme auftreten, die mit privatrechtlichen Mitteln nicht lösbar sind, wohl aber mit Hilfe des Einsatzes hoheitlichen Zwangs, mit Hilfe des Übergangs zu einer „höheren" Art von sozialer Exklusionstechnik also. Solche Ausschlußprobleme seien an Tennisanlagen und Deichen erläutert, die Beispiele für Kollektivgüter unterschiedlichen ökonomischen Charakters bilden (Abschnitt 2.1.1.).

Tennisanlagen können von einem Klub bereitgestellt werden, der Nichtmitglieder mit Hilfe des Privatrechts von der Nutzung seiner Anlage ausschließen und mittels dieser Exklusionsdrohung Spielwillige zum Beitritt und zur Mitfinanzierung „zwingen" kann. Deshalb brauchen solche Anlagen nicht vom Staat bereitgestellt zu werden. Bei Deichen muß man anders verfahren: Verweigert ein Deichhinterlieger einen Beitrag, wird er trotzdem vom Deich geschützt. Dem kann der Staat begegnen, indem er aufgrund einer Vorteilsvermutung einen Zwangsbeitrag von der Gruppe der Hinterlieger erhebt, wie das heute in Deichverbänden geschieht und wie man es von den Anliegerbeiträgen der Eigentümer von Häusern gewohnt ist. Der Klubbeitrag im Tennisverein entspricht also dem Zwangsbeitrag im Deichverband. Der Exklusion mit Hilfe des Privatrechts (Zutrittsverbot für Nichtmitglieder des Tennisvereins) entspricht die „höhere" Art von Exklusion durch das öffentliche Recht, durch den Zwang nämlich, den Deichbeitrag zu zahlen oder zur Vermeidung einer Zwangsvollstreckung aus dem geschützten Gebiet ausziehen zu müssen. Im alten friesischen Deichrecht hieß es folgerichtig: Wer nicht will deichen, der muß weichen.

Solch eine „höhere" Exklusionstechnik wurde erstmals in den Stromtalkulturen und vor allem in den sich ab 4000 v. Chr. entwickelnden frühen Hochkulturen Mesopotamiens und Ägyptens, im Indus-Gebiet und in China genutzt (Zirnstein, 1994, S. 19 f.). Diese Hochkulturen – insbesondere Ägypten – trugen zum Teil Züge einer Zentralverwaltungswirtschaft. Die Kollektivgüter, die hier im großen Stil geplant und eingesetzt wurden, waren Verkehrs-, Speicher- und vor allem Bewässerungsanlagen. Da letztere in nahezu allen frühen Hochkulturen eine Rolle gespielt haben – in der chinesischen Sprache bedeutet „tschin" sowohl „Gewässer regulieren" als auch „regieren" und „fa" sowohl „Gesetz" als auch „Wasserleitung" (v. Unruh/Greve, 1976, S. 29 f.) –, sprechen Historiker auch von einer sogenannten hydraulischen Hypothese der Entstehung von Staaten: Die zeitweilig herrschende Trockenheit in einem an sich fruchtbaren Gebiet (wie z. B. der Umgebung des Nils) fördert die Einführung einer Organisationsstruktur, die eine planmäßige Be- und Entwässerung im großen Stil gestattet, und bringt einen Herrschaftsverband hervor: den Staat.

Die erste Aufgabe, die Staaten in der Geschichte verrichtet haben, war also die transaktionskostengünstige Erfüllung der Allokationsfunktion in bezug auf Kollektivgüter mit Ausschlußproblemen. Neben den bereits genannten Kollektivgütern dieser Art waren das – den mythischen Vorstellungen jener Zeit entsprechend – vor allem auch Sakralbauten und Opfer, die man errichten bzw. bringen mußte, um die Götter günstig zu stimmen und z. B. Regen „zu erzeugen", von dem dann alle (ohne Ausschlußmöglichkeit) profitieren konnten. In den später entstandenen Hochkulturen außerhalb der Trockengebiete waren dagegen der Außenschutz und der Rechtsrahmen die ersten Kollektivgüter, zu deren Bereitstellung ein Staat erforderlich war. Recht kann sich auf Gewohnheitsbasis entwickeln und ohne ausgeprägte Herrschaftsorganisation durchgesetzt werden, solange die abzuwickelnden Geschäftsvorfälle einfach und die einen Rechtsverband bildenden Gruppen klein sind. Dann haben Überlieferung, Entscheidungen von Häuptlingen sowie sozialer Druck eine hinreichende Regelungskapazität. Die zugehörigen Wirtschaften waren meist relativ einfache Tauschwirtschaften. Zusammen mit der Entstehung des Münzgeldes im 7. Jahrhundert v. Chr. (Born, 1981, S. 361) entwickelten sich aber auch relativ differenzierte Marktwirtschaften, vor allem die Athens (Austin/Vidal-Naquet, 1984) und Roms (Brink, 1995). Hier brauchte man eine staatliche Rechtsgarantie, das Kollektivgut „institutionelle Infrastruktur". Aus einer Rechtsgemeinschaft kann man als „Vogelfreier" im Prinzip ausgeschlossen werden; es liegt jedoch im Interesse aller, daß die Rechtsgemeinschaft möglichst alle potentiellen Marktteilnehmer umfaßt.

Bereitstellungsaufgaben der bisher geschilderten Art betreffen Kollektivgüter, deren Versorgungsregionen sich in räumlicher Hinsicht nicht zu decken brauchen. Deshalb hat es zunächst zwar einen gemeinsamen Kern von Versorgungsregionen mit zum Teil erblichen Ämtern gegeben (den mittelalterlichen Personenverbandsstaat), nicht jedoch ein klar abgegrenztes staatliches Territorium. Die Vorstellung einer Herrschaftsgewalt des Landesherrn über ein abgegrenztes Staatsterritorium mit einem relativ einheitlichen Recht und damit die Vorstellung des Flächenstaates ist erst später entstanden, die Idee des Nationalstaates sogar erst mit Beginn der Neuzeit (zur Rechtsgeschichte vgl. EBEL, 1993, S. 17–26, ZIPPELIUS, 1994, S. 64–71). Ökonomisch gesehen stellt die Bildung von Flächenstaaten die Zusammenfassung mehrerer Spezial-Zwangsgenossenschaften zu einer Vielzweck-Zwangsgenossenschaft dar, die vorgenommen wird, um Verwaltungsverbundvorteile aus einer solchen Zusammenfassung wahrnehmen zu können. Die Möglichkeiten einer systematischen Infrastrukturentwicklung innerhalb eines durch ein stehendes Heer geschützten Gebiets waren hier ebenso treibende Kräfte wie später die Entwicklung einer (Investitionssicherheit vermittelnden) Verfassung und (noch später) die Vorteile der Kontrolle der Vielzweckgenossenschaft ,,Staat" durch einheitliche demokratische Kontrollorgane.

Anders als die Allokationsaufgaben haben Distributions- und Stabilisierungsaufgaben nicht zur Gründung von Staaten geführt. Sie sind von diesen vielmehr erst später übernommen worden. Distributionsaufgaben wurden erstmals in Athen und später dann in Rom in Form von Unterstützungszahlungen für arbeitslose Vollbürger erfüllt. Stabilisierungsaufgaben im modernen Sinn – speziell in antizyklischer keynesianischer Form – wurden dagegen erst in den 30er Jahren unseres Jahrhunderts bewußt übernommen und gehören in Deutschland seit der Verabschiedung des Stabilitäts- und Wachstumsgesetzes (1967) und der Finanzverfassungsreform von 1969 zu den gesetzlichen Aufgaben des Staates.

1.3. Geschichte der Finanzwissenschaft

In der griechischen Antike und der Scholastik gab es keine eigentliche Finanzwissenschaft. Im Vordergrund stand eine Lehre von den moralischen Anforderungen an Staaten. PLATON (427–347 v. Chr.) entwirft das Bild eines Staates, in dem jeder Bürger unter der Leitung der Philosophen seinen Anlagen entsprechend zum Wohle aller arbeitet. Diese organisatorische Vorstellung einer Elite, welche den Bedarf der organischen Gemeinschaft spürt und artikuliert und den Staatsbürgern ihren Platz zuweist, hat später auch die Idee des Gottesstaates in der Scholastik und des Einparteienstaates der Moderne geprägt, sei es in der faschistischen, sei es in der kommunistischen Variante. Außerdem spielt sie bei den zentralverwaltungswirtschaftlichen Staatsutopien eine dominierende Rolle. Zu nennen sind hier vor allem die ,,Utopia" von THOMAS MORUS (1516), der „Sonnenstaat" TOMMASO CAMPANELLAS (1602), „Atlantis" von FRANCIS BACON OF VERULAM (1605) und der „Geschlossene Handelsstaat" von JOHANN GOTTLIEB FICHTE (1800). PLATONS Schüler ARISTOTELES (384–322 v. Chr.) äußert sich zwar zur Führung von Haushalten (auch öffentlichen), ist aber anscheinend der Meinung, daß sich der Staats- bzw. Königshaushalt nur durch seine Größe von privaten Haushalten unterscheidet. XENOPHON (430–354 v. Chr.), wie PLATON Schüler von SOKRATES (470–399 v. Chr.), empfiehlt, den Handel zwecks Vermehrung von Einnahmen aus Verkehrsabgaben und Zöllen zu fördern. In der Scholastik – insbesondere bei ALBERTUS MAGNUS (1193–1280) und THOMAS VON AQUIN (1225–1274) – werden die Lehren der griechischen Antike rezipiert und um eine Diskussion der Frage erweitert, welche Steuer gerecht sei. Die Antwort lautet: Ein Gesetz muß Subjekt, Objekt und Tarif der Steuer festlegen (Bestimmtheitsprinzip), die Steuer muß entsprechend der Leistungsfähigkeit auf die Stände verteilt werden (Leistungsfähigkeitsprinzip), und sie muß zweckgebunden sein (Affektationsprinzip).

Mit der Zeit der Kameralisten beginnt in Deutschland die Nationalökonomie als Universitätswissenschaft und gleichzeitig die Finanzwissenschaft. Da Deutschland damals ein unterentwickeltes Land mit vielen Fürsten war, die untereinander um bewegliche Produktionsfaktoren konkurrierten, mit deren Hilfe sie die Erträge der unbeweglichen Produktionsfaktoren steigern und ihre Camera (= Schatzkammer) füllen wollten, entwikelten Kameralisten wie VEIT LUDWIG V. SECKENDORFF (1626–1692), JOHANN JOACHIM BECHER (1635–1682), JOHANN HEINRICH GOTTFRIED V. JUSTI (1720–1771), JOSEPH V. SONNENFELS (1733–1817) und JOHANN HEINRICH JUNG-STILLING (1740–1817) unmittelbar anwendbare Lehrsätze zur Entwicklungspolitik (näher hierzu K.-H. SCHMIDT, 1994). KASPAR KLOCK (1583–1655) und andere Steuerjuristen der Renaissance hatten sich als frühe Kameralisten vorher schon mit dem Substanzerhaltungsgedanken im Steuerrecht auseinandergesetzt (D. SCHNEIDER, 1985, S. 417).

Die Physiokraten – die berühmtesten Vertreter sind FRANÇOIS QUESNAY (1694–1774), auf den die erste Kreislaufdarstellung zurückgeht (Beitrag B), und ANNE ROBERT DE TURGOT (1727–1781), der sich als Generalkontrolleur der Finanzen den Haß der französischen Grundbesitzer zuzog – waren von der Existenz einer „ordre naturel" überzeugt, die für eine harmonische Wirtschaftsentwicklung sorgen würde und welcher der Staat die gesetzte „ordre positif" angleichen sollte. In Reaktion auf die einseitige Begünstigung von Handel und Gewerbe zur Zeit des Merkantilismus – insbesondere unter dem Finanz- und Wirtschaftsminister JEAN-BAPTISTE COLBERT (1619–1683) – forderten sie eine stärkere Förderung der Landwirtschaft. Gestützt auf die Beobachtung, daß Handel und Gewerbe in Frankreich damals nahezu ausschließlich Konsumgüter produzierten und umschlugen und daß Investitionen in der Landwirtschaft einen hohen Grenzertrag versprachen, kamen sie zu der Überzeugung, daß nur die Landwirtschaft einen Nettoertrag (produit net) erbringe. Da dieser der staatstragenden Klasse der Grundbesitzer zufließe, sollte diese Klasse auch für die Finanzierung der Staats- und Verwaltungstätigkeit sorgen, und zwar mit Hilfe einer Alleinsteuer (impôt unique) auf den produit net. Auf diese Weise sollten unproduktive Steuerüberwälzungskämpfe vermieden werden, denn letztlich müsse eine Steuer aus dem produit net getragen werden und könnten die Empfänger dieser Renteneinkommen einer Besteuerung auch nicht ausweichen. Diese Besteuerungsidee mußte den Widerstand der Grundbesitzer und damit des Adels hervorrufen; sie ist bei Bodenreformern aber immer wieder in abgewandelter Form aufgetaucht.

In der Klassik – wichtige Vertreter sind ADAM SMITH (1723–1790), JEAN BAPTISTE SAY (1767–1832) und DAVID RICARDO (1772–1832) – wurden die Grundlagen des ökonomischen Liberalismus gelegt. Anders als FERDINAND LASSALLE (1825–1864) es mit seiner spöttischen Bezeichnung für die Rolle des Staates als der eines „Nachtwächterstaates" glauben machen wollte, haben die Klassiker den Staat aber nicht auf die Herstellung von Recht und Ordnung beschränken wollen. SMITH wies ihm in seinem „Wohlstand der Nationen" (1776) vielmehr die Rolle zu, alle Aufgaben zu lösen, die zwar im allgemeinen Interesse liegen, aber nicht profitabel sind und folglich von privaten Unternehmern nicht verrichtet werden. Dieser klassischen Interventionsformel entspricht auch das heutige Verständnis der Staatsaufgaben. Im Hinblick auf die Besteuerung wurde von den Klassikern die Überwälzungslehre ausgebaut. Es wird darauf verwiesen, daß die Steuerlast immer von denjenigen Faktoren getragen werden müsse, die ein Renteneinkommen – verstanden als Differenz zwischen dem Einkommen in der jetzigen und in einer zweitbesten Verwendungsweise – erzielen und deshalb auf eine Besteuerung nicht mit Abwanderung reagieren. Als Besteuerungsgrundsätze fordert Smith, daß eine Steuer bestimmt sein sollte, daß die Zensiten gleichmäßig behandelt werden müßten und daß mit dem Streben nach Wohlfeilheit und Bequemlichkeit auch auf Transaktionskosten der Besteuerung in Form von Erhebungs- und Entrichtungskosten bei Schonung der Privatsphäre geachtet werden müßte.

Als Blütezeit der deutschen Finanzwissenschaft bezeichnet man die Zeit der Ende des vorigen Jahrhunderts entstandenen großen Lehrbücher von Lorenz v. Stein (1815–1890), Albert Schäffle (1831–1903) und Adolph Wagner (1835–1917), der ersten systematischen Darstellungen der gesamten Finanzwissenschaft. Hinzu treten die Einführung der Grenznutzenlehre in die Finanzwissenschaft durch Emil Sax (1845–1927) und die Untersuchungen zum Einkommensbegriff und zu den Grundlagen der Ausgestaltung der Einkommensteuer durch Georg v. Schanz (1853–1931). Die Epoche ist nach der deutschen Finanzwissenschaft benannt, weil es seinerzeit nirgendwo sonst auf der Welt eine solch intensive Beschäftigung mit den Aufgaben des Staates gab. Die Erklärung dafür liegt auch darin, daß Deutschland im 19. Jahrhundert anders als England die infrastrukturellen Voraussetzungen für die Entwicklung zum Industriestaat erst schaffen mußte. Dabei ging es nicht nur um die Voraussetzungen in Gestalt der materiellen Infrastruktur (z. B. Verkehrseinrichtungen), sondern auch um die in Gestalt der Ausbildungsinfrastruktur und der institutionellen Infrastruktur. Die Lehrbücher waren deshalb – ganz im Sinne der Historischen Schule – sehr stark von entwicklungsgeschichtlichen und juristischen Überlegungen geprägt.

Die Zeit einer Reökonomisierung setzte in der deutschen Finanzwissenschaft etwa in den 30er Jahren dieses Jahrhunderts ein und führte – vor allem als Reaktion auf die Weltwirtschaftskrise und die 1936 erschienene „General Theory" von John Maynard Keynes (1883–1946) – dazu, daß entwicklungsgeschichtliches und juristisches Denken zurückgedrängt und die volkswirtschaftliche Theorie wieder stärker betont wurde. Es kam zu einem Ausbau der Lehre vom sogenannten Marktversagen als Grundlage der Staatswirtschaft (Überblick: Fritsch/Wein/Ewers, 1993), zur Entwicklung einer Optimalsteuertheorie, die auf der allgemeinen Gleichgewichtstheorie aufbaut – in Knut Wicksell (1851–1926) aber schon einen bemerkenswerten Vorgänger hatte –, zur Entwicklung von Konzeptionen der Stabilitäts- und Stabilisierungspolitik sowie neuer Formen der Besteuerung (z. B. Mehrwertsteuer, integrierte Körperschaftsteuer, negative Einkommensteuer, persönliche Ausgabensteuer) und zur Entwicklung einer positiven Theorie der politischen Willensbildung und der Interaktionen zwischen dem staatswirtschaftlichen und dem marktwirtschaftlichen Teil der Volkswirtschaft (Ökonomische Theorie der Politik).

2. Normative Analyse der öffentlichen Finanzwirtschaft

2.1. Rechtfertigung und Regeln staatlicher Allokationspolitik

2.1.1. Individual- und Kollektivgüter

Als normative oder auch funktionsorientierte Analyse staatlicher Allokationsaufgaben bezeichnet man Untersuchungen, in denen geklärt wird, welche Aufgaben vom Staat übernommen werden müssen, weil es sonst dazu käme, daß Bedürfnisse nicht befriedigt werden, obwohl bei den Bürgern im Prinzip eine entsprechende Zahlungsbereitschaft vorhanden ist. Die in solchen Analysen entwickelten Soll-Regeln können auch als Hypothesen darüber betrachtet werden, wie ökonomisch aufgeklärte Menschen Institutionen in einer Situation schiedsrichterlicher Unabhängigkeit zum Wohle aller gestalten würden. Ihnen stehen in der Praxis vielfach Ist-Regeln in Form rechtlicher Regelwerke gegenüber, die im politischen Prozeß geschaffen und zum Teil durch Unkenntnis und/oder den Einfluß von Partialinteressen verzerrt sind (Abschnitte 3. bis 5.). Beide Arten von Regeln stellen Normen dar, die nicht „bewiesen" werden können. Man kann allerdings Behauptungen darüber aufstellen, ob die Ist-Regeln in Abstimmungen unter fairen Umständen auf Zustimmung oder Ablehnung stoßen würden. Diese Hypothesen lassen sich im Prinzip auch empirisch testen.

Der zunächst zu erläuternde Unterschied zwischen Individual- und Kollektivgütern ergibt sich aus zwei Klassifikationsvariablen – dem Grad privatrechtlicher Exkludierbarkeit und dem Rivalitätsgrad – und hat Folgen für eine wohlfahrtstheoretisch richtige Bereitstellung von Gütern und für die Organisation entsprechender Bereitstellungsverbände.

Der Grad ε der privatrechtlichen Ausschließbarkeit gibt Auskunft darüber, ob die Exklusion potentieller Nutzer eines Gutes, die nicht zahlungswillig sind, mit privatrechtlichen Mitteln zu vertretbaren Kosten möglich ist. Bei Lebensmitteln hat ε z. B. den Wert 1 (privatrechtliche Exklusion möglich), bei Deichen den Wert 0 (privatrechtliche Exklusion nicht möglich). Zwischenwerte sind denkbar, werden aber erst später betrachtet (Abschnitt 2.1.2.). Die Bedeutung der privatrechtlichen Exkludierbarkeit ist erheblich. Kann das Prinzip: „Jeder, der ein Gut nutzt, soll dafür auch einen Finanzierungsbeitrag leisten!" (Exklusionsprinzip) nicht realisiert werden, ergibt sich nämlich typischerweise ein sogenanntes Schwarz- oder Trittbrettfahrerproblem. Es kommt dann nicht zur Bedarfsartikulation und zur Entstehung entsprechender Märkte. Niemand, der an einem Deich interessiert ist, tritt z. B. von sich aus als Nachfrager entsprechender Bauleistungen auf dem Markt auf, denn er weiß ja, daß er die übrigen Nutzer nicht dazu zwingen könnte, sich an den Kosten zu beteiligen. Deshalb nehmen normalerweise alle eine abwartende Haltung ein. Bei $\varepsilon = 1$ kann ein Unternehmer dagegen von sich aus ein neues Gut anbieten, wenn er von dessen Absatzfähigkeit überzeugt ist, weiß er doch, daß er beim Gelingen der Marktkreation von den Nachfragern für jede abgesetzte Gütereinheit einen Erlös erzielen kann.

Unter günstigen Umständen kann das Trittbrettfahrerproblem ohne staatliche Eingriffe zum Teil überwunden werden, etwa durch die Gründung von Spenderklubs oder durch Formen der Nachbarschaftshilfe (GOLDBECK, 1991; OSTROM/GARDNER/WALKER,

1994; POMMEREHNE/FELD/HART, 1994). Außerdem muß man bei Gütern, welche zur Infrastruktur einer Region gehören, zwischen Situationen vor und nach einer Parzellierung von Grundstücken unterscheiden: Vor einer Parzellierung kann ein Gebiet im Prinzip von einem privaten Unternehmer (einem Projektentwickler) erworben, mit Infrastruktur versehen und dann parzelliert verkauft oder vermietet werden. Da die Ausstattung mit Infrastruktur den Wert der Grundstücke erhöht und sich dies im Verkaufspreis oder der Miete niederschlägt, existiert kein Exklusionsproblem; es könnte sich allerdings ein Machtproblem ergeben (zu den beachtlichen Folgen, die sich aus solchen Möglichkeiten ergeben, vgl. FOLDVARY, 1994). Nach Parzellierung und Verkauf eines Siedlungsgebietes (sei es nun bereits erschlossen oder nicht) ergibt sich bei einer zusätzlichen Infrastrukturausstattung dagegen ein Trittbrettfahrerproblem. Ein Unternehmer könnte die Gemeinschaft der Grundstücksbesitzer zwar mit einem Angebot konfrontieren und sie darauf hinweisen, daß die Infrastrukturausstattung ohne Bedarfsäußerung der Gemeinschaft unterbliebe. Bei einer größeren Zahl von Bewohnern wäre dies aber nichts anderes als die Aufforderung zur Gründung einer organisierten Nachfragergemeinschaft. Transaktionskostenüberlegungen würden dann schnell zeigen, daß die Gründung eines öffentlich-rechtlichen Verbandes kostengünstig wäre.

Der Rivalitätsgrad ϱ zeigt an, ob unter den Nachfragern eines Gutes Verwendungsrivalität besteht oder nicht. Bei Lebensmitteln gilt $\varrho = 1$, denn das Brötchen, das A ißt, steht für B nicht mehr zur Verfügung. Beim Fernsehen stört es den A dagegen überhaupt nicht, wenn B dasselbe Programm anschaut ($\varrho = 0$). Auch beim Rivalitätsgrad gibt es Zwischenwerte (Abschnitt 2.1.2.). Die ökonomische Bedeutung des Rivalitätsgrades dürfte unmittelbar einleuchten: Will man die Versorgung mit Lebensmitteln für eine wachsende Zahl Versorgungsberechtigter sicherstellen, braucht man zusätzliche Einheiten; hat man ein Fernsehprogramm für einen einzigen Zuschauer erstellt, können es dagegen ohne zusätzliche Kosten beliebig viele weitere Zuschauer ansehen. Anders ausgedrückt: Bei $\varrho = 0$ haben die Grenzkosten der Versorgung eines weiteren Nutzers den Wert 0. Dies wiederum hat unmittelbare Konsequenzen für die wohlfahrtsoptimale Menge: Bei $\varrho = 1$ ist die volkswirtschaftlich optimale Menge bei der Stückzahl erreicht, bei der die Grenzkosten der Grenzzahlungsbereitschaft entsprechen ($K' = p$); bei $\varrho = 0$ ist die optimale Menge dagegen dort erreicht, wo die Grenzkosten der summierten Grenzzahlungsbereitschaft aller Nutzer gleichen (der Grenzzahlungsbereitschaft des Nutzerkollektivs). Was dies geometrisch bedeutet, ist in *Abb. J-1* dargestellt.

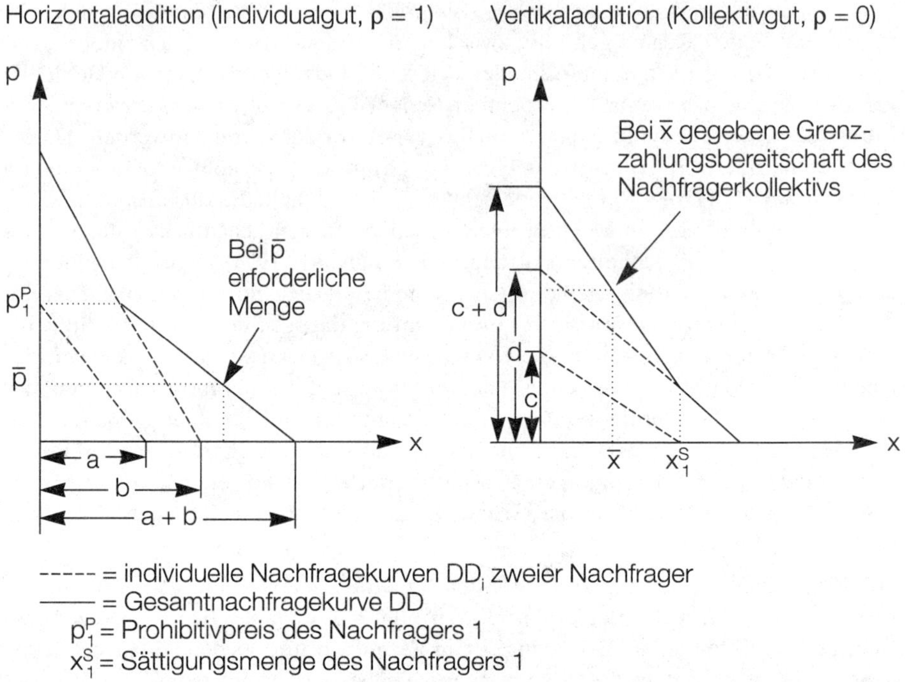

Abb. J-1: Horizontal- und Vertikaladdition von Nachfragekurven; ähnlich erstmals Howard R. Bowen (1948, S. 177)

Bei ϱ = 1 muß man die individuellen Nachfragekurven (die es sowohl für Güter mit ϱ = 1 als auch für solche mit ϱ = 0 gibt) zur Gewinnung der Marktnachfragekurve bei jeweils vorgegebenen Preisen wie $\bar{p}$ horizontal addieren, während man sie bei ϱ = 0 bei jeweils vorgegebenen Mengen wie $\bar{x}$ vertikal addieren muß. Bei ϱ = 1 bildet man so die Summe der Nachfragemengen ab, die zu jeweils vorgegebenen Preisen gehören, bei ϱ = 0 die Summe der Grenzzahlungsbereitschaften, die zu vorgegebenen Mengen gehören, welche jeweils von allen Nutzern verwendet werden können.

Kombiniert man die Werte, die ε und ϱ annehmen können, gewinnt man eine Vierfeldertabelle mit vier verschiedenen Arten von Gütern, für die sich unmittelbar bestimmte (vorerst noch grobe) Finanzierungs- und Organisationsregeln angeben lassen (*Übersicht J-1*; diese Übersicht entspricht weitgehend der von Musgrave/Musgrave/Kullmer, 1975 ff., Bd. 1, S. 71; zu Alternativeinteilungen vgl. Foldvary, 1994, S. 13–16).

Übersicht J-1: Güterarten

Ausprägungsgrad von ϵ	Ausprägungsgrad von ρ 0	1
0	Prototypische Kollektivgüter (z.B. Deiche)	Quasikollektiv-güter (z.B. über-füllte Innenstadt-straßen)
1	Klubkollektiv-güter (z.B. Tennisanlagen)	Individualgüter (z.B. Lebensmittel)

Für alle Kollektivgüter ist es charakteristisch, daß sie Gebrauchsgüter sind, die nicht nur einzelnen, sondern unterschiedlich großen und zusammengesetzten Gruppen von Menschen dienen können. Deshalb muß die Nachfrage der Gruppe organisiert werden (d. h. die Bestimmung, Artikulation und Finanzierung des Bedarfs), was – je nach der Kombination von ϱ und ε – unterschiedliche Probleme aufwirft.

Bei den prototypischen Kollektivgütern muß ein Zwangsverband zur Nachfrageorganisation gebildet werden (im Beispiel ein Deichverband). Außerdem wäre es falsch, bei der Umlage der Kosten im Nutzerkollektiv einen Preis pro Nutzungsakt zu verlangen, denn zusätzliche Nutzungsakte verursachen ebenso wie die Versorgung zusätzlicher Nutzer keine zusätzlichen Kosten, da ja nach wie vor die gleiche – bereits errichtete – Anlage genutzt wird. Bei Deichen wäre solch eine Art von Preis auch gar nicht vorstellbar, da jeder Deichhinterlieger den Deich ständig nutzt. Denkt man aber z. B. an ein System von Navigationssatelliten für die Luft- und Seefahrt, könnte man im Prinzip pro Peilung eine Gebühr erheben; das wäre aber wie gesagt nicht wohlfahrtsoptimal, denn dadurch würden Flugzeuge oder Schiffe von Peilungsanfragen abgehalten, obwohl durch die Beantwortung der Anfragen keinerlei zusätzliche Kosten entstehen. Statt der Gebühr pro Nutzungsakt müssen vielmehr Zwangsbeiträge erhoben werden, die ein zeitlich begrenztes Nutzungsrecht (eine Option) verschaffen und deshalb auch als – hier zwangsweise zu erhebende – ,,Optionspreise" bezeichnet werden (Deichbeitrag p. a. von allen Deichhinterliegern/ Navigationshilfebeitrag p. a. von allen Besitzern entsprechender Peilgeräte).

Bei Quasikollektivgütern schmälert ein zusätzlicher Nutzer die Wohlfahrt der jeweils übrigen: Es entsteht ein Nutzenverzicht in Form von Überfüllungskosten (im Tabellenbeispiel Staukosten in Form von Zeitverlusten, zusätzlichem Treibstoffverbrauch und zusätzlicher Umweltverschmutzung). Deshalb müßte an sich eine Zugangsrationierung über eine Rationierungsgebühr erfolgen, welche so viele Nutzungsberechtigte auf andere Nutzungszeiten oder andere Routen abdrängt, daß den verbleibenden Nutzern ein zu definierender Qualitätsstandard (ein gewisser Verkehrsfluß) garantiert werden kann. Decken diese Rationierungseinnahmen die insgesamt entstehenden Kosten nicht, muß ein ergänzender Beitrag erhoben werden, insgesamt also ein gemischter Tarif (Rationierungsgebühr plus Grundbeitrag). Die Rationierungsgebühr kann bei den Quasikollektivgütern aber nicht erhoben werden, weil dies technisch unmöglich oder zu kostspielig ist. Im Beispiel überfüllter Innenstadtstraßen gilt dies heute allerdings nur noch mit Einschränkungen. Es sind nämlich elektronische Geräte entwickelt worden, die ein ,,road pricing" und damit eine pretiale Lenkung des Verkehrs ermöglichen. Überfüllte Innenstadtstraßen sind damit auf dem Weg, den Charakter von Quasikollektivgütern zu verlieren und zu – gleich zu besprechenden – Klubkollektivgütern mit zeitweiligen Überfüllungserscheinungen zu werden. Anders verhält es sich beim Personennahverkehr. Hier war eine Kontrolle der grundsätzlichen Nutzungsberechtigung früher im Prinzip wirtschaftlich. Man konnte das Zahlen eines Grundbeitrags ja durch einen Ausweis dokumentieren, und die Kontrolle dieses Ausweises und der Entrichtung einer eventuell notwendigen zusätzlichen Rationierungsgebühr in Stoßzeiten war verhältnismäßig billig. Dies lag daran, daß die Exklusionskosten, die von den Löhnen der Kontrolleure und der notwendigen Kontrolldichte abhängen, gering waren, weil die Löhne ebenso wie die von der allgemeinen Gesetzestreue bestimmte Schwarzfahrbereitschaft im Vergleich zu heute niedrig waren. Gegenwärtig sind die Exklusionskosten jedoch so hoch, daß man – jedenfalls bis zur Entwicklung automatischer Kontrolltechniken – vor der Frage steht, ob man nicht manche Nahverkehrsmittel gebührenfrei zur Verfügung stellen und durch Zwangsbeiträge der Bewohner der jeweiligen Verkehrsregionen finanzieren sollte.

Klubkollektivgüter sind Güter wie Sportanlagen, bei denen man relativ leicht zwischen Nutzungsberechtigten (Klubmitgliedern) und Nicht-Nutzungsberechtigten unterscheiden und letztere mit privatrechtlichen Mitteln ausschließen kann. Außerdem besteht unter den Mitgliedern normalerweise keine Nutzungsrivalität (gebührenfreie Klubkollektivgüter). Deshalb ist eine Finanzierung über freiwillige Beiträge (Optionspreise) angebracht. Sollte zu Stoßzeiten eine Nutzungsrivalität auftreten, kann man zusätzlich eine Rationierungsgebühr als Grenzkostenpreis erheben, d. h. die Nutzung gebührenpflichtig machen (oder ein anderes Rationierungsverfahren anwenden), weil die Nutzung nun ja Verdrängungs- oder Wartekosten verursacht. Da die Exklusion von Nichtmitgliedern auf privatrechtlicher Basis möglich ist, benötigt man keinen Zwangsbeitrag und kann das Gut deshalb von privaten Vereinen zur Verfügung stellen lassen. Wie bei den Quasikollektivgütern schon erwähnt, kann sich der Gutscharakter durch technisch oder wirtschaftlich bedingte Variationen der Exklusionskosten aber ändern.

Individualgüter zeichnen sich durch hohe Exkludierbarkeit und Rivalität aus. Ersteres garantiert die Handelbarkeit (Marktfähigkeit), letzteres die Finanzierbarkeit über reine Grenzkostenpreise.

2.1.2. Finanzierungs- und Organisationsregeln für eine ordnungskonforme Bereitstellung von Kollektivgütern

Der Rivalitätsgrad und der Grad der privatrechtlichen Exkludierbarkeit können nicht nur die Extremwerte „Rivalitätsfreiheit" ($\varrho = 0$) und „Rivalität" ($\varrho = 1$) bzw. „Nichtexkludierbarkeit" ($\varepsilon = 0$) und „Exkludierbarkeit" ($\varepsilon = 1$) annehmen, sondern auch die Zwischenwerte „partielle Rivalität" ($0 < \varrho < 1$) und „partielle Exkludierbarkeit" ($0 < \varepsilon < 1$). Ihre Analyse führt unter anderem dazu, daß man die verschiedenen Arten von

Kollektivgütern sowie natürliche Monopole und externe Effekte mit Hilfe unterschiedlicher ϱ- und ε-Werte beschreiben und damit aufzeigen kann, was diese Werte für das Wirken des Preismechanismus und damit die Koordination von Produktions- und Verwendungsentscheidungen bedeuten und wann in einem marktwirtschaftlichen System „allokative Mängel" (KRAUSE-JUNK, 1977, 1, S. 700) oder sogar ein totales Marktversagen auftreten.

Partielle Rivalität

Um die Zwischenwerte von ϱ ableiten zu können, muß man zunächst zwischen zwei Arten von Mengeneinheiten unterscheiden:

- den Mengeneinheiten x, die aus der Sicht eines Verbandsmitglieds jederzeit für sie oder ihn persönlich als Versorgungsstandard verfügbar sein sollen und die deshalb als garantierter Ausstattungsstandard bezeichnet werden sollen (z. B. die Garantie, jeden Tag x Stunden Tennis spielen zu können), und
- den Mengeneinheiten q, die aus der Sicht der Führung eines Versorgungsverbandes erforderlich sind, um allen Mitgliedern des Verbandes den Versorgungsstandard x garantieren zu können (im Beispiel sind die q-Einheiten die vom Verband insgesamt bereitzustellenden Tennisplatzstunden). Diese Bereitstellungseinheiten können kurzfristig nur innerhalb der Bedienungskapazität variiert werden. Bei Einrichtungen wie z. B. Sport- oder Verkehrsanlagen kann man dabei oft zwischen einer Maximalbedienungskapazität q_M und einer verfügbaren Kapazität q_V unterscheiden. Letztere kann durch geschicktes Disponieren und unter Inkaufnahme von Feiertags- oder Nachtarbeitszuschlägen bei Reparatur- und Wartungsarbeiten an erstere angenähert werden (Variation von q_V innerhalb von q_M).

Bezeichnet man die Zahl der zu versorgenden Verbandsmitglieder mit n, kann man die Verknüpfung zwischen q, x und n mit Hilfe der folgenden Bereitstellungsmengenfunktion abbilden:

$$q = x\,n^{\gamma}.$$

Hierin stellt γ eine Elastizität von q in bezug auf n dar, denn:

$$\frac{dq}{dn}\,\frac{n}{q} = \frac{(\gamma\,x\,n^{\gamma-1})\,n}{q} = \frac{\gamma\,x\,n^{\gamma}}{x\,n^{\gamma}} = \gamma.$$

γ soll deshalb Elastizität der Bereitstellungsmenge q in bezug auf zusätzliche Nutzer oder kurz Nutzungselastizität der Bereitstellungsmenge heißen.

Setzt man die bisher implizit betrachteten Extremwerte 1 bzw. 0 für γ ein, erhält man

- für $\gamma = 1$ den Wert $q = x \cdot n$, der für Individualgüter charakteristisch ist (soll jedem der n Nutzer der Ausstattungsstandard x garantiert werden, benötigt man zur Versorgung insgesamt $x \cdot n$ Einheiten);
- für $\gamma = 0$ dagegen den Wert $q = x$, der für prototypische Kollektivgüter charakteristisch ist, denn ist z. B. Deichhinterlieger A mit einem Deich des Standards x ausgestattet, sind es alle anderen Deichhinterlieger auch (die Zahl der Nutzer spielt bei der Versorgung also keine Rolle).

Neben der Nutzungselastizität spielt als Bestimmungsfaktor von ϱ aber noch eine zweite Elastizität eine Rolle. Diese ergibt sich, wenn man die Kostenfunktion betrachtet, die für die Herstellung von q gilt und die Beschaffungskosten des Verbandes prägt (bzw. die Herstellungskosten im Falle der Selbstversorgung). Diese Bereitstellungskostenfunktion kann man intervallweise in beliebig genauer Näherung durch

$$K = f\,q^{\delta}$$

abbilden (je kleiner das betrachtete Intervall, desto besser die Näherung). Hierin ist f ein Kostenfaktor, der die Dimension Werteinheiten pro Mengeneinheit hat. δ ist dagegen eine analog zu γ gebildete Elastizität, welche die Reaktion von K auf eine Variation von q beschreibt. Sie soll Elastizität der Bereitstellungskosten in bezug auf zusätzliche Mengeneinheiten oder kurz Mengenelastizität der Bereitstellungskosten heißen.

Der Rivalitätsgrad ϱ hängt – wie bereits erläutert – davon ab, ob zusätzliche Nutzer zusätzliche Kosten verursachen. Diese Frage kann man nun mit Hilfe der eben abgeleiteten Elastizitäten beantworten: Wenn für zusätzliche Nutzer keine zusätzlichen Bereitstellungseinheiten erforderlich sind oder wenn zusätzliche Bereitstellungseinheiten kostenfrei erhältlich sind, gilt $\varrho = 0$. Dieser Zusammenhang wird abgebildet, wenn man ihn mit Hilfe der Gleichung $\varrho = \gamma\,\delta$ beschreibt. Es gilt somit:

$$\varrho = \frac{dK}{dn}\,\frac{n}{K} = \gamma\,\delta\,.$$

Man hätte dies auch über ein Einsetzen der Gleichung für q in die Gleichung für K ableiten können, denn das Differenzieren von K nach n führt zum gleichen Ergebnis:

$$K = f\,q^{\delta} = f\,(x\,n^{\gamma})^{\delta} = f\,x^{\delta}\,n^{\gamma\delta}, \text{ d.h. } \frac{dK}{dn}\,\frac{n}{K} = \gamma\,\delta\,.$$

Damit ist formal gezeigt worden, daß der Rivalitätsgrad ϱ – die Elastizität der Bereitstellungskosten in bezug auf zusätzliche Nutzer – von zwei Teilelastizitäten abhängt, nämlich

- der Nutzungselastizität γ der Bereitstellungsmenge, die zeigt, um wieviel Prozent die zur Versorgung eines Nutzerkollektivs erforderliche Bereitstellungs- und damit auch Anschaffungs- oder Herstellungsmenge q bei vorgegebenem Ausstattungsstandard x steigen muß, wenn die Zahl der Nutzer um 1 v. H. steigt, und
- der Mengenelastizität δ der Bereitstellungskosten, die angibt, um wieviel Prozent die Bereitstellungskosten steigen, wenn die erforderliche Anschaffungs- oder Herstellungsmenge q um 1 v. H. steigt.

Dies zeigt einen Weg, ϱ über die Gleichung $\varrho = \gamma\,\delta$ abzuschätzen, wenn man γ und δ ermitteln kann, und wirft die Frage auf, welche ökonomischen Sachverhalte sich hinter γ und δ verbergen.

Die Antwort auf diese Frage hängt mit den Stichworten „Subadditivität von Personen in ihrer Rolle als Bedarfsverursachungseinheiten" (in bezug auf γ) bzw. „Subadditivität von Mengeneinheiten als Kostenverursachungseinheiten" (in bezug auf δ) zusammen und läßt sich am besten an Beispielen erläutern. „Subadditivität" bedeutet dabei, daß die Versorgung zusätzlicher Personen bzw. die Produktion zusätzlicher

Mengen die Kosten nur unterproportional steigen läßt, d. h. daß die Durchschnittskosten sinken (Beitrag L-2.2.).

Zunächst: Wie kann es zu einer Subadditivität von Personen in ihrer Rolle als Bedarfsverursachungseinheiten (also zu $\gamma < 1$) kommen? Die Antwort lautet: in vielen Fällen dadurch, daß dieselbe Anlage von mehreren Personen genutzt werden kann, daß diese sie normalerweise aber nicht dauerhaft und auch nicht gleichzeitig nutzen wollen. Bei Tennisanlagen gilt z. B. die Faustformel, daß ein Tennisverein seinen Mitgliedern – von besonderen Stoßzeiten abgesehen – garantieren kann, daß jedes Spielerpaar nach einer Wartezeit von längstens 20 Minuten eine Stunde spielen kann, wenn pro 60 Mitgliedern ein Platz vorhanden ist. Daß diese Garantie allen Mitgliedern gegeben werden kann, liegt daran, daß man aus Erfahrung weiß, daß nicht alle gleichzeitig spielen wollen. Wäre dies der Fall oder wollten alle Spielerpaare 24 Stunden am Tag spielen, benötigte man natürlich pro Spielerpaar einen Platz. γ hätte dann den Wert 1. Analoges gilt z. B. für Museen, bei denen sich die Besucher nicht nur über die Zeit, sondern auch auf verschiedene Räume verteilen können und bei denen das gleiche Ausstellungsstück noch dazu gleichzeitig von verschiedenen Personen betrachtet werden kann, oder für die zeitlich verteilte Nutzung von Straßen. Die Subadditivität kommt hier also dadurch zustande, daß die Nutzung der gleichen Anlage durch verschiedene Personen zu einer Einsparung von Nichtnutzungszeiten (Leerkosten) führt, einer Umwandlung von Leer- in Nutzkosten, die keine gegenseitige Behinderung zur Folge hat, weil die Mitglieder ihre Nutzungszeiten von sich aus unterschiedlich verteilen.

Ein anderer Grund, der zu $\gamma < 1$ führen kann, liegt in den Mindestgrößen von Anlagen, Mindestgrößen, die sich aus der Natur der Sache heraus ergeben. Baut man ein Sportschwimmbad, benötigt man eine Mindestgröße, und dann können mehrere Menschen gleichzeitig im Bad schwimmen, ohne sich gegenseitig zu behindern. Ähnliches gilt für andere Sportanlagen, Straßen, Theater oder Mehrzweckveranstaltungshallen. Hier ist also die begrenzte Teilbarkeit mancher Anlagen der entscheidende Erklärungsgrund. Vielfach treten von Natur aus verteilte Nutzungszeiten und Mindestgrößen von Anlagen aber auch gemeinsam auf.

Solche Gruppenersparnisse bei kollektiver Nutzung sind auf bestimmte Maximalzahlen von Nutzern beschränkt: Soll der oben genannte Ausstattungsstandard im Tennisverein garantiert werden, dürfen eben nicht mehr als 60 Spieler pro Platz zugelassen werden, oder man muß die Anlage erweitern. Anderenfalls ergibt sich ein Nutzenverzicht in Form von Überfüllungskosten oder – wird rationiert – in Form von Verdrängungskosten, und die Ausstattungsgarantie kann nicht mehr eingehalten werden. Was hier am Beispiel von Errichtungsgütern erläutert wurde, gilt mutatis mutandis auch für Schutzgüter wie die Abwassertransportkapazität von Flüssen, den Bestand an Wild oder Fischen oder die Ozonschicht der Erde. Auch hier gibt es aus der natürlichen Regenerationsfähigkeit resultierende Obergrenzen, deren Einhaltung durch Benutzungsordnungen sichergestellt werden muß.

Anders verhält es sich dagegen bei Gütern wie Deichen oder Fernsehprogrammen, bei denen die Zahl der Nutzer beliebig wachsen kann, ohne daß γ einen höheren Wert als Null annimmt. Dies liegt daran, daß hier keine Mindestgrößen ausgelastet oder Leerstandszeiten verkürzt werden, sondern daß Einrichtungen wie Deiche, Rundfunk- und Fernsehprogramme oder elektronische Peilhilfen aus der Natur der Sache heraus weder überfüllt noch übernutzt werden können.

Zur Erklärung der Tatsache, daß es auch eine Subadditivität von Mengeneinheiten als Kostenverursachungseinheiten (d. h. unterproportionale Kostenverläufe mit $\delta < 1$) gibt, genügen wenige Hinweise, denn dies ist ja aus der Produktionstheorie bekannt. Die Stichworte lauten hier Unteilbarkeiten von Anlagen und damit hohe Fixkosten, Harmonisierung von Leistungsquerschnitten unterschiedlicher Produktionsanlagen (oder auch der Leistungskapazitäten von Fachleuten) bei höheren Stückzahlen, Ersparnisse nach der sogenannten Zwei-zu-drei-Regel bei Anlagen wie Gebäuden oder Schiffskörpern, bei denen die Kosten von der Fläche der Außenhaut abhängen, während die Nutzungsmöglichkeiten vom Volumen bestimmt werden, Zentralisierungsvorteile der Lagerhaltung und Übungseffekte der Spezialisierung entsprechend einer Lernkurve. In einem gewissen Umfang treten solche Kostendegressionsvorteile bei der Herstellung nahezu aller Güter auf. Ist ihre Bedeutung nicht extrem, kommt es aber trotz der Ausschöpfung dieser Kostendegressionsvorteile und damit der Realisation von Betriebsoptima zu einem Wettbewerb der Anbieter. Die Grenzkosten entsprechen dann langfristig den Durchschnittskosten (d. h. δ hat den Wert 1), und die erforderlichen Mengeneinheiten können vom Bereitstellungsverband auf dem Beschaffungsmarkt zu kostendeckenden Grenzkostenpreisen eingekauft werden. Im Fall natürlicher Monopole (Beitrag L-2.2. und L-3.) gilt dies allerdings nicht; hier liegen die Grenzkosten unter den Durchschnittskosten, und δ hat einen Wert, der kleiner als 1 ist. Muß die Menge q als absolut fixiert betrachtet werden (ein solcher Spezialfall gilt kurzfristig z. B. für die Zahl der Parkplätze im Zentrum einer Stadt), ist die Mengenelastizität δ an sich nicht definiert. Da ϱ der Sache nach dann nur von γ abhängt, muß in solchen Fällen $\delta = 1$ gesetzt werden, damit sich aus $\varrho = \gamma\,\delta$ der ökonomisch richtige Wert $\varrho = \gamma$ ergibt. Im Parkplatzbeispiel hat ϱ dann zunächst den Wert Null; nach dem Überschreiten eines Schwellenwertes steigt ϱ mit wachsendem Zustrom in die City aber an. Deshalb werden Rationierungsmaßnahmen sinnvoll.

Gruppenvorteile bei der Nutzung ($\gamma < 1$) und Kostendegressionsvorteile bei der Herstellung oder Beschaffung von Gütern ($\delta < 1$) treten normalerweise (im Wettbewerbsfall) getrennt auf; bei natürlichen Monopolen kann man sie aber auch gemeinsam beobachten, oder es tritt die Kombination $\gamma = 1$ und $\delta < 1$ auf. Bei der Aufführung von Theaterstücken gilt innerhalb gewisser Grenzen z. B. $\gamma < 1$ (Besetzung leerer Plätze) und $\delta < 1$ (Umwandlung von Leerkosten der Spielbereitschaft in Nutzkosten, Übungseffekte). Im Bereich der Gasversorgung gilt dagegen $\gamma = 1$ (keine Gruppenersparnis beim Gasverbrauch und deshalb Erfordernis einer Faktorverzehrsgebühr) und $\delta < 1$ (Kostendegressionsvorteile aufgrund besserer Nutzung des hohen Fixkostenblocks der Versorgungsbereitschaft bei größeren q-Mengen, aber Unmöglichkeit der Realisierung kostendeckender Grenzkostenpreise auf regional beschränkten Märkten, d. h. beim Vorliegen eines natürlichen Regionalmonopols).

Der Wert, den ϱ aufgrund der vorstehend geschilderten Sachverhalte annimmt, ist für mehrere Sachverhalte von Bedeutung. Will man z. B. Teile Deutschlands hinsichtlich ihrer Infrastrukturausstattung miteinander vergleichen, muß man ϱ bei der Wahl der Indikatoren berücksichtigen. Ausgaben pro Kopf oder Anlagen pro Kopf können bei $\varrho < 1$ nämlich nicht ohne weiteres als Ausstattungsunterschiede gedeutet werden.

Statt dessen muß berücksichtigt werden, daß diese Indikatoren lediglich auf Bereitstellungsunterschiede verweisen, die bei ungünstiger Siedlungsstruktur mit nicht unerheblichen Leerkosten verbunden sein können. Im Vergleich zu Gebieten mit günstiger Siedlungsstruktur bestehen dann trotz gleicher Bereitstellungsmengen aus der Sicht der Bewohner Ausstattungsunterschiede.

Die wichtigste Auswirkung hat der Wert von ϱ auf die Wahl eines wohlfahrtsoptimalen Tarifs. Aus

$$\varrho = \frac{dK}{dn}\,\frac{n}{K} \text{ folgt nämlich } \frac{dK}{dn} = \varrho\frac{K}{n}.$$

Zur wohlfahrtsoptimalen Harmonisierung von Produktions- und Konsumentscheidungen ist es erforderlich, von den Nutzern Gebühren in der Höhe der Grenzkosten ihrer jeweiligen Versorgung zu verlangen. Unterstellt man der Einfachheit halber, daß jeder Nutzer pro Zeiteinheit jeweils ,,einen" Nutzungsakt tätigt (d. h. die Einheitsmenge pro Zeiteinheit nachfragt), gilt dann also

$$p = \frac{dK}{dn} \text{ bzw. } p = \varrho\frac{K}{n}.$$

Das bedeutet, daß es von ϱ abhängt, ob die wohlfahrtsoptimale Gebühr p zur (letztlich notwendigen) Deckung der Durchschnittskosten pro Mitglied ausreicht oder nicht. Ist dies der Fall ($\varrho = 1$, Individualgüter), muß nur eine Grenzkostengebühr erhoben werden; ist dies nicht der Fall, muß entweder ein gemischter Tarif ($0 < \varrho < 1$) oder ein reiner Beitragstarif erhoben werden ($\varrho = 0$). Die Gasversorgung hat in ökonomischer Sicht z. B. den Charakter eines gebührenpflichtigen Klubkollektivguts. Sie ist ein Gut, von dessen Konsum man privatrechtlich ausgeschlossen werden kann ($\varepsilon = 1$) und bei dessen Nutzung (Gasverbrauch) $\gamma = 1$ gilt und Grenzkosten in Form eines Faktorverzehrs entstehen (so daß die Nutzung gebührenpflichtig sein sollte). Gleichzeitig liegt ein natürliches Regionalmonopol mit $0 < \delta < 1$ vor. Aus $\gamma = 1$ und $0 < \delta < 1$ ergibt sich $0 < \varrho < 1$. Folglich ist ein gemischter Tarif in Form einer Grenzkostengebühr und eines Grundbeitrages angebracht. Hier wird der ökonomische Charakter von Gebühren und Beiträgen besonders deutlich (der sich von der heutigen rechtlichen Betrachtungsweise unterscheidet): Der Grundbeitrag ist ein Optionspreis, der die Möglichkeit der Nutzung zu Grenzkostenpreisen verschaffen und der Abdeckung jener Kosten dienen soll, die von den Grenzkostengebühren nicht abgedeckt werden (das sind cum grano salis vor allem die Kosten der Betriebsbereitschaft, also die Fixkosten). Bepreist man nach den Regeln der Kollektivgütertheorie, löst man im Fall gemischter oder reiner Beitragstarife auch das sogenannte Fixkostenproblem und die damit verbundenen Probleme der Verletzbarkeit von Unternehmen mit fallenden Durchschnittskosten durch Konjunkturabschwünge und ruinöse Konkurrenz (zu solchen Anfälligkeiten vgl. SCHMALENBACH, 1928). Eine (Teil-)Finanzierung über Beiträge bedeutet nämlich, daß fixen Kosten fixe Erlöse gegenüberstehen. Im Konjunkturabschwung bleiben folglich nicht nur Teile der Kosten, sondern auch Teile der Erlöse konstant (zur steigenden Bedeutung fixer Erlöse für Unternehmen vgl. DROEGE/BACKHAUS/WEIBER, 1993, S. 50 f.). Die Grenzkostenpreise verhindern außerdem ein ruinöses „Rosinenpicken" durch sogenannte „Hit-and-run-Eintritte".

Partielle Exkludierbarkeit

Die Zwischenwerte des Exkludierbarkeitsgrades ε werden sichtbar, wenn man sich vor Augen hält, daß eine Exklusionstechnik nicht alle Effekte zu erfassen braucht, die mit der Verwendung eines Gutes verbunden sind. Es können vielmehr auch externe Effekte positiver oder negativer Natur auftreten. Sie gehen wegen der Unvollständigkeit der Exklusion nicht in das Preissystem ein und werden daher bei Beschaffungsentscheidungen normalerweise nicht berücksichtigt. Setzt man den Wert der erfaßten Effekte ins Verhältnis zur Summe der Absolutwerte der von einer Exklusionstechnik erfaßten sowie nicht erfaßten Effekte, erhält man ein Werteintervall für den Grad der tatsächlichen Exklusion, das von 0 bis 1 reicht. Der Grad der privatrechtlichen Exkludierbarkeit ε kann somit als jener Exklusionsgrad definiert werden, der mit privatrechtlichen Mitteln zu vertretbaren Kosten erreichbar ist. Analog dazu kann man auch den tatsächlichen Exklusionsgrad eines bestimmten öffentlich-rechtlichen Exklusionsmittels und den damit bei tragbaren Kosten erreichbaren Exkludierbarkeitsgrad definieren.

Es ist schwer, ε zu quantifizieren. Man kann in konkreten Fällen aber wenigstens abschätzen, ob externe Effekte bei Anwendung einer Ausschlußtechnik auf privatrechtlicher Basis vernachlässigbar sind (kurz: Exkludierbarkeit), ob es internalisierungsbedürftige, aber nicht dominierende externe Effekte gibt (partielle Exkludierbarkeit) oder ob die externen Effekte dominieren (Nichtexkludierbarkeit). Im Falle der partiellen Exkludierbarkeit ist der Staat aufgefordert, mit Hilfe des öffentlichen Rechts für eine Internalisierung der sonst von den Individuen als entscheidungsirrelevant betrachteten Effekte zu sorgen: Er sollte diese Effekte (wie heute im Bereich des Umweltschutzes gefordert) in das Preissystem integrieren und damit bewirken, daß sie in das „Rechnungswesen“ der Wirtschaftssubjekte eingehen. Der Fall der Nichtexkludierbarkeit bei prototypischen und Quasikollektivgütern erscheint in dieser Sicht als ein Grenzfall der externen Effekte.

Extensionsniveau

Nachdem gezeigt wurde, daß der Staat aufgrund seines Machtmonopols im Prinzip geeignet ist, Koordinationsmängel zu vermeiden, die aufgrund von $0 \leq \varrho < 1$ bzw. $0 \leq \varepsilon < 1$ auftreten können, muß nun berücksichtigt werden, daß der Staat kein Monolith ist, sondern die Summe aller Zwangsverbände darstellt. Damit erhebt sich die Frage, wer im Staat (d. h. welcher Verbandstyp) für die Bereitstellung eines Gutes zuständig sein sollte. Diese Frage kann mit Hilfe des Subsidiaritätsprinzips und einer Klassifikationsvariablen für Verbandstypen beantwortet werden, welche Extensionsniveau der Finanzierungskompetenz heißt.

Verbände verfügen nach innen und außen über bestimmte Kompetenzen. Das Extensionsniveau e schildert die Finanzierungskompetenz eines Verbandes und zeigt damit, welche Möglichkeiten ihm gegenüber den Mitgliedern zur Kostenumlage in sachlicher und räumlicher Hinsicht zur Verfügung stehen. Bezeichnet man Individuen als „unechte Verbände“, die in sich die Rolle der Verbandsführung, welche Beschaffungs- und Finanzierungsentscheidungen fällt, mit der Rolle des (einzigen) Verbandsmitglieds vereinen, kann man die Verbände nach ihrem Extensionsniveau in aufsteigender Reihenfolge ordnen: Unechte Verbände (Einzelpersonen) rechnen in Opportunitätskosten, erheben also gleichsam in ihrer Rolle als Verbandsführung von sich selbst in ihrer Zweitrolle als Mitglied bei Beschaffungsentscheidungen Schattenpreise. Mehr Möglichkeiten stehen ihnen nicht offen. Echte Verbände haben in Form von Vereinen dagegen die Möglichkeit, freiwillige Gebühren, freiwillige Beiträge und Mischtarife von ihren Mitgliedern zu fordern. In Form von Zwangsvereinen können sie darüber hinaus auch Zwangsgebühren und -beiträge erheben. Anders als freie Vereine müssen sich die meisten Zwangsvereine ebenso wie die Verbände mit einem noch höheren Extensionsniveau im allgemeinen auf ein integriertes Dienstleistungsunternehmen (die Verwaltung) stützen, das die umfangreichen Verwaltungsarbeiten erledigt. Da ein Verein mit integriertem Unternehmen auch als Genossenschaft bezeichnet wird, sind die meisten Zwangsvereine gleichzeitig Zwangsgenossenschaften. Den Gebietskörperschaften stehen über die Finanzierungsmittel der bisher besprochenen Verbände hinaus auch Sonderabgaben, Zwecksteuern und Steuern im engeren Sinn zur Verfügung. Das Aufkommen dieser Abgaben ist nicht oder nur zum Teil zweckgebunden und hängt auch von der Weite und der Einwohnerzahl des Verbandsgebiets ab.

Dem Extensionsniveau der Finanzierungskompetenz entgegengesetzt verläuft die Rangfolge der Einflußmöglichkeiten eines repräsentativen Mitglieds auf Verbandsentscheidungen und die Nutzung des Verbandsgutes. Mit steigendem Extensionsniveau e werden somit (Mit-)Eigentumsrechte zunehmend verwässert. Es ist deshalb sinnvoll, e folgende Rangordnungsskala zuzuordnen: $e = 0$ für Individuen (hier sind die Eigentumsrechte völlig unverwässert, so daß der Wert 0 als Kardinalzahl und natürlicher Nullpunkt interpretiert werden kann), $e = 1$ für Vereine, $e = 2$ für Zwangsvereine und Zwangsgenossenschaften wie z. B. Wasserverbände, $e = 3$ für Gemeinden, $e = 4$ für Bundesländer, $e = 5$ für den Bund, $e = 6$ für supranationale Organisationen mit eigenem Abgabenrecht und $e = 7$ für einen (fiktiven) Weltstaat mit eigenem Abgabenrecht.

Angesichts der Informations- und Motivationsvorteile eines möglichst unverwässerten Eigentumsrechts kann man das Subsidiaritätsprinzip mit Hilfe der e-Skala operationalisieren und daraus eine Organisationsregel ableiten: Man sollte e bei der Wahl eines Bereitstellungsverbandes für ein Gut derart wählen, daß es so niedrig wie möglich, aber so hoch wie zur Erfassung und Belastung der Gruppe der Hauptnutzungsberechtigten mit einer wohlfahrtsoptimal gestalteten Kostenumlage nötig ist und aufgrund denkbarer Verwaltungsverbundvorteile bei einer Nutzen-Kosten-Abschätzung verhältnismäßig erscheint. Diese Regel läuft auf eine möglichst gute Realisation des sogenannten Kongruenzprinzips hinaus, das aus drei Teilprinzipien besteht, die jeweils die Deckung zweier Personenkreise fordern:

- der Kreise der Nutzer und Zahler (Prinzip der fiskalischen Äquivalenz),
- der Kreise der Entscheidungsunterworfenen und Kontrollberechtigten (Demokratieprinzip) und
- der Kreise der grundsätzlich Kontrollberechtigten (also aller Mitglieder) und derjenigen, die tatsächlich kontrollieren (Prinzip der Immediatkontrolle).

Werden diese Teilprinzipien realisiert, nutzt man die Informationsvorteile einer möglichst bürgernahen Ansiedlung von Entscheidungskompetenzen (Beispiel: Wettbewerb zwischen unterschiedlichen Regionallösungen) und sorgt gleichzeitig für eine Anreizstruktur, welche die Verbandsführung aufgrund des Zusammentreffens von Nutzen- und Kostenverantwortung dazu anhält, Bereitstellungsentscheidungen für Kollektivgüter ebenso sorgfältig zu kalkulieren, wie es einzelne Menschen bei Individualgütern tun. Wird von den Teilprinzipien abgewichen, sollten deshalb überzeugende Gründe angeführt werden können (z. B. zu hohe Transaktionskosten einer Direktkontrolle durch alle Mitglieder). Näherungsweise kann man das Kongruenzprinzip auch erfüllen, wenn Kollektivgüter – wie heute weitgehend üblich – nicht über Entgelte, sondern über (ex definitione nicht zweckgebundene) Steuern finanziert werden. Eine weitgehende Kongruenz von Beschaffungs- und Finanzierungsentscheidungen ergibt sich unter solchen Umständen dann, wenn die Gebietskörperschaften ihre Steuern – ähnlich wie es in der Schweiz geschieht – getrennt erheben und damit auch die politische Verantwortung für die Steuerhöhe übernehmen müssen. Die Steuern nehmen dann den Charakter eines Globalbeitrags für die regionale Infrastruktur an, und die Politiker müssen sich vor Infrastrukturentscheidungen fragen, ob die Bürger mit der Ausweitung der Infrastruktur auch unter Berücksichtigung der Tatsache einverstanden sind, daß damit zusätzliche Abgaben verbunden sind.

Willensbildungsregeln

Willensbildungsregeln für Kollektivgüterverbände sollen sicherstellen, daß die ,,richtigen" Mengen nachgefragt und die ,,richtigen" Kapazitäten verwirklicht werden. Eine Kostenumlage nach der Regel ,,Decke zunächst die Grenzkosten durch Erhebung einer Faktorverzehrs- oder Überfüllungsvermeidungsgebühr und decke sodann den eventuellen Rest der Gesamtkosten pro Mitglied durch einen fixen Optionsbeitrag" setzt nämlich voraus, daß zunächst einmal die Beschaffungsmenge und -qualität fixiert werden, also z. B. die Länge und Qualität eines Hochwasserdeiches. Eine Idee von Knut Wicksell (1896, S. 113 ff.) und James M. Buchanan (1967, S. 292 f.) variierend, kann man hier folgendermaßen vorgehen:

- Man fällt im Gesamtstaat zunächst eine Verfassungsentscheidung, die sicherstellt, daß Bereitstellungskompetenzen für Güter von der Finanzverfassung grundsätzlich denjenigen Spezial- und Generalkörperschaften zugeteilt werden, die über das zur Art des Gutes jeweils passende Extensionsniveau verfügen (Kongruenzprinzip).
- Außerdem wird sichergestellt, daß jeder Verband intern demokratisch strukturiert ist und daß das Verbandsmanagement (die Verwaltung) die Mitglieder vor jeder Bereitstellungsmaßnahme über die Kostenstruktur und darüber unterrichten muß, welche Gebühren und Beiträge pro Mitglied anfallen, wenn man eine bestimmte Bereitstellungsmenge und -qualität realisiert.
- Verlangt man zusätzlich, daß Bereitstellungsentscheidungen von den Mitgliedern einstimmig gefällt werden (d. h. daß jedes Mitglied ein Veto hat) und stimmt man der Reihe nach über alternative Bereitstellungsmaßnahmen mit wachsenden Kosten pro Mitglied ab, stellt sich eine Bereitstellungsentscheidung aus der Mitgliederperspektive wie eine Einkaufsentscheidung über ein Individualgut dar: Entweder man stimmt einer Maßnahme zu und gesteht damit gleichzeitig ein, daß der indivi-

duell erwartete Nutzen wenigstens den individuell anfallenden Kosten entspricht, oder man lehnt ab und muß damit auch auf den Nettonutzenzuwachs verzichten. Letzteres ist aus der Sicht eines fairen Mitglieds nur sinnvoll, wenn der Zuwachs negativ ist.

- Einstimmigkeitsentscheidungen sind kostspielig und anfällig gegen Erpressungstaktiken von Mitgliedern, die versuchen, sich ihre Zustimmung abkaufen zu lassen, obwohl ihr Nettonutzen auch ohne einen Stimmenkaufbetrag bereits positiv ist. Auch Direktwahlen gelten vielfach als zu kostspielig. Deshalb stimmt man in der Realität meist nach einem über Abgeordnete vermittelten Mehrheitsverfahren mit einem Ja-Nein-Modus ab, was zur Folge hat, daß sich in einem Verband die Nettonutzenvorstellung des Medianwählers durchsetzt (Abschnitt 5.2.).
- Was für laufende Bereitstellungsmengen gilt (also z. B. bezüglich der Stunden, für die eine Tennisanlage geöffnet und damit auch betreut sein soll), ist mutatis mutandis auch auf Entscheidungen über Bereitstellungskapazitäten übertragbar (also z. B. für die Anzahl der Tennisplätze in der Anlage). Hierbei ergibt sich im allgemeinen das Phänomen, daß kleine Kapazitäten für die Mitglieder mit hohen Gebühren und niedrigen Optionsbeiträgen verknüpft sind (es fallen oft Überfüllungsgebühren an), große Kapazitäten dagegen mit niedrigen Gebühren und hohen Beiträgen (im Extremfall ist immer ein Platz frei). Die Unterscheidung zwischen laufenden Bereitstellungsmengen und maximalen Bedienungskapazitäten spielt allerdings nur bei Kollektivgütern eine Rolle, die – wie etwa Tennisanlagen, aber anders als Deiche – überfüllt sein und bei denen die Kapazitäten schrittweise erweitert werden können. Eine Kapazitätserweiterung ist oft die Voraussetzung für die Aufnahme weiterer Mitglieder. Einer solchen Vergrößerung des Verbandes werden die alten Mitglieder vor allem dann zustimmen, wenn die langfristigen Grenzkosten (Kapazitätsgrenzkosten) unter den langfristigen Durchschnittskosten liegen, d. h. wenn auch der Langfristwert von ϱ kleiner als Eins und eine Verbandsvergrößerung daher mit Kostensenkungen pro Mitglied verbunden ist.

Es ist unmittelbar ersichtlich, daß die Finanzierungs- und Willensbildungsregeln in der Realität vielfach nicht eingehalten werden. Gleichwohl haben sie auch unter den heutigen politischen Rahmenbedingungen ihre Bedeutung: Sie können eine Maßstabsfunktion übernehmen, denn je ähnlicher eine tatsächliche Form der Bereitstellung der regelgerechten ist, desto geringer sind die Zusatzlasten aus Bereitstellungsfehlentscheidungen; und sie können eine Vorbildfunktion übernehmen, die darauf hinwirkt, die tatsächlichen Bereitstellungsformen den regelgerechten möglichst ähnlich werden zu lassen. Man kann z. B. dafür sorgen, daß die zukünftige Verkehrsinfrastruktur verstärkt über Beiträge und Gebühren finanziert wird oder daß Steuern in einem Bundesstaat länderweise festgelegt werden können und damit Globalbeiträgen für die Länderinfrastruktur gleichen.

2.1.3. Regeln für die Behandlung externer Effekte sowie meritorischer und demeritorischer Güter

Der Begriff „externe Effekte" wurde bisher nur zur Kennzeichnung von Effekten verwendet, die von einer Exklusionstechnik nicht erfaßt werden ($0 < \varepsilon < 1$) und deshalb nicht in das Preissystem eingehen: Das Mietrecht gestattet es, Nichtberechtigte von der Nutzung eines Hauses auszuschließen; hat dieses Haus aber eine historisch besonders wertvolle Fassade, über die sich auch Nichtbewohner freuen, so bieten weder das Miet- noch sonstige Teile des Privatrechts Möglichkeiten, diejenigen, die nichts zur Erhaltung der Hausfassade beitragen wollen, von dem Ambiente auszuschließen, das diese öffentlich ausstrahlt. Aus der Sicht des Hauseigentümers mag dies insbesondere dann ungerecht erscheinen, wenn der Erhaltungsaufwand für die Fassade bedeutend höher als der für eine Standard-Fassade ist. Entschließt er sich deshalb, die historische Fassade durch eine moderne zu ersetzen, werden dagegen seine Mitbürger unzufrieden sein und einen Denkmalschutz verlangen. Die Unzufriedenheit beider Parteien zeigt aber nur, daß bei entsprechenden Entscheidungen nicht alle Interessen berücksichtigt wurden, d. h. daß die Entscheidungskoordination schlecht war.

Generalisiert man den vorstehend geschilderten Fall, kommt man zu derjenigen Definition ,,externer Effekte", die wirtschafts- und finanzpolitisch die größte Bedeutung hat. ,,Extern" bedeutet hier ,,außerhalb des Preissystems" und damit außerhalb des Hauptkoordinationsmechanismus von Marktwirtschaften: A (z. B. der Hauseigentümer) fällt eine Entscheidung, welche Nutzen- oder Schadensemissionen für B zur Folge hat (z. B. einen der Nachbarn), ohne daß B an dieser Entscheidung beteiligt ist und ohne daß es zwischen A und B zu einer finanziellen Kompensation kommt.

Externe Effekte in diesem Sinne – man nennt sie auch reale oder technologische externe Effekte – entstehen daraus, daß bei Produktions- oder Konsumtätigkeiten des A ein Kuppelprodukt erzeugt wird, das als Kollektivgut der übrigen Bevölkerung nutzt oder sie schädigt: A gönnt sich die schöne Hausfassade und erfreut damit auch andere, A fährt Auto und verschmutzt damit die Umwelt, A baut Nutzwald an und schafft damit auch Erholungsmöglichkeiten sowie Klimaregulierungsleistungen für andere, A emittiert beim Produzieren Schadstoffe und verschlechtert damit die Umwelt für andere, und A tut dies alles, ohne daß er die Nützlichkeit oder Schädlichkeit seiner Emission in Form von finanziellen Prämien oder Strafen spürt und damit in seinem internen „Rechnungswesen" berücksichtigt. Man beachte, was diese Art von externen Effekten sozial bedeutsam und zu einem wirtschafts- und finanzpolitischen Regelungsproblem macht: Es muß einen menschlichen „Sender" (den A) geben, dessen Verhalten beeinflußt werden kann, und „Empfänger", für die Entscheidungen des A spürbar nützlich oder schädlich sind. Die Sonneneinstrahlung mag für einen Empfänger B bedeutsam sein; da die Sonne aber kein sozial beeinflußbares Subjekt ist, liegt mangels eines entsprechenden „Senders" kein sozial relevanter realer externer Effekt vor. Eine Lärmemission in der Wüste mag sehr laut sein; wenn sie niemand stört, ist aber mangels eines „Empfängers" ebenfalls kein sozial relevanter externer Effekt gegeben. Daß A einen stechenden Blick hat, mag B stören; da so etwas herkömmlicherweise aber nicht als „gesellschaftlich korrekturbedürftig" empfunden wird, liegt hier ebenfalls kein wirtschafts- und finanzpolitisch bedeutsamer realer externer Effekt vor. Wie verhält es sich aber mit den Emissionen eines Rauchers? Hier scheiden sich die Geister sicher, und das zeigt, daß die Definition externer Effekte nicht problemlos ist.

In der ökonomischen Literatur wird der Begriff „externe Effekte" oft auch noch in einem zweiten, mehr sozialistisch geprägten Sinn gebraucht. „Extern" bedeutet dort

„außerhalb des Systems politischer Mitbestimmung“ und damit außerhalb des Hauptkoordinationsmechanismus von Zentralverwaltungswirtschaften. Zur Unterscheidung von den bisher besprochenen realen externen Effekten nennt man externe Effekte in diesem zweiten Sinne auch „pekuniäre externe Effekte“. Hierbei wird darauf abgestellt, daß der A den B vor Produktions- oder Konsumentscheidungen nicht angehört und ihm keine Mitwirkungsrechte eingeräumt hat. Wird z. B. eine Entlastungsstraße für eine bisher überlastete Strecke gebaut, so hat dies zur Folge, daß der Verdienst von Tankstellen und Raststätten an der bisherigen Strecke zurückgeht, während sich an der neuen zusätzliche Gewinnchancen eröffnen. Die Entscheidung zum Bau der Entlastungsstraße hat also eine Auswirkung auf die bisherige Einkommensverteilung: Unternehmer und Arbeitnehmer an der alten Strecke sind Verlierer, solche an der neuen Gewinner. Wären die Verlierer an der alten Strecke (mit-)entscheidungsberechtigt gewesen – in der Wirtschaftsgeschichte gab es solche Mitentscheidungsrechte im Zunftsystem, in dem alle Meister der Einführung von Neuerungen zustimmen mußten –, hätten sie sicherlich eine Kompensation verlangt; erhalten sie diese nicht, tritt aus ihrer Sicht ein durch gesellschaftliche Entscheidungen bedingter pekuniärer externer Verlust auf.

Externe Effekte dieser pekuniären Art sind dem Preismechanismus angeboren: Entscheidet sich A, vom Lieferanten B zu C zu wechseln, hat B einen pekuniären externen Verlust, denn A handelt, ohne B zu fragen oder ihn zu entschädigen. Anders als bei den externen Effekten realer Art sind die Effekte pekuniärer Art nicht Ausdruck eines Lenkungsdefektes: Daß Tankstellen und Raststätten aufgrund gewandelter Verdienstchancen an die neue Strecke verlegt werden, ist ökonomisch höchst sinnvoll, und daß diese Verlegung durch temporäre Unterrenditen an der alten und temporäre Überrenditen an der neuen Strecke pekuniär reizvoll wird, ist sicher zweckmäßig. Hieraus folgt, daß pekuniäre externe Effekte in einer Marktwirtschaft – anders als reale externe Effekte – normalerweise als nicht korrekturbedürftig betrachtet werden können, ja, daß es zur Grundentscheidung für eine Marktwirtschaft gehört, entsprechende Effekte ihrer Lenkungsleistung wegen grundsätzlich zu dulden. Eine Ausnahme bilden pekuniäre externe Effekte, die für die Benachteiligten so stark sind, daß nicht tolerierbare Verteilungswirkungen entstehen. Hier sind nach der Konzeption der Sozialen Marktwirtschaft Hilfen zur Selbsthilfe angebracht. Ein Beispiel für solche Effekte bilden Strukturkrisen in einer monostrukturierten Region, deren dominierende Branche – z. B. aufgrund technischer Fortschritte bei Substitutionsgütern – sehr schnell an Nachfrage verliert.

In der Finanzwissenschaft wird die Bezeichnung „externe Effekte“ oft auch zur Kennzeichnung sogenannter meritorischer bzw. demeritorischer Güter verwendet, d. h. von Gütern, deren Wert typischerweise falsch eingeschätzt wird. „Extern“ bedeutet dann „außerhalb des Planungshorizonts“. Gemeint sind Langfristfolgen einer gegenwärtigen Entscheidung, die bei dieser Entscheidung typischerweise nicht einkalkuliert werden, obwohl sie bedeutsam sind. Während reale externe Effekte zur Folge haben, daß individuell rational kalkulierende Wirtschaftssubjekte mit gesellschaftlich fehlerhaften Verhaltensanreizen konfrontiert werden, und pekuniäre externe Effekte zwar keine falschen Anreize bewirken, in manchen Fällen aber Verteilungskorrekturen erforderlich machen, führt diese dritte Art von externen Effekten dazu, daß Wirtschaftssubjekte Entscheidungen fällen, die nicht in ihrem eigenen, wohlverstandenen

Interesse liegen und die sie deshalb später typischerweise bedauern: Man unterschätzt – wie es das Böhm-Bawerksche Gesetz der Minderschätzung zukünftiger Bedürfnisse vorhersagt – die Notwendigkeit einer ausreichenden Altersversorgung und versichert sich deshalb nicht hinreichend; man fühlt sich bei einem Haustürgeschäft sozial unter Druck gesetzt und unterschreibt deshalb einen Vertrag, den man nachträglich bedauert; man möchte nicht unsportlich erscheinen und legt deshalb keinen Sicherheitsgurt an; man unterschätzt die Gefahren von Rauschgiften und nimmt diese deshalb ein.

Wie die Beispiele zeigen, führt diese dritte Form von externen Effekten immer zu einem nachträglichen Bedauern von Entscheidungen und zu einer – subjektiv aber erst nachträglich als falsch erkannten – verzerrten Einstellung zu bestimmten Gütern. Deshalb bezeichnet man Güter, denen gegenüber eine solche Disposition besteht, auch als meritorische bzw. demeritorische Güter. Erstere werden in ihrem Wert typischerweise unterschätzt, letztere werden typischerweise überschätzt. Die Fehleinschätzung kann wie die Minderschätzung zukünftiger Bedürfnisse auf einer natürlichen Verhaltensdisposition beruhen; sie kann aber auch darauf zurückzuführen sein, daß das Durchsetzen einer Innovation ein kollektives Lernexperiment wie z. B. das Ausprobieren einer neuen Verkehrskonzeption oder einer neuen Verteidigungsstrategie voraussetzen würde, das ohne politischen Zwang nicht zustande käme.

Bei den bisher betrachteten externen Effekten wurde auf die Entscheidung einzelner Individuen geschaut: Subjektiv richtig entscheidende Individuen wurden mit allokativ falschen Anreizen konfrontiert (reale externe Effekte) oder erlitten in manchen Fällen untolerierbare Einkommenseinbußen (pekuniäre externe Effekte). Zu Fehlentscheidungen disponierte Individuen fällten bei meritorischen bzw. demeritorischen Gütern typischerweise Entscheidungen, die sie nachträglich bedauerten. Neben solchen externen Effekten auf der Individualebene gibt es aber auch verbandsexterne Effekte der genannten Kategorien: Land A wird von eigenen Schadstoffemissionen nicht beeinträchtigt, weil der Wind diese in Land B trägt, und berücksichtigt diese Emissionen deshalb in seiner Umweltschutzgesetzgebung nicht, und Stadt A unterhält Fortbildungseinrichtungen, die von Bürgern aus der Stadt B unentgeltlich benutzt werden, weil eine Gebührenerhebung unwirtschaftlich wäre (reale verbandsexterne Effekte); Stadt A gestattet die Einrichtung großer Einkaufszentren und zieht damit Umsätze aus Stadt B ab (pekuniäre verbandsexterne Effekte); Generation A entscheidet sich dafür, eine Pflegeversicherung so zu finanzieren, daß die Nachfolgegeneration B in große Schwierigkeiten gerät, und bedauert dies später selbst (demeritorische intergenerative Entscheidung).

Bedeutsame reale externe Effekte müssen korrigiert, d. h. in das interne Rechnungswesen der Wirtschaftssubjekte eingebracht („internalisiert") werden. Solche Effekte sind normalerweise gemeint, wenn ohne Zusatz einfach von „externen Effekten" gesprochen wird. Auf der Individualebene ist das wichtigste Beispiel für das Auftreten solcher Effekte der Bereich des Umweltschutzes. Zur Korrektur der Externalitäten stehen Auflagen in Gestalt von Ge- und Verboten (Ordnungsrecht) sowie Preislösungen (Abgabenrecht) und Mengenlösungen in Gestalt von Zertifikaten (Lizenzierungsrecht) zur Verfügung. Es werden also Schutzpflichten (z. B. für historische Gebäude) bzw. Unterlassungspflichten deklariert (z. B. für Lärmemissionen), oder es werden Lenkungssteuern oder -subventionen eingesetzt (das sind Preislösungen, welche die

Preisverzerrungen beseitigen und nach ihrem Erfinder als Pigousteuern bzw. -subventionen bezeichnet werden), oder man schafft einen ökologischen Mengenrahmen in Form von Höchst- bzw. Mindestmengen, die über Zertifikate handelbar gemacht werden, z. B. Höchstmengen für Staubemissionen oder Mindestmengen für den Waldanbau (Beitrag M).

Bedeutsame pekuniäre externe Effekte werden über Entschädigungszahlungen geregelt, bedeutsame Effekte meritorischer bzw. demeritorischer Art vornehmlich über Nutzungspflichten (z. B. Versicherungszwang) und Nutzungsverbote (z. B. Rauschmittelverbot) oder kollektive Lernexperimente wie z. B. Verkehrsversuche. Nach welchen Regeln man das im Einzelfall jeweils angemessene Instrument auswählen sollte, wird in *Übersicht J-4* (S. 548 f.) dargestellt (Abschnitt 2.3.2.). Verbandsexterne Effekte gehören in den Bereich des Finanzausgleichs (Abschnitte 2.2.2. und 4.4.). Eine besondere Form externer Effekte entsteht im Zusammenhang mit der Flächennutzung, d. h. in einem Bereich, der durch die Stichworte Raumordnung, Landesplanung, Regionalplanung, Stadtplanung und Nachbarschaftsrecht umschrieben wird. Hier geht es darum, Konflikte und Fehlanreize zu beseitigen, die aus Externalitäten zwischen Individuen oder Verbänden resultieren, welche benachbarte Flächenstücke nutzen. Es muß z. B. sichergestellt werden, daß Gemeinde A eine mit Geruchsbelästigungen verbundene Verbrennungsanlage nicht in der Nachbarschaft einer Erholungseinrichtung der Gemeinde B errichtet. Bei spezifizierten Eigentumsrechten könnte dies im Prinzip über ein System bilateraler Verträge erreicht werden; es dürfte jedoch wesentlich transaktionskostengünstiger sein, ein Planungssystem zu entwikkeln, wie es in Deutschland mit dem Raumordnungsgesetz und den zugehörigen Planungsinstrumenten geschaffen worden ist. Es leuchtet außerdem unmittelbar ein, daß die Aufgaben der Raumordnung nicht allein statisch gesehen werden dürfen, sondern daß auch Gebietsentwicklungspläne aufgestellt werden müssen und daß sich hieraus Überschneidungsbereiche mit der Regionalpolitik ergeben (Abschnitt 2.2.2.).

2.1.4. Regeln für die Behandlung von Herstellungsfragen

Unter bestimmten Umständen sollte sich der Staat nicht nur als Nachfrageorganisator und Beschaffungsverband betätigen, sondern darüber hinaus Leistungen übernehmen, die ein Beschaffungsverband im Prinzip auch von privaten Unternehmen kaufen könnte. Daß „Bereitstellen" nicht unbedingt – ja noch nicht einmal häufig – auch „Herstellen" und „Betreiben" impliziert, wird deutlich, wenn man wieder den Vergleich mit einem Tennisverein zieht: Dieser organisiert die gemeinsame Nachfrage der Mitglieder und verfügt zur Erledigung dieser Bereitstellungstätigkeit über einen Vorsitzenden (das „Management" oder die „Verwaltung" des Vereins). Dieser vergibt Herstellungs- und Betreibungsaktivitäten wie den Bau oder die Pflege und Unterhaltung der Anlagen in der Regel aber an Unternehmen, die auf solche Tätigkeiten spezialisiert sind. Ebenso verhält sich der Staat beim Bau von Straßen oder der Errichtung von Deichen. Die Legitimation staatlicher Herstelltätigkeiten – also der wirtschaftlichen Betätigung als Unternehmer – kann deshalb nicht mit Hilfe von Kriterien erfolgen, wie sie vor allem im Rahmen der Kollektivgütertheorie vorgestellt wurden; statt dessen ist ein Rückgriff auf Kriterien erforderlich, die insbesondere in der Betriebswirtschaftslehre zur Rationalisierung von Kaufen-oder-Selbermachen-Entscheidungen („make or buy") erarbeitet wurden.

Hoheitsaufgaben des Staates im ökonomischen Sinn

Typisch für die Verwaltungstätigkeit ist das Abarbeiten einer Aufgabe nach Vorschriften, die dafür sorgen, daß eine bestimmte Vorgehensweise eingehalten wird und daß vorgegebene Entscheidungsspielräume nicht überschritten werden. Diese Regelorientierung unterscheidet die Verwaltungstätigkeit von einer ergebnisorientierten unternehmerischen Tätigkeit, die kreativer und auf die Beachtung des ökonomischen Prinzips gerichtet ist. Eine Regelorientierung wird vor allem durch Hierarchisierung und Arbeitsverträge erzeugt, die sich durch Bewährungsaufstieg aufgrund von erwiesener Loyalität auszeichnen, also durch Verhältnisse, wie sie für die Arbeitsverträge von Beamten typisch sind. Hinzu treten formalisierte Arbeitsanweisungen und Klagerechte der Bürger bei Formverletzungen. Unternehmerisches Handeln verlangt demgegenüber weitere Entscheidungsspielräume bei der Wahl der Mittel sowie Ergebnisverantwortung und Ergebnisbeteiligung. Das Ideal einer regelorientierten Zusammenarbeit zweier Partner ist gegenseitige Verläßlichkeit der Leistungserbringung auch beim Vorhandensein von Mißbrauchsmöglichkeiten und bei Abwesenheit oder Undurchführbarkeit laufender Kontrollen; das Ideal der Ergebnisorientierung ist die Kostengünstigkeit der Erzeugung eines vorgegebenen und hinsichtlich seiner Qualität leicht kontrollierbaren Werkes.

Aus der Sicht der Bürger gibt es Bereiche, in denen ein Zwangsverband mehr Wert auf die verläßliche Regeleinhaltung bei der Leistungserbringung legen sollte als auf ihre Kostengünstigkeit, und zwar deshalb, weil diese Kostengünstigkeit nur vordergründiger Natur wäre und nicht berücksichtigte, daß es bestimmte, schwer kalkulierbare Wagnisse gibt. Das, was man als Versicherungsprämien zur Beherrschung dieser Wagnisse zahlen müßte bzw. beim Nichtabschluß entsprechender Versicherungen als Risiken in Kauf nimmt, sind die Gefährdungskosten: Wirbt ein Staat ein Söldnerheer an, das unternehmerisch geführt wird und bestimmte Leistungen günstiger zu erbringen verspricht als eigene Streitkräfte, die in das öffentliche Recht eingebunden und der Bevölkerung durch natürliche Loyalität eng verbunden sind, nehmen die Bürger das Wagnis in Kauf, daß ein Staat im Staate entsteht, der sich zu einer mafiosen Ausbeuterorganisation entwickeln könnte. Ähnliches gilt für ein System von Steuerpächtern (statt einer Steuerverwaltung) oder für private statt öffentlicher Polizeikräfte. Gefährdungskosten sind also Wagniskosten für Transaktionen, die mit der Herstellung von staatlich bereitgestellten Leistungen verknüpft und aus der Sicht der Bürger mit besonderen Gefahren für Leben, Freiheit, Menschenwürde und Eigentum gekoppelt sind.

Tätigkeiten der vorstehend geschilderten Art sind im allgemeinen häufig wiederkehrender Natur (der Staat benötigt z. B. ständig Sicherheitskräfte), erfordern spezifische Kenntnisse und können aufgrund des bilateralen Monopols, das auf einem entsprechenden Markt herrschen würde, nicht durch Wettbewerb kontrolliert werden. Bei einer solchen Koordinationsstruktur empfiehlt sich eine vertikale Integration des jeweiligen Anbieters und Nachfragers. Das gilt vor allem dann, wenn das gelieferte Produkt wichtig für die Reputation des Nachfragers ist (hier die Einschätzung der Regierung durch die Bürger). Deshalb sollte ein Zwangsverband, der zunächst nur ein Bereitstellungsverband ist, in solchen Fällen mit den spezifischen Dienstleistungsunternehmen für Leistungen mit hohen Gefährdungskosten fusionieren und interne Kontrollmöglichkeiten an die Stelle des unzureichenden Wettbewerbs setzen. Auf diese Weise ergibt sich als Kern der staatlichen Selbstversorgungstätigkeiten die Hoheitsverwaltung im ökonomischen Sinn als Zwangsverband mit integriertem Selbstversorgungsunternehmen.

Von den Hoheitstätigkeiten ausgehend kann auf der Basis normaler Transaktions- und Produktionskostenüberlegungen entschieden werden, welche weiteren Leistungen in den Kreis der Selbstversorgungsaufgaben des Staates einzuordnen sind. Diese Überlegungen unterscheiden sich nicht prinzipiell von den Kaufen-oder-Selbermachen-Überlegungen, wie sie in Unternehmen angestellt werden.

Entscheidungen über die Produktionstiefe

Solche Entscheidungen beruhen auf dem Vergleich zweier Kostenarten und den hieraus resultierenden Gesamtkosten: der Produktionskosten und der Transaktionskosten, die beim Kaufen von Fertigprodukten bzw. bei der Selbstherstellung dieser Produkte anfallen, d. h. beim Einkauf von Faktorleistungen zur Eigenfertigung. Produktionskosten bezeichnen den gesamten in Geld bewerteten Faktorverzehr, der durch die Herstellung eines Gutes bedingt ist und dessen Konsumreife erhöht. Da Produktionsspezialisten marktgängiger Leistungen für viele Abnehmer im allgemeinen niedrigere Kosten haben als Unternehmen oder Verwaltungen, welche solche Leistungen lediglich für ihren eigenen Bedarf herstellen, ergibt der Vergleich von Produktionskosten in aller Regel einen Vorteil des Kaufens von Leistungen beim Spezialisten. Ausnahmen hiervon können z. B. daraus resultieren, daß der Spezialist eine Monopolrente durchsetzen kann oder daß hohe Transportkosten anfallen.

Der Ausdruck „Transaktionskosten“ ist aus Nebenkosten wie Provisionen, Gebühren und Spesen abgeleitet, die bei Wertpapiertransaktionen anfallen. Allgemein sind unter Transaktionskosten Koordinationskosten zu verstehen, vor allem Organisationskosten (Unternehmen) bzw. Vertragsschließungs- und Überwachungskosten (Märkte). Will man sie von Produktionskosten unterscheiden, fragt man am besten nach demjenigen bewerteten Faktorverzehr, der einer Verhaltenskoordination dient und nur deshalb anfällt, weil wir in einer Welt unvollkommener Information leben, in der Verträge möglicherweise nicht nach ihrem Geist erfüllt werden oder von Anfang an unvorteilhaft sein können, weil bessere Alternativen übersehen wurden. Dieser Faktorverzehr würde in einer Welt vollkommener Information entfallen, weil man dort z. B. keine Lieferanten suchen, keine Qualitätsprüfung betreiben und auch keine Vorsorge gegen Betrug treffen müßte.

Der Vergleich der Transaktionskosten der Selbstherstellung von Leistungen mit denen des Kaufens dieser Leistungen auf dem Markt kann zugunsten einer Selbstherstellung ausgehen. Das ist insbesondere dann der Fall, wenn die Qualitätskontrolle schwierig ist oder wenn man darauf angewiesen ist, über die betreffenden Produktionsanlagen in ex ante schwer planbarer Weise schnell verfügen oder entsprechende Umdispositionen vornehmen zu können. Transaktionskosten können deshalb im Prinzip ebenso wie Gefährdungskosten für eine staatliche Herstellungstätigkeit sprechen. Ob die einschlägigen Kostenstrukturen gegeben sind, kann man nur fallweise entscheiden. Sie können sich im Zeitablauf auch ändern.

Struktur von Arbeitsverträgen im öffentlichen Dienst

Im Bereich der Hoheitsverwaltung kommt es darauf an, Regelorientierung und vertikale Loyalität zu erzeugen. Zwischen Auftraggebern und Auftragnehmern – also zwischen Parlament und Minister, Minister und Ministerialbürokratie, Ministerialbürokratie und ausführender Verwaltung – besteht nämlich ein Verhältnis, das sich durch eine asymmetrische Informationsverteilung und dadurch auszeichnet, daß die jeweilige Arbeit in der Aufnahme und sachgemäßen sowie möglichst verzerrungsfreien Verdichtung und Verwertung von Informationen besteht. In der Sichtweise der sogenannten Agency-Theorie (hierzu kurz SCHUMANN, 1992, S. 453–458) gilt im einzelnen:

- Den jeweils Beauftragten (Agenten) stehen Informationen über handlungsrelevante Sachverhalte zur Verfügung, die der Auftraggeber (Prinzipal), für den diese Informationen verdichtet und zweckgerecht aufbereitet oder ausgewertet werden sollen, nicht kennt (Fall der sogenannten versteckten Information).
- Die Produktionsweise in der Verwaltung ist so geartet, daß der Beitrag eines einzelnen Mitglieds zum Arbeitsergebnis nachträglich kaum noch identifizierbar ist. Der Erfolg der Arbeit und der darauf beruhenden Entscheidungen wird darüber hinaus auch von exogenen Faktoren beeinflußt. Dies schafft bei schlechter Motivationslage die Möglichkeit zur Drückebergerei und zu einem Arbeiten „nach Vorschrift". Oder anders ausgedrückt: Die Einzelbeiträge der Verwaltungsmitglieder sind von diesen in z. T. nicht kontrollierbarer Weise gestaltbar; es handelt sich also um sogenannte „plastische" Produktionsfaktoren.
- Sowohl die Tätigkeit der Ministerialbürokratie als auch die der ausführenden Verwaltung sind für eine wiederwahlorientierte politische Führung von zentraler Bedeutung, weil Verwaltungsentscheidungen den Staat aus der Sicht der Bürger erst erfahrbar machen und damit einen entscheidenden Einfluß auf die Stimmung der Wahlbürger ausüben können. Aufgrund der Kombination von Plastizität und zentraler Bedeutung der Verwaltungstätigkeiten liegt zwischen Regierung und Verwaltung also eine Beziehung vor, die man als „prekär" im Sinne der Institutionentheorie bezeichnen kann, d. h. eine Vertrauen voraussetzende Kooperationsbeziehung, die mißbraucht werden könnte, gleichzeitig aber schwer kontrolliert oder abgesichert werden kann (BONUS, 1994, S. 9).
- Für die Erfolge der Verwaltungsmitglieder spielt spezifisches Wissen eine große Rolle, das im Wege des Learning by doing gewonnen wird, ein Wissen über sogenannte „Vorgänge", also Aufzeichnungen über Erfahrungen mit der Erledigung vergleichbarer Fälle in der Vergangenheit.

- Das spezifische Wissen der Mitarbeiter der öffentlichen Verwaltung ist außerhalb dieser Verwaltung kaum verwertbar; angesichts der Informationsvorsprünge der Verwaltungsmitglieder einerseits und ihrer Angewiesenheit auf Weiterbeschäftigung wegen fehlender Opportunitäten andererseits existiert zwischen Regierung und Verwaltung also ein Verhältnis wechselseitiger Abhängigkeit.

Ein Vertragstypus, der einer solchen Anreiz- und Kostenstruktur angemessen und auf das Schaffen vertikaler Loyalität gerichtet ist – d. h. der die Verluste gegenüber einer vertraglichen Koordination bei vollständiger Information minimiert -, kann durch das Gewähren bestimmter Garantien und Aufstiegsmodalitäten erreicht werden: Das Gehaltsniveau und die Beschäftigungsdauer, die garantiert werden, müssen so hoch sein, daß sich Korruption und Amtsmißbrauch nicht rentieren; außerdem muß es einen Bewährungsaufstieg aufgrund von in der Vergangenheit erwiesener Loyalität, Einsatzbereitschaft und Kreativität geben. Letzteres ist deshalb erforderlich, weil man die aktuelle Einsatzbereitschaft und Kreativität der Faktoren aufgrund ihrer Plastizität nicht kontrollieren kann, sondern sich als Vorgesetzter auf den Eindruck verlassen muß, den Mitarbeiter in der Vergangenheit in wechselnden Einsatzkombinationen und bei unterschiedlichen Aufgaben erzeugt haben.

Achtet man bei den verwaltungstypischen Auftraggeber-Auftragnehmer-Verhältnissen nicht genügend auf vertikale Loyalität, besteht die Gefahr, daß sich eine horizontale Loyalität der Beauftragten untereinander herausbildet, die sich gegen den Auftraggeber richtet. Sie würde im Bereich der ausführenden Verwaltung zu einer gemeinsamen Drückebergerei und im Bereich der Ministerialverwaltung zu einem Mangel an Engagement und Kreativität führen. Ein sehr bekanntes, von WILLIAM A. NISKANEN (1971) entworfenes Bürokratiemodell unterstellt eine solche Situation im Verhältnis von Regierung und Ministerialbürokratie als Auftragnehmern zum Parlament als Auftraggeber. Innerhalb der Verwaltung selbst gelingt es den Vorgesetzten aber häufig, vertikale Loyalität und Wettbewerb der Untergebenen um gute Leistungen zu erzeugen. Besonders deutlich wird dies in extremen Situationen wie bei militärischen oder polizeilichen Einsätzen, in denen sogar das Leben auf dem Spiel steht.

Arbeitsverträge, wie sie im öffentlichen Dienst üblich sind, erscheinen im Bereich der Hoheitsverwaltung im engeren Sinn aus ökonomischer Sicht durchaus als angemessen. Ihre tatsächliche Verbreitung geht aber weit über diesen Bereich hinaus, denn der Staat der Realität hat Produktivvermögen erworben, Regulierungstätigkeiten übernommen und Rechtsvereinheitlichungen durchgeführt, die neue Betätigungsfelder für öffentlich Bedienstete geschaffen haben, ohne daß dies ökonomisch – d. h. auf der Basis einer wohlfahrtsökonomischen Analyse der jeweiligen Koordinationsstrukturen – zu rechtfertigen wäre. Hieraus ergeben sich Privatisierungs-, Deregulierungs- und Entbürokratisierungspotentiale.

Privatisierung

Privatisierung und Deregulierung sind Möglichkeiten, mit denen man das Ausmaß einer staatlichen Lenkung der Nutzung von Produktivvermögen verringern kann. Materielle Privatisierung und Verstaatlichung stellen entgegengesetzte Bewegungen auf einer Skala dar, die zeigt, wie groß der Einfluß auf das Produktivvermögen einer Volkswirtschaft ist, den sich der Staat durch den Kauf oder eine andere Art privatrechtlicher Erlangung von Verfügungsrechten verschafft hat. Eine absolute materielle Privatisierung liegt vor, wenn der Staat Unternehmen oder Anteile daran verkauft oder wenn er im Wege der sogenannten funktionellen Privatisierung die Fertigungstiefe seiner Unternehmen oder Verwaltungen durch den Verkauf von Annexbetrieben verringert, also vom Selbermachen zum Kaufen übergeht. Ein solches Vorgehen ist mit Privatisierungseinnahmen verbunden. Eine relative materielle Privatisierung ist gegeben, wenn sich der Anteil des Staates am volkswirtschaftlichen Produktivvermögen dadurch verringert, daß die Investitionsquote bei öffentlichen Unternehmen gesenkt oder die Kapitalzufuhr bei Beteiligungen gedrosselt wird. Diese Form der Privatisierung ist mit ersparten Verstaatlichungsausgaben verknüpft. Eine lediglich formelle Privatisierung findet schließlich statt, wenn es zu keinem Vermögenstransfer zwischen Staat und Privaten kommt, sondern ein öffentliches Unternehmen (wie etwa die ehemalige Bundesbahn) seine Rechtsform von einer öffentlich-rechtlichen in eine privatrechtliche ändert (meist in die einer AG oder GmbH). Die formelle Privatisierung ist oft Vorstufe einer materiellen und bereits mit einem Übergang von der Regel- zur Ergebnisorientierung verbunden.

Ein Privatisierungspotential liegt überall dort vor, wo es nicht gelingt, mit Hilfe von Verweisen auf Gefährdungskosten, Transaktionskostenvorteile und besondere Koordinationsstrukturen eindeutige Vorteile der Integration von Produktivvermögen in den öffentlichen Verfügungsbereich geltend zu machen. Es gibt aber regelmäßig Privatisierungshemmnisse in Form von Beschäftigungs- und Machtinteressen von Bediensteten und Gewerkschaftsvertretern sowie Interessen von Politikern an Sinekuren. Hinzu kommt, daß ein normaler Bürger von einzelnen Privatisierungsmaßnahmen persönlich nur wenig profitieren würde und sich deshalb typischerweise nicht dafür engagiert. Damit diese Hemmnisse überwunden werden können, bietet sich die Berücksichtigung der folgenden Regelungen in der Finanzverfassung im weiteren Sinn an:

- Im Haushaltsrecht der Gebietskörperschaften sollten öffentliche Unternehmen zu periodischen Berichten verpflichtet werden, in denen die oben genannten Verstaatlichungsvorteile nachzuweisen sind. Gelingt ein solcher Nachweis nicht, sind solche Unternehmen zu privatisieren. Der Staat sollte also die Beweislast für die Zweckmäßigkeit einer Übernahme von Herstellungstätigkeiten haben.
- Damit es nicht mangels eines Klägers zu einem „Weitermachen wie bisher" kommt, sollten Unternehmen und Verbraucherverbände, die sich durch öffentliche Unternehmen beeinträchtigt sehen, Klagerechte haben. Darüber hinaus sollte eine ständige Privatisierungs- und Deregulierungskommission mit Unterstützung der Rechnungshöfe entsprechende Untersuchungen vornehmen. Die Untersuchungsergebnisse sollten bei Entscheidungen über Klagen berücksichtigt werden.

Entsprechende Regelungen gibt es in Deutschland noch nicht. Der ein wirtschaftliches und sparsames Verhalten fordernde § 7 der Bundeshaushaltsordnung ist allerdings in einer Weise geändert worden, die im Lichte der obigen Vorschläge als Fortschritt betrachtet werden kann.

Deregulierung

Während Verstaatlichung bzw. (materielle) Privatisierung den Zugriff des Staates auf das volkswirtschaftliche Produktivvermögen mit Hilfe von privatrechtlichen Mitteln verändern, werden im Zuge von Regulierungs- bzw. Deregulierungsmaßnahmen öffentlich-rechtliche Mittel eingesetzt. Als Regulierung bezeichnet man alle Beschränkungen für Verfügungen, die Personen über sich selbst, Sachen oder Rechte treffen dürfen (ähnlich DEREGULIERUNGSKOMMISSION, 1991, S. 1). Konstitutionelle Regulierungen sind Verfügungsrechtsbeschränkungen für jedermann mit Hilfe des allgemeinen Wirtschaftsrechts (z. B. des GWB), spezielle Regulierungen sind Verfügungsrechtsbeschränkungen mit Hilfe eines Sonderwirtschaftsrechts, das nur für bestimmte Bereiche gilt (z. B. für die sogenannten Ausnahmebereiche des GWB). Deregulierungsformen sind der absolute Abbau von Bereichen des Sonderwirtschaftsrechts (z. B. Abbau des GWB-Ausnahmekatalogs), Einschränkungen der Regulierungsintensität (z. B. Übergang von Festpreis- zu Margenpreisvorschriften in Bereichen mit einer Preisregulierung) und der relative Abbau von Bereichen des Sonderwirtschaftsrechts durch ein – wie auch immer verursachtes – Zurückbleiben dieser Bereiche hinter der Durchschnittswachstumsrate der Volkswirtschaft.

Regulierungsgrundsätze gehören nicht in den Bereich der Finanzwissenschaft, sondern in den der Wettbewerbspolitik (Beitrag O); Spezialregulierungen sind vor allem dort erforderlich, wo die Marktprozesse nicht richtig funktionieren und private Macht nicht hinreichend durch Wettbewerb kontrolliert wird. Oft degenerieren Spezialregulierungen aber zu einem staatlich verordneten Kartellschutz. Ein Deregulierungspotential besteht deshalb überall dort, wo der (aus ökonomischer Sicht beweispflichtige) Staat nicht überzeugend darlegen kann, daß keine hinreichende Kontrolle durch den Wettbewerb besteht und daß sie auch nicht hergestellt werden kann. Der Nutzung von Deregulierungspotentialen stehen ähnliche Interessen wie der Nutzung von Privatisierungspotentialen entgegen. Deshalb sollte die Wirtschafts- und Finanzverfassung (im weiteren Sinn) folgende Vorschriften enthalten:

- In Regulierungsgesetzen sollte klargestellt werden, daß Regulierungsstellen aufzulösen und Regulierungen aufzuheben sind, wenn und soweit periodische Überprüfungen zeigen, daß es keine überzeugenden ökonomischen Begründungen für diese Regulierungen (mehr) gibt. Regulierungsgesetze sollten also Termingesetze sein.
- Damit es nicht mangels eines Klägers zu einem „Weitermachen wie bisher" kommt, sollten Unternehmen und Verbraucherverbände, die sich durch Regulierungen beeinträchtigt sehen, ein Klagerecht haben. Darüber hinaus sollte eine ständige Privatisierungs- und Deregulierungskommission entsprechende Untersuchungen vornehmen. Die Untersuchungsergebnisse sollten bei Entscheidungen über Klagen verwendet werden.

Entbürokratisierung

Während Privatisierung und Deregulierung dazu führen, daß der Einfluß schrumpft, den sich der Staat insgesamt den Bürgern gegenüber auf das volkswirtschaftliche Produktivvermögen verschafft, zielt die Entbürokratisierung darauf, die Transaktionskosten einer Regulierung dadurch zu senken, daß die Regulierungstätigkeit bürgernäher und -freundlicher und damit in einer Weise gestaltet wird, die stärker der Tätigkeit eines marktorientierten Dienstleistungsunternehmens gleicht. Eine Bürokratisierung ergibt sich im Wege der Verrechtlichung und der Vereinheitlichung im Raum. Beides kann auch aus der Sicht der Bürger vorteilhaft sein: Verrechtlichung schafft Rechtssicherheit, Vereinheitlichung kann – wie es gerade im EU-Bereich sichtbar wird – Transaktionskosten sparen. Für beide Bewegungen gibt es aber ein Optimum, nach dessen Überschreitung Verrechtlichung in Formalismus und Vereinheitlichung in Vernachlässigung lokaler Besonderheiten ausartet. Aus der Sicht der Verwaltung haben beide Bewegungen stets den Vorzug, von persönlicher Verantwortung zu entlasten, da die Entscheidungsmaximen für Einzelfälle mehr und mehr in einheitlicher und „gerichtsfester" Form vorgegeben werden und der Raum für Entscheidungen nach pflichtgemäßem Ermessen sinkt.

Entbürokratisierung in der Form zunehmender Bürgerfreundlichkeit ist z. B. dadurch erreichbar, daß Anträge (etwa auf Baugenehmigungen) als genehmigt gelten, wenn die Verwaltung nicht innerhalb einer bestimmten Frist widerspricht. Das setzt mehr Ermessensentscheidungen und mehr „gesunden Menschenverstand" in der Verwaltung voraus, findet aber wie gesagt dort seine Grenze, wo der Gesichtspunkt der Rechtssicherheit zu stark vernachlässigt zu werden droht oder es zu einer Kumpanei insbesondere zwischen Großunternehmen und Behörden kommt. Entbürokratisierung in der Form zunehmender Bürgernähe kann dadurch realisiert werden, daß die Zuständigkeiten unterer auf Kosten derjenigen oberer Behörden erweitert werden (Dezentralisierung), daß also das Baurecht z. B. so gestaltet wird, daß lokalen Besonderheiten eher Rechnung getragen werden kann und Vereinheitlichungskosten vermieden werden, die man in der ökonomischen Literatur als „Frustrationskosten" bezeichnet.

Da die Entbürokratisierung aus der Sicht der Verwaltung eher be- als entlastend wirkt, muß eine zweckmäßige Finanzverfassung (im weiteren Sinn) auch Vorschriften enthalten, die eine überflüssige Bürokratisierung so gut wie möglich verhindern. Im Hinblick auf Vereinheitlichungstendenzen läßt sich dies durch die Forderung verwirklichen, daß der Staat bei einer Vereinheitlichung grundsätzlich die Beweislast dafür zu tragen hat, daß eine Einschränkung von Ermessensspielräumen, die zu Lasten bürgernaher und bürgerfreundlicher Regelungen geht, zur Vermeidung von Mißbräuchen geeignet und erforderlich ist und daß sie bei einer Nutzen-Kosten-Abwägung auch als verhältnismäßig angesehen werden kann. Insbesondere im Hinblick auf Vereinheitlichungs- und damit Zentralisierungstendenzen könnte man folgendes festlegen:

- Will eine höhere Ebene Kompetenzen an sich ziehen, hat sie den Beweis dafür zu erbringen, daß ein Problem auf einer niedrigeren Ebene ausweislich von Vergangenheitserfahrungen nicht gelöst werden kann und daß die höhere Ebene nicht nur zur Problemlösung geeignet erscheint, sondern dies auch in erforderlicher und verhältnismäßiger Form tun kann.
- Untere Ebenen sollten außerdem das Recht haben, höhere Ebenen auf die Rückübertragung von Kompetenzen zu verklagen. Sie sollten über Bürgerbegehren dazu gezwungen werden können, und die jeweils höhere Ebene sollte die Beweislast dafür tragen müssen, daß eine Rückübertragung von Kompetenzen zu Koordinationsmängeln führen würde.

Eine solche Regelung liefe auf eine Verankerung des Subsidiaritätsprinzips in der Finanzverfassung (im weiteren Sinn) hinaus. Die Wirksamkeit entsprechender Regelungen könnte darüber hinaus durch Rechtfertigungszwänge gegenüber einer Entbürokratisierungskommission gesteigert werden, welche prüft, ob es betriebswirtschaftliche Erkenntnisse gibt, die genutzt werden können, um Verwaltungsabläufe bürgerfreundlicher und bürgernäher zu gestalten.

2.1.5. Lösungsschema für Bereit- und Herstellungsprobleme

Die normative Analyse hat gezeigt, daß es im Bereich der Güterbereit- und -herstellung eine Reihe von sinnvollen Einsatzmöglichkeiten für das staatliche Machtmonopol gibt. Damit man diese nutzen kann, muß zunächst diagnostiziert werden, welche Art von Gut bereitgestellt werden soll: ein Individualgut ($\varrho = 1, \varepsilon = 1, e = 0$), ein gebührenfrei bereitzustellendes Klubkollektivgut ($\varrho = 0, \varepsilon = 1, e = 1$), ein gebührenpflichtig bereitzustellendes Klubkollektivgut ($0 < \varrho < 1, \varepsilon = 1, e = 1$), ein prototypisches Kollektivgut ($\varrho = 0, \varepsilon = 0, e > 1$) oder ein Quasikollektivgut ($\varrho = 1, \varepsilon = 0, e > 1$). Für Fälle mit $\varrho < 1$ muß außerdem geprüft werden, ob der Kollektivgutcharakter aus Nutzungsvorteilen ($\gamma < 1$) oder aus Kostendegressionsvorteilen ($\delta <$ 1/natürliches Monopol) resultiert, und außerdem muß man fragen, ob externe Effekte ($0 < \varepsilon < 1$) oder Fehlentscheidungsdispositionen vorliegen (meritorische bzw. demeritorische Güter). Im Hinblick auf Herstellungsfragen muß schließlich vor allem analysiert werden, wie die Struktur der Produktions-, Gefährdungs- und Transaktionskosten beschaffen ist. Will man alle diese Prüfungen in einer systematischen Form durchführen, empfiehlt sich die Anwendung eines Lösungsschemas, das in *Übersicht J-2* dargestellt ist. Es dürfte bis auf die Textziffern 1.4, 1.5 und 2 unmittelbar verständlich sein.

Das Schema ist grundsätzlich als Arbeitsablaufschema angelegt, das zu einer wohlfahrtsoptimalen Lösung der Fragen führt, wie ein Gut zu finanzieren ist, dessen Bereitstellungsmenge und -qualität bereits feststehen, welcher Verband das Gut bereitstellen sollte und ob der Verband das Gut kaufen (Normalfall) oder selbst herstellen sollte (Ausnahmefall). Das schließt jedoch nicht aus, daß man die Reihenfolge der Fragenbeantwortung variiert oder Antworten zusammenfaßt oder daß man das Schema auch bei etwas anders gearteten Problemen anwendet: Stehen Menge und Qualität noch nicht fest, kann man die Fragen z. B. zunächst einmal für eine Mindestmenge beantworten; anschließend müßte in der Praxis dann ein Abstimmungsprozeß über mengen- und qualitätsmäßige Alternativlösungen stattfinden, wie er am Schluß des Abschnitts 2.1.2. geschildert wurde. Es ist auch nicht so, daß das Schema nur für echte Kollektivgüter angewendet werden kann. Es ist zwar sinnvoll, sich bei der Anwendung zunächst einmal vorzustellen, daß ein Gut von einem Verein bereitgestellt werden sollte; die Prüfung des Gutscharakters kann dann aber sehr wohl ergeben, daß ein Individualgut vorliegt und daß der richtige (hier dann unechte) Bereitstellungsverband deshalb ein Individuum wäre. Schließlich braucht die zu lösende Aufgabe auch nicht unbedingt darin zu bestehen, lediglich eine Optimallösung abzuleiten. Statt dessen kann auch eine bestimmte Lösung vorgegeben werden, die aus ökonomischer Sicht zu kritisieren ist. Solch eine Aufgabe läßt sich nämlich am besten lösen, wenn man zunächst eine Optimallösung ableitet und diese dann mit der vorgegebenen Lösung vergleicht. Eine Beispielaufgabe wird dies verdeutlichen.

Übersicht J-2: Lösungsschema für Bereit- und Herstellungsprobleme

1. Feststellung des Rivalitätsgrades und der wohlfahrtsoptimalen Tarifierung

1.1 Gutsbeschreibung und Abschätzung der Bereitstellungsmengenfunktion $q = x\, n^{\gamma}$

(1) Welche ökonomische Leistung wird einem typischen Verbandsmitglied garantiert, d. h. wie ist der Leistungsstandard x definiert?

(2) Wer käme im Prinzip als eines der n Verbandsmitglieder in Frage?

(3) Müßte das Verbandsmanagement die versprochene Leistung für jedes einzelne Mitglied vorhalten ($\gamma = 1$) oder gibt es Gründe – wie etwa Mindestgrößen von Anlagen oder von Natur aus verteilte Nutzungszeiten –, die für eine Subadditivität von Personen als Bedarfsverursachungseinheiten und damit für Gruppenvorteile bei der Nutzung sprechen ($\gamma < 1$)? Erschöpfen sich diese Gruppenvorteile bei gegebener Menge q wie etwa bei einer Tennisanlage mit zunehmender Mitgliederzahl, oder gilt wie z. B. bei einem Deich unabhängig von der Mitgliederzahl, daß $\gamma = 0$? Ist es also sinnvoll, Alternativlösungen für die Zustände „ausreichende Bedienungskapazität ($\gamma = 0$)", „teilweise Überfüllung bzw. mäßiger Faktorverzehr ($0 < \gamma < 1$)" und „ständige Überfüllung bzw. Nichtexistenz von Gruppenvorteilen ($\gamma = 1$)" anzugeben, oder gilt ständig einer dieser Zustände?

1.2 Abschätzung der Bereitstellungskostenfunktion $K = f\, q^{\delta}$

(1) Ist es unter bestimmten Umständen sinnvoll, die q-Menge (etwa durch eine zusätzliche Produktion von Verbrauchseinheiten, eine längere Öffnungszeit von Anlagen oder eine Verkürzung von Reparatur- und Ausfallzeiten) zu erhöhen, oder muß q als invariabel vorgegeben und δ deshalb (wie für diesen Sonderfall vorgesehen) als auf dem Wert 1 fixiert betrachtet werden?

(2) Gibt es Gründe (wie z. B. Unteilbarkeiten von Anlagen oder eine bessere Harmonisierung von Leistungsquerschnitten bei wachsendem q), die bei einer Erhöhung der q-Menge für eine Subadditivität von q-Einheiten als Kostenverursachungseinheiten und damit für Kostendegressionsvorteile und $\delta < 1$ sprechen? Erlaubt die Ausnutzung dieser Degressionsvorteile eine wettbewerbliche Marktkonfiguration und damit die Beschaffung von q-Einheiten zu kostendeckenden Grenzkostenpreisen oder liegt der klassische Fall eines natürlichen Monopols vor?

(3) Welcher Wert ist δ im vorliegenden Fall also zuzuordnen: $\delta = 0$, $0 < \delta < 1$ oder $\delta \geq 1$?

1.3 Welcher Wert ergibt sich aus den Abschätzungen von γ und δ für den Rivalitätsgrad $\rho = \gamma\,\delta$, und welche Tarifierung wäre somit wohlfahrtsoptimal: ein reiner Beitragstarif ($\rho = 0$), ein gemischter Tarif ($0 < \rho < 1$) oder ein reiner Gebührentarif ($\rho \geq 1$)?

1.4 Sollte eine Beitragsdifferenzierung zwischen unterschiedlichen Mitgliedergruppen vorgesehen werden?

1.5 Sollte eine Gästelösung eingeplant werden?

2. Welcher Verbandstyp ist unter Berücksichtigung des Subsidiaritätsprinzips zur Durchsetzung des wohlfahrtsoptimalen Tarifs und des Kongruenzprinzips und damit auch zur Erfassung der Hauptnutzer des Gutes geeignet und erforderlich? Gibt es Gründe für die Annahme, daß das Nutzen-Kosten-Verhältnis der Bereitstellung bei einer Abweichung von einer strengen Anwendung des Subsidiaritätsprinzips aufgrund von Transaktionskostenersparnissen verbessert werden könnte? Kann eine Vereinslösung evtl. durch Anbieterwettbewerb ersetzt werden?

3. Welche Regelungen bieten sich ggf. zur Internalisierung von externen und/oder zur Korrektur von meritorischen bzw. demeritorischen Effekten an? Wer sollte diese vornehmen?

4. Legen Gefährdungskosten oder Transaktions-, Produktions- oder Transportkostenvorteile ausnahmsweise eine Integration von Bereit- und Herstellung nahe?

5. Wie lautet somit eine zusammengefaßte Bereit- und Herstellungsempfehlung?

In den Textziffern 1.4, 1.5 und 2 des Lösungsschemas geht es um Spezialfragen, die bisher noch nicht besprochen wurden, um den Gedankenfluß nicht zu stören.

Eine Beitragsdifferenzierung (1.4) ist immer dann angemessen, wenn man davon ausgehen muß, daß die Vorteile (Nutzen), welche die verschiedenen Verbandsmitglieder aus der Bereitstellung eines Kollektivgutes ziehen, sehr unterschiedlich sind. Wer eine Fabrik an einer öffentlichen Straße betreibt, wird von diesem Infrastrukturgut in aller Regel z. B. einen größeren Vorteil haben als der Eigentümer eines Einfamilienhauses. Und wer Strom von einem Elektrizitätswerk bezieht (hierbei gilt aufgrund von Kostendegressionsvorteilen eines natürlichen Regionalmonopols, daß $\delta < 1$, was bei $\gamma = 1$ zu $0 < \varrho < 1$ und somit zu einem gemischten Tarif führt), wird entrüstet sein, wenn er als Eigentümer einer Wohnung den gleichen Beitrag wie ein Aluminiumwerk zahlen soll. Für dieses muß ja sehr viel mehr Kapazität vorgehalten werden. In solchen Fällen sollten die Beiträge der Mitglieder so differenziert werden, daß ein Vorteilsausgleich erzielt wird. Was dieser Vorteilsausgleich bedeutet, soll am Beispiel eines gemischten Tarifs verdeutlicht werden. Die Grenzkostengebühr sorgt hier dafür, daß der einzelne Nutzer für die von ihm verursachten Grenzkosten zahlt und daß insoweit für eine individuelle Äquivalenz von Grenznutzen und Grenzkosten gesorgt ist. Die Umlage des Restes der Kosten auf die Gruppenmitglieder hat in undifferenzierter Form zunächst einmal nur zur Folge, daß eine kostenmäßige Gruppenäquivalenz erreicht wird, d. h. daß die Gruppe der Nutzer alle Kosten trägt. Differenziert man den Optionspreis (Beitrag) im Sinne eines Vorteilsausgleichs unter den Gruppenmitgliedern, wird darüber hinaus eine Annäherung an eine individuelle Nutzen-Kosten-Äquivalenz erreicht, wie sie für Individualgüter typisch ist.

Man darf dabei aber nicht den Fehler machen, die Beiträge nach der laufenden Anlagennutzung bzw. Leistungsabnahme zu differenzieren. Tut man dies nämlich, rechnen die Verbandsmitglieder bei einer Nachfrageentscheidung nicht mehr mit dem Grenzkostenpreis (der Gebühr), sondern mit einem Durchschnittskostenpreis. Das aber würde zu Wohlfahrtseinbußen führen, denn die Momentangrenzkosten sind bei Kollektivgütern niedriger als die Durchschnittskosten, und ein Durchschnittskostenpreis führt somit zu einer Nachfrageeinschränkung, die volkswirtschaftlich unsinnig ist: Erhöht sich ein Tennisklubbeitrag mit der effektiven Zahl der Spiele, spielt man aus Ersparnisgründen manchmal auch dann nicht, wenn der Platz ansonsten leer stünde; erhöht sich der Fernsehbeitrag, wenn man den Apparat häufiger einschaltet, sieht man manche Sendung nicht an, obwohl dadurch keinerlei Produktionsfaktoren eingespart werden. Soll ein unnötiger Nutzenverzicht dieser Art vermieden werden, muß man die Beitragsdifferenzierung so gestalten, daß der Beitrag aus der Sicht des Mitglieds seinen Fixkostencharakter beibehält. Er muß deshalb nach einem geschätzten Nutzen (Vorteil) differenziert werden. In der Praxis verwendet man zur Erzielung eines entsprechenden Vorteilsausgleichs oft Maßstäbe, die in der Sprache der Juristen als „Wahrscheinlichkeitsmaßstäbe“ bezeichnet werden und Hilfsindikatoren darstellen, von denen man annehmen kann, daß sie mit dem – als solchen ja nicht beobachtbaren – Nutzen der Gruppenmitglieder korrelieren: Ertragswerte von Grundstücken, die von einem Deich geschützt oder durch eine Straße erschlossen werden, oder die relative Höhe der Energielieferkapazität, die für ein Unternehmen im Vergleich zu anderen Abnehmern bereitgestellt werden muß.

Eine Gästelösung (1.5) bietet sich immer dann an, wenn ein Kollektivgut nicht nur von Vereinsmitgliedern genutzt werden soll, sondern auch von „Gästen", die – weil z. B. nur kurzfristig am Ort – lediglich eine vorübergehende Nutzung anstreben. Unter solchen Umständen muß man bedenken, daß Gäste aus volkswirtschaftlicher Sicht nicht ausgebeutet werden sollten (der Verband soll keinen Monopolpreis von ihnen fordern), daß der Gästestatus aber auch nicht so attraktiv sein darf, daß Mitglieder zum Austritt aus einem Verein animiert werden oder daß Zwangsmitglieder sich ausgebeutet fühlen. Dies wäre der Fall, wenn man von Gästen nur eine Grenzkostengebühr verlangte (was an sich wohlfahrtsoptimal wäre) und auf einen Beitrag verzichtete. Ein akzeptabler Kompromiß liegt darin, von Gästen einen Preis in Höhe der Durchschnittskosten pro Nutzungsakt eines Mitglieds zu verlangen.

In Textziffer 2 des Lösungsschemas wird von einem strengen Subsidiaritätsprinzip gesprochen. Letzteres würde an sich verlangen, daß man bei der Suche des richtigen Extensionsniveaus von „unten nach oben" vorgeht und denjenigen Verbandstyp als angemessen aussucht, der erstmals den wohlfahrtsoptimalen Tarif und das Kongruenzprinzip realisieren kann. Dieser Verbandstyp ist „geeignet" (hat also kein zu kleines Extensionsniveau der Finanzierungskompetenz), aber auch „erforderlich" (hat also keine überschießende Finanzierungskompetenz). Verwaltungsverbundvorteile können es aber in besonderen Fällen nahelegen, gleichwohl ein höheres Extensionsniveau zu wählen. Bestünden solche Vorteile, könnte es z. B. zweckmäßig sein, ein Autobahnnetz nicht von einem bundesweiten Verein verwalten zu lassen (was aufgrund der heutigen Exklusionstechnik an sich möglich wäre), sondern von einer bundesweiten Zwangsgenossenschaft (einem „Autobahnsondervermögen" oder sogar einem „Sondervermögen Verkehr"). Dies könnte internen Kontrollproblemen besser gerecht werden, die aus der großen Anzahl und den Größenunterschieden zwischen den Vereinsmitgliedern resultieren, und es würde darüber hinaus der Tatsache Rechnung tragen, daß bei der Netzerweiterung öffentlich-rechtliche Kompetenzen erforderlich sind (z. B. das Enteignungsrecht) und daß die Einhaltung von Sicherheitsstandards kontrolliert werden muß. Ob die potentiellen Verbundvorteile eine Erhöhung des Extensionsniveaus tatsächlich rechtfertigen, sollte allerdings eingehend geprüft werden. Käme man zu dem Ergebnis, daß sie nur gering sind, wäre im Beispiel die Bildung eines Klubs angebracht, der mit einer staatlichen Behörde kooperiert (Ewers, 1995, S. 287–291).

In Textziffer 2 wird außerdem gefragt, ob die Vereinslösung durch Anbieterwettbewerb ersetzt werden könnte. Hierbei ist an Fälle gedacht, in denen im Prinzip ein Wettbewerb zwischen Vereinen (z. B. zwischen verschiedenen Tennisvereinen oder Klubkinos in einer Stadt) möglich wäre. Ist dieser monopolistische Wettbewerb funktionsfähig (Bestreitbarkeit von Firmenmärkten), kann eine vereinsinterne Kontrolle über demokratische Wahlen durch eine wettbewerbliche Kontrolle in Form einer „Abstimmung mit den Füßen" ersetzt werden. An die Stelle des Vereinsmanagements tritt dann ein selbständiger Anbieter, und an die Stelle interner Vereinsbeziehungen zwischen dem Management und den Mitgliedern tritt ein Markt, auf dem die optimale Tarifstruktur wettbewerblich realisiert wird (z. B. über Abonnement- oder Zeitkartenlösungen).

Zur Erleichterung der Anwendung des Ablaufschemas soll nun ein Beispiel besprochen werden, das an die Umgestaltung des Bahnverkehrs anknüpft, die in neuerer Zeit in vielen Ländern stattfindet oder bereits vollzogen ist.

Angenommen, in A-Land seien Netzverwaltung und Zugbetrieb getrennt worden. Das Schienennetz wird von einem öffentlichen Sondervermögen, dem „A-Land-Schienennetz-Verwaltungsvermögen ASV", bereitgestellt und betrieben, der Zugbetrieb ist von privaten Gesellschaften übernommen worden, die miteinander im Wettbewerb stehen, sich dabei aber auch regionale oder fachliche Schwerpunkte gesetzt haben (z. B. im Gütertransport- oder im Schnellverkehrsgeschäft). Die ASV-Leitung hat für die Benutzung des Schienennetzes Preise festgelegt, die pro Zug in Abhängigkeit von der Dauer der Netznutzung und der Länge des genutzten Weges zu entrichten sind. Wie sind diese ASV-Entscheidung und die ASV-Konstruktion zu beurteilen? Diese Frage kann mit Hilfe eines Soll-Ist-Vergleichs beantwortet werden, nachdem man mit Hilfe der *Übersicht J-2* eine Optimallösung erarbeitet hat, wie sie im folgenden skizziert wird.

1.1: (1) Das Gut „Schienennetz" ist aus der Sicht der Zugbetriebsgesellschaften ein gemeinsam genutztes Kollektivgut, für das allen Gesellschaften eine Mindestgarantie x (z. B. in bezug auf die technische Ausstattung und maximale Wartezeiten) garantiert werden sollte. (2) Als Nutzer kommen alle inländischen Zugbetriebsgesellschaften (ständige Nutzer) und ausländische Gelegenheitsnutzer in Frage. (3) Es gibt offensichtlich Gruppenvorteile im Konsum, die sich mit zunehmender Nutzer- und Nutzungsdichte durch Umwandlung von Leer- in Nutzkosten und durch Überlastkosten erschöpfen können. Deshalb ist es sinnvoll, zwischen Normaltrassen mit $\gamma = 0$, ständig überlasteten Engpaßtrassen mit $\gamma > 0$ und Engpaßzeiten mit $\gamma > 0$ zu unterscheiden (letztere können auch auf Normaltrassen auftreten).

1.2: (1) Man kann zwischen einer Maximalbedienungskapazität q_M des Netzes unterscheiden, die von den verlegten Schienen abhängt und ohne größere Investitionen nicht variierbar ist, und einer verfügbaren Kapazität q_V, die niedriger als q_M ist, weil praktisch immer Teile des Netzes (z. B. wegen Reparaturen) ausfallen. q_V kann über geschickte Dispositionen und unter Inkaufnahme von Überlastkosten variiert werden (z. B. Nacht- und Feiertagszuschläge für die Beschleunigung von Reparaturarbeiten). Obwohl diese Überlastkosten einen Anstieg der Grenzkosten zur Folge haben, liegen diese unter den Durchschnittskosten. (2) Um den Anforderungen der Nutzer gerecht zu werden, muß das Gesamtnetz eine bestimmte Mindestgröße und -verknüpfungsdichte aufweisen, und die anfallenden Kosten sind nahezu vollständig (versunkene) Kosten der Betriebsbereitschaft (Fixkosten). Es liegt der Fall eines natürlichen Monopols vor. (3) Normalerweise braucht die verfügbare Kapazität wegen $\gamma = 0$ nicht variiert zu werden; auf Engpaßtrassen und in Engpaßzeiten kann q_V jedoch wie geschildert erhöht werden ($0 < \delta < 1$).

1.3: Der Rivalitätsgrad hat nach den vorstehenden Überlegungen im Normalfall den Wert $\varrho = 0$ und auf Engpaßtrassen und in Engpaßzeiten einen Wert $0 < \varrho < 1$. Somit ist ein Beitragstarif als Grundtarif angemessen; wer dauerhafte oder zeitweilige Engpaßtrassen nutzen will, sollte zusätzlich eine Rationierungs- bzw. Überlastgebühr zahlen, deren Höhe auf dem Versteigerungswege gefunden werden kann.

1.4: Die Vorteile der einzelnen Zugbetriebsgesellschaften dürften unterschiedlich groß sein. Deshalb sollte eine Beitragsdifferenzierung eingeplant werden. Differenzierungsmaßstab könnte z. B. die jeweilige Beschäftigtenzahl sein, denn größere Gesellschaften dürften auch höhere Vorteile haben.

1.5: Für Gelegenheitsnutzer sollte eine Gästelösung vorgesehen werden. Diese Nutzer sollten auf Normaltrassen einen von der genutzten Streckenlänge abhängigen Durchschnittskostenpreis zahlen, auf Engpaßtrassen und in Engpaßzeiten zusätzlich aber die jeweilige Gebühr. Bei Mehrfachnutzung könnte für die Normaltrassennutzung ein Preisnachlaß gewährt werden (Preisdifferenzierung nach der Menge).

2.–4: Da auf der Basis des Privatrechts leicht exkludiert werden kann, wäre das Extensionsniveau eines Vereins der Dauernutzer für die Netzbereitstellung hinreichend. Da der Netzbetreiber dem Verein der Zugbetriebsgesellschaften gegenüber aber ein natürliches Monopol hätte und die Kontrolle durch den Wettbewerb somit ausfällt, wäre eine Integration des Bereitstellungsvereins mit der Netzbetriebsgesellschaft angemessen, d. h. die Gründung einer privatrechtlichen Netzbetriebsgenossenschaft. Diese Genossenschaft müßte potentiellen weiteren Zugbetriebsgesellschaften offenstehen und sollte Gelegenheitsnutzer nicht diskriminieren. Deshalb sollte sie einer kartellrechtlichen Mißbrauchsaufsicht unterliegen (in der EU dem EG-Kartellrecht). Das Extensionsniveau einer privatrechtlichen Genossenschaft ($e = 1$) ist geeignet und erforderlich, und es ist auch verhältnismäßig, denn der Nutzen der Genossenschaft übersteigt offensichtlich die Kosten und durch die Erhöhung des Extensionsniveaus dürften keine Zusatzvorteile zu erzielen sein. Eine private Netzbetriebsgenossenschaft wäre bei Netzerweiterungen mangels öffentlich-rechtlicher Kompetenzen zwar auf die Hilfe des Verkehrsministeriums angewiesen und sollte in bezug auf Sicherheitsstandards und die Schaffung von Schnittstellen mit anderen Verkehrsträgern auch dessen Aufsicht unterliegen; dies verlangt aber keinen Übergang zu einem höheren Extensionsniveau. Meritorische oder demeritorische Effekte sind nicht zu erkennen, externe Effekte dürften vor allem aus dem Zugbetrieb resultieren und müßten deshalb vom Staat bei der Gestaltung der Rahmenbedingungen für diesen Verkehr berücksichtigt werden.

5. Insgesamt sollten die Netzbereitstellung und der Netzbetrieb also über eine Netzbetriebsgenossenschaft der Zugbetriebsgesellschaften vorgenommen werden, die einer Mißbrauchsaufsicht unterliegt und von ihren Mitgliedern gestaffelte Beiträge und Engpaßgebühren erhebt. Erstere berechtigen zur Nutzung von Normaltrassen in Normalzeiten, letztere werden für Engpaßtrassen und Engpaßzeiten erhoben. Für Gelegenheitsnutzer sollte eine Gästelösung eingeführt werden. Die Ist-Lösung hat gegenüber dieser Soll-Lösung die Nachteile eines unnötig hohen Extensionsniveaus (Bürokratisierung) und einer falschen Tarifstruktur (das Netz ist in Normalzeiten aus der Sicht der Nutzer zu teuer, und deshalb wird Verkehr auf andere Verkehrsträger abgedrängt, vor allem auf die Straße).

2.2. Rechtfertigung und Regeln staatlicher Distributionspolitik

2.2.1. Anlässe und Regeln für eine Umverteilung im privaten Sektor

Ein marktwirtschaftliches System reagiert nicht auf Bedürfnisse als solche, sondern auf Bedürfnisse, die mit Kaufkraft ausgestattet sind und dann am Markt als Bedarf (Nachfragemenge) spürbar werden. Die Kaufkraft wird im Normalfall durch Marktleistungen erworben (Beitrag H) und kann durch Vermögensbildung, Diversifikation der Erwerbsquellen, Versicherungen und private Nutzeninterdependenzleistungen auch unter widrigen Umständen sichergestellt werden. Hierbei kommt es jedoch ebenfalls zu Organisationsproblemen, die einen Einsatz des staatlichen Machtmonopols rechtfertigen (Krause-Junk, 1981).

Während im Rahmen der normativen Analyse staatlicher Allokationsaufgaben das Äquivalenzprinzip die entscheidende Maxime ist (Leistung und Gegenleistung sowie Grenzkosten und Grenznutzensumme sollten sich entsprechen, damit Produktions- und Verwendungsentscheidungen optimal koordiniert werden), wird im Distributionsbereich das Leistungsfähigkeitsprinzip zur Leitmaxime: Jeder soll nach seiner ökonomischen Leistungsfähigkeit zur Realisierung einer gerechten Einkommensverteilung beitragen und erforderlichenfalls – ausgedrückt in politisch zu schätzenden Nutzeneinbußen – ein gleiches absolutes, ein gleiches relatives oder ein gleiches marginales Opfer auf sich nehmen (sogenannte opfertheoretische Varianten des Leistungsfähigkeitsprinzips). Anders als im Allokationsbereich, für den es im Prinzip darauf ankam, öffentliche Sachleistungen und finanzielle Gegenleistungen nicht voneinander zu trennen und in dem folglich Entgeltabgaben (Gebühren und Beiträge) das Hauptfinanzierungsmittel sein sollten, herrschen im Distributionsbereich einseitige Leistungen in Form von Steuern und Transfers vor. Daneben spielen auch Zwangsversicherungen eine wichtige Rolle, bei denen Kollektivgutphänomene auftreten.

Milderung von Koordinationsmängeln auf Versicherungsmärkten

Versicherungen haben den Charakter eines gebührenpflichtigen Klubkollektivguts: Mitglieder und Nichtmitglieder eines Versicherungsvereins lassen sich mit privatrechtlichen Mitteln voneinander trennen ($\varepsilon = 1$), und das Gesetz der großen Zahl sorgt dafür, daß eine Vergrößerung der Mitgliederzahl über eine Senkung der Deckungsstockkosten solange die Durchschnittskosten reduziert ($\delta < 1$), bis dieser Vorteil durch steigende Grenzverwaltungs- und -vertriebskosten aufgezehrt wird. Dies ist erfahrungsgemäß erst bei sehr großen Mitgliederzahlen der Fall. Ökonomisch ist es deshalb verständlich, daß Versicherungen vielfach als „Versicherungsvereine auf Gegenseitigkeit" gegründet wurden, d. h. als reine „Umverteilungsvereine" mit dem Zweck der Unterstützung derjenigen, bei denen der Versicherungsfall eingetreten ist. Da Versicherungen einen nicht unerheblichen Verwaltungsaufwand haben, kann ein Versicherungsverein als eine Genossenschaft aufgefaßt werden, die daraus entstanden ist, daß ein Versichertenverein als Verwaltung ein Dienstleistungsunternehmen integriert hat. Als Versichertenverein mit Dienstleistungsunternehmen entsteht so der genossenschaftliche Versicherungsverein auf Gegenseitigkeit. Ist solch ein Verein auf Märkten tätig, die funktionsfähig sind, kann die Vereinskonstruktion allerdings auch durch das Angebot einer Versicherung über normale Erwerbsunternehmen ersetzt werden: Die vereinsinternen Kontrollen mit Mitteln der Mitgliederdemokratie werden dann durch die Möglichkeit ersetzt, „mit den Füßen abzustimmen", die der Wettbewerb bietet, und die Vereinsverwaltung (das integrierte Dienstleistungsunternehmen) wird durch das selbständige Versicherungsunternehmen und sein Management ersetzt.

Für Versicherungsmärkte ist es charakteristisch, daß ihre Entstehung und Entwicklung durch meritorische Effekte und/oder bestimmte sonstige Informationsasymmetrien be- oder gar verhindert werden kann: durch eine Verhaltensdisposition, die man nach ihrem Erst-Beschreiber als Böhm-Bawerksches Gesetz der Minderschätzung zukünftiger Bedürfnisse bezeichnet, durch eine Betrugs- und Unterlassungstendenz (moralisches Risiko/moral hazard), durch eine Tendenz zur Auslese schlechter Risiken (Selektionsrisiko/adverse selection) und durch eine Tendenz zur Häufung des Eintritts von Risikofällen (Kumulationsrisiko), d. h. zur gegenseitigen Abhängigkeit von Risiken. Normalerweise können diese Dispositionen und Tendenzen durch eine zweckmäßige Vertragsgestaltung (z. B. Selbstbeteiligungs- sowie Risikozuschlagssysteme) in Grenzen gehalten werden. In manchen Fällen sind sie jedoch so stark, daß die Anbieter von Versicherungsleistungen Prämien kalkulieren müßten, die so hoch sind, daß den potentiellen Versicherungsnehmern eine Versicherung nicht mehr lohnend erscheint. Ein Versicherungsunternehmen ist wie gesagt im Grunde nichts anderes als eine Umverteilungsanstalt, die Beiträge schadensfreier Versicherungsnehmer verwendet, um diejenigen zu entschädigen, bei denen ein Versicherungsfall eingetreten ist. Da der Betrieb von Versicherungsunternehmen Kosten verursacht, die von den Versicherten zu decken sind, muß eine Versicherungsprämie stets höher als der Erwartungswert des Schadens sein. Daß man Versicherungen überhaupt verkaufen kann, liegt daran, daß die meisten Menschen im Hinblick auf Großschäden risikoavers und deshalb bereit sind, über den Erwartungswert des Schadens hinaus eine Prämie für Sicherheit zu zahlen. Versichern sich nun aber nur schlechte Risiken oder kommt es häufig zu Betrugsformen, die über eine privatrechtliche Vertragsgestaltung nicht unterbunden werden können, muß die Versicherungsprämie neben dem reinen Betriebskostenaufschlag weitere Aufschläge enthalten. Die Gesamtprämie kann dann so hoch werden, daß die Versicherungsverträge nicht mehr absetzbar sind oder daß die entsprechenden Märkte jedenfalls sehr „dünn" werden.

So etwas ist aber nicht zwingend. Es liegt daran, daß das Privatrecht keine Möglichkeit bietet, Fehlentscheidungstendenzen durch Anwendung von Zwang zu verhindern, den letztlich jeder als im eigenen (langfristigen) Interesse liegend betrachtet und deshalb als Form der kollektiven Selbstbindung ansieht. Solch einen Zwang kann nur der Staat ausüben: Er kann eine Tendenz dazu, daß sich nur die schlechten Risiken versichern (im Falle der Arbeitslosenversicherung also z. B. die, welche in einer Krisenbranche tätig sind und fürchten, arbeitslos zu werden) durch eine Versicherungspflicht ausschalten. Diese muß mit einem Kontrahierungszwang für Versicherungsunternehmen kombiniert werden und sorgt dann dafür, daß die Differenz zwischen der erforderlichen Prämie und dem Erwartungswert des Schadenfalls nicht zu groß wird. Der Staat kann außerdem besondere Überwachungs- und Schadensabwehrpflichten (etwa in Form von Melde- und Anstellungsannahmepflichten für Arbeitslose) dekretieren und damit Tendenzen zum Betrug und zum Leichtsinn mildern. Und er kann schließlich über einen Versicherungszwang auch erreichen, daß Risiken besser versicherbar werden, die sich (wie etwa Arbeitslosigkeit in der Depression) typischerweise in gehäufter Form realisieren. Darüber hinaus ist ein Versicherungszwang auch geeignet, Verhaltensdispositionen wie denen zur Minderschätzung zukünftiger Bedürfnisse entgegenzuwirken.

Diese Effekte spielen im gesamten Bereich der Sozialversicherung eine wichtige

Rolle, die gerade geschaffene Pflegeversicherung eingeschlossen. Sie können noch dazu dadurch verstärkt werden, daß wirtschaftspolitische Maßnahmen oft nicht nur Haupt- und Nebenwirkungen, sondern auch Wechselwirkungen mit anderen Maßnahmen zur Folge haben. So wird man es letztlich sicher für richtig halten, daß es Sozialhilfeleistungen als Letzt-Garantie für das soziale Existenzminimum und ein menschenwürdiges Dasein gibt, und ebenso wird man es begrüßen, daß Konkurs- und Pfändungsregelungen existieren, die unter bestimmten Umständen zur Löschung von Privatschulden (z. B. aus Haftpflichten) und zur Schonung eines Mindesteinkommens führen. Eine Folgewirkung der Einführung solcher Regelungen ist nun aber, daß Märkte für ökonomisch durchaus sinnvolle Versicherungen (wie z. B. die Pflegeversicherung) in ihrer Entwicklung behindert werden und daß dies durch einen weiteren staatlichen Eingriff (z. B. einen Versicherungszwang) korrigiert werden muß.

Förderung der Vermögens- und Humankapitalbildung

Vermögensbildung schafft – individuell gesehen – Kaufkraftpuffer, auf die in Notfällen zurückgegriffen werden kann und die deshalb wie Versicherungen wirken. Ähnliches gilt für eine vielseitig verwertbare Ausbildung, denn diese gleicht einer Selbstversicherung durch Diversifikation, wie sie Unternehmen vornehmen. Betreibt jemand Vermögens- und/oder Humankapitalbildung, ergeben sich – gesamtwirtschaftlich oder jedenfalls vom Standpunkt der Restgesellschaft aus – positive Zusatzeffekte: Vermögensbildung erhöht tendenziell die Sachinvestitionsquote und damit ceteris paribus die Arbeitsproduktivität, und Humankapitalbildung erhöht ceteris paribus die Arbeits- und Kapitalproduktivität; beides verringert darüber hinaus Unterstützungsrisiken. Die Produktivitätserhöhung wird zwar durch Zinsen bzw. Löhne entgolten; die Verringerung der Unterstützungsrisiken stellt jedoch einen positiven externen Effekt pekuniärer Art dar. Außerdem ergibt sich in dynamischer Hinsicht jedenfalls dann eine erwünschte Tendenz zur Angleichung von Startchancen, wenn die Vermögens- und Humankapitalbildung durch Minderbemittelte betrieben wird. Daher wird die staatliche Förderung solcher Aktivitäten von vielen als gerechtfertigt angesehen (Beitrag R-6.2.). Dies ist insoweit konsequent, als die Garantie eines menschenwürdigen Daseins und von Hilfe zur Selbsthilfe ja zur Konzeption der Sozialen Marktwirtschaft gehören (Abschnitt 2.1.3.) und die Unterstützung der Vermögens- und Humankapitalbildung als vorausschauende und dynamische Hilfe zur Selbsthilfe aufgefaßt werden kann.

Berücksichtigung von Nutzeninterdependenzen

Es gibt Förderleistungen des A an den B, die aufgrund von Nutzeninterdependenz auch dem A Nutzen stiften. Man findet sie hauptsächlich im Kreise der Familie und in Form von Spenden für bestimmte Zwecke (etwa zur Unterstützung von Waisenkindern oder zur Linderung von Katastrophen). Aus der Sicht der übrigen Gesellschaftsmitglieder ist mit diesen privaten Unterstützungsleistungen jedenfalls dann eine Entlastung verbunden, wenn damit Sozialhilfeleistungen eingespart werden. Auch hier liegt dann ein positiver externer Effekt pekuniärer Art vor. Deshalb kann man es als gerechtfertigt ansehen, wenn Unterstützungsleistungen innerhalb von Familien und Spenden vom Staat steuerlich begünstigt werden, und es ist zu fordern, daß der Staat für Transparenz auf dem Spendenmarkt sorgt (Dickertmann/Piel, 1995). In diesem Zusammenhang ist auf drei Sonderaspekte von Nutzeninterdependenzleistungen hinzuweisen: auf eine ökonomische Angemessenheit von Sachleistungen, auf den Generationenvertrag und auf die Frage der intergenerativen Gerechtigkeit.

Sachtransfers (transfers in kind) sind Geldtransfers normalerweise unterlegen. Transferiert der Staat dem B einen Geldbetrag, wird B diesen nutzenmaximal verwenden; eine Sachleistung wird nur dann den gleichen (und niemals einen höheren) Nutzen stiften, wenn der Staat die gleiche Sache schenkt, die B auch von sich aus gekauft hätte. Schenkt der dem B persönlich verbundene A aber eine Sachleistung, ist es oft so, daß er den B (oder eine bestimmte Empfängergruppe) nicht irgendwie, sondern in ganz bestimmter Hinsicht unterstützen will. Insofern ist die Sachleistung aus der Sicht des Gebers dann überlegen.

Als dem Generationenvertrag entsprechend bezeichnet man Leistungen wie etwa Kinderpflege, Ausbildungsfinanzierung oder Altenbetreuung, die früher von den verschiedenen Generationen der Großfamilie füreinander erbracht wurden, die heute aber mehr und mehr von der Gesamtbevölkerung sichergestellt werden (müssen). Dies hat zur Folge, daß das Gesetz der großen Zahl zur besseren Kalkulierbarkeit und der Rechtsanspruch zu mehr individueller Sicherheit führen. Ein solcher Vertrag kann jedoch nur dann problemlos erfüllt werden, wenn die Bevölkerung nicht schrumpft. Solange die Unterhalts- und Ausbildungsleistungen der Familien nicht voll abgegolten werden, führt der Generationenvertrag dazu, daß diejenigen, die Kinder aufziehen, positive externe Effekte pekuniärer Art für diejenigen erbringen, die als Alte von den Arbeitsleistungen dieser Kinder profitieren. Deshalb wird vielfach ein finanzieller Ausgleich verlangt, der Anreize zur Erfüllung des Generationenvertrages durch eigene Erziehungsleistungen setzt oder über eine Zwangsbeteiligung an den Leistungen anderer erreicht wird (Beitrag R-5.). Auch dies kann als eine vorausschauende Hilfe zur Selbsthilfe aufgefaßt werden, wirkt es doch letztlich staatsentlastend.

Ein Problem der intergenerativen Gerechtigkeit ergibt sich daraus, daß in jeder Generation Entscheidungen über den Bau und die Unterhaltung langlebiger Kapitalgüter vor allem im Bereich der materiellen und der Ausbildungsinfrastruktur zu fällen sind, aber auch in bezug auf ökologische Fragen, die mit einer langfristigen Entwicklung verbunden sind. Im Hinblick auf solche Investitionen wird vielfach vorgeschlagen, sie nach der sogenannten Pay-as-you-use-Regel zu finanzieren. Für die Praxis bedeutet dies, daß langfristige Investitionen über Kredite finanziert werden dürfen; wie bei der Wirkungsanalyse der Staatsverschuldung noch deutlich werden wird, können Belastungen via Verschuldung an nachfolgende Generationen weitergegeben werden. Dies bewirkt, daß diese nicht nur den Nutzen der jeweiligen Kapitalgüter haben, sondern auch einen angemessenen Kostenanteil übernehmen müssen. Sollen die mit der Staatsverschuldung verbundenen Probleme vermieden werden, ist es zweckmäßiger, intergenerative Gerechtigkeit nicht über ein Verhalten nach der Pay-as-you-use-Regel herzustellen, sondern den Blick vom einzelnen Investitionsobjekt zu lösen und zu verlangen, daß alle Generationen einen gleichen Beitrag zu einer langfristig tragfähigen Entwicklung leisten. Dies läuft auf eine langfristige Stabilisierung der Nettospar- und -investitionsquote und die Kontrolle einer angemessenen Lastübernahme mittels einer Generationenbelastungsrechnung hinaus (zur Anwendung dieses „generational accounting" nach AUERBACH, GOKHALE und KOTLIKOFF auf Deutschland vgl. GOKHALE/RAFFELHÜSCHEN/WALLISER, 1994).

Umverteilung nach ethischen Prinzipien

Bei den bisher diskutierten Umverteilungsmaßnahmen spielten Koordinationsmängel oder pekuniäre externe Effekte eine Rolle. Es gibt aber auch Umverteilungsforderungen, die sich nicht auf solche Effekte, sondern auf Gerechtigkeitsüberlegungen stützen, welche direkt an der Verteilung des verfügbaren Einkommens in einer Volkswirtschaft anknüpfen. Von dieser Verteilung wird verlangt – und das spiegelt sich z. B. im deutschen Einkommensteuerrecht wider –, daß sie drei Korrelationsforderungen genügt. Das Einkommen, über das jemand verfügen kann, soll mit den folgenden Größen positiv korreliert sein: mit der Marktleistung für andere (Forderung nach Leistungsgerechtigkeit), mit dem objektiv geschätzten Arbeitsleid (Forderung nach Aufwandsgerechtigkeit) und mit außergewöhnlichen persönlichen Belastungen (Forderung nach Bedürfnisgerechtigkeit).

Die Primärverteilung der auf den Märkten erzielten Einkommen entspricht bestenfalls (d. h. bei einem angemessenen Ordnungsrahmen) dem Ideal der Leistungsgerechtigkeit; soll auch den anderen beiden Forderungen genügt werden, ist deshalb eine Umverteilung erforderlich. Man kann davon ausgehen, daß über die Berechtigung der Forderungen nach Aufwands- und Bedürfnisgerechtigkeit ein weitgehender Konsens besteht; über das richtige Ausmaß einer „gerechten" Umverteilung gehen die Ansichten aber auseinander (Beitrag H-1.2.). Man sollte daher auch die Gefahren der Umverteilungspolitik bedenken.

Gefahren der Umverteilungspolitik

Alle Geld- und Förderleistungen, die der Staat im Rahmen der Umverteilungspolitik Privaten gegenüber erbringen soll, müssen finanziert werden. Soweit es dabei um andere als Versicherungsleistungen geht, bietet sich als Finanzierungsgrundsatz das Leistungsfähigkeitsprinzip an. Ein allgemein anerkannter Maßstab für ökonomische Leistungsfähigkeit ist das Einkommen, welches das Existenzminimum übersteigt und im Sinne von Aufwands- und Bedürfnisgerechtigkeit korrigiert wird. Hilfsmaßstäbe sind Vermögen und Konsum. Als Hauptmittel einer rationalen Umverteilungspolitik bieten sich neben Zwangsversicherungen somit Transfers im Sinne der vorgenannten Zielsetzungen an, die mit Hilfe einer zweckmäßig gestalteten Einkommensteuer finanziert werden. Es gibt auch Vorschläge, einen gemeinsamen Tarif zu schaffen, der für jeden Bürger die zu zahlenden Steuerbeträge und die ihm zustehenden Transferbeträge (einschließlich Versicherungszahlungen) zusammenfaßt. Da die Transfer- die Steuerbeträge hier innerhalb bestimmter Einkommensgrenzen übertreffen, spricht man von einer sogenannten negativen Einkommensteuer (Beitrag R-6.1.).

Mit dem Einsatz von Steuern und Transferzahlungen sind neben Einkommensumverteilungseffekten (der Transferlast) jedoch sogenannte Zusatzlasten verbunden. Diese äußern sich in Form unbeabsichtigter Substitutionseffekte. Zu nennen sind zum einen negative Leistungsanreize. Eine Einkommensteuer „belohnt" z. B. die Ausdehnung der Freizeit auf Kosten der Erwerbszeit und die Ausdehnung des Gegenwartskonsums auf Kosten der Ersparnisbildung. Eher noch gefährlicher dürften jedoch die Schattenwirtschafts- sowie Arbeitsplatzexportanreize sein: Der „Keil", der durch Steuern (und durch die Lohnnebenkosten) zwischen die Löhne getrieben wird, mit denen die Arbeitgeber einerseits und die Arbeitnehmer andererseits rechnen, reizt dazu an, schwarz zu arbeiten oder Arbeiten selbst zu übernehmen, die anderenfalls an andere vergeben worden wären (Reduzierung der Arbeitsteilung durch Do-it-yourself), oder Arbeitsplätze ins Ausland zu verlagern. Hinzu kommt, daß neben die Zusatzlasten auch noch sogenannte Rent-seeking-Anreize treten: Unternehmen und Interessenverbände setzen Lobbyisten ein, um die Umverteilungsmöglichkeiten der Politiker so auszunutzen, daß andere Bürger Partialleistungen des Staates für die eigene Gruppe finanzieren oder daß Ausnahmen vom allgemeinen Steuerrecht erreicht werden. Auf diese Weise erzielte Verteilungskampfgewinne fordern zur Imitation auf und fördern eine allgemeine Verteilungskampfmentalität und Staatsverdrossenheit.

2.2.2. Anlässe und Regeln für eine Umverteilung im öffentlichen Sektor

Zwischen den Aufgaben und den davon abhängigen Ausgaben eines öffentlichen Verbandes oder Haushalts sowie seinen Einnahmen existieren Spannungen. Diese sind zum einen Ausdruck der allgemeinen Knappheit; sie können zum anderen aber auch Ausdruck von Ungleichgewichten in der Verteilung von Aufgaben oder Einnahmen sein. Maßnahmen zur Reduktion solcher Spannungen werden als Finanzausgleich (intergovernmental fiscal relations) bezeichnet. Nach dem Extensionsniveau der betroffenen Verbände unterscheidet man einen internationalen, einen Bund-Länder- und einen kommunalen Finanzausgleich sowie Sonderfinanzausgleiche (insbesondere zwischen Krankenkassen und zwischen Rundfunkanstalten). Beim Finanzausgleich unter den Gebietskörperschaften, die ja Vielzweckkörperschaften sind, kann man die Spannungen zwischen Aufgaben und Einnahmen durch Aufgabenumverteilung (passiver Finanzausgleich) oder durch Einnahmenumverteilung lösen (aktiver Finanzausgleich oder auch Finanzkraftausgleich). Bei den Spezialfinanzausgleichen geht es um einen Ausgleich struktureller Nachteile für diejenigen Institutionen, deren Zuständigkeitsgebiet aufgrund der quantitativen und qualitativen Bevölkerungsverteilung z. B. signifikant höhere Krankheitsrisiken (Krankenkassen) oder signifikant niedrigere Empfängerdichten (Rundfunkanstalten) aufweist. Im folgenden wird nur auf Regeln für den Finanzausgleich unter Gebietskörperschaften und die damit zum Teil verwandte Regionalpolitik eingegangen.

Grundfragen des nationalen Finanzausgleichs

Anders als die Lösung der Allokations- und der bisher besprochenen Distributionsfragen gehört die Regelung von Finanzausgleichsproblemen nicht zu den Grundaufgaben von Staaten. Finanzausgleichsfragen tauchen nämlich erst dann auf, wenn man sich entschließt, nicht zuerst für eine befriedigende Einkommensverteilung im privaten Bereich und dann für die Bereitstellung von Kollektivgütern und die Korrektur externer und meritorischer Effekte nach den besprochenen Regeln zu sorgen. Sie sind vor allem eine Frucht der Entscheidung, Kollektivgüter über Steuern zu finanzieren und damit den Zusammenhang zwischen einer Beschaffung oder Herstellung dieser Güter und ihrer Finanzierung dadurch zu zerschlagen, daß man einerseits isolierte Einnahmenentscheidungen fällt (Steuergesetzgebung) und andererseits isolierte Ausgabenentscheidungen (Haushalts- und Leistungsgesetzgebung). Hat man diesen Zusammenhang zerstört und damit auch die vom Kongruenzprinzip empfohlenen Informations-, Motivations- und Verantwortungsstrukturen ausgehebelt, kann man Aufgaben einerseits und Steuereinnahmen andererseits im Prinzip beliebig verteilen; da es nun aber offensichtlich ist, daß es wenigstens ein Mindestmaß an Chancengleichheit für die Privaten sowie an Wirtschaftlichkeitsanreizen für die öffentlichen Verbände geben und darüber hinaus eine einsichtige Verteilungsmaxime für Steuererträge gefunden werden muß, entsteht ein für den „Steuerstaat“ (SCHUMPETER, 1918) charakteristisches Forderungsbündel, das sich auch im Grundgesetz findet und einen Finanzausgleich erforderlich macht. Es ist im Sinne der Wohlfahrtstheorie allenfalls zweitbester Natur und umfaßt folgende Teilforderungen:

- Die heute weitgehend entgeltfrei bereitzustellende Infrastruktur in Form von öffentlichem Sachkapital, Ausbildungseinrichtungen und institutionellem Kapital soll zur Herbeiführung eines Mindestmaßes an Chancengleichheit eine gewisse Einheitlichkeit der Lebensverhältnisse im Raum garantieren (Art. 72 Abs. 2 und Art. 106 Abs. 3 GG).
- Die Gebietskörperschaften sollen zur Förderung eines wirtschaftlichen Verhaltens und von Verantwortungsklarheit grundsätzlich alle Finanzierungslasten tragen, die sich aus ihren gesetzlich festgelegten Aufgaben ergeben (Konnexitätsprinzip des Art. 104a Abs. 1 GG).
- Den Gebietskörperschaften wird jeweils ein Anspruch auf gleichmäßige Deckung ihrer Ausgaben und den Steuerpflichtigen ein Schutz vor Überlastung zugesprochen (Art. 106 Abs. 3); dies ist gleichbedeutend damit, daß das Zweite Gossensche Gesetz realisiert werden soll, d. h. daß eine Steuermark bei allen Gebietskörperschaften den gleichen Grenznutzen stiften soll wie eine Mark des Einkommens nach Steuern, das den Steuerpflichtigen verbleibt.

Diese Forderungen sind nur schwer zu erfüllen, weil man Zahlungsbereitschaftsinformationen verliert, wenn Kollektivgüter nicht mehr nach dem Kongruenzprinzip (und damit über Entgeltabgaben) finanziert werden. Wären die Steuern den Gebietskörperschaften getrennt zurechenbar, könnten die jeweiligen Politiker wenigstens noch abschätzen, ob die Gesamtbelastung den Bürgern einer Gebietskörperschaft ausweislich ihres Steuerwiderstandes und ihrer Reaktionen an den Wahlurnen im Hinblick auf die öffentlichen Leistungen noch angemessen erscheint. Bei einem Verbundsteuersystem wie dem deutschen (Abschnitt 4.4.) ist aber auch dies nicht möglich. Will man den Forderungskatalog gleichwohl so gut wie möglich erfüllen, müssen die Regelwerke für den Finanzausgleich unter Gebietskörperschaften folgenden Anforderungen gerecht werden:

- Da der passive Finanzausgleich eine Neuverteilung von Aufgaben (Funktionalreform) erfordert, die erfahrungsgemäß schwierig und transaktionskostenintensiv ist, sollte der Finanzausgleich vorrangig als aktiver Finanzausgleich zur Umverteilung primärer Einnahmen durchgeführt werden. Dabei kann zwischen einer vertikalen und horizontalen Komponente unterschieden werden; erstere umfaßt den Finanzausgleich zwischen dem Bund und einem fiktiven Durchschnittsland bzw. einem Bundesland und einer fiktiven Durchschnittsgemeinde, letztere den Ausgleich auf der Ebene der Länder bzw. Gemeinden.
- In die „Finanzkraft" als Bemessungsgrundlage sollten nur Einnahmen einbezogen werden, die den jeweiligen Körperschaften Dispositionskraft vermitteln (also z. B. keine faktisch zweckgebundenen Entgelteinnahmen) und deren Einbeziehung keine unverhältnismäßigen Transaktionskosten verursacht (z. B. keine lokalen Verbrauchs- und Aufwandsteuern kleinerer Art). Alle Steuern und steuerähnlichen Einnahmen, die diesem Konzept entsprechen, sind vollständig einzubeziehen, um Ausweichreaktionen und Verzerrungen vorzubeugen (also z. B. keine Halbanrechnung von Gemeindesteuern im Bund-Länder-Finanzausgleich); existieren Variationsmöglichkeiten für die steuerberechtigten Verbände (z. B. Hebesatzrechte), sind im Hinblick auf die Steuererhebung Normierungen vorzunehmen (also z. B. Normhebesätze vorzugeben), um einer Entlastung der jeweils eigenen Verbandsmitglieder auf Kosten der Mitglieder jeweils anderer Verbände zuvorzukommen.
- Es muß Revisionsverfahren geben, die geeignet sind, vertikale Änderungen bei den Ertragskompetenzen – und damit der Primärverteilung der Steuereinnahmen – vorzunehmen, wenn sich die vertikale Aufgaben-Einnahmen-Spannung zwischen Bund und Ländern bzw. Ländern und Kommunen grundlegend ändert.
- Es muß eine Finanzausgleichsformel für die horizontale Umverteilung festgelegt werden, welche die Finanzkraftstreuung reduziert und für eine Mindestfinanzkraft sorgt. Letztere wird am besten in Abhängigkeit von der durchschnittlichen Finanzkraft pro Kopf der jeweiligen Ebene festgelegt. Zur Vermeidung von Fehlanreizen darf die Formel weder zu einer vollständigen Abschöpfung von Finanzkraftüberschüssen bei den überdurchschnittlich gut gestellten Geberverbänden noch gar zu einer sogenannten Übernivellierung führen, d. h. zu einer Veränderung der Finanzkraftrangfolge vor und nach Finanzausgleich. Außerdem sollten Sprungstellen bei der Bemessung der Ausgleichsbeiträge und -leistungen vermieden werden.
- Es müssen Regeln für die Behandlung verbandsexterner Effekte getroffen werden.
- Da Bund und Länder bzw. Länder und Kommunen in einem Bundesstaat jeweils Gefahrengemeinschaften bilden, müssen Regeln für die Behandlung von Haushaltsnotlagen in Form von Finanz- und Strukturkrisen festgelegt werden.

Es sind mehrere Regelwerke denkbar, die dem vorstehenden Aufgabenkatalog gerecht werden. Bei der Auswahl eines Regelwerkes sollte man nach dem Legitimationspostulat vorgehen (*Übersicht J-4*, S. 548 f.) und damit auch sicherstellen, daß dem Subsidiaritätsprinzip Rechnung getragen wird. Das bringt normalerweise Informations- und Motivationsvorteile mit sich. Die Einzelregelungen sollten deshalb zwar zur Lösung der jeweiligen Aufgaben geeignet sein; sie sollten die jeweils unteren Gebietskörperschaften in ihren Entscheidungskompetenzen aber nicht unnötig beschränken (also erforderlich sein), und sie sollten die jeweils entstehenden Kosten berücksichtigen (also verhältnismäßig sein).

Grundfragen der Regionalpolitik

Die Regionalpolitik hat das Hauptziel, regionale Arbeitslosigkeit zu vermeiden. Als Nebenziel werden oft die Angleichung der Einkommensverhältnisse im Raum und der Ausschöpfung regionaler Wachstumspotentiale genannt (Jürgensen, 1981; Klaus, 1981; kritisch van Suntum, 1981). Diese Nebenziele sind – vor allem bei Betrachtung größerer Gebiete wie z. B. der Europäischen Union – jedoch umstritten, weil Einkommensdisparitäten im Raum auch von Differenzen in den Vorstellungen über eine angemessene Dauer und Intensität der Arbeit abhängen können und weil Wachstumsraten ebenfalls von Präferenzen beeinflußt werden. Liberale Ökonomen geben deshalb zu bedenken, daß es nicht Aufgabe der Wirtschaftspolitik sein kann, möglichst viel Sozialprodukt zu erzeugen, sondern daß ein Rahmen bereitgestellt werden sollte, innerhalb dessen die Bürger möglichst viel Nutzen realisieren können, der auch aus Muße resultieren kann. Das Hauptziel einer Verringerung struktureller regionaler Arbeitslosigkeit ist dagegen unbestritten. Seine Realisation ist nicht selbstverständlich. Sie beruht vielmehr darauf, daß die „automatische" Lenkung der Betriebsstätten und damit auch der Arbeitsplatzangebote im Raum erfahrungsgemäß nur sehr unvollkommen funktioniert und daß von historischen Zufällen geprägte („pfadabhängige") Ballungs- und Entleerungstendenzen Formen eines Marktversagens darstellen, die aufgrund der Unvorhersehbarkeit der Entwicklung regional dominierender Branchen immer wieder neu entstehen können.

Die im Zuge der Wiedervereinigungspolitik stark ausgeweitete Regionalpolitik soll mit ihrer Bekämpfung von Arbeitsplatzdefiziten und den damit verbundenen Wanderungszwängen wie der Finanzausgleich zu einer Vereinheitlichung der Lebensverhältnisse beitragen. Sie unterscheidet sich vom Finanzausgleich jedoch in charakteristischer Hinsicht in bezug auf Ziele, Mittel und Träger: Während der Finanzausgleich eine gleichmäßige laufende Bereitstellung öffentlicher Leistungen fördern will und sich an Gebietskörperschaften richtet, deren Wirtschaftskraft keine unmittelbare Bemessungsgrundlage ist, hat die Regionalpolitik private Investoren in wirtschaftlich rückständigen Arbeitsamtregionen als Adressaten; während die Finanzausgleichstransfers in bezug auf ihre Verwendung überwiegend ungebunden und der Höhe und dem Gewährungsanlaß nach regelorientiert sind, sind die regionalpolitischen Zuweisungen zweckgebunden, der Höhe nach eine Ermessensangelegenheit und als Hilfe zur Selbsthilfe an eine Eigenbeteiligung der Investoren geknüpft; während der Finanzausgleich jeweils von der Verwaltung des Oberverbandes (Bund bzw. Land) umgesetzt wird, ist die Regionalpolitik – jedenfalls in der deutschen Praxis – eine Gemeinschaftsaufgabe, die in die Verwaltungskompetenz der Länder fällt. Finanzausgleich und Regionalpolitik können somit als komplementär betrachtet werden: Ersterer hat die Aufgabe, den Gebietskörperschaften Mittel dafür zur Verfügung zu stellen, ihre immobilen Produktionsfaktoren und damit die Standortqualität attraktiv zu machen. Die Funktion letzterer ist es dagegen, mobile Produktionsfaktoren durch besonders günstige Preis-Leistungs-Verhältnisse an diejenigen Orte zu lenken, wo sie einen fühlbaren Beitrag zur Verringerung struktureller Arbeitslosigkeit leisten (Ex-post-Therapie) oder wo sie die Krisenanfälligkeit durch Verringerung der Abhängigkeit von wenigen Branchen deutlich verringern können (präventive Politik). Da die Regionalpolitik bei der Beurteilung von Förderanträgen immer auf Ermessensspielräume angewiesen sein wird, kann sie allerdings auch zur politischen Profilierung und zur Befriedigung von Partialinteressen mißbraucht werden. Das läßt Skepsis gegenüber dieser Form einer Distributionspolitik angebracht erscheinen, die einerseits Umverteilungspolitik im öffentlichen Sektor, andererseits aber immer auch Subventionspolitik ist. Ordnungspolitisch muß diese Politik daher als besonders mißbrauchsanfällig und ordnungsbedürftig angesehen werden. Mißbrauchsmöglichkeiten könnte im Rahmen einer Subventionsordnung vorgebeugt werden (NIEDER-EICHHOLZ, 1995; speziell zur EU-Regionalpolitik KLODT/STEHN et al., 1992, S. 54–97 und S. 194–198).

Grundfragen des internationalen Finanzausgleichs

Der internationale Finanzausgleich wird meist anhand seiner wichtigsten Teilprobleme behandelt: der Entwicklungshilfe, internationaler Besteuerungsprobleme und der Verteilung von Finanzierungslasten für internationale Organisationen.

Entwicklungshilfe kann zum einen als Teil einer Entwicklungspolitik der Industrieländer begriffen werden, bei der man deren Benevolenz voraussetzt und fragt, wie Kapital- und Handelshilfen zweckmäßig gestaltet werden können (Beitrag T-5.1. und 5.2.). Daneben kann man aber auch fragen, welches Eigeninteresse die Industrieländer an Entwicklungshilfe haben könnten, und diese Frage analog zu den Grundfragen des nationalen Finanzausgleichs und der Regionalpolitik beantworten (SCHEUBE, 1992). Man stößt dann auf die folgenden „egoistischen" Gründe und damit auch auf Regelungsprobleme für einen internationalen Finanzausgleich mit Entwicklungshilfefunktionen:

- die Notwendigkeit, Gebühren zu erheben, welche die Übernutzung von Schutzgütern (auch Allmendegüter genannt) verhindern. Deren Aufkommen könnte zur Abgeltung positiver externer Effekte verwendet oder pro Kopf an die Weltbevölkerung zurückverteilt werden, weil für den Lenkungszweck lediglich Substitutions-, nicht jedoch Einkommenseffekte erforderlich sind. Dies entspricht der Internalisierung verbandsexterner Effekte im nationalen Finanzausgleich. Zu nennen sind hier vor allem Gebühren, welche die positiven externen Effekte des Erhalts von tropischen Regenwäldern abgelten, und Gebühren, welche einer zu starken Verschmutzung der Erdatmosphäre sowie einer Übernutzung der Rohstoffe der Antarktis und der Weltmeere sowie des Weltraums als Satellitenparkplatz vorbeugen.
- den Wunsch, analog zur Behandlung von Finanzkrisen im nationalen Finanzausgleich eine Versicherungsgemeinschaft herzustellen, die Strukturkrisenländern per Hilfe zur Selbsthilfe die Möglichkeit bietet, sich wieder in den Welthandel zu integrieren, und
- das Bedürfnis, einer unzweckmäßigen Immigration in die Industrieländer analog zur Regionalpolitik dadurch zuvorzukommen, daß mit Hilfe von Subventionen Arbeitsplätze in Entwicklungsländern geschaffen werden.

Internationale Besteuerungsprobleme ergeben sich daraus, daß beim internationalen Handel mit Gütern und bei der Einkommenserzielung heimischer Produktionsfaktoren im Ausland geklärt werden muß, welcher Staat bezüglich der ggf. anfallenden Güter- bzw. Faktorsteuern (Abschnitt 4.2.1.) ertragsberechtigt sein soll. Güter können im Prinzip nach dem Recht des Herkunfts- oder nach dem des Empfängerlandes besteuert werden (Ursprungsland- versus Bestimmungslandprinzip), Faktoren nach dem Recht des Wohnsitzlandes der Einkommensbezieher oder dem Recht des Landes der Einkommensentstehung (Wohnsitzland- versus Quellenlandprinzip). Man ist sich im Grundsatz einig, daß diese Fragen „wettbewerbsneutral" geregelt werden sollen. Unklar ist jedoch, wie dieses Postulat konkretisiert und erfüllt werden soll. Beim internationalen Handel können Zahlungsbilanz-, Allokations- und Fiskalneutralität unterschieden werden (PEFFEKOVEN, 1983). Das Allgemeine Zoll- und Handelsabkommen (GATT) und seine Nachfolgeorganisation, die World Trade Organization (WTO), ließen bzw. lassen das Bestimmungslandprinzip zu; in der EU will man die Steuergrenzen jedoch abschaffen und zum Ursprungslandprinzip übergehen. Dies wirft die Frage einer Verrechnung von Steueransprüchen auf. Bezüglich der Faktorsteuern sind Doppelbesteuerungsabkommen üblich, die jeweils Elemente des Wohnsitz- und des Quellenlandprinzips enthalten und der Erdrosselung von Faktorwanderungen durch Zweifachbesteuerung vorbeugen sollen. Sie sind ein Ersatz für eine internationale Steuerharmonisierung und können auch als Kartellverträge zur Sicherung von Einkünften der steuerberechtigten Staaten aufgefaßt werden. Dieser Vertrag wird teilweise von Außenseitern unterlaufen, die sich typischerweise als „Steueroasen" in der Umgebung größerer Länder finden.

Die Finanzierung inter- und supranationaler Einrichtungen könnte im Grunde genommen nach dem Kongruenzprinzip organisiert werden. Da sich bei der Direktbelastung der letztlich begünstigten Staatsbürger und einer Direktkontrolle durch diese aber erhebliche Transaktionskosten ergeben würden und das Aushandeln entsprechender Verträge schwer ist, haben internationale Einrichtungen meist den Charakter von Vereinen von nationalen Verbänden, die durch freiwillige Beiträge der nationalen Verbände finanziert werden. Bei supranationalen Einrichtungen wie der Europäischen Gemeinschaft für Kohle und Stahl gibt es aber auch internationale Zwangsabgaben. Obwohl die Anwendung des Äquivalenzprinzips auch bei inter- und supranationalen Einrichtungen erwünscht und möglich wäre (TEUTEMANN, 1992), zeigt das Beispiel der EG-Entwicklung, daß mit der Annäherung an eine bundesstaatliche Struktur typischerweise auch eine Finanzierung einhergeht, die – wenn überhaupt irgendwelchen Prinzipien – eher Leistungsfähigkeitsgesichtspunkten genügt. Zum Teil kann dies dadurch gerechtfertigt werden, daß in Gemeinschaften wie der EU auch Distributionsziele verfolgt werden, wie sie im nationalen Bereich innerhalb des Finanzausgleichs und der Regionalpolitik eine Rolle spielen. Insgesamt dürfte mit der Abkehr von der Entgeltfinanzierung von Leistungen und einer davon getrennten Umverteilungspolitik aber auch im internationalen Bereich eine Wohlstandseinbuße verbunden sein.

2.2.3. Besteuerungsgrundsätze und rationales Steuersystem

Der wohlfahrtspolitische Grundfehler des Steuerstaates, Allokationsaufgaben über Steuern zu finanzieren, führt zu Preisverzerrungen, weil Steuern einen „Keil" zwischen die Brutto- und die Nettopreise und damit diejenigen Preise treiben, die für Verwendungsentscheidungen einerseits und Produktionsentscheidungen andererseits maßgeblich sind. Will man die Wohlfahrtsverluste gering halten, die mit einer solchen Zusatzbelastung (excess burden) aus der Verfehlung des Wohlfahrtsoptimums (Top-level-Optimum, Beitrag N-4.2.1.) verbunden sind, kann man versuchen, den Regeln der sogenannten Optimalsteuertheorie zu folgen (Krause-Junk/v. Oesen, 1982; Wiegard, 1987). Hierbei ergibt sich allerdings eine Fülle von Informationsproblemen. Außerdem führen Empfehlungen der Optimalsteuertheorie wie etwa die, lebensnotwendige Güter mit geringer Nachfrageelastizität unverhältnismäßig stark zu besteuern, zu Konflikten mit verteilungspolitischen Zielen.

Vor allem in der älteren Finanzwissenschaft hat man deshalb versucht, Besteuerungsgrundsätze zu entwickeln, die auf allokations-, distributions- und stabilisierungspolitische Ziele und Zielkonflikte Rücksicht nehmen und zu einem rationalen Steuersystem führen. Dieses kann als „rational" bezeichnet werden, weil es aus einer wissenschaftlichen Diskussion hervorgegangen ist, welche danach trachtet, mit Hilfe der Besteuerungsgrundsätze eine Verlustfunktion zu minimieren, in der die Gesamtheit der Ziele und ihrer Wohlfahrtswirkungen berücksichtigt wird. Dabei ist es sehr schwer, von den Besteuerungsgrundsätzen implizit vorgenommene Abwägungen wie „Wettbewerbsneutralität darf nicht zu stark auf Kosten der Gleichmäßigkeit der Besteuerung realisiert werden" dahin zu überprüfen, ob sie tatsächlich zu einer Verlustminimierung führen. Gleichwohl kann man feststellen, daß entsprechende Grundsätze unter Finanz- und meist auch unter Rechtswissenschaftlern auf ein nicht unerhebliches Maß an Zustimmung stoßen. In *Übersicht J-3* (S. 540) werden deshalb in Kurzform die „Grundsätze gerechter und ökonomisch rationaler Steuerpolitik" von Fritz Neumark (1970) wiedergegeben, die weite Anerkennung gefunden haben.

Konfrontiert man die verschiedenen Grundsätze mit Gestaltungs- und Erfahrungsregeln aus der Steuerwirkungslehre (Abschnitt 4.2), ergibt sich die Grundstruktur eines rationalen Steuersystems, auf das sich das historisch gewachsene System zubewegen sollte und in der Vergangenheit in einem gewissen Ausmaß auch zubewegt hat. Die Erfahrungsregeln lauten (ähnlich Andel, 1983, S. 401):

- Den Anforderungen der Besteuerungsgrundsätze wird man nicht mit einer einzigen Steuer gerecht werden können, weil sie zu komplex sind. Deshalb ist ein System von Steuern erforderlich, die im Sinne der Grundsätze aufeinander abzustimmen sind. Dies hat darüber hinaus den Vorteil, die Bemessungsgrundlage des Gesamtsystems zu verbreitern und dadurch unerwünschte Substitutionseffekte zu minimieren.
- Die breiten Bemessungsgrundlagen sogenannter allgemeiner Steuern ermöglichen es, ein vorgegebenes Steuerertragsziel mit relativ niedrigen Sätzen zu erreichen. Deshalb ist der von den Steuersätzen abhängige Anreiz zu Substitutionshandlungen bei allgemeinen Steuern vergleichsweise niedrig; der gleiche Effekt wird darüber hinaus auch dadurch erreicht, daß breiten Bemessungsgrundlagen schwerer auszuweichen ist.

- Ein einheitlicher Steuersatz hat in aller Regel geringere Verzerrungswirkungen als differenzierte Sätze.
- Unmerklich gestaltete Steuern haben im Prinzip weniger Verzerrungseffekte als merkliche; sie verführen die Politiker aber auch eher zu heimlichen Steuererhöhungen und sind in demokratietheoretischer Hinsicht fragwürdig.
- Lenkungseinnahmen zur Internalisierung externer und Korrektur demeritorischer Effekte sind unter Effizienzgesichtspunkten positiv zu beurteilen, weil sie eine „Doppeldividende“ erbringen: Staatseinnahmen plus Ent- statt Verzerrung des Preismechanismus.

Stimmt man dem Steuerstaatsgedanken überhaupt zu, bietet es sich unter Berücksichtigung dieser Erfahrungssätze und der Besteuerungsgrundsätze an, ein rationales Steuersystem auf die folgenden Haupt- und Nebensteuern zu stützen (ähnlich Andel, 1983, S. 274 f.):

- Hauptsteuer 1: eine umfassende Einkommensteuer (einschließlich Lohnsteuer sowie integrierter Körperschaft- und Kapitalertragsteuer), besser jedoch noch eine Steuer auf den persönlichen Konsum, die dem Neutralitätsideal entspricht,
- Hauptsteuer 2: eine allgemeine unpersönliche Konsumsteuer in der Form der Mehrwertsteuer,
- Nebensteuer 1: eine Erbschaft- und Schenkungsteuer, die mit der persönlichen Konsumsteuer auch in Form einer sogenannten Bürgersteuer integriert werden könnte (Engels et al., 1987),
- Nebensteuern 2–5: Lenkungssteuern in Form von Kfz-, Mineralöl-, Tabak- und Branntweinsteuern.

Weitere Steuern wären zur weitgehenden Erfüllung der Besteuerungsgrundsätze nicht erforderlich. Auf die Ausgestaltung der genannten Steuern im einzelnen kann an dieser Stelle nicht eingegangen werden. Es sei lediglich darauf hingewiesen, daß diese Steuern auch heute schon über 80 v. H. des Steueraufkommens erbringen (*Übersicht J-14*, S. 601), obwohl insbesondere die tatsächliche Einkommensteuer zu viele Ausnahmetatbestände zugunsten von Interessengruppen enthält. Außerdem sei erwähnt, daß es ausgearbeitete Vorschläge gibt, die Einkommensteuer durch eine Steuer auf die persönlichen Konsumausgaben zu ersetzen (Rose, 1994) und damit nicht mehr die Beiträge zum Sozialprodukt zu besteuern, sondern das, was aus dem Sozialprodukt entnommen wird.

Damit soll die Kurzvorstellung eines rationalen Steuersystems beendet werden. Innerhalb einer Sollkonzeption für die Erfüllung der Staatsaufgaben in einer Marktwirtschaft käme einer ausführlicheren Darstellung dieses Systems die Rolle zu, unter der Bedingung als Maßstab innerhalb eines Soll-Ist-Vergleichs der Staatsfinanzierung zu fungieren, daß man Leistungsfähigkeitssteuern als Hauptfinanzierungsmittel auch für Allokationsaufgaben akzeptiert. In der Realität ist dies der Fall: Das Grundgesetz sieht die an der Leistungsfähigkeit orientierte Gemeinlastfinanzierung als Normalfinanzierungsmittel für all jene Ausgaben an, die nicht ausschließlich bestimmte Gruppen begünstigen (Kirchhof, 1990, S. 108 ff.). Damit akzeptiert man allerdings auch die Trennung von Ausgaben- und Einnahmenbeschlüssen und die damit verbundenen Informations- und Verantwortlichkeitsverluste und nimmt in Kauf, daß die

Übersicht J-3: Besteuerungsgrundsätze nach FRITZ NEUMARK (1970)

1. Fiskalisch-budgetäre Grundsätze der
   - Ausreichendheit der Steuererträge im Hinblick auf den Normalbedarf und
   - Steigerungsfähigkeit der Steuererträge im Hinblick auf außergewöhnliche Mehrbedarfe
2. Ethisch-sozialpolitische Grundsätze der
   - Gerechtigkeit im Sinne von Allgemeinheit, Gleichmäßigkeit und Verhältnismäßigkeit der Besteuerung von Leistungsfähigkeitstatbeständen sowie
   - Umverteilung von Einkommen und Vermögen im Sinne einer Verringerung von Leistungsfähigkeitsunterschieden
3. Wirtschaftspolitische Grundsätze der
   - aktiven Steuerflexibilität (d. h. diskretionärer Anpassungsfähigkeit an stabilisierungspolitische Erfordernisse),
   - passiven Steuerflexibilität (d. h. einer automatischen Stabilisierungswirkung des Steuersystems aufgrund einer „built-in flexibility"),
   - wachstumspolitischen Ausrichtung des Steuersystems und
   - Wettbewerbsneutralität zwischen In- und Ausland, zwischen Regionen, zwischen Branchen, zwischen kleinen und großen sowie arbeits- und kapitalintensiven Unternehmen sowie zwischen unterschiedlichen Rechts- und Finanzierungsformen
4. Steuerrechtliche und steuertechnische Grundsätze der
   - Transparenz der Besteuerung (Offenheit, Eindeutigkeit und Verständlichkeit),
   - Praktikabilität (Rücksichtnahme auf Möglichkeiten und Grenzen der Finanzverwaltung),
   - Stetigkeit des Steuerrechts im Zeitablauf,
   - Wohlfeilheit (Erhebungs- und Entrichtungsbilligkeit) und
   - Widerspruchslosigkeit der Besteuerung im Sinne einer Interpretation des Steuerrechts, die Einseitigkeiten vermeidet und nach Geschlossenheit strebt

Bürger von den entgeltfrei bereitgestellten Gütern stets die Sättigungsmenge verlangen, gleichzeitig aber über zu hohe Steuern klagen und danach trachten, diese zu umgehen.

2.3. Finanzwirtschaftliche Stabilitäts- und Stabilisierungspolitik, Zuordnungsregeln und Legitimationsfragen

2.3.1. Spezialprobleme der Stabilitäts- und Stabilisierungspolitik

Auch im Rahmen der Stabilitäts- und Stabilisierungspolitik ergibt sich für den Staat eine finanzpolitische Aufgabe: Er kann einerseits versuchen, seine Einnahmen über die Zeit so zu verteilen, daß er seine eigene Nachfrage und die der Privaten verstetigt und damit zur Erwartungssicherheit im privatwirtschaftlichen Sektor beiträgt (potentialorientierte Fiskalpolitik), andererseits kann er sich auch dazu verpflichten, konjunkturellen Auf- und Abschwüngen durch eine entsprechende Gestaltung seiner

Einnahmen und Ausgaben entgegenzuwirken (antizyklische Fiskalpolitik). Konzeption und Praxis dieser Politikalternativen werden im Beitrag P-4.1. und 5. behandelt, so daß hier lediglich auf drei Spezialprobleme eingegangen werden soll.

Potentialorientierte Ausgabenpolitik

Im Beitrag P wird als Verstetigungsregel im Rahmen der Stabilitätspolitik empfohlen, die Staatsausgaben – analog zur Verstetigungsregel für die Geldpolitik – normalerweise mit einer Rate zwischen 3 v. H. und 5 v. H. p.a. wachsen zu lassen. Eine solche Regel hat den Vorteil, anschaulich und für die Öffentlichkeit leicht kontrollierbar zu sein. Dem steht jedoch der Nachteil gegenüber, daß der Staatsanteil am Produktionspotential gleichsam mechanisch und ohne politische Dringlichkeitsdiskussion festgeschrieben wird. Will man diesen Nachteil vermeiden, gleichwohl aber an einer Regelbindung für die Ausgabenpolitik festhalten, empfiehlt sich eine Verhaltensregel, deren Ziel als „potentialorientierte Ausgabenpolitik" bezeichnet wird: Die Regierung sollte turnusmäßig bekanntgeben, in welchem Verhältnis die Staatsausgaben mittelbis längerfristig zum Produktionspotential stehen sollten. Diese Verhältniszahl wäre eine auf das Produktionspotential bezogene Staatsquote (Abschnitt 3.1.).

Steht diese Quote fest, ist das Abgabensystem so einzustellen, daß Einnahmen und Ausgaben über einen Konjunkturzyklus hinweg normalerweise ausgeglichen sind. Kommt es zu Schwankungen im Auslastungsgrad des Produktionspotentials, werden die geplanten Ausgaben unabhängig von ihrer Deckung durch laufende Einnahmen ebenso realisiert wie konjunkturbedingte Mehr- und Minderausgaben insbesondere der Arbeitslosenversicherung. Hierdurch ergeben sich im Konjunkturtief Unter- und im Konjunkturhoch Überdeckungen, da das Steueraufkommen konjunkturabhängig ist. Steuern werden nämlich unabhängig von ihrer konkreten Bemessungsgrundlage aus dem laufenden Einkommen gezahlt, das mit dem Sozialprodukt eng korreliert ist. Das Konjunkturhoch zeichnet sich deshalb durch überdurchschnittlich hohe, das Konjunkturtief durch unterdurchschnittlich hohe Steuereinnahmen aus. Die Unter- und Überdeckungen gleichen sich bei der potentialorientierten Politik im Idealfall über den Zyklus hinweg aus und sollen kurzfristig durch Kreditaufnahme und -rückzahlung gedeckt werden. Da sich die Ausgaben potentialorientiert entwickeln, entfallen die typischen Prognose- und Verzögerungsprobleme der antizyklischen Politik. Außerdem wirkt eine stetige Entwicklung der Staatsnachfrage (insbesondere der Bauausgaben) auch verstetigend auf die privaten Ausgaben.

Der SACHVERSTÄNDIGENRAT ZUR BEGUTACHTUNG DER GESAMTWIRTSCHAFTLICHEN ENTWICKLUNG (SVR) setzt sich für eine Variante dieser Politik ein, bei der über den Zyklus hinweg kein vollständiger Ausgleich von Ausgaben und Einnahmen angestrebt wird, sondern Jahr für Jahr eine als Norm vorzugebende „Normalverschuldung" realisiert werden darf, die als Anteil am Produktionspotential definiert wird. Dieses Defizit wird auch „konjunkturneutrale Verschuldung" genannt und soll eine Verschuldung kennzeichnen, an die sich die Wirtschaft gewöhnt habe und die deshalb keine konjunkturellen Wirkungen entfalte (im einzelnen SVR-Gutachten, 1994, S. 151–158).

Defizitarten

Das Konzept der potentialorientierten Ausgabenpolitik kann man auch als Maßstab zur Beurteilung der tatsächlichen Ausgaben- und Verschuldungspolitik des Staates verwenden. Dabei geht man davon aus, daß zu jedem Abgabensystem eine und nur eine potentialorientierte Ausgabenquote gehört. Diese kann man ermitteln, indem man die Normalbeschäftigungseinnahmen errechnet (also konjunkturbedingte Steuermehr- oder -mindereinnahmen rechnerisch eliminiert), die konjunkturbedingten Mehr- oder Minderausgaben vor allem der Arbeitslosenversicherung absetzt und das Ergebnis ins Verhältnis zum Produktionspotential setzt. Gegebenenfalls kann man auch noch einen Ansatz für die Normalverschuldung berücksichtigen. Soll die Entwicklung langfristig tragbar sein, dürfen die tatsächlichen Staatsausgaben die so errechneten potentialorientierten Ausgaben nicht dauerhaft übersteigen. Tun sie es dennoch, entsteht ein sogenanntes strukturelles Defizit, das Anlaß für eine Konsolidierungsstrategie werden sollte (zur näheren Analyse der Konzepte eines konjunkturneutralen und eines konjunkturgerechten Haushalts vgl. GANDENBERGER, 1973; zur neueren Berechnungsweise des strukturellen Defizits und des konjunkturellen Impulses nach der SVR-Methode vgl. SVR-Gutachten, 1994, S. 156 f.; kritisch hierzu ANDEL, 1995).

Koordinierung der Verschuldungspolitik

In einem Bundesstaat können sich die Gebietskörperschaften normalerweise weitgehend unabhängig voneinander verschulden. Dies wirft das Problem auf, daß die Verschuldungspolitik koordiniert werden muß, wenn ein konjunkturgerechter öffentlicher Gesamthaushalt und eine langfristig tragbare öffentliche Gesamtverschuldung realisiert werden sollen. Diese Koordinierung könnte zum einen dadurch erreicht werden, daß die Gebietskörperschaften am Kapitalmarkt als getrennte Nachfrager auftreten (Trennsystem der Verschuldung). Sie müßten dann auf ihre jeweilige Bonität achten, wenn sie nicht vom Markt mit höheren Zinsen oder gar einer Kreditverweigerung belegt werden wollen. Das würde in normalen Zeiten vielleicht ausreichen, um sicherzustellen, daß bei der Kreditaufnahme auf Tragbarkeitsgrenzen Rücksicht genommen wird; sicher wäre dies allerdings nicht, denn Politiker denken in Wahlzyklen und damit verhältnismäßig kurzfristig. Ein Verschuldungstrennsystem wäre allerdings nicht mit Beistandspflichten vereinbar, wie sie für Bundesstaaten typisch und in Deutschland von der Verfassung vorgeschrieben sind. Darüber hinaus könnte auch nicht garantiert werden, daß die öffentliche Gesamtverschuldung konjunkturgerecht ist.

Wenn die Ex-post-Koordination über den Kapitalmarkt nicht hinreichend ist, muß nach einer anderen Koordinierungsform gesucht werden. Diese könnte in einer Ex-ante-Koordination über Verträge bestehen, welche Obergrenzen für die öffentliche Gesamtverschuldung der beteiligten Verbände setzen (Verbundsystem der Verschuldung). Prinzipiell in Betracht kommen Konzertierungsverträge (kurzfristige Absprachen aller, in denen keine Weisungsrechte für den Bund als „Koordinationsgeschäftsführer“ vereinbart werden), Kooperationsverträge (langfristige Absprachen ohne solche Weisungsrechte), Geschäftsbesorgungsverträge (kurzfristige Absprachen mit vertraglich vereinbarten Weisungsrechten für ein Koordinationsmanagement durch den Bund) und Beherrschungsverträge (langfristige Absprachen mit solchen Weisungsrechten).

Mit allen Kurzfristverträgen ist die Gefahr verbunden, daß man sich beim jeweils nächsten Mal nicht mehr einigt und daß keine Koordination, sondern – wie bei der heutigen deutschen Regelung – allenfalls ein Formelkompromiß erreicht wird. Mit allen Verträgen ohne Weisungsrechte sind hohe Transaktionskosten und Starrheiten aufgrund von Plänen verbunden, die von der Realität überholt wurden. Also böte sich ein Beherrschungsvertrag zwischen Bund und Ländern an, in dem der Bund das Verschuldungsverhalten über die Vorgabe von situationsbezogenen Eckdaten koordiniert. Diese Lösung entspräche allerdings nicht dem Subsidiaritätsprinzip. Derjenige Teil der Verschuldung, der nicht der Konjunkturstabilisierung dienen soll, könnte nämlich über langfristige Eckwerte abgestimmt werden, die kooperativ festgelegt werden; nur die konjunkturorientierte Verschuldung muß jeweils situationsgerecht sein. Deshalb bieten sich für die konjunkturelle und die nichtkonjunkturelle Verschuldung unterschiedliche Regelungen der folgenden Art an (Grossekettler, 1994, S. 99 ff.).

Die konjunkturelle Verschuldung könnte zu einer reinen Bundesaufgabe gemacht werden. Dies ließe sich dadurch erreichen, daß die Steuereinnahmen trendorientiert aufgeteilt werden. Der Bund müßte Länder und Gemeinden so stellen, daß ihnen diejenigen Steuererträge zufließen, die ihnen in einer schwankungsfreien Wirtschaft zugeflossen wären. Diese Beträge könnten im Arbeitskreis Steuerschätzung z. B. mit Hilfe der Berechnung gleitender Fünf-Jahres-Trends festgestellt werden. Die Verpflichtung des Bundes zur Verstetigung der Steuereinnahmen von Ländern und Gemeinden hätte zur Folge, daß die ihm verbleibenden Steuereinnahmen stärker als heute schwanken. Gleichwohl sollte er grundsätzlich eine potentialorientierte Politik betreiben. Länder und Gemeinden könnten bei einer solchen Steueraufteilung mit sich stetig entwickelnden Einnahmen rechnen. Im Gegenzug müßten sie auf die Kompetenz zur konjunkturell orientierten Verschuldung verzichten. Ihre Haushalte dürften also nur noch ein Defizit in Höhe der Normalverschuldung ausweisen.

Eine solche Aufteilung der Verschuldungskompetenzen hätte eine klare Verantwortungsstruktur. Sie entspräche darüber hinaus auch den Funktionsbedingungen der Stabilisierungspolitik und den Zuordnungsregeln für Politikbereiche. Länder und Gemeinden würden auf der Basis stetig fließender Einnahmen vor allem Allokationspolitik für ihre Territorien betreiben, der Bund dagegen hätte neben seinen sonstigen Politikbereichen Stabilitäts- und Stabilisierungspolitik zu verantworten.

2.3.2. Zuordungs- und Legitimationsfragen

Eine Koordinierung durch die Verteilung von Zielen und Mitteln auf verschiedene Politikträger entspricht einer Regel, die als „ZMT-Regel" bezeichnet wird. Die Abkürzung „ZMT" kann man dabei sowohl mit den Begriffen „Ziele", „Mittel" und „Träger" in Verbindung bringen als auch mit „Zuordnung" gemäß „Mundell bzw. Musgrave" und „Tinbergen". Die eben genannten Autoren haben die Grundzüge der noch näher zu erläuternden Regel nämlich als erste angewandt: ROBERT A. MUNDELL (1962) hat dargelegt, daß die Koordination von Außenwirtschafts- und Beschäftigungspolitik (d. h. das Erreichen eines Zahlungsbilanz- und Beschäftigungsgleichgewichts) unter bestimmten Umständen mit einer Kombination von Geldpolitik (Zinssteuerung) und Finanzpolitik (Defizitsteuerung) erreicht werden kann (Beitrag C-8.3.). RICHARD A. MUSGRAVE (1959) hat die Trennung von Allokations-, Distributions- und Stabilisierungsmaßnahmen gefordert, und JAN TINBERGEN (1968) hat gezeigt, daß bei einer sogenannten Fixzielpolitik (also einer Politik, die auf fest vorgegebene Werte etwa für die Ziele des Stabilitäts- und Wachstumsgesetzes gerichtet ist) wenigstens soviele Mittel wie Ziele vorhanden sein müssen.

Die ZMT-Regel zielt vor allem auf die Vermeidung von Dosierungs-, Kompetenz- und Loyalitätskonflikten im Rahmen einer Politik, die mehrere nicht völlig harmonische Ziele in einem bestimmten Mindestmaß realisieren möchte. Die Regel verlangt,

- daß jedem Ziel wenigstens ein nicht auch zur Realisierung konfligierender Ziele eingesetztes Mittel zugeordnet wird, denn anderenfalls können Dosierungskonflikte entstehen (ein bestimmter Zinssatz kann z. B. dem Vollbeschäftigungsziel dienen, gleichzeitig aber das Erreichen des außenwirtschaftlichen Gleichgewichts verhindern, weil hierzu ein anderer Zinssatz erforderlich gewesen wäre);
- daß jeder Ziel-Mittel-Kombination ein und nur ein Träger zugeordnet wird, denn anderenfalls könnten Kompetenzkonflikte entstehen (sind zwei Träger gemeinsam für ein Ziel verantwortlich, schieben sie sich oft gegenseitig die Verantwortung für Fehler zu; ist der Einsatz ein und desselben Mittels auf verschiedene Träger verteilt, kann es zu Abstimmungsproblemen und Trittbrettfahrerhaltungen kommen);
- daß ein und demselben Träger nur solche Ziel-Mittel-Kombinationen übertragen werden, die miteinander kompatibel sind, d. h. die bei der Führung des Trägers nicht zu Loyalitätskonflikten führen;
- daß für jede Ziel-Mittel-Kombination möglichst derjenige Träger ausgesucht wird, der über das höchste Informationsniveau verfügt; und
- daß die Träger ihre Instrumente normalerweise unabhängig voneinander zur Realisation ihrer jeweiligen Ziele einsetzen und daß Neben- sowie Wechselwirkungseffekte des Instrumenteneinsatzes in der gleichen Weise wie exogene Störungen ausgeglichen werden.

Die letzte eben genannte Teilforderung ist charakteristisch für die vom Verfasser vertretene dynamische Variante der ZMT-Regel. Diese wendet sich gegen eine zentrale Simultanplanung nach einem synoptischen Ideal und plädiert statt dessen für separate Teilregelungen zur Realisierung der verschiedenen wirtschafts- und finanzpolitischen Ziele über teilautonome Träger. Diesen sollen klare Ziele und eindeutige Kompetenzen zugewiesen werden. Sie sind nur zum Teil autonom, weil sie ihre Ziele und Mittel nicht frei wählen dürfen, sondern den Funktionen zu dienen haben, die im übergeordneten System „Volkswirtschaft“ erfüllt werden müssen. Das Ergebnis einer solchen Separatregelung durch teilautonome Träger verleiht der Volkswirtschaft insgesamt die Fähigkeit, das auf die verschiedenen Träger verteilte Wissen voll zu nutzen und sich deshalb auch an unvorhergesehene exogene Störungen angemessen anpassen zu können (sogenannte Multistabilität).

Gegen die dynamische Variante der ZMT-Regel läßt sich einwenden, daß sie der Forderung nicht gerecht werde, beim Einsatz wirtschafts- und finanzpolitischer Instrumente nicht nur Haupt-, sondern auch Neben- und Wechselwirkungen der Instrumente zu beachten: Geldpolitisch bedingte Zinsvariationen wirken z. B. nicht nur auf die Zahlungsbilanz (Hauptwirkung), sondern auch auf die Investitionen und damit die Beschäftigung (Nebenwirkung), und die Anreizstärke einer Subvention des Waldanbaus hängt auch davon ab, ob andere landwirtschaftliche Anbauarten gleichzeitig subventioniert werden (Wechselwirkung zwischen verschiedenen Subventionsinstrumenten); deshalb sei eine Simultanplanung des Instrumenteneinsatzes erforderlich. Dem ist entgegenzuhalten, daß eine Simultanplanung zu hohe Informationsanforderungen stellt und daß Neben- und Wechselwirkungen des Instrumenteneinsatzes von den teilautonomen Trägern wie exogene Störungen behandelt werden können: Die Bundesbank soll das Ziel der Preisniveaustabilität verfolgen und auf finanzpolitisch bedingte Störungen dieses Ziels ebenso reagieren wie z. B. auf lohn- oder außenwirtschaftlich bedingte. Werden alle wirtschafts- und finanzpolitisch wichtigen Ziele auf diese Weise laufend von den jeweils zuständigen Trägern verfolgt, werden sich die jeweiligen Soll-Ist-Abweichungen in Grenzen halten und werden die Ist-Werte der Zielvariablen in der gleichen Weise um die Soll-Werte pendeln wie die Werte der Ist-Temperatur in einem Raum, der über eine thermostatgesteuerte Klimaanlage mit vorgegebener Solltemperatur verfügt. Es gibt allerdings eine Ausnahmesituation, in der die ZMT-Regel nicht ohne weiteres angewandt werden darf: Würde der Instrumenteneinsatz eines Trägers zu irreversiblen Schäden führen, falls er nicht mit anderen Politikbereichen koordiniert wird, dürfte die Koordination nicht über eine Ausregulierung ex post erfolgen; statt dessen müßte sie ex ante abgestimmt werden.

Fragt man, wie die Kompetenzen für die Allokations-, die Distributions- sowie die Stabilitäts- und Stabilisierungspolitik im Sinne der ZMT-Regel zu verteilen sind, kommt man zu einer Aufgabenverteilung und damit zu einer Lösung von Fragen des passiven Finanzausgleichs, die der Vorstellung der sogenannten finanzwirtschaftlichen Föderalismustheorie entspricht:

- Tendenziell sollten jede Gebietskörperschaft und die zu ihr gehörenden Spezialkörperschaften für die Ausstattung ihres jeweiligen Territoriums mit denjenigen Kollektivgütern zuständig sein, deren Nutzenabgabe primär im jeweiligen Verbandsgebiet erfolgt. Verbandsexterne Effekte sind im Rahmen des Finanzausgleichs zu internalisieren und damit äquivalent abzugelten. Die Kompetenzen für die Allokationspolitik sind somit entsprechend dem Subsidiaritätsprinzip über alle Gebietskörperschaften zu verteilen.
- Die Distributionspolitik gegenüber den Privaten sollte dagegen in den Kompetenzbereich des Bundes fallen. Hierfür sprechen zwei Gründe: Soweit es darum geht, Koordinationsmängel auf Versicherungsmärkten zu heilen, wäre eine Beschränkung auf Teilregionen unplausibel. Deshalb kommt nur der Bund als Maßnahmenträger in Frage. In bezug auf Umverteilungsleistungen aus anderen Gründen und vor allem bei Umverteilung nach ethischen Prinzipien sind regional unterschiedliche Präferenzen denkbar. Dies könnte ein Grund für Leistungsdifferenzierungen durch nachgeordnete Körperschaften sein. Es muß jedoch bedacht werden, daß größere Differenzierungen dieser Art Migrationshemmnisse voraussetzen, wie sie insbeson-

dere von Sprach- und Kulturgrenzen gebildet werden. Anderenfalls würde ein hohes Maß an Umverteilung in der Region A nämlich dazu führen, daß die Reichen zum Teil in eine Region B mit weniger Umverteilung ziehen und die dortigen Armen umgekehrt in die Region A wandern. Dies hätte zur Folge, daß sich die Reichen in B und die Armen in A massieren und daß es in der umverteilungswilligen Region A nichts mehr umzuverteilen gäbe. Dem könnte im Prinzip über den Finanzausgleich entgegengewirkt werden. Würde man dies aber tun, könnten von den Regionen pekuniäre externe Effekte im Hinblick auf die jeweils anderen Regionen beschlossen werden. Dies aber würde zu dysfunktionellen Anreizen und dazu führen, daß letztlich doch eine gesamtstaatliche Umverteilung stattfindet. Insgesamt ergibt sich somit, daß die Distributionspolitik eine Bundesangelegenheit sein sollte.

- Im Hinblick auf die Stabilitäts- und Stabilisierungspolitik sollten zum einen die obigen Ausführungen zur Kompetenzverteilung im Hinblick auf die Verschuldungspolitik berücksichtigt werden (Abschnitt 2.3.1.). Zum anderen muß man auch die Funktionsbedingungen der finanzpolitischen Stabilisierungspolitik bedenken. Diese setzt fühlbare Multiplikatoreffekte der Fiskalpolitik voraus und kann durch die Abstimmung mit der Geldpolitik im internationalen Rahmen in ihrer Wirksamkeit unterstützt werden. Fühlbare Multiplikatoreffekte sind unterhalb der Bundesebene jedoch kaum vorhanden, weil die Größe des Multiplikators negativ von der Höhe der marginalen regionalen Importquote abhängt (Beitrag C-8) und weil diese Quote bei kleinen Regionen typischerweise deutlich größer ist. Diese entsprechen mehr dem Bild einer Volkswirtschaft mit starker Außenhandelsverflechtung. Hinzu kommt, daß nachgeordnete Regionen nicht zu den oben genannten Abstimmungen in der Lage sind. Auch die Stabilitäts- und Stabilisierungspolitik ist somit eine Bundesaufgabe.

Damit ist geklärt, nach welcher Regel man Zuordnungen von Zielen, Mitteln und Trägern vornehmen sollte und wie die Kompetenzen für die Allokations-, die Distributions- sowie die Stabilitäts- und Stabilisierungspolitik verteilt werden müßten. Offen ist jedoch die Frage, wie man die Zielbildung im finanzpolitischen Bereich beurteilen soll. Man könnte sich hier – und das tun manche Finanzwissenschaftler auch – auf den Standpunkt stellen, daß die Zielwahl eine genuin politische Angelegenheit sei und daß man Ziele als Wissenschaftler zwar registrieren, aber nicht beurteilen dürfe. Wer diese Meinung vertritt, muß sich jedoch vorhalten lassen, daß er den politischen Willensbildungsprozeß mit allen seinen noch genauer zu erläuternden Mängeln zu einem Ober-Koordinationsmechanismus erklärt, an dem man mit Anspruch auf Wissenschaftlichkeit nichts kritisieren darf. Auf diese Art und Weise könnte die gesamte normative Ordnungspolitik ausgehebelt werden. Ist die Erhaltung der gegenwärtigen Struktur der Landwirtschaft z. B. ein politisches Ziel, dürften aus ökonomischer Sicht allenfalls begrenzte Vorschläge zu einer besseren Mittelharmonisierung gemacht werden.

Ist man der Meinung, daß eine solche Haltung angesichts der offensichtlichen Mängel der politischen Willensbildung nicht angemessen ist, braucht man eine Regel, mit deren Hilfe sich finanzpolitische Vorschläge auf ihre Legitimität hin überprüfen lassen, darauf also, ob sie nicht nur legal (d. h. den Rechtsregeln entsprechend) zustande gekommen, sondern auch sachgemäß (legitim) sind. Eine solche Regel läßt sich aus der KANTschen Universalisierbarkeitsforderung (dem Kategorischen Imperativ) unter gleichzeitiger Verwendung der altehrwürdigen nationalökonomischen Vorstellung eines unparteiischen Schiedsrichters und der RAWLSschen Vorstellung einer Entscheidung unter dem „Schleier des Nichtwissens" ableiten (Beitrag H-1.2. und GROSSEKETTLER, 1991,1). Sie heißt Legitimationspostulat, weil sie fordert, daß finanzpolitische Vorschläge nach dem in *Übersicht J-4* (S. 548f.) dargestellten Beurteilungsschema begründet werden sollen.

In diesem Schema werden Anforderungen an wirtschafts- und finanzpolitische Maßnahmen gestellt, die Gemeinwohlorientierung und Rationalität sicherstellen sollen: Ziele sollen operationalisiert, und die ZMT-Regel soll beachtet werden, es soll nachgewiesen werden, daß Ziele als vertragstheoretisch legitimierbar betrachtet werden können, und es soll gezeigt werden, daß die vorgesehenen Maßnahmen im Hinblick auf die Ziele geeignet, erforderlich und verhältnismäßig sind. Man könnte diese Fragen zur Maßnahmengestaltung durch die Globalforderung nach Effizienz ersetzen, wüßte dann aber nicht, wie man bei einer Effizienzprüfung vorgehen sollte, denn der Effizienzbegriff ist als solcher nicht operational. Wie im einzelnen zu prüfen ist, wird im Schema mit Hilfe von Unterfragen dargestellt und soll nun mit Hilfe der Lösungsskizze für einen Beispielfall erläutert werden.

Das Beispiel lehnt sich an einen praktischen agrarpolitischen Fall an und möge in B-Land spielen, in dem eine ähnliche Agrarpolitik wie in Deutschland und der Europäischen Union betrieben wird. Die Regierung des Landes B beabsichtigt, zur Verringerung von Angebotsüberschüssen, zur Verstärkung des Umweltschutzes und zur Verbesserung der Einkommenssituation in der Landwirtschaft eine Grünbrachesubvention einzuführen. Sie soll an Landwirte gezahlt werden, welche bisher als Ackerland genutzte Flächen brach liegen lassen und allenfalls als Weiden nutzen. Dieser Plan ist anhand von *Übersicht J-4* zu beurteilen. Dabei darf unterstellt werden, daß die drei genannten Ziele als „Markträumung", „Düngemittelreduktion in Höhe von x v. H." und „Mindesteinkommen in Höhe von y v. H. des Durchschnittseinkommens" konkretisiert worden sind und daß es keine politischen Restriktionen hinsichtlich denkbarer Alternativmaßnahmen gibt.

Man beginnt die Lösung mit einem Abschnitt A, in dem die Vorgehensweise geschildert und betont wird, daß ein Verstoß gegen die ZMT-Regel vorliegen könnte und daß man deshalb in einem Abschnitt B zunächst einmal prüfen muß, ob dieser Verdacht berechtigt ist. Sollte dies so sein (konfligierende Ziele), muß man das Prüfschema J-4 anschließend für die drei Ziele getrennt durchlaufen, anderenfalls (harmonische Ziele) ist ein einmaliger Durchlauf hinreichend. In Abschnitt B (ZMT-Prüfung) fragt man sodann, ob Konflikte zwischen den Zielen denkbar sind. Das ist der Fall: Es ist zum einen denkbar, daß das Instrument „Grünbrachesubvention" im Hinblick auf die drei verschiedenen Ziele jeweils unterschiedlich dosiert werden müßte, und zum anderen ist es möglich, daß es im Hinblick auf die Ziele unterschiedliche Alternativinstrumente mit einer jeweils besseren Bilanz in bezug auf die Kriterien Effektivität, Erforderlichkeit und Verhältnismäßigkeit gibt. Deshalb muß das Prüfschema in den Gliederungspunkten C, D und E nach Zielen getrennt durchlaufen und im Punkt F dann ein Gesamtergebnis formuliert werden. Die in den nachfolgenden Abschnitten C bis E verwendeten Ordnungszahlen beziehen sich auf *Übersicht J-4*.

Übersicht J-4: Schema zur Beurteilung finanzpolitischer Maßnahmen

1. Zieloperationalisierung

Vor Anwendung der Schritte 2 und 3 ist zu klären, wie empirisch festgesetellt werden kann, ob das angestrebte Ziel „effektiv realisiert" worden ist. Sollen *mehrere* Ziele realisiert werden, muß außerdem das Verhältnis der Ziele zueinander geklärt werden: Zur Vermeidung von Informationsineffizienzen sowie Kompetenz-, Dosierungs- und Loyalitätskonflikten ist die *ZMT-Regel* zu beachten.

2. Vertragstheoretische Legitimation des Maßnahmenziels

2.1 Prüfschritt 1 = hypothetische Rechtfertigung: Erscheint es plausibel, daß sich aufgeklärte Bürger bei schiedsrichterlicher Unabhängigkeit und unter dem „Schleier des Nichtwissens" über persönliche Betroffenheit auf das Maßnahmenziel einigen würden? Diese Frage ist zu bejahen, wenn man darlegen kann, daß die Klassifikation des Ziels als Gemeinwohlziel einem unparteiischen Richter nachvollziehbar und vertretbar erschiene. Davon ist auszugehen, wenn ein Koordinationsmangel (Marktversagen) geheilt werden soll oder wenn letztlich alle Bürger aus sonstigen Gründen einen Nettovorteil von der Zielrealisation hätten.

2.2 Prüfschritt 2 = Verweis auf konkludentes Verhalten: Gibt es in der Erfahrungswelt Anzeichen dafür, daß die in Rede stehende Zielsetzung vom Gros aufgeklärter und unparteiischer Bürger geteilt wird und daß Verstöße dagegen als soziale Mißstände aufgefaßt werden? Spricht das tatsächliche Verhalten der Bürger also dafür, daß das Ziel ein Gemeinwohlziel ist?

2.3 Teilergebnis 1: Bei positivem Prüfresultat ist das Teilergebnis festzuhalten und weiterzuprüfen; bei negativem Resultat ist zu prüfen, ob das Maßnahmenziel mit einem Gemeinwohlziel verwandt ist, das „eigentlich" gemeint sein könnte; erforderlichenfalls ist unter dem Vorbehalt fortzufahren, daß die Zielsetzung zwar bestimmten Interessengruppen, nicht aber der Allgemeinheit dient.

3. Ökonomische Legitimation der Maßnahmengestaltung

3.1 Instrumentenvektor: Ermittlung und Konkretisierung denkbarer Instrumente zur Zielrealisation.

3.2 Instrumentenweise Prüfung auf Effektivität: Unterstützt eine Maßnahme x die Erreichung des gesetzten Ziels richtungsmäßig (Impulsrichtungsbedingung) und ist sie in quantitativer Hinsicht bei realistischer Dosierung so geartet, daß wenigstens das Mindestzielniveau realisiert werden kann (Impulsstärkebedingung)?

3.3 Aussonderungsschritt 1: Ineffektive Mittel von der weiteren Prüfung ausschließen.

3.4 Prüfung der verschiedenen Instrumente auf Erforderlichkeit durch Beantworten folgender Teilfragen zur Konformität der Maßnahme mit einer vorrangig dezentralen Ordnung:

Wird stärker in die Entscheidungskompetenzen von nachgeordneten Verbänden und letztlich der Individuen eingegriffen, als es zur Sicherstellung der Effektivität der Maßnahme unabdingbar ist?

Sind mit der Maßnahme Effekte verbunden, welche marktwirtschaftliche Koordinationsmechanismen stören, insbesondere

- das Funktionieren von Marktprozessen (Folge: Koordinationsmängel auf Märkten) oder
- das Funktionieren von Kreislaufprozessen (Folge: mangelhafte Realisierung stabilitätspolitischer Ziele)?

Verstößt die Maßnahme gegen das in Marktwirtschaften erstrebenswerte Prinzip des Vorrangs der Ordnungs- vor der Prozeßpolitik?

Ist ein Mißbrauch von Kompetenzen zu befürchten, dem ordnungspolitisch vorgebeugt werden müßte?

Ist das Ausmaß einer eventuellen Ordnungsinkonformität im Vergleich zu Alternativinstrumenten auf das zur Zielerreichung erforderliche Minimum beschränkt? Kann es durch ein Justieren des vorgesehenen Instruments zusätzlich verringert werden?

Übersicht J-4: Schema zur Beurteilung finanzpolitischer Maßnahmen (Fortsetzung)

3.5 Aussonderungsschritt 2: Bilden einer Rangfolge für die übriggebliebenen Instrumente und Aussondern aller Instrumente mit einer offensichtlich inakzeptablen Intensität der Ordnungsstörung.
3.6 Prüfung auf Verhältnismäßigkeit (= Wirtschaftlichkeit): Steht der Nutzen der Zielrealisation der verbleibenden Maßnahmen in einem vernünftigen Verhältnis zu den Zweck- und Transaktions- sowie Nebenwirkungskosten aller Art, die mit dem Einsatz des jeweiligen Instruments verbunden sind? In schwierigen Fällen muß diese Prüfung mit Hilfe einer Kosten-Nutzen-Analyse oder einer Kostenwirksamkeitsanalyse durchgeführt werden.
Bilden einer Rangfolge für die geprüften Instrumente und Aussondern aller Instrumente, bei denen die Gesamtkosten den Gesamtnutzen übersteigen.
3.7 Teilergebnis 2: Formulieren einer Handlungsempfehlung derart,
– daß entweder das Instrument ausgewählt wird, das in den beiden Teilprüfungen auf Erforderlichkeit und Verhältnismäßigkeit Rang 1 belegt, oder
– daß die Instrumente gegeneinander abgewogen werden, die in den jeweiligen Einzelprüfungen einen besonders guten Rangplatz errungen haben (wobei man sich i. d. R. auf die beiden Instrumente beschränken kann, die Platz 1 in einer der Teilprüfungen belegen).

Abschnitt C ist dem Ziel „Räumung der einschlägigen Agrarmärkte“ gewidmet. Im Unterabschnitt 1 müßte herausgearbeitet werden, daß dieses Ziel realisiert wäre, wenn es im Zeitablauf weder zu systematischen Angebots- noch zu systematischen Nachfrageüberschüssen käme. Im Rahmen der Legitimationsprüfung für das Ziel müßte zunächst einmal dargelegt werden (2.1), daß „Markträumung“ ein Ziel ist, das als Kennzeichen funktionsfähiger Märkte stillschweigend vorausgesetzt wird, wenn man sich für eine Marktwirtschaft entscheidet, und daß Abweichungen von diesem Ziel einer Verschleuderung von Ressourcen und dem Verzicht auf Wohlstand gleichkämen. Es gibt Anzeichen in der Erfahrungswelt (2.2), daß die Bürger dies auch so sehen und eine Politik der Lebensmittelvernichtung und der Aussperrung der Entwicklungsländer von den Inlandsmärkten mißbilligen. Das Ziel „Räumung der einschlägigen Agrarmärkte“ läßt sich somit sowohl hypothetisch als auch durch Verweis auf konkludentes Verhalten rechtfertigen.

Im Rahmen der Maßnahmenlegitimation (3.) sind zunächst einmal (3.1) Instrumente zu spezifizieren, die als (möglicherweise vorzuziehende) Alternativinstrumente in Frage kämen. Eine vorläufige Kurzprüfung, bei der das Prüfschema gleichsam im Schnellgang vorweg durchlaufen wird, ergibt, daß das Ziel „Markträumung“ auch mit Hilfe von Produktionskontingenten oder einer Preisfreigabe erreicht werden könnte. Insgesamt sollen deshalb die Maßnahmen „Grünbrachesubvention“, „Produktionskontingente“ und „Preisfreigabe“ geprüft werden. (3.2) Eine Beurteilung dieser Instrumente im Hinblick auf ihre Effektivität führt zu folgenden Ergebnissen: Die Grünbrachesubvention würde die Opportunitätskosten einer Bodennutzung für Ackerbauzwecke erhöhen und könnte deshalb einen Impuls auslösen, der in Richtung Zielrealisation geht. Die Landwirte könnten die freigesetzte Arbeitskraft aber zur intensiveren Bewirtschaftung anderer Flächen einsetzen. Es ist deshalb fraglich, ob innerhalb realistischer Subventionssummen eine hinreichende Impulsstärke erreicht wird. Deshalb kann die Effektivitätsforderung von diesem Instrument nur bedingt erfüllt werden. Produktionskontingente würden einen Anbau von Überschußprodukten, der über einen bestimmten Prozentsatz der Anbaumenge eines Basisjahres hinausgeht, mit Strafabgaben belegen (oder verbieten). Bei hinreichenden Kontrollen könnte dieses Instrument effektiv ausgestaltet werden. Eine Preisfreigabe würde auf normalen Märkten zur Markträumung führen. Im Hinblick auf Agrarmärkte wird zwar behauptet, daß die Angebotskurven invers verliefen und die Markträumungsprozesse deshalb nicht funktionierten; da solche Behauptungen mehrfach empirisch widerlegt wurden, kann die Preisfreigabe jedoch als effektiv eingestuft werden. (3.3) Es hat sich kein Instrument als eindeutig ineffektiv herausgestellt; deshalb sollen alle Instrumente weiter geprüft werden.

(3.4) Nun ist die Erforderlichkeit der Mittel zu diskutieren. Die Grünbrachesubvention greift nicht in die Entscheidungsfreiheit der Landwirte ein. Sie verzerrt die Marktprozesse zwar, hebelt sie aber nicht aus und verstößt auch nicht gegen die Ziele des Stabilitäts- und Wachstumsgesetzes. Das Prinzip des Vorrangs der Ordnungs- vor der Prozeßpolitik wird nicht gewahrt, weil die Verwaltung die Subventionssätze laufend an neue Marktbedingungen anpassen müßte; außerdem ist zu befürchten, daß die Agrarlobby eine Überdosierung der Subventionen durchsetzt, und es muß auch bedacht werden, daß Subventionen als solche zwar zwangsfrei sind, daß sie aber über Zwangsabgaben finanziert werden. Daher kann das Instrument bestenfalls als bedingt erforderlich eingestuft werden. Produktionskontingente beschneiden die Entscheidungsfreiheit der Landwirtschaft, verzerren die Marktprozesse und verlangen eine laufende Regulierung durch die Verwaltung. Im Vergleich zu den anderen beiden Instrumenten sind sie deshalb als nicht erforderlich zu charakterisieren. Mißt man die Einflußintensität auf einer Skala, die vom Eingriffsgrad Null (freies Spiel der Marktprozesse) bis zum Eingriffsgrad 1 reicht (Vorschreiben einer ganz bestimmten Verhaltensweise für alle Beteiligten), so wiese eine Preisfreigabe ex definitione die Eingriffsintensität Null auf. Sie unterstützt das Funktionieren von Markt- und Kreislaufprozessen und entspräche auch dem Prinzip des Vorrangs der Ordnungs- vor der Prozeßpolitik, weil sie lediglich ein Gesetz zur Aufhebung der bisherigen Garantiepreise verlangte. Insgesamt kann sie somit als absolut ordnungskonform eingestuft werden. (3.5) Damit können Produktionskontingente als nicht erforderlich von der weiteren Prüfung ausgeschlossen werden.

(3.6) Bei der Prüfung auf Verhältnismäßigkeit sind Nutzen und Kosten der Maßnahmen gegeneinander abzuwägen. Mit der Grünbrachesubvention sind Transaktionskosten verbunden (wobei die Transaktionskosten der für die Subventionierung erforderlichen Besteuerung nicht vergessen werden dürfen); außerdem fallen Zweckkosten für den Kauf von Stillegungsrechten an, die zu einem Verzicht auf Erträge führen. Die Verzerrung der Marktpreise hätte zudem Nebenwirkungskosten in Form einer Verletzung des Wohlstandsziels zur Folge. Die Preisfreigabe würde weder Zweck- noch Transaktionskosten verursachen. Sollte sich das Ziel der Einkommensstützung als legitim erweisen, könnte sich in bezug auf dieses Ziel jedoch eine unerwünschte Nebenwirkung ergeben, weil mit starken Preis- und Einkommensschwankungen gerechnet werden müßte. Dem könnte erforderlichenfalls aber mit geeigneten Spezialinstrumenten abgeholfen werden. (3.7) Damit erweist sich die Preisfreigabe sowohl im Hinblick auf das Erforderlichkeits- als auch im Hinblick auf das Verhältnismäßigkeitskriterium als überlegen. Die Grünbrachesubvention soll somit ausgesondert werden. Mittel der Wahl ist die Preisfreigabe.

In Abschnitt D sind das Ziel „Umweltschutzverbesserung" und seine Realisierungsmöglichkeiten zu analysieren. (1) Es ist in operationaler Form vorgegeben und kann (2) trotz der bisher in der Realität erreichten Verbesserungen sowohl aufgrund von theoretischen Überlegungen (2.1) als auch auf der Basis von Verhaltensbeobachtungen (2.2) als legitim betrachtet werden. (3.1) Als Alternativinstrument zur Grünbrachesubvention kommt eine Zertifikatslösung in Betracht, die mit einem Verbot der Überdüngung in besonders gefährdeten Gebieten („hot spots" wie z. B. Wassereinzugsgebieten) kombiniert wird. Eine Prüfung auf Effektivität führt zu folgenden Ergebnissen: Ob die Grünbrachesubvention umweltverbessernd wirkt, ist fraglich, da die verbliebenen Ackerflächen möglicherweise intensiver bewirtschaftet werden (bedingte Effektivität). Die Kombination aus Zertifikats- und Verbotslösungen ließe sich dagegen effektiv gestalten: Den Landwirten werden pro Hektar handelbare Zertifikate in einem Umfang zugeteilt, der eine hinreichende Reduktion schädlicher Düngemittel garantiert. Diese Zertifikate können beim Düngemittelkauf entwertet werden. Die Hot-spot-Lösung erforderte allerdings zusätzliche Stichprobenkontrollen. (3.3) Da kein Mittel eindeutig ineffektiv ist, sollen beide weiter geprüft werden.

(3.4) Im Hinblick auf die Erforderlichkeit ist die Grünbrachesubvention – absolut gesehen – in der gleichen Weise zu beurteilen wie beim Ziel Markträumung. Dort war sie im Vergleich zur Preisfreigabe (erforderlich) und zur Produktionskontingentierung (nicht erforderlich) als bedingt erforderlich eingestuft worden. Im Vergleich zur Zertifikatslösung muß sie jedoch als nicht erforderlich beurteilt werden, weil handelbare Zertifikate den Landwirten einen noch größeren Verhaltensspielraum als Subventionen lassen (z. B. die Möglichkeit der Minderdüngung auf allen Flächen, statt der Nichtdüngung der Brachfläche) und weil der Vorrang der Ordnungs- vor der Prozeßpolitik gewahrt werden kann, denn nach der Zertifikatsausgabe ist keine weitere Regulierungstätigkeit mehr erforderlich. (3.6) Die Zweckkosten werden durch die Möglichkeit des Handelns mit Zertifikaten minimiert; die dadurch entstehenden Transaktionskosten sind verhältnismäßig. (3.7) Mittel der Wahl ist somit die Zertifikatslösung in der geschilderten Form.

Der Abschnitt E ist dem Einkommensziel gewidmet, das ebenfalls in operationalisierter Form vorgegeben ist (1). Im Rahmen der Prüfung auf die Möglichkeit einer hypothetischen Rechtfertigung (2.1) käme man hier zu dem Ergebnis, daß dauerhafte Subventionen für einen Wirtschaftszweig dem Allgemeinwohl widersprächen und als nicht legitimierbar betrachtet werden müßten. Es gibt jedoch ein „benachbartes" Ziel: eine Art Versicherung gegen Strukturkrisen in Form einer Hilfe zur Selbsthilfe, die den Betroffenen nach allgemein festgelegten Maßstäben zeitlich befristet und degressiv gestaffelt zur besseren Bewältigung der Strukturkrise gewährt wird, z. B. zur Förderung einer Kapazitätsumstellung auf andere Produkte. Solch eine „Strukturkrisenversicherung" wäre hypothetisch zu rechtfertigen, und in der Realität sind Anzeichen für eine allgemeine Billigung entsprechend ausgestalteter Anpassungshilfen beobachtbar (2.2).

Als Alternativinstrument zur Grünbrachesubvention, die eine Objektsubvention ist, kommt im Hinblick auf das modifizierte Ziel eine Subjektsubvention für diejenigen in Betracht, welche bedürftig sind und angemessene Umstellungsanstrengungen erkennen lassen (3.1). Eine Effektivitätsprüfung zeigt, daß eine Grünbrachesubvention allenfalls „bedingt effektiv“ wäre, denn bei ihr würden erhebliche Sickerverluste in Form von sogenannten Mitnahmeeffekten auftreten, und es wäre fraglich, ob das modifizierte Ziel „soziale Abfederung von Umstellungsprozessen“ bei normaler Dosierungsstärke erreicht werden kann (3.2). Prüft man gleichwohl weiter (3.3), verdeutlicht die Erforderlichkeitsprüfung (3.4) die Überlegenheit direkter Transfers: Diese können so ausgestaltet werden, daß beim Vorliegen bestimmter Kriterien ein Rechtsanspruch auf sie besteht. Sie tragen also dem Vorrang der Ordnungspolitik Rechnung und erfordern keine laufende Anpassung der Subventionssätze für Brachflächen an die jeweiligen Marktsituationen. Außerdem können direkte Transfers als verhältnismäßig betrachtet werden (3.6): Zweckkosten treten nicht auf, die Transaktionskosten sind niedrig, weil die Auszahlung der Transfers über die ohnehin vorhandenen landwirtschaftlichen Sozialkassen abgewickelt werden könnte, und Nebenwirkungskosten ergeben sich nur in Form von Wohlstandsverlusten im Vergleich zu einer maximal möglichen (aber eben sozial als unzulässig betrachteten) Umstellungsgeschwindigkeit. Direkte Transfers sind somit das Mittel der Wahl (3.7).

In Gliederungspunkt F könnte somit das folgende Gesamtergebnis festgehalten werden: Es sollte geprüft werden, wie eine Grünbrachesubvention finanzpolitisch zu beurteilen ist, die mit den Zielen „Markträumung“, „Verstärkung des Umweltschutzes“ und „Einkommenshilfe für die Landwirtschaft“ begründet wird. In einem ersten Prüfschritt wurde ein Verstoß gegen die ZMT-Regel festgestellt. Deshalb wurden die drei Ziele und ihre Realisationsmöglichkeiten getrennt geprüft. Der Grünbrachesubvention wurde dabei jeweils wenigstens ein Alternativinstrument gegenübergestellt. Die Ziel- und Mittelprüfung führten zu dem Ergebnis, daß das Ziel „Markträumung“ als legitim betrachtet werden kann und durch eine Preisfreigabe realisiert werden sollte. Auch das Ziel „Verstärkung des Umweltschutzes“ ist legitim; es sollte mit Hilfe einer Zertifikatslösung realisiert werden, die mit einer Sonderregelung für besondere Gefährdungsgebiete kombiniert wird. Das modifizierte Ziel „soziale Abfederung des Strukturwandels“ ist (anders als das unmodifizierte Einkommensziel) ebenfalls legitim und sollte mit Hilfe direkter Transferzahlungen an Landwirte realisiert werden, die bedürftig und anpassungswillig sind.

Die Preisfreigabe stellt die Funktionsfähigkeit der Marktprozesse im Agrarbereich wieder her (ökonomische Tragfähigkeit), die als Zahlungen einer „Strukturkrisenversicherung“ ausgestalteten Transfers sichern die soziale Tragfähigkeit der Gesamtregelung, und die Zertifikatslösung sorgt für die ökologische Tragfähigkeit. Dieses Ergebnis ist in *Übersicht J-5* zusammenfassend dargestellt.

Übersicht J-5: Ergebnisse der Prüfung des Grünbrachefalls

Ergebnis der Maßnahmenprüfung zum Ziel »Markträumung«

Maßnahmen	Beurteilung der Maßnahmen im Hinblick auf		
	Effektivität	Erforderlichkeit	Verhältnismäßigkeit
(1) Grünbrachesubvention	(+)	(+)	–
(2) Produktionskontingente	+	–	/
(3) Preisfreigabe (W)	+	+	+

Ergebnis der Maßnahmenprüfung zum Ziel »Umweltschutzverbesserung«

Maßnahmen	Beurteilung der Maßnahmen im Hinblick auf		
	Effektivität	Erforderlichkeit	Verhältnismäßigkeit
(1) Grünbrachesubvention	(+)	–	/
(2) Zertifikatslösung (W)	+	+	+

Ergebnis der Maßnahmenprüfung zum Ziel »Abfederung des Strukturwandels«

Maßnahmen	Beurteilung der Maßnahmen im Hinblick auf		
	Effektivität	Erforderlichkeit	Verhältnismäßigkeit
(1) Grünbrachesubvention	(+)	–	/
(2) Direkte Transfers (W)	+	+	+

+ = erfüllt; (+) = bedingt erfüllt; 0 = nicht beurteilbar; – = nicht erfüllt; / = wird nicht weiter geprüft, da bei einer vorangegangenen Prüfung eine Aussonderung erfolgt ist; (W) = Mittel der Wahl.

3. Positive Analyse des Ausgabeverhaltens der öffentlichen Hand

3.1. Staatsquoten und Entwicklungsgesetze

Die heutigen Statistiken gestatten es nicht zu ermitteln, ob der Staat alle Bereit- und Herstellungsaufgaben erfüllt, die er erfüllen sollte, und ob er sich auf diese Aufgaben beschränkt. Man kann das Gewicht des Staates und dessen Entwicklung aber immerhin mit Hilfe von sogenannten Staatsquoten beschreiben.

Staatsquoten

Solche Quoten lassen sich aus dem Material zweier Statistiken errechnen: aus dem am Faktorverzehr orientierten Datenmaterial der Volkswirtschaftlichen Gesamtrechnung

(VGR) oder aus dem Material der zahlungsstromorientierten Finanzstatistik. Im folgenden werden die Berechnung und Entwicklung der wichtigsten beiden Quoten dieser Art erläutert.

Dies sind die Staatsquote im engeren und die Staatsquote im weiteren Sinn. Erstere ergibt sich aus der Definitionsgleichung für das Bruttosozialprodukt Y, wenn man diese Gleichung durch Y dividiert. Man erhält dann:

$$(1) \qquad 1 = \frac{C_{Pr} + I_{Pr}}{Y} + \frac{X - M}{Y} + \frac{C_{St} + I_{St}}{Y}$$

Die Staatsquote im engeren Sinn umfaßt also die Ausgaben des Staates für den öffentlichen Konsum und die öffentlichen Investitionen (Beitrag B-2.). Werden Zahlen aus der VGR verwandt, bilden die Zähler in Gleichung (1) Teile von Y. Die Privatausgaben-, die Außenbeitrags- und die Staatsquote im engeren Sinn sind dann echte Quoten und ergänzen sich zum Wert 1.

Addiert man zur Gleichung (1) eine Transferrelation für die Zinsausgaben (Z) sowie die Ausgaben für Sozialtransfers und Subventionen (S), ergibt sich eine Relation, die üblicherweise als Staatsquote im weiteren Sinn bezeichnet wird:

$$(2) \qquad 1 + \frac{Z + S}{Y} = \frac{C_{Pr} + I_{Pr}}{Y} + \frac{X - M}{Y} + \frac{C_{St} + I_{St} + Z + S}{Y}$$

Diese Staatsquote im weiteren Sinn ist eine unechte Quote und bildet zusammen mit der Privatausgaben- und der Außenbeitragsquote eine Summe, die größer als 1 ist.

Im Jahr 1989, in dem es noch keine vereinigungsbedingten Sonderentwicklungen gab, betrug die Staatsquote im engeren Sinn im früheren Bundesgebiet z. B. 20,1 v. H., die Staatsquote im weiteren Sinn dagegen 44,4 v. H. Die Staatsquote im weiteren Sinn ist in den letzten Jahren gestiegen, die Staatsquote im engeren Sinn und vor allem die Quote der staatlichen Investitionen sind dagegen gefallen. Das wird besonders deutlich, wenn man reale Quoten betrachtet, bei denen die Preisbereinigung mit den jeweiligen Spezialindizes (also z. B. dem Index für öffentliche Ausgaben einerseits und dem BSP-Index andererseits) vorgenommen worden ist. Mit Bezug auf die Entwicklung der Staatsquote im weiteren Sinn zu sagen, daß der Staat heute mehr als 50 v. H. des Sozialprodukts in Anspruch nehme, ist falsch. Hierbei wird nämlich nicht berücksichtigt, daß die Transferrelation doppelt gezählt wird: Die Zins- und Subventionszahlungen sind Zahlungen, die der Staat zwar reguliert, mit deren Hilfe aber Private Ansprüche an das Sozialprodukt geltend machen, die in C_{pr} und I_{pr} enthalten sind.

Weder die Staatsquote im engeren Sinn noch die im weiteren Sinn erfaßt diejenigen Staatstätigkeiten hinreichend, deren Budget- und speziell Ausgabenintensität gering ist. Das sind vor allem Regulierungs- und Zwangstätigkeiten: Hielte der Staat die Agrarpreise im Rahmen einer nationalen Politik nicht mehr durch Überschußaufkäufe, sondern durch Vorgabe von Produktionsquoten hoch, fielen die Staatsquoten ceteris paribus; ersetzte er Streitkräfte aus Wehrpflichtigen durch gleichartige aus Freiwilligen, stiegen die Staatsquoten. In beiden Fällen hätte sich aber nicht das eigentlich zu messende Gewicht der Staatstätigkeit verändert, sondern lediglich die Wahl der Mittel. Dies verdeutlicht, daß Quer- und Längsschnittvergleiche von Staatsquoten nur dann aussagekräftig sind, wenn man davon ausgehen kann, daß ein Vergleich der Tätigkeiten mit geringer Budgetintensität den Eindruck aus dem jeweiligen Quotenvergleich nicht entscheidend verändern würde.

Ähnliches gilt für Quoten, die aus unterschiedlichen Statistiken ermittelt wurden. Da staatliche Darlehen in der Finanzstatistik – anders als in der VGR – als Ausgaben zählen und in den frühen 50er Jahren eine viel größere Rolle spielten als später und da die Sozialversicherung in der Finanzstatistik früher nicht berücksichtigt wurde, unterscheiden sich westdeutsche Staatsquoten im weiteren Sinn, die mit Hilfe der VGR bzw. der Finanzstatistik ermittelt wurden, sowohl im Niveau als auch in der Entwicklungsrichtung: Die VGR-Quote wies z. B. vom Anfang der 50er bis zur Mitte der 70er Jahre ein hohes Niveau auf und stieg trendmäßig, während die Finanzstatistik-Quote in etwa um einen konstanten und niedrigeren Wert schwankte (Wissenschaftlicher Beirat beim BMF, 1976, S. 142). Zu bedenken ist auch, daß zwischen dem „Staat" in der VGR-Abgrenzung und dem „Öffentlichen Gesamthaushalt" der Finanzstatistik ein Unterschied besteht: Ersterer umfaßt die Gebietskörperschaften einschließlich der Sondervermögen des Bundes (ohne öffentliche Unternehmen) und die Sozialversicherung in einer international vergleichbaren Abgrenzung, letzterer die Gebietskörperschaften, die EG-Finanzierung, das ERP-Sondervermögen, den Kreditabwicklungs- und den Lastenausgleichsfonds sowie den Fonds „Deutsche Einheit". Seit 1994 gehört das Bundeseisenbahnvermögen zum Staat im Sinne der VGR und seit 1995 auch der Erblastentilgungsfonds.

Man kann die globalen Staatsquoten nach Ausgabenarten und Gebietskörperschaften disaggregieren. Tut man dies und ergänzt man die Aufzeichnungen durch Schätzungen für die Zeit, in der es die im Zweiten Weltkrieg entwickelte VGR noch nicht gab, werden Entwicklungstrends sichtbar, die zum Teil schon im vorigen Jahrhundert prognostiziert wurden und als staatswirtschaftliche Entwicklungsgesetze bekannt sind.

Staatswirtschaftliche Entwicklungsgesetze

Bei diesen „Gesetzen" handelt es sich um Konzentrationsaussagen, die methodisch dem Marxschen Konzentrationsgesetz gleichen. Anders als erfahrungswissenschaftliche Gesetze, die Ceteris-paribus-Aussagen über Reaktionen auf Aktionen machen, prophezeien Entwicklungsgesetze Tendenzen, die längerfristig unter allen Umständen allein aufgrund des Zeitablaufs eintreten sollen. Bemerkenswerterweise haben sich die Entwicklungsgesetze bis heute in einer gewissen Weise bewährt.

Das bekannteste Entwicklungsgesetz ist das Wagnersche Gesetz. Es wurde von Adolph Wagner (1835–1917), dem international wohl renommiertesten deutschen Finanzwissenschaftler, bereits Ende des vorigen Jahrhunderts aufgestellt und prophezeit, daß – so jedenfalls die heute übliche Interpretation – die Staatsquote im weiteren Sinn längerfristig einen steigenden Trend aufweisen und daß sich somit das Gewicht wirtschaftlicher Tätigkeiten mehr und mehr beim Staat konzentrieren werde. Diese Behauptung hat sich bisher sowohl bei Längsschnittuntersuchungen als richtig erwiesen als auch bei Querschnittsanalysen, bei denen man fragte, ob Länder mit einem hohen Pro-Kopf-Einkommen eine höhere Staatsquote als solche mit einem niedrigeren Pro-Kopf-Einkommen aufweisen.

In der Literatur sind unterschiedliche und sich ergänzende Erklärungen des WAGNERschen Gesetzes vorgelegt worden. Unterstellt man, daß der politische Mechanismus den Präferenzen des Medianwählers zum Durchbruch verhilft (Abschnitt 5.2.), bietet es sich an, die Höhe der Staatsausgaben analog zur Erklärung der Nachfrage nach marktgängigen Individualgütern als abhängig von der Bevölkerung, dem Einkommen, dem Steuerpreis der öffentlichen Leistungen und den Preisen von privaten Komplementär- und Substitutionsgütern anzusehen.

Die Bevölkerung würde keine Rolle spielen, wenn der Staat lediglich Kollektivgüter mit einem Rivalitätsgrad von Null bereitstellte, denn dann könnte die Bevölkerung ja wachsen, ohne daß zusätzliche Infrastrukturausgaben erforderlich werden. Tatsächlich stellt der Staat aber viele Güter bereit, bei denen Überfüllungserscheinungen auftreten können, die bei wachsender Bevölkerungsdichte sogar zu überproportional steigenden Kosten führen können (vgl. hierzu die späteren Ausführungen zum BRECHTschen Gesetz). Empirische Untersuchungen (BLANKART, 1991, S. 148 f.) kommen zu dem Ergebnis, daß der Rivalitätsgrad für Infrastrukturgüter in den USA ungefähr den Wert Eins hat. Wenn dies stimmt, bedeutet es, daß das Bevölkerungswachstum einen Beitrag zur Erklärung des Staatsausgabenwachstums leisten kann. Da die Bevölkerung in den Industriestaaten aber kaum noch wächst und eine wachsende Bevölkerung außerdem auch zusätzliche Individualgüter nachfragen würde, kann dies kein wesentlicher Bestimmungsgrund für das Quotenwachstum sein.

Das Einkommen wäre dann ein wichtiger Erklärungsfaktor, wenn man unterstellen könnte, daß die vom Staat bereitgestellten Leistungen überwiegend eine Einkommenselastizität aufweisen, die größer als Eins ist. Für Leistungen wie die von Zwangsversicherungen und Gesundheitseinrichtungen gilt das sicherlich; im Bereich der materiellen Infrastruktur erscheint es dagegen eher fraglich, denn empirische Untersuchungen (BLANKART, 1991, S. 146) weisen für die meisten dieser Güter Einkommenselastizitäten aus, die um den Wert Eins schwanken. Das Einkommenswachstum kann deshalb ebenfalls kein Haupterklärungsfaktor des Staatsquotenanstiegs sein.

Wenn ein Steueranstieg einen Nachfragerückgang bewirkt, so erscheint ein Staatsquotenanstieg um so eher plausibel, je geringer die Steuerpreiselastizität ist. Tatsächlich kommen die eben bereits erwähnten empirischen Untersuchungen zu dem Ergebnis, daß die Steuerpreiselastizitäten der meisten Güter gering sind. Dies könnte im Prinzip daran liegen, daß die staatlich bereitgestellten Güter Notwendigkeitsgüter sind. Wahrscheinlicher ist jedoch, daß die für die Steuerfinanzierung typische Zerschlagung des Zusammenhangs zwischen Preis und Leistung den negativen Einfluß der Steuerpreiserhöhung dämpft.

Mit der geringen Steuerpreiselastizität hängt eine Erklärung für das WAGNERsche Gesetz zusammen, die auf WILLIAM J. BAUMOL (1967) zurückgeht und als These von der Kostenkrankheit des öffentlichen Dienstes bezeichnet wird: Das Spektrum der staatlichen Leistungen umfaßt viele Dienstleistungen wie z. B. Krankenpflege oder Lehrtätigkeiten, bei denen sich – anders als etwa in der gewerblichen Wirtschaft – kaum Rationalisierungserfolge erzielen lassen. Steigen die Gehälter der im öffentlichen Dienst Beschäftigten nun in gleicher Weise wie die Gehälter der privat Beschäftigten, werden reale Staatsleistungen (also z. B. die Ergebnisse einer Pflege- oder Lehrstunde) immer teurer. Geht die Nachfrage aufgrund der geringen Steuerelastizität bei einer Überwälzung dieses Kostenanstiegs auf die Steuerzahler nicht wesentlich zurück, steigt folglich die Staatsquote.

Der quantitative Einfluß von Substitutions- und Komplementärgüterpreisen auf die Nachfrage nach staatlichen Leistungen ist noch nicht empirisch untersucht worden. Gleichwohl gibt es sicher nicht unerhebliche Einflüsse dieser Art. So hat das öffentliche Bildungswesen seine beherrschende Rolle auch der Tatsache zu verdanken, daß es aus der Sicht der Nachfrager aufgrund der Steuerfinanzierung billiger erscheint als das private, und die Tatsache, daß sich viele Menschen ein Auto leisten können, hat nicht nur die Automobilnachfrage, sondern auch die Nachfrage nach Straßen und die Bereitschaft zum Zahlen von Mineral- und Kfz-Steuer überproportional wachsen lassen. Aber auch solche Einflüsse können das Wachstum der Staatsquote nicht überzeugend erklären, denn auf Bildungs- und Verkehrsausgabewellen folgt typischerweise eine Phase verlangsamten Wachstums, während die Staatsquote dauerhaft gestiegen ist. „Nachfragewogen" (SCHMIDT, 1974/75) könnten nur dann für ein dauerhaftes Wachstum der Staatsquote sorgen, wenn es einen Mechanismus gäbe, der bewirkt, daß vom Staat finanzierte Güter, die sich in der Expansionsphase befinden, die Staatsquote ausweiten und daß diese anschließend aufgrund eines Sperrklinkeneffekts auch dann auf ihrem erhöhten Stand verharrt, wenn die Güter, die sie hochgetrieben haben, in eine Phase mit normalem oder rückläufigem Wachstum eintreten.

Eine Theorie, die solch einen Zusammenhang behauptet, ist von ALAN T. PEACOCK und JACK WISEMAN (1961) aufgestellt worden und unter dem Namen Niveauverschiebungseffekt (displacement effect) bekannt: Soziale Krisensituationen wie vor allem Kriege senken den Widerstand gegen Steuererhöhungen, weil es offensichtlich ist, daß der Staat bestimmte Probleme zum Wohle aller lösen muß. Ist die Krisensituation vorbei, hat man sich zum Teil an das hohe Steuerniveau gewöhnt. Deshalb gibt es keinen Druck auf die Politiker, die Steuer- und damit dann auch die Staatsquote wieder auf das Vorkrisenniveau zu senken. Diese Erklärung wird von den Entwicklungspfaden gestützt, welche die Staatsquoten insbesondere in Großbritannien und in anderen Staaten aufweisen, die an den Weltkriegen beteiligt waren. Da die Staatsquoten aber auch in den übrigen Ländern gestiegen sind, kann lediglich eine Teilerklärung vorliegen. Vielleicht handelt es sich bei der Unvollkommenheit der Quotenrückbildung auch nur um das Wiedereinschwenken auf einen trendmäßig steigenden Entwicklungspfad.

Eine weitere nachfrageseitige Erklärung stammt von KLAUS KLEINMANN (1985) und ist dem Effekt von Komplementärgüterpreisen vergleichbar: Damit der Staat Kollektivgüter bereitstellen kann, muß eine kollektive Willensbildung stattfinden, und diese setzt einen Willensbildungsprozeß wie in den letzten Jahren etwa bei der Umweltschutzgesetzgebung voraus, innerhalb dessen Überzeugungsarbeit geleistet werden muß. Ob solche Willensbildungsprozesse erfolgreich durchgeführt werden können, hängt auch von den Transaktionskosten ab, insbesondere von den anfallenden Kommunikationskosten. Diese Kosten sind vor allem in den letzten 200 Jahren dramatisch gefallen. Damit ist ein Teil der Hemmnisse abgebaut worden, welche die Kollektivgüternachfrage vorher zu überwinden hatte, und dies hat einen Nachholeffekt ausgelöst, der so lange nicht abklingen wird, wie die Kommunikationskosten weiter fühlbar fallen.

Insgesamt wird der Erklärungsbeitrag der Hypothesen, welche die Bewährung des WAGNERschen Gesetzes mit Hilfe von Bestimmungsfaktoren begründen, die auf das Nachfrageverhalten der Wähler abstellen, in der Literatur als unbefriedigend eingeschätzt. Man hat deshalb nach zusätzlichen Erklärungen gesucht, die in den Eigenarten der politischen Willensbildung begründet sind und den Bürgern eine Entwicklung aufzwingen, die diese eigentlich gar nicht wollen (Abschnitt 5.2.).

Auch das POPITZsche Gesetz ist ein Konzentrationsgesetz. Es geht auf den ehemaligen preußischen Finanzminister JOHANNES POPITZ (1884–1945) zurück und behauptet, daß die Staatsaufgaben mehr und mehr vom Zentralstaat verrichtet werden, daß es also eine Anziehungskraft des zentralen Etats gibt, die zu einer vertikalen Aufgaben- und Machtkonzentration im staatlichen Sektor führt (POPITZ, 1927). Die empirische Überprüfung dieses Entwicklungsgesetzes leidet daran, daß man zwar feststellen kann, wie hoch die Ausgaben sind, die eine gebietskörperschaftliche Ebene aus eigenen Mitteln finanziert hat, daß man aber keine Statistik über das Ausmaß der Fremdbestimmung dieser Ausgaben hat. In Deutschland, Frankreich, Großbritannien und den USA ist der Ausgabenanteil des Zentralstaates bis zum Ende der 50er Jahre gestiegen. Dieser Anstieg hat sich in Deutschland danach – auch aufgrund einer Finanzreform – nicht mehr fortgesetzt. Die Gemeinden klagen jedoch darüber, daß sie vor allem Sozialhilfeleistungen erbringen und Kindergartenplätze bereitstellen müssen, die ihnen als Ausgabenverpflichtungen vom Bund vorgegeben wurden, ohne sich in der Ausgabenstatistik des Bundes niederzuschlagen. Berücksichtigt man solche Einflüsse und die Standards, die „oben" gesetzt und „unten" beachtet werden müssen, hat die Machtkonzentration bei den zentraleren Haushalten wohl auch in den Folgejahren angehalten. Das POPITZsche Gesetz kann in dieser modifizierten Form dann ebenfalls als bewährt gelten.

Man kann das POPITZsche Gesetz auf das WAGNERsche Gesetz und den – auch im Grundgesetz verankerten – Wunsch nach einer gewissen Einheitlichkeit der Lebensverhältnisse zurückführen (ALBERS, 1964, S. 854): Wenn der Staatseinfluß steigt, führt der Vereinheitlichungswunsch dazu, daß von den Bürgern für mehr und mehr Bereiche einheitliche Leistungen verlangt werden und daß erwartet wird, daß der Zentralstaat dies über den Finanzausgleich und zentral gesetzte Leistungsstandards sicherstellt. Auch KLAUS KLEINMANN (1985) stellt eine Verbindung zum WAGNERschen Gesetz her: Wenn letzteres u. a. mit fallenden Kommunikationskosten zu erklären ist, so gilt gleichzeitig, daß das Fallen dieser Kosten Informationsnachteile beseitigt, die zentrale Bürokratien vorher gegenüber dezentraleren hatten und die Kostenvorteile anderer Art überkompensierten. Ein Fallen der Kommunikationskosten führt deshalb nicht nur zum Anstieg der Staatsquote, sondern auch zur Zentralisation der Verrichtung von Staatsaufgaben.

Das BRECHTsche Gesetz ist ursprünglich nicht als Entwicklungsgesetz aufgestellt worden, es kann aber als ein Entwicklungsgesetz aufgefaßt werden, das für alle Länder mit bereits hoher und weiter steigender Bevölkerungsdichte gilt. ARNOLD BRECHT (1884–1977) hat sein „Gesetz der progressiven Parallelität zwischen Ausgaben und Bevölkerungsmassierung" bei einem Vergleich von Gemeindeausgaben gefunden: Gemeinden mit einer hohen Einwohnerzahl und damit auch einer hohen Bevölkerungsdichte weisen höhere Pro-Kopf-Ausgaben auf als solche mit einer geringeren

Bevölkerungsdichte (Brecht, 1932). Bedenkt man, daß die meisten Kollektivgüter ihren Charakter aufgrund von Kapazitätsreserven haben, die bei wachsender Nutzerzahl im Wege der Umwandlung von Leer- in Nutzkosten aufgezehrt werden (Abschnitt 2.1.2.), kann man bei Gebietskörperschaften, die viele Kollektivgüter bereitstellen, im Hinblick auf die Kosten pro Kopf einen u-förmigen Verlauf erwarten: Bei geringer Bevölkerung gibt es bei fast allen Kollektivgütern ungenutzte Kapazitäten. Wächst die Bevölkerung, brauchen die Anlagen deshalb nicht erweitert zu werden, und die Pro-Kopf-Kosten sinken. Bei fortschreitendem Bevölkerungswachstum werden aber mehr und mehr Leerkosten in Nutzkosten umgewandelt, und zur Erhaltung des Ausstattungsstandards müssen immer mehr Anlagen erweitert werden, so daß das Sinken der Pro-Kopf-Kosten aufhört. Gibt es absolut knappe Produktionsfaktoren oder Qualitätsunterschiede und damit verbundene Lage- und Qualitätsrenten, kommt es aufgrund des Ertragsgesetzes zu steigenden Kosten der Kapazitätserweiterung und damit zu steigenden Kosten pro Kopf. Wie die Brechtschen Untersuchungen gezeigt haben, ist dieser Punkt in einem Land wie Deutschland überschritten. Sollen Ausstattungsstandards gehalten werden, führt eine steigende Bevölkerungskonzentration in einem solchen Land also zu steigenden Infrastrukturausgaben pro Kopf. Damit wächst dann einerseits die Staatsquote (Wagnersches Gesetz) und andererseits kommt es zu einer horizontalen Ausgabenkonzentration im Staatssektor, d. h. in dichter besiedelten Ländern und größeren Städten (Brechtsches Gesetz). Die empirischen Untersuchungen zu den Determinanten der Staatsausgaben (Kuhn, 1993) widersprechen dieser Prognose nicht.

3.2. Planung und Kontrolle öffentlicher Ausgaben

3.2.1. Rechtsgrundlagen und Kompetenzverteilung

Der Anstieg der Staatsquote kann nicht oder jedenfalls nicht allein mit Hilfe der Nachfrageentwicklung erklärt werden. Es muß also Mechanismen geben, die auf der Angebotsseite – d. h. im politisch-administrativen System – ansetzen und diese Quote in Form eines Prozesses nach oben treiben, der sich von wohlverstandenen Wählerinteressen gelöst und eine pathologische Eigendynamik gewonnen hat. Genauer wird dies in Abschnitt 5.2. untersucht; ein wesentlicher Erklärungsfaktor ist dabei die Tatsache, daß die Staatsausgaben vor allem über Steuern finanziert werden und daß damit Zahlungsbereitschaftsinformationen entfallen, wie sie bei einem Verkauf von Gütern am Markt oder bei einer Kostenumlage in entgeltfinanzierten Verbänden aus der Reaktion der Kunden bzw. Mitglieder gewonnen werden können. Deshalb müssen die öffentlichen Ausgaben von der öffentlichen Verwaltung mit Hilfe von Verfahren geplant werden, bei denen Zahlungsbereitschaftsinformationen im Normalfall gar nicht erhoben werden (und aus Kosten- und Zeitgründen auch nicht erhoben werden können) und bei denen sie in Sonderfällen auf problematische Weise erschlossen werden.

Rechtsgrundlagen

Die Grundlagen für diese Planungsverfahren liefert das Haushaltsrecht. Seine wichtigsten Vorschriften sind die Art. 109 bis 115 GG, entsprechende Artikel in den Landesverfassungen, das Haushaltsgrundsätzegesetz (HGrG), das die Haushaltsführung von Bund und Ländern einheitlichen Grundsätzen unterwirft, die Bundeshaushaltsordnung (BHO) und die nahezu identischen Landeshaushaltsordnungen (LHO), das Stabilitäts- und Wachstumsgesetz (StabG) sowie das Haushaltsrecht der Gemeinden. Letzteres umfaßt vor allem die Gemeindeordnungen und die Gemeindehaushaltsverordnungen und ist Sache der Länder; von einer Konferenz der Innenminister ist unter Beteiligung der kommunalen Spitzenverbände jedoch ein Musterentwurf erarbeitet worden, der für ein relativ hohes Maß an Einheitlichkeit und Vergleichbarkeit im Bundesgebiet sorgt.

Das Haushaltsrecht schreibt ein Rechnungswesen vor, das vor allem aus drei kontinuierlich zu führenden Rechnungen besteht und daneben fallweise Ergänzungen vorsieht. Kontinuierlich aufzustellende Rechnungen sind die Haushalts- und die Finanzpläne und die den Haushaltsplan ex post ergänzende Jahresrechnung (Haushalts- und Vermögensrechnung), fallweise werden vor allem Wirtschaftlichkeitsanalysen in Form von Kosten-Nutzen-Analysen und Kosten-Wirksamkeits-Analysen aufgestellt. Im Rahmen der kontinuierlichen Rechnungen spielen Zahlungsbereitschaftsinformationen kaum eine Rolle. Statt dessen werden sie von den Vorstellungen von Regierung und Verwaltung sowie den Wünschen der Parteien und Verbände geprägt. Im Rahmen der fallweisen Rechnungen, die bisher nur für große Investitionsprojekte durchgeführt wurden, versucht man zum Teil auch, Zahlungsbereitschaftsinformationen zu gewinnen (Abschnitt 3.2.3.).

Kompetenzverteilungsregeln

Mit seinen Vorschriften zur Kompetenzverteilung löst das Grundgesetz Fragen des passiven Finanzausgleichs. Es greift dabei aber nicht auf die ökonomischen Überlegungen zur Kompetenzverteilung zurück (Abschnitt 2.3.2.). Statt dessen stützt es sich einerseits auf die mehr machtpolitisch motivierte Gewaltenteilungsregel, die CHARLES DE MONTESQUIEU (1689–1755) in seinem „Geist der Gesetze“ (1748) auf der Basis von Vorüberlegungen JOHN LOCKES (1632–1704) entwickelt hat und die eine Trennung von Exekutive, Legislative und Jurisdiktion fordert. Andererseits verwendet es eine föderalistische Zuständigkeitsvermutung zugunsten der Länder (Art. 30 GG), die den Ländern im Zweifel – d. h. bei Abwesenheit entgegenstehender Regelungen – die Zuständigkeit zuspricht.

Auf dieser Basis werden die Gesetzgebungskompetenzen vor allem dem Bund zugeordnet, und zwar in Form der ausschließlichen (Art. 71, 73 GG), konkurrierenden (Art. 72, 74, 74a GG), Rahmen- (Art. 75 GG) und Grundsatzgesetzgebung (Art. 109 Abs. 3 GG). Den Ländern verbleibt in diesem Bereich vor allem das Landesverfassungs-, das Kommunal- und das Polizeirecht sowie der Bereich der kulturellen Angelegenheiten. Insbesondere die Steuergesetzgebungshoheit liegt fast vollständig beim Bund (Art. 105 GG).

Die Verwaltungskompetenzen sind dagegen schwergewichtig den Ländern zugeordnet. Im Bereich der gesetzesakzessorischen (ausführenden) Verwaltung vollziehen die Länder nicht nur die Landesgesetze (Art. 30 GG), sondern auch die Bundesgesetze, und zwar als eigene Aufgaben (Art. 83, 84 GG) oder im Auftrag des Bundes (Art. 85 GG). Der Bund verfügt nur in Ausnahmefällen über eine eigene Verwaltung (Art. 86–90 GG). Will er in ihn betreffenden Verwaltungsfragen Verwaltungsrichtlinien erlassen, ist er auf die Zustimmung des Bundesrates angewiesen (Art. 84 Abs. 2 GG), was in der Regel zu einer Vorabstimmung zwischen Bundes- und Landesministerien führt. Auch im Bereich der gesetzesfreien Verwaltung (Infrastrukturauftrag, Förderwesen) liegt die Verwaltungskompetenz vorrangig bei den Ländern. Neben den in der Verfassung aufgeführten Zuständigkeitsbereichen des Bundes erkennt das Bundesverfassungsgericht allerdings einen eng abgegrenzten Bereich sogenannter ungeschriebener Verwaltungszuständigkeiten des Bundes an, d. h. von Aufgaben, die nach herrschender Meinung nur vom Bund sachgerecht erfüllt werden können (z. B. gesamtstaatliche Repräsentation im Kulturbereich, Großforschungseinrichtungen).

Die Verwaltungszuständigkeit ist für das staatliche Ausgabeverhalten in Deutschland deshalb so wichtig, weil der allgemeine Lastenverteilungsgrundsatz des Art. 104a Abs. 1 GG (das Konnexitätsprinzip) bestimmt, daß die Gebietskörperschaften die Ausgaben tragen, die sich aus ihren Aufgaben ergeben, und weil dies nach herrschender juristischer Lehre bedeutet, daß die Finanzierungszuständigkeit der Verwaltungszuständigkeit folgt. Hiervon gibt es allerdings eine Reihe von Ausnahmen: Bundesauftragsverwaltung (Art. 104a Abs. 2 GG), Geldleistungsgesetze (Art. 104a Abs. 3 GG), Finanzhilfen (Art. 104a Abs. 4 GG), Gemeinschaftsaufgaben (Art. 91a und 91b GG), Kriegsfolgelasten (Art. 120 Abs. 1 GG) und Zuschüsse zu den Lasten der Sozialversicherung (Art. 120 Abs. 1 GG). In diesen Bereichen übernimmt der Bund einen Teil der Finanzierungslast, oder er trägt diese sogar voll.

Die Verteilung der Auf- und Ausgabenkompetenzen im Grundgesetz steht der Aufgabenverteilung, wie sie den Vorstellungen der Theorie des finanzwirtschaftlichen Föderalismus entspricht (Abschnitt 2.3.2.), nicht völlig entgegen. Wie ein Blick auf die Ausgabenstruktur in den Gebietskörperschaften noch zeigen wird, hat der Bund tatsächlich Ausgaben- und Tätigkeitsschwerpunkte bei der Distributions- und Stabilisierungspolitik und bei den bundesweit bedeutsamen Infrastrukturmaßnahmen, während Länder und Gemeinden sich vor allem im Bereich der regionalen und lokalen Infrastrukturaufgaben betätigen. Die Aufgabenverteilung im Grundgesetz begünstigt aufgrund des Schwergewichts des Bundes bei der Gesetzgebung aber Vereinheitlichungstendenzen und fördert wegen des Angewiesenseins des Bundes auf die Verwaltungstätigkeit der Länder eine Verantwortungsverwischung in der Form der sogenannten Politikverflechtung. Diese wird eher beschönigend als kooperativer Föderalismus bezeichnet und dem Konkurrenzföderalismus gegenübergestellt, wie er sich bei Berücksichtigung des Kongruenzprinzips und der ZMT-Regel ergäbe. Ordnungspolitisch gesehen stellt Politikverflechtung einen Verstoß gegen das Prinzip der Haftung im politischen Raum dar: Steuerfinanzierung, Steuerverbund und Politikverflechtung sorgen dafür, daß der Bürger selbst bei bestem Willen nicht mehr erkennen kann, wer für welche Ausgaben- und Finanzierungsentwicklung verantwortlich ist, und daß er deshalb bei Wahlen auch nicht darauf reagieren kann. Entgegen der eigentlichen Intention der Gewaltenteilungsregel wird auf diese Weise be- oder gar verhindert, daß sich Entscheidungen im politisch-administrativen System vorrangig nach den Interessen der Bürger richten, und es wird Politikverdrossenheit erzeugt.

3.2.2. Haushalts- und Finanzplanung

Die jährliche Haushalts- und die mittelfristige Finanzplanung bilden Kernstücke des öffentlichen Rechnungswesens und der öffentlichen Wirtschaftsführung.

Charakter des Haushaltsplans

Der Haushaltsplan – auch Budget oder Etat genannt – wird als Anlage zum Haushaltsgesetz verabschiedet und stellt eine systematische Zusammenstellung der für ein Haushaltsjahr vorgesehenen Ausgabenobergrenzen für einzelne Zwecke und der erwarteten Einnahmen dar. Für die ausgabenwirksamen (budgetintensiven) Formen staatlichen Handelns kann er als ein Zahlengerüst des Regierungsprogramms bezeichnet werden. Durch ihn wird die Verwaltung zum Leisten von Ausgaben und Eingehen von Verpflichtungen ermächtigt (aber nicht gezwungen). Als Teil des Haushaltsgesetzes richtet sich der Haushaltsplan nur an die staatlichen Organe. Das Gesetz stellt deshalb ein Organgesetz formeller Natur dar, das sich – anders als materielle Gesetze – nicht an eine unbestimmte Vielzahl von Bürgern richtet, sondern der Kontrolle von Regierung und Verwaltung durch das Parlament dienen soll. Neben dem Haushaltsplan enthält das Haushaltsgesetz Ermächtigungen zur Aufnahme von Krediten und zur Übernahme von Gewährleistungen sowie Verfahrensvorschriften.

Systematisch gesehen ist der Haushaltsplan Ausdruck der Emanzipation des Staates vom Bürger einerseits und seiner Unterstellung unter den Parlamentswillen andererseits. Die Loslösung vom Bürger erfolgte bereits in der vordemokratischen Zeit durch Aufgabe des Fondssystems – d. h. von entgeltfinanzierten Spezialetats, welche nach dem Übergang zur Demokratie grundsätzlich nach dem Kongruenzprinzip hätten organisiert werden können (Abschnitt 2.1.2.) – und Hinwendung zum überwiegend steuerfinanzierten Generaletat, in dem alle Einnahmen der Deckung aller Ausgaben dienen. Dies wird heute durch die Budgetgrundsätze der Einheit und Vollständigkeit (alle Einnahmen und Ausgaben in einem Budget, Art. 110 Abs. 1 GG) sichergestellt, die Spezialetats im Prinzip nur für entgeltfinanzierte Sonderleistungen zulassen, sowie durch den Grundsatz der Gesamtdeckung oder Non-Affektation (keine Zweckbindung, d. h. alle Einnahmen dienen der Finanzierung aller Ausgaben, § 8 BHO).

Die Gesamtdeckung bewirkt, daß letztlich nicht mehr die Budgetentscheidungen von Bürgern maßgeblich sind, die unter Berücksichtigung ihrer jeweiligen persönlichen Budgetbeschränkungen u.a. auch Mittel für Kollektivgüter und die zugehörigen Fonds reservieren, sondern daß ein öffentlicher Haushalt mit einer eigenen Budgetbeschränkung entsteht, der selbständige Mittelverteilungsentscheidungen fällen kann und muß. Das Korrelat dazu ist die (meist indirekte) Kontrolle dieses Generaletats durch die (Vertretung der) Bürger, die zuerst in England durchgesetzt wurde: 1628 erkämpfte sich das englische Parlament das Recht der Bewilligung der direkten Steuern („Petition of Rights"), das mit der „Bill of Rights" 1689 auf alle Einnahmen und zu Beginn des 18. Jahrhunderts mit der „Appropriationsklausel“ auch auf die Kontrolle der Einnahmenverwendung ausgedehnt wurde. In Deutschland wurde ein Generaletat zuerst in Preußen eingeführt; die Kodifizierung des zugehörigen Haushaltsrechts erfolgte mit der Reichshaushaltsordnung von 1922, aus der nach der grundlegenden Haushaltsreform von 1969 die heutige Bundeshaushaltsordnung und das Haushaltsgrundsätzegesetz entstanden sind. Der Einfluß des Parlaments auf die Planung und Kontrolle dieses Haushalts soll vor allem durch die Budgetgrundsätze der Jährlichkeit (Art. 110 Abs. 2 GG), Vorherigkeit (Art. 110 Abs. 2 GG), Klarheit (§§ 13, 14 BHO), Öffentlichkeit (§ 1 Satz 2 BHO) und den ungeschriebenen Grundsatz der Wahrheit sichergestellt werden. Konkretisiert werden diese Forderungen durch die Grundsätze der Einzelveranschlagung (Spezifikation der Einnahmen nach dem Entstehungsgrund und der Ausgaben nach Zwecken, § 17 BHO) und der Bruttoveranschlagung (keine Saldierung von Einnahmen und Ausgaben, § 15 BHO) sowie durch das Fälligkeits- und Trennprinzip (Veranschlagung nur der voraussichtlich kassenwirksamen Ausgaben [§ 11 BHO] und getrennter Ausweis von Verpflichtungsermächtigungen [s. u., §§ 16, 38 BHO]).

Systematik

Der Bundeshaushaltsplan wird normalerweise als Einjahresbudget in der Form eines Einheitsbudgets verabschiedet, das keine Zwischensalden kennt. Auch die Länderhaushalte sind Einheitsbudgets; anders als beim Bund gibt es aber auch nach Jahren getrennte Zweijahreshaushalte. In den Gemeinden verwendet man statt eines Einheitsbudgets zweigeteilte Budgets, die in einen nicht vermögenswirksamen Verwaltungshaushalt und einen Vermögenshaushalt zerfallen und über einen Zwischensaldo aus Abschreibungen und Ersparnissen verbunden sind (Übersicht: Bundesministerium der Finanzen, 1994, S. 103 ff.). Im folgenden wird überwiegend der Bundeshaushaltsplan behandelt. Er ist in informatorische Übersichten, einen Gesamtplan und Einzelpläne gegliedert. Informatorische Übersichten sind die Gruppierungsübersicht (welche einer Kostenartenrechnung ähnelt), die Funktionenübersicht (welche einer Kostenträgerrechnung ähnelt), der Haushaltsquerschnitt (der die Gruppierungs- und die Funktionenübersicht tabellarisch zusammenfaßt), die Übersicht der durchlaufenden Posten und die Personalübersicht. Der Gesamtplan gliedert sich in eine Haushaltsübersicht (welche der Kostenstellenrechnung ähnelt), eine Finanzierungsübersicht (welche den Finanzierungssaldo ausweist) und den Kreditfinanzierungsplan (welcher Krediteinnahmen und Tilgungsausgaben ausweist) sowie die Einzelpläne. Diese zerfallen in Kapitel und Titel und sind nach dem Ressortprinzip (also nach obersten Bundesbehörden) oder nach dem Realprinzip (d. h. nach zusammengehörigen Sachkomplexen wie z. B. der Bundesschuld) gegliedert *(Übersicht J-6)*. Die Kapitel eines Einzelplans umfassen die Einnahmen und Ausgaben der zugehörigen Behörden oder größere Sachgebietskomplexe. Sie werden durch eine Kapitelnummer bezeichnet, die mit der Nummer des Einzelplans beginnt. Das Kapitel 6002 ist z. B. das Sachgebiet 02 (Allgemeine Bewilligungen) im Einzelplan 60 (Allgemeine Finanzverwaltung). Die Titel kennzeichnen Einnahmearten (Hauptgruppen 0–3) und kostenähnliche Ausgabenarten (Hauptgruppen 4–9). Es gibt ca. 1.400 Einnahmen-

Übersicht J-6: Ausgewählte Einzelpläne des Bundeshaushalts

Einzelplan (Epl.)	Bezeichnung	Soll 1992		Entwurf 1993		Veränderung gegenüber dem Vorjahr
		Mio. DM	v. H.	Mio. DM	v. H.	v. H.
01	Bundespräsident und Bundespräsidialamt	29,5	0,0	29,6	0,0	0,3
:						
06	Bundesministerium des Innern	8.562,9	2,0	8560,6	2,0	–0,0
:						
08	Bundesministerium der Finanzen	5.784,0	1,4	5.954,7	1,4	3,0
09	Bundesministerium für Wirtschaft	15.681,0	3,7	14.924,9	3,4	–4,8
:						
11	Bundesministerium für Arbeit und Sozialordnung	90.766,8	21,4	98.775,6	22,7	8,8
12	Bundesministerium für Verkehr	39.975,9	9,4	44.254,8	10,2	10,7
:						
14	Bundesministerium der Verteidigung	52.106,8	12,3	50.800,0	11,7	–2,5
:						
32	Bundesschuld	57.696,1	13,6	58.881,0	13,5	2,1
:						
60	Allgemeine Finanzverwaltung	50.534,6	11,9	46.952,4	10,8	–7,1
	Summe Haushalt	425.100,0	100,0	435.650,0	100,0	2,5

Quelle: BMF (Finanzbericht 1993, S. 65).

und etwa 8.800 Ausgabetitel. Zu jedem Titel gehören eine fünfstellige Titelnummer, eine dreistellige Funktionenkennziffer, Erläuterungen sowie das sogenannte Dispositiv, das sich aus der Zweckbestimmung, Beträgen für Ausgaben- und Verpflichtungsermächtigungen sowie Haushaltsvermerken zusammensetzt und die eigentlichen Festlegungen kennzeichnet *(Übersicht J-7)*.

Übersicht J-7: Ausschnitt aus dem Bundeshaushaltsplan 1992

Einzelplan 60,
Kapitel 02

→ 6002
Allgemeine Bewilligungen

Titelnummer

Titel / Funktion	Zweckbestimmung	Soll 1992 Mio. DM	Soll 1991 Mio. DM	Ist 1990 Mio. DM
971 01 –960	Zusätzliche Ausgaben nach Maßgabe des Gesetzes zur Förderung der Stabilität und des Wachstums der Wirtschaft Ausgaben dürfen bis zur Höhe der Einnahmen bei Tit. 355 01 und bei Kap. 32 01 Tit. 325 12 geleistet werden. Erläuterungen Nach § 6 Abs. 2 des Gesetzes zur Förderung der Stabilität und des Wachstums der Wirtschaft vom 8. Juni 1967 (StWG) (BGBl. I S. 582) können bei einer Abschwächung der allgemeinen Wirtschaftstätigkeit für die dort genannten Zwecke nach Maßgabe des § 8 Abs. 1 StWG zusätzliche Ausgaben geleistet werden. Die Einrichtung des Leertitels ist in § 8 Abs. 1 Satz 1 StWG vorgesehen.			
	Titelgruppen			
Tgr. 01	Verstärkung von Ausgaben im Personalsektor Die Ausgaben sind gegenseitig deckungsfähig. Mit Einwilligung des Bundesministers der Finanzen können zur Deckung des Mehrbedarfs in den Einzelplänen – Ausgaben aufgrund besoldungs- und versorgungsrechtlicher sowie tariflicher Maßnahmen, – im übrigen Mehrausgaben bei den Personalausgaben im jeweiligen Einzelplan gegen Einsparung geleistet werden. Die Ausgaben sind bei den entsprechenden Titeln der jeweiligen Einzelpläne zu buchen.	(2 650)	(3 600)	(–)
461 71 –981	Verstärkung von Personalausgaben der Hauptgruppe 4	2 250	3150	
971 71 –981	Verstärkung von Personalausgaben der Hauptgruppen 5 bis 9	400	450	
	Gegenüber dem Vorjahr entfallene Titel			
642 01 –330	Pauschalzahlungen an den Freistaat Bayern im Zusammenhang mit der Wiederaufbereitungsanlage Wackersdorf	–	30	30
642 02 –910	Zahlungen an die Länder für Ausfälle bei der Straßenbenutzungsgebühr	–	220	498
882 06 –246	Finanzhilfen des Bundes nach Art. 104a Abs. 4 GG an die Länder zum Bau von Übergangswohnheimen für Aussiedler	–	313	187
972 07 –989	Globale Minderausgabe	–	–1 300	–

Funktionenkennziffer

Titelgruppe

Die ersten drei Ziffern der Titelnummer verweisen auf einen für Bund und Länder verbindlichen Ausgabenartenplan (sogenannter Gruppierungsplan), die letzten beiden Ziffern ergänzen diese Gruppierungsnummer durch eine Zählnummer, die weitere Unterscheidungen ermöglicht und außerdem der Kennzeichnung von Titelgruppen dienen kann. Dies sind Ausgaben, die zwar zu verschiedenen Titeln gehören, aber einen gleichartigen übergeordneten Zweck aufweisen. Die Titelgruppe 01 umfaßt z. B. Verstärkungen von Ausgaben im Personalsektor, die bei den Titeln 461.71 und 971.71 zu buchen sind. Die Zählnummern sollen bei Titeln der gleichen Titelgruppe übereinstimmen. Die Funktionenkennziffer verweist auf einen ebenfalls für Bund und Länder verbindlichen Funktionenplan, der Nutzenarten wie z. B. „Ausgaben für Wissenschaft und Forschung" kennzeichnet. Gruppierungs- und Funktionenkennziffern erleichtern vor allem Querschnittsvergleiche.

Ausgabenermächtigungen werden in kameralistischer Buchweise als Sollziffern für das laufende und das vergangene sowie als Istziffer für das vorvergangene Haushaltsjahr ausgewiesen, damit Entwicklungen erkennbar werden. Sie erlöschen am Ende des Haushaltsjahres, wenn sie nicht für übertragbar erklärt wurden. Verpflichtungsermächtigungen erlauben es der Verwaltung, Verträge einzugehen, die in künftigen Haushaltsjahren zu Ausgaben führen (z. B. im Wege der Ausschreibung von Bauprojekten). Haushaltsvermerke betreffen vor allem die Übertragbarkeit oder Deckungsfähigkeit von Ausgaben (s. u.) sowie Sperren, die auf verschiedenen Wegen entweder zur Erzielung von Haushaltseinsparungen oder für den Fall ausgesprochen werden können, daß bestimmte Bedingungen noch nicht eingetreten sind. Eine Besonderheit ist die von der Praxis entwickelte sogenannte globale Minderausgabe. Wird für einen Einzelplan solch eine Minderausgabe vorgeschrieben, bedeutet dies, daß der jeweilige Minister bei Titeln, die er grundsätzlich selbst bestimmen kann, einen Betrag in Höhe der Minderausgabe „erwirtschaften" (d. h. einsparen) muß. Der Bundeshaushalt 1994 weist z. B. eine globale Minderausgabe in Höhe von 5 Mrd. DM auf, davon 1,25 Mrd. im Verteidigungshaushalt (Titel 972.01 in Kapitel 14.02). Es gibt auch globale Mehrausgaben. Dies sind zum einen Ausgaben, die noch nicht im einzelnen verplant worden sind und nur mit Zustimmung des Parlaments verausgabt werden dürfen. Im Haushaltsjahr 1993 gab es eine solche globale Mehrausgabe z. B. für Aufbauhilfen im Beitrittsgebiet (Titel 971.01 in Kapitel 60.03). Zum anderen werden globale Mehrausgaben im Hinblick auf Tarif- und Preisverhandlungen angesetzt, bei denen man nicht vorzeitig ankündigen möchte, wie nachgiebig man im Ernstfall sein wird.

Globale Mehr- oder Minderausgaben, die als besondere Finanzierungsausgaben verbucht werden, kommen somit einerseits praktischen Bedürfnissen entgegen; sie können andererseits zusammen mit den ebenfalls im Einzelplan 60 verbuchten Mindereinnahmen (z. B. Finanzausgleichszahlungen an Länder) den Informationsgehalt des Budgets aber auch dadurch verzerren, daß sie höhere bzw. niedrigere Steigerungsraten vortäuschen. Ein beachtlicher Effekt dieser Art kennzeichnet z. B. den Haushaltsentwurf 1995: Der Bund zahlt ab 1995 keine Zuschüsse an den Fonds „Deutsche Einheit" mehr, übernimmt statt dessen aber erhöhte Bundesergänzungszuweisungen. Ersteres wird als Ausgabenwegfall, letzteres als Mindereinnahme gebucht, und diese Praxis bewirkt, daß die rechnerische Steigerungsrate stark sinkt (was die materiell geplante Entwicklung in diesem Beispiel allerdings in etwa richtig wiedergibt).

Das Personal wird im Haushaltsplan nicht über Haushaltsmittel, sondern über Planstellen (für Beamte) und Stellen (für Angestellte und Arbeiter) bewirtschaftet, wobei die Stellenpläne für Beamte per Gesetz und die für Angestellte und Arbeiter faktisch verbindlich sind. Für unter Fortfall der Bezüge beurlaubte Bedienstete können Leerstellen geführt werden, die Rückkehransprüche offenhalten. Planstellen und Stellen, die in Zukunft nicht mehr besetzt werden sollen, erhalten einen kw-Vermerk („künftig wegfallend"), solche, deren Wertigkeit in Zukunft sinken soll, einen ku-Vermerk („künftig umzuwandeln"). Jedes Haushaltskapitel verfügt über Übersichten über Planstellen, Stellen, kw- und ku-Vermerke.

Budgetkreislauf

Jeder Haushaltsplan durchläuft die Phasen der Aufstellung, des Vollzugs, der Abrechnung und der Kontrolle. Die Aufstellungsphase beginnt offiziell mit dem sogenannten Aufstellungsrundschreiben des Finanzministers, dem allerdings bereits Vorlaufwirkungen aus der Finanzplanung vorausgehen. Diese beruhen darauf, daß der Haushalt eines Jahres t bereits Schlußjahr der Finanzplanung t-3 war und ebenfalls in den Finanzplanungen t-2 und t-1 auftauchte (s. u.). Üblicherweise akzeptieren die Fachressorts Kürzungen gegenüber ihren Voranschlägen für fernere Haushaltsjahre eher als solche für das laufende Haushaltsjahr. Dies und die Tatsache, daß geringere Steigerungsraten in der Finanzplanung als politisch solide gelten, nutzt die Finanzverwaltung aus, um in den Verhandlungen zur Haushalts- und Finanzplanung eine Art Beweislastumkehr herbeizuführen: Der Finanzminister setzt in der ersten Finanzplanung für den Haushalt des Jahres t (also in der Finanzplanung t-3) zunächst einmal niedrigere Ansätze durch; im Aufstellungsrundschreiben für das Haushaltsjahr t, mit dem er etwa im Dezember des Jahres t-2 Bedarfsanmeldungen bis zum März t-1 anfordert, weist er dann darauf hin, daß Abweichungen von der Finanzplanung für t normalerweise nicht akzeptiert werden und einer besonderen Begründung bedürfen. Außerdem nennt er in diesem Schreiben Titel, die „überrollt" werden müssen (d. h. bei denen keine Steigerungen eingeplant werden dürfen). Im Vertrauen auf einen entsprechenden Rückhalt in Regierung und Parlament kann er auch weitere Eckwerte für die Planung vorgeben. Er muß dabei beachten, daß der Haushalt nach dem Ausgleichsgrundsatz (Art. 110 Abs. 1 GG) auszugleichen ist, wobei zu den Einnahmen allerdings auch diejenigen gehören, die nach Art. 115 GG zulässig sind. Das sind Kredite bis zur Höhe der Investitionssumme und im Falle von Störungen des gesamtwirtschaftlichen Gleichgewichts zusätzlich auch die zu deren Abwehr erforderlichen Kredite. Diese Vorschrift ist allerdings kritisch zu betrachten, denn sie enthält zum einen viele unbestimmte Rechtsbegriffe und läßt es darüber hinaus zu, daß kurzlebige Investitionsgüter durch „ewige" Kredite finanziert werden (Revolvierung). Das hat zur Folge, daß die Schulden schneller wachsen als das (ohnehin nur unvollständig erfaßte) Vermögen des Staates, was insbesondere bei Analysen der langfristigen Tragfähigkeit und der intergenerativen Gerechtigkeit eine Rolle spielen kann.

Die Planung des Haushalts vollzieht sich „von unten nach oben": Die Bedarfsanmeldungen nachgeordneter Behörden und der Abteilungen des Ministeriums selbst werden innerhalb jedes Einzelplans dem sogenannten Beauftragen für den Haushalt vorgelegt, den es in jeder Behörde gibt und der in einem Fachressort der Leiter des

Haushaltsreferats ist. Er spielt dort eine ähnliche Rolle wie der Finanzminister innerhalb der Bundesregierung und muß versuchen, aus den in der Regel zu großen ersten Bedarfsanmeldungen Voranschläge zu erstellen, die der Finanzminister als verhandlungsfähig betrachtet. Diese werden der Haushaltsabteilung des Finanzministeriums übersandt, die über sogenannte Spiegelreferate verfügt, welche jeweils für bestimmte Einzelpläne fachlich zuständig sind und mit den Haushalts- und Titelreferenten dieser Ressorts titelweise über die Voranschläge verhandeln. Die Verhandlungen, an denen auch der Bundesrechnungshof teilnimmt, werden durch Leitlinien der Haushaltsabteilung des BMF für seine Referatsleiter gelenkt. Voranschläge, über die auf Referatsleiterebene keine Einigung erzielt werden kann, müssen auf höherer Ebene (Abteilungsleiter, Staatssekretär, Minister) verhandelt werden. Verhandlungsgegenstand sind globale Titelbeträge (also z. B. für „Auslandsdienstreisen"), wobei dem Finanzministerium vor allem Steigerungsraten gegenüber dem Vorjahr und gegenüber der Finanzplanung plausibel gemacht werden müssen. Dies kann aufgrund der Kostenorientierung der Titel z. B. bedeuten, daß ein zufällig einmal reichlich dotierter Titel dies auch in Zukunft bleibt, weil man die Steigerungsraten – um im Beispiel zu bleiben – gut über Preissteigerungen im Auslandsreiseverkehr begründen kann. So etwas zeigt die ökonomische Problematik einer kosten- (nicht nutzen-)orientierten Planung „von unten nach oben". Es verdeutlicht gleichzeitig die Bedeutung von Versuchen zur Ablösung eines solchen Vorgehens. Den größten Erfolg verspricht dabei eine Fachbereichsbudgetierung nach dem Tilburger Modell, eine Form der pretialen Lenkung, die im Moment in unterschiedlichen Varianten in vielen Kommunen erprobt wird. Sie soll sich in der Endphase durch Vergabe von Globaletats an kundenorientierte „Fachbereiche", „Produktsparten" oder „Leistungszentren" auszeichnen, die sich im Rahmen eines Kontraktmanagements dem Stadtrat gegenüber zu bestimmten Leistungen verpflichten und deren Effizienz möglichst auch durch Preis-Leistungs-Vergleiche mit privaten Dienstleistungsunternehmen kontrolliert wird (Banner, 1994).

Auf der Basis der Voranschläge und Verhandlungen stellt der Finanzminister einen Haushaltsentwurf auf. Dabei berücksichtigt er (wie auch schon bei den Verhandlungen) die Ergebnisse der Frühjahrsschätzung des Arbeitskreises Steuerschätzung und die Empfehlungen des Finanzplanungsrates. Der Arbeitskreis Steuerschätzung ist ein Arbeitskreis aus Vertretern des Bundesfinanz- und des Bundeswirtschaftsministeriums, der Länderfinanzministerien, der Kommunen, der Bundesbank, des Sachverständigenrates und der führenden Wirtschaftsforschungsinstitute. Er schätzt das Steueraufkommen auf der Basis einer Projektion des Bundeswirtschaftsministeriums für das Sozialprodukt. Diese Projektion entsteht aus einer Status-quo-Prognose der Entwicklung, berücksichtigt darüber hinaus aber auch die Eingriffsmöglichkeiten, die dem Staat bei unerwünschten Entwicklungen zur Verfügung stehen. Der Finanzplanungsrat ist ein Koordinationsgremium, dem neben dem federführenden Finanzminister der Wirtschaftsminister, die Finanzminister der Länder und Vertreter der Kommunen angehören und an dessen Sitzungen die Bundesbank teilnehmen kann (§ 51 HGrG). Er soll mit seinen Empfehlungen das Haushaltsverhalten der Gebietskörperschaften koordinieren und stützt sich dabei ebenfalls auf die Projektion des Wirtschaftsministeriums. Im Hinblick auf die Verschuldungsvorschriften des Vertrags von Maastricht hat diese Koordinationstätigkeit eine besondere Bedeutung gewonnen (Abschnitt 2.3.1.); bisher war die Koordinationseffizienz allerdings enttäuschend.

Der Haushaltsentwurf wird dem Kanzleramt etwa im Juni zugeleitet. Die Bundesregierung beschließt ihn nach weiteren Verhandlungen etwa Anfang Juli. Im Rahmen dieser Verhandlungen hat der Finanzminister formal eine starke Stellung, denn er kann im Kabinett nur überstimmt werden, wenn auch der Kanzler gegen ihn stimmt (§ 28 und § 29 BHO in Verbindung mit § 26 GOBReg). Insbesondere bei starker Macht- und Wiederwahl- und geringer Wertorientierung sowie bei Abwesenheit ordnungspolitischen Sachverstandes wird diese formal starke Stellung aber wenig genutzt (Abschnitt 5.2.).

Mit der Verabschiedung des Haushaltsplans im Kabinett endet die Entwurfstätigkeit der Exekutive. Sollen danach (aber noch vor Ende der parlamentarischen Beratungen) Änderungen eingebracht werden, muß ein Ergänzungshaushalt beschlossen werden (§ 32 BHO). Der Bundeskanzler leitet den Haushaltsentwurf nun gleichzeitig dem Bundesrat und dem Bundestag zu, und zwar zusammen mit dem Finanzplan (s. u.), dem Finanzbericht und (alle zwei Jahre) dem Subventionsbericht. Der Finanzbericht (§ 31 BHO) gibt einen Überblick über den Stand und die laufende Entwicklung der Finanzwirtschaft und ist für Ökonomen eine Datenquelle ersten Ranges; der Subventionsbericht gibt einen Überblick über Finanzhilfen und Steuervergünstigungen des Bundes (§ 12 Abs. 2 StabG), verwendet allerdings einen Subventionsbegriff, der sehr viel enger ist als derjenige der Wirtschaftsforschungsinstitute.

Der Bundesrat kann im Rahmen des ersten Durchgangs zum Bundeshaushalt Stellung nehmen und berät den Haushalt in seinem Finanzausschuß, dem ein Unterausschuß aus den Finanzreferenten der Länder zuarbeitet. Zur Stellungnahme des Bundesrates arbeitet das Bundesfinanzministerium ggf. eine Gegenäußerung aus, die von der Bundesregierung beschlossen und dem Bundestag zugeleitet werden muß. Da die Länder über den Bundesrat die Planungsgrundlagen des Bundeshaushalts kennen und da der Bund seinen Haushalt in der Regel pünktlich vorlegt, während die Länder dies oft verspätet tun, gibt es eine Informationsasymmetrie zwischen Bund und Ländern, die politisch bedeutsam sein kann: Die Länder wissen besser über die Bundesfinanzen Bescheid als umgekehrt.

Im Bundestag wird der Haushaltsentwurf in drei Lesungen beraten. In der ersten Lesung (Anfang September) trägt der Finanzminister seine sogenannte Einbringungsrede vor, in der die Grundlinien der Haushalts- und Finanzpolitik der Bundesregierung zum Ausdruck kommen sollen und deren Debatte als ein Höhepunkt des parlamentarischen Lebens gilt. Die erste Lesung endet mit der Überweisung an den Haushaltsausschuß des Bundestages. Dieser ernennt Berichterstatter und Mitberichterstatter für jeden Einzelplan, die den Entwurf in sogenannten Berichterstattergesprächen mit Vertretern der Ressorts, des BMF und des Rechnungshofs beraten. Ihre Vorschläge sowie die Stellungnahme der Fachausschüsse und des Bundesrates fließen in die Ergebnisse der Beratungen des Haushaltsausschusses ein. Punkte, über die zunächst keine Einigung erzielt werden kann, werden in zwei sogenannten Bereinigungssitzungen behandelt.

In der zweiten Lesung wird das Ergebnis der Beratungen im Haushaltsausschuß von den Berichterstattern im Plenum vorgetragen, und es wird über alle Einzelpläne beraten und getrennt abgestimmt. Nach der Erledigung von Änderungs- und Entschließungsanträgen kommt es sodann zur dritten Lesung, in der über den Haushaltsentwurf insgesamt abgestimmt wird. Dieser Beschluß wird dem Bundesrat zum zweiten Durchgang zugeleitet und dort wiederum im Finanzausschuß und seinem Unterausschuß beraten. Der Bundesrat kann den Vermittlungsausschuß anrufen, was bei Änderungen einen erneuten Beschluß des Bundestages erforderlich macht. Danach kann er Einspruch einlegen, den der Bundestag jedoch mit einer Mehrheit gleicher Qualität zurückweisen kann, da das Haushaltsgesetz nicht zustimmungsbedürftig ist. Mit dem endgültigen Beschluß des Haushaltsgesetzes endet der parlamentarische Teil der Aufstellungsphase. Er ist durch großen Zeitdruck und Fristverkürzungen gegenüber materiellen Gesetzen gekennzeichnet. Der Zeitdruck wäre sicher noch größer, wenn es nicht den Budgetgrundsatz des Bepackungsverbots gäbe, der bestimmt, daß in das Haushaltsgesetz nur Bestimmungen aufgenommen werden dürfen, die sich auf Einnahmen und Ausgaben des Haushaltsjahres beziehen (Art. 110 Abs. 4 GG); anderenfalls müßte man damit rechnen, daß Abgeordnete die Zustimmung zum Haushalt so lange verweigern, bis sie über „Bepackungen“ ihre Spezialinteressen durchgesetzt haben.

Nach der Verkündigung des Haushaltsgesetzes tritt dieses (gegebenenfalls rückwirkend) zum 1. Januar des Haushaltsjahres in Kraft. Damit beginnt die Phase des Vollzugs. Wird das Haushaltsgesetz nicht rechtzeitig verabschiedet, kommt es zur vorläufigen Haushaltsführung (Nothaushalt gem. Art. 111 GG), innerhalb der nur diejenigen Ausgaben geleistet werden dürfen, die zur Aufrechterhaltung der Verwaltung erforderlich und zur Erfüllung rechtlicher Verpflichtungen notwendig sind. Soll ein bereits verkündeter Haushaltsplan geändert werden, ist ein Nachtragshaushalt einzubringen (§ 33 BHO), wofür es geschäftsordnungsmäßige Erleichterungen gibt. Für stabilisierungspolitische Zwecke kann ein Eventualhaushalt gem. § 6 und § 8 StabG eingeplant werden, für den im Bundeshaushaltsplan ein Leertitel vorgesehen ist (Titel 971.01 in Kapitel 60.02).

Im Haushaltswesen unterscheidet man zwischen Haushaltsmitteln, Betriebsmitteln und Kassenmitteln. Haushaltsmittel werden über den Haushaltsplan zugewiesen und stellen die parlamentarische Erlaubnis für eine Mittelbewirtschaftung dar, Betriebsmittel sind Teile der Haushaltsmittel, die der Finanzminister für abrufbereit erklärt hat (§ 43 BHO). Nur über sie kann verfügt werden. Kassenmittel sind Bar- und Buchgeld, das von den Kassen verwaltet wird. Der Finanzminister wird durch die Dispositionsgewalt über Betriebsmittel in die Lage versetzt, den Abfluß der Haushaltsmittel so zu steuern, daß bei den Kassen keine Liquiditätsengpässe auftreten. Vor Einführung der EDV war dies durchaus nicht trivial; seit Mitte der 80er Jahre ist die Liquiditätsplanung aber so leistungsfähig, daß auf einschränkende Betriebsmittelzuweisungen weitgehend verzichtet werden kann. Der Finanzminister erläßt aber weiterhin Verwaltungsvorschriften zur Haushaltsführung, die das Haushaltsgesetz konkretisieren (§ 5 BHO). Außerdem kann er Haushaltsmittel notfalls sperren (§ 41 BHO).

Die Bewirtschaftung der Haushaltsmittel ist Sache der zuständigen Minister und wird von diesen auf die Leiter von Dienststellen übertragen, die jeweils von Beauftragten für den Haushalt unterstützt werden. Verfügungen werden durch das Erstellen von Ausgabeanordnungen getroffen, denen auf der Einnahmenseite Einnahmeanordnungen gegenüberstehen. Mit einer Ausgabeanordnung wird bestätigt, daß eine zu bezahlende Rechnung sachlich und rechnerisch richtig ist und daß die entsprechenden Haushaltsmittel verfügbar sind. Sie wird einer von den verfügungsberechtigten Behörden getrennten Bundeskasse zugeleitet, deren Aufgaben darin bestehen, die Ordnungsmäßigkeit und das Vorhandensein von Mitteln zu prüfen, die Rechnungen zu bezahlen und darüber Rechnung zu legen. Diese Trennung von Anordnungs- und Zahlungsbefugnissen dient einer „eingebauten“ Kontrolle.

Die Bewirtschaftung der Mittel soll vor allem von zwei Grundsätzen geprägt werden: materiell vom Grundsatz der Wirtschaftlichkeit und Sparsamkeit und mehr formell vom Grundsatz der Spezialität. Der Inhalt des Grundsatzes der Wirtschaftlichkeit und Sparsamkeit (§ 7 BHO) ist umstritten, denn es ist unmittelbar einsichtig, daß es Situationen gibt, in denen Sparen (d. h. Nichtausgeben) unwirtschaftlich sein kann, z. B. wenn man Frostaufbrüche bei einer Straße im Haushaltsjahr nicht beseitigt (also Mittel spart), dafür dann aber in späteren Jahren um so mehr ausgeben muß. Eine sinnvolle Interpretation des Grundsatzes wird sichtbar, wenn man die Sparsamkeitsforderung auf die Wahl von Zielniveaus, die Wirtschaftlichkeitsforderung dagegen in der Form der Minimumvariante des ökonomischen Prinzips anwendet, ein sparsam definiertes Zielniveau also mit minimalen Mitteln zu realisieren trachtet. So sollte das Ziel einer angemessenen Repräsentation Deutschlands im Ausland oder auch durch Regierungsgebäude in Berlin etwa mit Hilfe von Gebäuden realisiert werden, deren Erscheinungsbild entsprechend dem Sparsamkeitsgrundsatz „würdig, aber nicht üppig“ ist und deren Herstellung entsprechend dem Wirtschaftlichkeitsgrundsatz mit minimalen Mitteln realisiert wird, d. h. unter professioneller Ausnutzung der Rationalisierungsmöglichkeiten bei der Vergabe und Durchführung von Bauaufträgen. Prestigeträchtige Prunkbauten wären damit selbst dann ausgeschlossen, wenn sie wirtschaftlich errichtet würden, und selbst einfache Behelfsbauten könnten gegen den Grundsatz verstoßen, daß sie wirtschaftlich zu erstellen sind.

Der Grundsatz der Spezialität hat eine qualitative, eine quantitative und eine temporäre Dimension. Die Forderung nach qualitativer Spezialität (§ 45 BHO) verbietet sogenannte Virements, d. h. die Nutzung eines Titels A zur Finanzierung von Ausgabenarten des Titels B. Eine Durchbrechung ist nur zulässig, wenn bei Titeln eine ein- oder zweiseitige Deckungsfähigkeit erklärt wird (§§ 20 und 46 BHO), die auch der Höhe nach beschränkt werden kann. Die Forderung nach quantitativer Spezialität (§ 37 BHO) verbietet überplanmäßige Ausgaben (d. h. das Überschreiten von Etatansätzen) und außerplanmäßige Ausgaben (d. h. Ausgaben ohne Etatansatz). Diese sind nur bei unvorhergesehenen und unabweisbaren Bedürfnissen und nach Zustimmung des Finanzministers zulässig (Art. 112 GG und § 37 BHO). Die Forderung nach temporärer Spezialität verbietet das Eingehen von Verpflichtungen für folgende Haushaltsjahre, wenn keine Verpflichtungsermächtigung (§ 16 BHO) vorhanden ist, sowie das Übertragen von Ausgabenresten (d. h. nicht verbrauchten Ausgabeermächtigungen), wenn keine Übertragbarkeitserklärung (§ 19 BHO) existiert. Der Sinn dieser Spezialitätsforderungen besteht darin sicherzustellen, daß Mittel, die im Rahmen eines Titels bei Beachtung des Grundsatzes der Wirtschaftlichkeit und Sparsamkeit nicht benötigt werden, wieder in die Dispositionsgewalt des Parlaments zurückfallen. Tatsächlich ergeben sich aber Erscheinungen wie z. B. das „Dezemberfieber“, d. h. die forcierte Ausschöpfung von Ausgabenermächtigungen gegen Ende des Jahres. Aus der Sicht der jeweiligen Verwaltungsstellen soll dies dem Eindruck vorbeugen, daß Titel überdotiert seien, was ja Kürzungen im Folgejahr auslösen könnte. Es ist aber ohnehin schwer einzusehen, warum das Parlament einem Minister etwa Ausgaben für Dienstreisen und kleinere Bauerhaltungsarbeiten getrennt vorgeben soll, statt nach einer Vorgabe von Globaletats für outputorientiert abgegrenzte Leistungszentren oder Großprojekte zu streben und Controllingverfahren zu verwenden, welche das Aufrechterhalten eines langfristig nutzbaren Leistungspotentials ebenso prämieren wie die Kundenorientierung der laufenden Nutzung dieses Potentials.

Nach der Ausführung des Haushaltsplans wird dieser abgerechnet, und es wird auf der Basis der Kassenrechnungen eine Jahresrechnung erstellt, die in eine Haushaltsrechnung und eine Vermögensrechnung gegliedert ist. Erstere macht den tatsächlichen Haushaltsvollzug und den Unterschied zwischen Plan- und Istgrößen sichtbar; letztere ist lediglich rudimentärer Natur und erlaubt es z. B. nicht festzustellen, wie sich der nutzbare öffentliche Sachkapitalstock im Vergleich zur Staatsverschuldung und zu in späteren Jahren drohenden Haushaltsrisiken entwickelt hat. Dies erschwert die Zukunftsvorsorge und die Entscheidung von Fragen intergenerativer Gerechtigkeit.

Die Kontrolle der Haushalts- und Wirtschaftsführung ist zweigeteilt. Sie umfaßt die Verwaltungskontrolle durch den Bundesrechnungshof und seine Vorprüfstellen und die politische Prüfung durch den Rechnungsprüfungsausschuß des Bundestags, der ein Unterausschuß des Haushaltsausschusses ist, sowie durch den Finanzausschuß des Bundesrats. Die ca. 70 Mitglieder des Rechnungshofs (Präsident, Vizepräsident, Abteilungs- und Prüfungsgebietsleiter) besitzen richterliche Unabhängigkeit (Art. 114 GG). Sie prüfen die Haushaltsführung mit Hilfe ihrer ca. 630 Mitarbeiter und der ca. 2.500 Mitarbeiter in Vorprüfstellen auf Recht- und Ordnungsmäßigkeit sowie Wirtschaftlichkeit. Dabei wird zwischen der rechnungsabhängigen Prüfung (Prüfung der Haushalts- und Vermögensrechnung) und der rechnungsunabhängigen Prüfung (Wirtschaftlichkeitsprüfung z. B. in Form von Organisationsuntersuchungen) unterschieden. Das Ergebnis schlägt sich in den sogenannten Bemerkungen (Jahresberichten) und Sonderberichten des Rechnungshofs nieder sowie in seiner Beratungstätigkeit im Rahmen der Haushaltsaufstellung und der Unterstützung von Parlament und Verwaltung. Die Bemerkungen werden dem Bundestag, dem Bundesrat und der Bundesregierung vorgelegt (§ 97 BHO). Die parlamentarische Kontrolle im Rechnungsprüfungsausschuß des Bundestages erfolgt auf der Basis der Bemerkungen des Rechnungshofes, die zusammen mit Vertretern des Hofs sowie von Verwaltung und Finanzministerium erörtert werden. Anschließend entscheiden Bundestag und Bundesrat getrennt über die Entlastung der Bundesregierung. Das Entlastungsverfahren steht jedoch nicht im Rampenlicht der Öffentlichkeit, weil eine Verweigerung der Entlastung praktisch nur die Konsequenz hätte, daß bezüglich des Haushalts weiterhin vor dem Verfassungsgericht geklagt werden kann. Zudem sorgt die Parlamentsmehrheit normalerweise für eine Entlastung; außerdem liegt der Entlastungszeitpunkt in der Regel im Jahr t+3, und dann ist das Jahr t bereits „politisch tot“.

Informationsgehalt

Wie sind Budget und Budgetkreislauf im Lichte der Anforderungen zu beurteilen, die man an ein Controllingkonzept für Regierung, Parlament und Öffentlichkeit stellen sollte? Ein Blick auf die Haupt-Budgetfunktionen gibt die Antwort. Bei der heutigen Stellung des Budgets im staatlichen Rechnungswesen insgesamt muß das Budget erstens ein finanzielles Gleichgewicht gewährleisten (diese Liquiditätssicherungsfunktion wird oft auch als finanzpolitische Funktion bezeichnet); und es muß dem Parlament zweitens die Planung und Kontrolle allokations- und distributionspolitischer sowie drittens stabilitäts- und stabilisierungspolitischer Entscheidungen gestatten. Die allokations- und distributionspolitische Funktion wird oft auch politische Funktion genannt, die stabilitäts- und stabilisierungspolitische Funktion oft (wenn auch nicht treffend) wirtschaftspolitische Funktion.

Im Hinblick auf das Verwaltungsmanagement muß das Budget drei Teilfunktionen übernehmen, die bei Unternehmen auf verschiedene Rechnungen verteilt werden:

- die Funktion, externe Interessenten zu informieren und vor allem Parlament und Bürgern eine Kontrolle der Ordnungs- und Rechtmäßigkeit zu gestatten. Diese Dokumentationsfunktion wird hinreichend erfüllt.
- die Funktion, das kurz- und langfristige finanzielle Gleichgewicht zu sichern. Im Hinblick auf diese Liquiditäts- und Tragfähigkeitsfunktion enthält das Budget die richtigen Zahlenkategorien (Ausgaben und Einnahmen); mittel- und langfristige Wirkungen werden wegen der Kurzfristigkeit und des Fehlens einer hinreichenden Vermögensrechnung jedoch nicht abgebildet.
- die Funktion, Nutzen und Kosten in ein optimales Verhältnis zu bringen. Diese Effizienzsicherungsfunktion wird allenfalls teilweise erreicht. Zum einen wird der Nutzen der erbrachten Leistungen in einem inputorientierten (d. h. auf Mittelzuweisungen zugeschnittenen) Budget nicht abgebildet, denn die Einnahmen sind ja keine nutzenäquivalenten Verkaufserlöse, sondern vor allem Steuereinnahmen. Zum anderen bestehen Unterschiede zwischen Kosten und Ausgaben. Die Ausgaben für Wehrpflichtige sind z. B. niedriger als die Kosten. Letztere bestehen in den Leistungen, die an anderer Stelle in der Volkswirtschaft entfallen, und entsprechen in etwa den Gehältern, die man Freiwilligen zahlen müßte.

Im Hinblick auf die allokationspolitischen Entscheidungen des Parlaments, die ja ein Abwägen von Nutzen und Kosten im Rahmen der Budgetbeschränkung erfordern, fehlen Nutzen- und diejenigen Kosteninformationen, die nicht über das Ausweisen von Ausgaben erfaßt werden. Außerdem fördert der titelorientierte Verhandlungsprozeß nicht das Denken in Alternativen.

Bezüglich der distributionspolitischen Entscheidungen des Parlaments fehlen Informationen über Sachleistungsbegünstigte und über Transfersalden (Sozialtransfers minus Abgaben) von Bevölkerungsgruppen. Zur Beurteilung der stabilitäts- und stabilisierungspolitischen Entscheidungen des Parlaments fehlen Informationen über konjunkturelle Wirkungen. Man behilft sich hier mit Zusatzrechnungen, wie sie der Sachverständigenrat im Rahmen seiner Berechnung des konjunkturneutralen Haushalts anstellt.

Finanzplanung

Die Kurzfristigkeit des Budgets und die dadurch bedingte Mindererfüllung seiner Hauptfunktionen (insbesondere der Liquiditäts- und Tragfähigkeitssicherung) waren der Anlaß zur Einführung der mittelfristigen Finanzplanung, auf die schon mehrfach hingewiesen wurde. Sie wurde mit dem Stabilitäts- und Wachstumsgesetz eingeführt (§ 9 und § 14 StabG) und bettet den Haushaltsplan in eine Fünf-Jahres-Periode ein, die von t-1 bis t+3 reicht *(Übersicht J-8)*. Das Verfahren ist in § 50 HGrG geregelt. Die Finanzplanung soll alle Budgetfunktionen unterstützen, vor allem aber Entwicklungstrends und sogenannte Folgekosten von Beschlüssen über Investitionen und Leistungsgesetze sichtbar machen, d. h. Ausgaben, die erst in späteren Haushaltsjahren anfallen. Planungstechnisch begleitet sie den Haushaltsplan titelscharf bis zur Einbringung in das Parlament. Dies hat zur Folge, daß die nach § 50 Abs. 3 HGrG im Prinzip möglichen Alternativrechnungen von der Verwaltung praktisch nicht vorgelegt werden können, weil dies dem faktischen (wenn auch ursprünglich nicht beabsichtigten) Charakter der Finanzplanung als verlängerter Haushaltsplanung widerspräche und den rechtzeitigen Abschluß des Verfahrens der Haushalts- und Finanzplanung ernstlich gefährden würde. Dem Parlament wird der Finanzplan dann nicht mehr titelscharf, sondern in Form globalerer Ansätze vorgelegt, und die Finanzplanung wird im Parlament auch lediglich zur Kenntnis genommen, nicht jedoch beschlossen. Daß sie gleichwohl Vorauswirkungen auf Folgehaushalte entwickelt, wurde schon betont. Sie fördert ein etwas langfristigeres Denken, weil sie Vorbelastungen sichtbar macht und zur Bildung von Reihenfolgeentscheidungen für größere Investitionsprojekte anhält, und sie erlaubt es auch, Schwerpunkte zu setzen und mittelfristige Strukturveränderungen gezielt herbeizuführen. Ihre politische und planerische (nicht jedoch rechtliche) Bedeutung kann man auch daraus ersehen, daß vor allem die Trä-

Übersicht J-8: Finanzplan des Bundes 1992 bis 1996

	Soll 1992	Entwurf 1993	Finanzplan 1994	1995	1996
1. Ausgaben (Mrd. DM)	**425,10**	**435,65**	**452**	**452**	**465**
Steigerung gegenüber Vorjahr in v. H.	+5,8	+2,5	+3,8	0	+2,9
2. Einnahmen (Mrd.DM)	**425,10**	**435,65**	**452**	**452**	**465**
2.1 Steuereinnahmen	350,20	367,5	394,1	401,0	421,4
2.2 Sonstige Einnahmen davon	34,37	30,15	28,6	25,0	21,6
– Bundesbankgewinn	7,00	7,00	7,0	7,0	7,0
– Postablieferung	9,08	6,69	5,7	3,0	1,5
– Münzeinnahmen	0,83	0,90	0,9	0,9	0,9
2.3 Nettokreditaufnahme	40,53	38,00	29,3	26,0	22,0

Quelle: BMF (Finanzbericht 1993, S. 44).

ger von Investitionshaushalten versuchen, „einen Fuß in die Tür" der Finanzplanung zu bekommen, weil das bereits als ein „halber Sieg" im Durchsetzungsstreit angesehen wird. Schwerpunkte eines Finanzplans kann man – eine Grundidee von KURT SCHMIDT und EBERHARD WILLE (1970, S. 82 ff.) weiterführend – mit Hilfe von Prioritätskennziffern (für erwünschte Entwicklungen) und Akzeptanzkennziffern (für nur unwillig hingenommene Entwicklungen) sichtbar machen. Solche Kennziffern errechnet man, indem man für eine Ausgaben- oder Einnahmenart I von einem Regressionsansatz der Form $I = a\ S^{\varepsilon}$ ausgeht (S = Ausgaben- bzw. Einnahmensumme). Hierin stellt ε die Strukturelastizität $d \ln I / d \ln S$ dar, d. h. das Verhältnis der Wachstumsraten von I und S. Multipliziert man ε mit dem Gewicht von I im betrachteten Haushaltsjahr, erhält man eine Kennziffer, die zeigt, wie „anstrengend" die geplante Veränderung politisch gesehen ist. Will man eine bereits gewichtige Ausgabe überproportional wachsen lassen, zeigt die errechnete Kennziffer als Prioritätskennziffer deshalb einen Schwerpunkt an; wächst eine unerwünschte und gewichtige Kategorie wie z. B. die Nettokreditaufnahme, zeigt die errechnete Kennziffer als Akzeptanzkennziffer dagegen, was politisch nolens volens noch hingenommen wird. Die Strukturelastizität ε für die Nettokreditaufnahme N in *Übersicht J-8* ergibt sich aus den Werten für N und für die Gesamteinnahmen E über den Ansatz $N = aE^{\varepsilon}$ und die Regressionsschätzung $\ln N = 46{,}685–7{,}094 \ln E$ mit $R^2 = 0{,}947$ zu $\varepsilon = -7{,}094$. Bei $N_{93} = 38$ und $E_{93} = 435{,}65$ ergibt sich ein N-Gewicht in Höhe von 0,087 und damit eine Akzeptanzkennziffer in Höhe von $0{,}087 \cdot (-7{,}094) = -0{,}617$. Dies verdeutlicht, daß man sich im Finanzplan 1993 einen starken Abbau der Nettoneuverschuldung vorgenommen hatte.

3.2.3. Wirtschaftlichkeitsuntersuchungen

Die Haushalts- und Finanzplanung gestatten nur eine sehr beschränkte Effizienzkontrolle, weil sie nicht Nutzen und Kosten, sondern lediglich Ausgaben und Transfereinnahmen (nicht Leistungserträge) sichtbar machen. Für größere Investitionsprojekte (und in Zukunft auch für kostenträchtige Gesetzesvorhaben) soll diesem Mangel durch Wirtschaftlichkeitsuntersuchungen abgeholfen werden, vor allem durch Kosten-Nutzen-Analysen (K-N-Analyse, cost-benefit analysis), Kosten-Wirksamkeits-Untersuchungen (K-W-Analyse, cost-effectiveness analysis) und Nutzwertanalysen (N-W-Analyse, use-value analysis). Diese Rechnungen ähneln Investitionsrechnungen und Projektbewertungsverfahren, wie sie in der Privatwirtschaft üblich sind. Man kann sie zur Bewertung einzelner Projekte oder auch zur Auswahl von Projekten anwenden, die sich ausschließen. Wie in der betriebswirtschaftlichen Literatur ausführlich diskutiert, sollte man bei einem Projektvergleich aber nur Projekte mit einem vergleichbar großen Kapitalbindungsumfang und einer vergleichbaren Kapitalbindungsdauer gegenüberstellen oder die Vergleichbarkeit durch Einbeziehung von Differenzinvestitionen herstellen. Beachtet man dies nicht und vergleicht man z. B. ein 40-Mio-Projekt mit einem 100-Mio.-Projekt, wird der Vergleich indirekt entscheidend dadurch beeinflußt, was man mit den 60 Mio. DM angefangen hätte, die beim ersten Projekt übrigbleiben.

Welche Schritte man bei den verschiedenen Analysen durchlaufen muß, wird in den *Übersichten J-9* und *J-10* dargestellt. Die ersten sechs Schritte sind für alle Analyse-

Übersicht J-9: Ablaufschema zu Kosten-Nutzen-Analysen

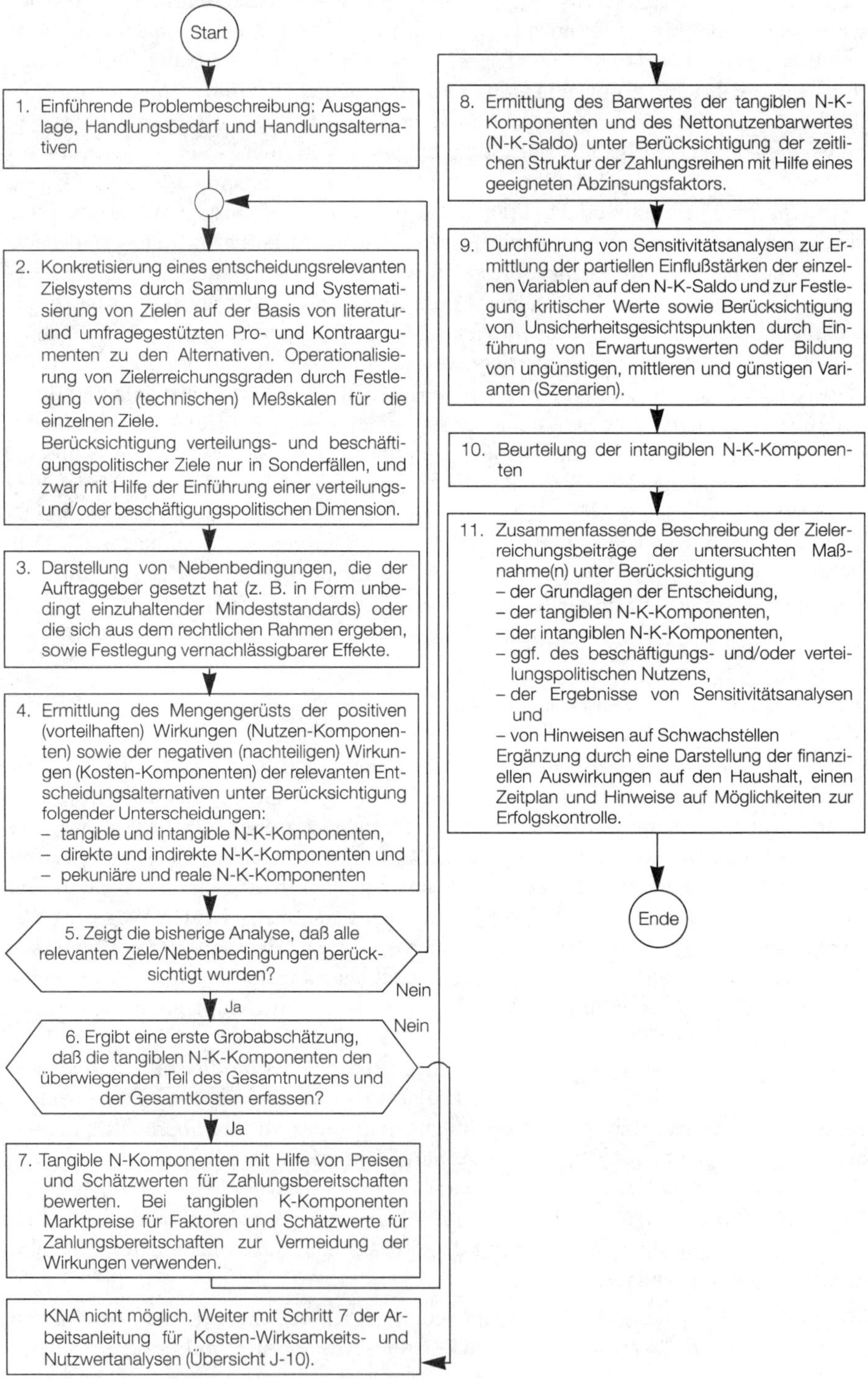

Übersicht J-10: Ablaufschema zu Kosten-Wirksamkeits- und Nutzwertanalysen

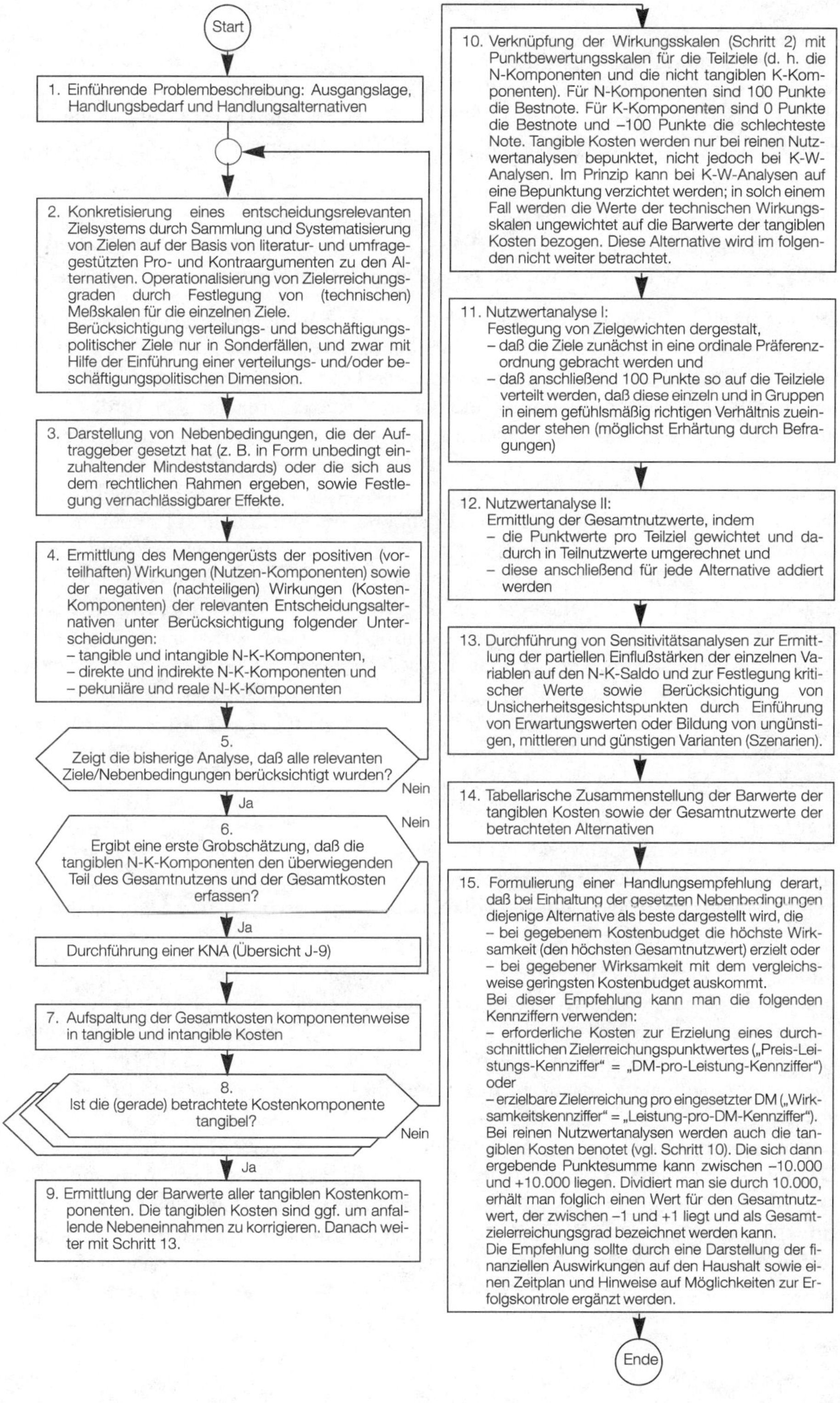

formen gleich. Zeigt sich dann, daß das Gros der N- und K-Komponenten nicht monetär bewertbar ist, empfiehlt sich eine reine N-W-Analyse (Schritte 1 bis 7 und 10 bis 15 in J-10), ist wenigstens das Gros der K-Komponenten monetär bewertbar, liegt eine K-W-Analyse nahe (Schritte 1 bis 15 in J-10), ist zusätzlich auch das Gros der Nutzenkomponenten monetär erfaßbar, ist eine K-N-Analyse angebracht (Schritte 1 bis 11 in J-9). Das Schema von K-N-Analysen ist darüber hinaus ein Grundschema für weitere Analysen, z. B. Technologiefolgenabschätzungen und Umweltverträglichkeitsprüfungen.

Mit den Analysen (vor allem mit Bewertungs- und Diskontierungsfragen in K-N-Analysen) sind viele Spezialprobleme verbunden (Hansmeyer/Rürup, 1973; Hanusch, 1987). Im folgenden werden nur die Grundzüge der Analysen erläutert.

Das in Schritt 2 zu konkretisierende Zielsystem sollte auch beim Vergleich konkurrierender Projekte einheitlich sein. Zeigt sich dann, daß manche Projekte im Hinblick auf manche Teilziele keinen Beitrag erbringen, erhöht das den Aussagewert. Beschäftigungspolitische Gesichtspunkte können in aller Regel vernachlässigt werden, denn die Beschäftigungseffekte verschiedener Projekte unterscheiden sich meist kaum (vergleichbare Investitionen haben vergleichbare Beschäftigungseffekte); und wird ein betrachtetes Projekt nicht durchgeführt, kann man außerdem davon ausgehen, daß die eingesparte Investitionssumme für ein anderes (nicht genanntes) Projekt mit wiederum vergleichbaren Beschäftigungseffekten ausgegeben (und nicht etwa stillgelegt) wird. Ähnliches gilt für verteilungspolitische Effekte. Welche Gruppen werden mehr begünstigt, wenn die Umgehungsstraße für eine Gemeinde statt durch einen Tunnel über eine Hochbrücke führt? Sollen beschäftigungs- oder verteilungspolitische Effekte aber berücksichtigt werden, sollte man sie als eigenständige Teilziele behandeln, für die sogenannte Präferenzen anzugeben sind (d. h. DM-Beträge, die z. B. zeigen, was es den Bundespolitikern wert wäre, wenn eine Autobahn in Ostdeutschland gebaut wird, die in Konkurrenz zu einer vergleichbaren Autobahn in Westdeutschland steht).

In Schritt 3 muß u. a. festgelegt werden, welche Effekte vernachlässigt werden sollen. Das hängt vom Standpunkt des Auftraggebers ab: Eine Gemeinde wird aus ihrer egoistischen Sicht vielleicht verbandsexterne Effekte (Abschnitt 2.1.3.) vernachlässigt wissen wollen, die vom regional-, volks- oder weltwirtschaftlichen Standpunkt aus durchaus wichtig wären.

In Schritt 4 tauchen drei Paare von N-K-Komponenten auf: Tangible Komponenten sind in Geldeinheiten bewertbar, intangible nicht. Man sollte nicht vorschnell zur Klassifikation „intangibel" greifen; welchen Einfluß die Lärmemissionen einer Autobahn auf Häuserpreise in der Umgebung haben, weiß man z. B. aus Erfahrung, und dies bietet einen guten Ansatz zur Bewertung dieser negativen externen Effekte. Erwartete Unfalltote sollte man dagegen nicht nach unterbliebenen Sozialproduktsbeiträgen bewerten; zwar müssen die Politiker letztlich entscheiden, welche Präferenz in DM sie einer Reduktion der Unfallraten zuweisen, aber sie sollten das bewußt tun. Direkte N-K-Komponenten sind solche, die einem Spezialverband von Interessenten zufließen würden (z. B. Binnenschiffern, die einen Kanal nutzen), indirekte dagegen solche, welche verbandsextern anfallen (z. B. bei den Bauern, an deren Höfen der Kanal vorbeiführt). Pekuniäre N-K-Komponenten betreffen verteilungspolitische

Folgen für Teilgruppen, reale dagegen das Schaffen oder Vernichten von Nutzungspotentialen gesamtwirtschaftlicher Art.

Die Bewertung in Schritt 7 von *Übersicht J-9* wirft die Frage nach Indikatoren und Hilfsindikatoren von Zahlungsbereitschaften auf. Hier muß erneut auf die Spezialliteratur verwiesen werden, vor allem auch auf die Ansätze zur Erfassung von Präferenzen für Kollektivgüter (z. B. POMMEREHNE/RÖMER, 1992).

Auf die Diskontierung in Schritt 8 von *Übersicht J-9* (bzw. Schritt 9 in J-10) reagieren Rechnungen oft sehr empfindlich. Wie private Investoren, die von Investitionsprojekten eine subjektiv vorgegebene (unternehmensabhängige) interne Verzinsung verlangen, sollten öffentliche Auftraggeber den Diskontierungssatz ebenfalls expressis verbis vorgeben. Wenn dies nicht geschieht, empfiehlt sich meist eine Wahl der landestypischen Normalverzinsung für Projekte entsprechender Laufzeit.

In Schritt 11 von J-9 (bzw. Schritt 15 von *Übersicht J-10*) sollte besonders auf die Einflüsse von kritischen Bewertungen bzw. Gewichtungen hingewiesen werden. Die Analysen sollen nämlich der Entscheidungsunterstützung dienen, nicht jedoch der „technisch verpackten" Entscheidungsvorwegnahme. Inzwischen gibt es allerdings Beratungsunternehmen, die sich darauf spezialisiert haben, Verwaltungen in aufwendig aufgemachter und schwer nachzuvollziehender Weise das zu liefern, was diese erwarten. Werden Wirtschaftlichkeitsuntersuchungen dagegen solide durchgeführt, können sie ein sehr nützliches Informationsinstrument sein. Sie weiten vor allem den Blick für Wirkungen, die über rein fiskalische Gesichtspunkte und Partialinteressen hinausgehen.

3.3. Systematik und Struktur öffentlicher Ausgaben sowie Auftragsvergabe und Wirkungen

Die Gliederung öffentlicher Ausgaben und die Bildung von Strukturkennziffern sind wie alle Systematisierungen zweckabhängig. Im folgenden können lediglich weit verbreitete Untergliederungen sowie die wichtigsten Probleme der Auftragsvergabe und der Wirkungen öffentlicher Ausgaben besprochen werden.

Systematik

Eine an staatsinternen Planungs- und Kontrollzwecken orientierte Gliederung stellt die im Haushaltsplan vollzogene nach kostenstellenähnlichen Verantwortungsbereichen (Einzelpläne und Kapitel), kostenartenähnlichen Ausgabearten (Titeln) und kostenträgerähnlichen Leistungsarten (Funktionen) dar. Hat man die finanzpolitischen Einflüsse des Staates auf die Volkswirtschaft insgesamt vor Augen, empfiehlt sich dagegen eine an den staatlichen Grundaufgaben orientierte Gliederung in Transformationsausgaben, die vor allem Allokationswirkungen haben, Transferausgaben, die vor allem (aber nicht nur) Distributionswirkungen entfalten, sowie Ausgaben mit schnellen Einkommens- und verzögerten Kapazitätseffekten einerseits und Ausgaben mit schnellen Kapazitäts- und verzögerten Einkommenseffekten andererseits, die für stabilisierungspolitische Expansions- bzw. Kontraktionsmaßnahmen wesentlich sind. Die Transformationsausgaben umfassen Ausgaben, denen in der gleichen Periode eine Gegenleistung gegenübersteht. Sie können nach verausgabenden Stellen und danach unterteilt werden, ob sie einen mehr investiven oder mehr konsumtiven Charakter haben und ob es sich um Personal- oder Sachausgaben handelt. Diese Untergliederungen sind kombinier- und verfeinerbar und für die Wirkungsanalyse relevant. Bauausgaben des Bundes entfalten z. B. schnell bundesweite Einkommens- und verzögerte Kapazitätswirkungen. Dies könnte im Rahmen eines Ausgabenstrukturmanagements im Prinzip zur Konjunkturanregung genutzt werden. Transferausgaben sind solche, denen in der gleichen Periode keine Gegenleistung gegenübersteht, insbesondere also Sozialtransfers in Form von Pensionen und Renten und Subventionszahlungen an Unternehmen. Eine Systematik, die den vorstehenden Überlegungen nahekommt, findet man regelmäßig im Finanzbericht, und zwar in den jeweiligen Erläuterungen zum aggregierten Öffentlichen Gesamthaushalt (vgl. z. B. Finanzbericht 1993, S. 84 ff., insb. S. 89).

Ausgabenstruktur

Das Verhältnis von Teilausgaben zu Gesamtausgaben kann man mit Hilfe von Strukturkennziffern beschreiben. Die wichtigsten Kennziffern dieser Art sind nach Gebietskörperschaften getrennte Gewichte (Quoten), Wachstumsraten, Strukturelastizitäten und Prioritätskennziffern.

Verwendet man Daten aus der Finanzstatistik, kann man Gewichte bilden, indem man alle Ausgaben A_i einer Art i ins Verhältnis zur Summe S der um Zahlungen innerhalb gleicher Ebenen bereinigten Ausgaben ohne besondere Finanzierungsvorgänge setzt (den sogenannten Bereinigten Ausgaben) oder zur Summe der Nettoausgaben. Dies sind Bereinigte Ausgaben abzüglich der Zahlungen von anderen öffentlichen Bereichen; sie zeigen die aus eigenen Einnahmequellen zu finanzierenden Ausgaben einer Ebene an. Wachstumsraten lassen sich sowohl für die einzelnen Ausgabenarten (g_i) als auch für die Summe der Ausgaben (g_S) berechnen. Strukturelastizitäten erhält man als Quotienten der Wachstumsraten g_i und g_S. Ermittelt man diese Strukturelastizitäten aus den Trendwerten für einen Finanzplanungszeitraum t-1 bis t+3 und gewichtet man sie mit den Gewichten der jeweiligen Ausgabenarten im zugehörigen Haushaltsjahr t, ergeben sich Prioritätskennziffern (GROSSEKETTLER, 1992, S. 244 ff.). Wie in Abschnitt 3.2.2. dargelegt, spricht man bei Kennziffern für an sich unerwünschte Ausgaben (wie z. B. Zinsausgaben) zweckmäßigerweise von Akzeptanzkennziffern.

Die Funktionsgewichte für die einzelnen Gebietskörperschaften in Übersicht J-11 zeigen ebenso wie Anteile der einzelnen Gebietskörperschaften an der gesamtstaatlichen Funktionserfüllung, daß der Bund Tätigkeitsschwerpunkte in den Allokationsbereichen „Verteidigung" sowie „Verkehrs- und Nachrichtenwesen" sowie im Distributionsbereich „soziale Sicherung" hat, und die bisherigen Konjunkturprogramme verdeutlichen, daß er auch der Hauptträger der Stabilisierungspolitik ist. Die Länder sind dagegen vor allem für die Aufgabenbereiche „öffentliche Sicherheit und Ordnung" sowie „Schul- und Hochschulwesen" zuständig. Die Gemeinden stellen vor allem Einrichtungen in den Allokationsbereichen „Gesundheit, Sport und Erholung"

Übersicht J-11: Ausgabenstruktur: Hauptträger wichtiger Staatsaufgaben und Hauptaufgaben der Gebietskörperschaften 1991

Aufgabengebiete	Einheit[1]	Aufgabenträger			Gesamtnettoausgaben[2] für das Aufgabengebiet[3]:
		Bund	Länder	Gemeinden	
Verteidigung	Mio. DM	55.495	–	–	55.495
	v. H. →	100,00	–	–	100,0
	v. H. ↓	13,75	–	–	–
Öffentliche Sicherheit und Ordnung	Mio. DM	2.280	15.053	6.675	24.035
	v. H. →	9,49	62,63	27,77	99,89
	v. H. ↓	0,57	5,42	3,98	–
Schulen und vorschulische Bildung	Mio. DM	1	47.531	15.669	63.201
	v. H. →	0,00	75,20	24,80	100,0
	v. H. ↓	0,0	17,13	9,35	–
Hochschulen	Mio. DM	2.926	31.137	–	34.063
	v. H. →	8,59	91,41	–	100,0
	v. H. ↓	0,73	11,22	–	–
Soziale Sicherung	Mio. DM	136.701	25.877	40,584	687.759
	v. H. →	19,88	3,76	5,90	29,54
	v. H. ↓	33,88	9,32	24,22	–
Gesundheit, Sport und Erholung	Mio. DM	1.789	14.881	35.209	54.439
	v. H. →	3,29	27,34	64,68	95,30
	v. H. ↓	0,44	5,36	21,01	–
Verkehr und Nachrichtenwesen	Mio. DM	17.645	10.058	9.232	37.006
	v. H. →	47,68	27,18	24,95	99,81
	v. H. ↓	4,37	3,62	5,51	–
Gesamtnettoausgaben der Gebietskörperschaften	Mio. DM	403.536	277.524	167.549	848.609
	v. H. →	47,55	32,70	19,74	100,0
	Σ v. H.	53,74	52,07	64,07	–

[1] Obere Prozentzahl = Anteil einer Gebietskörperschaft an den Gesamtausgaben für ein Aufgabengebiet;
untere Prozentzahl = Anteil der Ausgaben für ein Aufgabengebiet an den Gesamtausgaben einer Gebietskörperschaft.
[2] Die Nettoausgaben zeigen die aus eigenen Einnahmequellen finanzierten Ausgaben.
[3] Weitere Aufgabenträger sind Lastenausgleichsfonds, Sozialversicherung und Zweckverbände, so daß sich die angegebenen Werte senkrecht u. z. T. a. waagerecht nicht zu 100 v. H. addieren.

Quelle: Eigene Zusammenstellung nach Statistisches Bundesamt (1994, S. 18–23).

sowie „kommunale Dienste“ zur Verfügung. Sie tragen etwa zwei Drittel der öffentlichen Sachinvestitionen, sind aber auch im Distributionsbereich „soziale Sicherung“ tätig. Eine solche Aufgabenverteilung entspricht weitgehend der Theorie des finanzwirtschaftlichen Föderalismus und der ZMT-Regel (Abschnitt 2.3.2.). Wie bereits erläutert, sorgt die spezifisch deutsche Verteilung von Gesetzgebungs- und Verwaltungskompetenzen bei Ausgaben und Einnahmen und der Ertragskompetenzen bei den Einnahmen aber für Politikverflechtung und Verantwortungsvermischung. Im Bereich der Sozialpolitik, die wegen ihres gestiegenen Gewichts zur Information heute in einem gesonderten Sozialbudget dargestellt wird (vgl. Beitrag R und BÜNNING, 1988), kommt es z. B. zu so typischen Folgen der Nichtbeachtung der ZMT-Regel wie der, daß die verschiedenen Zuständigkeitsträger sich jeweils auf Kosten der anderen zu entlasten versuchen (z. B. der Bund auf Kosten der Gemeinden).

Auftragsvergabe

Öffentliche Ausgaben sind Personal- oder Sachausgaben. Die Personaleinstellung ist unproblematisch – jedenfalls dann, wenn man davon absieht, daß das öffentliche Dienstrecht zwar potentiellen Gefährdungskosten in der Hoheitsverwaltung gerecht wird (Abschnitt 2.1.4.), aber auch in darüber hinausreichenden Gebieten angewandt wird. Bei den Sachausgaben sind jedoch die Besonderheiten des Behördeneinkaufs bei der Vergabe öffentlicher Aufträge zu beachten. Die öffentliche Hand sollte versuchen, preiswert einzukaufen und die Marktprozesse auch beim Vorhandensein eigener Marktmacht nicht zu verzerren. Zusätzlich zu diesen unbestrittenen Allokationszielen hat die Praxis auf Drängen von Lobbyisten jedoch distributive und stabilisierungspolitische Nebenziele entwickelt, die gegen die ZMT-Regel verstoßen und über sogenannte Präferenzregelungen erfüllt werden sollen. Es gibt z. B. Präferenzregelungen für Lieferanten, die einen hohen Prozentsatz von Behinderten oder Frauen beschäftigen oder ihren Sitz in den neuen Bundesländern haben. Dies führt zu nahezu willkürlichen Bevorzugungen von Lieferantengruppen in den Präferenzbereichen, zu Scheingründungen und Korruptionsversuchen sowie zu einer Verzettelung von Mitteln und Ineffizienzen in bezug auf alle genannten Ziele.

Die Hauptbesonderheit des öffentlichen Einkaufs besteht indes darin, daß es Vorschriften gibt – insbesondere die Verdingungsordnung für Leistungen (VOL) und die Verdingungsordnung für Bauleistungen (VOB) sowie einschlägige EU-Richtlinien –, welche die Auftragsvergabe formalisieren. Sie verlangen an sich, daß Aufträge im Normalfall über Ausschreibungsverfahren vergeben werden und daß eine sogenannte Freihandvergabe auf der Basis von Markt-, Fest- oder gar Kostenpreisen nur den Ausnahmefall darstellen soll. Bei den Ausschreibungen soll die öffentliche Ausschreibung den Vorrang vor einer Ausschreibung auf der Basis einer offenen Präqualifizierungsliste für Unternehmen haben und diese wiederum den Vorrang vor einer auf ausgewählte Unternehmen beschränkten Ausschreibung. Außerdem soll es einen EU-weiten Zugang geben. In der Praxis dominiert dagegen nach wie vor die Freihandvergabe unter Vereinbarung von Kostenpreisen, die eigentlich nachrangig sein sollte.

Wirkungen

Weil alle Ausgaben finanziert werden müssen, können die Wirkungen von Staatsausgaben als solche nicht isoliert werden. Je nach der Lösung des Finanzierungsproblems kann man zwei Grundtypen von Wirkungen unterscheiden: Budgetwirkungen und Differentialwirkungen. Von Budgetwirkungen spricht man, wenn ein Beschluß über zusätzliche Ausgaben mit einem Beschluß über zusätzliche Einnahmen gekoppelt wird, wenn also eine Budgetverlängerung eintritt. Ein solches Paket kann Allokations-, Distributions- und Stabilisierungswirkungen entfalten. Allokationswirkungen ergeben sich in Form von Änderungen der Preis- und Erwartungsstruktur und den davon abhängigen Anreiz- und Substitutionseffekten, Distributionswirkungen zeigen sich in Änderungen der Einkommensverteilung, und Stabilisierungswirkungen kommen unter bestimmten Bedingungen in HAAVELMO-Effekten und Verschuldungseffekten zum Ausdruck (Beitrag C-3.3. und C-5.3.).

Von Differentialwirkungen spricht man, wenn eine Ausgabenart 1 bei Konstanz der Einnahmen durch eine Ausgabenart 2 ersetzt und damit ,,verzichtsfinanziert" wird. Auch hier ergeben sich Allokations-, Distributions- und Stabilisierungswirkungen. Ersetzt man (wie in Deutschland nun schon längere Zeit) investive durch konsumtive Ausgaben, verschlechtert sich langfristig die Infrastruktur, und es unterbleiben vielleicht auch private Investitionen, weil es an den komplementären öffentlichen Investitionen fehlt. Dies wirkt wachstumshemmend. Ersetzt man dagegen z. B. Transformations- durch Transferausgaben, ergeben sich nicht nur Umverteilungseffekte, sondern unter bestimmten Bedingungen auch negative Multiplikatorwirkungen, denn der Transferausgabenmultiplikator entspricht dem negativen Steuermultiplikator und ist ceteris paribus kleiner als der Transformationsausgabenmultiplikator (Beitrag C-3.).

Im einzelnen kann man sowohl die Budget- als auch die Differentialwirkungen von Ausgabenvariationen nur in konkreten Fällen abzuschätzen versuchen. Transferzahlungen im öffentlichen Bereich und zwischen dem öffentlichen und dem privaten Bereich haben z. B. nicht nur Einkommens-, sondern auch Substitutionseffekte. So wirken etwa zweckgebundene Zuweisungen im Rahmen des Finanzausgleichs wie Preisänderungen (haben also auch einen Substitutionseffekt), und für Subventionen mit Verwendungsauflagen gilt das gleiche. Die verästelten Wirkungen größerer Änderungen versucht man mit Hilfe des Einsatzes von totalanalytischen Regressionsmodellen zu erfassen (AGE-Modelle = applied general equilibrium models). Deren Leistungsfähigkeit ist umstritten, weil die Modelle zwar immer irgendwelche Rechenergebnisse und bei Ex-post-Spezifikationen oft auch einen guten „fit" liefern, ihre Ergebnisse aber nicht mit Hilfe grundsätzlich anderer Meßmethoden kontrolliert werden können. Man kann lediglich prüfen, ob die Folgen einer Wiederholung von Maßnahmen in der Realität ebenfalls zu den Modellprognosen passen, und zwar ohne nachträgliche Spezifikationsänderungen bei den Modellen. Wegen des Auftretens von Strukturbrüchen ist dies nicht gerade der Regelfall. Auf solchen Modellen aufbauende Politikempfehlungen sind deshalb problematisch.

4. Positive Analyse des Einnahmeverhaltens der öffentlichen Hand

4.1. Rechtsgrundlagen, Systematik und Struktur der öffentlichen Einnahmen

Öffentliche Einnahmen nennt man die Gesamtheit der Finanzmittel, die öffentlichen Haushalten zur Deckung ihrer Ausgaben zur Verfügung stehen. Daß sie getrennt von den öffentlichen Auf- und Ausgaben betrachtet werden, liegt – wie wiederholt betont – daran, daß der heutige Staat primär Steuerstaat ist und daß Steuern Einnahmen darstellen, die grundsätzlich nicht zweckgebunden sind. Im 17. Jahrhundert etwa und vor allem vor dem 30jährigen Krieg war dies gänzlich anders, galt damals doch noch das Fondssystem mit der Maxime, daß sich jede öffentliche Aufgabe nach Möglichkeit selbst finanzieren sollte (Fuchs, 1979, S. 11).

Rechtsgrundlagen

Nach den rechtlichen Grundlagen kann man zwischen privat- und öffentlich-rechtlichen Einnahmen unterscheiden. Privatrechtliche Einnahmen sind solche, die der Staat wie eine Privatperson durch freiwillige Entscheidungen Privater erzielen kann, vor allem Kredite, Zinseinnahmen, freiwillige Gebühren und Beiträge, Erwerbseinkünfte, Veräußerungserlöse sowie Erbschaften oder Schenkungen. Öffentlich-rechtliche Einnahmen sind dagegen vor allem Abgaben, die kraft Abgabenrechts an öffentliche Haushalte abzuführen sind und entweder ohne spezielle Gegenleistung entrichtet werden (Steuern, Zölle, Abschöpfungen und Sonderabgaben) oder entgeltlicher Natur sind (Gebühren und Beiträge). Das Abgabenrecht ist Teil des Finanzrechts und umfaßt insbesondere die einschlägigen Artikel des Grundgesetzes (vor allem Art. 105 bis 107) sowie des Gemeinschaftsrechts der EU, die Abgabenordnung als Grundlage des Allgemeinen Steuerrechts, das Besondere Steuerrecht der einzelnen Steuern sowie die Kommunalabgaben-, Verwaltungskosten- und Gebührengesetze der Länder als Grundlagen für die Gebühren- und Beitragserhebung und die Abgabensatzungen der Kommunen. Zu den Abgaben hinzu treten Zuweisungen von anderen öffentlichen Haushalten im nationalen Bereich (z. B. Finanzausgleichszuweisungen) und internationalen Bereich (z. B. Zuweisungen und Erstattungen der EU) sowie sonstige Einnahmen, z. B. Bußgelder verschiedener Art. Nicht zu den öffentlichen Einnahmen zählt man geldwerte Leistungen, die der Staat erzwingt, also etwa den unbezahlten Teil des Wertes von Wehrdienstleistungen oder Hand- und Spanndienste, wie es sie in manchen Kommunen und Deichverbänden noch gibt, oder die Entrichtungskosten der Steuerpflichtigen. Bei diesen Gruppen von Einnahmenersatzleistungen handelt es sich vielmehr um sogenannten versteckten öffentlichen Finanzbedarf.

Systematik

Die vorstehend genannten Gruppen öffentlicher Einnahmen faßt man entweder entsprechend der Finanzstatistik zusammen (welche Gruppen von Einnahmen der laufenden und der Kapitalrechnung bildet) oder zu Abgaben, Krediteinnahmen, Erwerbseinkünften und sonstigen Einnahmen.

Die Abgaben bestehen aus Steuern, Sonderabgaben, Beiträgen und Gebühren. Steuern sind generelle Zwangsabgaben ohne spezielle Gegenleistung. Sonderabgaben dienen der Finanzierung besonderer Aufgaben für besondere Gruppen von Bürgern. Beiträge dienen der Kostenerstattung für Einrichtungen, durch die abgegrenzte Gruppen von Bürgern bevorteilt werden, und Gebühren sind Kostenerstattungen für Einzelleistungen der öffentlichen Hand in Form von Nutzungserlaubnissen (Benutzungsgebühren) und Verwaltungsleistungen (Verwaltungsgebühren). Die rechtliche Definition der auch als Vorzugslasten bezeichneten Entgelte (Gebühren und Beiträge) ist am Stand der Finanzwissenschaft der Jahrhundertwende orientiert und unterscheidet sich von der heutigen ökonomischen Auffassung einer Gebühr als Grenzkostenpreis und eines Beitrages als Optionspreis zur Deckung der Restkosten. Die Begriffe Krediteinnahmen und Erwerbseinkünfte sind nicht erklärungsbedürftig. Sonstige Einnahmen umfassen den Rest der oben aufgezählten Einnahmenarten.

Von überragender quantitativer Bedeutung und staatstypisch sind die Einnahmen aus Steuern, Entgelten (Gebühren und Beiträgen) und Krediten. Man kann sie nach den Interessen (1) des politisch-administrativen Systems und (2) der zahlenden Bürger sowie (3) nach dem gesamtwirtschaftlichen Interesse an Effizienz folgendermaßen kennzeichnen:

Steuern zeichnen sich (1) durch Regelmäßigkeit des Fließens, hohe Verwendungsbreite (in der Regel keine Zweckbindung) und Endgültigkeit der Finanzbedarfsdeckung aus (keine Finanzbelastung zukünftiger Haushaltsjahre). Soweit Zweckbindungen (wie z. B. bei der Mineralölsteuer) vorkommen, gelten die damit finanzierten Leistungen gleichwohl nicht als „Gegenleistungen", auf die – wie bei Entgelten – ein Anspruch besteht. Weiterhin zeichnen sich Steuern (2) durch eine Groborientierung an der Leistungsfähigkeit der Zensiten aus, welche durch Vermögen, Einkommen oder Konsum indiziert wird. Darüber hinaus weisen sie (3) Substitutionseffekte auf, die bei den fiskalisch orientierten (also vor allem der Einnahmebeschaffung dienenden) Steuern aufgrund ihrer negativen Wohlfahrtseffekte unerwünscht sind (Verstöße gegen das Neutralitätspostulat und gegen den Wunsch nach Realisation des Toplevel-Optimums), während sie bei den sogenannten Ordnungs- oder Lenkungssteuern erwünscht sind (z. B. weil sie – wie bei der Mineralölsteuer – der Internalisierung externer Effekte dienen).

Entgelte sind durch (1) Regelmäßigkeit des Fließens, faktische (wenn auch nicht haushaltsrechtliche) Zweckbindung an das Aufrechterhalten der zugehörigen Einrichtungen (der sogenannten kostenrechnenden Einrichtungen) und somit eingeschränkte Verwendungsbreite sowie Endgültigkeit der Ausgabendeckung gekennzeichnet. Des weiteren zeichnen sie sich im Idealfall durch (2) Berücksichtigung des Äquivalenz-, nicht aber des Leistungsfähigkeitsprinzips und (3) Neutralität aus.

Krediteinnahmen stellen (1) an sich eine Sonderform der Finanzierung dar, werden heute aber in einem gewissen – vom Sachverständigenrat als „konjunkturneutral" bezeichneten – Umfang (und zum Teil auch darüber hinaus) als regelmäßig fließende Finanzierungsmittel angesehen. Eine Zweckbindung ist ungewöhnlich, die Ausgabendeckung nur vorläufig, so daß zukünftige Haushalte vorbelastet werden. (2) Äquivalenz- oder Leistungsfähigkeitsgesichtspunkte spielen keine Rolle, (3) Neutralität kann kurzfristig gegeben sein, während langfristig mit Substitutionseffekten aus Steuern zur Aufbringung des Kapitaldienstes gerechnet werden muß.

Struktur

Analog zur Struktur der öffentlichen Ausgaben beschreibt man auch die der Einnahmen mit Hilfe von Gewichten (Quoten), Wachstumsraten, Aufkommens- und Strukturelastizitäten. Bei manchen Fragestellungen (z. B. wenn bewußt Änderungen in der Struktur herbeigeführt werden sollen) können auch Prioritäts- bzw. Akzeptanzkennziffern verwendet werden. Die Berechnung entspricht derjenigen, die bei der Behandlung der Ausgabenstruktur dargestellt wurde (Abschnitt 3.3.). Da die Bereinigten Einnahmen die Krediteinnahmen nicht enthalten, muß man zur Bildung einer Berechnungsbasis noch die Nettoneuverschuldung (also den Saldo zwischen der Schuldaufnahme und der Schuldentilgung am Kapitalmarkt) hinzunehmen. Da die Bereinigten Einnahmen nicht um Zahlungen zwischen den Ebenen bereinigt sind, können sie allerdings nur ebenenspezifisch verwendet werden. Will man den gesamten öffentlichen Bereich analysieren, muß man sich deshalb auf die Nettoeinnahmen in den Zahlen zum Öffentlichen Gesamthaushalt beziehen, die in der Fachserie 14 (Reihe 3.1) des Statistischen Bundesamtes veröffentlicht werden.

Unter der Aufkommenselastizität einer Einnahme versteht man das Verhältnis von deren Wachstumsrate (g_i) zur Wachstumsrate einer Sozialproduktsgröße, z. B. des Bruttosozialprodukts (g_Y). Hat eine Einnahme – wie z. B. die Einkommensteuer – eine indirekt vom Sozialprodukt abhängige Bemessungsgröße B und einen von der Bemessungsgröße abhängigen Erhebungssatz t, gilt:

$$T = t(B) \cdot B(Y).$$

Differenzieren nach der Zeit und Division durch die Ausgangswerte liefert als Wachstumsraten:

$$g_T = g_t + g_B.$$

Hieraus gewinnt man durch Division durch g_Y und Erweitern:

$$\frac{g_T}{g_Y} = \frac{g_t}{g_Y} + \frac{g_B}{g_Y} = \frac{g_t}{g_B}\frac{g_B}{g_Y} + \frac{g_B}{g_Y} = (\frac{g_t}{g_B} + 1)\frac{g_B}{g_Y}$$

oder unter Verwendung von Elastizitätsbezeichnungen:

$$\epsilon_{(T/Y)} = (\epsilon_{(t/B)} + 1)\epsilon_{(B/Y)}.$$

Die Aufkommenselastizität in bezug auf das Sozialprodukt $\epsilon_{(T/Y)}$ hängt also von der Satzelastizität in bezug auf die Bemessungsgrundlage und der Elastizität der Bemessungsgrundlage in bezug auf das Sozialprodukt ab. Hat die Satzelastizität (wie z. B. bei Proportionalsteuern) den Wert Null, gilt $\epsilon_{(T/Y)} = \epsilon_{(B/Y)}$. Da Elastizitäten kurzfristig stark zu schwanken pflegen, ist es sinnvoll, sie aus Trend- oder Regressionsgleichungen zu berechnen. In Abhängigkeit von der Fragestellung muß man dabei entscheiden, ob eine Bereinigung um Rechtsänderungen erforderlich ist. Als unbereinigte Elastizität der Einnahmen ohne Krediteinnahmen aller öffentlichen Haushalte in bezug auf das Bruttosozialprodukt erhält man für die Jahre 1980 bis 1989 aus den Daten des Finanzberichts 1994 z. B. die Regressionsschätzung

$$E = 0{,}537\ Y^{0{,}924} \text{ mit } R^2 = 0{,}993$$

und damit $\epsilon_{(E/Y)} = 0{,}924$. Elastizitätsrechnungen wie diese benutzt man neben anderen Instrumenten im „Arbeitskreis Steuerschätzung“, um auf der Basis einer Projektion des Bundeswirtschaftsministeriums das Steueraufkommen zu prognostizieren (Abschnitt 3.2.2.).

Wie hoch die jeweiligen Einnahmen 1991 waren, wie sie sich absolut und relativ über die Gebietskörperschaften verteilt haben und wie sich die Einnahmen der Gebietskörperschaften absolut und relativ zusammengesetzt haben, kann man der *Übersicht J-12* entnehmen. Die für alle Ebenen wichtigsten Einnahmen sind die Steuern. Sie decken mehr als 75 v. H. der Ausgaben der Gebietskörperschaften, allerdings mit fallender Tendenz. Die Krediteinnahmen hatten bei den Gebietskörperschaften ebenso wie die

Übersicht J-12: Einnahmenstruktur der Gebietskörperschaften 1991

Arten von Nettoeinnahmen sowie Nettoneuverschuldung	Einheit[1]	Ebene[2]			Gesamteinnahmen der Gebietskörperschaften
		Bund	Länder	Gemeinden/Gemeindeverbände	
Entgelte	Mio. DM	3.587	8.560	26.419	38.566
	v. H. →	9,30	22,20	68,50	100,0
	v. H. ↓	0,89	3,21	18,54	4,76
Steuern	Mio. DM	321.460	215.015	75.582	612.057
	v. H. →	52,52	35,13	12,35	100,0
	v. H. ↓	80,14	80,52	53,04	75,50
Nettoneuverschuldung	Mio. DM	50.764	22.979	5.632	79.375
	v. H. →	63,95	28,95	7,10	100,0
	v. H. ↓	12,66	8,60	3,95	9,79
Sonstige Nettoeinnahmen	Mio. DM	25.342	20.489	34.864	80,695
	v. H. →	31,40	25,39	43,20	100,0
	v. H. ↓	6,32	7,67	24,47	9,95
Gesamtnettoeinnahmen (Nettoeinnahmen + Nettoneuverschuldung)	Mio. DM	401.099	267.043	142.497	810.639
	v. H. →	49,48	32,94	17,58	100,0
	Σ v. H.	100,0	100,0	100,0	–

[1] Obere Prozentzahl = Anteil einer Gebietskörperschaft an den Gesamteinnahmen der Einnahmeart;
untere Prozentzahl = Anteil der Einnahmen an den Gesamteinnahmen einer Gebietskörperschaft.

[2] Bund ohne Sozialversicherung und Sondervermögen, Länder und Gemeinden jeweils ohne Krankenhäuser.

Quelle: Eigene Zusammenstellung nach STATISTISCHES BUNDESAMT (1994, S. 24–27).

Sonstigen Einnahmen eine Höhe von etwa 10 v. H., die Entgelte machten rd. 5 v. H. aus, bei den Gemeinden, die etwa zwei Drittel aller Entgelte der Gebietskörperschaften einnehmen, allerdings rd. 19 v. H. Die Sonstigen Einnahmen enthalten vor allem Erwerbseinkünfte und Veräußerungserlöse.

Wirkungen

Anders als bei den Ausgaben sollen die Wirkungen der einzelnen Einnahmenarten nicht generell, sondern nach Arten getrennt behandelt werden (Abschnitte 4.2. und 4.3.). Auch hier können Budget- und Differentialwirkungen sowie Allokations-, Distributions- und Stabilisierungseffekte unterschieden werden.

4.2. Steuerfinanzierung

4.2.1. Grundzüge der Allgemeinen Steuerlehre

Die Allgemeine Steuerlehre hat die Aufgabe, über die Entwicklung von Besteuerungsideen und Steuersystemen zu informieren und die allgemeinen Aspekte der Steuertechnik und der Steuerwirkungslehre darzustellen (SCHMÖLDERS/HANSMEYER, 1980, S. 5). Der Besonderen Steuerlehre obliegt es dagegen, die Spezialprobleme einzelner Steuern zu betrachten.

Geschichte

Steuern haben sich aus zwei verschiedenen Wurzeln entwickelt, die heute noch ihren Niederschlag in der Steuermentalität (der allgemeinen – auch als Finanzgesinnung bezeichneten – Einstellung zur Besteuerung schlechthin) und der davon beeinflußten Steuermoral der Völker finden und Harmonisierungsbestrebungen in der EU erschweren (SCHMÖLDERS/HANSMEYER, 1980, S. 101 ff.): In den germanischen Ländern sind Steuern aus der Vorstellung entstanden, daß ein Unterstützungsbeitrag (stiura) an die Fürsten gezahlt werden muß, damit diese ihre Steuerungsaufgaben (stur = Steuerruder) erledigen können. Steuern haben sich hier also aus einem zunächst freiwilligen Beitrag entwickelt (der „Bede“ oder „Biete“, die oft auf einem Platz gleichen Namens in Naturalform abgeliefert wurde). In den romanischen Ländern sind Steuern dagegen aus Tributen entstanden, die das von Historikern als „Raubstaat“ bezeichnete Rom unterworfenen Völkern auferlegte (das französische Wort „impôt“ für Steuer läßt sich aus „[tributum] imponere“ = „[Tribut] auferlegen“ ableiten). Vorläufer solcher Tribute gab es in den ägyptischen, babylonischen und griechischen Verbrauchsteuern.

Die germanische Wurzel führte zur Vorstellung, daß die individuelle Steuerlast den individuellen Vorteilen und damit dem beitragstypischen Äquivalenzprinzip entspringen sollte; die romanische Wurzel legt aus der Sicht des Staates dagegen die Vorstellung nahe, daß man das „Huhn nicht schlachten sollte, das die goldenen Eier legt“, und daß deshalb im Sinne einer langfristigen Sicherung der Steuerquellen eine Überforderung der Zensiten zu vermeiden und das Leistungsfähigkeitsprinzip zu beachten ist. Da der Steuerwiderstand – die Gesamtheit der psychischen Reaktionen gegen das Zahlen von Steuern – von der Steuermentalität einerseits und der wahrgenommenen Steuerlast andererseits abhängig ist, machen die unterschiedlichen Entstehungsgeschichten verständlich, daß die Steuermoral in romanischen Ländern niedriger ist als in germanischen und daß man dort deshalb stärker zu indirekten (d. h. nicht am Einkommen anknüpfenden und insgesamt unmerklicheren) Steuern greifen muß, während in germanischen Ländern die direkten Steuern dominieren.

Die im Mittelalter bestehende Rivalität zwischen dem Reich und den Territorien führte dazu, daß sich in Deutschland – anders als in England und Frankreich – lange Zeit kein einheitliches Steuerwesen durchsetzte. Das Reich war auf die sogenannten Matrikularbeiträge der Reichsstände angewiesen, die Fürsten erhoben seit dem 13. Jahrhundert aus besonderen Anlässen Steuern, meist in der Form der Grundsteuer. Daneben wurden von den Reichsstädten seit dem 14. Jahrhundert Verbrauchsteuern erhoben, die etwa ab dem 17. Jahrhundert dann auch von den Landesfürsten als sogenannte Akzisen übernommen wurden. Eine direkte Besteuerung („direkt" im Sinne einer unmittelbaren Anknüpfung an verschiedenen Einkunftsarten) entwickelten sich erst in der Neuzeit und als Folge des Ausbaus stehender Heere und einer umfangreicheren Verwaltung im Absolutismus. Zur wichtigsten Einnahmequelle des Staates wurden die Steuern im 19. Jahrhundert. Die Reichsverfassung von 1871 sprach dem Reich die Ertragshoheit über die Verbrauchsteuern und die Zölle zu, während die Länder die direkten Steuern erhoben. Die heute wichtigste Steuer, die Einkommensteuer, wurde nach Vorläufern in Frankreich (VAUBANsche „Dîme Royale" von 1707) und England (PITTsche „Income Tax" von 1798) zunächst in Hamburg (1866), Sachsen (1874) und Preußen erhoben (MIQUELsche Steuerreform von 1891). Nach dem ersten Weltkrieg ging sie 1920 im Zuge der ERZBERGERschen Finanzreform auf das Reich über.

Steuersysteme

Man unterscheidet rationale (d. h. nach plausiblen Kriterien konstruierte und wissenschaftlich diskutierte) Steuersysteme und historische Systeme, wie sie sich in der Erfahrungswelt entwickelt haben. Die Steuern eines historischen Systems kann man nach unterschiedlichen Kriterien einteilen. In ökonomischer Hinsicht sind die Gliederungen nach empfangsberechtigten Steuergläubigern – also nach der Ertragskompetenz – und nach der wahrscheinlichen Höhe von Substitutionseffekten sowie steuertechnischen Gestaltungsmöglichkeiten besonders wichtig. Die Gliederung nach der Ertragskompetenz ist für Finanzausgleichsfragen von Bedeutung (Abschnitt 4.4.). Änderungen in den Ertragskompetenzen beeinflussen z. B. die Infrastrukturausstattung der Regionen. Die Gliederung nach Substitutionseffekten und Gestaltungsmöglichkeiten ist in *Übersicht J-13* dargestellt und soll nun erläutert werden.

Ausgangspunkt ist die Überlegung, daß Steuern – unabhängig von ihrer Bemessungsgrundlage – typischerweise aus dem laufenden Einkommen gezahlt werden und daß die möglichen Anknüpfungspunkte für Steuern deshalb in Darstellungen des Wirt-

Übersicht J-13: Anteile der verschiedenen Steuertypen am deutschen Steueraufkommen 1992 (Mio. DM)

Anknüpfungspunkt im Wirtschaftskreislauf:	Allgemeinheitsgrad: groß	Allgemeinheitsgrad: klein
Angebotsseite der Faktormärkte	1.1 allgemeine persönliche Faktorsteuern – Einkommensteuer i. w. S. (einschl. Lohn-, Körperschaft- und Kapitalertragsteuer) Aufkommen: 344.338 Anteil: 47,06 v. H.	1.2 spezielle Faktorsteuern – Vermögensteuer[1] – Erbschaftsteuer[1] Aufkommen: 9.750 Anteil: 1,33 v. H.
Nachfrageseite der Faktormärkte	2.1 allgemeine unpersönliche Faktorsteuern –	2.2 spezielle unpersönliche Faktorsteuern – Gewerbesteuer[1] – Grundsteuer – Grunderwerbsteuer[2] Aufkommen: 61.074 Anteil: 8,35 v. H.
Angebotsseite der Gütermärkte	3.1 allgemeine unpersönliche Gütersteuern – Mehrwertsteuer Aufkommen: 197.712 Anteil: 27,02 v. H.	3.2 spezielle unpersönliche Gütersteuer, z. B. – Mineralölsteuer – Tabaksteuer – u. a. m. Aufkommen: 104.056 Anteil: 14,22 v. H.
Nachfrageseite der Gütermärkte	4.1 allgemeine persönliche Gütersteuern –	4.2 spezielle persönliche Gütersteuern – Kraftfahrzeugsteuer[3] Aufkommen: 13.317 Anteil: 1,82 v. H.

Gesamtaufkommen der		Anteil am Jahresaufkommen[4]
.. Faktor- oder Einnahmensteuern	= 415.162	56,74 v. H.
.. Güter- oder Ausgabensteuern	= 315.085	43,06 v. H.
.. allgemeinen Steuern	= 542.050	74,08 v. H.
.. spezielle Steuern	= 188.197	25,72 v. H.

[1] Vermögen- und Erbschaftsteuer sind Steuern auf Bestände und können deshalb als Sollertragsteuern aufgefaßt werden. Die Gewerbesteuer besteht zur Zeit in den alten Bundesländern aus der Gewerbeertrag- und der Gewerbekapitalsteuer. Erstere kann man als Istertrag- und letztere als Sollertragsteuer interpretieren. In den neuen Ländern wird vorläufig nur die Gewerbeertragsteuer erhoben.

[2] Die Grunderwerbsteuer ist einmalig beim Erwerb von Grundstücken zu zahlen und kann als kapitalisierter Teil einer Grundsteuer aufgefaßt bzw. – andersherum gesehen – in eine laufende Grundsteuer umgerechnet werden.

[3] Die Kfz-Steuer könnte auch unter 3.2 aufgeführt werden. Da sie aber vom Halter entrichtet wird und unter bestimmten Umständen – z. B. Schwerbeschädigung – eine Befreiung möglich ist, wird sie unter 4.2 eingeordnet.

[4] Die Prozentangaben ergänzen sich nicht zu 100 v. H., da 0,2 v. H. nicht zurechenbar sind.

Quelle: Eigene Darstellung nach Bundesministerium der Finanzen (1993, 1).

schaftskreislaufs markiert werden können. In *Abb. B-5* (Beitrag B) können Steuern im Prinzip z. B. an allen Anfangs- und Endpunkten von Strömen ansetzen, die nicht schon selbst Steuerzahlungen darstellen, vor allem aber an den Strömen zwischen den privaten Haushalten und den Unternehmen. Dem widerspricht nicht, daß Steuerzahlungen von einzelnen Zensiten vorübergehend über Kredite finanziert werden können oder daß es Steuern gibt, die – wie etwa die Vermögensteuer – an Beständen anknüpfen. Bei der Kreditfinanzierung von Steuerzahlungen geht es nämlich nicht darum, ob die Steuer aus dem Einkommenskreislauf zwischen Haushalten und Unternehmen abgezogen werden soll, sondern nur darum, wer wann auf diesen Abzug mit Änderungen des Konsum- oder Investitionsverhaltens reagiert. Und Bestandsteuern können als Sollertragsteuern aufgefaßt werden, die aus dem laufenden Einkommen zu zahlen sind: Zu einer Steuer T auf einen Vermögensbestand (asset) A, d. h. $T = tA$, kann man sich stets eine äquivalente Steuer auf die Sollerträge $E = rA$ (d. h. $T = sE = srA$) denken, für die $T = tA = srA$ gilt (so daß $s = t/r$) und die damit einer Steuer auf Stromgrößen entspricht.

Geht man von der Darstellbarkeit aller Steuerzahlungen in Kreislaufbildern aus, liegt es bei der Einteilung der Steuern nach ökonomischen Gesichtspunkten nahe, zunächst einen distributionspolitisch wichtigen Gesichtspunkt steuertechnischer Art zu berücksichtigen: die Frage, ob persönliche Merkmale steuerpflichtiger Privathaushalte bei der Steuererhebung berücksichtigt werden können oder nicht. Ersteres ist bei den Steuern der Fall, die auf der Angebotsseite der Faktormärkte oder der Nachfrageseite der Gütermärkte anknüpfen (also z. B. bei der Einkommensteuer oder einer Steuer auf den persönlichen Konsum), letzteres bei den Steuern, die auf der Nachfrageseite der Faktormärkte oder der Angebotsseite der Gütermärkte anknüpfen (also z. B. einer Lohnsummen- oder der Gewerbekapitalsteuer bzw. der Mehrwertsteuer). Es ist folglich zweckmäßig, die Steuern danach einzuteilen, ob sie auf der Angebots- oder Nachfrageseite der Faktormärkte bzw. der Angebots- oder Nachfrageseite der Gütermärkte ansetzen.

Ein zweites wichtiges Einteilungskriterium ökonomischer Art wird sichtbar, wenn man nach den für Allokationsüberlegungen wichtigen Substitutionseffekten und den damit verbundenen Zusatzlasten fragt. Hier kann man von zwei sehr plausiblen Hypothesen ausgehen: Substitutionseffekte (also ein Ausweichen auf noch nicht besteuerte Güter oder Tätigkeiten) sind um so wahrscheinlicher, je höher die Unterschiede zwischen Brutto- und Nettopreisen sind (diese Differenzen wirken auf die Aufmerksamkeit und beeinflussen damit den Ausweichwillen) und je schmaler die Bemessungsgrundlagen sind, d. h. je leichter es ist, nicht besteuerte Ersatzgüter für besteuerte Güter oder nicht besteuerte Ersatzverwendungen für besteuerte Verwendungen eines Faktors oder nicht besteuerte Ersatzfaktoren für besteuerte Faktoren zu finden (Ausweichfähigkeit). Will man ein vorgegebenes Steueraufkommen erreichen, ist es bei einer schmalen Steuerbemessungsgrundlage also einerseits leicht auszuweichen, und andererseits ist der Wille dazu auch stark, weil der Steueraufschlag pro Stück wegen der Schmalheit der Bemessungsgrundlage groß sein muß. Deshalb ist es sinnvoll, zwischen allgemeinen Steuern zu unterscheiden, die auf alle Güter und Faktoren in allen Verwendungsarten erhoben werden, und speziellen Steuern, die nur bei bestimmten Gütern oder Faktoren oder in bestimmten Verwendungsweisen anfallen.

Kombiniert man die vorstehend erläuterten Einteilungskriterien distributiver und allokativer Art, entsteht die in *Übersicht J-13* dargestellte Systematik. Da sie an Kriterien orientiert ist, die für Einsatzentscheidungen wichtig sind, kann sie als entscheidungsorientierte Steuersystematik bezeichnet werden. Sie zeigt, daß das deutsche Steuersystem zu 75 v. H. aus eher allgemeinen Steuern besteht und daß die Faktorsteuern, welche den Einsatz von Faktoren und das Entstehen von Produkten und Einkommen verteuern, die Gütersteuern überwiegen, welche den Verbrauch von Gütern verteuern. Die Dominanz allgemeiner Steuern spricht im Vergleich zu anderen Steuersystemen für vergleichsweise geringe Substitutionseffekte (Zusatzlasten), die Dominanz der Faktorsteuern dagegen für eine gewisse Wachstumsfeindlichkeit. Letzteres könnte durch die noch nicht ausgenutzten Besteuerungsmöglichkeiten korrigiert werden: Eine (nahezu) allgemeine unpersönliche Faktorsteuer könnte jedenfalls dann als produktivitätsfördernd und damit wachstumsfreundlich gelten, wenn nur der Einsatz von Sachkapital und Arbeit aller Art in allen Verwendungsrichtungen, nicht jedoch der von technischem Wissen besteuert würde, d. h. wenn Gewinne und damit auch Vorsprungsgewinne aus Produkt- und Verfahrensfortschritten steuerfrei blieben. Eine mehr schon in Richtung spezielle Steuer gehende Variante wäre eine Steuer auf den Verbrauch von Ressourcen aller Art, wie sie in Ansätzen bereits politisch diskutiert wird. Und eine (nahezu) allgemeine persönliche Gütersteuer, die nur den persönlichen Konsum von Gütern aller Art, nicht jedoch die Ersparnis besteuerte, würde tendenziell die Kapitalintensivierung fördern. (Dies wäre eine sogenannte Expenditure tax, bei der man die Steuerbemessungsgrundlage aus dem Einkommen ermittelt, von dem nachgewiesene Ersparnisse abgezogen werden dürfen). Im Einkommensteuergesetz finden sich erste Ansätze in den beiden eben genannten Richtungen: mit dem Standortsicherungsgesetz eingeführte Tarifvergünstigungen für gewerbliche Einkünfte und schon länger bestehende Absetzungsmöglichkeiten für bestimmte Sparformen.

Besteuerungstechnik

Steuertechnisch sind die Fragen zu klären, wie eine Steuer erhoben werden und wer die damit verbundenen Transaktionskosten (Erhebungs- und Entrichtungskosten) zahlen soll. Hierzu muß festgelegt werden, was Steuerobjekt und Steuerbemessungsgrundlage sein soll, wie der Tarif beschaffen sein soll, und wer Steuerschuldner, Steuerzahler und Steuerdestinatar sein soll.

Als Steuerobjekt bezeichnet man Sachverhalte wie z. B. das Halten eines Kraftfahrzeuges, die besteuert werden sollen. Damit die Steuerschuld berechnet werden kann, muß operational (und damit auch justitiabel) festgelegt werden, an welchen Wert- oder Mengeneinheiten die Steuer anknüpfen soll. Diese Einheiten nennt man Steuerbemessungsgrundlage. Steuern mit mengenmäßig definierten Bemessungsgrundlagen heißen Mengen- oder spezifische Steuern, Steuern mit wertmäßigen Bemessungsgrundlagen Wert- oder Ad-valorem-Steuern. Die am Hubraum ansetzende Kfz-Steuer ist eine Mengen-, die am Umsatz ansetzende Umsatzsteuer eine Wertsteuer.

Bei der Berechnung der Steuerschuld wendet man einen Steuerbetrag pro Stück (Mengensteuern) bzw. einen Prozentsatz auf die Bemessungsgrundlage an. Die Formel, welche Steuerschuld und Steuerbemessungsgrundlage miteinander verknüpft, heißt Steuertarif. Tarife können unterschiedlich gestaltet werden (Pollak, 1980), vor allem ein- oder mehrdimensional, gestuft oder kontinuierlich und progressiv, proportional oder regressiv. Die meisten Steuertarife sind eindimensional, der Tarif der Erbschaftsteuer richtet sich jedoch nach dem Verwandtschaftsgrad und der Höhe des Erbanfalls. Um die Berechnung der Steuerschuld mit Hilfe von Tabellen erleichtern zu können, verwendet man bei nicht proportionalen Steuern gerne Stufentarife, die – wie etwa bei der Einkommensteuer – aus einem an sich kontinuierlichen Tarif abgeleitet sind und den Betrag (oder manchmal auch Prozentsatz) für bestimmte Intervalle der Bemessungsgrundlage angeben. Proportional heißt ein Tarif dann, wenn der Quotient aus Steuerschuld (T) und Steuerbemessungsgrundlage (B) – der sogenannte Durchschnittssteuersatz – konstant ist, also z. B. bei T = tB mit t = konstant. Steigt der Durchschnittssteuersatz mit wachsendem B, heißt der Tarif progressiv, fällt t, nennt man den Tarif regressiv. Neben dem Durchschnittssteuersatz spielt der Grenzsteuersatz eine Rolle, die erste Ableitung von T nach B. Bei Proportionaltarifen fallen Durchschnitts- und Grenzsteuersatz zusammen, bei Progressionstarifen liegt der Grenzsteuersatz über dem Durchschnittssteuersatz, bei Regressionstarifen liegt er darunter. *Abb. J-2* zeigt als Beispiel eines Progressionstarifs die Durchschnitts- und die Grenzsteuersätze der deutschen Einkommensteuer (Tarif 90 gegenüber Tarif 96; für 1995 gab es eine Übergangslösung; Formeln findet man bei Andel, 1983, S. 305 ff.; Planungen nach Angaben des BMF).

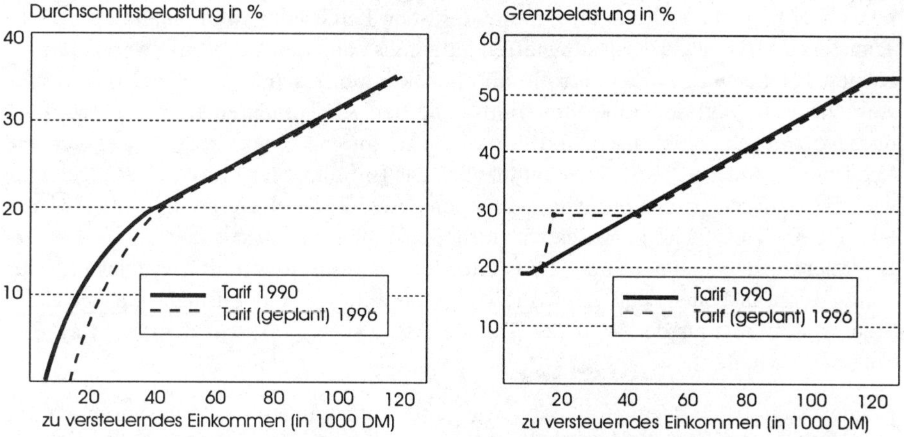

Abb. J-2: Geplanter Einkommensteuertarif 1996 im Vergleich zur bisherigen Regelung

Eine Progression kann über ein Potenzieren der Bemessungsgrundlage und – in Form der sogenannten indirekten Progression – dadurch erreicht werden, daß Freibeträge eingeführt werden. Dies sind Teile der Bemessungsgrundlage, die nicht besteuert werden. Sie sind von sogenannten Freigrenzen zu unterscheiden, die das Erheben von Bagatellbeträgen verhindern sollen, nach deren Überschreiten der Tarif aber auf die gesamte Bemessungsgrundlage angewandt wird.

Steuerwirkungen

Wer eine Steuer zahlt, muß nicht unbedingt der Träger der Steuerlast sein. Man muß nämlich zwischen Steuerschuldnern, Steuerzahlern und Steuerträgern unterscheiden. Steuerschuldner ist derjenige, der nach dem Gesetz den Tatbestand erfüllt, an den eine Steuerpflicht anknüpft. Der Steuerschuldner kann, muß aber nicht mit dem Steuerzahler identisch sein. Bei der im sogenannten Quellenabzugsverfahren erhobenen Lohnsteuer ist der Arbeitnehmer z. B. Steuerschuldner, der Arbeitgeber dagegen Steuerzahler. Steuerdestinatar ist derjenige, der nach der Vorstellung des Gesetzgebers die Transferlast der Steuer tragen soll, bei dem also eine durch die Steuerzahlung verursachte Einkommenseinbuße eintreten soll, die sogenannte Inzidenzwirkung. Die Marktreaktionen können jedoch dazu führen, daß es einen Unterschied zwischen dem Steuerdestinatar und dem effektiven Steuerträger gibt. Tritt solch ein Unterschied zwischen beabsichtigter und effektiver Inzidenz auf, hat eine Überwälzung stattgefunden (s. u.). Von der Transferlast zu unterscheiden sind Transaktions- und Zusatzlasten. Transaktionslasten sind die mit der Steuererhebung und -entrichtung verbundenen Transaktionskosten, bei der Lohnsteuer also z. B. die in den Buchhaltungen der Unternehmen anfallenden Kosten, die Steuerberatungskosten der steuerpflichtigen Arbeitnehmer und die im Finanzamt anfallenden Bearbeitungskosten. Eine Zusatzlast (excess burden) resultiert aus unerwünschten Substitutionseffekten und ist stets daran erkennbar, daß die Anbieter mit anderen Preisen als die Nachfrager rechnen und daß Produktions- und Verwendungsentscheidungen vom Preismechanismus deshalb nur noch unvollkommen koordiniert werden. Würde eine Biersteuer den Bierkonsum z. B. völlig erdrosseln, erhielte der Staat keinerlei Steuereinnahmen und die Transfer- und Transaktionslasten hätten jedenfalls dann den Wert Null, wenn man von Kosten zur Schwarzmarktkontrolle absehen könnte. Es fiele aber gleichwohl eine Zusatzlast an, weil der hohe Steueraufschlag den Konsumenten Knappheitsverhältnisse vorspiegelte, die falsch sind und einen unnötigen Konsumverzicht erzwingen. Die Prämie, welche die Steuerschuldner für das Entfallen der Preisverzerrung zahlen würden, ist der Wert der Zusatzlast. Im eben geschilderten Extremfall ist die Gesamtlast mit der Zusatzlast identisch, in normalen Fällen entspricht die Gesamtlast der Besteuerung dagegen der Summe aus Transfer-, Transaktions- und Zusatzlasten. Man kann davon ausgehen, daß der Wert von Transaktions- und Zusatzlasten bei vielen Steuern höher ist als der Wert der Transferlast, also als das, was dem Staat an Einkommen zufließt.

Bei den Steuerwirkungen muß man – wie bei den Wirkungen von Staatsausgaben und von anderen Staatseinnahmen – zwischen Budget- und Differentialwirkungen unterscheiden. Budgetwirkungen liegen vor, wenn eine Ausgabenvariation mit einer äquivalenten Steuervariation gekoppelt wird, Differentialwirkungen, wenn eine Steuer (oder Teile davon) bei Konstanz der Ausgabenseite durch andere Einnahmen ersetzt wird oder an deren Stelle tritt. Die empirische Unterscheidung von Budget- und Differentialwirkungen ist allerdings schwieriger, als es auf den ersten Blick scheint: Soll die Mineralölsteuer z. B. erhöht und durch eine gleichwertige Senkung der Einkommensteuer für Aufkommensneutralität gesorgt werden, mögen im Jahr der erstmaligen Durchführung reine Differentialwirkungen vorliegen. In den Folgejahren werden sich jedoch die unterschiedlichen Aufkommenselastizitäten bemerkbar machen, und das wird ceteris paribus zur Folge haben, daß sich die Steuerquoten anders entwickeln als es ohne den Steueraustausch der Fall gewesen wäre. Faktisch werden vermutlich auch Budgetwirkungen auftreten.

Sowohl die Budget- als auch die Differentialwirkungen kann man ihrerseits in Allokations-, Distributions- und Stabilisierungswirkungen unterteilen. Wie diese im einzelnen beschaffen sind, hängt von den konkreten Umständen ab und ist schwer abschätzbar. Man versucht es mit Hilfe von AGE-Modellen, deren Leistungsfähigkeit jedoch umstritten ist (Abschnitt 3.3.). Im folgenden kann lediglich auf wichtige Wirkungen und häufig gemachte Fehler hingewiesen werden.

Die wichtigste Steuerwirkung ist eine Differentialwirkung allokativer Art, die entsteht, wenn man eine Entgeltfinanzierung für Kollektivgüter durch eine Steuerfinanzierung ersetzt. Werden Infrastruktureinrichtungen im Zustand 1 durch Entgelte, im Zustand 2 dagegen mit Hilfe einer Einkommensteuer finanziert, so wird man beim Übergang von Zustand 1 zum Zustand 2 folgendes beobachten: Im Zustand 1 entsprechen die Grenzkosten der Infrastruktureinrichtungen den zugehörigen Grenznutzensummen, und es gibt keinerlei Unterschied zwischen den Preisen, mit denen die Lieferanten von Infrastruktureinrichtungen, die Bereitstellungsverbände und die Endverbraucher rechnen. Das Top-level-Optimum wird erfüllt, und es gibt keine Zusatzlast. Beim Übergang zum Zustand 2 erhöhen die Bürger ihre politisch geäußerte Nachfrage nach Infrastruktureinrichtungen, denn diese erscheinen ihnen nun als freie Güter, gibt es bei Steuern doch ex definitione keinen Zusammenhang zwischen der zu entrichtenden Steuerschuld und den empfangenen Leistungen. Jeder einzelne Bürger betrachtet seine Steuern deshalb als gegeben und fragt Leistungen bis zur Sättigungsmenge nach. Dies verzerrt das Gleichgewicht zwischen Individual- und Kollektivgütern. Außerdem treibt die Einkommensteuer gleichsam einen Keil zwischen Brutto- und Nettolöhne. Dies begünstigt die Freizeit auf Kosten der Arbeitszeit, Do-it-yourself auf Kosten von Arbeitsteilung, die Schwarzarbeit auf Kosten der offiziellen Arbeit und den Export von Arbeitsplätzen sowie den Import von Gütern auf Kosten der Herstellung im Inland. Bei den anderen Steuern verhält es sich analog. Arbeitsteilung, Produktivität, Sozialprodukt und Arbeitsplatzangebot sowie Ehrlichkeit im Umgang mit dem Staat sind bei Steuerfinanzierung also immer geringer als bei Entgeltfinanzierung. Angesichts dieser Tatsache wird von vielen gefordert, das Steuersystem so umzugestalten, daß eine „doppelte Dividende“ erzielt wird: eine Beseitigung der eben genannten Zusatzbelastung einerseits und eine Entzerrung des Preissystems durch Internalisierung negativer externer Effekte im Umweltbereich andererseits. Realisiert werden soll diese „Doppeldividende“ durch eine Substitution derjenigen Steuern, die an Einkommen aus Arbeitsleistungen anknüpfen, durch „Ökosteuern“ auf den Verbrauch nicht erneuerbarer Energien und die Belastung der Umwelt. Diese Grundidee ist an sich faszinierend; faktisch stehen ihr allerdings viele (bei den einzelnen Ökosteuervorschlägen jeweils unterschiedliche) Detailprobleme und vor allem die Tatsache gegenüber, daß man keinerlei Erfahrung mit einem revolutionären Umbau von Steuersystemen hat, bei dem Hunderte von Milliarden DM umgeschichtet werden sollen.

Grundsätzlich können sich allokative Steuerwirkungen in Form von Auswirkungen auf Erwartungsstrukturen und auf Marktprozesse ergeben: Ankündigungseffekte einer neuen Steuer haben zeitliche Nachfrageverschiebungen und damit ebenso Preis- und Mengenwirkungen zur Folge wie die nachfolgende Steuerauferlegung (Markträumungsprozeß). Steuern verändern im allgemeinen aber auch Renditestrukturen und haben dann Kapazitätseffekte (Renditenormalisierungsprozeß). Außerdem können sich Struktureffekte ergeben, wenn eine Steuer Konzentration begünstigt oder benachteiligt (Übermachterosionsprozeß). Dies war in Deutschland z. B. beim Übergang vom alten Umsatzsteuersystem (Bruttoallphasenumsatzsteuer) zum Mehrwertsteuersystem der Fall, denn das alte System nahm Innenumsätze von der Besteuerung aus und begünstigte deshalb eine vertikale Integration von Unternehmen. Ähnliches gälte für eine Begünstigung der Gewinnthesaurierung: Das hätte zur Folge, daß Gewinne nicht etwa nur zur Finanzierung neuer Arbeitsplätze im alten Bereich einbehalten werden (Kapazitätsausbau), sondern verstärkt auch zum Aufkaufen anderer Unternehmen und damit zur Konzentration ohne arbeitsplatzschaffende Effekte. Aber auch die Fortschrittsprozesse können beeinflußt werden: Die Kfz-Steuer begünstigt kleinhubige, die Mineralölsteuer dagegen verbrauchsarme Motoren (Produktfortschrittsprozeß), und die einkommensteuerähnlichen Sozialabgaben begünstigen das „Wegrationalisieren" von Arbeitsplätzen (Verfahrensfortschrittsprozeß).

Preis-, Mengen- und Überwälzungswirkungen können unter bestimmten Umständen mit Hilfe von Angebots- und Nachfragekurven dargestellt werden.

In *Abb. J-3* wird gezeigt, daß die Auferlegung einer Gütersteuer auf Wettbewerbsmärkten aus der Sicht der Anbieter zu einer Erlösschmälerung in Höhe von $T = bx$ (Mengensteuer) bzw. $T = tp^n x$ (Wertsteuer) führt. Das hat Erlösschmälerungen pro Stück in Höhe von $T/x = b$ bzw. $T/x = tp^n$ zur Folge und entspricht einer Verschiebung bzw. Drehung von DD^b (Bruttonachfrage) um b bzw. tp^n nach unten auf DD^n (Nettonachfrage). Hieraus resultieren dann die Mengenänderungen Δx und eine Preisspaltung: Die Nachfrager müssen den Preis p_2^b zahlen, der höher als p_1 ist, während die

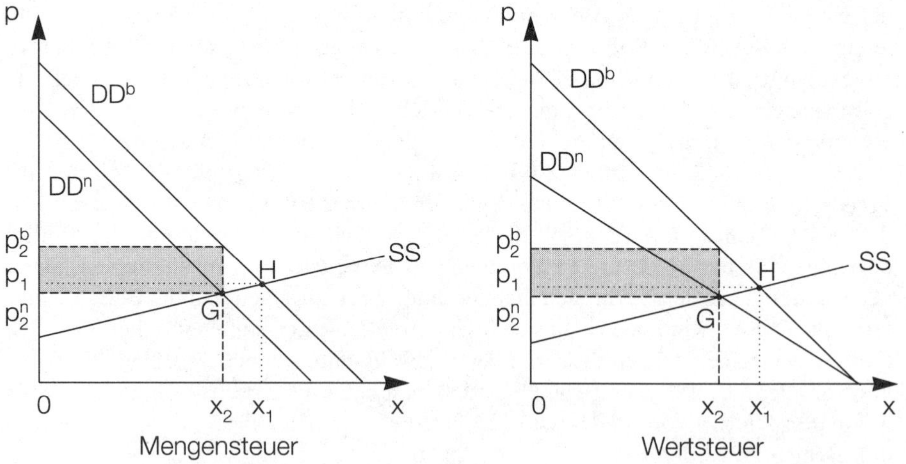

Abb. J-3: Preis- und Mengenwirkungen einer Gütersteuer auf Wettbewerbsmärkten

Anbieter nur noch p_2^n erhalten, der niedriger als p_1 ist. Da die Nachfrager über die Preiserhöhung und den Mengenrückgang einen Teil der Steuerlast mittragen, sagt man, diese sei zum Teil überwälzt worden. Wie groß das Ausmaß der Überwälzung ist, hängt von den Steigungen der Angebots- und Nachfragekurven ab. Bei einer senkrecht verlaufenden Nachfragekurve wäre z. B. eine vollkommene Überwälzung der steuerbedingten Preiserhöhung auf die Nachfrager möglich, weil diese nicht mit einer Mengeneinschränkung reagieren.

Die eben erläuterte Analyse war partialanalytisch und ist deshalb vor allem bei den „großen" Steuern nicht anwendbar: Die Mehrwertsteuer dreht im Fall von Budgeteffekten auf den einzelnen Märkten nicht nur DD^b nach unten auf DD^n, sondern verändert auch die Gesamtnachfrage über Multiplikatoreffekte und die Nachfragestruktur (der Staat fragt anderes nach als Private). Und bei Differentialwirkungen gilt ähnliches: Eine Einkommensteuersenkung, die durch eine Mehrwertsteuererhöhung kompensiert wird, würde z. B. sowohl die Nachfrage- als auch die Faktoreinsatzstruktur beeinflussen. Hinzu kommt, daß Steuervariationen auch Distributionseffekte im öffentlichen Bereich auslösen (Folge der Verteilung von Ertragskompetenzen) und daß hiervon weitere Effekte auf die Nachfragestruktur ausgehen. Darstellungen wie in *Abb. J-3* sind deshalb nur approximativ zulässig, wenn Differentialwirkungen untersucht werden sollen, bei denen eine allgemeine Steuer mit breiter Bemessungsgrundlage geringfügig variiert wird und eine spezielle Steuer mit einer schmalen Bemessungsgrundlage der Kompensation dient. Die kleine Variation der allgemeinen Steuer und die davon abhängige Variation von DD^b kann dann als „nicht fühlbar" vernachlässigt werden (Konstanz von DD^b), während man bei der speziellen Steuer einen spürbaren Effekt zu erwarten hat, da der Steueraufschlag wegen der Schmalheit der Bemessungsgrundlage erheblich verändert werden muß. Bei einer Einführung der speziellen Steuer ergibt sich dann z. B. ein erheblicher Unterschied zwischen DD^b und DD^n.

Aus *Abb. J-3* läßt sich ein weiterer interessanter Zusammenhang ableiten: Angenommen, die rechts dargestellte Wertsteuer sollte durch eine Mengensteuer gleichen Aufkommens auf die gleiche Bemessungsgrundlage abgelöst werden oder umgekehrt. Es sollen also Differentialeffekte des Austausches einer Wert- durch eine Mengensteuer unter sonst gleichen Umständen untersucht werden. Um dieses Problem zu lösen, geht man vom Gleichgewichtspunkt G in der Wertsteuer-Darstellung aus und fragt zunächst, welche Mengensteuer eine gleiche Mengenwirkung hätte, also zu gleichen Werten für x_2 und G führen würde. Die Antwort lautet: eine Mengensteuer, deren Steueraufschlag $T/x = b$ so beschaffen wäre, daß DD^n – wie im linken Teil von *Abb. J-3* bereits dargestellt – als eine Parallele zu DD^b durch G eingezeichnet werden könnte. In solch einem Fall ist dann aber der senkrechte Abstand von G zu DD^b gleich groß und damit auch die steuerbedingte Preisdifferenz $p_2^b–p_2^n$. Da nun aber x_2 und $(p_2^b–p_2^n)$ in beiden Fällen gleich groß sind, ändert sich auch das Steueraufkommen $T = x_2\ (p_2^b–p_2^n)$ durch den Austausch nicht. Im Umkehrschluß folgt somit: Der Übergang von einer Wert- zu einer Mengensteuer (oder umgekehrt) hat im Konkurrenzfall bei Konstanz des Steueraufkommens keine differentiellen Preis- oder Mengeneffekte. Aus der Sicht von Anbietern, Nachfragern und Staat ist die Umschichtung somit paretoneutral (Tillmann/Nett, 1994).

Untersucht man die vorstehenden Differentialeffekte für den Monopolfall, ergibt sich ein anderes Ergebnis *(Abb. J-4)*. Dies wird deutlich, wenn man in folgenden Analyseschritten vorgeht: Zunächst zeichnet man (wie in *Abb. J-3*) für die Wert- und die Mengensteuer gleiche Bruttonachfrage-, Bruttogrenzerlös- und Grenzkostenkurven in das Wert- bzw. Mengensteuerdiagramm ein und konstruiert den Gleichgewichtspunkt H vor Steuererhebung. Er liegt in beiden Diagrammen natürlich an der gleichen Stelle und hat die Werte (x_1/p_1). Nun führt man (wie in *Abb. J-3*) im Wertsteuerdiagramm die pro Stück um tp^n nach unten gedrehte Nettonachfragekurve ein und konstruiert von ihrem Schnittpunkt mit der p-Achse aus die zugehörige Nettogrenzerlöskurve. Diese schneidet die Grenzkostenkurve im Gleichgewichtspunkt G nach Steuern, zu dem die Menge x_2 und die Preise p_2^n und p_2^b gehören. Man fragt nun zunächst wieder, welche Mengensteuer zur gleichen Menge x_2 wie die Wertsteuer führen würde, und überträgt deshalb den Punkt G in das Mengensteuerdiagramm. Wenn G ein Gleichgewichtspunkt sein soll, muß die Nettogrenzerlöskurve durch G verlaufen. Da eine Mengensteuer Nachfrage- und Grenzerlöskurven parallel verschiebt, muß die gesuchte Nettogrenzerlöskurve durch G außerdem eine Parallele zur Bruttogrenzerlöskurve sein. Also zeichnet man diese Parallele ein. Die zugehörige Nettonachfragekurve muß den gleichen Schnittpunkt mit der p-Achse haben und parallel zur Bruttonachfragekurve verlaufen. Sie läßt sich also ebenfalls einzeichnen, und die zu x_2 gehörenden Brutto- und Nettopreise können markiert werden.

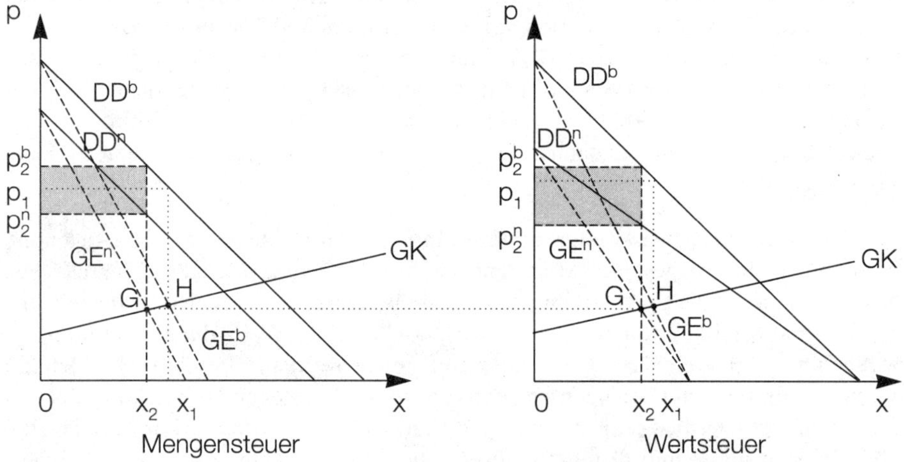

Abb. J-4: Preis- und Mengenwirkungen einer Gütersteuer im Monopolfall

Betrachtet man nun die schraffiert eingezeichneten Aufkommensrechtecke ($T = x_2 [p_2^b - p_2^n]$), so sieht man, daß das Wertsteueraufkommen größer und der Mengensteuer-Nettopreis höher ist. Hieraus folgt im Umkehrschluß, daß eine Wertsteuer gleichen Aufkommens wie eine Mengensteuer im Monopolfall kleinere Mengeneffekte und eine höhere Preisspreizung bewirkt. Die Wertsteuer erweist sich in diesem Fall somit als paretosuperior (TILLMANN/NETT, 1994). Da die meisten realen Märkte keine reinen Wettbewerbsmärkte sind, folgt hieraus als Besteuerungsregel: Bei einer fiskalisch orientierten Steuer, bei der Mengeneffekte wegen ihrer negativen Wohlfahrtswirkungen unerwünscht sind, sollte man die Form einer Wertsteuer wählen; bei Ordnungssteuern, bei denen Mengeneffekte beabsichtigt sind, sind dagegen Mengensteuern empfehlenswert.

Auch Gewinnsteuern mit T = tQ = t (E–K) können unter den genannten Bedingungen partialanalytisch untersucht werden. Dabei ist es falsch, davon auszugehen, daß auf Wettbewerbsmärkten keine Gewinne anfielen, denn der steuerliche Gewinnbegriff deckt sich nicht mit dem der Lehrbuch-Preistheorie. Unabhängig von der Marktform gilt deshalb, daß ohne Steuern der Punkt mit Q' = 0 (d. h. E' = K') realisiert wird und mit Steuern der Punkt $Q^{n'}$ = (E–K–T)' = 0, d. h. (1–t) (E'–K') = 0, was wiederum zu E' = K' führt. Eine spezielle Gewinnsteuer hat unter den oben gemachten Annahmen kurzfristig also keine Preis- und Mengenwirkungen und ist aus fiskalischer Sicht somit einer Wertsteuer wohlfahrtstheoretisch sogar noch überlegen. Man muß allerdings berücksichtigen, daß der Renditenormalisierungsprozeß dafür sorgen würde, daß solch eine spezielle Gewinnsteuer zu einer Emigration von Kapital in unbesteuerte Bereiche sorgen würde (also zu einem Kapazitätsabbau oder verringertem Wachstum) und daß dies die Vorteile längerfristig wieder reduzierte.

Der Hinweis auf das Wirken des Renditenormalisierungsprozesses zeigt gleichzeitig, daß Unternehmen längerfristig keine Steuerträger sind: Sie überwälzen die Steuern entweder renditebewahrend über Absatzpreiserhöhungen (Vorwälzung) oder über Faktorpreissenkungen (Rückwälzung), oder sie reagieren auf eine Renditeschmälerung mit Kapazitätsabbau oder vergleichsweise niedrigerem Kapazitätswachstum und damit einer Reduktion von Arbeitsplätzen. Das gilt nicht nur für spezielle, sondern auch für allgemeine Steuern.

Der Renditenormalisierungsprozeß und die Möglichkeit, von Sachkapital- in Geldkapitalinvestitionen zu wechseln oder Kapitalanlagen im Ausland vorzunehmen, haben also zur Folge, daß Gewinnsteuern letztlich auf die Arbeitnehmer überwälzt werden. Diese mikroökonomisch fundierte (und durch Marktbeobachtungen auch stützbare) Aussage darf nicht mit dem sogenannten FÖHL-Theorem verwechselt werden, das ebenfalls eine vollständige Überwälzung von Gewinnsteuern behauptet, aber auf makroökonomische Budgeteffekte zugeschnitten ist (FÖHL, 1953/54). Es unterstellt eine Situation, in der zusätzliche Staatsausgaben durch eine Erhöhung einer allgemeinen Gewinnsteuer finanziert werden und in der die Erwartungen so positiv sind, daß die Steuererhöhung weder zu einer Investitionseinschränkung noch zu irgendwelchen Reaktionen der Konsumenten oder des Auslands führt. Ist das Geldangebot in einer solchen Situation völlig elastisch, steigen die Bruttogewinne der Unternehmen um die wiederverausgabten Gewinnsteuern, und diese sind somit vollständig überwälzt. Dies dürfte jedoch ein seltener Spezialfall sein.

4.2.2. Hinweise zur Besonderen Steuerlehre

Die Besondere Steuerlehre beschäftigt sich mit den Besonderheiten einzelner Kategorien von Steuern. Diese resultieren daraus, daß es unterschiedliche Möglichkeiten gibt, die Bemessungsgrundlagen von Steuern eines bestimmten Typs zu operationalisieren, den Tarif zu spezifizieren, Verbindungen mit anderen Steuern herzustellen und den Steuergläubiger zu bestimmen. International und im Zuge der historischen Entwicklung haben sich bezüglich der Einkommensteuer z. B. unterschiedliche Auffassungen über folgende Tatbestände herausgebildet: darüber, ob das Steuerobjekt das Haushaltseinkommen oder das einzelner natürlicher Personen sein soll (personelle Abgrenzung), ob der Einkommensbegriff bestimmte (aufgezählte) Einkunftsarten, alle Ertragsströme aus dauerhaften Quellen (Quellentheorie FUISTINGS, 1907) oder – nach der Reinvermögenszugangstheorie (v. SCHANZ, 1896) – alle Arten von Vermögenszuwächsen umfassen soll (sachliche Abgrenzung), ob Jahres- oder Lebenszeiteinkommen oder Zwischengrößen erfaßt und wie Schwankungen ggf. gemildert werden sollen (zeitliche Abgrenzung), wie Einkünfte aus dem jeweiligen Ausland behandelt werden sollen (räumliche Abgrenzung), wie das Verhältnis der Einkommensteuer der natürlichen Personen zur Einkommensteuer der Kapitalgesellschaften (der Körperschaftsteuer) gestaltet werden soll (z. B. Doppelbesteuerung ausgeschütteter Gewinne oder Behandlung nach einem Anrechnungsverfahren) und wie Fragen der Sicherstellung des Existenzminimums, der Progression und der Nichtdiskriminierung von Ehe und Familien gegenüber anderen Partnerschaften berücksichtigt werden sollen.

Solche Fragen werden durch die Steuergesetze und ihre Interpretation durch die Finanzämter und Finanzgerichte beantwortet. Sie haben unterschiedliche Auswirkungen auf das Aufkommen, die Aufkommenselastizität und die Wirkungen der einzelnen Steuern und sind Untersuchungsgegenstand dreier Wissenschaften: (1) der rechtswissenschaftlichen Steuerlehre (TIPKE/LANG, 1973), die sich als Teilgebiet des öffentlichen Rechts mit der rechtlichen Ordnung der Besteuerung befaßt und ihre Urteile über das, was die Steuergläubiger verlangen dürfen, vor allem auf das Grundgesetz, die allgemeinen Prinzipien des öffentlichen Rechts und das Fundamentalprinzip der Besteuerung nach der Leistungsfähigkeit stützt; (2) die betriebswirtschaftliche Steuerlehre (WÖHE/BIEG, 1978), welche die herrschenden Rechtsauffassungen bei der Interpretation der Steuergesetze als gegeben hinnimmt und fragt, wie den steuerlichen Anforderungen an das Rechnungswesen der Betriebe genügt werden kann und welche legalen Formen der betriebswirtschaftlichen Steuerpolitik dem Ziel einer langfristigen Gewinnmaximierung entsprechen; und (3) die finanzwissenschaftliche Steuerlehre, die als Besondere Steuerlehre danach fragt, wie sich die Lasten der einzelnen Steuern in der Volkswirtschaft verteilen, welche Wirkungen auf Preise, Mengen, Kapazitäten, Strukturen, Produktentwicklung, Verfahrensentwicklung sowie Ziele des Stabilitäts- und Wachstumsgesetzes zu erwarten sind, wie sich einzelne Steuern historisch und im internationalen Vergleich entwickelt haben und welche Vor- und Nachteile mit verschiedenen Formen der jeweiligen Besteuerungstechnik verbunden sind.

Die finanzwissenschaftlichen Kernprobleme der wichtigsten Steuerarten werden in allen Lehrbüchern der Finanzwissenschaft behandelt (kompakt z. B. bei ANDEL, 1983, S. 286 -356). Im folgenden wird lediglich ein Überblick über die wichtigsten Steuern und ihre Hauptkennzeichen gegeben. Übersicht J-14 verdeutlicht unmittelbar, daß die wichtigsten Steuern Wertsteuern sind, die in den Steuerverbund fließen – die entsprechenden Ertragskompetenzen sind mit B/L bzw. B/L(G) gekennzeichnet –, daß der Bund über die wichtigsten Gesetzgebungskompetenzen verfügt und daß – zählt man

Übersicht J-14: Kassenmäßige Steuereinnahmen 1992

Nr.	Steuer	Typ M/W	Tarif PP/PG/RG	Kompetenzen GK	EK	VK	Mio. DM	v. H.	v. H. kum.
1	Einkommen- u. Körperschaftsteuer						(344.338,0)	(47,06)	
	– Lohnsteuer	W	PG	B	B/ L(G)	L(A)	247.321,6	33,80	33,80
	– veranlagte Einkommensteuer	W	PG	B	B/ L(G)	L(A)	41.531,1	5,68	39,48
	– Körperschaftsteuer	W	PP	B	B/L	L(A)	31.183,7	4,26	43,74
	– Ergänzungsabgaben/ Solidaritätszuschlag	W	PP	B	B	L	13.028,2	1,78	45,52
	– Kapitalertragsteuer	W	PP	B	B/L	L(A)	11.273,4	1,54	47,06
2	Umsatzsteuer (einschl. Einfuhrumsatzsteuer)	W	PP	B	B/L	L(A)/ B(Z)	197.711,5	27,02	74,08
3	Mineralölsteuer	M	PP	B	B	B(Z)	55.166,0	7,54	81,62
4	Gewerbesteuer (Ertrag und Kapital)	W	PP	B/ G(H)	G/U	L/G	44.847,8	6,13	87,75
5	Tabaksteuer	M/W	PP	B	B	B(Z)	19.252,5	2,63	90,38
6	Kfz-Steuer	M	PP	B	L	L	13.316,8	1,82	92,20
7	Grundsteuer (A und B)	W	PP	B	G	L/G	10.782,5	1,47	93,67
8	Versicherungsteuer	W	PP	B	EU	L(A)	8.094,4	1,11	94,78
9	Zölle	M/W	PP	B/EU	B	B(Z)	7.741,8	1,06	95,84
10	Vermögensteuer	W	PP	B	L	L	6.750,0	0,92	96,76
11	Branntweinsteuer	M	PP	B	B	B(Z)	5.544,5	0,76	97,52
12	Grunderwerbsteuer	W	PP	B	L/G	L	5.443,9	0,74	98,26
13	Erbschaft-/Schenkungsteuer	W	PG	B	L	L	3.000,0	0,41	98,67
14	Rennwett-, Lotterie-und Sportwettsteuer	W	PP	B	L	L	2.624,6	0,36	99,03
15	Kaffeesteuer	M	PP	B	B	B(Z)	2.124,6	0,29	99,32
16	Biersteuer	M	PG	B	L	B(Z)	1.624,8	0,22	99,54
17	Schaumweinsteuer	M	PP	B	B	B(Z)	1.083,0	0,15	99,69
18	Feuerschutzsteuer	W	PP	B	L	L	480,0	0,07	99,76
19	Sonstige Steuern und steuerähnliche Abgaben[1]	–	–	–	–	–	1.803,4	0,25	100,0
							731.730,1	100	

Legende:

M = Mengensteuer
W = Wertsteuer
PP = proportionaler Tarif
PG = progressiver Tarif
RG = regressiver Tarif
GK = Gesetzgebungskompetenz gem. Art. 105 GG
EK = Ertragskompetenz gem. Art. 106 GG
VK = Verwaltungskompetenz gem. Art. 108 GG
kum. = kumulierte Anteile
B = Bund
L = Länder
G(H) = Hebesatzrecht der Gemeinden
L(A) = Länder im Auftrag des Bundes
L(G) = Länder mit Gemeindeanteil
B(Z) = (Bundes-)Zoll
G/U = Gemeinden mit Umlage (seit 1984 rd. 15%) für Bund und Länder
EU = Europäische Union

[1] Hierin sind die Verbrauchsteuern Leuchtmittel-, Salz-, Tee- und Zuckersteuer enthalten, die zum 1. Januar 1993 abgeschafft wurden.

Quelle: Eigene Zusammenstellung nach Bundesministerium der Finanzen (1993, 1, S. 46–49).

die verschiedenen Erhebungsformen der Einkommen- und Körperschaftsteuer aufgrund ihrer Anrechenbarkeit als Gliedsteuern einer einheitlichen Steuer – die Einkommen- und Körperschaftsteuer und die Umsatzsteuer bereits rd. drei Viertel und die größten fünf Steuern rd. 90 v. H. des Steueraufkommens ausmachen.

4.3. Weitere Finanzierungsformen

Als weitere Finanzierungsformen sind Sonderabgaben, Sozialabgaben, Entgelte und Kredite von Bedeutung.

Sonderabgaben

Der Staat ist an sich an die Einnahmenkategorien des Grundgesetzes und vor allem an die dort festgelegte Steuerverteilung gebunden. Die Praxis hat daneben aber gleichwohl Abgaben wie etwa den „Kohlepfennig" oder den „Wasserpfennig" entwickelt, die (obwohl beileibe keine „Pfennig-"Abgaben) vom Bundesverfassungsgericht zum Teil als Sonderabgaben nicht körperschaftlich strukturierter Gruppen der Bevölkerung anerkannt wurden. Voraussetzungen sind eine eindeutige Gruppenabgrenzbarkeit sowie eine besondere Gruppenverantwortung und eine sachgerechte Verknüpfung zwischen Belastung und Verwendungszweck, eine Verknüpfung, die vor allem (aber nicht nur) bei einer gruppennützigen Verwendung gesehen wird. Ökonomisch ist das Vorliegen dieser Voraussetzungen wie etwa beim (inzwischen für verfassungswidrig erklärten) „Kohlepfennig" oft nicht nachvollziehbar. Die Stromverbraucher haben z. B. keinerlei Interesse an der Erhaltung von Förderkapazitäten für die deutsche Steinkohle, denn angesichts der tatsächlichen Weltmarktverhältnisse und des geringen Beitrags heimischer Steinkohle zur Deckung des deutschen Energiebedarfs erweisen sich Hinweise auf die Sicherheit der Energieversorgung als leicht durchschaubare Lobbyargumente. Gleichwohl wird kaum etwas gegen solche Sonderabgaben unternommen und werden weitere gefordert.

Sozialabgaben

Von den öffentlichen Bruttoausgaben insgesamt entfallen nur etwa zwei Drittel auf Verwaltungen im engeren Sinn. Der Rest wird von Ausgaben der Sozialversicherungssysteme gestellt, die gemeinsam das Sozialbudget bilden. Diese Ausgaben werden zu etwa einem Drittel aus allgemeinen Mitteln über Zuweisungen finanziert und zu etwa zwei Dritteln über Sozialabgaben. Diese sind Zwangsabgaben mit einem beitragsähnlichen Charakter, bei denen neben dem Äquivalenzprinzip aber auch Leistungsfähigkeits- und Distributionsüberlegungen eine Rolle spielen. Da sie am Bruttoeinkommen anknüpfen, wirken sie – anders als etwa private Versicherungsbeiträge, die aus dem versteuerten Einkommen gezahlt werden – steuerähnlich und weisen auch entsprechende Zusatzlasten auf; da sie nicht systematisch mit den Distributionselementen des Steuersystems verknüpft sind, ergeben sich außerdem undurchschaubare Distributionseffekte personeller, gruppenspezifischer und vor allem intergenerativer Art. Hinzu kommt, daß Empfänger von Sozialhilfeleistungen zum Teil ein höheres verfügbares Einkommen haben als manche Niedriglohnempfänger und daß die Grenzabgabensätze in diesem Bereich bei über 80 % liegen, so daß hohe Anreize für eine mit Sozialhilfeempfang gekoppelte Schwarz- oder Gelegenheitsarbeit bestehen. Dies dürfte einer der Hauptgründe dafür sein, daß die Bedeutung der Schattenwirtschaft in Deutschland allem Anschein nach stark gestiegen ist und heute vermutlich deutlich über 10 v. H. des BSP ausmacht (F. SCHNEIDER, 1994,1, S. 200). Die absehbare Altersstrukturentwicklung in Deutschland läßt ab etwa 2020 eine Explosion der Sozialversicherungsausgaben und der hierfür erforderlichen Sozialabgaben und Zuschüsse erwarten. Daß hierfür keine Vorsorge durch Übergang zu anderen Finanzierungsformen und Verweis auf private Versicherungsmöglichkeiten geschaffen wird, ist ein typischer Beleg für die Vernachlässigung wichtiger Langfristprobleme durch die Politik.

Entgelte

Gebühren und Beiträge sollten, wie ausführlich dargestellt, eigentlich das Hauptmittel der Infrastrukturfinanzierung sein. In der Realität haben sie – außer bei den Gemeinden – aber eine eher untergeordnete (wenn auch steigende) Bedeutung (ZEITEL, 1981). Zudem werden die Begriffe in unterschiedlicher Weise verwendet, und das deutsche Recht wird der Forderung nicht gerecht, Gebühren zur Abgeltung der Grenzkosten und Beiträge zur Abgeltung der sonstigen Kosten von gruppennützigen Einrichtungen einzusetzen. So ist die Entgeltfinanzierung in der Regel der Höhe nach auf einen Ersatz der Kosten im betriebswirtschaftlichen Sinn beschränkt. Dadurch werden denkbare Lenkungseffekte systematisch verhindert: Eine pretiale Lenkung des Verkehrs würde z. B. stauverhindernde Gebühren erfordern, und eine Internalisierung negativer Effekte auf die Umwelt könnte im Prinzip z. B. über Wasser- oder Luftverschmutzungsgebühren erfolgen; das heutige Entgeltrecht (oder seine Interpretation) stehen dem jedoch entgegen. Deshalb versucht man zum Teil, auf Sonderabgaben auszuweichen.

Kredite

Eine Kreditfinanzierung kann in einer Marktwirtschaft unter bestimmten Umständen durchaus funktionell sein; sie ist aber auch mit Gefahren verbunden, gegen die man institutionelle Vorkehrungen treffen sollte. Im Prinzip kann die Kreditfinanzierung die folgenden Aufgaben übernehmen:

- die Funktion eines kurzfristigen Ausgleichs von Einnahmeschwankungen durch Kassenverstärkungskredite,
- die Funktion einer mittelfristigen Verstetigung der Haushaltsbelastung aus der Realisation größerer Investitionsprojekte, eine Funktion, die normalerweise vor allem auf der Gemeindeebene eine Rolle spielt, im Zuge der Wiedervereinigung aber auch auf der Bundesebene von Bedeutung war (Haushaltsverstetigungskredite),

- die Funktion, in Situationen wie bei der Wiedervereinigung oder in Entwicklungsländern schnell für die Realisation von Infrastrukturprojekten sorgen zu können, die für die Startphase eines sich selbst tragenden Entwicklungsprozesses unabdingbar sind und der Vorfinanzierung entwicklungsbedingter Steuermehreinnahmen dienen (Entwicklungskredite),
- die Funktion, konjunkturell bedingte Mehrausgaben und Mindereinnahmen im Zuge einer potentialorientierten Politik auszugleichen und einem sich selbst verstärkenden Abschwung vorzubeugen (Stabilisierungskredite) und
- die Funktion, der intergenerativen Gerechtigkeit durch Belastungsausgleich zwischen den Generationen zu dienen (Lastverschiebungskredite).

Kassenverstärkungs- und Haushaltsverstetigungskredite können als problemlos angesehen werden. Sie führen normalerweise nur zu einer sogenannten internen Verschuldung, bei der weder Produktionsfaktoren des Auslands in Anspruch genommen werden noch fühlbare Crowding-out-Effekte auftreten. Entwicklungskredite sollen dagegen einen Rückgriff auf ausländische Produktionsfaktoren ermöglichen, um ihrer Wachstumsbeschleunigungsfunktion gerecht zu werden. Bei sachgerechter Verwendung zeichnen sie sich dadurch aus, daß das Budgetdefizit zu einem Leistungsbilanzdefizit führt, welches von einem Anstieg der staatlichen und (wenigstens) einer Konstanz der privaten Investitionsquote begleitet wird. Diese „gesunde" Form einer externen Verschuldung ist von der gefährlichen Form solch einer Verschuldung zu unterscheiden, bei der die im Ausland geliehenen Produktionsfaktoren konsumtiv verwendet werden. Stabilisierungskredite können sich unter günstigen Umständen im Vergleich zu einer prozyklischen Politik in einem gewissen Umfang selbst finanzieren (Beitrag C-5.3.2.); anders als bei den STEINschen Entwicklungskrediten (GROSSEKETTLER, 1990, S. 45 ff.) – benannt nach LORENZ V. STEIN (1815–1890), der ihre Legitimität betont hat –, die auf zusätzliches Wachstum des Produktionspotentials zielen, folgt die Selbstfinanzierung der KEYNESschen Stabilisierungskredite allerdings aus der Stabilisierung des Auslastungsgrades des Produktionspotentials auf einem möglichst normalen Niveau.

Die bisher besprochenen Funktionen der öffentlichen Verschuldung sind nahezu gänzlich (Verstärkungs- und Verstetigungskredite) oder weitgehend unbestritten (Entwicklungs- und Stabilisierungskredite). Anders verhält es sich mit den Lastverschiebungskrediten (und auch mit der nicht eindeutig einzuordnenden Normalverschuldung des Sachverständigenrates). In der Literatur unterscheidet man drei Theorien dafür, wie Lasten zwischen Generationen verschoben werden können (GANDENBERGER, 1981): dadurch, daß ein Teil der jüngeren Generation zu Zinszahlungen (an den anderen Teil oder das Ausland) gezwungen wird, ohne der Schuldaufnahme zugestimmt zu haben; dadurch, daß die jüngere Generation (bedingt durch Crowding-out-Effekte) einen geringeren Kapitalstock erbt; und dadurch, daß sie (bei externer Verschuldung) Kapitaldienstleistungen an das Ausland erwirtschaften muß. Bedenkt man, daß erhöhte Kapitaldienstleistungen an in- wie ausländische Gläubiger in der Regel Steuererhöhungen nach sich ziehen, kann man als vierte Form der Lastverschiebung hinzufügen, daß erhöhte Zusatzlasten der Besteuerung in Kauf genommen werden müssen, insbesondere in Form von Arbeitsplatzexporten und einer Vergrößerung der Schattenwirtschaft. Es dürfte nahezu unmöglich sein, über solche Formen der Lastverschiebung für einen gerechten Ausgleich des Nutzens langlebiger Investitionsobjekte zu sorgen. Die Mehrzahl der Ökonomen steht Lastverschiebungskrediten deshalb kritisch gegenüber und empfiehlt statt dessen eine Stabilisierung von Spar- und Investitionsquoten und deren Überwachung durch eine Generationenbelastungsrechnung (Abschnitt 2.2.1.).

Aus der Möglichkeit der Lastüberwälzung resultieren auch die Gefahren, die mit der Staatsverschuldung verbunden sind. Sie bestehen in Täuschungs- und Überbelastungserscheinungen sowie Lähmungs- und Ausweichreaktionen. Zu einer Täuschung der Bürger und mit der Staatsverschuldung verbundenen „Illusionen" (Gandenberger, 1989) kommt es, weil das Vermeiden einer übermäßigen Verschuldung aus der Sicht der einzelnen Bürger ein Kollektivgut ist, dessen Kontroll- und Verzichtskosten nach Ansicht aller stets die jeweils anderen übernehmen sollen, und weil die Politiker deshalb über schuldfinanzierte Leistungen scheinbar kostenlos Wohlstand schaffen können. Außerdem machen sich bei der Diskontierung der Zukunftsverpflichtungen die Minderschätzung zukünftiger Bedürfnisse und die Tatsache bemerkbar, daß viele Bürger von den Zukunftslasten nicht mehr persönlich betroffen sein werden und daß die Negativwirkungen aus der Sicht der Politiker jedenfalls nicht in der jeweils gegenwärtigen Wahlperiode liegen. Dies führt vor allem dann zu einer Überbelastung der Zukunft, wenn die Gegenwart plausibel erscheinende Entschuldigungsmöglichkeiten parat hält. Der Finanzierungsspielraum, der durch Staatsverschuldung gewonnen werden kann, ist aufgrund der unmittelbar einsetzenden Kapitaldienstverpflichtungen jedoch insbesondere dann kurzlebig, wenn die Wachstumsrate des Sozialprodukts (und damit des Steueraufkommens) niedrig und der am Kapitalmarkt zu zahlende Zinssatz hoch ist. Werden die Kapitaldienstverpflichtungen – wie es bei einer Verschlechterung der Altersstruktur typisch ist – noch dazu durch steigende Ruhe- und Krankenstandsausgaben verstärkt, kommt es rasch zu einer finanziell bedingten Lähmung der Politik und zu einer Vernachlässigung der Infrastruktur. Das kann die Standortbedingungen so sehr verschlechtern, daß Unternehmen emigrieren, was zu einem Teufelskreis aus Verschuldung, Abgabenerhöhung, Kapitalflucht und weiterer Verschuldung führen kann. Daß solche Gefahren nicht von der Hand zu weisen sind, zeigt die Entwicklung in Deutschland: Die Schuldenstandsquote in Relation zum BIP stieg von 18,5 v. H. (1960) und 18,6 v. H. (1970) über 31,8 v. H. (1980) auf 43,6 v. H. (1990). Die OECD (1994) erwartete für 1995 nach Einschluß von Nebenhaushalten einen Wert von 64,3 v. H., der allerdings wohl unterschritten werden wird. Die Zinslastquote des Öffentlichen Gesamthaushalts (Zinsausgaben in v. H. der Gesamtausgaben) stieg von 2,8 v. H. (1962) und 3,5 v. H. (1970) über 5,8 v. H. (1980) auf 7,9 v. H. (1990). Der Bundesrechnungshof (1993, S. 28) erwartet, daß der Bund 1997 etwa 25 v. H. seiner Steuereinnahmen für Zinsausgaben aufwenden muß.

Angesichts solcher Gefahren und früheren Erfahrungen ist es verständlich, daß in der Finanzverfassung versucht worden ist, Sicherungen einzubauen. Zentral sind die Bestimmungen der Art. 109 Abs. 2 GG und Art. 115 Abs. 1 GG. Sie sollen sich in ihrer Begrenzungsfunktion gegenseitig verstärken. Die erste Bestimmung – die unmittelbar auch die Länder einbezieht – verlangt, daß bei einer Entscheidung über den Verschuldungseinsatz den Erfordernissen des gesamtwirtschaftlichen Gleichgewichts Rechnung getragen wird. Das Bundesverfassungsgericht hat hierzu unmißverständlich hervorgehoben, daß auch die langfristigen Verschuldungsfolgen für die gesamtwirtschaftliche Stabilität zu berücksichtigen sind. Der Art. 115 Abs. 1 GG fordert – ebenso wie seine Entsprechungen in den einzelnen Länderverfassungen –, daß die Verschuldungshöhe im äußersten Fall die Höhe der Investitionsausgaben erreichen darf. Eine ausnahmsweise Überschreitung ist nur zulässig, wenn das gesamtwirtschaftliche Gleichgewicht nachhaltig und ernsthaft gestört ist und diese Störung mittels Verschuldung effektiv behoben werden kann. Daß diese beiden grundsätzlich sinnvollen Regeln ihre intendierte Eindämmungsfunktion bislang nicht zufriedenstellend erfüllen, hat seinen Hauptgrund in den unscharfen Formulierungen und unbestimmten Rechtsbegriffen. Diese sind für Verfassungen typisch und sollten durch ein Ausführungsgesetz konkretisiert werden, das in Art. 115 Abs. 1 Satz 3 GG gefordert wird, aber noch nicht geschaffen worden ist.

Die Begrenzungsregeln für die Gemeindeverschuldung sind hingegen deutlich wirksamer. Die Gemeinden müssen eine Schuldaufnahme von der Kommunalaufsichtsbehörde genehmigen lassen. Die Genehmigung ist dabei zu versagen, wenn eine Gemeinde für die nächsten Jahre nicht gewährleisten kann, trotz der Verschuldung und der damit verbundenen Kapitaldienstlasten ihren Aufgaben gerecht zu werden. Das zur Beurteilung herangezogene Tragbarkeitskriterium ist die dauerhafte finanzielle Leistungsfähigkeit (Schuldendienstleistungsfähigkeit), die man mit Hilfe des Indikators „freie Finanzspitze" operationalisiert. Letztere ergibt sich, wenn man von der Zuführung vom Verwaltungs- zum Vermögenshaushalt die planmäßigen Tilgungsausgaben und Kreditbeschaffungskosten abzieht. Sie zeigt das Ausmaß der laufenden Einnahmen, das zur Finanzierung von zusätzlichen Zins- und Tilgungslasten nachhaltig zur Verfügung steht.

Insgesamt muß man die deutschen Regeln zur Eindämmung der Verschuldung als „zu weich" einstufen. In einer wohlorganisierten Volkswirtschaft, in welcher der Staat seinen langfristigen Sicherungsaufgaben gerecht wird, müßte es deshalb eine Verschuldungsordnung geben, die an den aufgezeigten Gefahren anknüpft und spezielle Sicherungen in die Finanzverfassung einbaut (FUNKE, 1995).

4.4. Nationaler Finanzausgleich

Unter den Gebietskörperschaften gibt es in Deutschland einen Bund-Länder-Finanzausgleich und einen Kommunalen Finanzausgleich.

Bund-Länder-Finanzausgleich

Normativ gesehen soll der Bund-Länder-Finanzausgleich zu einer Mittelverteilung zwischen dem Bund einerseits und den Ländern einschließlich ihrer Gemeinden andererseits sowie den Ländern untereinander führen, die dem Zweiten Gossenschen Gesetz genügt: Die Steuerlast und Steuerverteilung sollen so gestaltet werden, daß eine Steuer-DM beim Bund und bei allen Ländern (einschließlich Gemeinden) den gleichen Grenznutzen stiftet wie das verbleibende verfügbare Einkommen beim Steuerbürger. Art. 106 Abs. 3 Nr. 2 GG drückt diese Maxime in der Sprache der Juristen folgendermaßen aus: „Die Deckungsbedürfnisse des Bundes und der Länder sind so aufeinander abzustimmen, daß ein billiger Ausgleich erzielt, eine Überbelastung der Steuerpflichtigen vermieden und die Einheitlichkeit der Lebensverhältnisse im Bundesgebiet gewahrt wird.“ Die Umsetzung der vom Grundgesetz ins Auge gefaßten Zielsetzung (des Zweiten Gossenschen Gesetzes) soll mit Hilfe von Verfassungsbestimmungen zur Steueraufteilung sowie Zerlegungs- und Finanzausgleichsgesetzen erfolgen.

Die Verfassungsbestimmungen zur Steueraufteilung legen fest, welche Gebietskörperschaften über die Ertragskompetenz für welche Art von Steuern verfügen sollen. Bei dieser Primärverteilung von Steuereinnahmen wird von einem Mischsystem Gebrauch gemacht, das die Steuern zu einem Teil nach dem sogenannten Trennsystem verteilt, zum größeren Teil aber nach dem sogenannten Verbundsystem. Verteilung nach dem Trennsystem bedeutet, daß die Steuereinnahmen einer bestimmten Art ausschließlich einer bestimmten Ebene von Gebietskörperschaften als „eigene“ Steuern zustehen. Welche Steuern dies in Deutschland sind, ist in *Übersicht J-15* aufgeführt. Es handelt sich durchweg um kleinere Steuern. Der Bund verfügt dabei im Prinzip über die Steuern auf bundesweit gehandelte (und deshalb schlecht regional radizierbare) Güter, Ländern und Gemeinden stehen dagegen die Erträge von Güter- und Faktorsteuern zu, die regional bzw. lokal relativ gut radizierbar sind. Alle größeren Steuern sind demgegenüber Verbundsteuern. Diese fließen (gedanklich) zunächst in einen „Topf“ und werden dann daraus in zweifacher Weise verteilt: vertikal zwischen den Ebenen und horizontal auf der Länder- bzw. Gemeindeebene. Im Prinzip könnte man den „Topfinhalt“ den Gebietskörperschaften sofort nach Einwohnern zuweisen; da dies jedoch den Nachteil hätte, daß das Interesse an der Gewerbeansiedlung geschmälert wird, werden Bund und Länder an allen Verbundsteuern und die Gemeinden an der Lohn- und veranlagten Einkommensteuer jeweils gebietsbezogen quotal beteiligt. Dabei gibt das Grundgesetz die Quoten der Ebenen für alle Steuern bis auf die Umsatzsteuer vor. Die Umsatzsteuerverteilung soll dagegen durch ein zustimmungsbedürftiges Bundesgesetz geregelt werden, um auf diese Weise eine anpassungsfähige Verteilungskomponente zu haben und die Gesamtverteilung in einem sogenannten Revisionsverfahren ändern zu können.

Auf der Ebene der Länder und Gemeinden müssen die Verbundsteuern auch horizontal aufgeteilt werden. Dabei ist zu klären, wer Steuergläubiger sein soll, wenn das Grundprinzip einer Verteilung nach dem örtlichen Aufkommen nicht eindeutig ist, weil Wohn- und Arbeitsstätte in verschiedenen Gebietskörperschaften liegen oder weil ein Unternehmen Betriebsstätten in verschiedenen Ländern und Gemeinden hat. Solche Umstände treten vor allem in Stadtstaaten auf, und für diese ist die Art der Lösung deshalb von besonderer Bedeutung (Kitterer, 1994, S. 4 ff.). In der heutigen Praxis wird die horizontale Aufteilung im Rahmen der Primärverteilung auf der Basis des sogenannten Zerlegungsgesetzes und eines Clearing-Verfahrens vorgenommen, im Rahmen der anschließenden Sekundärverteilung durch den Länderfinanzausgleich im engeren Sinn (Zahlungen zwischen finanzstarken und finanzschwachen Ländern) und durch Bundesergänzungszuweisungen. Die Umsatzsteuer wird dabei nicht im Rahmen der Primärverteilung zerlegt; statt dessen wird sie in einem Sonderverfahren, das zwischen der Primärverteilung und dem Länderfinanzausgleich im engeren Sinn angesiedelt ist, zum Teil nach Einwohnern, zum Teil nach Finanzkraft verteilt (sogenannte Ergänzungsanteile). Der Bund-Länder-Finanzausgleich umfaßt nach der Pri-

Übersicht J-15: Verteilung der Ertragskompetenzen nach dem Grundgesetz

Ebene und Hauptaufgaben	Steuerträge nach dem Trennsystem („eigene" Steuern)	Steuerträge nach dem Verbundsystem (Anteile an [1] den Gemeinschaftsteuern und [2] der Gewerbesteuerumlage; [3] Zuweisungen im Rahmen des Kommunalen Finanzausgleichs)
1. Bund Soziale Sicherung Verteidigung Verkehr und Nachrichtenwesen	Mineralölsteuer Tabaksteuer Branntweinsteuer sonstige Verbrauchsteuern mit Ausnahme der Biersteuer Versicherungsteuer Solidaritätszuschlag EU-Abgaben	(1) Lohnsteuer und veranlagte Einkommensteuer (42,5 v. H.) Nicht veranlagte Steuern vom Ertrag und Körperschaftsteuer (50 v. H.) Umsatzsteuer (einschl. Einfuhrumsatzsteuer)[1] (2) Anteil an der Gewerbesteuerumlage (50 v. H.)
2. Länder Wissenschaft und Kultur Rechtspflege Polizeiwesen	Vermögensteuer Erbschaftsteuer Grunderwerbsteuer Kfz-Steuer Biersteuer Rennwett- und Lotteriesteuer Feuerschutzsteuer Spielbankenabgabe	(1) Lohnsteuer und veranlagte Einkommensteuern (42,5 v. H.) Nicht veranlagte Steuern vom Ertrag und Körperschaftsteuer (50 v. H.) Umsatzsteuer (einschl. Einfuhrumsatzsteuer)[1] (2) Anteil an der Gewerbesteuerumlage (50 v. H.)
3. Gemeinden Schul- und Kulturwesen Gesundheitswesen Sozialhilfe Ver- und Entsorgung Verkehr	Gewerbesteuer Grundsteuer örtliche Verbrauch- und Aufwandsteuern wie Hundesteuer, Vergnügungsteuer oder Jagd- und Fischereisteuer	(1) Lohnsteuer und veranlagte Einkommensteuer (15 v. H.) (3) Zuweisungen der Länder im Rahmen des Kommunalen Finanzausgleichs (obligatorischer und fakultativer Steuerverbund)

[1] Die Verteilung wird durch ein zustimmungsbedürftiges Bundesgesetz geregelt.

Quelle: Eigene Zusammenstellung in Anlehnung an Bundesministerium der Finanzen (1993, 1, S. 42 f.).

märverteilung der Verbundsteuern mit Ausnahme der Umsatzsteuer auf diese Weise insgesamt vier Stufen:

- die vertikale Umsatzsteuerverteilung zwischen Bund und Ländern (einschließlich Gemeinden),
- den horizontalen Umsatzsteuerausgleich zwischen den Ländern,
- den horizontalen Länderfinanzausgleich im engeren Sinn und
- die Bundesergänzungszuweisungen.

Ab 1995 werden die Länder 44 v. H. und der Bund 56 v. H. des Umsatzsteueraufkommens erhalten. Bis zu 25 v. H. des Länderanteils an der Umsatzsteuer werden zwischen den Ländern als Ergänzungsanteile nach Finanzkraft verteilt, der Rest nach Einwohnern. Ergänzungsanteile erhalten diejenigen Länder, deren Finanzkraft je Einwohner unter 92 v. H. des Länderdurchschnitts liegt. Der Länderfinanzausgleich im engeren Sinn hebt die Finanzkraft der finanzschwachen Länder anschließend durch Ausgleichszuweisungen der finanzstarken Länder auf 95 v. H. der länderdurchschnittlichen Finanzkraft an. Dies erfolgt mit Hilfe eines progressiven Stufentarifs, bei dem die Finanzkraft des einzelnen Landes als Finanzkraftmeßzahl, die länderdurchschnittliche Finanzkraft dagegen als Ausgleichsmeßzahl dient. Die sogenannten „ausgleichspflichtigen Überschüsse" der Zahlerländer werden dabei nach der folgenden Formel ermittelt: 15 v. H. der Beträge zwischen 100 und 101 v. H. der Ausgleichsmeßzahl plus 66 v. H. der Beträge zwischen 101 und 110 v. H. der Ausgleichsmeßzahl plus 80 v. H. der Beträge über 110 v. H. der Ausgleichsmeßzahl. Diese Beträge werden sodann zu einem Prozentsatz „weggesteuert", der hoch genug ist, um alle Empfängerländer mit Hilfe von Ausgleichszahlungen auf 95 v. H. der Ausgleichsmeßzahl anzuheben. Die verbleibende Differenz von 5 v. H. der Ausgleichsmeßzahl wird vom Bund anschließend zu 90 v. H. durch sogenannte Fehlbetrags-Bundesergänzungszuweisungen aufgefüllt, so daß kein Land im Endeffekt über weniger als 99,5 v. H. der länderdurchschnittlichen Finanzkraft pro Kopf verfügt. Hinzu treten dann noch Sonderbedarfs-Bundesergänzungszuweisungen für kleinere Länder, Sonder-Bundesergänzungszuweisungen für Bremen und das Saarland zur Bewältigung der momentanen Haushaltsnotlage und Übergangs-Bundesergänzungszuweisungen zum Abbau teilungsbedingter Sonderlasten. Im Zusammenhang mit der Wiedervereinigung muß außerdem darauf hingewiesen werden, daß auch die Rentenversicherung, vor allem aber die Arbeitslosenversicherung im Zuge des sogenannten impliziten Finanzausgleichs bedeutsame Ausgleichsleistungen erbracht haben (ANDEL, 1993; MACKSCHEIDT, 1993).

Betrachtet man das komplizierte Gesamtsystem des Bund-Länder-Finanzausgleichs im Lichte der im Abschnitt 2.2.2. diskutierten Regeln, ergeben sich folgende Hauptkritikpunkte:

- Die „Finanzkraft", die aus der Normierung der in das Verfahren eingehenden Steuern entsteht, enthält die Gemeindesteuern nur zur Hälfte. Dies ist historisch unter taktischen Gesichtspunkten zwar nachvollziehbar, ökonomisch jedoch nicht sinnvoll.
- Das Revisionsverfahren ist nicht funktionsfähig, weil die jeweils begünstigte Seite das Vorliegen bzw. Zustandekommen eines zustimmungsbedürftigen Bundesgesetzes blockieren kann und weil von dieser Möglichkeit auch Gebrauch gemacht wird.
- Die Finanzausgleichsformel (Umsatzsteuerausgleich plus Länderfinanzausgleich im engeren Sinn) ist kompliziert und dadurch intransparent. Es dürfte nur wenige Abgeordnete geben, die das System durchschauen – von den Bürgern ganz zu schweigen.
- Verbandsexterne Effekte werden nicht systematisch, sondern nur zum Teil (als Hafenlasten und in Form einer Stadtstaaten-Sonderregelung) berücksichtigt, und zwar in einer Weise, die ebenfalls nur historisch-taktisch verständlich erscheint.

- Das System führt über den Umsatzsteuerausgleich und die Bundesergänzungszuweisungen zu einer Vermengung des vertikalen und des horizontalen Ausgleichs. Die Annäherung an eine Verteilung nach dem Zweiten Gossenschen Gesetz wird auf diese Weise nahezu unmöglich gemacht.

Wie der Wissenschaftliche Beirat beim BMF (1992) gezeigt hat, wären alle diese Mängel vermeidbar gewesen; daß dies nicht geschehen ist, liegt vor allem daran, daß Verteilungsfragen im politischen Prozeß nicht nach einsehbaren und ökonomisch-rationalen Prinzipien entschieden werden, sondern mit Hilfe von Koalitionsbildungen, die Ausgleichs- und Befrachtungsleistungen nach taktischen Gesichtspunkten erforderlich werden lassen. Wie auf diese Weise Chancen für bessere Regelungen vertan wurden, schildert Peffekoven (1994,2).

Kommunaler Finanzausgleich

Der Kommunale Finanzausgleich ist Ländersache und deshalb in den Ländern unterschiedlich – wenn auch ähnlich – organisiert. Im folgenden werden die Regelungen Nordrhein-Westfalens als Beispiel besprochen.

Ausgangspunkt des Kommunalen Finanzausgleichs sind zwei Grundprobleme. Zum einen geht das Grundgesetz implizit von der – faktisch auch berechtigten – Vermutung aus, daß das eigene Steueraufkommen der Gemeinden keine Deckung der notwendigen Ausgaben erlaubt, und ordnet deshalb an, daß die Länder die Gemeinden am Ländersteueraufkommen beteiligen. Wie *Übersicht J-15* (S. 608) zeigt, geschieht dies durch Beteiligung am Länderanteil der Gemeinschaftsteuern (obligatorischer Steuerverbund gem. Art. 106 Abs. 7 Satz 1) und – nach Wahl des Landes – an weiteren Ländersteuern (fakultativer Steuerverbund gem. Art. 106 Abs. 7 Satz 2). Die Höhe der Beteiligung ist vom Landesgesetzgeber zu bestimmen, der dabei einen weiten Spielraum hat, weil er auch die Arbeitsteilung zwischen der Landesverwaltung im engeren Sinn und der Kommunalverwaltung bestimmt und weil – zum Teil wohl kontrafaktisch – unterstellt wird, daß die Landtage eine objektive Abwägung zwischen den finanziellen Interessen des Landes im engeren Sinn und seiner Kommunen treffen. Das erste Problem, das der Kommunale Finanzausgleich zu lösen hat, ist also vertikaler Natur und besteht darin, die Kommunen an den Steuereinnahmen des Landes zu beteiligen.

Ein zweites Problem ergibt sich daraus, daß die Großstädte wichtige Bereitsteller der wirtschaftsnahen Infrastruktur und damit indirekt auch der Arbeitsplätze sind und sich deshalb typischerweise durch höhere Pro-Kopf-Werte des BIP und des Steueraufkommens auszeichnen als ihre Umgebung. Die Auspendlerorte der Umgebung und des flachen Landes müssen an diesem Steueraufkommen beteiligt werden. Gleichzeitig muß jedoch bedacht werden, daß das Aufrechterhalten der wirtschaftsnahen Infrastruktur mit besonderen Aufwendungen verknüpft ist, daß Großstädte meist auch Bildungs- und Kultureinrichtungen mit positiven Umlandeffekten unterhalten, daß sie unter dem Einpendlerverkehr zu leiden haben und daß sie als Agglomerationen nach dem Brechtschen Gesetz (Abschnitt 3.1.) höhere Kosten zu bewältigen haben. Aus all dem ergibt sich als zweite Aufgabe des Kommunalen Finanzausgleichs, daß das Kommunalsteueraufkommen unter Beachtung der zentralörtlichen Funktionen der Großstädte und verbandsexterner Effekte horizontal umzuverteilen ist.

In Nordrhein-Westfalen werden diese beiden Probleme auf der Basis jährlicher Gemeindefinanzierungsgesetze gemeinsam gelöst, und es wird gleichzeitig berücksichtigt, daß das Land als „Garantieanstalt" Kommunen helfen muß, die in Finanz- oder Strukturkrisen geraten sind. Dabei werden den Gemeinden sogenannte Schlüsselzuweisungen und sogenannte Zweckzuweisungen gewährt. Erstere werden ohne Empfangsauflagen und auf der Basis einer Formel (des „Schlüssels") gezahlt; ihre Hauptfunktion besteht darin, den Gemeinden frei verfügbare Steuermittel zur Verfügung zu stellen. Letztere sind dagegen an bestimmte Voraussetzungen geknüpft und dienen vor allem dem Ausgleich verbandsexterner Effekte, aber auch zur Durchsetzung meritorisch begründeter Lenkungsmaßnahmen des Landes („Einsatz des goldenen Zügels"), deren Begründung ökonomisch häufig nur schwer nachzuvollziehen ist.

Die Schlüsselzuweisungen werden proportional zur Differenz zwischen einer Ausgleichsmeßzahl und einer Steuerkraftmeßzahl verteilt. Erstere basiert auf der sogenannten „veredelten Einwohnerzahl" („veredelt", weil hierin vor allem die Ortsgröße [wirtschaftsnahe Infrastruktur] und Schülerzahlen [verbandsexterne Effekte] berücksichtigt werden), letztere kennzeichnet das normiert berechnete Gemeindesteueraufkommen. Wie im einzelnen nur auf der Basis einer längeren Ableitung gezeigt werden kann (Grossekettler, 1987, S. 435 f.), ergibt sich auf diese Weise ein Schlüsselzuweisungsbetrag, der eine Dotationskomponente und eine Redistributionskomponente umfaßt. Erstere sorgt dafür, daß jeder Gemeinde ein Anteil an der vom Land frei festgesetzten Schlüsselmasse zufließt, der dem Anteil der Gemeinde an der veredelten Einwohnerzahl aller Gemeinden entspricht; letztere hat zur Folge, daß über Zu- und Abschläge zu bzw. von der Dotationskomponente erreicht wird, daß der Anteil der Gemeinde an der normierten Kommunalsteuerkraft aller Gemeinden nach Umverteilung dem Anteil an der veredelten Einwohnerzahl entspricht.

Betrachtet man das System des Kommunalen Finanzausgleichs im Lichte der Regeln des Abschnitts 2.2.2., ergeben sich folgende Hauptkritikpunkte:

- Es gibt kein Revisionsverfahren zur Schlichtung von Konflikten zwischen dem Land und seinen Kommunen.
- Das Verfahren ist so intransparent, daß es nur von wenigen Fachleuten durchschaut wird und leicht in sachfremder Weise befrachtet werden kann.
- Die Internalisierung verbandsexterner Effekte ist unsystematisch und zum Teil ineffizient.

4.5. Finanzwirtschaft der Europäischen Union

Die EU kann als eine „präföderale Ebene" bezeichnet werden (Zimmermann/Henke, 1975, S. 204), weil sie Teilaufgaben der öffentlichen Haushalte der Mitgliedstaaten vor allem in den Allokationsbereichen Agrarpolitik, Regionalpolitik, Wirtschaftsförderung, Forschung, Energie und Verkehr übernommen hat und ein Gebilde sui generis darstellt, das noch kein Bundesstaat ist, aber auch nicht mehr als reiner Staatenbund aufgefaßt werden kann. Der Haushalt der EU hat materiell ausgeglichen zu sein und umfaßte 1993 Ausgaben von rd. 66 Mrd. ECU, was weniger als 2 v. H. des Haushaltsvolumens der Mitgliedsländer und weniger als 1 v. H. des BIP der Mitgliedsländer ausmachte (ebenda, S. 206). Der Löwenanteil (1993: 53,5 v. H.) dient der Umsetzung der protektionistischen Agrarpolitik (PEFFEKOVEN, 1994,1, S. 14 und S. 90), ein wachsender Anteil wird jedoch vor allem für regionalpolitische Zwecke genutzt und hat zusammen mit der unterschiedlichen Pro-Kopf-Höhe der EU-Beiträge der Mitgliedstaaten eine – freilich wenig transparente – finanzausgleichsähnliche Funktion (s. u.). Das komplizierte Haushaltsverfahren ist dadurch gekennzeichnet (GROSSEKETTLER, 1992), daß es zwischen Ausgabekategorien unterscheidet, über die letztlich das Parlament entscheiden kann (sogenannte nicht obligatorische Ausgaben), und solchen, die letztlich vom Ministerrat entschieden werden müssen (sogenannte obligatorische Ausgaben). Beide Ausgabenkategorien treffen aber nicht den Kern der EU-Tätigkeit. Dieser ist vielmehr in den nicht budgetintensiven Allokationsbereichen der Ordnungspolitik, der Regulierungspolitik im engeren Sinn und der Politik zur Harmonisierung von Plänen (z. B. im Verkehrsbereich) und Vorschriften zu sehen. Nach dem Vertrag von Maastricht soll die EU entsprechend dem Subsidiaritätsprinzip nur Aufgaben übernehmen, die sie besser als die Mitgliedstaaten erfüllen kann. Solche Aufgaben gibt es vor allem in Bereichen mit einem EU-weiten Nutzerkreis (Außen- und Verteidigungspolitik, Großforschungsprojekte), in der Internalisierung grenzüberschreitender externer Effekte (Umweltpolitik, europäische Raumordnung) und im Bereich der Harmonisierung der Stabilisierungspolitik (TEUTEMANN, 1992). Tatsächlich tätig ist die EU aber vor allem in der Gestaltung der protektionistischen und allen ökonomischen Überlegungen Hohn sprechenden Agrarpolitik, die in bezug auf ihre weltwirtschaftlichen Wirkungen als unverantwortlich bezeichnet werden muß. Sie ist ein trauriges Beispiel dafür, wie in staatlichen Protektionsbereichen mafiose Zustände entstehen können (organisierter Subventionsbetrug) und wie unterentwickelten Agrarländern Entwicklungsfelder verbaut werden.

Die Einnahmen der EU bestehen aus Zöllen, Agrarabschöpfungen, Zuckerabgaben, verschiedenen kleineren Einnahmen sowie vor allem den sogenannten Mehrwertsteuer-Eigenmitteln und den BSP-Eigenmitteln. Die zuerst genannten vier Kategorien ergeben sich aus dem Charakter der EU als einer Gemeinschaft mit einem gemeinsamen Außenzoll und aus dem Außenschutz im Rahmen der protektionistischen Agrarpolitik. Die Mehrwertsteuer-Eigenmittel und die BSP-Eigenmittel sind nicht etwa eigene Steuern, sondern Matrikularbeiträge (d. h. von „unten nach oben" fließende Beiträge) der Mitgliedstaaten. Sie stellen keine Festbeträge dar, sondern werden in Abhängigkeit von der Mehrwertsteuer-Bemessungsgrundlage bzw. des BSP erhoben und sollen die EU-Kosten auf der Basis dieser Indikatoren im Prinzip nutzenäquivalent abdecken. Für die gesamten Eigenmittel gibt es Kappungsgrenzen: Die Mehrwertsteuer-Eigenmittel sollen 1,4 v. H. von maximal 55 v. H. des BSP eines Staates nicht überschreiten, d. h. maximal 0,77 v. H. des nationalen BSP. Die gesamten Eigenmittel der EU sollen 1,2 v. H. des BSP der EU nicht überschreiten. Saldiert man die Beiträge der Mitgliedstaaten mit Zuschüssen und Kostenerstattungen der EU, ergibt sich die Nettozahlerposition eines Landes. Deutschland ist sowohl absolut als auch pro Kopf der größte Nettozahler, obwohl es nicht über das größte Pro-Kopf-Einkommen in der EU verfügt. Dies wird vielfach als ein Verstoß gegen das Leistungsfähigkeitsprinzip angesehen. Dem ist jedoch entgegenzuhalten, daß die Beitragsfinanzierung auf Nutzenäquivalenz angelegt ist und daß die „Zahlmeisterrechnungen" im einzelnen sehr umstritten sind.

Eine reguläre Kreditfinanzierung (etwa von Investitionen) ist der EU nach dem EWG-Vertrag an sich untersagt; über Off-budget-Operationen und haushaltstechnische Verrechnungen sowie Kreditvermittlungen ergibt sich faktisch jedoch ein begrenztes Ausmaß an Kreditfinanzierung (CAESAR, 1992). Auch einen offiziellen Finanzausgleich gibt es nicht; über die Regionalpolitik der EU – den Europäischen Fonds für Regionale Entwicklung (EFRE), den Europäischen Sozialfonds (ESF), den Europäischen Ausrichtungs- und Garantiefonds für die Landwirtschaft (EAGFL), das Finanzinstrument für die Ausrichtung der Fischerei (FIAF) und den Kohäsionsfonds – wird aber eine Mischung von Finanzausgleichs- und Regionalpolitik praktiziert (BIEHL, 1993; EUROCONSULT RESEARCH & EDUCATION, 1995; THOMAS, 1994).

5. Beseitigungsmöglichkeiten für Soll-Ist-Diskrepanzen

5.1 Wichtige Soll-Ist-Diskrepanzen

„Wie kann der Staat zu einer ordnenden Potenz für eine funktionsfähige und freie Ordnung der industrialisierten Wirtschaft werden?" (EUCKEN, 1952, S. 332) – diese Frage WALTER EUCKENS (1891–1950) stand – bisher unausgesprochen – hinter den Überlegungen zur Soll-Organisation des Staates. Als er sie stellte, war nur eines klar: Die Rolle des Staates war von den großen Staatsdenkern des 17. und 18. Jahrhunderts – HUGO GROTIUS (1583–1645), JOHN LOCKE (1632–1704), SAMUEL PUFENDORF (1632–1694) und CHARLES DE MONTESQUIEU (1689–1755) – nur im Hinblick auf die Frage durchdacht worden, wie ein freiheitlicher Rechtsstaat geschaffen werden könne. Unklar war demgegenüber, wie dem wirtschaftsverfassungsrechtlichen Grundprinzip einer Marktwirtschaft, dem Streben nach einem funktionsfähigen Preissystem (EUCKEN, S. 254), auch für den Bereich der Kollektivgüter (und damit auch das Kollektiv- und Kapitalgut „institutionelle Ordnung") Rechnung getragen werden könnte und wie externen sowie meritorischen oder demeritorischen Effekten oder der Tatsache begegnet werden sollte, daß bestimmte Versicherungsmärkte fehlten und andere in ihrer Entwicklung gehemmt waren. EUCKEN, der ja einer der wichtigsten geistigen Väter der Sozialen Marktwirtschaft ist, forderte deshalb, die Rolle des Staates von Grund auf ordnungspolitisch zu überdenken (EUCKEN, S. 332), und er warnte davor, unreflektiert überall dort nach dem Staat zu rufen, wo der Preismechanismus unter den gegebenen Umständen versage. Statt dessen müsse man stets fragen, ob der Staat die an ihn herangetragenen Aufgaben auch bewältigen könne und ob es nicht andere Mittel gäbe, das Preissystem funktionsfähig zu machen (EUCKEN, S. 331).

Aus der Forderung nach einem funktionsfähigen Preissystem ergibt sich für den Bereich der Privatwirtschaft die Forderung nach einem zweckmäßigen wettbewerbspolitischen Rahmen (Beitrag O); für den Bereich der Staatswirtschaft folgen dagegen die Gestaltungsregeln für die öffentliche Finanzwirtschaft selbst und die Abgrenzung von Privat- und Staatswirtschaft, die im Rahmen der normativen Analyse (Abschnitt 2.)

erläutert wurden. Es gibt jedoch deutliche Unterschiede zwischen der Soll- und der Ist-Organisation. Sind sie gravierender Natur, so zeigen sie sich in pathologischen Entwicklungen wie dem unerwünschten Wachstum der Staatsquote und der ausufernden Staatsverschuldung oder dem Nichtaufgreifen von Langfristproblemen. Im Prinzip können die Soll-Ist-Diskrepanzen zwei Ursachen haben: mangelnden Sachverstand und mangelnden Gestaltungswillen. Die erste Ursache wäre durch Beratung jedenfalls dann leicht heilbar, wenn dem ökonomischen und speziell ordnungspolitischen Denken nicht – wie es in der Realität leider der Fall ist – eine Reihe von Vorurteilen sowie andersartige Denktraditionen speziell im juristischen Bereich entgegenstünden. Der zweiten Ursache ist jedoch noch schwerer beizukommen; sie erfordert es, die Anreizstrukturen im politisch-administrativen System zu analysieren und der Öffentlichkeit und den Verantwortlichen zu zeigen, welche Gemeinwohlschäden aus den Soll-Ist-Diskrepanzen folgen, warum keine Gegenmaßnahmen ergriffen werden und wie man im Wege einer kollektiven Selbstbindung für eine Änderung der Anreizstrukturen sorgen könnte.

Die wichtigsten Unterschiede zwischen Soll- und Ist-Organisation der öffentlichen Finanzwirtschaft betreffen fünf Komplexe: die Bereitstellung von Kollektivgütern, den Einsatz von Subventionen und Ordnungssteuern, die Privatisierung sowie Deregulierung und Entbürokratisierung von Herstelltätigkeiten, den Einsatz der Stabilisierungspolitik und schließlich die Gestaltung von Umverteilungs- und Finanzausgleichsprozessen im privaten, öffentlichen und internationalen Bereich.

Im Bereich der Kollektivgüterbereitstellung entspricht weder die Kompetenzverteilung noch die Finanzierung den Sollregeln. Die Kompetenzverteilung müßte dem Kongruenz- und damit auch dem Subsidiaritätsprinzip genügen. Dies würde vor allem bedeuten, daß die Kompetenzen zwischen den gebietskörperschaftlichen Ebenen mehr der Theorie des finanzwirtschaftlichen Föderalismus zu folgen hätten, daß die einzelnen Ebenen outputorientiert in Leistungszentren organisiert werden müßten und daß innerhalb der Leistungszentren eine eindeutige Verantwortungsstruktur zu schaffen wäre. Die Finanzierung hätte über Entgelte zu erfolgen, und Unzufriedenheit mit den jeweiligen Preis-Leistungs-Kombinationen müßte mit der Abwahl der Leitung von Leistungszentren beantwortet werden können. Die tatsächliche Organisation ist nicht so weit von diesem Bild entfernt, wie es auf den ersten Blick scheint: Sowohl die Gemeindeorganisation als auch die Ministerialorganisation der staatlichen Ebenen ist bereits weitgehend nach Leistungskategorien gebildet, und die Parlamente sind in Ausschüsse zur Kontrolle dieser Zentren gegliedert. Es gibt jedoch nur eine sehr beschränkte Entgeltfinanzierung, und die Bürger haben keine Möglichkeit, zwischen Kandidaten zu wählen, die für unterschiedliche Preis-Leistungs-Kombinationen bei der Gestaltung von Gruppen zusammengehöriger Kollektivgüter auftreten (TEUTEMANN, 1992, S. 180 ff.). Statt dessen wird der Bürger bei Wahlen mit Vorschlägen zur Gestaltung eines „Gemischtwarenladens“ aus öffentlich bereitgestellten Gütern aller Art, aller Ressorts und aller Ebenen konfrontiert, von Gütern, die in undurchschaubarer Weise über mit Zusatzlasten behaftete Steuern finanziert werden sollen und bei denen Gesetzgebungs- und Verwaltungskompetenzen noch dazu in getrennten Händen liegen. Den Wählerwillen zu ermitteln, ist unter solchen Umständen praktisch unmöglich (keine Zahlungsbereitschaftsinformation), ihn zu verzerren dagegen leicht (Verantwortungsdiffusion).

Der Einsatz von Subventionen und Ordnungssteuern kann im Prinzip zur Internalisierung externer und meritorischer Effekte in Konkurrenz zu Auflagen- und Mengenlösungen gerechtfertigt werden. Subventionen könnten möglicherweise auch bei der Bekämpfung von Strukturkrisen sinnvoll eingesetzt werden. Solange es für den Einsatz dieser Instrumente aber keine Regeln gibt und öffentliche Leistungen welcher Art auch immer nicht regelgebunden (sondern nur „irgendwie") finanziert werden, muß man sich nicht wundern, wenn das Instrumentarium mißbraucht wird, um einflußreichen Interessengruppen besondere Vorteile zuzuschanzen.

Die Möglichkeiten zur Privatisierung, Deregulierung und Entbürokratisierung werden typischerweise nur zufällig oder gar nicht genutzt, weil ihnen Partialinteressen entgegenstehen. Dies läuft darauf hinaus, daß Verträge, wie sie im Bereich der Hoheitsverwaltung durchaus angemessen sind, in viel zu weitem Umfang verwendet werden und daß sich der Staat in Bereichen als Unternehmer betätigt, in denen er mehr Schaden als Nutzen stiftet.

Der Einsatz der Stabilisierungspolitik wird durch das Stabilitäts- und Wachstumsgesetz geregelt. Dieses ist antizyklisch konzipiert und führt zu einer informationellen Überforderung, die Verzerrungsmöglichkeiten eröffnet und ein Handeln nach dem Modell des politischen Konjunkturzyklus provoziert (Beitrag G-2.4.2. und Abschnitt 5.2.). Außerdem begünstigt es ungewollt eine ausufernde Staatsverschuldung.

Auch die Gestaltung von Umverteilungsprozessen und des Finanzausgleichs ist zu wenig bzw. falsch geregelt. Das führt zu einer „Schacherdemokratie", in der Vorschläge aller Art mit Begünstigungsklauseln für Teilgruppen befrachtet und über Koalitionsbildungen durchgesetzt werden, während Langfristprobleme aufgrund des Fehlens einer eigenen Lobby ungelöst bleiben.

5.2. Erklärung von Soll-Ist-Diskrepanzen mit Hilfe der Ökonomischen Theorie der Politik

Der Staat, der demokratische zumal, wurde von den Ökonomen entgegen der oben angeführten Warnung EUCKENS lange Zeit so behandelt, als ob er wie ein wohltätiger Diktator agiere und deshalb gleichsam „automatisch" geeignet sei, an dic Stelle unbefriedigend funktionierender Märkte zu treten. Es ist das Verdienst des Ordoliberalismus, gezeigt zu haben, daß funktionsfähige Märkte keine Selbstverständlichkeit sind, sondern das Ergebnis einer zweckmäßigen Wettbewerbsordnung; und es ist eine Aufgabe der ökonomischen Analyse öffentlicher Entscheidungsprozesse aufzuzeigen, wie der Wettbewerb im politisch-administrativen System verfassungsmäßig vorbereitet werden muß, damit der Staat die ihm zugedachten Aufgaben auch tatsächlich löst.

Ansatz der ÖTP

Der Ansatz, mit dem die Ökonomische Theorie der Politik (auch Neue Politische Ökonomie genannt und im Englischen als public choice bezeichnet) an diese Aufgabe herangeht, unterscheidet sich wesentlich vom „Gemeinschaftskunde-Ansatz" der üblichen Schilderung politischer Prozesse. Er betont nicht die sozialen Aufgaben, die im politischen Kräftefeld (SCHMIDT, 1974/75) von Regierung, Opposition, Verwaltung, Parteien und Verbänden zu erfüllen sind, sondern die Tatsache, daß in diesem Feld ein Wettbewerb um Macht und Ämter ausgetragen wird und „daß die soziale Funktion, so wie die Dinge nun einmal liegen, nur nebenher erfüllt wird – in gleicher Weise wie die Produktion eine Nebenerscheinung beim Erzielen von Profiten ist" (SCHUMPETER, 1950, S. 448). Die Akteure im politischen Kräftefeld sind in dieser Sicht Anbieter, die normalerweise in der gleichen Art um Stimmen kämpfen und mit Stimmen handeln wie Unternehmer auf den Gütermärkten, und nicht etwa Treuhänder des Volkes, die in dessen Auftrag Streitfragen entscheiden. Neben dem Normalfall des Wettbewerbs gibt es unter bestimmten Umständen aber auch eine Kartellbildung von Akteuren im Kräftefeld, und entgegen der Ansicht der Pluralismustheorie, daß es im politischen Feld zu einer Organisation und Artikulation aller wichtigen Interessen und damit auch zu einem informationseffizienten (verzerrungsfreien) Interessengleichgewicht komme, wird solch ein Gleichgewicht in der ÖTP analytisch in Frage gestellt und im Endergebnis verneint. Wie bei der Analyse des Unternehmerverhaltens, bei der man von der Verhaltenshypothese „Gewinnmaximierung unter Nebenbedingungen" ausgeht und hieraus falsifizierbare Prognosen ableitet, wird dabei angenommen, daß die Akteure im politischen Feld Zielfunktionen unter Nebenbedingungen maximieren, und es wird empirisch (meist mit Hilfe von Regressionsmodellen) überprüft, ob sich die ableitbaren Verhaltensprognosen mit den Beobachtungen in der Realität vertragen. Die Ergebnisse sind in der Regel nicht besonders überraschend, sondern mit vielen Stammtisch-Ansichten über Politik und Politiker verträglich; die systematische Prüfung der Hypothesen erlaubt es jedoch, Reformvorschlägen eine solidere Basis zu geben.

Erklärung von Diskrepanzen mit Hilfe der ÖTP

Nach einem auf SCHMIDT (1974/75) zurückgehenden Bild kann man sich die Willensbildung im politisch-administrativen Bereich als Resultat einer gleichsam vektoriellen Addition von Kräften vorstellen. Diese wirken in einem sozialen Kräftefeld, das nicht nur vom Wählerverhalten und der öffentlichen oder veröffentlichten Meinung, sondern auch von den egoistischen Interessen der Regierung, der Verwaltung, der Parteien und der Verbände bestimmt wird, in dem sich aber ebenfalls bemerkbar macht, daß die Akteure neben ihrer Macht- eine Wertorientierung aufweisen und daß es nicht nur Opportunisten, sondern auch Staatsmänner gibt. In den ÖTP-Modellen wird – und das zuweilen überaus extrem – der opportunistische Aspekt betont, was nicht vollkommen falsch ist (sonst könnten sich die Modelle nicht bewähren), was aber einseitig ist und die Chancen für ordnungspolitische Reformen kleiner erscheinen läßt, als sie es in Wirklichkeit sind. Im folgenden kann nicht das ganze Untersuchungsfeld der ÖTP und können insbesondere keine Einzelmodelle besprochen werden (hierzu sei auf BERNHOLZ/BREYER, 1984; FREY, 1991; FRITSCH/WEIN/EWERS, 1993; KIRSCH, 1974; MUELLER, 1989, und F. SCHNEIDER, 1994,2, verwiesen). Statt dessen sollen nur die Grundzüge der ÖTP-Erklärungen des Wähler-, Regierungs-, Verwaltungs-, Parteien- und Verbändeverhaltens erläutert werden. Auf dieser Basis soll gezeigt werden, wie es zu finanzpolitischen Entwicklungen kommt, die als pathologisch bezeichnet werden können, weil sie letztlich gegen das Interesse aller verstoßen.

Wähler

Die Wähler haben aus der Sicht des Staatswesens insgesamt eine soziale Aufgabe: Sie sollen als informierte Kontrolleure darauf hinwirken, daß die Entwicklung im politisch-administrativen System dem Gemeinwohl dient und die eigene Volkswirtschaft im Wettbewerb der Systeme nicht unterliegt. Ob diese soziale Funktion erfüllt wird, beantwortet die ÖTP mit einem Modell des individuellen Wählerverhaltens. Der einzelne Wähler verfolgt das Ziel, derjenigen Wahlalternative zum Sieg zu verhelfen, die seinen persönlichen Interessen am meisten dient. Er berücksichtigt beim Kalkulieren seines Einsatzes die Nutzenunterschiede bei einem unterschiedlichen Wahlausgang, die Wahrscheinlichkeit, mit seiner Stimmabgabe einen fühlbaren Einfluß ausüben zu können, die persönlichen Kosten (Informationskosten, Teilnahmekosten), die intrinsische Befriedigung aus der Erfüllung von Bürgerpflichten und sein Zuschauerinteresse an den – aus seiner Sicht – gladiatorenhaften Kämpfen der Politiker. Als Nebenbedingungen muß er – jedenfalls in Deutschland – hinnehmen, daß er weder die Kandidatenaufstellung der Parteien noch die Tätigkeiten der Verbände und der Bürokratie über den Einsatz seines Aktionsparameters – der Wählerstimme – fühlbar beeinflussen kann und daß die Parteien auf manchen Gebieten (z. B. bei der Besetzung von Posten in der öffentlichen Wirtschaft) nicht konkurrieren, sondern ihm als Kartell gegenübertreten. Darüber hinaus muß auch hingenommen werden, daß es kein Wahlverfahren gibt, welches allen Anforderungen aus einem plausiblen Katalog von Eigenschaften genügt, die man von Wahlsystemen erwartet (Unmöglichkeitstheorem von Arrow, 1951). Wie man mit Hilfe von formaler Logik und Computersimulationen verdeutlichen kann, sind die Ergebnisse von Wahlen deshalb zum einen in einem mehr oder weniger großen Umfang zufallsabhängig. Zum anderen sind sie strategisch manipulierbar. Je nach Wahlsystem hängen sie nämlich auch von der Abstimmungsreihenfolge und damit der Tagesordnung, der Wahlkreiseinteilung, der Zahl der Kandidaten oder bestimmten Sperrklauseln ab.

Das Ergebnis des Maximierungskalküls eines typischen Wählers ist unter den genannten Nebenbedingungen bei Wahlen mit einer großen Zahl von Beteiligten fatal: Obwohl alle Wähler die soziale Funktion bejahen und von ihrer Wichtigkeit überzeugt sind, sieht jeder einzelne die Funktionserfüllung als Kollektivgut an, auf dessen Bereitstellung der eigene Beitrag allenfalls einen marginalen Einfluß hat. Deshalb informiert sich der typische Wähler nur oberflächlich, hat ein kurzes (von Praktikern auf ein bis zwei Jahre geschätztes) Gedächtnis für politische Leistungen, nimmt an Wahlen eher aus Pflichtgefühl teil und hat am politischen Getriebe das eher sportliche Interesse eines (freilich parteiischen und manchmal sogar engagierten) Beobachters von Wettkämpfen. Entsprechend ineffektiv ist die faktische Kontrolle politischer Prozesse und entsprechend groß sind die Verhaltensspielräume für diejenigen, die eigentlich kontrolliert werden sollen. Man mag solch eine Verhaltenshypothese zynisch nennen; gleichwohl verträgt sie sich noch am ehesten mit Überblicken über die (nicht völlig eindeutigen) Ergebnisse von empirischen Untersuchungen zum Wählerverhalten (Mueller, 1989, S. 348–369, insbesondere S. 361).

Regierung

Regierungen haben die soziale Funktion, Allokations-, Distributions- und Stabilisierungsentscheidungen zu fällen, die aus der Sicht der Bürger vor allem deswegen erforderlich werden, weil es Bedürfnisse gibt, die auf der Basis des Privatrechts und damit durch Selbstregulierungsprozesse auf Märkten nicht hinreichend befriedigt werden können. Die Erfüllung dieser sozialen Funktion stellt ein Kollektivgut dar, das der gesamten Bevölkerung nutzt und dessen Rivalitätsgrad zwischen Null und Eins liegt, weil das Regieren als solches einen Faktorverzehr in Form von Transaktionskosten verursacht, dessen Höhe von der Zahl der Bürger abhängt (positive Grenzkosten). Trotz des Kollektivgutcharakters der Regierungstätigkeit als solcher ist das individuelle Interesse der Regierungsmitglieder aber primär auf den Erhalt der eigenen Macht und damit vor allem auf die Wiederwahl der Regierung gerichtet; ist das sichergestellt, spielen zusätzlich weltanschauliche Gesichtspunkte und Klientelbeziehungen eine Rolle. Als Nebenbedingungen sind die Aktivitäten der Opposition, äußere Herausforderungen an die Volkswirtschaft und die Tatsache zu berücksichtigen, daß die Wähler auf die wirtschafts- und vor allem die konjunkturpolitische Lage reagieren. Instrumente sind die Aktionsparameter zur Beeinflussung dieser Lage im Sinne einer Stützung der Wiederwahlwahrscheinlichkeit.

Das Ergebnis des Maximierungskalküls unter diesen Umständen ist eine Politik, die darauf abzielt, Wahljahre (meist über eine expansive Politik) zu Aufschwungjahren zu machen und Wähler in Wahljahren mit Geschenken zu „beglücken“, die populär erscheinen, oft aber nicht dem ernsthaft kalkulierten Gemeinwohl entsprechen (politischer Konjunkturzyklus). International vergleichende Untersuchungen haben diese Verhaltenshypothese weitgehend bestätigt (Soh, 1986).

Verwaltung

Die Verwaltung hat die soziale Aufgabe, als selbstloser Diener von Regierung und Parlament dafür zu sorgen, daß alle entscheidungsrelevanten Informationen unverzerrt bereitgestellt und Entschlüsse verzerrungsfrei umgesetzt werden. Sie bildet in dieser Sicht zusammen mit der Regierung (ihrer Führung) ein Dienstleistungsunternehmen für die Bürger und deren Vertretung, das Parlament. Die individuellen Verwaltungsmitglieder haben jedoch in der Sicht der ÖTP vorrangig ihre persönlichen Karrieren im Auge und sehen die Welt noch dazu in fachlicher Weise verzerrt, d. h. so, daß ihnen die eigene Tätigkeit subjektiv wichtiger erscheint, als dies objektiv der Fall ist. Sowohl diese déformation professionelle als auch die Karriereinteressen drängen auf einen möglichst großen und wenig eingeschränkten („weichen“) Etat. Nebenbedingungen des Handelns sind die Zahlungsbereitschaften vorgesetzter Stellen und letztlich des Parlaments. Instrument zur Durchsetzung der eigenen Interessen sind hohe Informationsvorsprünge: Wenn sich ein Parlamentarier unter erheblichem persönlichen Zeitaufwand sehr gut in die Budgetunterlagen einarbeitet, mag er z. B. herausbekommen, daß die Marine ihre Ausstattung irgendwann einmal u. a. auch damit begründet hat, daß ein Tag Gefechtsbereitschaft in der Qualitätsstufe „Operationsplanfähigkeit" in der S-Boot-Flottille 60.000 DM pro schwimmender Einheit kostet, und daß dieser Wert seither mit Hilfe von Preisindizes fortgeschrieben und zur Begründung von Mittelanforderungen verwendet worden ist. Er kann aber nicht abschätzen, „wie eng" die Anfangskalkulation war, welche Kostenvariationen bei nahezu konstanter Qualität etwa durch Übergang von der System- zur Bedarfswartung, Veränderungen bei Personalvorbildungsanforderungen und Variationen von Ausbildungsprozessen möglich sind und ob die Zusammensetzung der Flotte im Hinblick auf den Auftrag der Seestreitkräfte ein „Muß" ist oder ob sie eher die Vorlieben der Admiralität für verschiedene Typen schwimmender und fliegender Verbände widerspiegelt.

Im Ergebnis kann die Verwaltung (welche auch den „Regiebetrieb Streitkräfte" umfaßt) Wissenslücken als Informationsmonopolist ausnutzen, um die Zahlungsbereitschaft des Parlaments so auszubeuten, daß im Extremfall die gesamte Konsumentenrente abgeschöpft wird. Nach einem sehr bekannten Bürokratie-Modell (Niskanen, 1971) wird auf diese Weise ein Budget realisiert, das doppelt so groß wie das effiziente ist. Dies liegt daran, daß die Verwaltung im Zuge eines eigennützigen Strebens nach Budgetmaximierung nicht die Menge bereitstellt, bei der Grenzkosten und Grenzzahlungsbereitschaft äquivalent sind, sondern diejenige, bei der sich Gesamtkosten und Gesamtnutzen aus der Sicht des Parlaments entsprechen: Will man die Funktionen für die Grenzzahlungsbereitschaft Z' – das Abbild des Grenznutzens – und die Grenzkosten K' der Menge q eines öffentlich bereitgestellten Gutes besonders einfach linear approximieren, kann man von den folgenden Funktionen für Z und K ausgehen: $Z = a\,q - 1/2\,b\,q^2$ und $K = c\,q + 1/2\,d\,q^2$. Diese Funktionen enthalten keine Absolutglieder, weil es keinen Nutzen ohne Güterbereitstellung gibt und weil bei der Abhängigkeit der Kosten von den Mengeneinheiten q langfristig alle Kosten als variabel behandelt werden können. Aus den angegebenen Funktionen folgt für die volkswirtschaftlich optimale Bereitstellungsmenge q_1 über $Z' = K'$, daß $q_1 = (a - c) : (b + d)$. Beutet die Verwaltung die Gesamtzahlungsbereitschaft des Parlaments vollkommen aus, folgt für die realisierbare Maximalmenge q_2 dagegen über $Z = K$, daß $q_2 = 2\,(a - c) : (b + d) = 2\,q_1$. Aber auch wenn man dieses Ausmaß der Verzerrung nicht als ernsthafte Schätzung auffaßt, gestehen Verwaltungsinsider Verzerrungsmöglichkeiten und ihre Ausnutzung zu (Lohmar et al., 1979).

Parteien

Die Parteien haben die soziale Aufgabe, die Willensbildung des Volkes zu unterstützen, die Bildung von Regierung und Opposition zu ermöglichen, Personal zu rekrutieren und auszubilden, wie es im politischen Bereich benötigt wird, und die politischen Ämter zu besetzen. Sie stellen damit ein Grenzkosten erzeugendes (und damit prinzipiell gebührenpflichtiges) Kollektivgut bereit und her, das vor allem ihren Mitgliedern dient, das aber auch positive externe Effekte für die Restbevölkerung hat (Informationsgenerierung/Kontrolle). Die Mitglieder der Parteien sind nach ihren jeweiligen individuellen Interessen in aktive und unterstützende Mitglieder zu unterteilen. Aus der individuellen Sicht der aktiven Parteimitglieder sind die Parteien gleichsam Karriereleitern, die zu einem Amt innerhalb der Dienstleistungsunternehmen „Parteien", „Verwaltung" oder „Regierung" führen; aus der Sicht der unterstützenden Mitglieder sollen sie der Realisierung einer meist eher weltanschaulich geprägten Ordnungsvorstellung dienen. Als Nebenbedingungen müssen die Parteien die Einstellungen der Wähler und deren Beeinflußbarkeit sowie die Tatsache beachten, daß es keine Zwangsmitgliedschaft in Parteien gibt (Schwarzfahrerproblem). Den Zielen der aktiven, in ein Amt strebenden Mitglieder wird am besten gedient, wenn sich die Parteien um Stimmenmaximierung bemühen. Würde nur dieses Interesse zählen und kann man die Wähler nach ihren Präferenzen auf einem einfachen Links-Rechts-Kontinuum anordnen, wäre es in einem Zwei-Parteien- oder Zwei-Lager-System optimal, sich in bezug auf den Instrumenteneinsatz nach dem sogenannten Medianwählermodell zu verhalten. Dieses behauptet, daß die Programme der konkurrierenden Parteien so lange variiert werden, bis sie den (freilich nur oberflächlich durchdachten) Interessen des Medianwählers entsprechen. Da die aktiven Mitglieder aber auf die freiwillige Hilfe der unterstützenden Mitglieder angewiesen sind und sich vor ihnen in Vorauswahlen bewähren müssen, gilt dieses Medianwählermodell nur mit Einschränkungen: An der Parteiideologie muß in einem Umfang festgehalten werden, der groß genug ist, um trotz des Fehlens einer Zwangsfinanzierung dafür zu sorgen, daß die erforderlichen Unterstützungsleistungen erbracht werden, weil sozialer Druck an die Stelle staatlichen Zwangs tritt.

In Mehrparteiensystemen und bei Wahlbürgern mit mehrdimensionalen politischen Orientierungen treten weitere Einschränkungen hinzu. Was als Ergebnis bleibt, ist jedoch, daß Parteiprogramme „pragmatisch" und meist im „Kampf um die Mitte" verändert werden und daß es im Wahlkampf nicht um ein wirkliches Informieren und Überzeugen der Wähler und ein Reagieren auf deren wohlabgewogene Interessen geht, sondern um die Mobilisierung einer gefühlsmäßigen Unterstützung. Dies erklärt, daß sich das Medianwählermodell bei empirischen Untersuchungen weitgehend bewährt (MUELLER, 1989, S. 190–193).

Interessenverbände

Interessenverbände haben die soziale Aufgabe, im politischen Feld Vermittler von Informationen über wirtschaftliche Interessen von Partialgruppen zu sein und die Ausführung von Gesetzen zu erleichtern. Aus der Sicht der einzelnen Interessenvertreter (Lobbyisten) gleichen sie wie die Parteien Dienstleistungsunternehmen, die für ihre Gruppe ein Kollektivgut bereitstellen; anders als die Parteien haben sie aber unter einer sehr wichtigen Nebenbedingung zu leiden: Die Parteien werden – jedenfalls in Deutschland – vom Staat finanziell unterstützt (Abgeltung externer Effekte) und dürfen bei ihren Mitgliedern auch aus weltanschaulichen Gründen auf Unterstützung hoffen (sozialer Druck). Das erleichtert die Finanzierung des von den Parteien bereitgestellten Kollektivguts. Die Verbände stehen jedoch vor einem gravierenden Kollektivgutproblem: Erkämpft ein Interessenverband etwa einen Protektionsvorteil für seine Branche, so gilt dieser Vorteil wegen der Allgemeingültigkeit von Gesetzen für Mitglieder ebenso wie für Nichtmitglieder. Dies führt zu einem laufenden Beitrags- und Beitrittsproblem. Hinzu kommt, daß eine Verbandsgründung als solche mühselig und kostspielig ist und selbst aus der Sicht an sich beitrittswilliger Mitglieder abermals ein Kollektivgut darstellt. Dies führt zu einem Gründungsproblem. Die Kollektivgüterprobleme haben zur Folge, daß Verbände oft von wenigen Großmitgliedern beherrscht werden und Verbände für Großgruppen mit jeweils marginalen individuellen Vorteilen gar nicht gegründet oder von ihren Mitgliedern jedenfalls nicht ernsthaft kontrolliert und aktiviert werden. Im Prinzip können Interessenverbände als Instrumente Geld, Stimmen, soziale Drohungen und Informationen einsetzen. Sie tun das auch. Da es aber unmöglich ist, ständig „Abgeordnete zu kaufen" oder „sozialen Druck zu machen" und da Stimmen nur wenigen großen Verbänden in einem ausreichenden Umfang zur Verfügung stehen und ihr Einsatz für besonders wichtige Gelegenheiten zurückgehalten werden muß, ist das normale Einflußmittel die Bereitstellung von Informationen. Hierbei kann es sich kein Verband leisten zu lügen, weil er dann in Zukunft insbesondere von der Ministerialbürokratie nicht mehr als Berater akzeptiert würde. Verbände informieren deshalb zwar richtig, aber nicht umfassend, sondern selektiv im Sinne ihrer eigenen Klientel, und anderes wird auch nicht erwartet.

Das bedeutet im Ergebnis, daß der Informationswettkampf der Verbände zwar alle Informationen ans Licht bringt, die aus der Sicht existierender Verbände und deren Mitglieder wichtig sind, daß – anders als es die Pluralismustheorie nahelegt – aber all jene Informationen unbeachtet bleiben, die aus der Sicht nicht oder jedenfalls nicht straff organisierbarer Gruppen wichtig wären. Dies sind z. B. Großgruppen wie Konsumenten, Sparer, Rentner oder die Angehörigen späterer Generationen. Die Wirtschaftsgeschichte stützt diese Sicht der Dinge (Olson, 1965 und 1982).

Pathologische Prozesse

Die vorstehend beschriebenen Verhältnisse führen zu pathologischen Prozessen, die zeigen, daß es Fälle gibt, in denen der Staat sein Machtmonopol nicht einsetzt, obwohl es an sich eingesetzt werden müßte, oder – häufiger wohl – in denen er es einsetzt, obwohl er sich besser zurückgehalten hätte.

Als Beispiele für pathologische Prozesse im Allokationsbereich soll auf das Wagnersche Gesetz und auf das Vertagen der Lösung von Langfristproblemen zurückgegriffen werden. In Abschnitt 3.1. wurde dargelegt, daß man den Staatsquotenanstieg (insbesondere den Anstieg der Quote im weiteren Sinn) nicht allein „nachfrageseitig" (aus den Interessen der Bürger) erklären kann, sondern daß es hierzu auch einer „angebotsseitigen" Erklärung bedarf, d. h. eines Rückgriffs auf die Interessenstrukturen im politischen Kräftefeld. Hält man sich diese Interessenstrukturen vor Augen, unterstellt man in einem Gedankenexperiment einmal, daß es im Zeitablauf bei objektiver Betrachtung der Bürgerinteressen gleich häufig Anlässe zu Erhöhungen wie zu Senkungen der Staatsquote gibt, und überlegt man, welche Feldwiderstände solchen Quotenbewegungen entgegenstehen, so kommt man zu folgendem Ergebnis (ähnlich auch Schmidt, 1974/75): Die Verwaltung unterstützt Erhöhungen und bekämpft Senkungen der Quote; die Parteien müssen dem Steuerwiderstand Rechnung tragen, können aber auf Staatsverschuldung ausweichen und die Tatsache ausnutzen, daß ein Einnahmesystem jedenfalls dann „heimliche" Quotenerhöhungen gestattet, wenn die Aufkommenselastizität des Systems (ohne Schulden) größer als Eins ist (was in Deutschland längere Zeit der Fall war) und deshalb keine „auffälligen" Steuerrechtsänderungen erforderlich sind, wenn die Quote erhöht werden soll; die Verbände sind zwar abstrakt in ihrer Mehrzahl gegen eine Quotenerhöhung, sehen die Quotenkonstanz aber als Kollektivgut an und kämpfen vor allem für Ausgabenerhöhungen (z. B. im Subventionsbereich) zu ihren Gunsten und gegen Senkungen zu ihren Lasten. Ähnlich empfindet es auch das Gros der Wähler. Insgesamt sind somit die Feldwiderstände gegen eine Quotenerhöhung gering, gegen eine Quotensenkung stark. Unter den gedanklich unterstellten Umständen wird man deshalb Beobachtungen erwarten, die einem Zufallsprozeß mit asymmetrisch verteilten Übergangswahrscheinlichkeiten entsprechen und zu einem treppenähnlichen Anstieg der Staatsquote führen. Die tatsächliche Entwicklung widerspricht dem nicht.

Auch die Tendenz zur Vertagung wichtiger Langfristprobleme (etwa des Problems der langfristigen Sicherung von Alters- und Krankensicherungssystemen in Deutschland) wird aus der Betrachtung der Feldwiderstände unmittelbar verständlich: Die zukünftigen Erwerbstätigen sind verbandlich nicht organisiert, die übrigen Verbände nicht interessiert; die Regierung und Parteien halten sich mit dem Aufgreifen des Problems zurück, weil es eine Investitionsgutstruktur hat: Kosten (und damit Stimmenverluste) heute, Nutzen später, aber zu einem Zeitpunkt, zu dem die Wähler ihre Dankesschuld bereits vergessen haben. Die Wähler sind zwar oberflächlich informiert, zu einem großen Teil aber nicht mehr betroffen, und die Verwaltung ist nicht eindeutig interessiert. Ergebnis: Problemvertagung.

Während das Nichtaufgreifen von Problemen im eben genannten Beispiel ein ungewolltes Ergebnis parteitaktisch rationalen (aber gesamtwirtschaftlich schädlichen) Verhaltens war, gibt es andere Beispiele, in denen Immobilismus und Verkrustungen aus einer bewußten Kartellbildung resultieren. Als ein Beispiel für Kartelle im politischen Kräftefeld wurde bereits die Ämterpatronage der Parteien bei der einvernehmlichen Besetzung von Stellen in der öffentlichen Wirtschaft genannt (ein Privatisierungshemmnis); es gibt aber weitere Kartellierungsformen. So sind in Bonn parteiübergreifende Kartelle von Sozialpolitikern, Kommunalpolitikern oder – eine „unschlagbare Koalition" – gar von Sozial- und Kommunalpolitikern bekannt (eine solche Koalition hat z. B. die gesamtwirtschaftlich schädliche Finanzierung der Pflegeversicherung zustande gebracht). Bekannt sind auch vertikale und horizontale „Fachbruderschaften" von Vertretern bestimmter Verwaltungszweige der Länder und des Bundes, die ihre Anliegen – vor allem im Rahmen der Gemeinschaftsaufgaben nach den Art. 91a und b GG – dadurch zu schützen wissen, daß sie quasi-diplomatische Abkommen zwischen den Bundesländern untereinander und mit dem Bund schließen und die darin geplanten Vorhaben damit vor einer allgemeinen Kosten-Nutzen-Diskussion im Rahmen der jeweils heimischen Budgetberatungen bewahren. Auch die Tatsache, daß die Kommunalpolitiker sich gegen die Einführung eines Hebesatzrechtes der Gemeinden bei der Einkommensteuer streuben (was nach Art. 106 Abs. 5 GG möglich wäre) und daß die Länderfinanzminister Vorschläge für ein analoges Recht der Länder nicht unterstützen, kann als Ergebnis einer Kollusion gedeutet werden: Kommunal- und Landespolitiker finden es politisch „bequemer", Einnahmen nicht selbst verantworten zu müssen, sondern dem Bund die Rolle eines Steuereintreibers zuzuschieben und sich selbst über Zuweisungen dann Gelegenheit zu verschaffen, als Verteiler von „Wohltaten" aufzutreten, die „irgendwie" (aber für die Bürger nicht nachvollziehbar und scheinbar entgeltfrei) finanziert werden.

Im Distributionsbereich, der in den vorstehenden Beispielen schon mehrfach berührt wurde, ergibt sich ein pathologischer Prozeß, der in der Literatur als Rent-seeking-Prozeß bezeichnet wird und auch allokative Auswirkungen hat: Wenn Wähler relativ schlecht informiert sind und eher gefühlsmäßig reagieren, sind sie nicht in der Lage, von ihnen getragene Sonderlasten zu identifizieren, die zum großen Teil gar nicht ihnen selbst, sondern anderen Partialgruppen zugute kommen. Und selbst wenn den Wählern die Sonderlasten bewußt wären, würde es sich wegen des damit verbundenen Aufwands aus der Sicht jedes einzelnen nicht lohnen, politisch gegen die Sondervorteile der jeweils anderen zu kämpfen. Dieses wissend, streben Interessenvertreter danach, das Umverteilungspotential der Regierung mit Mitteln der Verbandspolitik zu aktivieren, um Sondervergünstigungen für ihre Mitglieder herauszuschlagen und die damit verbundenen Lasten auf möglichst viele Schultern und damit unmerklich zu verteilen. Diese Sondervorteile können in Finanzhilfen, Steuererleichterungen oder aber vom Staat gestützten Monopolpositionen bestehen (Protektionismus). Der Kampf für solche Sondervorteile lohnt sich individuell gesehen, der Kampf dagegen wie gesagt nicht. Da nun aber viele sich so verhalten, schädigt sich im Endeffekt die gesamte Gesellschaft selbst, denn es werden immer wieder politische Entscheidungen getroffen, die für wenige mit großen Vorteilen und für viele mit jeweils geringen Nachteilen verbunden sind und bei denen der Wert des Gesamtnutzens geringer als der Wert des Gesamtschadens ist: Die Allokation verschlechtert sich durch Protektionsmaßnahmen und die damit verbundene Sklerosis, der Lobby-Aufwand ist per saldo zu einem großen Teil Verschwendung, die Verteilungskampfvorteile der einen ermuntern andere zur Nachahmung, und die Staatsverdrossenheit steigt. Weitere pathologische Erscheinungen im Distributionsbereich wurden schon erwähnt: das Fehlen von Regeln für Distributionsprozesse und die Funktionsmängel des nationalen Finanzausgleichs (Abschnitt 4.4.) sowie die protektionistische EU-Politik (Abschnitt 4.5.).

Als Beispiel für einen pathologischen Prozeß im Stabilisierungsbereich wurde bereits der politische Konjunkturzyklus angesprochen (vgl. oben und Beitrag G-2.4.2.): Die Wählerstimmung ist für eine Regierung im frühen Konjunkturaufschwung unter Wiederwahlgesichtspunkten besonders günstig, denn in dieser Phase herrscht allgemeiner Optimismus, die Arbeitslosenquote hat eine sinkende Tendenz, die Inflationsrate steigt noch nicht, und die Wachstums- und damit Einkommensaussichten sind positiv. Deshalb versuchen Regierungen Wahljahre zu Aufschwungsjahren zu machen. Die Regierungsparteien unterstützen dies, die Oppositionsparteien mögen die Regierung durchschauen, können gegen Ausgaben mit Geschenkcharakter vor Wahlen aber kaum opponieren, da die Wähler das nicht honorieren, und die Verbände haben keine ausgeprägten Vorteile davon, eine wiederwahlorientierte (Pseudo-)Stabilitätspolitik zu bekämpfen. Diese kann jedoch mit den Zielen des Stabilitäts- und Wachstumsgesetzes kollidieren, denn sie kann statt zu einer Politik der Dämpfung von Konjunkturzyklen zu einer Politik der zeitlichen Stauchung oder Streckung führen. Natürlich wird keine Regierung zugeben, daß sie so etwas tut; wie bereits erwähnt, sprechen empirische Prüfungen jedoch dafür, daß solche Versuche tatsächlich stattfinden und sogar weit verbreitet sind (u. a. SOH, 1986).

5.3. Vorschläge zur Beseitigung von Soll-Ist-Diskrepanzen

Pathologische Prozesse ergeben sich aus einer fehlorientierten Funktionslogik sozialer Prozesse und damit aus Fehlern in der Finanzverfassung (im weiteren Sinn). Diese können daraus resultieren, daß man an sich bekannte menschliche Verhaltenstendenzen bei der Gestaltung der Finanzverfassung nicht richtig einkalkuliert hat oder daß Unterschiede zwischen individueller und kollektiver Rationalität und damit „soziale Fallen" nach Art des bekannten Gefangenendilemmas (Beitrag M-3.3.1.) erst im Zuge der Willensbildung auf der Basis einer bereits gegebenen Finanzverfassung in Erscheinung getreten sind. Mit zu den wichtigsten Gestaltungsfehlern der deutschen Finanzverfassung gehören die Normalfinanzierung von Kollektivgütern über Steuern und die Eröffnung von Möglichkeiten zu einer nicht durch Regeln begrenzten Umverteilungspolitik. Um diese Kardinalfehler zu ändern, wären wesentliche Änderungen politischer Art erforderlich. Die entsprechende Literatur läßt sich in Deutschland direkt mit dem Ordoliberalismus und der oben (Abschnitt 5.2.) genannten Grundforderung EUCKENS nach einem funktionsfähigen Preissystem verknüpfen; im angelsächsischen Sprachbereich ist dieser Denkansatz eng mit dem Constitutional-economics-Ansatz JAMES M. BUCHANANS (1987) verbunden. Eine Übersicht über beide Ansätze gewinnt man aus MARTIN LESCHKE (1993), der auch eine Gegenüberstellung mit den Vorschlägen AUGUST V. HAYEKS (1980/81) zur Reform von Staatsverfassungen vornimmt; da diese grundsätzlichen Überlegungen aber noch nicht so weit ausdiskutiert sind, daß sie unmittelbar in praktische Politik umgesetzt werden könnten, sollen sie im folgenden nicht weiter behandelt werden.

Die direkt umsetzbaren (und zum Teil auch schon getesteten) Reformvorschläge kann man in solche technikorientierter und solche anreizorientierter Art einteilen.

Technikorientierte Reformvorschläge

Die mehr technikorientierten Ansätze gehen implizit von der These aus, daß es im Bereich der politisch-administrativen Willensbildung und vor allem bei der Budgetgestaltung an sich keine Anreizinkompatibilitäten (d. h. Anreize zu einem nur individuell, nicht aber kollektiv rationalen Verhalten) gäbe, sondern daß den Akteuren lediglich die richtige Entscheidungsunterstützungstechnik fehle. Auf dieser Linie liegen Vorschläge zur Ergänzung des öffentlichen Rechnungswesens (u. a. BREDE/BUSCHOR, 1993) und vor allem zwei Budgetierungssysteme, die in den Vereinigten Staaten auch getestet worden sind: die Programmbudgetierung (PPBS) und die Grenzprogrammbudgetierung (ZBB).

Bei der Programmbudgetierung (PPBS), die von 1961 bis 1965 in den Vereinigten Staaten und dann auch in anderen Ländern ausprobiert wurde, versucht man, mit der kurzfristigen Ausgaben- und Fortschreibungsorientierung der herkömmlichen Budgetierung zu brechen. Die Stoßrichtung kommt gut in den Begriffen zum Ausdruck, welche die amerikanische Bezeichnung „planning, programming, budgeting system" kennzeichnen:

- Planung: Die Staatstätigkeit soll auf längere Sicht und outputorientiert geplant werden. „Outputorientiert" heißt, daß Ziele in operationaler Form als nutzenstiftende Leistungen beschrieben werden (also z. B. Reduzierung der Zahl von Krebstoten um 10 v. H. p. a.), nicht jedoch nur in Form von Ausgabenbeträgen für ein Ziel (x DM für die Krebsbekämpfung).
- Programmierung: Zur Zielrealisierung sollen Alternativprogramme erstellt werden, und es soll auf der Basis von Kosten-Nutzen-Analysen und ergänzenden analytischen Studien entschieden werden, welche Realisationsstrategien ergriffen werden. Diese sollen in einem umfassenden längerfristigen Finanzplan verknüpft werden.
- Budgetierung: Der längerfristige Finanzplan soll in jährliche Exekutivbudgets umgesetzt werden, die zeigen, wann welche Programmbausteine realisiert werden sollen.
- Systematische Zusammenfassung und Kontrolle: Die genannten Schritte sollen systematisch verknüpft und im Lichte gewonnener Erfahrungen laufend verbessert werden.

Die Erfahrungen mit dem PPBS-System waren enttäuschend (Buse, 1974). Es überforderte zunächst die Verwaltung; diese lernte es aber, das System im Sinne eigener Zielsetzungen zu nutzen, und dies wiederum führte – ganz im Gegensatz zur ursprünglichen Intention – zu einer weiteren Emanzipation vom Parlamentswillen, weil die Parlamentarier in dem komplizierten entscheidungstechnischen System gleichsam vor lauter Bäumen den Wald nicht mehr erkennen konnten.

Die Grenzprogrammbudgetierung (ZBB) ist in den Vereinigten Staaten ebenfalls ausprobiert worden (Cowen, 1979). Man versucht hier, outputorientiertes Denken in Grenzgrößen in den Budgetierungsprozeß einzuschleusen und von der routinemäßigen Fortschreibung von Vergangenheitsansätzen wegzukommen. Deshalb werden einzelne Verwaltungsstellen umschichtig radikal in Frage gestellt und gleichsam auf eine „Null-Basis" gebracht (daher die englische Bezeichnung „zero-base-budgeting"): Die jeweils gerade geprüfte Verwaltungsstelle hat outputorientiert (s. o.) und auf der Basis von Kosten-Nutzen-Analysen darzulegen, welchen Nettonutzen sie überhaupt stiftet und was passieren würde, wenn man die Stelle auflöste bzw. ihr Budget in mehreren kleinen Schritten (Grenzprogrammen/decision packages) senkte oder erhöhte. In einer Universität müßte also z. B. dargelegt werden, welche Auswirkungen es hätte, wenn das Institut x geschlossen würde, welche Kurse und Arbeiten entfielen, wenn die Mittel um 10 v. H. gekürzt würden, und was zusätzlich gemacht würde, wenn man sie um 10 v. H. erhöhte. Unterhalb einer bestimmten Schnittlinie (cut-off-line) liegende Programmpakete werden bei dieser Art der Budgetierung generell, darüber liegende dagegen nur in Ausnahmefällen genehmigt. Auch das ZBB-Verfahren war weniger erfolgreich, als man gehofft hatte. Insbesondere hat die Verwaltung es rasch gelernt, die Politiker mit Hilfe von Horrorszenarien für den Fall von Kürzungen oder gar Schließungen zu täuschen und die Programmpakete, an denen sie selbst ein starkes Interesse hat, im sicheren Budgetteil unterzubringen, die für die Politiker besonders interessanten Programmpakete dagegen im Spezialbewilligungsteil. Das legislative Gegenstück zum Zero-base-budgeting ist die sogenannte Sun-set-legislation (Termingesetzgebung), bei der Einrichtungen nur auf Zeit bewilligt werden und sich dann einer Kosten-Nutzen-Evaluierung unterziehen müssen.

Anreizorientierte Reformvorschläge

Die anreizorientierten Verbesserungsvorschläge zielen darauf ab, Willensbildungsverfahren so zu gestalten, daß Anreizinkompatibilitäten vermieden und individuelle und soziale Interessen harmonisiert werden, d. h. daß die Ausnutzung objektiv vorhandener Möglichkeiten zur Effizienzerhöhung dem subjektiven Interesse aller Beteiligten entspricht. Man untersucht pathologische Entwicklungen deshalb zunächst mit ÖTP-Mitteln und fragt, ob die Fehlorientierung der Funktionslogik dadurch beseitigt werden kann, daß man durch Regeländerungen – also ordnungspolitische Maßnahmen – partielle Widerstandsänderungen im politischen Kräftefeld herbeiführt. Die Widerstandsänderung soll regelmäßig über eine freiwillige Selbstbindung der Politiker realisiert werden, z. B. also über die in Abschnitt 2.3.1. vorgeschlagene Änderung der Zuständigkeiten für die Stabilisierungs- und Verschuldungspolitik. Dabei geht man vor allem von der Erfahrung aus, daß das Offenhalten prinzipiell unbeschränkter staatlicher Interventionsmöglichkeiten entweder dazu führt, daß Lobby und tagespolitische Stimmungen Interventionen erzwingen, die letztlich pathologische Entwicklungen bewirken, oder daß Kartellbildungen und andere Formen von Wettbewerbsbeschränkungen und Selbstblockaden notwendige Aktivitäten verhindern. Als Regeländerung wird deshalb zum einen der bewußte Verzicht auf an sich vorhandene Entscheidungsoptionen gefordert (z. B. ein Verzicht der Landespolitiker auf Verschuldungskompetenzen). Dies kann man dadurch erreichen,

- daß Kompetenzen an unabhängige Institutionen abgegeben werden, die mit Hilfe eines definierten Instrumentariums auf ein bestimmtes Ziel festgelegt werden (Beispiel: Abtreten der Geldpolitik an die auf Preisniveaustabilität festgelegte autonome Bundesbank),
- daß Verfahrensregeln und Entscheidungsprinzipien (sogenannte „Ordnungen“) festlegt werden, die verfassungsmäßig vorgegeben und so konstruiert sind, daß pathologische Prozesse weitgehend ausgeschlossen werden können, oder
- daß Eckwerte für Ergebnisse von politischen Prozessen vorgegeben werden (z. B. maximale Staats- oder Verschuldungsquoten), die nicht überschritten werden dürfen.

Zum anderen werden – wie in Abschnitt 2.1.4. dargestellt – Berichts- und Darlegungspflichten sowie Klagerechte gefordert, um einem „Weitermachen wie bisher“ vorzubeugen, das Ausdruck von Handlungsblockaden ist.

Ordnungspolitische Vorschläge werden hier also auf der Basis von ÖTP-Analysen gemacht, um eine Korrektur fehlorientierter Funktionslogiken herbeizuführen. Die Erfahrung zeigt, daß das staatsmännische Element im politischen Kräftefeld (vor allem auch in der Ministerialbürokratie, die entsprechende Vorschläge konkretisieren muß) immerhin so groß ist, daß funktionale Lernprozesse in Form von per Regelvariationen bewirkten Verhaltensänderungen möglich sind. Es ist eine Aufgabe der

Nationalökonomie und speziell der wissenschaftlichen Beratungsgremien sowie der „vierten Gewalt im Staate" (der Medien und hier vor allem ordnungspolitisch orientierter Wirtschaftsjournalisten), entsprechende Vorschläge zu entwickeln und für sie zu werben. In den Vereinigten Staaten hat man auf diese Weise versucht, das Staatsquotenwachstum aufzuhalten (FOLKERS, 1983), dabei allerdings keine größeren Erfolge erzielt. In Deutschland hat man mit der Einführung eines hohen Autonomiegrades für die Bundesbank sehr gute Erfahrungen gemacht und z. B. Vorschläge für eine Kürzungsordnung (SCHWARZNER, 1991), für eine Subventionsordnung (NIEDER-EICHHOLZ, 1995, WERNER 1995), für eine Verschuldungsordnung (FUNKE, 1995), für eine verfassungsmäßige Begrenzung der Staatsausgaben (SCHEMMEL/BORELL, 1992) und zur Öffnung von Märkten vorgelegt (DEREGULIERUNGSKOMMISSION, 1991). Die Kürzungsordnung zielt darauf, Kürzungswiderstände in Verwaltungen zu beseitigen und damit dafür zu sorgen, daß Verwaltungen nicht nur linear wachsen, sondern (zumindest in Teilen) auch schrumpfen können, ohne daß dabei schwerwiegende Konsolidierungsschäden entstehen. Angesichts der Perspektiven der staatlichen Ausgabenpolitik in Deutschland (WISSENSCHAFTLICHER BEIRAT BEIM BMF, 1994) ist solch eine Fähigkeit dringend erforderlich. Die Subventionsordnung will den Mißbrauch von Subventionskompetenzen im Zaume halten; die Verschuldungsordnung stellt einen Versuch zur Eindämmung pathologischer Entwicklungen bei der Staatsverschuldung dar, verfassungsmäßige Grenzen für den Staatshaushalt richten sich gegen das Wachsen der Staatsquote, und die Forderung nach Öffnung von Märkten zielt auf die Beseitigung von Privatisierungs- und Deregulierungshemmnissen (Abschnitt 2.1.4.). In die gleiche Richtung gehen die in Abschnitt 3.2.2. bereits erwähnten Versuche der Kommunen, ihre Organisation outputorientiert und nach Leistungszentren zu gestalten und eigene Verwaltungen dann aufzulösen, wenn Leistungen vom Markt bezogen werden können, die vergleichbar sind und ein besseres Preis-Leistungs-Verhältnis bieten.

Kommentierte Literaturhinweise

(1) In der deutschsprachigen Literatur gibt es ein breites Angebot an guten finanzwissenschaftlichen *Lehrbüchern,* in denen die vorstehend behandelten Fragen zum großen Teil ausführlich diskutiert werden. Weit verbreitet sind: ANDEL (1983), ARNOLD/GESKE (1988), BLANKART (1991), BRÜMMERHOFF (1986), MUSGRAVE/MUSGRAVE/KULLMER (1975 ff.), NOWOTNY (1987), PETERSEN (1988), STIGLITZ/SCHÖNFELDER (1988) sowie ZIMMERMANN/HENKE (1975). Noch nicht vollständig erschienen bzw. nur auf Teilbereiche konzentriert sind ROSEN/WINDISCH (1992) und BOHNET (1989). In den meisten dieser Werke werden vor allem Klub- und Quasikollektivgüter (die in der Realität die größte Rolle spielen) sowie die zugehörigen Finanzierungs- und Organisationsregeln nur knapp behandelt. Deshalb sei ergänzend auf das mehr theorieorientierte Buch von ARNOLD (1992) und die mehr anwendungsorientierten Aufsätze von GROSSEKETTLER (1991, 2) und in R. E. WAGNER (1991) verwiesen.

(2) Will man sich über den *Stand der Finanzwissenschaft zu bestimmten Zeitpunkten* sowie über die *Geschichte der Finanzwissenschaft und Finanzwirtschaft* informieren, empfehlen sich die folgenden Handbücher (H), Sammel- und Übersichtsbände (S) sowie Festschriften (F):
H: drei Auflagen des Handbuchs der Finanzwissenschaft (GERLOFF/MEISEL, 1926 ff.; GERLOFF/NEUMARK, 1952 ff., und NEUMARK, 1977 ff.), das Handbook of Public Economics (AUERBACH/FELDSTEIN, 1985 ff.), das Handwörterbuch der Sozialwissenschaften (VON BECKERATH et al., 1956 ff.) und das Handwörterbuch der Wirtschaftswissenschaft (ALBERS et al., 1977 ff.),
S: RECKTENWALD (1969 und 1970), MUSGRAVE (1969), MUSGRAVE/PEACOCK (1967), WEBBER/WILDAVSKY (1986) sowie
F: HALLER/KULLMER/SHOUP/TIMM (1970), HALLER/RECKTENWALD (1969) und BEA/KITTERER (1990).

(3) *Aktuelle Forschungsgegenstände sowie aktuelle Fragen der Finanzpolitik* werden in den einschlägigen Fachzeitschriften und den Gutachten des SACHVERSTÄNDIGENRATS sowie des WISSENSCHAFTLICHEN BEIRATS BEIM BMF behandelt. Als Spezialzeitschriften seien das FINANZARCHIV, PUBLIC FINANCE/FINANCES PUBLIQUES sowie PUBLIC FINANCE QUARTERLY genannt. Die älteren Gutachten des Beirats beim BMF sind in zwei Sammelbänden veröffentlicht worden: BUNDESMINISTERIUM DER FINANZEN (1974 und 1988).

(4) *Statistisches Material* findet man vor allem in den Finanz-, Subventions- und Beteiligungsberichten des BUNDESMINISTERIUMS DER FINANZEN, im SACHVERSTÄNDIGENRATSgutachten, in den Monats- und Geschäftsberichten der BUNDESBANK, im Statistischen Jahrbuch für die Bundesrepublik Deutschland und im Statistischen Jahrbuch Deutscher Gemeinden sowie in den Fachserien 13 (Sozialleistungen), 14 (Finanzen und Steuern) und 18 (Volkswirtschaftliche Gesamtrechnungen) des STATISTISCHEN BUNDESAMTES.

(5) Zu *Rechtsfragen und Ist-Regelungen* sei in bezug auf das Haushaltsrecht auf HEUER (1993), in bezug auf das Steuerrecht auf TIPKE/LANG (1994), in bezug auf das StabG auf STERN/MÜNCH/HANSMEYER (1972) und in bezug auf Verfassungsfragen auf ISENSEE/KIRCHHOF (1990) sowie STERN (1980) verwiesen. Außerdem gibt es einen bemerkenswerten Vorschlag für ein Steuergesetzbuch für mittel- und osteuropäische Transformationsstaaten von LANG (1993) und sehr gute Übersichten des BUNDESMINISTERIUMS DER FINANZEN (1993, 1; 1993, 2; 1994) über das Steuer-, Finanzausgleichs- und Haushaltssystem.

Literaturverzeichnis

ABB, F. (1984), Der Zusammenhang zwischen Sozialprodukt und Beschäftigungsniveau: Okunsches Gesetz, in: WISU, Wirtschaftsstudium, 13, S. 329–334.

ABBING, P. J. R. (1978), The ethical justification of income inequalities, in: W. KRELLE; A. F. SHORROCKS, Hg. (1978), S. 59–77.

ACKOFF, R. L. (1972), Towards a system of systems concepts, in: J. BEISHON; G. PETERS, Hg. (1972), S. 83–90.

ADEBAHR, H. (1972), Der direkte internationale Preiszusammenhang. Rückblick auf eine deutsche Diskussion, in: Zeitschrift für Wirtschafts- und Sozialwissenschaften, 92, S. 657–674.

ADEBAHR, H.; E. MAENNIG (1987), Außenhandel und Weltwirtschaft, Berlin (Dunkker & Humblot) 1987.

AKHTAR, M. A. (1983), Financial innovations and their implications for monetary policy: An international perspective, Bank for International Settlements Economic Papers, 9, Basel 1983.

ALBERS, W. (1961), Staatsverschuldung und Geld- und Kreditpolitik, in: Finanzarchiv, N. F., 21, S. 25–46.

ALBERS, W. (1964), Das Popitzsche Gesetz der Anziehungskraft des übergeordneten Haushalts, in: F. NEUMARK, Hg. (1964), S. 835–858.

ALBERS, W. (1972), Hg., Besteuerung und Zahlungsbilanz, Berlin (Duncker & Humblot) 1972.

ALBERS, W.; u. a. (1977 ff.), Hg., Handwörterbuch der Wirtschaftswissenschaft, Bde. 1–9, Tübingen (Mohr) 1977 ff.

ALCHIAN, A.; H. DEMSETZ (1973), The property rights paradigm, in: Journal of Economic History, 33, S. 16–27.

ALESINA, A.; N. ROUBINI (1992), Political cycles in OECD economies, in: Review of Economic Studies, 59, S. 663–688.

ALEXANDER, S. S. (1952), Effects of a devaluation on a trade balance, in: International Monetary Fund Staff Papers, 2, S. 263–278.

ALEXANDER, V.; H. E. LOEF (1975), Die Messung sozialer Kosten der Inflation in: P. HARBUSCH; D. WIEK, Hg. (1975), S. 179–193.

ANDEL, N. (1983), Finanzwissenschaft, 3. A., Tübingen (Mohr) 1992.

ANDEL, N. (1993), Die Rentenversicherung im Prozeß der Wiedervereinigung Deutschlands, in: K.-H. HANSMEYER, Hg. (1993,2), S. 63–111.

ANDEL, N. (1995), Normalverschuldung, strukturelles Defizit und konjunktureller Impuls, in: Wirtschaftsdienst, 75, S. 219–224.

ANDO, A.; F. MODIGLIANI (1963), The „life cycle“ hypothesis of saving: Aggregate implications and tests, in: American Economic Review, 53, S. 55–84.

APOLTE, TH.; D. CASSEL (1994), Timing und Sequencing im Transformationsprozeß: Gibt es eine optimale Transformationsstrategie?, in: J. HÖLSCHER; u.a., Hg. (1994), S. 11–36.

ARAD, R. W.; S. HIRSCH (1981), Determination of trade flows and choice of trade partners: reconciling the Heckscher-Ohlin and the Burenstam-Linder models of international trade, in: Weltwirtschaftliches Archiv, 117, S. 276–297.

ARNOLD, V. (1992), Theorie der Kollektivgüter, München (Vahlen) 1992.

ARNOLD, V.; O.-E. GESKE (1988), Hg., Öffentliche Finanzwirtschaft, München (Vahlen) 1988.

ARROW, K.J. (1951), Social choice and individual values, 2. A., New York/London/Sidney (John Wiley & Sons) 1963.

ARROW, K. J. (1962), The economic implications of learning by doing, in: Review of Economic Studies, 29, 155–173.

ARROW, K.J. (1969), The organization of economic activity: issues pertinent to the choice of market versus non-market allocation, in: US Joint Economic Committee, The analysis and evaluation of public expenditure: The PPB, Vol. 1, Washington (US Government Press Office) 1969, S. 59–73.

ARROW, K. J.; S. KARLING; P. SUPPES (1960), Hg., Mathematical methods in the social sciences, Stanford (University) 1960.

ASHBY, W. R. (1956), An introduction to cybernetics, London (Chapman & Hall) 1956.

ASIMAKOPOLUS, A. (1988), Theories of income distributions, Boston (Kluwer) 1988.

ASLUND, A. (1994), Lessons of the first four years of systemic change in Eastern Europe, in: Journal of Comparative Economics, 19, S. 22–38.

ASSENMACHER, W. (1984), Lehrbuch der Konjunkturtheorie, 6. A., München-Wien (Oldenbourg) 1994.

ASSENMACHER, W. (1986), Die Dynamik der Inflations- und Beschäftigungsentwicklung. Eine theoretische und ökonometrische Analyse, in: Kredit und Kapital, 19, S. 540–568.

ATKINSON, A. B. (1971), The distribution of wealth and the individual life-cycle, in: Oxford Economic Papers, 23, S. 239–254.

AUDRETSCH, D. B. (1987), An empirical test of the industry life cycle, in: Weltwirtschaftliches Archiv, 123, S. 297–308.

AUERBACH, A. J.; M. S. FELDSTEIN (1985–87), Hg., Handbook of public economics, 2 Bde., Amsterdam (North-Holland) 1985–1987.

AUKRUST, O. (1977), Inflation in the open economy: A Norwegian model, in: L. B. KRAUSE; W. S. SALANT, Hg. (1977), S. 107–153.

AUSTIN, M.; P. VIDAL-NAQUET (1984), Gesellschaft und Wirtschaft im alten Griechenland, München (Beck) 1984.

BACH, G. L.; A. ANDO (1957), The redistributional effects of inflation, in: Review of Economics and Statistics, 39, S. 33–47.

BACKHAUS, J.; T. EGER; H. G. NUTZINGER (1978), Hg., Partizipation in Betrieb und Gesellschaft, Frankfurt (Campus) 1978.

BACKUS, D.K.; P.J. KEHOE; T.J. KEHOE (1992), In search of scale effects in trade and growth, in: Journal of Economic Theory, 58, S. 377–409.

BACON OF VERULAM, F. (1605), New atlantis. The advancement of learning and new atlantis, London (Oxford University Press) 1969.

BALASSA, B. (1963), An empirical demonstration of comparative cost, in: Review of Economics and Statistics, 45, S. 231–238.

BALASSA, B. (1964), The purchasing-power parity doctrine: A reappraisal, in: Journal of Political Economy, 72, S. 584–596.

BALDWIN, R. E. (1969), The case against infant – industry tariff protection, in: Journal of Political Economy, 77, S. 295–305.

BALTENSPERGER, E. (1992), Monetäre Außenwirtschaftstheorie, in: Zeitschrift für Wirtschafts- und Sozialwissenschaften, 112, S. 505–565.

BALTENSPERGER, E.; P. BÖHM (1982), Stand und Entwicklungstendenzen der Wechselkurstheorie – Ein Überblick, in: Außenwirtschaft, 37, S. 109–157.

BALTENSPERGER, E.; P. BÖHM (1984), Geldmengenpolitik und Inflationskontrolle. Möglichkeiten, Kosten, flankierende Maßnahmen, Diessenhofen (Rüegger) 1984.

BANK FOR INTERNATIONAL SETTLEMENTS (1986), Recent innovations in international banking, Basel 1986.

BANNER, G. (1994), Neue Trends im kommunalen Management, in: Verwaltungsführung/Organisation/Personal, 16, S. 5–12.

BARRO, R. J. (1974), Are government bonds net wealth?, in: Journal of Political Economy, 82, S. 1095–1117.

BARRO, R. J. (1984), Macroeconomics, 2. A., New York (John Wiley) 1987; deutsch: Makroökonomie, 4. A., Regensburg (transfer) 1994.

BARRO, R. J.; H. I. GROSSMAN (1976), Money, employment and inflation, Cambridge (University) 1976.

BARRO, R. J.; V. V. GRILLI (1994), European Macroeconomics, London (McMillan) 1994.

BAUMOL, W. J. (1952,1), The transactions demand for cash: An inventory theoretic approach, in: Quarterly Journal of Economics, 66, S. 545–556.

BAUMOL, W.J. (1952,2), Welfare economics and the theory of the state, London (G. Bell & Sons) 1952.

BAUMOL, W.J. (1967), Macroeconomics of unbalanced growth: the anatomy of urban crisis, in: American Economic Review, 57, S. 415–426.

BAUMOL, W.J.; E.N. WOLFF (1988), Productivity growth, convergence, and welfare: reply, in: American Economic Review, 78, S. 1155–1159.

BEA, F.X.; W. KITTERER (1990), Hg., Finanzwissenschaft im Dienste der Wirtschaftspolitik, Festschrift D. Pohmer, Tübingen (Mohr) 1990.

BECKER, G. S. (1964), Human capital, 2. A., New York (National Bureau of Economic Research) 1975.

BECKERATH, E. VON; et al. (1956–68), Hg., Handwörterbuch der Sozialwissenschaften, 3. A., 12 Bde., Stuttgart (Fischer) 1956–1968.

BEISHON, J.; G. PETERS (1972), Hg., Systems behavior, London (Harper & Row) 1972.

BENDER, D. (1985), Monetäre Transmissions- und Steuerungsprobleme in offenen Volkswirtschaften, in: H. J. THIEME, Hg. (1985), S. 107–158.

BENDER, D. (1988), Weltwirtschaftliche Verflechtung und Internationalisierung der Politik, in: D. CASSEL; B.-T. RAMB; H.J. THIEME, Hg. (1988), S. 285–312.

BENDER, D. (1994), Neuere Entwicklungen der Theorie internationaler Handelsbeziehungen. Anstöße zur Neuorientierung der Handelspolitik?, in: Jahrbuch für Sozialwissenschaft, 45, S. 1-49.

BENTELE, K. (1979), Kartellbildung in der Allgemeinen Forschungsförderung, Meisenheim am Glan (Hain) 1979.

BERNHOLZ, P.; F. BREYER (1984), Grundlagen der Politischen Ökonomie; 1. A.: P. BERNHOLZ, Grundlagen der politischen Ökonomie, Tübingen (Mohr) 1972–1979; Bd. 1: Theorie der Wirtschaftssysteme, 3. A., Tübingen (Mohr) 1993; Bd. 2, Ökonomische Theorie der Politik, 3. A., Tübingen (Mohr) 1994.

BHAGWATI, J. (1958), Immiserizing growth: A geometrical note, in: Review of Economic Studies, 25, S. 201–205.

BHAGWATI, J. (1969, 1), Trade, tariffs and growth, London (Weidenfels) 1969.

BHAGWATI, J. (1969, 2), Hg., International trade, 2. A., Harmondsworth (Penguin) 1970.

BHANDARI, J. S.; B. H. PUTNAM (1983), Hg., Economic interdependence and flexible exchange rates, Cambridge, Massachusetts (MIT-Press) 1983.

BIEHL, D. (1993), Die Rolle der EG-Regionalfonds bei der Regionalpolitik und ihre Finanzierung in den neuen Bundesländern, in: K.-H. HANSMEYER, Hg. (1993,1), S. 11–38.

BILSON, J. F. (1978), The monetary approach to the exchange rate: Some empirical evidence, in: International Monetary Fund Staff Papers, 25, S. 46–75.

BLADES, D. (1982), The hidden economy and national accounts, in: OECD, Hg., Occacional Studies, Paris 1982, S. 28–45.

BLAICH, F.; u. a. (1971), Hg., Wirtschaftssysteme zwischen Zwangsläufigkeit und Entscheidung, Stuttgart (Fischer) 1971.

BLANCHARD, O. J.; ST. FISCHER (1989), Lectures on Macroeconomics, Cambridge (MIT Press) 1989.

BLANKART, C. B. (1991), Öffentliche Finanzen in der Demokratie. Eine Einführung in die Finanzwissenschaft, 2. A., München (Vahlen) 1994.

BLINDER, A. S. (1973), A model of inherited wealth, in: Quarterly Journal of Economics, 87, S. 608–626.

BLÜMLE, G. (1975), Theorie der Einkommensverteilung, Berlin (Springer) 1975.

BÖCKER, F. (1982), Hg., Preistheorie und Preisverhalten, München (Vahlen) 1982.

BÖHM-BAWERK, E. VON (1884–1889), Kapital und Kapitalzins, 2 Bde., unveränderter Nachdruck der 4. A., Meisenheim (Anton Hein) 1961, S. 318–362.

BOHNET, A. (1989), Finanzwissenschaft – Staatliche Verteilungspolitik, München/Wien (Oldenbourg) 1989.

BOMBACH, G. (1960), Kreislauftheorie und Volkswirtschaftliche Gesamtrechnung, in: Jahrbuch für Sozialwissenschaft, 11, S. 217–242 und S. 331–350.

BOMBACH, G. (1973), Inflation als wirtschafts- und gesellschaftpolitisches Problem, Basel (Helbing & Lichtenhahn) 1973.

BONUS, H. (1978), Ordnungspolitische Aspekte öffentlicher Güter, in: E. HELMSTÄDTER, Hg. (1978), S. 49–82.

BONUS, H. (1987), Illegitime Transaktionen, Abhängigkeiten und institutioneller Schutz, in: Hamburger Jahrbuch für Wirtschafts- und Gesellschaftspolitik, 32, S. 87–107.

BONUS, H. (1994), Genossenschaftliches Selbstverständnis in Gefahr?, in: VDL-Journal, 44, Nr. 10/94, S. 8–10.

BORCHERT, M. (1977), Außenwirtschaftslehre, 4. A., Wiesbaden (Gabler) 1992.

BORCHERT, M. (1979), Bestimmungsgründe flexibler Wechselkurse, in: WiSt, Wirtschaftswissenschaftliches Studium, 8, S. 297–303.

BORCHERT, M. (1982), Geld und Kredit, 3. A., Stuttgart (Kohlhammer) 1994.

BORN, K. E. (1981), Geldtheorie und Geldpolitik II: Geldgeschichte, in: W. ALBERS; u.a., (1977 ff.), Hg., Bd. 3, S. 360–374.

BORNSTEIN, M.; D. R. FUSFELD (1970), Hg., The soviet economy. A book of readings, 3. A., Homewood, Ill. (Irwin) 1970.

BOWEN, H.R. (1948), Toward social economy, New York (Rinehart) 1948.

BOWLEY, A. L. (1920), The change in the distribution of national income 1880–1913, Oxford 1920.

BOYCE, W. E.; R. C. DIPRIMA (1977), Elementary differential equations and boundary value problems, 3. A., New York (Wiley) 1977.

BRANDER, J. A.; B.J. SPENCER (1985), Export subsidies and international market share rivalry, in: Journal of International Economics, 18, S. 83–100.

BRANDSTÄTTER, H.; W. GÜTH (1994), Hg., Essays on economic psychology, Berlin/Heidelberg (Springer) 1994.

BRANSON, W. H. (1972), Macroeconomic theory and policy, 3.A., New York (Harper & Row) 1989; deutsch: Makroökonomik. Theorie und Politik, 3. A., München (Oldenbourg) 1992.

BRANSON, W. H. (1977), Asset markets and relative prices in exchange rate determination, in: Sozialwissenschaftliche Annalen 1, S. 69–89.

BRANSON, W. H.; J. P. LOVE (1987), The real exchange rate and employment in US manufacturing, Cambridge/Mass. (National Bureau of Economic Research) 1987.

BRECHT, A. (1932), Internationaler Vergleich der öffentlichen Ausgaben, Leipzig/Berlin (Teubner) 1932.

Brede, H.; E. Buschor (1993), Hg., Das neue öffentliche Rechnungswesen, Baden-Baden (Nomos) 1993.

Brems, H. (1980), Inflation, interest and growth: A synthesis, Lexington, Mass. (Heath) 1980, deutsch: Dynamische Makrotheorie. Inflation, Zins und Wachstum, Tübingen (Mohr) 1980.

Bress, L. (1972), Die sozialistische Kritik an der Konzeption der Marktwirtschaft, in: D. Cassel; G. Gutmann; H. J. Thieme, Hg. (1972), S. 46–64.

Bress, L.; u. a. (1972), Hg., Wirtschaftssysteme des Sozialismus im Experiment. Plan oder Markt, Frankfurt (Athenäum) 1972.

Brink, C. Ten (1995), Die Begründung der Marktwirtschaft in der Römischen Republik, Bern u. a. O. (Lang) 1995.

Bronfenbrenner, M. (1971), Income distribution theory, 4. A., New York (Aldine) 1979.

Bronfenbrenner, M. (1977), Ten issues in distribution theory, in: S. Weintraub (1977), S. 396–419.

Brümmerhoff, D. (1986), Finanzwissenschaft, 6. A., München/Wien (Oldenbourg) 1992.

Brümmerhoff, D. (1989), Volkswirtschaftliche Gesamtrechnungen, 4. A., München (Oldenbourg) 1992.

Brümmerhoff,D.; H. Lützel (1994), Hg., Lexikon der Volkswirtschaftlichen Gesamtrechnungen, München (Oldenbourg) 1994.

Brunner, K. (1970), Eine Neuformulierung der Quantitätstheorie des Geldes. Die Theorie der relativen Preise des Geldes, des Outputs und der Beschäftigung, in: Kredit und Kapital, 3, S. 1-30.

Brunner, K. (1971), A survey of selected issues in monetary theory, in: Schweizerische Zeitschrift für Volkswirtschaft und Statistik, 107, S. 1-146.

Brunner, K., (1972), Hg., Beihefte zu Kredit und Kapital, Heft 1, Proceedings of the First Konstanzer Seminar on Monetary Theory and Monetary Policy, Berlin (Dunker & Humblot) 1972.

Brunner, K. (1973), A diagrammatic exposition of the money supply process, in: Schweizerische Zeitschrift für Volkswirtschaft und Statistik, 109, S. 481–533.

Brunner, K. (1974), Zwei alternative Theorien des Geldangebotsprozesses: Geldmarkt- versus Kreditmarkttheorie, in: K. Brunner; H. G. Monissen; M. J. M. Neumann, Hg. (1974), S. 114–148.

Brunner, K.; A. H. Meltzer (1967), The meaning of monetary indicators, in: G. Horwich, Hg. (1967), S. 187–217.

Brunner, K.; A. H. Meltzer, (1971, 1), The uses of money: Money in the theory of an exchange economy, in: American Economic Review, 61, S. 784–805, deutsch: Die Verwendung von Geld: Geld in der Theorie einer Tauschwirtschaft, in: K. Brunner; H. G. Monissen; M. J. M. Neumann, Hg. (1974), S. 50–73.

Brunner, K.; A. H. Meltzer (1971, 2), Money, debt and economic activity, in: Journal of Political Economy, 80, S. 951–977.

Brunner, K.; A. H. Meltzer (1972), A monetarist framework for aggregative analysis, in: K. Brunner, Hg. (1972), S. 31–88; deutsch: Ein monetaristischer Rahmen für die aggregative Analyse, in: K. Brunner; H. G. Monissen; M. J. M. Neumann, Hg. (1974), S. 235–266.

Brunner, K.; A. H. Meltzer (1976), An aggregative theory for a closed economy, in: J. L. Stein, Hg. (1976), S. 69–103.

Brunner, K.; A. H. Meltzer (1981), Hg., The costs and consequences of inflation, Amsterdam (North-Holland) 1981.

Brunner, K.; H. G. Monissen; M. J. M. Neumann (1974), Hg., Geldtheorie, Köln (Kiepenheuer & Witsch) 1974.

BUCHANAN, J.M. (1967), Public finance in democratic process. Fiscal institutions and individual choice, Chapel Hill (University of North Carolina Press) 1967.

BUCHANAN, J.M. (1987), Constitutional economics, in: J. EATWELL; M. MILGATE; P. NEWMAN, Hg. (1987), S. 585–588.

BUCK, H. (1969), Technik der Wirtschaftslenkung in kommunistischen Staaten, Bd. II, Coburg (Neue Presse) 1969.

BÜNNING, TH. (1988), Der Sozialhaushalt, in: V. ARNOLD; O.-E. GESKE, Hg. (1988), S. 215–258.

BUNDESMINISTERIUM DER FINANZEN, (1974), Hg., Der Wissenschaftliche Beirat beim Bundesministerium der Finanzen. Entschließungen, Stellungnahmen und Gutachten 1949 bis 1973, Tübingen (Mohr) 1974.

BUNDESMINISTERIUM DER FINANZEN (1979 ff.), Hg., Finanzbericht, lfd. Jge., Bonn (Heger).

BUNDESMINISTERIUM DER FINANZEN, (1988), Hg., Der Wissenschaftliche Beirat beim Bundesministerium der Finanzen. Gutachten und Stellungnahmen 1974 bis 1987, Tübingen (Mohr) 1988.

BUNDESMINISTERIUM DER FINANZEN, (1993, 1), Hg., Unsere Steuern von A–Z, 15. A., Bonn (Eigenverlag) 1993.

BUNDESMINISTERIUM DER FINANZEN, (1993, 2), Hg., Die neue Finanzverteilung, Bonn (Eigenverlag) 1993.

BUNDESMINISTERIUM DER FINANZEN, (1994), Hg., Das Haushaltssystem der Bundesrepublik Deutschland, Bonn (Eigenverlag) 1994.

BUNDESRECHNUNGSHOF (1993), Unterrichtung durch den Bundesrechnungshof. Bemerkungen des Bundesrechnungshofs 1993 zur Haushalts- und Wirtschaftsführung (einschließlich der Feststellungen zur Jahresrechnung des Bundes 1991), veröffentlicht als Bundestags-Drucksache 12/5650, Bonn 1993.

BURDA, M.; CH. WYPLOSZ (1993), Macroeconomics – A European Text, Oxford (University Press) 1993; deutsch: Makroökonomik. Eine Europäische Perspektive, München (Vahlen) 1994.

BURMEISTER, E.; A. R. DOBELL (1970), Mathematical theories of economic growth, 2. A., London (Macmillan) 1971.

BUSE, M.J. (1974), Integrierte Systeme staatlicher Planung. Theoretische Grundlagen und praktische Erfahrungen im internationalen Vergleich, Baden-Baden (Nomos) 1974.

CAESAR, R. (1987), Internationaler Zinszusammenhang und deutsche Zinspolitik im Europäischen Währungssystem, in: Konjunkturpolitik, 33, S. 47–70.

CAESAR, R. (1992), Kreditoperationen im Finanzierungssystem der EG, in: K.-H. HANSMEYER, Hg. (1992), S. 115–182.

CAGAN, PH. (1956), The monetary dynamics of hyperinflation, in: M. FRIEDMAN, Hg. (1956, 1), S. 25–117.

CAGAN, PH. (1979), Persistent inflation. Historical and policy essays, New York (Columbia University) 1979.

CALVO, G. A.; J. A. FRENKEL (1991), From centrally planned to market economy: The road from CPE to PCPE, in: IMF Staff Papers, 38, S. 26–299.

CAMPANELLA, T. (1602), Civitas solis. Der Sonnenstaat: Idee eines philosophischen Gemeinwesens, Berlin (Akademie-Verlag) 1955.

CASPERS, R. (1978), Grundlagen der Preiserwartungstheorie, in: WiSt, Wirtschaftswissenschaftliches Studium, 7, S. 510–517; wieder abgedruckt in: F. BÖCKER, Hg. (1982), S. 27–46.

CASPERS, R. (1987), Das Gesetz der Inflation. Eine Studie zur Inflations- und Wachstumsdynamik, Hamburg (Steuer- und Wirtschaftsverlag) 1987.

CASSEL, D. (1978), Einige Inkonsistenzen der Inflationsanalyse, in: WISU, Wirtschaftsstudium, 7, S. 538–544.

CASSEL, D. (1982), Schattenwirtschaft – eine Wachstumsbranche?, in: List Forum, 11, S. 343–363.

CASSEL, D. (1984, 1), Hg., Wirtschaftspolitik im Systemvergleich, München (Vahlen) 1984.

CASSEL, D. (1984, 2), Stabilitätspolitik und Schattenwirtschaft, in: W. SCHÄFER, Hg. (1984), S. 159–183.

CASSEL, D. (1985), Inflation und Inflationswirkungen in sozialistischen Planwirtschaften, in: H. J. THIEME, Hg. (1985), S. 255–286.

CASSEL, D. (1990), Hg., Wirtschaftssysteme im Umbruch, München (Vahlen) 1990.

CASSEL, D. (1995), Geldmengen-, Konjunktur- und Inflationszyklen in Deutschland, in: J. SIEBKE; H.J. THIEME, Hg. (1995).

CASSEL, D.; u. a. (1989), Hg., Inflation und Schattenwirtschaft im Sozialismus, Hamburg (Steuer- und Wirtschaftsverlag) 1989.

CASSEL, D.; G. GUTMANN; H. J. THIEME (1972), Hg., 25 Jahre Marktwirtschaft in der Bundesrepublik Deutschland, Stuttgart (Fischer) 1972.

CASSEL, D.; B. T. RAMB; H.J. THIEME (1988), Hg., Ordnungspolitik, München (Vahlen) 1988.

CASSEL, D.; H. J. THIEME (1974), Makroökonomische Stabilisierungsprobleme in der sozialistischen Marktwirtschaft Jugoslawiens, in: H. HAMEL, Hg. (1974), S. 135–178.

CASSEL, D.; H. J. THIEME (1976, 1), Hg., Einkommensverteilung im Systemvergleich, Stuttgart (Fischer) 1976.

CASSEL, D.; H. J. THIEME (1976, 2), Verteilungswirkungen von Preis- und Kassenhaltungsinflation, in: D. CASSEL; H. J. THIEME, Hg. (1976, 1), S. 101–121.

CASSEL, D.; H. J. THIEME (1977), Einkommenspolitik. Kritische Analyse eines umstrittenen stabilitätspolitischen Konzepts, Köln (Kiepenheuer & Witsch) 1977.

CASSEL, D.; P.J.J. WELFENS (1994), Die Soziale Marktwirtschaft als Ordnungsmodell für Transformationsländer in Mittel- und Osteuropa?, in: W. KLEIN; S. PARASKEWOPOULOS; H. WINTER, Hg. (1994), S. 269–288.

CASSEL, G. (1918), Theoretische Sozialökonomie, Leipzig (Scholl) 1918.

CAVES, R. E.; J. A. FRANKEL; R. W. JONES (1990), World trade and payments; 1. A.: R. E. CAVES; R. W. JONES, World trade and payments, 1973; 5. A., o. O. (Harper Collins) 1990.

CEZANNE, W. (1992), Das Konzept der Preislücke – Zur theoretischen Konzeption der Geldpolitik der Deutschen Bundesbank, in: WISU, Wirtschaftsstudium, 21, S. 890–895.

CHENERY, H. B. (1952), Overcapacity and the acceleration principle, in: Econometrica, 20, S. 1-28.

CHISWICK, B. R. (1974), Income inequality: Regional analysis within a human capital framework, New York (National Bureau of Economic Research) 1974.

CHOI, J. J. (1985), International trade and transmission of inflation, London (University Press of America) 1985.

CHRIST, C. F. (1968), A simple macroeconomic model with a government budget restraint, in: Journal of Political Economy, 76, S. 53–67.

CLAASSEN, E.-M. (1974), Die Definitionskriterien der Geldmenge: M_1, M_2, . . . oder M_x?, in: Kredit und Kapital, 7, S. 273–291.

CLAASSEN, E.-M. (1975), Der monetäre Ansatz der Zahlungsbilanztheorie, in: Weltwirtschaftliches Archiv, 111, S. 1-23.

CLAASSEN, E.-M. (1977, 1), Weltinflation bei flexiblen Wechselkursen, in: E.-M. CLAASSEN (1977, 2), S. 145–174.

CLAASSEN, E.-M.(1977, 2) Hg., Kompendium der Währungstheorie, München (Vahlen) 1977.

CLAASSEN, E.-M. (1978), Weltinflation, München (Vahlen) 1978.

CLAASSEN, E.-M. (1980), Grundlagen der makroökonomischen Theorie, München (Vahlen) 1980.

CLAASSEN, E.-M.; P. SALIN (1976), Hg., Recent issues in international monetary economics, Amsterdam (North-Holland) 1976.

CLARK, C. (1960), The conditions of economic progress, London (Macmillan) 1960.

CLARK, C. (1984), Is there a long cycle?, in: Banca Nazionale del Lavoro Quarterly Review, 150, S. 307–320.

CLARK, J. B. (1899), The distribution of wealth, New York 1908.

CLOWER, R. (1963), Die keynesianische Gegenrevolution: eine Kritik, in: Schweizerische Zeitschrift für Volkswirtschaft und Statistik, 99, S. 8-31.

CODDINGTON, E. A.; N. LEVINSON (1955), Theory of ordinary differential equations, New York (McGraw-Hill) 1955.

COMMISSION ON MONEY AND CREDIT (1963), Hg., Fiscal and debt management policies, Englewood Cliffs (Prentice Hall) 1963.

CORDEN, W. M. (1966), The structure of a tariff system and the effective protective rate, in: Journal of Political Economy, 74, S. 221–237, deutsch: Die Struktur eines Zollsystems und der effektiven Protektionsrate, in: H. G. LUCKENBACH, Hg. (1979), S. 43–71.

CORDEN, W. M. (1971), The theory of protection, Oxford (Clarendon) 1971.

CORDEN, W. M. (1972), Economies of scale and customs unions theory, in: Journal of Political Economy, 80, S. 465–475, deutsch: Steigende Skalenerträge und Zollunionstheorie, in: H. LUCKENBACH, Hg. (1979), S. 194–206.

COWEN, S.S. (1979), Zero-base-budgeting: where and how it has worked, in: Business, 29, S. 44–52.

CROUCH, R. L. (1972), Macroeconomics, New York (Harcourt, Brace) 1972.

CUKIERMAN, A. (1984), Inflation, stagflation, relative prices, and imperfect information, Cambridge (University Press) 1984.

CULBERTSON, W. P.; R. C. AMACHER (1978), Inflation in the planned economies: Some estimates for Eastern Europe, in: Southern Economic Journal, 45, S. 380–393.

CURWEN, P. J. (1976), Inflation, London (Macmillan) 1976.

DALTON, H. (1920), Some Aspects of the inequality of incomes in modern communities, London (Macmillan) 1920.

DAMUS, R. (1973), Entscheidungsstrukturen und Funktionsprobleme in der DDR-Wirtschaft, Frankfurt (Suhrkamp) 1973.

DARBY, M. R. (1976, 1), Macroeconomics. The theory of income, employment, and the price level, New York (McGraw-Hill) 1976.

DARBY, M. R. (1976, 2), Rational expectations under conditions of costly information, in: Journal of Finance, 31, S. 889–895.

DARBY, M.; J. LOTHIAN (1983), Hg., The international transmission of inflation, Chicago (University Press) 1983.

DASGUPTA, P. S.; G. M. HEAL (1979), Economic theory and exhaustible resources, Welwyn (Cambridge University Press) 1979.

DEARDORFF, A. V. (1979), Weak links in the chain of comparative advantage, in: Journal of International Economics, 9, S. 197–209.

DE GRAUWE, P. (1989), International money. Post-war trends and theories, Oxford (Clarendon Press) 1989.

DE GRAUWE, P. (1992), The economics of monetary integration, 2. A., Oxford (Oxford University Press) 1994.

de Grauwe, P.; L. Papademos (1991), Hg., The European Monetary System in the 1990s, London (Longman) 1991.

Delhaes, K. von; U. Fehl (1991), Der Transformationsprozeß in der Zeit: Konsequenzen von Dauer und Reihung systemverändernder Maßnahmen, in: K.-H. Hartwig; H.J. Thieme, Hg. (1991), S. 435–463.

Deregulierungskommission (1991), Marktöffnung und Wettbewerb, Stuttgart (Poeschel) 1991.

Derix, H. H. (1985), Säkulare Inflation, kompetitive Geldordnung und „unbeschränkte Demokratie". Zu Bedeutung und Problematik der politischen Theorie der Inflation F. A. von Hayeks, Stuttgart (Fischer) 1985.

Deutsche Bundesbank (1973), Das Produktionspotential in der Bundesrepublik Deutschland, in: Monatsberichte der Deutschen Bundesbank, 10, Oktober, S. 28–34.

Deutsche Bundesbank (1981), Neuberechnung des Produktionspotentials für die Bundesrepublik Deutschland, in: Monatsberichte der Deutschen Bundesbank, 10, Oktober, S. 32–38.

Deutsche Bundesbank (1982), Die Deutsche Bundesbank. Geldpolitische Aufgaben und Instrumente, Sonderdruck Nr. 7, 5. A., Frankfurt a. M. 1989.

Deutsche Bundesbank (1983), Zahlenübersichten und methodische Erläuterungen zur gesamtwirtschaftlichen Finanzierungsrechnung der Deutschen Bundesbank, 1960 bis 1989, 6. A., Frankfurt a. M. (Deutsche Bundesbank) 1990.

Deutsche Bundesbank (1991), Ergebnisse der gesamtwirtschaftlichen Finanzierungsrechnung der Deutschen Bundesbank 1981 bis 1990, Sonderdrucke Nr. 4, Ergänzungslieferung, Frankfurt a. M. (Deutsche Bundesbank) 1991.

Deutsche Bundesbank (1992,1), Statistische Beihefte zu den Monatsberichten der Deutschen Bundesbank, Reihe 4 Saisonbereinigte Wirtschaftszahlen, Januar 1992.

Deutsche Bundesbank (1992,2), Zum Zusammenhang zwischen Geldmengen- und Preisentwicklung in der Bundesrepublik Deutschland, in: Monatsberichte der Deutschen Bundesbank, 44, S. 20–29.

Deutsches Institut für Wirtschaftsforschung (1982), Zur Neuberechnung des Produktionspotentials im Bergbau und verarbeitenden Gewerbe, in: Vierteljahreshefte zur Wirtschaftsforschung, Heft 2, 1982, S. 194–219.

Deutsches Institut für Wirtschaftsforschung, Vierteljahreshefte zur Wirtschaftsforschung, Berlin (Duncker & Humblot) lfde. Jge.

Dickertmann, D.; V. Piel (1995), Informationsbedarf auf dem Spendenmarkt, in: Wirtschaftsdienst, 75 (1995), S. 49–56.

Dickertmann, D.; A. Siedenberg (1973), Instrumentarium der Geldpolitik, 4. A., Düsseldorf (Werner) 1984.

Dieckheuer, G. (1990), Internationale Wirtschaftsbeziehungen, 3. A., München (Oldenbourg) 1995.

Dieckheuer, G. (1995), Hg., Beiträge zur angewandten Mikroökonomie, Berlin u.a.O. (Springer) 1995.

Dinopoulos, E.; M. E. Kreinin (1989), Import quotas and VERs. A comparative analysis in a three-country framework, in: Journal of International Economics, 26, S. 169–178.

Dixit, A. K.; V. Norman (1980), The theory of international trade, Cambridge (University) 1980, deutsch: Außenhandelstheorie, München (Oldenbourg) 1982.

Domar, E. D. (1946), Capital expansion, rate of growth, and employment, in: Econometrica, 14, S. 137–147, wieder abgedruckt in: J. E. Stiglitz; H. Uzawa, Hg. (1969), S. 34–44: deutsch: Kapitalexpansion, Wachstumsrate und Beschäftigung, in: H. König, Hg. (1968), S. 55–66.

DOMINGUEZ, K. M.; J. A. FRANKEL (1993), Does foreign exchange intervention work?, Washington, D.C. (Institute for International Economics) 1993.

DORFMAN, R.; P. SAMUELSON; R. SOLOW (1958), Linear programming and economic analysis, New York (McGraw-Hill) 1958.

DORNBUSCH, R. (1976), Expectations and exchange rate dynamics, in: Journal of Political Economy, 84, S. 1161–1176.

DORNBUSCH, R. (1980, 1), Open Economy Macroeconomics, New York (Basic Books) 1980.

DORNBUSCH, R. (1980, 2), Exchange rate economics: Where do we stand? in: Brookings Papers on Economic Activity, S. 143–185.

DORNBUSCH, R. (1982), Equilibrium and disequilibrium exchange rates, in: Zeitschrift für Wirtschafts- und Sozialwissenschaften, 102, S. 573–599.

DORNBUSCH, R.; S. FISCHER (1978), Macroeconomics, 6. A., New York (McGraw-Hill) 1994; deutsch: Makroökonomik, 5. A., München (Oldenbourg) 1992.

DORNBUSCH, R.; S. FISCHER (1980), Exchange rates and the current account, in: American Economic Review, 70, S. 960–971.

DORNBUSCH, R.; S. FISCHER; P. A. SAMUELSON (1977), Comparative advantage, trade and payments in a Ricardian model with a continuum of goods, in: American Economic Review, 67, S. 823–839.

DORNBUSCH, R.; J. A. FRENKEL (1973), Inflation and growth: Alternative approaches, in: Journal of Money, Credit and Banking, 5, S. 141–156.

DROEGE, W.; K. BACKHAUS; R. WEIBER (1993), Strategien für Investitionsgütermärkte. Antworten auf neue Herausforderungen, Landsberg/Lech (moderne industrie) 1993.

DUESENBERRY, J. S. (1949), Income, saving and the theory of consumer behavior, Cambridge (Harvard University) 1949.

DUESENBERRY, J. S. (1950), The mechanics of inflation, in: Review of Economics and Statistics, 32, S. 144–149.

DUESENBERRY, J. S.; G. FROMM; L. R. KLEIN; E. KUH (1965), Hg., The Brookings quarterly econometric model of the United States economy, Chicago (Rand McNally) 1965.

DÜRR, E. (1969), Hg., Geld- und Bankpolitik, 2. A., Köln (Kiepenheuer & Witsch) 1971.

DUWENDAG, D.; u. a. (1974), Geldtheorie und Geldpolitik, 4. A., Köln (Bund) 1993.

DUWENDAG, D.; J. SIEBKE (1993), Hg., Europa vor dem Eintritt in die Wirtschafts- und Währungsunion, Berlin (Duncker & Humblot) 1993.

EATWELL, J.; M. MILGATE; P. NEWMAN (1987), Hg., The New Palgrave, Vol. 1, London u. a. O. (Macmillan) 1987.

EBEL, F. (1993), Rechtsgeschichte. Bd. II: Neuzeit, Heidelberg (Müller) 1993.

ECKSTEIN, A. (1971), Hg., Comparison of economic systems: Theoretical and methodological approaches, Berkeley (California University) 1971.

ECKSTEIN, O. (1981), Core inflation, Englewood Cliffs (Prentice-Hall) 1981.

EGER, T. (1978), Gesellschaftseigentum und industrielle Organisation in Jugoslawien, in: J. BACKHAUS; T. EGER; H. G. NUTZINGER, Hg. (1978), S. 213–228.

EGER, T. (1987), Ökonomische Anreizstrukturen und Wirtschaftskrise in Jugoslawien, in: Osteuropa-Wirtschaft, 32, S. 213–228.

EHLERT, W.; D. HUNSTOCK; K. TANNERT (1976), Geldzirkulation und Kredit in der sozialistischen Planwirtschaft, Berlin (O) (Die Wirtschaft) 1976.

EHRLICHER, W. (1975, 1), Finanzwissenschaft, in: W. EHRLICHER; u. a., Hg. (1975, 2), S. 298–383.

EHRLICHER, W.; u. a. (1975, 2), Hg., Kompendium der Volkswirtschaftslehre, Bd. 1, 5. A., Göttingen (Vandenhoeck & Ruprecht) 1975.

EHRLICHER, W.; u. a. (1975, 3), Hg., Kompendium der Volkswirtschaftslehre, Bd. 2, 4. A., Göttingen (Vandenhoeck & Ruprecht) 1975.

EHRLICHER, W. (1975, 4), Geldtheorie, in: W. EHRLICHER; u. a., Hg. (1975, 3), S. 352–420.

EHRLICHER, W. (1981), Hg., Geldpolitik, Zins und Staatsverschuldung, Berlin (Dunker & Humblot) 1981.

EISERMANN, G.; u. a. (1977), Hg., Inflation ohne Ende. Wer verliert, wer gewinnt?, Freiburg (Herder) 1977.

EISNER, R. (1988), Extended accounts for national income and product, in: Journal of Economic Literature, 26, S. 1611–1684.

ENGELS, W. (1976), Mehr Markt, Stuttgart (Seewald) 1976.

ENGELS, W.; u.a. (1987), Mehr Markt schafft Wohlstand, Stuttgart (Poller) 1987.

ENGELS, W.; H. SABLOTNY; D. ZICKLER (1974), Das Volksvermögen. Seine verteilungs- und wohlstandspolitische Bedeutung, Frankfurt/New York (Herder und Herder) 1974.

ETHIER, W.J. (1971), General equilibrium theory and the concept of effective protection, in: H. G. GRUBEL; H. G. JOHNSON, Hg. (1971).

ETHIER, W. J. (1983), Modern international economics, 3. A., New York (Norton) 1995; deutsch: Moderne Außenwirtschaftstheorie, 3. A., München (Oldenbourg) 1994.

EUCKEN, W. (1940), Die Grundlagen der Nationalökonomie, Berlin (Springer) 1940.

EUCKEN, W. (1952), Grundsätze der Wirtschaftspolitik, 6. A., Tübingen (Mohr) 1990.

EUROCONSULT RESEARCH & EDUCATION (1995), Hg., Euroconsult Newsletter Nr. 1/1995: Die Regionalpolitik der Europäischen Union, Bonn (Selbstverlag) 1995.

EUROPÄISCHE GEMEINSCHAFTEN (1991), Hg., Endgültige Feststellung des Gesamthaushaltsplans der Europäischen Gemeinschaften für das Haushaltsjahr 1991, in: Amtsblatt der Europäischen Gemeinschaften Nr. L30 v. 04. 02. 1991, S. 5–101.

EWERS, H.-J. (1995), Verkehrstheorie und Verkehrspolitik seit den Verkehrsänderungsgesetzen 1961, in: G. DIECKHEUER, Hg. (1995), S. 273–302.

FAUTZ, W. (1978), Verteilungskampfhypothesen der Inflation. Eine kritische Übersicht, in: Schweizerische Zeitschrift für Volkswirtschaft und Statistik, 114, S. 163 183.

FEIGE, E. L.; D. K. PEARCE (1976), Economically rational expectations: Are innovations in the rate of inflation independent of innovations in measures of monetary and fiscal policy?, in: Journal of Political Economy, 84, S. 499–522.

FELDERER, B.; S. HOMBURG (1984), Makroökonomik und neue Makroökonomik, 6. A., Heidelberg (Springer) 1994.

FELDSIEPER, M.; M. KÄHLER (1981), Das Konzept der inflatorischen und deflatorischen Lücke, in: WiSt, Wirtschaftswissenschaftliches Studium, 10, S. 511–519.

FELS, G. (1971), Spezialisierungsmuster in der Arbeitsteilung zwischen Industrie- und Entwicklungsländern, in: Die Weltwirtschaft, 1, S. 19–40.

FERBER, R. (1967), Hg., Determinants of investment behavior, New York (National Bureau of Economic Research) 1967.

FERGUSON, C. E. (1969), The neoclassical theory of production and distribution, 3. A., Cambridge (University) 1975.

FICHTE, J.G. (1800), Der geschlossene Handelsstaat, 3. A., Hamburg (Meiner) 1979.

FILC, W.; C. KÖHLER (1985), Hg., Stabilisierung des Währungssystems, Berlin (Dunkker & Humblot) 1985.
FINDLAY, R. (1981), The fundamental determinants of the terms of trade, in: S. GRASSMAN; E. LUNDBERG, Hg. (1981), S. 425–463.
FISHER, I. (1911), The purchasing power of money, New York (Macmillan) 1911; deutsch: Die Kaufkraft des Geldes, Berlin (Duncker & Humblot) 1916.
FISCHER, S.; F. MODIGLIANI (1978), Towards an understanding of the real effects and costs of inflation, in: Weltwirtschaftliches Archiv, 114, S. 810–833.
FLEMING, J. M. (1962), Domestic financial policies under fixed and under floating exchange rates, in: International Monetary Fund Staff Papers, 9, S. 369–379.
FÖHL, C. (1937), Geldschöpfung und Wirtschaftskreislauf, München 1937.
FÖHL, C. (1953/54), Kritik der progressiven Einkommensbesteuerung, in: Finanzarchiv, N. F., 14, S. 88–109.
FOLDVARY, F. (1994), Public goods and private communities. The market provision of social services, Aldershot (Elgar) 1994.
FOLKERS, C. (1983), Begrenzungen von Steuern und Staatsausgaben in den USA, Baden-Baden (Nomos) 1983.
FRANKEL, J. A.; K. FROOT (1986), The dollar as a speculative bubble: A tale of fundamentalists and chartists, NBER Working Paper Series Nr. 1854, Cambridge/Mass.
FRANZ, W. (1989), Das Hysteresis Phänomen, in: WiSt, Wirtschaftswissenschaftliches Studium, 18, S. 77–80.
FRANZ, W. (1991), Arbeitsmarktökonomik, 2. A., Heidelberg (Springer) 1994.
FRATIANNI, M.; K. TAVERNIER (1976), Hg., Bank credit, money and inflation in open economies, Beihefte zu Kredit und Kapital, H. 3, Berlin 1976.
FRENKEL, J. (1976), A monetary approach to the exchange rate: Doctrinal aspects and empirical evidence, in: Scandinavian Journal of Economics, 78, S. 200–224.
FRENKEL, M.; K. D. JOHN (1991), Volkswirtschaftliche Gesamtrechnung, München (Vahlen) 1991.
FREY, B. S. (1976), Theorie und Empirie politischer Konjunkturzyklen, in: Zeitschrift für Nationalökonomie, 36, S. 95–120.
FREY, B.S. (1991), Public Choice. Ergebnisse der letzten 10 Jahre, in: WiSt, 20, S. 492–496.
FRICKE, D. (1981), Verteilungswirkungen der Inflation, Baden-Baden (Nomos) 1981.
FRIEDMAN, B. M. (1978), Crowding out or crowding in? Economic consequences of financing government deficits, in: Brookings Papers on Economic Activity, 1, S. 593–641.
FRIEDMAN, B. M.; F. H. HAHN (1990), Handbook of monetary economics, Vol. 1 und 2, Amsterdam (Elsevier Science Publishers) 1990.
FRIEDMAN, M. (1953, 1), Choice, chance, and the personal distribution of income, in: Journal of Political Economy, 61, S. 277–290.
FRIEDMAN, M. (1953, 2), Discussion of the inflationary gap, in: M. FRIEDMAN (1953, 3), S. 251–262.
FRIEDMAN, M. (1953, 3), Essays in positive economics, Chicago (University) 1953.
FRIEDMAN, M. (1956, 1), Hg., Studies in the quantity theory of money, Chicago (University) 1956.
FRIEDMAN, M. (1956, 2), The quantity theory of money – A restatement, in: M. FRIEDMAN (1956, 1), S. 3-21; deutsch: Die Quantitätstheorie des Geldes: Eine Neuformulierung, in: M. FRIEDMAN (1970, 3), S. 77–100.
FRIEDMAN, M. (1957), A theory of the consumption function, Princeton (University) 1957.

FRIEDMAN, M. (1959), A program for monetary stability, Fordham (University) 1959.

FRIEDMAN, M. (1968), The role of monetary policy, in: American Economic Review, 58, S. 1-17; deutsch: Die Rolle der Geldpolitik, in: M. FRIEDMAN (1970, 3), S. 135–156.

FRIEDMAN, M. (1969, 1), The optimum quantity of money, in: M. FRIEDMAN (1969, 2), S. 1-50; deutsch: Die optimale Geldmenge, in: M. FRIEDMAN (1970, 3), S. 9-76.

FRIEDMAN, M. (1969, 2), The optimum quantity of money and other essays, Chicago (Aldine) 1969; deutsch: M. FRIEDMAN (1970, 3).

FRIEDMAN, M. (1970, 1), The counter-revolution in monetary theory, London (Institute of Economic Affairs) 1970.

FRIEDMAN, M. (1970, 2), A theoretical framework for monetary analysis, in: Journal of Political Economy, 78, S. 193–238.

FRIEDMAN, M. (1970, 3), Die optimale Geldmenge und andere Essays, München (Moderne Industrie) 1970.

FRIEDMAN, M. (1971), Government revenue from inflation, in: Journal of Political Economy, 79, S. 846–856.

FRIEDMAN, M.; A. J. SCHWARTZ (1963), A monetary history of the United States 1867–1960, Princeton (University) 1963.

FRIEDMAN, M.; A. J. SCHWARTZ (1970), Monetary statistics of the United States, New York (Columbia University) 1970.

FRISCH, H. (1967), Hg., Beiträge zur Theorie der Einkommensverteilung, Berlin (Duncker & Humblot) 1967.

FRISCH, H. (1976), Hg., Inflation in small countries, Berlin (Springer) 1976.

FRISCH, H. (1977), Inflation theory 1963–1975: A „second generation“ survey, in: Journal of Economic Literature, 15, S. 1289–1317; deutsch in: H. FRISCH; H. OTRUBA, Hg. (1978), S. 8-53.

FRISCH, H. (1980), Die Neue Inflationstheorie, Göttingen (Vandenhoeck & Ruprecht) 1980.

FRISCH, H.; F. HOF (1981), A „textbook“ -model of inflation and unemployment, in: Kredit und Kapital, 14, S. 159–176.

FRISCH, H.; H. OTRUBA (1978), Hg., Neuere Ergebnisse zur Inflationstheorie, Stuttgart (Fischer) 1978.

FRITSCH, M.; TH. WEIN; H.-J. EWERS (1993), Marktversagen und Wirtschaftspolitik. Mikroökonomische Grundlagen staatlichen Handelns, München (Vahlen) 1993.

FUCHS, H. (1989), Möglichkeiten und Grenzen der Inflationsbekämpfung, in: D. CASSEL; u.a., Hg. (1989), S. 331–347.

FUCHS, K. (1979), Haushaltsrecht und Haushaltswirtschaft in der staatlichen Verwaltung, Herford (Maximilian-Verlag) 1979.

FÜRST, G. (1974), Hg., Stand der Einkommensstatistik, Sonderhefte zum Allgemeinen Statistischen Archiv, Heft 6, Göttingen 1974.

FUHRMANN, W. (1982), Erwartungen im Rahmen makroökonomischer Modelle, in: WiSt, Wirtschaftswissenschaftliches Studium, 11, S. 567–572.

FUHRMANN, W. (1983), Makroökonomik, 3. A., München (Oldenbourg) 1991.

FUHRMANN, W. (1986), Geld und Kredit, 3. A., München (Oldenbourg) 1994.

FUHRMANN, W.; J. ROHWEDDER (1983), Makroökonomik, München (Oldenbourg) 1983.

FUISTING, B. (1907), Die preußischen direkten Steuern, 1. Bd.: Kommentar zum Einkommensteuergesetz in der Fassung vom 19. Juni 1906, 7. A., Berlin (Heymann) 1907.

FUNKE, ST. (1995), Die Verschuldungsordnung. Ein Beitrag zur finanzwirtschaftlichen Ordnungspolitik, Berlin (Duncker & Humblot) 1995.

Furubotn, E. G.; S. Pejovich (1970), Property rights and the behavior of the firm in a socialist state: The example of Yugoslavia, in: Zeitschrift für Nationalökonomie, 30, S. 431–454.

Furubotn, E. G.; S. Pejovich (1972), Property rights and economic theory: A survey of recent literature, in: Journal of Economic Literature, 10, S. 1137–1162.

Gabisch, G.; H.-W. Lorenz (1987), Business cycle theory, 2. A., Berlin, Heidelberg, New York (Springer) 1989.

Gärtner, M. (1990), Makroökonomik flexibler Wechselkurse, Berlin, Heidelberg, New York (Springer) 1990.

Gahlen, B. (1973), Einführung in die Wachstumstheorie, Bd. 1, Makroökonomische Produktionstheorie, Tübingen (Mohr) 1973.

Gahlen, B.; u. a. (1989), Hg., Wirtschaftswachstum, Strukturwandel und dynamischer Wettbewerb, Berlin, Heidelberg (Springer) 1989.

Gahlen, B.; H. Hesse (1994), Hg., Europäische Integrationsprobleme aus wirtschaftswissenschaftlicher Sicht, Tübingen (Mohr) 1994.

Gandenberger, O. (1973), Zur Messung der konjunkturellen Wirkungen öffentlicher Haushalte, Tübingen (Mohr) 1973

Gandenberger, O. (1981), Theorie der öffentlichen Verschuldung, in: F. Neumark, Hg. (1977–1983), Bd. 3, S. 3-49.

Gandenberger, O. (1989), Staatsverschuldung und Neue Politische Ökonomie, in: B. Leben, Hg. (1989), S. 27–37.

Gapinski, J. H.; C. E. Rockwood (1979), Hg., Essays in postkeynesian inflation, Cambridge/Mass. (Ballinger) 1979.

Genberg, H. (1976), A note on inflation rates under fixed exchange rates, in: M. Parkin; G. Zis, Hg. (1976), S. 183–187.

Gerloff, W.; F. Meisel (1926–1929), Hg., Handbuch der Finanzwissenschaft, 3 Bde., Tübingen (Mohr) 1926–1929.

Gerloff, W.; F. Neumark (1952–1965), Hg., Handbuch der Finanzwissenschaft, 4 Bde., 2. A., Tübingen (Mohr) 1952–1965.

Gibrat, R. (1931), Les inégalités économiques, Paris (Recveil Sirey) 1931.

Giersch, H. (1977), Konjunktur- und Wachstumspolitik in der offenen Wirtschaft, Allgemeine Wirtschaftspolitik Band 2, Wiesbaden (Gabler) 1977.

Giersch, H.; H. D. Haas (1974), Hg., Probleme der weltwirtschaftlichen Arbeitsteilung, Berlin (Duncker & Humblot) 1974.

Glismann, H. H.; u. a. (1980), Weltwirtschaftslehre, I. Außenhandels- und Währungspolitik, 4. A., Göttingen (Vandenhoeck & Ruprecht) 1992.

Göseke, G. (1974), DIW-Modell der Einkommensverteilung und -schichtung der privaten Haushalte in der BRD, in: G. Fürst, Hg. (1974).

Gokhale, J.; B. Raffelhüschen; J. Walliser (1994), Fiskalpolitik im vereinten Deutschland – Droht zukünftigen Generationen der Leviathan?, Diskussionsbeitrag Nr. 48 des Instituts für Finanzwissenschaft und Sozialpolitik der Christian-Albrechts-Universität Kiel, Kiel (Selbstverlag des Instituts) 1994.

Goldbeck, J. (1991), Die Deichgenossenschaften. Eine Analyse ihrer historischen Entwicklung auf der Basis der Kollektivgüter- und Genossenschaftstheorie, Münster (Regensberg) 1991.

Goodwin, R. M. (1951), The nonlinear accelerator and the persistence of business cycles, in: Econometrica, 19, S. 1-17.

Grassman, S.; E. Lundberg (1981), Hg., The world economic order, London (Macmillan) 1981.

Green, Ch. (1967), Negative taxes and the poverty problem, Washington (Brookings) 1967.

GREENAWAY, D.; C. MILNER (1986), The economics of intra-industry trade, Oxford (Basil Blackwell) 1986.
GREENAWAY, D.; L.A. WINTERS (1994), Hg., Surveys in international trade, Oxford (Blackwell) 1994.
GRÖNER, H.; H. D. SMEETS (1978), Zur neueren Entwicklung der Zahlungsbilanztheorie, in: Wirtschaftspolitische Chronik, 27, S. 93–127.
GROSSEKETTLER, H. (1987), Die Bestimmung der Schlüsselmasse im Kommunalen Finanzausgleich, in: Finanzarchiv, N.F., 45, S. 393–440.
GROSSEKETTLER, H. (1990), Die Staatsverschuldung aus der Sicht Lorenz von Steins, in: H. SCHERF, Hg. (1990), S. 19–55.
GROSSEKETTLER, H. (1991,1), Zur theoretischen Integration der Wettbewerbs- und Finanzpolitik in die Konzeption des ökonomischen Liberalismus, in: Jahrbuch für Neue Politische Ökonomie, 10, Tübingen (Mohr) 1991, S. 103–144.
GROSSEKETTLER, H. (1991,2), Die Versorgung mit Kollektivgütern als ordnungspolitisches Problem, in: ORDO, 42, S. 69–89.
GROSSEKETTLER, H. (1992), Der Budgetierungsprozeß in der EG, in: K.-H. HANSMEYER, Hg. (1992), S. 183–255.
GROSSEKETTLER, H. (1994), Die deutsche Finanzverfassung nach der Finanzausgleichsreform, in: Hamburger Jahrbuch für Wirtschafts- und Gesellschaftspolitik, 39, S. 83–116.
GROSSMAN, G. (1966), Gold and the sword: Money in the soviet command economy, in: H. ROSOVSKY, Hg. (1966), S. 204–236.
GROSSMAN, G. (1979), Notes on the illegal private economy and corruption, in: Joint Economic Committee of the United States, Soviet economy in a time of change, Washington D. C. (1979), S. 834–855.
GROSSMAN, G. M.; E. HELPMAN (1989), Product development and international trade, in: Journal of Political Economy, 98, S. 1261–1283.
GROSSMAN, G. M.; E. HELPMAN (1990), Comparative advantage and long-run growth, in: American Economic Review, 80, S. 796–815.
GROSSMAN, G. M.; E. HELPMAN (1991), Quality ladders and product cycles, in: Quarterly Journal of Economics, 106, S. 557–586.
GROSSMAN, H. I. (1979), Why does aggregate unemployment fluctuate?, in: American Economic Review, 69, Papers and Proceedings, S. 64–69.
GRUBEL, H. G. (1977), International economics, Homewood (Irwin) 1977.
GRUBEL, H. G.; H. G. JOHNSON (1971), Hg., Effective tariff protection, Genf 1971.
GRUBEL, H. G.; P. J. LLOYD (1975), Intra-industry trade: The theory and measurement of international trade in differentiated products, New York (Halstead) 1975.
GRUBER, U. (1981), Zur Analyse von Verteilungswirkungen von Inflationen, in: MÜCKL, W. J.; A. E. OTT, Hg. (1981), S. 81–97.
GUTIERREZ-CAMARA, J. L.; R. VAUBEL (1981), Reducing the cost of reducing inflation through gradualism, preannouncement or indexation? The international evidence, in: Weltwirtschaftliches Archiv, 117, S. 244–261.
GUTMANN, G. (1965), Theorie und Praxis der monetären Planung in der Zentralverwaltungswirtschaft, Stuttgart (Fischer) 1965.
GUTMANN, G. (1978), Marktwirtschaft, in: W. ALBERS; u. a., Hg. (1977 ff.), S. 140–153.
GUTMANN, G.; U. WAGNER (1994), Hg., Ökonomische Erfoge und Mißerfolge der deutschen Vereinigung – Eine Zwischenbilanz, Schriften zum Vergleich von Wirtschaftsordnungen, Bd. 45, Stuttgart (Fischer) 1994.

HAAVELMO, T. (1945), Multiplier effects of a balanced budget, in: Econometrica, 13, S. 311–318.

HABERLER, G. (1933), Der internationale Handel, Berlin (Springer) 1933.

HABERLER, G. (1937), Prosperity and depression, Geneva (League of Nations) 1937; deutsch: Prosperität und Depression, 2. A., Tübingen (Mohr) 1955.

HABERLER, G. (1975), Economic growth and stability, Los Angeles (Nash) 1975; deutsch: Wirtschaftswachstum und Stabilität, Zürich (Moderne Industrie) 1975.

HAFFNER, F. (1968), Das sowjetische Preissystem. Theorie und Praxis. Änderungsvorschläge und Reformmaßnahmen, Osteuropa-Institut an der Freien Universität Berlin, Wirtschaftswissenschaftliche Veröffentlichungen, 29, Berlin 1968.

HAFFNER, F. (1978), Systemkonträre Beziehungen in der sowjetischen Planwirtschaft, Berlin (Duncker & Humblot) 1978.

HAFFNER, F. (1985), Monetäre Zentralplanung und Volkswirtschaftsplanung, in: H. J. THIEME, Hg. (1985), S. 189–209.

HAGEMANN, H.; H. D. KURZ; W. SCHÄFER (1981), Hg., Die neue Makroökonomik, Frankfurt (Campus) 1981.

HAHN, F.; F. P. R. BRECHLING (1965), Hg., The theory of interest rates, London (Macmillan) 1965.

HAHN, F. H.; R. C. O. MATTHEWS (1964), The theory of economic growth: A survey, in: Economic Journal, 74, S. 779–902.

HAITANI, K. (1971), Low wages, productive efficiency and comparative advantage, in: Kyklos, 24, S. 77–89.

HALLER, H.; u. a. (1970), Hg., Theorie und Praxis des finanzpolitischen Interventionismus, Tübingen (Mohr) 1970.

HALLER, H.; L. KULLMER; C.S. SHOUP; H. TIMM (1970), Theorie und Praxis des finanzpolitischen Interventionismus, Tübingen (Mohr) 1970.

HALLER, H.; H.C. RECKTENWALD (1969), Hg.,Finanz- und Geldpolitik im Umbruch, Mainz (Köhler) 1969.

HAMEL, H. (1974), Hg., Arbeiterselbstverwaltung in Jugoslawien, München (Beck) 1974.

HAMEL, H. (1977), Hg., Soziale Marktwirtschaft – Sozialistische Planwirtschaft. Ein Vergleich Bundesrepublik Deutschland – DDR, 5. A., München (Vahlen) 1989.

HAMER, G.; C. STAHMER (1992), Integrierte Volkswirtschaftliche und Umweltgesamtrechnung, in: Zeitschrift für Umweltpolitik und Umweltrecht, 15, S. 85–117, S. 237–256.

HAMILTON, C. (1985), Voluntary export restraints and trade diversion, in: Journal of Common Market Studies, 23, S. 345–354.

HAMMOND, P.J.; A. RODRIGUEZ-CLARE (1993), On endogenizing long-run growth, in: Scandinavian Journal of Economics, 95, S. 391–425.

HANSEN, A. H. (1953), A guide to Keynes, New York (McGraw-Hill) 1953.

HANSEN, B. (1951), A study in the theory of inflation, London (Kelley) 1951.

HANSMEYER, K.-H. (1992), Hg., Ausgewählte Probleme der EG-Finanzen, Berlin (Duncker & Humblot) 1992.

HANSMEYER, K.-H. (1993,1), Hg., Finanzprobleme der deutschen Einheit I: Staatsverschuldung, EG-Regionalfonds, Treuhandanstalt, Berlin (Duncker & Humblot) 1993.

HANSMEYER, K.-H. (1993,2), Hg., Finanzierungsprobleme der deutschen Einheit II: Aufbau und Finanzierung der sozialen Sicherung, Berlin (Duncker & Humblot) 1993.

HANSMEYER, K.-H.; W. RÜRUP (1973), Staatswirtschaftliche Planungsinstrumente, 3. A., Tübingen (Mohr)/Düsseldorf (Werner) 1984.

HANUSCH, H. (1987), Nutzen-Kosten-Analyse, 2. A., München (Vahlen) 1994.

HARBUSCH, P.; D. WIEK (1975), Hg., Marktwirtschaft. Eine Einführung in das Konzept der freiheitlichen Wirtschaftsordnung, Stuttgart (Fischer) 1975.

HARROD, R. F. (1939), An essay in dynamic theory, in: Economic Journal, 49, S. 14–33, wieder abgedruckt in: J. E. STIGLITZ; H. UZAWA (1969), S. 14–33; deutsch: Ein Essay zur dynamischen Theorie, in: H. KÖNIG, Hg. (1968), S. 35–54.

HARROD, R. F. (1948), Towards a dynamic economics, 3. A., London (Macmillan) 1956.

HARTWIG, K.-H. (1982), Output- und Beschäftigungswirkungen einkommens- und währungspolitischer Maßnahmen in sozialistischen Planwirtschaften: Ein rationierungstheoretischer Ansatz, in: Zeitschrift für Wirtschafts- und Sozialwissenschaft, 102, S. 363–380.

HARTWIG, K.-H. (1984), Bundesrepublik Deutschland: Wirtschaftspolitik in der Sozialen Marktwirtschaft, in: D. CASSEL, Hg. (1984, 1), S. 179–195.

HARTWIG, K.-H. (1987), Monetäre Steuerungsprobleme in sozialistischen Planwirtschaften, Stuttgart (Fischer) 1987.

HARTWIG, K.-H.; H. J. THIEME (1979), Schwankungen von Geldmenge, Umlaufgeschwindigkeit und Inflationsrate: Diagnose und Meßprobleme in unterschiedlichen Wirtschaftssystemen, in: H. J. THIEME, Hg. (1979), S. 97–115.

HARTWIG, K.-H.; H. J. THIEME (1985), Determinanten des Geld- und Kreditangebots in sozialistischen Planwirtschaften, in: H. J. THIEME, Hg. (1985), S. 211–233.

HARTWIG, K.-H.; H.J. THIEME (1991), Hg., Transformationsprozesse in sozialistischen Wirtschaftssystemen. Ursachen, Konzepte, Instrumente, Berlin (Springer) 1991.

HASLINGER, F. (1978), Volkswirtschaftliche Gesamtrechnung, 6. A., München (Oldenbourg) 1992.

HAWTREY, R. G. (1928), Trade and credit, London (Longman) 1928.

HAYEK, F. A. VON (1929), Geldtheorie und Konjunkturtheorie, Wien (Pichler) 1929.

HAYEK, F. A. VON (1969, 1), Grundsätze einer liberalen Gesellschaftsordnung, in: F. A. VON HAYEK (1969, 2), S. 108–125.

HAYEK, F. A. VON (1969, 2), Freiburger Studien. Gesammelte Aufsätze, Tübingen (Mohr) 1969.

HAYEK, F. A. VON (1976), Denationalisation of money, London (Institute of Economic Affairs) 1976; deutsch: Entnationalisierung des Geldes, Tübingen (Mohr) 1977.

HAYEK, F.A. VON (1980/81), Recht, Gesetzgebung und Freiheit, 3. Bde., Landsberg am Lech (moderne industrie) 1980/81.

HEDTKAMP, G. (1974), Wirtschaftssysteme. Theorie und Vergleich, München (Vahlen) 1974.

HEDTKAMP, G. (1981), Hg., Anreiz- und Kontrollmechanismen in Wirtschaftssystemen I, Schriften des Vereins für Socialpolitik, NF, Bd. 117/I, Berlin (Dunker & Humblot) 1981.

HEILEMANN, U. (1985), Zur Prognosepraxis ökonometrischer Modelle, in: Zeitschrift für Wirtschafts- und Sozialwissenschaften, 105, S. 683–708.

HEILEMANN, U. (1989), Was leisten Prognosemodelle? Eine empirische Untersuchung am Beispiel des RWI-Konjunkturmodells, in: B. GAHLEN; u. a., Hg. (1989), S. 253–270.

HELBERGER, C. (1974), Marxismus als Methode. Wissenschaftstheoretische Untersuchungen zur Methode der marxistischen politischen Ökonomie, Frankfurt a. M. (Fischer Athenäum) 1974.

HELMSCHROTH, H.; R. OSTERKAMP; S. SCHÖNHERR (1992), Stagnation in der dritten Welt – hat die Wirtschaftspolitik versagt? Empirische Untersuchungen über den Zusammenhang von Staat, Markt und Entwicklung. Ifo-Studien zur Entwicklungsforschung, Bd. 23, München – Köln (Weltforum-Verlag) 1992.

HELMSTÄDTER, E. (1965), Investitionsquote und Wachstumsrate bei Harrod-neutralem Fortschritt, in: Jahrbücher für Nationalökonomie und Statistik, 178, S. 90–108.

HELMSTÄDTER, E. (1978), Hg., Neuere Entwicklungen in den Wirtschaftswissenschaften, Schriften des Vereins für Socialpolitik, N. F. Bd. 98, Berlin (Duncker & Humblot) 1978.

HELPMAN, E. (1981), International trade in the presence of product differentiation, economies of scale and monopolistic competition, in: Journal of International Economics, 11, S. 305–340.

HELPMAN, E.; P. R. KRUGMAN (1985), Market structure and foreign trade, Cambridge/Mass. (MIT) 1985.

HELPMAN, E.; P. R. KRUGMAN (1989), Trade policy and market structure, Cambridge/Mass. (MIT) 1989.

HENSEL, K. P. (1954), Einführung in die Theorie der Zentralverwaltungswirtschaft, 3. A., Stuttgart (Fischer) 1979.

HENSEL, K. P. (1960), Wirtschaftliche Ordnungsformen und das Problem des Eigentums, der Leitung und Kontrolle, in: Moderne Welt, Heft 3/4, S. 330–350.

HENSEL, K. P. (1972), Grundformen der Wirtschaftsordnung. Marktwirtschaft – Zentralverwaltungswirtschaft, 3. A., München (Beck) 1978.

HENSEL, K. P. (1975), Über die sozialwissenschaftliche Bestimmung von Wirtschaftssystemen – Eine methodische Studie, in: H. SAUERMANN; E. J. MESTMÄCKER, Hg. (1975), S. 227–244.

HENSEL, K. P.; u. a. (1968), Die sozialistische Marktwirtschaft in der Tschechoslowakei, Stuttgart (Fischer) 1968.

HENSEL, K. P.; U. WAGNER; K. WESSELY (1972), Das Profitprinzip – seine ordnungspolitischen Alternativen in sozialistischen Wirtschaftssystemen, Stuttgart (Fischer) 1972.

HERDER-DORNEICH, P. (1981), Hg., Dynamische Theorie der Sozialpolitik, Berlin (Duncker & Humblot) 1981.

HESSE, H. (1967), Strukturwandlungen im Welthandel 1950–60/61, Tübingen (Mohr) 1967.

HEUBES, J. (1986), Grundzüge der Konjunkturtheorie, München-Wien (Oldenbourg) 1986.

HEUBES, J. (1989), Inflationstheorie, München (Vahlen) 1989.

HEUBES, J. (1990), Importierte Inflation, in: WiSt, Wirtschaftswissenschaftliches Studium, 19, S. 322–327.

HEUER, E. (1993), Kommentar zum Haushaltsrecht, Neuwied (Luchterhand) 1993.

HEUSS, E. (1965), Allgemeine Markttheorie, Tübingen (Mohr) 1965.

HICKS, J. R. (1932), The theory of wages, 2. A., London (Macmillan) 1963.

HICKS, J. R. (1937), Mr. Keynes and the „Classics". A suggested interpretation, in: Econometrica, 5, S. 147–159.

HICKS, J. R. (1950), A contribution to the theory of the trade cycle, Oxford (Clarendon Press) 1950.

HIRSCH, S. (1972), The United States electronics industry in international trade, in: L. T. WELLS, Hg. (1972), S. 39–52.

HIRSCH, S. (1974), Hypothesen über den Handel zwischen Entwicklungs- und Industrieländern, in: H. GIERSCH; H. D. HAAS, Hg. (1974), S. 69–88.

HIRSCH, S.; B. LEV (1973), Trade and per capita income differentials: a test of the Burenstam-Linder-Hypothesis, in: World Development, 9, S. 11–18.

HÖHMANN, H. H.; M. KASER; K. C. THALHEIM (1972), Hg., Die Wirtschaftsordnungen Osteuropas im Wandel, Bd. 1, Freiburg (Rombach) 1972.

HÖLSCHER, J.; u.a. (1994), Hg., Bedingungen ökonomischer Entwicklung in Zentralosteuropa, Bd. 2: Wirtschaftliche Entwicklung und institutioneller Wandel, Marburg (Metropolis) 1994.

HÖLZLER, H.; J. VAN ALMSICK (1976), Der Einfluß der Inflation auf die Verteilung von

Einkommen und Vermögen, in: WiSt, Wirtschaftswissenschaftliches Studium, 5, S. 351–356.

HOFFMANN, W. G. (1957), Hg., Einkommensbildung und Einkommensverteilung, Berlin (Duncker & Humblot) 1957.

HOFFMANN, W. G. (1965), Das Wachstum der deutschen Volkswirtschaft seit der Mitte des 19. Jahrhunderts, Berlin (Springer) 1965.

HOLESOVSKY, V. (1977), Economic systems, New York (McGraw-Hill) 1977.

HOLUB, H.-W.; H. SCHNABL (1982), Input-Output-Rechnung: Input-Output-Tabellen, 2. A., München (Oldenbourg), 1985.

HONDRICH, K. O. (1973), Theorie der Herrschaft, Frankfurt a. M. (Suhrkamp) 1973.

HOPPMANN, E. (1977), Marktmacht und Wettbewerb, Tübingen (Mohr) 1977.

HORVAT, B. (1969), Ogled v jugoslavenskom drustvu, Belgrad 1969; deutsch: Die jugoslawische Gesellschaft. Ein Essay, Frankfurt/M. (Suhrkamp) 1972.

HORWICH, G. (1967), Hg., Monetary process and policy: A symposium, Homewood (Irwin) 1967.

HÜBL, L.; R. HARTIG; W. SCHEPERS (1986), Einführung in das gesamtwirtschaftliche Rechnungswesen, Darmstadt (Wissenschaftliche Buchgesellschaft) 1986.

INADA, K. (1963), On a two-sector model of economic growth: Comments and a generalization, in: Review of Economic Studies, 30, S. 119–127.

ISENSEE, J.; P. KIRCHHOF (1990), Hg., Handbuch des Staatsrechts der Bundesrepublik Deutschland, Bd. IV: Finanzverfassung – Bundesstaatliche Ordnung, Heidelberg (Müller) 1990.

ISSING, O. (1974), Einführung in die Geldtheorie, 9. A., München (Vahlen) 1993.

ISSING, O. (1981), Einführung in die Geldpolitik, 5. A., München (Vahlen) 1993.

ISSING, O. (1984), Hg., Geschichte der Nationalökonomie; 3. A., München (Vahlen) 1994.

ISSING, O. (1985), Disinflation. Kosten und Nutzen der Inflationsbekämpfung, in: WiSt, Wirtschaftswissenschaftliches Studium, 14, S. 9-14.

ISSING, O. (1988), Hg., Wechselkursstabilisierung, EWS und Weltwährungssystem, Hamburg (Weltarchiv) 1988.

ISSING, O. (1992), Theoretische und empirische Grundlagen der Geldmengenpolitik der Deutschen Bundesbank, in: Wirtschaftsdienst, 72, S. 537–548.

ISSING, O.; K. MASUCH (1989), Zur Frage der normativen Interpretation von Leistungsbilanzsalden, in: Kredit und Kapital, 22, S. 1-17.

IVERSEN, H.-C. (1988), Wirtschaft und Wirtschaftspolitik in Jugoslawien, in: Aus Politik und Zeitgeschichte. Beilage zur Wochenzeitung: Das Parlament, S. 13–23.

JACKMAN, R.; C. MULVEY; J. A. TREVITHICK (1975), The economics of inflation, 2. A., Oxford (Martin Robertson) 1981.

JACKSCH, H. J. (1987), Wohlfahrtswirkungen von Inflationen in einer geschlossenen Volkswirtschaft, in: WISU, Wirtschaftsstudium, 16, S. 157–163.

JACKSON, D.; H. A. TURNER; F. WILKINSON (1972), Do trade unions cause inflation?, Cambridge (University) 1972.

JARCHOW, H. J. (1973), Theorie und Politik des Geldes, I. Geldtheorie, 9. A., Göttingen (Vandenhoeck & Ruprecht) 1993.

JARCHOW, H. J. (1974), Theorie und Politik des Geldes, II. Geldmarkt und geldpolitische Instrumente, 6. A., Göttingen (Vandenhoeck & Ruprecht) 1993.

JARCHOW, H. J. (1982), Zahlungsbilanz I: Theorie und Politik, in: W. ALBERS; u. a., Hg. (1977 ff.), Bd. 9, S. 539–562.

JARCHOW, H. J.; P. RÜHMANN (1982), Monetäre Außenwirtschaft, I. Monetäre Außenwirtschaftstheorie, 4. A., Göttingen (Vandenhoeck & Ruprecht) 1994.

JARCHOW, H.-J.; P. RÜHMANN (1984), Monetäre Außenwirtschaft, II. Internationale Währungspolitik, 3. A., Göttingen (Vandenhoeck & Ruprecht) 1993.

JECK, A. (1970), Wachstum und Verteilung des Volkseinkommens. Untersuchungen und Materialien zur Entwicklung der Einkommensverteilung in Deutschland 1870–1913, Tübingen (Mohr) 1970.

JENKINSON, T. (1990), Hg., Inflation, in: Oxford Review of Economic Policy, 6.

JENS, U. (1991), Hg., Der Umbau, Baden-Baden (Nomos) 1991.

JOHN, K.-D. (1982), Verteilungskonflikte, Inflation und Beschäftigung. Ungleichgewichtsökonomische Ansätze und sozialwissenschaftliche Erweiterungen, St. Gallen (Surbier) 1982.

JOHNSON, H. G. (1958, 1), Hg., International trade and economic growth, 5. A., London (Allen & Unwin) 1970.

JOHNSON, H. G. (1958, 2), Towards a general theory of the balance of payments, in: H. G. JOHNSON, Hg. (1958, 1), S. 153–168.

JOHNSON, H. G. (1965), The theory of tariff structure with special reference to world trade and development, in: H. G. JOHNSON; P. B. KENEN (1965), S. 9-29; wieder abgedruckt in: H. G. JOHNSON, Hg. (1971, 1), S. 307–330.

JOHNSON, H. G. (1967), Essays in monetary economics, London (Allen & Unwin) 1967, deutsch: H. G. JOHNSON (1969, 2).

JOHNSON, H. G. (1969, 1), Inside money, outside money, income, wealth and welfare in contemporary monetary theory, in: Journal of Money, Credit and Banking, 1, S. 30–45; deutsch: Innengeld, Außengeld, Einkommen, Vermögen und Wohlfahrt in der Geldtheorie, in: H. G. JOHNSON (1976, 1) S. 110–132.

JOHNSON, H. G. (1969, 2), Beiträge zur Geldtheorie und Geldpolitik, Berlin (Duncker und Humblot) 1969.

JOHNSON, H. G. (1970), Is there an optimal money supply?, in: Journal of Finance, 25, S. 435–445; deutsch: Gibt es eine optimale Geldversorgung?, in: H. G. JOHNSON (1976, 1).

JOHNSON, H. G. (1971, 1), Hg., Aspects of the theory of tariffs, London (Allen & Unwin) 1971.

JOHNSON, H. G. (1971, 2), The Keynesian revolution and the monetarist counterrevolution, in: American Economic Review, 61, S. 1-14; deutsch in: P. KALMBACH (1973), S. 196–216.

JOHNSON, H. G. (1972), Inflation and the monetarist controversy, Amsterdam (North Holland) 1972; deutsch in: H. G. JOHNSON (1975), S. 27–56.

JOHNSON, H. G. (1973), The theory of income distribution, London (Gray-Mills) 1973.

JOHNSON, H. G. (1975), Inflation – Theorie und Politik, München (Vahlen) 1975.

JOHNSON, H. G. (1976, 1), Beiträge zur Geldtheorie und Währungspolitik, Berlin (Duncker & Humblot) 1976.

JOHNSON, H. G. (1976, 2), Destabilizing speculation: A general equilibrium approach, in: Journal of Political Economy, 84, S. 101–108.

JOHNSON, H. G.; P. B. KENEN (1965), Trade and Development, Genf (Librairie Droz) 1965.

JONES, K. (1984), The political economy of voluntary export restraint agreements, in: Kyklos, 37, S. 82–101.

JONES, R. W. (1956), Factor proportions and the Heckscher-Ohlin-Theorem, in: Review of Economic Studies, 24, S. 1-10.

JONES, R. W.; P. B. KENEN (1984), Hg., Handbook of international economics, Band 1, Amsterdam (North-Holland) 1984.

JONES, R. W.; P. B. KENEN (1985), Hg., Handbook of international economics, Band 2, Amsterdam (North-Holland) 1985.

JORGENSON, D. W. (1967), The theory of investment behavior, in: R. FERBER, Hg. (1967), S. 129–155.

JORGENSON, D. W. (1971), Econometric studies of investment behavior: A survey, in: Journal of Economic Literature, 9, S. 1111–1147.

JÜRGENSEN, H. (1981), Raumwirtschaft II: Politik, in: W. ALBERS; u. a., Hg. (1977 ff.), Bd. 6, S. 429–441.

KALDOR, N. (1955), Alternative theories of distribution, in: Review of Economic Studies, 23, S. 94–100.

KALDOR, N. (1957), A model of economic growth, in: Economic Journal, 67, S. 591–624.

KALECKI, M. (1938), The determinants of distribution of the national income, in: Econometrica, 6, S. 97–112.

KALECKI, M. (1954), Theory of economic dynamics, London (Allen & Unwin) 1954.

KALMBACH, P. (1973), Der neue Monetarismus, München (Nymphenburger) 1973.

KANTZENBACH, E.; O.G. MAYER (1992), Hg., Beschäftigungsentwicklung und Arbeitsmarktpolitik, Berlin (Duncker & Humblot) 1992.

KARLIN, S. (1959), Mathematical methods and theory in games, programming and economics, Reading, Mass. (Addison-Wesley) 1959.

KARRAS, G. (1994), Sources of business cycles in Europe: 1960–1988. Evidence from France, Germany and the United Kingdom, in: European Economic Review, 38, S. 1763–1778.

KATH, D. (1979), Das Geldmengenziel der Deutschen Bundesbank, in: WiSt, Wirtschaftswissenschaftliches Studium, 8, S. 455–460.

KATH, D. (1985), Monetäre Steuerungsprobleme in parlamentarischen Demokratien, in: H. J. THIEME, Hg. (1985), S. 159–186.

KATH, D.; N. EUBA (1975), Die makroökonomische Portfoliotheorie, in: WiSt, Wirtschaftswissenschaftliches Studium, 4, S. 458–464.

KATH, D.; A. FRANZ (1991), Ins Abseits gestellt, in: Wirtschaftswoche, 45, S. 93–97.

KATH, D.; W. HENNERKES (1985), Internationale Zinsübertragung bei flexiblen Wechselkursen?, in: W. FILC; C. KÖHLER, Hg. (1985), S. 161–176.

KEESING, D. B. (1965), Labor skills and international trade: Evaluating many trade flows with a single measuring device, in: Review of Economics and Statistics, 47, S. 287–294.

KEESING, D. B. (1967), The impact of research and development on United States trade, in: Journal of Political Economy, 75, S. 38–48, wieder abgedruckt in: P. B. KENEN; R. LAWRENCE, Hg. (1968), S. 175–189.

KEESING, D. B. (1971), Different countries' labor skill coefficients and the skill intensity of international trade flows, in: Journal of International Economics, 1, S. 453–460.

KEMP, M. C. (1960), The mill-bastable infant industry dogma, in: Journal of Political Economy, 68, S. 65–67.

KENEN, P.B.; R. LAWRENCE (1968), Hg., The open economy. Essays on international trade and finance, New York (Columbia University) 1968.

KEYNES, J. M. (1940), How to pay for the war?, London (Macmillan) 1940.

KEYNES, J.M. (1936), Allgemeine Theorie der Beschäftigung, des Zinses und des Geldes, Berlin (Duncker & Humblot) 1936.

KIERZKOWSKY, H. (1984), Hg., Monopolistic competition and international trade, Oxford (Clarendon) 1984.

KING, R.G.; C.I. PLOSSER (1994), Real business cycles and the test of the Adelmans, in: Journal of Monetary Economics, 33, S. 405–438.

Kirchgässner, G. (1979), Zur Struktur politisch-ökonomischer Konjunkturzyklen, in: C. C. von Weizsäcker (1979), Hg., S. 427–450.

Kirchhof, P. (1990), Staatliche Einnahmen, in: J. Isensee; P. Kirchhof, Hg. (1990), S. 87–233.

Kirsch, G. (1974), Neue Politische Ökonomie; 1. A. u. d. T.: Ökonomische Theorie der Politik; 3. A., Düsseldorf (Werner) 1993.

Kirsch, G. (1977), Hg., Föderalismus, Stuttgart/ New York (Fischer) 1977.

Kitterer, W. (1994), Finanzausgleich im vereinten Deutschland. Neugestaltung der Finanzbeziehungen zur Stärkung des Föderalismus unter besonderer Berücksichtigung des Landes Bremen, Heidelberg (R.v. Decker) 1994.

Klatt, S.; M. Willms (1975), Hg., Strukturwandel und makroökonomische Steuerung, Berlin (Duncker & Humblot) 1975.

Klaus, J. (1981), Raumwirtschaft III: Ordnung, in: W. Albers; u. a., Hg. (1977 ff.), Bd. 6, S. 442–456.

Klaus, J. (1992), Erweiterung der Volkswirtschaftlichen Gesamtrechnung aus umweltökonomischer Sicht, in: WISU, Wirtschaftsstudium, 21, S. 56–62.

Klein, B. (1974), The competitive supply of money, in: Journal of Money, Credit and Banking, 6, S. 423–453.

Klein, L. R. (1947), The Keynesian revolution, New York (Macmillan) 1947.

Klein, L. R.; A. S. Goldberger (1955), An econometric model of the United States 1929–1952, Amsterdam (North-Holland) 1955.

Klein, W.; S. Paraskewopoulos; H. Winter (1994), Hg., Soziale Marktwirtschaft. Ein Modell für Europa, Berlin (Duncker & Humblot) 1994.

Kleinmann, K. (1985), Die langfristige Entwicklung von Kommunikation und Staatsausgaben, Frankfurt/Main u. a. O. (Lang) 1985.

Klodt, H.; J. Stehn; et al. (1992), Die Strukturpolitik der EG, Tübingen (Mohr) 1992.

Klös, H.-P. (1992), Die Okun-Kurve, in: WiSt, Wirtschaftswissenschaftliches Studium, 21, S. 349–352.

Kloten, N. (1989), Zur Transformation von Wirtschaftsordnungen, in: ORDO, 40, S. 99–127.

Kloten, N.; u. a. (1964), Hg., Systeme und Methoden in den Wirtschafts- und Sozialwissenschaften, Tübingen (Mohr) 1964.

Knauff, R. (1972), Reformen des Preissystems, in: L. Bress; u. a., Hg. (1972), S. 221–274.

Knauff, R. (1977), Die Funktionsmechanismen der Wirtschaftssysteme, 5. A., 1989 in: H. Hamel, Hg. (1977), S. 61–110.

König, H. (1968), Hg., Wachstum und Entwicklung der Wirtschaft, 2. A., Köln u. a. (Kiepenheuer & Witsch) 1970.

König, H.; V. Timmermann (1962), Ein ökonometrisches Modell für die Bundesrepublik Deutschland 1950–1960, in: Zeitschrift für die gesamte Staatswissenschaft, 118, S. 598–652.

Kösters, W. (1977), Allokations- und Distributionseffekte der Inflation, in: WISU, Wirtschaftsstudium, 6, S. 13–17.

Kösters, W.; A. Belke (1992), Arbeitslosigkeit in Westeuropa – Ein Hysteresis-Phänomen, in: E. Kantzenbach; O. G. Mayer, Hg. (1992), S.9–50.

Koopmans, T. C.; J. M. Montias (1971), On the description and comparison of economic systems, in: A. Eckstein, Hg. (1971), S. 27–78.

Kornai, J. (1971), Anti-equilibrium. On economic systems theory and the tasks of research, London (North-Holland) 1971.

Kornai, J. (1985), Contradiction and dilemmas. Studies on the socialist economy and society, Budapest (Corvina) 1985.

KOSTA, J. (1974), Sozialistische Planwirtschaft: Theorie und Praxis, Opladen (Westdeutscher Verlag) 1974.

KOTIOS, A. (1986), Die neuere Diskussion über den Zusammenhang von Wechselkursflexibilität und Inflation, Köln (Institut für Wirtschaftspolitik) 1986.

KOURI, P. J. K. (1976), The exchange rate and the balance of payments in the short run and in the long run: A monetary approach, in: Scandinavian Journal of Economics, 78, S. 280–304.

KOYCK, L. M. (1954), Distributed lags and investment analysis, Amsterdam (North-Holland) 1954.

KRATZ, K.; H.J. THIEME (1991), Abbau von Transformationshemmnissen: Ursachen, Formen und Flankierungsstrategien, in: K.-H. HARTWIG, H.J. THIEME, Hg. (1991), S. 407–433.

KRAUSE, L. B.; W. S. SALANT (1977), Hg., Worldwide inflation. Theory and recent experience, Washington (Brookings Institution) 1977.

KRAUSE-JUNK, G. (1977), Abriß der Theorie von den öffentlichen Gütern, in: F. NEUMARK, Hg. (1977–1983), Bd.1, S. 687–711.

KRAUSE-JUNK, G. (1981), Finanzwirtschaftliche Verteilungspolitik, in: F. NEUMARK, Hg. (1977–1983), Bd. 3, S. 257–358.

KRAUSE-JUNK, G.; J. H. v. OEHSEN (1982), Optimale Besteuerung, in: W. ALBERS; u. a., Hg. (1977 ff.), Bd. 9, S. 706–723.

KRAVIS, I. B. (1956), Availability and other influences on the commodity composition of trade, in: Journal of Political Economy, 64, S. 143–155.

KRELLE, W. (1957), Bestimmungsgründe der Einkommensverteilung in der modernen Wirtschaft, in: W. G. HOFFMANN, Hg. (1957), S. 55–109.

KRELLE, W. (1959, 1), Grundlinien einer stochastischen Konjunkturtheorie, in: Zeitschrift für die gesamte Staatswissenschaft, 115, S. 472–494; wieder abgedruckt in: W. WEBER, Hg. (1967), S. 329–348.

KRELLE, W. (1959, 2), Volkswirtschaftliche Gesamtrechnung einschließlich input-output-Analyse mit Zahlen für die Bundesrepublik Deutschland, 2. A., Berlin (Dunker & Humblot) 1967.

KRELLE, W. (1962), Verteilungstheorie, Tübingen (Mohr) 1962.

KRELLE, W. (1974), Erfahrungen mit einem ökonometrischen Prognosemodell für die Bundesrepublik Deutschland, Meisenheim am Glan (Hain) 1974.

KRELLE, W. (1985), Theorie des wirtschaftlichen Wachstums, 2. A., Berlin-Heidelberg-New York (Springer) 1988.

KRELLE, W.; G. GABISCH (1972), Wachstumstheorie, Berlin (Springer) 1972.

KRELLE, W.; J. SCHUNK; J. SIEBKE (1968), Überbetriebliche Ertragsbeteiligung der Arbeitnehmer. Mit einer Untersuchung über die Vermögensstruktur der Bundesrepublik Deutschland, 2 Bde., Tübingen (Mohr) 1968.

KRELLE, W.; A. F. SHORROCKS, Hg. (1978), Personal income distribution, Amsterdam (North-Holland) 1978.

KROMPHARDT, J. (1972), Wachstum und Konjunktur. Grundlagen ihrer theoretischen Analyse und wirtschaftspolitischen Steuerung, 3. A., Göttingen (Vandenhoeck & Ruprecht) 1993.

KROMPHARDT, J. (1984), Die Phillips-Kurve bei informierter Erwartungsbildung. Eine keynesianische Alternative zur Theorie der natürlichen Arbeitslosenquote, in: Zeitschrift für Wirtschafts- und Sozialwissenschaften, 104, S. 631–644.

KRONROD, J. A. (1954), Den'gi v Sotsialisticheskom Obshchestve, 2. A., Moskau 1960; deutsch: Das Geld in der sozialistischen Gesellschaft. Theoretischer Grundriß, Berlin (O) (Akademie) 1963.

KRÜSSELBERG, H.-G. (1976), Aspekte der Einkommensverteilung: Theorie und Politik, in: D. CASSEL; H. J. THIEME, Hg. (1976, 1), S. 11–29.

KRUGMAN, P. R. (1979), Increasing returns, monopolistic competition and international trade, in: Journal of International Economics, 9, S. 469–479.

KRUGMAN, P. R. (1980), Scale economies, product differentiation, and the pattern of trade, in: American Economic Review, 70, S. 950–959.

KRUGMAN, P. R. (1986), Hg., Strategic trade policy and the new international economics, Cambridge/Mass. (MIT) 1986.

KRUGMAN, P. R. (1987), Is free trade passé? in: Economic Perspectives, 1, S. 131–144.

KRUGMAN, P. R. (1990), Rethinking international trade, Cambridge/Mass. (MIT) 1990.

KRUGMAN, P. R. (1991), Policy problems of a monetary union, in: P. DE GRAUWE; L. PAPADEMOS, Hg. (1991), S. 48–64.

KRUGMAN, P. R.; M. OBSTFELD (1988), International economics, 3. A., Glenview/Illinois, 1994.

KRUPP, H.-J. (1973), Sozialpolitisches Entscheidungs- und Indikatorensystem für die Bundesrepublik Deutschland (SPES), in: Allgemeines Statistisches Archiv, 57, S. 300–387.

KÜLP, B. (1974), Verteilung, 3. A., Stuttgart (Fischer) 1994.

KÜLP, B. (1978), Außenwirtschaftspolitik, Tübingen (Mohr) 1978.

KUGLER, F.; H. HANUSCH (1994), Inflation und Arbeitslosigkeit – Der Phillips-Kurvenzusammenhang, in: WISU, Wirtschaftsstudium, 23, S. 454–459.

KUHN, TH. (1993), Determinanten der Staatsausgaben: Bevölkerung und Urbanisierung. Eine Literaturübersicht, in: ifo-Studien, 32, S. 127–145.

KUMMER, H. (1991), Evolutionary transformations of possessive behavior, in: F.W. RUDMIN, Hg. (1991), S. 75–89.

KURIHARA, K. K. (1954), Hg., Post-keynesian economics, London (Allen & Unwin) 1954.

KUZNETS, S. (1959), Quantitative aspects of the economic growth of nations, IV: Distribution of national income by factor shares, in: Economic Development and Cultural Change, 7, 1959.

KUZNETZ, S. (1946), National product since 1869, New York (National Bureau of Economic Research) 1946.

KYDLAND, F. E.; E. C. PRESCOTT (1982), Time to build and aggregate fluctuations, in: Econometrica, 50, S. 1345–1370.

KÝN, O.; W. SCHRETTL (1979), Hg., On the stability of contemporary economic systems, Göttingen (Vandenhoeck & Ruprecht) 1979.

LAFFER, A. B. (1979), The economics of the tax revolt: A reader, New York 1979.

LAIDLER, D. E. W. (1969), The demand for money, 3. A., New York (Harper & Row) 1985.

LAIDLER, D. E. W. (1976), An elementary monetarist model of simultaneous fluctuations in prices and output, in: H. FRISCH, Hg. (1976), S. 75–89.

LANCASTER, K. (1980), Intra-industry trade under perfect monopolistic competition, in: Journal of International Economics, 10, S. 151–175.

LANG, F. P. (1990), Wechselkurs-, Preis- und Angebotseffekte freiwilliger Exportbeschränkungen, in: Zeitschrift für Wirtschafts- und Sozialwissenschaften, 110, S. 169–183.

LANG, J. (1993), Entwurf eines Steuergesetzbuchs, Bonn (Stollfuß) 1993.

LEBEN, B. (1989), Hg., Wachsende Staatsverschuldung – Gefahren für Politik und Wirtschaft?, München (Akademie für Politik und Zeitgeschehen, Hanns-Seidel-Stiftung) 1989.

LEIJONHUFVUD, A. (1966), On Keynesian economics and the economics of Keynes. A study in monetary theory, New York (Oxford University) 1966; deutsch: Über Keynes und den Keynesianismus, Köln (Kiepenheuer & Witsch) 1973.

LEIPOLD, H. (1974), Konflikt und Rationalität in der selbstverwalteten Unternehmung, in: H. HAMEL, Hg. (1974), S. 84–107.

LEIPOLD, H. (1976), Wirtschafts- und Gesellschaftssysteme im Vergleich, 5. A., Stuttgart (Fischer) 1988.

LEIPOLD, H. (1978), Assoziation versus Hierarchie: Zur Konkurrenzfähigkeit von Selbstverwaltungsunternehmen, in: J. BACKHAUS; T. EGER; H. G. NUTZINGER, Hg. (1978), S. 109–131.

LEONTIEF, W. (1936), Quantitative input and output relations in the economic system of the United States, in: Review of Economic Statistics, 18, S. 105–125.

LEONTIEF, W. (1953), Domestic production and foreign trade: The American capital position re-examined, in: Proceedings of the American Philosophical Society, 97; wieder abgedruckt in: J. BHAGWATI (1969, 2), Hg., S. 93–139.

LERNER, A. P. (1967), Employment theory and employment policy, in: American Economic Review, Papers and Proceedings, 57, S. 1-18.

LESCHKE, M. (1993), Ökonomische Verfassungstheorie und Demokratie, Berlin (Duncker & Humblot) 1993.

LEVHARI, D.; D. PATINKIN (1968), The role of money in a simple growth model, in: American Economic Review, 58, S. 713–753.

LINDBECK, A. (1979), Hg., Inflation and employment in open economies, Amsterdam (North-Holland) 1979.

LINDBECK, A. (1980), Inflation. Global, international and national aspects, Leuven (University) 1980.

LINDER, S. B. (1961), An essay on trade and transformation, New York (Wiley) 1961.

LINKE, B. (1995), Von der Verwandtschaft zum Staat, Stuttgart (Steiner) 1995.

LIPPE, P. VON DER (1973), Wirtschaftsstatistik, 4. A., Stuttgart (Fischer) 1990.

LOHMAR, U., et al. (1979), Diskussion von Thesen über die Staatsbürokratie, in: Aus Politik und Zeitgeschichte, Beilage Nr. 15/79 zur Wochenzeitung „Das Parlament".

LONG, J. B.; C. I. PLOSSER (1983), Real business cycles, in: Journal of Political Economy, 91, S. 39–69.

LORENZ, D. (1967), Dynamische Theorie der internationalen Arbeitsteilung, Berlin (Duncker & Humblot) 1967.

LOWINGER, T. C. (1971), The neo-factor proportions theory of international trade: An empirical investigation, in: American Economic Review, 61, S. 675–681.

LUCAS, R.E. (1975), An equilibrium model of the business cycle, in: Journal of Political Economy, 83, S. 1113–1144; wieder abgedruckt, in: R. E. LUCAS (1981), S. 179–214.

LUCAS, R.E. (1981), Studies in business cycle theory, Cambridge (MIT Press) 1981.

LUCAS, R. E. (1988), On the mechanics of economic development, in: Journal of Monetary Economics, 22, S. 3-42.

LUCKENBACH, H. (1979), Hg., Theorie der Außenwirtschaftspolitik, Heidelberg (Springer) 1979.

LUHMANN, N. (1968), Zweckbegriff und Systemrationalität, Tübingen (Mohr) 1968.

LUSTGARTEN, S. (1975), Industrial concentration and inflation, Washington (American Enterprise Institute) 1975.

MACDONALD, R. (1988), Floating exchange rates. Theories and evidence, London (Unwin Hyman) 1988.

MACDONALD, R.; M. P. TAYLOR (1992), Exchange rate economics. A survey, in: IMF Staff Papers, 39, S. 1-57.

MAC DOUGALL, G. D. A. (1951, 1952), British and American exports: A study suggested by the theory of comparative costs. I und II, in: Economic Journal, 61, S. 697–724 und 62, S. 487–521.

MACHLUP, F. (1960), Another view of cost-push and demand-pull inflation, in: Review of Economics and Statistics, 42, S. 125–139.

MACHLUP, F. (1978), Different inflations have different effects on employment, in: Banca Nazionale del Lavoro, Quarterly Review, 127, S. 291–303.

MACKSCHEIDT, K. (1993), Die Transferaktivität der Bundesanstalt für Arbeit nach der Deutschen Einigung – Dynamik und Effizienz, in: K.-H. HANSMEYER, Hg. (1993,2), S. 113–153.

MAGEE, S. P. (1973), Currency contract, pass-through, and devaluation, in: Brookings Papers on Economic Activity, S. 303–323.

MALTHUS, TH. R. (1798), Essay on population, 1798.

MARKOWITZ, H. (1952), Portfolio selection, in: Journal of Finance, 7, S. 77–91.

MARKOWITZ, H. (1959), Portfolio selection – efficient diversification of investments, New York (Wiley) 1959.

MARKUSEN, J.R.; u.a. (1995), International trade. Theory and evidence, New York (McGraw-Hill) 1995.

MARX, K. (1859), Zur Kritik der politischen Ökonomie. Erstes Heft, Berlin (o) (Dietz) 1972.

MARX, K. (1867), Das Kapital. Kritik der politischen Ökonomie, Bd. I, Marx-Engels-Werke, Bd. 23, Berlin (O) (Dietz) 1969.

MARX, K. (1891), Der Bürgerkrieg in Frankreich, Marx-Engels-Werke, Bd. 17, Berlin (o) (Dietz) 1962.

MASSON, P. R.; M. P. TAYLOR (1993), Hg., Policy issues in the operation of currency unions, Cambridge (Cambridge University Press) 1993.

MATHIESON, D. J. (1977), The impact of monetary and fiscal policy under flexible exchange rates and alternative expectations structures, in: International Monetary Fund Staff Papers, 24, S. 535–568.

MCCALLUM, B. T. (1989), Monetary economics: Theory and policy, New York (Macmillan) 1989.

MCCULLOCH, J. H. (1975), Money and inflation. A monetarist approach, 2. A., New York (Academic) 1982.

MCKINNON, R. I. (1963), Optimum currency areas, in: American Economic Review, 53, S. 717–725.

MCKINNON, R. I. (1984), An international standard for monetary stabilization. Policy analyses in international economics 8, Washington, D.C. 1984.

MEADE, J. E. (1951), The theory of international economic policy, Vol. I: The balance of payments, London (Oxford University Press) 1951.

MEADE, J. E. (1964), Efficiency, equality and the ownership of property, London (Allen & Unwin) 1964.

MEADE, J. E. (1972), The theory of labour-managed firms and of profit-sharing, in: Economic Journal, 82, S. 402–428.

MEADE, J. E. (1976), The just economy, Vol. 4; Principles of political economy, Albany (State University of New York) 1976.

MEADE, J. E.; R. STONE (1944), National income and expenditure, Oxford 1944.

MEADOWS, D. H.; u. a. (1972), The limits to growth. A report for the Club of Rome's project on the predicament of mankind, New York (Universe Books) 1972; deutsch: Die Grenzen des Wachstums, Stuttgart (DVA) 1972.

MEADOWS, D.H.; u.a. (1992), Beyond the limits, Post Mills (Chelsea Green Publishing) 1992; deutsch: Die neuen Grenzen des Wachstums, 2. A., Stuttgart (DVA) 1992.

MEANS, G. C.; u. a. (1975), Hg., The roots of inflation, London (Franklin) 1975.

MEISELMAN, D. I.; A. B. LAFFER (1975), Hg., The phenomenon of worldwide inflation, Washington (American Enterprise Institute) 1975.

MEISSNER, W.; W. FASSING (1981), Concentration and inflation, in: Konjunkturpolitik, 27, S. 247–259.

MEISSNER, W.; L. UNTERSEHER (1972), Hg., Verteilungskampf und Stabilitätspolitik, Stuttgart (Kohlhammer) 1972.

MELTZER, A. H. (1969), Controlling money, in: Federal Reserve Bank of St. Louis Review, 51, S. 16–24, deutsch: Kontrolle der Geldmenge, in: K. BRUNNER; H. G. MONISSEN; M. J. M. NEUMANN, Hg. (1974), S. 378–391.

MENGER, K. (1937), Hg., Ergebnisse eines Mathematischen Kolloquiums, Wien (Deuticke) 1937.

MENKHOFF, L. (1986), Zur Theorie der nicht-monetär verursachten Inflation, Berlin (Duncker & Humblot) 1986.

MENKHOFF, L. (1991), Nichtmonetäre Inflationstheorien, in: WiSt, Wirtschaftswissenschaftliches Studium, 20, S. 114–121.

MESAROVIC, M.; E. PESTEL (1974), Menschheit am Wendepunkt, Stuttgart (DVA) 1974.

METZLER, L. A. (1941), The nature and stability of inventory cycles, in: Review of Economics and Statistics, 23, S. 113–129.

MEYER, L. H. (1980), Macroeconomics, Cincinnati (South-Western) 1980.

MICHLER, A.; H.J. THIEME (1991), Währungsreformen: Zur institutionellen Absicherung monetärer Prozesse, in: K.-H. HARTWIG; H.J. THIEME, Hg. (1991), S. 305–329.

MINCER, J. (1970), The distribution of labor incomes. A survey, with special reference to human capital approach, in: Journal of Economic Literature, 8, S. 1-26.

MINCER, J.; S. POLACHEK (1974), Family investments in human capital: earnings of women, in: Journal of Political Economy, 82, S. 76–108.

MODIGLIANI, F.; R. BRUMBERG (1954), Utility analysis and the consumption function: an interpretation of cross section data, in: K. K. KURIHARA, Hg. (1954), S. 388–436.

MONISSEN, H. G. (1982, 1), Makroökonomische Theorie, Bd. 1: Sozialprodukt, Preisniveau und Zinsrate, Stuttgart (Kohlhammer) 1982.

MONISSEN, H. G. (1982, 2), Makroökonomische Theorie, Bd. 2; Geldmenge, Beschäftigung und Inflation, Stuttgart (Kohlhammer) 1982.

MONTANER, A. (1967), Hg., Geschichte der Volkswirtschaftslehre, Köln (Kiepenheuer & Witsch) 1967.

MONTESQUIEU, C. (1748), De l'esprit des lois, Bde. 1–3, Genève (Barrillot) 1748.

MONTIAS, J. M. (1976), The structure of economic systems, New Haven (University) 1976.

MORUS, TH. (1516), Utopia: eine Konstruktion des humanen Staates, München (Goldmann) 1960.

MOSS, M. (1973), Hg., The measurement of economic and social performance, New York (Columbia University) 1973.

MÜCKL, W. J.; A. E. OTT (1981), Hg., Wirtschaftstheorie und Wirtschaftspolitik. Gedenkschrift für Erich Preiser, Passau (Passavia) 1981.

MÜLLER, K. W.; W. STRÖBELE (1985), Wachstumstheorie, München-Wien (Oldenbourg) 1985.

MUELLER, D.C. (1989), Public choice II, Cambridge/Mass. u. a. O. (Cambridge University Press) 1989.

MUNDELL, R. A. (1960), The monetary dynamics of international adjustment under fixed and flexible exchange rates, in: Quarterly Journal of Economics, 74, S. 227–257.

MUNDELL, R. A. (1961), A theory of optimum currency areas, in: American Economic Review, 51, S. 656–665.

MUNDELL, R. A. (1962), The appropriate use of monetary and fiscal policy for internal and external stability, in: International Monetary Fund Staff Papers, 9, S. 70–79.

MUNDELL, R. A. (1963), Capital mobility and stabilization policies under fixed and flexible exchange rates, in: Canadian Journal of Economics and Political Science, 29, S. 475–485.

MUNDELL, R. A. (1971), Monetary theory: Inflation, interest and growth in the world economy, Pacific Palisades (Goodyear Publishing) 1971; deutsch: Geld- und Währungstheorie, München (Vahlen) 1976.

MUNDELL, R. A.; A. K. SWOBODA (1969), Hg., Monetary problems of the international economy, Chicago (University) 1969.

MUSGRAVE, R. A. (1959), The theory of public finance. A study in publiv economy, New York (McGraw-Hill) 1959; deutsch: Finanztheorie (1966), 2. A., Tübingen (Mohr) 1969.

MUSGRAVE, R. A. (1965), Hg., Essays in fiscal federalism, Washington (Brookings) 1965.

MUSGRAVE, R. A. (1969), Fiscal systems, New Haven/London (Yale University Press) 1969.

MUSGRAVE, R. A.; P. B. MUSGRAVE; L. KULLMER (1975–1978), Die öffentlichen Finanzen in Theorie und Praxis, 5. A., Bde. 1–3, Tübingen (Mohr) 1992–1994.

MUSGRAVE, R. A.; A.T. PEACOCK (1967), Classics in the theory of public finance, London u. a. O. (Macmillan u. a.) 1967.

MUTH, F. (1961), Rational expectations and the theory of price movements, in: Econometrica, 29, S. 315–335.

NATIONAL BUREAU OF ECONOMIC RESEARCH (1961), Hg., Public finances: Needs, sources, and utilization, Princeton (University) 1961.

NEUBERGER, E.; J. DUFFY (1976), Comparative economic systems: A decision-making approach, Boston (Allyn & Bacon) 1976.

NEUMANN, J. VON (1937), Über ein ökonomisches Gleichungssystem und eine Verallgemeinerung des Brouwerschen Fixpunktsatzes, in: K. MENGER, Hg. (1937).

NEUMANN, M. (1985), Long swings in economic development, social time preference and institutional change, in: Zeitschrift für die gesamte Staatswissenschaft, 141, S. 21–35.

NEUMANN, M. J. M. (1971), Zwischenziele und Indikatoren der Geldpolitik, in: Kredit und Kapital, 4, S. 398–420.

NEUMANN, M. J. M. (1991), Internationale Wirtschaftspolitik: Koordination, Kooperation oder Wettbewerb, in: J. SIEBKE, Hg. (1991), S. 61–82.

NEUMANN, M. J. M. (1994), Koordination der Makropolitik in Europa, in: B. GAHLEN; H. HESSE, Hg. (1994), S. 3-19.

NEUMARK, F. (1951), Zum Problem der Klassifikation der Steuerformen, in: F. NEUMARK; H. SAUERMANN, Hg. (1951), S. 60–84.

NEUMARK, F. (1964), Hg., Strukturwandlungen einer wachsenden Wirtschaft, Schriften des Vereins für Socialpolitik, N.F., Bd. 30/II, Berlin (Duncker & Humblot) 1964.

NEUMARK, F. (1970), Grundsätze gerechter und ökonomisch rationaler Steuerpolitik, Tübingen (Mohr) 1970.

NEUMARK, F. (1977–1983), Hg., Handbuch der Finanzwissenschaft, 3. A., 4 Bde., Tübingen (Mohr) 1977–1983.

NEUMARK, F.; H. SAUERMANN (1951), Hg., Beiträge zur Geld- und Finanztheorie, Tübingen (Mohr) 1951.

NIEDER-EICHHOLZ, M. (1995), Die Subventionsordnung. Ein Beitrag zur finanzwirtschaftlichen Ordnungspolitik, Berlin (Duncker & Humblot) 1995.

NIEHANS, J. (1977), Exchange rate dynamics with stock flow interaction, in: Journal of Political Economy, 85, S. 1245–1257.

NIEHANS, J. (1978), The theory of money, Baltimore (Johns Hopkins University) 1978; deutsch: Theorie des Geldes, Bern (Haupt) 1980.

NIEHANS, J. (1979), Geldpolitik bei überschießenden Wechselkursen, in: Außenwirtschaft, 34, S. 199–219.

NISKANEN, W.A. (1971), Bureaucracy and representative government, Chicago & New York (Aldine/Atherton) 1971.

NORDHAUS, W. D. (1975), The political business cycle, in: Review of Economic Studies, 42, S. 169–190; deutsch: Der politische Konjunkturzyklus, in: H. J. RAMSER; B. ANGEHRN, Hg. (1977), S. 133–157.

NORDHAUS, W. D.; J. TOBIN (1972), Is growth obsolete?, National Bureau of Economic Research, General Series 96, New York (Columbia University) 1972; wieder abgedruckt in: H. Moss, Hg. (1973), S. 509–532.

NORTH, D. C. (1988), Theorie des institutionellen Wandels. Eine neue Sicht der Wirtschaftsgeschichte, Tübingen (Mohr) 1988.

NORTH, D. D.; R. P. THOMAS (1973), The rise of the western world. A new economic history, Cambridge/Mass. (University) 1973.

NOVE, A. (1977), The Soviet Economy, London (Allen & Unwin) 1977; deutsch: Das sowjetische Wirtschaftssystem, Baden-Baden (Nomos) 1980.

NOWOTNY, E. (1987), Der öffentliche Sektor: Einführung in die Finanzwissenschaft, 2. A., Berlin (Springer) 1991.

NUTZINGER, H. G. (1974), Die Stellung des Betriebes in der sozialistischen Wirtschaft, Frankfurt a. M. (Campus) 1974.

OBERENDER, P. (1988), Internationaler Handel und Marktökonomie: Eine markttheoretische Fundierung des internationalen Handels, in: Hamburger Jahrbuch für Wirtschafts- und Gesellschaftspolitik, 33, S. 41–61.

OECD (1994), OECD Economic Outlook 55 (June), Paris (Eigenverlag) 1994.

OFFICER, L. (1976), The Purchasing-Power-Parity Theory of exchange rates: A review article, in: International Monetary Fund Staff Papers, 23, S. 1-60.

OHLIN, B. (1967), Interregional and international trade, 2. A., Cambridge/Mass. (Harvard University) 1967.

OKUN, A. M. (1975), Inflation: Its mechanics and welfare cost, in: Brookings Papers on Economic Activity, S. 351–390.

OLSON, M., JR. (1965), The logic of collective action, Cambridge/Mass. (Harvard University Press) 1965.

OLSON, M., JR. (1982), The rise and decline of nations: Economic growth, stagflation, and social rigidities, New Haven (Yale University Press) 1982.

OPPENHEIMER, F. (1922), Großgrundeigentum und soziale Frage, Jena 1922.

OSTROM, E.; R. GARDNER; J. WALKER (1994), Rules, games and common-pool resources, Ann Arbor (University of Michigan Press) 1994.

OTT, D. J.; A. F. OTT (1965), Budget balance and equilibrium income, in: Journal of Finance, 20, S. 71–77.

OTT, D. J.; A. F. OTT; J. H. YOO (1975), Macroeconomic theory, New York (McGraw-Hill) 1975.

PARETO, V. (1895), La courbe de la repartition de la richesse, in: Giornale degli economiste, 1895; wieder abgedruckt in: V. PARETO (1896).

PARETO, V. (1896), Recueil publie par la faculté de droit, Lausanne 1896.

PARETO, V. (1927), Manuel d'économie politique, Paris 1927.

PARKIN, M. (1984), Macroeconomics, Englewood Cliffs (Prentice Hall) 1984.

PARKIN, M. (1994), Hg., The theory of inflation, Aldershot (Elgar) 1994.

PARKIN, M.; G. ZIS (1976), Hg., Inflation in open economics, Manchester (University) 1976.

PASINETTI, L. (1962), Rate of profit and income distribution in relation to the rate of economic growth, in: Review of Economic Studies, 29, S. 267–279.

PATINKIN, D. (1956), Money, interest and prices. An integration of monetary and value theory, 2. A., New York (Harper & Row) 1965.

PEACOCK, A.T.; J. WISEMAN (1961), The growth of public expenditure in the United Kingdom, Princeton (University Press) 1961.

PEFFEKOVEN, R. (1972), Das Bestimmungs- und Ursprungslandprinzip bei Steuern im grenzüberschreitenden Verkehr, in: W. ALBERS, Hg. (1972), S. 33–64.

PEFFEKOVEN, R. (1983), Probleme der internationalen Finanzordnung, in: F. NEUMARK, Hg. (1977–1983), Bd. 4, S. 219–268.

PEFFEKOVEN, R. (1994,1), Die Finanzen der Europäischen Union, Mannheim u. a. O. (BI-Taschenbuchverlag) 1994.

PEFFEKOVEN, R. (1994,2), Reform des Finanzausgleichs – eine vertane Chance, in: Finanzarchiv, N.F., 51, S. 281–311.

PEN, J. (1971), Income distribution, 2. A., Harmondsworth (Penguin) 1973.

PETER, H. (1967), Zur Geschichte, Theorie und Anwendung der Kreislaufbetrachtung, in: A. MONTANER, Hg. (1967), S. 374–410.

PETERSEN, H.-G. (1988), Finanzwissenschaft I, 3. A., Stuttgart u. a. O. (Kohlhammer) 1993.

PHELPS, E. S. (1961), The golden rule of accumulation: a fable for growthmen, in: American Economic Review, 51, S. 638–643; deutsch: Die goldene Regel der Akkumulation: Eine Fabel für Wachstumstheoretiker, in: H. KÖNIG, Hg. (1968), S. 358–365.

PHELPS, E. S. (1968), Money wage dynamics and labor market equilibrium, in: Journal of Political Economy, 76, S. 678–711; wieder abgedruckt in: E. S. PHELPS (1979), S. 29–62.

PHELPS, E. S. (1972), Inflation policy and unemployment theory. The cost benefit approach to monetary planning, London (Macmillan) 1972.

PHELPS, E. S. (1979), Studies in macroeconomic theory, Bd. 1, Employment and inflation, New York (Academic Press) 1979.

PHELPS, E. S.; u. a. (1970), Microeconomic foundations of employment and inflation theory, London (Macmillan) 1970.

PHILLIPS, A. W. (1954), Stabilisation policy in a closed economy, in: Economic Journal, 64, S. 290–323.

PHILLIPS, A. W. (1958), The relation between unemployment and the rate of change of money wage rates in the United Kingdom, 1861–1957, in: Economica, 25, S. 283–299.

PIGOU, A. C. (1912), Wealth and welfare, London (Macmillan) 1912.

PIGOU, A. C. (1917), The value of money, in: Quarterly Journal of Economics, 32, S. 38–65.

PIGOU, A. C. (1941), Employment and equilibrium, 2. A., London (Macmillan) 1949.

POHL, R. (1981), Theorie der Inflation. Grundzüge der monetären Makroökonomik, München (Vahlen) 1981.

POLLAK, H. (1980), Steuertarife, in: F. NEUMARK, Hg. (1977–1983), Bd.2, S. 239–266.

POMMEREHNE, W.W.; A.U. RÖMER (1992), Ansätze zur Erfassung der Präferenzen für öffentliche Güter. Ein Überblick, in: Jahrbuch für Sozialwissenschaft, 43, S. 171–210.

POMMEREHNE, W.W.; L.P. FELD; A. HART (1994), Voluntary provision of a public good. Results from a real world experiment, in: Kyklos, 47, S. 505–518.

POOLE, W. M. (1970), Optimal choice of monetary policy instruments in a simple stochastic macromodel, in: Quarterly Journal of Economics, 84, S. 197–216.

POPITZ, J. (1927), Der Finanzausgleich, in: W. GERLOFF; F. MEISEL, Hg. (1927–1929), Bd. 2, S. 338–375.

PORTES, R. (1981), Macroeconomic equilibrium and disequilibrium in centrally planned economies, in: Economic Inquiry, 19, S. 559–578.

POSNER, M. V. (1961), International trade and technical change, in: Oxford Economic Papers, 13, S. 323–341.

PREISER, E. (1957), Bildung und Verteilung des Volkseinkommens, Göttingen (Vandenhoeck & Ruprecht) 1957.

PREISER, E. (1964), Wachstum und Einkommensverteilung, Heidelberg (Carl Winter) 1964.

PÜTZ, TH. (1975), Hg., Studien zum Inflationsproblem, Berlin (Duncker & Humblot) 1975.

PUTNAU, R. D.; N. BAYNE (1987), Hanging together. Cooperation and conflict in the seven-power summits, 2. A., London (Sage) 1987.

QUESNAY, F. (1758), Tableau économique, avec son explication, ou extrait des économies royales de Sully (1758), 3. Ausgabe 1759, eingel. und übers. von Marguerita Kuczynski, Hg., Berlin (Akademie-Verlag) 1965.

RAHMANN, B.; O. ROLOFF (1987), Hg., Beschäftigungspolitik zwischen Abgabenwiderstand und Ausgabenwachstum, Regensburg (Transfer-Verlag) 1987.

RAMSER, H. J. (1987, 1), Beschäftigung Berlin, Heidelberg, New York (Springer) 1987.

RAMSER, H. J. (1987, 2), Verteilungstheorie, Berlin (Springer) 1987.

RAMSER, H. J.; B. ANGEHRN (1977), Hg., Beschäftigung und Inflation, Stuttgart (Fischer) 1977.

RAMSEY, F. P. (1928), A mathematical theory of saving, in: Economic Journal, 38, S. 543–559; abgedruckt in: J. E. STIGLITZ; H. UZAWA, Hg. (1969), S. 424–445.

RAWLS, J. A. (1971), A theory of justice, Cambridge (Harvard University) 1971; deutsch: Eine Theorie der Gerechtigkeit, 8. A., Frankfurt (Suhrkamp) 1994.

RECKTENWALD, H.C. (1969), Finanzpolitik, Köln/Berlin (Kiepenheuer & Witsch) 1969.

RECKTENWALD, H.C. (1970), Finanztheorie, Köln/Berlin (Kiepenheuer & Witsch) 1970.

REIJNDERS, J. (1990), Long waves in economic development, Aldershot, Brookfield (Edward Elgar) 1990.

REVIEW OF ECONOMIC STUDIES SYMPOSIUM (1974), Symposium on the economics of exhaustible resources 1974.

RICARDO, D. (1817), On the principles of political economy and taxation, London 1817.

RICHTER, R. (1966), Volkswirtschaftliche Gesamtrechnung/Volkswirtschaftliche Finanzierungsrechnung/Zahlungsbilanz, 2. A., Wiesbaden (Gabler) 1982.

RICHTER, R. (1987), Geldtheorie, 2. A., Berlin (Springer) 1989.

RICHTER, R. (1993), Ökonomische Theorie des Privateigentums: Thema und Variationen, in: Jahrbuch für Sozialwissenschaften, 44, S. 311–347.

RICHTER, W.F.; W. WIEGARD (1993), 20 Jahre „Neue Finanzwissenschaft“, in: Zeitschrift für Wirtschafts- und Sozialwissenschaften, 113, S. 169–224 und S. 337–400.

RIECHEL, K. W. (1978), Economic effects of exchange-rate-changes, Lexington, Mass. (Heath & Co.) 1978.

RIESE, H. (1986), Theorie der Inflation, Tübingen (Mohr) 1986.

RIETER, H. (1971), Die gegenwärtige Inflationstheorie und ihre Ansätze im Werk von Thomas Tooke, Berlin (de Gruyter) 1971.

RIVERA-BATIZ, L. A.; P. M. ROMER (1990), Economic integration and endogenous growth, in: Quarterly Journal of Economics, 106, S. 531–555.

ROBERTSON, D. H. (1926), Banking policy and the price level. An essay in the theory of the trade cycle, London (King) 1926.

ROMER, P.M. (1987), Growth based on increasing returns due to specialization, in: American Economic Review, 77, S. 56–62.

ROMER, P.M. (1990), Endogenous technological change, in: Journal of Political Economy, 98, S. 71–102.

ROSE, H. (1967), On the non-linear theory of the employment cycle, in: Review of Economic Studies, 34, S. 153–173.

ROSE, K. (1965), Hg., Theorie der internationalen Wirtschaftsbeziehungen, Köln (Kiepenheuer & Witsch) 1965.

ROSE, K. (1971), Grundlagen der Wachstumstheorie: Eine Einführung, 6. A., Göttingen (Vandenhoeck & Ruprecht) 1991.

ROSE, K.; K. SAUERNHEIMER (1992), Theorie der Außenwirtschaft; 1. A.: K. ROSE, Theorie der Außenwirtschaft, 1964; 11. A., München (Vahlen) 1992.

ROSE, M. (1994), Ein einfaches Steuersystem für Deutschland, in: Wirtschaftsdienst, 74, S. 423–432.

ROSEN, H.S.; R. WINDISCH (1992), Finanzwissenschaft I, München/Wien (Oldenbourg) 1992.

ROSOVSKY, H. (1966), Hg., Industrialization in two systems: Essays in honor of Alexander Gerschenkron, New York (Wiley) 1966.

ROTHSCHILD, K. W. (1967), Thema und Variationen, Bemerkungen zur Verteilungsformel Kaldors, in: H. FRISCH, Hg. (1967).

ROTHSCHILD, K. W. (1981), Einführung in die Ungleichgewichtstheorie, Berlin (Springer) 1981.

ROTHSCHILD, K. W.; H.-J. SCHMAHL (1973), Hg., Beschleunigter Geldwertschwund, Hamburg (Weltarchiv) 1973.

ROY, A. D. (1950), The distribution of earnings and of individual output, in: Economic Journal, 60, S. 489–505.

RUDMIN, F. W. (1991), Hg., To have possessions: A handbook on ownership and property, in: Journal of Social Behavior and Personality (Special Issue), Vol. 6 (1991).

SABLOTNY, H. (1977), Gesamtwirtschaftliche Vermögensrechnung, Frankfurt a. M. (Campus) 1977.

SACHVERSTÄNDIGENRAT ZUR BEGUTACHTUNG DER GESAMTWIRTSCHAFTLICHEN ENTWICKLUNG (1964 ff.), Jahresgutachten, lfd. Jge., Mainz (Kohlhammer) 1964–1988, Stuttgart (Metzler-Poeschel) 1988 ff.

SAHOTA, G. S. (1978), Theories of personal income distribution: A survey, in: Journal of Economic Literature, 14, S. 1-55.

SALIN, P. (1977), Theorie des optimalen Währungsgebiets, in: E.-M. CLAASSEN, Hg. (1977, 2), S. 177–200.

SAMUELSON, P. A. (1939), Interactions between the multiplier analysis and the principle of acceleration, in: Review of Economic Statistics, 21, S. 75–78, deutsch: Wechselwirkungen zwischen der Multiplikatorenanalyse und dem Akzelerationsprinzip, in: W. WEBER, Hg. (1967), S. 235–241.

Samuelson, P. A. (1947), Foundations of economic analysis, Cambridge (Harvard University) 1947.

Samuelson, P. A. (1949), International factor price equalization once again, in: Economic Journal, 59, S. 181–197.

Sargent, T. J. (1979), Macroeconomic theory, 2. A., New York (Academic Press) 1987, deutsch: Makroökonomik, München (Oldenbourg) 1982.

Sargent, T. J.; N. Wallace (1976), Rational expectations and the theory of economic policy, in: Journal of Monetary Economics, 2, S. 169–183.

Sauermann, H.; E. J. Mestmäcker (1975), Hg., Wirtschaftsordnung und Staatsverfassung, Festschrift für F. Böhm zum 80. Geburtstag, Tübingen (Mohr) 1975.

Saving, T. R. (1967), Monetary policy targets and indicators, in: Journal of Political Economy, 75, S. 446–456.

Sax, E. (1887), Grundlegung der theoretischen Staatswirtschaft, Wien 1887.

Schäfer, W. (1984), Hg., Schattenökonomie. Theoretische Grundlagen und wirtschaftspolitische Konsequenzen, Göttingen (Vandenhoeck & Ruprecht) 1984.

Schäfer, W.; P. Wittmann (1985), Zur Abgrenzung und Erfassung der Schattenwirtschaft, in: Wirtschaft und Statistik, S. 618–623.

Schäffle, A. (1861), Die Nationalökonomie oder allgemeine Wirtschaftslehre, Leipzig (Spamer) 1861.

Schanz, G. von (1896), Der Einkommensbegriff und die Einkommensteuergesetze, in: Finanzarchiv, 13, S. 1–87.

Schelke, W. (1994), Die Marktkonstellation der zentralosteuropäischen Reformprozesse, in: J. Hölscher; u.a., Hg. (1994), S. 107–135.

Schemmel, L.; R. Borell (1992), Verfassungsgrenzen für Steuerstaat und Staatshaushalt. Ein Beitrag zur Reform der Finanzverfassung, Wiesbaden, (Karl-Bräuer-Institut) 1992.

Schenk, K. E. (1978), Hg., Ökonomische Verfügungsrechte und Allokationsmechanismen in Wirtschaftssystemen, Berlin (Duncker & Humblot) 1978.

Schenk, K. E. (1980), Hg., Lenkungsprobleme und Inflation in Planwirtschaften, Berlin (Duncker & Humblot) 1980.

Scherf, H. (1990), Hg., Studien zur Entwicklung der ökonomischen Theorie IX, Berlin (Duncker & Humblot) 1990.

Scheube, J. (1992), Entwicklungshilfe als ökonomische Gestaltungsaufgabe. Ein Beitrag zur finanzwirtschaftlichen Ordnungspolitik, Berlin (Duncker & Humblot) 1992.

Schliesser, W. (1979, 1), Rolle und Erfordernisse des Wertgesetzes im Sozialismus, in: W. Schliesser, Hg. (1979, 2), S. 26–34.

Schliesser, W. (1979, 2), Hg., Wertgesetz und Wertkategorien in der Sozialistischen Planwirtschaft, Berlin (Dietz) 1979.

Schmalenbach, E. (1928), Die Betriebswirtschaftslehre an der Schwelle der neuen Wirtschaftsverfassung, in: Zeitschrift für handelswissenschaftliche Forschung, 22, S. 241–251.

Schmidt, K. (1974/75), Zur politischen Reaktion auf Nachfragewogen in der Staatswirtschaft, Finanzarchiv, N.F., 33, S. 30–44.

Schmidt, K.; E. Wille (1970), Die mehrjährige Finanzplanung. Wunsch und Wirklichkeit, Tübingen (Mohr) 1970.

Schmidt, K.-H. (1994), Merkantilismus, Kameralismus, Physiokratie, in: O. Issing, Hg. (1984), S. 37 -62.

Schmitt-Rink, G. (1975), Wachstumstheorie, Tübingen (Mohr) 1975.

Schmitt-Rink, G. (1978), Verteilungstheorie, Tübingen (Mohr) 1978.

Schmitt-Rink, G.; D. Bender (1992), Makroökonomie geschlossener und offener Volkswirtschaften; 1. A.: G. Schmitt-Rink, Makroökonomie, 1990; 2. A., Heidelberg (Springer) 1992.

SCHMÖLDERS, G.; K.-H. HANSMEYER (1980), Allgemeine Steuerlehre, Berlin (Dunkker & Humblot) 1980.

SCHNEIDER, D. (1985), Allgemeine Betriebswirtschaftslehre, 3. A., München/Wien (Oldenbourg) 1987.

SCHNEIDER, E. (1947–1952), Einführung in die Wirtschaftstheorie, Tübingen (Mohr), I. Teil, 14. A., 1969; II. Teil, 13. A., 1972, III. Teil, 12. A., 1973.

SCHNEIDER, E. (1957), Einkommen und Einkommensverteilung in der makroökonomischen Theorie, in: L'industria, Milano II, S. 256–268; englisch: Income and income distribution in macroeconomic theory in: International Economic Papers, 8 (1958), S. 111–121.

SCHNEIDER, F. (1994,1), Measuring the size and development of the shadow economy. Can the causes be found and the obstacles be overcome?, in: H. BRANDSTÄTTER; W. GÜTH, Hg. (1994), S. 193–212.

SCHNEIDER, F. (1994,2), Public choice – Economic theory of politics: A survey in selected areas, in: H. BRANDSTÄTTER; W. GÜTH, Hg. (1994), S. 177–192.

SCHNEIDER, H. K.; C. WATRIN (1973), Hg., Macht und ökonomisches Gesetz, Berlin (Duncker & Humblot) 1973.

SCHNEIDER, H. K.; W. WITTMANN; A. WÜRGLER (1975), Hg., Stabilisierungspolitik in der Marktwirtschaft, Berlin (Duncker & Humblot) 1975.

SCHÖNWITZ, D.; H.-J. WEBER (1983), Wirtschaftsordnung, München (Oldenbourg) 1983.

SCHUBERT, M. (1981), Preisindizes als Inflationsindikatoren, Frankfurt am Main (Lang) 1981.

SCHÜLLER, A. (1977), Konkurrenz der Währungen als geldwirtschaftliches Ordnungsprinzip, in: Wirtschaftspolitische Chronik, 26, S. 23–50.

SCHÜLLER, A. (1983), Hg., Property Rights und ökonomische Theorie, München (Vahlen) 1983.

SCHÜLLER, A.; u. a. (1990), Zur Transformation von Wirtschaftssystemen: Von der sozialistischen Planwirtschaft zur Sozialen Marktwirtschaft, Arbeitsberichte der Forschungsstelle zum Vergleich wirtschaftlicher Lenkungssysteme, 15, 2. A., Marburg 1991.

SCHÜLLER, A.; A. BARTHEL (1990), Zur Transformation von Wirtschaftssystemen: Das Beispiel der Perestrojka, in: WiSt, Wirtschaftswiss. Studium, 19, S. 68–74.

SCHUMANN, J. (1968), Input-Output-Analyse, Berlin (Springer) 1968.

SCHUMANN, J. (1971), Grundzüge der mikroökonomischen Theorie, 6. A., Berlin u. a. O. (Springer) 1992.

SCHUMPETER, J. A. (1911), Theorie der wirtschaftlichen Entwicklung, 6. A., Berlin (Duncker & Humblot) 1964.

SCHUMPETER, J.A. (1918), Die Krise des Steuerstaates, Graz/Leipzig 1918.

SCHUMPETER, J.A. (1950), Kapitalismus, Sozialismus und Demokratie, 7. A., Tübingen/Basel (Franke) 1993.

SCHWARZNER, G. (1991), Öffentliche Haushalts- und Finanzplanung bei Finanzierungsengpässen, Berlin (Duncker & Humblot) 1991.

SEGERSTROM, P. S.; T. C. A. ANANT; E. DINOPOULOS (1990), A Schumpeterian model of the product cycle, in: American Economic Review, 80, S. 1077–1091.

SEN, A. (1973), On economic inequality, Oxford (Clarendon) 1973; deutsch: Ökonomische Ungleichheit, Frankfurt (Campus) 1975.

SIEBERT, H. (1973), Außenwirtschaft, 6. A., Stuttgart (Fischer) 1994.

SIEBERT, H. (1980), Hg., Erschöpfbare Ressourcen, Berlin (Duncker & Humblot) 1980.

SIEBERT, H. (1988), Strategische Handelspolitik. Theoretische Ansätze und wirtschaftspolitische Empfehlungen, in: Außenwirtschaft, 43, S. 549–584.

SIEBERT, H. (1992), Das Wagnis der Einheit: Eine wirtschaftspolitische Therapie, Stuttgart (Dt. Verl. Anst.) 1992.

SIEBKE, J. (1972), Der Zusammenhang zwischen Preisniveauentwicklung und Beschäftigungsgrad: Die Phillips-Kurve, in: Jahrbuch für Sozialwissenschaft, 23, S. 289–300.

SIEBKE, J. (1975), Die Berücksichtigung der Budgetbeschränkung des Staates in dem Keynesianischen Makrosystem, in: WISU, Wirtschaftsstudium, 4, S. 490–493, S. 528–540.

SIEBKE, J. (1985), Geldnachfragetheorie, in: H. J. THIEME, Hg. (1985), S. 41–70.

SIEBKE, J. (1991), Hg., Monetäre Konfliktfelder der Weltwirtschaft, Berlin (Dunkker & Humblot) 1991.

SIEBKE, J.; D. KNOLL; W.-D. SCHMIDBERGER (1981), Theoretische Grundlagen des crowding out Effektes, in: W. EHRLICHER, Hg. (1981), S. 227–262.

SIEBKE, J.; H.J. THIEME (1995), Zwanzig Jahre Geldmengensteuerung in Deutschland. Konzeptionen, Erfahrungen, Kritik, Baden-Baden (Nomos) 1995.

SIEBKE, J.; M. WILLMS (1974), Theorie der Geldpolitik, Heidelberg (Springer) 1974.

SIEBKE, J.; M. WILLMS (1975), Geldpolitik und Vermögenseffekte, in: S. KLATT; M. WILLMS, Hg. (1975), S. 323–340.

ŠIK, O. (1967), Plan und Markt im Sozialismus, Wien (Molden) 1967.

ŠIK, O. (1971), Demokratische und sozialistische Markt- und Planwirtschaft, Zürich (Die Arche) 1971.

ŠIK, O. (1972), Der Dritte Weg. Die marxistisch-leninistische Theorie und die moderne Industriegesellschaft, Hamburg (Hoffmann & Campe) 1972.

SILBER, W. L. (1970), Fiscal policy in IS-LM-analysis. A correction, in: Journal of Money, Credit, and Banking, 2, S. 461–472.

SINN, G.; H.-W. SINN (1991), Kaltstart: Volkswirtschaftliche Aspekte der deutschen Vereinigung, 3. A., Tübingen (Dtv) 1993.

SLUTZKY, E. (1937), The summation of random causes as the source of cyclic processes, in: Econometrica, 5, S. 105–146.

SMITH, A. (1776), An inquiry into the nature and causes of the wealth of nations, 2 Bde., London (W. Strahan and T. Cadell) 1776.

SOH, B.H. (1986), Political business cycles in industrialized democratic countries, in: Kyklos, 39, S. 31–46.

SOLOW, R. M. (1956), A contribution to the theory of economic growth, in: Quarterly Journal of Economics, 70, S. 65–94; wieder abgedruckt in: J. E. STIGLITZ; H. UZAWA (1969), S. 58–87, deutsch: Ein Beitrag zur Theorie des wirtschaftlichen Wachstums, in: H. KÖNIG, Hg. (1968), S. 67–96.

SOLOW, R. M. (1960), Investment and technical progress, in: K. J. ARROW; u. a. (1960), S. 89–104; wieder abgedruckt in: J. E. STIGLITZ; H. UZAWA, Hg. (1969), S. 156–171.

SOLOW, R. M. (1962), Comment on the golden rule, in: Review of Economic Studies, 29, S. 255–257; wieder abgedruckt in: J. E. STIGLITZ; H. UZAWA, Hg. (1969), S. 446–448.

SOLOW, R. M. (1969), Price expectations and the behavior of the price level, Manchester (University) 1969.

SOLOW, R. M. (1971), Wachstumstheorie, Göttingen (Vandenhoeck & Ruprecht) 1971.

SOLTERER, J. (1958), Freiheit und Gesetz in der Einkommensverteilung, in: ORDO, 10, S. 271–289.

SPIETHOFF, A. (1955), Die wirtschaftlichen Wechsellagen. Aufschwung, Krise, Stokkung, Tübingen (Mohr) 1955.

SPRAOS, J. (1980), The statistical debate over the net barter terms of trade between primary commodities and manufactures, in: Economic Journal, 90, S. 107–128.

STADLBAUER, J. (1977), Die Messung der realen Einkommens- und Vermögensverteilung, Köln (Bund) 1977.

STARBATTY, J. (1982), Hg., Geldordnung und Geldpolitik in einer freiheitlichen Gesellschaft, Tübingen (Mohr) 1982.

STATISTICAL OFFICE OF THE UNITED NATIONS (1968), A system of national accounts, Studies in methods, Series F, 2, New York (United Nations) 1968.

STATISTICAL OFFICE OF THE UNITED NATIONS, SNA Handboock on Integrated Environmental and Economic Accounting, New York (United Nation) 1990.

STATISTICAL OFFICE OF THE UNITED NATIONS, Yearbook of National Accounts Statistics, New York (United Nations) lfd. Jge.

STATISTISCHES AMT DER EUROPÄISCHEN GEMEINSCHAFTEN, Volkswirtschaftliche Gesamtrechnungen – ESVG, Luxemburg lfde. Jge.

STATISTISCHES BUNDESAMT (1994), Hg., Finanzen und Steuern, Fachserie 14, Reihe 3.1 (Rechnungsergebnisse des öffentlichen Gesamthaushalts 1991), Stuttgart (Metzler-Poeschel) 1994.

STATISTISCHES BUNDESAMT, Statistisches Jahrbuch für die Bundesrepublik Deutschland, Stuttgart (Metzler-Poeschel) lfde. Jge.

STATISTISCHES BUNDESAMT, Volkswirtschaftliche Gesamtrechnung, Fachserie 18, Reihe 1, Stuttgart (Metzler-Poeschel) lfde. Jge.

STATISTISCHES BUNDESAMT, Wirtschaft und Statistik, Stuttgart (Metzler-Poeschel) lfde. Jge.

STAVENHAGEN, G. (1957), Geschichte der Wirtschaftstheorie, 4. A., Göttingen (Vandenhoeck & Ruprecht) 1969.

STEIN, J. L. (1976), Hg., Monetarism, Amsterdam (North-Holland) 1976.

STEIN, L. VON (1875), Lehrbuch der Finanzwissenschaft. Als Grundlage für Vorlesungen und zum Selbststudium mit Vergleichung der Finanzsysteme und Finanzgesetze von England, Frankreich, Deutschland, Österreich und Rußland, 3. A., Leipzig (Brockhaus) 1875.

STEINHERR, A.; J. RUNGE (1978), The evolution of West Germany's structure of foreign trade from 1962 to 1972, in: Zeitschrift für die gesamte Staatswissenschaft, 134, S. 301–326.

STEINMANN, G. (1979), Inflationstheorie, Paderborn (Schöningh) 1979.

STERN, K. (1980), Das Staatsrecht der Bundesrepublik Deutschland, Bd. 2: Staatsorgane, Staatsfunktionen, Finanz- und Haushaltsverfassung, Notstandsverfassung, München (C.H. Beck) 1980.

STERN, K.; P. MÜNCH; K.-H. HANSMEYER (1972), Gesetz zur Förderung der Stabilität und des Wachstums der Wirtschaft, Kommentar, 2. A., Stuttgart u. a. O. (Kohlhammer) 1972.

STERN, R. M. (1962), British and American productivity and comparative costs in international trade, in: Oxford Economic Papers, 14, S. 275–296.

STERN, R. M. (1976), Some evidence on the factor content of West Germany's foreign trade, in: Journal of Political Economy, 84, S. 131–142.

STERN, R. M.; K. E. MASKUS (1981), Determinants of the structure of US foreign trade, 1958–75, in: Journal of International Economics, 11, S. 207–224.

STIGLITZ, J. E.; B. SCHÖNFELDER (1988), Finanzwissenschaft, München/Wien (Oldenbourg) 1988.

STIGLITZ, J. E.; H. UZAWA (1969), Hg., Readings in the modern theory of economic growth, Cambridge u. a. (M.I.T.) 1969.

STOBAUGH, R. B. (1972), The neotechnology account of international trade: The case of petrochemicals, in: L. T. WELLS, Hg., (1972), S. 83–105.

STOKEY, N. L. (1991), Human capital, product quality, and growth, in: Quarterly Journal of Economics, 106, S. 587–616.

STREISSLER, E. (1973), Die schleichende Inflation als Phänomen der politischen Ökonomie, Zürich (Schultheiss) 1973.

STREISSLER, E.; u. a. (1976), Zur Relativierung des Zieles der Geldwertstabilität, Göttingen (Schwartz) 1976.

STRIGEL, W. H. (1972), Konjunkturindikatoren aus qualitativen Daten, IFO-Studien, 18, S. 185–214.

STRÖBELE, W. (1979), Inflation. Einführung in Theorie und Politik, 2. A., München (Oldenbourg) 1984.

SUNTUM, U. VAN (1981), Regionalpolitik in der Marktwirtschaft, Baden-Baden (Nomos) 1981.

SWAN, T. W. (1956), Economic growth and capital accumulation, in: Economic Record, 32, S. 334–361; abgedruckt in: J. E. STIGLITZ; H. UZAWA, Hg. (1969), S. 88–115.

SWOBODA, A. K. (1976), Monetary approaches to balance-of-payments theory, in: E. M. CLAASSEN; P. SALIN, Hg. (1976), S. 3-23.

TAKACS, W. E. (1978), The nonequivalence of tariffs, import quotas and voluntary export restraints, in: Journal of International Economics, 5, S. 565–573.

TATOM, J. A. (1976), The welfare cost of inflation, in: Federal Reserve Bank of St. Louis Review, 58, S. 9-22.

TEUTEMANN, M. (1992), Rationale Kompetenzverteilung im Rahmen der europäischen Integration. Ein Beitrag zur finanzwirtschaftlichen Ordnungspolitik, Berlin (Duncker & Humblot) 1992.

THIEME, H. J. (1972), Geld- und fiskalpolitische Prozeßsteuerung in der Marktwirtschaft – Alternative Stabilisierungskonzepte?, in: D. CASSEL; G. GUTMANN; H. J. THIEME, Hg. (1972), S. 230–250.

THIEME, H. J. (1974), Ansatzpunkte zu einer Theorie der Inflationsbekämpfung, in: WISU, Wirtschaftsstudium, 3, S. 531–535.

THIEME, H. J. (1977), Gesamtwirtschaftliche Instabilitäten und wirtschaftliche Steuerung, 5. A., 1989, in: H. HAMEL, Hg. (1977), S. 153–199.

THIEME, H. J. (1979), Hg., Gesamtwirtschaftliche Instabilitäten im Systemvergleich, Stuttgart (Fischer) 1979.

THIEME, H. J. (1980), Probleme der Definition und Messung von Inflation im System zentraler Planung, in: K.-E. SCHENK, Hg. (1980), S. 45–70.

THIEME, H. J. (1982), Keynesianismus – Monetarismus: Was bleibt?, in: J. STARBATTY, Hg. (1982), S. 18–34.

THIEME, H. J. (1985), Hg., Geldtheorie. Entwicklung, Stand und systemvergleichende Anwendung, 2. A., Baden-Baden (Nomos) 1987.

THIEME, H. J. (1990), Geldangebotssteuerung bei unterschiedlichen Unternehmens- und Marktverfassungen, in: H.-J. WAGENER, Hg. (1990).

THIEME, H. J. (1991), Soziale Marktwirtschaft. Ordnungskonzeption und wirtschaftspolitische Gestaltung, München (dtv) 1991.

THIEME, H. J. (1994), Währungsunion in Deutschland: Konsequenzen für die Geldpolitik, in: G. GUTMANN; U. WAGNER, Hg. (1994), S. 131–158.

THIEME, H. J.; U. VOLLMER (1985), Theorien des Geldwirkungsprozesses, in: H. J. THIEME, Hg. (1985), S. 71–106.

THOMAS, I.P. (1994), Finanzausgleich und Kohäsion in der Europäischen Union, in: Die Weltwirtschaft, Heft 4, S. 472–491.

TICHY, G. J. (1976), Konjunkturschwankungen. Theorie, Messung, Prognose, Berlin (Springer) 1976.

TICHY, G. J. (1981), Das Überschießen der Wechselkurse, in: WiSt, Wirtschaftswissenschaftliches Studium, 10, S. 129–131.

TIEPELMANN, K.; G. VAN DER BEEK (1992), Hg., Theorie der Parafisci, Berlin/ New York (de Gruyter) 1992.

TILLMANN, G.; L. NETT (1994), Mengensteuer und Wertsteuer im Verleich, in: WISU, 23, S. 724–729.

TIMM, H.; H. HALLER (1967), Hg., Beiträge zur Theorie der öffentlichen Ausgaben, Berlin (Duncker & Humblot) 1967.

TINBERGEN, J. (1956), On the theory of income distribution, in: Weltwirtschaftliches Archiv, 77, S. 155–175.

TINBERGEN, J. (1968), Wirtschaftspolitik, 2. A., Freiburg (Rombach) 1972.

TINBERGEN, J. (1975), Income distribution – analysis and policies, Amsterdam (North-Holland) 1975, deutsch: Einkommensverteilung. Auf dem Wege zu einer neuen Einkommensgerechtigkeit, Wiesbaden (Gabler) 1978.

TINBERGEN, J. (1978), Equitable distribution: Definition, measurement, feasibility, in: W. KRELLE; A. F. SHORROCKS, Hg. (1978), S. 35–50.

TIPKE, K.; J. LANG (1994), Steuerrecht. Ein systematischer Grundriß; 1. A.: TIPKE, 1973; 14. A., Köln (O. Schmidt) 1994.

TOBIN, J. (1956), The interest-elasticity of transactions demand for cash, in: Review of Economics and Statistics, 38, S. 241–247; deutsch: Die Zinselastizität der Nachfrage nach Transaktionskasse, in: K. BRUNNER; H. G. MONISSEN; M. J. M. NEUMANN, Hg. (1974), S. 91–102.

TOBIN, J. (1958), Liquidity preference as behavior towards risk, in: Review of Economic Studies, 25, S. 65–86.

TOBIN, J. (1961), Money, capital and other stores of value, in: American Economic Review, 51, S. 26–37.

TOBIN, J. (1963), An essay on the principles of debt management, in: COMMISSION ON MONEY AND CREDIT, Hg. (1963), S. 143–218; deutsch: Grundsätze der Geld- und Staatsschuldenpolitik, Baden-Baden (Nomos) 1978.

TOBIN, J. (1965, 1), The theory of portfolio selection, in: F. HAHN; F. P. R. BRECHLING, Hg. (1965), S. 3-51.

TOBIN, J. (1965, 2), Money and economic growth, in: Econometrica, 33, S. 671–684.

TOBIN, J. (1969), A general equilibrium approach to monetary theory, in: Journal of Money, Credit, and Banking, 1, S. 15–29; deutsch: Ein allgemeiner Gleichgewichtsansatz zur Geldtheorie, in: K. BRUNNER; H. G. MONISSEN; M. J. M. NEUMANN, Hg. (1974), S. 219–234.

TOBIN, J. (1972), Inflation and unemployment, in: American Economic Review, 62, S. 1-18.

TOBIN, J. (1978), Grundsätze der Geld- und Staatsschuldenpolitik, Baden-Baden (Nomos) 1978.

TOBIN, J. (1983), Monetary policy: rules, targets, and shocks, in: Journal of Money, Credit, and Banking, 15, S. 506–518.

TURGOT, A.R. DE (1766), Reflexions sur la formation et la distribution des richesses, Paris 1766.

UNRUH, G.-CHR. VON; F. GREVE (1976), Grundkurs öffentliches Recht. Eine Einführung in das Staats- und Verwaltungsrecht mit Grundzügen der allgemeinen Staatslehre, 4. A., Frankfurt (Alfred Metzner Verlag) 1991.

UZAWA, H. (1961), Neutral inventions and the stability of growth equilibrium, in: Review of Economic Studies, 28, S. 117–124; wieder abgedruckt in: J. E. STIGLITZ, H. UZAWA, Hg. (1969), S. 137–144.

UZAWA, H. (1963), On a two-sector model of economic growth II, in: Review of

Economic Studies, 30, S. 105–118; wieder abgedruckt in: J. E. STIGLITZ; H. UZAWA, Hg. (1969), S. 411–424.

VAN DER PLOEG, F. (1994), Hg., The Handbook of International Macroeconomics, Cambridge (Blackwell) 1994.

VANEK, J. (1972), The general theory of labor-managed economies, Ithaca, N. Y. (Cornell University) 1972.

VANEK, J. (1975), Marktwirtschaft und Arbeiterselbstverwaltung, Frankfurt a. M. (Campus) 1975.

VAUBEL, R. (1988), Monetary integration theory, in: G. ZIS, (1988), Hg., S. 223–262.

VERNON, R. (1966), International investment and international trade in the product cycle, in: Quarterly Journal of Economics, 80, S. 190–207.

VERNON, R. (1970), Hg., The technology factor in international trade, New York (Columbia) 1970.

VOGT, W. (1968), Theorie des wirtschaftlichen Wachstums, Berlin (Vahlen) 1968.

WAGENER, H.-J. (1979), Zur Analyse von Wirtschaftssystemen. Eine Einführung, Berlin (Springer) 1979.

WAGENER, H.-J. (1990), Hg., Probleme monetärer Steuerung in alternativen Wirtschaftssystemen, Berlin (Duncker & Humblot) 1990.

WAGNER, A. (1876), Grundlegung der politischen Oekonomie, Theil I: Grundlagen der Volkswirtschaft, 3. A., Leipzig (Winter) 1893.

WAGNER, A. (1890), Finanzwissenschaft, 2. Theil: Theorie der Besteuerung, Gebührenlehre und allgemeine Steuerlehre, 2. A., Leipzig (Winter) 1890.

WAGNER, H. (1983, 1), Inflation und Wirtschaftswachstum. Zum Einfluß von Inflation auf die Akkumulationsrate, Berlin (Duncker & Humblot) 1983.

WAGNER, H. (1983, 2), Inflation, Würzburg (Physica) 1983.

WAGNER, H. (1989), Stabilitätspolitik, 2. A., München (Oldenbourg) 1992.

WAGNER, R.E. (1991), Hg., Charging for government. User charges and earmarket taxes in principle and practice, London (Routledge) 1991.

WAGNER, U. (1977), Inflation im Sozialismus. Erscheinungsformen und Ursachen, in: G. EISERMANN; u. a., Hg. (1977), S. 72–91.

WALTER, N. (1972), Europäische Währungsintegration, Kartell-Lösung versus Eurowährung, in: Die Weltwirtschaft, 1, S. 41–51.

WARD, B. N. (1958), The firm in Illyria: Market syndicalism, in: American Economic Review, 48, S. 566–589.

WATRIN, C. (1974), Hg., Struktur- und stabilitätspolitische Probleme in alternativen Wirtschaftssystemen, Berlin (Duncker & Humblot) 1974.

WEBBER, C.; A. WILDAVSKY (1986), A history of taxation and expenditure in the western world, New York (Simon & Schuster) 1986.

WEBER, W. (1967), Hg., Konjunktur- und Beschäftigungstheorie, 2. A., Köln u. a. (Kiepenheuer & Witsch) 1969.

WECK, H.; W. W. POMMEREHNE; B. S. FREY (1984), Schattenwirtschaft, München (Vahlen) 1984.

WEEBER, J. (1994), Probleme der Inflationsmessung, in: WiSt, Wirtschaftswissenschaftliches Studium, 23, S. 312–315.

WEINTRAUB, S. (1977), Hg., Modern economic thought, Philadelphia (University Press) 1977.

WEINTRAUB, S. (1978), Capitalism's inflation and unemployment crisis: Beyond Monetarism and Keynesianism, Reading, Mass. (Addison-Wesley) 1978.

WEIZSÄCKER, C. C. VON (1962), Wachstum, Zins und optimale Investititionsquote, Tübingen (Mohr) 1962.

WEIZSÄCKER, C. C. VON (1979), Hg., Staat und Wirtschaft, Berlin (Duncker & Humblot) 1979.

WELLS, L. T. (1972), Hg., The product life cycle and international trade, Boston (Division of Research) 1972.

WENIG, A. (1975), Beschäftigungsschwankungen, Einkommensverteilung und Inflation, in: Zeitschrift für die gesamte Staatswissenschaft, 131, S. 1-42.

WERNER, G. (1995), Subventionsabbau – gesetzliche Zwänge schaffen. Vorschläge zur Ergänzung des Haushaltsgrundsätzegesetzes zwecks besserer Kontrolle und Kürzung von Subventionen, Wiesbaden (Karl-Bräuer-Institut) 1995.

WERNER, J. (1986), Hg., Nationale Wege der Inflationsbekämpfung, Berlin (Dunker & Humblot) 1986.

WESTPHAL, U. (1988), Makroökonomik. Theorie, Empirie und Politikanalyse, 2. A., Berlin (Springer) 1994.

WHALEN, E. L. (1966), A rationalization of the precautionary demand for cash, in: Quarterly Journal of Economics, 80, S. 314–324.

WICKSELL, K. (1896), Finanztheoretische Untersuchungen nebst Darstellung und Kritik des Steuersystems Schwedens, Jena (Fischer) 1896.

WICKSELL, K. (1898), Geldzins und Güterpreis, Jena (Fischer) 1898.

WICKSTEED, P. H. (1894), An essay on the coordination of the laws to distribution, London 1932.

WIEGARD, W. (1987), Was brachte – oder bringt – die Optimalsteuertheorie? in: B. RAHMANN; O. ROLOFF, Hg. (1987), S. 99–137.

WIENERS, K. (1969), Geldpolitik und Wirtschaftswachstum, Freiburg (Rombach) 1969.

WILCZYNSKI, J. (1978), Comparative monetary economics, London (Macmillan) 1978.

WILLEKE, F.-U. (1975), Marktmacht und Inflation, in: TH. PÜTZ, Hg. (1975), S. 9-73.

WILLIAMSON, J. (1983), The exchange rate system. Policy analysis in international economics 5, 2. A., Washington, D. C., 1985.

WILLMS, M. (1985), Geldangebotstheorie, in: H. J. THIEME, Hg. (1985), S. 11–40.

WILLMS, M. (1988), Wechselkursstabilisierung durch währungspolitische Kooperation?, in: O. ISSING, Hg. (1988), S. 229–260.

WILLMS, M. (1990, 1), Concepts and implications of international monetary coordination, in: Außenwirtschaft, 45.

WILLMS, M. (1990, 2), Grundprobleme eines Europäischen Zentralbankstatuts, in: Wirtschaftsdienst, 70, S. 551–556.

WILLMS, M. (1992), Internationale Währungspolitik, München (Vahlen) 1992.

WISSENSCHAFTLICHER BEIRAT BEIM BMF (1976), Gutachten zur Aussagefähigkeit staatswirtschaftlicher Quoten, in: Bundesministerium der Finanzen, Hg. (1988), S. 139–168.

WISSENSCHAFTLICHER BEIRAT BEIM BMF (1992), Gutachten zum Länderfinanzausgleich in der Bundesrepublik Deutschland, Bonn (Stollfuß) 1992.

WISSENSCHAFTLICHER BEIRAT BEIM BMF (1994), Perspektiven staatlicher Ausgabenpolitik, Bonn (Stollfuß) 1994.

WÖHE, G.; H. BIEG (1978), Grundzüge der betriebswirtschaftlichen Steuerlehre, 3. A., München (Vahlen) 1991.

WOLL, A. (1969), Die Theorie der Geldnachfrage, in: Zeitschrift für die gesamte Staatswissenschaft, 125, S. 56–81.

WOLL, A. (1975), Das Phillips-Theorem. Eine empirische Studie zum Zielkonflikt zwischen Vollbeschäftigung und Preisniveaustabilität in der Bundesrepublik Deutschland, 1952–1972, in: TH. PÜTZ, Hg. (1975), S. 101–174.

WOLL, A. (1979), Hg., Inflation, Definitionen, Ursachen, Wirkungen und Bekämpfungsmöglichkeiten, München (Vahlen) 1979.

WOLTER, F. (1977), Factor proportions, technology and West German industry's international trade patterns, in: Weltwirtschaftliches Archiv, 113, S. 250–267.

WÜRGLER, H. (1973), Inflation als Machtproblem, in: H. K. SCHNEIDER; C. WATRIN, Hg. (1973), S. 697–720.

ZAPF, W. (1972), Zur Messung der Lebensqualität, in: Zeitschrift für Soziologie, 1, 1972, S. 353–376.

ZAPF, W. (1974), Hg., Soziale Indikatoren, Konzepte und Forschungsansätze, Bde. I, II, Frankfurt (Herder) 1974.

ZAPF, W. (1975), Hg., Soziale Indikatoren, Konzepte und Forschungsansätze, Bd. III, Frankfurt (Campus) 1975.

ZAPF, W. (1976), Sozialberichterstattung: Möglichkeiten und Probleme, Göttingen (Schwartz) 1976.

ZEITEL, G. (1981), Gebühren und Beiträge, in W. ALBERS; u.a. (1977ff.), Hg., Band 3, S. 347–355.

ZIMMERMANN, H.; K.-D. HENKE (1975), Finanzwissenschaft. Eine Einführung in die Lehre von der öffentlichen Finanzwirtschaft, 7. A., München (Vahlen) 1994.

ZIPPELIUS, R. (1994), Kleine deutsche Verfassungsgeschichte, München (Beck) 1994.

ZIRNSTEIN, G. (1994), Ökologie und Umwelt in der Geschichte, Marburg (Metropolis) 1994.

ZIS, G. (1988), Hg., International economics, London (Longman) 1988.

ZOHLNHÖFER, W. (1975), Eine politische Theorie der schleichenden Inflation, in: H. K. SCHNEIDER; W. WITTMANN; A. WÜRGLER, Hg. (1975), S. 534–553.

ZWER, R. (1981), Internationale Wirtschafts- und Sozialstatistik, 2. A., München (Oldenbourg) 1986.

Symbolverzeichnis

In das Verzeichnis wurden außer den Symbolen, die in mehreren Beiträgen eine einheitliche Bedeutung haben, auch diejenigen Standardsymbole aufgenommen, die nur in einem Beitrag verwendet werden. Symbole, die spezifische Sachverhalte einzelner Beiträge kennzeichnen, sind an Ort und Stelle definiert. Dies gilt auch für die Fälle, in denen sich eine abweichende Verwendung desselben Symbols in verschiedenen Beiträgen nicht vermeiden ließ. So bezeichnet beispielsweise c generell die durchschnittliche Konsumquote, im Beitrag D symbolisiert c jedoch die Barzahlungsquote des Publikums. Definitionsgleichungen sind durch „:=" gekennzeichnet (z. B.: $Y := C + I$). Ableitungen nach der Zeit werden durch einen Punkt über dem Symbol für die zeitabhängige Größe markiert (z. B.: $dP/dt := \dot{P}$); partielle Ableitungen einer Funktion $F(x, y, \ldots)$ in bezug auf ihre Argumente werden in der Reihenfolge der Funktionsargumente mit F_x, F_y, ... bezeichnet.

1. Allgemeine Regeln und Zeichen:

Angebotsgrößen:	hochgestelltes s (z. B.: M^s:= Geldangebot)
Nachfragegrößen:	hochgestelltes d (z. B.: M^d := Geldnachfrage)
Erwartungsgrößen:	gekennzeichnet durch * (z. B.: i^* := erwarteter Nominalzins)
exogene Größen:	generell durch einen Querstrich über dem Symbol (z. B.: $\overline{M}$:= exogen gegebenes Geldangebot)
Wachstumsraten:	generell durch g, speziell g mit Suffix (z. B.: g_Y := Wachstumsrate des Sozialprodukts)

2. Großbuchstaben:

A	Vermögen
B	Geldbasis
B^P	Bargeldumlauf außerhalb des Bankensystems
BP	Zahlungsbilanzsaldo
C	Ausgaben für Konsumgüter
D	Abschreibungen
D_1	Sichteinlagen
D_2	Termineinlagen
D_3	Spareinlagen
DD	Nachfragekurve
E	Gleichgewicht
ER	Überschußreserven der Banken bei der Zentralbank
Ex	Export
Ex-Im	güterwirtschaftlicher Beitrag des Auslandes
F,f	Funktionssymbole
G	Staatsausgaben
GD	verzinsliche Staatsschuld

GNP	Bruttosozialprodukt zu Marktpreisen
I	Ausgaben für Investitionsgüter (netto), Nettoinvestition
Im	Import
K	Kapitalstock, Kapitalbestand
KR	Kreditvolumen
L	Liquiditätspräferenz (Geldnachfrage)
M	Geldmenge
M1	Tausch-Geldmenge (Bargeld und Sichteinlagen)
M2	Quasigeldmenge (M1 + Termingelder bis unter 4 Jahren)
M3	M2 + Spareinlagen mit gesetzlicher Kündigungsfrist
M^d	Geldnachfrage
M^s	Geldangebot
N	Beschäftigungsniveau, Beschäftigungsmenge des Faktors Arbeit
N^d	Arbeitsnachfrage
NA	Nettovermögen des privaten Sektors
P	Güterpreisniveau
P_{Im}	Preisniveau der Importgüter
P_{Ex}	Preisniveau der Exportgüter
P_k	Preis pro Einheit Realkapital
Q	Gewinneinkommen
R	Gesamterlös des Unternehmens
RR	Pflichtreserven der Banken bei der Zentralbank
S	Ersparnis
SS	Angebotskurve
T	Steuern
TR	gesamte Reservehaltung der Banken bei der Zentralbank
U	Nutzen
V	Umlaufgeschwindigkeit des Geldes
W	Nominallohn-Niveau
Y	Volkseinkommen, Produktionsmenge, Sozialprodukt
Y^d	gesamtwirtschaftliche Güternachfrage
Y^s	gesamtwirtschaftliches Güterangebot

3. Kleinbuchstaben:

bk	Bargeldkassenhaltungskoeffizient
c	durchschnittliche Konsumquote (C/Y)
d	Differential (totale Ableitung)
e	Wechselkurs
ex	Exportvolumen
f,F	Funktionssymbol
g	Wachstumsrate für alle Größen
g_K	Wachstumsrate des Kapitals
g_N	Wachstumsrate der Arbeit
g_P	Inflationsrate
g_Y	Wachstumsrate des Sozialprodukts
g_π	Wachstumsrate des technischen Wissens (technischer Fortschritt)

i	Zinssatz (nominal)
im	Importvolumen
k	Kassenhaltungskoeffizient
m	durchschnittliche Importquote (Im/Y)
m'	marginale Importquote
p	Preis eines Gutes
r	Realzinssatz
r*	Grenzleistungsfähigkeit der Investitionen
s	durchschnittliche Sparquote (S/Y)
tot	Terms of trade
u	Arbeitslosenquote
w	Nominallohnsatz
x	Mengeneinheit eines gehandelten Gutes
z	Zollsatz

4. Griechische Buchstaben:

α	Produktionselastizität
β	Akzelerator
∂	Differential (partielle Ableitung)
η	Nachfrageelastizität
η_y	Einkommenselastizität der Nachfrage
$\varkappa$	Kapitalkoeffizient (K/Y)
λ	Skalenelastizität
π	technisches Wissen
Θ	Periodenlänge
ν	Arbeitskoeffizient (N/Y)
ϱ	Arbeitsproduktivität
σ	Kapitalproduktivität

Stichwortverzeichnis

KOMPETENZ
IN WIRTSCHAFT
Vahlens Großes Wirtschaftslexikon
ungekürzt als
Taschenbuchausgabe im dtv
- über 2.500 Seiten
- 11.000 Stichwörter
- von nahezu 300 Fachleuten
Herausgegeben von
Prof. Dr. Dr. h.c. Erwin Dichtl
und Prof. Dr. Otmar Issing
2.,überarbeitete
und erweiterte
Auflage. 1994.
XXII, 2471 Seiten
Vier Bände in Kassette,
kartoniert
DM 138,--
öS 1077,--
SFr 138,--
dtv 59006
Besonders preisgünstig!
nur DM 138,--
Wirtschaftslexikon
Wirtschaftslexikon
Wirtschaftslexikon
Wirtschaftslexikon
3
K–Q
4
R–Z
Beck/dtv
Beck/dtv
Beck/dtv
Beck/dtv
KOMPETENZ
IN WIRTSCHAFT
VAHLENS
GROSSES
WIRTSCHAFTS
LEXIKON
Beck/dtv